国家出版基金资助项目

武汉大学人文社会科学研究项目

「民间文书与基层社会变迁」结项成果

武汉大学民间文献研究中心
湖北省博物馆
合编

主编 张建民

副主编 唐刚卯

湖北天门熊氏契约文书（上）

国家清史编纂委员会·文献丛刊

长江出版传媒
湖北人民出版社

图四　熊开阳墓志铭（天门市博物馆藏）

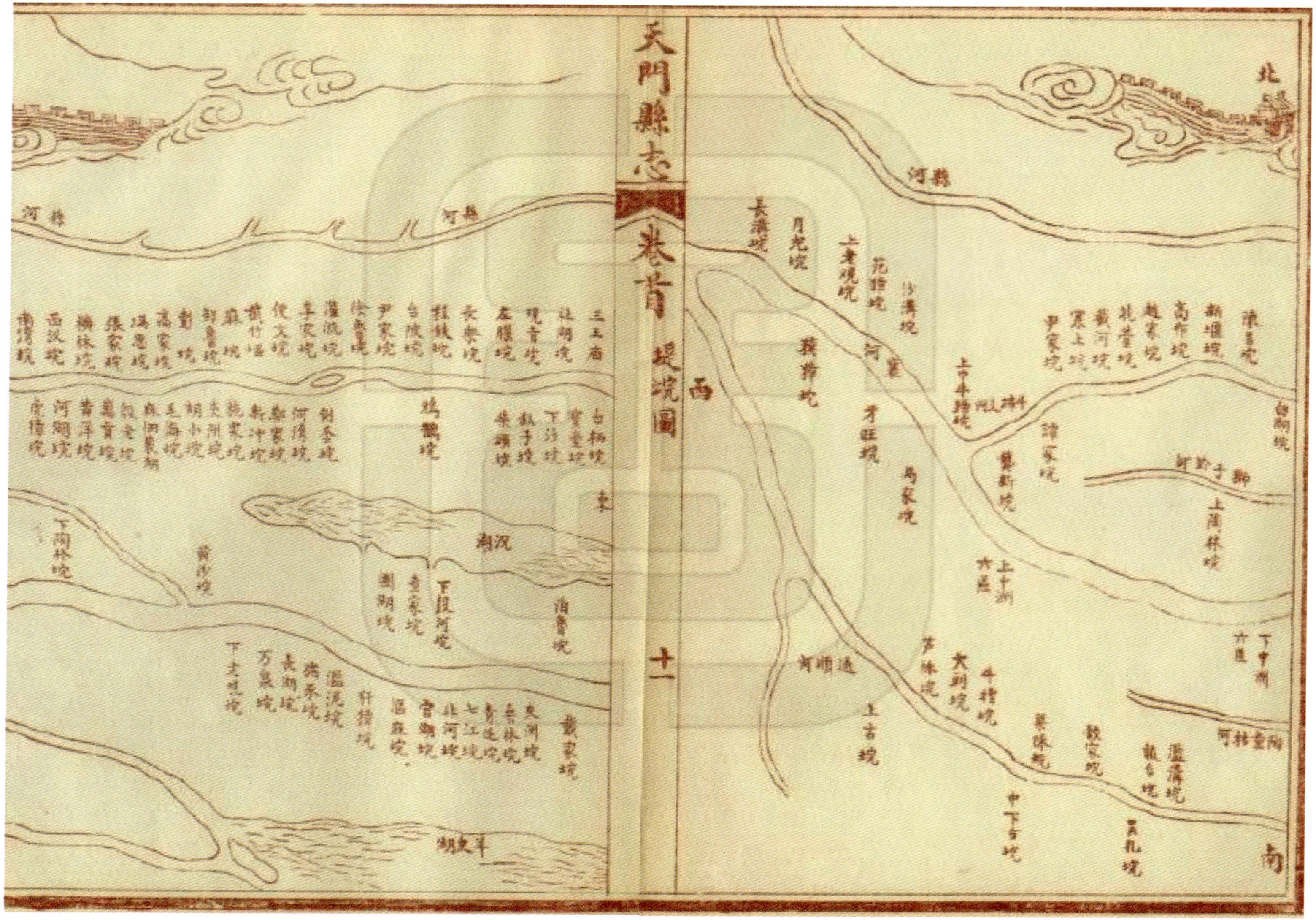

天門縣志 卷首 堤垸圖 十一

图三 乾隆《天门县志·堤垸图》

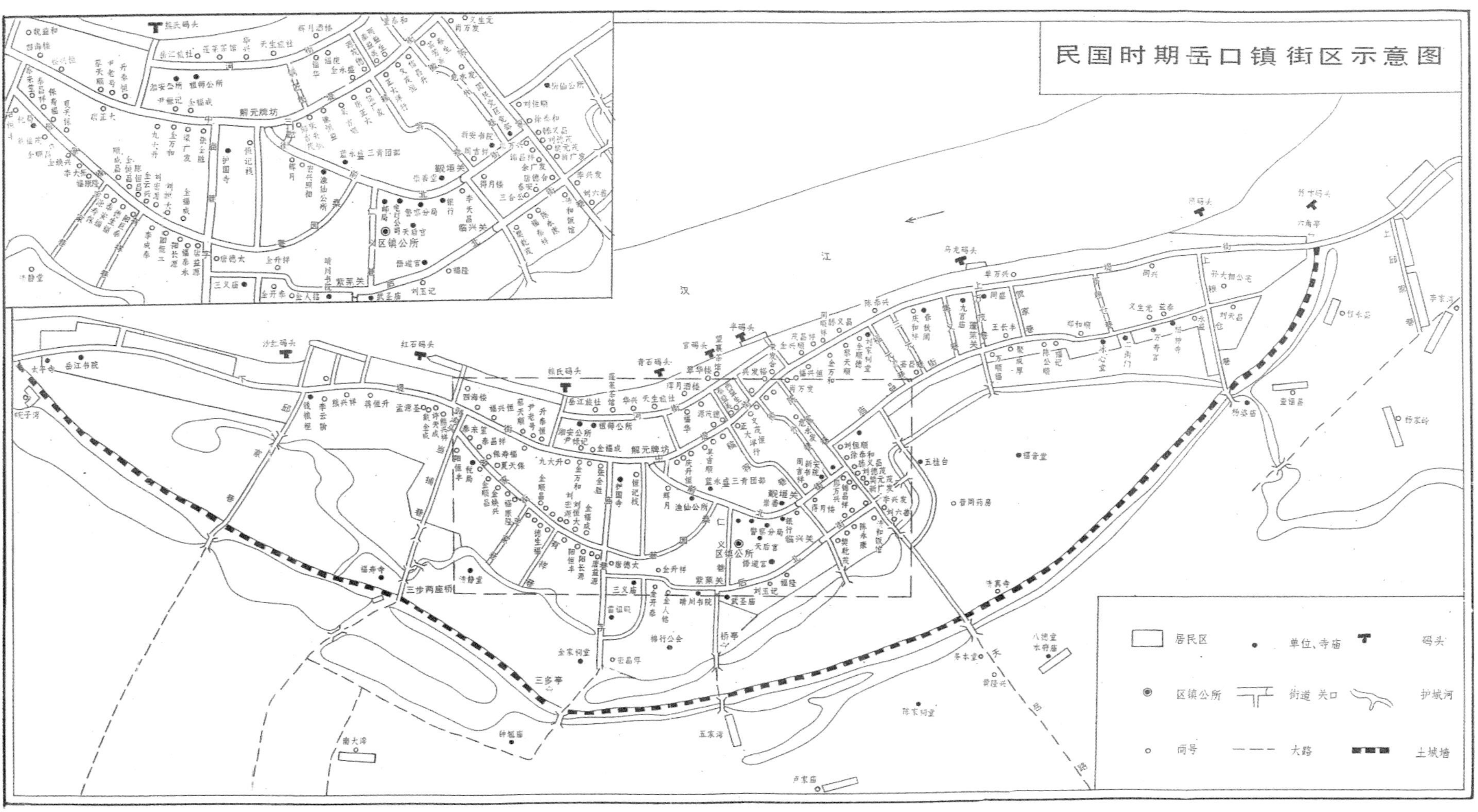

图二 民国天门县岳口镇街区示意图（岳口镇人民政府地方志办公室编《岳口镇志》，一九九〇年四月）

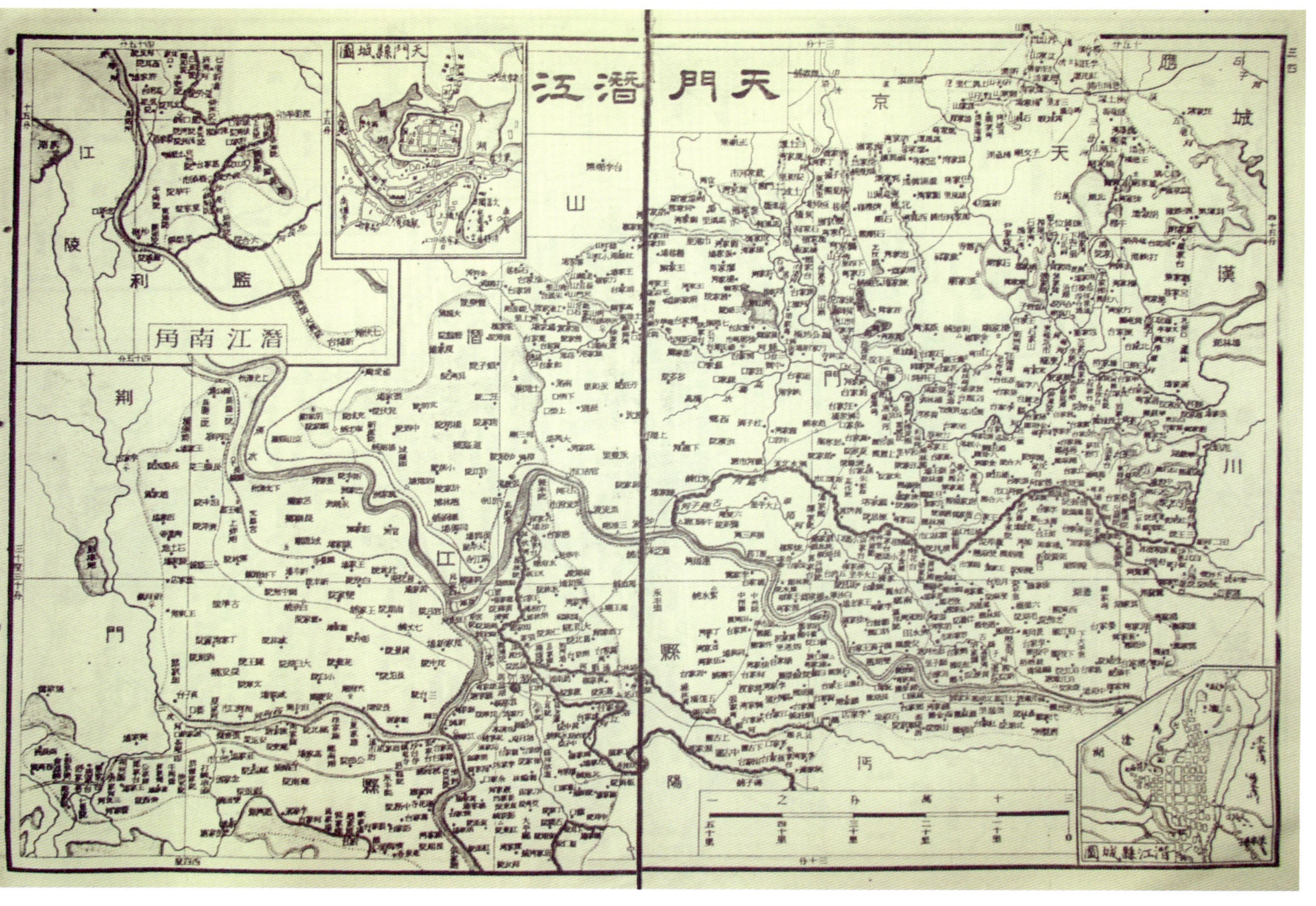

图一　民国天门县地图（武昌亚新地学社《湖北分县详图》，中华民国十九年出版）

《湖北天门熊氏契约文书》整理项目组

张建民　唐刚卯　陈新立
金诗灿　王　亮　任　放
杨国安　徐　斌　周　荣
王雅红　杨玉珍　杜　洁

国家清史编纂委员会出版委员会

戴　逸　卜　键
马大正　朱诚如
成崇德　邹爱莲

图五　岳口镇熊氏花园旧址

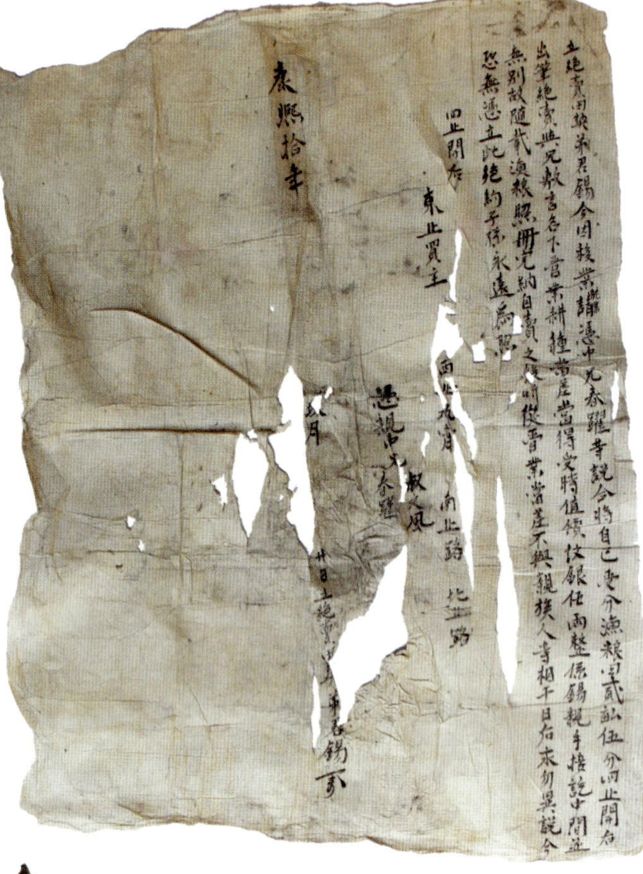

图六　康熙十年九月二十日君锡卖田契

图七　康熙二十九年二月十五日熊广生卖田契

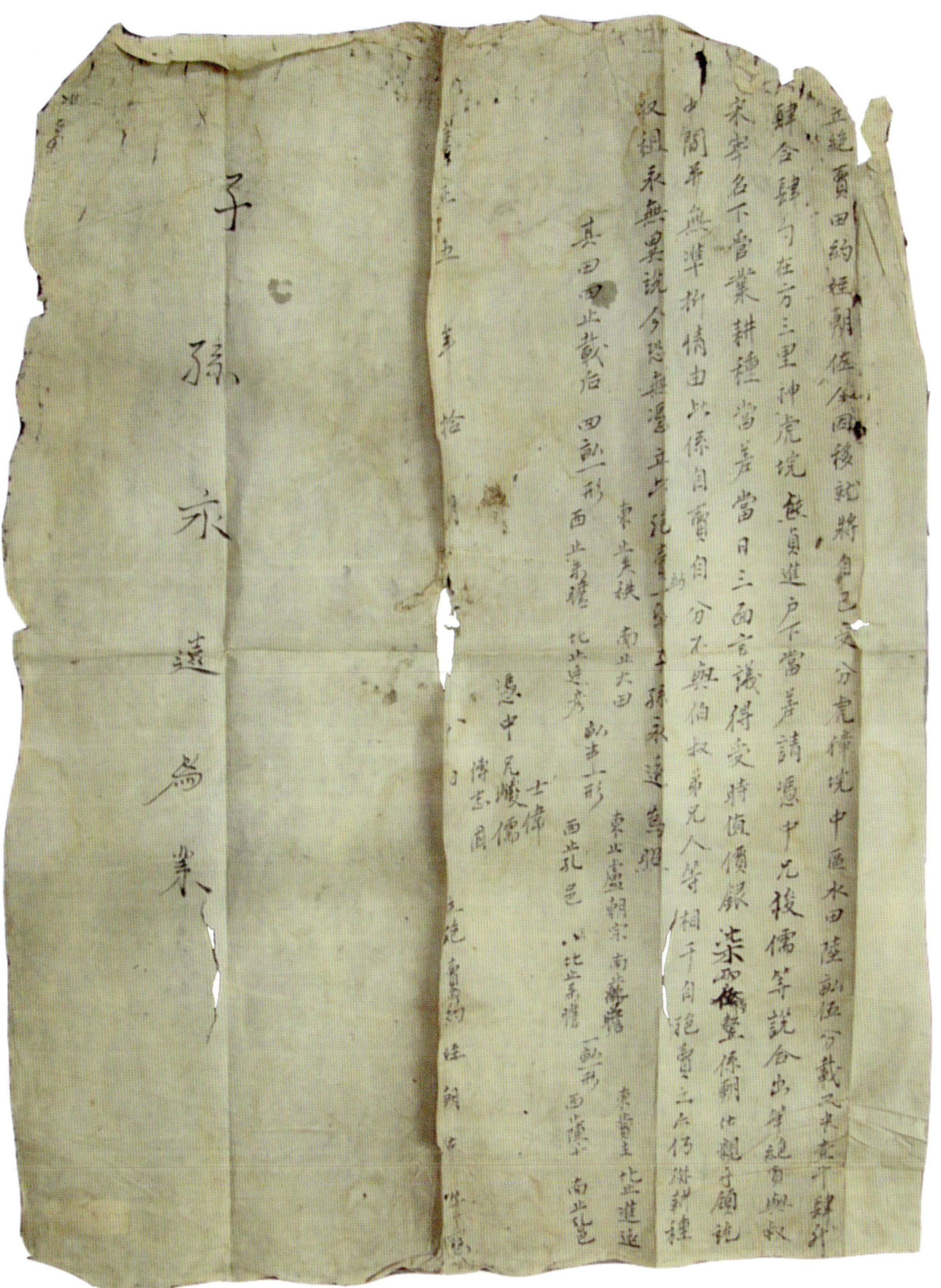

立绝卖田约侄朝佐，今因移就，将自己受分虎伟坑中区水田陆亩伍分，载丈米壹斗肆升肆合肆勺，在方三里神虎坑[illegible]进户下当差，请凭中兄朝儒等说合，出卖绝与叔宋学名下管业耕种当差。当日三面言议，得受时值价银柒两伍钱整，系侄亲手领讫。其间并无准折，情由此系自卖自分，不与伯叔弟兄人等相干，自绝卖之后，仍佃耕种，叔祖永无异说。今恐无凭，立此绝卖一纸，付与孙永远为照。

其田四止载后：田亩一形，东止[illegible]，南止大田，西止[illegible]，北止[illegible]；亩半一形，东止[illegible]朝宗，南止[illegible]，西止孔邑，北止[illegible]；一亩一形，东[illegible]，北止进远，西[illegible]，南止[illegible]。

凭中　兄朝儒　士伟　侍志周

雍正五年拾月　日　立绝卖约侄朝佐

子孙永远为业

图八　雍正五年十月熊朝佐卖田契

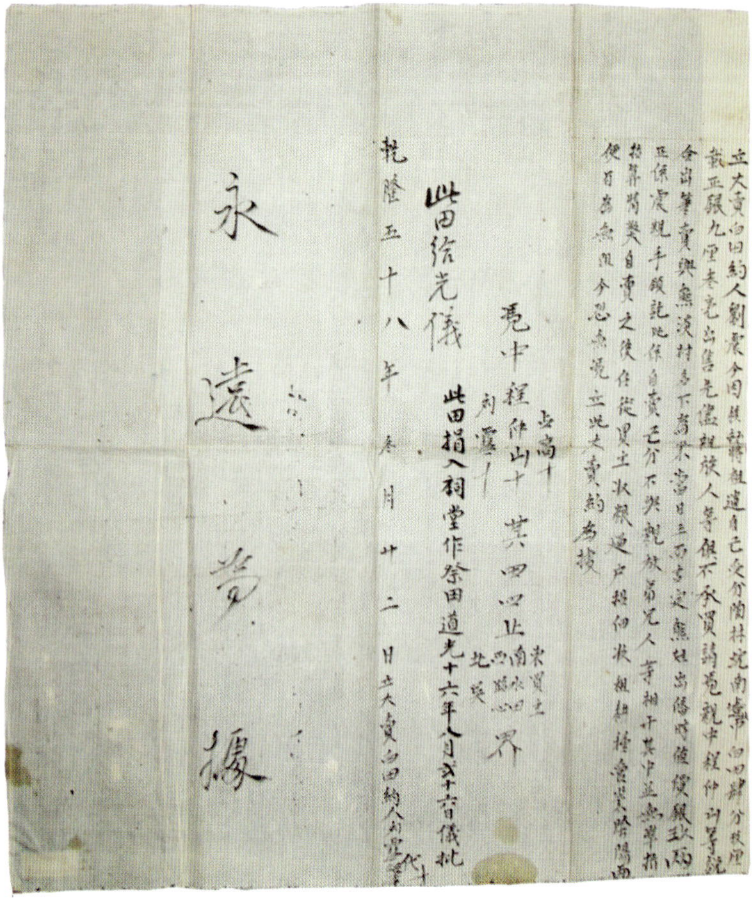
永遠管據

此田給光儀

此田捐入祠堂作祭田道光十六年八月廿二日儀批

乾隆五十八年冬月廿二日立大賣白田約人劉震

图九　乾隆五十八年十一月二十二日刘震卖田契

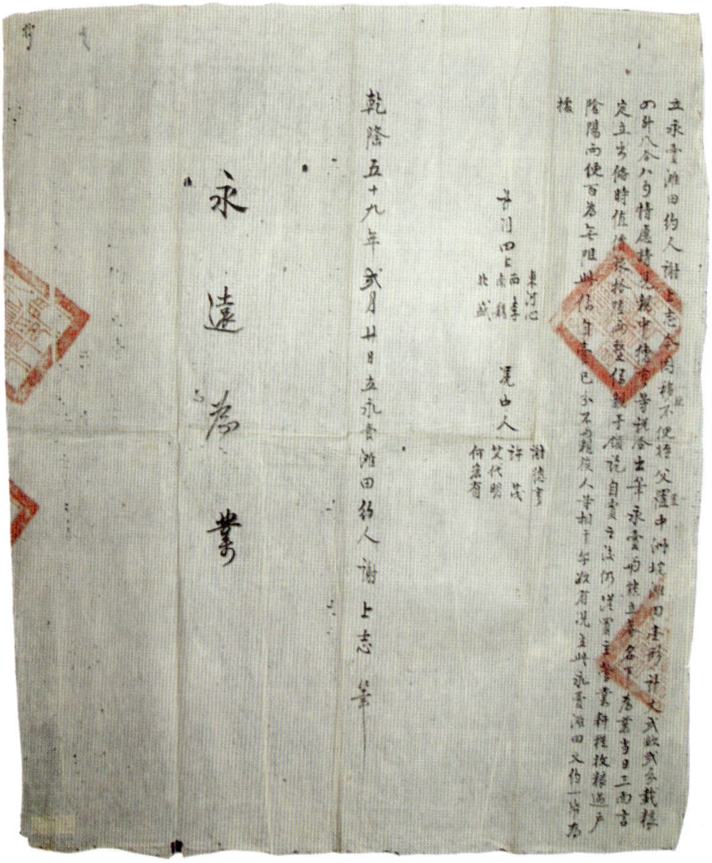
乾隆五十九年貳月廿日立永賣湖田約人謝上志　筆

永遠為業

图十　乾隆五十九年二月二十日谢上志卖田赤契

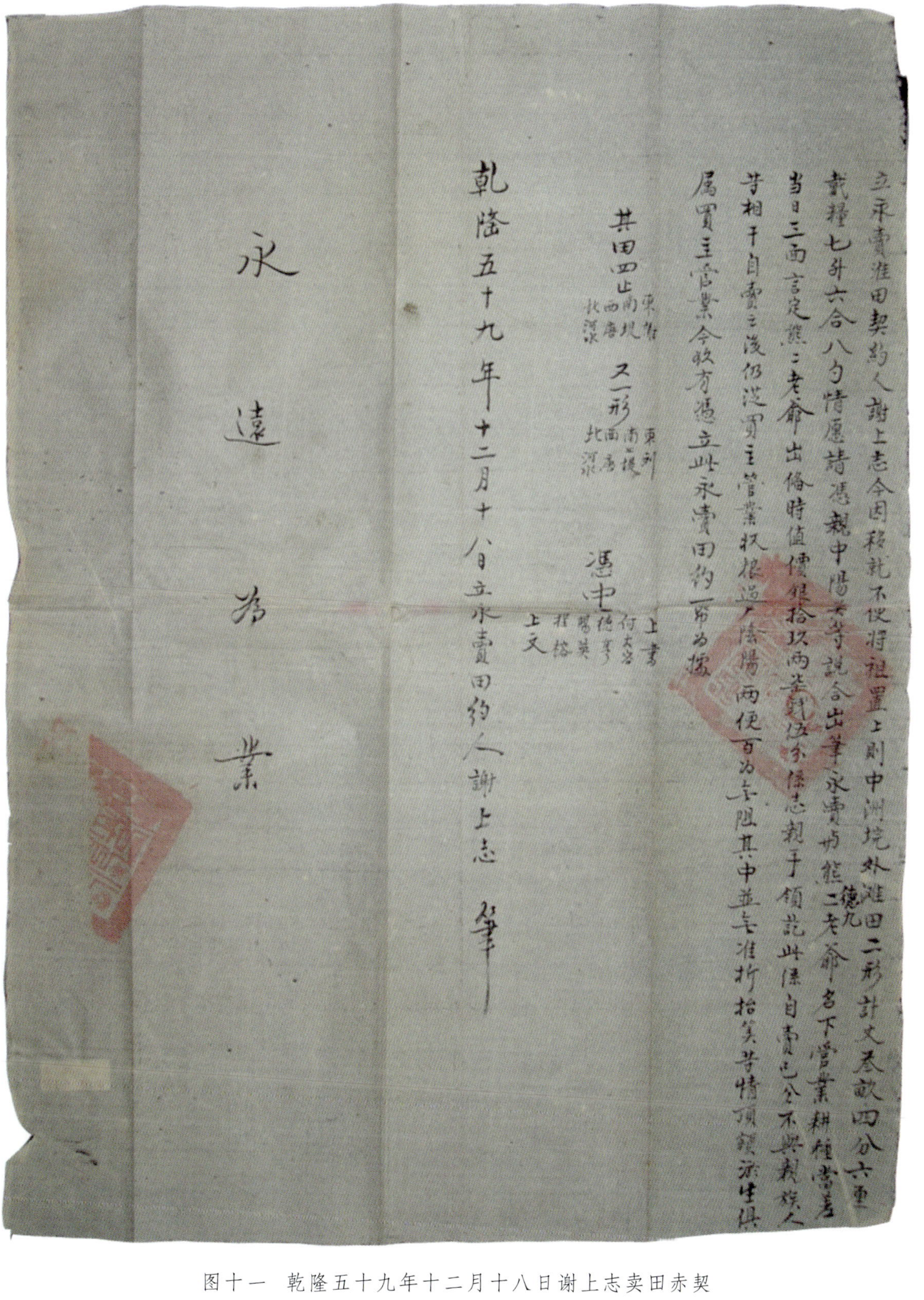

立永賣准田契約人謝上志今因移就不便將祖置上則中洲坑外准田二形計丈叁畝四分六重

載糧七升六合八勺情愿請憑親中陽大等說合出筆永賣与族德九二老爺名下管業耕種當着

當日三面言定親二老爺出備時值價银拾玖兩叁錢伍分係志親手領訖此係自賣己分不與親族人

等相干自賣之後仍從買主管業收根過戶陸陽兩便百為無阻其中並無准折抬算等情頂錢派生俱

屬買主管業今欲有憑立此永賣田約一紙為據

共田四止 東古 南坑 西唐 北溪 又一形 東列 南坡 西唐 北溪

憑中 上書 何大容 德寬 陽英 桂榕 上文

乾隆五十九年十二月十八日立永賣田約人謝上志 筆

永遠為業

图十一　乾隆五十九年十二月十八日谢上志卖田赤契

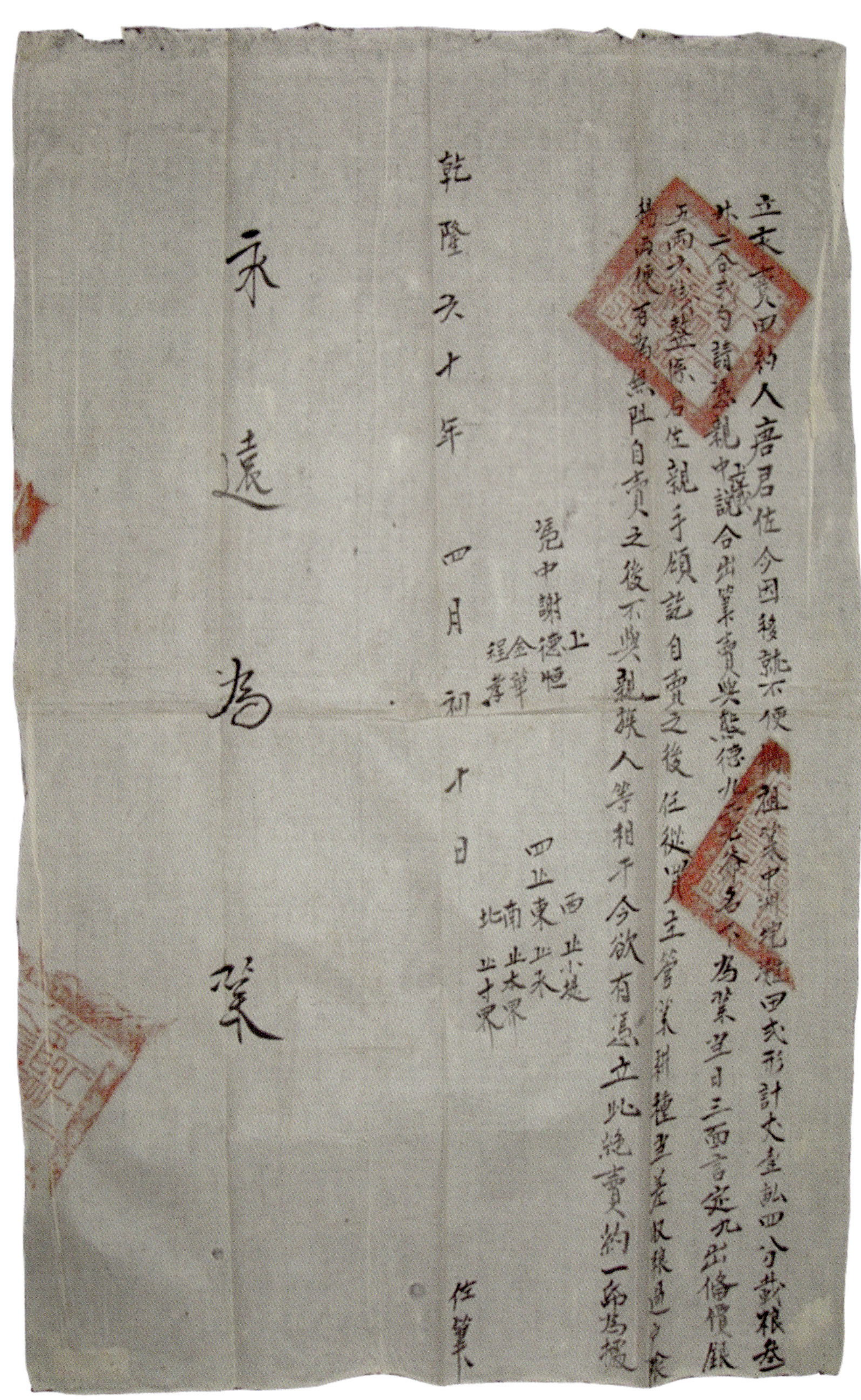

图十二 乾隆六十年四月十日唐君佐卖田赤契

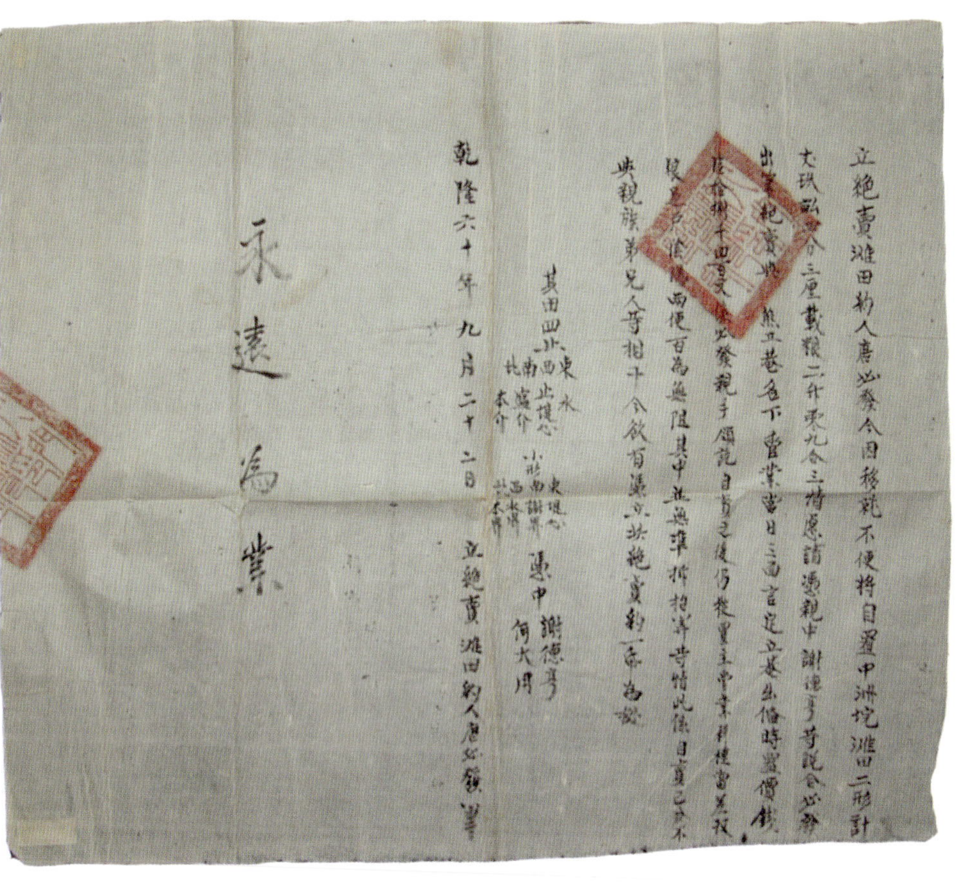

立绝賣滩田約人唐必發今因移就不便將自置中洲垸滩田二形計
[illegible]分三厘載糧二升柒九合三勺[illegible]愿請凴親中謝德亨等說合必發
出賣絕賣與熊立巷名下管業當日三面言定立契出備時值價錢
[illegible]合捌千四百文必發親手領訖自賣之後仍從買主管業[illegible]當差[illegible]
[illegible]西便百為無阻其中並無準折抱勒等情此係自賣己業不
與親族弟兄人等相干今欲有憑立此絕賣約一帋為據

其田四址 東水 南塘[illegible] 西止堤心 北本介
小形 東堤心 南謝界 西水濱 北本界

凴中 謝德亨 何大用

乾隆六十年九月二十二日 立絕賣滩田約人唐必發 [illegible]

永遠為業

图十三 乾隆六十年九月二十二日唐必发卖田赤契

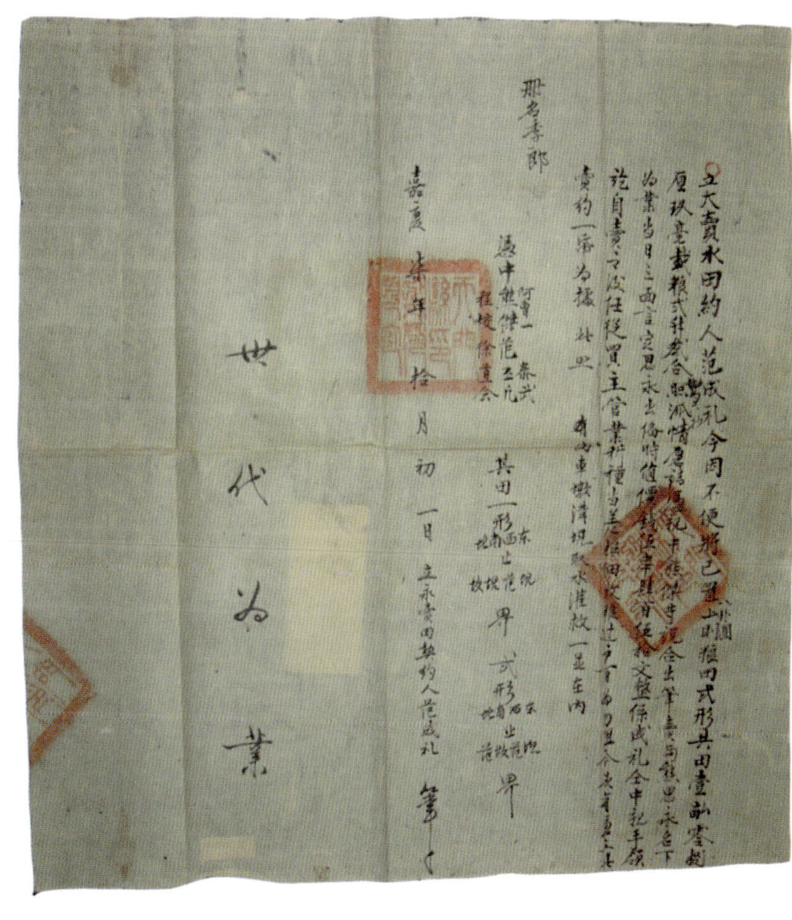

立大賣水田約人范成礼今因不便將己置[illegible]根田弍形共田壹畝零[illegible]
厘坵[illegible]載粮弍升[illegible]合[illegible]情愿[illegible]親中[illegible]出賣與[illegible]名下
為業當日三面言定[illegible]永出備時值價錢[illegible]
訖自賣之後任從買主管業耕種[illegible]
賣約一帋為據 [illegible]

其田一形 東垸 西止范[illegible] 南[illegible] 北垸[illegible] 界
弍形 東[illegible] 西止[illegible] 南[illegible] 北[illegible] 界

凴中 [illegible]

册名李郎

嘉慶柒年拾月初一日 立永賣田契約人范成礼 [illegible]

世代為業

图十四 嘉庆七年十月一日范成礼卖田赤契

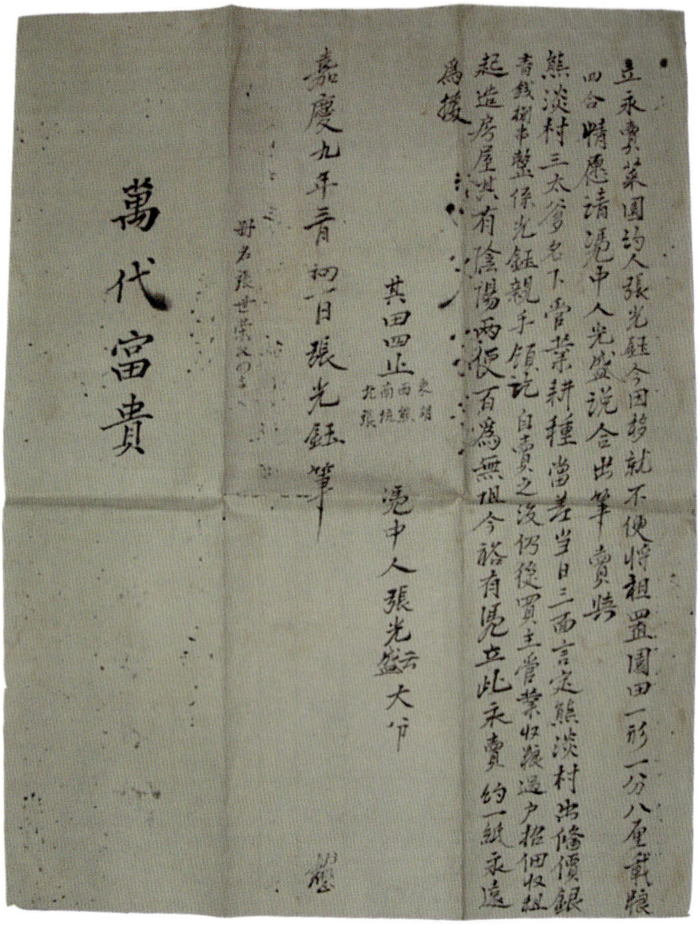

立永賣菜園約人張光鈺今因移就不便將祖置園田一形一分八厘載糧
四合情愿請憑中人光盛說合出筆賣與
熊淡村三太爺名下管業耕種當差当日三面言定熊淡村出備價銀
青錢捌串整係光鈺親手領訖自賣之後仍從買主管業收粮過户招佃收租
起造房屋洪有陰陽兩便百為無阻今恐有憑立此永賣約一紙永遠
為據

共田四止 東[illegible] 西[illegible] 南[illegible] 北張[illegible]

憑中人張光盛[illegible]大[illegible]

嘉慶九年三月初一日張光鈺筆

萬代富貴

图十五 嘉庆九年三月一日张光钰卖菜园契

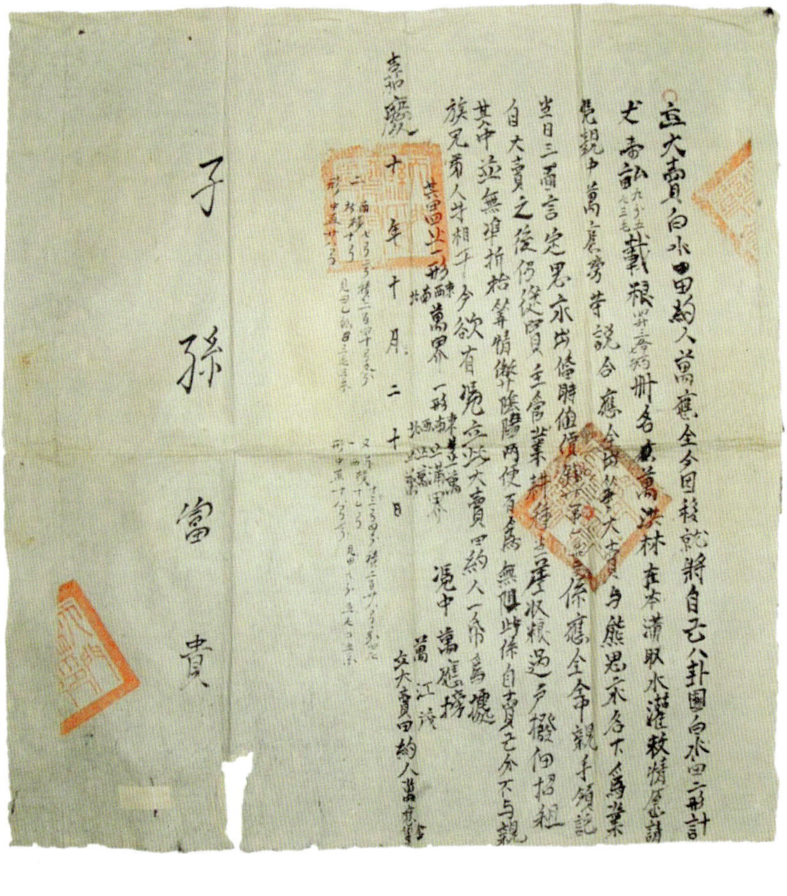

立大賣白水田約人萬應全今因移就將自己八卦園白水田一形計
弍畝[illegible]載粮[illegible]册名萬洪林[illegible]
憑親中萬[illegible]等說合應全[illegible]出筆大賣與熊[illegible]名下為業
当日三面言定[illegible]出備時值價銀[illegible]係應全親手領訖
自大賣之後仍從買主管業耕種[illegible]收粮過户撥佃招租
其中並無準折枯筭情弊[illegible]兩便百為無阻此係自賣[illegible]
族兄弟人等相干[illegible]今欲有憑立此大賣田約人一紙為據

共田四止[illegible]

憑中 萬應[illegible]
萬江[illegible]
立大賣田約人萬應全

嘉慶十年十月二十日

子孫富貴

图十六 嘉庆十年十月二十日万应全卖田赤契

立找補字人陳端一仝子賣進李因先將自置陶林坑鄉陶二圖白水田
五形計丈拾弍畝二分八厘賣與熊葵園為業当已契明價足今復請
憑原中蔣萬中等向葵說合葵出找補錢叁拾串正係端一仝中親手
領訖自找之後永無異說今欲無憑立此找補約一紙為據

憑 崔昆山 蔣萬中 孫懋芝

嘉慶十七年十二月廿日 立找補字人陳端一筆

图十七　嘉庆十七年十二月二十日陈端一等卖田找补契

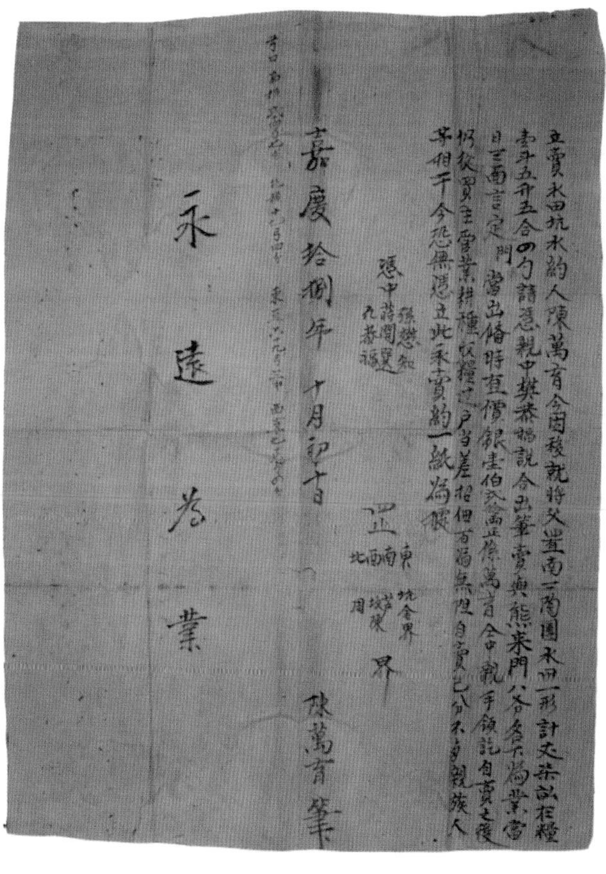

立賣水田坑水約人陳萬育今因移就將父置南一[illegible]圖水田一形計丈柒畝[illegible]
壹斗五升五合四勺請憑親中樊恭[illegible]說合出筆賣與熊來門八房各房為業當
日三面言定門 當出备時直價銀壹伯叁拾兩正係萬育仝中親手領訖自賣之後
任從買主管業耕種收糧過戶當差招佃育無異[illegible]自賣已分不與親族人
等相干今恐無憑立此永賣約一紙為據

憑中 孫懋知 蔣開選 [illegible]

四至 東 坑金界 南 坎陳界 西北 周界

嘉慶拾捌年十月初十日 陳萬育筆

永遠為業

图十八　嘉庆十八年十月十日陈万育卖田契

图十九　嘉庆十九年十一月十六日万自达卖田赤契

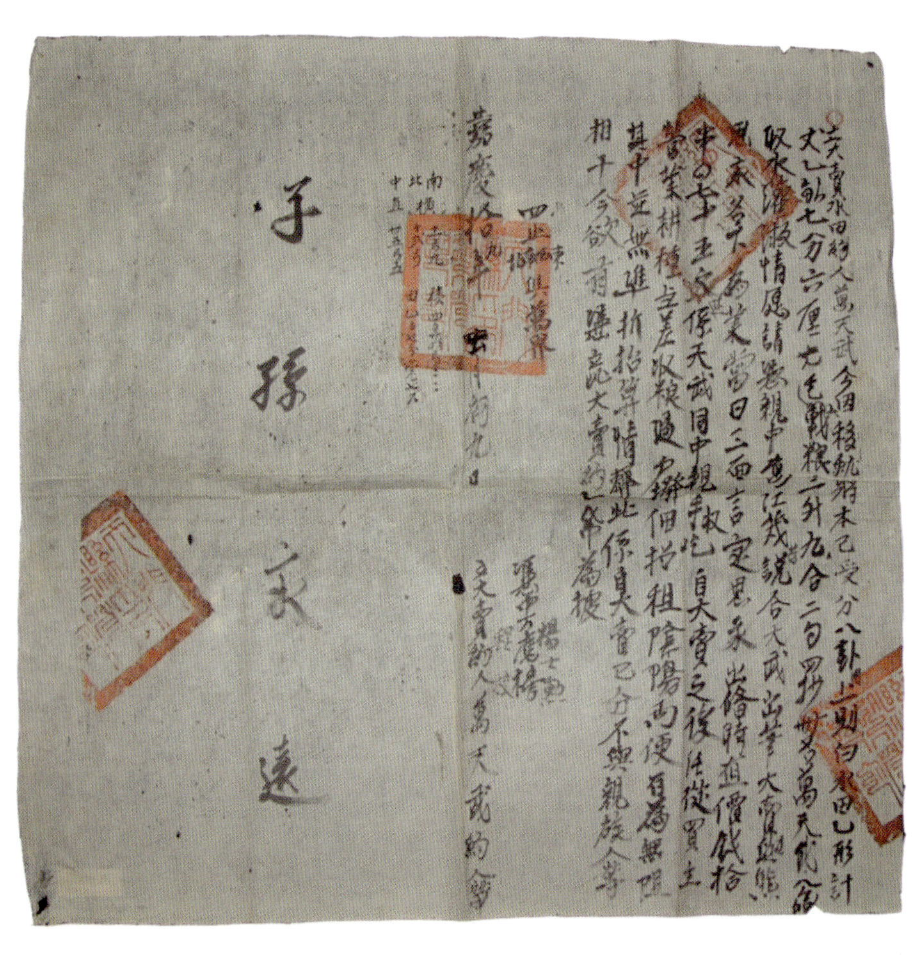

图二十　嘉庆十九年十二月九日万天武卖田赤契

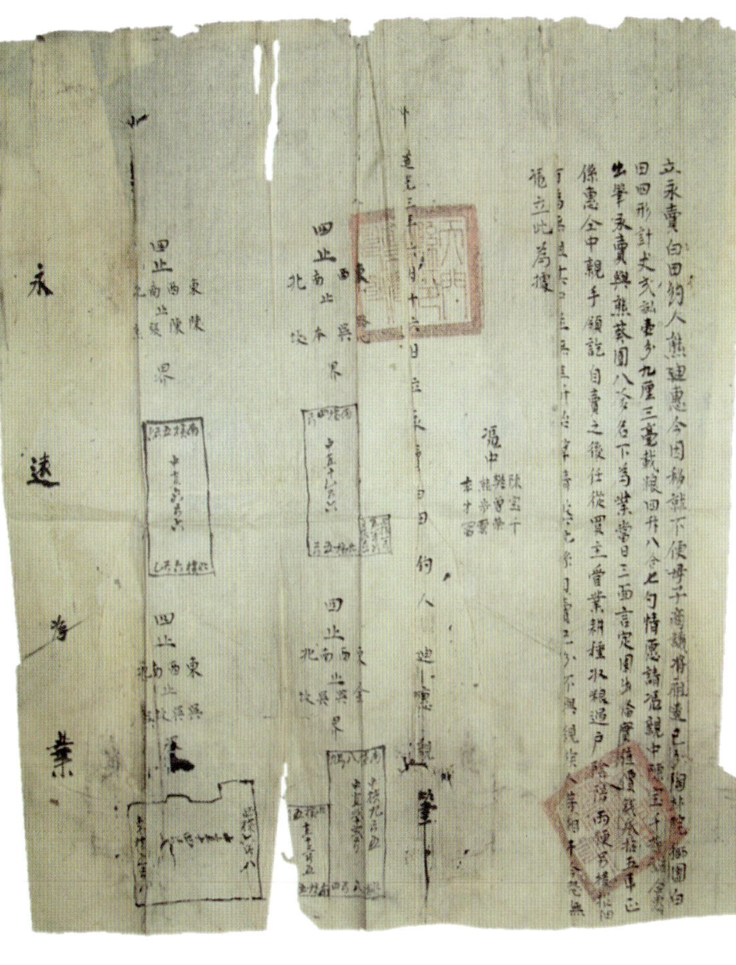

图二十一　道光三年六月十六日熊迪惠卖田赤契

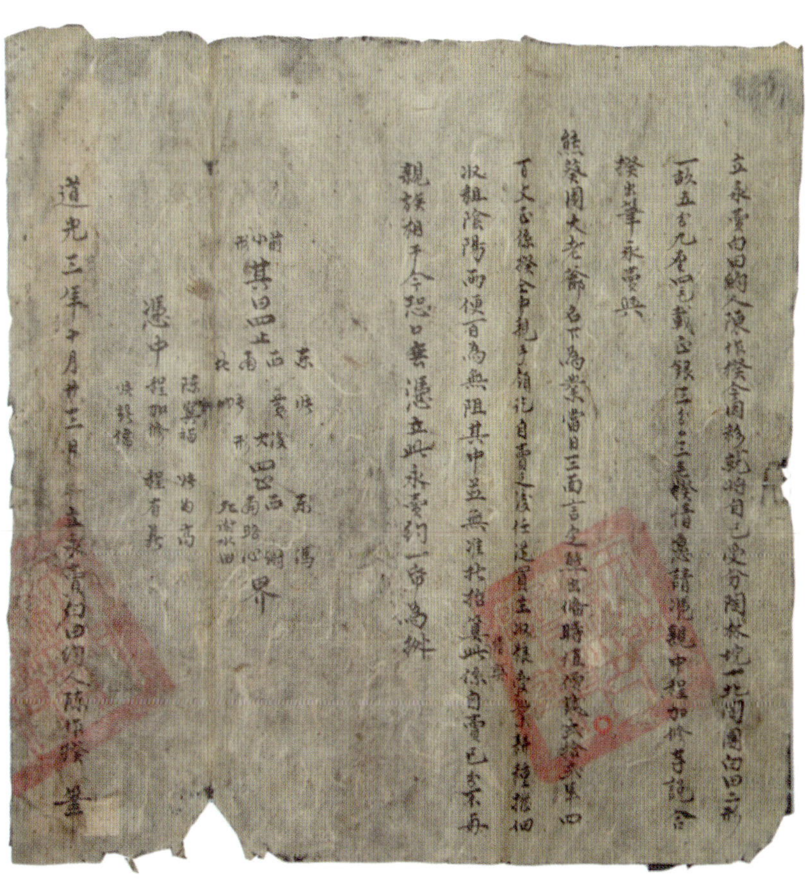

图二十二　道光三年十月二十三日陈作揆卖田赤契

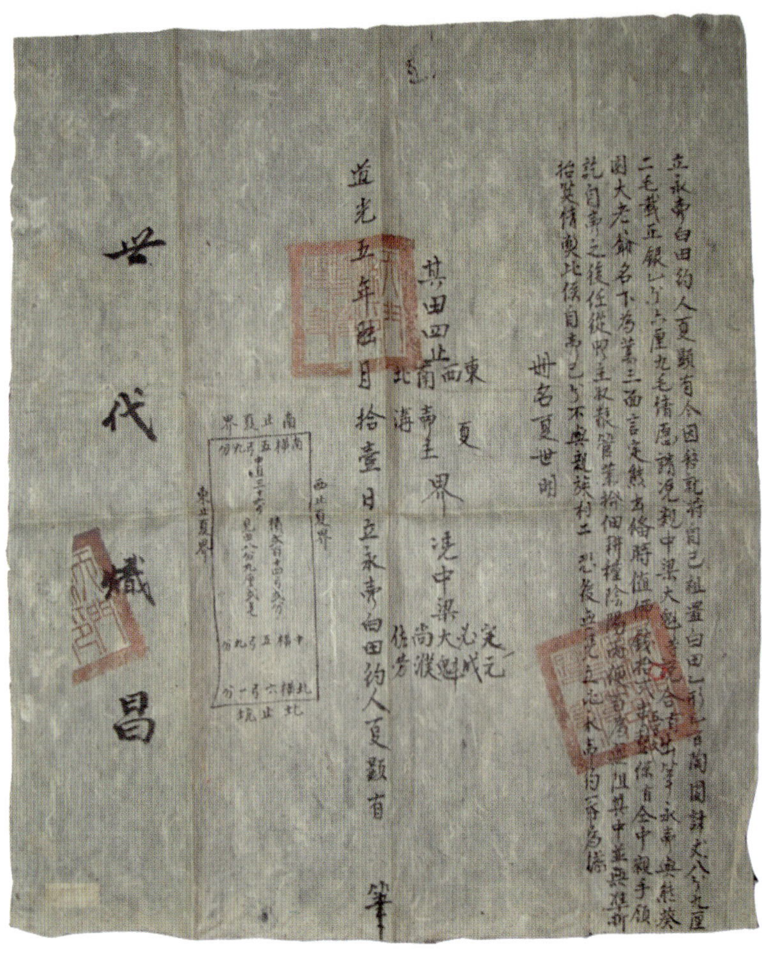

图二十三　道光五年十二月十一日夏显有卖田赤契

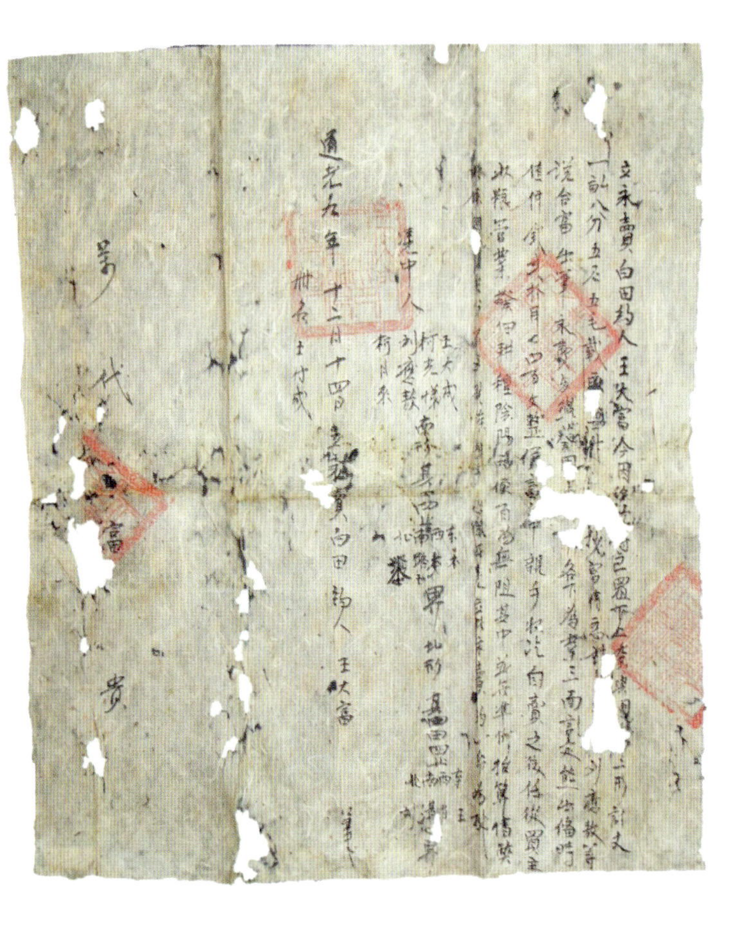

图二十四　道光九年十二月十四日王大富卖田赤契

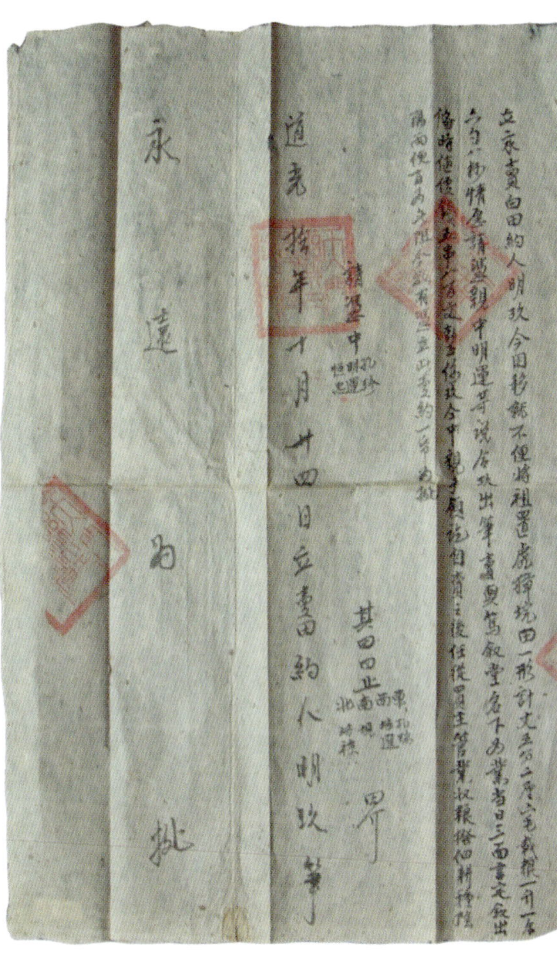

图二十五　道光十年十月二十四日明玖卖田赤契

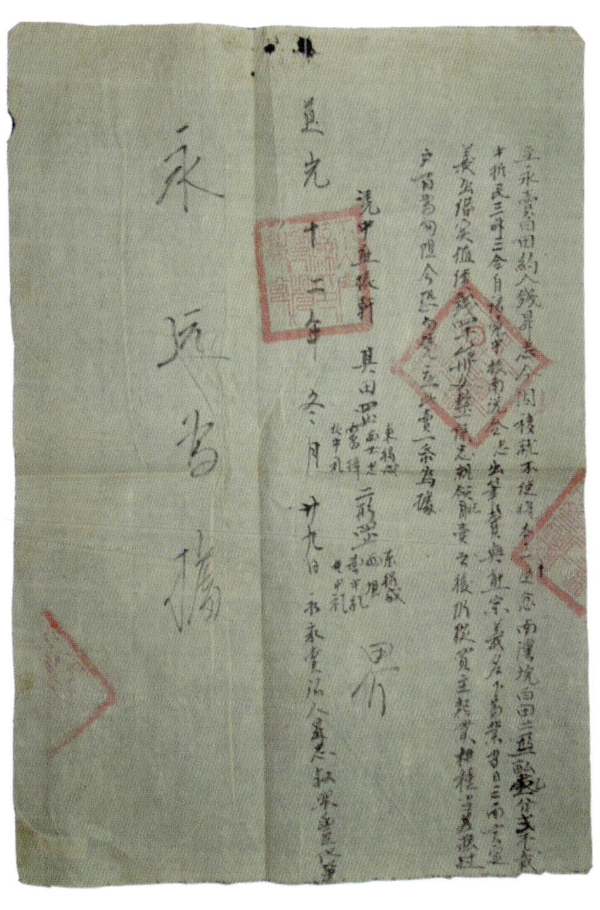

图二十六　道光十二年十一月二十九日钱昇忠卖田赤契

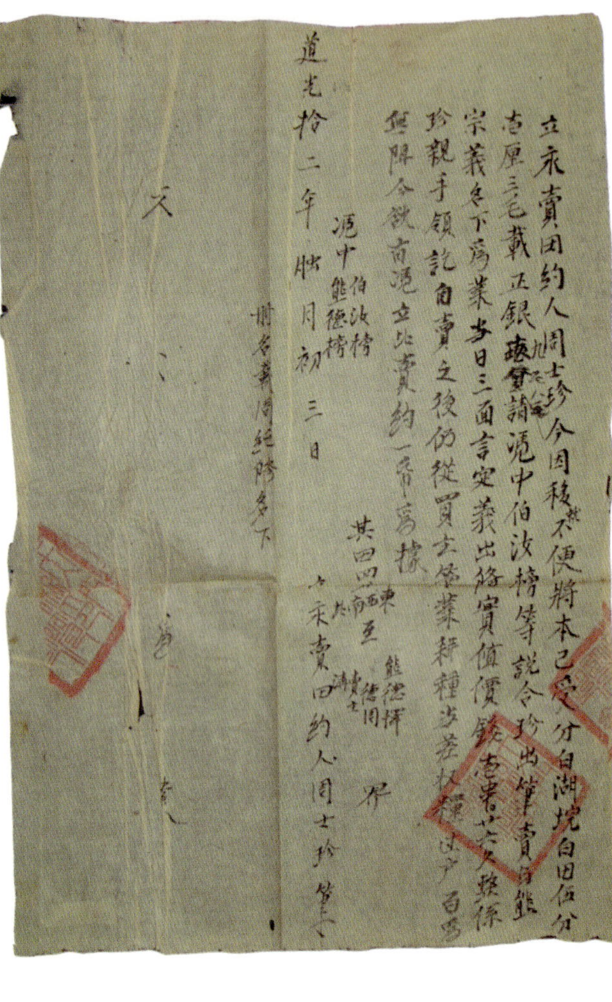

图二十七　道光十二年十二月三日周士珍卖田赤契

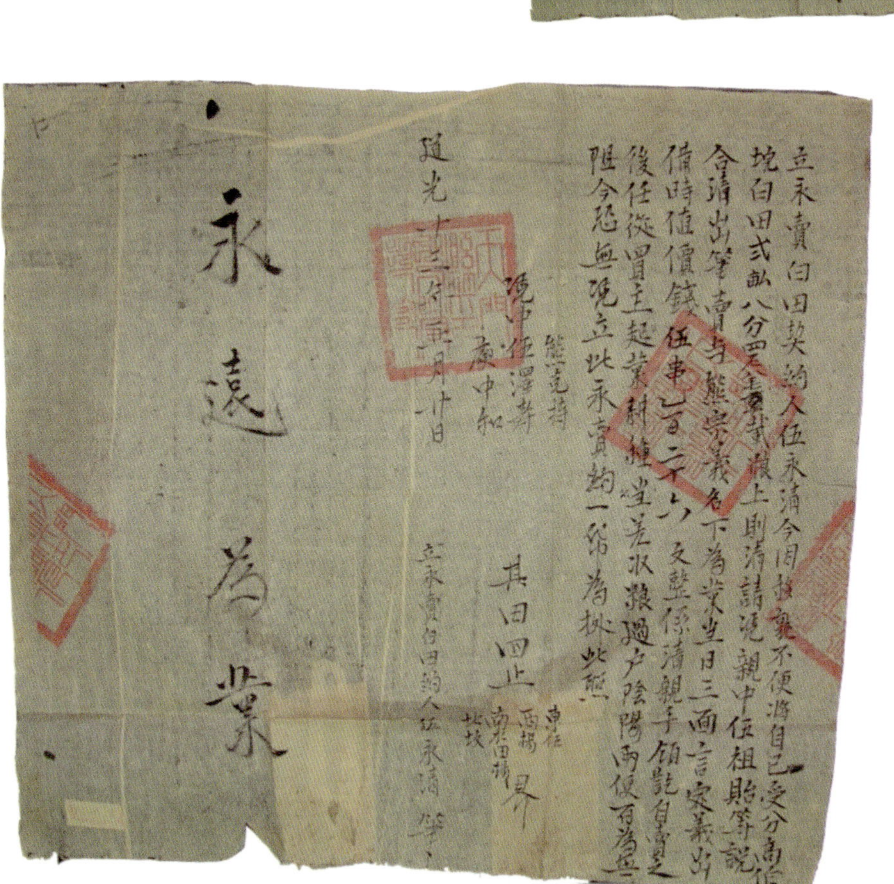

图二十八　道光十三年一月二十日伍永清卖田赤契

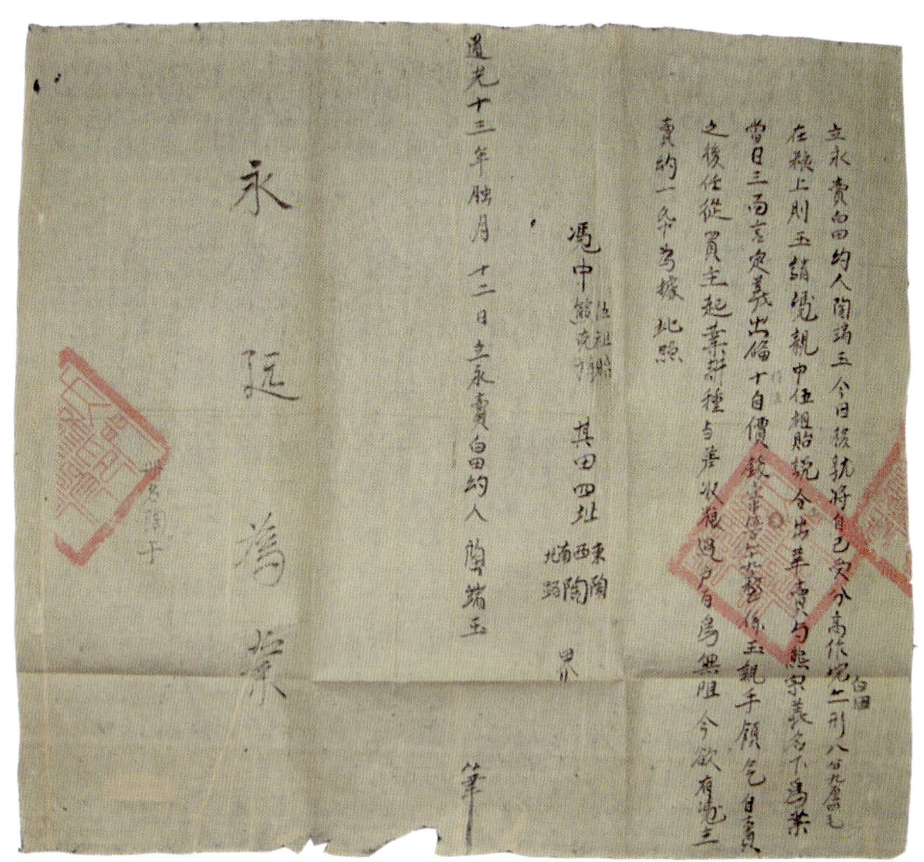

图二十九　道光十三年十二月十二日陶端玉卖田赤契

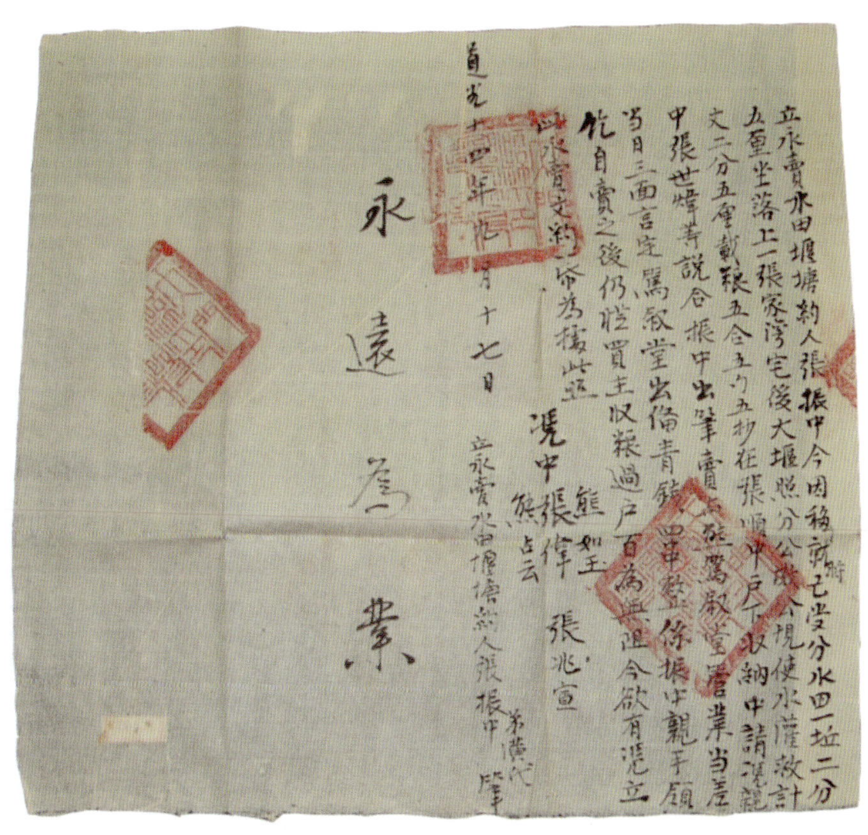

图三十　道光十四年九月十七日张振中卖田赤契

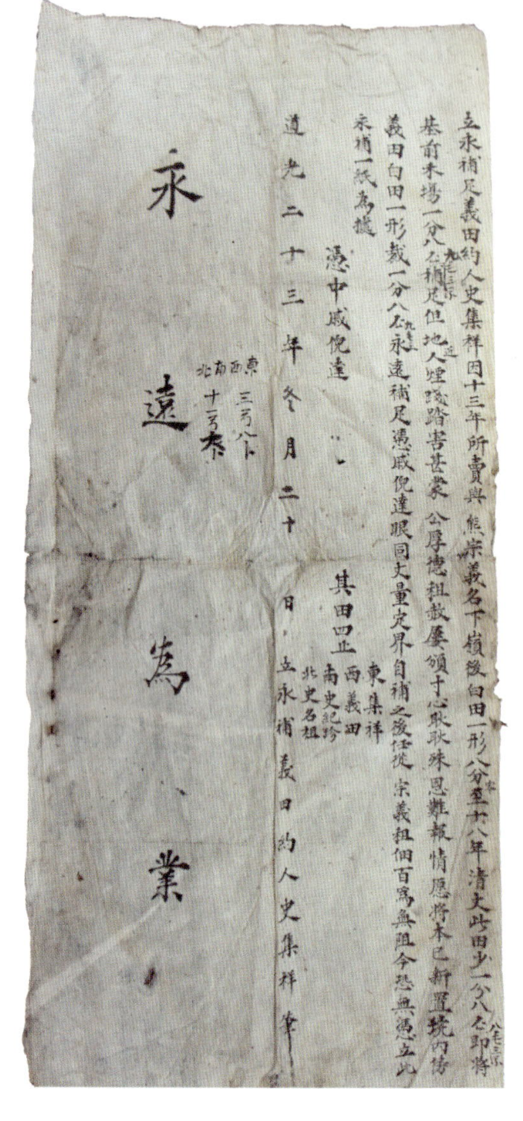

立永補足義田約人史集祥因十三年所賣與熊宗義名下嶺後白田一形八分至十八年清丈此田少一分八厘即將
基前禾場一分八厘補足但地人煙踐踏害甚衆公厚德祖叔屢領于心耿耿殊恩難報情愿將本已新置號內傍
義田白田一形裁一分八厘永遠補足憑戚倪達眼同丈量定界自補之後任從宗義祖佃百寫無阻今恐無憑立此
永補一紙為據

憑中戚倪達

其田四止 東集祥 西義田 南史紀珍 北史名祖

東西三弓八卜 南北十弓

道光二十三年冬月二十日 立永補義田約人史集祥

永遠為業

图三十一 道光二十三年十一月二十日史集祥补足田契

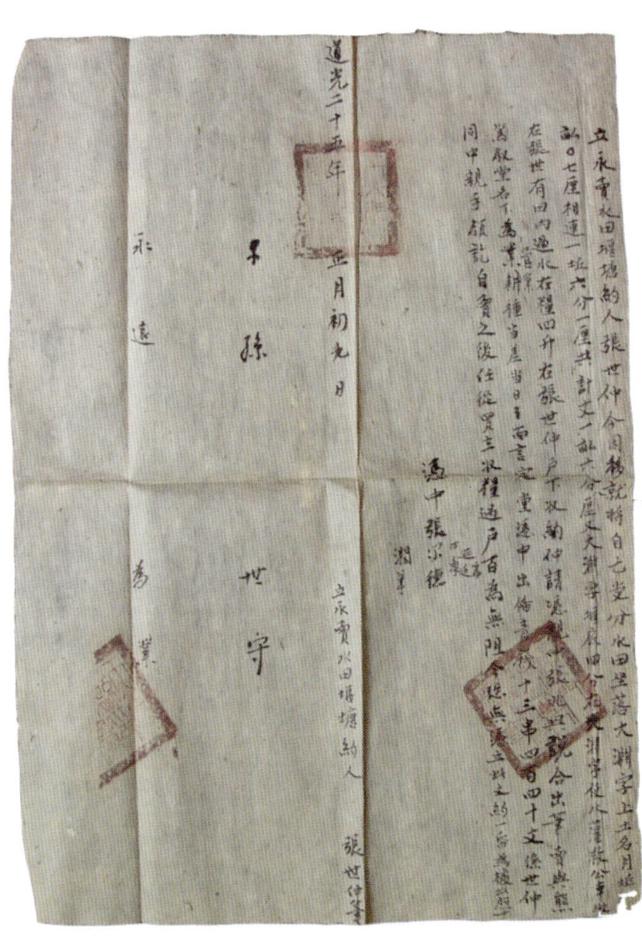

立永賣水田堰塘約人張世仲今因移就將自己受分水田坐落大淵字上土名月[illegible]
畝〇七厘相連一坵六分一厘共計丈一畝六分[illegible]大淵字[illegible]
在張世有田內過水右塘四升在張世仲戶下[illegible]
當叔堂名下為業耕種當日三面言定[illegible]十三串四百四十文[illegible]
同中親手領訖自賣之後任從買主收糧過戶百為無阻今恐無憑立此文約為據

憑中張宗德

道光二十五年正月初九日 立永賣水田堰塘約人張世仲

子孫世守

永遠為業

图三十二 道光二十五年一月九日张世仲卖水田堰塘契

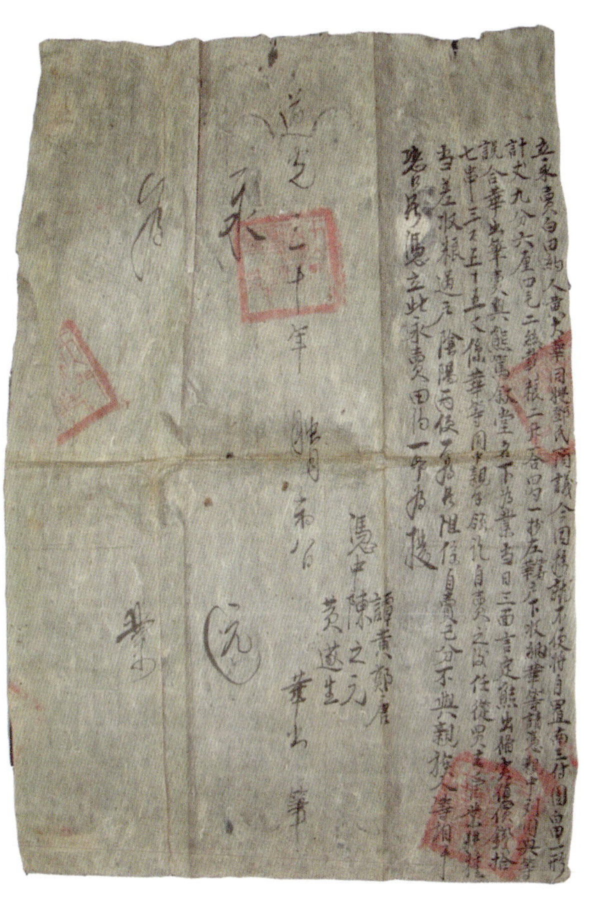

图三十三　道光三十年十二月八日黄大华等卖田赤契

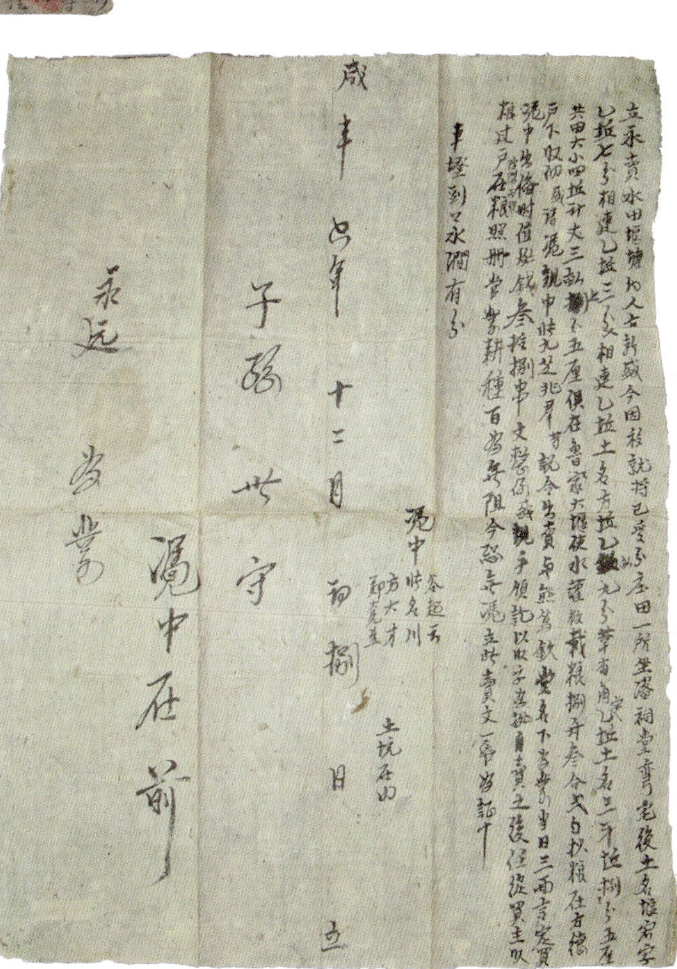

图三十四　咸丰六年十二月八日方新盛卖水田堰塘契

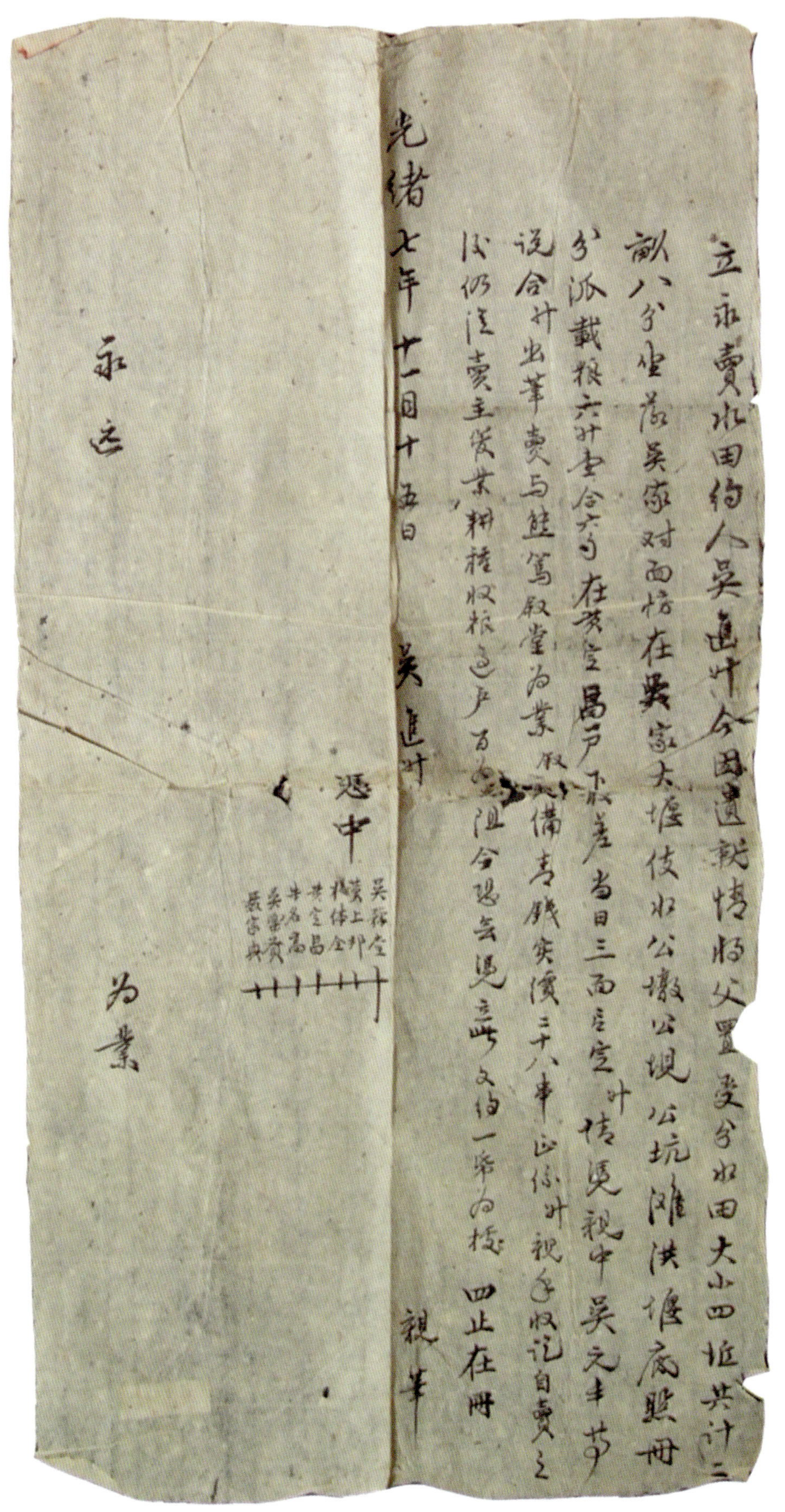

图三十五　光绪七年十一月十五日吴进升卖田契

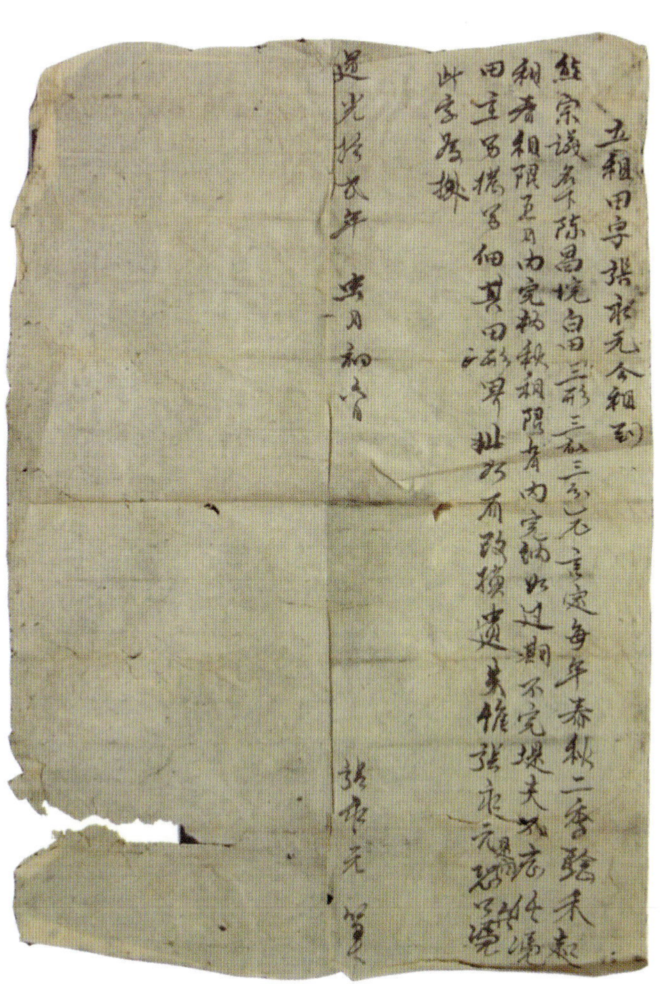

图三十六　道光十二年十二月六日张永元租田字

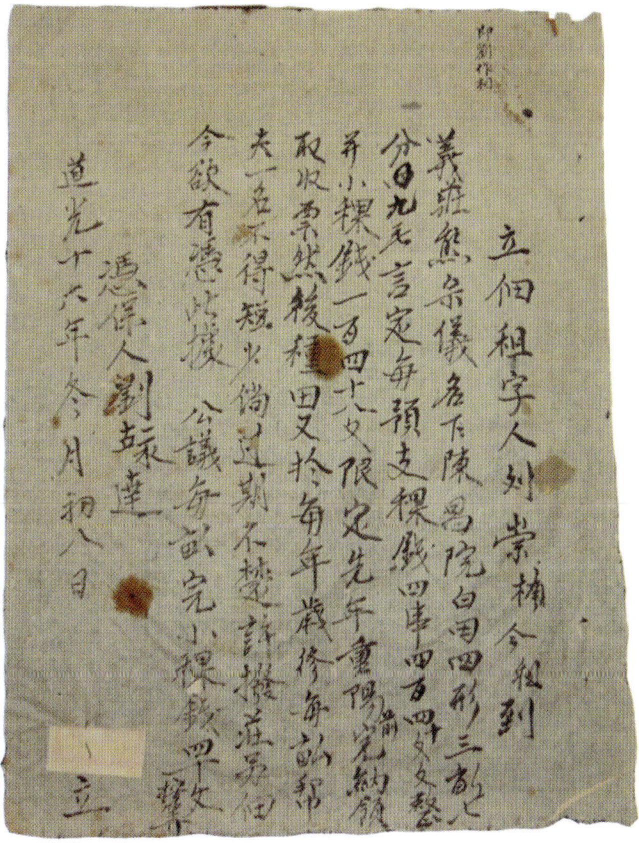

图三十七　道光十六年十一月八日刘崇楠租田字

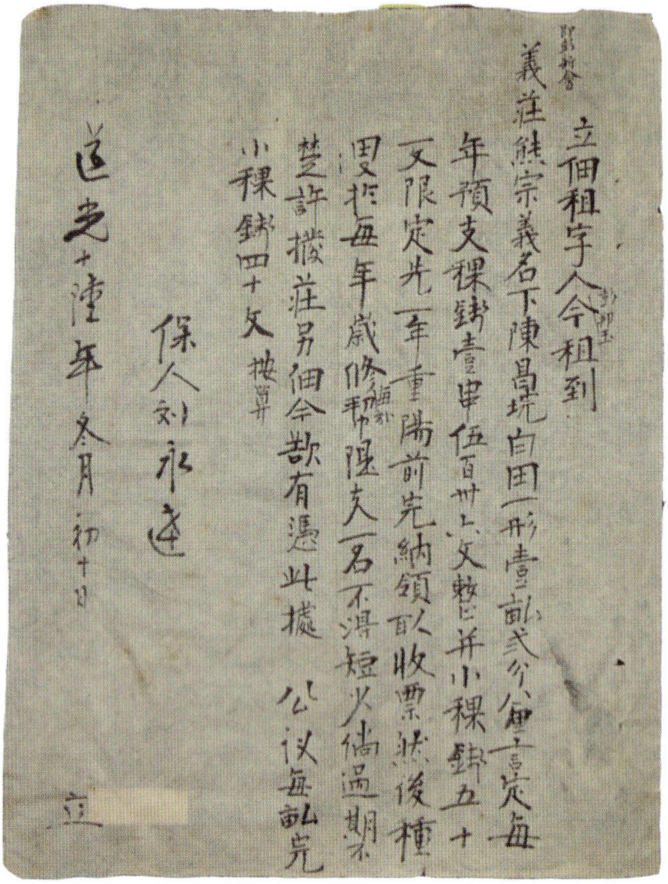

立佃租字人仝祖到

義莊無宗義名下陳昌垸白田一形壹畝弍分八厘　言定每

年預支稞錢壹串伍百卅六文整并小稞錢五十

文限定先一年重陽前先納領取收票然後種

田於每年歲修幫堤夫一名不得短少倘過期不

楚許撤莊另佃仝歆有憑此據　公议每畝完

小稞錢四十文　攤算

保人刘永達

道光十六年冬月初十日

立

图三十八　道光十六年十一月十日彭邦玉租田字

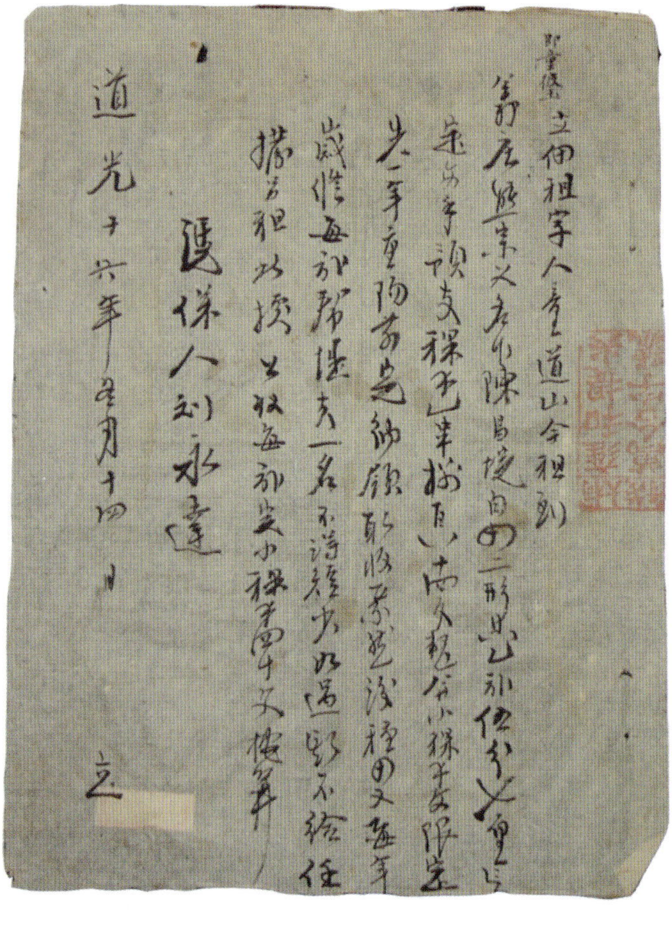

图三十九　道光十六年十一月十四日童道山租田字

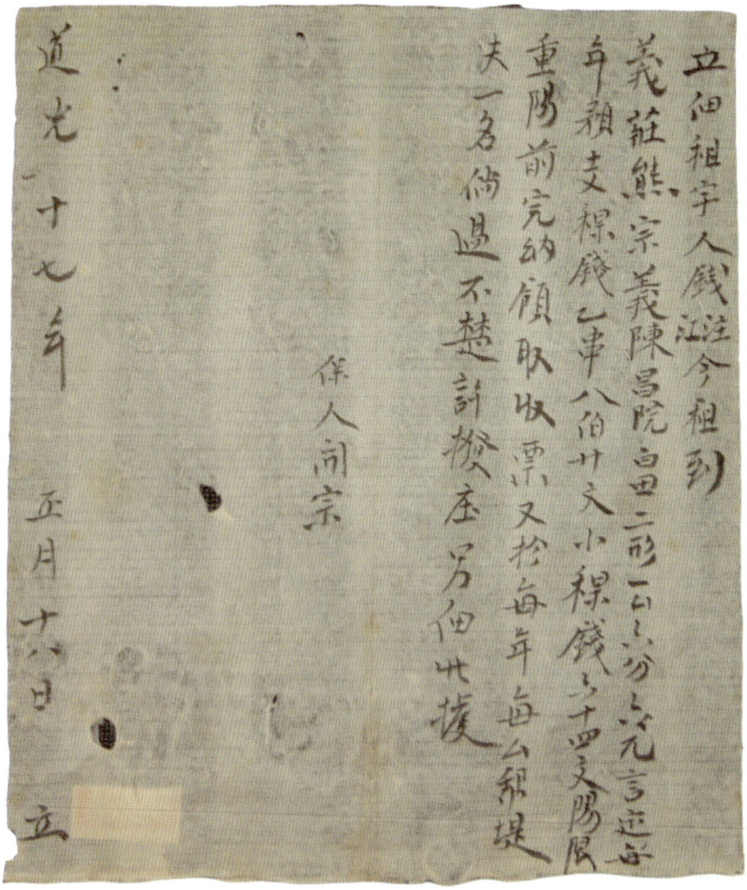
立佃租字人錢江注今租到
義莊熊宗義陳昌院白田二形一石三分六厘正每
年額支粿錢乙串八佰廿文小粿錢二十四文限
重陽前完納領取收票又於每年每山報堤
夫一名倘過不楚許撥庄另佃此據
保人　同宗
道光十七年　正月十八日　立

图四十　道光十七年一月十八日钱注等租田字

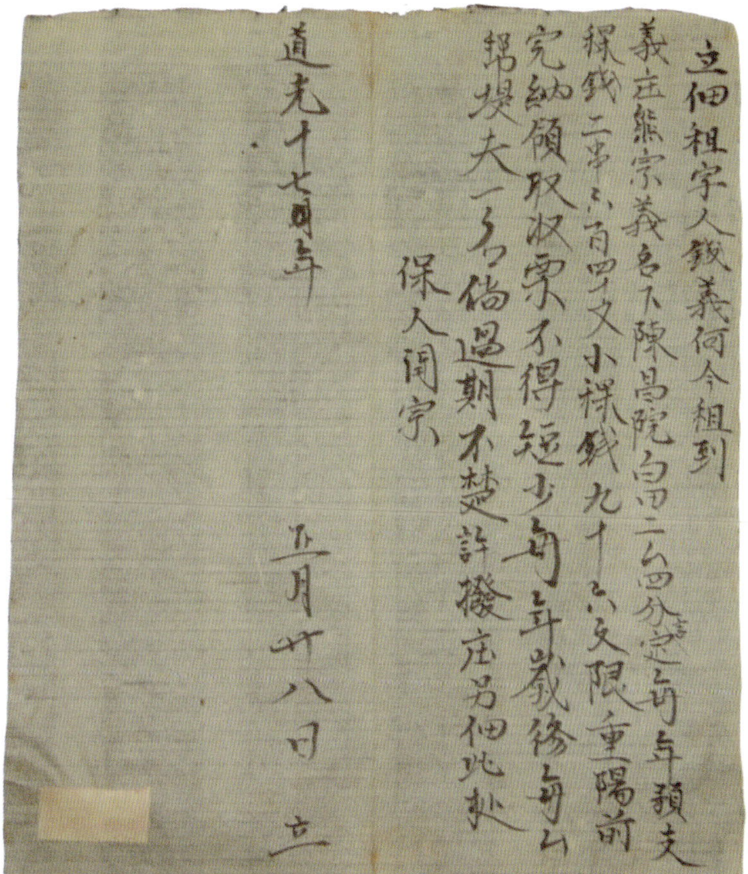
立佃租字人錢義何今租到
義庄熊宗義名下陳昌院白田二石四分定每年額支
粿錢二串三百四十文小粿錢九十六文限重陽前
完納領取收票不得短少每年義務每山
報堤夫一名倘過期不楚許撥庄另佃此據
保人　同宗
道光十七年　正月廿八日　立

图四十一　道光十七年一月二十八日钱义何租田字

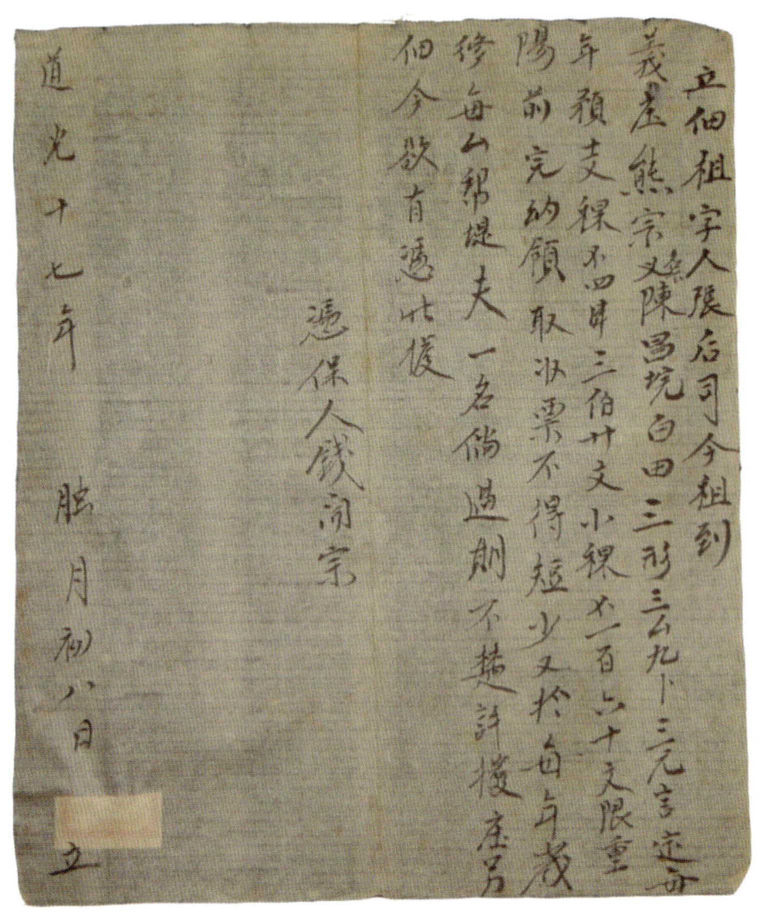

图四十二　道光十七年十二月八日张后司租田字

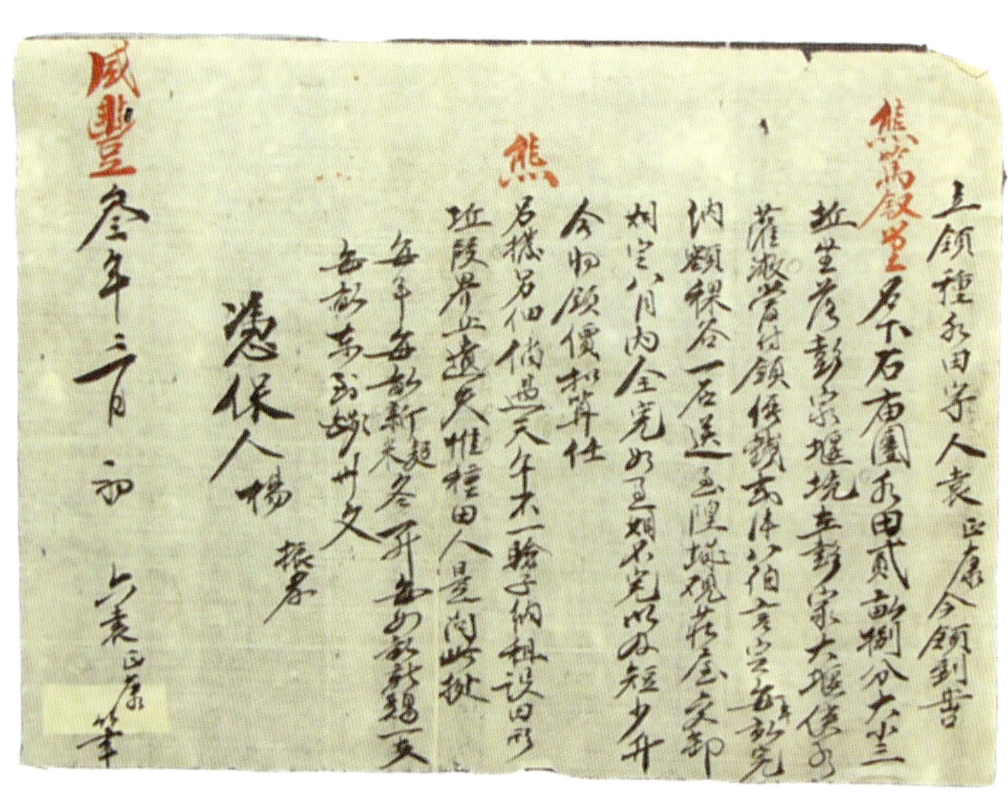

图四十三　咸丰三年三月六日袁正康租田字

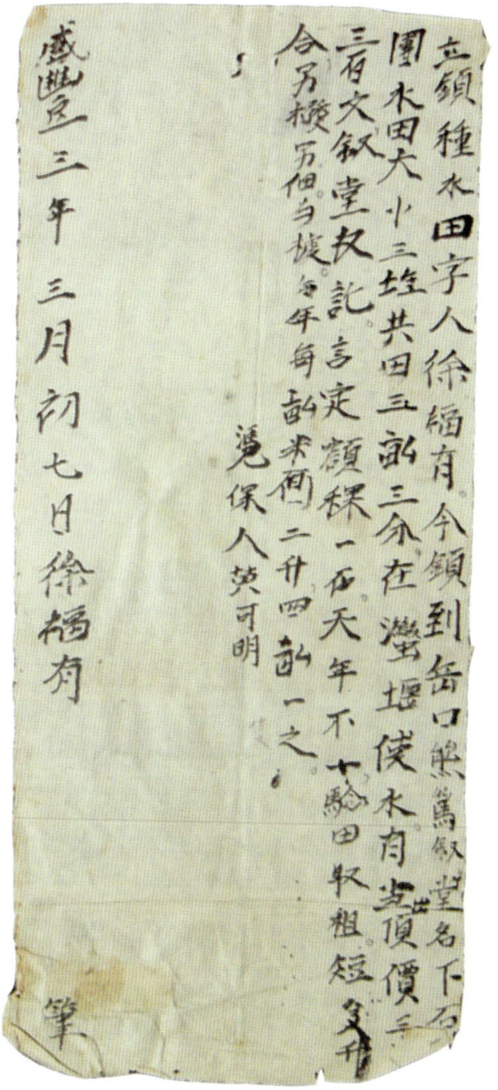

图四十四　咸丰三年三月七日徐福有租田字

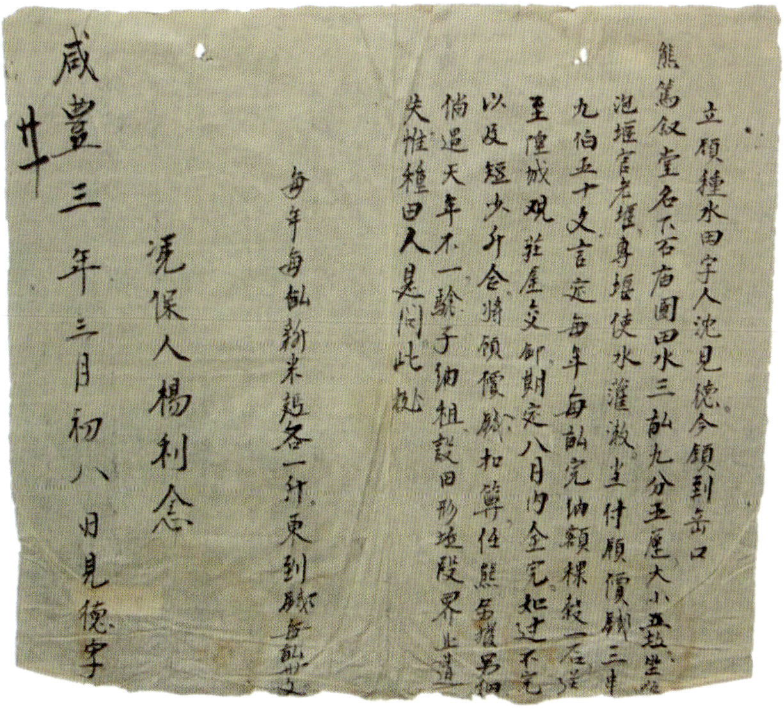

图四十五　咸丰三年三月八日沈见德租田字

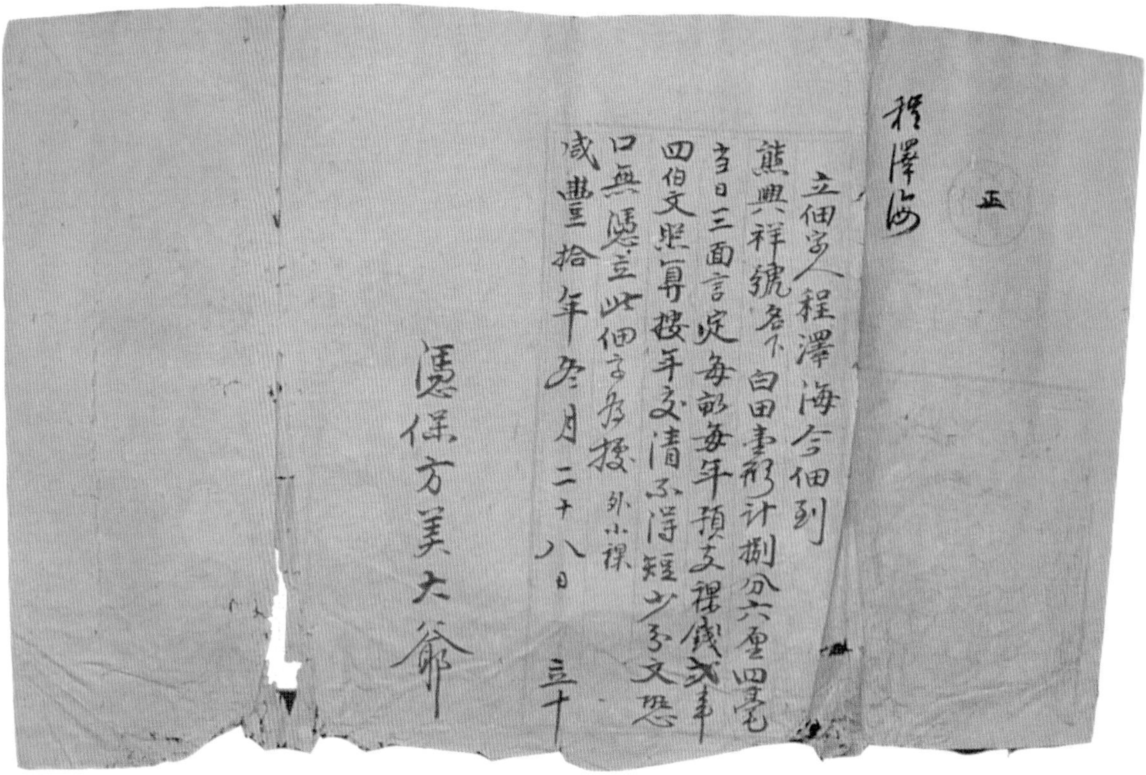

程澤海

正

立佃字人程澤海今佃到
熊興祥號名下白田壹形计捌分六厘四毫
言白三面言定每畝每年預支稞錢弍串
四伯文照年年交清不得短少分文恐
口無憑立此佃字為據 外小稞
咸豐拾年冬月二十八日 立

憑保方美大爺

图四十六 咸丰十年十一月二十八日程泽海租田字

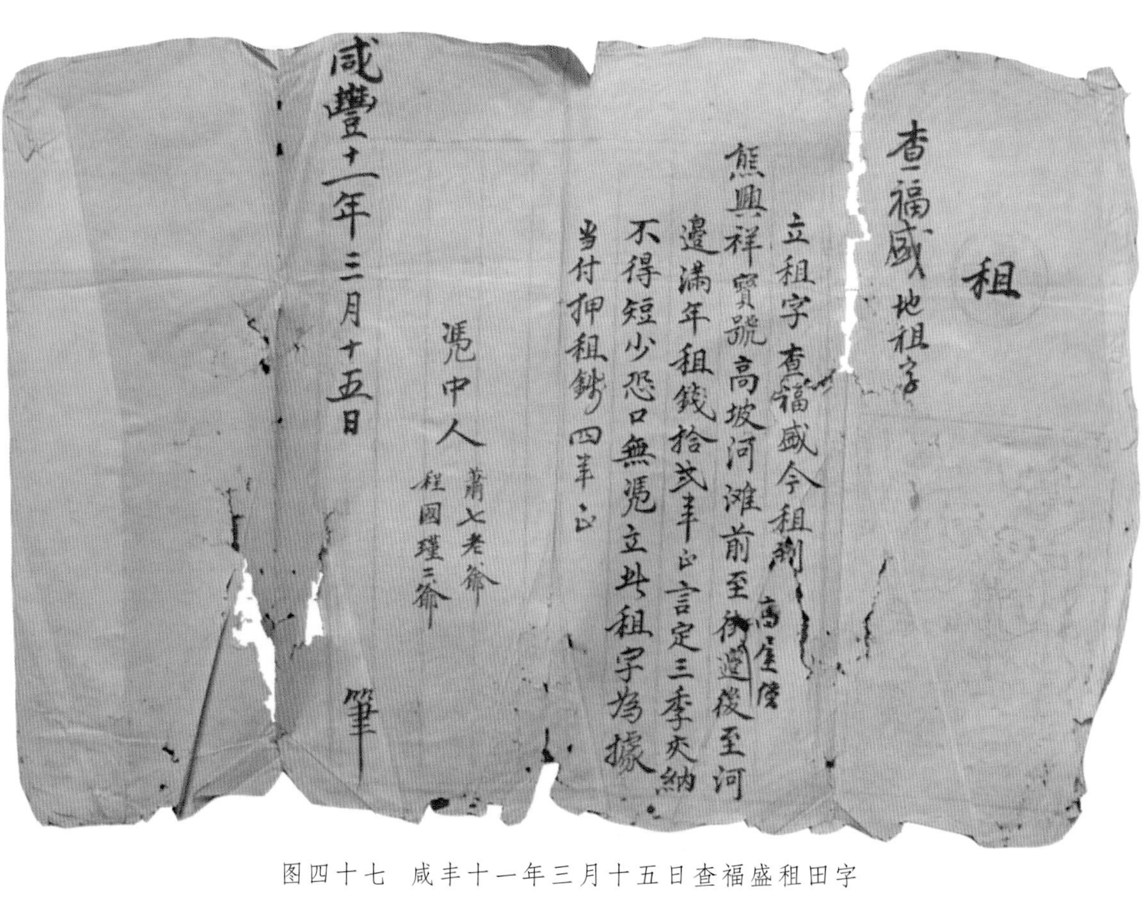

查福盛 地租字

租

立租字查福盛今租到
熊興祥實號高坡河灘前至高屋後至河
邊滿年租錢拾弍串正言定三季交納
不得短少恐口無凭立此租字為據
当付押租錢四串正

凴中人 蕭七老爺 程國瑾三爺

咸豐十一年三月十五日 筆

图四十七 咸丰十一年三月十五日查福盛租田字

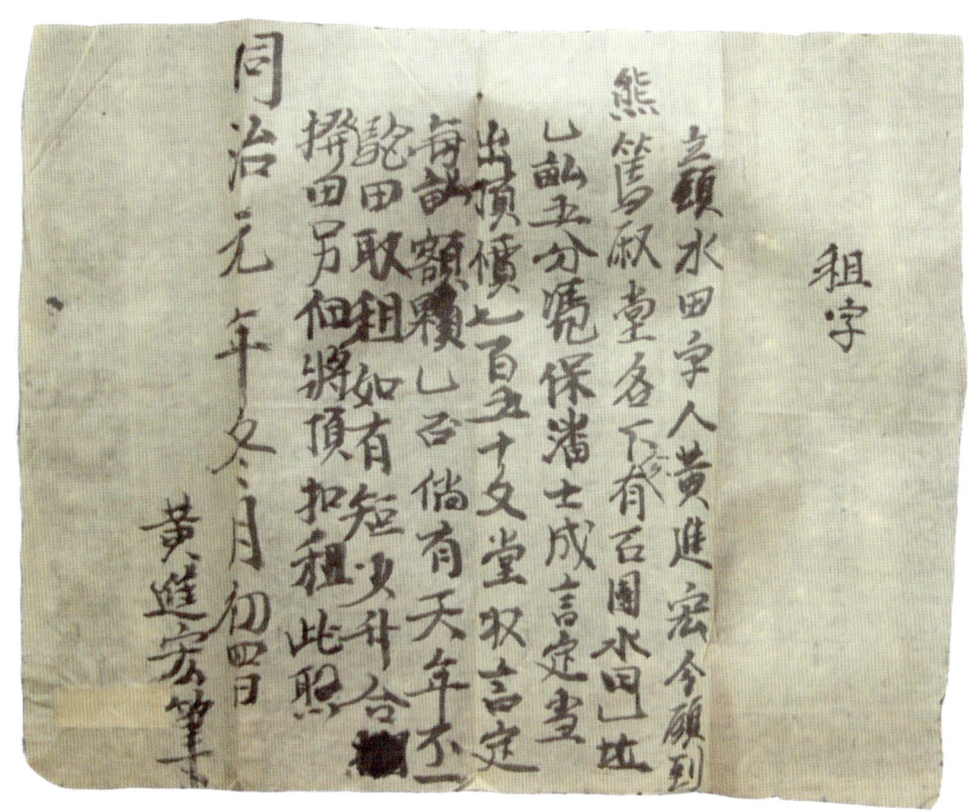

租字

立頂水田字人黃進宏今頂到
熊篤叔堂名下有田園水田一坵
山畝五分憑保潘士成言定當
出頂價七百五十文當收言定
每畝額穀七石倘有天年不一
驗田取租如有短少升合
撥田另佃將頂扣租此照

同治元年冬月初四日
黃進宏筆

图四十八　同治元年十一月四日黄进宏租田字

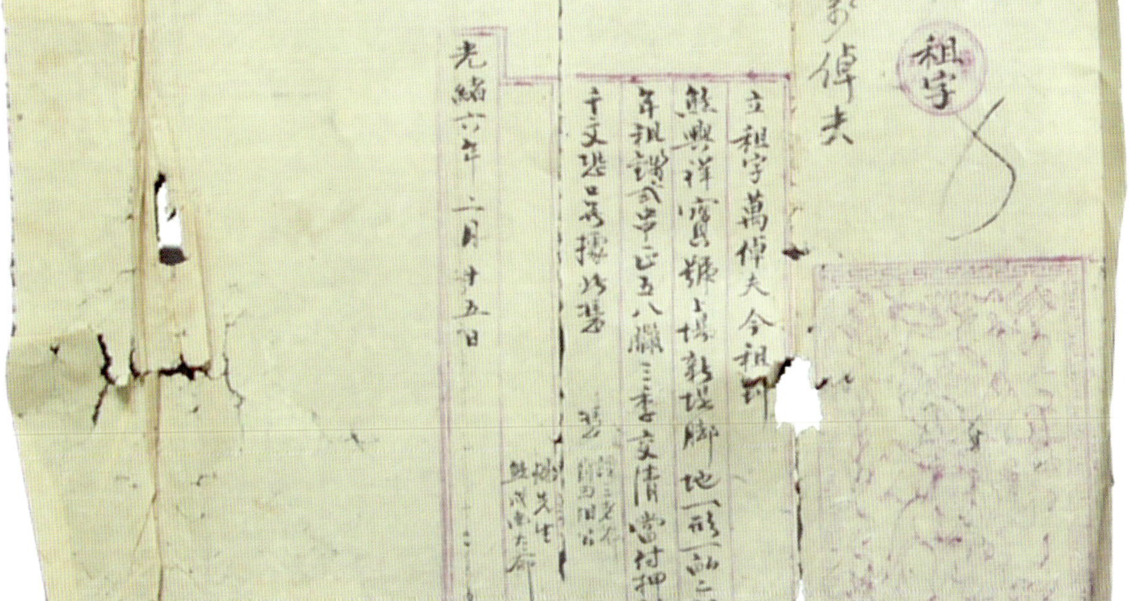

图四十九　光绪六年二月十五日万倬夫租田字

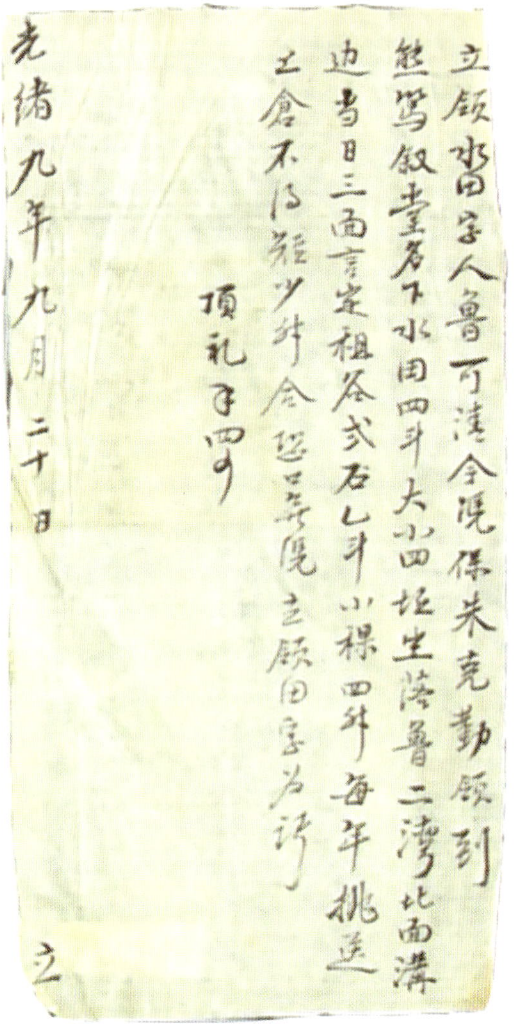

立领当字人鲁可清今凭保朱克勤领到
熊写叙堂名下水田四斗大小四坵坐落鲁二湾北面沟
边当日三面言定租谷式石七斗小稞四升每年挑送
上仓不得短少升合恐口无凭立领田字为据
[illegible]
光绪九年九月二十日　立

图五十　光绪九年九月二十日鲁可清租田字

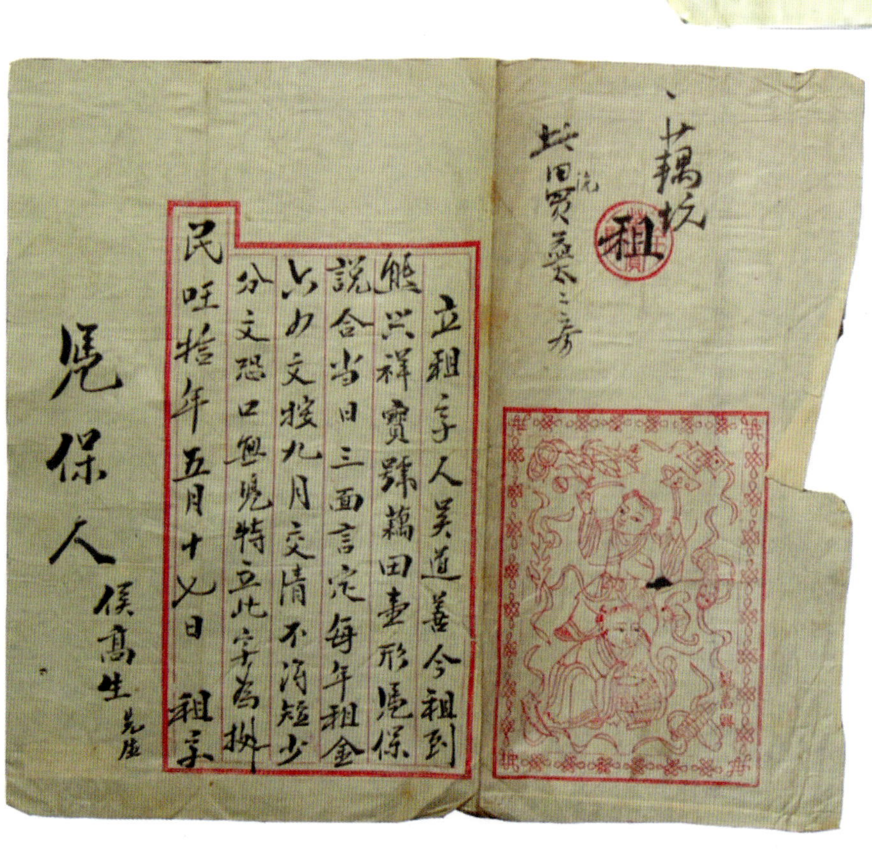
立租字人吴道善今租到
熊兴祥寳号藕田壹形凭保
说合当日三面言定每年租金
六[illegible]文按九月交清不得短少
分文恐口无凭特立此字为据
民国拾年五月十七日　租字
凭保人　侯高生

图五十一　民国十年五月十七日吴道善租田字

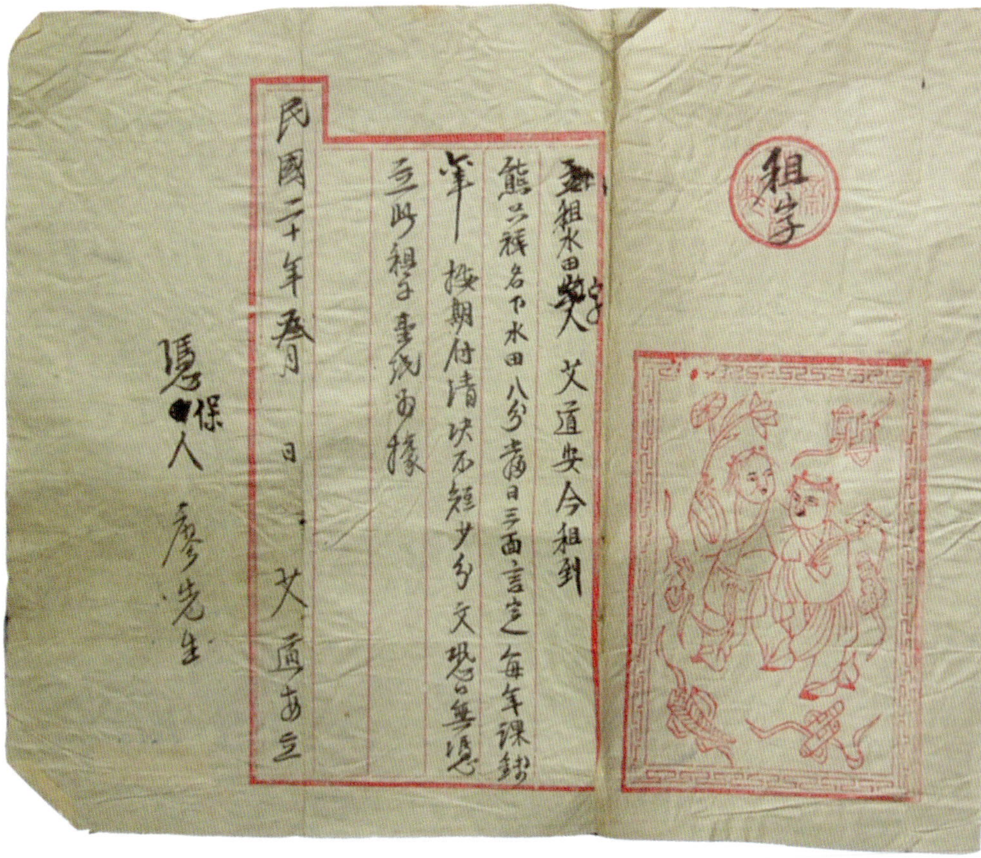

租字

立租水田字人艾道安今租到
熊三祥名下水田八分當日三面言定每年課錢
洋一按期付清決不短少分文恐口無憑
立此租字為據
民國二十年三月　日　艾道安立
憑保人　廖先生

图五十二　民国二十年三月艾道安租田字

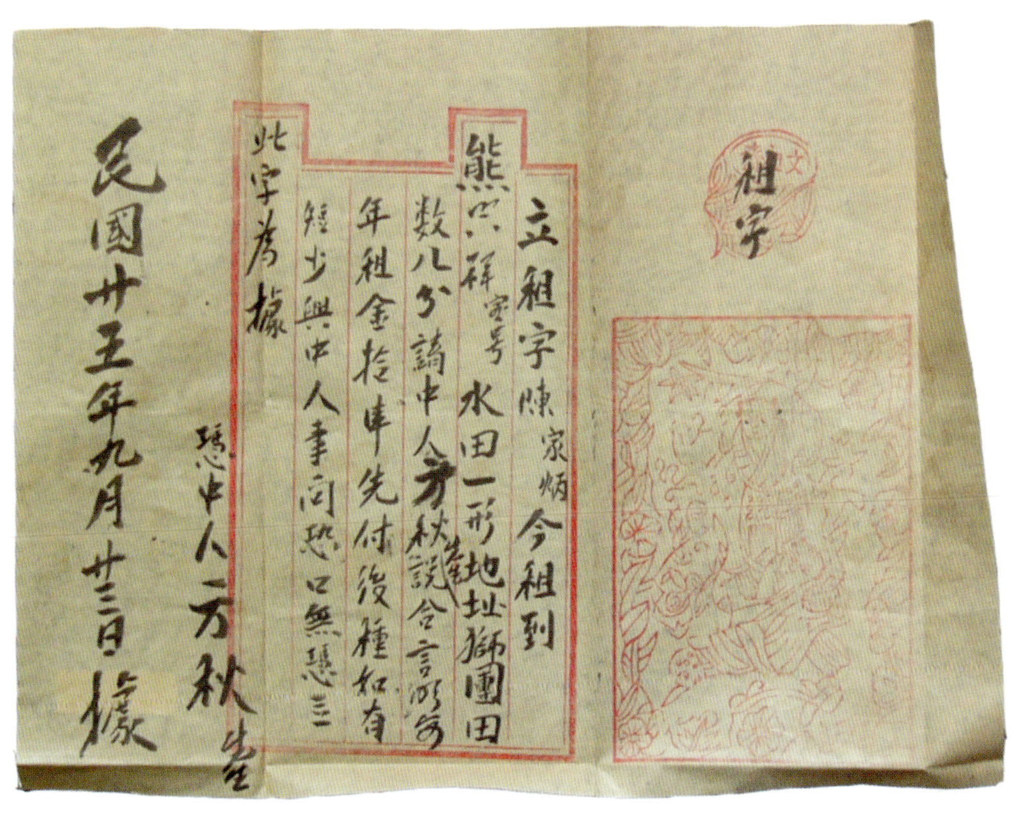
租字

立租字陳家炳今租到
熊三祥家号水田一形地址獅園田
数八分請中人方秋生說合言明每
年租金拾串先付後種如有
短少與中人事問恐口無憑立
此字為據
憑中人　方秋生
民國廿五年九月廿三日據

图五十三　民国二十五年九月二十三日陈家炳租田字

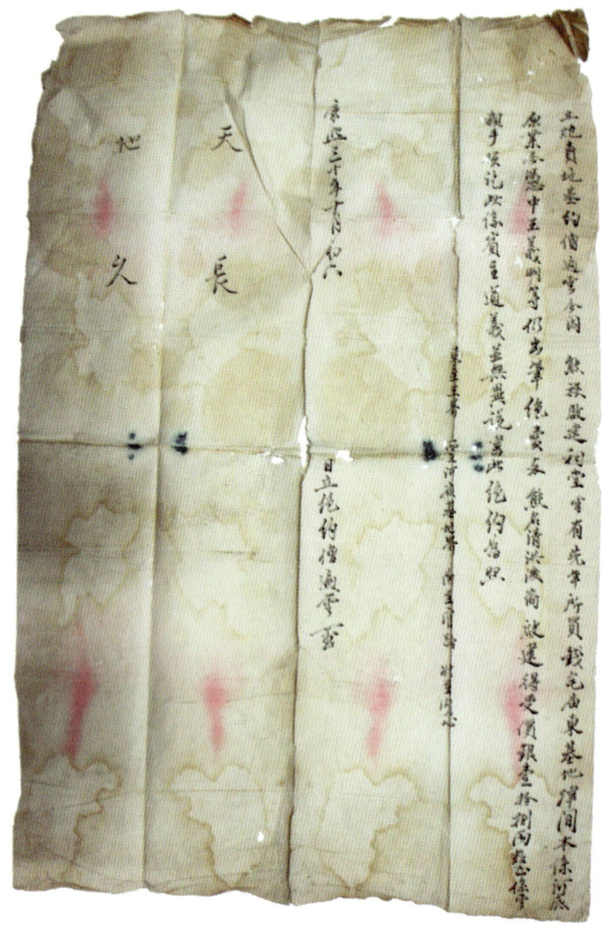

图五十四　康熙三十年十月六日僧遍云卖地基契

图五十五　康熙三十八年一月十二日朱二羽卖房契

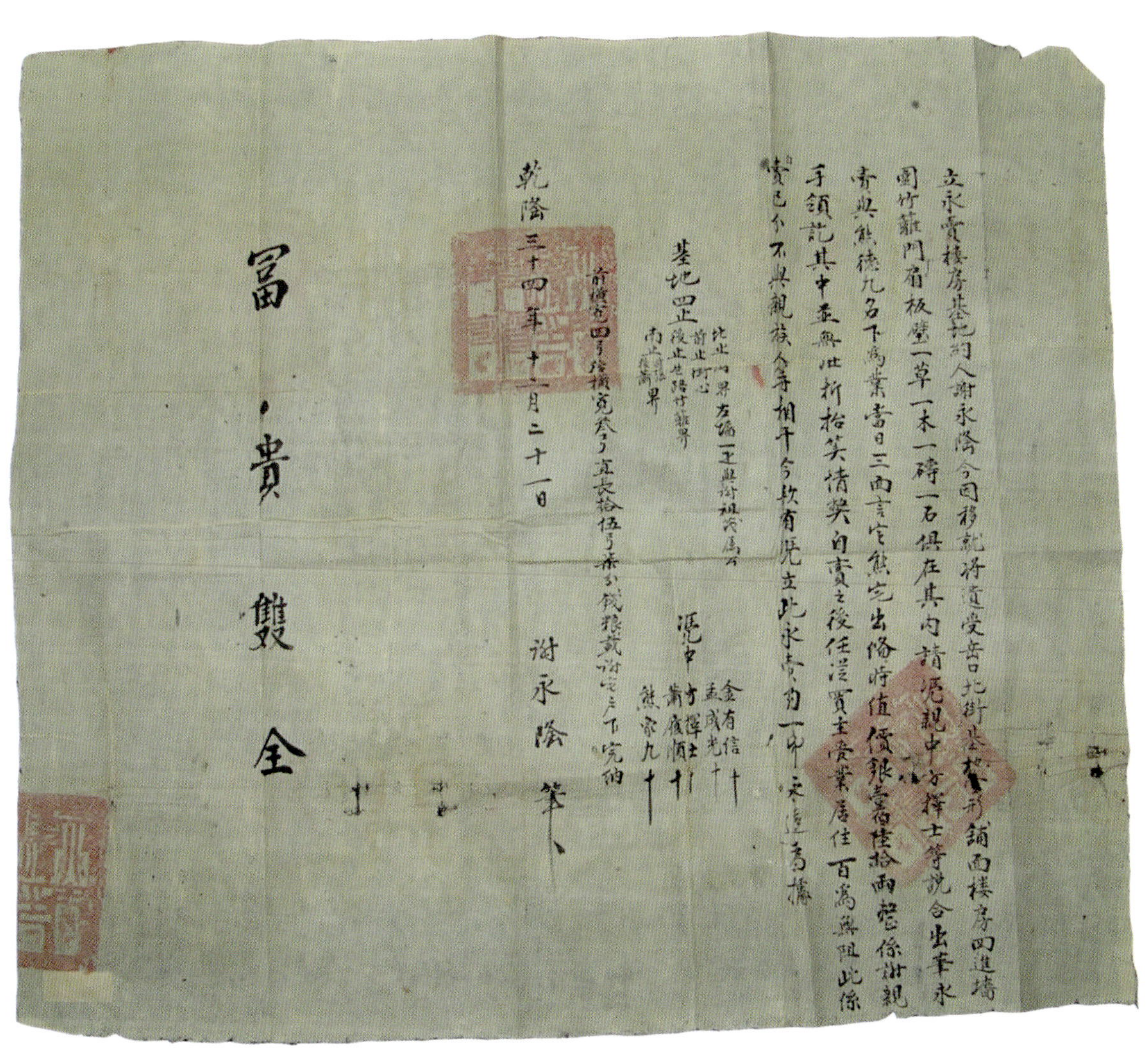

图五十六　乾隆三十四年十二月二十一日谢永隆卖楼房基地赤契

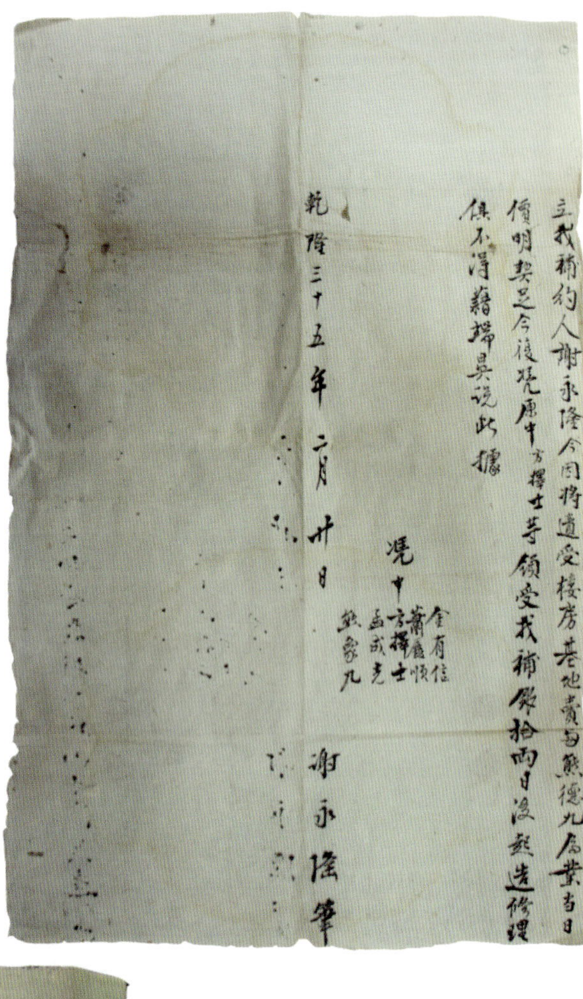

立找補約人謝永隆今因將遺受樓房基地賣与熊德九爲業當日
價明契足今後憑原中方擇士等領受找補銀拾兩日後無造修理
俱不得藉端異說此據

憑中 方擇士 金有信 蕭纏順 孟武先 熊象九

乾隆三十五年二月廿日 謝永隆筆

图五十七 乾隆三十五年二月二十日谢永隆卖楼房基地找补契

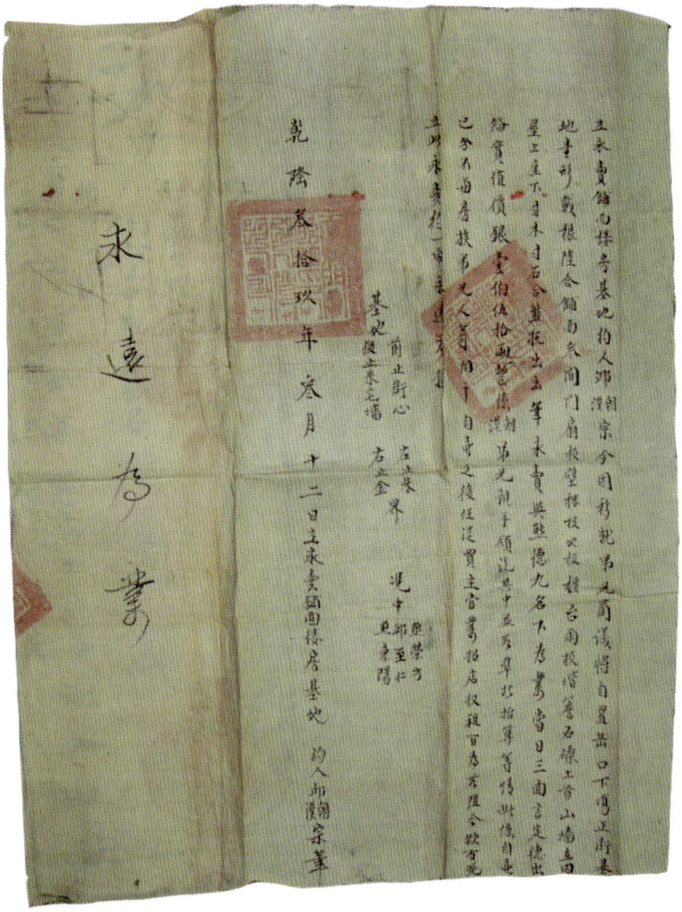

图五十八 乾隆三十九年三月十二日邱朝宗等卖铺面楼房基地赤契

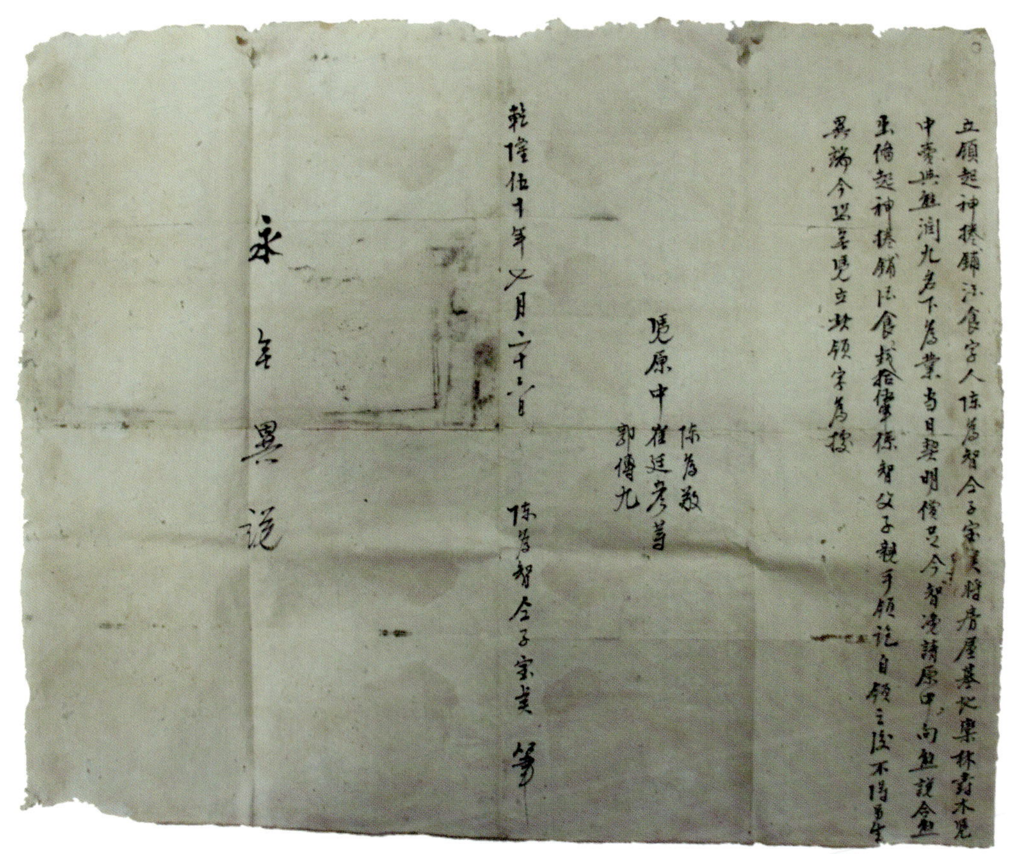

图五十九　乾隆五十年七月二十六日陈为智等卖房屋基地找补契

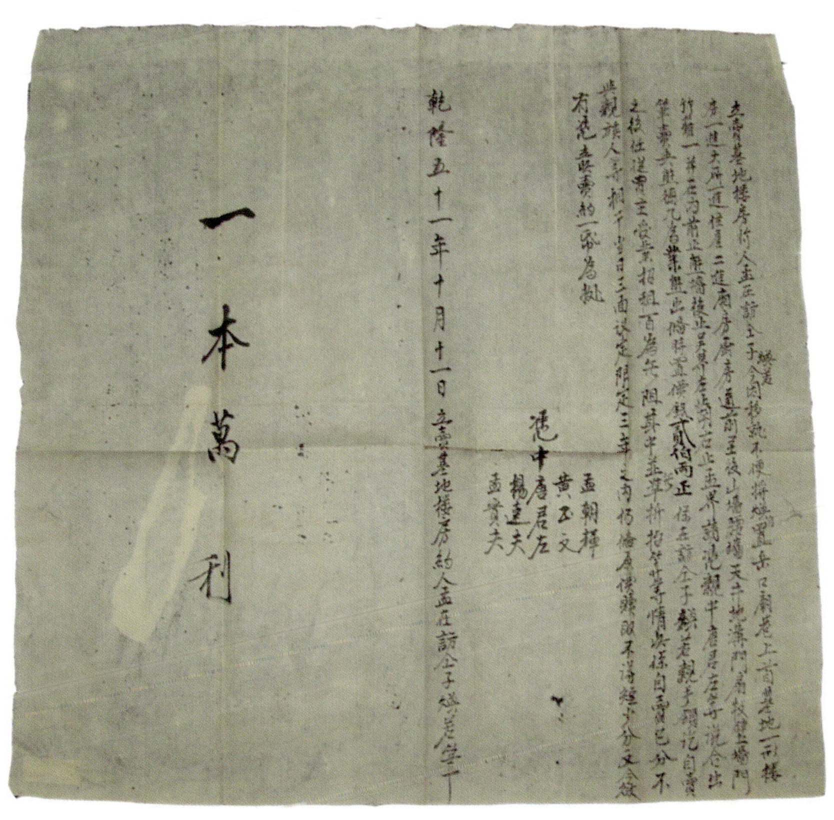

图六十　乾隆五十一年十月十一日孟在访等卖基地楼房契

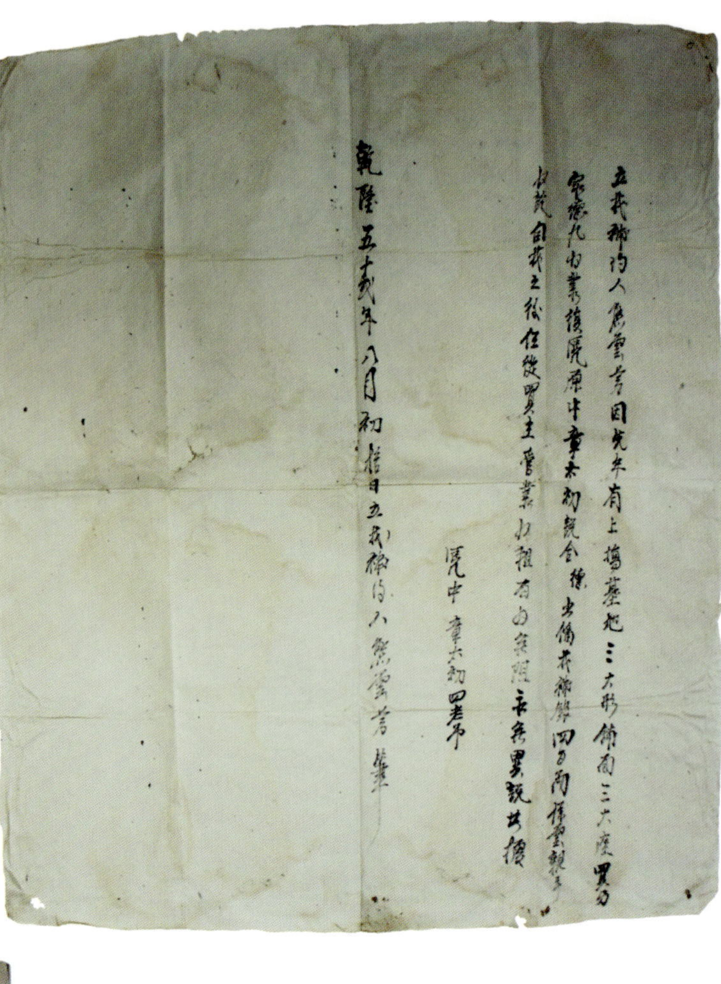

图六十一　乾隆五十二年八月十日熊云芳卖基地铺面找补契

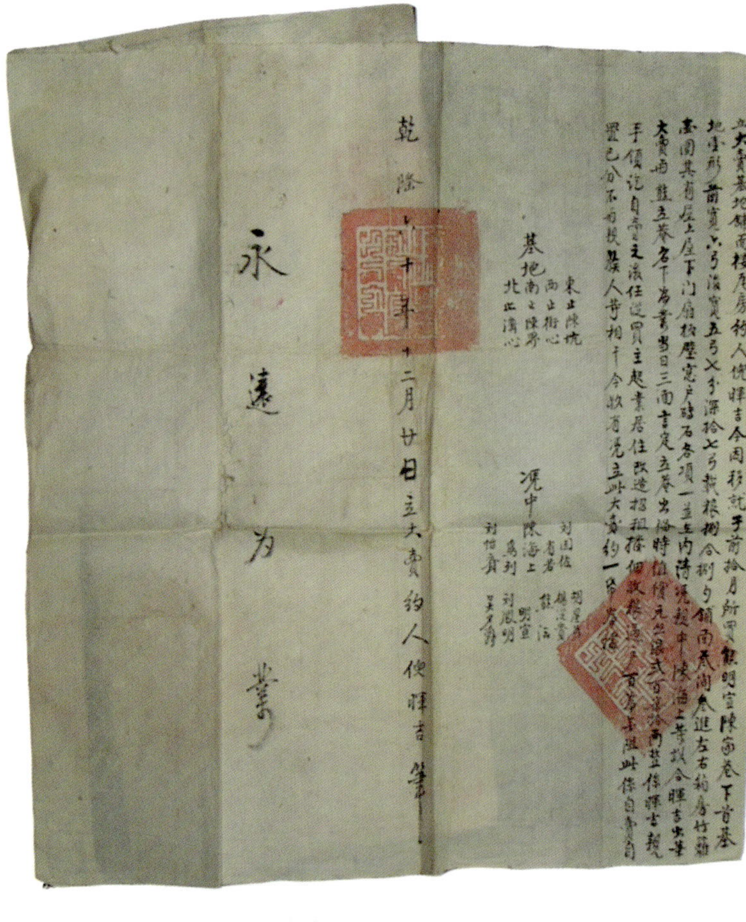

图六十二　乾隆六十年十二月二十日倪晖吉卖基地铺面赤契

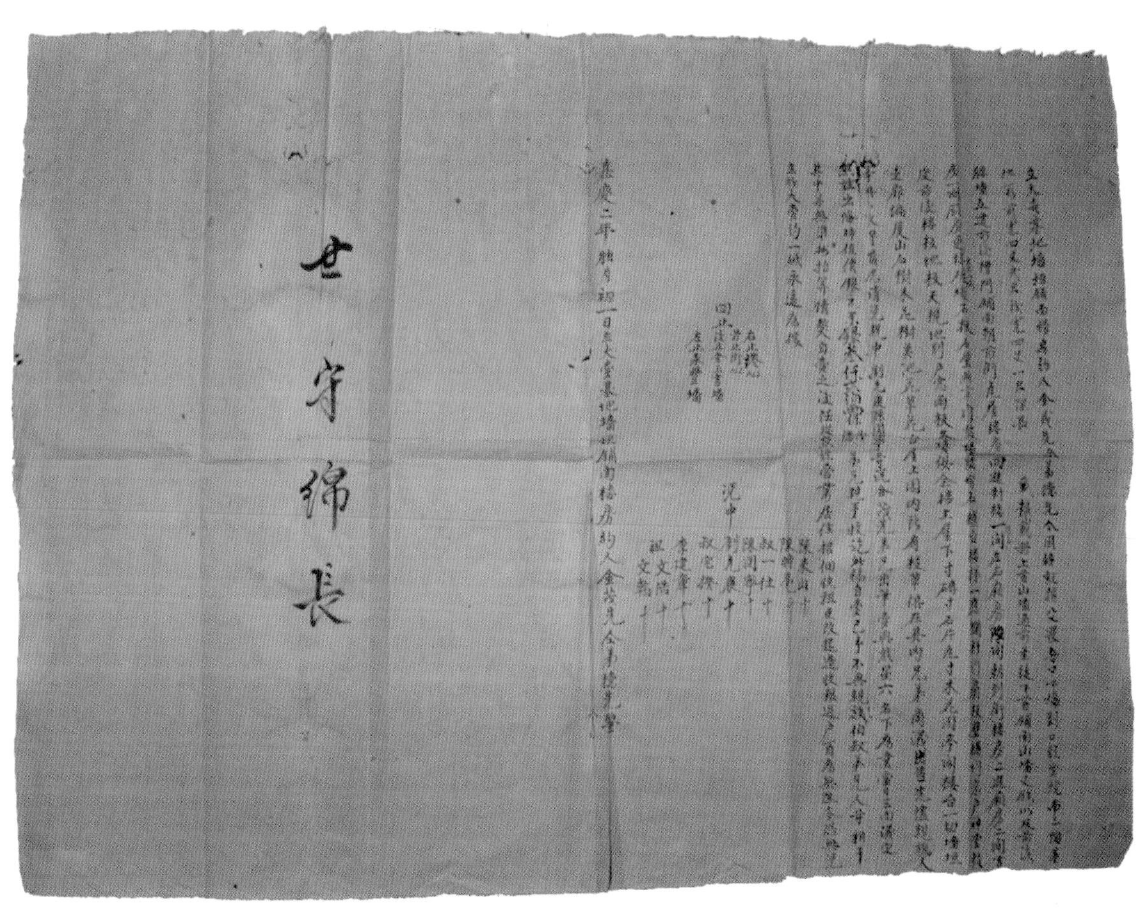
世守綿長

图六十三　嘉庆二年十二月一日金茂先等卖基地铺面楼房契

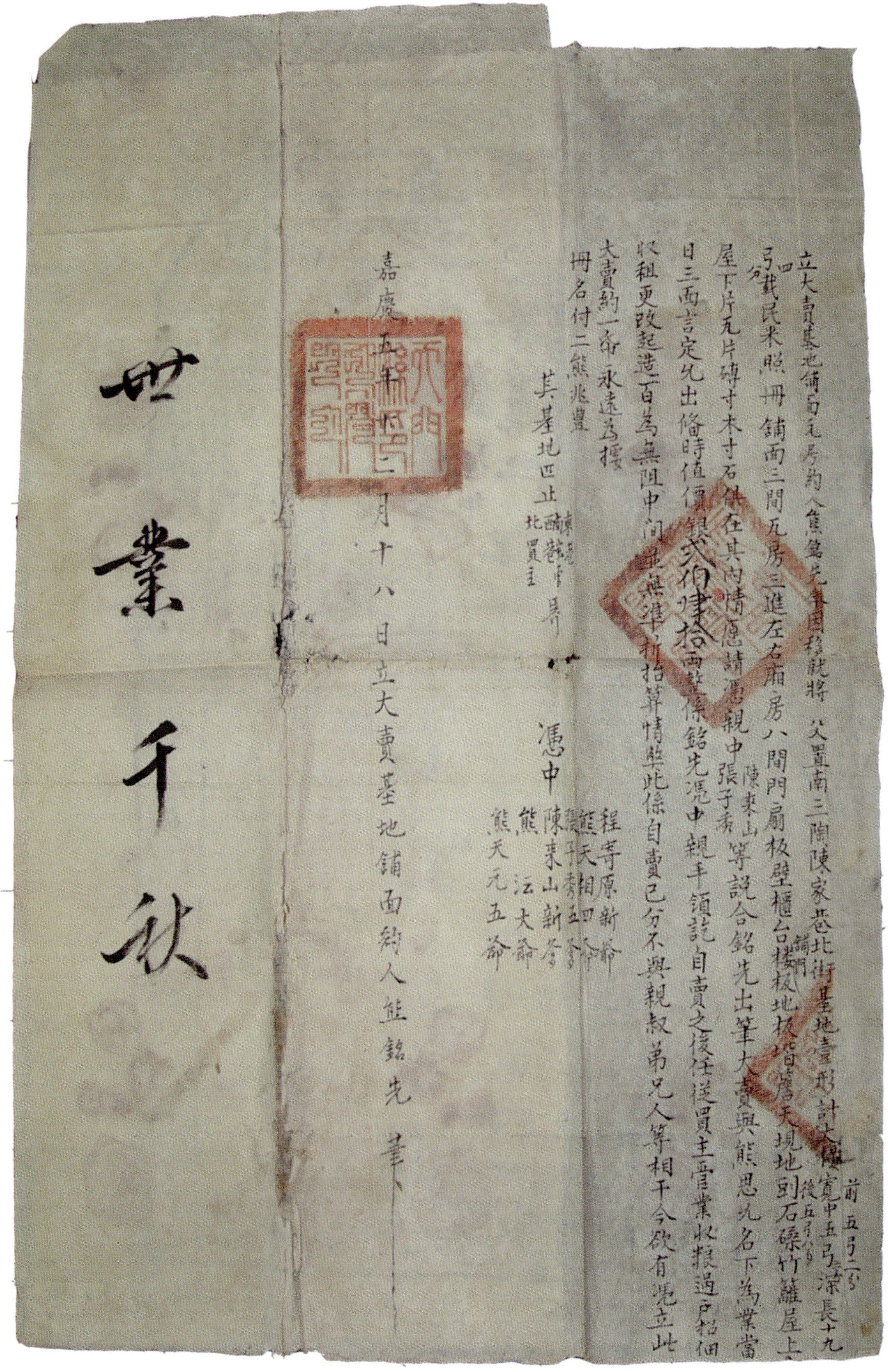

立大賣基地鋪面瓦房約人熊銘先，今因移就，將　父置南三陶陳家巷北街基地壹形，計大[illegible]寬：前五弓二分，中五弓，後五弓八分；深長十九

弓四分，載民米照冊。鋪面三間，瓦房三進，左右廂房八間，門扇、板壁、櫃台、樓板、地板、鋪門、檐、天井地、到石磉、竹籬、屋上

屋下片瓦片磚寸木寸石，俱在其內。情愿請憑親中張子秀、陳來山等說合，銘先出筆大賣與熊思九名下為業，當

日三面言定，允出備時值價銀弍佰肆拾兩整，係銘先憑中親手領訖。自賣之後，任從買主管業、收糧過戶、招佃

收租、更改起造，百為無阻。中間並無準折抬算情弊。此係自賣己分，不與親叔弟兄人等相干。今欲有憑，立此

大賣約一紙，永遠為據。

冊名付二熊兆豐

其基地四止：東[illegible] 西[illegible] 南[illegible] 北買主

憑中　程寄原新爺　熊天相四爺　張子秀五爺　陳來山新爺　熊江大爺　熊天元五爺

嘉慶五年十二月十八日立大賣基地鋪面約人熊銘先　華

世業千秋

图六十四　嘉庆五年十二月十八日熊铭先卖基地铺面瓦房赤契

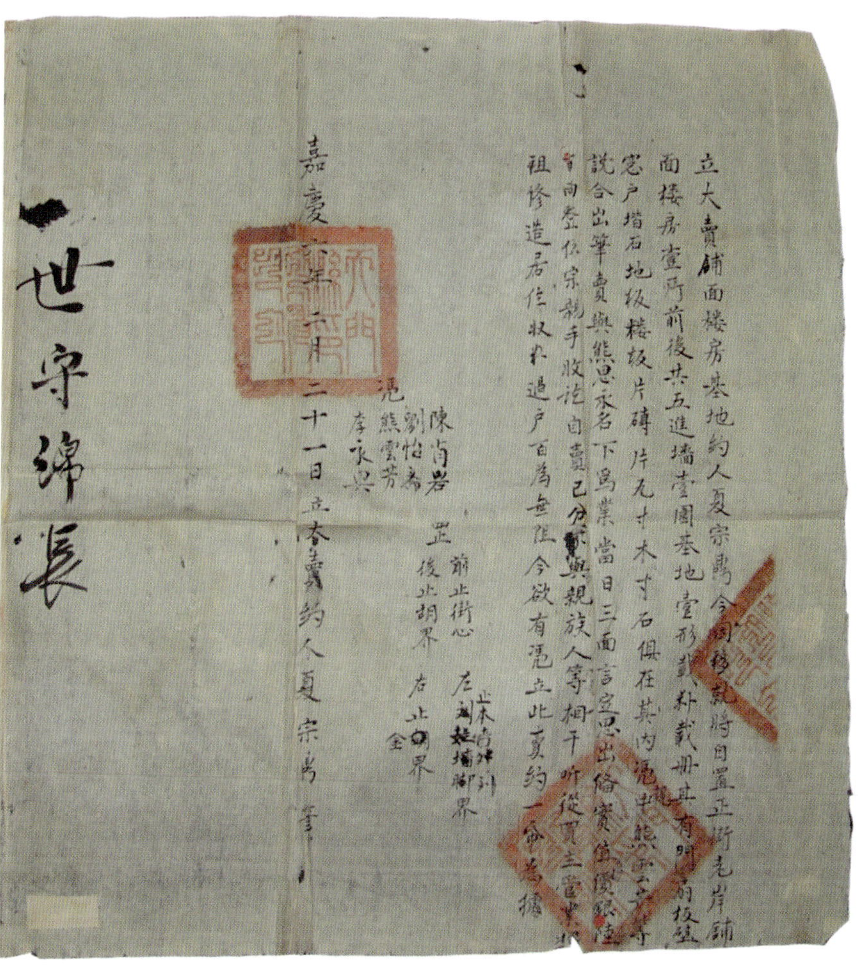

图六十五　嘉庆六年二月二十一日夏宗鼎卖铺面楼房基地赤契

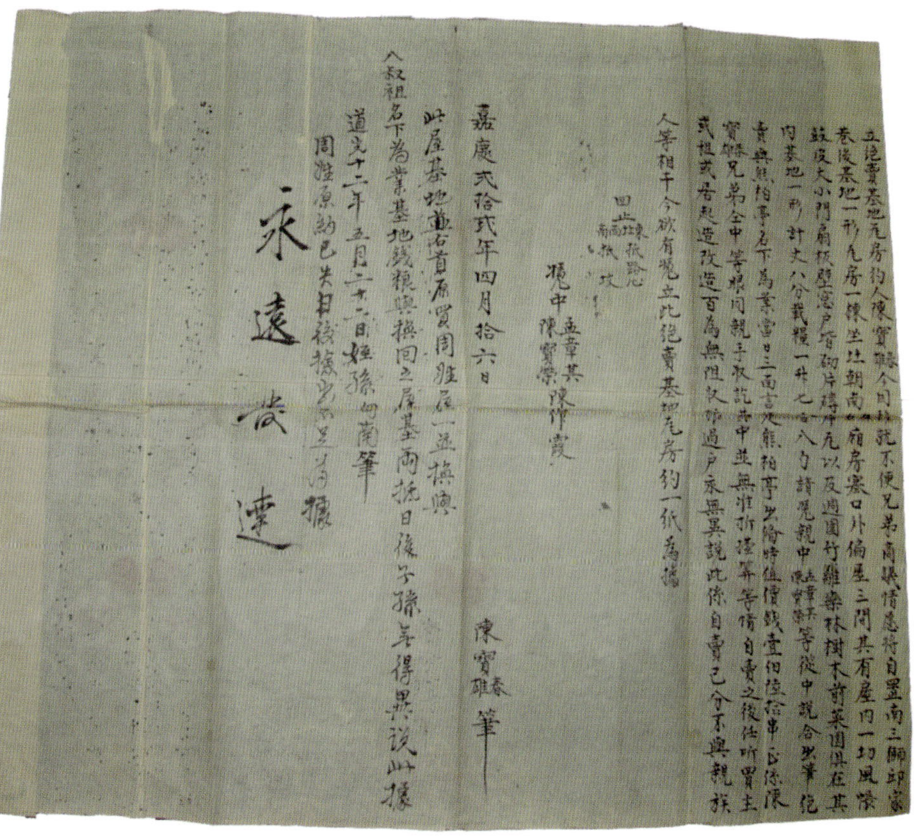

图六十六　嘉庆二十二年四月十六日陈宝春等卖基地瓦房契

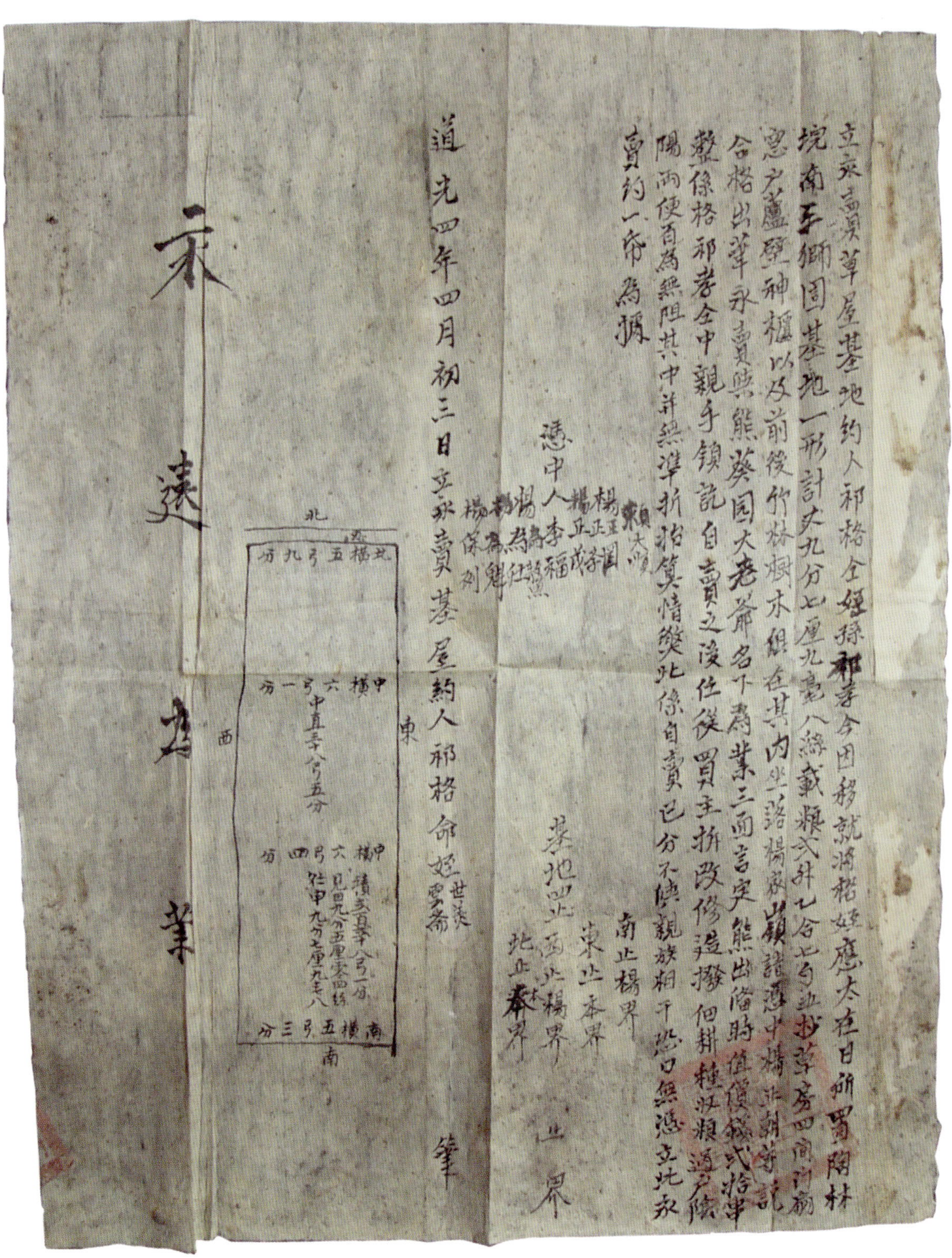

图六十七　道光四年四月三日祁格等卖草屋基地赤契

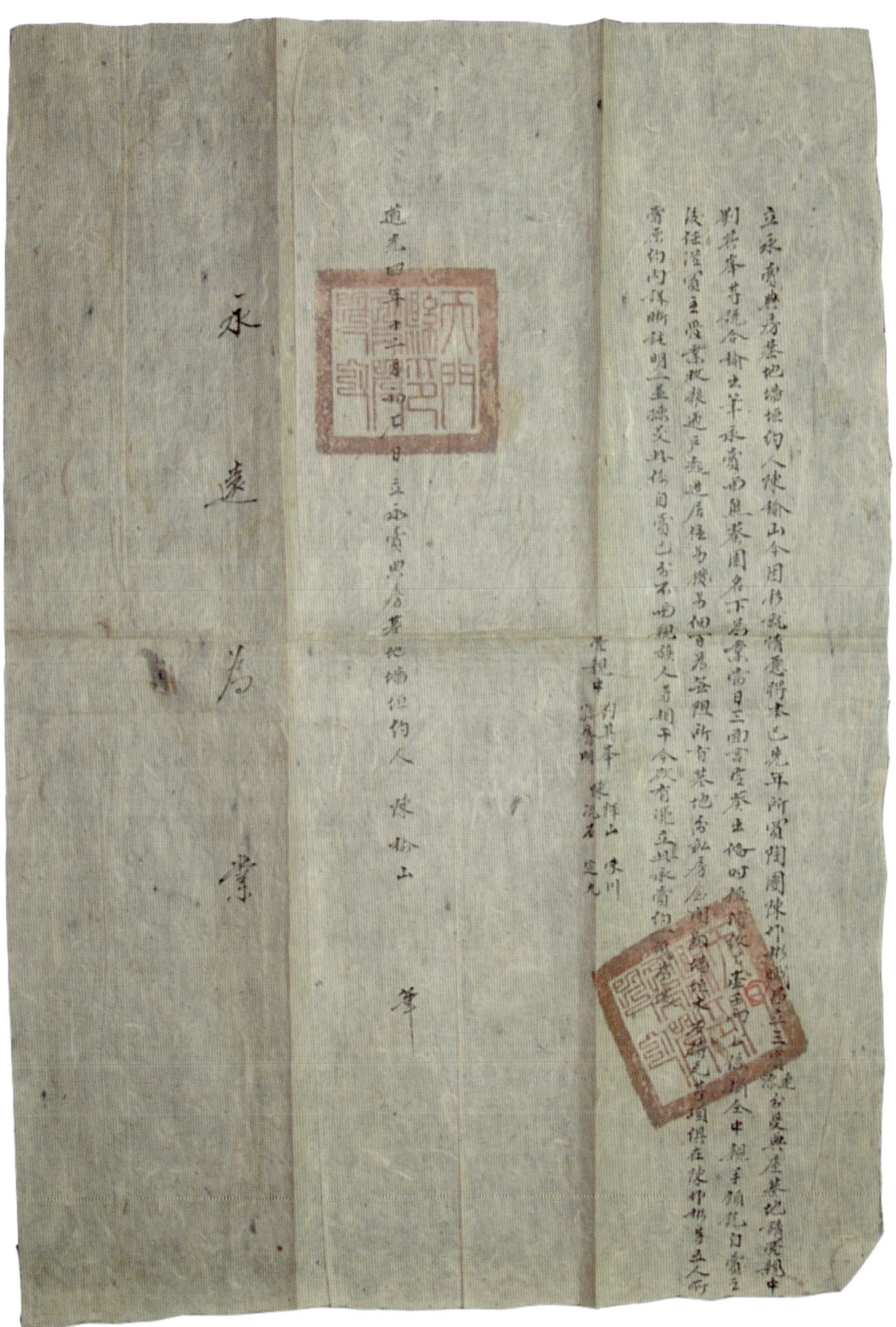
立永賣典房基地墻垣約人陳榆山今因移就情愿將本己先年所買[illegible]
劉若峰等說合榆出筆永賣與黃泰圓名下為業當日三面言定[illegible]
後任從買主管業[illegible]
賣原約內詳晰註明一並繳交[illegible]今欲有憑立此永賣約[illegible]

憑親中 [illegible] 陳拜山 陳川 [illegible] 定元

道光四年十二月初七日 立永賣典房基地墻垣約人 陳榆山 筆

永遠為業

图六十八　道光四年十二月七日陈榆山卖典房基地赤契

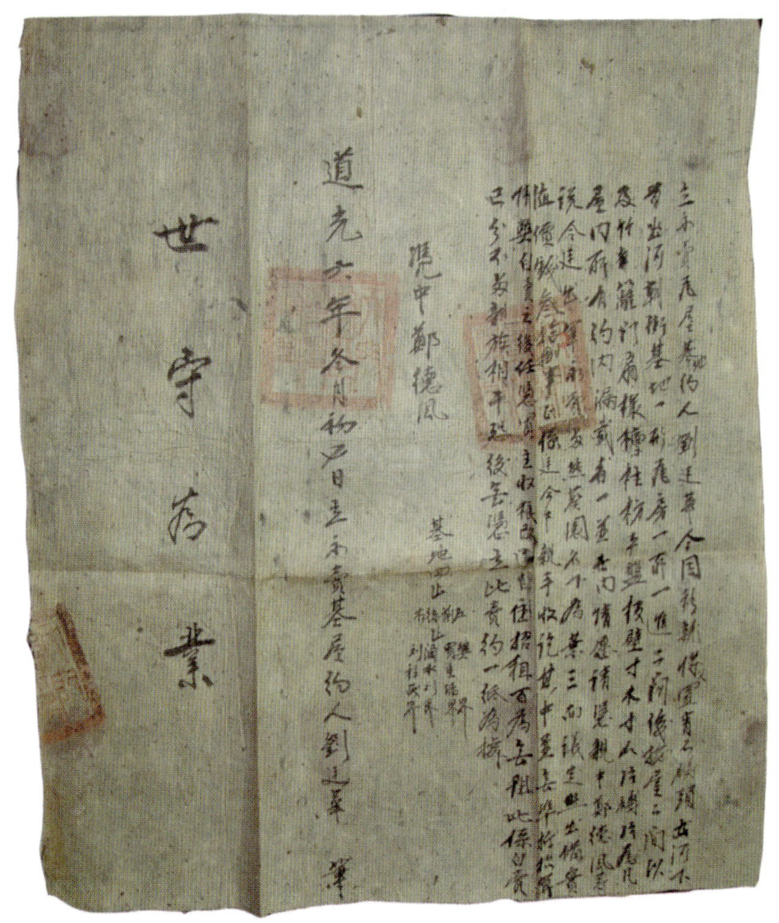

图六十九　道光六年十一月七日刘廷华卖瓦屋基地赤契

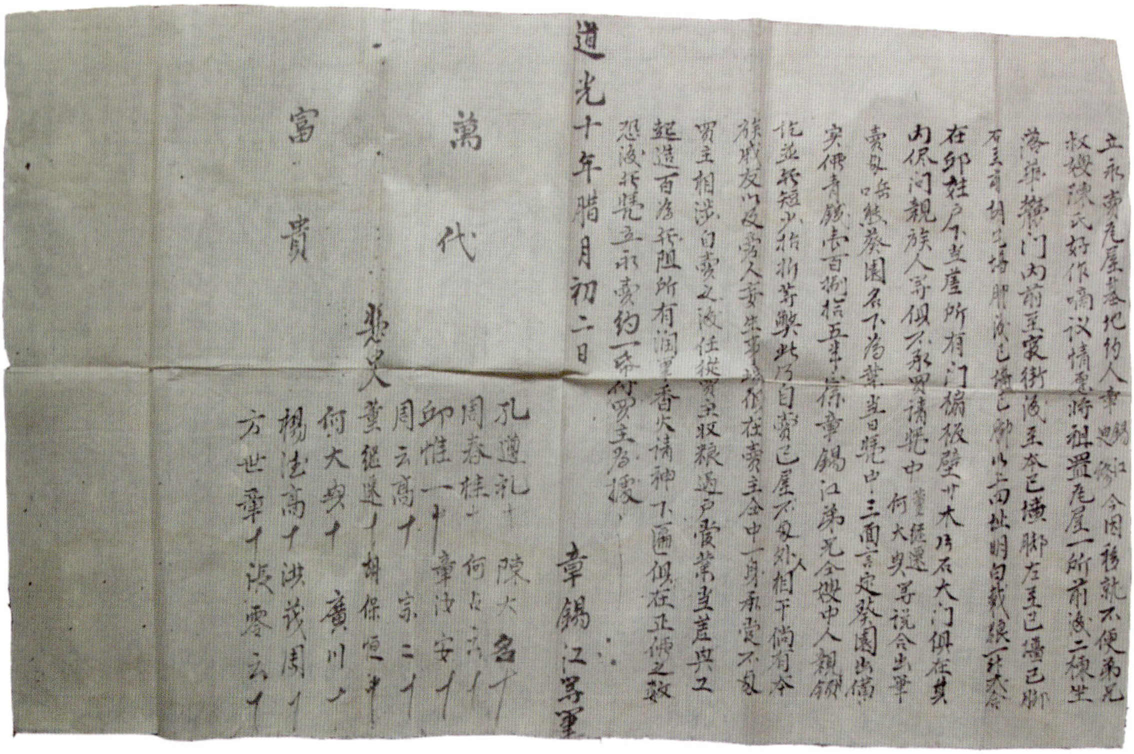

图七十　道光十年十二月二日章锡江等卖瓦屋基地契

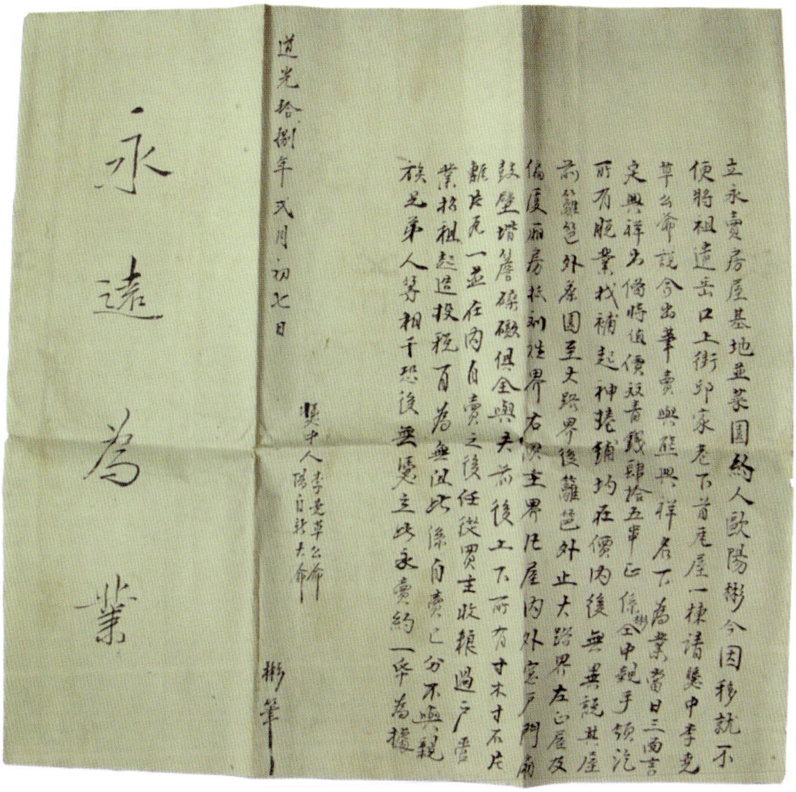

图七十一　道光十八年二月七日欧阳彬卖房屋基地菜园契

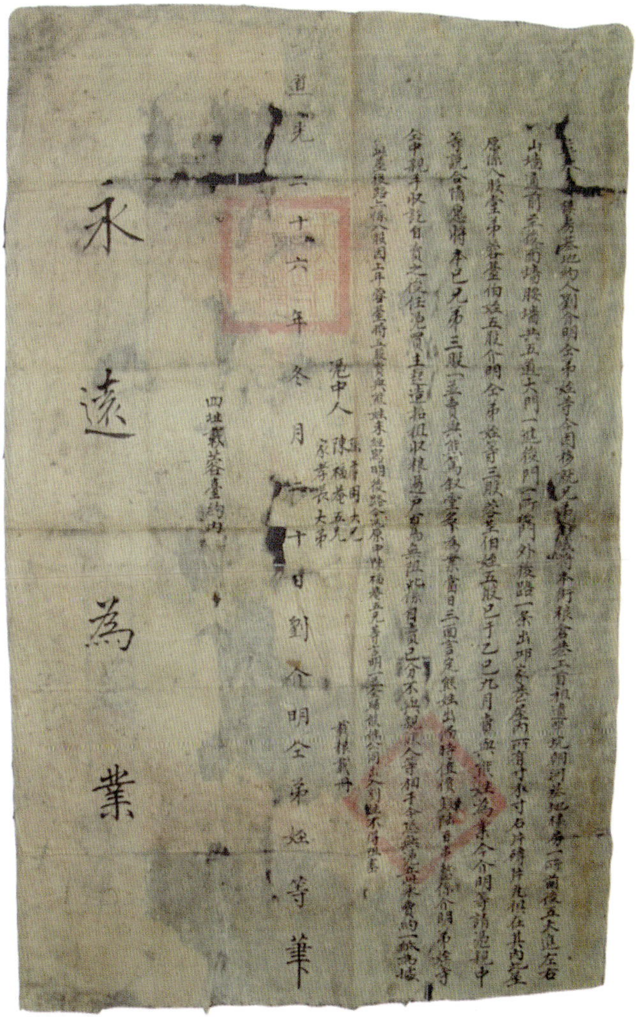

图七十二　道光二十六年十一月二十日刘介明等卖楼房基地赤契

立永賣房屋約人熊紀緒今因移就不便將自置嵩口老屋二間請憑親中王柯臣等說合出筆賣與
篤叙堂名下爲業三面言定篤叙堂出備實價錢叁拾伍串文整紀緒親手領訖自賣之後
任從買主修整招租百爲無阻恐口無憑立此爲據
是屋所有一切俱在其內

憑中 尹新堂 何朝叔 吳學培 吳耀千

同治弍年冬月初七日

紀緒 出筆

發富發貴

永遠爲業

图七十三　同治二年十一月七日熊纪绪卖房契

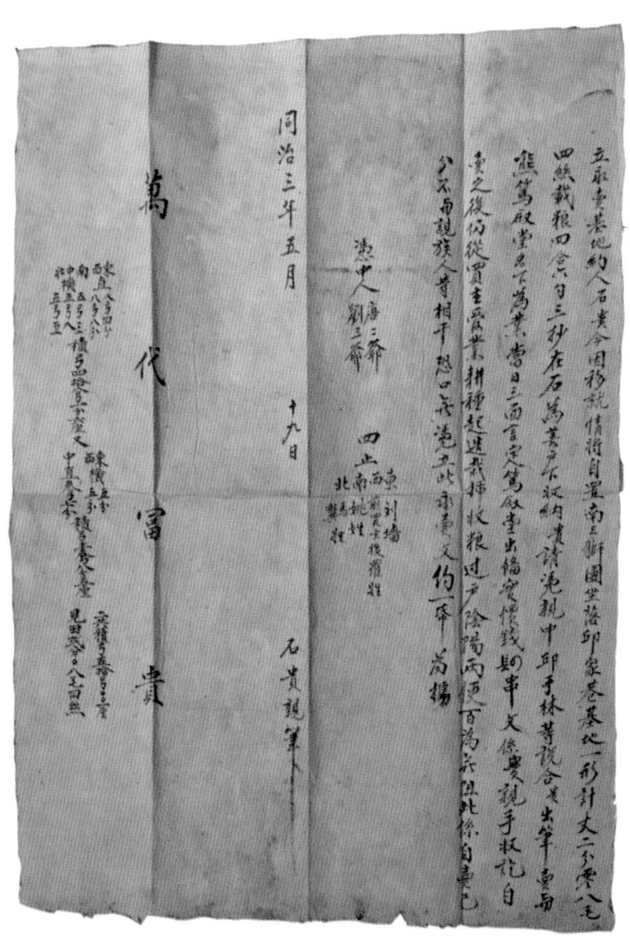

立永賣基地約人石貴今因移就情將自置南三衙園坐落邱家巷基地一形計丈二丈零八毛
四然栽粮四合六勺三抄在石爲某户下收納 今請憑親中邱予林等說合出筆賣與
熊篤叙堂名下爲業 當日三面言定篤叙堂出備實價錢 串文 係貴親手收訖 自
賣之後仍從買主管業耕種起造栽插收粮過户陰陽兩便百爲無阻此係自業己
分不與親族人等相干 恐口無憑立此永賣文約一紙爲據

憑中人 唐三爺 劉三爺

四止 東 劉墻 西 … 南 姚姓 北 熊姓

同治三年五月 十九日 石貴親筆

萬代富貴

图七十四　同治三年五月十九日石贵卖基地契

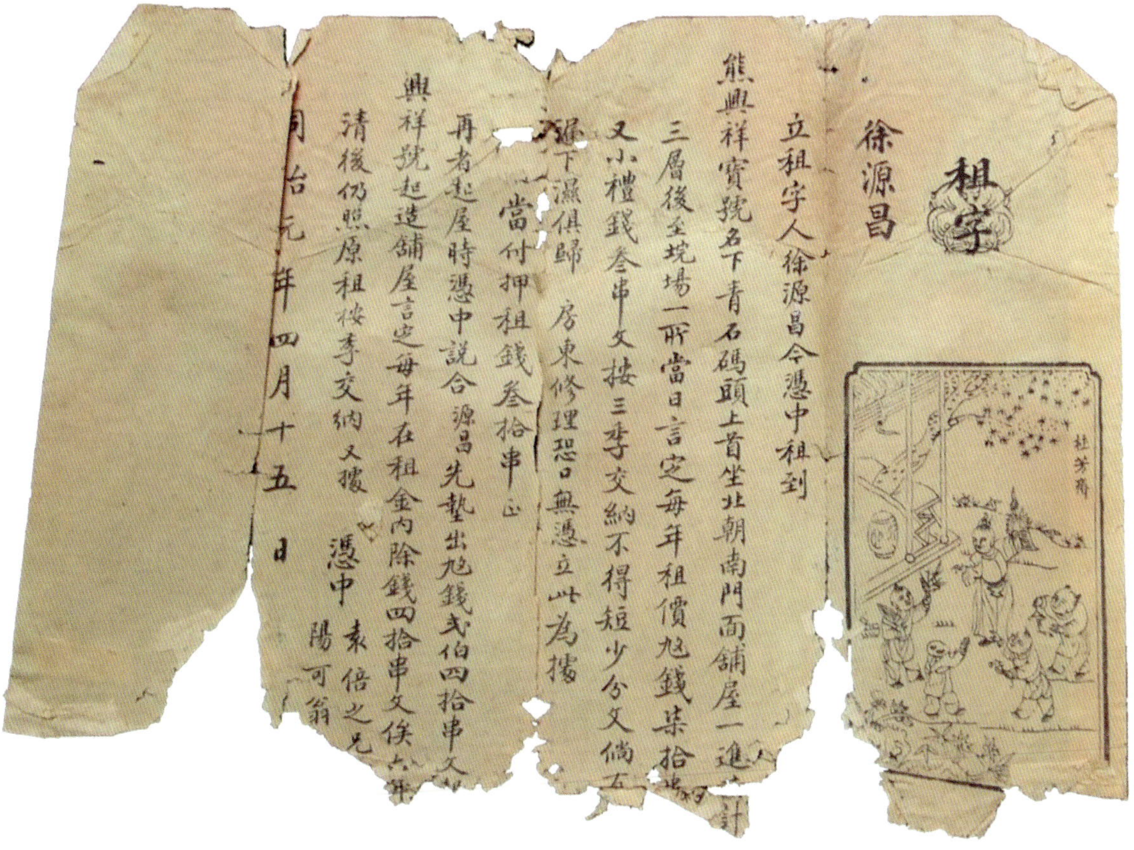

图七十五　同治元年四月十五日徐源昌租房字

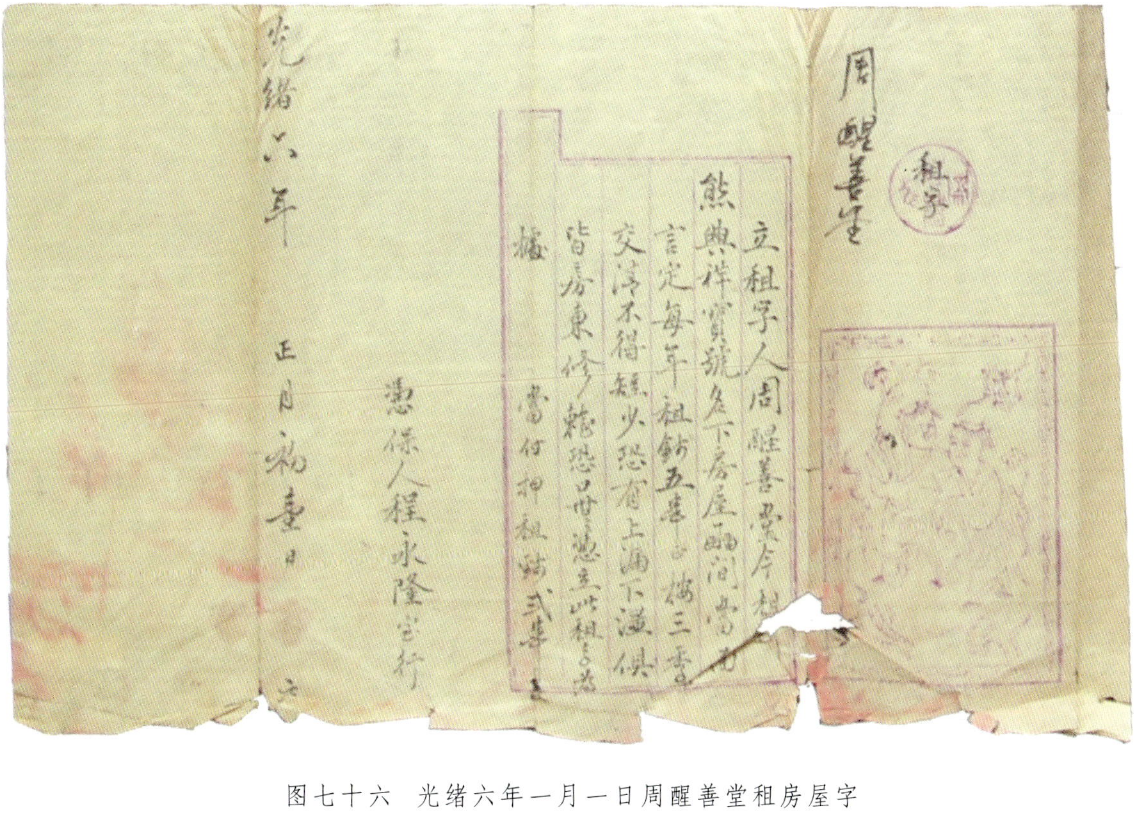

图七十六　光绪六年一月一日周醒善堂租房屋字

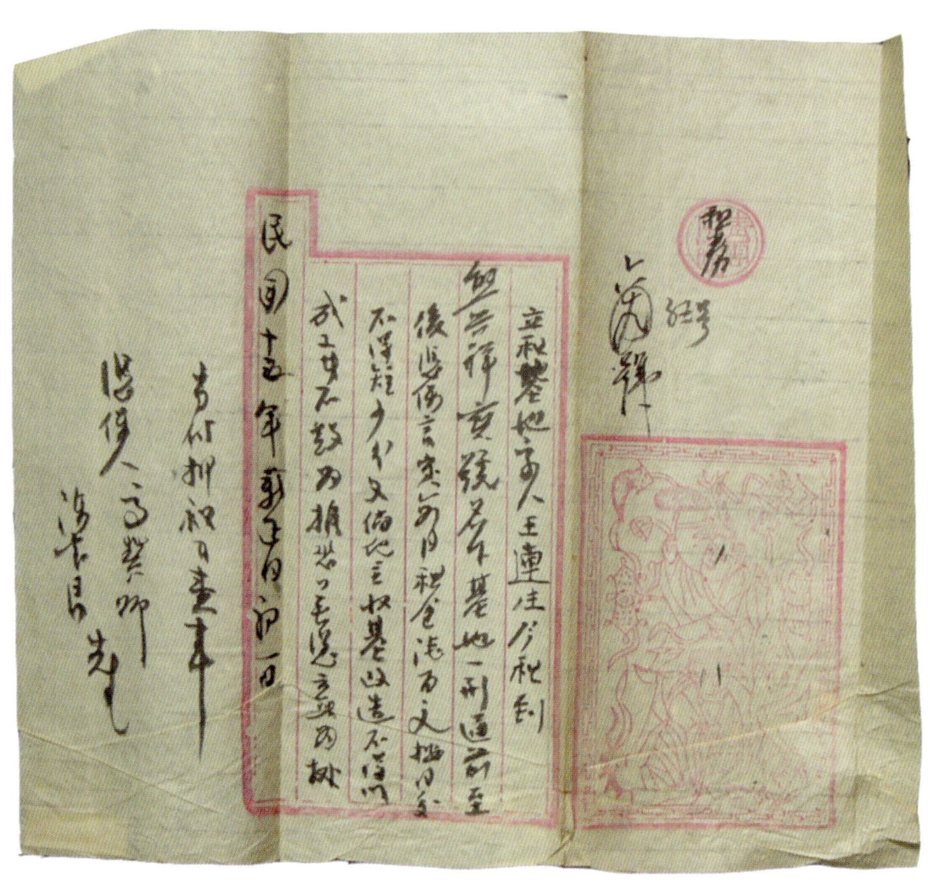

图七十七　民国十五年一月一日王连生租基地字

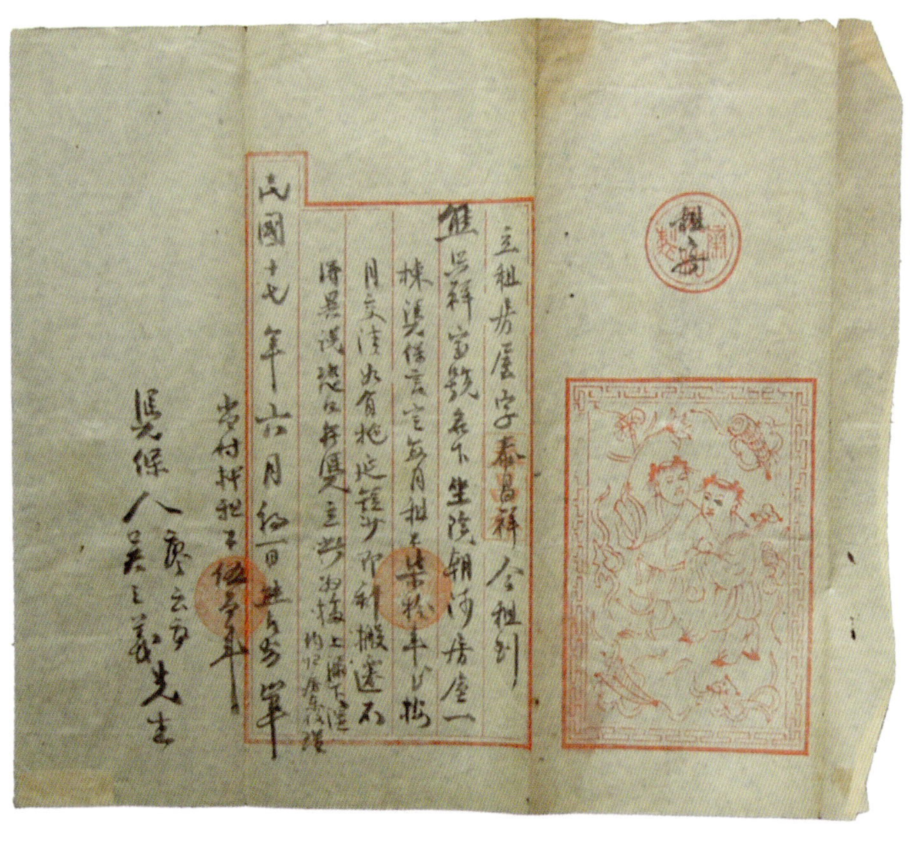

图七十八　民国十七年六月一日泰昌祥租房屋字

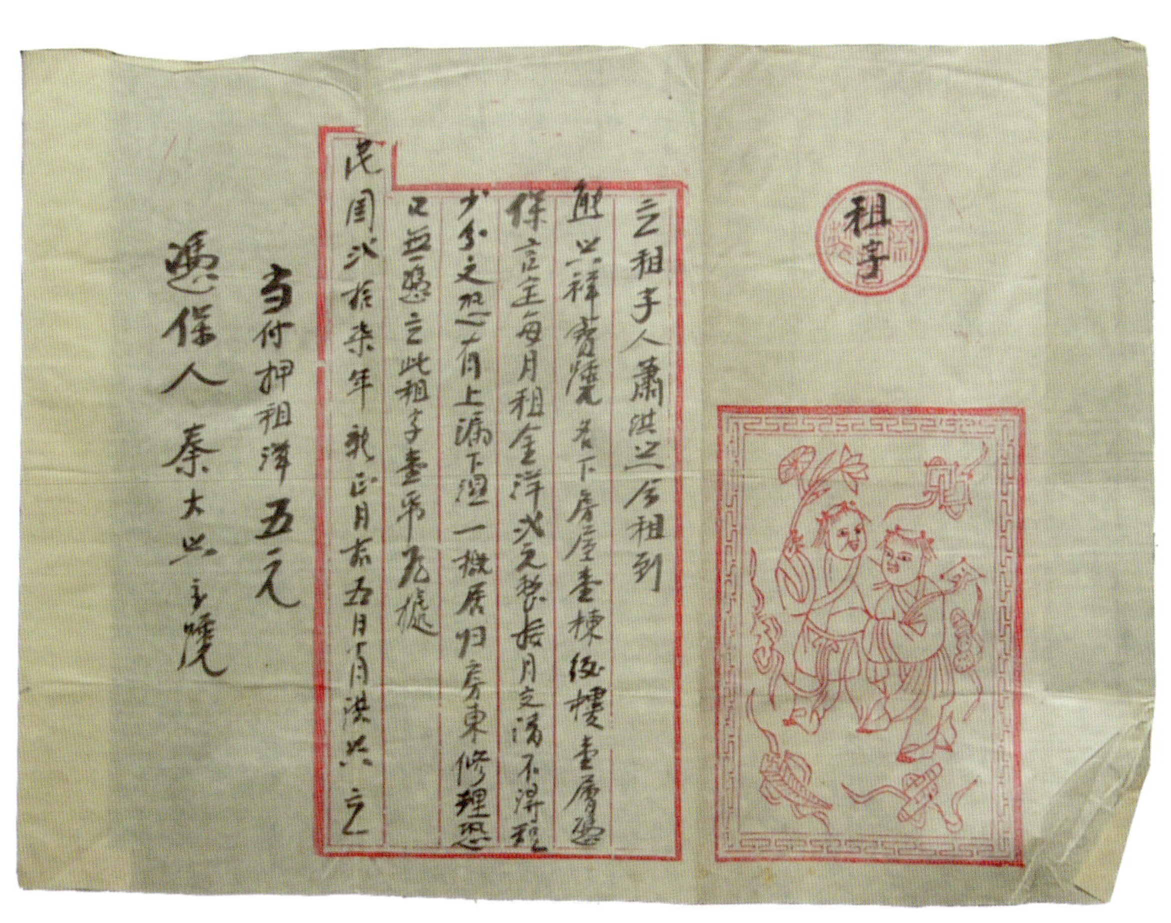

立租手人萧洪兴今租到
熊兴祥青笔名下房屋壹栋后楼壹层凭
保言定每月租金洋弍元整长月交清不得短
少分文恐后有上漏下湿一概居归房东修理恐
口无凭立此租字壹纸为据
民国弍拾柒年 新正月十五日肖洪兴 立

当付押租洋五元

凭保人 秦大兴 亲笔

图七十九　民国二十七年一月十五日萧洪兴租房屋字

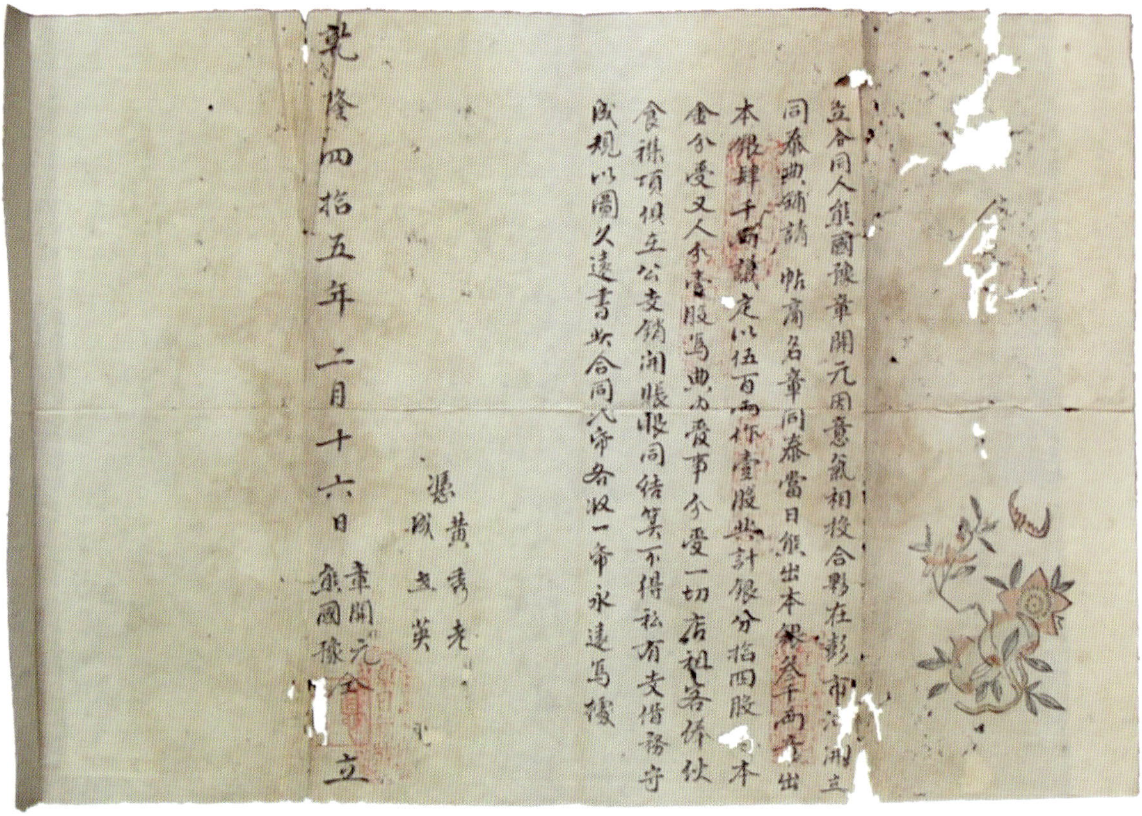

图八十　乾隆四十五年二月十六日熊国豫等合开典铺合同

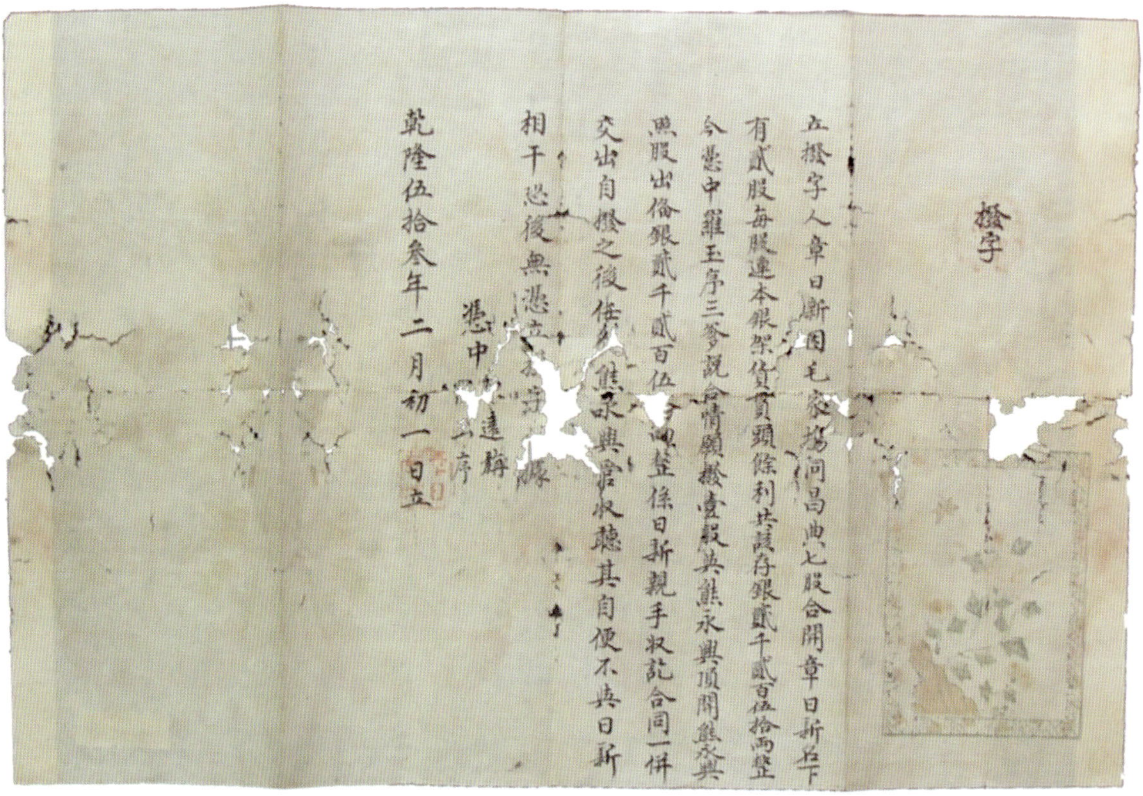

图八十一　乾隆五十三年二月一日章日新拨字

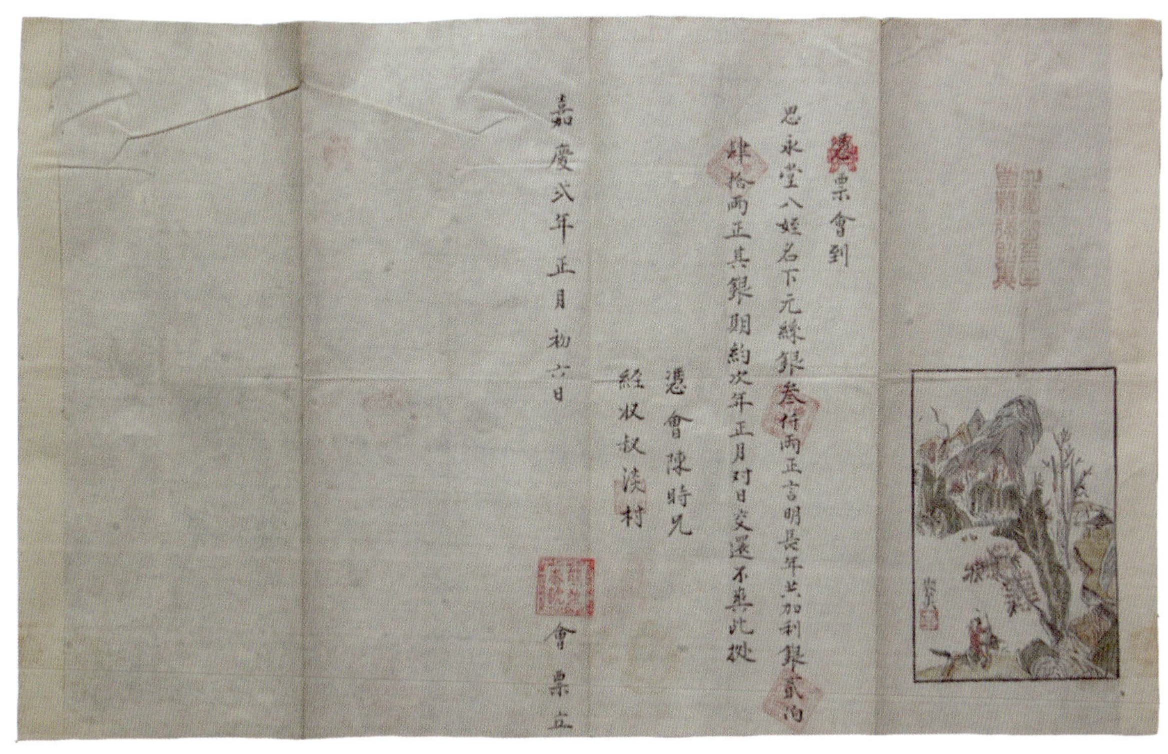

憑票會到
思永堂八姪名下元絲銀叁佰兩正言明長年共加利銀貳伯
肆拾兩正其銀期約次年正月对日交還不悮此批
憑會陳時凡
經叔叔淡村
嘉慶弍年正月初六日
會票立

图八十二　嘉庆二年一月六日熊益泰号会票二

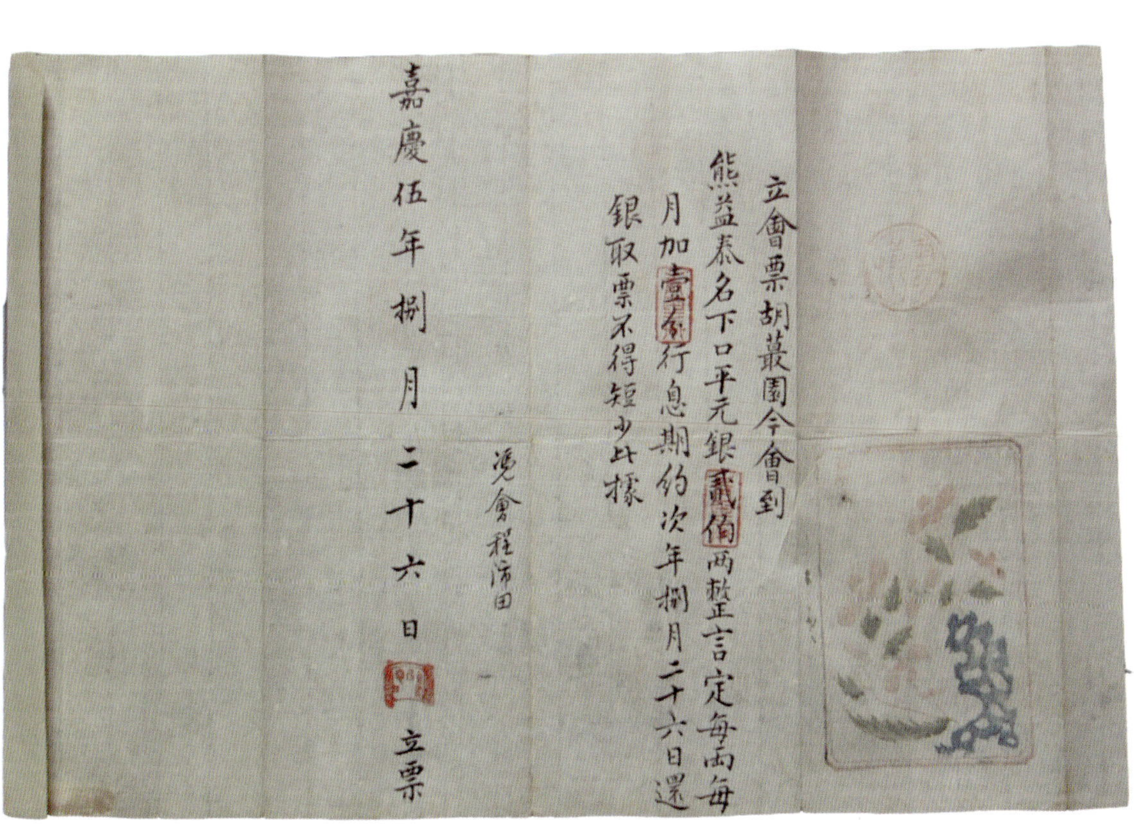

立會票胡蕞園今會到
熊益泰名下口平元銀貳佰兩整言定每兩每
月加壹分行息期約次年捌月二十六日還
銀取票不得短少此據
憑會程沛田
嘉慶伍年捌月二十六日立票

图八十三　嘉庆五年八月二十六日胡蕞园会票二

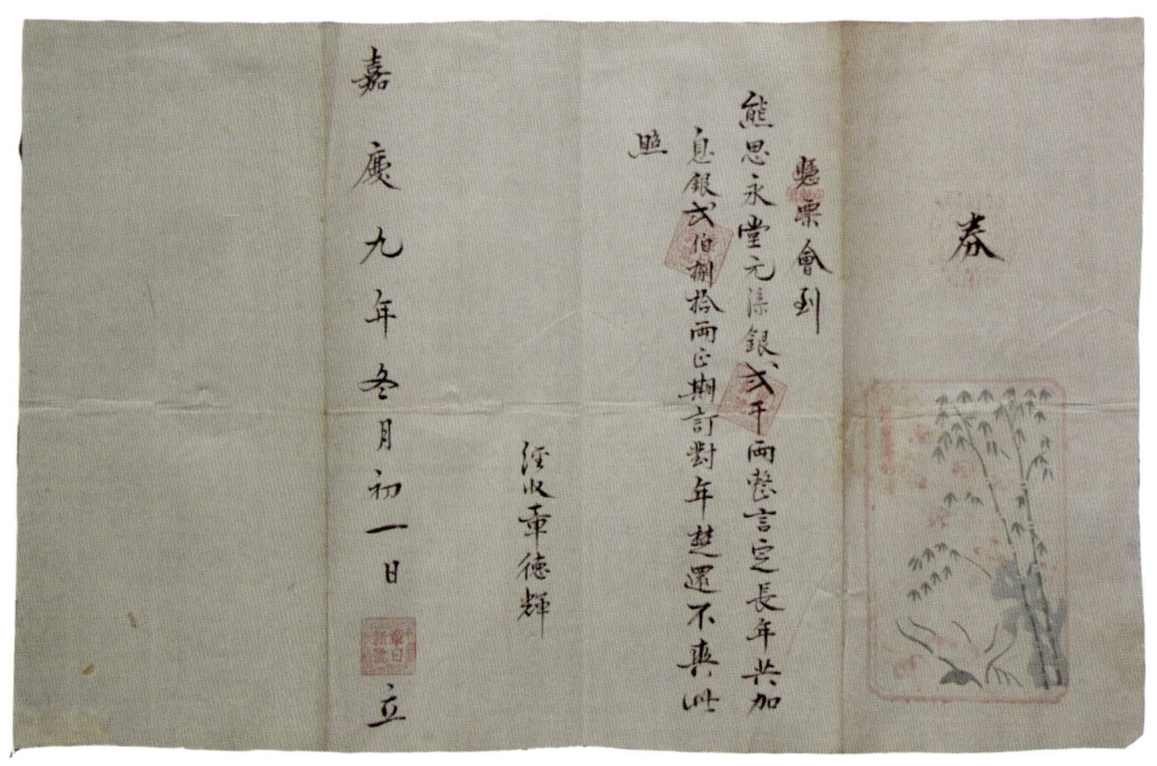

券

憑票會到
熊思永堂元絲銀貳千兩整言定長年共加
息銀貳伯捌拾兩正期訂對年歸還不爽此
照

經收章德輝

嘉慶九年冬月初一日 立

图八十四　嘉庆九年十一月一日章日新号会票五

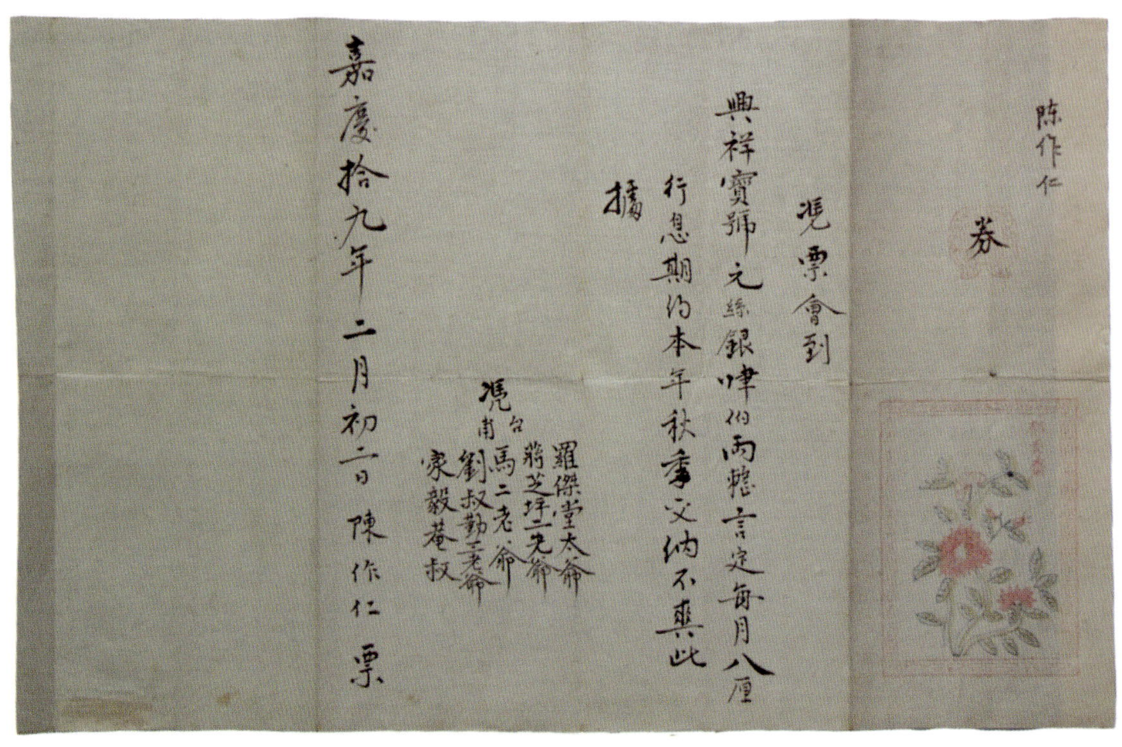

陈作仁

券

憑票會到
興祥寶號元絲銀肆伯兩整言定每月八厘
行息期約本年秋季交納不爽此
據

憑
羅傑堂太爺
蔣芝坪二先爺
南台馬二老爺
劉叔勤三老爺
蒙穀菴叔

嘉慶拾九年二月初二日 陳作仁 票

图八十五　嘉庆十九年二月二日陈作仁会票

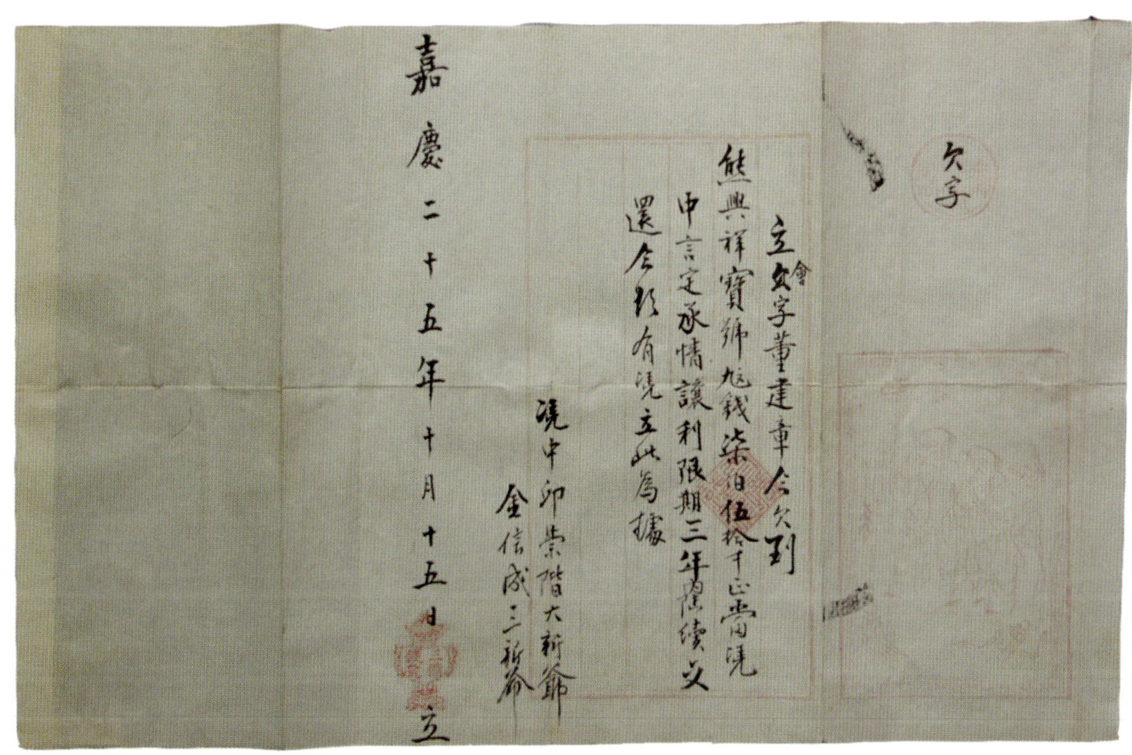

图八十六　嘉庆二十五年十月十五日董建章欠字

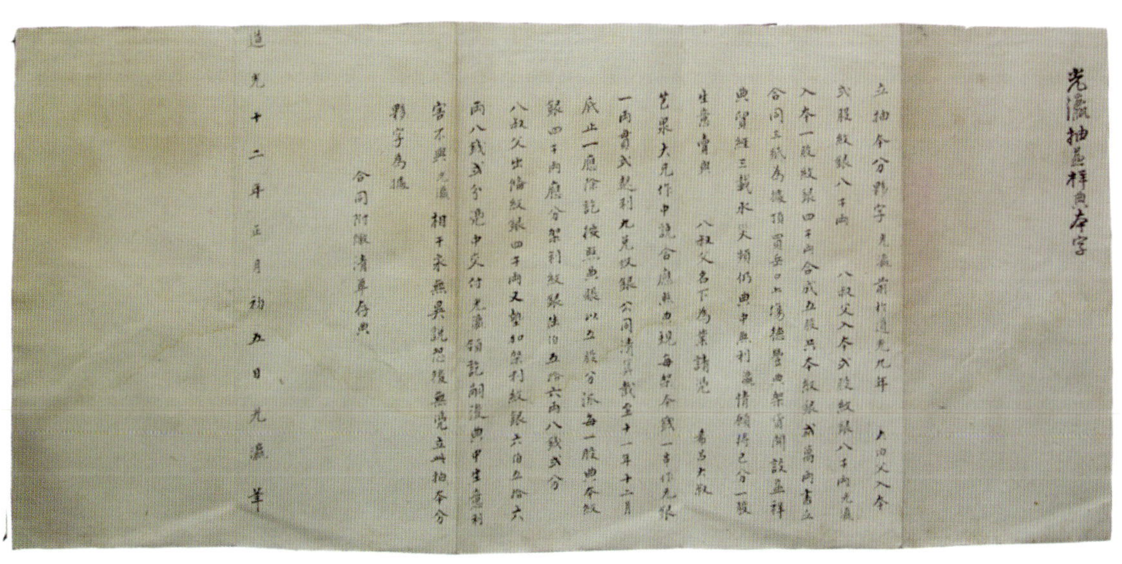

图八十七　道光十二年一月五日熊光瀛抽本分伙字

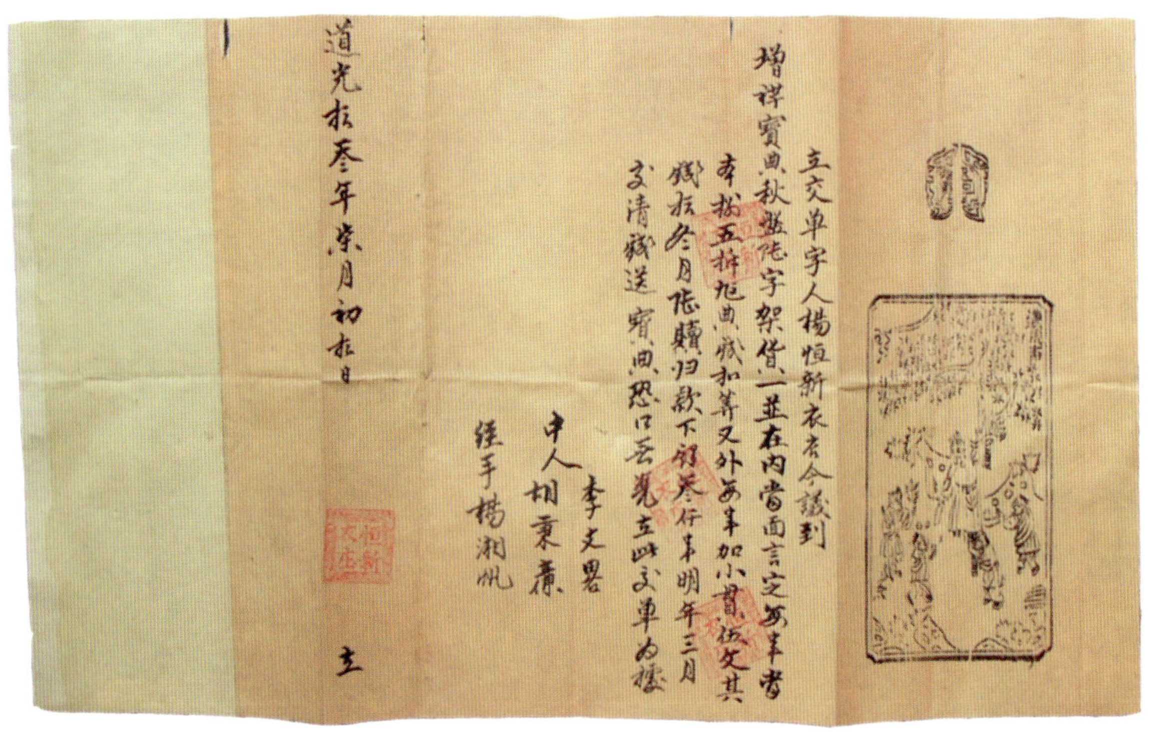

图八十八　道光十三年七月十日杨恒新衣店交单

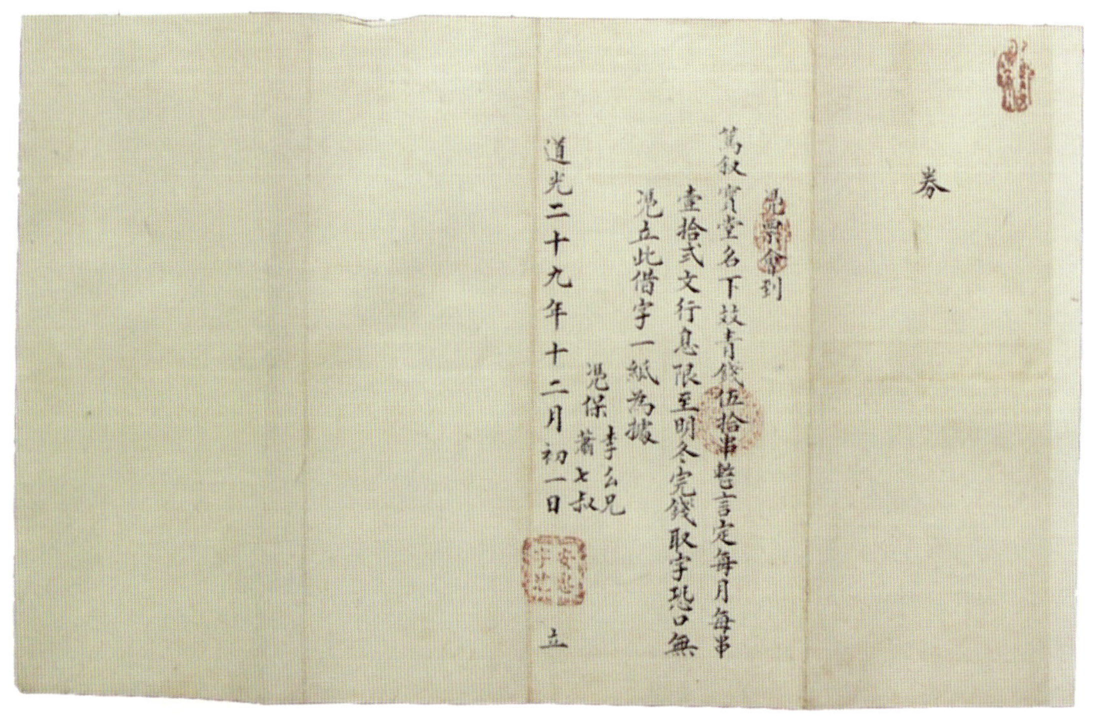

图八十九　道光二十九年十二月一日安惠字号会票

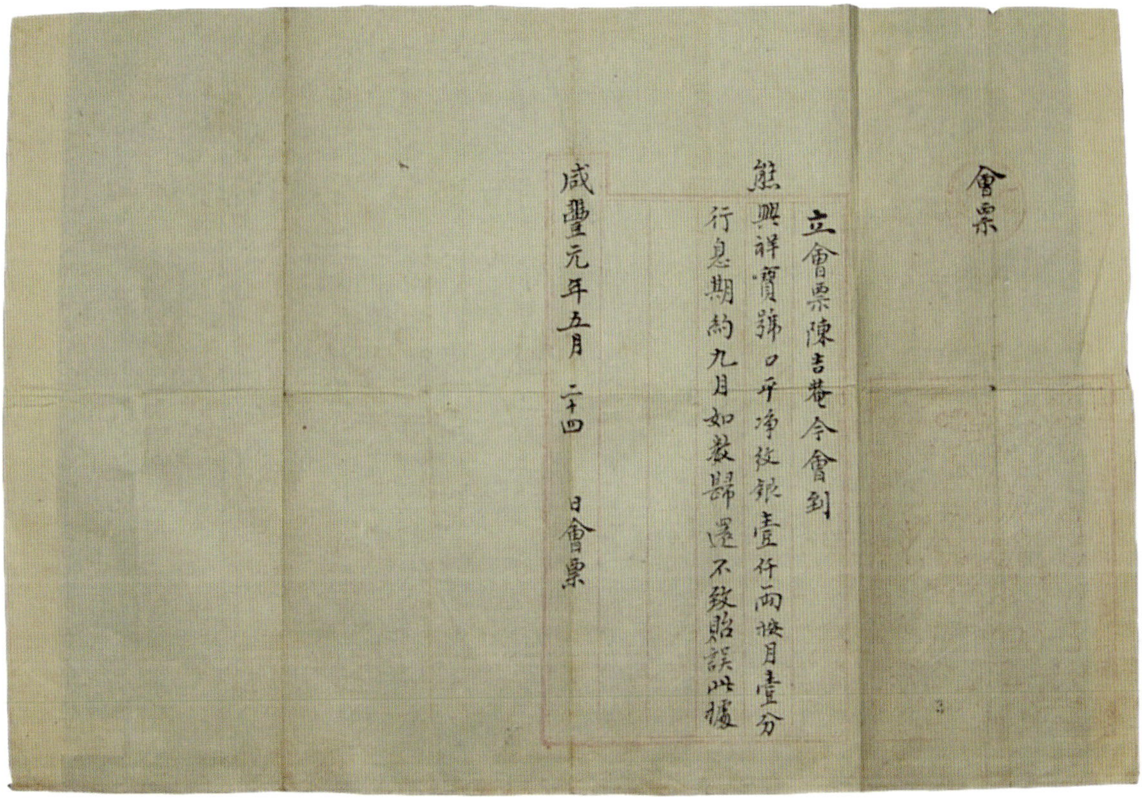

會票

立會票陳吉菴今會到
熊興祥寶號口平净紋銀壹仟両按月壹分
行息期約九月如數歸還不致貽誤此據
咸豐元年五月二十四日會票

图九十 咸丰元年五月二十四日陈吉庵会票

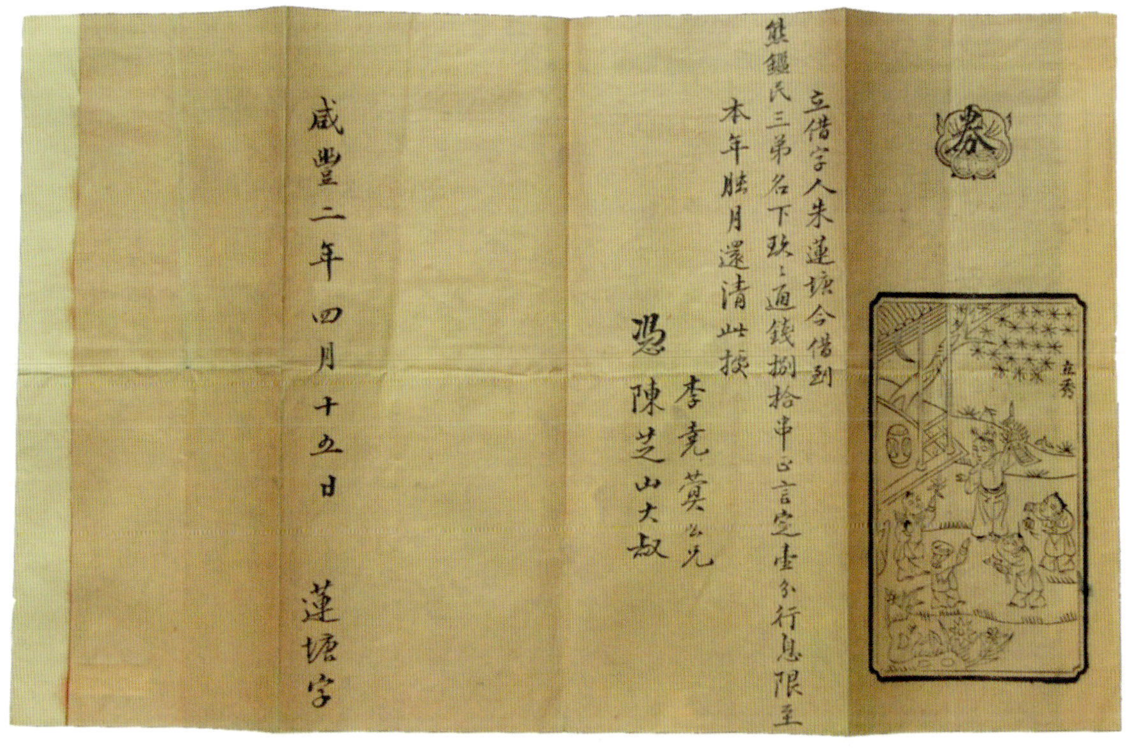

立借字人朱蓮塘今借到
熊鏹氏三弟名下玖七通錢捌拾串正言定壹分行息限至
本年臘月還清此據
憑 李堯蓂公兄
陳芝山大叔
咸豐二年四月十五日
蓮塘字

图九十一 咸丰二年四月十五日朱莲塘借字

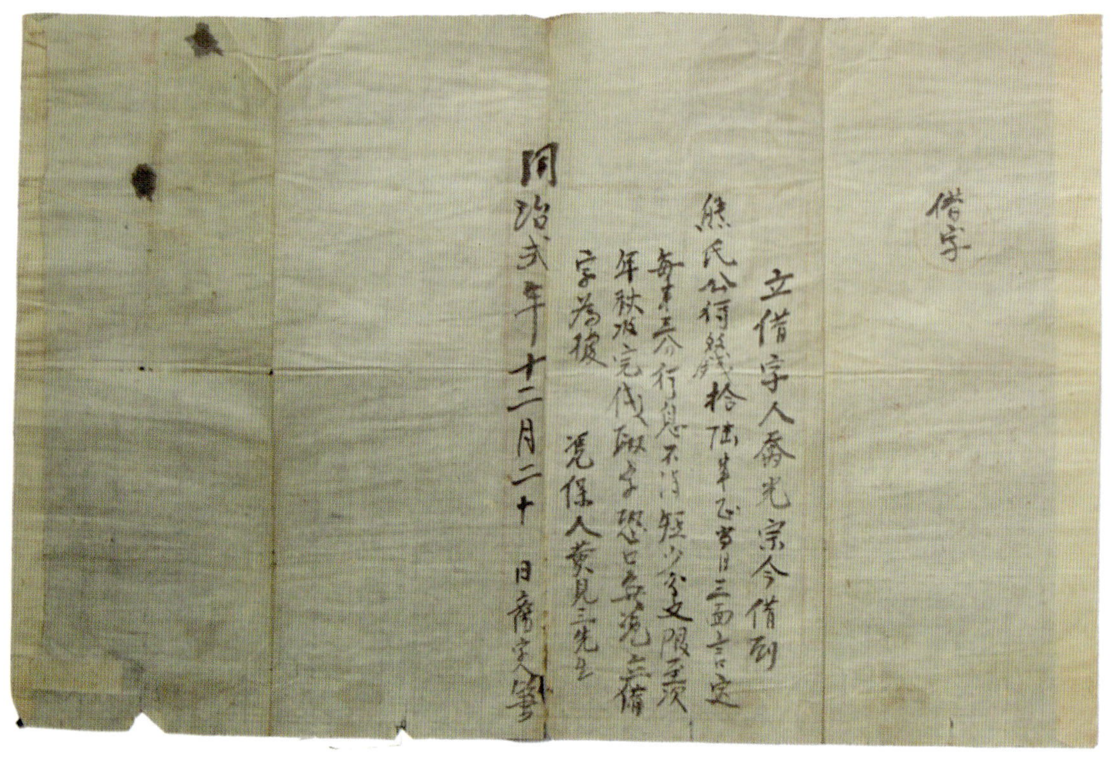

借字

立借字人喬光宗今借到
熊氏公祠錢拾陆串正当日三面言定
每串三分行息不得短少分文限壬戌
年秋收完代取字恐口無憑立此借
字為據　凭保人黄見三先生
同治贰年十二月二十日喬光宗筆

图九十二　同治二年十二月二十日乔光宗借字

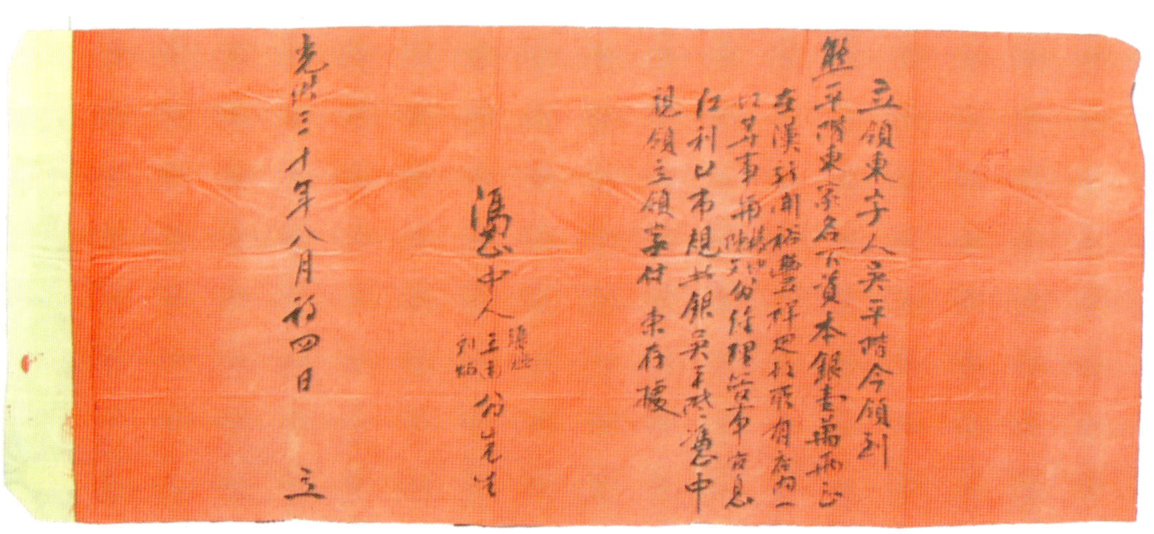

立領東字人吴平階今領到

凭中人　　先生

光緒三十年八月初四日　立

图九十三　光绪三十年八月四日吴平阶领东字

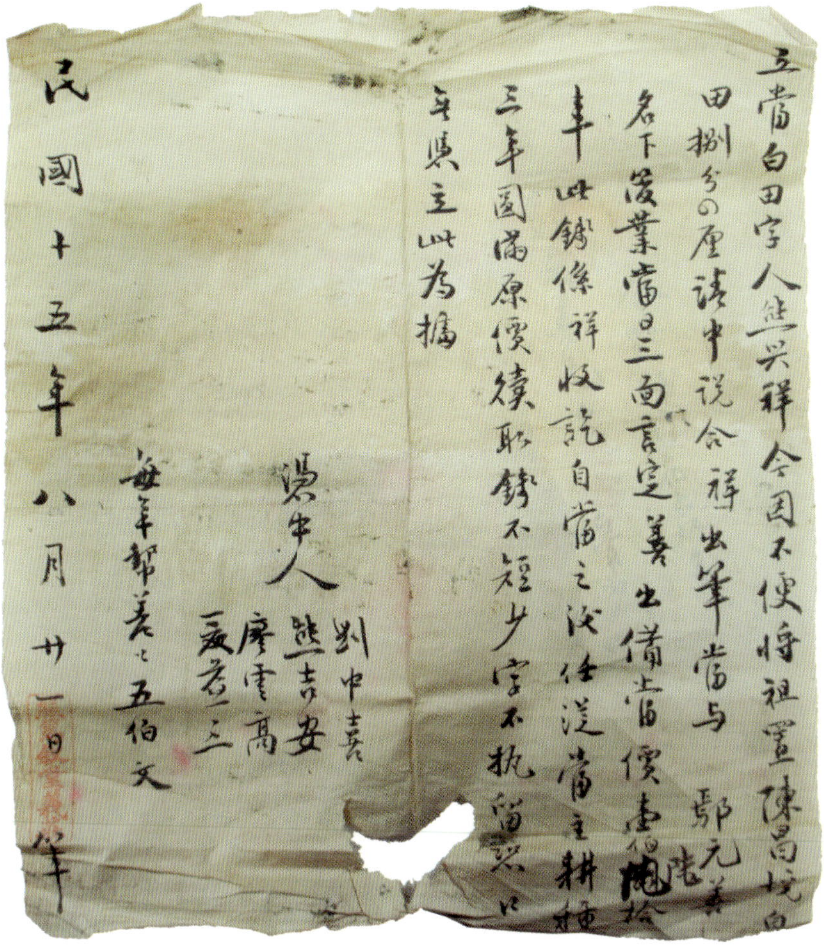

图九十四　民国十五年八月二十一日熊兴祥当田契

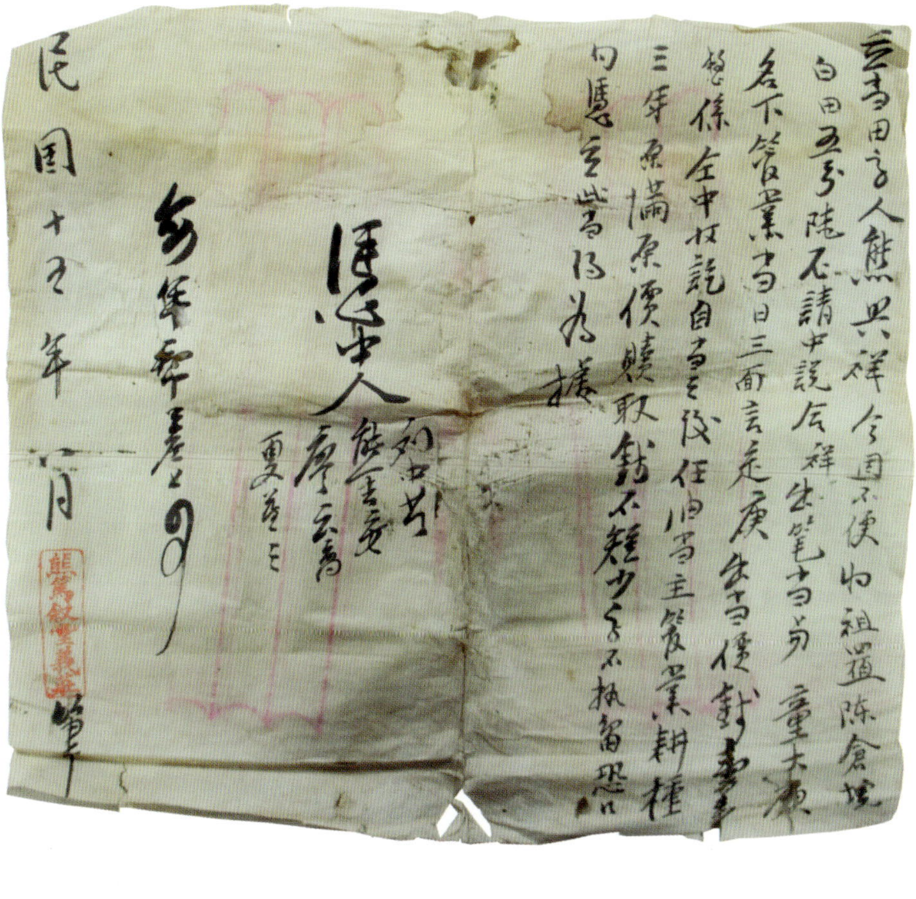

图九十五　民国十五年八月熊兴祥当田契二

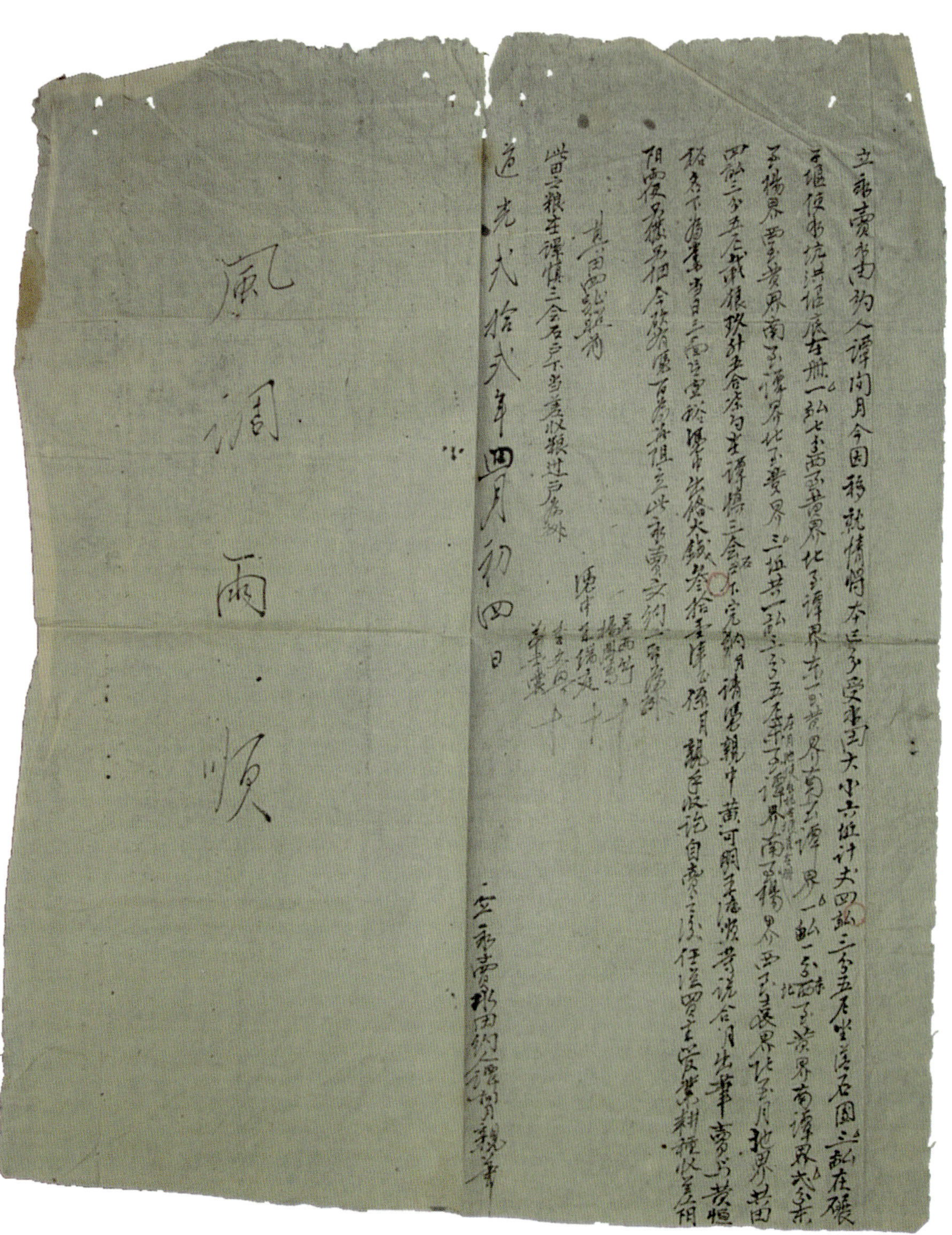

道光貳拾貳年四月初四日

風調雨順

图九十六　道光二十二年四月四日谭问月卖田契

总序

戴逸

二〇〇二年八月，国家批准建议纂修清史之报告，十一月成立由十四部委组成之领导小组，十二月十二日成立清史编纂委员会，清史编纂工程于焉肇始。

清史之编纂酝酿已久，清亡以后，北洋政府曾聘专家编写《清史稿》，历时十四年成书。识者议其评判不公，记载多误，难成信史，久欲重撰新史，以世事多乱不果。中华人民共和国成立后，中央领导亦多次推动修清史之事，皆因故中辍。新世纪之始，国家安定，经济发展，建设成绩辉煌，而清史研究亦有重大进步，学界又倡修史之议，国家采纳众见，决定启动此新世纪标志性文化工程。

清代为我国最后之封建王朝，统治中国二百六十八年之久，距今未远。清代众多之历史和社会问题与今日息息相关。欲知今日中国国情，必当追溯清代之历史，故而编纂一部详细、可信、公允之清代历史实属切要之举。

编史要务，首在采集史料，广搜确证，以为依据。必藉此史料，乃能窥见历史陈迹。故史料为历史研究之基础，研究者必须积累大量史料，勤于梳理，善于分析，去粗取精，去伪存真，由此及彼，由表及里，进行科学之抽象，上升为理性之认识，才能洞察过去，认识历史规律。史料之于历史研究，犹如水之于鱼，空气之于鸟，水涸则鱼逝，气盈则鸟飞。历史科学之辉煌殿堂必须岿然耸立于丰富、确凿、可靠之史料基础上，不能构建于虚无缥缈之中。吾侪于编史之始，即整理、出版《文献丛刊》、《档案丛刊》，二者广收各种史料，均为清史编纂工程之重要组成部分，一以供修撰清史之用，提高著作质量；二为抢救、保护、开发清代之文化资源，继承和弘扬历史文化遗产。

清代之史料，具有自身之特点，可以概括为多、乱、散、新四字。

一曰多。我国素称诗书礼义之邦，存世典籍汗牛充栋，尤以清代为盛。盖清代统治较久，文化发达，学士才人，比肩相望，传世之经籍史乘、诸子百家、文字声韵、目录金石、书画艺术、诗文小说，远轶前朝，积贮文献之多，如恒河沙数，不可胜计。昔梁元帝聚书十四万卷于江陵，西魏军攻掠，悉燔于火，人谓丧失天下典籍之半数，是五世纪时中国书籍总数尚不甚多。宋代印刷术推广，载籍日众，至清代而浩如烟海，难窥其涯涘矣！《清史稿·艺文志》著录清代书籍九千六百三十三种，人议其疏漏太多。武作成作《清史稿艺文志补编》，增补书一万零四百三十八种，超过原志著录之数。彭国栋亦重修《清史稿艺文志》，著录书一万八千零五十九种。近年王绍曾更求详备，致力十余年，遍览群籍，手抄目验，成《清史稿艺文志拾遗》，增补书至五万四千八百八十种，超过原志五倍半，此尚非清代存留书之全豹。王绍曾先生言：「余等未见书目尚多，即已见之目，因工作粗疏，未尽钩稽而失之眉睫者，所在多有。」清代书籍总数若干，至今尚未能确知。

清代不仅书籍浩繁，尚有大量政府档案留存于世。中国历朝历代档案已丧失殆尽（除近代考古发掘所得甲骨、简牍外），而清朝中枢机关（内阁、军机处）档案，秘藏内廷，尚称完整。加上地方存留之档案，多达二千万件。档案为历史事件发生过程中形成之文件，出之于当事人亲身经历和直接记录，具有较高之真实性、可靠性。大量档案之留存极大地改善了研究条件，俾历史学家得以运用第一手资料追踪往事，了解历史真相。

二曰乱。清代以前之典籍，经历代学者整理、研究，对其数量、类别、版本、流传、收藏、真伪及价值已有大致了解。清代编纂《四库全书》，大规模清理、甄别存世之古籍。因政治原因，查禁、篡改、销毁所谓「悖逆」、「违碍」书籍，造成文化之浩劫。但此时经师大儒，联袂入馆，勤力校理，尽瘁编务。政府亦投入巨资以修明文治，故所获成果甚丰。对收录之三千多种书籍和未收之六千多种存目书撰写详明精切之提要，撮其内容要旨，述其体例篇章，论其学术是非，叙其版本源流，编成二百卷《四库全书总目》，洵为读书之典要、后学之津梁。乾隆以后，至于清末，文字之狱渐戢，印刷之术益精，故而人竞著述，家娴诗文，各握灵蛇之珠，众怀昆冈之璧，千舸齐发，万木争荣，学风大盛，典籍之积累远迈从前。惟晚清以来，外强侵凌，干戈四起，国家多难，人民离散，未能投入力量对大量新出之典籍再作整理，而政府档案，深藏中秘，更无由一见。故不仅不知存世清代文献档案之总数，即书籍分类如何变通、版本庋藏应否标明，加以部居舛误，界划难清，亥豕鲁鱼，订正未遑。大量稿本、抄本、孤本、珍本，土埋尘封，行将澌灭；殿刻本、局刊本、精校本与坊间劣本混淆杂陈。我国自有典籍以来，其繁杂混乱未有甚于清代典籍者矣！

三曰散。清代文献、档案，非常分散，分别庋藏于中央与地方各个图书馆、档案馆、博物馆、教学研究机构与私人手中。即以清代中央一级之档案言，除北京第一历史档案馆所藏一千万件以外，尚有一大部分档案在战争时期流离播迁，现存于台湾故宫博物院。此外，尚有藏于沈阳辽宁省档案馆之圣训、玉牒、满文老档、黑图档等，藏于大连市档案馆之内务府档案，藏于江苏泰州市博物馆之题本、奏折、录副奏折。至于清代各地方政府之档案文书，损毁极大，但尚有劫后残余，璞玉浑金，含章蕴秀，数量颇丰，价值亦高。如河北获鹿县档案、吉林省边务档案、黑龙江将军衙门档案、河南巡抚藩司衙门档案、湖南安化县永历帝与吴三桂档案、四川巴县与南部县档案、浙江安徽江西等省之鱼鳞册、徽州契约文书、内蒙古各盟旗蒙文档案、广东粤海关档案、云南省彝文傣文档案、西藏噶厦政府藏文档案等等分别藏于全国各省市自治区，甚至清代两广总督衙门档案（亦称《叶名琛档案》），英法联军时遭抢掠西运，今藏于英国伦敦。

清代流传下之稿本、抄本，数量丰富，因其从未刻印，弥足珍贵，如曾国藩、李鸿章、翁同龢、盛宣怀、张謇、赵凤昌之家藏资料。至于清代之诗文集、尺牍、家谱、日记、笔记、方志、碑刻等品类繁多，数量浩瀚，北京、上海、南京、广州、天津、武汉及各大学图书馆中，均有不少贮存。丰城之剑气腾霄，合浦之珠光射日，寻访必有所获。最近，余有江南之行，在苏州、常熟两地图书馆、博物馆中，得见所存稿本、抄本之目录，即有数百种之多。

某些书籍，在中国大陆已甚稀少，在海外各国反能见到，如太平天国之文书。当年在太平军区域内，为通行之书籍，太平天国失败后，悉遭清政府查禁焚毁，现在中国，已难见到，而在海外，由于各国外交官、传教士、商人竞相搜求，携赴海外，故今日在外国图书馆中保存之太平天国文书较多。二十世纪内，向达、萧一山、王重民、王庆成诸先生曾在世界各地寻觅太平天国文献，收获甚丰。

四曰新。清代为传统社会向近代社会之过渡阶段，处于中西文化冲突与交融之中，产生一大批内容新颖、形式多样之文化典籍。清朝初年，西方耶稣会传教士来华，携来自然科学、艺术和西方宗教知识。乾隆时编《四库全书》，曾收录欧几里得《几何原本》、利玛窦《乾坤体仪》、熊三拔《泰西水法》、《简平仪说》等书。迄至晚清，中国力图自强，学习西方，翻译各类西方著作，如上海墨海书馆、江南制造局译书馆所译声光化电之书，后严复所译《天演论》、《原富》、《法意》等名著，林纾所译《茶花女遗事》、《黑奴吁天录》等文艺小说。中学西学，摩荡激励，旧学新学，斗妍争胜，知识剧增，推陈出新，晚清典籍多别开生面、石破天惊之论，数千年来所未见，饱学宿儒所不知。突破中国传统之知识框架，书籍之内容、形式，超经史子集之范围，越子曰诗云之牢笼，发生前所未有之革命性变化，出现众多新类目、新体例、新内容。

清朝实现国家之大统一，组成中国之多民族大家庭，出现以满文、蒙古文、藏文、维吾尔文、傣文、彝文书写之文书，构成为清代文献之组成部分，使得清代文献、档案更加丰富，更加充实，更加绚丽多彩。

清代之文献、档案为我国珍贵之历史文化遗产，其数量之庞大、品类之多样、涵盖之宽广、内容之丰富在全世界之文献、档案宝库中实属罕见。正因其具有多、乱、散、新之特点，故必须投入巨大之人力、财力进行搜集、整理、出版。吾侪因编纂清史之需，贾其余力，整理出版其中一小部分；且欲安装网络，设数据库，运用现代科技手段，进行贮存、检索，以利研究工作。惟清代典籍浩瀚，吾侪汲深绠短，蚁衔蚊负，力薄难任，望洋兴叹，未能做更大规模之工作。观历代文献档案，频遭浩劫，水火兵虫，纷至沓来，古代典籍，百不存五，可为浩叹！切望后来之政府学人重视保护文献档案之工程，投入力量，持续努力，再接再厉，使卷帙长存，瑰宝永驻，中华民族数千年之文献档案得以流传永远，沾溉将来，是所愿也！

二〇〇四年

前言

张建民

本书所录契约文书，由湖北省博物馆收藏，出自湖北天门县岳口镇一个熊氏家庭。相对于社会而言，一个家庭无疑是个小单位，有时似乎微不足道。然而，一个家庭存留下来了归户明确、持续时间长达二百七十年——自康熙十年（一六七一年）至民国二十九年（一九四〇年）的契约文书，而且内容相当丰富——涉及土地买卖、房产基地买卖、土地租佃、土地质当、商贸经营、借贷等诸多方面，总数多达一千八百三十五件，提供了一宗由家庭到宗族，由宗族而地方，甚或在更广阔范围内考察社会变化的相对系统、完整的史料。同时，通过这宗契纸，亦可窥见民间契约文书格式、书写、内容表达等方面的繁复及区域异同，可谓十分珍贵。

现试就相关情况分述如下，以期有助于对这宗珍贵文书的了解和理解。

一

清代天门县境内熊氏不止一族，居住在横林、岳口等地的熊氏乃其中较为著名者之一。据三楚堂《熊氏宗谱》记载，天门岳口上堤熊氏原籍江西临江府新淦县，明永乐年间有熊子清、子洪兄弟迁居湖广襄阳府光化县双沟镇，正统初年再迁景陵县小堤市，后分居横林（虎岭）等地，约在清初，有（子）洪系四房瑞公之后熊维贤一支迁居岳口镇，定居上堤街一带。

这宗契约文书的主人，正是迁居岳口的熊维贤的后代，初步梳理《熊氏宗谱》等文献记载，与这宗契约文书直接相关的熊氏基本世系如下：

维贤，师哲之子，迁楚七世祖，字官卿。由横林虎獐垸迁居岳口镇。配马氏，生子二，长策，次篇。

策，字方在，号坦庵。配金氏，生如璟。有传载《天门县志》〔一〕。

如璟，字宋宰，号闇村。庠生。配胡氏、张氏，胡氏生寿山（字志仁，号比南，监生），张氏生华山、嵩山。

华山，字凌三，廪生，壮年卒。配程氏，生国震、国豫、

〔一〕乾隆《天门县志》卷一五《人物·卓行》：「熊策，字方在……于修谱收族、建祠举祭以及甃岸筑堤诸行实，皆表表足传者。」

国咸。有传载《天门县志》。

国震，字福九，号一粟。配黄氏，生子廷阳，字宸辉。孙亨孝。

国咸，字润九，号淡村。布政司经历衔。配郭氏，生锦阳、绣阳、钧阳。锦阳，字官城，号柏亭。因二子为官而加封有多项职衔。锦阳有五子。孙甸南，字伯原，号禹田。贡生。

锦阳第五子光吉，又名英，字韵臣，一字忍山。道光十一年（一八三一年）改名亨培，过继葵园，二十一年送还本生父母。

国豫，字德九，号立庵，州同职衔。配程氏、庞氏、冯氏，生开阳。以孝义称，有传载《天门县志》〔一〕。

开阳，字魁六，号葵园，派名博运。生于乾隆五十二年（一七八七年），卒于道光二十九年（一八四九年），享年六十三岁。配谭氏、邓氏，子亨坦。

亨坦，字俭民，一字军衡，号莲士，一号稚葵，更名琦桢。生于道光十四年，庠生，捐郎中，分发兵部武选司行走。卒于咸丰十一年。配李氏、董氏，子秩南。

〔一〕道光《天门县志》卷二七《人物·卓行》：「熊国豫，字德九……立家塾，延师训课族戚子弟。又置义地于沧浪亭西，掩露骼及旅榇。族某负千金将涉讼，国豫代偿之。其故交太原人某殁于沔南，厚赙其子扶榇归。岳口滨襄河，夏秋盛大涨堤辄坏，独筑柴塘以御奔溜，更筑石矶用防漱啮。」

秩南，字平阶，号祁生。郎中衔主事。生于咸丰辛酉，卒于民国七年。配陈氏（光绪四年，十八岁），生纪骐、纪骏。

纪骐（一八九〇—一九五二），字芷沅，又作芷源，一九一二年湖北公立法政专科学校毕业。曾参加日知会、同盟会，宣传反清革命。辛亥革命时先后任军政部、黄兴留守处文书。北伐战争期间，任湖北绥靖公署主任何成浚部下第三路指挥、第一团团长。二十世纪三十至四十年代，先后任老河口公安局长、湖北绥靖公署参议、岳口镇民代表主席、天门县参议等职。一九五一年土改运动中被逮捕，次年病死狱中〔一〕。

岳口上堤熊家家底原本不薄，但堪称兴盛当自清代乾隆朝始，历嘉庆、道光、咸丰、同治、光绪诸朝，持续至民国时期。其间有奠基之功者，当属熊国豫、熊开阳父子。据说，熊国豫靠包揽棉花、棉布购销，代陕西帮客商经营生意以及开设当铺而致富，发展至后来甚或号称「天南首富」。有了雄厚的财力基础，熊氏开始在仕途上努力进取。此前，尽管不无读书传统，祖如璟、父华山亦分别取得庠生、廪生功名，但也仅仅停留在「读书人」的层面，并未真正涉足官场，更无实际官职。此后熊氏发达的轨迹似乎表明，熊氏的科举之路并不通畅，所任官职主要靠捐纳获得。国豫本人已捐职「州同」职

〔一〕岳口镇人民政府地方志办公室编《岳口镇志》第七篇《人物》，第二百七十三页。一九九〇年版。

衔，成为有名的地方绅衿。为其子熊开阳仕途上的发达更是不惜财力。开阳字魁六，号葵园。在其父的精心扶持之下，先是援纳粟例授郎中职，补户部江西司缺，兼办陕西、贵州司事。自嘉庆二十三年（一八一八年）始，先后出任河南汝宁府、卫辉府知府，并以效力河工获加道衔。因族中排行第八，故有「熊八老爷」之称。罢官返乡后，拥「数十万家赀」，广置田产，并大治东庄别墅。「所营店铺、当铺、房产遍布岳口镇、虎岭，田产遍及襄河南北，上至老河口，下至沉湖，北至京山，南止毛嘴，分为二十余庄，号称百万富翁。宅后筑有『熊氏花园』，占地二十余亩，叠石凿池，兴建轩榭亭台，规模宏丽，布局精巧。终日杖履优游，与诸名士绅耆四季吟咏，耽乐其间。」〔一〕同时，岳口上堤熊氏在当地尤其在宗族内，通过置义田，设「义学」，修宗谱，赡寒族，置义冢，设粥棚等善举，博得了「乐善好施」之名。

与此相应，熊国豫至熊开阳时期，也恰是岳口熊家大置产业的高潮，检阅天门岳口上堤熊氏契约文书不难发现，尽管其中曾经出现过熊方在、熊宋宰、熊福九、熊润九（熊淡村）、熊柏亭等姓名或字号，但是，熊国豫（熊德九）、熊开阳（熊葵园）、熊秩南祖孙三代及同时期相关的熊笃叙堂、熊宗义等才是这批契约文书真正的主角。换言之，契约文书所涉产业的主人实即岳口上堤熊氏家族中熊国豫这一家庭，而非整个岳口上堤熊氏家族。

毫无疑问，岳口上堤熊氏契约文书持续时间长，内容亦很丰富，然而，更值得关注的是，如此持续时间长、内容丰富的契约文书是属于一个家庭的，这才是岳口上堤熊氏契约文书最大的特点。换言之，集持续时间长、内容丰富和归一个家庭所有三者于一身，才构成了这宗契约文书独特、突出的价值。

众所周知，能否明确归户，于民间契约文书的价值而言至关重要。这宗契约文书全部产生于天门岳口上堤熊氏一个家庭，契约文书所载社会、经济、政治诸内容，无不反映岳口上堤熊氏的相关活动。通过相关的田野调查，可知此宗契约文书的历史与地理背景比较清晰，因此，契约文书中涉及之人与事不仅能够最大限度地与时间，而且得以与空间（地方）具体地联系起来，便于更准确、更全面地挖掘其价值，理解其意义。与那些经过辗转买卖，离开了其产生地的契约文书相比，这类契约文书的学术价值显然不可同日而语。契约文书若能与相应的田野工作结合起来，辅之以族谱、相关碑刻、口传史料等，比较容易使研究回到当时当地的「历史情境」中，从而突破就契约文书论述契约文书的局限。而这正是区域社会经济史研究得以发挥其优势、突出其特征的重要条件。岳口上堤熊氏契约文书无疑具备了这样的条件。前述诸多土地买卖和租佃契约中所涉田地，不仅能够找到所在的乡村里团，更能落实到具体的

〔一〕据横林镇地方志办公室《横林镇志》资料。

坑；田地、房屋的卖主或租种田地的佃农，不仅能够在族谱中确定其世系位置，甚或可以找到其后人，掌握买主与卖主之间、地主与佃户之间的关系。

此前我们曾经强调这宗契约文书是属于熊氏一个家庭的，但这并不是说这个家庭是孤立的，或者说这宗契约文书与熊氏宗族没有什么关系。恰恰相反，这宗契约文书包含有许多岳口上堤乃至天门熊氏宗族的因素，反映着契约文书的主人在熊氏宗族中的地位及其与诸多宗亲的关系，其中某些因素至关重要。

以田地买卖契约为例：在九百零二份的田地买卖契约中，约有三分之二的买主以熊笃叙堂或熊宗义等为名，而熊笃叙堂、熊宗义等正是熊氏宗族义庄。换言之，岳口上堤熊氏所购置田地的大部分与宗族相关。与此相应，田地租佃契约之业主亦绝大多数以熊笃叙堂或熊宗义为名。其中，还有一部分田地是作为熊氏祭田、熊氏报本祠僧田、报本书院学田等购置的。道光四年（一八二四年）捐（子）洪公祭田三十亩零，涉及土地契约二十一份，共计三十一形，坐落方三小堤团。后又捐一北狮团田一十七亩四分一厘二毫一丝，张官团田一十亩零一分五厘五毫，方四八卦团田十八亩五分九厘九毫七丝。当然，房屋基地买卖契约中，同样不乏宗族因素，今见至少有三十五份房屋基地买卖契约以熊笃叙堂或熊宗义为名，今见熊氏最早的房屋基地契约即为购买宗祠基地契，以价银十八两购买僧人遍云钱宅庙东基地四间〔一〕。熊氏报本祠不仅置有公田，还养有僧人，部分购置田地讲明是归入报本祠，由僧人管业经营，立有专门的粮柱。报本祠更设有公项，并据以放贷取利，部分借贷契据所贷赀本即来自报本祠公项。

能够说明同样问题的另一方面是，田地、房基在宗族内的流转与族外的转卖是有差别的，宗族内的田地、房基买卖，户族因素会发生相应的作用。雍正五年（一七二七年）三月二十二日《熊万瞻卖田契》就颇为典型。户族因素有时会使田产交易少些赤裸裸的利益追求，而多一点儿人情色彩。类似的还有宗族内为相互方便而发生的田产置换、赠与等现象。不仅如此，熊氏之外，契约中还可窥见诸多其他宗族，有宗祠公田出售给熊氏的就有张、程、蒋、杨等族。诸如此类，亦正体现出中国传统社会重宗亲血缘纽带这一根本特征。

从契约文书所涉内容已不难看出，契约持有者——岳口上堤熊氏不是一个单纯的地主家庭，一百六十九份房屋基地等买卖契约和一百四十六份借贷典当等契约以及六十二份房屋基地等租赁契约表明，土地之外，商业经营在其经济生活中占有非常重要的地位，而且岳口上堤熊氏具有比较雄厚的经济实力。检阅三楚堂《熊氏宗谱》，进一步证实岳口上堤熊氏还是一个

〔一〕康熙三十年十月六日《僧遍云卖地基契》，《湖北天门熊氏契约文书》三—〇〇一号契纸。

取得过一系列功名的家庭，而诸多功名的取得，主要的途径便是捐纳，数额可观的捐纳也从另一个侧面显示出其雄厚的财力。初步考察发现，岳口上堤熊氏雄厚财力的主要来源似非土地，而是商业贸易及高利贷，这一初步结论与我们在田野工作中所获当地民间传说基本一致。而熊氏之所以能够分享商贸之利，又与所居岳口镇得天独厚的条件密切相关。

横林熊氏迁居之岳口镇，位于天门县南四十里，地处汉水岸边，踞天、潜、沔三州县水陆要津，水陆交通便利，腹地盛产棉花、棉布等，系江汉平原重要的商货集散地之一。自乾隆年间始，岳口镇先后建有汉阳会馆晴川书院、江西会馆万寿宫、安徽会馆新安书院、咸武会馆瑞庆宫（又称九宫庙）、山陕会馆春秋阁、福建会馆天后宫等八大会馆，俨然一方重镇。正是由于商贸发达，促成岳口镇的经济繁荣及社会变动，时有「小汉口」之誉。从建置广运南漕仓、设立天门县丞衙署，荆门营把总驻扎巡防等官方举措[一]，亦可见其重要地位和发达程度。史称：「岳口临襄河，便舟载……其地接关洛襄郢下流，据鄂会湖湘之上，途当冲要，行商坐贾交易之所聚。三湾三街樯林立，人肩摩，盖饶庶哉。设贰尹署于此，资弹压也。」[二]相当数量的典当借贷契约、房屋基地等买卖租

〔一〕乾隆《天门县志》卷一《地理考·市镇》。

〔二〕乾隆《天门县志》卷首《舆图》。

赁契约文书中不仅可以看到熊氏的商贸活动，还可以窥见与其他商家的关联及活动。便利的水陆交通、商品流通条件，吸引着四方商贾来此买卖流通，不然，熊国豫何以代陕西客商经营生意，又怎能够包揽棉花、棉布购销？便利条件促成了岳口市镇经济的发展，岳口镇的发展繁荣，也造就了一代又一代的商家。市镇与商家互为依托，相辅相成，就像岳口上堤熊氏与岳口镇一样。

天门县历史上先后有过「竟陵」、「景陵」等名称，明代为景陵县，先隶沔阳州，后属承天府。清雍正四年（一七二六年），为避康熙陵寝（景陵）名讳，因县西有天门山，改称天门县，属安陆府（即明代承天府）。其东南西北四邻分别为汉川县、沔阳州、潜江县和京山县。就自然地貌分区论之，天门县地属江汉平原，处平原北边与大洪山低山丘陵区交界，正所谓「竟陵者，陵之竟也」。境内地面平坦，河网交织，湖泊密布，具备较好的农业生产条件。然而，由于「地居泽中，土惟涂泥」[一]，防洪排涝成为收成好坏的关键。因此，明清时期江汉平原堤垸大兴，依托堤垸农业的发展，形成了著名的商品粮生产基地[二]。乾隆《天门县志》卷首专门绘制有《堤垸图》，其《堤垸图说》更对堤垸之于农业乃至于社

〔一〕乾隆《天门县志》卷首《县志总论》。

〔二〕参见张建民《清代江汉—洞庭湖平原堤垸农业的发展及其综合考察》，《中国农史》一九八七年第二期。

会经济生活的重要性有精辟论述：「火耕水耨之区，黍稌之利溥矣！畇塍万顷，取灌于河，取泄于河，成良田矣。所谓川泽之饶，鱼稻之利，指为陆泽云门也。然利溥者害大，垸倚堤以用河，而河且决堤以坏垸。倘遇泊堤之水，如弩之冲，蚁漏一穿，垸则釜而人为鱼矣！」堤垸堪称平原湖区社会经济生活的生命线，正地方民众所谓「倚堤为命」者。

江汉平原这一颇具特色的堤垸农业生产面貌，在岳口熊氏契约文书尤其田地买卖、田地租佃契约中亦有充分体现。无论水田还是白田，亦无论田地买卖还是租佃，所见契约大部分都言明田地坐落于××垸，田地租佃契约则大多还要强调每年堤垸岁修，佃户应该帮出堤夫的问题。在契约中出现较多的垸名如虎獐垸、陶林垸、南湾垸、陈昌上下垸、高作垸、白湖垸、皇田垸、新堰垸、荷湖垸、洪积垸、西汊垸、莲台垸等。其他还有仪丰垸、西湾垸、雪花垸、内垸、堤边南垸、王家垸、代家垸、义合垸、三合垸、后垸、张望垸、张台伐家垸、龚家垸、黄堤垸、陈田垸、三塌垸、王垸、黄沙垸、龚半垸、新垸、三堰垸、谭垸、八卦垸、芦林垸等等。其中，田地买卖契约出自高作垸的最多，共有一百六十一契，田地租佃契约出自陈昌上下垸的最多，共有七十四契（详见下表）。

表一　岳口上堤熊氏契约文书与天门境内部分堤垸关联

垸名	垸堤长	相关契约数量				
		田地买卖	房基买卖	田地质当	田地租佃	总数
陈昌垸	六百八十丈五尺	八十三		十五	七十四	一百七十二
高作垸	五百四十四丈	一百六十一	一		四	一百六十六
南湾垸	六百三十六丈	五十五			三十	八十五
虎獐垸	一千四百八十一丈五尺	四十四			四十一	八十五
皇田垸		四十六			二十六	七十二
陶林垸		四十一	七			四十八
白湖垸	六百五十丈	十九			十六	三十五
新堰垸	六百八十八丈五尺	二十六			三	二十九
河湖垸	六百一十七丈	十三			四	十七
莲台垸		十三			三	十六
西汊垸	三百八十九丈五尺	十三			二	十五
赵家垸	五百一十九丈	十三				十三

续表

垸名	垸堤长	相关契约数量				
		田地买卖	房基买卖	田地质当	田地租佃	总数
横林垸	六百丈五尺	八			四	十二
洪积垸		十				十
中洲垸		九				九
小计		五百五十四	八	十五	二百零七	七百八十四

资料来源：乾隆《天门县志》卷一《地理考·市镇》及《湖北天门熊氏契约文书》等。

契约文书中出现的不少堤垸名称，为方志等地方文献所未载，其间不无大小堤垸的分合，堤垸数量的消长，堤垸与河湖相对位置的变化，水田白田的转换，诸多信息无不有助于堤垸农业史、水利史、环境史研究的深化。

除了记载田地所在的堤垸名称外，不少契约还同时指明了田地所属的方位和地名，如陶林垸南三狮团、陶林垸南一北狮团、陶林垸南三付团、陶林垸南三吅团、陶林垸一北狮团、虎獐垸方三小堤团、陶林垸狮陶二团、陶林垸一北陶团、西汉团南湾垸、张团义合垸、张团代家垸、石团新堰垸等，其间所谓「团」，乃天门县基层乡里组织「里」之下一级的名称，「里」之下分设「团」，亦不无区域特色。即使在江汉平原，相邻州县之编制或设置、名称亦不统一，尤其垸与团之结合，值得关注。由于垸之大小不一，「垸」与「团」之辖属关系有别，加之民间书写表述亦难划一，故有「团」在「垸」前者，亦有「垸」在「团」前者。将契约文书所载田地坐落与地方基层组织编设沿革联系起来，无疑有助于对相关问题的理解和把握。据乾隆《天门县志》记载，县境所辖除了城内外坊厢外，还有六村二十五里，其下统团三百六十个，其具体辖属可参见下表所列。

表二　乾隆年间天门县基层村里团编设概况

村名	旧里名	新里名	团数	团名
城坊	在城	在城	九	东走、永丰、月光、西走、西龙、西湖堤、长堰堤、南禅寺、张官畈
城厢	附城	附城	六	陈家冈、大板港、江家湖、杨林口、沱子口、阳家渡
西北上白湖村	马溪	上一	六	石河、土门、崔岭、雷畈、冢子台、张泗港
	巾港	上二	九	上白竹、下白竹、彭湾、魏湾、渔薪河、代觜、申台、徐觜、鸳鸯湖
	青山	上三	十二	鲁港二、苏河、毛河、小红山、方岭、杜桥、青东、青西、关庙
	洲上	上四	八	诸通口、白泛湖、倪岭、大佃垸、竹台、徐林、龙泉、拐桥

续表

村名	旧里名	新里名	团数	团名
西南下白湖村	永和	下一	八	长沟、孙场、老观垸、田场庙、陈潭、多多垸、牙旺垸〔一〕
	永丰	下二	十二	马家垸、渔泛洚、连渔湾、紧水埠、上牛蹄、下牛蹄、龚新垸、洋潭、沙沟、务沉、上周河〔二〕
	泰宁	下三	七	截河、牛匠口、杜子沟、洪积垸、洪仕铺、下周河、菜子湖
	安和	下四	九	徐马湾、黄土潭、官桥铺、石庙、风水垸、丁吴垸、三汊河、陶蛮台、横观铺
东北云潭村	东流	云一	六	砖庙、龙王台、十八里、利涉、九镇庙〔三〕
	诸流	云二	四	花台、柳河、兴隆殿、郭垱
	霄城	云三	八	圣水寺、文东、二郎庙、土庙、文南、文西、文北、文中
	仁和	云四	五	董鮨、霞鮨、黄龙河、沿湖口、蒿台
东官城村	兴仁	官一	六	笑城畈、七姑岭、官陂、金带河、大有垸、程家垸
	三才	官二	十	皂市、长传岭、养马鮨、马公埠、岐山庙四、岐代、岐董
	白云	官三	八	华严湖、蒋家垸、松石湖、拖船、三王庙、古老台〔四〕

〔一〕原书仅列出七个团名。

〔二〕原书仅列出十一个团名。

〔三〕原书仅列出五个团名。

〔四〕原书仅列出六个团名。

续表

村名	旧里名	新里名	团数	团名
东官城村	仁平	官四	八	社湖、观音堂、卢沟、左脑、李港、东岗岭、长城垸、新堰堤
南方乐村	永平	方一	五	闸车墩、新冲河、倒套垸、鸦鹊垸、马湾子
	安平	方二	十	烧烟口、郭贤湖、老佛岭、毛湖、裴麻垸、上卢埠、殷老垸、乔水湖、赵老湖、洋读湖
	泰平	方三	十九	小堤、马昌垸、黄洋河、上泊江、老食垸、老狮、朱家潭、白水公半、白水湖、北黄沙、谭家垸、河湖垸、陶市、上殷河二、中殷河、下殷河、团湖垸、牛头埠
	和平	方四	十五	赵家垸、西汊口、徐家岭、上堰汊、断堤坡、横林口、八卦观、张家台、冯思垸、唐家岭、杨仙口、六合垸、杨恬垸、汪二口、陈昌垸
南南黄村	泗港	南一	十三	三湾三、中洲垸二、使牛湖、卢林湖、牛槽垸二、大剅垸、上古垸、下古垸
	崇进	南二	十一	吴孔垸、榖粱垸、仵家场、田湾、黄牛港、下白垸、猪矢垸、清泛垸、蒲湖、澜泥垸、南金坑
	狮子	南三	十三	传湾、阧口、白沙潭、张湾、车湘渡、吽湖、狮子脑、陶林垸、红花滩、黄沙二、北金坑、沤洋河
合计八村，二十五里，三百六十团				

资料来源：乾隆《天门县志》卷一《地理考·疆域》。

当地传说岳口上堤熊氏之田地、房产遍布襄河南北，上至老河口，下至沉湖，南至茅咀，北至京山，其实仍以天门境内尤以横林、新堰口一带为多。

在岳口、横林乃至于天门，提起「熊八老爷」，上了年纪的人几乎无人不晓，其中不少老者对「熊氏花园」更是津津乐道。然岳口上堤熊氏在天门地方之影响远不止于「百万富翁」之富，其「乐善好施」亦不止于熊氏族内修谱收族、建祠举祭、捐银以备试卷。宗族义学之外，熊氏还在族外设有地方义学；熊氏花园之外，熊氏亦多次捐助甃岸筑堤工程；宗族义田不仅救济贫族，亦设粥棚、给寒衣赈济族外贫穷；其他还有置义冢以厝旅榇，施棺木惠及朽骨等种种举措，此类活动既是与地方社会的互动，又少不了与官府打交道。通过熊氏这样集绅衿、商人、高利贷者、地主于一身的家庭，考察当时当地的官绅关系、绅民关系、官商关系等，当会有所发现。

二

（一）年代分布

天门岳口上堤熊氏契约文书，就朝代言之，清代契约文书约一千七百三十余件，民国年间契约文书约一百件。就内容而论，则涉及土地买卖、房产基地买卖、土地租佃、土地典当、商贸经营、借贷等，基本构成情况可参见下列表三、表四、表五等。

最早的是一份田地绝卖契约，时间在康熙十年（一六七一年）九月二十日，应该是一次族内交易，即《君锡卖田契》：

立绝卖田契弟君锡，今因移业就业，请凭中兄春跃等说合，将自己受分渔粮田贰亩伍分，四止开后，出笔绝卖与兄敷言名下管业，耕种当差。当得受时值价纹银伍两整，系锡亲手接讫。中间并无别故，随载渔粮，照册完纳。自卖之后，听从管业当差，不与亲族人等相干，日后永勿异说。今恐无凭，立此绝约，子孙永远为照。

四止开后

东止买主　西止九宵　南止路　北止路

凭亲中　叔文凤　兄春跃

康熙拾年玖月廿日　立绝卖田契　弟君锡　笔[一]

最晚的契约是《刘□富补归字》，时间已到了民国二十九年（一九四〇年）十二月十一日，此乃一份补租约。

前归到笃叙堂白田，归约收据因被乱遗失，今已续取起课，时出此为据，前约概不生效。

[一] 本书之一—〇〇一号契纸。

民国式拾九年朏月十一日　刘□富　出笔〔一〕

也就是说，熊氏契约文书的时间跨度覆盖了包括「康乾盛世」在内的清代和民国的大部分时段，长达二百七十年。

不过，在这二百七十年间，契约的时间分布却很不平衡，无论是朝代、时段还是具体的年份，都可以看到相当悬殊的情况。若就清代言之，总共一千七百三十五份契约中，时间集中于乾隆、嘉庆、道光、咸丰数朝，此前此后所立契约甚少。其中尤以道光朝为最，立约多达一千二百九十四份，接近清代立约总数的百分之七十五。若乾嘉道咸四朝合计，则多达一千六百五十四份，占到总数的百分之九十五以上。年均数量往往成为一种重要的衡量指标，但也有因此混淆甚或掩盖事物特殊情况的场合，熊氏契约文书即为一例。若以道光三十年计，年均有契约四十三件之多，对于一个家庭来说似已足够可观，然却与具体情况相去甚远。因为道光年间并非每年都有契约，有些年份即使有，数量亦极为有限，少者一年仅有一两份而已。另一方面，个别年份的契约数量却特别多，如道光十三年有田地买卖契约二百一十六件，道光十二年的田地买卖契约更多达四百二十四件。仅此两年合计，已足六百四十件之数，接近道光朝三十年间总数的二分之一。咸丰年间亦是如此，咸丰三年有田地租佃契约一百七十三份，已占到咸丰年间契约总数一百九十三份的百分之九十。

民国年间的一百份契约中，民国十五年有二十二份，民国二十五年有二十九份，两年合计已占总数的一半以上。

进一步分别契约内容看立约的时间分布，亦大有值得关注者（详见表三）。

表三　天门熊氏清代契约文书时间类别分布

朝代	买卖类		租佃借贷类			合计
	田地	房屋基地	田地	房屋基地	借贷典当	
康熙	五	三	一			九
雍正	二					二
乾隆	十九	五十四			二	七十五
嘉庆	三十三	十六			四十二	九十一
道光	八百三十三	八十五	三百零一		七十五	一千二百九十四
咸丰	一	二	一百七十六	一	十四	一百九十三
同治		八	二	二	九	二十一
光绪	一		三十二	二	一	三十七
不明	八	一			三	十二
小计	九百零二	一百六十九	五百一十二	七	一百四十六	一千七百三十五

说明：表列数据只是大概统计，仅供参考。

〔一〕　本书之二—五四〇号契纸。

从表三不难看出，土地、房屋买卖类契约，基本上集中于道光以前，咸丰以后极少。具体言之，九百零二份田地买卖契约中的一百七十三份分布于乾隆、嘉庆、道光三朝，占百分之九十八；一百六十九份房屋基地买卖契约中的一百五十五份分布于乾隆、嘉庆、道光三朝，占百分之九十二。也就是说，乾隆、嘉庆、道光三朝很有可能就是岳口上堤熊氏大量购置田地房产的时间。典当借贷契约的情况与买卖契约类似，一百四十六份典当借贷契约中的一百一十九份集中于乾隆、嘉庆、道光三朝，占百分之八十二，然此后毕竟还有持续的借贷经营。

租佃类契约文书的情况有些不同，清代的五百一十二份田地租佃契约，尽管道光之前有三百余份，而咸丰以后亦有二百一十份，占到契约总数的百分之四十以上。另外，道光十六年一百六十份，道光十七年一百三十九份，咸丰三年一百七十三份，这三年合计四百七十二份，占了租佃契约总数的百分之九十二，与所谓「年均」指标悬殊，自不待言。至于房屋基地租佃契约，数量虽然不多，却都是咸丰以后的。

与清代相比，民国时期熊氏契约文书的数量变化更为显著。一百份民国契约文书中，田地租佃契约二十九份，房屋租借契约五十六份，熊氏质当田地十五份。换言之，在民国的近三十年间，熊氏竟然没有留下一份购置土地、房屋等不动产的凭据，亦未见银钱出贷契约，而只有出租土地、房屋的记载。不仅如此，熊氏竟然还以质当自己十八亩六分五厘田地为代价，获得当价两千一百余串的资金（详见表四）。

表四　天门熊氏民国契约文书年代分布

年代	数量	分类数量		
		田地租约	房屋租约	熊氏质当田地约
民国三年	一		一	
民国十年	一	一		
民国十二年	二	一		一
民国十三年	三			三
民国十五年	二十二	二	十	十
民国十七年	二		二	
民国十八年	四	一	三	
民国十九年	一		一	
民国二十年	一	一		
民国二十一年	一	一		
民国二十二年	五	一	四	
民国二十三年	三		三	
民国二十四年	七	一	六	
民国二十五年	二十九	十一	十八	
民国二十六年	七	二	五	
民国二十七年	三		三	
民国二十九年	七	七		
不明	一			一
合计	一百	二十九	五十六	十五

说明：表列只是大概统计，仅供参考。

自康熙十年（一六七一年）至民国二十九年（一九四〇年）的二百七十年间，跨越了清代康乾盛世、晚清变局、北洋政府、国民政府等中国社会发生急剧变迁的几个重要历史阶段，契约文书时间分布的变化，尤其与契约文书内容变化联系起来看，不仅反映岳口上堤熊氏家庭社会经济生活的变化起伏或特点，亦可在一定程度上窥见相应时代的重大变化。例如，契约文书之终于民国二十九年，当与当年日本侵略军先后侵占皂市、天门县城、岳口镇，烧毁岳口堤街民房，日伪天门县政府成立，岳口上堤熊氏迁居重庆有直接关系。再如为什么熊氏契约文书尤其是田地买卖契约以道光朝立约为最多，其中又数道光十一年（一八三一年）至十三年特别多。初步统计，道光十三年有田地买卖契约二百一十六件，道光十二年的田地买卖契约更多达四百二十四件，仅此二年合计，已足六百四十件之数，接近道光朝三十年间总数的二分之一。这是因为道光十一年夏、十二年秋、十三年夏，江汉平原连年遭受洪涝灾害，汉水罗汉寺、铁牛关等堤段溃口、漫溢数十处，汉川、公安、天门、石首、京山、江陵、松滋、武昌、嘉鱼、沔阳、钟祥、潜江、监利、汉阳、江夏等数十州县被灾，尤以天门、汉川等县为重〔一〕。房倒屋塌，田地长期渍淹，贫民生活无着，纷纷出卖田地以救目前。熊氏则乘机购买田地建立宗族义庄，因此有此契约文书时间分布之局。

表五　天门岳口上堤熊氏契约文书类别分布

种类	数量	年代分布
田地买卖契约	九百零二	康熙朝五件，雍正朝二件，乾隆朝十九件，嘉庆朝三十三件，道光朝八百三十三件，咸丰朝一件，光绪朝一件，年代不详八件
田地租佃契约	五百四十一	康熙朝一件，道光朝三百零一件，咸丰朝一百七十六件，同治朝二件，光绪朝三十二件，民国二十九件
房屋基地等买卖契约	一百六十九	康熙朝三件，乾隆朝五十四件，嘉庆朝十六件，道光朝八十五件，咸丰朝二件，同治朝八件，年代不详一件
房屋基地等租赁契约	六十二	咸丰朝一件，同治朝二件，光绪朝三件，民国五十六件
借贷典当等契约	一百四十六	乾隆朝二件，嘉庆朝四十二件，道光朝七十五件，咸丰朝十四件，同治朝九件，光绪朝一件，年代不详三件
熊氏质当田地契约	十五	民国十五件
合计	一千八百三十五	康熙朝九件，雍正朝二件，乾隆朝七十五件，嘉庆朝九十一件，道光朝一千二百九十三件，咸丰朝一百九十三件，同治朝二十一件，光绪朝三十七件，民国一百件，年代不详十二件

说明：表列只是大概统计，仅供参考。田地包括水田、白田、滩田、菜园之类，房屋基地包括瓦房、楼房、草房、基地、花园、铺面等。

〔一〕参见《清宣宗实录》卷二一六「道光十二年七月甲戌」条。

（二）契约的性质——以买卖契纸为例

天门岳口上堤熊氏契约文书不仅内容丰富，涉及社会经济生活各个领域，契约的性质及立契形式亦可分为诸多种类，且具有若干区域特点。以下以田地买卖契约为例，考察若干不同的类型，以见大略。

永卖契　众所周知，明清时期的土地买卖有死卖与活卖之分，对此，各地的契约用语或立契形式并不完全相同。天门所在之江汉平原地区，田地买卖契约有卖契、大卖契、永卖契、绝卖契等多种说法，其中，「永卖」、「绝卖」、「大卖」，尽管字面意思不无差别，但一般都是指死卖。不同时代，死卖契约的名称似有差别，仅就熊氏契约考察，康熙、雍正、乾隆、嘉庆年间，有名大卖契者，有名绝卖契者，亦有名永卖契者。较早名永卖契者如康熙三十二年（一六九三年）十一月三十日《熊介士卖田契》：

> 立永卖田契约人弟介士，今因移业就业，将自己祖遗受分坟茔前中则水田叁亩六分，请凭叔克善说合，出笔卖与兄方在为业，随载民米伍升七合六勺。当得受时值□银叁两陆钱整，系介士亲手接讫。自卖之后，听从起业拨佃，永无异说。此据。
>
> 计开四止于后　东至买主　南至□界
> 　　　　　　　西至穆周　北　买主
>
> 凭中　兄雨山
> 　　　叔克善　画押
> 　　　弟介文　画押
>
> 康熙三十二年冬月卅日　弟介士　笔　画押〔一〕

是否死卖，一般情况下都是开宗明义，明确所立契约的性质，亦即交易的性质，其后还会有相应的表述，诸如听从买主自主，永无异说之类。又如嘉庆十七年（一八一二年）十月八日《熊人儒等卖田赤契》：

> 立永卖田约人族弟人儒、人选、人富，今因移就不便，将自己受分虎獐垸方三小堤团中岭祖茔前水田九分，粮载正良一分四厘四，请凭中侄孔珍说合，人选弟兄出笔永卖与族兄岳口澹村名下为业。当日三面言定，兄出备时值价钱拾二串整，系人选弟兄亲手领讫。自永卖之后，仍从买主起业，耕种当差，收粮过户，百为无阻。今欲有凭，立此永卖约一纸为据。
>
> 凭中　侄孔珍

〔一〕本书之一—〇〇四号契纸。

其田四止　东止五老　西止明堂　南止得留　北止买主

嘉庆拾柒年十月初八日　立永卖田约人　族弟人儒　选　富

族孙亨举　代笔

永远为据〔一〕

契约自「立永卖田约人」始，到「立永卖田约人」落款终，其间还有「出笔永卖」、「自永卖之后」、「立此永卖约一纸」等语，前后共五次用了「永卖」一词，不仅反反复复明确交易的性质，连用语亦高度一致。

较早名绝卖契者如雍正五年（一七二七年）十月《熊朝佐卖田契》：

立绝卖田约侄朝佐，今因移就，将自己受分虎獐垸中区水田陆亩伍分，载民米壹斗肆升肆合肆勺，在方三里神虎垸熊贞进户下当差，请凭中兄俊儒等说合，出笔绝卖与叔宋宰名下管业，耕种当差。当日三面言议，得受时值价银柒两伍钱整，系朝佐亲手

〔一〕本书之一—〇四六号契纸，具体丈量弓口等内容省略。

领讫，中间并无准折情由。此系自卖自分，不与伯叔弟兄人等相干。自绝卖之后，仍从耕种收租，永无异说。今恐无凭，立此绝卖约一纸，子孙永远为照。

其田四止载后　四亩一形　东止天秩　南止大田　西止万瞻　北止廷彦

亩半一形　东止庐朝宗　南止万瞻　西止孔邑　北止万瞻

一亩一形　东止买主　北止进远　西止陈士　南止孔邑

凭中　士伟　兄峻儒　傅志周

雍正五年拾月口八日　立绝卖田约　侄朝佐　笔

画押

子孙永远为业〔一〕

和《熊人儒等卖田赤契》一样，契约自「立绝卖田约」始，到「立绝卖田约」人签字画押终，其间还有「出笔绝卖」、「自绝卖之后」、「立此绝卖约一纸」等语，前后亦有五次用了「绝卖」一词，以此强调交易的性质。

较早名大卖契者如乾隆五十一年（一七八六年）十月十日

〔一〕本书之一—〇〇七号契纸。

《敖秉忠卖田契》：

立大卖水田约人敖秉忠，今因不便，将自置陶林院南三狮团水田壹形六分，载粮壹升三合四勺，情愿请凭亲中说合肖元西、杨为政，忠出笔大卖与熊闰九老爷名下管业，耕种当差。当日三面言定，九出备实置价钱拾壹串整，系忠亲手领讫。自卖之后，买主收粮过户〔一〕，无得异说。不与亲族弟兄人等相干，今欲有凭，立此大卖约一纸为据。

其田四止 东本 西路 南本 北张 界

凭中 肖元西 杨为政

乾隆伍十一年十月初十日　立大卖水田约人　秉忠

笔　永远为业〔二〕

此契前后四次提到大卖，应该说其性质已是明确之至，但更有甚者如嘉庆十年（一八〇五年）十月十日《范成道卖田赤契》：

〔一〕「自卖之后，买主收粮过户」为正行右侧添加。

〔二〕本书之一—〇一〇号契纸。

立大卖田水田约人范成道，今因移就，将置八卦团〔一〕白水田九分五厘五八〔二〕，载粮〔三〕二升壹合二勺，册名成道，在范家墩埧取水灌救，情愿请凭亲中杨士勋说合，成道出笔大卖与熊思永名下为业。当日三面言定，思永出备时值价钱五串四百乙十五文整，系成道亲手领讫。自大卖之后，仍从买主管业，耕〔种〕当差，收粮过户，拨佃招租，阴阳两便，百为无阻。其中并无准折抬算情弊。此系自大卖已分，不与亲族人等相干，今欲有凭，立此大卖约一纸为据。

四止 南范 东 西埧 北范

请凭中 范成得 杨士勋 礼 国武 李得寿

嘉庆拾年十月初十日　立大卖田约人　范成道　笔

〔一〕「八卦团」为正行右侧添加。

〔二〕「五八」二字为正行右侧添加。

〔三〕「粮」为正行右侧添加。

子孙为据〔一〕

「立大卖田水田约」、「出笔大卖」、「自大卖之后」、「系自大卖已分」、「大卖约一纸」、「立大卖田约人」，契文共计六次提到「大卖」，恐怕是明确立契性质之最了。

自开头到落款，契约行文中之所以一而再、再而三，甚至再四、再五、再六地重复申明死卖性质，当然是由于死卖与否事关重大，故此不少契约不厌其烦，多处反复强调，尽管名称不一定相同。

至道光年间，除了极少数契纸外，非活卖的契约基本上通称永卖契。因此，天门熊氏田地买卖契约中，名「永卖契」者数量最多，至少占到总数的百分之九十以上。

定期赎还活卖契 与死卖性质基本对应的是活卖，顾名思义，活卖与死卖的区别主要是卖出之后可以回赎。此类契约多云「卖」而不用「永卖」、「大卖」或「绝卖」。相较于永卖契，活卖契数量不多，但并不简单。道光四年（一八二四年）十二月《王正国卖田契》：

〔一〕本书之一—〇四二号契纸，略去丈量弓口等内容。契上钤有朱文天门县印，契中二方，骑缝印左、右各一方。契纸背面贴有小纸，上书「此约与范必寿、万成华十三约同粘连投税」。

立卖白田约人王正国，今因移就，将自置南三币团湖振书院下首园田三形，共〔一〕计丈壹亩九分七厘，情愿请凭亲中等金春圃五新爷说合，正国出笔卖与熊葵园大老爷名下为业。当日三面言定，熊出备时值价钱叁拾串正，系正国同中亲手领讫。自卖之后，仍从买主管业，拨佃耕种。言定限至三年，正国仍备原价赎取，钱不短少，约不执留。如〔二〕逾限不取，即以此约绝卖，任凭熊姓执约投税，收粮过户，阴阳两便，百为无阻。所有三年之内，一〔三〕应钱粮夫役杂差，俱在王正国承当。此系自卖已分，不与亲族人等相干。恐后无凭，立此为据。

凭中人 陈德风三爷 金春圃五新爷

其四止界 东 李 南 韩 西 坑〔四〕 北 会馆

〔一〕「共」字为正行右侧添加。
〔二〕「如」字为正行右侧添加。
〔三〕「一」字为正行右侧添加。
〔四〕「坑」前删「会馆」二字。

道光四年十二月□□□正国立卖约〔一〕一纸为据　笔

顺顺遂遂〔二〕

虽然自始至终都在说「卖」，并未言及「当」字，但「原价赎取」一语决定了交易的性质是当而非卖。换言之，卖主是以让对方耕种三年为代价，借支钱三十串，到期还钱取田，并未提及利息。此外，此契值得注意的问题有二。其一，回赎是有期限的，即限至三年，「逾限不取，即以此约绝卖」，由买主执约投税。其二，三年回赎期限内，田粮夫役杂差由卖主承当。此点似应特别关注。同属此类的契约还有道光五年（一八二五年）十月三日《李支宏卖田契》〔三〕，道光五年十月七日《方国义卖田契》〔四〕，道光五年十月七日《李支宏卖田契》〔五〕等。

按照契约规定，在三年期限之内，若备原价赎取，买主则应退还契纸，即所谓「钱不短少，约不执留」。如此看来，最终执留在熊氏手中的诸如《王正国卖田契》之类的契纸，应是逾限未能赎取，就以此约绝卖的结果。事实上，具体情况可能要复杂得多。

雍正五年（一七二七年）三月二十二日《熊万瞻卖田契》是熊氏契约文书中较早且有些特别的活卖契，契约如下：

立卖田约侄万瞻，今因移就，将虎獐垸中区水田七亩五分，载粮壹斗陆升伍合，在熊酉偕户下当差，请凭中兄峻儒等说合，出笔卖与叔宋宰名下管业，耕种当差。当日三面议定，得受时值价银肆两伍钱整，系万瞻亲手领讫。自卖之后，无得异说。今恐无凭，立此卖约为炤。

其田四止　一形一亩　东止虎界　南止庐未凡　西止孔邑　北止归田

一形二亩五分　东止廷彦　南止归田　西止进远　北止鄢田

一形四亩　东止庐界　南止庐界　西止鄢界　北止大田界

凭中　兄长儒　画押

峻儒　画押

姑尊傅志周　画押

言定实收五年，仍备原价赎取。

雍正五年三月二十二日　立卖田约　侄万瞻　胞兄

朝佐　代笔

〔一〕「约」字为正行右侧添加。

〔二〕本书之一—一〇三号契纸。

〔三〕本书之一—一〇五号契纸。

〔四〕本书之一—一〇六号契纸。

〔五〕本书之一—一〇七号契纸。

万倍利息

与前举诸活卖契约不同的是，该契约在最后特别标明「言定实收五年，仍备原价赎取」一款，期限是五年而非三年，亦不见回赎期限内的田粮夫役杂差由卖主承当等规定，更没有「逾限不取，即以此约绝卖」的条款。不仅如此，这份契约的后续文字，提供了更为丰富、更加值得关注的内容。契约载：

此田因万占无力赎取，请凭□□户族口周荣等说合，将原约内原田二亩伍分一形，四止俱在原约内，载粮五升五合五勺，在宋叔户下，绝卖与叔宋宰为业，以作价银拾两，其余田伍亩，载粮一斗一升一合一勺，任退与侄万占管业耕种，粮在叔户下完纳，俟推收之日，任立万占本名。此系户族、原中公议，二彼情愿，日后叔侄不得再生议论，此照。

弟　先复　代批

凭　原中　兄俊儒　画押
　　户族　叔周荣　画押
　　　　　用宾　画押
　　　　　兄廷选　画押
居间　陈韵绳　画押

子孙永远为业

乾隆七年十一月卅日　立绝卖田　万占　笔〔一〕

这就是说，立约五年之后，卖主并未如约赎回田地。但是，显然买主亦未以此约为绝卖，执约投税，而是过了整整三个五年，卖主实在不能赎取的情况下，主动提出将活卖田地的三分之一即二亩五分绝卖，且加收价银十两。剩余三分之二田地「退与侄万占管业耕种」。不过，是否「备原价赎取」，却不得而知。

从买主及卖主、中人的称谓和表达的相互关系就不难判断，这是一次宗族内的田地买卖，并且户族在交易的前后两个阶段都发挥了非常明显的作用。契中所谓「此系户族、原中公议」的情况，在其他契纸中颇为少见。《熊氏宗谱》表明，卖主熊万瞻名大陛，字万瞻，乃颖试曾孙（万瞻父上进，祖父旬）。颖试与买主宋宰（名如璟）之祖父维贤为堂兄弟，故卖主与买主以叔侄相称。中人长儒名大伸，峻儒名大伟，二人为同胞兄弟，其曾祖维桢，乃维贤兄弟。代笔人朝佐，名大升，与万瞻为亲兄弟。那么，是否正是这个原因——存在较为近密的宗亲关系，才使得这宗田地交易少了些赤裸裸的利益追求而多了点儿人情色彩呢？

活卖田地因至期无法赎回而找价绝卖，再立新契之例，先

〔一〕本书之一—○○六号契纸。

看道光四年（一八二四年）五月十四日《杨正茂卖田契》：

立卖白田约人杨正茂，今因移就不便，将祖置陶林垸南三狮团杨家岭白田式形，计丈二亩二分，（请）〔情〕愿请凭亲中杨正朝等说合，茂出笔卖与

熊葵园大老爷名下为业。三面言定，熊出备价钱二拾式〔一〕串正，系〔二〕茂同中亲手领讫。期限三年内，茂仍备原〔三〕价钱赎〔四〕取，钱不短少，约不执留，所有三年内钱粮夫差，茂自行完纳。如逾限不取，任从买主执约投税，收粮过户，拨佃招租，阴阳两便，百为无阻。其中并无准折抬〔五〕算等弊。此系自卖已分，不与亲族相干，恐口无凭，立此为据。

凭中　杨为士　杨正纲　杨正朝　杨正学

〔一〕「式」字为正行右侧添加。
〔二〕「系」字为正行右侧添加。
〔三〕「原」字为正行右侧添加。
〔四〕「赎」字为正行右侧添加。
〔五〕「抬」字为正行右侧添加。

大形四止
东　西陈　南水　北吴　界

小形
东本　西本　南水田　北坟　界

道光四年五月十四日　当卖白田约人　杨正茂　笔〔一〕

与前举《王正国卖田契》等活卖契纸一样，《杨正茂卖田契》的回赎期限亦是三年，「逾限不取，即以此约绝卖」，由买主执约投税。在三年回赎期限内，田粮夫役杂差由卖主承当。不同的是《杨正茂卖田契》有对应的结果契纸，得以考察契约执行情况，这就是道光十四年（一八三四年）一月十五日《杨李氏等卖田赤契》：

立找价绝卖白田约人杨李氏同子为智，因道光四年五月先夫正茂将祖遗南三狮团白田式形，计丈式亩式分□□□当与熊笃叙堂管业，当已契明价足。今李氏无力赎取，复请凭原中杨正学等说合，将此田清丈一亩八分四厘壹毛，载粮四升〇八勺七抄，在杨应礼[国宾]户完纳，李氏（请原）〔情愿〕出笔永卖与熊

〔一〕本书之一一〇八五号契纸。

笃叙堂名下为业。三面言定，笃叙堂出备找价钱一串五百文正，系李氏母子同中亲手领讫。自此之后，任从买主拨佃耕种，收粮过户，阴阳两便，百为无阻。此系自卖己分，不与亲族伯叔弟兄人等相干。今欲有凭，立此绝卖文约一纸为据。

凭中 正学 杨为坤 黄孟□　　四止 东坟 西本界 南永 北胡

道光拾四年正月十五日　杨正学　代笔

共积四伯一十九弓七分六，实田壹亩七分四厘九毛，〩〥〔一〕串壹亩八分四厘一毛。

长发其祥〔二〕

对照两份契约可知：杨李氏之夫杨正茂先于道光四年（一八二四年）五月将自家祖遗白田二亩二分有零，「当与熊笃叙堂管业」，当已契明价足。必须注意的是，这里言明了是「当」而不是卖，据此似可确定，诸如《王正国卖田契》之类的契纸，其实具有「当」的性质，这在当时的民间应是心照不宣。十年后，杨正茂遗孀李氏无力赎取，复请凭原中说合，将此田清丈出一亩八分四厘一毛，绝卖与熊笃叙堂为业，得找价钱一串五百文。不过，其余田地如何处置——是卖主赎回还是买主退回，却未言明。尽管如此，如果买卖双方不存在宗亲等特殊关系，仅买主并未严格按照「逾限不取，任从买主执约投税」条款行事一条，已给我们留下了值得思考的空间。

以上所举两份契约，均为逾期未赎而后将原当田地的一部分找价绝卖。此外，也许更多的情况是将原当田地全部找价绝卖。一般契式如道光五年（一八二五年）十二月六日《李遵贤卖田赤契》：

立永卖水田找绝约人李遵贤，因道光四年冬月内，将祖置南三狮团水田式形，沟洞一条，计丈四亩九分式厘二毛正，当与熊府管业，当价收讫，今贤无力赎取，情愿请凭亲中金春圃等说合，贤出笔将此田绝卖与熊葵园大老爷名下为业。三面言定，熊找绝价钱肆拾式串伍伯文正，系贤同中亲手领讫，其中并无准折抬算情弊。自卖之后，仍从买主收粮拨佃，阴阳两便，百为无阻。此系自卖己分，不与亲族弟兄人等相干，恐口无凭，立此找绝卖约一纸为据。

〔一〕「〩〥」即「九五」。

〔二〕本书之一一八五〇号契纸，具体丈量弓口从略。

凭中　龚则明　李正元　金春圃　刘兆一　程友鼎　别时华　等　画押

大形四止　东熊　西刘　南张　北张　界

又小形四止　东张　西熊　南熊　北熊　界

沟涧四止　东熊　西熊　南熊　北罗　界

此涧与刘（性）〔姓〕在公

道光五年十二月初六日　立永卖水田找绝约人　李遵贤

笔

永远为业〔一〕

与此类似的还有道光五年（一八二五年）十二月九日《李才富等卖田赤契》〔一〕、道光六年（一八二六年）十一月二十一日《杨为举卖田赤契》、《杨正茂卖田契》〔二〕等。上述契约所见与《王正国卖田契》等正好相反，卖主不仅是将全额田地找价绝卖，而且未及期限，或次年，或来年就找价绝卖，理由完全相同——「无力赎取」，其间缘故需进一步探讨。但有一点无可忽视，即相关契约言及此前一次交易，均曰「当与熊府管业，当价收讫」，无一例外，加强了我们认定此类契约「名卖实当」性质的看法。

房屋基地活卖契约似与田地活卖契约的表述不尽相同，明明是活卖，却仍名「永卖」、「大卖」。如道光四年五月十五日《陈榆山卖基地瓦房契二》：

立永卖基地瓦房约人陈榆山，今因移就，将自置岳口陈家巷上首坐垸朝河基地一形，铺面、楼房□□□□，左右厢房穿廊、偏厦、厨房、厕屋俱全，面墙一道，经墙三道，右首山墙一道，左首山墙在公，后门园墙，墙外巷路直出后□□通□至后，槅门窗户，楼板地板，木椽溜枧，鼓皮望板，柜台栏杆，天井地刵，阶檐石磉，片砖片瓦，寸木

〔一〕本书之一一一〇号契纸。

〔一〕本书之一一一三号契纸。

〔二〕本书之一一三一号契纸。

寸石，凡屋内所有、约内漏载者，一并点交清白，情愿卖与熊葵园八老爷名下管业。凭中言定时值价纹壹千两，系榆亲手收讫，其中并无准折、抬算情弊。自卖之后，任从熊姓拨佃收租。限定三年内，仍备原价赎取，银不短少，约不执留。所有三年限内基地钱粮夫差，榆山自行完纳。铺屋上漏下湿，熊姓修整。如逾限不取，即以此约绝卖，任凭熊姓执约投税，收粮过户，永远为业，动土起造，百为无阻。此系自卖己分，不与亲族相干。恐口无凭，立此为据。

四止　西□　东□　前至街心
　　　南□陈　北刘　后至街心

凭中　□□□大侄　熊希吕大兄　家定九二侄

道光四年五月十五日　立卖基地瓦房约人　陈榆山　笔

外有红约一纸存质。〔一〕

〔一〕本书之三—〇八六号契纸。

限定三年内可备原价赎取，三年限内基地钱粮夫差由卖主自行完纳，逾限不取，即以此约绝卖，任凭买主执约投税等规定，似与田地活卖契约无异，只是多了铺屋上漏下湿，由买主修整一款。同类契纸还有道光四年（一八二四年）六月十九日《金峻山卖瓦房基地铺面契》等契，名曰「立大卖瓦房基地铺面约」，立有三年赎取之类的条款。但金峻山次年就以「找绝价钱四拾串」将瓦房基地铺面绝卖给了熊姓，与《杨为举卖田赤契》等一样，言及此前一次交易，亦曰「当与熊姓管业，当价收讫」〔一〕，契约性质一目了然。

不过，嘉庆十八年（一八一三年）十二月二十五日《盛国祥等卖铺面房屋基地契》就大不相同了。该契名曰「大卖」，亦可赎取，但没有具体时间期限，而是说「有力仍备原价赎取」。契文如下：

立大卖铺面房屋基地约人盛国祥 福 禄，今因移就，债务不敷，与□□□议，情愿将住宅下首坐河铺面基地房屋一所，请凭刘恒万 陈文玉二兄作中说合，出笔大卖与春和钱店名下管业。当日三面言定，春和出备时值价青钱壹佰串正，系国祥兄弟同中领讫。自卖之

〔一〕道光五年十二月十八日《金峻山卖房找绝赤契》。本书之三—〇九七号契纸。

后，听从买主管业，拨佃招租，盛国祥兄弟不得生端异说。祥有力仍备原价赎取，不得短少约内价钱。彼此情愿，不与伯叔兄弟相干，其中亦（勿）〔无〕逼勒准（拆）〔折〕抬算等情。今欲有凭，立此卖约一纸为据。

四止　南　刘界
　　　东　熊界
　　　西　河界
　　　北　本界

凭中　刘恒万　大爷
　　　陈文玉　二新爷

嘉庆拾捌年腊月式拾五日　盛国祥　福禄　亲笔

财源广进〔一〕

没有规定赎取期限的同时，相关的逾限不取、限内基地钱粮夫差负担诸条款更未明确涉及，仅以「不得短少约内价钱」一语代之。如此契约，似乎有些不合「规范」。然而，细读全部契文，就会看出其特殊之处。契约正文之外，该契纸上还有两处另笔添加的文字。一处是「此屋已转卖于熊柏亭大兄，约内价钱收讫。此据。嘉庆拾九年正月式十日□□□批」，也就是说，春和钱店购买盛氏兄弟的房产基地不到一个月，就转卖给了熊柏亭（名锦阳，熊葵园堂兄）。试想如果该契约定有同类契约那样的三年回赎期限之类的条款，会发生如此之快的转售吗？另一处添加文字是：「此屋已转卖与葵园八弟，约内价钱收讫。道光四年九月初二日柏亭批。」据此可知，第一次转售十年后，又有第二次转售，熊柏亭转卖给了堂弟熊开阳（号葵园）。当然，这也是该契纸最终落在「天门岳口上堤熊氏契约文书」中的原因和过程。更值得庆幸的是，笔者后来发现了原卖主盛氏兄弟的找价绝卖契，即道光四年（一八二四年）《盛国禄卖基屋赤契》：

立绝卖基屋约人盛国禄，因嘉庆十八年同兄国祥福将岳口上街坐河基地铺面一所，巷路一条，卖与春和□□□约载祥有力之日，仍备原价赎取。嗣春和转卖与熊益泰，今益泰又转卖与熊葵园。事隔十年，更易三姓，国禄两兄俱故，禄实□□赎取。且此屋先年本系作抵欠项，价浮于物，禄即将来有力，亦不愿赎取。今请凭亲中陈寿昌大新爷说合，禄情愿出笔绝卖与熊葵园大老爷名下为业。当得找绝价钱式串文正。自此之后，任凭熊姓收粮改造，自住招租，百为无阻。此系自卖己分，不与亲族相干，恐口无凭，立此为据。

〔一〕本书之三一〇七一号契纸。

凭中　陈寿昌大新爷

四止　左　买主
　　　前　街心
　　　后　止　河心
　　　右　罗姓

道光四年□□□□□□日　立绝卖基屋约人　盛国

禄仝侄有贵　年
　　　　芳　笔

永远为业〔一〕

尽管契纸破损，影响到具体时间的确认，不过，从契中内容不难断定，立契时间在道光四年（一八二四年）九月初二日至十二月三十日之间。至关重要之处在于契中「此屋先年本系作抵欠项，价浮于物，禄即将来有力，亦不愿赎取」之语，实可谓一语道破天机。由于当初并非正常的房产买卖，而是以产抵债，当时作价就偏高，几乎可以肯定原业主不会回赎，故无需规定回赎期限。正因为如此，契约才没有通常的三年回赎限期，并不存在逾限不赎的问题，卖主亦不会承担钱粮，于是有未满一个月就转卖他人的事实。另一方面，尽管卖主立契找价绝卖，找价也仅区区二串钱而已，只是当初卖价的百分之二。

〔一〕本书之三一〇九二号契纸。

行文至此，禁不住又联想到史料搜集的程度、解读诸问题，试想，若非后来发现《盛国禄绝卖基屋赤契》，我们会对《盛国祥等卖铺面房屋契》作何解释？换言之，盛国禄找价绝卖契约的发现，大大提升了相关契约文书的史料价值。

找补契　天门岳口上堤熊氏房屋基地买卖契约中值得特别关注的应该是找补契约。单从数量言之，总共一百六十多份清代房屋基地买卖契约中，约有二十七份属卖后找补契约。如果除去同一宗交易的卖契有赤契白契并存等重叠契约，找补的次数或比例是比较高的。因为，九百余份清代田地买卖契约中，只看到了两份找补契约。另外，仅就所见天门岳口上堤熊氏契约文书言之，乾隆、嘉庆时期房屋基地买卖后找补的比例似乎较高。乾隆朝约有五十宗左右房屋基地交易，见找补契约十七份。嘉庆朝十余宗房屋基地交易，见找补契约七份。道光朝七十多宗房屋基地交易，仅见找补契约三份。

找补契约有多种名称，「找补约」、「脱业约」、「脱找字」、「脱业找补约」「脱找起造」等，不一而足。找补的理由亦不止一种，有「转卖」、「迁居」、「原价有亏」、「属相好戚谊」等。但找补不一定要有理由，许多找补契约都没有写明找补理由。相反，绝大多数找补契约都要写明当初的买卖正当，一般要有「当日契明价足」等语。依常理而论，既然原本交易正当，契明价足，所立原契，又必为大卖契约，就不应该再有异议。在这个意义上讲，似乎没有理由是正常的。

今见较早的房屋基地买卖找补契约是乾隆三十五年（一七七〇年）二月二十日《谢永隆卖楼房基地找补契》，谢永隆于前一年岁末以白银一百六十两的价格将自己坐落岳口镇北街的基地一形连铺面楼房四进卖给熊氏，两个月后凭原中找补价银十两。较晚者则为道光二十四年（一八四四年）四月十日《周祥泰卖行屋基地脱业找补契》，周祥泰将岳口下街青龙庵对门行屋楼房基地卖与熊伯原〔一〕、纪龙叔侄的时间是道光二十四年三月二十二日，时值价钱六百串，十多天后凭原中找补钱四百串。

卖主寻求找补的时间堪称参差不齐，找补与卖契间隔短者不过夜，长者可达数年甚或数十年，以致有隔代找补现象。乾隆五十年（一七八五年）四月，陈为智将陶林垸南三狮基地瓦房契卖与熊润九名下为业，时值价钱一百三十五串。当年七

〔一〕道光二十四年四月十日《周祥泰卖行屋基地脱业找补契》，本书之三—一四九号契纸。熊伯原即熊甸南，字伯原，号禹田。熊氏三房国咸曾孙，熊柏亭（熊开阳堂兄）孙，故称熊葵园为八叔祖。道光二十四年三月二十二日《周祥泰卖行屋楼房基地赤契》载：「此约基屋转售与八叔祖名下为业，地基钱粮照原数推收，当得价钱壹仟五伯串整，即以此约批明为据，日后子孙无得异说。侄孙甸南、侄曾孙纪龙 笔。时道光二十五年五月初十日」（本书之三—一四七号契纸）由此可知该契约如何到了熊葵园手中。

月二十六日，卖主浼请原中向买主说合，找出起神卷铺酒食钱十五串。八月二十日，再次浼请原中向买主再三说合，得脱找钱十五串。乾隆五十三年八月十九日，陈为智之子陈宝贤又一次寻求找补，得价数额不明。嘉庆十年（一八〇五年）十二月二十三日，陈宝贤凭原中之子陈宝宾、程石宁说合，再得熊姓脱找钱四串整〔一〕。仅就所见言之，卖主先后四次寻求找补，得价三十五串以上。嘉庆十年找补之时，距当年的房产交易已有二十年之久，寻求找补者乃陈为智之子，所凭亦非原中，而是原中之子了。其实，尽管卖主陈氏父子反复多次找补，所得找价并不算多，而且要浼请原中向买主再三说合，可知穷民索取找补之不易。

买主转卖田产之时乃卖主寻求找补的较好时机，而且多是原卖主向新买主索取找补。彭曰瑚等先年将彭市夹街典当一座卖与张氏，乾隆五十七年（一七九二年）二月六日，张氏将其

〔一〕参见乾隆五十年四月《陈为智等卖基地瓦房契》，乾隆五十年七月二十六日《陈为智等卖房屋基地找补契》，乾隆五十年八月二十日《陈为智等卖基地房屋找补契》，乾隆五十三年八月十九日《陈宝贤卖基地房屋找补契》，嘉庆十年十二月二十三日《陈宝贤卖基地房屋找补契》，分别见本书之三—〇二二号、三—〇二五号、三—〇二六号、三—〇三三号、三—〇七〇号契纸。

转卖与熊氏，于是彭曰瑚等乘机索得脱找银三十两整〔一〕。同类的例子还有金正斌兄弟，先年将祖遗基屋一所卖与金一举，嘉庆二年（一七九七年）十二月二十九日金必荣弟兄将此基屋转卖与熊氏。此时金正斌兄弟向熊氏索得脱找银十二两整〔二〕。

找补价钱之多少或找补价与原卖价之间的比例关系，较多为研究者所关注。从前举《谢永隆卖楼房基地找补契》和《周祥泰卖行屋基地脱业找补契》二契已不难看出，找补价钱数额的差别甚为悬殊，前者仅为卖价的百分之六强，后者则高达卖价的百分之六十六以上。找补数额大、占卖价比例高者还有乾隆五十二年八月十日《熊云芳卖基地铺面找补契》，乾隆五十二年三月八日，熊云芳将岳口上街基地三大形、铺面楼房三大座卖与熊氏，时值价银六百两整，五个月后，找补银四百两〔三〕。造成悬殊的找补价差现象的原因是多方面的，此不赘述。

与找补价钱数额相关的是找补次数，一般找补一次，亦有一找再找，甚或再三再四找补者。乾隆六十年（一七九五年）十一月八日，孟章谔同子侄等将岳口中街关庙上首瓦屋楼房基地卖与熊立庵名下为业，时值价银一百八十两。当日，找价四两零。乾隆六十年十二月二十日又找价四十九两整〔一〕。嘉庆二年（一七九七年）十二月一日《卖基地铺面楼房契》，金茂先等将岳口下场豇口头基地铺面楼房卖与熊星六名下为业，时值价元丝银三千二百两。当日即索得润笔下匾元银四十整。嘉庆二年十二月二十日，再次索得找补元丝银三百两〔二〕。道光十年（一八三〇年）七月八日，彭达德等将祖置彭市夹街基地楼房铺面卖与熊葵园名下为业，时值价钱一千六百串整。当月以迁居为由，索得下匾钱五十串文整。一个多月后，找补钱□百串文整〔三〕。前举陈为智父子先后四次索取找补应是少见的例子。

〔一〕乾隆五十七年二月六日《彭曰瑚等卖铺面找补契》，本书之三—〇三八号契纸。

〔二〕嘉庆二年十二月二十九日《金正斌等卖基屋找补契》，本书之三—〇六二号契纸。

〔三〕乾隆五十二年三月八日《熊云芳卖基地铺面楼房赤契》，乾隆五十二年八月十日《熊云芳卖基地铺面找补契》，分别见本书之三—〇三〇号、三—〇三一号契纸。

〔一〕参见乾隆六十年十一月八日《孟章谔等卖瓦屋楼房基地赤契》，乾隆六十年十一月八日《孟章谔等卖房屋基地找补契》，乾隆六十年十二月二十日《孟章谔等卖房屋基地找补契》，分别见本书之三—〇五三号、三—〇五五号、三—〇五七号契纸。

〔二〕嘉庆二年十二月一日《金茂先等卖基地铺面楼房契》，嘉庆二年十二月二十日《金茂先等卖基屋找补契》，分别见本书之三—〇五九号、三—〇六〇号、三—〇六一号契纸。

〔三〕道光十年七月八日《彭达德等卖基地房屋铺面赤契》，道光十年七月《彭达德等卖基地铺面楼房找补契》，道光十年八月十六日《彭达德等卖基地铺面楼房找补契》，分别见本书之三—一〇三号、三—一〇四号、三—一〇五号契纸。

顺便提及，同样为找价，但脱业找补契约之找价与前述先当而后找价绝卖并非一回事，不可混为一谈。

三

有清一代，房地产交易及契约文书的管理已有较为完善的制度，但其间曾几经变革，各地的具体做法包括契纸书写格式等，并不完全相同，天门岳口上堤熊氏契约有不少情况需要注意，亦值得进一步思考。

（一）赤契与白契

总计一千八百三十五件契约文书中，田地房屋基地买卖类契约合计一千零七十一份。其中，经官赤契八百六十六份，约占买卖类契约总数的百分之八十点九，其余白契二百零五份，约占买卖类契约总数的百分之十九点一。最早的赤契是乾隆二十八年（一七六三年）六月六日《郑廷魁卖基地房屋赤契》，田地买卖赤契中最早的是乾隆四十三年（一七七八年）三月二十日《陈履泰等卖田赤契》，最晚的则是道光三十年（一八五〇年）十二月八日《黄大华等卖田赤契》。但若分别田地买卖和房屋基地买卖而言，情况则有明显差别。田地买卖契约绝大部分都经官而后成为赤契，在九百零二件田地买卖契约中，经官赤契计八百零三件，约占总数的百分之九十八。包括卖田找补契约在内，全部白契仅有九十九件左右，约占总数的百分之十一。

与田地买卖契约相比，房屋基地买卖契约的赤契比例就要小得多，一百六十九份房屋基地买卖契约中，经官赤契只有六十三份，仅占总数的百分之三十七左右。

值得关注的是，数量不多的田地买卖白契也相对集中于少数年份或月份，个别年份甚或皆为白契。如道光十一年（一八三一年）十一月的四十九件契约中，白契有四十四件，赤契只有五件，白契数量几乎占到白契总数的一半。道光十六年（一八三六年）只有四件契约，但皆为白契。仅有的几份咸丰、光绪年间的田地买卖契约亦为白契。另外，清代前期康熙、雍正、乾隆、嘉庆四朝有二十一份白契。其中，除康熙及雍正朝七份皆为白契外，乾隆朝和嘉庆朝分别有七份白契。

占房屋基地买卖契约少数的赤契，其年代分布则不及田地买卖白契那样集中于少数年份或月份，最多的道光十三年也只有九份。当然，由于契约总数的缘故，道光朝仍然占有相当大的比重。

关注赤契、白契数量或比例，重要的问题是契税的缴纳与征收，契约的法律意义、效用等，限于篇幅，容另文讨论。

（二）「买主」空缺契纸

照常理而言，田地卖给谁了，或者说买主是谁，应该是契约最基本的要素之一。这绝不仅仅关系到是谁支付出的代价，而且决定着产权的归属，对于契约的订立至关紧要。因此，买卖契约不著买主姓名似乎不太可能。然而，天门岳口上堤熊氏契约中的确就有这种情况出现，惊诧之余，暂且名之曰「买主」空缺契。

买主姓名空缺的情况亦互有差别，有「卖与××名下」处空缺的，亦有「××出备时价」银钱处空缺的；有买主姓名全空者，亦有仅着姓而空名字者；有契纸上预留有空白地方的，亦有并不留空者。试举例契为证。

「卖与××名下」及「××出备时价」。道光十一年（一八三一年）十一月二十四日《熊会松卖田赤契》：

立永卖白田约人会松，今因移就不便，将本己受分白田三分四厘六毛，载粮七分六勺乙抄，请凭中祖〔一〕九皋说合，出笔卖与　　〔二〕名下为业。当日三面言定，　　〔三〕出备实值价钱壹串三百八十四〔四〕整，系亲手领讫。自永卖之后，任从买主起业，耕种当差，收粮过户，无得异说。今恐无凭，立此永卖约一纸据。

〔一〕「祖」字为正行右侧添加。
〔二〕此处原留有空白。
〔三〕此处原留有空白。
〔四〕此处数字有改动。

请凭中　祖九皋　叔恒忠

其田四止　东　买主　西　会富　南　买主　东　坑　界

道光拾壹年冬月廿四日　立永卖约人　孙会松　笔

永远为据〔一〕

此类契纸还有道光十一年十一月二十四日《熊邹氏卖田赤契》，道光十二年十月二十九日《鄢致瑞卖田赤契》等。

有的契约既不著买主姓名，契纸上亦未留空白地方。如道光十二年（一八三二年）十一月二十九日《彭兴受卖田赤契》：

立永卖田契约人彭兴受，今因不便，将本己受分陈昌下院白田四形〔二〕，六亩三分九厘九毛，载粮乙斗四升二合二勺〔三〕，请凭中刘崇章说合，受出笔卖与名下为业。当日三面言〔四〕定，　　〔五〕出备实值价

〔一〕本书之一—二〇二号契纸。
〔二〕「四形」为正行右侧添加。
〔三〕「二勺」为正行右侧添加。
〔四〕「言」为正行右侧添加。
〔五〕此处原留有空白。

钱十二串七百十八文〔一〕整，系亲手领讫。自卖之后，仍从买主起业，耕种当差，收粮过户，百为无阻。今恐无凭，立此卖约一纸为据。

凭中　平如　新俊　会

其田四止　东乡　南　西　坟界　北乡

道光十二年冬月廿九日　立永卖田约人　彭兴受　笔

永远为业〔二〕

再如道光十二年十一月二十九日《张正名卖田赤契》、道光十二年十一月二十九日《张正显卖田赤契》等。

契约内容空缺除了买主姓名之外，类似的还有「册名」空缺、田地面积空缺等现象，如道光三年十二月十六日《梁梅卖田赤契》等。

（三）契约附载具体丈量弓口及丈量图示

交易田地的面积及四止（四至）乃田地买卖契约书写的基本要素之一，对此，各地同类契约基本一致，书写清楚准确。这里强调的是与田地面积、四止直接相关的丈量弓口。在诸多天门熊氏田地买卖契约中，载明交易田地面积的同时，亦详载交易田地的丈量弓口。前揭嘉庆十年（一八〇五年）十月十日《范成道卖田赤契》、嘉庆十七年十月八日《熊人儒等卖田赤契》、道光十二年十一月二十九日《彭兴受卖田赤契》、道光十四年一月十五日《杨李氏等卖田赤契》等契约均载有丈量弓口，只是为节省篇幅，引用时略去了这部分文字。在天门熊氏田地买卖契约中，较早载有交易田地丈量弓口的是乾隆六十年（一七九五年）四月二十一日《李椿等卖田赤契》：

立永卖滩田约人李椿　柄，今因移就，将祖遗中洲垸外滩田弍形，计丈乙亩九分弍厘，载粮四升弍合六勺，情愿请凭亲中程孝等说合，椿出笔永卖与熊德九二老爷名下为业。熊老爷出备时置价银柒串六百八十文整，系椿兄弟亲手领讫。此系自卖己分，不与亲族弟兄人等相干，自卖之后，仍从买主收粮过户，阴阳两便，百为无阻。今欲有凭，立此永卖滩〔一〕田约一纸为据。

凭中　谢金华　程孝

〔一〕「十八文」为正行右侧添加。

〔二〕本书之一—三六八号契纸，具体丈量弓口、图示从略。

〔一〕「滩」字为正行右侧添加。

其田四止 大形 南 东 西 北 止 买主 河 河 李 界

小形 西 东 南 北 止 堤 买主 买主 买主 界

乾隆六十年四月廿一日 立永卖滩田约人 李

柄 笔

李应高户内收粮

永远为业

大形 北直三十六弓 南直四十五弓 东横八弓九 西横八弓九 积〣〸〇〤〨 田〡五口

小形 东横六弓六 西横四弓五 南直二十二弓 北直十四弓 田〤口〔一〕

此契交易田地有大小二形，丈量弓口内容比较简单，契约的书写也就相对容易。不过，遇到某些复杂的大宗田产交易，一契涉及多形田地，丈量弓口相当繁琐，但契约并未因此而简化内容，以图省事，而是不厌其烦，详细记载。如道光十五年（一八三五年）十二月八日《隆楚琏卖水田堰塘赤契》：

立永卖水田堰塘约人隆楚琏，今因移就，将己受分水田大小六坵，坐落袁家北堰北，共计丈四亩，载粮八升八合八勺，菱角堰照分使灌救，粮在上一张下隆湖户下完纳，琏请凭亲中张兆宣等说合，琏出笔卖与熊笃叙堂管业，耕种当差。当日三面言定，笃叙堂凭中出备青钱贰拾玖串整，系琏亲手领讫。自卖之后，仍从买（住）〔主〕收粮过户，百为无阻。今欲有凭，立此永卖文约一纸为据。此照。 画押

私堰一口，隆之相三厘在内，其余尽属熊姓。

凭中 隆之魁 楚义 楚瑄 元鼎 楚玉 张兆宣 世炜 伟 黄 熊三相公 刘 周

道光拾伍年腊月初八日 立永卖水田堰塘约人

隆楚琏 笔

子孙世守

一形弓口分二形丈

〔一〕 本书之一—〇二一号契纸。

东八弓三
中七弓乙
西七弓
直式十式弓乙
积壹伯六十三弓
田六分七厘九毛

同尖形
直九弓一
横四弓四
折半积式十弓
田八厘三毛

连形上坵
西八弓三
中五弓八
东八弓五
直十九弓
积壹百卅四弓九
田五分六厘式毛

又连上一坵
东十五弓三
西九弓壹
南七弓六
北十弓〇六
积壹百十一弓
田四分六厘二毛

同形
西六弓式
中五弓三
东四弓七
直卅叁弓六
积乙百八十弓〇六
田七分五厘式毛

又同形
西四弓五
中三弓
东五弓六
直十九弓七
积七十九弓三
田三分三厘

连下一形

东六弓

西四弓五

直廿八弓

积壹百四十七弓

田六分一厘弍毛

又连下一形

直三十弓〇八

横弍弓

积六十乙弓六

田弍分五厘七毛

共田三亩七分三厘七毫

堰埧作田弍分六厘三毫

合共四亩

永远为业〔一〕

不难看出，契纸对丈量弓口的记载至为详细，每一形纵横宽窄、积弓多少、田地面积等，可谓不惜笔墨。田地面积与对应的丈量弓口、田地所在四至相结合，无疑使交易田地的信息更加丰富、详细、明确，让田地交易的最终实现更有保障。道光三年（一八二三年）十一月四日《程柱鳌等卖田契》交易田地十二形，实际丈量弓口多达二十余形，契约所载，实可谓详尽之至。

比详载丈量弓口更进一步的是，部分契约还附有与丈量弓口相互对应或结合的交易田地的丈量弓口图示。如道光三年（一八二三年）六月十六日《熊迪惠卖田赤契》：

立永卖白田约人熊迪惠，今因移就不便，母子商议，将祖遗己分陶林垸狮团白田四形，计丈式亩壹分九厘三毫，载粮四升八合七勺，情愿请凭亲中陈宝千等说合，惠出笔永卖与熊葵园八爹名下为业。当日三面言定，园出备实值价钱叁拾五串正，系惠同中亲手领讫。自卖之后，任从买主管业耕种，收粮过户，阴阳两便，另拨招佃，百为无阻。其中并无准折抬算情弊。此系自卖己分，不与亲族人等相干。今恐无凭，立此为据。

凭中 陈宝千 樊曾荣 熊步云 李才富

〔一〕 本书之一—八五二号契纸。

道光三年六月十六日　立永卖白田约人　迪惠　亲笔

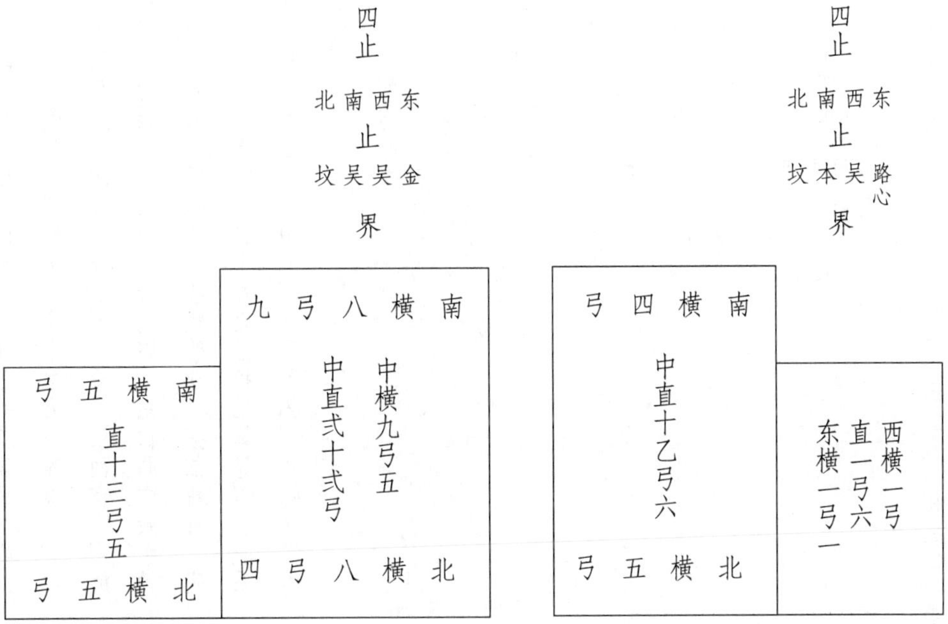

四止　东止路心　西止吴　南止本　北止坟　界

南横四弓
中直十乙弓六
北横五弓

西横一弓
直一弓六
东横一弓一

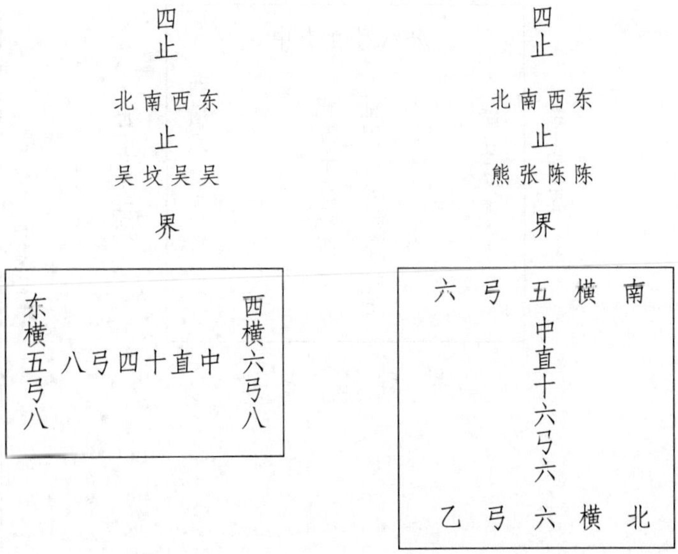

四止　东止金　西止吴　南止吴　北止坟　界

南横八弓九
中横九弓五
中直式十式弓
北横八弓四

南横五弓
直十三弓五
北横五弓

四止　东止陈　西止陈　南止张　北止熊　界

南横五弓六
中直十六弓六
北横六弓乙

四止　东止吴　西止吴　南止坟　北止吴　界

西横六弓八
中直十四弓八
东横五弓八

永远为业[一]

再如道光五年（一八二五年）十二月十一日《胡成仁卖田赤契》：

立永卖白田约人胡成仁，今因移就，将自己祖遗一

[一] 本书之一—〇六一号契纸。

北陶首区白田弍形，计丈弍亩叁分弍厘壹毫，载正银四分肆厘壹毫，情愿请凭亲中梁大魁等说合，仁出笔永卖与熊葵园大老爷名下为业。三面言定，熊出备时值价钱叁拾弍串五百文整，系仁同中亲手领讫。自卖之后，任从买主收粮管业，拨佃耕种，阴阳两便，百为无阻。其中并无准折抬算等情。此系自卖己分，不与亲族相干，恐后无凭，立此永卖约一纸为据。

册　胡周鼎

凭中　必成　梁大魁　定元　仇　劳　尚　濮

小形四止　东　梁　西　卖主　南　买主　北　坟脚　界

其田四止　东　买主　西　梁　南　梁　北　卖主　界

道光五年十二月十一日　立永卖白田约人　胡成仁　笔

南止梁界
南横十七弓九分
中直廿八弓五分
积五百零二弓六分
见田弍亩零九厘
北横十七弓三分
北止卖主界
东止买主界
西止梁界

南止买主界
中直九弓八分
西横六弓三
积五十五弓四分
见田弍分三厘一毛
东横五弓
北止坟脚界
东止梁界
西止卖主界

示意图有详有略，比例、形似程度不一，有的图可能只是示意，但其重要意义无疑不可忽视。需要进一步考证确定的是：这些丈量弓口及图示，是直接来自田地交易时的实时实地丈量，还是录自已有的鱼鳞图册。

关于天门岳口上堤熊氏契约文书，从契约性质、内容的书写格式等方面考察，还有不少值得进一步关注的问题，如「赎取」、「转卖」、「赠与」、「互换」规约，交易田地四止（四至）的书写形式，凭中人前后异同，一契多存等，常有异于制度、超出规定范围的现象，有些看似异常的现象，也许有其产生的缘由甚或道理，反映当时当地社会经济文化的相关特点，需要进行系统、深入的研究，未可轻下臆断。

四

最后，能够看到属于一个家庭的跨越不同朝代、时间长达二百七十年之久，数量多达一千八百余件，而且内容丰富的契约文书，应该说已经相当可观，十分难得。然而，经过初步整理之后，我们认为今见岳口上堤熊氏契约文书恐非其全貌。无论从某些契约内容的相互关联还是部分契约时间的前后衔接来看，似乎还应有相关契纸存在，当然，我们期待有新的发现。

〔一〕 本书之一一一六号契纸。

凡例

一 定名

（一）遵循简明易懂的原则，为每件文书酌拟一名称，主要内容包括立契时间、事主、事由、契约的性质、标的物以及文书种类等基本要素，以简体汉字表示。

（二）经官钤印之契约，标题用「××赤契」表示，以别于未经官钤印之白契。

（三）时间以原契所载立契年月日为据，月份代称则统一还以一至十二月基本名称，如「冬月」还以「十一月」，「腊月」、「朏月」、「虫月」、「蚏月」还以「十二月」等。少数因原契空缺或残缺而无法知其确切年、月、日者则仍之。

民国时期的契约文书，有采用旧历纪时者，亦有采用新历者，一仍原契所载，不作统一换算。

（四）同一契约文书事主多于一人者，定名时只列出第一人之姓名，同时于其姓名后加「等」字表示。契约文书之事主有缺姓氏而有名字者，如能在本件文书中根据亲族关系等考得其姓，则为其添加姓氏，否则直接书其名字。

民间契约文书中的人名存在依读音书写的现象，有时读音亦产生偏差，同一事主、中人的姓名在相关契约文书中往往出现不同写法，甚至同一文书中对事主、中人姓名的书写亦有差异，诸如同音别字、繁简互见、或有添减等，不一而足。如熊立菴写作熊立安，熊宗义写作熊宗仪、熊忠义、熊中仪，熊笃叙堂写作熊笃叙或笃叙堂、笃叙，熊峻儒写作熊俊儒，万瞻写作万占，熊必焕写作熊必换，熊新福写作熊心福，熊明写作熊名，明榜写作名榜等，一仍其旧，不为统一而轻易更正。

（五）同一契约文书涉及两种以上事产（田地、基地、房屋等）者，酌情归入一类，不再交叉互见。如道光十二年二月二日朱士楷、朱士槐兄弟出卖洪积垸基台、白田、沟水一形与熊笃叙堂名下一契，即酌情拟名为《道光十二年二月二日朱士楷等卖田赤契》，归入田地买卖契约类下。

二 录文

（一）录文的基本指导思想是完整地保持契约文书的原貌，尽可能做到原文繁则繁，原文简则简。在不影响理解文意的前提下，有些古今字、异体字、俗体字、通假字、方言字、生造字等，仍尽可能保留了原本写法，未作改动。

（二）契约文书或有讹、脱、衍、倒等且影响文意的文字，非确有实据者不轻率改动。少数需要正误和删补、改字的情况，加括号表示。加圆括号「（　）」表示误字或应予删除之字，加方括号「〔　〕」表示正字或增补之字。

（三）原契文字残缺或漫漶不清而无法辨识，字数明确者用空字框「□」表示，一字一「□」，字数不明确者用长条白框「▭」或「▭」表示。原文笔画清楚却无法辨识的字通过原样造字之法填补。

（四）凭中、卖主、代笔人等画押的形式多种多样，不易照录，录文统一以「画押」二字标示。

三　格式

（一）契约文书原文中的双排、三排乃至四排文字，仍保留双排、三排、四排格式，用小一号字录入。

（二）部分田地买卖契约正文后附有卖出田地的丈量弓口及示意图，尽力录出，以与原件保持一致。

（三）契约文书提到买主姓名时，有另起一行书写者，亦有未另起行者，还有虽未另起行但与此前文字空出了一定距离者，凡此皆原样照录，不求划一。

（四）部分契约文书的买主、钱粮数额、交易价格等内容空缺，但在文字相关处留有空白，录文亦照旧留出空白。

四　注释

整理过程中所加注释，主要针对下列情况：

（一）原契钤有官私印记者，加注说明印记的名称、形状、数量、所在位置，是否骑缝印等情况。

（二）原契有重要的内容添补和文字改动、特殊的格式变化，尤其与田地面积、粮银数额、地租负担、交易价格等相关的数字、符号的添减改动等，通过注释加以说明。

（三）部分契纸上有事后附加的内容，如相关契纸的编号，有关投税的标注、说明等，酌情录文或加注说明。

（四）部分存在直接关联、内容有必要相互参见的契约文书，通过注释加以提示。

我们期待有限的注释有助于对相关契约文书的理解、利用。

五　排序

本辑契约文书分为「田地买卖」、「田地租佃」、「房屋基地等买卖」、「房屋基地租赁」、「典当借贷等」五个类别，每类下按照立契时间先后排序，立契时间相同者，则据博物馆收藏、拍照顺序依次编排。

本辑乃国家清史纂修工程项目的成果。结项之后，我们又发现了一些天门熊氏契约文书，其中的「田地买卖」、「田地租佃」、「房屋基地买卖」、「房屋基地租赁」、「典当借贷」等契约文书，已分别插编入相关类别，而「熊氏质当田地契约」性质较为特殊，且不确定是当初的留底抄件，还是赎回田地之后的原件，故单列一类。

夹藏在天门熊氏契约文书中的数十份天门黄氏地契，亦一并整理，作为附录刊出。

由于年代久远或保存条件欠缺，少数契约原件残损较为严重，或字迹模糊，识读困难，甚者仅存部分内容，考虑到民间契约文书保藏不易，搜集更难，即使断篇残简亦不无学术价值，故仍尽可能整理录出，以供研究者参考。

对于相关专家而言，将契约图版与录文同时刊出可能是最佳选择，但由于诸多局限，一时未能达成此项目标。我们会继续尽力争取，尽早出版图录本。

最后，还必须要说的是，由于民间契约文书整理较为复杂（秉笔人书写风格、能力参差不齐，繁简体、异体、俗体字以及书写格式、丈量图示的辨认录排不易等），加之整理者水平有限，错误在所难免，敬请方家不吝指正。

总目

目录

一 田地买卖契约

二 田地租佃契约

三 房屋基地等买卖契约

四　房屋基地租赁契约

六 熊氏质当田地契约

附 天门黄氏地契

一 田地买卖契约

一 田亩大衰败论

一〇〇一　康熙十年九月二十日君锡卖田契

立絕賣田契弟君錫，今因移業就業〔一〕，請憑中兄春躍等說合，将自己受分漁粮田貳畝伍分，四止開后，出筆絕賣與兄敷言名下管業，耕種當差。當得受時值價紋銀伍兩整，係錫親手接訖。中間並無別故，随載漁粮，照冊完納。自賣之後，听從管業當差，不與親族人等相干，日后永勿異說。今恐無憑，立此絕約，子孫永遠為照。

四止開后

東止買主　西止九宵　南止路　北止路

憑親中　叔文風　兄春躍

康熙拾年玖月廿日　立絕賣田契　弟君錫　画押

一〇〇二　康熙二十六年三月十日□王玉等卖田找补契

立脱業□王玉同侄期伯、孫其章，因先年原賣虎獐垸水陸田一段，俱載朱宝臣原約。今憑侄履□、峨山，当得過脱業弍兩，係□同侄與孫親手接讫。今恐無憑，立此脱約永遠為炤。

憑　侄履□

峨　山　画押

徐奇□　画押

康熙貳拾陸年三月初十□王玉同侄與孫　親筆

侄中山　画押

期　伯　画押

孫友鉉　画押

其　章　画押

貴買長□

萬代富貴

一〇〇三　康熙二十九年二月十五日熊广生卖田契

立絕賣田约弟廣生，今因差粮無办，情將自己弟兄受分秧脚田伍分伍厘，載則壹升貳合乙勺，請憑中丁盛之等，出筆絕賣與兄方在名下管業，耕種下秧。当日得受時值價銀肆錢伍分整，係廣生弟兄親手領訖。自賣之後，聽從（賣）〔買〕主管業取租。此係自賣自己受分，不與親族弟兄人等相干。今恐無憑，立此絕賣約一紙為証。

〔一〕「就業」二字為正行右側添加。

其田　東止賣主　南止古堤
　　　西止買主　北止徐田

憑　熊□路四爷
　　丁盛之

康熙二十九年二月十伍日　絕賣田約人　廣生　親筆
　　　　　　　　　　　　　　　　　　孔召

一一〇〇四　康熙三十二年十一月三十日熊介士卖田契

立永賣田契约人弟介士，今因移業就業，將自己祖遺受分墳茔前中則水田叁畝六分，請憑叔克善说合，出筆賣與兄方在爲業，随載民米伍升七合六勺。當得受时值□銀叁兩陸錢整，係介士親手接訖。自賣之後，听從起業撥佃，永無異說。此據。

计開四止于後　東至買主　南至□界
　　　　　　　西至穆周　北　買主

憑中　兄雨山
　　　叔克善　画押
　　　弟介文　画押

康熙三十二年冬月卅日　弟介士　筆　画押

一一〇〇五　康熙三十二年十二月八日熊介夫卖田契

立永賣田契约人弟介夫，今因移業就便，將自己祖遺墳（茔）〔塋〕前水田叁畝九分，計二形，其田東至買主，西至子穆，南至買主，北至次彝，随載民米中則陸升貳合，憑中兄介士説合，出筆永賣與兄方在爲業，當得受時價紋銀四兩二錢整，係夫親手領訖。此係自賣自業，不與弟兄相干。自賣之後，聽從起業撥佃，永勿異說。此炤。

康熙叁拾貳年十二月初捌日　弟介夫　親筆

凭　兄□偕
　　介士　画押

永遠為業

萬倍大利

五穀豐登

一一〇〇六　雍正五年三月二十二日熊万瞻卖田契〔一〕

立賣田約姪萬瞻，今因移就，將虎獐垸中區水田七畝五分，載

〔一〕本契纸由两份契约组成。

粮壹斗陸升伍合，在熊西偕戶下當差，請憑中兄峻儒等説合，出筆賣與叔宋宰名下管業，耕種當差。當日三面議定，得受時值價銀肆兩伍錢整，係萬瞻親手領訖。自賣之后，無得異説。今恐無憑，立此賣約為炤。

其田四止　一形一畝　東止虎界　南止廬未凡
　　　　　　　　　　西止孔邑　北止歸田
　　　　　一形二畝五分　東止廷彥　南止歸田
　　　　　　　　　　　　西止進遠　北止鄢田
　　　　　一形四畝　東止廬界　南止廬界
　　　　　　　　　　西止鄢界　北止大田界

憑中　長儒　画押
　　　兄峻儒　画押
　　　姑尊傅志周　画押

言定實收五年，仍備原價贖取。

雍正五年三月二十二日　立賣田約　姪萬瞻　胞兄朝佐　代筆

萬倍利息

此田因萬占無力贖取，請憑□□戶族□周榮等説合，將原約內原田二畆伍分一形，四止俱在原約內，載粮五升五合五勺，在宋叔戶下，絕賣與叔宋宰為業，以作價艮拾兩，其餘田伍畝，載粮一斗一升一合一勺，任退與侄萬占管業耕種，粮在叔戶下完納，俟推收之日，任立萬占本名，此係戶族、原中公議，二彼情願，日後叔侄不得再生議論，此照。

弟先復　代批

憑　原中　兄俊儒　画押
　　戶族　叔周榮　画押
　　　　　用賓　画押
　　　　　兄廷選　画押　　居間　陳韻繩　画押

子孫永遠為業

乾隆七年十一月廿日　立絕賣田　萬占　筆

一〇〇七　雍正五年十月熊朝佐卖田契

立絕賣田約姪朝佐，今因移就，將自己受分虎獐垸中區水田陸畝伍分，載民米壹斗肆升肆合肆勺，在方三里神虎垸熊貞進戶下當差，請憑中兄俊儒等説合，出筆絕賣與叔宋宰名下管業，耕種當差。當日三面言議，得受時值價銀柒兩伍錢〔一〕整，係朝佐親手領訖，中間并無準折情由。此係自賣自分，不與伯叔弟兄人等相干。自絕賣之后，仍從耕種收租，永無異説。今恐無憑，立此絕賣約〔二〕一帋，子孫永遠為照。

〔一〕「柒兩伍錢」为改动后数字。
〔二〕「約」字为正行右侧添加。

其田四止載后　四畝一形　東止天秩　南止大田
西止萬瞻　北止廷彥

畝半一形　東止盧朝宗　南止萬瞻
西止孔邑　北止萬瞻

一畝一形　東止買主　北止進遠
西止陳士　南止孔邑

憑中　士偉　兄峻儒　傅志周

雍正五年拾月□八日　立絕賣田約　姪朝佐　筆　画押

子孫永遠為業

一一〇〇八　乾隆四十三年三月二十日陈履泰等卖田赤契〔一〕

立永賣白水田约人陳履泰仝弟履和，今因移就，將父置獅團白田五分，東止楊界，西止楊界，南止楊界，北止張界；又白田四分五厘，东止路中，南楊界，西楊界，北楊界；又水田壹畝肆分，蔣〔二〕宅旁，東止胡界，南止胡界，西止蔣界，北止楊

〔一〕鈐有朱文天门县印，契中二方，骑缝印左、右各一方。
〔二〕「蔣」字为正行右側添加。

界；蔣〔一〕宅後，東止楊界，南止蔣界，西止肖界，北止楊界。四共二畝三分五厘，載糧五升二合二勺，請憑親中程亦召說合，出筆永賣與熊德九名下為業。当日三面言定，德出備時值價錢弍拾捌串，其錢係泰弟兄親手領讫。此係自賣己分，不與親族人等相干。自賣之後，任從熊宅起業耕種，管業当差，陰陽兩便，百為無阻。今欲有憑，立此永賣约一帋為據。

憑中　程亦紹二爹

乾隆四十三年三月二十日　立永賣约人　陳履泰仝弟履和　筆

永遠為業

一一〇〇九　乾隆五十一年二月九日敖秉臣卖田契

□□賣水田約人敖秉臣仝兄，今因移就，將自置陶林院南三獅□□田一形陸分，載粮壹升三合四勺，情愿請憑親中楊善連　肖相佩說合，出筆賣與熊潤九三老爺名下為業。当日三面言定，三老爺出備實值價錢壹拾壹串整，係秉臣親手領訖。自賣之後，任從買主收粮過戶管業，耕種当差，百為無阻。此係自賣己分，不與親族弟兄人等相干。今恐無憑，立此賣约一帋為據。

〔一〕「蔣」字为正行右側添加。

其田四止 東熊 西路 南熊 北敖 界　　凴中 肖相佩 楊善連 郭傳久

乾隆五十一年二月初九日　立大賣水田约人　敖秉臣　筆

永遠為業

一〇一〇　乾隆五十一年十月十日敖秉忠卖田契

立大賣水田约人敖秉忠，今因不便，将自置陶林院南三獅團水田壹形六分，載粮壹升三合四勺，情愿請凴親中說合肖元西、楊為政，忠出筆大賣與熊閏九老爺名下管業，耕種當差。當日三面言定，九出備實置價錢拾壹串整，係忠親手領訖。自賣之後，買主收粮過戶[一]，無得異說。不與親族弟兄人等相干，今欲有凴，立此大賣约一帋為據。

其田四止 東本 西路 南本 北張 界　　凴中 肖元西 楊為政

乾隆伍十一年十月初十日　立大賣水田约人　秉忠　筆

永遠為業

〔一〕「自賣之後，買主收粮過戶」一句为正行右侧添加。

一〇一一　乾隆五十七年十一月二十六日程相朝卖田契[一]

立永賣白田约人程相朝，今因（遺）〔移〕就，將自己受分糧田壹□，載糧弍升二合二勺二抄，情愿請凴親中叔仲山等說合，当日三面言定，□□筆賣与占元才德弟兄為業。弟兄出備時值價銀廿五兩五钱□□□□□□□□□□□□□□□□□耕種當差，收□□□□為無阻。□□□有□□□□約一帋為據。

其田四止 東本 南路 西李 北本 界

凴中人 占高 画押 士□ 画押 叔仲山 画押

乾隆五十七年冬月廿六日　立永賣约人　程相朝　画押　筆

〔一〕此契多有破损，照片所谓正面、背面，实为一契从中间折叠后的上下两部分。

一〇一二　乾隆五十八年九月四日萧丁氏等卖田契〔一〕

立永賣白田約人蕭丁氏同子起松，今因乏用，將自己一北獅上則漁田六分，載正銀一分二厘，請憑親中李棟龍山說合，丁氏母子出筆賣與熊福九名下為業。當日三面言定，福出備時值實價銀十一兩四錢，係丁氏憑中親手領訖。自賣之後，听從買主管業耕種，百為無阻。收粮过户，今欲有憑，立此永賣約一帋為據。

四止在原契

憑中　李棟　李龍山

乾隆五十八年九月初四日　蕭起松　筆

〔一〕本契有破损，粘带有官颁契尾，但似非同一事由，且原契未见官印。

一〇一三　乾隆五十八年十一月二十二日刘震卖田契

立大賣白田約人劉震，今因移就，將祖遺自己受分陶林垸南壹北市〔一〕白田肆分玖厘，載正銀九厘叁毫出售，先儘親族人等，俱不承買，請凴親中程仲山等說合，出筆賣與熊淡村名下為業。當日三面言定，熊姓出備時值價銀玖兩正，係震親手領訖。此係自賣己分，不與親族弟兄人等相干，其中並無準折抬算情弊。自賣之後，任從買主收粮過戶，招佃收租，耕種管業，陰陽兩便，百為無阻。今恐無凴，立此大賣約為據。

凴中　占高　画押
　　　程仲山　画押
　　　刘□　画押

其田四止　東　買主
　　　　　南　水田
　　　　　西　路心　界
　　　　　北　吳

此田给光儀。

此田捐入祠堂作祭田。道光十六年八月弍十六日，儀批。〔二〕

乾隆五十八年冬月廿二日　立大賣白田約人　刘□　代〔三〕筆

画押

永遠為據

〔一〕「市」字为「狮」字的俗写。

〔二〕「此田给光儀」与契约正文字体不同，「此田捐入祠堂作祭田。道光十六年八月弍十六日　儀批」与前二部分的字体又不同。

〔三〕「代」字为正行右侧添加。

一—〇一四 乾隆五十九年二月二十日谢上志卖田赤契〔一〕

立永賣灘田约人謝上志，今因移就〔二〕不便，将父置中洲垸灘田壹形，計丈式畝式分，載粮四升八合八勺，情愿請凂親中德亨等说合，出筆永賣與熊立菴名下為業。当日三面言定，立出備時值價銀拾陸兩整，係親手領讫。自賣之後，仍從買主管業耕種，收粮過戶，陰陽兩便，百為無阻。此係自賣己分，不與親族人等相干，今欲有凂，立此永賣灘田文约一帋為據。

計開四止

東 河心
西 李
南 魏
北 盛

凂中人 謝德亨 許 茂 艾代明 何宏有

乾隆五十九年弍月廿日　立永賣灘田约人　謝上志　筆

永遠為業

〔一〕钤有朱文天门县印，契中一方，骑缝印左二方，右一方。

〔二〕「就」字为正行右侧添加。

一—〇一五 乾隆五十九年二月二十一日魏程氏等卖田赤契〔一〕

立永賣灘田约人魏程陈氏仝子順仁義仝伯大貴，今因移就不便，將祖遺中洲垸外灘田一形，计丈式畝式分，載粮四升八合八勺四抄，氏情愿請憑親中謝德亨、許茂等說合，氏出筆永賣與熊立菴名下為業。當日三面言定，立出備時值價銀拾五兩整，係氏仝子仝伯親手領訖。自賣之後，仍從買主管業耕種，收粮過戶，陰陽兩便，百為無阻。此係自賣己分，不與親族人等相干，今欲有憑，立此永賣灘田文约一帋為據。

計開四止

東止河心
西止李
南止陈
北止謝

憑中人 許茂 艾代明 謝德亨 何宏有

乾隆五十九年二月廿乙日　立永賣灘田约人　魏程陳氏　仝子順仁義　代筆人大貴

筆

永遠為業〔二〕

〔一〕钤有朱文天门县印，契中一方，骑缝印左、右各一方。

〔二〕参见「乾隆五十九年二月二十一日魏程氏等卖田契」（本书收录之一—〇一六号契纸。）

一—〇一六　乾隆五十九年二月二十一日魏程氏等卖田契

立永賣灘田約人魏程陳氏仝子順仁義仝伯大貴，今因移就不便，將祖遺中洲垸外灘田一形，计丈弍畝弍分，載粮四升八合八勺四，氏情愿請憑親中謝德亨、許茂等説合，氏出筆永賣與熊立齊名下為業。當日三面言定，立出備時置價銀拾伍兩整，係氏仝子仝伯親手領訖。自賣之後，仍從買主管業耕種，收粮過戶，陰陽兩便，百為無阻。此係自賣己分，不與親族人等相干，今欲有憑，立此永賣灘田文約一帋為據。

計開四止　東河心　西李　南陳　北謝

憑中人　許茂　艾代明　謝德亨　何宏有

乾隆五十九年二月廿一日　立永賣灘田約人　魏程陳氏　仝子順仁義　代筆人大貴　筆

永遠為業〔一〕

一—〇一七　乾隆五十九年十二月十八日謝上志卖田赤契〔二〕

立永賣（淮）〔灘〕田契約人謝上志，今因移就不便，將祖置上則中洲垸外灘田二形，計丈叁畝四分六厘，載糧七升六合八勺，情愿請憑親中陽英等説合，出筆永賣與熊德九〔三〕二老爺名下管業，耕種當差。當日三面言定，熊二老爺出備時值價銀拾玖兩柒錢伍分，係志親手領訖。此係自賣己分，不與親族人等相干。自賣之後，仍從買主管業，收粮過戶，陰陽兩便，百為無阻。其中並無准折抬算等情，頂額淤生，俱属買主管業。今欲有憑，立此永賣田約一帋為據。

其田四止　东謝　南堤　西唐　北河水

又一形　東刘　南堤　西唐　北河水　止

〔一〕参见「乾隆五十九年二月二十一日魏程氏等卖田赤契」（本书收录之一—〇一五号契纸）。

〔二〕钤有朱文天门县印，契中一方，骑缝印左一方。

〔三〕「德九」二字为正行右侧添加。

憑中　上書　何大容　德亨　陽英　程榕　上文

乾隆五十九年十二月十八日　立永賣田约人　謝上志　筆

永遠為業

一一〇一八　乾隆五十九年十二月十八日谢德衍卖田赤契〔一〕

立永賣滩田契約人謝德衍，今因移就，將父置中洲垸外滩田三形，計丈五畝九分，載粮壹斗三升，情愿請憑親中陽英等說合，衍出〔筆〕永賣與熊德九〔二〕二老爺名下管業，耕種當差。當日三面言定，熊二老爺出備時值價銀叁拾乙两六錢二分整，係衍親手領訖。此係自賣己分，不與親族弟兄〔三〕人等相干。自永賣之後，仍從買主收粮過戶，陰陽兩便，百為無阻。其中並無準折抬筭等情，頂額淤生，俱屬買主管業，今欲有憑，立此永賣田契文約一帋為據。

憑中人　謝上书　何大容　謝德亨　陽英　程校　謝上聞

上滩四止：东謝　南□　西□　北河水

下滩四止：西河水　东河水　南唐　北肖　界

一形四止：西小堤　东止河水界　南肖　北唐

乾隆五十九年十二月十八日　立永賣田契文約人　謝德衍　筆

永遠為業〔一〕

〔一〕钤有朱文天门县印，契中一方，骑缝印左、右各一方。

〔二〕「德九」二字为正行右侧添加。

〔三〕「弟兄」二字为正行右侧添加。

一一〇一九　乾隆五十九年十二月十八日谢德衍卖田契

立永賣滩田契約人謝德衍，今因移就，將父置中洲垸外滩田三

〔一〕参见「乾隆五十九年十二月十八日谢德衍卖田契」（本书收录之一—〇一九号契纸）。

形，计丈五畝九分，載粮壹斗三升，情愿請憑親中陽英等说合，衍出筆永賣與熊二老爺名下管業，耕種當差。當日三面言定，熊二老爺出備時值價銀叁拾乙两六錢二分〔一〕整，係衍親手領訖。此係自賣己分，不與親族弟兄人等相干。自永賣之後，仍從買主收粮過戶，陰陽兩便，百為無阻。其中並無準折抬算等情，頂額淤生，俱屬買主管業。今欲有憑，立此永賣田契文〔二〕約壹帋為據。

憑中人　謝上书　何大容　謝德亨　陽英　程校　謝上聞

上滩四止　东谢　南姜　西鲁　北河水　止界

下滩四止　西河水　东河水　南唐　北肖　止界

〔一〕「二分」二字为正行右侧添加。
〔二〕「文」字为正行右侧添加。

一形四止　西小堤　东河水　南肖　北唐　止界

永遠為業〔一〕

乾隆五十九年十二月十八日　立永賣田契文約人　謝德衍
画押

一〇二〇　乾隆六十年四月十日唐君佐卖田赤契〔二〕

立永賣田約人唐君佐，今因移就不便，將祖業中洲垸滩田弍形，計丈壹畝四分，載粮叁升二合弍勺，請憑親中上義〔三〕說合，出筆賣與熊德九二老爺名下為業。當日三面言定，九出備價銀五兩六錢整，係君佐親手領訖。自賣之後，任從買主管業，耕種当差，收粮過戶，陰（楊）〔陽〕兩便，百為無阻。自賣之後，不與親族人等相干。今欲有憑，立此絕賣約一帋為據。

〔一〕参见「乾隆五十九年十二月十八日谢德衍卖田契」（本书收录之一—〇一八号契纸）。
〔二〕钤有朱文天门县印，契中一方，骑缝印左二方，右一方。
〔三〕「上義」二字为正行右侧添加。

憑中　謝德恒　上
　　　金華
　　　程孝

四止　西止小堤
　　　東止水
　　　南止本界
　　　北止寸界

乾隆六十年四月初十日　佐　筆

永遠為業

一一〇二　乾隆六十年四月二十一日李椿等卖田赤契〔一〕

立永賣灘田约人李椿柄，今因移就，將祖遺中洲垸外灘田弍形，計丈乙畝九分弍厘，載粮四升弍合六勺，情愿請憑親中程孝等說合，椿出筆永賣与熊德九二老爺名下為業。熊老爺出備時置價銀柒串六百八十文整，係椿兄弟親手領訖。此係自賣己分，不與親族弟兄人等相干。自賣之後，仍從買主收粮過戶，陰陽兩便，百為無阻。今欲有憑，立此永賣灘〔二〕田約一帋為據。

憑中　謝金華
　　　程孝

其田四止　大形　南　　買主
　　　　　　　　东　止　河　界
　　　　　　　　西　　河
　　　　　　　　北　　李

　　　　　小形　西　　堤
　　　　　　　　東　止　買主　界
　　　　　　　　南　　買主
　　　　　　　　北　　買主

乾隆六十年四月廿一日　立永賣灘田約人　李柄　筆

李應高戶內收粮

永遠為業

大形　北直三十六弓
　　　南直四十五弓
　　　東横八弓九
　　　西横八弓九　積〣〦〇〤〥　田〡五〔一〕

小形　東横六弓六
　　　西横四弓五
　　　南直二十二弓
　　　北直十四弓　田〤〔二〕

〔一〕鈐有朱文天门县印，契中一方，骑缝印左、右各一方。
〔二〕「灘」字为正行右側添加。

〔一〕「〣〦〇〤〥」即「三六〇四五」，「一五」后有字无法辨识。
〔二〕「〤」即「四」，「〤」后有字无法辨识。

一—〇二二　乾隆六十年九月十三日张作成卖田赤契〔一〕

立绝賣田約人張作成，今因移就，将祖（值）「置」陶林垸南三㪷團白水田四畝貳分，（戴）〔載〕糧九升二合二勺，請憑親中熊沄等說合，成出筆賣與熊立菴名下為業。當日三面言定，菴出備實值價銀陸拾兩整，係成親手領訖。自賣之後，仍從買主收糧過戶，管業當差，陰陽兩便，百為無阻。此係自賣己分，不與親族人等相干，其中並無準折抬算情弊。今恐無憑，立此賣田約一紙為據。

其田四止　東止　金
西止　譚
南止　胡
北止　路心朱張　界

憑中　張中和
張仲三
張其亨
張紹順
金光位
熊　沄
程光明
程俊亭

〔一〕钤有朱文天门县印，契中一方，骑缝印右一方。

乾隆陸拾十〔一〕年九月十三日　立賣約人　張作成　筆

子孫永遠為業

一—〇二三　乾隆六十年九月二十二日唐必发卖田赤契〔二〕

立絕賣灘田約人唐必發，今因移就不便，將自置中洲垸灘田二形，計丈玖畝四分三厘，載粮二升零九合三，情愿請憑親中謝德亨等說合，必發出筆絕賣與〔三〕熊立菴名下管業。當日三面言定，立菴出備時置價錢陸拾捌千四百文，係必發親手領訖。自賣之後，仍從買主管業，耕種當差，收粮過戶，陰陽兩便，百為無阻。其中並無準折抬算等情。此係自賣己分，不與親族弟兄人等相干，今欲有憑，立此絕賣約一帋為據。

其田四止　東　水
西　堤心
南止盛介
北　本介

小形　東　堤心
南　謝界
西　水界
北　本界

〔一〕原文如此，「十」字应为衍文。

〔二〕钤有朱文天门县印，契中一方，骑缝印左一方。

〔三〕此处留有空白。

憑中　謝德亨
　　　何大用

乾隆六十年九月二十二日　立絕賣灘田約人　唐必發　筆

永遠為業

一一〇二四　乾隆六十年九月程占元等卖田赤契[一]

立永賣白田约人程占元仝弟占才，今因移就，陶林垸南三付團白田壹畝，載粮二升二合二勺二抄，情愿請憑親中叔仲山等說合，元出筆永賣与熊德九名下為業。当日三面言定，九出備時值價銀式拾兩正，係元弟兄親手領訖。自永賣之後，任從買主管業，耕種当差，收粮过户，百為無阻。今欲有憑，立此永□□□□□為據。

其田四止　东程
　　　　　西程
　　　　　南界
　　　　　北路

〔一〕鈐有朱文天门县印，契中一方。此契照片分为两部分，正面与背面一起应为一契。

憑中人　叔仲山　画押
　　　　兄占高　画押

乾隆六十年九月初□日　占元　筆　画押

一一〇二五　乾隆六十年十一月八日王朋来等卖田赤契一[一]

立大賣白水基田約人王朋來仝弟正常，今因移就，將祖遺蘆林垸白田基地七形，共计十七畝式分六厘三毫，水田六形，共計四畝五分一厘，溝水八分，載糧三斗七升八合九勺，正艮四分，情愿請憑親中程光國等說合，出筆大賣與熊立菴名下為業。當日三面言定，熊出脩時值價錢陆拾叁串四百八十文，當係朋同中親手領訖。自賣之後，聽從買主管業，耕種□差，招佃收租，收糧過戶，陰陽兩便，百為無阻。其中並無準折抬算情弊。此係自賣己分，不與親族人等相干，今欲有凴，立此大賣文約一紙為□。

計開四止

〔一〕鈐有朱文天门县印，契中二方，骑缝印左、右各一方。

東 倪
西 倪
止 界
南 刘
北 芦

東 胡
南 韶
止 界
北 欒
西 王

東 胡
西 溝心
止 界
南 胡
北 姚

憑中 王道順 肖在朝 倪國柄 王道揆 程光國 羅永芳 何義龍 何大容

乾隆六十年十一月初八日　立大賣田約人　王朋來　親筆

子孫世守為業

一一〇二六　乾隆六十年十一月八日王朋来等卖田赤契二[一]

立大賣白水基田約人王朋來仝弟正常，今因移就，將祖遺芦林垸白田基地七形，共計十七畝弌分六[二]厘三毫，水田六形，共計四畝五分一厘，溝水八分，載粮三斗七升八合九勺，正艮四分，請憑親中程光國等說合，出筆大賣與熊立菴名下為業。當日三面言定，熊出備時值價錢陸拾叁串四百八十文整，當係朋同中親手領訖。自賣之後，听從買主管業，耕種當差，招佃收租，收糧過戶，陰陽兩便，百為無阻。其中並無準折抬筭情弊。此係自賣己分，不與親族人等相干，今欲有憑，立此大賣文約一帋為據。

計開四止

東 倪
西 倪
止 界
南 刘
北 芦

東 胡
西 王
止 界
南 韶
北 欒

東 胡
西 溝心
止 界
南 胡
北 姚

憑中 王道順 肖在朝 倪國柄 王道揆 程光国 羅永方 何義龍 何大容

乾隆六十年十一月初八日　立大賣田約人　王朋來　親筆

[一] 钤有朱文天门县印，契中一方，骑缝印左二方，右一方。
[二] 此处数据有改动。

此田撥給繼述管業，永為大伯父嗣產，另立冊名熊敦善，交繼述自行完納，日後子孫無得異説。道光十五年六月十二日葵園批

道光二十三年正月，葵園仍將此田收回，自行管業，此批。

子孫世守為業

米收王文山

艮收王得印〔一〕

一一〇二七　嘉庆七年十月一日范成得卖田赤契〔二〕

立大賣田契约人范成溤，今因移就不便，將本己八卦團〔三〕上則粮田弍形，共壹畝壹分肆厘柒毫，載粮弍升五合弍勺叁抄，情愿請憑親中熊傑等説合，出筆賣與熊思永名下为業。当日三面言定，思永出備時值價錢伍串柒百叁拾伍文整，係成龍〔四〕仝中親手领訖。自賣之後，任從買主管業，耕種当差、招佃，

〔一〕　得印右側添加有「德應」二字。

〔二〕　鈐有朱文天门县印，契中二方。契纸背面贴有小纸，上书「此约賣去田六分，實存田五分四厘七毫」等字。

〔三〕　「八卦團」三字为正行右側添加。

〔四〕　原文如此。

收粮过户，百为勿阻。今欲有憑，立此賣約一帋為據。由車墩溝垷取水灌救，一並在内。

憑中　何曾一　范丕凡
　　　熊傑
　　　程校　徐道会

其田一形　東范　西范　南止堰心　北范　界

弍形　東　西范　南　北　界

嘉慶柒年拾月初一日　立大賣田契人　范成得□　筆

子孫永遠

一一〇二八　嘉庆七年十月一日范得万卖田赤契〔一〕

立大賣田契约人范得万，今因移就不便，將本己八卦團〔二〕上則粮田壹畝零壹厘，載二升二合二勺，情愿请憑親中熊傑说合〔三〕，出筆大賣與熊思永名下為業。当日三面言定，思永出備時（直）〔值〕價錢伍串零五十整，係德萬親手領訖。自

〔一〕　鈐有朱文天门县印，契中二方。契纸背面贴有小纸，上书「此约賣去田五分零五毛，實存田五分〇五毛」等字。

〔二〕　「八卦團」三字为正行右側添加。

〔三〕　此处划去二字。

永賣之後，仍從買主管業，耕当差，招佃收□，陰陽兩便，百為勿阻。今欲有憑，立大賣一帋為據。由車墩埧取溝水灌救，一並載內。

憑中 何正一 熊傑 程校 范丕凡 成林

其田四止 東 范 西 □ 南 范 北 買主 界

冊名 克振

嘉慶七年十月初一日 立大賣田契 范德萬 筆

永遠為業

一一〇二九 嘉庆七年十月一日范成魁卖田赤契[一]

立大賣田契約人范成魁，今因移就不便，将本己受分八卦團[二]上則粮田壹畝六分七厘，叁升六合七勺四抄，情愿請憑親中范泰武等說合，出筆大賣與熊思永名下為業。当日三面言定，思永出備時置價錢捌串叁伯五十文整，係成魁親手領訖。自大賣

〔一〕鈐有朱文天门县印。骑缝印左一方。

〔二〕「八卦團」三字为正行右侧添加。

之後，仍買主管業，耕種当差招佃，收粮过户，陰陽兩便，百為勿阻。今（裕）〔欲〕有憑，立此大賣約一帋為據。由車墩埧取溝水灌救，一並載內。

憑中人 范泰武 熊傑 何正一 程校 范成林

其田四止 東 范 西 溝 南 北 范 界

冊名 本名

嘉慶七年十月初一日 立大賣田契約人 范成魁 泰武 代筆

永遠為業

一一〇三〇 嘉庆七年十月一日范成礼卖田赤契[一]

立大賣水田約人范成礼，今因不便，将己置八卦團[二]上則粮田弍形，共田壹畝零捌厘玖毫，載粮弍升叁合七勺六抄[三]照

〔一〕鈐有朱文天门县印，契中两方，骑缝印左一方。契纸背面贴有小纸，上书「此约與范林五、范成龍三约仝粘連投稅」等字。

〔二〕「八卦團」三字为正行右侧添加。

〔三〕「弍升叁合七勺六抄」为改动后数字。

派，情愿請憑親中熊傑等説合，出筆賣與熊思永名下為業。当日三面言定，思永出備時值價錢伍串肆百伍拾文整，係成礼仝中親手領訖。自賣之後，任從買主管業耕種，当差招佃，收粮过户，百为勿阻。今欲有憑，立此賣約一帋為據。此照。由車墩溝埧取水灌救，一並在内。

册名　季郎

憑中　何曾一　泰武
　　　熊傑　范丕凡
　　　程校　徐道会

其田一形　东埧　西范　南止埧界　北坟

弍形　东埧　西范　南止坟界　北范

嘉慶柒年拾月初一日　立永賣田契約人　范成礼　筆

世代为業

一—〇三一　嘉庆七年十月一日范克振卖田赤契〔一〕

立大賣田契约人范克振，今因移就不便，将本己范家嶺八卦團〔二〕上則粮田弍形，共田七分九厘，載粮壹升七合三勺，情愿請憑親中熊傑等説合，出筆賣與熊思永名卜為業。当日三面言定，思永出備時值價錢叁串九百五十文〔一〕整，係克振親手領訖。自賣之後，任從買主管業当差，耕種招佃，收粮过户，百為無阻。今欲有憑，立此大〔二〕賣約一帋為據。由車墩溝埧取水灌救，一並在内。

册名　玉升

憑中　何曾一　范泰武
　　　熊傑　　丕凡
　　　程校

其田一形　东己　西范　南止坟界　北范

貳形　东范　西　南止路心界　北范

嘉慶柒年十月初一日　立大賣田契約人　范克振　筆

世代為業

〔一〕钤有朱文天门县印，契中二方，骑缝印左一方。
〔二〕「范家嶺八卦團」六字为正行右侧添加。

〔一〕「叁串九百五十文」为改动后数字。
〔二〕「大」字为正行右侧添加。

一〇三二 嘉庆七年十月一日范成贵卖田赤契〔一〕

立大賣水田约人范成貴，今因移就〔二〕不便，將本己八卦團〔三〕上則水田捌分四厘，載粮壹升八合〔四〕四勺，情愿請憑親中熊傑等〔五〕說合，出筆大〔六〕賣與熊思永名下為業。当日三面言定，思永出備實值價錢肆串〔七〕貳百整，係成貴仝中〔八〕親手領訖。自賣之後，任從買主管業，耕種招佃，收粮过户，陰陽兩便，百為勿阻。今（裕）〔欲〕有憑，立此大賣約壹帋為據。

由車墩溝埧取水灌救，一並載内。

何正壹
憑中人 熊傑 范丕 泰武
程校 徐到會

〔一〕鈐有朱文天门县印，契中二方，骑缝印左、右各一方。契纸背面贴有小纸，上书「此约與鍾丹然，范文升三約仝粘連投稅」等字。
〔二〕「移就」二字为正行右側添加。
〔三〕「己八卦團」四字为正行右側添加。
〔四〕「八合」二字为正行右側添加。
〔五〕「熊傑等」三字为正行右側添加。
〔六〕「大」字为正行右側添加。
〔七〕「串」字为正行右側添加。
〔八〕「仝中」二字为正行右側添加。

其田四止 東西南北 范界

冊名 玉升

嘉慶七年十月初一日 立大賣水田约人 范成貴 泰武 代筆

世代為業

一〇三三 嘉庆七年十月十二日张克龙卖田赤契〔一〕

立大賣田契约人张克龍，今因不便，將本己八卦團〔二〕上則粮田三分三厘，載粮七合二勺六抄，請憑親中〔三〕范丕凡等说合，情愿出筆賣與熊思永名下為業。当日三面言定，思永出備時值價錢壹串六百五十文整，係克龍仝中〔四〕親手领讫。自賣之後，仍從買主管業当差，耕種招佃〔五〕，收粮过户，陰陽兩

〔一〕鈐有朱文天门县印，契中二方，骑缝印左、右各一方。契纸背面贴有小纸上书：「此约與范成進，張士相三約仝粘連投稅。」
〔二〕「八卦團」三字为正行右側添加。
〔三〕「中」字为正行右側添加。
〔四〕「仝中」为正行右側添加。
〔五〕「招佃」二字为正行右側添加。

便，百為勿阻，今欲有憑，立此大賣一帋為據。由車墩垷取水灌救，一並在內，此照。

冊名　本名

憑中　何尊一　熊傑　程校　范丕凡　泰武

其田四止　东　溝　西　止　南　张　北　界

嘉慶七年十月十二日　立大田契　張克龍　范江萬　代筆

世代為業

一〇三四　嘉庆七年十月十二日张天禄卖田赤契[一]

立大賣田约人張天祿，今因移就[二]不便，將本己受分八卦團[三]上則粮田七分九厘[四]，載粮一升七合八抄，情

[一] 钤有朱文天门县印，契中一方，骑缝印左、右各一方。契纸背面贴有小纸，上书「此约與代上進，范成魁三约仝粘連投税。约內已賣去田四分，實存田三分九厘」等字。

[二] 「移就」为正行右侧添加。

[三] 「八卦團」三字为正行右侧添加。

[四] 「七分九厘」为改动后数字。

愿请憑親范丕凡等说合，出筆賣與熊思永名下為業。当日三面言定，思永出備時（直）〔值〕價錢叁串九百[一]五十文整，係天祿仝中[二]親手領訖。自賣之後，仍從買主管業当差，耕種招佃[三]，收粮過户，陰陽兩便，百為勿阻。今（裕）〔欲〕有憑，立此大賣约一帋為據。此照。

冊名　本名

由車墩垷取坑水灌救。

憑中　何尊一　熊傑　程校　范泰武　丕凡

其田四止　東　坑　西　南　張　北　界

嘉慶七年十月十二日　立大賣田契約人　張天祿　范泰武代筆

子孫永遠

[一] 「百」字为正行右侧添加。

[二] 「仝中」二字为正行右侧添加。

[三] 「招佃」二字为正行右侧添加。

一〇三五　嘉庆七年十月十二日范成魁卖田赤契〔一〕

立大賣契田約人范成魁，今因不便，将本己受分八卦團〔二〕上則粮田三分八厘，載粮八合三勺六抄，情愿請憑親中熊傑等説合，出筆賣熊思永名下為業。當日三面言定，思永出備時值價錢壹串九百整，係成魁仝中〔三〕親手領訖。自賣之後，仍從買主管業当差，耕種招佃〔四〕，收粮过户，陰陽兩便，百為勿阻。今欲有憑，立此永賣一帋為據。

取墩垷坑水灌救。

冊名　本名

憑中人　何尊一　熊傑　程校

其田四止　東西南北　止范界

嘉慶七年十月十二日　立大賣田契約人　范成魁　筆

永遠為業

〔一〕鈐有朱文天门县印，契中一方，骑缝印左、右各一方。

〔二〕「八卦團」三字为正行右侧添加。

〔三〕「仝中」二字为正行右侧添加。

〔四〕「招佃」二字为正行右侧添加。

一〇三六　嘉庆七年十月十三日万知贵等卖田赤契〔一〕

立大賣水田約人萬知貴自寧，今因移就不便，將自己所置八卦團上則〔二〕水田壹畝，載粮二升二合，情愿请憑親中萬進云等説合，萬知貴出筆大賣與熊思永名下為業。当日三面言定，熊出備時值價錢伍串，係知貴仝中親手領訖。自賣之後，任從買主管業，耕種招佃，收粮過戶，陰陽兩便，百为無阻。今欲有憑，立此大賣約一帋永遠為據。

堰溝垷取水灌救，一並在内。

冊名　永升

憑中　萬進云　鍾元章

其田四止　東萬界　南万界　西己界　北鍾界

〔一〕鈐有朱文天门县印，契中二方，骑缝印左、右各一方。

〔二〕「上則」二字为正行右侧添加。

嘉慶七年十月十三日　立大賣水田　萬知貴　筆

富貴萬代

一一〇三七　嘉庆七年十月十四日万天武卖田赤契[一]

立大賣水田契约人萬天武，今因移就不便，情愿將祖置八卦垸上則粮田弍畝一分三厘[二]，載粮四升陸合捌勺六抄[三]，情愿請憑親中万進云等说合，天武出筆賣与熊思永名下為業。当日三面言定，思永出備實（直）〔值〕價錢拾串六百五十五文[四]，係天武仝中親手領訖。自賣之後，仍從買主管業，耕種当差，收粮過戶，陰陽兩便，百為無阻。今欲有憑，立此大賣約一帋為據。

由墩取水灌溉，一並在内。

冊名　敬德

憑中　何尊乙　熊如傑　鍾元章　程　校

其田四止　东止万　西止万　南止万　北止中　界

嘉慶七年十月十四日　立大賣水田約人　万天武　筆

〔一〕钤有朱文天门县印，契中二方，骑缝印左、右各一方。

〔二〕「弍畝一分三厘」为改动后数字，改动较乱。

〔三〕「四升陸合捌勺六抄」为改动后数字，改动较乱。

〔四〕「拾串六百五十五文」为改动后数字，改动甚乱。

一一〇三八　嘉庆九年三月一日张光钰卖菜园契

立永賣菜園约人張光鈺，今因移就不便，将祖置園田一形，一分八厘，載粮四合，情愿請凴中人光盛说合，出筆賣與熊淡村三太爹名下管業，耕種當差。当日三面言定，熊淡村出備價銀青錢捌串整，係光鈺親手領讫。自賣之後，仍從買主管業，收粮過戶，招佃收租，起造房屋，其有陰陽兩便，百為無阻。今（裕）〔欲〕有凴，立此永賣約一紙，永遠為據。

其田四止　東胡　西熊　南坑　北張

凴中人　張光云　盛　大卜

嘉慶九年三月初一日　張光鈺　筆　画押

冊名　張世荣收四合

萬代富貴

一一〇三九　嘉庆十年十月九日范成善卖田赤契[一]

立大賣白水田约人范成善，今因移就，將本己置八卦團白水田一形，計丈乙畝乙分五厘一三，載粮二升五合五勺五抄，冊名成善，范家墩垷取水灌救，情愿請憑親中楊士勳说合，成善出筆大賣與熊思永名下為業。当日三面言定，思永出時值價錢六串五百六十二文整，係成善親手領訖。自大賣之後，仍從買主管業，耕種当差，收粮過戶，撥佃招租，陰陽兩便，百為無阻。其中並無準折抬筭情弊，此係自賣己分，不與親族人等相干，今欲有憑，立此大賣約一帋為據。

四止　西　王　南　范　東　界　北　范

憑中　范成得　楊士勳　李渻寿

嘉慶拾年十月初九日　立大賣田約人　范成善　筆

〔一〕钤有朱文天门县印，契中二方，骑缝印左、右各一方。

东　九弓三分
西横　十三弓八分　積二百七十六弓三分三厘
南直　廿二弓四分
北直　廿四弓七分　見田乙畝乙分五厘一毛三系
中直卅四弓三分

子孫永遠[一]

一一〇四〇　嘉庆十年十月九日张克俭卖田赤契[二]

立大賣白水田约人張克儉，今因移就，將本己置日堤團白水田一形，計丈一畝五分九厘三毛，載粮米三升五合〇六抄[三]，冊名張克儉，家墩垷取水灌救，情愿請親中楊士勳說合，克儉出筆大賣與熊思永管業。當日三面言定，思永出備時值價錢八串七百八十六整，係克儉親手領訖。自賣之後，仍從買主〔起〕業，耕種當差，收粮過戶，撥佃〔招〕租，陰陽兩便，百為無阻。其中並無準折抬筭情弊，此係自大賣己分，〔不〕與親人等干，今欲有憑，立此大約一帋為據。

〔一〕契纸左上角贴有小纸，上书「此約與范必壽，萬成華十三約仝粘連投稅」等字。

〔二〕有朱文天门县印，契中一方，骑缝印左、右各一方。契纸背面帖有小纸，上书：「此約與熊之材，鄧必進十五約仝粘連投稅。」

〔三〕此处数字有改动。

四止 东龍 北丁 南張 西范

請憑中 □□ 楊士勳 李淂寿

嘉慶拾年十月初九日 立大賣田約人 張克儉 筆

東横十弓〇五
西横十一弓一 積三百七十九弓〇五
中直卅五弓一

子孫永永

一〇四一 嘉庆十年十月九日范超武卖田赤契〔一〕

立大賣白水田约人范超武，今因移就，將本已置八卦團白水田一形，計丈二畝四分三厘九，載粮五升四各乙勺五抄，冊名□月，在范家家墩梘取水灌救，情愿請憑親中楊士勳說合，超武出筆大賣熊思永名下為業。當日三面言定，思永出備時值價錢十三串九百〇五文整，係超武親手領訖。自大賣之後，仍從買主管業，耕種當差，收粮過戶，撥佃招租，陰陽兩便，百為無阻。其中並無準折抬筭情弊。此係自賣己業，不與親族兄弟相干，今欲有憑，立此大賣約一帋為據。

四止 西梘 南 東范 北

憑中 國武 范成得 成礼 楊士勳 李得寿

嘉庆十年十月初九日 立大賣约人 范超武 筆

西 卅三弓
東直 卅弓〇九分
南横 廿六弓五分 積五百八十五弓四分八厘
北 廿弓 見田二畝四分三厘九毛
中 十八弓四

子孫永遠

〔一〕鈐有朱文天门县印，契中一方，骑缝印左、右各一方。契纸背面貼有小紙，上书「此約與范必壽，萬成華十三約仝粘連投稅。約內賣去田壹畝弍分一厘九毛，除賣，实存田壹畝弍分弍厘」等字。

一一〇四二　嘉庆十年十月十日范成道卖田赤契〔一〕

立大賣田水田約人范成道，今因移就，將置八卦團〔二〕白水田九分五厘五八〔三〕，載粮〔四〕二升壹合二勺，冊名成道，在范家墩埧取水灌救，情愿請憑親中楊士勳说合，成道出筆大賣与熊思永名下為業。当日三面言定，思永出備時值價錢五串四百乙十五文整，係成道親手領訖。自大賣之後，仍從買主管業，耕〔種〕當差，收粮過戸，撥佃招租，陰陽兩便，百為無阻。其中並無準折抬筭情弊。此係自大賣己分，不與親族人等相干，今欲有憑，立此大賣約一帋為據。

四止　南　范
　　　東
　　　西　埧
　　　北　范

〔一〕鈐有朱文天门县印，契中二方，骑缝印左、右各一方。此契左上角貼有小纸，上书有「此約與范必壽，萬成華十三約仝粘連投稅」等字。
〔二〕「八卦團」为正行右侧添加。
〔三〕「五八」二字为正行右侧添加。
〔四〕「粮」为正行右侧添加。

請憑中　范成得
　　　　　礼
　　　　　國武
　　　楊士勳
　　　李淂寿

嘉慶拾年十月初十日　立大賣田約人　范成道　筆

東　十二弓七
西橫十三弓三　積二百廿九弓四
南直十六弓一　田九分五厘五八
北　十三弓五

子孫為據

一一〇四三　嘉庆十年十月二十日万应全卖田赤契〔一〕

立大賣白水田約人萬應全，今因移就，將自己八卦團白水田二形，計丈壹畝九分五厘三毛〔二〕，載粮四升三合三勺七抄〔三〕，冊名萬洪林，在本溝取水灌救，情愿請憑親中萬應榜等說合，應全出筆大賣与熊思永名下為業。当日三面言定，思永出備時值價錢十一串一百卌二文〔四〕，係應全仝中親手領訖。自大賣之後，

〔一〕鈐有朱文天门县印，契中二方，骑缝印左、右各一方。此契背面粘貼有「此二約與范必壽，萬成華十三約仝粘連投稅」等字。
〔二〕「九分五厘三毛」系另笔填写。
〔三〕「四升三合三勺七抄」系另笔填写。
〔四〕「十一串一百卌二文」系另笔填写。

仍從買主管業，耕種当差，收粮過戸，撥佃招租，其中並無準折抬筭情弊，陰陽兩便，百為無阻。此係自賣己分，不與親族兄弟人等相干。今欲有憑，立此大賣田約人一帋為據。

其田四止　一形　東 西 南 北　萬界　　一形　東止萬 南止溝 西止萬 北止萬　界

憑中人　萬应榜 萬江茂

嘉慶十年十月二十日　立大賣田約人　萬應全　筆

二形　南 北 横 七弓二分 十弓　中直廿八弓　　積二百四十弓〇八分　見田乙畝〇三毛三糸

又一形　东 西 横 十三弓四分 十乙弓　中直十八弓七分　　積二百廿八弓□分四厘　見田九分五厘〇五糸[一]

子孫富貴

一一〇四四　嘉庆十年十月二十四日萧光明卖田契

□大賣白田約人蕭光明仝子大元，今因移就不便，將母置陶林垸一北獅□□□□丈壹畝五分六厘一毫，載正銀弍分九厘六毫六□，情愿請憑□□□□□等说合，出筆大賣與熊思永名下□□□□□三面言□□□□□□時值價錢叁拾柒串四百六十文，係□□□□親手领□□□□後，任從買主管業，耕種當差，招佃收租，收粮過戸，陰□□□□為無阻，其中並無準折抬筭情弊。此係自賣己分，不與親族弟兄人等相干。今恐無憑，立此大賣约一帋。永遠為據。

憑中　郭為棟 王萊衣 敖丙中 何廷珍　　其田四止　西艾 東坟 北蔡 南水田　界

嘉慶十年十月廿四日　立大賣約字人　蕭光明仝子　筆

永遠為業

一一〇四五　嘉庆十年十二月二十日刘粹中等卖田赤契[一]

立大賣白田约人劉粹中仝姪大善，今因移就不便，情愿将祖遺南三上則白田六畝叁分，載紅糧壹斗四升，請憑親中陳鑑存二

[一] 以上弓口亩积系另笔填写。

[一] 钤有朱文天门县印，契中一方，骑缝印左一方。

爹說合，出筆大賣与熊興祥名下為業。當日三面議定，興祥出備價銀式伯式拾兩〇五錢，係粹中叔姪仝中親手領訖。此係自賣己分，不与親族人等相干。自大賣之後，任從買主管業，撥佃招租当差，收糧過戶，百為無阻。其中並無準折抬筭等情，恐口無憑，立此大賣約一帋永遠為據。

其田四止　東刘西菴　南水坑窖边　西路心　北熊　界

憑中　鄔曾昆五兄　陳鑑存二爹　孟芝三三兄　家映唐大爹　陳常修四兄

嘉慶拾年朏月廿日　立大賣白田約人　劉粹中仝姪大善　筆

永遠為業

一一〇四六　嘉庆十七年十月八日熊人儒等卖田赤契[一]

立永賣田約人族弟人儒、人選、人富，今因移就不便，將自己受分虎獐垸方三小堤團中嶺祖塋前水田九分，粮載正艮[一]一分四厘四，請憑中姪孔珍说合，人選弟兄[二]出筆永賣與族兄岳口澮村名下為業。當日三面言定，兄出備時值價錢拾二串整，係人選弟兄[三]親手領訖。自永賣之後，仍從買主起業，耕種当差，收粮過戶，百為無阻。今欲有憑，立此永賣約一帋為據。

憑中　姪孔珍

其田四止　东五老　西明堂　南得留　北買主

嘉慶拾柒年十月初八日　立永賣田約人　族弟人儒、人選、人富　族孫亨舉

代筆

此田係塋前荒地。

計田弓口

東横十四弓

西横十弓

南直十八弓

北直十七弓

〢〡　〨〧〥　〩〧　〩〇〢[四]

[一] 钤有朱文天门县印，契中二方，骑缝印左、右各一方。

[一]「正艮」二字为正行右侧添加。

[二]「弟兄」二字为正行右侧添加。

[三]「弟兄」二字为正行右侧添加。

[四]「〢〡　〨〧〥　〩〧　〩〇〢」分别为「二一，八七五，九七，九〇二」。

永遠為據

一一〇四七　嘉庆十七年十月八日熊知明等卖田赤契〔一〕

立永賣白田約人熊知明仝子邱楹，今因移就，將自己受分虎獐垸方三小堤團中嶺方宋公祖塋前白田一形，計丈六分，載正艮一分五厘，出售。請憑親中鄧孝軒等说合，知明出筆永賣與岳口族兄澮村名下為業。當日三面言定，澮出備時值價青錢壹拾捌串正，係知明父子憑中親手領訖。自永賣之後，仍從買主起業，耕種当差，收粮過戶，百為無阻。今欲有憑，立此永賣約一帋為據。

請憑中　鄧孝軒　羅一經

其田四止　東止五老　西止明堂　南止人選　北止祖塋臺

嘉慶拾柒年十月初八日　立永賣田約人　熊知明仝子邱楹　姪

孔珍　代筆

〔一〕鈐有朱文天门县印，契中二方，骑缝印左、右各一方。

計田形弓口　東横八弓　西横八弓　中直十八弓五

此田係塋前荒地。

〡〤〨　〦〡〧　〩〧　〦〣〦〔一〕

永遠高發

一一〇四八　嘉庆十七年十月八日熊亨举等卖田赤契〔二〕

立永賣田約人族孫亨舉澤，今因移就不便，將自己受分虎獐垸方三小堤團白水田三形，白田八分，水田二形一畝，載粮六升一合七勺，請憑親中伯孔珍說合，亨舉澤出筆永賣與岳口族祖澮村名下為業。当日三面言定，祖出備時值價錢弍拾柒串二百整，係孫亨舉澤親手領訖。自永賣之後，仍從買主起業，耕種当差，收粮過戶，百為無阻。今欲有憑，立此永賣约一帋為據。

其田四止　計白田乙形八分　東止亨舉澤　南止買主　西止買主　北止人倫

〔一〕「〡〤〨　〦〡〧　〩〧　〦〣〦」分别为「一四八，六一七，九七，六三六」。

〔二〕鈐有朱文天门县印，契中二方，骑缝印左、右各一方。

水田大形四止　東止買主　南止人倫　西止亨舉　北止人仲

水田小形四止　東止亨舉　南止人倫　西止買主　北買主

憑中　伯孔珍

嘉慶拾柒年拾月初八日　立永賣田約人　族孫亨舉澤　親筆

計田形弓口

白田一形八分　東直二十九弓　南横六弓五分　西直二十八弓二分　北横六弓一五

〡〨〇〩　〧〥〩　〥〧　〧〧〧〔一〕

水田大形　北横八弓　南横九弓一分　中横八弓二分　中直四十八弓八分

〔一〕「〡〨〇〩」即「一八〇九」；「〧〥〩」即「七五九」；「〥〧」即「五七」；「〧〧〧」即「七七七」。

水田小形　東直七弓　西直六弓　南横六弓七分　北横六弓二分

〤〇〨〧　〡〧〇〣　〩〧　〡〧〥〦〔一〕

〤〡〩　〡〧〥　〩〧　〡〨〔二〕

子孫世守

永遠為據

一〇四九　嘉庆十七年十月十九日熊人伦等卖田赤契〔三〕

立永賣白田約人熊人倫仝弟人儒人仲，今因移就，將自己受分虎獐垸方三里小堤團中嶺方宋公祖茔後白田六分，載正銀壹分二厘，出售。請憑中鄧學軒等说合，倫儒弟兄出筆永賣與岳口族兄澹村名下為業。當日三面言定，澹出備時值價青錢拾六串，係倫儒弟兄親手領訖。此係自賣己分，不與伯叔人等相干，自賣之

〔一〕「〤〇〨〧」即「四〇八七」；「〡〧〇〣」即「一七〇三」；「〩〧」即「九七」；「〡〧〥〦」即「一七五六」。

〔二〕「〤〡〩」即「四一九」；「〡〧〥」即「一七五」；「〩〧」即「九七」；「〡〨」即「一八」。

〔三〕钤有朱文天门县印，契中二方，骑缝印左、右各一方。

後，任從買主管業耕種，招佃收租，百為無阻。恐後無憑，立此永賣一帋為據。

憑中　鄧孝軒　孔珍姪

其田四止　東　百桂　南　坟　西　止　公坟禁　北　得福

嘉慶拾七年拾月十九日　立永賣田約人　熊人倫　人仲　人儒　筆

此田係塋后荒地。

大形弓口　横十一弓　直十二弓　〡〣〢　〥〥　〩〢　〥〧〔一〕

小形弓口　横二弓　直四弓　〨　〣〣〔二〕　□　〩〧　〣〤□

永遠高發

〔一〕「〡〣〢　〥〥　〩〢　〥〧」分别为「一三二，五五，九二，五七」。

〔二〕「〨　〣〣　〩〧　〣〤」分别为「八，三三，九七，三四」。

一〇五〇　嘉庆十七年十二月二十日陈端一等卖田找补契

立找補字人陳端一仝子賓孝進，因先將自置陶林垸獅陶二團白水田五形，計丈拾弍畝二分八厘，賣與熊葵園名下為業，当已契明價足，今復請憑原中蔣萬中等向葵說合，葵出找補錢叁拾串正，係端一仝中親手領訖。自找之後，允無異說。今欲（無）〔有〕憑，立此脫找補約一帋為據。

憑　崔昆山　蔣萬中　孫懋芝

嘉慶十七年十二月廿日　立找補字人　陳端一　筆

一〇五一　嘉庆十八年十月六日熊会心卖田赤契〔一〕

立永賣水田約人熊會心，今因移就，將陶林垸南三獅團水田二形弍畝，載粮四升四合，杓出售。請憑親中熊沄等說合，会心出筆永賣與金起全名下為業。當日三面言定，起全出備實值價錢叁拾陸串整，係会心親手領訖。自賣之后，任從買主管業耕種，潭水溝筧取水灌救，收粮过户，百為無阻。此係自賣自置，不與親族人等相干，今欲有憑，立此永賣水田約一帋為據。

〔一〕　钤有朱文天门县印，契中二方，骑缝印右边一方。契纸右上角有「□南三獅□」等字。

大形四止　北　李　西　刘　南　刘　界　东　李　　小形　北　张　西　张　南　坑心　界　东　熊

憑中人　饶荣舉　熊沄　楷　鄧志常

嘉慶十八年十月初六日　立永賣水田約人　熊會心　熊洲　代筆

此田與熊興掉換，錢粮各自完纳，此據。道光伍年六月十七日，金啟銓批。

憑中　楊正朝　金啟科　大爺〔一〕

永遠為業

一〇五二　嘉庆十八年十月十日陈万育卖田契

立賣水田坑水約人陳萬育，今因移就，將父置南三陶團水田一形，計丈柒畝，（在）〔載〕糧壹斗五升五合四勺，請憑親中樊恭福說合，出筆賣與熊来門八爷名下為業。當日三面言定，門當出倫時（直）〔值〕價銀壹伯弍兩正，係萬育仝中親手領訖。自賣之後，仍從買主管業耕種，收糧过户，当差招佃，百為無阻。自賣己分，不與親族人等相干。今恐無憑，立此永賣約一紙為據。

〔一〕此段批文字体与契约正文字体不同。

憑中　孫懋知　蔣開選　凡恭福

四止　东　坑金界　南　芦　西　坟陳　界　北　周

嘉慶拾捌年十月初十日　陳萬育　筆

弓口　南横弍十四弓七分　北横十七弓四分　東直六十九弓三分　西直七十六弓四分

永遠為業

一〇五三　嘉庆十九年十一月十六日万自宏卖田赤契〔一〕

立永賣水田约人萬自宏，今因移就，將自置断堤坡八卦團水田

〔一〕鈐有朱文天门县印，契中一方，骑缝印左、右各一方。契纸背面有文字：「此二約與徐國太，姜成名十約仝粘連投稅。」

壹形，計丈捌分弍厘四毫，載粮壹升八合壹勺弍抄捌作〔一〕，自宏情愿請憑親中萬應榜等說合，自宏出筆永賣与熊来門名下為業。當日三面言定，門出備實值價錢四串伍百叁拾弍，係〔二〕自宏仝中親手領訖。自賣之後，仍從買主管業耕種，原墩澗到水灌救，撥佃招租，陰陽兩便，百為無阻。中間並無準折抬筭情弊。此係自賣己分，不與親族伯叔弟兄人等相干，今欲有憑，立此永賣約一帋為據。

憑中人 萬應榜

其田四止 东南西北 俱是萬姓界

嘉慶拾玖年冬月拾六日 自宏 親筆

冊名 萬霞占

永遠為業

〔一〕「壹升八合壹勺弍抄捌作」系改动后数字。

〔二〕「係」字为正行右侧添加。

一〇五四 嘉庆十九年十一月十六日万自达卖田赤契〔一〕

立永賣水田约人萬自達，今因移就，將自置断堤坡八卦團水田乙形，计丈四分叁厘五毛，載粮九合五撮七抄〔二〕，情愿請憑親中萬應榜等說合，自達出筆永賣與熊来門名下為業。當日三面言定，門出脩實值價錢二串三百九十二文，係自達仝中親手領讫。自賣之後，仍從買主管業耕種，原墩澗到水灌救，撥佃招租，陰陽兩便，百為無阻。中間並無準折抬算情弊。此係自賣己分，不與親族伯叔弟兄人等相干，今欲有憑，立此永賣約乙帋為據。

憑中人 應榜等

其田四止形段 东西南北 俱是萬界

嘉慶十九年冬月十六日 万自達 親筆

冊名 本名

〔一〕鈐有朱文天门县印，契中一方，骑缝印左、右各一方。

〔二〕「抄」字有改动。

永遠為業

一〇五五　嘉庆十九年十一月十七日万子元卖田赤契〔一〕

立永賣水田約人萬子元，今因移就，將父祖自置断堤坡八卦水田壹形〔二〕，乙畝六分九厘四毫計丈，載粮叁升七合二勺，子元情愿請憑親中旁等說合，子元出筆永賣与熊来門名下為業。当日三面言定，門出備實值價錢玖串叁百壹拾柒，係子元〔三〕仝中親手領訖。自賣之後，仍從買主管業耕種，原墩埧剅水灌救，撥佃招租，陰陽兩便，百為無阻。中間並無準折抬筭情弊。此係自賣己分，不與親族伯叔弟兄人等相干，今欲有憑，立此永賣約一帋為據。

憑中人　萬應榜
　　　　　子在

其田四止　东買主
　　　　　西
　　　　　南俱是萬界
　　　　　北

〔一〕鈐有朱文天门县印，契中一方，骑缝印左、右各一方。
〔二〕「壹形」二字为正行右侧添加。
〔三〕「係子元」三字为正行右侧添加。

嘉慶十玖年冬月十七日　子元　親筆

冊名　萬樂五

永遠為業

一〇五六　嘉庆十九年十一月二十四日杨善贵卖田契〔一〕

立永賣水田约人楊善貴，今因移就，將自置陶林垸南三獅團水田一形，計丈四分七厘，載粮一升〇四勺□□□□請憑親中楊善国等说合，貴出筆永賣與熊来門名□□業。当日三面言定，来出備时值價錢拾四串，係善貴仝中親手领讫。自賣之後，任從買主管業，耕種当差，收粮过戶，百為無阻。中间並無準折抬筭情弊。此係自賣己分，不與親族兄弟人等相干，今欲有憑，立此賣約一帋永远為據。

冊名　楊兆臣

四止　东本
　　　西張
　　　南本界
　　　北楊

憑中　楊善國
　　　　為政

〔一〕此契破损较重。

嘉慶十九年冬月廿四日　楊善貴　筆

一一〇五七　嘉庆十九年十二月九日万天武卖田赤契[一]

立大賣水田約人萬天武，今因移就，將本己受分八卦團上則白水田乙形，計丈乙畝七分六厘七毛六[二]，載粮二升九合二勺四抄，冊名萬天武，公□取水灌漑，情愿請憑親中萬江茂等[三]說合，天武出筆大賣與熊思永名下為業。當日三面言定，思永出倫時（直）〔值〕價錢拾串〇七十五文正[四]，係天武同中親手收[五]（吃）〔訖〕。自大賣之後，任從買主管業，耕種当差，收粮過戶，撥佃招租，陰陽兩便，百為無阻。其中並無準折抬算情弊，此係自大賣己分，不與親族人等相干，今欲有憑，立此大賣約乙帋為據。

四止　東／西／南／北　俱萬界

〔一〕鈐有朱文天门县印，契中二方，騎缝印左、右各一方。
〔二〕「乙畝七分六厘七毛六」系改动后数字。
〔三〕「等」字为正行右側添加。
〔四〕「正」字为正行右側添加。
〔五〕「收」字为正行右側添加。

憑中　楊士勳　万應榜　程　校

嘉慶拾九[一]年虫月初九日　立大賣約人　萬天武　約人　筆

南横十一弓九　北十弍弓　中直卅五弓五　積四百廿四弓二二　田乙畝七分六厘七六

子孫永遠

一一〇五八　嘉庆二十四年十一月五日吴一骏卖田契[二]

立大賣水田約人吴一駿，今因移就，□□將自置一北獅團水田五分陸厘，載正銀乙分一厘，請憑親中吳学詩等說合，駿情愿出筆賣與熊来门名下為業。当日三面言定，来门出備時值價錢五串六百□□□，駿係仝中親手領訖。其□□招佃收租，收粮過户，陰□□自賣己分，不與親族伯叔弟兄□□此大賣約一紙為據。

其田四止　东本／西／南本／北　界

〔一〕「九」字为正行右側添加。
〔二〕此契破损严重。

中直十五弓

册名　吴日昇

嘉慶弍拾四年冬月初五日［　　］人　吴一駿　筆

永遠為業

一〇五九　嘉庆二十四年十二月一日吴曰才卖田契

立絕賣白田約人吴曰才，今因移就，将自己分陶林院一百師白田一（刑）〔形〕，計丈六分六厘五毫七，又水田一（刑）〔形〕，计丈一分六厘，〔一〕册名吴見楊，情愿請憑親中吴學詩等説合，才出筆賣與熊柏亭太爺名下為業。当日三面言定，柏亭出備實（直）〔值〕價青〔二〕錢九〇拾一串〇一十〔三〕五文〔四〕，係才同中親手領訖。自賣之後，仍從買主管業耕種，收粮過戶，陰陽兩便，百為無阻。田內並無老（幻）〔幼〕坟塚，亦無勒逼準折情事，現在撥佃，俱在買主承管，此係自賣己分，不與親族弟兄人等相干。今恐無憑，立此絕賣約一帋據。

〔一〕此前划去七字。

〔二〕「青」字为正行右侧添加。

〔三〕「一十」二字为正行右侧添加。。

〔四〕此数字中的「〇」似作间隔符号用。

其田四止　東 李　西 張 界　南 吴　北 坟　　憑中人　吴斈〔一〕詩

水田　東 李　西 張 界　南 吴　北 本

嘉慶弍拾四年朏初一日　立絕賣白水田〔二〕約人　吴曰才　筆

東 直廿乙弓　西 十八弓五分　南 横 八弓二分　北 八弓四分

水田　东 六弓　西 四弓六分　南 七弓四分　北 直 七弓一分五毛

嘉慶廿五年過割清白，有劵。

此田捐入祠堂作祭田。道光十六年九月十一日燦批。

永遠為業

〔一〕「斈」字为正行右侧添加。

〔二〕「白水田」三字为正行右侧添加。

一〇六〇　道光三年三月十八日陈薇亭卖田赤契〔一〕

立永賣白水田约人陳薇亭，今因移就，將自置南三獅團白田叁畝壹分五厘九毛，水田六分壹厘弍毛，糧載上則〔二〕，請憑親中譚凌川說合，出筆賣與熊葵園八爹名下管業。當日三面議定，〔三〕八爹出備時值價錢捌拾串整，係亭親手憑中領訖，此係自賣己分，不與親族人等相干。自賣之後，任從（賣）〔買〕主管業，耕種當差，收糧過戶，陰陽兩便，百為無阻。恐口無憑，立此永賣約一帋為據。

憑中　譚凌川叔

其田四止　東楊　西本　南本界　北李

水田四止　東楊　西本　南本界　北李

道光三年三月拾八日　陳薇亭　親筆　立

〔一〕钤有朱文天门县印，契中一方。
〔二〕「糧載上則」为正行右侧添加。
〔三〕此处留有空白。

一〇六一　道光三年六月十六日熊迪惠卖田赤契〔一〕

立永賣白田约人熊迪惠，今因移就不便，母子商議，將祖遺己分陶林垸獅團白田四形，計丈弍畝壹分九厘三毫，載糧四升八合七勺，情愿請憑親中陳宝千等說合，惠出筆永賣與熊葵園八爹名下為業。當日三面言定，園出備實值價錢叁拾五串正，係惠仝中親手領訖。自賣之後，任從買主管業耕種，收糧過戶，陰陽兩便，另撥招佃，百為無阻。其中並無準折抬筭情弊。此係自賣己分，不與親族人等相干。今恐無憑，立此為據。

憑中　陳寶千　樊曾榮　熊步雲　李才富

道光三年六月十六日　立永賣白田約人　迪惠　親筆

〔一〕钤有朱文天门县印，契中二方。

四止

東止路心
西止吳界
南止本界
北止坟界

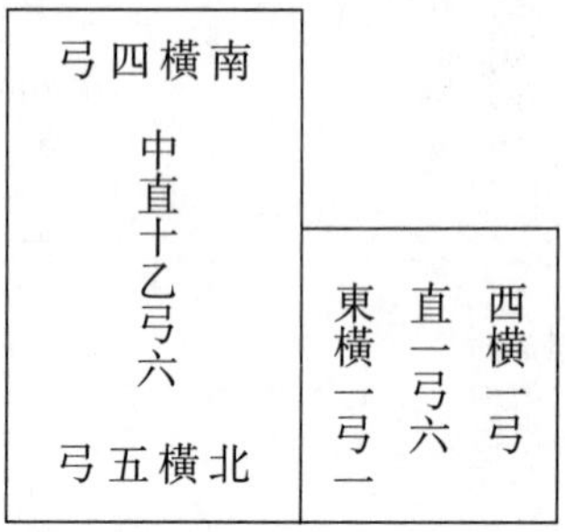

南橫四弓
中直十乙弓六
北橫五弓

西橫一弓
直一弓六
東橫一弓一

四止

東止金界
西止吳界
南止吳界
北止坟界

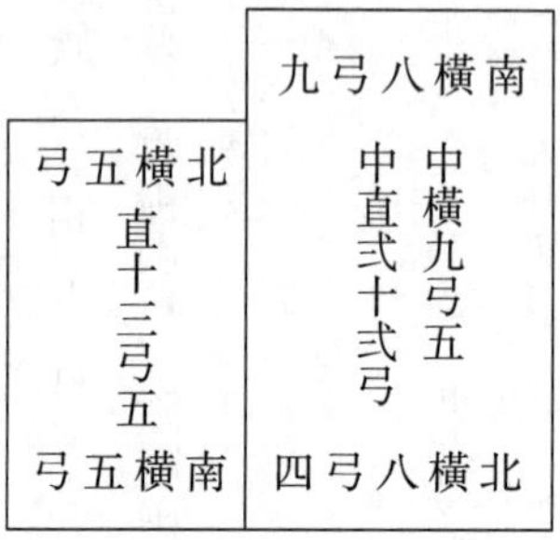

南橫八弓九
中橫九弓五
中直弍十弍弓
北橫八弓四

北橫五弓
直十三弓五
南橫五弓

四止

東止陳界
西止陳界
南止張界
北止熊界

南橫五弓六
中直十六弓六
北橫六弓乙

四止

東止吳界
西止吳界
南止坟界
北止吳界

西橫六弓八
中直十四弓八
東橫五弓八

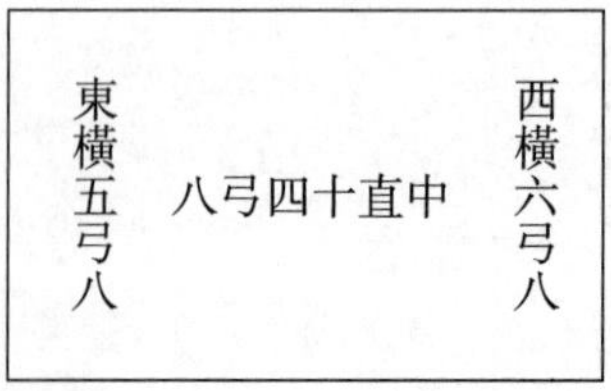

永遠為業

一〇六二　道光三年八月十六日程海峤卖田赤契[一]

立永□□□園田約人程海嶠，今因移就，將自置程同公南三獅菜園白田一形，計丈叁畝，載粮六升六合，坐落汪家港橋東，情愿請凂親中崔愛山說合，出筆永賣與熊葵園名下管業。當日三面言定，買主出備时值價錢伍拾捌□□係嶠親手領讫。自賣之後，任從買主收粮□

道光三年八月十六□　程海嶠　筆

萬代

〔一〕鈐有朱文天门县印，契中一方。

富貴〔一〕

一一〇六三　道光三年十月十八日汤东峰卖田赤契〔二〕

立永賣白水田約□□□□□□□□□□□□□□□□一北獅〔三〕團白田四形，□□九畝陸分零四毛四糸，水田弍形，計丈五畝四分七厘四毛四糸，共載正銀弍錢捌分柒厘，情愿請憑親中程有鼎加修等說合，峯出筆永賣與熊葵園大老爺名下為業。當日三面言定，園出備實置價錢弍百弍拾弍串弍百整，係峯憑中親手領訖。自賣之後，任從買主收粮管業，撥佃耕種，陰陽兩便，百為無阻。其中並無準折抬筭情（俻）〔弊〕，此係自賣己分，不與親族人等相干，恐口無憑，立此永賣白水田約一帋為據。

白田大形
其田四止　東□　西□　南黃　北陳

坟前形四止　東熊　西□　南□　北□

□形四□　東黃　西□　南□　北熊

水田四止　東黃　西雷　南湯　熊　北路

洲大形
白水田四止　東湯　西程　南張　北水田　界

憑中人　張同文　尹天祿
程有鼎加修　湯懷瑾　金光縉
湯尚璞　熊正達
張作相　尹仇勞

道光三年拾月拾八日　立永賣白水田約人　湯東峯　筆

〔一〕此契似与「道光三年十一月二十五日杨为万等卖瓦房基地赤契」「本书收录之三—〇八〇号契纸」粘联投税，二契共一契尾。

〔二〕钤有朱文天门县印，契中一方。

〔三〕「狮」字左侧有一「吽」字。

一一〇六四　道光三年十月二十三日张汝荣等卖田赤契〔一〕

立永賣白水田約人張汝榮仝姪作順仝孫新偉，今因移就，將祖

〔一〕钤有朱文天门县印，契中二方。

置陶林垸一北獅團白水田共四形，白田計丈三畝三分五厘六毛，又計丈水田一畝〇弍厘七毛，共載正銀八分三厘三毛，榮情愿請憑親中程加修等說合，□□□順仝孫新偉出筆永賣與熊葵園大老爺名下為業。當日三面言定，熊出備時值價錢伍拾四串弍百文正，係榮仝姪順仝孫偉仝中親手領訖。自賣之後，任從買主收粮過戶管業，撥佃耕種，陰陽兩便，百為無阻。其中并無准折抬筭情弊。此係自賣己分，不與親族相干。今恐無憑，立此永賣約一帋為據。

其田四止　东张　西张溝　南路心　北□□

又白水田四止　东溝　西张　南张水田　北王　界

憑中　程加修　程有則　張為周　張作髙　龍一

道光三年十月廿三日　立永賣白水田約人　張汝榮仝

一〇六五　道光三年十月二十三日张作亭卖田赤契[一]

立永賣白田約人張作亭，今因移就，将父置陶林垸一北陶團白田三形，計丈壹畝六分五厘九毛，載正銀三分一厘五毛，亭情愿請憑親中程加修等說合，亭出筆永賣與熊葵園大老爺名下為業。當日三面言定，熊出備時值價錢弍拾三串三百文正，係亭仝中親手領訖。自賣之後，任從買主收糧管業，耕種、撥佃收租，陰陽兩便，百為無阻。其中並無准折抬筭情弊。此係自賣己分，不與親族相干。今恐無憑，立此永賣約一帋為據。

其田四止　東黃　西謝　南坟　北謝

又一形四止　東黃　西謝　南陳　北坟

又一形　東　張　西　南陳水田　北坟　界

憑中　張作奇　張作順　程加修　程有鼎　張为周　張新偉　張□一

道光三年十月廿三日　立永賣白田約人　張作亭　筆

〔一〕鈐有朱文天门县印，契中一方，骑缝印右一方。

一一〇六六　道光三年十月二十三日陈作揆卖田赤契〔一〕

立永賣白田約人陳作揆，今因移就，將自己受分陶林垸一北陶團白田二形，一畝五分九厘四毛，載正銀三分〇三毛，揆情愿請凴親中程加修等説合，揆出筆永賣與熊葵園大老爺名下為業。當日三面言定，熊出備時值價錢弍拾弍串四百文正，係揆仝中親手領訖。自賣之後，任從買主收糧管業，耕種、撥佃收租，陰陽兩便，百為無阻。其中並無准折抬算情弊〔二〕。此係自賣己分，不與親族相干。今恐口無憑，立此永賣約一帋為拠。

前小形其田四止　東張　西黃　南張　北

後大形四止　東馮　西謝　南路心　北謝水田　界

憑中　陳賓福　張為高　程加修　程有鼎　張新偉

道光三年十月廿三日　立永賣白田約人　陳作揆　筆

〔一〕鈐有朱文天门县印，契中一方，骑缝印左一方。
〔二〕「情弊」为正行右侧添加。

一一〇六七　道光三年十月二十三日张汝荣卖田赤契〔一〕

立永賣白田約人張汝榮，今因移就，將祖遺陶林垸一北陶團白田一形，計丈壹畝一分一厘一毛，載正銀弍分一厘一毛，情愿請凴親中程加修等説合，榮出筆永賣與熊葵園大老爺名下為業。當日三面言定，熊出備時值價錢拾五串陸百文正，係榮親手仝中領訖。自賣之後，任從買主收粮過戶管業，撥佃耕種，陰陽兩便，百為無阻。其中並無準折抬算情弊。此係自賣己分，不與親族相干。今恐口無憑，立此永賣約一帋為據。

其田四止　東路心　西張　南賣主　北張　界

凴中　程有鼎　程加修　張作順　張為周　張新大　張新偉

道光三年十月廿三日　立永賣白田約人　張汝榮　筆

〔一〕鈐有朱文天门县印，契中一方。

一一〇六八　道光三年十月二十三日张汝荣卖田契

立永賣白田約人張汝榮，今因移就，將祖遺陶林垸一北陶團白田一形，计丈壹畝乙分乙厘一毫，載正銀二分乙厘一毫，情愿請凴親中程加修等説合，榮出筆永賣與熊葵園大老爺名下為業。當日三面言定，熊出備實值價錢拾伍串〔一〕陆百〔文〕整，係榮親手仝中領訖。自賣之後，任從買主收粮過户管業，撥佃耕種，陰陽兩便，百為無阻，其中並無準折抬算情弊。此係自賣己分，不與親族相干。今恐口無凴，立此永賣約一帋為據。

憑中　新大　新偉　張作順　程有鼎　程加修　張為周

其田四界　東路心　西張　南賣主　北張

道光三年十月二十三日　立永賣白田約人　張汝云　筆

子孫永遠

買張汝榮白田图形

一北陶團首下半区

〔一〕「串」字为正行右侧添加。

約頭金仝義

西止張界

南止賣主界

南横六弓三形

坟

中直四十五弓

除坟　横一弓　直一弓

北横五弓六分

北止张界

東止路心界

白田一形　積弍百六十七弓七分
计丈壹畝一分一厘五毛
除坟四毛
實田壹畝壹分一厘一毛
載正銀弍分一厘一毛
去田價錢拾五串六百文

一一〇六九　道光三年十一月四日程柱鳌等卖田契〔一〕

立永賣白田約人程柱鰲柱天超仝姪寿生，今因移就，將祖遺雪花垸白田十二形，計丈叁十弍畝七分三厘六〔二〕，情願凴中邱廷和小叔説合，出筆賣与熊興祥名下為業。當日三面言定，興祥

〔一〕此契破损较重，疑有错位现象。

〔二〕原文如此。

出倄時值價錢叁伯零四串整，係鰲等弟兄仝中領訖。自賣之後，仍從買主管業耕種，招佃收租，收糧過戶，陰陽□□，今欲有憑，立此為據。

□係自賣己分，不与親族□□

載粮七斗弍升六合七勺〔一〕四抄□□

> 永為　大伯父嗣產，另立冊名熊敦善□□
> 後子孫無得異說，道光十五年六月十二日　葵園批
> □□〔二〕

憑中　邱廷和小叔

四止開列弓口数內

一形　東横　十四弓
　　　西横　十四弓七
　　　中直　四十弓〇五

又一形　東横　拾弓〇一
　　　　西横　九弓三
　　　　中直　廿弍弓五

〔一〕「七勺」二字为正行右側添加。

〔二〕框内文字系后来加批，时间、字体、格式皆与原契文不同。

又一形　東横　三弓七
　　　　西横　三弓九
　　　　中直　卌七弓弍

其田四止　東界　彭楊二姓水田
　　　　　西　程
　　　　　南　王
　　　　　北　程

道光三年冬月初四日　立賣田約人　程柱鰲　筆

內垸東一形　西横　十一弓七
　　　　　　東横　十弓〇九
　　　　　　中直卌八弓六

其田四止　東　陶
　　　　　西　燕
　　　　　南界　□
　　　　　北　陶程

堤邊南垸一形　南横　十五弓二
　　　　　　　北横　十三弓
　　　　　　　東直　十七弓九
　　　　　　　西直　十九弓五

其田四止　東　劉
　　　　　西　鄒止水田
　　　　　南界　程劉
　　　　　北　小堤腳

曾可榜〔一〕姓屋南一小形　東横　六弓一
　　　　　　　　　　　　西横　六弓一
　　　　　　　　　　　　北直廿一弓六

〔一〕「可榜」二字为正行右側添加。

其田四止 東界曾 西界曾墳 南界曾 北界施

又曾屋前一大形分三形丈

分小形丈 橫弍弓一 直弍弓五

又一形西北 東橫五弓一五 西橫五弓一 直廿弓

東界曾施 西界鄒 南界曾 北界鄒

又東北一形 東橫五弓一 西橫四弓八 直卅八弓一

程鳳世屋場後白田二形

大形 東橫十弓□□ 西橫十弍□□ □直[ ]

其田四止 東界程 西界程水田 南界程水田 北界劉

小形在大形南 東橫九弓九 西橫八弓八 中直十捌弓五

其田四止 東界程水田 西界鄭程水田 南界陳水田 北界買界

関拐程[ ]〔一〕一形 南橫十五弓一 北橫十五弓五 東直十九弓一 西直十七弓

又一形 南橫十一弓 北橫十一弓六 東直廿弓〇八 西直十九弓一

其田四止 東界堤腳 西界曾 南界関 北界程水田

另又一形 東橫十弓 西橫七弓九 中直廿七弓□ 南橫廿六弓 北橫十三弓□

其田四[ ]东堤〔二〕

[ ]十五弓五 十六弓六 十四弓六 十六弓三

又一形 腰橫廿弓〇八 中直四十六弓三

〔一〕此处大片残缺，无法辨识。

〔二〕此处大片残缺，无法辨识。

又一形　東　四弓
西横六弓四
腰　四弓三
中直十五弓六

又一形　横　九弓
直　四弓七

又路邊尖　横　四弓
直　四弓

其田四止　□
西
南　界　□水田
北　劉□楊水田

劉一元屋後一大形，分三形丈　中直廿九弓八〔一〕

□形　東　十二弓
西横　十一弓六
中直　四十弓〇四

又一形　東　十六弓六
西　横　六弓三
中直　四十四弓

其田四止　東　楊水田
西　楊劉程
南　界　陳水田楊
北　楊

靴形一大形　南　横　廿四弓二
北横　廿弓〇七
腰横廿弍弓二
中直六十八弓

〔一〕此处大片残缺，无法辨识。

其田四止　東　楊水田
西　彭
南　界　楊施彭三姓
北　楊

田連阡陌

道光二十三年正月，葵園仍将此田收回，自行管業，此批。〔一〕

一一〇七〇　道光三年十一月八日韩起顺卖田赤契〔二〕

立永賣白田約人韓起順，今因移就不便，将自己祖遺陶林垸一北陶團白田一形，計丈壹畝柒分三厘弍毛，載正銀叁分弍厘九毛，情愿請憑親中黄大才等説合，順出筆永賣與熊葵園大老爺名下為業。當日三面言定，熊出備時值價錢弍拾肆串三百文正，係順仝中親手領訖。自賣之後，仍從買主管業收糧，撥佃耕種，陰陽兩便，百為無阻。其中並無準折抬算情弊。此係自賣己分，不與親族相干。今恐口無憑，立此永賣約一帋為據。

冊名　韓偉貞

〔一〕此段文字系后来加批，时间、字体皆与原契不同。
〔二〕钤有朱文天门县印，契中一方，骑缝印左一方。

其田四止 東韓 西于 南路心 北坑 界

憑中 仇勞 黃大才 尚璞 程有項 程家修 韓起發

道光三年冬月初八日 立永賣約人 韓起順 筆

一一〇七一 道光三年十一月八日陈作揆卖田赤契[一]

立永賣白田約人陳作揆，今因移就不便，將自己受分陶林垸一北陶團白田一形，計丈三分九厘七毛，載正銀七厘六毛，情愿請憑親中黃大才等說合，揆出筆永賣與熊葵園大老爺名下為業。當日三面言定，熊出偹時值價錢伍串六百文正，係揆仝中親手領訖。自賣之後，任從買主收糧管業，撥佃耕種，陰陽兩便，百為無阻。其中並無準折抬算情弊，此係自賣己分，不與親族相干。今恐口無憑，立此永賣約一帋為據。

冊名 陳作揆

〔一〕鈐有朱文天门县印，契中一方。

其田四止 東刘 西路心 南尹 北刘 界

憑中 仇勞 程有項 黃大才 韓起發 尚璞 程家修

道光三年冬月初八日 立永賣白田約人 陳作揆 筆

一一〇七二 道光三年十一月九日侯曰义卖田赤契[一]

立永賣白田約人侯曰義，今因移就，將父置陶林垸一北獅團首上半區約頭湯熊字白田三形，共田壹畝三分六厘五毛，載正銀弍分五厘九毛，情愿請憑親中熊正達等說合，曰義出筆永賣與熊葵園大老爺名下為業。當日三面言定，熊出備時值價錢拾九串八百文，係義仝中親手領訖。自賣之後，任從買主收粮管業，撥佃耕種，陰陽兩便，□□無阻。其中並無準折抬筭情弊。□□□賣己分，不與親族相干。今恐口無憑，立此永賣約一帋為據。

〔一〕鈐有朱文天门县印，契中二方。

其田四止　東 尹張坟　南 侯水田　西 侯　北 坟　界

憑中人　湯尚僕　宗為先　張作伍　熊正達　侯新春　尹仇勞

冊名　本名

道光三年冬月初九日　立永賣白田約人　侯曰義　筆

一一〇七三　道光三年十一月十日张以南卖田赤契〔一〕

立永賣白田約人張以南，今因移就不便，將自置一北陶團白田三形，計丈弍畝八分弍厘壹毫，載正銀五分三厘六毛，請憑親中熊正達等說合，南出筆永賣與熊葵園大老爺名下為業。當日三面言定，熊出備時值價錢叁拾九串五百文正，係南親手領訖。自賣之後，仍從買主管業，耕種當差，收糧過戶，陰陽兩便，百為無阻。此係自賣己分，不與親族相干，今欲有憑，立此永賣約一帋為據。

〔一〕钤有朱文天门县印，契中一方，骑缝印右一方。

其田四止　東 路　西 張　南　北 買主

見田八分七厘弍毛

二形四止　東 張　西 買主　南 張　北

見田九分弍厘九毛

三形四止　東 劉張　西 黃　南 劉　北 謝　界

見田乙畝〇弍厘

憑中　宋維新　熊正達　張新太　張 汝楨　作梧

道光三年冬月初十日　立永賣白田約人　張以南　筆

一一〇七四　道光三年十一月二十四日熊孔珍卖田契

立永賣白田約人熊孔珍，今因移就不便，將自置虎獐垸小堤團白田一形，計丈弍畆零六厘玖毛〔一〕，載粮柒升柒合五勺〔二〕，

〔一〕此处数字有改动。
〔二〕「柒升柒合五勺」似有改动。

情愿請凂族中熊楚善說合，珍出筆永賣與熊宗義[一]（敘永堂）名下為業。当日三面言定，敘出俻時值價錢拾弍串文，係珍仝中親手領訖。自賣之後，任從買主收粮管業，撥佃耕種，陰陽兩便，百為無阻。其中並無准折抬算情弊，此係自賣己分，不與親族相干，恐口無凂，立此永賣約一帋為據。

凂中　熊楚善

其田四止
東　　亨舉
西　止　孔珠　界
南　熊　邱元
北　　　路心

道光三年冬月廿四日　立永賣白田約人　熊孔珍　筆

永遠為業

一一〇七五　道光三年十一月二十六日陈薇亭卖田赤契[二]

立大賣田约人陳薇亭，今因移就，將父所遺白水田二形，計丈壹畝四分，載糧在冊，請憑親族譚凌川說合，出筆賣與熊葵園八爹名下為業。當日出備實值價錢叁拾串整，係薇亭親手領訖。此係自賣己分，不與親族人等相干。自賣之後，任從買主收糧過戶，撥田下庄，管業收租，陰陽兩便，百為無阻。恐口無憑，立此為據。

其田四止
東　金
西　曾
南　程
北　李

居间　譚凌川

內有横墳数塚，係李姓祖塋，不在其內。

道光三年冬月廿六日　陳薇亭　親筆

永遠為業

〔一〕「熊宗義」为正行右侧添加，「叙永堂」似被点涂掉。

〔二〕钤有朱文天门县印，契中一方。

一一〇七六　道光三年十二月十六日梁梅卖田赤契[一]

立永賣白田約人梁梅，今因移就，將祖遺首區陶團白田一形，計丈伍分乙厘八毛，載正銀九厘八毛四糸，冊名[二]　請憑親中金春圃等說合，梅出筆永賣與熊葵園大老爺名下為業。當日三面言定，熊出俻時值價錢捌串九百六十文正，係梅親手領訖。自賣己分，不與親族相干，任從買主管業，收糧過戶當差，陰陽兩便，百為無阻。今恐無憑，立此賣約一帋為據。

〔一〕钤有朱文天门县印，契中一方，骑缝印左一方。

〔二〕此处留有空白。

其田四止 東羅 西梁 南界 北梁

憑中 胡玉章 熊正達 梁大魁 梁定國 金春圃

道光三年十二月十六日 立永賣約人 梁梅 筆

一一〇七七 道光三年十二月十六日梁标卖田赤契〔一〕

立永賣白田約人梁標，今因移就，將祖置陶林垸首區陶團白田四形，計丈共拾畝零〇九厘一毛弍系，載正銀漁夫民冊名梁成，情愿請憑親中金春圃等說合，當日三面言定，標出筆賣與熊葵園大老爺名下為業。熊出備時值價□□□□□□□□□□標仝中親手領訖。自賣之後，任從買主收糧管業，撥佃耕種，陰陽兩便，百為無阻。其中並無準折抬筭情弊。此係自賣己分，不與親族相干，恐口無憑，立此永賣約一帋為據。

其田四止 東梁 西 南路心 北梁

二形 東梁 西 南水田 北坟

三形 東梁 西溝边 南梁 北

四形 東梁 西界 南溝心 北水田

憑中 胡玉章 韶萬 金春圃 梁大魁 熊正達 韶一

道光三年十二月十六日 立永賣白田約人 梁標 筆

〔一〕鈐有朱文天门县印，契中一方。

一一〇七八 道光三年十二月十六日胡成仁卖田赤契〔一〕

立永賣白田約人胡成仁，今因移就，將祖遺首區陶團白田一形，計丈弍畝弍分八厘弍毛五系，載正銀四分三厘三毛，冊名胡周鼎，請憑親中金春圃等說合，仁出筆永賣與熊葵園大老爺名下為業。當日三面言定，熊出備時值價錢叁拾九串五百文正，係仁親手領訖。自賣己分，不與親族相干，任

〔一〕鈐有朱文天门县印，契中一方。

從買主管業，收糧過戶當差，陰陽兩便，百為無阻。今恐無憑，立此永賣約一帋為據。

其田四止 東坑心 西賣主 南梁 北 界

憑中 梁定国 梁大魁 金春圃 熊正達 胡玉章

道光三年十二月十六日 立永賣白田約人 胡成仁 筆

一一〇七九 道光三年十二月二十五日吴学易卖田赤契〔一〕

立永賣白田约人吳學易，今因移就，将父置陶林垸一北獅團白田一形，五分八厘五毫，載正銀壹分一厘一毛，吳學易情愿請憑親中吳學詩等說合，易出筆永賣與□□□定，熊出備時值□□□串九百四十五文，係易仝中親手領訖。自賣之後，任從買主收粮管業，撥佃耕種，陰陽兩便，百為無阻。其中並無準折抬算情弊。此係□□己分，不與親族相干，恐口無憑，立此永賣約一紙為據。

其田四止 東吳 西熊 南水田 北水田 界

憑中 尚璞 熊正達 吳學詩 胡學保 仇勞

道光三年朏月廿五日 立永賣白田約人 吳學易 筆

〔一〕鈐有朱文天门县印，契中一方，骑缝印左一方。

一一〇八〇 道光三年十二月二十五日金万全卖田赤契〔一〕

立永賣白田约人金□全，今因移就不便，将父置陶林垸一北獅□白田一形，七分一厘，載正銀壹分三厘五毛，萬全情愿請憑親中□□詩等說合，全出筆永賣與熊葵園大老爺名下為業。三面言定，熊出備時值價錢拾串零陸伯五十文，係全仝中親手領訖。自賣之後，任從買主收粮管

〔一〕鈐有朱文天门县印，契中一方，骑缝印右一方。

業，撥佃耕種，陰陽兩便，百為無阻。其中並無準折抬筭情弊。此係自賣己分，不與親族相干，恐口無憑，立此永賣約一紙為據。

其田四止　東　金　西　大路　南　水田　北　□　界

憑中　仇璞　金起恭　熊正達　吳學詩　胡學保

冊名　□□立

道光三年蚀月廿五日　立永賣白田約人　金萬全　筆

一一〇八一　道光三年十二月二十五日黄昇元卖田赤契〔一〕

立永賣白田約人黄昇元，今因移就，將父置陶林垸一北獅團白田二形，計丈壹畝六分五厘九毛，載正銀三分一厘五毛，黄昇元情愿請憑親中吳學詩等说合，元出筆永賣與熊葵園大老爺名下□業。三面言定，熊出備時值價錢弍拾七串□撥佃耕種，陰陽兩便，百為無阻。其中並無準折抬筭情弊。此係自賣己分，不與親族相干，恐口無憑，立此永賣約一紙為據。

其田四止　東　金　南　坟　西　陳　北　水田　界

又一小形四止　東　金　南　水田　西　陳　北　坟　界

憑中　仇璞　熊正達　吳學詩　胡學保　尚勞

冊名　黄正昌

道光三年蚀月廿五日　立永賣白田約人　黄昇元　筆

〔一〕鈐有朱文天门县印，契中二方，骑缝印左一方。

一—〇八二　道光三年十二月二十五日金大詔卖田赤契[一]

立永賣白田約人金大詔，今因移就不便，將祖遺一北獅團白田一形，計丈三分二厘九毛，載正銀六厘二毫，大詔情愿請憑親中吳學詩等说合，詔出筆永賣與熊葵園大老爺名下為業。三面言定，熊出備時值價錢肆串九百三十五文，係大詔仝中親手領訖。自賣之後，任從買主收糧管業，撥佃耕種，陰陽兩便，百為無阻。其中並無準折抬算情弊，此係自賣己分，不與親族相干，恐口無憑，立此永賣

其田四止　東雷　西陳　南水田　北坟　界

憑中　尚勞　金起恭　吳學詩　熊正達　胡學保　仇璞

〔一〕鈐有朱文天门县印，契中一方。

冊名　金彥立

道光三年蚀月廿五日　立永賣白田約人　金大詔　筆

一—〇八三　道光四年二月八日杨铭等卖田契

立永賣白田約人楊銘同子士云德、士珍魁朋，今因移□，將自置陶林垸南三獅團白田二形，計丈五畝六分三厘六毛，載粮乙斗二升四合，情愿請憑□中吳謙和等說合，銘出筆永賣與熊葵園大老爺名下為業。三面言定，熊出備時值價錢乙百壹拾式串七百卄文，係銘仝中親手領訖。自賣之後，任從買主収粮管業，撥佃耕種，陰陽兩便，百為無阻。其中並無準折抬算情弊。此係自賣己分，不與親族相干。恐口無憑，立此永賣約一帋為據。

其田四止　東路心　南韓　西路心　北杜　彭　界

小形田四止　東彭　南趙　西趙　北彭　界

憑中　余殿臣　□□□　□□□　吳謙和　金春圃　黃大桂

道光四年二月初八日　楊銘　筆

永遠為業

冊名　楊銘

一〇八四　道光四年三月三十日熊百忍卖田赤契〔一〕

第弍拾壹號〔二〕

立永賣田約人熊百忍，今因移就不便，將自己受分虎獐垸小堤團水田乙畝九分八厘一毫，載粮四升三合九勺五抄〔三〕，請憑中兄孔珍説合，忍出筆永賣與岳口本家葵園八爺名下為業。當日三面言定，八爺出偹時值價錢五串乙百五十整，係忍親手領訖。自賣之後，仍從買主起業，撥佃耕種，収粮過户，陰陽兩便，百為無阻。今欲有憑，立此永賣約一帋〔四〕為據。

請憑中　兄孔珍

其田四止　南止熊岐　東止開運　西止錢葵　北止祖坟

道光四年三月卅日　立永賣田約人　百忍　筆

冊名　熊□□

南止熊岐界

西止錢葵界

南横九弓五分

中直五十弍弓四

積四百六十一弓一分

見田一畝九分弍厘一毛

⿰九七〔一〕申一畝九分八厘一毛

北横八弓一分

東止開運界

北止祖坟脚界

永遠為據

〔一〕鈐有朱文天门县印，契中二方，骑缝印左一方。

〔二〕「第弍拾壹號」应为契约持有者所加编号。

〔三〕「四升三合九勺五抄」为改动后数据。

〔四〕「一帋」为正行右侧添加。

一〇八五　道光四年五月十四日杨正茂卖田契

立賣白田約人楊正茂，今因移就不便，將祖置陶林垸南三獅團楊家嶺白田弍形，計丈二畝二分，（請）〔情〕愿请憑親中楊正朝等説合，茂出筆賣與

〔一〕「⿰九七」即「九七」。

熊葵園大老爷名下為業。三面言定，熊出備價錢二拾式〔一〕串正，係〔二〕茂仝中親手領訖。期限三年內，茂仍備原〔三〕價錢贖〔四〕取，錢不短少，約不執留，所有三年內錢糧夫差，茂自行完納。如逾限不取，任從買主执約投稅，收粮過戶，撥佃招租，陰陽兩便，百為無阻。其中並無準折抬〔五〕筭等弊。此係自賣己分，不與親族相干，恐口無憑，立此為據。

憑中 楊為士 楊正綱 楊正朝 楊正學

大形四止 東 西陳 南水 北吳 界　小形 東本 西本 南水田 北坟 界

道光四年五月十四日　當賣白田約人　楊正茂　筆

〔一〕「式」字为正行右側添加。
〔二〕「係」字为正行右側添加。
〔三〕「原」字为正行右側添加。
〔四〕「贖」字为正行右側添加。
〔五〕「抬」字为正行右側添加。

一一〇八六　道光四年八月十八日程同公卖田赤契〔一〕

立永賣白田约人程同公，今将祠堂公產南三獅團上則粮田式分，情愿請憑親中程楫等説合，賣與熊葵園八老爺名下為業。收粮〔二〕耕種，陰陽両便，百为無阻。當日三面言定，買主出備時值價錢捌串整，係同公親手領讫。此係族衆公議，日後
□有憑，立此为據。

其田四止 東李 南買主 西張 北李 界

憑中人 義烜 程楫 石璞 国鳳

道光四年八月拾捌日　程義烜　筆

永遠為業

〔一〕鈐有朱文天门县印，契中二方，骑缝印左一方。
〔二〕「收粮」为正行右側添加。

一一〇八七　道光四年九月六日张正榜等卖田赤契〔一〕

立永賣白田約人張正榜仝子國太，今因移就不便，將國太遺受己分陶林院南三獅團白田一形，計丈二分七厘四毛，載粮六合零八抄，父子商議，請凴親中金春圃等説合，國太情愿出筆永賣与熊葵園名下為業。當日三面言定，熊出備時值價錢弍拾串，係國太仝中親□□□□□之後，仍從買主収粮管業，撥佃耕種，陰陽両便，百為無阻。其中並無準折抬算情弊。此係自賣己分，不与親族相干。今恐口無凴，立此永賣約一帋為據。

凴中人　金春圃　張士李

其田四止　東　買主
　　　　　南　止　張　界
　　　　　西
　　　　　北　李

道光四年九月初六日　立永賣白田約人　張正榜仝子國太　筆

萬　代

富　貴

〔一〕鈐有朱文天门县印，契中一方。

一一〇八八　道光四年九月十九日陈德聪卖田赤契〔一〕

立永賣白田約人陳德聰，今因父親遠出，奉母命將父置陶林垸一北獅團白田三形，計丈壹畝七分六厘九毫，載正銀叁分叁厘六毫，情愿請憑親中熊正達等説合，聰出筆永賣與熊葵園名下為業。三面言定，熊出備時值價錢叁拾壹串捌百四十文整，係德聰仝中親手收訖。自賣之後，任從買主收粮管業，撥佃耕種，陰陽両便，百為無阻。其中並無準折抬算情弊。此係自賣己分，不與親族相干。恐口無憑，立此永賣約一帋為據。

册名　陳友如户下壹分七厘七毫
　　　熊兆豐户下壹分五厘九毫

憑中人　尚　璞　尹宗禄　熊簡舲　仇　勞

其田四止　東　黃
　　　　　南　止　熊水田
　　　　　西　程
　　　　　北　坟

〔一〕鈐有朱文天门县印，契中一方。

二形四止 東止段 南止坟 西止安徽义塚 北止

三形四止 東止馬 南止坑 西止傅 北止童 界

道光四年九月十九日　立永賣白田約人　陳德聰　筆

百子千孫

萬代富貴

一一〇八九　道光四年九月二十二日熊会轩卖田契

立永賣白田約人熊會軒，今因移就不便，將祖置上則虎獐垸小堤團白田壹形，計丈叁畝七分二厘四毛〔一〕，載粮捌升捌合捌勺〔二〕，情愿請凴族祖孔珍説合，會軒出筆永賣與厚久號熊宗義〔三〕名下為業。当日面言定，厚出倆時值價錢弍拾串整，係軒〔一〕仝中親手領訖。自賣之後，任從買主收粮管業，撥佃耕種，陰陽兩便，百為無阻。其中並無准折抬算情弊。此係自賣己分，不與親族相干。今恐無凴，立此永賣約乙帋為據。

凴中　祖孔珍　叔恒忠

其中四止　東止熊兆科　西止周岳衛　南止葵園　北止熊一彬

道光四年九月廿二日　立永賣白田約人　熊會軒　筆

永遠為據

〔一〕「叁畝七分二厘四毛」为修改后数字。

〔二〕「載粮捌升捌合捌勺」八字有点涂痕迹，另有「載粮」二字为正行右側添加。

〔三〕「熊宗義」为正行右側添加。另有「厚久號」三字被点涂掉。

〔一〕「係軒」为正行右側添加。

一一〇九〇　道光四年十月十五日张正榜等卖田赤契〔二〕

立永賣白田約人張正榜仝媳李氏子國友，今因移就不便，將李氏國友遺受己分陶林院南三獅團白田一形，計丈五分三厘一毛，載粮一升一合七勺八抄，父子仝媳商議，請凴親中金春圃等説合，国友

〔二〕鈐有朱文天门县印，契中一方，骑缝印左一方。

仝嫂情愿出筆永賣與熊葵園名下為業。當日三面言定，熊出備時値價錢肆拾串，係国友〔一〕仝嫂、仝中親手領訖。自賣之後，仍從買主収粮管業，撥佃耕種，陰陽両便，百為無阻。其中並無準折抬算情弊。此係自賣己分，不與親族相干。今恐口無凴，立此永賣約一帋為據。

凴中人　張全　金春圃　張士孪

其田四止　東止買主界　南止金界　西止張界　北止李界

道光四年拾月拾五日　立永〔賣〕白田約人　張正榜仝媳李氏　子国友　筆

永遠為業

〔一〕「国友」二字为正行右侧添加。

〔二〕钤有朱文天门县印，契中一方，骑缝印左一方。

〔三〕「三」字为正行右侧添加。

〔四〕「乙」字为正行右侧添加。

一一〇九一　道光四年十月十七日张富卖田赤契〔二〕

立永賣白田約人張冨，今因移就，將自置陶林垸南三〔三〕獅團白田乙〔四〕形，計丈壹畝，載粮弍升弍合弍勺，情愿請凴親中楊正朝等説合，冨出筆永賣與熊葵園大老爺名下為業。三面言定，熊出備時値價錢弍拾串正，係冨仝中親手領訖。自賣之後，任從買主収粮管業，撥佃耕種，陰陽両便，百為無阻。其中並無準折抬算情弊。此係自賣己分，不與親族相干。恐口無凴，立此永賣約一帋為據。

册名　張一龍

憑中人　陽序　楊正朝　陽蘭

其田四止　東止□□界　南止□□界　西止李界　北止溝心界

道光四年十月十七日　立永賣白田約人　張冨　筆

永遠為業

一一〇九二　道光四年十月二十日梁森等卖田赤契〔一〕

立永賣白田約人梁森同兄梁極，今因移就，將祖置陶林垸乙北陶團白田壹形，計丈九分七厘一毛，載正銀壹分捌厘四毛，情愿請憑親中金春圃等説合，森同兄極出筆永賣與熊葵園大老爺名下爲業。三面言定，熊出備時値價錢拾六串八白文整，係森

〔一〕钤有朱文天门县印，契中一方。

同兄極仝中親手領訖。自賣之後，任從買主收粮管業，撥佃耕種，陰陽両便，百為無阻。其中並無凖（拆）〔折〕抬筭情弊。此係自賣〔一〕己分，不與親族相干。恐口無憑，立此永賣約一帋爲據。

其田四止　東　梁
　　　　　西　買主
　　　　　南　坑罗　界
　　　　　北　墳

憑中　熊正〔二〕達　仇　勞
　　　梁大魁　梁萬一
　　　胡玉章　梁大仲
　　　梁榜先　尚　璞

道光四年拾月廿日　立永賣白田約人　梁森仝兄梁極　筆

杏守為業

一一〇九三　道光四年十月二十日梁柱等卖田赤契〔三〕

立永賣白田約人梁柱同弟梁椿藻，今因移就，將祖置陶林垸乙北陶團白田三形，計丈弍畝八分零七毛，載正銀伍分叁厘叁毛，情愿請憑親中金春圃等説合，柱同弟出筆永賣與熊葵園大老爺名下爲業。三面言定，熊出備時值價錢肆拾八串五伯六十文整，係柱弟兄仝中親手領訖。自賣之後，任從買主收粮管業，撥佃耕種，陰陽両便，百為無阻。其中並無凖（拆）〔折〕抬筭情弊。此係自賣〔一〕己分，不與親族相干。恐口無憑，立此永賣約一帋爲據。

冊名　梁君仲

其田四止　東　梁
　　　　　西　黄
　　　　　南　賣主
　　　　　北　買主

二形四止　東　梁
　　　　　西　梁
　　　　　南　買主
　　　　　北　墳

三形　東　梁
　　　西　梁
　　　南　墳　界
　　　北　水田

憑中　熊正達　仇　勞
　　　梁大魁　梁萬一
　　　胡玉章　梁大升
　　　梁榜先　尚　璞

道光四年拾月廿日　立永賣白田約人　梁柱仝弟梁椿藻　筆

永遠為業

〔一〕「賣」字为正行右側添加。
〔二〕「熊」字后涂去一字，其右側添加「正」字。
〔三〕鈐有朱文天门县印，契中一方。

〔一〕「賣」字为正行右側添加。

一一〇九四　道光四年十月二十日梁极等卖田赤契〔一〕

立永賣〔二〕白田約人梁極同弟梁森椿，今因移就，将祖置陶林垸乙北陶團白田叁形，計丈壹畝五分零叁毛，載正銀弍分八厘五毛，情愿請憑親中金春圃等説合，梁極弟兄出筆永賣與熊葵園大〔三〕老爺名下爲業。三面言定，熊出倫時值價錢弍拾六串，係極弟兄仝中親手領訖。自賣之後，任從買主收粮管業，撥佃耕種，陰陽両便，百爲無阻。其中並無準（拆）〔折〕抬算情弊。此係自賣己分，不與親族相干。恐口無憑，立此永賣約一帋爲據。

一形四止　東 樊　西 梁　南 路心〔四〕　北 水田

二形四止　東 罗　西 梁　南 水田　北 墳

三形四止　東 蔡　西 梁　南 水田　北 墳　界

憑中　梁大升　梁大魁　梁萬一　梁榜先　尚璞　胡玉章　仇　熊正遠　劳

道光四年拾月廿日　立永賣白田約人　梁極同弟森椿　筆

吉守為業

〔一〕鈐有朱文天门县印，契中二方。
〔二〕「責」为正行右侧添加。
〔三〕「大」字后涂去一字。
〔四〕「路心」前删去一字。

一一〇九五　道光四年十月二十日罗在兴等卖田赤契〔一〕

立永賣白田約人羅在興、弟在智、姪貞榜，今因移就，將祖置陶林垸乙北陶團白田二形，計丈壹畝壹分九厘四毛，載正銀弍分弍厘六毛，情愿請憑親中金春圃等説合，在興仝姪出筆永賣與熊葵園大老爺名下為業。三面言定，熊出倫時值價錢弍十串〇六伯五十文，係興等仝中（領）親手领訖。自賣之後，任從買主收粮管業，撥佃耕種，陰陽両便，百爲無阻。其中並無準（拆）〔折〕抬筫情弊。此係自賣己分，不與親族相干。恐口無憑，立此永賣約一帋為據。

〔一〕鈐有朱文天门县印，契中一方，骑缝印左一方。

一形四止
東 買主
西 罗
南 坑
北 買主

二形四止
東 買主
西 罗
南 買主 界
北 罗

憑中 熊正達 仇 劳
胡王章 梁萬一
金春圃 五新爺
梁榜先 梁大升
梁大魁 尚 璞

道光四年拾月廿日 立永賣白田約人 罗在興仝姪貞榜 筆

永遠為業

一〇九六 道光四年十一月八日张作亭卖田赤契〔一〕

立永賣白田約人張作亭，今因移就，将父置陶林垸一北陶團白田一形，計丈九分九厘，載正銀一分八厘八毫，情愿請憑親中熊正達等説合，作亭出筆永賣与熊葵園大老爺名下為業。三面言定，熊出備時值價錢十三串八百六十文，係作亭仝中親手收訖。自賣之後，任從買主收粮管業，撥佃耕種，陰陽両便，百為無阻。其中並無準折抬箕情斃。此係自賣己分，不與親族相干。恐口無凴，立此永賣約一帋為據。

〔一〕契中钤有朱文天门县印一方。

冊名 张進庭

凴中 仇 勞
張作順
熊正達
程有鼎
尚 僕

其田四止
北 張界 買主
西 張 界
南 坟
东 張

道光四年冬月初八日 張作亭 筆

廣進田源

一〇九七 道光四年十一月十日谭蔚彬等卖田赤契〔一〕

立永賣白田約人譚蔚彬仝姪延福，今因移就，將祖置陶林垸一北獅團白田一形，乙畝三分二厘八毛，載正銀弍分五厘弍毛，彬仝姪福情愿請凴親〔二〕中程有鼎等〔三〕説合，彬仝姪出筆

〔一〕钤有朱文天门县印，契中一方。
〔二〕「親」字为正行右侧添加。
〔三〕「等」字为正行右侧添加。

永賣與熊葵園八老爺名下為業。三面言定，熊老爺出備時值價錢弍拾三串九百文正，係彬仝姪凴中親手收訖。自賣之後，任從買主收粮管業，撥佃耕種，陰陽两便，百為無阻。其中並無準折抬算情弊。此係自賣己分，不與親族相干。恐口無凴，立此永賣約一帋爲據。

册名　吳建陽

凴中　尚僕　吳之丙　程有鼎　熊正達　宋開榜　仇勞

其田四止　東張　西吳　南坟　北水田　界

道光四年冬月初十日　蔚彬仝姪福　筆

永遠爲業

一一〇九八　道光四年十一月二十二日汤怌堈卖田赤契〔一〕

立永賣白田約人湯怌堈，今因移就不便，將自己琦林垸壹北獅團白田一形，計丈五分九厘七毛，載正〔二〕銀一分一厘三毛，堈情愿請凴親中程有鼎等説合，堈出筆永賣與熊葵園大老爺名下為業。当日三面言定，熊出備時值價錢拾串零七百五十文〔一〕整，係堈仝中親手收讫。自賣之後，任從買主收粮管業，撥佃收租耕種，陰陽两便，百為無阻。其中並無準折抬筭情弊。此係自賣己分，不與親族相干。今恐無凴，立此永賣約一帋為據。

凴中　仇勞　熊□達　程有鼎　湯怌慶　尚僕

其田四止　北金　西陳　南胡　东買主　界

道光四年冬月二十二日　立永賣白田約人　湯怌堈　筆

永遠為業

〔一〕钤有朱文天门县印，契中一方。
〔二〕「正」为正行右侧添加。

〔一〕「五十文」为正行右侧添加。

一〇九九　道光四年十一月二十二日李仁和卖田赤契〔一〕

立永賣白水〔二〕田約人李仁和，今因移就不便，将父置陶林垸南三獅團白田一大形，計丈弍畝九分六厘八毫，載粮陸升五合八勺九抄，仁情愿請憑親中程有鼎等説合，仁出筆永賣与熊葵園大老爺名下為業。当日三面言定，熊出備時值價錢〔三〕伍拾叁串四伯文整，係仁仝中親手領訖。自賣之後，任從買主收粮管業，撥佃耕種，陰陽两便，百為無阻。其中並無準折抬算情弊。此係自賣己分，不与親族人等相干。今恐無憑，立此永賣約一帋爲拠。

憑中　仇劳　熊正達　宋為先　尚僕　李德□

其田四止　東吳　南坟　西吳　北坑心張　止界

道光四年冬月二十弍日□永賣白水〔一〕田约人　李仁和　筆

永遠為業

〔一〕钤有朱文天门县印，契中一方。

〔二〕「水」字为正行右側添加。

〔三〕「錢」字为正行右側添加。

一一〇〇　道光四年十一月二十三日杨为举卖田契

立永賣白田約人楊爲牵，今因移就，将祖置陶林垸南三獅團白田一形，計丈壹畝，（在）〔載〕粮二升二合，情愿請凴親中楊品一等説合，舉出筆賣與熊葵園大老爺名下為業。當日三面言定，熊出備時值價錢拾壹串文，係舉仝中親手收訖。自賣之後，仍從買主管業，撥佃耕種。言定限至三年，舉仍備原價贖取，價不短少，約不执噹。如逾限不取，即以此約絕賣，仍凴熊姓执約投稅，收粮過户，陰陽两便，百為無阻。所有三年之內，一应钱粮夫役雜差，俱在牵承当〔二〕。此係自賣己分，不與親族相干。恐口無凴，立此為據。

凴中人　楊品一　楊為魁

〔一〕「水」字为正行右側添加。

〔二〕「当」后删去一字。

其田四止　北　坟界[一]
南　買主
西　熊
東　蔣

二形四止　北　賣主
南　坟
西　熊
東　蔣

道光四年冬月廿三日　為舉　筆

一一〇一　道光四年十二月五日李遵贤卖田赤契[二]

立永賣白水田約人李遵賢，今因移就，将祖置陶林坑一北陶團白水田伍形，計丈五畝八分六厘三毛，載正銀一錢一分一厘四毫，賢[三]情愿請凂親中程友鼎等説合，賢出筆永賣與熊葵園大老爺名下為業。三面言定，熊出偹時值價錢八拾串零三佰廿文正，係贤仝中親手領訖。自賣之後，任從買主收粮管業，撥佃耕種，陰陽両便，百為無阻。其中並無準折抬算情弊。此係自賣己分，不與親族弟兄人等相干。恐口無凂，立此永賣文約一帋為據。

憑中人　尚璞
别时華
龔則明
程友鼎
熊正達
李大忠
仇勞

大形四止　东　李
西　□　界
南　谢
北　買主

二形四止　东　程姓
西　坟　界
南　買主
北　張

又一形四止　东　張
西　李　界
南　□
北　買主

又一形四止　东　李
西　李　水田界
南　谢
北　李

又水田四止　东　金
西　谢　界
南　金
北　坑心程

道光四年十二月初五日　立永賣白水田约人　李遵贤　筆

永遠為業

[一]「界」前删去一字，其右側添加「坟」字。
[二]钤有朱文天门县印，契中一方，骑缝印左一方。
[三]「賢」为正行右側添加。

一一〇二　道光四年十二月二十六日傅忠义等卖田赤契〔一〕

立永賣白田約人傅忠義，今因移就，將祖置一北陶團白田一形，計丈八分零七毫，載正銀一分五厘三毫，情愿請凴親中熊正達等説合，義出筆永賣與熊葵園大老爺名下為業。三面言定，熊出倫時置價錢拾弍串一百文整，係忠義仝中親手收訖。自賣之後，任從買主收粮管業，撥佃耕種，陰陽兩便，百為無阻。其中並無準折抬篡情弊。此係自賣己分，不與親族相干。恐後無凴，立此永賣約一帋為據。

冊名　傅明德

凴中人　熊正達　程有鼎

其田四止
東　張
南　止　路中　界
西　呉
北　張

道光四年拾弍月廿六日　立永賣白田約人　傅忠義　筆

永遠為業

〔一〕鈐有朱文天门县印，契中一方，骑缝印左一方。

一一〇三　道光四年十二月王正国卖田契

立賣白田約人王正國，今因移就，將自置南三市團湖振书院下首園田三形，共〔一〕計丈壹畝九分七厘，情愿請憑親中等金春圃五新爺説合，正国出筆賣與熊葵園大老爺名下為業。當日三面言定，熊出倫時值價錢叁拾串正，係正国仝中親手领訖。自賣之後，仍從買主管業，撥佃耕種。言定限至三年，正国仍倫原價贖取，錢不短少，約不執留。如〔二〕逾限不取，即以此約絕賣，任憑熊姓執約投税，收粮過户，陰陽两便，百為無阻。所有三年之内，一〔三〕應銭粮夫役雜差，俱在王正国承当。此係自賣己分，不與親族人等相干。恐後無憑，立此為拠。

憑中人　陳德風三爺　金春圃五新爺

其四止界
東　李
南　韓
西　坑〔四〕
北　會舘

道光四年十二月□□□正國立賣約〔五〕一帋為拠　筆

〔一〕「共」字为正行右側添加。
〔二〕「如」字为正行右側添加。
〔三〕「一」字为正行右側添加。
〔四〕「坑」前刪「會舘」二字。
〔五〕「約」字为正行右側添加。

顺顺遂遂

一一〇四　道光五年一月二十七日胡頣卖田赤契〔一〕

立永賣白田约人胡頣，今因移就不便，将自置陶林垸南三吗/一北獅團共計丈白田式拾畝□□說合，頣出筆賣與熊興祥名下為業。當日三面言定，祥出備實置價錢叁伯陸拾□□從買主管業收租，陰陽兩便，百為無阻。此係自賣己分，不與親族弟兄相干。今恐無憑，立此永賣約一帋為據。

南三吗團田拾式畝五分五厘

冊名　胡□□

一北獅田四形五畝六分

冊名　胡大興

内有雷光運田八分，王德彥田壹畝〇五厘，未收過戶。

載民米式斗七升八合七勺。

載正艮壹錢〇六厘四毛。

其田四止 南 東 西 北 共拾六形　界

凴　譚凌川　陳燮堂　孫致元

道光五年正月二十七日　立卖白田约人　胡頣□

一一〇五　道光五年十月三日李支宏卖田契

立賣白田约人李支宏，今因移就，将父置陶林垸傅團白田七形，計丈六畝零七厘二毫，粮載民米，宏情愿請憑親中程有鼎等說合，宏出筆賣與熊葵園大老爺名下為業。當日三面言定，熊出備時值價錢壹百六拾串文整，係宏仝中親手收訖。自賣之後，仍從買主管業撥佃耕種，言定限至三年，宏仍備原價贖取，價不短少，約不执畱，如逾限不取，即以此約絕賣，任憑熊姓執約投稅，收糧過戶，陰陽兩便，百為無阻。所有三年之内一應錢糧夫役雜差，俱在宏承當。此係自賣己分，不與親族相干，恐口無憑，立此為據。

憑中　李之元　熊正達　程有鼎　加修　李正魁

〔一〕钤有朱文天门县印，契中一方。

西大形
其田四止 北坟 南楊 西楊 東李
又小形四止 北李 南坟 西李 东
又大形四止 北坟 西李 南水田 东李
又小形四止 北北 南 西李 东
又小形四止 北□ 南李 西萬 东大路
又小形四止 北□ 南□ 西□界 东李
四止 北萬 南坟 西□ 东李

道光伍年十月初三日 立賣白田約人 李支宏 筆

萬倍利息

一一〇六 道光五年十月七日方国义卖田契

立賣白田约人方国義，今因移就，将祖置付團白田一形，計丈一畝弍分，粮載正銀，義情愿請憑親中程有鼎等說合，義出筆賣與熊葵園大老爺名下為業。當日三面言定，熊出備時值價錢拾弍串文整，係義仝中親手領訖[一]。自賣之後，仍從買主管業耕種，言定限至三年，義仍備原價贖取，價不短少，約不執留，如逾限不取，即以此約絕賣，任憑熊姓執約投稅，收糧過戶，陰陽兩便，百為無阻。所有三年之內錢糧夫役一切雜費，俱在義承當。此係自賣己分，不與親族人等相干，恐口無憑，□□為據。

憑 方国宝 方憘大伯爷 熊步榮 程有鼎

其田四止 北水田 南萬 西萬界 東卩

道光伍年十月初七日 立賣白田約人 國義 筆

萬倍利息

一一〇七 道光五年十月七日李支宏卖田契

立賣白田约人李支宏，今因移就，将父置陶林垸南三獅團白田二形，計丈一畝九分一厘八毫，粮載民米在冊，宏情愿請憑親

[一]「訖」字為正行右側添加。

中程有鼎等說合，宏出筆賣與熊葵園大老爺名下為業。當日三面言定，熊出俻時值價錢弍拾串整，係宏仝中親手收訖。自賣之後，仍從買主撥佃耕種，言定限至三年，宏仍俻原價贖取，錢不短少，約不執留，如逾限不取，即以此約絕賣，任憑□過戶，陰□□，百為無阻。此係自賣己分，不與親族人等相干，□□俱在宏承當，恐口無憑，立此約為據。

憑 李□元大爷 程有鼎三爷 熊步雲二爹 正達二爷

其田四止 大路西形 北 小路 西 楊 南 墳水田 東 吳

東小形四止 北 宏 西 孫 南 水田 界 東 宏

道光伍年十月初七日 立賣白田 李支宏 筆

萬□□□

一一〇八 道光五年十一月三日段正富卖田赤契〔一〕

立永賣水田约人（叚）〔段〕正富，今因移就，将北師團水田一形，二分〇五毫，載粮三□□□□，請憑親中王必珍等說合，富出筆賣與熊葵園大老爺名下為業。三面言定，熊出俻價錢乙串八伯五十文，係富仝中親手收訖。自賣之後，任從買主收粮撥佃耕種，陰陽兩便，百為無阻。其中並無準折抬算。此係自（買）〔賣〕己分，不與親族相干，恐□□□，立此永賣約一帋為據。

憑中人 王必珍等 其田四止 東 本 南 陈 界 西 陈 北 本

道光五年冬月初三日 正富 賣約

南止陳界

南横五弓四分

中直九弓弍分

積□十九弓弍分

見田弍分零五毛

北横五弓三分

北止本界

西止陳界

東止本界

〔一〕 钤有朱文天门县印，契中二方，骑缝印右一方。

永遠為業

一一〇九 道光五年十一月吴光斗卖田赤契〔一〕

立永賣白田约人吴光斗，今因移就，將自置壹北獅團白田一形，計丈六分六厘八毫，載正銀壹分叁厘九毫，情愿請憑親中王必珍等説合，吴光斗出筆永賣與熊葵園大老爺名下為業。三面言定，熊出備時值價錢拾弍串零三十文整，係光斗仝中親手收訖。自賣之後，任從買主收粮管業，撥佃耕種〔二〕，陰陽兩便，百為無阻。其中並無準折抬算情弊。此係自賣己分，不與親族相干，恐後無憑，立此永賣約一帋為據。

冊名 吴光斗

憑中人 王必珍 熊正達

其田四止 東倪 南坟 西（止）陳 北溝

道光五年冬月□□ 田約人 吴光斗 □

〔一〕 鈐有朱文天门县印，契中一方，骑缝印左、右各一方。

〔二〕 「撥」和「耕」字为正行右侧添加。

南止坟界

南横五弓四分	中直弍十八弓三 積一佰五十七弓一分 見田六分五厘五毛 𡉏〔二〕申六分六厘八毛	北横五弓七分

北止溝界

西止陳界

東止倪界

永遠為業

一一一〇 道光五年十二月六日李遵贤卖田赤契〔一〕

立永賣水田找絕約人李遵賢，因道光四年冬月内，將祖置南三獅團水田弍形，溝澗一条，計丈四畝九分弍厘二毛正，當與熊府管業，当價收訖，今贤無力贖取，情愿請憑親中金春圃等説合，賢出筆將此田绝賣與熊葵園大老爺名下為業。三面言定，熊找绝價錢肆拾弍串伍伯文正，係贤仝中親手领讫，其中並無准折抬算情弊。自賣之後，仍從買主收粮撥佃，陰陽兩便，百為無阻。此係自賣己分，不与親族弟兄人等相干，恐口無憑，立此找绝賣約一帋為據。

〔一〕 鈐有朱文天门县印，契中二方，骑缝印左一方。

憑中 龔則明 李正元 金春圃 刘兆一 程友鼎 別時華 等 画押

大形四止 東熊 西刘 南張 北張 界

又小形四止 東張 西熊 南熊 北熊 界

溝澗四止 東熊 西熊 南熊 北罗 界

此澗與刘（性）［姓］在公

道光五年十二月初六日 立永賣水田找絕約人 李遵贤 筆

永遠為業

〔一〕钤有朱文天门县印，契中一方，騎缝印右一方。

一一一二 道光五年十二月九日李支俊卖田赤契〔一〕

立永賣白田約人李支俊，今因移就，将祖置南三下付團白田一形，計丈四分二厘六毛，載粮九合四勺六抄，情愿請憑親中程有鼎等說合，俊出筆永賣与熊葵園大老爺名下為業。三面言定，熊出備時值價錢九串三百八十文整，係俊仝中親手領讫。自賣之後，任從買主管業收粮，撥佃耕種，陰陽兩便，百為無阻。其中並無準折抬筭情弊。此係自賣己分，不與親族相干，恐後無憑，立此永賣約為據。

其田四止 北李 南溝心 西李 東李 界

程有鼎 李□□ □□ 支宗 支宏

道光五年十二月初九日 立永賣白田約人 李支俊 筆

冊名 李宗林

東止李界

東横五弓四分

中直十七弓弍分

積九十七弓弍分

见田四分零五毛

ㄨ8〔一〕申四分弍厘六□

西横五□九分

西止李界

南止溝心

北止李界

永遠為業

〔一〕「ㄨ8」即「九五」。

一一一二　道光五年十二月九日李为儒卖田赤契〔一〕

□□賣白田约人李為儒，今因移就，將祖置南三下付團白田一形，計□糧一升五合五勺四抄，情愿請憑親□□□□等説合，儒出筆永賣與熊葵園大老爺名下為業。三面言定，熊出倫時值價錢拾五串四伯文整，係儒仝中親手收訖。自賣之後，任從買主收粮管業，撥佃耕種，陰陽兩便，百為無阻。其中並無準折抬筭情弊。此係自賣己分，不與親族相干，恐後無憑，立此永賣約一帋為據。

憑中　程有鼎　李為国　支得　支周　支宏

其田四止　北坟　西李　南李　东李　界

道光五年十二月初九日　立永賣白田約人　李為儒　筆

〔一〕鈐有朱文天门县印，契中一方，骑缝印左、右各一方。

冊名　李彩成

南止李界

東止李界

東橫九弓四分

中直十六弓

積□□五□□弓七

〩〥〔一〕申七分

西橫九弓九分

西止李界

北止李　坟界

世守為業

一一一三　道光五年十二月九日李才富等卖田赤契〔二〕

立永賣白田找绝約人李才富仝姪華福，因道光四年曾將父置南三獅團白田一形，計丈壹畝二分式厘四毛，載糧二升七合一勺七抄，當与熊府管業，當價收訖，今才等無力贖取，情愿請憑原中楊品一說合，才富出筆將此田绝賣與熊葵園大老爺名下為業。三面議定，找绝價錢拾七串四百文整，係才富仝姪親手收訖，其中並無准折抬算情弊。自賣之後，任從買主收粮撥佃，

〔一〕「〩〥」即「九五」。

〔二〕鈐有朱文天门县印，契中二方，骑缝印右一方。

陰陽兩便，百為無阻。此係自賣己分，不與親族相干，恐口無憑，立此找绝賣約一帋為據。

冊名　李才高

憑原中　萬本宗　楊品一　楊正孝

其田四止　東　羅　南　樊羅　西　陳　界　北　李

道光五年拾弍月初九日　立永賣白田找绝約人　李才富仝姪華

福　筆

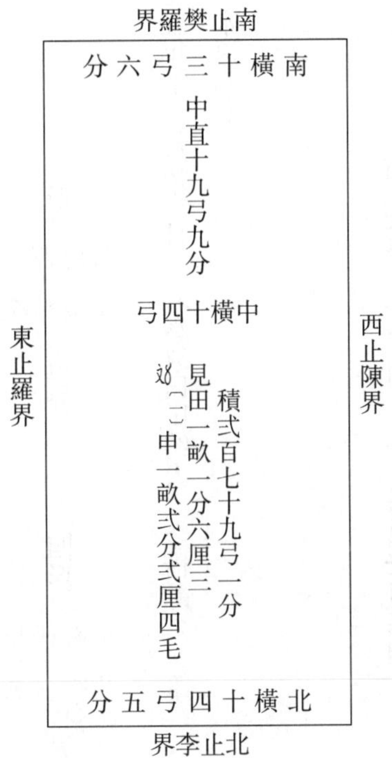

南止樊羅界

南橫十三弓六分

中直十九弓九分

中橫十四弓

積弍百七十九弓一分

見田一畝一分六厘三

𠄡[一]申一畝弍分弍厘四毛

北橫十四弓五分

北止李界

西止陳界

東止羅界

萬代富貴

[一]「𠄡」即「九五」。

一一一四　道光五年十二月十日金惜余卖田赤契[一]

立永賣白田約人金惜餘，今因移就，將父置陶團白田四形，計丈拾叁畝壹分四厘四毫，載粮在冊[二]，情愿請憑親中金光進等說合，惜餘出筆永賣與熊葵園名下為業。三面言定，熊姓出備時值價錢壹百九拾串零六百整[三]，係惜餘仝中親手領訖。自賣之後，任憑買主收糧管業，撥田耕種，陰陽兩便，百為無阻。其中並無準折抬莫情弊。此係自賣己分，不與親族人等相干，恐後無憑，立此永賣約一帋為據。

冊名

憑中人　□立　刘明開　□鳳　金光進　必材　張遠　黃榜

[一] 钤有朱文天门县印，契中二方，骑缝印左、右各一方。

[二]「粮在冊」三字为正行右侧添加。

[三]「零六百」三字为正行右侧添加。

其田四止　一形　東湖　西路　南代　北劉□　边界

二形　東坟　西本　南張　北熊　界

三形　東金　西路　南金　北坟　边界

四形　東金　西河　南路心　北尹　界

永遠為業

道光五年十二月初十日　立永賣白田約人　金惜餘　筆

一一一五　道光五年十二月十一日夏显有卖田赤契〔一〕

立永賣白田约人夏顯有，今因移就，將自己祖置白田乙形，乙百陶團，計丈八分九厘二毛，載正銀乙分六厘九毛，情愿請憑親中梁大魁等說合，有出筆永賣與熊葵園大老爺名下為業。三面言定，熊出備時值價錢拾弍串五百文整〔二〕，係有仝中親手領訖。自賣之後，任從買主收粮管業，撥佃耕種，陰陽兩便，百為無阻。其中並無準折抬算情弊，此係自賣己分，不與親族相干，恐後無憑，立此永賣約一帋為據。

冊名　夏世明

其田四止　東夏　西　南賣主　北溝　界

憑中　定元　必成　梁大魁　尚濮　仇劳

道光五年蚀月拾壹日　立永賣白田約人　夏顯有　筆

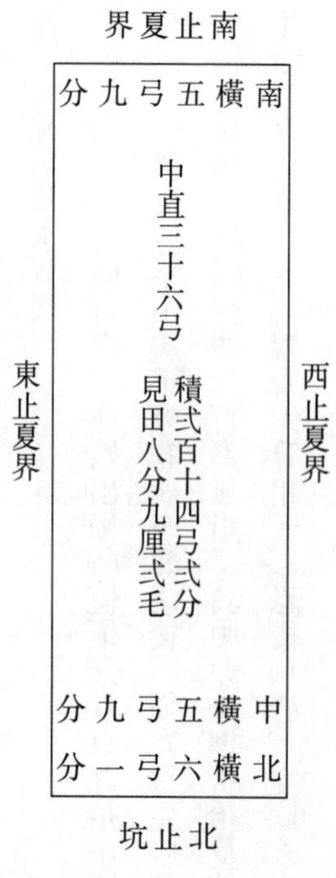

南止夏界

南横五弓九分
中直三十六弓
積弍百十四弓弍分　見田八分九厘弍毛
中横五弓九分
北横六弓一分

西止夏界　東止夏界

北止坑

世代熾昌

〔一〕鈐有朱文天门县印，契中二方，骑缝印左一方。

〔二〕「五百文」三字为正行右侧添加。

一一一六　道光五年十二月十一日胡成仁卖田赤契〔一〕

立永賣白田约人胡成仁，今因移就，将自己祖遺一北陶首區白田弍形，計丈弍畝叁分弍厘壹毫，載正銀四分肆厘壹毫，情愿請憑親中梁大魁等説合，仁出筆永賣與熊葵園大老爺名下為業。三面言定，熊出備時值價錢叁拾弍串五百文整，係仁仝中親手领訖。自賣之後，任從買主收粮管業，撥佃耕種，陰陽兩便，百為無阻。其中並無准折抬筭等情。此係自賣已分，不與親族相干，恐後無憑，立此永賣约一帋為據。

冊　胡周鼎

憑中　必成　梁大魁　定元　仇　劳　尚　濮

小形四止　东梁　西賣主　南買主界　北墳脚

其田四止　东買主　西梁　南梁界　北賣主

道光五年十二月十一日　立永賣白田约人　胡成仁　筆

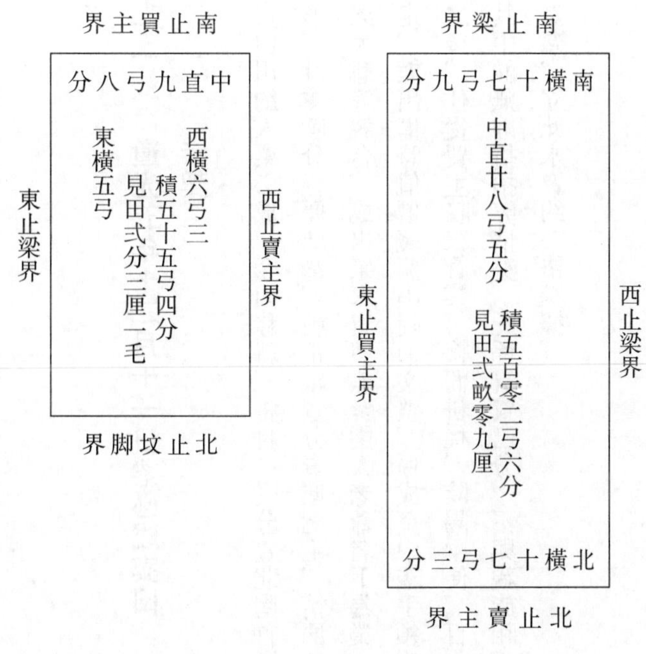

南止梁界

南横十七弓九分

中直廿八弓五分

積五百零二弓六分

見田弍畝零九厘

北横十七弓三分

西止梁界

東止買主界

北止賣主界

南止買主界

中直九弓八分

西横六弓三

積五十五弓四分

見田弍分三厘一毛

東横五弓

西止賣主界

東止梁界

北止坟脚界

永遠為業

〔一〕钤有朱文天门县印，契中一方，骑缝印右一方。

一一一七　道光五年十二月十一日梁极等卖田赤契〔一〕

立永賣白田約人梁極仝弟椿柱，今因移就，将自己祖置乙百陶團白田壹形，計丈七分六厘二毛，載正銀一分四厘五毛，情愿請憑親中梁大魁等説合，極仝弟出筆永賣與熊葵園大老爺名下為業。三面言定，熊出備時值價錢拾串零七百文整，係極弟兄仝中親手領訖。自賣之後，任從買主收粮管業，撥佃耕種，陰陽兩便，百為無阻。其中並無準折抬算情弊。此係自賣己分，不與親族相干，恐後無憑，立此永賣約一帋為據。

冊名　梁君仲

憑中人　必成　梁定元　尚濮　梁大魁　仇劳

其田四止　東梁　西梁　南梁　北梁　界

道光五年朏月拾壹日　立永賣白田约人　梁極仝弟椿柱　筆

南止梁界

南横弍弓九分

中直五十九弓

積一百八十弍弓九分
見田七分六厘弍毛

北横三弓三分

北止梁界

西止梁界

東止梁界

世守其業

〔一〕鈐有朱文天门县印，契中一方，骑缝印左一方。

一一一八　道光五年十二月十一日梁必成卖田赤契〔一〕

立永賣白田約人梁必成，今因移就，将自己受分壹北陶首區白田壹形，計丈陸分壹厘肆毫，載正銀壹分壹厘七毛，情愿請憑親中梁大魁等説合，成出筆永賣與熊葵園大老爺名下為業。三面言定，熊出備時值價錢捌串陸伯文整，係成仝中親手領訖。自賣之後，任從買主収粮管業，撥佃耕種，陰陽兩便，百為無阻。其中並無准折抬筭情獘。此係自賣己分，不與親族相干，恐後無憑，立此永賣約一帋為據。

〔一〕鈐有朱文天门县印，契中一方，骑缝印右一方。

憑中　梁大魁　梁定元　仇勞　尚濮

其田四止　東止蔡界　西止梁界　南止溝心界　北止墳脚界

道光五年十二月拾壹日　立永賣白田约人　梁必成　筆

冊名　梁高升

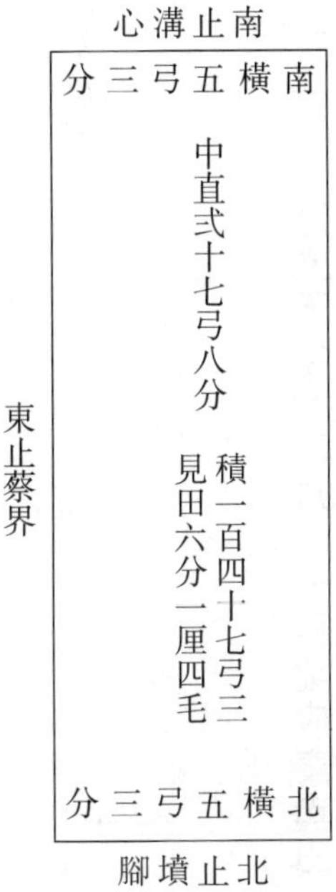

南止溝心

西止梁界

南横五弓三分

中直弍十七弓八分

積一百四十七弓三
見田六分一厘四毛

北横五弓三分

東止蔡界

北止墳脚

永遠為業

一一一九　道光五年十二月十一日梁必进卖田

赤契〔一〕

立永賣白田约人梁必進，今因移就，將自己受分一北陶首區白田壹形，計丈捌分捌厘弍毫，載正銀壹分陸厘七毫，情愿請憑親中梁大魁等説合，進出筆永賣與熊葵園大老爺名下為業。三面言定，熊出備時值價錢拾弍串叁佰五十文整，係進仝中親手領訖。自賣之後，任從買主收粮管業，撥佃耕種，陰陽兩便，百為無阻。其中並無准折抬筭情弊。此係自賣己分，不與親族相干，恐後無憑，立此永賣約一帋為據。

憑中　梁必成　梁大魁　梁定元　仇勞　尚濮

其田四止　東止梁界　西止買主界　南止墳脚界　北止溝心界

道光五年十二月十一日　立永賣白田约人　梁必進　筆

〔一〕钤有朱文天门县印，契中一方。

冊名　梁高陞

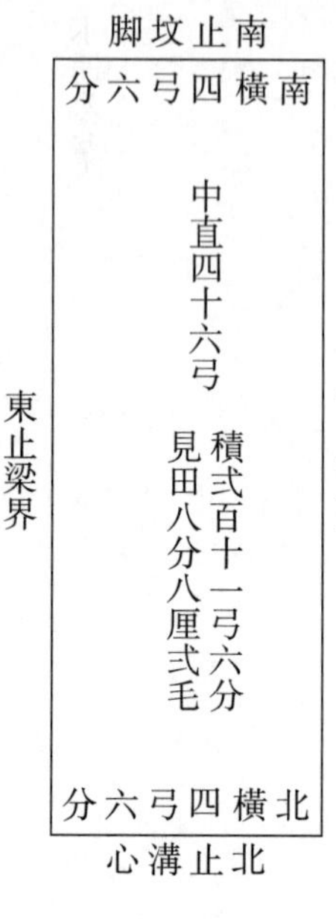

悠久無疆

一一二〇　道光五年十二月十一日梁应泰卖田赤契[一]

立永賣白田約人梁應泰同母梁曾氏，今因移就，將自己祖遺一北陶首區白田壹形，計丈壹畝零叁厘捌毫，載正銀壹分九厘叁毫，情愿請憑親中梁大魁等說合，太出筆永賣與熊葵園大老爺名下為業。三面言定，熊出備時值價錢拾肆串叁伯文整，係太仝中親手領訖。自賣之後，任從買主收粮管業，撥佃耕種，陰陽兩便，百為無阻。其中並無准折抬筭情弊。此係自賣己分，不與親族相干，恐後無憑，立此永賣約一帋為據。

冊名　梁高攀

憑中　必成　梁大魁　定元　仇勞　尚濮

其田四止　東　買主　西　梁　南　賣主　界　北　溝心

道光五年十二月十一日　立永賣白田約人　梁应太　筆

南止賣主界
南横四弓五分
中直五十四弓八分
坟　除坟弓口　横二弓　積五弓　直弍弓五　見田弍厘一毛
西止梁界
積弍百四十九弓三分　見田一畝零三厘九毛　除坟　實田一畝零一厘八毛
東止買主界
北横四弓六分
北止溝心

子孫永享

〔一〕钤有朱文天门县印，契中一方，骑缝印左一方。

一一二二 道光五年十二月十一日罗贞榜卖田赤契[一]

立永賣白田约人罗貞榜，今因移就，将自己祖置乙百陶團白田乙形，計丈弍分三厘八毛，載正銀四厘五毛，情愿請憑親中梁大魁等說合，榜出筆永賣與熊葵園大老爺名下為業。三面言定，熊出倫時值價錢三串三百四十文整，係榜仝中親手領訖。自賣之後，任從買主收粮管業，撥佃耕種，陰陽兩便，百為無阻。其中並無準折抬算情弊。此係自賣己分，不與親族相干，恐後無憑，立此永賣约一帋為據。

憑中 定元 必成 梁大魁 仇勞 尚濮

其田四止 東 梁熊 西 罗 南 熊 北 罗 界

道光五年朏月拾壹日 立永賣白田约人 罗貞榜 筆

南止買主

西止羅界

東止買主界

南横五弓五分

中直十弓〇三分

積五十七弓弍分

見田弍分三厘八毛

北横五弓六分

北止羅界

永遠為業

〔一〕鈐有朱文天门县印，契中一方，骑缝印左、右各一方。

一一二三 道光五年十二月十二日李宗圣卖田赤契[一]

立永賣白田约人李宗聖，今因移就，将祖置南三下付團白田一形，計丈七分九厘二毫，載粮一升□合五勺八抄，情愿請憑親中程有鼎說合，聖出筆永賣與（与）熊葵園大老爺名下為業。三面言定，熊出倫時值價錢拾□□□伯卅文整，係聖仝中親手領訖。自賣之後，任從買主收粮管業，□□□種，陰陽兩便，百為無阻。其中並無準折抬算情弊。此係□□□分，不與親族

〔一〕鈐有朱文天门县印，契中一方，骑缝印左、右各一方。

人等相干，□□無憑，立此永賣約一帋為據。

憑中 李之元 李之宏 程有鼎 李之成

其田四止 北坟 西 南 俱李界 东

道光五年拾二月拾二日 立永賣白田約人 李宗聖 筆

冊名 李支芳

南止李水田界

南横四弓七分	中直三十七弓	中横四弓九分	積一百八十弓零四分 見田七分五厘弍毛 𠫤〔一〕申七分九厘弍毛	北横五弓

西止李界　東止李界

北止坟界

永遠為業

〔一〕「𠫤」即「九五」。

一一三 道光五年十二月十八日陈焕章卖田赤契一〔一〕

立永賣白水田約人陳焕章，今因移就，將自置南三獅團白田共大小四形，計丈九畝三分弍厘八毫，水田七畝叁分壹厘六毫，載粮叁斗六升九合五勺，章情愿請憑親中楊品一等説合，章出筆永賣與熊葵園名下□□。□□□□言定，熊出備時值共價錢叁佰四拾串零玖百弍十八文整，係章仝中親手領訖，自賣之後，□從買□收糧□便，百為無阻，其中並無準折抬算情弊。此係自賣己分，不與親族相干，恐後無憑，立此賣約一帋為據。

憑中 劉昆望 李才富 仇勞 楊品一 金光晉 陳星堂 劉□凌 尚僕 程有鼎 陳之名 李□一 尹□林

其白田四止 北本 南俱買 西 東楊 面大路

又楊宅後白田四止 北□ 南楊 西肖 東胡

〔一〕鈐有朱文天门县印，契中二方，骑缝印左、右各一方。

買坟後白田四止　北坟　南李　西買　東□

小形週田四止　北楊　西本　南楊　東楊　界

月亮坵水田四止　北買　西買　南本　東本

又把形水田四止　北楊　南本　西本　東楊

改坵水田　北楊　西本　南本　東楊

小形水田四止　北水田　南坑　西楊　東楊　界

道光五年十二月十八日　立永賣白水田約人　陳煥章　筆

子孫世守

永遠為業

一一二四　道光五年十二月十八日陈焕章卖田赤契二〔一〕

立永賣水田约人陳煥章，今因移就，將自置南三獅團水田二

〔一〕钤有朱文天门县印，契中二方，骑缝印左、右各一方。

形，計丈四畝一分四厘一毫，載粮九升□合，章情愿請憑親中程友鼎等說合，章出筆永賣與熊葵園名下爲業。三面言定，熊□□□□□□六拾六串叁百文整，係章仝中親手收訖。□撥佃耕種，陰陽兩便，百為無阻。其中並無準折抬筭情弊。此係自賣已分，不與親族相干，恐後〔一〕無憑，立此賣約爲據。

憑中　陳成林　陳在忠　李之名　楊品一　程友鼎　李才富

宅後大形其田四止　北劉　西吳　南樊　東樊

東小形秧脚四止　北又樊　西樊　南陳　東熊　界

道光伍年拾弍月十八日　立永賣水田约人　陳煥章　筆

子孫源遠

永遠為業

〔一〕「後」字为正行右側添加。

一一二五　道光五年十二月二十四日熊必进卖田赤契〔一〕

立永賣白田約人熊必進，今因移就，將自己置一北獅團白田二形，計丈壹畝伍分八厘六毛，載正銀三分，情□請憑親中王必珍等說合，進出筆永賣與熊葵園大老爺名下為業。當日三面言定，熊出備實值價錢弍拾捌串六百文整，係進仝中親手收訖。自賣之後，仍從買主收粮管業，撥佃耕種，陰陽兩便，百為無阻。其中並無準折抬算情弊。此係自賣己分，不與親族人等相干，恐後無憑，立此永賣約一帋為據。

憑□　王貴元　正達　熊必忠　李閏華　□□　傅中□　熊洲　傅中珍

其田四止大形　北水田　西馬　南坟　東胡　界

小形四止　北坟　西馬　□□　東胡　界

道光五年朏月廿四日　立永賣白田約人　必進　筆

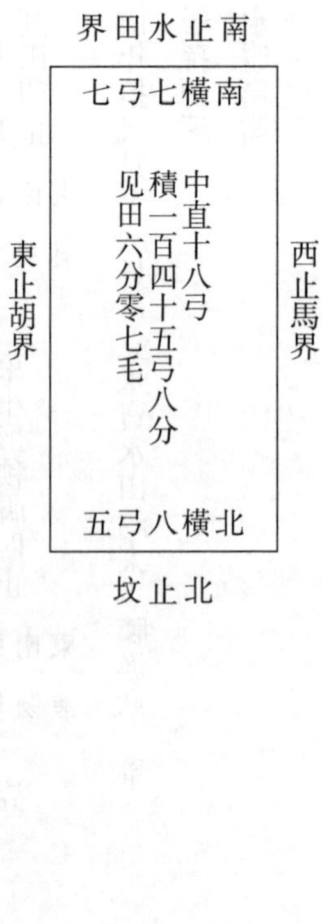

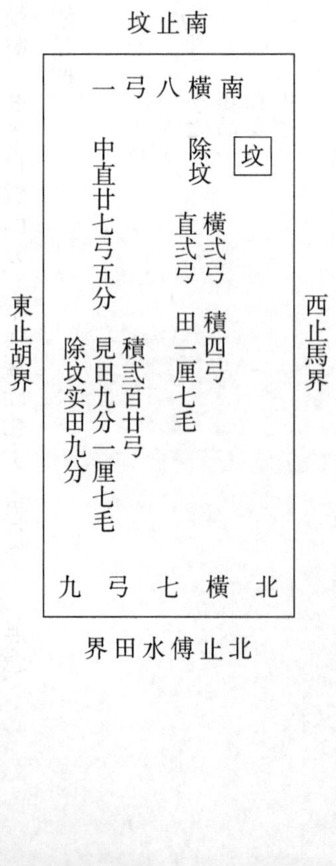

南止水田界

南横七弓七
中直十八弓
積一百四十五弓八分
见田六分零七毛
北横八弓五

西止馬界　東止胡界

北止坟

南止坟

南横八弓一
坟
除坟　横弍弓　直弍弓　積四弓　田一厘七毛
中直廿七弓五分
積弍百廿弓
見田九分一厘七毛
除坟实田九分
北横七弓九

西止馬界　東止胡界

北止傳水田界

永遠為業

〔一〕鈐有朱文天门县印，契中一方，骑缝印左一方。

一一二六　道光五年十二月二十四日熊必忠卖田赤契[一]

立永賣白田约人熊必忠，今因移就，将自己置南三吖團白田二形，計丈二畝四分九厘四毛，載粮五升五合三勺七抄，情愿請憑親中王必珍等說合，忠出筆永賣與熊葵園大老爺名下為業。三面言定，熊□□□值價錢四拾四串九百文整，係忠仝中親手收訖。自賣之後，任從買主收糧管業，撥佃耕種，陰陽兩便，百為無阻。其中並無凖折抬筭情弊。此係自賣己分，不與親族相干，恐後無憑，立此永賣約一帋為據。

憑中人　熊洲　王必珍　貴元　熊洺　必興　必進

其田止前形　北坟　西饒　南雷　東彭

後形　北饒　西饒界　南坟　東金

道光五年十二月二十四日　立永賣白田約人　熊必忠　筆

永遠為業

[一] 钤有朱文天门县印，契中二方，骑缝印右各一方。

一一二七　道光六年七月二日刘海山卖田赤契[一]

立永賣白田约人刘海山，今因移就，将自置獅團白田弌形，計丈弌畝弌分弌厘，載民米四升九合弌勺弌抄，情愿請憑親中蒋㴑志等说合，山出筆賣與熊葵園老爺名下為業。三面言定，熊出備時值價錢柒拾五串四伯八十文正，係山仝中親手領訖。自賣之後，任從買主收粮管業，撥佃耕種，陰陽兩便，百為無阻。其中並無准折抬算情弊。此係自賣己分，不與親族相干，恐後無憑，立此永賣約一帋為據。

册名　刘海山

憑中人　蒋㴑志　楊正朝

[一] 钤有朱文天门县印，契中一方。

其田四止大形　东 胡　南 本　西 本　北 坟

小形　东 本　南 坟　西 本　北 水田

又小形　东 張　南 坟　西 本　北 水田　界

道光六年七月初二日　立永賣白田约人　刘海山　筆

萬代冨貴

一一二八　道光六年七月六日熊可貴卖田赤契〔一〕

立永賣白田約人熊可貴，今因移就不便，將祖遺南三獅團白田二形，計丈陸分，載粮一升三合三勺弍抄，情愿請憑親中楊正朝等说合，貴出筆永賣與熊葵園大老爺名下為業。三面言定，熊出備時值價錢弍拾串整，係貴仝中親手領訖。自賣之後，任從買主收粮管業，撥佃耕種，陰陽兩便，百為無阻。其中並無

〔一〕鈐有朱文天门县印，契中一方。

准折抬筭情弊。此係自賣己分，不与親族相干，恐後無憑，立此永賣約一帋為據。

憑中人　蔣開志　楊正朝

冊名　汪玉琢　三分　熊國安　三分

坟南一形四止　北 坟　南 買主　西 張　东 楊

坟後四止　北 張水田　南 坟　西 張　北 楊　界

道光六年七月初六日　立永賣白田約人　熊可貴　筆

永遠為業

一一二九　道光六年九月四日蒋开旭等卖田赤契〔一〕

立永賣白田約人蔣氏公祠首士蔣開旭 開至 景 遵盛等，今因移就，將本祠公置南三獅團白田二形，計丈八分三厘，載粮壹升八合四勺三抄，情愿請憑親中楊正朝等说合，開旭等出筆永賣與熊葵園大老爺名下為業。三面言定，熊出備实值價錢叁拾串正，係開旭等仝中親手收訖。自賣之後，任從買主收粮受業，撥佃

〔一〕鈐有朱文天门县印，契中一方。

耕種，陰陽兩便，百為無阻。其中並無準折抬算情弊。此係祠堂公產，合族商議出賣。倘有無知之徒，別生異說，惟蔣開景、姪遵盛等承当，恐後無憑，立此永賣约一帋為據。

粮在祁应太户下

憑中　陽正朝

其田四止　东 買主　南止 買主　西 楊　北 坟

小形四止　东 買主　南 坟　西 楊　北 楊水田　界

道光六年九月初四日　立永賣白田约人　蔣開旭 景 至　遵盛　筆

萬代富貴

一一三〇　道光六年九月二十九日李友玉卖田赤契[一]

立賣白田約人李友玉，今因移就，将自置南三獅團白田一大形，□□載粮五升二合八勺八抄，情愿請憑親中楊正朝等說合，玉出筆永賣與熊葵園八老爺名下為業。三面言定，熊出備時值價[一]錢伍拾七串壹伯七十文整，係玉仝中親手收訖。自賣之後，任從買主收粮管業，撥佃耕種，陰陽兩便，百為無阻。其中並無準折抬算情弊。此係自賣己分，不與親族相干，恐後無憑，立此永賣約一帋為據。

冊名　李華琨

凴中　李大成 尚孟仇　楊正朝 國璞　楊剛 義　別時華 勞

其田四止　東 陳墳　南止 李墳　西 吳　北 陳　界

道光六年九月廿九日　立永賣白田約人　李□筆

永遠為業

南止坟界

坟 西止 吳界

西橫二弓二分
中積十四弓
直五分 見四六厘
八弓三分
東橫乙弓弍

南橫十四弓九分
中直四十弍弓九分
中橫十弍弓
積五百弍十八弓七分
見田弍畝弍分零三毛
二形共实田弍畝弍分六厘三毛
九五申田弍畝三分八厘弍毛
北橫十弓零四

陳坟 東止 李界

北止陳界

〔一〕鈐有朱文天门县印，契中二方，骑缝印左、右各一方。

〔一〕「價」字為正行右側添加。

一一三一　道光六年十一月二十一日杨为举卖田赤契〔一〕

立永賣白田找絕約人楊爲舉，因道光四年冬月，曾將祖置南三獅團白水田三形，計丈乙畝三分九厘五毛，載粮三升零九勺七抄，當与熊府管業，當價收訖，今為舉無力贖取，情愿請憑原中楊品一說合，為舉出筆將此田絕賣与熊葵園大老爺名下為業。三面議定，找絕價錢叁拾五串文整，係為舉仝中親手收訖，其中並無準折抬箕情弊。自賣之後，任從買主收粮撥佃，陰陽兩便，百為無阻。此係自賣己分，不与親族相干，恐口無憑，立此找絕賣約一帋為據。

冊名　楊照成

憑中人　楊為魁　楊品一　羅高明

其田四止　東　南　西　北　止俱買主　金白田

道光六年冬月廿一日　立永賣白田找絕約人　楊為舉　筆

〔一〕鈐有朱文天门县印，契中二方。

永遠為業

一一三二　道光六年十一月二十四日谢德科卖田赤契〔一〕

立永賣水田約人謝德科，今因移就，將祖置一北陶團水田弍形，計丈九分四厘九毛，載正銀壹分八厘，情愿請憑親中程有鼎等说合，科出筆永賣與熊葵園大老爺名下為業。三面言定，熊出備時值價錢柒串陸伯文整，係德科仝中親手領訖。自賣之後，任從買主收粮管業，撥佃耕種，陰陽兩便，百為無阻。其中並無準折抬筭情弊。此係自賣己分，不與親族人等相干。恐後無憑，立此永賣約一帋為據。

冊名　謝義修

憑中人　熊正達　程有鼎　謝德元

大形四止　東　李及買主　南　金謝　西　陳　北　謝　止

〔一〕鈐有朱文天门县印，契中一方，骑缝印左一方。

二形四止　東買主　南謝　西買主　北李　止界

永遠為業

道光六年十一月廿四日　立永賣水田約人　謝德科　筆

一一三三　道光六年十二月二十四日程柱超卖田契

立永賣白田約人程柱超，今因移就，將趙家□己分白田六形，計丈壹拾四畝零伍厘八毫，情愿請憑親中说合，出筆賣與熊葵園兄為業。當日三面言定，兄出備時值價錢壹伯零三串文，係超同中收訖。自賣之後，任兄收粮管業，撥佃耕種，百為無阻。此係自賣己分，□□□□人等相干。恐後無憑，立此賣約一帋為據。

其田四止　一形　東　西　南　北　俱水田呈

二形　東　西　南　北　俱呈

三形　東蔡　西坟　南曾　北鄭

四形　東　西　南　北　俱呈

五形　東　西　南　北　俱呈

六形　東　西　南　北　俱呈

憑中人　方國榜

道光六年十二月二十四日　程柱超　親筆

> 此田撥给繼述管業，永為大伯父嗣産，另立冊名熊敦善，交繼述自行完納，日後子孫無得異説。葵園批，時道光十五年六月十二日

永遠為業

道光二十三年正月，葵園仍將此田收回，自行管業，此批。

一一三四　道光九年十二月十四日王大富卖田赤契〔一〕

立永賣白田約人王大富，今因移就，將己置下上龔興團白田二形，計丈一畝八分五厘五毛，載民米四升□□抄，富情愿請□□□刘應敖等说合，富出筆永賣與熊葵園□□□名下爲業。三面言定，熊出備時值價錢弍拾串〇四百文整，係富仝中親手收訖。自賣之後，任從買主收糧管業，撥佃耕種，陰陽兩便，百為無阻。其中並無準折抬算情弊。此係自賣己分，不與親族

〔一〕钤有朱文天门县印，契中二方，骑缝印左、右各一方。

相干，恐後無憑，立此永賣約一帋為據。

憑中人　王大成　柯光悌　劉應敖　柯月來

南形其田四止　东本　西本　南路□　北本　界

北形其田四止　东王　西肖　南溝心　北刘　界

道光九年十二月十四日　立永賣白田約人　王大富　筆

冊名　王付成

萬代富貴

一一三五　道光十年四月十日熊应会卖田赤契〔一〕

立永賣白田約人孫應會，今因移就不便，將祖置虎獐垸方三小團白田壹形，計丈肆分肆厘□□，載粮玖合捌勺五七〔二〕，情

〔一〕鈐有朱文天门县印，契中二方，骑缝印左、右各一方。

〔二〕此处数字有修改。

願請憑中祖九皋说合，應會出筆永賣與〔一〕祖葵園名下為業。三面言定，葵園祖出備實值價錢玖串弍百文整，應會親手領訖。自賣之後，任從買主收粮過戶，管業耕種，起造竪柱，陰陽兩便，百為無阻。此係自賣己分，不與親族人等相干，恐後無憑，立此永賣约乙帋為據。

憑中　九皋　開成

冊名　熊亨雲

其田四止　東明榜　南明元　西買主　北士志　止　界

道光十年四月初十日　立永賣白田約人　孫應會　叔心圃　代筆

永遠為業

一一三六　道光十年四月十日熊恒忠卖田赤契〔二〕

立永賣白田約人姪恒忠，今因移就不便，將本置虎獐垸方三小團白田壹形，計丈陸分四厘捌毫〔三〕，載粮壹升肆合叁勺

〔一〕此处留有空白。

〔二〕鈐有朱文天门县印，契中二方，骑缝印左、右各一方。

〔三〕「四厘捌毫」为正行右侧添加。

八六，情愿請憑中叔九皋說合，忠出筆永賣與叔葵園名下為業。三面言定，葵園出備實值價錢拾叁串整，忠親手領訖。自賣之後，任從買主收粮過戶，管業耕種，起造竪柱，陰陽兩便，百為無阻。其中並無准折抬算等弊。此係自賣己分，不與親族人等相干，恐後無憑，立此永賣约乙帋為據。

冊名　熊篤奏

憑中　九皋

其田四止　東　買主
　　　　　南　如在祭田
　　　　　西　止埧界
　　　　　北　賣主

道光拾年四月初十日　立永賣白田約人　姪恒忠　親筆

永遠為據

萬代富貴

一一三七　道光十年四月十日熊培禄卖田赤契〔一〕

立永賣白田約人姪培禄，今因移就不便，將本置虎獐垸方三小團白田一形，計丈四分陸厘，載粮玖合八勺五八，情愿請憑親中叔九皋等說合，禄出筆永賣與叔葵園名下為業。三面言定，葵園出備實值價錢九串二百文整，祿親手領訖。自賣之後，任從買主收粮過戶，管業耕種，起造豎柱，陰陽兩便，百為無阻。此係自賣己分，不與親族人等相干，恐後無憑，立此永賣約乙帋為據。

冊名　熊大順

憑中　九皋
　　　恒忠

其田四止　東　買主
　　　　　南　名元
　　　　　西　買主
　　　　　北　士志

道光拾年四月初拾日　立永賣白田約人　姪培祿　弟培忠　代筆

永遠為業

〔一〕鈐有朱文天门县印，契中二方，骑缝印左、右各一方。

一一三八　道光十年十月七日熊孔宇卖田契

立永賣田契約人熊孔宇，今因移就，將自己受分虎獐垸白田七分二厘，載糧一升五合玖勺八抄〔一〕，請凂中兄孔珍等〔二〕說合，出筆永賣與家篤敘堂名下为業。當日三

〔一〕「玖勺八抄」四字为正行右侧添加。

〔二〕「等」字为正行右侧添加。

面言定，出俻寔値價錢柒串整，係宇親手領訖。自永賣之後，仍從買主起業耕種，收粮過户，百為無阻。今欲有憑，立此永賣約一帋爲拠。

憑中 熊 孔珍
明
恒忠

其田四止
東 熊□
西 百義
南 至 士魁
北 百義

道光拾年拾月初七日 立永賣田契約人 熊孔宇 筆

永遠為業

一一三九 道光十年十月七日明榜卖田赤契〔一〕

立永賣田約人明榜，今因移就，將自受分虎獐垸白田四分六釐，載粮壹升〇弍勺壹抄〔二〕，情愿請憑中叔明等説〔三〕合，榜出筆永賣與〔四〕篤敘堂名下為業。當日三面言定，

〔一〕鈐有朱文天门县印，契中二方，骑缝印左、右各一方。
〔二〕「壹升〇弍勺壹抄」数字处有改动。
〔三〕「説」字为正行右側添加。
〔四〕此处留有空白。

篤敘堂出備實（備）值價錢伍串壹伯整，榜親手領訖。自賣之後，任從買主起業耕種，收粮過戶當差，百為無阻。此係自賣己分，其中並無准折抬算。今恐無憑，〔立〕此一帋賣約為據。

憑中 叔明 孔珍 恒中

其田四止
東 培選
西 買主
南 亨榜 界
北 會嵩

道光十年十月初七日 立永賣田約人 明榜 筆

永遠為據

一一四〇 道光十年十月七日熊璋运卖田赤契〔一〕

立永賣田約人熊璋運，今因移就，將自己受分虎獐垸白田四分一釐七毛〔二〕，載糧九合弍勺六抄，請憑中兄孔珍等説合，出筆永賣與家篤敘堂名下為業。當日三面言定，出俻寔值價錢叁

〔一〕鈐有朱文天门县印，契中一方，骑缝印左、右各一方。
〔二〕「一釐七毛」为正行右側添加。

串式百文〔一〕整，係〔二〕璋〔三〕親手領訖。自永賣之後，仍從買主起業耕種，收糧過戶，百為無阻。今欲有憑，立此永賣約一帋為據。

實田四分一厘七毛

憑中 兄孔珍 姪明 恒忠

其田四止 東買主 西埧 南得福 北學章 界

道光十年拾月初七日 立永賣田契約人 章運 子亨衢 筆

萬代富貴

一一四一 道光十年十月九日柱等卖田契

立永賣田契約人弟柱仝柏，今因移就，將本己受分虎獐垸白田二形，五分七厘六毛〔四〕，（在）〔載〕粮一升二合

〔一〕「式百文」为正行右侧添加。

〔二〕「係」后涂去一字。

〔三〕「璋」为正行右侧添加。

〔四〕「七厘六毛」四字为正行右侧添加。

七勺九抄〔一〕，请憑中兄明说合，柱出筆賣与篤叙堂名下为業。当日三面言定，篤出偹实値價錢陸串七百整，係柱親手领讫。自賣之後，仍從買主起業耕種，收粮过户，百为無阻。今欲有憑，立此賣约一帋为拠。

九柒□田五分七厘六毛

請憑中 珍 明 恒忠

其田四止 東賣主 西彰運 南明 北彰運 其田四止 東□ 西□ 南亨维 北藻 界

道光十年拾月初九日 立永賣田约人 柱 筆

永遠為據

一一四二 道光十年十月十九日刘永济卖田赤契〔二〕

立永賣白田約人劉永濟，今因移就，將自置中洲垸白田四形，共肆畆捌分伍厘，載糧壹斗零柒合柒抄，請憑親中劉孝長等說

〔一〕「一升二合七勺九抄」为改动后数字。

〔二〕钤有朱文天门县印，契中一方，骑缝印左、右各一方。

合，永賣與〔一〕熊篤敘堂名下為業。三面議定，時值價錢肆拾捌串伍伯整，永濟親手收訖。自賣之後，任從買主撥田收糧，陰陽兩便，百為無阻。此係自賣己分，不與親族相干，恐口無憑，立此為據。

憑中 劉孝長 張峋山 金韵石

四止〔二〕

道光拾年十月十九日 立

永遠為業

一一四三 道光十年十月二十三日亨怀卖田契

立永賣白田約人姪亨懷，今因移就不便，將祖置虎獐垸上則白田一形，弍分六厘六毛，載粮五合九勺，懷情愿请憑親中恒忠说合，怀出筆永賣與篤叙堂名下为業。当日三面言定，叙出備时值價錢三串文整，係懷仝中親手领讫。自賣之後，任從買主管業收粮，撥佃耕種，陰陽兩便，百为〔三〕無阻。恐口無憑，立此賣约一帋為拠。

請憑中 恒忠

其田四止 東 敦叙 西 明運 南 俱 北 敦叙 界

道光十年拾月廿三日 立永賣田約人 亨懷 筆

子孫永昌

〔一〕此处留有空白。

〔二〕原契四止空白。

〔三〕「为」字为正行右侧添加。

一一四四 道光十年十月二十三日丙康卖田契

立永賣田約人丙康，今因移就不便，將自己受分虎獐垸白田叁分三厘七毛，載粮七合四勺八抄，请澋中兄明说合，康出筆賣與篤叙堂名下為業。當日三面言定，篤叙堂出備實值價錢弍串八百整，係親手领讫。自賣之後，仍從買主〔一〕起業，耕種当差，收粮过户，百為無阻。今欲有澋，立此賣约一帋為拠。

请澋中 熊明運 熊孔珍 恒忠

其田四止 東 亨礼 西 錢樂有 南 路心 北 成才 界

〔一〕「買主」二字为正行右侧添加。

道光十年十月廿三日　立賣田約人　丙康　筆

一一四五　道光十年十月二十三日熊材运卖田

赤契[一]

立永賣白田約人材運，今因移就不便，將祖置虎獐坑上则白田六分六厘六毛，載粮一升四合七勺八抄，材情愿請憑親中説合，材運出筆永賣與熊篤敘堂名下為業。当日三面言定，敘出偹時值價錢四串七百文整，係材仝中親手領訖。自賣之後，任從買主管業收粮，撥佃耕種，陰陽兩便，百為無阻。恐口無憑，立此賣約一帋為據。

請憑親中　明運　孔珍　恒忠

其田四止　東　培六　西　培選　南　明遠　北　坎　界

道光十年拾月廿三日　立永賣田約人　材運　筆

永遠為業

大富大榮

〔一〕鈐有朱文天门县印，契中二方，骑缝印左、右各一方。

一一四六　道光十年十月二十三日熊之贵卖田

赤契[一]

立永賣白田約人之貴，今因移就不便，將祖置虎獐坑受分白田一形，八分七厘八毛，載粮一升九合四勺九抄，情愿請憑親中明運等説合，之貴出筆永賣與熊篤敘堂名下為業。当日三面言定，敘出偹時值價錢拾串五百文整[二]，係之貴仝中親手領訖。自賣之後，任從買主管業收粮，撥佃耕種，百為無阻。恐口無憑，立此賣約一帋為據。

請憑親中　孔珍　明運　恒忠

其田四止　東　會富　西　明遠　南　溝　北　買主　界

道光十年拾月廿三日　立永賣白田約人　之貴　筆

百子千孫

〔一〕鈐有朱文天门县印，契中二方，骑缝印左、右各一方。
〔二〕此处数字有改动。

一一四七　道光十年十月二十四日培选卖田契

立永賣田約人姪培選，今因移就不便，將本己虎獐垸三約白田六分九厘六毛，載粮一升五合四勺五抄，請憑親中熊明等説合，培選出筆永賣與篤叙堂名下为業。当日三面言定，叙出備時值價錢六串三百文[一]整。係培選親手領訖。自永賣之後，任從買主起業，耕種当差，收粮過户，百為無阻。今恐無憑，立此永賣約一帋為據。

請憑親中　孔珍　叔熊明　亨忠

其田四止　南　西　丙康　北　東　亨高

道光十年十月廿四日　立永賣田約人　姪培選　筆

永遠為拠

〔一〕「文」字为正行右側添加。

一一四八　道光十年十月二十四日熊德运卖田契

立永賣白田約人熊德運，今因移就不便，將本己受分虎獐垸白田一形，四分三厘捌毫，載粮九合七勺弍抄，運情愿請憑親中明等[一]説合，德運出筆永賣與篤敘堂名下为業。当日三面言定，叙出備时值價錢四串叁日捌拾文[二]整，係德運仝中親手领讫。自賣之後，任從買主管業撥佃，收粮耕種，陰陽兩便，百为無阻。此係自賣己分，不與親族相干。恐口无憑，立此为據。

請憑親中　孔珍　明運　恒忠

其田四止　東　亨福　南　廣運　西　百意　北　亨福　界

道光拾年拾月二拾四日　立永賣田约人　德運　筆

永遠為業

〔一〕「明等」为正行右側添加。
〔二〕「捌拾文」为正行右側添加。

一一四九　道光十年十月二十四日熊亨彬卖田契

立永賣白田約人任亨彬，今因移就不便，將自己虎獐垸受分白田一形，計丈乙畝零〇三毛，載粮二升二合二勺七抄，請憑中明等說合，彬出筆賣與篤敘堂名下為業。当日三面言定，敘出價實[一]值價錢九串五百文整，係彬仝中親手領訖。自賣之後，任買主起業耕種，收粮過戶，陰陽兩便，百為無阻。今欲有憑，立此賣約一帋為據。

請憑中　熊　恒忠　明　孔珍

其田四止　東　路心　西　顏恒章　南　亨付　北　亨高　界

道光拾年十月廿四日　立永賣田約人　亨彬　筆

永遠為據

〔一〕「實」为正行右側添加。

一一五〇　道光十年十月二十四日熊亨德卖田赤契[一]

立永賣田約人亨德，今因移就不便，將祖置虎獐垸白田一形，三分八厘九毛，（在）〔載〕粮八合六勺四抄，憑中明等說合，出筆賣與篤敘堂名下為業。当日三面言定，敘出價時值價錢三串文整，係德仝中親手領訖。自賣之後，任從買主管業收粮，撥佃耕種，陰陽兩便，百為無阻。今欲有憑，立此為據。

憑中　明運　恒忠

其田四止　東　亨珍　西　亨列　南　亮　北　会光　界

道光拾年十月二[二]拾四日　立賣田約人　亨德　筆

永遠為業

萬子千孫

〔一〕鈐有朱文天门县印，契中一方，騎縫印左、右各一方。

〔二〕「二」为正行右側添加。

一一五一　道光十年十月二十四日明玖卖田赤契〔一〕

立永賣白田約人明玖，今因移就不便，將祖置虎獐垸田一形，計丈五分二厘六毛，載粮一升一合六勺八抄，情愿請憑親中明運等说合，玖出筆賣與篤敘堂名下为業。当日三面言定，敘出倫時值價錢五串八百文整，係玖仝中親手領訖。自賣之後，任從買主管業收粮，撥佃耕種，陰陽兩便，百为無阻。今欲有憑，立此賣約一帋為據。

請憑中　孔珍　明運　恒忠

其田四止　東　孔瑞　西　培選　南　垷　北　培祿　界

道光拾年十月廿四日　立賣田約人　明玖　筆

永遠為據

〔一〕鈐有朱文天门县印，契中二方，骑缝印左、右各一方。

一一五二　道光十年十月二十四日熊士志卖田赤契〔一〕

立永賣白田約人姪士志，今因移就不便，將祖置虎獐垸白田一形，计丈八分七厘九毛，載粮乙升九合五勺一抄，情愿請憑親中明等〔二〕説合，士志出筆永賣與篤敘堂名下為業。当日三面言定，敘出倫時值價錢七串乙百文整，係志仝中親手領訖。自賣之後，任從買主起業，收粮過戶耕種，陰陽兩便，百為無阻。今欲有憑，立此賣約一帋為據。

請憑親中　孔珍　明運　恒忠

其田四止　東　培選　西　亨道　南　買主　北　坎　界

道光拾年十月廿四日　立永賣田約人　士志　筆

永遠為業

〔一〕鈐有朱文天门县印，契中二方，骑缝印左、右各一方。

〔二〕「明等」二字为正行右側添加。

一一五三　道光十年十月二十四日王礼珍卖田赤契〔一〕

立永賣田約人王礼珍，今因移就不便，將祖遺虎獐坑上則白田一形，計丈二分九厘五毫，載糧六合五勺五抄，請凴中明等說合，珍出筆永賣與熊篤敘堂名下為業。当日三面言定，敘出備時值價錢三串三百整，係珍同中親手領訖。自賣之後，仍從買主管業耕種，收粮撥佃，陰陽兩便，百為無阻。此係自賣己分，不與親族相干，恐口無憑，立此賣約一帋為據。

冊名　王礼珍

憑中　孔珍　明運　恒忠

其田四止　東　恒忠　西　孝章　南　買主　北　士魁

道光十年十月二十四日　立永賣約人　王礼珍　筆

永遠為業

〔一〕鈐有朱文天门县印，契中一方，骑缝印左、右各一方。

一一五四　道光十年十一月十日熊亨彬卖田契

立永賣田約人熊亨彬，今因移就不便，將自己受分白田叁畝柒分弍厘，載粮捌升壹合捌勺四抄，請憑中熊得富等説合，出筆賣與　〔一〕篤叙堂名下為業〔二〕。当日三面言定，叙堂出備實（直）〔值〕價錢拾叁串叁百乙十陸文整，係彬親手領訖。自賣之後，任從買主收粮過户，起業耕種。今恐無憑，立此賣約一帋為據。

請憑中　熊　得富　明　恒忠

其田四止　西止路心　南止□□　東止路心　北熊秀

又乙形其田四止　西止熊孔瑶　南止熊孔瑶　東止周□恒　北止賣主

又形其田四止　西止熊孔瑶　南止熊孔瑶　東止周□恒　北止熊孔瑶

道光拾年冬月初十日　立永賣田約人　熊亨彬　筆

〔一〕此处留有空白。
〔二〕「為業」二字为正行右侧添加。

永遠為據

一一五五　道光十年十二月二十二日张以南卖田赤契〔一〕

立永賣白田約人張以南，今因移就，將祖置己分一北吲團白田弍形，计丈四畝零一厘六毫，載正銀七分六厘三毫，情愿請憑中程有鼎說合，南出筆永賣與熊篤叙堂名下為業。三面言定，熊姓出備時值價錢柒拾七串七伯文整，係南仝中親手收訖，其中並無準折抬算等弊。自賣之後，任從買主管業收粮，撥佃耕種，陰陽两便，百為無阻。此係自賣己分，不與親族人等相干。恐後無憑，立此永賣約一帋為據。

册名　張玉九

憑中　張作梧　程有鼎　張新太 清　熊正達

〔一〕　鈐有朱文天门县印，契中二方，骑缝印右二方。

其田四止　前形　東王張　南止　西陳張　北坟

後大形四止　北張　西陳　南坟　東羅　界

道光十年十二〔一〕月廿二日　立永賣白田約人　張以南　筆

子孫世守

一一五六　道光十一年十一月八日熊仁选卖田赤契〔二〕

立永賣田約人仁選，今因移就不便，將自己受分白田四分，載粮八合八勺，請憑中得福说合，出筆賣與篤敘堂名下為業。当日三面言定，篤敘出備時值價錢一串六百整，係仁選親手領訖。自賣之後，仍從買主起業，耕種当差，收粮过户，百為無阻。今欲（友）〔有〕憑，立此賣一帋為據。

〔一〕　「二」字为正行右側添加。

〔二〕　鈐有朱文天门县印，契中一方，骑缝印左、右各一方。

請憑中　熊得福　明　恒忠

其田四止　東買主　南買主　西得福　北買主

道光十一年冬月初八日　立永賣田約人　仁選　筆

永遠為業

一一五七　道光十一年十一月八日典会卖田契一

立永賣田契約人典會，今因歲歉無賴，將祖遺上則白田一畝六分五厘，載粮三升六合七勺一抄，情愿請憑族中明等說合，出筆賣與篤叙堂名下為業。當日三面言定，篤叙堂出備時置錢六串六伯文，係典親手領訖。自賣之後，仍從買主起業当差，收粮過户，百為無阻。今欲有憑，立賣約乙纸為據。

憑中　九高　可億　心圃

其田四止　東钱元英　西正康　南可億　北買主

道光十一年冬月初八日　典會　筆

永遠為業

一一五八　道光十一年十一月八日典会卖田契二

立永賣田契約人典會，今因歲歉無賴，將祖遺上則白田二形〔一〕，九分五厘七毫〔二〕，載粮二升一合零五，情愿請憑族中明等說合，出筆賣與篤叙堂名下為業。當日三面言定，篤叙堂出備時置錢三串八伯廿八文，係典親手領訖。自賣之後，仍從買主起業当差，收粮過户，百為無阻。今欲有憑，立賣約乙纸為據。

憑中　九高　可億　心圃

其田四止　東買主　西在品　南廣才　北廣心

其田四止　東發起　西發瑞　南發高　北發高

道光十一年冬月初八日　典會　筆

永遠為業

〔一〕「田」、「二形」三字为正行右侧添加。

〔二〕此处数字有改动。

一一五九　道光十一年十一月八日发瑞卖田契

立永賣田契約人発瑞，今因歲歉無賴，將祖遺上則白田玖分四厘六毫[一]，載粮弍升零八勺弍抄[二]，情愿請憑族中明等説(中)〔合〕，出筆賣與篤叙堂名下為業。當日三面言定，篤叙堂出備時置錢叁串柒伯八十五文[三]，係瑞親手領訖。自賣之後，仍從買主起業当差，收粮過户，百為無阻。今欲有憑，立賣約乙帋為據。

憑中　九高　可億　心圃　　其田四止　東発科　西買主　南発起　北国定

道光十一年冬月初八日　發瑞　筆

永遠為業

〔一〕此处数字有改动。

〔二〕此处数字有改动。

〔三〕此处数字有改动。

一一六〇　道光十一年十一月八日振南卖田契

立永賣田契約人振南，今因移就不便，將自己受分上則白田四畝六分四厘八毛，載粮乙斗零三合一勺八抄，情愿請凴中九高等説合，出筆賣與宗義名下為業。当日三面言定，宗義出備時值十八串五百六十文，係振南親手領訖。自賣之後，仍從買主起業，耕種当差，收粮过戶，百為無阻。今恐無凴，立此賣約一帋為據。

凴中　九高　心圃　德富　　其田四止　東　西賣主　南　北錢友禪

二形　南形　东賣主　南国定　西□□　北賣主　　小形　台□　东賣主　南買主　西廣興　北賣主

又小形　东坟　南廣才　西賣主　北路心

道光十乙年冬月初八日　子紀　出筆

永遠為據

一一六一　道光十一年十一月九日发启卖田契

立永賣田契人發啓，今因歲歉無依，將祖遺上則白田四分二厘二毫，載粮九合四勺二抄，情愿請憑族中明等說合，出筆〔一〕永賣與篤叙堂名下為業。當日三面言定，篤叙堂出備時值價錢乙串六伯八十八文，係啓親手領訖。自賣之後，仍從買主起業，耕種當差，收粮過户，百為無阻。今恐無憑，立此賣約一帋為據。

憑中　九高　可億　心圃　　其田四止　東國佐　西發高　南國佐　北正康

道光十一年十一月初九日　發啓　筆

永遠為業

〔一〕「出筆」二字为正行右側添加。

一一六二　道光十一年十一月十日熊名元卖田赤契〔一〕

立永賣田約人名元，今因家用不便，將本已受分白田四分六厘，載粮壹升〇壹勺弍抄，請憑中熊明说合，明元出筆賣與篤敘堂名下為業。当日三面言定，敘出備時值價錢壹串捌佰四十文整，係名元親手領訖。自永賣之後，任從買主起業耕種，收粮過戶。今恐無憑，立此賣約一（止）〔紙〕為據。

憑中　熊明　恒忠　得富

其田四止　東　篤敘堂　西　篤敘堂　南　路　北　篤敘堂

道光十一年十一月初十　立永賣田約人　名元　筆

永遠為據

〔一〕鈐有朱文天门县印，契中一方，骑缝印左、右各一方。

一一六三　道光十一年十一月十日熊亨信卖田契

立永賣田约人熊亨信，今因移就不便，將自己受分白田弍畝四分玖厘，載粮伍升肆合柒勺捌抄，請憑中熊得富等説合，出筆賣與篤敘堂名下為業。当日三面言定，敘堂出俻實（直）（值）價錢捌串〇壹百文整，係信親手領訖。自賣之後，任從買主起業，耕種当差，收粮過户，百爲無阻。今恐（有）（無）憑，立此賣約乙帋為據。

請憑中　熊得富
　　　　熊　明
　　　　恒忠

其田四止　北止溝
　　　　　南熊□會
　　　　　西□□意
　　　　　東溝

又乙形其田四止　北止路心
　　　　　　　　西熊一昆
　　　　　　　　南熊□祿
　　　　　　　　東止路心

又乙形其田四止　北熊□□
　　　　　　　　西熊孔□
　　　　　　　　南熊心□
　　　　　　　　東路心

道光拾乙年冬月初十日　立永賣田約人　熊亨信　筆

永遠为據

一一六四　道光十一年十一月十日熊孔瑶卖田契

永遠為據

立永賣田約人熊孔瑶，今因家用不便，將自己（白田）受分白田二畝三分八厘七毛，載粮五升二合二勺五抄，请憑中熊得富等説合，出筆賣與　〔一〕篤叙堂名下為業。当日三面言定，篤叙堂出俻實值價錢七串三伯肆拾五文整，係瑶親手領讫。自賣之後，任〔从〕買主收粮过户，起業耕種。今恐無凴，立此賣約一帋為據。

請凴中　得富
　　　熊　明
　　　　恒忠

其田四止　西止寿運
　　　　　南□亨李
　　　　　東止買主　界
　　　　　北止亨李

又一形其〔田〕四止　西止亨李
　　　　　　　　　南止李□丘槐
　　　　　　　　　東止亨李
　　　　　　　　　北止孔瑜

又一形其田四止　西　賣主
　　　　　　　　南　□運
　　　　　　　　東　止　孔友
　　　　　　　　北　孔友

〔一〕此处留有空白。

道光拾壹年冬月初十日　立永賣田约人　孔瑶　筆

一一六五　道光十一年十一月十日廷璋卖田契

立永賣契田約人廷璋，今因移不便，將自己受分白田壹畝玖分弍厘，載粮肆升弍合肆勺，请憑中熊明等説合，廷璋出筆賣与篤叙堂名下為業。当日三面言定，叙堂出備時價錢六串〇五文整，係親（守）〔手〕領訖。自賣之後，仍從買主起業，耕〔种〕当差，收粮過户，陰陽两便，百為無阻。粮在盧廷□户下。今恐無憑，立此賣約一帋為據。

請憑中　得富　熊明　恒忠

其田四止　東李一　西邱槐　南刘介　北周介

其田四止

道光十一年冬月初十日　立此賣田约人　廷璋　筆

永遠為據

一一六六　道光十一年十一月十日亨举卖田契

立永賣田約人亨舉，今因移就不便，將自己受分白田五分〇九毛，載粮乙升乙合乙勺，请凴中叔得富等説合，出筆賣與篤叙堂名下為業。當日三面言定，篤叙堂出备實值價錢乙串五百卅〔文〕整，係夲親手領讫。自賣之後，仍從買主起業，耕種当差，收粮过户，百為無阻。今欲有憑，立此賣約乙帋為據。

请憑中　熊明　叔得富　兄恒中

其田四止　東買主　西邱槐　南楹　北兆黄

道光十乙年冬月初十日　亨夲　筆

永遠為據

一一六七　道光十一年十一月十日熊亨价卖田契

立永賣田约人熊亨价，今因移就不便，將自己受分白田弍畝弍分九厘七毛，載粮五升〇三勺四抄，請凴熊得富等説合，价〔一〕出筆賣　〔二〕與篤叙堂名下為業。当日三面言定，叙堂出俻實（直）〔値〕價錢捌串五百乙十二文整，係价親領訖。自賣之後，任從買主当差，收粮過户，百為無阻。今恐無凴，立此賣約一帋為據。

請凴中　熊　得富　明　恒中

其田四止　北止路心　西熊亨禄　東止路心　南止路心

又乙形其田四止　北止溝　西止買主　東止溝　南熊孔壁

道光十乙年冬月初十日　亨介　筆

永遠為業

〔一〕「价」字为正行右侧添加。

〔二〕此处留有空白。

一一六八　道光十一年十一月十日熊亨彬卖田契

立永賣田契約人亨彬，今因移就不便，將自己受分白田六分三厘，載粮一升三合九勺，亨彬請凴中熊明等説合，亨彬出筆賣與〔一〕篤叙堂名下為業。当日三面言定，叙出俻實（直）〔値〕價錢弍串三百卅一文整，係彬親手領訖。自賣之後，任從買主起業，耕種当差，收粮過户，陰陽两便，百為無阻。今欲有凴，立此賣約一帋為據。

粮在亨玢户内

請凴中　熊　得富　明　恒忠

其田四止　北學一　南錢界　界　西徐界　東學一

道光十一年冬月初十日　立永賣田約人　亨彬　筆

永遠為業

一一六九　道光十一年十一月十日熊亨品卖田契

立永賣田約人亨品，今因（遺）〔移〕就不便，將自己受分白田二分八（力）〔厘〕六毛，載粮六合二勺九抄，請凴中伯熊明等説合，出筆賣與篤〔叙〕堂名下為業。当日三面言定，堂出俻實值價錢捌百七十文〔二〕整，係亨品親手領訖。自賣之〔後〕，任從買主起業耕種，管業受分，百為無阻。今欲有

〔一〕此处留有空白。

〔二〕「捌百七十文」五字为正行右侧添加。

憑，立此賣約一帋為據。

請凴中　伯熊　得富　明　恒忠　　其田四止　東亨彬　西邱槐　南□　北邱□　界

道光拾乙年冬月初拾　立（買）〔賣〕約人　亨品　筆

永遠為業

一一七〇　道光十一年十一月十日熊克纯卖田契

立永賣田約人熊克纯，今因移就不便，將自己受分白田壹畝乙分九厘〔一〕，載粮弍升六合壹勺一抄，請憑中熊得富等說合，出筆賣與〔二〕篤叙堂名下為業。当日三面言定，叙堂出俻實（直）〔值〕價錢肆串壹百伍十五文整，係纯親手領訖。自賣之後，任從買主当差，收粮過户，起業耕種。今恐無〔凭〕，立此賣约一帋為據。

請憑中　熊　得富　明　恒忠　　其田四止　北熊亨澤　西熊亨萃　南止賣主　北熊太運

〔一〕此处数字有改动。
〔二〕此处留有空白。

道光拾壹年冬月初十日　立永賣田约人　熊克纯　筆

永遠為據

一一七一　道光十一年十一月十日熊邱元卖田契

立永賣田約人熊邱元，今因移就不便，將自己受分白田四分弍厘，載糧九合二勺四抄，請凴中熊恒忠說合，出筆賣與〔一〕篤叙堂名下為業。当日三面言定，叙堂出俻實值價錢壹串肆百八十文整，係元親手領訖。自賣之後，任從買主当差，收粮過户，起業耕（鍾）〔種〕，百為無阻。今（裕）〔欲〕有憑，立此賣约一帋為據。

請憑中　熊　得富　明　恒忠　　其田四止　北熊孔瑞　西熊心福　南熊文思　東心福

道光拾壹年冬月初十日　立永賣田约人　熊邱元　筆

世守其業

〔一〕此处留有空白。

一一七二　道光十一年十一月十日熊邱亿卖田契

立永賣田約人熊邱億，今因移就不便，將自己受分白田弍畝六分陆厘四毛，載糧五升七合八勺八抄，請憑中熊恒忠說合，出筆賣與篤叙堂名下為業。当日三面言定，叙堂出俻實（直）〔值〕價錢柒串玖百九十二文整，係億親手領訖。自賣之後，任從買主起業，耕（鐘）〔種〕当差，收糧過户，百為無阻。今恐（有）〔無〕憑，立此賣約〔一〕帋為據。

請憑中　熊得富 熊明 熊恒忠　　其田四止　北路心　南買主　西溝　東路心

道光拾壹年冬月初十日　立永賣田約人　熊邱億　筆

永遠長享

一一七三　道光十一年十一月十日亨彬卖田契

立永賣田契約（今）〔人〕亨彬，今因移就不便，將自己受分白田一畝，載粮二升二合，彬請憑中熊明等說合，亨彬出筆賣與 [一] 篤叙堂名〔下〕為業。当日三面言定，叙出俻實（直）〔值〕價錢叁串整，係亨彬親手領訖。自賣之後，任從買主起業，耕種当差，收粮過户，（無）陰陽两便，百為無阻。今欲有憑，立此賣約一帋為據。

粮在亨玠户内

請憑中　熊得富 熊明 熊恒忠　　其田四止　北亨林　南學一界　西徐界　東徐界

道光十一年冬月初十日　立永賣田契約人　亨彬　筆

永遠為業

一一七四　道光十一年十一月十日熊新福卖田契

立永賣田约人熊新福，今因移就不便，將自己受分白田，二畝六分七厘，載粮五升八合七拃[二]三抄，请憑熊名等说合，出筆永賣与篤叙堂名下為業。当日三面言定，出俻時值價錢八串八百七十文整[三]，係心福親（守）〔手〕領讫。自賣之後，

〔一〕此处留有空白。
〔二〕原文如此。
〔三〕此处数字有改动。

仍從買主起業耕種，（起）陰陽兩便，百為無阻。此係自賣己分，不与親族人等相干。今欲有〔憑〕，立此賣約一帋為據。

請憑中　熊 得富 名 恒忠　　其田四止 東買主 西人選 南買主 北國采 止

小形 東得富 西恒中 南得富 北邱槐

道光十一年冬月初十　立永賣田约人　心福　筆

永遠為業

一一七五　道光十一年十一月十日其福卖田契

立永賣田約人其福，今因移就不便，將本己受分虎獐坑白田二形〔一〕，壹畝叁分，載粮弍升捌合六勺〔二〕，請憑中說合，福出筆賣與〔三〕篤叙堂名下為業。当日三面言定，堂出備實值價錢伍串弍百文整，係親手領訖。自永賣之後，仍從買主起業耕種，百為無阻。今恐無憑，立此賣約一帋為據。

憑中　得富 九皋 亨忠　　其田四止 東其贵 南炳得 西其鳳 北九皋 界

道光十一年冬月初十日　立永賣田约人　其福　筆

永遠為業

一一七六　道光十一年十一月十日国祥卖田契

立永賣田契约人國祥，今因家用不便，將祖遺上則白田二分四厘一毛，載粮五合三勺五抄，情愿請凴中心圃等說合，出筆永賣與篤叙堂名下為業。当日三面言定，篤叙堂出備時置錢九伯六十四文，係祥親手領訖。自永賣之後，仍從買主起業，收粮过户，百為無阻。今恐無凴，立约為據。

凴中　九高 可億　　其田四止 東国佐 南發高 西賣主 北發□

道光十一年冬月初十日　国祥　筆

永遠為業

〔一〕「二形」二字为正行右側添加。

〔二〕「載粮弍升捌合六勺」八字为正行右側添加。

〔三〕此处留有空白。

一一七七　道光十一年十一月十日熊会松卖田契

立永賣田约人熊会松，今因家用不便，情將自己受白田五分式厘，載粮壹升一合四抄，請凴中祖德富说合，松出筆賣与〔一〕篤叙堂名下為業。当日三面言定，篤叙堂出備實值價錢二串〇八十文整，係松親手領讫。自賣之後，仍從買主起業，耕種当差，收粮过户，百為無阻。今欲有凴，〔立此〕賣〔约〕一帋〔为〕拠。

請凴中　兄恒忠　祖九高

〔其田四止〕　東信福　西坟　南熊藻　北坟　界

道光拾一年冬月初十日　立永〔賣〕田约人　会松　筆

永遠為拠

一一七八　道光十一年十一月十日会富卖田契

立永賣〔二〕田约人会富，今因家用不便，將自己受分白田柒分，載粮壹升五合四勺，請凴中祖德富说合，富出筆賣与〔一〕篤叙堂名下為業。当日三面言定，叙堂出備實值價錢式串四百五十文整，係親手領讫。自賣之後，仍從買主起業耕種，收粮过户，百為無阻。今欲有凴，立此賣约一帋為拠。

請凴中　叔恒忠　祖九高

〔其田四止〕　东亨田　西学红　南路心　北于□　止

道光拾一年冬月初十日　立永賣田约人　会富　筆

永遠為拠

〔一〕此处留有空白。
〔二〕「賣」字为正行右侧添加。

一一七九　道光十一年十一月十日明榜卖田契

立永賣田約人明榜，今因家用不便，將本己受分白田三形，壹畝五分捌厘，（戴）〔載〕粮叁升四各七勺六抄，請憑中恒忠說合，名榜出筆賣與篤叙堂名下為業。当日三面言定，叙出備時值價錢陆串叁佰叁十二文整〔二〕，係榜親手領訖。自永賣之後，任從買主起業耕種，收粮過户，管業当差。今恐無憑，立此賣约一（止）〔紙〕為據。

〔一〕此处留有空白。
〔二〕此处数字有改动。

憑中　熊明
恒忠
德富

其田四止
大形
東其孶
西亨道
南
北亨柯

二形
東士至
西熊□
南□□
北□

三形
東士至
西士魁
南坑
北熊

道光拾一年十一月初十日　立永賣田約人　名榜　筆

永遠為據

一一八〇　道光十一年十一月十日体庄卖田契

立永賣田約人体莊，今因移就，將自己受分虎獐垸白田三分八厘九毫，載（良）〔糧〕八合五勺六抄，自請凴中明運〔一〕說合，莊出筆賣與〔二〕篤叙堂名下為業。当日三面言定，堂出俻實值價錢壹串伍百五十六文整〔三〕，係莊親手領訖。自永賣之後，仍從買主起業耕種，百為無阻。恐口無凴，立永賣約（人）一帋為據。

凴中　得富
明運
亨忠

其田四止
東孶宏
西江九　界
南垱
北明

道光十一年冬月初十日　立永賣田約人　体莊　筆

永遠為據

〔一〕「明運」二字为正行右側添加。
〔二〕此处留有空白。
〔三〕此处数字有改动。

一一八一　道光十一年十一月十日章宏卖田契

立永賣田契約人章宏，今因移就不便，將自己受分白田乙畝二分五厘，載粮二升七合五勺，宏請憑中熊明等說合，章宏出筆永賣與〔一〕篤叙堂名下為業。当日三面言定，叙出俻實值價錢三串七百五十文整，係宏親手領訖。自賣之後，任從買主起業，耕種当差，收粮過户，陰陽两便，百為無阻。粮柱在熊亨彬户内。今欲有憑，立此賣約一帋為據。

請憑中　得富
熊明
恒忠

其田四止
北學一
南徐界
西從道　界
東學一

〔一〕此处留有空白。

道光十一年冬月初十日　立永賣田契約人　章宏　筆

永遠為據

一一八二　道光十一年十一月十日运恒卖田契

立永賣契田約人運恒，今因移就不便，將自己受分白田壹畝陆分叁厘，（戴）〔載〕粮三升五合九勺九抄，請憑中熊明等說合，運恒出筆賣与篤叙堂名下為業。當日三面言定，叙堂[一]出備時置價錢陆串伍伯弍十文整[二]，係運恒親（守）〔手〕領訖。自賣之後，仍從買主起業，耕種当差，收粮過户，陰陽兩便，百為〔無〕阻。粮在運恒户下。今恐無憑，立此賣約一帋為據。

請憑中　得富　熊明　恒忠

其田四止　東亨一　南賣主　西亨明　北

道光十一年冬月初十日　立此賣田約人　運珩　出筆

永遠為據

〔一〕「敘堂」二字为正行右側添加。

〔二〕此处数字有修改。

一一八三　道光十一年十一月十日祥会卖田契

立永賣契田約人祥會，今因移就不便，將自己受分虎獐垸白田壹畝五分叁厘四毛，（戴）〔載〕粮叁升陆合〇一抄[一]，請憑中熊明等說合，祥會出筆永賣與篤叙堂名下為業。當日三面言〔定〕，叙堂出備時值價錢肆串玖百捌拾弍文整[二]，係祥會親手領訖。自賣之後，仍從買主起業，耕種当差，收粮過户，陰陽两便，百為無阻。粮在熊運珩户下。今恐無憑，立此賣約一帋為據。

請憑中　得富　熊明　恒忠

大形其四止　東賣主　西崇道　南亨墀　北亨樹

小形四止　東　西亨墀　南邱槐　北崇道

道光十一年冬月初十日　立永賣約人　祥會　筆

永遠為拠

〔一〕此处数字有改动。

〔二〕此处数字有改动

一一八四　道光十一年十一月十日鼎会卖田契

立永賣田約人鼎會，今因移就不便，將自己受分虎獐埦白田捌分七厘五毛，（戴）〔載〕粮壹升玖合弍勺五抄，請憑中熊明等說合，鼎會出筆賣與篤叙堂名下為業。当日三面言定，篤叙堂出備時值價錢叁串弍百卅七文整，係鼎會親（守）〔手〕領訖。自賣之後，仍從買主起業，耕種当差，收粮過户，陰陽兩便，百為無阻。（今恐無阻）粮在熊運恒户下。今恐無憑，立此賣約一帋為據。

請憑中　熊　得富　明　恒忠　　其田四止　東士科　西孝一　南　買主北

道光十一年冬月初十日　立此賣約人　鼎會　筆

永遠為據

一一八五　道光十一年十一月十日振会卖田契

立永賣田契約人振會，今因移就不便，將自己受分一畝四分，載粮三升〇八勺，振請憑中熊明等說合，振出筆賣與[一]篤叙堂名下為業。当日三面言定，叙出備實（直）〔值〕價錢四串二百整，係振親手領訖。自賣之後，任從買主起業，耕種当差，收粮過户，陰陽兩便，百為〔無〕阻。今欲有憑，立此賣約一帋為據。

粮在琮琪户内

請憑中　熊　得富　明　恒忠　　其田四止　東發高　西學一　南發高　北學章　界

道光十一年冬月初十日　立永賣田契約人　振會　筆

永遠為業

一一八六　道光十一年十一月十日熊炳康卖田契

立永賣田約人熊炳康，今因家用不便，情將自己受分白田二形，乙畝，載粮二升二合二勺[二]，请凴中兄熊明說合，賣与[三]篤叙堂名下為業。当日三面言定，篤叙堂出備實值價

〔一〕此处留有空白。
〔二〕「升」「合」二字為正行右側添加。
〔三〕此处留有空白。

錢四串文整，係康親手領讫。自賣之後，仍從買主起業耕種，收粮过户〔一〕，百為無阻。今欲有凴，立此賣約一帋為拠。

請凴中 恒忠 德富

其田四止 东錢東有 西炳寿 南汪仁魁 北炳贵 二形 東亨高 西賣主 南成忠 北亨焕 界

道光拾一年冬月初十日 立賣田约 熊炳康 筆

永遠為拠

一一八七 道光十一年十一月十日显名卖田契

立永賣田約人顯名，今因移就不便，將祖遺虎獐垸白田弍畝九分四厘，載糧陆升四合六勺捌抄，顯名請凴中叔九皋等說合，名出筆賣與〔二〕篤叙堂名下為業。當日三面言定，〔三〕篤叙堂出備實值價錢捌串捌百二十文整，係名親手領訖。自賣之後，任從買主起業，耕種當差，收粮過户，百為無阻。今欲有凴，立此永賣約乙帋為拠。

凴中 九皋 心圃 得富

其田四止 東亨璜 南賣主 西徐介 北邱良

道光拾壹年十一月初十日 立永賣田約人 顯名 筆

永遠為業

〔一〕「收粮过户」四字为正行右侧添加。
〔二〕此处留有空白
〔三〕此处留有空白

一一八八 道光十一年十一月十二日亨举等卖田契

立永賣田約人亨舉澤，今因移就不便，將自己受分白田，二畝乙分捌厘乙毛〔一〕，載粮四升六合三勺七抄，澤請憑中叔得富等说合，出筆賣与〔二〕篤叙堂名下為業。當日三面言定，篤叙堂出俻實值價錢七串零柒十文整〔三〕，係夆親手領訖。自賣之後，仍從買主起業，耕種當差，收粮过户，百為無阻。今欲有憑，立此賣約乙帋為據。

請憑中 叔 熊明 得富 兄恒中

其田四止三形 乙形 東孔支 西孔瑶 南 北 泰運

〔一〕此处数字有改动。
〔二〕此处留有空白。
〔三〕此处数字有改动。

二形　東 西賣主 南孔支 北孔珠　三形　東孔玉 西泰運 南賣主 北泰運

道光十乙年冬月十二日　亨夆　筆

永遠為據

一一八九　道光十一年十一月十二日熊士龄卖田契

立永賣田約人熊士齡，今因移就不便，將虎獐坑受分自己白田二分五厘五毛，載粮五合六勺一抄，請憑中熊得富説合，齡出筆賣與篤叙堂名下為業。当日三面言定，叙堂出備實值價錢八百九十二文整，係齡親手領訖。自永賣之後，任從買主起業，耕種当差，收糧過户，永無異說。立此永賣約一帋〔为〕據。

請憑中　熊 得富 明 恒中　其田四止　北丘寅 南丘寅 西丘寅 東百云

道光十一年冬月十二日　立永賣田約人　熊士齡　筆

永遠為業

一一九〇　道光十一年十一月十五日熊材卖田契

立永賣田約人熊材，今因大荒不敷，將本己白田壹畝零壹厘壹毛，載粮弍升叁合壹勺一抄，材請憑中兄九臯等說合，材出筆賣與篤叙堂名下為業。當日三面言定，叙出備寔值價錢四串零四十四文整，係材親手領訖。自賣之後，任從買主起業耕種，收粮過户，百為無阻。今欲有憑，立此永賣〔約〕乙帋為據。

憑中　九臯　得福　可傚 熊章 學章 士元

其田四界　東士元 西士魁 南買主 北其鳳　四止　西培福 南九臯 東亨梅 北循南　四止

道光十一年冬月十五日　立永賣田約人　熊材　筆

永遠為業

一一九一　道光十一年十一月十八日熊正宏卖田契

立永賣田契人熊正宏，今因移就不便，將自己受分白田五分〔一〕，載粮一升一合一勺〔二〕，情愿請憑親中祖熊明說合，宏出筆賣与祖篤叙堂名下為業。当日三面言定，祖出俻實置價錢二串〇〇四文整，係宏親手領訖。自永賣之後，仍從買主管業，耕種当差，收粮過户，百為無阻。今恐無憑，立此賣約一帋為據。此照。

憑中　祖 熊明 得富　叔恒忠　　其田四止　東止大知　西止国佐　南止水田　北止康

道光拾一年冬月十八日　立永賣田契約人　正宏　筆

永遠為據

一一九二　道光十一年十一月十九日熊发富卖田契

立永賣田契約人發富，今因家用不便，將祖遺上則白田四分七厘三毫，載粮一升〇五勺一抄，情愿請憑族中熊明等說合，出筆賣與篤叙堂名下為業。篤叙堂出備時值價錢一串六百七十三文，係發富親手領訖。自賣之後，仍從買主起業，耕種當差，

〔一〕此处数字有改动

〔二〕此处数字有改动

收粮過户，百為無阻。今恐無凴，立此賣约一〔一〕帋為據。

凴中　熊明 可億　　其田四止　東止坟　西止発遠　南止正周　北止発魁

道光十一年十一月拾九日　發富　筆

永遠為據

一一九三　道光十一年十一月十九日国炳卖田契

立永賣田契人國炳，今因家用不便，將祖遺上則白田一畝零八厘二毫，載粮二升三合八勺二抄，情愿請凴族中可億等說合，国炳出筆賣與篤叙堂名下為業。當日三面言定，篤叙堂出備時值價錢三串四百六十文，係國炳親手領訖。自賣之後，仍從買主起業，耕種當差，收粮過户，百為無阻。今恐無凴，立此永賣約一帋為據。

凴中　熊明 可億 恒忠　　其田四止　東國佐　西国彩　南興福　北賣主

〔一〕「约一」二字为正行右侧添加。

道光十一年十一月十九日　國炳　筆

永遠為據

一一九四　道光十一年十一月二十日熊广恩卖田契

立永賣田契約人廣恩，今因家用不便，將祖遺上則白田壹畝一分四厘三毛，載粮弍升伍合壹勺四抄，情愿請憑族中熊明等説合，廣恩出筆賣与篤叙堂為業。當日三面言定，篤叙堂出備時置價錢肆串伍百七十二文整，係廣恩親手領訖。自賣之後，仍從買主起業耕種，收粮過户，百為無阻。今恐无憑，立此賣約一帋為據。此照。

憑中　熊明　祖可億　恒忠

其田四止　東止国光　西止叔正周　南止發高　北止發魁

其田四止　東止發高　西止国光水田　南止正康　北止正周

道光拾壹年冬月廿日　立永賣田契約人　廣恩　筆

永遠為據

一一九五　道光十一年十一月二十日君运卖田契

立永賣田契約人君運，今因家用不便，將祖遺上則白田四分七厘六毫，載粮乙升〇四勺七抄，情愿請憑親中明等説合，出筆賣與篤叙堂名下為業。當日三面言定，篤叙堂出備時值價錢乙串六伯六十六文整，運親手領訖。自賣之後，任從買主起業，收粮過户，百為無阻。今恐无憑，立此賣約為據。

憑中　九高　可億　心圃

其田四止　東正周　南發高　西發秀　北賣主

道光十一年冬月廿日　君運　筆

永遠為據

一一九六　道光十一年十一月二十日应会卖田契

立永賣田約人應會，今因移就不便，將本（已）白田乙形，五分二厘，載粮壹升乙合四勺四抄，請憑中祖九皋等説合，應出筆賣與篤叙堂名下為（葉）「業」。当日三面言定，叙出備寔值（贾）「價」錢乙串八百廿整，係親手領訖。自賣之後，任從買主起業，耕種当差，收粮過户，無得異說。今欲有憑，立此賣約一帋為據。

憑中　九皋　億運　　其田四止　東洞　西一坤　南丘懷　北丘一

道光十一年冬月二十日　立永賣田約人　應會　出筆

永遠為據

一一九七　道光十一年十一月二十日熊广泽卖田契

立永賣田契約人廣澤，今因家用不便，將祖遺上則白田捌分貳厘五毛〔一〕，載粮壹升八合三撮二抄〔二〕，情愿請憑族中熊明、億、忠等説合，當日三面言定，廣澤出筆賣與篤叙堂名下為（葉）〔業〕。叙堂出備實置價錢三串三百文整〔三〕，係澤親手領訖。自賣之後，仍從買主管（葉）〔業〕，耕種當差，收粮過户，百為無阻。立此永賣約一帋為據。此照

憑中　熊明　可億　恒忠　　其田四止　東止向光祖水田　西汤士珍　南国彩　北止廣恩

道光拾壹年十一月廿日　立永賣田契人　廣澤　筆

永遠為據

一一九八　道光十一年十一月二十日国亿卖田契

立永賣田契約人國億，今因家用不便，將祖遺上則白田三分乙厘叁毫，載粮六合九勺九抄，情愿請凴族中可億等說合，出筆賣與篤叙堂名下為業。當日三面言定，篤叙堂出備時值價錢一串一伯一十二文，係國億親手領訖。自賣之後，仍從買主管業，耕種當差，收粮過户，百為無阻。今恐無（阻）〔憑〕，立此賣約一帋為據。此照。

凴中　恒忠　可億　熊明　　其田四止　東墳　西正品　南国光　北天保

道光十一年冬月二十日　國億　筆

永遠為據

〔一〕此处数字有改动。

〔二〕「二抄」二字为正行右側添加。

〔三〕此处数字有改动。

一一九九 道光十一年十一月二十一日国玉卖田契

立永賣田契約人姪国玉，今因移就不便，將自己受分上則白田二形，九分〇六毛，載粮一升九合九勺三抄，情愿請憑親中恒□等說合，玉出筆永賣與叔開楊[一]名下為業。當日三面言定，楊出俻實值價錢二串□百一十八文整，係国玉親手領訖。自賣之後，无得（義）〔異〕說。今恐无憑，立此賣約一（止）〔紙〕為據。此照。

憑中 得付

四止 東坑 西国定 南楊天保 北發魁

四止 東賣主 西正元 南一昆 北正品

道光十一年冬月廿一日 立永賣契約人 国玉 筆

〔一〕此处正行右侧有小字「篤叙堂」。

一二〇〇 道光十一年十一月二十一日孔珍卖田契

立永賣田約人孔珍，今因移就不便，將自己受分白田叁畝弍分六厘九毫，載粮七升壹合叁杓六抄，請憑中熊明等說合，珍出筆永賣與篤叙堂名下為業。当日三面言定，叙堂出俻時值價錢拾弍串乙百六十一文整，係珍親手領訖。自賣之後，任從買主起業耕種，收粮過户，百為無阻。今欲有憑，立此賣約一帋為據。

請憑中 熊明 可億

其田四止 東益明 西楚善 南邱槐 北楚善

二形四止 東益昆 西亨爵 南孔瑞 北益昆

東孔瑜 西又 南賣主 北坑

道光拾壹年十一月廿一日 立永賣田約人 孔珍 筆

此田内撥出四分五厘七毛，給与纪成、纪增。

永远為拋

一二〇一 道光十一年十一月二十一日正周卖田契

立永賣田約人正周，今因家用不給，將自己虎章垸受分白田二形，壹畝二分九厘[一]，載粮弍升八合四勺四抄，請凴中熊明

〔一〕此处数字有改动。

等說合，出筆賣與〔一〕篤叙堂名下為業。當〔日〕三面言定，叙堂出備〔時〕值價錢四串五百弍〔二〕十五文整，係周親手領訖。自賣之後，仍從買主起業当差，收粮過户，百為無阻。立永賣約一帋為據。

請凴中　心圃　可億　　其田四〔止〕　東賣主　西亨大　南發高　北榜

其又形　東錢發　西国光　南登會　北為高

道光拾一年冬月廿一日　正周　筆

永遠為業

一二〇二　道光十一年十一月二十四日熊会松卖田赤契〔三〕

立永賣白田約人会松，今因移就不便，將本己受分白田三分四

〔一〕「與」字为正行右側添加。

〔二〕「百」字为正行右側添加。

〔三〕钤有朱文天门县印，契中一方，骑缝印左一方。

厘六毛，載粮七分六勺乙抄，請憑中祖〔一〕九臯说合，出筆賣與　〔二〕名下為業。当日三面言定，　〔三〕出備實值價錢壹串三百八十四〔四〕整，係親手領訖。自永賣之後，任從買主起業，耕種当差，收粮過戸，無得異說。今恐無憑，立此永賣約一帋據。

請憑中　祖九臯　叔恒忠　　其田四止　東買主　西会富　南買主　界　北坑

道光拾壹年冬月廿四日　立永賣約人　孫会松　筆

永遠為據

一二〇三　道光十一年十一月二十四日熊邹氏卖田赤契〔五〕

立永賣白田約人熊鄒氏，今因移就不便，將本己受分白田五

〔一〕「祖」字为正行右側添加。

〔二〕此处原留有空白。

〔三〕此处原留有空白。

〔四〕此处数字有改动。

〔五〕钤有朱文天门县印，契中一方，骑缝印左、右各一方。

分，載粮壹升壹合，請憑中叔九皐说合，鄒出筆賣與〔一〕名下管業。当日三面言定，〔二〕出備實值價錢弍串整，係親手領訖。自永賣之後，任從買主起業，耕種当差，收粮過戸，無得異說。今恐無憑，立此永賣约一帋為據。

請憑中　叔九皐　弟恒忠

其田四止　東士志　南善福　西　北

道光拾壹年冬月廿四日　立永賣田約人　培忠 亮　代筆

永遠為據

一一〇四　道光十一年十一月二十五日熊会元卖田赤契〔三〕

立永賣田约人會元，今因家用不便，将本己受分白田三分六厘壹毛〔四〕，載粮七合二勺，請憑中明運说合，元出筆賣與熊報本為業。当日三面言定，報本出備时值價錢乙串壹伯文〔一〕整，係元親手领讫。自賣之後，仍從買主起業，耕種当差，收粮过户，陰陽兩便，百為無阻。今恐無憑，立此賣约一帋為據。

憑中　明運　德福　亨忠

其田四止　東 西　俱報本界　南 北　路心

道光十一年冬月廿五日　立永賣白田約人　会元　筆

長發其祥

〔一〕此处原留有空白。

〔二〕此处原留有空白。

〔三〕钤有朱文天门县印，契中二方，骑缝印左、右各一方。

〔四〕「壹毛」为正行右侧添加。

一一〇五　道光十一年十二月一日伍登榜卖田赤契〔二〕

立永賣白田约人伍登榜，今因不便，將己分高作垸白田一形，七分九厘乙毛。載粮上则，乙升七合五勺六抄〔三〕，憑中伍

〔一〕「壹伯文」为正行右侧添加。

〔二〕钤有朱文天门县印，契中一方，骑缝印左、右各一方。

〔三〕「乙升七合五勺六抄」一句为正行右侧添加。

作霖等説合，榜出筆賣与熊中義名下为業。當日三面言定，義出備時值價錢乙串五百四十四文整，係登榜親手領讫。自賣之後，任從買主管業，耕種〔二〕當差，收粮过户，陰陽兩便，百为無阻。今欲有憑，立此为據。

憑中 夏定泰 宋士標 伍作霖 熊克墀

其田四止 西坟 南伍界 北庚 東路

道光十一年朏月初一日 榜 筆

永遠为業

一一二〇六 道光十一年十二月二日熊彭氏卖田赤契〔一〕

立永賣田約人熊彭氏，今因臥病不起，将本己受分白田壹畝壹分，載粮弍升陸合四勺，請憑中九皋等说合，出筆賣與篤敘堂名下為業。當日三面言定，篤敘堂出備寔值價錢陸串壹百文整，彭氏親手領訖。自賣之後，任從買主起業耕種，收粮過戶，百為無阻。今欲有憑，立此永賣乙帋為據。

〔一〕「管業」后删去两字，「耕種」为删去二字的右侧添加。

〔二〕鈐有朱文天门县印，契中二方，骑缝印左、右各一方。

請憑中人 得富 九皋 心圃

其田四止 東書院 西得富 南篤敘堂 北篤敘堂

道光十一年拾弍月初二日 立永賣田約人熊彭氏命開成筆

一一二〇七 道光十一年十二月七日熊亨烈卖田赤契〔一〕

立永賣田約人侄亨烈，今因移就不便，将自己受分虎獐垸白田四分七厘二毫，載粮一升零四勺八抄，請憑中伯得富等说合，出賣與〔二〕叔篤敘堂名下為業。當日三面言定，〔三〕篤敘堂出備實值價錢弍串弍百文整，係亨烈弟兄親手領訖。自賣之後，仍從買主起業耕種，收粮過戶，百為無阻。今恐無憑，立此賣約一帋為據。

〔一〕鈐有朱文天门县印，契中一方，骑缝印左、右各一方。

〔二〕此处原留有空白。

〔三〕此处原留有空白。

憑中　伯得富
　　　熊明
　　　兄恒忠

其田四止　東　邱槐
　　　　　西　買主
　　　　　南　書院
　　　　　北　亨亮

道光十一年朏月初七日　立永賣田人　亨烈　筆

永遠為據

一一〇八　道光十一年十二月十六日钱光宽卖田赤契〔一〕

立永賣白田約人錢光寬，今因移就不便，將本己受分陳長垸白田五形，共五畝七分六厘五毛，載粮一斗二升七合九勺八抄，請憑中熊學章說合，寬出筆賣與篤叙堂名下為業。當日三面言定，叙出備實值價錢叁拾玖串整，係寬親手領訖。自賣之後，任從買主起〔葉〕「業」，耕種當差，收粮過户，無得異說。今欲有憑，立此賣約一帋為據。

請憑中　姪熊學章
　　　　　　心圃

其田四止　東云福
　　　　　南坑
　　　　　西開欲
　　　　　北云福

其田四止　東龍鳳
　　　　　南龍鳳
　　　　　西光宇
　　　　　北光宁

其田四止　東光先
　　　　　南希達
　　　　　西開地
　　　　　北希連

其田四止　東希仁
　　　　　南希貞
　　　　　西後榜
　　　　　北以介

其田四止　東光宁
　　　　　南希達
　　　　　西光先
　　　　　北希禮

道光十一年十二月十六日　立永賣田約人　錢光寬　筆

弓口　南　十六弓式
　　　北橫　十六弓三
　　　中直十九弓九
　　　積三百式十三弓四
　　　田乙畝三分四厘七毫
　　　⿰九七〔一〕申一畝三分八厘九毛
　　　南　五弓七
　　　北橫　六弓八
　　　中直十九弓五
　　　積壹百廿一弓九
　　　田五分〇八毫
　　　⿰九七〔二〕申五分式厘四毛

〔一〕钤有朱文天门县印，契中二方，骑缝印左一方。

〔一〕「⿰九七」即「九七」。
〔二〕「⿰九七」即「九七」。

東　卄三弓九
西　横　卄四弓壹
中直卄四弓弍
積五百八十弓〇八
田弍畝四分弍厘
⿰九七〔一〕串弍畝四分九五

東　八弓七
西　横　八弓三
中直十三弓九
積壹百十八弓弍
田四分九厘弍毛
⿰九七串五分〇七毛

南　横　十弓
北　横　九弓七
中直弍十弓〇一
積壹百九十八弓
田八分弍厘五毛
⿰九七串八分五厘

共實田五畝五分九厘弍毫
⿰九七　串五畝七分六厘五毫

永遠為據

〔一〕「⿰九七」即「九七」。

一二〇九　道光十一年十二月二十六日熊学章等卖田赤契〔一〕

立永賣白田約人學章、學宏，今因移就不便，将本己受分虎獐垸白田弍畝，載粮四升四合四勺，請憑中叔億運说合，章弟兄出筆賣與篤敘堂名下為（葉）「業」。當日三面言定，敘出備寔值價錢玖串整，係章親手領訖。自賣之後，任從買主起（葉）「業」，耕種當差，收粮過戶，無得異說。今恐無憑，立此賣約一帋為據。

請憑中　叔億運

其田四止
東　祭田
南　止　賣主
西　義學台
北　亨周

道光十一年十二月二十六日　立永賣白田約人　學章　學宏　筆

永遠為據

〔一〕 鈐有朱文天门县印，契中一方，骑缝印左二方。

一一二〇　道光十二年一月刘本纶卖田赤契〔一〕

立永賣田約人劉本綸，今因家用不便，將本己受分横林團白田一形，一畝六分三毛，（戴）〔載〕艮三分四毛，請憑親中熊德運說合，綸出筆賣與熊中義名下為業。当日三面言定，義出備實值價錢三串三百卄文整，係綸親手領訖。自賣之後，任從買主起業耕種，收粮當差，百為無阻。今恐無憑，立此永賣約一帋為據。

憑中　熊保初

其田四止　東路　西溝　南買　北刘　界

道光十二年正月十□日　立永賣田約人　劉本綸　筆

永远為據

〔一〕鈐有朱文天门县印，契中二方，骑缝印左、右各一方。

一一二一　道光十二年二月二日熊恒忠卖田赤契〔一〕

立永賣白約人姪恒忠，今因移就不便，將本己小堤團虎獐垸肆畝捌分玖厘壹毫，共二形，載糧壹斗零柒合捌勺〔二〕，情愿請憑中叔如玉等說合，忠出筆永賣與〔三〕叔名下篤敘堂為業。三面言定，篤敘出備實值價錢弍拾柒串四百整，係忠親手收訖。自賣之後，任從買主管業收粮，撥佃耕種，陰陽兩便，百為無阻。今恐無憑，立此永賣約一帋為據。册名熊道中。

憑中　如玉　九臯

其田四止　東書院　西得福　南　北祭田

又一形四止　東亨彬　南邱懷　西孔宇　北書院

〔一〕鈐有朱文天门县印，契中二方，骑缝印左、右各一方。

〔二〕此处数据有改动。

〔三〕此处留有空格。

此約田肆畝捌分玖厘壹毫，內撥抵士林田壹畝〇弍厘五毛，應抵去粮弍升弍合柒勺五抄，除抵外，篤敘堂應收熊道中粮捌升五合〇五抄。

道光十二年二月初二日　立永賣田約人　姪恒忠　筆

永遠為業

一一二二　道光十二年二月二日朱士楷等卖田赤契〔一〕

立永賣陰地基臺白田溝水約人朱士楷槐，今因移就，弟兄商議將父置並自置洪積垸基臺白田溝水壹形，计丈玖畝壹分玖厘柒毫，随載民米柒升叁合伍勺柒抄，又載正銀捌分柒厘肆毫，除基臺中間無稽孤墳数塚外，所有墳脚墳空並禾場竹園，欒林树木一並在內，情愿請憑親中王嘉瑞朱繩才等說合，楷槐出筆永賣與熊篤敘堂名下為業。三面言定，熊姓出備實值□□價錢肆伯零拾叁串弍百文整，係楷槐仝中親手領訖，其中並無準折抬算情弊。自賣之後，任凴買主收粮撥佃，修屋葬坟，百為無阻。此係自賣己分，不與親族人等相干。恐口無凴，立此為據。

米册名　朱聖典　朱進公

正銀册名　朱應昌　朱萬則一

憑中　譚中山　程建陽　程中亭　熊石成　程　兆　尹安国

基地白田溝水四止
東　程
西　賀溝心
南　止　萬尹白田坡　界
北　程陳尹　程陳賀

道光拾弍年弍月初二日　立永〔一〕賣陰地基臺白田水溝約人

朱士楷槐　仝筆

萬代富貴

〔一〕鈐有朱文天门县印，契中二方，骑缝印左一方。

〔一〕「永」字为正行右侧添加。

一一二三　道光十二年二月十日梁榜先卖田赤契〔二〕

□佃耕種，陰陽兩便，百為無阻，其中並無準折抬算情弊。此係自賣己分，不與親族人等相干。恐後無憑，立此永賣約一帋为拠。

册名　梁成

〔二〕鈐有朱文天门县印，契中二方。

憑中　湯執中　熊紀善　梁在邦

大形其田四止　東梁　西梁　南坑心　北盛

小形其田四止　東買主　西梁　南買主　北盛　界

道光十二年二月初十日　立永賣白水田約人　梁榜先　筆

一一一四　道光十二年二月二十六日赵正选卖田赤契〔一〕

立永賣白田约人趙正選，今因不便，將本己蓮台〔二〕垸白田壹畝〔三〕五分四厘五毛八糸，載民米弍升八合五勺九抄□〔四〕，情愿请凴親中錢宏智等说合，選出筆賣与〔五〕熊大相公宗義

〔一〕鈐有朱文天门县印，契中一方，骑缝印左右各一方。

〔二〕「己蓮台」三字为正行右侧添加。

〔三〕「壹亩」二字为正行右侧添加。

〔四〕「二升八合五久勺抄□」为正行右侧添加。

〔五〕此处留有空白。

名下為業。當日三面言定，义〔一〕出備時值價錢二串四百七十文整，係選親手領讫。自賣之後，任從買主起業，耕種当差，收粮过户，百為無阻。今恐無凴，立此賣约一帋為據。

册名　光彩〔二〕

凴中人　錢宏儀　開中

其田四止　东水田　西吕　南溝　北吕　界

道光拾弍年弍月廿六日　立永賣田约人　正選　筆

永遠為據

一一一五　道光十二年三月十八日德福卖田赤契〔三〕

立永賣田約人德福，今因家用不便，將本己受用分白田叁畝，水田捌分〇捌毫四糸〔四〕。載粮八升叁合六勺，請中

〔一〕「定义」二字为正行右侧添加。

〔二〕此处有涂改残损。

〔三〕鈐有朱文天门县印，契中二方，骑缝印左、右各一方。

〔四〕「〇捌毫四糸」为正行右侧添加。

熊明等說合，出筆賣與〔一〕篤叙堂名下為業。當日三面言定，〔二〕篤叙堂出備實値價錢　壹拾五串整，係福親手領訖。自賣之後，仍從買主起業耕種，粮在〔三〕篤叙堂名下完納，百為無阻。今恐無凴，立此賣約一帋為據。

請凴中　熊明　開初

其大形四止　東　買主
　　　　　　北　買主
　　　　　　南　學章
　　　　　　西　恒忠

小形四止　東　學宏
　　　　　西　恒中
　　　　　北
　　　　　南　賣〔四〕主

道光十二年三月十八日　賣田人　德福　筆

永遠為據

〔一〕此处留有空白。
〔二〕此处留有空白。
〔三〕此处留有空白。
〔四〕「賣」字前删去一字。

一一二六　道光十二年四月二十六日朱士枟卖田赤契〔一〕

立永賣白田約人朱士橒，今因移就，將祖置洪積垸白田一形，计丈式厘八毛，随載正銀六毛，情愿請憑親中王嘉瑞說合，橒出筆永賣與熊篤叙堂名下為業。三面議定，熊姓出備時值價錢四串伍百文正，係枟親手收訖。自賣之後，任從買主管業收粮，撥佃耕種，陰陽两便，百為無阻，其中並無準折抬算情弊。此係自賣己分，不與親族人等相干。恐後無憑，立此永賣約一帋為據。

冊名　朱元佐

其田四止　東 西　俱買　界　南横四分九厘
　　　　　南 北　程買　　　中直十弓〇三分
　　　　　　　　　　　　　北横八分一厘

道光十二年四月二十六日　枟　筆

永遠為業

〔一〕钤有朱文天门县印，契中二方，骑缝印左右各一方。

一一二七　道光十二年五月十九日熊定南卖田赤契〔一〕

立永賣田约人定南，今因父喪，棺木無辦，将本己白田捌分，載粮一升七合六勺，請憑中九皋等说合，定出筆永賣與報本書院為業。当日三面言定，書院出備實值價錢壹串六百文〔二〕整，係定親手領訖。自賣之後，任從買主起業耕種，收粮过户，百為無阻。今恐無憑，立此賣约一帋為據。

憑中　熊九皋 熊恒忠　亨周　画押

其田四止　東孔守　南書院　西祭田　北路心　界

道光拾弍年五月十九日　立〔三〕永賣田約人　熊定南　筆

長發其祥

〔一〕钤有朱文天门县印，契中二方，骑缝印左、右各一方。
〔二〕此处数字有修改。
〔三〕「立」字为正行右侧添加。

一一二八　道光十二年闰九月三日程谦六卖田赤契〔一〕

立永賣白田約人程謙六，今因移就，将自置譚垸白田弍拾捌畝捌分弍厘六毫，粮載上則，請凴親中譚驤廷説合，謙六出筆賣與熊篤叙堂為業。當日三面言定，篤叙堂出備價銭弍伯串文整，係謙六收訖。自賣之後，任凴買主收粮撥佃，陰陽兩便，百為無阻。今欲有凴，立此為據。

載民米六斗叁升九合九勺四抄。

四址載册

道光拾弍年閏九月初三日　程謙六　筆

永遠為業

一一二九　道光十二年十月二日夏定太卖田赤契〔二〕

立永賣白田約人夏定太，今因不便，将本己受分高作〔三〕垸白田三分七厘三毛，（在）〔載〕粮上則，請凴親中宋士彪說

〔一〕钤有朱文天门县印，契中二方，骑缝印左一方。
〔二〕钤有朱文天门县印，契中一方，骑缝印左、右各一方。
〔三〕「作」字为正行右侧添加。

合，太出筆賣與熊宗儀名下為業。當日三面言定，儀出俻實值價錢七百四十六文〔一〕，係太親手領訖。自賣之後，任從〔二〕買主起業，耕種当差，收粮過戶，百為無阻。今恐無憑，立此賣約一帋為據。此照。

憑中人　熊克持

其田四止　東吳　南宋　西李　北路　界

道光十二年十月初二日　賣田約人　定太　筆

萬倍利息

一一二〇　道光十二年十月二十九日鄢致瑞卖田赤契〔三〕

第弍拾陸號〔四〕

立永賣田契約人鄢致瑞，今因不便，將本己受分陳昌上垸白田壹畝四（力）〔厘〕〇三毛，載糧三升一合一勺，請憑親中劉

〔一〕「文」字为正行右侧添加。
〔二〕「從」字为正行右侧添加。
〔三〕钤有朱文天门县印，契中一方，骑缝印左、右各一方。
〔四〕「第弍拾陆号」应为契约持有者所加编号。

達□等說合，瑞出筆賣與熊〔一〕名下為業。当日三面言定，〔二〕出俻時值錢二串八百零七文整，係瑞親手領訖。自賣之後，任從買主起業，耕種当差，收粮過戶，百為無阻。今欲有憑，立此賣約一帋為據。

憑中　彭邦恒

其田四止　东鄢　西水田　南本　北□　界

道光十二年十月二十九日　立永賣田約人　致瑞　筆

永遠為業　註致瑞

其一形　東八弓三分　西横八弓五分　直十四弓五分　積壹伯廿一弓八分

其弍形　南横五弓八分　北横四弓九分　直四十弓□二分　積□弍百一十五弓七分

〔一〕此处原留有空白。
〔二〕此处原留有空白。

一一二二　道光十二年十一月三日李大才卖田赤契〔一〕

立永賣〔二〕白田约人李大才，今因移就不便，將祖置一北陶團白田一形，計丈七分七厘二毛，載正銀一分四厘七毛，情愿請凂親中侯曰茂等说合，大才出筆永〔三〕賣與熊篤叙堂名下為（葉）〔業〕。三面議定，熊姓出俻時值價錢陸串伍百七十文整，係大才仝中親手收讫。自賣之後，任從買主管業收粮，撥佃耕種，陰陽兩便，百為無阻。其中並無准折抬算情〔四〕弊。此係自賣己分，不與親族人等相干。恐後無凂，立此永賣約一帋為拠。

册名　吴大貴

凂中人　黄福禄　侯曰茂

其田四止　東　買主　西　陳　南　路心　北　水田　界

道光十二年冬月初三日　立永賣白田约人　李大才　筆

永遠為（葉）〔業〕

〔一〕鈐有朱文天门县印，契中二方，骑缝印左右各一方。
〔二〕「賣」字为正行右侧添加。
〔三〕「永」字为正行右侧添加。
〔四〕「情」字为正行右侧添加。

一一二三　道光十二年十一月十四日严池溪等卖田赤契〔一〕

立永賣白田约人嚴池溪仝嫂代氏〔二〕，今因移就，將本己祖遺〔三〕坐南禪寺東白田壹形，計丈弍畝玖分〔四〕叁厘□□，載民米三升六合，池仝嫂請憑親中錢国正等说合，池出筆□□熊葵园名下為業。当日三面言定，园出備時值價錢拾□串乙伯□十五文〔五〕整，係池仝代氏領訖。自賣之後，仍從買主管耕種，收粮过户，陰陽兩便，百為勿阻，今欲有憑，立此文约為據。

憑中　黄荣□　嚴国□　錢国□　王正□　靖　肖正位　熊步仙

〔一〕鈐有朱文天门县印，契中二方。
〔二〕划去「同賣」字样。
〔三〕「仝嫂代氏今因移就，將本己祖遺」为正行右侧添加。
〔四〕「弍畝玖分」为正行右侧添加。
〔五〕「十五文」三字为正行右侧添加。

其田四止 北付
南嚴
西路心 界
東坟

道光十二年十一月十四日 嚴池 筆

萬世 興隆

一一二三 道光十二年十一月十四日杨大连卖田赤契[一]

立永賣白田约人楊大連，今因移就，将本己受分坐落張官團白田一形，計丈三畝二厘五毛[二]，載粮二升六各，在楊元圣户下完纳，連情愿請憑親中肖正位说合，連出筆賣与熊葵園名下為業。園出備實值價錢拾串〇二伯八十五文[三]整，係連親手領訖。自賣之後，任從買主管業，耕種当差，收粮過戶，陰陽两便，百為無[四]阻。今欲有憑，立此文约一帋為據。

〔一〕钤有朱文天门县印，契中二方，骑缝印左一方。
〔二〕「二厘五毛」为正行右侧添加。
〔三〕「八十五文」为正行右侧添加。
〔四〕「無」字为正行右侧添加。

憑中人
熊步先
大云
方
熊国宏
熊国正
钱大德
楊大喆

其田四止 東路心
西路心 界
南三姓
北路

道光拾貳年冬月十四日 楊大連 筆

一引千契

一一二四 道光十二年十一月十四日杨大云卖田赤契[一]

立永賣白田约人楊大云，今因移就，将本己受分坐落張官團白田一形，計丈七分八厘，載粮九合，在楊正祖戶下收納，云請憑親中肖正位说合，云出筆賣與熊葵園名下管業。園出備實值[二]價錢二串八百〇八文整，係云（青）〔親〕手領訖。

〔一〕钤有朱文天门县印，契中二方，骑缝印左、右各一方。
〔二〕「值」字为正行右侧添加。

自賣之後，任從買主管業耕種，收粮過戶，陰陽兩便，百為無阻。今欲有憑，立此文约一帋為據。

憑中人　楊大喆　楊大方　錢國正　錢國紅　楊大年　楊大得　熊步光

其田四止　東　路心　西　肖　南　钱　北　楊　界

道光拾貳年冬月十四日　楊大云　筆

永遠為業

一—二二五　道光十二年十一月十五日钱国洪卖田赤契〔一〕

立永賣白田约人錢國洪，今因移就，將祖遺田產张官團坐落嚴家門前白田〔二〕壹形，計丈叁畝四分弍厘，隨載民米四升弍合，在錢于非户下收纳，洪情愿請憑中肖正位等说合，洪出筆賣与熊葵園名下為業。当日三面言定，園出備實值價錢拾伍串玖百五十七文整，係洪親手領訖。自賣之後，任從買主管業，耕種当差，收〔一〕粮过户，阴阳两便，百為無阻。今欲有憑，立此永賣文约一帋為據。

憑中　李孟林　钱文新　钱国正　王正桂　嚴荣池　熊步先

其田四止　北　路心　南　钱　西　路　界　东　钱

道光拾弍年〔二〕冬月十五日　立永賣白田约人　钱国洪　筆

永遠為業

〔一〕钤有朱文天门县印，契中二方，骑缝印左、右各一方。

〔二〕「张官團坐落嚴家門前白田」为正行右侧添加。

〔一〕「收」字为正行右侧添加。

〔二〕「年」字为正行右侧添加。

一一二六　道光十二年十一月十六钱效忠卖田

赤契[一]

立永賣田契約人錢效忠，今因家用不便，将本己受分南灣垸白田一形，壹分七厘七毛五，載魚租正銀三厘三毛七糸[二]，自請憑中美忠説合，出筆賣與熊宗義名下為業。当日三面言定，宗義出備實值價錢三百文整，係效忠親手領訖。自之後，任從買主起業，耕種当差，收粮過戶，百為無阻。今恐無憑，立此賣約一帋為據。

其田四止　東 小順　西 美忠　南 世忠　北 小順

憑中　錢美忠　熊用舟　高　南軒

道光拾弍年冬月十六日　立永賣田契約人　效忠　筆

册名　錢士顯

永遠為業

〔一〕鈐有朱文天门县印，契中一方，骑缝印左、右各一方。
〔二〕「三厘三毛七糸」为正行右侧修改添加。

一一二七　道光十二年十一月十八日钱大礼卖田

赤契[一]

立永賣白田契約人錢大禮，今因家用不便，将祖遺西汉團南湾垸白田三形，二畝七分七厘四[二]，載漁租正銀五分一（力）〔厘〕七毛，自請憑中熊良欽等説合，出筆賣與熊宗義名下為業。當日三面言定，義出備實值價錢五串五伯四十文整，係大禮親手領訖。自賣之後，任從買主起業耕種，收（良）〔粮〕过户，阴阳兩便，百為無阻[三]，勿得異説。今恐無憑，立此賣約乙帋為據。

憑中　熊潘運

其田四止　東 大璉　西 云祖　南止 門禮　北 為張

其田四止　東 坟　西 賣主　南止 賣主　北 大夅

其田四止　東 為春　西 大廷　南 大連　北 大廷

〔一〕鈐有朱文天门县印，契中二方，骑缝印左、右各一方。
〔二〕「四」字为正行右侧添加。
〔三〕「任從買主起業耕種，收良过户，阴阳兩便，百為無阻」为正行右側添加。

道光十二年冬月一十八日　立此賣約一帋為據　大禮　筆

中直　十九弓七分
南　八弓
北　横　八弓一分

又形
□　十二弓二分
□　横　十二弓三分
中直　廿二弓四分

又形
中直□□□□□
南　横　三弓八分
北　三弓四分

大富大貴
永远為業

一一二八　道光十二年十一月十八日史永盛卖田赤契[一]

立永賣田约人史永盛，今因不便，將本己横林垸内白田二形，又四分 三分六（力）〔厘〕，載一伯横正艮又七（力）〔厘〕六毛，六（力）〔厘〕八毛，情愿請凴親中載盛等说合，盛出筆賣与熊宗儀名下為業。當日三面言定，義出倫實（直）〔值〕價錢又八伯文 柒伯弍十文正，係盛親手領讫。自賣之後，任從買主起業，耕種当差，收（良）〔糧〕过户，百為無阻。今恐無凴，立此賣約一帋為拠。

〔一〕钤有朱文天门县印，契中一方，骑缝印左右各一方。

册名　史永盛

凴中　史載盛　熊潘運

其田四止　東在鑛　西在銑　南溝　北坟

其田四止　东在銑　西纪勳　南在鉄　北在芳　界

道光十二年十一月十八　立永賣田约人　史永盛　筆

永远為業

世守永昌

东
西　直廿六弓二分
南
北　横俱三弓三分

南
北　横　六弓　五弓六
中十六弓五分

一一二九　道光十二年十一月十九日史纪祿卖田赤契[一]

立永賣田约人姪史纪祿，今因家用不便，將本己受分大垸白田七分五（力）〔厘〕七毛，請凴親中叔載盛說合，出筆賣與叔

〔一〕钤有朱文天门县印，契中一方，骑缝印左右各一方。

宗儀〔一〕江名下為業。当日三面言定，叔出備實置價錢一串五伯十四文整，係祩親手領。自賣之，任從買主起業，耕種当差，百為無阻。今恐無憑，立此賣約一帋為據。册名紀玉珍。

（在）〔載〕正銀一分四厘四毛。

其田四止 東銑 西坟 南毛 北有 界

憑中 叔載盛

道光十二年 冬月十九日 立永賣田約人 史紀祩 筆

横 東 九弓三分 西 八弓八分

中直廿〇三分

永遠為業

〔一〕「宗儀」二字為正行右側添加。

一一三〇 道光十二年十一月二十日黄纯纪卖田赤契〔一〕

立永賣白田約人黄純紀，今因移就，將本己受分高作垸白田二分八（力）〔厘〕八毛六糸〔二〕，載粮上則，請憑親中叔说合，紀〔三〕賣与熊宗义名下為（葉）〔業〕。當日三面言定，义出備實置價錢五百七十七，係紀〔四〕親手領訖。自賣之後，任從買主起（葉）〔業〕，耕種当差，收粮過户，百為無阻。今欲有憑，立此賣約一帋為抶。此照。

憑中 熊克持 夏定太 宋士標

其田四止 東下 南黄 西下 北下 界

道光拾弍年冬月廿日 立永賣白田約人 紀 筆

〔一〕钤有朱文天门县印，契中一方，骑缝印左、右各一方。
〔二〕「二分八力八毛六糸」为正行右側添加。
〔三〕「紀」字为正行右側添加。
〔四〕「紀」字为正行右側添加。

萬倍利息

一一三一 道光十二年十一月二十日黃其书卖田赤契〔一〕

立永賣白田約人黃其書，今因移就，將祖置高作垸白田四分七（力）〔厘〕〔二〕，載粮上則，請憑親中叔黃鳳珍说合，書出筆賣與熊宗义名下為（葉）〔業〕。当日三面言定，熊宗义出備寔置價錢九百四十文〔三〕整，係親手領訖。自賣之後，任從買主起業，耕種当差，收粮過户，百為無阻。今恐無憑，立此賣約一帋為拠。此照。

憑中 宋士鑣 夏定太 熊克持

其田四止 東宋 南黃 西黃 北黃 界

道光拾弍年冬月廿日 立永賣白田約人 書 筆

〔一〕鈐有朱文天门县印，契中一方，骑缝印左、右各一方。

〔二〕「七力」为正行右侧添加。

〔三〕「四十文」三字为正行右侧添加。

萬倍利息

一一三二 道光十二年十一月二十日黃纯玶卖田赤契〔一〕

立永賣白田約人黃纯玶，今因不便，高作垸将本已受分白田二分九（力）〔厘〕〔二〕，載粮上則，請憑親中叔鳳珍說合，玶賣與熊宗义名下為（葉）〔業〕。当日三面言定，熊宗义出備時置價錢五百八十一，係玶親手領訖。自賣之後，仍從買主起（葉）〔業〕，耕種当差，收粮過户，百為無阻。今欲有憑，立此賣約一帋為據。此照。

憑中 宋士彪 夏定太 熊克持

其田四止 東黃 南相 西黃 北黃 界

道光拾弍年冬月廿日 立永賣白田約人 玶 筆

萬倍利息

〔一〕鈐有朱文天门县印，契中一方，骑缝印左、右各一方。

〔二〕「白田二分九力」为正行右侧添加。

一一三三 道光十二年十一月二十日钱世忠卖田赤契〔一〕

立永賣白田约人錢世忠，今因不便，将自己受分南灣垸白田一畝〇一厘，民米二升二合四勺，請憑中熊元福等説合，中出筆賣與熊宗義名下為業。當日三面言定，义出備實（至）〔值〕價錢壹串九伯五十文整，係中親手領訖。自賣之後，任從買主管業，耕種當差，收粮過戶，百為無阻。此係自賣己分，不與親族人等相干。今恐無憑，立此賣約為據。

憑中人 熊朝官 元福 用高 舟

其田四止 東乇 西王 南水田 北為有 界

道光十二年冬月廿日 白田約人 世忠 筆

永遠為業

〔一〕鈐有朱文天门县印，契中一方，骑缝印左、右各一方。

一一三四 道光十二年十一月二十日黄纯琪等卖田赤契〔一〕

立永賣白田约人黄纯琪纯明，今因不便，高作垸〔二〕将祖置白田二畝〇六（力）〔厘〕九毛二系〔三〕，載粮上則，請憑叔黄鳳珍説合，明出筆賣與熊宗义名下為（葉）〔業〕。當日三面言定，义出倫實置價錢四千一百卅□文，係親手領讫。自賣之後，仍從買主起（葉）〔業〕，耕種当差，收粮過户，百為無阻。今恐無凴，立此賣約一帋為拠。此照。

凴中 宋士彪 夏定太 熊克持

其田四止 東宋 南□ 西黄 北水田 界

道光拾弍年冬月廿日 立永賣白田〔四〕約人 琪 筆

〔一〕鈐有朱文天门县印，契中二方，骑缝印左、右各一方。
〔二〕「垸」为正行右侧添加。
〔三〕「九毛二系」为正行右侧添加。
〔四〕「白田」为正行右侧添加。

大發大旺

一一三五 道光十二年十一月二十日黄凤林卖田赤契〔一〕

立永賣〔二〕白田約人黄鳳林〔三〕，今因不便，將祖置高作垸白田五分五（力）〔厘〕三毛〔四〕，載粮上則，請凴親中鳳珍說合，林賣與熊宗义名下為（葉）〔業〕。当日三面言定，熊义出備實置價錢一千〇五十，係林〔五〕親手領訖。自賣之後，任從買主起（葉）〔業〕，耕種当差，收粮过〔六〕户，百為無阻。今恐無凴，立此賣約一帋為拠。

此照。

凴中 夏定春 夏定太 熊克持 宋士標

〔一〕鈐有朱文天门县印，契中一方，骑缝印左、右各一方。
〔二〕「賣」为正行右侧添加。
〔三〕「林」为正行右侧添加。
〔四〕「分五力三毛」为正行右侧添加。
〔五〕「林」为正行右侧添加。
〔六〕「过」为正行右侧添加。

其田四止 東黄 南黄界 西黄 北黄

道光拾弍年冬月廿日 立永賣白田約人 林 筆

萬倍利息

一一三六 道光十二年十一月二十日童遵礼卖田赤契〔一〕

第拾壹號〔二〕

立永賣田契約人童遵禮，今因不便，將本己受分陳昌垸白田乙畝乙分五（力）〔厘〕三毛一糸〔三〕，載粮弍升五合六勺，請憑中劉達卿等說合，禮出筆賣與熊〔四〕名下為業。当日三面言定，熊〔五〕出備時值價錢弍串二百零六文〔六〕整，係禮親手領訖。自賣之後，任從買主起業，耕種当差，收粮〔七〕過

〔一〕鈐有朱文天门县印，契中一方，骑缝印左、右各一方。
〔二〕「第拾壹号」应为契约持有者所加编号。
〔三〕「一糸」为正行右侧添加。
〔四〕此处原留有空白。
〔五〕此处原留有空白。
〔六〕「六文」为正行右侧添加。
〔七〕「粮」为正行右侧添加。

戶，百為無阻。今恐無憑，立此賣約一帋為據。

憑中

其田四止 東 賣主
西 水田
南 刘 界
北

道光十二年冬月廿日 立永賣田契約人 童遵礼 筆

其 西橫 六弓二分
東橫 六弓一分
中直四十五弓 積弍百七十六弓七分五

永遠為業 即程定鐸

一一三七 道光十二年十一月二十日钱炳魁卖田赤契[一]

立永賣田約人錢炳魁，今因移就不便，將本己受分南灣垸白田一形[二]，八分[三]六厘四毛，（在）〔載〕中則（名）〔民〕米一升三各八勺三[四]抄，自請憑中錢樂紹、熊怌祖說

〔一〕 钤有朱文天门县印，契中一方，骑缝印左、右各一方。
〔二〕 「形」后涂去「一亩」二字。
〔三〕 「八分」为正行右侧添加。
〔四〕 「八勺三」为正行右侧添加。

合，魁[一]出筆賣与熊宗義名下為業。當日三面言定，系宗義出備實值價錢一串九百廿文整，係炳魁（青）〔親〕手領訖。自賣知後，無得（意）〔異〕說，任從買主起業，耕種当差，收粮過戶，百為無阻。今恐無憑，立此賣約為據。

憑中 熊怌祖
錢樂紹
龍朝魁

其田四止 東 錢玉春
西 止 錢玉春
南 錢為章
北 水田

道光十二年冬月二十日 立此賣約為據 炳魁 筆

一本萬利

一一三八 道光十二年十一月二十四日熊秉均等卖田赤契[一]

立永賣田契約人熊秉均仝姪亨祥，今因家用不便，將祖遺徐團白田一畝四分三厘四毛，載粮二分七（力）〔厘〕□毛，請憑親中熊琳運等說合，賣□□□□名下為業。當日三面言定，義

〔一〕 「魁」为正行右侧添加。
〔二〕 钤有朱文天门县印，契中一方，骑缝印左、右各一方。

出備實值價錢二串三百〇四文整，係均親手領訖。自賣之後，任從買主起業耕種，收粮当差，百為無阻。今恐無憑，立此賣約一帋為據。

憑中　保初　　其田四止　東路　西江界　南路　北熊

道光十弍年冬月二十四日　立永賣田契約人　弟琳運　代筆

永遠為據

一一三九　道光十二年十一月二十五日姚采位卖田赤契一〔一〕

立永賣白田約人姚采位，今因不便，將自己受分高作垸白田乙畝七分〇六毛，（在）〔載〕粮上則，請憑親中夏定泰等說合，采位出筆賣與熊宗儀名下為業。當日三面言定，儀〔二〕出備寔值價錢三千四百一十二文〔三〕整，係位〔四〕親手領訖。自賣之后，仍從買主起業，耕種当差，收粮过户，百為無阻。今欲有憑，立此賣约一帋為據。此照。

憑中　熊克持　宋士標　　其田四止　东龔　北水田界　南垸　西夏

道光十二年冬月廿五日　采位　筆

萬倍利息

〔一〕鈐有朱文天门县印，契中二方，骑缝印左、右各一方。
〔二〕此处留有空白。
〔三〕「三千四百一十二文」为正行右侧添加。
〔四〕此处留有空白。

一一四〇　道光十二年十一月二十五日钱喜忠卖田赤契〔一〕

立永賣契田约人錢喜忠，今因家用不便，將祖遺南灣垸白田一形，計丈七分二（力）〔厘〕七毛，（在）〔載〕魚租正良一分叁（力）〔厘〕八毛二系，自請憑中美忠說合，喜出筆賣與熊宗義名下為業。當日三面言定，义出備實（直）〔值〕價錢乙千叁〇八十文整，係喜親手領訖。自賣之後，任從買起業，耕種當差，收（良）〔粮〕过戶，百為無阻。今恐無憑，立此賣約一帋為據。

〔一〕鈐有朱文天门县印，契中一方，骑缝印左、右各一方。

憑中　錢美忠　熊用高　舟　南軒

其田四止　東止　買主　西止　吉厚　南止　道忠　北　路心　界

道光十二年冬月廿五日　立永賣田約人　錢喜忠　筆

冊名　錢旭初

永享萬年

一二四一　道光十二年十一月二十五日姚采位賣田赤契二〔一〕

立永賣白田约人姚采位，今因不便，將自己受分趙家垸白田一畝九分四（力）〔厘〕一毛，（在）〔載〕粮中則，請憑親中夏定太等説合，采位出筆賣与熊宗义名下為業。当日三面言定，义出備寔值價錢二千五百九十八整，係位親手領訖。自賣之后，任從買主起業，耕種当差，收粮过戶，百為〔無〕阻。

〔一〕鈐有朱文天门县印，契中二方，骑缝印左、右各一方。

今恐無憑，立此為據。此照。

憑中　熊克持　宋士標

其田四止　东　熊坟　西　黃　南　路　北　水田　东　路　南　水田　西　水田　北　龔　界

道光十二年冬月廿五日　采位　筆

倍萬利息

一二四二　道光十二年十一月二十五日伍泽鳌卖田赤契〔一〕

立永賣白田约人伍澤鰲，今因不便，將自己受分趙家垸白田二形〔二〕，三畝六分三（力）〔厘〕三毛〔三〕，載粮中則，請憑親中夏定泰等説合，鰲出筆賣与熊宗义名下為業。當日三面言定，义出備時值價錢五千柒百八十五整，係鰲親手領訖。自賣之

〔一〕鈐有朱文天门县印，契中二方，骑缝印左、右各一方。

〔二〕「二形」为正行右側添加。

〔三〕「三力三毛」四字为正行右側添加。此处数字有修改。

後，任從買主起業，耕種當差，收粮过戶，百為無阻。今恐無憑，立此永賣文約一帋為據。此照。

憑中 熊克持 宋士標 夏定泰

其田四止 東宋 西買主 南王 北黃 界

又挨大形小形四止 東買主 西墳 南路心 北黃 界

又上一形四止 東伍 西路 南伍 北路 界

道光十二年十一月二十五日 立永賣白田約人 伍澤鰲 筆

萬倍利息

一一二四三 道光十二年十一月二十六日夏必鯤卖田赤契〔一〕

立大賣白田约人夏必鯤，今因移就，將自己受分儀豐垸白田乙畝，載粮上則，請憑親中任定泰等説合，鯤出筆賣與熊宗儀名下為業。當日三面言定，〔二〕出備實值價錢二千文整，係鯤親手領訖。自賣之後，仍從買主管業，耕種當差，收粮過户，百為勿阻。今欲有凴，立此賣約為拠。此照。

憑中 宋仕標 其田四止 東夏 西□□ 南路 北墳 界

道光十二年冬月二十六日 立此賣白田约人 鯤 筆

萬倍利息

〔一〕鈐有朱文天门县印，契中一方，骑缝印左、右各一方。

〔二〕此处留有空白。

一一二四四 道光十二年十一月二十六日胡有魁卖田赤契〔一〕

立永賣白田約人胡有魁，今因不便，將自己受分高作垸白田二形，共七分〇一毛，（在）〔載〕粮上則，請凂（青）〔親〕中宋士鑣説合，魁出筆賣與熊宗儀名下為〔業〕。当日三面言定，義出條實值價錢乙千三百四十一文整，係魁〔二〕（青）〔親〕手領（記）〔訖〕。自賣之後，任從買主起（葉）〔業〕，耕種当差，收粮過户，百爲無阻。今欲有凂，立此賣約一帋为據。

此照。

凂中 熊克持 夏定泰

其田四止 东路 西王 南買主 北胡 界

南形 其田四止 东 西 南 北 胡界

道光十二年冬月廿六日 立永賣〔一〕白田約人 魁 筆

萬部利息

〔一〕钤有朱文天门县印，契中一方，骑缝印左、右各一方。

〔二〕「魁」为正行右侧添加。

一一二四五 道光十二年十一月二十六日宋大才卖田赤契〔二〕

立永賣白田約人宋大才，今因不便，將自己受分高作垸白田二形，八分一（力）〔厘〕，（在）〔載〕粮上則，請凂（青）〔親〕中宋士鑣説合，才出筆賣與熊宗儀名下爲（葉）〔業〕。当日三面言定，出條實值價錢二共乙千二百十文整，係才（青）〔親〕手領（記）〔訖〕。自賣之後，任從買主起（葉）〔業〕，耕種当差，收粮過□，百〔為〕無阻。今欲有凂，立此賣約一帋為據。

凂中 夏定泰 熊克持

大形 其田四止 北坟 南胡 西宋 東夏 界

小形 其田四止 北宋 南坟 西宋 東宋 界

〔一〕「賣」为正行右侧添加。

〔二〕钤有朱文天门县印，契中一方，骑缝印左、右各一方。

道光十二年冬月廿六日　立永白田約人　大才　筆

萬部利息

一一二四六　道光十二年十一月二十六日夏定相卖田赤契一〔一〕

立永賣約人夏定相，今因不便，將自己受分義豐垸白田一形，二畝三分二(力)〔厘〕七毛，(在)〔載〕粮中則，請凴親中夏定泰等説合，相出筆賣與熊宗义名下為(葉)〔業〕。当日三面言定，义出脩實值價錢三千〇廿五整，係相(青)〔親〕手領訖。自賣之後，仍從買主起(葉)〔業〕，耕種当差，收粮過户，百為無阻。今恐無凴，立此賣約一帋爲據。此照。

其田四止　西姚　南溝　東伍　北伍　界

憑中人　熊克持　宋仕彪

道光十二年冬月廿六日　立永賣約人　夏定相　筆

永遠為業

〔一〕鈐有朱文天门县印，契中二方，骑缝印左、右各一方。

一一二四七　道光十二年十一月二十六日夏定裕卖田赤契一〔一〕

立永賣白田約人夏定裕，今因不便，將祖己受分□家垸白田七分八(力)〔厘〕七毛五糸〔二〕，(在)〔載〕粮上則，請憑親中定泰说合，裕〔三〕出筆賣与熊宗义名下為(葉)〔業〕。當日三面言定，义出備實值價錢乙千五百七十五文〔四〕，係親手領訖。自賣之後，任從買主起(葉)〔業〕，耕種当差，收粮過戸，百為無阻。今恐(吾)〔無〕憑，立此水賣約一帋為據。

其田四止　东龔　西　南路心　北龔　界

憑中　宋仕標

道光十二年冬月廿六日　立永賣白田約人　定裕　筆

萬倍利息

〔一〕鈐有朱文天门县印，契中一方，骑缝印左、右各一方。

〔二〕「五糸」二字为正行右侧添加。

〔三〕「裕」为正行右侧添加。

〔四〕「乙千五百七十五文」为正行右侧添加。

一一二四八　道光十二年十一月二十六日龚正万卖田赤契〔一〕

立永賣白田約人龔正萬，今因不便，將本己受分高作垸白田七分三（力）〔厘〕一毛，（在）〔載〕粮上則，請憑親中夏定泰说合，正萬出筆賣與熊宗儀名下為業。当日三面言定，熊出備實值價錢七千三百八十八整，係正萬（青）〔親〕手領訖。自（買）〔賣〕之後，仍從（賣）〔買〕主起業，耕種当差，收粮過戶，百為無阻。今欲有憑，立此賣约為據。此照。

憑中　熊克持　宋士彪

其田四止　東工　西吴　南工　北陈　界

道光拾二年冬月廿六日　立永賣白田　正萬　筆

萬倍利息

〔一〕鈐有朱文天门县印，契中一方，骑缝印左、右各一方。

一一二四九　道光十二年十一月二十六日李大保卖田赤契〔一〕

立永賣白田約人李大保，今因不便，將自己受分高作垸白田乙畝二分，（在）〔載〕粮上則，請憑（清）〔親〕中夏定泰等说合，保出筆賣與熊宗義名下為業。当日三面言定，熊宗儀出備實值價錢二千四百文〔二〕整，保亲手領訖。自賣之後，任從買主起業，耕種当差，收粮过户，百為無阻。今恐（有）〔无〕憑，立此賣约一帋為據。此照。

憑中　熊克持　宋仕標

其田四止　北　南　西　東　止界

道光十二年冬月廿六　立賣約人　李大保　筆

永遠為業

〔一〕鈐有朱文天门县印，契中一方，骑缝印左、右各一方。

〔二〕「二千四百文」为正行右側添加。

一—二五〇　道光十二年十一月二十六日夏定裕卖田赤契二〔一〕

立永賣白田約人夏定裕，今因不便，將祖自受分□家垸白田小大形乙畝二分一（力）〔厘〕，（在）〔載〕粮上則，裕請憑親中定泰说合，裕出筆賣與熊宗義名下為（葉）〔業〕。當日三面言定，义出備實值價錢二千四百廿文〔二〕，係玉亲手領訖。至賣之後，任從買主起（葉）〔業〕，耕種当差，收粮過戶，百為無阻。今恐（吾）〔無〕憑，立此永賣約一帋為據。

憑中　宋仕標

其田四止　東 路心　南 龔　西　北 買主　界

小形　東 路心　南 買主　西　北 龔　界

道光十二年冬月廿六日　立永賣白田約人　定裕　筆

萬倍利息

〔一〕鈐有朱文天门县印，契中一方，骑缝印左、右各一方。

〔二〕「二千四百廿文」为正行右侧添加。

一—二五一　道光十二年十一月二十六日吴济诗卖田赤契〔一〕

立永賣白田約人吳濟詩，今因不便，將自己受分高作垸白田乙畝六分三（力）〔厘〕三毛七系，載粮上則，請憑（清）〔親〕中夏定泰等说合，詩出筆賣與熊宗义名下為業。当日三面言定，熊出備實價錢三千二百一十八〔二〕整，詩亲手領訖。自賣之後，任從買主管業当差，收粮过户，百為無阻。今恐（有）〔無〕憑，立此賣約一帋為據。此照。

憑中人　熊克持　宋仕標　夏定泰

其田四止　北 龔　南 止吳　西 坟　東 龔　界

小形　其田四止　北 吳　南 龔　西 坟　東 □　界

〔一〕鈐有朱文天门县印，契中二方，骑缝印左、右各一方。

〔二〕「三千二百一十八」为正行右侧添加。

道光十二年冬月卄六　立此賣約人　吳濟詩　筆

永遠為業

一一二五二　道光十二年十一月二十六日黄万元卖田赤契〔一〕

立永賣白田約人黄萬元，今因移就，將本己受分高作院白田三形，共乙畝六分八厘九毫三系〔二〕，載糧上則，請憑親中夏定泰宋士彪等说合，萬元出筆賣與熊宗义名下為業。當日三面言定，义出備實值價錢三串三伯七十八文，係元親手領訖。自賣之後，仍從買主管業當差，收粮過户，百為勿阻。今恐無憑，立此永賣一帋為抝。

其田四止　一形　東 魏三合　南 义　西 賣主　北 水田

又小形　東 黄　南 黄　西 魏　北 買主

〔一〕钤有朱文天门县印，契中二方，骑缝印左、右各一方。

〔二〕此处数字有修改。「八厘九毫三系」为正行右侧添加。

又一形　東 買主　南 徐　西 賣主 界　北 水田

道光拾弍年冬月廿六日　立賣白田約人　黄萬元　筆

萬倍利息

一一二五三　道光十二年十一月二十六日夏定相卖田赤契二〔一〕

立永賣白田約人夏定相，今因不便，將自己高作垸白田一畝二分五（力）〔厘〕，（在）〔載〕粮上則，請憑親中夏定泰说合，定相出筆賣与熊宗义名下為（葉）〔業〕。当日三面言，义出備實（直）〔值〕價錢二千五百整，係相（青）〔親〕手領訖。自賣之後，仍從買主起（葉）〔業〕，耕種当差，收糧過户，百為無阻。今恐無憑，立此永賣一帋為據。此照。

其田四止　北 下　東 吳　西 下 界　南 下　　憑中　宋仕彪　熊克持

東 工　南 宋　西 下　北 下

道光十二年冬月廿六日　立永賣約人　夏定相　筆

〔一〕钤有朱文天门县印，契中一方，骑缝印左、右各一方。

永遠為業

一一二五四　道光十二年十一月二十六日夏永达卖田赤契[一]

立永賣白田約人夏永達，今因不便，將自己高作垸白田二畝三分，（在）〔載〕粮上則，請憑親中夏定泰说合，永達出筆賣与熊宗义[二]名下為業。当日三面言定，义出備實（直）〔值〕價錢四千六百整，係達（青）〔親〕手領訖。自賣之後，仍從買主起業，耕種当差，收粮過户，百為無阻。今欲有憑，立此賣約一帋為據。此照。

憑中人　熊克持　宋士彪

其田四止　東下　南路心　西坟　北下　界

道光十二年冬月二十六日　立永賣白田約人　夏永達　筆

萬倍利息

〔一〕钤有朱文天门县印，契中一方，骑缝印左、右各一方。

〔二〕此处留有空白。

一一二五五　道光十二年十一月二十六日宋政卖田赤契[一]

立永賣白田約人宋政，今因不便，將自己受分高作垸白田三分四（力）〔厘〕八毛[二]，（在）〔載〕粮上則，請憑（青）〔親〕中宋士鑣说合，政出筆賣與熊宗義名下為（葉）〔業〕。当日三面言定，义出備實值價錢六百九十六文[三]整，係政（青）〔親〕手領記。自賣之後，任從買主起（葉）〔業〕，耕種当差，收粮過户，百為無阻。今欲有憑，立此賣約一帋為據。

此照。

憑中　夏定泰　熊克持

其田四止　北宋　南坟　西宋　東□　界

〔一〕钤有朱文天门县印，契中一方，骑缝印左、右各一方。

〔二〕「力八毛」为正行右侧添加。

〔三〕「十六文」为正行右侧添加。

道光十二年冬月廿六日　立永賣白田約人　政　筆

萬倍利息

一—二五六　道光十二年十一月二十六日钱士恒卖田赤契〔一〕

立永賣白田約人錢士恒，今因移就不便，将自己受分南湾垸白田，计丈五分二厘六毛三系，載漁租正艮一分，請凴親中熊南軒等說合，恒出筆賣與熊中義名下為業。當日三面言定，義出價實（至）〔值〕價〔二〕錢壹串整，係恒親手領訖。至賣之後，任從買主管業，耕種當差，收（良）〔粮〕过户，陰陽兩便，百為無阻。此係自賣己分，不與親族人等相干。今恐無憑，立此賣約一帋為據。

其田四止　東　錢宗理
　　　　　西
　　　　　南　俱買主　界
　　　　　北　吴玉春

憑中人　熊用高 舟　美中

〔一〕鈐有朱文天门县印，契中一方，骑缝印左、右各一方。

〔二〕〔價〕字为正行右侧添加。

道光十二年　冬月廿六日　立永賣白田約人　錢士恒　筆

永遠為業

一—二五七　道光十二年十一月二十六日钱載阳卖田赤契〔一〕

立永賣白田約人錢載陽，今因不便，将自受分南湾垸白田四形，四畝零三厘三毛三系〔二〕，民米叁升九合四勺八抄〔三〕，漁租正艮三分，請憑中熊南軒等說合，陽出筆賣與熊宗義名下為業。當日三面言定，义出備時（至）〔值〕價錢柒串三伯八十文整，係陽親手領訖。至賣之後，任從買主管業，耕種當差，收粮过户，陰陽兩便，百為無阻。此係自賣己分，不與親族人等相干。今恐無憑，立此賣為據。

凴中人　熊用舟 高　美中

其田四　東　水田
　　　　西　□
　　　　南　□
　　　　北　路心

〔一〕鈐有朱文天门县印，契中二方，骑缝印左、右各一方。

〔二〕此处数字有修改。

〔三〕此处数字有修改。

又　東　路心
　　西　□□
　　南　路心
　　北　田

又　東　埂
　　西
　　南　買
　　北　专

又　東　路心
　　西　专
　　南　坑界
　　北　賣

道光十二年　冬月廿六日　賣白田約人　載陽　筆

永遠為業

一一二五八　道光十二年十一月二十六日钱敦厚卖田赤契〔一〕

立永賣白田契約人錢敦厚，今因不便，將本己受分南灣垸白田共叁形，共三畝弍分零六毛，載魚租正銀六分壹厘，自請憑中南軒等說合，出筆賣與熊宗義名下為業。當日言定，實值價錢伍串八百五十文整〔二〕，係厚親手領訖。自賣之後，任從買主起業當差，收料过户，百為勿阻，恐口無憑，立此賣約一帋為據。

〔一〕 鈐有朱文天门县印，契中三方，骑缝印左、右各一方。
〔二〕 此处数字有改动。

其一形四止　東　買主
　　　　　　西　玉春
　　　　　　南　以倫
　　　　　　北　水田
　　　　　　止

其二形四止　東　買主
　　　　　　西　錢順
　　　　　　南　坟脚
　　　　　　北　買主
　　　　　　止

其三形　東　埂
　　　　西　水田
　　　　南　水田
　　　　北　買主
　　　　止

憑中　用高　用周　載陽　美忠

道光十二年冬月廿六日　立永賣白田契約人　錢敦厚　筆

冊名　錢必選
　　　錢世選翬

永远為據

一一二五九　道光十二年十一月二十六日龚道全卖田赤契一〔一〕

立永賣白田約人龔道全，今因移就不便，將本己受分趙家垸白

〔一〕 鈐有朱文天门县印，契中三方，骑缝印左、右各一方。

田乙畝一分五（力）〔厘〕七毛，（在）〔載〕粮上則，請憑（青）〔親〕中等夏定泰説合，全出筆賣与熊宗儀下名下為業。当日三面言定，[一] 儀出備實值價錢〇二千三百一十四文整，係全（青）〔親〕手（領手）領訖。自賣之後，任從買主起業，耕種当差，收粮過戶，百為無阻。今恐無憑，立此賣約一帋為據，此照。

憑中 宋士鑓 夏定泰

其田四止 東下 南坟界 西下 北工

道光十二年冬月廿六日 道全 筆

萬倍利息

一一二六〇 道光十二年十一月二十六日龔正昇卖田赤契一[二]

立永賣白田約人龔正昇，今因不便，將本己受分趙家垸白田九分，（在）〔載〕粮上則，請憑親中夏定太説合，昇出筆賣

〔一〕此处留有空白。

〔二〕鈐有朱文天门县印，契中一方，骑缝印左、右各一方。

與熊宗儀名下為業[一]。当日三面言定，熊出備實值價錢乙千八百文，昇（青）〔親〕手領訖。自賣之後，仍從（賣）〔買〕主起業，耕種当差，收粮過戶，百為無阻。今欲有憑，立此賣一帋為〔據〕。此照。

憑中人 宋士彪

其田四止 東工 西張界 南下 北工

道光拾弍年冬月廿六 立永賣白田約人 正昇 筆

萬倍利息

一一二六一 道光十二年十一月二十六日夏必富卖田赤契[二]

立永賣白田約人夏必富，今因移就不便，將自己受分趙家垸白田二（刑）〔形〕，共二畝二分四（力）〔厘〕四毛，請憑親中夏定泰等[三]說合，必富出筆賣與熊宗儀名下為業。当日三面言定[四]，出備實值價錢四千四百八十八整，係富亲手領

〔一〕「業」为正行右侧添加。

〔二〕鈐有朱文天门县印，契中一方，骑缝印左、右各一方。

〔三〕「夏定泰等」为正行右侧添加。

〔四〕「当日三面言定」为正行右侧添加。

記。自賣之後，仍從買主起業，耕種当差，收糧過户，百為無阻。今恐（吾）〔無〕憑，立此賣约一紙為據。此照。

憑中　宋仕標　　一形

東□
西買
南買主　界
北坟

其田四止　東
南　路
西□
北□

道光十二年冬月廿六日　立永賣田約人　冨　筆

永遠為（葉）〔業〕

一—二六二　道光十二年十一月二十六日龔正昇卖田赤契二〔一〕

立永賣白田約人龔正昇，今因不便，將本己受分趙家垸白田乙畝二分二（力）〔厘〕八毛，（在）〔載〕粮上則，請憑親中夏定太說合，昇出筆賣與熊宗儀名下為業。當日三面言定，熊出備實值價錢二千四百五十六文整，係昇（青）〔親〕手領訖。自買之後，仍從（賣）〔買〕主起業，耕種当差，收粮過户，百為無阻。今欲有憑，立此賣約一帋為據。此照。

〔一〕鈐有朱文天门县印，契中一方，骑缝印左、右各一方。

過中　宋士彪
　　　熊克持

其田四止　東姚
西姚
南夏　界
北□

道光拾弍年冬月廿六日　立永賣白田　正昇　筆

萬倍利息

一—二六三　道光十二年十一月二十六日龔正昇卖田赤契三〔一〕

立永賣白田約人龔正昇，今因不便，將本己受分趙家垸白田乙畝三分零五（力）〔厘〕〔二〕（在）〔載〕粮上則，請憑親中夏定太說合，昇出筆賣與熊宗儀名下為業。當日三面言定〔三〕，熊出備實值價錢二千七百文整，係（青）〔親〕手領訖。自買之後，仍從（賣）〔買〕主起業，耕種当差，收粮過

〔一〕鈐有朱文天门县印，契中一方，骑缝印左、右各一方。
〔二〕「五力」为正行右侧添加。
〔三〕「言定」为正行右侧添加。

戶，百為無阻。今欲有憑，立此賣一帋為據。此照。

憑中人　宋士彪　　其田四止　東張　西工　南王　界　北下

道光拾弍年冬月廿六　立永賣白田　正昇　筆

萬倍利息

一一二六四　道光十二年十一月二十六日皮选卖田赤契〔一〕

永遠□據

立永賣田契約人皮選，今因家用不便，將父置徐團白田九分四厘，載粮二升一合，請憑親中徐守儀等說合，出筆賣與熊宗義名下為業。當日三面言定，義出備實值價錢二串一百二十八文整，係選親手領訖。自賣之後，任從買主起業耕種，收粮當差，百為無阻。今恐無憑，立此賣約一帋為據。

憑中　徐守儀　皮進　　其田四止　東熊　西張　南賣主　界　北熊

〔一〕鈐有朱文天门县印，契中二方，骑缝印左一方。

道光十二年十一月二十六日　立永賣□□□□皮選　筆

永遠為據

一一二六五　道光十二年十一月二十六日钱守忠卖田赤契〔一〕

立永賣白田契約人钱守忠，今因不便，將本己西湾垸白田二形，共壹畝八分九厘，載漁租正艮叁分六厘，自憑中熊南軒等說合，忠出筆賣與宗義名下為業。當日三面言定，實值價錢三串二百七十文，係忠親手領訖。自賣之後，任從買主起業当差，收粮過戶，百為無阻。恐口無憑，立此為據。

其田四止　東止垸　西止水田　南止買主　北止買主

又形　東止水田　西止垸　南止水田　北止水田

憑中　熊用高　用舟　呈大忠

道光十二年冬月廿六日　立此永賣田契約人　錢守忠　筆

册名　錢世顯輝

〔一〕鈐有朱文天门县印，契中二方，骑缝印左、右各一方。

永遠為業

一一二六六　道光十二年十一月二十六日钱道忠卖田赤契〔一〕

立永賣田約人钱道忠，今因不便，將本己受分南湾垸白田叁畝四分陸厘〔二〕八毛〔三〕，載中（折）〔則〕正粮五升五合四勺九抄〔四〕，自請憑中錢美中說合，道忠出筆賣與熊宗義名下為業。当日三面言定，宗義備實值價錢柒串八伯文整，係忠親手領訖。自賣之後，任從買主起業，耕種当差，收粮過戶，陰陽兩便，百為勿阻。今恐無憑，立此賣約一帋為據。

其田四止　東 買主　南 錢才　西 玉春　北 士忠　界

憑中人　熊用高　用舟　錢美中　熊運貴　錢為春

道光十二年冬月廿六日　道忠　筆

永遠為業

〔一〕钤有朱文天门县印，契中二方，骑缝印左、右各一方。
〔二〕此处数字有修改。
〔三〕「八毛」为正行右侧添加。
〔四〕「九抄」为正行右侧添加。

一一二六七　道光十二年十一月二十六日钱得祥卖田赤契〔一〕

永賣白田約人錢得祥，今因家用不便，將自己受分南湾垸白田二形，壹畝二分六厘六毛五糸〔二〕，載官庄正艮三分七厘七毛二糸〔三〕，請憑中专厚富等説合，祥出筆賣與熊宗義名下為業。當日三面言定，义出備實（至）〔值〕價錢二串三伯八十七文整，係祥親手领讫。至賣之後，任從買土管業，耕種當差，收粁過户，百為無阻。此係自賣己分，不與親族人等相干。今恐無憑，立此賣約為據。

憑中人　熊　□□　朝官　用高　用舟

其田四止　東 王　南 □　西 買　北 為柄

又　東 尚忠　西 錢　南　北 水田

又　東 水田　西　南 □　北 溝　界

道光十二年冬月廿六日　得祥　筆

〔一〕钤有朱文天门县印，契中一方，骑缝印左、右各一方。
〔二〕此处数字有修改。
〔三〕「二糸」二字为正行右侧添加。

永远為業

一一二六八　道光十二年十一月二十六日熊元福卖田赤契[一]

立永賣田契約人熊元福，今因事務不便，将本己受分南湾垸白田三分三厘弍毛五糸，載官庄艮乙分〇五毛[二]，自請憑中用高等説合，福出筆賣與熊宗義名下為業。当日三面言定，義出備實置價錢五百八十六文整，係福親手領訖。自賣之後，任從買主起業，耕種当差，收粮过戶，陰陽兩便，百為無阻。恐口無憑，立此賣約為據。

憑中　熊用舟　南軒

其田四止　東　買主　南　樂朋　西　樂朋　北　買主　界

道光十二年冬月廿六日　立永田契約人　熊元福　姪朝官　代筆

〔一〕鈐有朱文天门县印，契中一方，骑缝印左、右各一方。

〔二〕「〇五毛」为正行右侧添加。

册名　元福

永遠為業

一一二六九　道光十二年十一月二十六日钱祥忠卖田赤契[一]

立永賣田契約人錢祥忠，今因家用不便，将本己受分南湾垸白田三分九厘一毛，載官庒正銀乙分一厘三毛三糸，自請憑中錢加厚説合，出筆賣與熊宗義名下為業。当日三面言定，宗義出備實值價錢六百九十文整[二]，係祥忠親手領訖。自賣之後，任從買主起業，耕種当差，收粮過戶，百為勿阻。今恐勿凴，立此賣約乙帋為據。

其田四止　北止坟　南介　西路中　東運貴

凴中　高　熊用舟　運貴　錢加厚

道光十二年冬月廿六日　立永賣田契約人　錢祥忠　筆

冊名　錢樂雲名下

永远為業

〔一〕鈐有朱文天门县印，契中一方，骑缝印左、右各一方。

〔二〕此处数字有修改。

冊名 錢玉春 宅名

永遠為據

一一二七〇 道光十二年十一月二十六日钱乐兰卖田赤契[一]

立永賣田契約人錢樂蘭，今因家用不便，將本己受分南湾坑白田二形，壹畝叁分叁厘六毛七糸[二]，載官庄正銀四分零乙毛[三]，自請憑中錢加厚等說合，出筆賣與熊宗義名下為業。当日三面言定，宗義出備實值價錢二串四百四十文整，係樂蘭親手領訖。自之後，任從買主起業，耕種当差，收粮過戶，百為無阻。今恐無憑，立此賣約一帋為據。

其田四止 大形 東 錢順 西 買主 南 厚光 北 路坑中

小形四止 東 行忠 西 路 南 坑 北 坟

憑中 熊運貴 錢加厚 高用舟

道光拾弍年冬月二十六日 立永賣田契約人 錢樂蘭 筆

〔一〕鈐有朱文天门县印，契中一方，骑缝印左、右各一方。

〔二〕此处数字有修改。

〔三〕此处数字有修改。

一一二七一 道光十二年十一月二十六日钱美忠卖田赤契[一]

立永賣白田约人錢美忠，今因移就不便，將自己受分南灣坑白田六分九厘九毛，載漁租正艮一分三厘三毛，請憑親中熊南軒等說合，忠出筆賣與熊宗義名下為業。當日三面言定，義出備實（至）〔值〕價錢壹串叁伯整，係忠憑中親手領訖。至賣之後，任從買主管業，耕種當差，收（良）〔粮〕過戶，陰陽兩便，百為無阻。此係自賣己分，不與親族人等相干，恐口無憑，立此賣約為據。

其田四止 東 □中 西 買主界 南 坟 北 買主

憑中人 熊用舟 高 載陽

道光拾二年冬月廿六日 立永賣約人 美忠 筆

冊名 錢輝

永远為業

〔一〕鈐有朱文天门县印，契中一方，骑缝印左、右各一方。

一一二七二　道光十二年十一月二十六日钱积厚卖田赤契[一]

立永賣白田契約人錢積厚，今因不便，將本己受分南灣垸白田九分〇七毛三絲[二]，載漁租正艮一分七厘二毛四糸，自請憑中熊南軒等說合，厚出筆賣與熊宗義名下為業。当日三面言定，實值價錢一串八□九十文正，係厚親手領訖。自賣之後，任從買主起業，耕種当差，收粮過戶，百為〔無〕阻。今恐無憑，立此為據。

其田四止

東　致明
西　買主
止
南　玉春
北　水田

憑中　熊用高　用舟　美忠

道光十二年冬月廿六日　立永賣田契約人　錢積厚　筆

冊名　錢世顯瞿

永遠為業

〔一〕鈐有朱文天门县印，契中一方，骑缝印左、右各一方。

〔二〕此处数字有修改。

一一二七三　道光十二年十一月二十六日胡自德卖田赤契[一]

立永賣白田約人胡自德，今因不[二]便，將自己受分高作垸白田二形，六分八（力）〔厘〕一毛，（在）〔載〕粮上則，請凂（青）〔親〕中夏定泰說合，德出筆賣與熊宗義名下為（葉）〔業〕。当日三面言定，乂出倫實值價錢乙串乙百[三]〇四文整，係德（青）〔親〕手領記。自賣[四]之後，任從買主起（葉）〔業〕，耕種当差，收粮過户，百為無阻。今欲有凂，立此賣約一帋為據。

此照。

凂中　熊克持　宋士鏕

其田四止　北陳　南胡　西杭　東胡　界

小形　其田四止　北陳　南胡　西杭　東本　界

〔一〕鈐有朱文天门县印，契中一方，骑缝印左、右各一方。

〔二〕「不」为正行右侧添加。

〔三〕「乙百」为正行右侧添加。

〔四〕「賣」为正行右侧添加。

道光十二年冬月廿六日　立永白田約人　德　筆
永遠為業

一一二七四　道光十二年十一月二十六日龔道全卖田赤契二[一]

立永賣白田約人龔道全，今因移就不便，將自己祖遺受分趙家垸白田九分三（力）〔厘〕三毛，（在）〔載〕粮上則，請憑親中夏定泰等說合，全出筆賣與熊宗義名下為業。当日三面言定，乂出備实（直）〔值〕價錢乙串八百六十六整，係全（青）〔親〕手領訖。自賣之後，任從買主起業，耕種当差，收粮過戶，百為無阻。今恐無憑，立此賣文約一帋為拠。此照。

憑中　熊克持　宋文魁

其田四止　东、西 俱工、南 □、北 賣主　界

道光拾弍年冬月廿六日　立永賣白田約人　龔道全　叔正陞

〔一〕鈐有朱文天门县印，契中一方，骑缝印左、右各一方。

代筆
萬倍利息

一一二七五　道光十二年十一月二十六日龔道全卖田赤契三[一]

立永賣白田約人龔道全，今因移就不便，將自己受分趙家垸白田六分二厘，（在）〔載〕粮上則，請憑（青）〔親〕中等夏定泰說合，全出筆賣與宗[二]義名下為業。当日三面言定，乂出備實值價錢乙串二百四十文[三]整，係全（青）〔親〕手領訖。自賣之後，任從買主起業，耕種当差，收粮過戶，百為無阻。今恐無憑，立此為據。此照。

憑中　宋士鑣　熊克持

其田四止　東工水田、西工、南工、北工　界

道光十二年冬月廿六日　龔道全　筆
萬倍利息

〔一〕鈐有朱文天门县印，契中一方，骑缝印左、右各一方。
〔二〕原件如此。
〔三〕原件如此。

一一二七六　道光十二年十一月二十六日宋在明卖田赤契[一]

立永賣白田約人宋在明，今因不便，將自己受分高作垸白田二形，乙畝〇五（力）〔厘〕[二]八毛二系[三]，（在）〔載〕粮上則二升三合四勺八抄[四]，請憑（青）〔親〕中夏定泰說合，明出筆賣與熊宗义名下為（葉）〔業〕。当日三面言定，义出備實值價錢二串乙百一十五[五]整，係明（青）〔親〕手領記。自賣之後，任從買主管（葉）〔業〕，耕種当差，收粮過戶，百為無阻。今欲有憑，立此賣約一帋為據。

憑中　宋士鑣　熊克持

其田四止　北□　南宋　西胡　東胡　界

其田四止　北宋　南宋　西宋　東宋　界

道光十二年冬月廿六日　立永賣白田約人　明[一]　筆

永遠為業

〔一〕鈐有朱文天门县印，契中一方，骑缝印左、右各一方。
〔二〕「五力」为正行右側添加。
〔三〕「八毛二系」为正行左側添加。
〔四〕「二升三合四勺八抄」为正行右側添加。
〔五〕「五」为正行右側添加。

〔一〕「明」为正行右側添加。

一一二七七　道光十二年十一月二十六日彭良臣卖田赤契[二]

第拾陸号[三]

立永賣田契約人彭良臣，今因不便，將本己受分陳昌下垸白田六分四厘九毛[四]，載粮一升四合三抄[五]，請憑親中劉崇璋等說合，臣出筆賣與[六]名下為業。当日三面言定，出備實值價錢乙串弍百九十二整，係[七]良臣[八]親手領訖。自賣之後，仍從買主[九]起業，耕種当差，收粮过戶，百為無阻。今欲有憑，立此賣約帋為據。

〔二〕鈐有朱文天门县印，契中一方，骑缝印左、右各一方。
〔三〕「第拾陆号」应为契约持有者所加编号。
〔四〕此处数字有修改。
〔五〕此处数字有修改。
〔六〕此处原留有空白。
〔七〕「係」后涂去「郎」字。
〔八〕「良臣」为正行右側添加。
〔九〕「買主」为正行右側添加。

憑中　劉達卿

其田四止　東　路　西　南　吳　界　北　水田

永遠為業

道光十二年冬月廿六日　立永賣田契約人　彭良臣　筆

南　七弓一分
北　横　七弓四分　直弍十一弓五分　積乙百五十五弓八分七厘五

克厚

一一二七八　道光十二年十一月二十六日彭兴会卖田赤契〔一〕

第拾□号〔二〕

立永賣田契約人彭興會，今因不便，將本己受分陳昌上垸白田乙畝弍分八厘三毛七糸，載粮弍升八合九勺〔三〕，請憑中劉崇

〔一〕钤有朱文天门县印，契中一方，骑缝印左、右各一方。

〔二〕「第拾□号」应为契约持有者所加编号。

〔三〕此处数字有修改。

璋說合，會出筆賣與〔一〕名下為業。當日三面言定，〔二〕出倫時值價錢二串五百六十八文整〔三〕，係會親手領訖。自賣之後，任從買主起業，耕種当差，收粮過戶，百為無阻。今恐無憑，立此賣約一帋為據。

憑中　劉達卿

其田四止　北　彡　南　彡　西　劉　界　東　彡

道光十二年冬月廿六日　立永賣田契約人　彭興會　筆

東　横　拾壹弓九分
西　拾弍弓壹分　直弍十陸弓四分　積叁百壹拾陸弓八

内墳　東　西　横　三弓九分　直叁弓　積地四厘八毛五糸弍

永遠為業

〔一〕此处原留有空白。

〔二〕此处原留有空白。

〔三〕「二串五百六十八文整」为正行右侧添加。

一一二七九　道光十二年十一月二十六日叶朝昇卖田赤契〔一〕

第玖号〔二〕

必報必應

立永賣田契約人葉朝昇、必报、必应〔三〕，今因移就不便，將本己受〔四〕分陳昌上垸〔五〕白田一形〔六〕七分四厘三毛四系四（乎）〔忽〕〔七〕，載糾乙升乙合五勺〔八〕，請憑親中劉崇璋等說合，出筆〔九〕賣與〔十〕名下為業。当日三面言定，〔十一〕出俻实價錢乙串三百卅整，係昇親手領訖。自賣之後，任從買主起業，耕種当差，收粮过戶，百為無阻。

〔一〕鈐有朱文天门县印，契中一方，骑缝印左、右各一方。

〔二〕「第玖号」应为契约持有者所加编号。

〔三〕「必报必应」为正行右侧添加。

〔四〕「受」为正行右侧添加。

〔五〕「垸」为正行右侧添加。

〔六〕「一形」为正行右侧添加。

〔七〕「系四乎」为正行右侧添加。

〔八〕「乙升乙合五勺」为正行右侧添加。

〔九〕「說合出筆」为正行右侧添加。

〔十〕此处原留有空白。

〔十一〕此处原留有空白。

今恐無憑，立此賣約一帋為據。

憑中　劉崇璋

其田四止　（居）〔俱〕□葉界

道光十二年冬月廿六日　立永賣田約人　葉朝昇　筆

東　五弓二分

西横　叁弓八分五厘

中直叁十九弓

積乙百柒拾捌弓四分弍厘五

永遠為業

一一二八〇　道光十二年十一月二十六日夏定相卖田赤契三〔一〕

立永賣白田約人夏定相，今因移就，將本己受分趙家垸白田一形，四分九（力）〔厘〕六毛，載糧上則，請憑親中夏定泰等說合，相出筆永賣與宗義名下為（葉）〔業〕。當日三面言定，义出俻實值價錢九百九十二文〔二〕整，係相親手領訖。自賣之後，仍從買主起（葉）〔業〕，耕種當差，收粮過戶，百

〔一〕鈐有朱文天门县印，契中一方，骑缝印左、右各一方。

〔二〕「二」「十二文」为正行右侧添加。

為無阻〔一〕。今恐勿憑，立此永賣約一帋為據。此照。

其田四止　東　龔
　　　　　南　坟　界
　　　　　西　夏
　　　　　北　夏

憑中　熊克持
　　　宋仕彪

永遠為業

道光十二年冬月廿六日　立賣約人　夏定相　筆

〔一〕「百為無阻」为正行右侧添加。

一一二八一　道光十二年十一月二十六日刘省贵卖田赤契〔二〕

第□□□〔三〕

立永賣田契約人劉省貴，今因不便，將本己受分陳昌上垸白田弍形，共田弍畝三分七厘乙毛〔四〕，載粮五升二〔五〕合陸勺，請憑親中刘〔一〕達卿說合，貴〔二〕出筆賣與熊宗义名下為業。當日三面言定，熊出備時值價錢四串七百四十五文〔三〕整，係〔四〕貴親手領訖。自賣之後，仍從買主管業，耕種当差，收粮過戶，百為無阻〔五〕。今恐無憑，立此永賣約一帋為據。

憑中　刘大欽

一形　其田四止　東　冕昇
　　　　　　　　南　玉根
　　　　　　　　西　賣主
　　　　　　　　北　賣主

二形四止　東　玉根
　　　　　南　路中　界
　　　　　西　賣主
　　　　　北　坑

永遠為業

道光十二年冬月二十六日　立永賣田契約人　刘省貴　筆

〔二〕鈐有朱文天门县印，契中一方，骑缝印左、右各一方。
〔三〕「第□□□」应为契纸持有者所加编号。
〔四〕此处数字有修改。
〔五〕「升二」为正行右侧添加。

〔一〕「刘」为正行右侧添加。
〔二〕「貴」为正行右侧添加。
〔三〕此处数字有修改。
〔四〕「整係」为正行右侧添加。
〔五〕「阻」为正行右侧添加。

其乙形　南北横　直□□四分　積三百四十六弓五分六厘

其　南横十五弓　北横十四弓五　直十五弓一分　內除低坑　横兩弓　直三弓　積弍百廿八弓六分二厘五

宏升

一一二八二　道光十二年十一月二十六日熊光祖卖田赤契〔一〕

第叁拾陸號〔二〕

立永賣田契約人熊光祖，今因不便，將本己受分陳昌上下垸白田二（刑）〔形〕，九分五厘九毛〔三〕，載粮二升乙合四勺，請憑中刘崇璋說合，祖出筆賣與熊宗義名下為業。当日三面言定〔四〕，出倫實值價錢乙串九百廿文整，係親手領訖。自賣之後，仍從買主起業，耕種当差，收粮过戶，百為無阻。今恐無憑，立此賣約一紙為據。

〔一〕钤有朱文天门县印，契中二方，骑缝印右一方。

〔二〕「第叁拾陸號」应为契约持有者所加编号。

〔三〕此处数字有改动。

〔四〕此处留有空白。

憑中　刘達卿

其田四止　東止路　西吳　南坑界　北坟　其田四止　東吳　西彡　南吳界　北路心

道光十二年冬月廿六日　立永賣田契約人　熊光祖　筆

墳前一形　北横三弓八分四　南横三弓五分　中三弓七分四　直卅五弓五分　積乙百卅一弓五分三厘

路東一形　西横六弓乙分　東横同　直十六弓弍分　積九十八弓八分二厘

永遠為業

一一二八三　道光十二年十一月二十六日彭平如卖田赤契〔一〕

第叁拾叁号〔二〕

立永賣田契約人彭平如，今因不便，將本己受分陳昌下垸白田乙畝一分二厘六毛〔三〕，載粁二升六合三勺三抄，請憑中刘

〔一〕钤有朱文天门县印，契中一方，骑缝印左、右各一方。

〔二〕「第叁拾叁號」应为契约持有者所加编号。

〔三〕「毛」后圈掉「六糸六」三字。

崇漳說合，如出筆賣與熊〔一〕名下為業。當日三面言定，〔二〕出備實值價錢弍串弍百五十三文〔三〕整，係如親手領訖。自賣之後，仍從買主起業，耕種當差，收粮過戶，百為（吾）〔無〕阻。今恐無憑，立此賣約一帋為據。

憑中　鄢致□

其田四止　東□　南水田　西　北乡　界

道光十二年冬月廿六日　立永賣田契約人　彭平如　筆

南橫　四弓八分　積弍百七十弓零三分九厘八毛八糸

南中橫　四弓八分

中橫　五弓三分五厘

北中　五弓弍分

北橫　四弓九分八厘

中直　五十三弓八分

永遠為業　糧在鄢致瑞戶下

〔一〕此处留有空白。

〔二〕此处留有空白。

〔三〕「三文」为正行右侧添加。

一一二八四　道光十二年十一月二十六日叶有义卖田赤契〔一〕

第捌号〔二〕

立永賣田契約人葉有義，今因不便，將本己受分陳昌上垸白田三形，弍畝六分七厘九毛，載粮五升九合四勺，請憑親中刘崇璋說合，□出筆賣与〔三〕名下為業。當日三面言定，〔四〕出備时值價錢五串三百六十文整，係义親手領訖。自賣之後，仍從買主起業，耕種当差，收粮過户，百為無阻。今恐無憑，立此賣約一帋為拠。

憑中　刘達青　　其田四止皆葉界

道光十弍年冬月廿六日　立永賣田契约　葉有義　筆

南橫十七弓三分　北橫同　直弍拾　積叁百四十六弓

□西北形　西橫十弓〇□□　東橫八弓七分　直十五弓弍分　積七十四弓乙分

〔一〕鈐有朱文天门县印，契中二方，骑缝印左右各一方。

〔二〕「第捌号」应为契约持有者所加编号。

〔三〕此处原本留有空白。

〔四〕此处原本留有空白。

南形 東横六弓五分 西四弓五分 直廿七弓四分 積乙百五十弓〇七分

永遠為業

一二八五 道光十二年十一月二十六日刘天爵卖田赤契[一]

第陆号[二]

立永賣田契約人劉天爵，今因不便，將本己受分陳昌上垸白田三畝七分壹厘，載粁八升二合三勺[三]，请憑親中刘達卿說合，爵出筆賣与[四]名下為業。当日三面言定，[五]出備時值價錢柒串肆百二十文整，係爵親手領訖。自賣之後，任從買主起業，耕種当差，收粁過戶，百為無阻。今欲有憑，立此永賣約一帋為拠。

憑中 刘達卿 其田四止 西賣主 東刘 南彭 北水田 界

〔一〕鈐有朱文天门县印，契中二方，骑缝印左右各一方。

〔二〕「第陆号」应为契约持有者所加编号。

〔三〕此处数字有修改。

〔四〕此处原本留有空白。

〔五〕此处原本留有空白。

道光十二年冬月廿六日 立永賣田契約人 刘天爵 筆

西長形 南横九弓九分 北横拾弓〇五 直四十五弓 積四百五十八弓〇二厘

東小形 南横六弓一分 北横六弓五分 直三十九弓五分 積弍百四十八弓八分五厘

又西長形 北横三弓六 南同 直十四弓三分 積乙百五十九弓四分八厘

永遠為業

華山

一二八六 道光十二年十一月二十六日童彼玉卖田赤契[一]

第叁号[二]

立永賣田契約人童彼玉，今因移就，將本己受分陳昌垸白田一畝五分七厘三毛六系[三]，載粁三升五合[四]，請憑中劉達卿說合，玉出筆賣與熊宗義名下為業。當日三面言定，熊出備實

〔一〕鈐有朱文天门县印，契中二方，骑缝印左右各一方。

〔二〕「第叁号」应为契约持有者所加编号。

〔三〕「六系」为正行右侧添加。

〔四〕「載粁三升五合」为正行右侧添加。

值價錢三串乙百四十七整，係玉親手领讫。自賣之後，任從買主起業，耕種当差，收粁過户，百為無阻。今欲有凴，立此賣約一帋為據。

凴中　劉達鄉

其田四止　東□　西程　南童　北路　二形同

道光十二年冬月廿六日　立永賣田契约人　童彼玉　筆

其路南覺庭田前弓口　西横三弓六分　東横三弓六分　中直四十九弓　積壹伯七十六弓四分

又墳東小形弓口　西横叁弓四分　東横弐弓八分　中直十九弓七分　積陆十乙弓零七毛

其路北小形弓口　東　五弓乙分五厘　西横　五弓三分五厘　中直廿六弓七分　積壹伯四十弓零乙分七厘五毛

永遠為業

一一二八七　道光十二年十一月二十七日伍永陞卖田赤契一〔一〕

立永賣白田約人伍永陞，今因不便，將本己受分高作垸白田六分四（力）〔厘〕，（在）〔載〕粮上則，乙升四合二勺〔二〕，請凴親中伍焕章等說合，陞〔三〕出筆賣与熊宗义名下為（葉）〔業〕。当日三面定，義出俻時值價錢壹串〇廿四文整，係陞（青）〔親〕手領讫。自賣之後，任從買主起（葉）〔業〕，耕種当差，收粮過户，陰陽两便，百為無阻。今恐無凴，立此賣約乙帋為據。此照。

其田四止　東　伍□之　西　水田　南　永龍　北　永中

凴中　伍祖貽　熊克持　庾中和

道光拾二年冬月廿七日　立永賣白田約人　伍永陞　筆

永遠為業

〔一〕鈐有朱文天门县印，契中一方，骑缝印左、右各一方。
〔二〕「乙升四合二勺」为正行右侧添加。
〔三〕「陞」为正行右侧添加。

一—二八八　道光十二年十一月二十七日伍永文卖田赤契一〔一〕

立永賣白田約人伍永文，今因不便，將本己受分高作垸白田壹畝二分三（力）〔厘〕六毛，（在）〔載〕粮上則，文請凴親中伍祖貽等説合，文出筆賣与熊宗義名下為（葉）〔業〕。当日三面言〔定〕，义出俻時值價錢壹串九百七十七文〔二〕整，係文（青）〔親〕手領訖。自賣之後，任〔三〕從買主起（葉）〔業〕，耕（鍾）〔種〕当差，收粮過户，百為無阻。今恐無憑，立此賣〔约〕乙帋為〔據〕。此照。

凴中　庚中和　熊克持　伍祖貽

其田四止　北　買主　西　坟　南　魏三合　東　水田　界

道光拾二年冬月廿七日　立永賣白田約人　伍永文　筆

永遠為業

〔一〕鈐有朱文天门县印，契中一方，骑缝印左、右各一方。

〔二〕「十七文」三字为正行右侧添加。

〔三〕「任」字为正行右侧添加。

一—二八九　道光十二年十一月二十七日伍永陞卖田赤契二〔一〕

立永賣白田約人伍永陞，今因不便，將本己受分高作垸白田乙畝六分五（力）〔厘〕一毛〔二〕□□，（在）〔載〕粮上則，請凴親中伍煥章〔三〕等説合，陞出筆賣与熊宗义名下為業。当日三面言定〔四〕，義出俻時值價錢弍串九百七十二文〔五〕整，係陞（青）〔親〕手領讫。自賣之後，任從買主起（葉）〔業〕，耕種当差，收粮過户，陰陽两便，百為〔無〕阻。今欲有凴，立此賣約乙帋為據。此照。

凴中　伍祖貽　熊克持　庚中和

其田四止　東　路心　西　伍　南　周　北　魏三合　界

道光拾二年冬月廿七日　立永賣白田約人　伍永陞　筆

永远為業

〔一〕鈐有朱文天门县印，契中二方，骑缝印左、右各一方。

〔二〕「一毛」為正行右側添加。

〔三〕「章」字为正行右侧添加。

〔四〕「定」字右侧有一字。疑为「宗」。

〔五〕「弍串九百七十二文」为改动后数据。

一—二九六　道光十二年十一月二十七日黄纪臣卖田赤契〔一〕

立永賣白田約人黃紀臣，今因不便，將本己受分高作垸白田四分二（力）〔厘〕四毛〔二〕，（在）〔載〕粮上則九合四勺〔三〕，請憑親中夏定太〔四〕說合，臣出筆賣与熊宗儀名下為業。當日三面言定，义出備實值價錢八百四十八文整，係臣親手領訖。自賣之後，任從買主起業，耕種当差，收粮過户，百為無阻。今恐無憑，立此賣約一帋為據。此照。

憑中　宋士彪　熊克持

其田四止　東　黃　南　黃　西　水田　北　黃

道光十二年冬月廿七日　立此賣白田約人　黃紀臣　筆

永遠為業

〔一〕鈐有朱文天门县印，契中一方，骑缝印左、右各一方。
〔二〕此处数字有修改。
〔三〕「九合四勺」为正行右側添加。
〔四〕「夏定太」三字为正行右側添加。

一—二九七　道光十二年十一月二十七日钱开卖田赤契〔一〕

立永賣田契約人錢開，今因家用不便，將本己受（岔）〔分〕陳昌下垸白田二形，一畝七分弍厘六毛〔二〕，（在）〔載〕民〔米〕三升八合叁勺弍抄〔三〕，請憑中熊朝官說合，開出筆賣與熊宗義名下為業。三面言定，出備實值價錢叁串乙百七十文整，係開親手領訖。自賣之後，任從買主起業，耕種当差，收糧過戶，百為勿阻。今恐無〔憑〕，立此賣約一帋為據。

憑中　用高　朝官　怌祖　張後烈

其田四止　東　路心　西　水田　南　水田　北　熊界

又形四止　东　張界　西　水田　南　坟　北　路心　界

道光十二年冬月廿七日　立永賣田約人　錢開　筆

〔一〕鈐有朱文天门县印，契中二方，骑缝印左、右各一方。
〔二〕此处数字有修改。
〔三〕「在民三升八合叁勺弍抄」为正行右側添加。

冊名　錢龍昇

富貴萬年

一一二九八　道光十二年十一月二十七日张厚光卖田赤契〔一〕

立永賣田约人張厚光，今因家用不便，将本己受分南灣垸白田一形，九分九厘一毛六系，載官庄正銀弍分九厘七毛五系，自請憑中弟厚富等說合，光出筆賣與熊宗義名下為業。當日三面言定，義出備實（直）〔值〕價錢一串九百九十整，係光親手領訖。自賣之後，任從買主起業，耕種当差，收粮过戶，百為無阻。今恐無憑，立此賣約一帋為據。

其田四止　東　溝　西　為章　南　水田　北　圣名

憑中　熊用高　厚富　熊用舟　熊南軒

道光十二年　冬月二十七日　立永賣田約人　厚光　筆

〔一〕鈐有朱文天门县印，契中一方，骑缝印左、右各一方。

冊名　張碩

永遠為據

一一二九九　道光十二年十一月二十七日钱青高卖田赤契〔一〕

立永賣约人錢青高，今因移就不便，将祖置南灣垸白田一形，弍畝三分三厘六毛，載漁租正艮四分四厘四毛，自請憑中人熊南軒等說合，高出筆賣與熊宗義名下為業。當日三面言定，義出備實（直）〔值〕值價錢四串四伯五十文整，係高親手領訖。自〔賣〕之後，任從買起業，耕種当差，收粮过戶，百為無阻。今恐勿凴，立此賣約一帋為據。

其田四止　東至　錢得祥　西至　路心　南至　錢以志　北至　錢順　界

憑中　熊用高　舟　南軒

道光十二年　冬月二十七日　立永賣約人　錢青高　筆

冊名　錢陸思

永遠為業

〔一〕鈐有朱文天门县印，契中二方，骑缝印左、右各一方。

一—三〇〇　道光十二年十一月二十七日钱得忠卖田赤契〔一〕

立永賣田契约人錢得忠，今因家用不便，将祖遺南灣垸白田二形，一畝五分七厘六毛六〔二〕，（在）〔載〕官庢四分七厘，請憑中人熊運貴等説合，忠出賣與熊宗義名下為業。当三面言定，義出備实置價錢弍串八伯十八文整，係親手領訖。自賣之後，仍從買主管業，耕当差，收粮過戶，百為無阻。恐口無憑，立此賣約一帋為據。

其田四止　東水田
西傅中
南至成中
北水田

其田四止　北水田
西樂燦
南付中
東傅中

憑中　专用高
張厚烈
熊怌祖

道光十二年冬月廿七日　立永賣田約人　得忠　筆

冊名　錢樂□

永垂不朽

〔一〕鈐有朱文天门县印，契中一方，骑缝印左、右各一方。

〔二〕原文如此。

一—三〇一　道光十二年十一月二十七日钱运忠卖田赤契〔一〕

立永賣田約人錢運忠，今因家用不便，将本己受分南灣白田七分一厘五毛四糸，載庢弍分一厘四毛六糸，請憑中人熊元福等説合，運出筆賣與熊宗義名下為業。当日三面言定，義出備實（直）〔值〕價錢乙串五百廿六文整，係運仝中親手領訖。自賣之後，仍從買主起業，耕種当差，收粮过戶，百為勿阻。今恐勿憑，立此賣約一帋為據。

憑中　高
熊用舟
張厚富

其田四止　東如今
西傅中
南坟脚界
北成中

道光十二年冬月廿七日　立賣田約人　運忠　筆

冊名　錢才

永遠為業

〔一〕鈐有朱文天门县印，契中一方，骑缝印左、右各一方。

一—三〇二 道光十二年十一月二十七日伍永康卖田赤契〔一〕

立永賣白田〔二〕約人伍永康，今因不便，將本己受分高作垸白田壹畝八分一（力）〔厘〕七毛五系〔三〕，（戴）〔載〕粮上則，請憑親中伍煥章等說合，康出筆賣與熊宗義名下為葉。當日三面言定，义出條時值價錢貳串九百〇八文整，係康親手領訖。自賣之後，任從買主起（葉）〔業〕，耕（鐘）〔種〕当差，收粮過戶，百為無阻。今恐無憑，立此賣約乙帋為據。此照。

憑中 庚中和 熊克持 伍祖貽

其田四止 北 水田 南 □當 西 水田 東 界

道光拾二年冬月廿七日 立永賣白田約人 伍永康 筆

永遠為業

〔一〕鈐有朱文天门县印，契中二方，骑缝印左、右各一方。
〔二〕「白田」为正行右侧添加。
〔三〕「力七毛五系」为正行右侧添加。

一—三〇三 道光十二年十一月二十七日黄其年卖田赤契〔一〕

立永賣白田約人黃其年，今因不便，將高院祖遺受分白田二畝五分三（力）〔厘〕九毛弍系〔二〕，載粮上則，請凴親中夏定春等说合，年出筆賣〔三〕与熊宗义名下為業。当日三面言定，义出條实值價錢五千〇七十整，係年親手領訖。自賣之後，任從買主起業，耕種当差，收粮过户，百為無阻。今恐無凴，立此賣約一帋為據。

凴中 宋士標 黃鳳貞 熊克持

四止 東 水田 西 黃 南 水田 北 □ 界

道光十二年冬月廿七日 立永賣白田約人 其〔四〕年 筆

〔一〕鈐有朱文天门县印，契中二方，骑缝印左、右各一方。
〔二〕「三力九毛弍系」为正行右侧添加，数字有修改。
〔三〕「賣」为正行右侧添加。
〔四〕「其」为正行右侧添加。

永遠為業

一一三〇四　道光十二年十一月二十七日吴济诗卖田赤契[一]

立永賣白田約人吳濟詩，今因不便，將自己受分儀豐垸白田八分八（力）〔厘〕三毛，載粮中則，請憑（清）〔親〕中宋仕標等說合，詩出筆賣與熊宗义名下為業。当日三面言定，熊出俻實值價錢乙千五百卅六[二]文整，係詩亲手領訖。自賣之後，任從買主起業，耕種當差，收粮過戶，百為無阻。今恐（有）〔無〕憑，立此（買）〔賣〕約一帋為據。此照。

憑中　熊克持　夏定泰

其田四止　北王　南止路　西吳　東路　界

皇上道光十二年冬月廿七日　立賣約人　吳濟詩　筆

永遠為業

〔一〕钤有朱文天门县印，契中一方，骑缝印左、右各一方。

〔二〕「卅六文」为正行右侧添加。

一一三〇五　道光十二年十一月二十七日张万春卖田赤契[一]

立永賣白田約人張萬春，今因不便，將自己趙家垸自己受分白田乙畝七分五（力）〔厘〕七毛[二]，載粮上則，請凴親中夏定春等說合，春出筆賣與熊宗义名下為業。当日三面言定，熊义出俻实值價錢〇三千五百一十五[三]整，係春親手領訖。自賣之後，任從買主起業，耕種当差，收粮过戶，百為無阻。今恐無凴，立此賣約一帋為據。

凴中　熊克持　夏定泰　宋士標

四止　東溝　西龔　南　北　俱龔　界

道光十二年冬月廿七日　立永賣白田約人　萬春　筆

永遠為業

〔一〕钤有朱文天门县印，契中二方，骑缝印左、右各一方。

〔二〕此处数字有修改。

〔三〕「一十五」为正行右侧添加。

一一三〇六 道光十二年十一月二十七日熊运纲卖田赤契[一]

立永賣約熊運綱，今因家用〔不〕便，將本己受分陳昌下垸白田四分三厘八毛，（在）〔載〕漁正艮八厘二毛一糸，自請[二]憑中怪祖説合，綱出筆賣與熊宗義名下為業。当日三面言定，義出備實值價錢七百四十五文整，係綱親手領訖。自賣之後，從買主起□，耕種当差，收籵過戸，百為無阻。今恐無憑，立此賣約一帋為據。

其田四止：東路心，南朝官，西賣主，北路心

憑中 朝官 怪祖 熊用高 舟 画押

道光十二年冬月廿七日 立永賣田約人 運綱 画押 筆

冊名 熊□□

〔一〕 钤有朱文天门县印，契中一方，骑缝印左、右各一方。
〔二〕 「請」为正行右側添加。

永远為業

一一三〇七 道光十二年十一月二十七日熊忠贵卖田赤契[一]

立永賣約人熊忠貴，今因移就不〔便〕，將祖遺南灣白田一形，七分零三毛三糸，載上（折）〔則〕民米一升五合六勺乙抄，自请凴中朝官等説合，貴出筆〔賣〕与熊宗義名下為業。当日三面言定，義出備实置價錢壹串四伯文整，係貴親手領讫。自賣之後，任從買主起業，耕種当差，收粮过户，百為無阻。今恐無凴，立此賣約一帋為據。

凴中 用高 舟 元福

其田四止：東路心，西元福，南□□，北元□ 界

道光十二年冬月廿七日 立永賣田约人 忠貴 筆

冊名 熊夤友

永远為業

〔一〕 钤有朱文天门县印，契中一方，骑缝印左右各一方。

一一三〇八　道光十二年十一月二十八日伍徐氏卖田赤契一〔一〕

立永賣白田約人伍徐氏，今因移就，將本己受分高作垸白田弍分八（力）〔厘〕七毛四系〔二〕，（在）〔載〕粮上則，請憑（新）〔親〕中伍祖貽說合，（出）氏出筆賣与熊宗義〔三〕名下為業。当日三面言定，義出備時值價錢四百卅一文〔四〕整，係氏〔五〕親手領訖。自賣之後，任從買主起業，耕種当差，收粮過户，百為無阻。今恐無憑，立此賣約為據。

憑中　熊克持　伍祖貽　澤寿　庚中和

其田四止　東以熊　南章　西墳　北以熊　界

道光十二年冬月廿八日　立永賣白田約人　伍徐氏　伍煥章

代筆

永远為業

〔一〕鈐有朱文天门县印，契中一方，骑缝印左、右各一方。

〔二〕「弍分八力　七毛四系」一句为正行右侧添加。

〔三〕「熊」字下方删去两字，其右侧添加「宗義」二字。

〔四〕「文」字为正行右侧添加。

〔五〕「氏」字为正行右侧添加。

一一三〇九　道光十二年十一月二十八日伍永千卖田赤契一〔一〕

立永賣白田約人伍永千〔二〕，今因移就不便，將本己受分高作垸白田九分弍（力）〔厘〕七毛，載粮上則，千請（恁）〔憑〕親中伍祖貽等說合，千出筆賣与熊宗義名下為業。当日三面言定，义出偹時值價錢壹串四百八十三文整，係千親手領訖。自賣之後，任從買主起業，耕種当差，收粁過户，百為無阻。今恐無凴，立此賣約一帋為拠。此照。

凴中　伍祖貽　熊克持　庚中和

其田四止　東水田　西伍燕谋　南路心　北伍泽塾　界

道光十二年冬月廿八日　立永賣白田約人　伍永千　筆

永远為業

〔一〕鈐有朱文天门县印，契中一方，骑缝印左、右各一方。

〔二〕「伍永千」三字为正行右侧添加。

一—三一〇　道光十二年十一月二十八日陶端培卖田赤契〔一〕

立永賣白田約人陶端培龍〔二〕，今因移就不便，將自己受分高作垸白田二形，壹□乙分七（力）〔厘〕七毛七糸，載粮上則，二升六合〔三〕，寅請憑親中伍□换章等説合，龍〔四〕出筆賣與熊宗儀名下為業。当日三面言定，義出備時値價錢乙串八百八十四文〔五〕整，係寅親手領。自賣之後，任從買主起業，耕種当差，收粮過户，百為無阻。今恐無憑，立此賣約一帋為（枇）〔拠〕。此照。

憑中人　熊克持　伍阻貽　庚中和

其田四止　東伍　西路　南陶　北陶　界

又四止　東路　西陶　南路　北伍　界

道光十二年冬月廿八日　立永賣白田約人　陶端培　筆

永远為業

〔一〕钤有朱文天门县印，契中二方，骑缝印左右各一方。
〔二〕「龍」为正行右侧添加。
〔三〕「二升六合」为正行右侧添加。
〔四〕「龍」为正行右侧添加。
〔五〕「乙串八百八十四文」为改动后数字。

一—三一一　道光十二年十一月二十八日伍永秀卖田赤契〔一〕

立永賣白田契約人伍永秀，今因不便，將自己受分高作垸白田二形，七分〔二〕叁（力）〔厘〕，載粮上則，秀〔三〕請憑親中伍祖貽等説合，秀出筆賣与熊宗義名下為業。当日三面言定，义出備時値價錢壹串乙百卅六文整，係秀親手領訖。自賣之後，任從買主起業，耕種当差，收粁過户，百為無阻。今恐無憑，立此永賣約一帋為拠。此照。

憑中　熊克持　庚中和　伍煥章

其田四止　東伍永方　西伍承中　南伍澤樹　北路心

又四止　東伍澤干　西伍永龍　南水田　北伍永千　界

〔一〕钤有朱文天门县印，契中一方，骑缝印左、右各一方。
〔二〕「分」字为正行右侧添加。
〔三〕「秀」为正行右侧添加。

道光十二年冬月廿八日　立永賣白田約人　伍永秀　筆

永远為業

一—三一二　道光十二年十一月二十八日伍泽堡卖田赤契一[一]

立永賣白田約人伍泽堡，今因移就不便，將自己受分高作垸白田壹畝五分九（力）〔厘〕六毛[二]，載粮上則，堡請凴親中伍祖貽等説合，堡[三]出筆賣与熊宗義名下为業。当日三面言定，義出備時值價錢貳串五百廿四文整，係堡親手領訖。自賣之後，任從買主起業，耕種当差，收粁過户，百為無阻。今恐無凴，立此賣約一帋為拠。此照。

凴中　熊克持　庚中和　伍煥章

其田四止　東　路心　西　水田　南　□□□　北　簡　界

道光拾二年冬月廿八日　立永賣白田約人　伍泽堡　筆

永远為業

〔一〕鈐有朱文天门县印，契中一方，骑缝印左、右各一方。
〔二〕「六毛」二字为正行右側添加。
〔三〕「堡」字为正行右側添加。

一—三一三　道光十二年十一月二十八日伍泽塾卖田赤契[一]

立永賣白田契約人伍泽塾，今因移就不便，將自己受分高作垸白田八分〇八毛二系，載粮上則，塾請凴親中伍祖貽等説合，塾[二]出筆賣与熊宗義名下为業。当日三面〔言〕定，義出備時值價錢壹串五百七十四文[三]整，係塾親手領訖。自賣之後，任從買主起業，耕種当差，收粮過户，百為無阻。今恐無凴，立此賣約一帋為拠。此照。

憑中　熊克持　庚中和　伍煥章

其田四止　東　路心　西　路心　南　路心　北　伍祖勳　界

道光十二年冬月廿八日　立永賣白田約人　伍泽塾　筆

永远為業

〔一〕鈐有朱文天门县印，契中一方，骑缝印左、右各一方。
〔二〕「塾」为正行右側添加。
〔三〕「文」为正行右側添加。

一—三一四 道光十二年十一月二十八日伍泽堡卖田赤契二[一]

立永賣白田約人伍泽堡，今因不便，將自己受分高作垸白田四[二]分七（力）〔厘〕三毛六糸[三]，載粮上則，乙升〇五勺[四]，堡請凴親中伍祖貽等説合，出筆賣與熊宗义名下為業。当日三面言定，义出備時值價錢六百六十四文[五]整，係堡親手領訖。自賣之後，任從買主起業，耕種当差，收粮過户，百為無阻。今恐無凴，立此賣約一帋為拠。此照。

其田四止 東 路心 西 路心 南 伍澤干 北 罗士其 界

凴中 庚中和 熊克持 伍焕章

道光十二年冬月廿八日 立永賣白田約人 伍泽堡 筆

永远為業

〔一〕鈐有朱文天门县印，契中一方，骑缝印左、右各一方。
〔二〕「白田四」三字为正行右侧添加。
〔三〕此句中「三」、「六糸」三字为正行右侧添加。
〔四〕「乙升〇五勺」五字为正行右侧添加，且有改动。
〔五〕此句中「六百六十四文」为改动后数字。

一—三一五 道光十二年十一月二十八日伍永千卖田赤契二[一]

立永賣白田契約人伍永千，今因移就不便，將自己受分高作垸白田八分壹（力）〔厘〕四毛，載粮上則，千請凴親中伍祖貽等説合，千出筆賣与熊宗义名下為業。当日三面言定，義出備時值價錢壹串四伯六十五文整，係千親手領訖。自賣之後，任從買主起〔業〕，耕種当差，收粮過户，百為無阻。今恐無凴，立此賣約一帋為拠。此照。

其田四止 東 伍 西 伍 南 伍永□ 北 路 界

凴中 澤寿 伍焕章 庚中和 熊克持

道光十二年冬月廿八日 立永賣白田約人 伍永千 筆

永远為業

〔一〕鈐有朱文天门县印，契中一方，骑缝印左、右各一方。

一一三一六 道光十二年十一月二十八日黄傅氏等卖田赤契[一]

立永賣白田約人黄傅氏、孫其元仝，今因移就，將本己受分白田乙畝四分〇三毛[二]，載粮上則，三升乙合一勺四抄[三]，請憑親中伍煥章説合，出筆賣与熊宗义名下為業。当日三〔面〕言定，义[四]出備時值價錢式串式百四十四文整，係親手領訖。自賣之後，任從買主义起業，耕種当差，收粮過户，百為無阻。今恐無憑，立此賣約為據。

其田四止 東 基台 南 隩 西 彭 界 北

憑中 庚中和 伍祖貽 熊克持

道光十二年冬月廿八日 立永賣白田契約人 黄其元 筆

永远為業

〔一〕钤有朱文天门县印，契中一方，骑缝印左、右各一方。
〔二〕「乙畝四分〇三毛」为正行侧添加，且有改动。
〔三〕「三升乙合二勺四抄」为正行右侧添加。
〔四〕「义」为正行右侧添加。

一一三一七 道光十二年十一月二十八日黄其伦卖田赤契[一]

立永賣基地[二]白田約人黄其倫，今因不便，將自己受分高作垸白[三]田乙形，基地乙形，共乙畝五分七厘〇九糸[四]，（在）〔載〕粮上則，請凴（青）〔親〕中夏定泰説合，[五]倫出筆賣與熊宗義名下爲（葉）〔業〕。当日三面言定，義出倫實值價錢叁串九百六十八文整，係倫（青）〔親〕手領（記）〔訖〕。自賣之後，任從買主起（葉）〔業〕，耕種当差，收粮過户，百為〔無〕阻。今欲有凴，立此賣約一帋爲據。此照。

其田四止 大形基地 北 坑 南 胡 西 黄 界 東 胡

凴中 宋士鑣 熊克持

小形，基地前

〔一〕钤有朱文天门县印，契中二方，骑缝印左、右各一方。
〔二〕「基地」为正行右侧添加。
〔三〕「白」右侧划去两字。
〔四〕「共乙畝五分七厘〇九糸」为正行右侧添加。
〔五〕此处留有空白。

其田四止　北　賣主
南　胡
西　黄　界
東　陳

道光十二年冬月廿八日　立永賣白田約人　倫　筆

萬陪利息

一一三一八　道光十二年十一月二十八日曾大常卖田赤契一[一]

立永賣白田約人曾大常，今因移就，將本己受分高作垸白田三分六（力）〔厘〕四毛八系[二]，（在）〔載〕粮上則，請憑親中伍煥章説合，（出）常出筆賣与熊宗義名下為業。當日三面言定，义[三]出備時值價錢五百八十三文整，係常親手領讫。自賣之後，任從買主起業，耕種当差，收粮過户，百為無阻。今恐無憑，立此賣約為據。

憑中　熊克持
伍祖頎
庚中和

其田四止　東　永文
南　路
西　□能　界
北　墳

〔一〕鈐有朱文天门县印，契中一方，骑缝印左、右各一方。

〔二〕「三分六力　四毛八系」为正行右侧添加。

〔三〕「义」为正行右侧添加。

道光十二年冬月廿八日　立永賣田約人　曾大常　筆

永遠為業

一一三一九　道光十二年十一月二十八日伍体元卖田赤契[一]

立永賣白田約人伍体元，今因不便，將自己受分高作垸白田壹畝三分三（力）〔厘〕七毛[二]，載粮上則，凴親中伍祖貽等[三]説合，元出筆賣与熊宗義名下為業。當日三面言定，義出備實值價錢三串二伯七十二文（文）整，係元親手领讫。自賣之後，任從買主起業，耕種当差，收粮過户，百為無阻。今恐無憑，立此賣約一帋為拠。此照。

憑中　澤寿
伍祖貽
熊克持

其田四止　東　水田
南　伍澤文
西　水田　界
北　永東

道光十二年冬月廿八日　立永賣約人　伍体元　筆

永远為業

〔一〕鈐有朱文天门县印，契中二方，骑缝印左、右各一方。

〔二〕「三力　七毛」为正行右侧添加。

〔三〕「等」为正行右侧添加。

一—三二〇　道光十二年十一月二十八日伍至德卖田赤契[一]

立永賣田約人伍至德，今因不便，將自己受分高作垸白田七分七厘五毛[二]，載粮上[三]則，請凂親中伍煥章等説合，德出筆賣與熊宗義[四]（七分七力五毛）名下為業。當日三面言定，义出備時置價錢壹串叁百一十七文[五]整，係德親手領(乞)〔訖〕。自賣之(從)〔後〕，任從買主起業，耕種當差，收粮過户，百為無阻。今恐無凂，立此賣約一帋為抰。此照。

凴中　伍祖貽　熊克持　庚中和

其田四止　北　国□　南　彭　西　永貞　東　澤寿

道光十二年冬月廿八日　立此賣約人　伍至德　筆

永遠為業

〔一〕钤有朱文天门县印，契中一方，骑缝印左、右各一方。
〔二〕「七分七厘五毛」为改动后数据。
〔三〕「上」字前删去一字。
〔四〕「熊宗義」三字为正行右侧添加。
〔五〕「十七文」三字为正行右侧添加。

一—三二一　道光十二年十一月二十八日曾大常卖田赤契二[一]

立永賣白田約人曾大常，今因移就，將本己受分高作垸田三分六(力)〔厘〕一毛六糸[二]，(戴)〔載〕粮上則，請凴親中伍煥章説合，常[三]出筆賣与熊宗義[四]名下為〔業〕。當日三面言定，出備時値價[五]錢五百八十五文[六]整，係常親手領訖。自賣之後，任從買主起業，耕種当差，收粮過户，百為無阻。今恐無憑，立此賣約為據。

凴中　庚中和　熊克持　伍祖昭

其田四止　東　路　南　西　墳　北　永冨

道光十二年冬月廿八日　立永賣田約人　曾大常　筆

永遠為業

〔一〕钤有朱文天门县印，契中一方，骑缝印左、右各一方。
〔二〕「三分六力　一毛六糸」为正行右侧添加。
〔三〕「常」为正行右侧添加。
〔四〕「義」为正行右侧添加。
〔五〕此处留有空白。
〔六〕「文」为正行右侧添加。

一一三二二 道光十二年十一月二十八日伍以纶卖田赤契一[一]

立永賣白田約人伍以綸，今因不便，將自己受分高作垸白田乙分四（力）〔厘〕乙毛[二]，載粮上則，三合一勺三抄[三]，請凂親中叔[四]伍煥章説合，侄綸出筆賣與熊宗义名下為業。当日三面言定，义出備時値價錢弍百〇廿五（綸）文[五]整，係綸[六]親手領訖。自賣之後，任從（賣）〔買〕主起業，耕種当差，收粮过户，百為無阻。今恐無凴，立此賣約一帋為拠。此照。

凂中　伍祖貽　庚中和　熊克持

其田四止　東　黃正輝　西　曾大常　南　水田　北　墳

道光十弍年冬月廿八日　約人　綸　筆

〔一〕钤有朱文天门县印，契中二方，骑缝印右一方。
〔二〕「乙毛」为正行右侧添加。
〔三〕「三合一勺三抄」为正行右侧添加。
〔四〕「叔」为正行右侧添加。
〔五〕「文」为正行右侧添加。
〔六〕「綸」为正行右侧添加。

永远为業

一一三二三 道光十二年十一月二十八日伍永千卖田赤契三[一]

立永賣白田約人伍永千，今因移（孰）〔就〕不便，將本己受分高作垸白田五分壹（力）〔厘〕一毛五糸[二]，載粮上則，千[三]請凴親中説合，千出筆賣与熊宗義名下爲業。当日三面言定，乂出備時値價錢捌伯一十八文整，係千親手領訖。自賣之後，任從買主起業，耕種当差，收粮過户，百爲無阻。今恐無憑，立此賣約為據。

凂中　伍煥章　庚中和　熊克持

其田四止　東　坟　南　王界　西　路　北　路

道光十二年冬月二十八日　立永賣白田約人　伍永千　筆

永远為業

〔一〕钤有朱文天门县印，契中一方，骑缝印左、右各一方。
〔二〕「五糸」为正行右侧添加。
〔三〕「千」字为正行右侧添加。

一—三二四　道光十二年十一月二十八日伍以纶卖田赤契二[一]

立永賣白田約人伍以綸，今因不便，將自己受分高作垸白田六[二]分四厘六毛八糸[三]，載粮上則，乙升四合三勺[四]，請凂親中叔[五]伍焕章説合，侄綸[六]出筆賣與熊宗義[七]名下為業。當日三面言定，義出備時値價錢乙串弍百[八]文（綸）整，係綸[九]親手領訖。自賣之後，任從買主起業，耕種当差，收粮过户，百為無阻。今恐無凂，立此賣約一帋為據。此照。

凂中　伍祖貽　庚中和　伍泽寿　熊克持

其田四止　東　祖瑾　西　陽光福　南　水田　北　永龍

道光十弍年冬月廿八日　約人　以綸　筆

永远為業

〔一〕钤有朱文天门县印，契中一方，骑缝印左、右各一方。
〔二〕「六」字前删去一字。
〔三〕「六毛八糸」四字为正行右侧添加。
〔四〕「乙升四合三勺」六字为正行右侧添加。
〔五〕「叔」字为正行右侧添加。
〔六〕「侄綸」二字为为正行右侧添加。
〔七〕「義」字为正行右侧添加。
〔八〕「乙串弍百文」为改动后数字。
〔九〕「綸」字为正行右侧添加。

一—三二五　道光十二年十一月二十八日伍永千卖田赤契四[一]

立永賣白田約人伍永千，今因移孰就不便[二]，將本已受分高作垸白田壹畝九分九（力）（厘）四毛，載[三]粮上則[四]，前請凴親中伍祖貽等[五]説合，千出筆賣与熊宗義名下爲業。当日三面言定，出備時値價錢三串壹伯九十文整，係親手領訖。自賣之後[六]，任從買主起業，耕（種）当差，收粮過户，百為無阻。今恐無憑，立此賣約爲據。此照。

凴中　伍焕章　庚中和　熊克持

其田四止　東　伍　西　坟　界　南　伍　北　路心

〔一〕钤有朱文天门县印，契中二方，骑缝印左、右各一方。
〔二〕「不便」二字为正行右侧添加。
〔三〕「力」字后删去「在」字，其右侧添加「載」字。
〔四〕「上則」二字为正行右侧添加。
〔五〕「伍祖貽等」四字为正行右侧添加。
〔六〕「後」前删去一字。

道光拾二年冬月廿八日　立永賣白田契人　伍永千　筆

永远為業

一—三二六　道光十二年十一月二十八日伍泽桓卖田赤契[一]

立永賣白田約人伍澤桓，今因移就[二]，將自己受分高作坑白田壹畝四分五（力）〔厘〕八毛[三]，載粮上則，請憑親中伍祖貽等说合，桓出筆賣与熊宗义名下為業。当日三面言定，義出備实值價錢弍串壹百廿七文整[四]，係桓親手領（乞）〔訖〕。自賣之後，任從買主起業，耕種当差，收粮過戶，百為勿阻。今恐無憑，立此賣约一帋為據。

憑中　伍澤寿　庚中和　熊克持

其田四止　東黄　南周　北伍　西伍　界

道光十二年冬月廿八日　立永賣白田約人　伍泽桓　筆

永远為業

〔一〕鈐有朱文天门县印，契中一方，骑缝印左、右各一方。

〔二〕「就」为正行右側添加。

〔三〕「力八毛」为正行右側添加。

〔四〕「串」及「百廿七文」均为正行右側添加。

一—三二七　道光十二年十二月二十八日伍永中卖田赤契一[一]

立永賣白田約人伍永中，今因不便，將自己受分高作坑白田壹形四分乙（力）〔厘〕，載粮上則，請憑親中伍祖貽说合，中出筆賣與熊宗義名下為業。当日三面言定，义出備實價錢五百七十四文整，係中親手領訖。自賣之後，任從買主起業，耕種当差，收粮過戶，百為無阻。今恐無憑，立此賣约一帋為據。此照。

憑中　熊克持　伍祖貽　庚中和

其田四止　東伍　西伍　南伍永声　北坑　界

其田四止　東坑　西水田　南路心　北伍永青　界

〔一〕鈐有朱文天门县印，契中一方，骑缝印左、右各一方。

道光十二年冬月廿八日　立永賣白田約人　伍永中　体元　代
筆

永遠為業

一—三二八　道光十二年十一月二十八日黄其元賣田赤契一〔一〕

立永賣白田約人黄其元，今因不便，將本受分高作垸白田〔二〕六分，（戴）〔載〕粮上則，乙升三合三勺〔三〕，請憑親中伍焕章说合，元出筆賣與熊宗义名下為（葉）〔業〕。当日三面言定，义出備時值價錢八百四十整，係元親手領訖。自賣之後，任從買主起（葉）〔業〕，耕種当差，收粮過戶，百為無阻。今恐無憑，立此賣约為據。

憑中　庚中和　伍祖貽　熊克持

其田四止　東罗　南周　西伍　北伍　界

道光十二年冬月廿八日　立永賣田契約人　黄其元　筆

〔一〕鈐有朱文天门县印，契中一方，骑缝印左、右各一方。

〔二〕「白田」为正行右側添加。

〔三〕「乙升三合三勺」为正行右側添加。

永远為業

一—三二九　道光十二年十一月二十八日伍永中賣田赤契二〔一〕

立永賣白田約人伍永中，今因不便，將自己受分高作垸白田五分八（力）〔厘〕，載粮上則，中請憑親中伍祖貽等说合，中出筆賣与熊宗義名下為業。当日三面言定，義出備時值價錢九百廿八文整，係中親手領訖。自賣之後，任從買主起業，耕種当差，收粮過户，百為無阻。今恐無憑，立此賣约〔二〕一帋為據。此照。

憑中　熊克持　庚中和　伍焕章

其田四止　東伍　西伍　南伍　北路心　界

道光十二年冬月廿八日　立永賣白田約人　伍永中　筆

永遠為業

〔一〕鈐有朱文天门县印，契中一方，骑缝印左、右各一方。

〔二〕「約」字为正行右側添加。

永遠為業

一一三三〇 道光十二年十一月二十八日黄其元卖田赤契二[一]

立永賣白田契約人黄其元，今因移就，將本己受高作垸白田五分乙（力）〔厘〕[二]，載粮上則乙升一合三勺[三]，請憑親中伍煥章等说合，出筆元賣与熊宗义名下為業。当日三面言定，义出備時值價錢七伯一十四文[四]整，係元親手領訖。自賣之後，任從買主宗起業，耕種当差，收粮過户，百為無阻。今恐無憑，立此賣约為據。

憑中 庾中和 伍祖貽 熊克持

其田四止 東 水田 南 澤芝 西 水田 北 郭 界

道光十二年冬月廿八日 立永賣契約人 黄其元 筆

〔一〕钤有朱文天门县印，契中一方，骑缝印左、右各一方。
〔二〕「五分乙力」为正行右側添加。
〔三〕「乙升一合三勺」为正行右側添加。
〔四〕「七伯一十四文」为正行右側添加。正行原有「五百四十文」字样。

一一三三一 道光十二年十一月二十八日钱大举卖田赤契[一]

立永賣白田契約人錢大舉，今因家用不便，將祖遺西汉團南湾垸白田五形，五畝五分四厘七毛，載漁租正銀壹錢〇五厘四毛，自請憑中舅爺熊良欽等說合，舉出筆賣與熊宗義名下為業當差。當日三面言定，義出備實值價錢□串〇□十四文整，係舉親手領訖。自賣之後，任從買主起業耕種，收（良）〔粮〕过户，阴阳两便，百為無阻[二]，勿得異說。今恐無憑，立此賣約乙帋為據。

其田首形四止界 東 水田 南 坟 西 承換 北 為叢

二形界止 東 大刚 南 買主 西 坟 北 水田

三形四止界 東 錢順 南 錢順 西 在典 北 大年

〔一〕钤有朱文天门县印，契中二方，骑缝印左边一方。
〔二〕「任從買主起業耕種，收良 过户，阴阳两便，百為無阻」为正行右側添加。

四形界止　東 大年　南 元炳　西 大礼　北 大年

五形四止界　東 元炳　南 宋家　西 宋家　北 克成

憑中　熊有松

永永為據

道光十二年冬月廿八日　立永賣田契約人　錢大舉　筆

大富大貴

一形六分六厘三毛　东横八弓五分　西横六弓八分　中直廿〇四分

二形壹畝□分五厘一毛八糸　东横七弓五分　西横六弓八分　中直五十二弓一分

又小形　中直八弓一分　南北横　俱四弓

又長形　中直十八弓二分　南横十四弓〇五（力）〔厘〕　北横十二弓七分

又一形　中直廿六弓六分　南横八弓五分　北横六弓八分

又坟前一形　中直廿八弓五分　南横九弓六分　北横十二弓九分

一—三三一　道光十二年十一月二十八日钱为崇卖田赤契〔一〕

立永賣白田契約人錢為崇，今因家用不便，将祖遺西汉團南湾垸白田一形，七分九厘五毛，載漁租正銀一分五厘，自請憑中熊良欽等説合，崇出筆賣與熊宗義名下為業當差。当日三面言定，義出備實置價錢乙串五百九十文整，係崇親手領訖。自賣之後，任從買主管業耕種，收粮過戶，百為無阻〔二〕，勿得異説。今恐無憑，立此賣約一帋為據。

其田四止界　東 登中　南 上玉　西 元炳　北 賣主

憑中　潘運　熊友江

〔一〕钤有朱文天门县印，契中一方，骑缝印左、右各一方。

〔二〕「任從買主管業耕種，收粮過戶，百為無阻」为正行右側添加。

道光十二年冬月廿八日　立永賣田約人　錢為崇　筆

南横十一弓七分　北横十三弓一分　中直十五弓四分

大富大貴

永远為業

一一三三三　道光十二年十一月二十八日钱大玗卖田赤契〔一〕

立永賣白田契人錢大玗，今因家用不便，將祖遺西汊團南湾垸白田一形，七分〇七毛，載漁租正銀一分三厘四毛，自請憑中熊良欽等說合，出筆賣與熊宗義名下為業。當日三面言定，義出備實值價錢一串四伯五十文整，係大玗親手領訖。自賣之後，任從買主起業耕種，收（良）〔粮〕过户，阴阳两便，百為無阻〔二〕，勿得異說。今恐無憑，立此賣約乙帋為據。

憑中　潘運　熊友江

〔一〕鈐有朱文天门县印，契中一方，骑缝印左、右各一方。

〔二〕「任從買主起業耕種，收良过户，阴阳两便，百為無阻」为正行右側添加。

其田四止　東為春　西孝忠　南水田　北坟

道光十二年冬月二十八日　自請憑　熊良欽　大玗筆

東横□□□□　西横八弓三分

中直廿二弓二分

大富大貴

永遠為業

一一三三四　道光十二年十一月二十八日钱服官卖田赤契〔一〕

立永賣田契約人钱服官，今因家用不便，將本己受分南湾垸白田一形一畝弍分八厘七毛□系，載官庄渔租〔二〕正艮弍分五厘□□□〔三〕，自請憑中張厚富等說合，服官出筆賣與熊宗義名下為業。當日三面言定，義出備寔值價錢弍串叁百弍十文整，係服官親手領訖。自賣之後，任從買主起業，耕種当差，收粮

〔一〕鈐有朱文天门县印，契中一方，骑缝印左、右各一方。

〔二〕「漁租」二字为正行右側添加。

〔三〕此处数字有修改。

過戶，百為無阻。今恐無憑，立此賣約一帋為據。

憑中　張厚富　運貴　熊用高　用舟

其田四止　東 樂燦　西 涀中　南 水田　北 水田　界

道光十二年冬月廿八日　立永賣田契約人　錢服官　筆

冊名　錢惠忠

永遠為業

一一三五　道光十二年十一月二十八日熊运灿卖田赤契〔一〕

立永賣田契約人熊運燦，今因移就不便，將本己受分陳昌下院白田乙形，四分三厘二毛〔二〕，載民米九□五勺七抄，請憑中兄怌□說合，出筆賣與熊中義名下為業。当日三面言定，實錢捌百乙十八文，係燦親手領訖。自賣之後，任從買主起業，耕種

〔一〕鈐有朱文天门县印，契中一方，骑缝印左、右各一方。

〔二〕此处数字有修改。

当差，收糧過戶，百為無阻。今欲有憑，立此賣約乙帋為抵。

憑中□　南軒　怌□

其田四止　東 熊忠秋　南 □介　西 買主　北 賣□□　界

道光十二年冬月廿八日　立永賣田約　熊運燦　筆

冊名□林

永遠為業

一一三六　道光十二年十一月二十八日钱大廷卖田赤契〔一〕

立永賣白田契約人錢大廷，今因家用不便，將祖遺西汉團南湾垸白田三形二畝七分九厘六毛，載漁租正銀五分三厘六毛，自請憑中舅爷熊良欽等說合，廷出筆賣與熊宗儀名下為業當差。当日三面言定，義出備實置價錢□□□□十二□文整，係廷亲手領訖。自賣之後，任從買主起業耕種，收（良）〔粮〕过

〔一〕鈐有朱文天门县印，契中二方，骑缝印左、右各一方。

户，阳阴兩便，百為無阻〔一〕，勿得異說。今恐無憑，立此賣约一帋為據。

其田四止界　北 應堂　西 大年　南 大年　東 買

北 水□　西 □□　南 □□　東 □□

北 路心　西 坟　南 大剛　東 賣主

憑中　熊□運　友江

道光十二年冬月廿八日　立永賣田約人　錢大廷　筆

永遠為據

大富大貴

又形　中直卅九弓九分　南 横 六弓八分　北 四弓七分

九分九厘　東 中直六十五弓一分　西　南 横 三弓九分　北 三弓四分

八分五厘　中直卅弓　南 横 八弓八分　北 四弓八分

〔一〕「任從買主起業耕種，收粮过户，阳阴兩便，百為無阻」为正行右側添加。

一一三三七　道光十二年十一月二十八日钱知介卖田赤契〔一〕

立永賣白田約人錢知介，今因移就不便，將自己受分南湾垸〔二〕白田，計丈四形，共弍畝玖分七厘叁毛八系〔三〕，載官庄弍分壹厘，漁租正艮三分九厘二毛六系〔四〕，請憑親中熊朝官等説合，介出筆賣與熊中義名下為業。當日三面言定，義出備實（至）〔值〕價錢伍串六伯文整，係介憑中親手領訖。至賣之後，任從買主管業，耕種當差，收（良）〔粮〕過戶，陰陽兩便，百為無阻。此係自賣己分，不與親族人等相干。今恐無憑，立此賣約一帋為據。

憑中人　熊 朝官 用高 用舟 恒□　錢 中礼 保用

其田四止　東 元中　西 樂□　南 水田　北

東 熊中礼　西 元申　南 □厚富　北

〔一〕钤有朱文天门县印，契中二方，骑缝印左、右各一方。

〔二〕「南湾垸」为正行右側添加。

〔三〕此处数字有修改。

〔四〕此处数字有修改。

東　元中　東　熊大元
西　路中　西　厚富
南　□□　南　樂朋　界
北　□□　北　厚富

道光拾二年冬月廿八日　立永賣白田約人　錢知介　筆

官庄冊名　錢言彩

漁租冊名　錢偉烈

萬代富貴

一一三三八　道光十二年十一月二十八日钱祥忠等卖田赤契〔一〕

立永賣田約人錢祥忠仝弟元忠，今因家用不便，將祖遺南灣坑白田弍形，弍畝八分七厘三毛〔二〕，載漁租正艮五分四厘五毛五絲〔三〕，自請憑中熊朝官等說合，祥忠情愿出筆賣與熊宗義名下為業。當日三面言定，實置價錢伍串一百八十四文整，係祥忠仝弟親手領訖。自賣之後，任從買主起業，耕種當差，收粮过戶，百為勿阻。今恐無憑，立此賣約一帋為據。

〔一〕鈐有朱文天门县印，契中二方，骑缝印左、右各一方。
〔二〕「三毛」为正行右侧添加。
〔三〕「五毛五絲」为正行右侧添加。

冊名　錢宗山　弍分八厘
　　　錢德盛　弍分八厘

其田四止　北至坑　南至錢樂朋　西至熊忠理　東至水田

又田四止　北至路心　南至水田　西至賣主　界　東至錢富忠

憑中　高　用舟　熊朝官　錢忠美

道光十二年冬月廿八日　立永賣田約人　祥忠　筆

永远為業

一一三三九　道光十二年十一月二十八日钱文理等卖田赤契〔一〕

立永賣田契人錢文理仝弟文元，今因家用不便，將本己南灣坑白田共二形四畝零伍厘六毛，載漁租正銀八分，請憑中象千說

〔一〕鈐有朱文天门县印，契中二方，骑缝印左、右各一方。

合，理出筆賣與熊宗義名下為業。當日三面言定，義出備時值價錢柒串文正，係理親手領訖。自賣之後，任從買主起業当差，收粮過戶，陰陽兩便，百為無阻。恐口無憑，立此賣約一帋為據。

其台四止　東坑　西為碧　南為碧　北得成

又田四止　東云祖　西水田界　南水田　北為澤

憑中　熊用舟　高運貴　錢為碧

道光十二年冬月廿八日　文理　筆

永远為據

一—三四〇　道光十二年十一月二十八日伍永清卖田契

立永賣白田约人伍永清，今因不便，將自己受分高作垸白田弍畝七分二（力）〔厘〕七毛五糸[一]，載粮上則，（青）〔清〕請憑親中伍祖貽等說合，（青）〔清〕出筆賣與熊宗義名下為

〔一〕「五糸」为正行右侧添加。

業。當日三面言定，義出備時值價錢四串九伯〇九文整，係（青）〔清〕親手領訖。自賣之後，任從買丰起業，耕種当差，收糧過戶，百為無阻。今恐無憑，立此賣約一帋為據。此照。

憑中　伍煥章　熊克持　庚中和

其田四止　東路心　西徐　南郭界　北邹

道光十二年冬月廿八日　立永賣白田約人　伍永清　筆

永远為業

一—三四一　道光十二年十一月二十八日邹长春卖田赤契[一]

立大賣白田约人鄒長春，今因不便，將本己受分高作垸白田柒分五（力）「厘」六毛，載粮上則，春請憑親中伍煥章等說合，春出筆賣與熊宗義名下為業。當日三面言定，义出偹實

〔一〕钤有朱文天门县印，契中一方，骑缝印左、右各一方。

（直）〔值〕價錢壹串〇五十九文〔二〕整，係春親手領訖。自賣之後，任從買主起業，耕種当差，收粮過戶，百為無阻。今恐無憑，立此 賣約一帋為據。此照。

憑中 熊克持 伍煥章 庾中和

其田四止 東 水田 南 路心 西 □□ 北 水田 界

道光十二年冬月廿八日 立大賣白田约人 邹長春 筆

永遠為業

一一三四二 道光十二年十一月二十八日邹德洋卖田赤契〔一〕

立大賣白田约人邹德洋，今因不便，将本己受分高作垸白田六分九（力）〔厘〕六毛，載粮上則，洋請凴親中伍煥章等說合，洋出筆賣與熊宗義名下為業。当日三面言定，义出倫實（直）〔值〕價錢壹串〇四十四文整，係洋親手領訖。自賣之後，任從買主起業，耕種当差，收粮過戶，百為無阻。今恐無憑，立此賣約一帋為據。此照。

憑中 熊克持 伍煥章 伍祖貽

其田四止 東 長春 南 伍永樹 西 路心 北 長惠 界

道光十二年冬月廿八日 立大賣白田约人 邹德洋 筆

永遠為業

〔一〕「壹串〇五十九文」为正行右側添加。

〔二〕鈐有朱文天门县印，契中一方，骑缝印左、右各一方。

一一三四三 道光十二年十一月二十八日邹长惠卖田赤契〔一〕

立大賣白田约人邹長惠〔二〕，今因不便，将本己受分高作垸白田八分二（力）〔厘〕八毛，載粮上則，惠請凴親中伍煥章等說合，惠出筆賣與熊宗義名下為業。当日三面言定，义出倫實（直）〔值〕價錢壹串五百四十二文（文）整，係惠親手領訖。自賣之後，任從買主起業，耕種当差，收粮過戶，百為無

〔一〕鈐有朱文天门县印，契中一方，骑缝印左、右各一方。

〔二〕「邹長惠」为正行右側添加。

阻。今恐無憑，立此賣約一帋為據。此照。

憑中　熊克持　伍煥章　伍祖貽

其田四止　東　溝心　南　永□　界　西　路心　北　溝心

道光十二年冬月廿八日　立大賣白田约人　邹長惠　筆

永遠為業

一一三四四　道光十二年十一月二十八日伍永锡卖田赤契[一]

立賣白田契[二]約人伍永錫，今因不便，將本己受分新堰垸白田七分四（力）〔厘〕九毛，載粮上則，錫[三]請憑親中永能說合，出筆賣與熊宗義名下為業。當日三面言定，義出倫寔值價錢壹串乙百九十八文整，係錫親手領訖。自賣之後，仍從買主起業，耕種当差，收粮过戶，百為無阻。今恐無憑，立此賣約一帋為據。

憑中　永華　伍應謀　熊克持

其田四止　东　伍　西　伍　南　坑　北　水田

道光拾弍年冬月廿八日　立大賣白契約人　伍永錫　筆

永遠為業

〔一〕　钤有朱文天门县印，契中一方，骑缝印左、右各一方。

〔二〕　「契」为正行右侧添加。

〔三〕　「锡」为正行右侧添加。

一一三四五　道光十二年十一月二十八日伍徐氏卖田赤契二[一]

立永賣白田約人伍徐氏，今因移就，將本己受分高作垸白田三分八（力）〔厘〕二毛，（在）〔載〕粮上則，請憑親中伍澤寿[二]說合，氏出筆賣與熊宗義名下為業。当日三面言定，義[三]出備時值價钱六伯〇十一文整，係氏[四]親手領訖。

〔一〕　钤有朱文天门县印，契中一方，骑缝印左、右各一方。

〔二〕　「伍澤寿」为正行右侧添加。

〔三〕　「義」为正行右侧添加。

〔四〕　「氏」为正行右侧添加。

自賣之後，任從買主起業，耕種当差，收粮過戶，百為無阻。今恐無憑，立此賣約為據。

憑中　庚中和　熊克持　伍祖貽

其田四止　東南　路　西北　水田　界

道光拾二年冬月二十八　立永賣白約人　伍徐氏　伍煥章

代[一]筆

永遠為業

一一三四六　道光十二年十一月二十八日伍永同卖田赤契[二]

立大賣白田契約人伍永同，今因不便，將本己受分高作垸白田六分八（力）〔厘〕乙毛，載粮上則，請憑親中伍煥章等説合，同出筆賣與熊宗義名下為業。當日三面言定，义出備實值價錢壹串〇九十文整，係同親手領訖。自賣之後，任從買主起

〔一〕「伍煥章代」为正行右侧添加。
〔二〕鈐有朱文天门县印，契中一方，骑缝印左、右各一方。

業，耕種當差，收粮过戶，百為無阻[一]。今恐無憑，立此賣約一帋為據。

憑中　泽寿　伍永華　熊克持

其田四止　東　公顺典　南　伍　西　伍　北　公顺典　界

道光拾弍年冬月廿八日　立大賣白田契約人　伍永同　〔筆〕

永遠為業

一一三四七　道光十二年十一月二十八日伍泽义卖田赤契[二]

立永賣白田約人伍泽義，今因不便，將本己受分高作垸白田六分〇七毛[三]，載粮上則，請憑親中伍泽寿等説合，义出筆賣與熊宗義名下為業。当日三面言定，義出備時值價錢九百七十一文整，係义親手領訖。自賣之後，任從買主起業，

〔一〕「阻」为正行右侧添加。
〔二〕鈐有朱文天门县印，契中一方，骑缝印左、右各一方。
〔三〕此处留有空白。

耕種当差，收粮過戶，百為無阻。今恐無憑，立此賣約一帋為據。此照。

憑中 庚中和 熊克持 伍祖貽

其田四止 东 伍澤于 西 路心 南 水田 北 伍永中 界

道光拾弍年十一月廿八日 立永賣白田約人 伍澤義 筆

永遠為業

一—三四八 道光十二年十一月二十八日伍泽于卖田赤契[一]

立永賣白田約人伍泽于，今因不便，將本己受分高作坃白田九分九（力）〔厘〕八毛[二]七糸[三]，載粮上則，請憑親中伍泽寿等說合，于出筆賣與熊宗義名下為業。當日三面言定，義出備時值價錢壹串五百九十八文整，係于親手領訖。自賣之後，任從買主起業，耕種当差，收粎過戶，百為無阻。今欲有憑，立此永賣約一帋為據。此照。

憑中 庚中和 熊克持 伍祖貽

其田四止 东 伍永秀 西 伍澤义 南 水田 北 楊 界

道光拾弍年十一月廿八日 立永賣白田約人 伍澤于 筆

永遠為業

〔一〕鈐有朱文天门县印，契中一方，骑缝印左、右各一方。
〔二〕「八毛」为正行右侧添加。
〔三〕「七糸」为正行左侧添加。

一—三四九 道光十二年十一月二十八日伍永龙卖田赤契一[一]

立賣白田約人伍永龍，今因不便，將本己受分高作坃白田壹畝五分七（力）〔厘〕一毛[二]，載粮上則[三]，請憑親中煥章[四]等說合，龍出筆賣與熊宗義名下為業。當日三面言定，

〔一〕鈐有朱文天门县印，契中一方，骑缝印左、右各一方。
〔二〕「一毛」为正行左侧添加。
〔三〕「載粮上则」为正行右侧添加。
〔四〕「煥章」为正行右侧添加。

義　出俻实值價錢貳串五百一十三文整，係龍親手領訖。自賣之後，任從買主起業，耕種当差，收粮过戶，百為無阻。今恐無憑，立此賣約一帋為據。

憑中　熊克持
　　　永華

其田四止　東　郭萬豐
　　　　　西　伍
　　　　　南　水田　界
　　　　　北　賣主

道光十弍年冬月廿八日　立賣田約人　龍　筆

永遠為業

一一三五〇　道光十二年十一月二十八日伍永龙卖田赤契二〔一〕

立賣白田約人伍永龍，今因不便，將本己受分高作垸白田捌分四（力）〔厘〕二毛六系〔二〕，載粮上則，龍請憑親中伍煥章說合，龍出筆賣與熊宗義名下為業。当日三面言定，義出俻实

〔一〕　鈐有朱文天门县印，契中一方，骑缝印左、右各一方。
〔二〕　「六系」为正行右侧添加。

值價錢壹串弍百六十四〔一〕整，係龍親手領訖。自賣之後，任從買主起業，耕種当差，收粮过戶，百為無阻。今恐無憑，立此賣約一帋為據。

憑中　熊克持
　　　伍永華

其田四止　東
　　　　　西
　　　　　南　俱止伍界
　　　　　北

道光十弍年冬月廿八日　立賣田約人　永龍　筆

永遠為業

一一三五一　道光十二年十一月二十八日伍永龙卖田赤契三〔二〕

立賣白田約人伍永龍，今因不便，將本己受分高作垸白田壹畝貳分〇七毛八系〔三〕，載粮上則，請憑親中煥章等說合，伍永龍出筆賣與熊宗義名下為業。当日三面言定，〔四〕義出備实

〔一〕　「六十四」为正行右侧添加。
〔二〕　鈐有朱文天门县印，契中一方，骑缝印左、右各一方。
〔三〕　「七毛八系」为正行右侧添加。
〔四〕　此处留有空白。

值價錢壹串九百三十二文整，係龍親手領訖。自賣之後，任從買主起業，耕種当差，收粮过户，百為〔無〕阻。今恐無憑，立此賣約一帋為拠。

憑中 熊克持 永華 伍祖貽

其田四止 东 路心 西 潘 南 水田 北 坟 界

道光十弍年冬月廿八日 立賣白田約人 龍 筆

永遠為業

一一三五二 道光十二年十一月二十八日伍永方卖田赤契〔一〕

立永賣白田約人伍永方，今因移就不便，將自己受分高作垸白田二形，壹畝〇六（力）〔厘〕，載粮上則，方請憑親中伍祖貽等説合，方出筆賣與熊宗義名下為業。当日三面言定，義出

〔一〕钤有朱文天门县印，契中一方，骑缝印左、右各一方。

偹時值價錢壹串四百〔一〕八十四文整，係方親手領訖。自賣之後，任從買主起業，耕種当差，收粮過戶，百為無阻。今恐無憑，立此賣約一帋為據。此照。

憑中 熊克持 庚中和 伍煥章

其田四止 東 伍永甲 西 伍□得 南 路心 北 水田 又四止 東 路心 西 伍澤壽 南 伍 北 路心 界

道光十二年冬月廿八日 立永賣白田約人 伍永方 筆

永遠為業

一一三五三 道光十二年十一月二十八日伍泽文卖田赤契〔二〕

立永賣白田約人伍澤文，今因不便，將自己受分高作垸白田二形，柒分〇六毛〇六〔三〕糸，載粮上則，文請憑親中伍祖貽等説合，文出筆賣與熊宗義名下為業。当日三面言定，义出偹

〔一〕「百」为正行右侧添加。

〔二〕钤有朱文天门县印，契中一方，骑缝印左、右各一方。

〔三〕「六」为正行右侧添加。

時值價錢壹串〔一〕五十九〔二〕文整，係文親手領訖。自賣之後，任從買主起業，耕種当差，收粮過戶，百為無阻。今恐無憑，立此賣約〔一〕帋為拠。此照。

憑中 熊克持 庚中和 伍煥章

其田四止 東 路心 西 溝 南 路心 北 水田

又四止 東 路心 西 坟 南 伍□当 北 伍祖寅 界

道光十二年冬月廿八日 立永賣白田約人 伍澤文 筆

永遠為業

〔一〕「串」后涂去「乙百」二字。

〔二〕「九文」为正行右侧添加。

一—三五四 道光十二年十一月二十八日伍祖寅卖田赤契〔三〕

立永賣白田契約人伍祖寅，今因移就不便，將自己受分高作垸白田六分式（力）〔厘〕五毛，載粮上則，寅請憑親中伍祖貽等說合，寅〔一〕出筆賣與熊宗義名下為業。当日三面言定，義出俻時值價錢九百卅七文整，係寅親手領〔訖〕。自賣之後，任從買主起業，耕種当差，收粮過戶，百為無阻。今恐無憑，立此賣約一帋為據。此照。

憑中人 庚中和 熊克持 伍澤寿

其田四止 東 澤芝 西 路心 南 永青 北 水田 界

道光十二年冬月廿八日 立永賣白田約人 伍祖寅 筆

永遠為業

〔三〕鈐有朱文天门县印，契中一方，骑缝印左、右各一方。

〔一〕「寅」为正行右侧添加。

〔二〕鈐有朱文天门县印，契中一方，骑缝印左、右各一方。

一—三五五 道光十二年十一月二十九日伍永贞卖田赤契〔二〕

立永賣白田契約人伍永貞，今因移就，將本己受分高作垸白田壹畝〇六毛〔三〕，（戴）〔載〕粮上則，請憑親中說合，貞出筆賣与熊宗義〔四〕名下為業。当日三面言定，出備時值價錢壹

〔三〕「白田壹畝〇六毛」为正行右侧添加。

〔四〕「義」为正行右侧添加。

串七百〇十文整，係貞親手領訖。自賣之後，任從買主起業，耕種当差，收粮過户，百為無阻。今恐無憑，立此賣約為據。

憑中　伍祖贻　熊克持　庾中和

其田四止　東 士得　南 路　西 水　北

道光十二年冬月廿九　立永賣田約人　伍永貞　筆

永远為業

一一三五六　道光十二年十一月二十九日史泽潽卖田赤契〔一〕

立永賣田約人史澤潽，今因不便，将本己受分白田三形，拾畝〇一分一厘，（在）〔載〕一北横正艮一錢九分二厘，情愿請憑親中纪賢等説合，潽出筆賣与熊宗義名下為業。當日三面言定，義出備實直價錢式十串零二伯廿文正，係潽親手領訖。自賣之□，□從買主起業耕種，收（良）〔粮〕过户，阴阳两便，百為無阻。今恐無憑，立此賣約一帋為據。

册名　史酌

憑中　史纪賢

其田四止　東 紀勳　西 陳　南　北 纪友

又止　東 名爵　西 買主　南 纪程　北 賣主

又止　東 在起　西 在魁　南 纪春　北 路　界

道光十二年十一月廿九日　立永賣田約人　史澤潽　筆

永遠為業

一形　東 十六弓八分　西 横 十八弓二分　中直卌八弓

又一形　南 十一弓三分　北 横 九弓一分　中直七十弓〇八分

又一大形　南 八弓八分　北 横 九弓二分　中直四十六弓八分

又　南 八弓八分　北 横 八弓八分　中直六十二弓

又　南 五弓　北 横 四弓三分　中直廿五弓八分

内卩坟　南 北 横 俱三弓　中直十五弓六分

〔一〕钤有朱文天门县印，契中一方，骑缝印左、右各一方。

一一三五七　道光十二年十一月二十九日钱昇忠卖田赤契〔一〕

立永賣白田約人錢昇忠，今因移就不便，将本己受（忿）〔分〕南灣垸白田二形，二畝壹分式厘〔二〕，載中（折）〔則〕民三升三合，自请澋中振南说合，忠出筆賣與熊宗義名下為業。当日三面言定，義出備实值價錢四千乙百卅文整，係忠親领讫〔三〕，自賣之後，仍從買主起業，耕種当差，〔收〕粮过户，百為勿阻。今恐勿憑，立此賣一帋為據。

澋中　熊振軒

其田四止　東　得成　西　士忠　南　為璋　北　中礼

二形四止　東　得成　西　垷　南　中礼　界　北　中礼

道光十二年冬月廿九日　永永賣约人　昇忠　叔樂豐　代筆

〔一〕钤有朱文天门县印，契中二方，骑缝印左、右各一方。
〔二〕「二畝壹分式厘」为修改后数字。
〔三〕「讫」字为正行右侧添加。

永远為據

一一三五八　道光十二年十一月二十九日钱士光等卖田赤契〔一〕

立永賣白田約人錢士光恒，今因家用不便，将本己南湾垸白田一形，八分一厘，載官庒正民式分四厘三毛，自請憑中錢為春說合，光出賣與熊宗義名下為業。当日三面言定，義出備實置價錢乙串伍百卅九文整，係恒親手領訖。自賣之後，仍從買主起業，耕種当差，收粮过戶，百為無阻。今恐勿憑，立此賣約一帋為據。

憑　熊朝官

其田四止　東　垷　西　為春　南　水田　界　北　公田

道光十二年冬月廿九日　立永賣田約人　士光　筆

永享萬年

〔一〕钤有朱文天门县印，契中一方，骑缝印左、右各一方。

一—三五九　道光十二年十一月二十九日刘本懋卖田赤契〔一〕

立永賣田約人劉本懋，今因家用不便，将本己受分〔二〕横林團白田一畝三分，請憑親中劉本倫等説合，懋出筆賣與熊中義名下為業。當日三面言定，義出備時置價錢一串九百五十文整，係懋親手領訖。自賣之後，任從買主起業耕種，納粮當差，百為無阻。今恐無憑，立此文約一帋為據。

載正銀〔三〕二分四厘七毛。

憑中　熊保初

其田四止　東　到溝
　　　　　西　祖墓
　　　　　南　史　界
　　　　　北　買主

道光十二年冬月二十九日　劉本懋　筆

永遠為據

〔一〕鈐有朱文天门县印，契中一方，骑缝印左、右各一方。
〔二〕「分」为正行右側添加。
〔三〕「银」为正行右側添加。

一—三六〇　道光十二年十一月二十九日刘本懃卖田赤契〔一〕

立永賣田約人劉本懃，今因家用不便，将自己一北旦白田二形，共一畝七分五厘，請憑親中劉木倫説合出筆賣與熊中義名下為業。當日三面言定，義出備時值價錢二千四百廿五文整，係懃親手領訖。自賣之後，仍從買主起業耕種，納粮当差，百為無阻。今恐無憑，立此賣約一帋為據。

載粮三分三厘二毛五絲。

憑中　熊保初

其田四止　北一形　东　刘
　　　　　　　　　西　史
　　　　　　　　　南　皮　界
　　　　　　　　　北　路
　　　　　南一形　東　到溝
　　　　　　　　　西　墳
　　　　　　　　　南　買主　界
　　　　　　　　　北　危

道光十二年冬月二十九日　懃　筆

永遠為業

〔一〕鈐有朱文天门县印，契中一方，骑缝印左、右各一方。

一—三六一　道光十二年十一月二十九日钱乐兰卖田赤契〔一〕

立永賣田契約人錢樂蘭，今因家用不便，将本己受分南湾垸白田三分五厘四毛四糸，載官庄正銀乙分零六毛，自請憑中錢加厚等説合，出筆賣與熊宗義名下為業。当日三面言定，宗義出備實值價錢陸伯六十五文整，係樂蘭親手領訖。自賣之後，任從買主起業，耕種当差，收粮過戶，百為無阻。今恐無憑，立此賣約一帋為據。

其田四止　東 元忠　西　南 路　北 之介

憑中　錢加厚

道光拾弍年冬月二十九日　錢樂蘭　筆

冊名　錢樂云

〔一〕钤有朱文天门县印，契中一方，骑缝印左、右各一方。

一—三六二　道光十二年十一月二十九日罗克明卖田赤契〔一〕

立永賣白田契約人罗克明，今因移就，将本己受分高作垸白田二形，六分四（力）〔厘〕，載粮上則，請憑親中伍焕章説合，（出筆）明出筆賣與熊宗義名下為業。当日三面言定，出備時值價錢九百六十文整，係明親手領訖。自賣之後，任從買主起業，耕種当差，收粮過戶，百為無阻。今恐無憑，立此賣約一帋為據。此照。

憑中　伍澤寿　庚中和　伍祖貽

其田四止　東 伍乃軒　西 伍永中　南 伍澤樹　北 路心

又四止　東 伍永中　西 伍永秀　南 伍澤樹　北 路心　界

道光十二年冬月廿九日　立永賣白田约人　罗克明　筆

永远為業

〔一〕钤有朱文天门县印，契中一方，骑缝印左、右各一方。

一—三六三　道光十二年十一月二十九日伍泽桓卖田赤契〔一〕

立永賣白田约人伍澤桓，今因移就，將自己受分高作垸白〔田〕壹畝三分三（力）〔厘〕八毛〔二〕，載粮上〔則〕，請憑親中伍祖貽等說合，桓出筆賣與熊宗义名下為業。当日三面言定，義出備实值價錢弍串〇廿五文〔三〕整，係桓親手領（乞）〔讫〕。自賣之後，仍從買主起業，耕種当差，收粮過戶，百為無阻。今恐勿憑，立此賣約一帋為據。

憑中　庚中和　伍焕章　熊克持

其田四止　東□□　南□□　西永當　北熊　界

道光十二年冬月廿九日　立永賣白田約人　伍澤桓　筆

永远為業

〔一〕鈐有朱文天门县印，契中一方，骑缝印左、右各一方。

〔二〕「八毛」二字为正行右侧添加。

〔三〕「廿五文」三字为正行右侧添加。

一—三六四　道光十二年十一月二十九日胡自康卖田赤契〔一〕

立永賣白田約人胡自康，今因不便，將自己受分高作垸白田四分六（力）〔厘〕三毛〔二〕，（在）〔載〕粮上則，請憑（清）〔親〕中宋士標說合，康出筆賣與熊宗義名下為業〔三〕。当日三面言定，熊宗义出備實值價錢八百八十文整，係康（青）〔親〕手領訖。自賣之後，仍從買主起業，耕種当差，收粮过戶，百為無阻。今恐無憑，立此永賣白田文約一帋為據。此照。

憑中　熊克持　夏定泰

其白田四止　東南西北　（居）〔俱〕胡界

永遠為業

道光十二年冬月廿九日立　胡自康　筆

〔一〕鈐有朱文天门县印，契中一方，骑缝印左、右各一方。

〔二〕「毛」为正行右侧添加。

〔三〕「为業」为正行右侧添加。

一一三六五　道光十二年十一月二十九日张正名卖田赤契〔一〕

第叁拾号〔二〕

立永賣田契約人張正名，今因不便，將本己受分陳昌下垸白田弍畝九分九厘一毛〔三〕，（在）〔載〕糧六升六合四勺，請憑中刘重高說合，名出筆賣與熊　〔四〕名下為業。當日三面言定，出備實值價錢五串九百五十三文〔五〕整，親手領訖。自賣之後，任從買主起業，耕種当差，收粮過戶，百為無阻。今恐無憑，立此賣約一帋為據。

請憑中　彡平如

其田四止　東彡　南路　西彡　北水田　界

道光十二年冬月廿九日　立永賣田契約人　張正名　筆

註張正明二

永遠為業

一形　北横四弓　南横四弓　直十六弓四　積六十五弓六

二形　南横六弓　北横五弓六分　直卅九弓五分　積弍百廿九弓一分

三形　北横十弍弓五分　南　十弍弓九分　直十五弓一分　積乙百九十一弓七分七

四形　南北横各乙弓　直七弓三分　積七弓三分

五形　北横七弓三分　南横六弓三分　直卅二弓八分　積弍百廿三弓〇四毛

正名二

〔一〕鈐有朱文天门县印，契中一方，骑缝印左、右各一方。

〔二〕「第叁拾号」应为契约持有者所加编号。

〔三〕此处数字有修改。

〔四〕此处原留有空白。

〔五〕此处数字有修改。

一一三六六　道光十二年十一月二十九日张正显卖田赤契〔一〕

第式拾九号〔二〕

立永賣田契約人張正顯，今因不便，將本己受分陳昌下垸白田二畝乙分乙厘三毛〔三〕，（在）〔載〕糧四升七合，請憑中□□章說合，出筆賣與熊〔四〕名下為業。当日三面言定，出偹實值價錢四串式百廿六文整，係顯〔五〕親手領訖。自賣之後，任從買主起業，耕種当差，收粮過戶，百〔為〕無阻。今恐無憑，立此賣約一帋為據。

請憑中　彡平如

其田四止　東　坟
　　　　　南　彡
　　　　　西　水田　界
　　　　　北　彡

道光十二年冬月廿九日　立永賣田契約人　張正顯　筆

〔一〕鈐有朱文天门县印，契中一方，骑缝印左、右各一方。
〔二〕「第式拾九号」应为契约持有者所加编号。
〔三〕此处数据有改动。
〔四〕此处原留有空白。
〔五〕「係顯」为正行右側添加。

註張正明二

永遠為業

一形　北横四弓五分　南横五弓五分　直廿二弓　積乙百乙十弓

二形　北横七弓　南横七弓一分　直十八弓　積乙百廿六弓九分

三形　南横七弓三分　北横七弓二分　直八弓一分　積五十八弓三分二厘

四形　横乙弓五分　直六弓　積九弓

五形　南横五弓一分　北横四弓七分　直四十乙弓五分　積式百〇三弓二分五

一一三六七　道光十二年十一月二十九日李声廷卖田赤契〔一〕

第式拾捌号〔二〕

立永賣田契約人李聲廷，今因不便，將本己陳昌下白田乙畝四

〔一〕鈐有朱文天门县印，契中一方，骑缝印左、右各一方。
〔二〕「第式拾捌号」应为契约持有者所加编号。

分三（力）〔厘〕二毛，載糧三升式合二勺〔一〕，請憑刘崇章說合，廷出筆賣與熊　〔二〕名下為業。当日三面定，　〔三〕出備實值價錢二串八百六十四文整〔四〕，係廷親手領訖。自賣之後，仍從買主起業，耕種当差，收粮過戶，百為（吾）〔無〕阻。今恐無憑，立此賣約一帋為據。

憑中　彡平如

其田四止　東彡　南水田　西路心　北彡　界

道光十二年冬月廿九日　立永賣田　李聲廷　筆

東横　十二弓五分
西横　十一弓式分　直廿九　積三百四十三弓六分五

永遠為業

聲廷

〔一〕「勺」为正行右侧添加。
〔二〕此处原留有空白。
〔三〕此处原留有空白。
〔四〕「二串八百六十四文」为改动后数据。

一一三六八　道光十二年十一月二十九日彭兴受卖田赤契〔一〕

第式拾柒号〔二〕

立永賣田契約人彭興受，今因不便，將本己受分陳昌下院白田四形〔三〕，六畝三分九厘九毛，載粁乙斗四升二合二勺〔四〕，請憑中刘崇章說合，受出筆賣与名下為業。当日三面言〔五〕定，　〔六〕出備實值價錢十二串七百十八文〔七〕整，係親手領訖。自賣之後，仍從買主起業，耕種当差，收粁過戶，百為無阻。今恐無憑，立此賣約一帋為據。

憑中　平如　新俊　會

〔一〕钤有朱文天门县印，契中二方，骑缝印左、右各一方。
〔二〕「第式拾柒号」应为契约持有者所加编号。
〔三〕「四形」为正行右侧添加。
〔四〕「二勺」为正行右侧添加。
〔五〕「言」为正行右侧添加。
〔六〕此处原留有空白。
〔七〕「十八文」为正行右侧添加。

其田四止　東彡　南坟界　西　北彡

永遠為業

道光十二年冬月廿九日　立永賣田約人　彭興受　筆

其西形　西横八弓　東横八弓　直十弓四五　積八十四弓

中形　西横七弓九　東横九弓　直十九弓八　積乙百六十七弓三分乙

東形　西横十六弓二分　東横十七弓八分　直廿八弓九　積四百九十一弓三分

大形　南横八弓九分四　北横九弓四分　直八十六弓五　積七百九十三弓弍分〇五

除二厘五毛　横　三弓　直　二弓　帶

一—三六九　道光十二年十一月二十九日彭兴鳌卖田赤契〔一〕

第弍拾伍号〔二〕

立永賣田契約人彭興鰲，今因移就不便，將本己受分陳昌下白田壹畝三分七厘八毛〔三〕，載糧三升六勺，鰲請憑中劉從章說合，出筆賣與熊〔四〕名下為業。当日三面言定，〔五〕出脩實（直）〔值〕價錢二串七百五十六文〔六〕整，係鰲（青）〔親〕手領訖。自賣之後，任從買主起業，耕種当差，收粮过戶，百為無阻。今恐無憑，立此賣約一帋為據。

憑中　彭邦耀衡

其田四止　東錢　南李　西界　北彭

〔一〕钤有朱文天门县印，契中一方，骑缝印左、右各一方。

〔二〕「第弍拾伍号」应为契约持有者所加编号。

〔三〕「毛」后涂去一字。

〔四〕此处原留有空白。

〔五〕此处原留有空白。

〔六〕「七百五十六文」为正行右側添加。

道光十二年冬月廿九日　立永賣田約人　彭興鰲　筆

註〔一〕彭春

永遠為業

南横十弓〇七
北横十弓〇三
直卅一弓五分　　積三百卅弓〇七分五

一一三七〇　道光十二年十一月二十九日鄢占魁卖田赤契〔二〕

第式拾肆号〔三〕

立永賣〔四〕田契約人鄢占魁，今因歲欠，將本己受分〔五〕陳昌上〔六〕垸白田七分七厘九毛〔七〕，載粮乙升七合三勺，請憑（忠）〔中〕劉從章等説合，魁出筆賣與熊　〔八〕名下為業。当日三面言定，　〔一〕出備時值價錢乙串五百五十九文整，係魁親手領訖。自賣之後，仍從買主起業耕種，收粮过戶，百為無阻。今恐無憑，立此賣約一帋為據。

請憑（忠）〔中〕　彭憑如
　　　　　　　　鄢致瑞

其田四止　东彭
　　　　　西業
　　　　　南鄢界
　　　　　北溝

道光拾弍年冬月二十九日　立永賣田契約人　鄢占魁　筆

註樊仝鄢

永遠為業

其一形　南横三弓五分五
　　　　北横三弓
　　　　直九弓七　　積卅乙弓七分六厘七毛五

二形　南横二弓九分五
　　　北横六弓
　　　直卅□　　積卅乙弓七分六厘七毛五

〔一〕此处原似有「興鰲」二字。
〔二〕鈐有朱文天门县印，契中一方，骑缝印左、右各一方。
〔三〕「第式拾肆号」应为契约持有者所加编号。
〔四〕「賣」为正行右侧添加。
〔五〕「受分」为正行右侧添加。
〔六〕「上」为正行右侧添加。
〔七〕此处数字有修改。
〔八〕此处原留有空白。

〔一〕此处原留有空白。

一三七一 道光十二年十一月二十九日鄢白玉卖田赤契〔一〕

第弍拾叁号〔二〕

立永賣田契約人鄢白玉，今因不便，將本己陳昌上院白田八分四厘四毛，載粮乙升八〔三〕合七勺，請憑中刘從章等說合，玉出筆賣與熊〔四〕名下，当日三面言定，出備時值價錢乙串陸百捌十八文整，系玉親手領訖。自賣之後，仍從買主起業，耕種当差〔五〕，收粮过戶，百為無阻。今恐無憑，立此賣約一帋為據。

請憑中 彡平如 致瑞

其田四止 東 鄢 西 鄢 南 彡 北 鄢 界

道光十二年冬月廿九日 立永賣田契約人 鄢白玉 筆

〔一〕钤有朱文天门县印，契中一方，骑缝印左、右各一方。
〔二〕「第弍拾叁号」应为契约持有者所加编号。
〔三〕「乙升八」为正行右侧添加。
〔四〕此处原留有空白。
〔五〕「差」为正行右侧添加。

南 四弓二分五
北 横四弓三分
直四十六弓三分 積四十七弓九分七厘

永遠為業

一三七二 道光十二年十一月二十九日樊希成卖田赤契〔一〕

第弍拾弍号〔二〕

立永賣田契約人樊希成，今因移就不便，將本己陳昌上垸白田四形，乙畝弍分八厘五毛〔三〕，載糧二升八合六勺〔四〕，請憑中刘崇章等說合，希成出筆賣與〔五〕名下為業。当日三面言定，〔六〕出備實值價錢弍串乙百七十五文〔七〕整，係希親手領訖。自賣之後，仍從買主起業，耕種当差〔八〕，收粮過戶，百為無阻。今恐無憑，立此賣約一帋為據。

〔一〕钤有朱文天门县印，契中一方，骑缝印左、右各一方。
〔二〕「第弍拾弍号」应为契约持有者所加编号。
〔三〕「五毛」为正行右侧添加。
〔四〕「勺」为正行右侧添加。
〔五〕此处原留有空白。
〔六〕此处原留有空白。
〔七〕「十五文」为正行右侧添加。
〔八〕「当差」为正行右侧添加。

请憑中　平如

其四形俱属萬界。

其田四止　東　坟
南　乡
西　乡　界
北　路心

道光十二年冬月廿九日　立永賣田契約人　樊希成　筆

永遠為業

其一形　東横四弓　西横三弓一分　直十六弓四分　積五十八弓弍分弍厘

其二形　南横五弓一分　北横五弓　直廿二弓七分　積乙百乙十九弓六厘八毛五

其三形　南横三弓九分　北横三弓九分　直十二弓三分　積四十七弓九分七厘

其四形　南横五弓二分五　北横五弓二分　直十五弓□分　積八十三弓四分四厘五

任凡華章

一一三七三　道光十二年十一月二十九日鄢天郎等卖田赤契〔一〕

第弍拾壹号〔二〕

立永賣田契約人鄢天郎、昕，今因移就不便，將本己受分陳昌上垸白田二畝四分七厘三毛，載粮五升五合，請憑中親中劉崇璋等説合，郎出筆賣與〔三〕名下為業。当日三面言定，〔四〕出備实值價錢四串九百四十七整，係郎親手領訖。自賣之後，仍從起業，耕種当差，收粮过戶，百為無阻。今恐無憑，立此賣約一帋為據。

憑中　平如

其田四止　東　路中
西　路
南止
北　坟　界

道光十二年　冬月廿九日　立永賣田契約人　鄢天郎、昕　筆

永遠為業

〔一〕鈐有朱文天门县印，契中一方，骑缝印左、右各一方。

〔二〕「第式拾壹号」应为契约持有者所加编号。

〔三〕此处原留有空白。

〔四〕此处原留有空白。

北横十三弓叁分
南横十三弓五分　直四十四弓三分　積五百九十三弓六分二厘

一一三七四　道光十二年十一月二十九日吴昭铎卖田赤契〔一〕

第式拾号〔二〕

立永賣田契約人吳昭鐸，今因移就不便，將本己受分陳昌下垸白田三分七厘二系五，載粮八合三勺，鐸請憑中刘崇章說合，鐸出筆賣與熊〔三〕名下為業。当日三〔面〕言定，〔四〕出實（直）〔值〕價錢七百四十五文〔五〕整，係鐸親手領訖。自賣之後，仍從買主起業，耕種当差，收粮过戶，百為無阻。今欲有憑，立此賣約一帋為據。

憑中　刘崇章
　　　□興會
　　　皮德玉

〔一〕钤有朱文天门县印，契中一方，骑缝印左、右各一方。
〔二〕「第式拾号」应为契约持有者所加编号。
〔三〕此处原留有空白。
〔四〕此处原留有空白。
〔五〕「十五文」为正行右侧添加。

其田四止　東 路中
　　　　　西 吴
　　　　　南
　　　　　北 墳角

道光十二年　冬月廿九日　立永賣約　吳昭鐸　筆

永遠為業

南横九弓
北横九弓八分　積式百卅乙弓式分五
直廿五

昭鐸

一一三七五　道光十二年十一月二十九日肖有贤卖田赤契〔一〕

第拾九號〔二〕

立永賣田契約人肖有賢，今因不便，將本己受分陳昌上垸白田壹畝五分四厘九毛五系四（匆）〔忽〕，載糧叁升四合三〔三〕勺，請憑親中劉達卿說合，賢出筆賣與熊〔四〕名下為業。當

〔一〕钤有朱文天门县印，契中二方，骑缝印左、右各一方。
〔二〕「第拾九号」应为契约持有者所加编号。
〔三〕此处数字有修改。
〔四〕此处原留有空白。

日三面定，〔一〕出倫時值價三串乙百〇八十文整，係賢親手領訖。自賣之後，任從買主起業，耕種当差，收粮過戶，百為〔無〕阻。今恐無憑，立此賣約一帋為據。

憑中　皮怌玉

其田四止　北肖　西肖　东賣主　南水田　界

道光十二年十一月二十九日　立賣約人　有賢　筆

永遠〔二〕為據

其東形　南横九弓五分　北横九弓　直廿五弓　積弓弍百卅一弓弍分五

其西形　南横七弓六分　北横七弓二分　直十九弓　積弓壹百四十〇六分

〔一〕此处原留有空白。

〔二〕「远」为正行右侧添加。

一一三七六　道光十二年十一月二十九日郭光耀卖田赤契〔一〕

第拾捌号〔二〕

立永賣田契約人郭光耀，今因不便，將本己受分陳昌上垸白田六分九厘八毛〔三〕，載粮乙升五合五勺，請憑中刘崇璋説合，耀出筆賣〔四〕與熊　〔五〕為業，当日三面言定，〔六〕出備實值價錢乙串三百九十四文整，係耀親手領訖。自賣之後，仍從買主起（主）〔業〕，耕種当差，收粮過戶，百為無阻。今恐無憑，立此賣約一帋為據。

憑中　葉人善

其田四止　东陈　南葉　西陈　北葉　界

〔一〕钤有朱文天门县印，契中一方，骑缝印左、右各一方。

〔二〕「第拾捌号」应为契约持有者所加编号。

〔三〕此处数字有修改。

〔四〕「賣」后涂去二字。

〔五〕此处原留有空白。

〔六〕此处原留有空白。

道光十二年冬月廿九日　立永賣田約人　郭光耀　筆

其　南北横六弓六分 五弓五分　直廿七弓一分　積乙百六十七弓五分八厘五

永遠為業

一一三七七　道光十二年十一月二十九日郭来朝卖田赤契〔一〕

第拾七号〔二〕

立永賣田〔三〕契約人郭來朝，今因不便，將本己受分陳昌下坑白田一形，三分〇九毛〔四〕二，載粮六合八勺，請憑中刘達清説合〔五〕，朝出筆賣與熊　〔六〕名下為業。当日三面言定，出備時值價錢六□乙□□文整，係朝親手領訖。自賣之後，任從買主起業，耕種当差，收粮過戶，百為無阻。今欲有

〔一〕钤有朱文天门县印，契中一方，骑缝印左、右各一方。
〔二〕「第拾捌七号」应为契约持有者所加编号。
〔三〕「田」为正行左侧添加。
〔四〕此处数字有修改。
〔五〕「請憑中刘達清説合」八字为正行右侧添加。
〔六〕此处原留有空白。

憑，立此賣約一帋為據。

憑中　俊
彭興慧

其田四止　东肖　西彡　南彡　北彡　界

道光十二年冬月廿九日　立此賣約一帋為據　郭來朝　筆

其　南北横六弓八分 六弓二分　積七十四弓一分　直十一弓四分

永遠為業

一一三七八　道光十二年十一月二十九日彭兴祖卖田赤契〔一〕

第拾伍號〔二〕

立永賣田契約人彭興祖，今因不便，將本己受分陳昌上坑白田九分五厘七毛〔三〕，載粮壹升六合七勺，請憑中劉從章等説

〔一〕钤有朱文天门县印，契中一方，骑缝印左、右各一方。
〔二〕「第拾伍号」应为契约持有者所加编号。
〔三〕此处数字有修改。

合，祖出筆賣與熊　〔一〕名下為業。当日三面言定，　〔二〕出俻時值價錢乙串九百乙十四文整，係祖親手領訖。自賣之後，任從買主起業，耕種当差，收粮過戶，百為無阻。今欲有憑，立此賣約一帋為據。

憑中　彭興會

其田四止　北　南刘　西刘　東刘

小形　北坟　西陳　南水田　東彡

道光十二年冬月廿九日　立永賣田契約人　彭興祖　筆

其乙形　南横十五弓二分　北横十四弓九分　直十弍弓七分　積乙百九十一弓乙分三厘五

除坟　横三弓五分　直五弓　積十七弓五分

其弍形　南横三弓二分　北横三弓二分五　直十七弓四分　積五十六弓一分乙厘五

〔一〕此处原留有空白。

〔二〕此处原留有空白。

一一三七九　道光十二年十一月二十九日钱思忠等卖田赤契〔一〕

立永賣田契約人錢思行忠，今因家用不便，將本己受分南灣坈基台白田，共乙畝零三厘〔二〕，載漁租正艮壹分，自请憑中錢加厚等说合，出筆賣与熊宗義名下為業。当日三面言定，宗義出俻實值價錢弍串八百文整，係思行忠仝親手領讫。自賣之後，任從買主起業，耕種当差，收粮過户，百為無阻。今恐無憑，立此賣約一帋為據。

基台四止　東以祥　西之介　南坟　北忠礼

小形四止　東以祥　西買主　南坑　北坟

憑中　加厚

道光拾弍年冬月廿九日　錢思忠　筆

册名　錢元鹤

永遠為業

〔一〕钤有朱文天门县印，契中一方，骑缝印左右各一方。

〔二〕此处数字有修改。

一一三八〇　道光十二年十一月二十九日彭新进卖田赤契[一]

第拾肆号[二]

立永賣田契約人彭新進，今因不便，將本己受分陳昌上垸白田三分八厘零二糸五[三]，載粮八合五勺，請憑親中劉崇章等說合，進出筆賣与熊　名下為業。当日三面言定，出備時值價錢七百五十九文整，係進親手（訖領）〔領訖〕。自賣之後，仍從買主起業，耕種当差，收粮過户，百為無祖。今恐（有）〔無〕憑，立此賣約（人）為據。

憑中　　其田四止　東郭　西彭　南　北水田　界

道光十二年冬月廿九日　立永賣約人　彭新進　筆

其　南　四弓三分　北橫　四弓一分　直廿乙弓六分　積九十乙弓八分

〔一〕　鈐有朱文天门县印，契中一方，骑缝印左右各一方。
〔二〕　「第拾肆号」应为契约持有者所加编号。
〔三〕　此处数字有修改。

永遠為業
在吴昭鐸内

一一三八一　道光十二年十一月二十九日史載敖卖田赤契[一]

立永賣田约人史載敖，今因家用不便，將本己受分橫林垸内白田一畝二分〇一毛六糸，（在）〔載〕正艮二分二厘八毛[二]，請憑親中弟載盛說合，出筆賣與熊宗儀名下為業。当日三面言定，出備（賣）實（直）〔値〕價錢二串四伯〇三文整，係敖親手領〔讫〕。自賣之後，任從買主起業，耕種当差，百為無阻。今恐無憑，立賣約一帋為據。（在）〔載〕正艮二分二（力）〔厘〕八毛。

册名　在敖

凴中　史在盛　　其田四止　西各水田　東紀香　南坟　北路

道光十二年冬月廿九日　立永賣田约人　史載敖　筆

〔一〕　鈐有朱文天门县印，契中一方，骑缝印左右各一方。
〔二〕　「六糸，在正艮二分二厘八毛」为正行右側添加。

南横五弓三分　北五弓　中直五十八弓

永遠為業

一一三八二　道光十二年十一月二十九日史纪香卖田赤契〔一〕

立永賣田契約人史紀香，今因移就不便，将史家大垸白田一形，四分六（力）〔厘〕四毛〔二〕，（在）〔載〕正良八厘八毛〔三〕，請憑親中史紀賢等説合，香出筆賣與熊宗義名下為業。当日三面言定，義出俻实值價錢九佰廿八文整〔四〕，係香親手領訖。自賣之後，任從買主起業，畊種当差，收粮过户，佰為無阻。恐口無憑，立此賣約一帋為據。　册名　在魁

憑中　史紀賢 在盛　　其田四止　東賣主　南　西史界　北　俱史界

道光十二年冬月廿九日　立永賣田契約人　史紀香　筆

〔一〕鈐有朱文天门县印，契中一方，骑缝印左右各一方。
〔二〕此处数字有修改。
〔三〕此处数字有修改。
〔四〕此处数字有修改。

東横十弓〇六分　西九弓一分　中直十一弓三分

永遠為業

一一三八三　道光十二年十一月二十九日史铭康等卖田赤契〔一〕

立永賣田契約人史銘康寿，今因家用不便，将本己受分垸内白田一畝二分一厘八毛，（在）〔載〕正銀二分三一毛（力）〔厘〕，情愿請憑親中祖載盛等説合，出筆賣与熊宗義名下為業。当日三面言定，義出俻實值價錢二串四佰卅八文整，係康寿親手領訖。自賣之後，任從買主起業，耕種当差，收粮过户，百為無阻。今恐無憑，立此永賣約一帋為拠。

册名　史在書

憑中　載盛　　其田四止　東紀林　西紀盛　南名班　北□□

道光十二年冬月廿九日　立永賣田契約人　史銘康寿　□

〔一〕鈐有朱文天门县印，契中一方，骑缝印左右各一方。

南横三弓二分　北横三弓五分　中直十八弓四分

南横五弓三分　北横□弓　中直十五弓五分

東横六弓五分　西横六弓七分　中直廿一弓六分

永遠為業

一—三八四　道光十二年十一月二十九日史銘福等卖田赤契〔一〕

立絕賣田約人史銘福、姪史肇宗，今因不便，将本己受分垸田一畝八分九厘七毛〔二〕，請憑親中祖史在盛說合，宗出筆賣與熊宗義名下為業。當日三面言定，熊宗義出備青錢三串七百九十四文整，係姪叔銘福親手領訖。自賣之後，任從買主起業，耕種當差，百為無（祖）〔阻〕。今恐〔無〕憑，立此絕賣約為拠。

（在）〔載〕正银三分五（力）〔厘〕九毛。　　册名□

鼎

〔一〕鈐有朱文天门县印，契中二方，骑缝印左右各一方。

〔二〕此处数字有修改。

其田四止　東　西　南　北　　憑中　史紀賢

道光十二年冬月廿九日　立絕賣田約人　銘福　筆

南横九弓五分五（力）〔厘〕　北横九弓一分　中直廿二弓九分

南横九弓八分　北横九弓五分　中直廿五弓九分

永遠為業

一—三八五　道光十二年十一月二十九日史名新卖田赤契〔一〕

立永賣田約人史名新，今因不便，将本己横林垸内白田一形，三分七（力）〔厘〕五毛，在正艮七厘一毛，情愿请憑親史在盛等说合，新出筆賣与熊宗義名下為業。当日三面言定，義出備實（直）〔值〕價錢七伯五十文正，係新親手領讫。自賣之後，任從買主起業耕種，收粮过户，阴阳兩便，百為無阻。今恐無憑，立此賣約一帋為拠。

〔一〕鈐有朱文天门县印，契中骑缝印左右各一方。

册名　載鶴

憑中　史在盛　　其田四止　東名昆　西元恒　南賣主　北路　界

道光十二年十一月廿九日　立永賣田約人　史銘新　筆

永遠為業

中直四十弓　南横二弓三分　北横二弓二分

一一三八六　道光十二年十一月二十九日史紀樑卖田赤契〔一〕

立永賣田契約人史紀樑，今因家用不便，將本己受分垸内白田九分三（力）〔厘〕，（在）〔載〕正銀乙分七厘，情愿请憑親中叔載盛等说合，出筆賣与熊宗義名下為業。当日三面言定，義出備實值價錢一串八伯六十文整，係樑親手領讫。自賣之後，任從買主起業，耕種当差，收粮过户，百為無阻。今恐無憑，立此永賣約一帋為拠。　　册名　紀樑

〔一〕钤有朱文天门县印，契中一方，骑缝印左右各一方。

憑中　載盛　　其田四止　東艾昌虎　南紀治　西名臣　北樑即賣主

道光十二年冬月二十九日　立永賣田契約人　史紀樑　筆

南横四弓二分　北横四弓一分　中直五十三弓八分

永遠為業

一一三八七　道光十二年十一月二十九日史紀盛卖田赤契〔一〕

立永賣田契約人史紀盛，今因家用不便，將本己受分内垸白田二形，弍畝八分八厘〔二〕，（在）〔載〕正艮五分四厘七毛，請憑（清）〔親〕中弟紀賢說合，出筆賣与熊宗義名下為業。當日面言定，義　出備寔（止）〔值〕價錢五串七伯六十文整，係盛（清）〔親〕手領訖。自賣之後，仍從買主起業，耕種当差，收粮過户，百為無阻。今恐無憑，立此賣約一帋為拠。

〔一〕钤有朱文天门县印，契中一方，骑缝印左右各一方。
〔二〕「八分八厘」为正行右侧添加。

册名　在云
憑中　弟紀賢
其田四止二形　北形　南紀相　東紀春　西宏明　北紀立
南形　南賣主　東紀相　西毛界　北紀春
道光十二冬月廿九日　立永賣田契約人　史紀盛　仝筆
一形　南横六弓八分　北横六弓二分　中直卅九弓五分
二形　南横五弓八分　北横六弓　中直十九弓八分
三形　南横九弓　北横十弓〇一分　中直卅一弓
四形　南横一弓五分　北横一弓八分　中直十三弓
永遠為業

一一三八八　道光十二年十一月三十日邹学高卖田赤契〔一〕

立永賣白田契約人鄒孛〔二〕高玉，今因不便〔三〕，將本己受分高作垸白田叁分乙（力）〔厘〕四毛七系，載粮上則，綱高〔四〕請憑親中伍祖貽説合，孛高出筆賣與熊宗義名下為業。当日三面言定，義〔五〕出俻實値價錢□四百四十文整，係孛高（新）〔親〕手領訖。白賣之（從）〔後〕，任從買主起業，耕種当差，收粮过户，百爲無阻。今恐無憑，立此賣約一帋為據。

此照

憑中　伍煥章　熊克持　庚中和

其田（回）〔四〕止　東鄒　西陽　南張　北邹

道光拾貳年冬月卅　立大賣白田約□　邹孛高　筆

〔一〕钤有朱文天门县印，契中一方，骑缝印左、右各一方。
〔二〕「孛」字为正行右侧添加。
〔三〕「便」字为正行右侧添加。
〔四〕「高」字为正行右侧添加。
〔五〕「義」字为正行右侧添加。

永遠為業

一一三八九　道光十二年十一月三十日阳王氏卖田赤契一[一]

立大賣白田契約人陽王氏，今因移就不便，將自己受分高作垸白田五分七（力）〔厘〕六毛五系[二]，載粮上則，請憑親中伍祖貽等說合，陽王氏出筆賣与熊宗義名下[三]為業。当日三面言定，義出備實値價錢八百六十四文[四]。王氏親手領訖。自賣之（從）〔後〕，任從買主起業，耕種当差，收粮过户，百為無阻。今恐無憑，立此賣約一帋為據。此照。

憑中　伍澤寿　庾中和　熊克持

其田四止　東　邹　西　路心　南　陽　北　路心

道光拾貳年冬月卅　立大賣白田約人　陽大春　代筆

永远為業

〔一〕鈐有朱文天门县印，契中一方，骑缝印左、右各一方。
〔二〕「力六毛五系」五字为正行右侧添加。
〔三〕「義名下」三字为正行右侧添加。
〔四〕「十」字以后删去一字，右侧添加「四文」二字。

一一三九〇　道光十二年十一月三十日阳王氏卖田赤契二[一]

立大賣白田契約人陽王氏，今因移就不便，將自己受分高作垸白田九分五（力）〔厘〕八毛，載粮上則，請憑親中伍澤受說合，陽王氏出筆賣與熊宗義名下為業。当日三面言定，義出備實値價錢壹串四百卅七文整，係王氏（新）〔親〕手領訖。自賣之（從）〔後〕，任從買主起業，耕種当差，收粮过户，百為無阻。今恐無憑，立此賣約一帋為據。此照。

憑中　庾中和　熊克持　伍祖貽

其田四止　東　路心　西　陽　南止路心　北　陽

道光拾貳年冬月卅　立大賣白田約人　陽大春　代筆

永遠為業

〔一〕鈐有朱文天门县印，契中一方，骑缝印左、右各一方。

一一三九一　道光十二年十一月三十日钱宏廷卖田赤契[一]

立永賣白田約人錢宏廷，今因家用不便，將自己受分南灣垸計丈白田二形，一畝五分五厘三毛壹糸，載官庄正艮四分六厘五毛三糸，請憑中人錢德成等說合，廷出筆賣與熊中義名下為業。當日三面言定，义出備時（至）〔值〕價錢叁串一伯文整，係廷親手领讫。至賣之後，任從買主和管業，耕種當差，收（艮）〔粮〕过户，百為無阻。此係自賣己分，不與親族人等相干。今恐勿憑，立此賣約為據。

憑中人　錢為必　春　熊南廷　高　用舟

其田四止　東錢貴中　西以中　南水田　北坟　又　東錢順　西得祥　南　北俱錢順　界

道光十二年冬月卅日　白田約人　宏廷　筆

冊名　錢方楊

永遠為業

〔一〕鈐有朱文天门县印，契中二方，骑缝印左、右各一方。

一一三九二　道光十二年十一月三十日钱乐朋卖田赤契[一]

立永賣白田約人錢樂朋，今因不便，將祖置南灣垸計丈白田六形，八畝七分二厘五毛七糸，載官庄正艮二錢式分五厘八毛[二]，請憑中人熊元福等說合，□出筆賣與熊宗義名下為業。當日三面言定，义出備實（至）〔值〕價錢拾陸串八伯文整，係朋親手領訖。至賣之後，任從買主管業，耕種當差，收（艮）〔糧〕过户，陰陽兩便，百為無阻。此係自賣己分，不與親族人等相干。今恐無憑，立此賣約為據。

憑中人　熊振軒　用□　元福　用舟　運貴

其田四止　東錢　西熊　南水田　北溝　又　東水田　西溝　南錢　北水田　又　東王　西　南　北錢

〔一〕鈐有朱文天门县印，契中二方，骑缝印左、右各一方。

〔二〕此处数字有修改。

又
東錢
西水田
南
北坟

又
東专
西
南水田
北

又
東王
西水田
南錢
北坟
界

道光十二年冬月三十日　落朋　筆
册名　錢知興
長發其祥

一—三九三　道光十二年十一月三十日阳大纲卖田赤契一〔一〕

立永賣白田契约人陽大綱，今因移就不便，将本己受分高作垸白田六分乙（力）〔厘〕三毛六絲，載粮上則，綱請憑親中伍煥章說合，大綱出筆賣與熊宗義名下為業。当日三面言定，义出備實值價錢壹串〇四十三文整，係陽大綱親手領訖。自賣之後，任從買主起業，耕種当差，收粁过戶，百為無阻。今恐無憑，立此大賣約一帋為據。此照。

憑中　庚中和　熊克持　伍祖貽

〔一〕　鈐有朱文天门县印，契中一方，骑缝印左、右各一方。

其田四止
北水
南坟
西陽
東伍

道光十二年冬月卅　立永賣白田契約人　大綱　筆
永遠為業

一—三九四　道光十二年十一月三十日伍永其卖田赤契〔一〕

立永賣白田契约人伍永其，今因不便，将本己受高作垸白田乙畝〇五厘八毛七系，載粮上則，二升三合五勺〔二〕，請憑親中伍煥章說合，其出筆賣與熊宗儀名下為業。当日三面言定，義出備時值價錢乙串四百八十三文整，係其手領訖。自賣之後，任從買主起業，耕種当差，收粮過戶，陰陽兩便，百為無阻。今恐無憑，立此賣約為據。

憑中　熊克持　伍祖貽　庚中和

〔一〕　鈐有朱文天门县印，契中一方，骑缝印左、右各一方。
〔二〕　「二升三合五勺」为正行右侧添加。

其田四止　東　南　溝　西　北　水田

道光十二年冬月卅　立永賣田約人　永其　筆

永遠為業

一一三九五　道光十二年十一月三十日胡有才卖田赤契一[一]

立永賣白田約人胡有才，今因不便，將自己受分高作垸白田八分五（力）〔厘〕五毛，載粮上則，請憑親中夏定太等說合，才出筆賣與熊宗義名下為業。當日三面言定，义出備時值價錢乙串七百一十[二]整，係才親手領訖。自賣之後，任從買主起業，耕種當差，百為無阻。今恐無憑，立此永賣約一帋為據。此照。

憑中　宋士標　熊克持

〔一〕钤有朱文天门县印，契中一方，骑缝印左、右各一方。

〔二〕「一十」为正行右侧添加。

其田四止　東　西　南　北　俱胡界

道光十二年冬月卅日　立永賣白田約人　胡有才　筆

萬倍利息

一一三九六　道光十二年十一月三十日宋士科卖田赤契[一]

立永賣白田約人宋士[二]科，今因不便，將自己受分高作垸白田五分五（力）〔厘〕〇五糸，（在）〔載〕粮上則，請憑親中宋文魁等說合，科出筆賣與熊宗義名下為業。当日三面言定，义出備實值價錢乙串一百〇乙整，係科（青）〔親〕手領訖。自賣之後，仍從買主起業，耕種当差，收粮過戶，百為無阻。今恐勿憑，立永賣約壹帋為據。此照。

憑中　熊克持　夏定太　宋士標

〔一〕钤有朱文天门县印，契中一方，骑缝印左、右各一方。

〔二〕「士」为正行右侧添加。

其田四止　東□　西宋　北坟　南坟　界

道光拾二年冬月卅日　立永賣田約人　宋科　筆

永遠為業

一—三九七　道光十二年十一月三十日胡有才卖田赤契二〔一〕

立永賣白田約人胡有才，今因不便，將自己受分高作垸白田二形，三分三（力）〔厘〕三毛，載粮上則，請憑親中夏定太等說合，才出筆賣與熊宗義名下为業。當日三面言定，义出倆时值價錢六百六十六文整，係才親手領訖。自賣之後，任從買主起業，耕種当差，收粮过戶，百为無阻。今恐無憑，立此永賣約一帋为據。此照。

其田四止　東南西北　俱胡界

憑中　宋士標　熊克持

道光十二年冬月卅日　立永賣白田約人　胡有才　筆

〔一〕鈐有朱文天门县印，契中一方，骑缝印左、右各一方。

萬倍利息

一—三九八　道光十二年十一月三十日阳大纲卖田赤契二〔一〕

立永賣白田契約人陽大綱，今因移就不便，將本己受分高作垸白田四分九（力）〔厘〕三毛，載粮上則，綱請憑親中伍煥章說合，大綱出筆賣與熊宗義名下為業。当日三面言定，義出倆實值價錢捌百卅八文整，係陽大綱親手領訖。自賣之（從）〔後〕，任從買主起業，耕種当差，收粮过戶，百為無阻。今恐無憑，立此賣約一帋為據。此照。

憑中　庚中和　熊克持　伍祖貽

其田四止　北路　南坟　西陽　東伍

道光十二年冬月卅　立永賣白田契約人　大綱　筆

永遠為業

〔一〕鈐有朱文天门县印，契中一方，骑缝印左、右各一方。

一一三九九　道光十二年十一月三十日熊忠喜卖田赤契[一]

立永賣白田约人熊忠喜，今因不便，將祖置陳昌垸南湾垸计丈白田四形，三畝〇四厘八毛三系，載民米四升五合二勺，漁租正艮一分九厘二毛八系，請凴中人熊朝官等说合，喜出筆賣與熊宗義名下為業。當日三面言定，义出俻實（至）〔値〕價錢陆串一伯文整，係喜親手領訖。至賣之後，任從買主管業，耕種當差，收（良）〔糧〕过户，百為無阻。此係自賣己分，不與親族人等相干。今恐無凴，立此賣约為據。

凴中人　熊用舟　高　朝官　恒祖

其田四止　東王　西高□　南鳳章　北吳

又　東運傑　西南俱李　北昌魁

又陳昌垸　東買　西錢　南专　北专

又　東忠秋　西祭田　南錢　北专

又　東錢　西路心　南中礼　北祭田

道光十二年冬月三十日　白田約人　錢忠喜　筆

冊名　熊賢有

子孫発達

[一] 鈐有朱文天门县印，契中二方，骑缝印左右各一方。

一一四〇〇　道光十二年十一月三十日王德光卖田赤契[一]

立永賣田約人王德光，今因不便，將自置白湖垸白田乙畝九分式厘，載正粮三分六厘四毛八系，請憑親中熊用舟等说合，光出筆賣与熊宗義名下為業。當日三面言定，義出俻實值價錢叁串八百四十文整，係光親手領讫。自賣之後，仍從買主起業，耕種当差，收粮过户，百為無阻。今欲有憑，立此賣約一帋為據。

憑中　熊用高

小形四止　東熊　西水田　南熊　北熊

其田四止　東路　西祭田　南□　北熊　界

[一] 鈐有朱文天门县印，契中二方，骑缝印左一方。

道光拾二年　冬月卅日　立此賣田约人　王德光　筆

册名丰波熊有義，式

永遠為業

一一四〇一　道光十二年十一月钱乐灿卖田赤契〔一〕

立永賣田約人錢欒燦，今因家用不便，將本己陳昌下垸白田一形，一畝二分七厘二毛〔二〕，（在）〔載〕民米二升捌合叁〔三〕抄，自請憑中張厚富等說合，燦出筆賣與熊宗義名下為業。三面言定，義出備實（直）〔值〕價錢弍千弍百八十九文整，係燦親手領訖。自賣之後，仍從買主起業耕種，收粮过戶，陰陽兩便，百為勿阻。今恐無〔憑〕，立賣約一帋為據。

憑中　張厚富

熊　朝官　用高　舟

其田四止　東路心　西貴忠　南路心　北溝　界

〔一〕鈐有朱文天门县印，契中一方，骑缝印左、右各一方。

〔二〕此处数字有修改。

〔三〕此处数字有修改。

道光十二年冬月□日　立永賣田約人　欒燦　筆

永远為業

一一四〇二　道光十二年十一月史在其卖田赤契〔一〕

立永賣田約人史在其，今因不便，將本己横林垸内白田二形，壹畝六分八（力）〔厘〕，一伯横正艮三分二（力）〔厘〕，情愿请凴親中在盛等说合，其出筆賣与熊宗義名下為業。当日三面〔言〕定，義出備實（直）〔值〕價錢三串三伯六十文正，係其親手領讫。自賣之後，任從買主起業，耕種当差，收（良）〔糧〕过户，百為無阻。今恐無凴，立此賣約一帋為拠。

册名　宏進

凴中　史載盛　熊潘運

其田四止　东纪珍　西在銑　南坟　北纪樊　界

其田四止　东熊　西在灰　南义　北纪勳　界

〔一〕鈐有朱文天门县印，契中二方，骑缝印左右各一方。

道光十二年十一月廿□日　立永賣田约人　史在其　筆

永遠為業

五分八力　东　西　南横六弓三分　北　五弓五分　中直廿四弓六分　内除二坟八弓

又壹厶一分　中直卅五弓二分　南横七弓七分　北　八弓一分　内除坟直三弓八分　横三弓八分

一—四〇三　道光十二年十一月史纪彩卖田赤契〔一〕

立永賣田约人史纪彩，今因不便，將本己横林垸内白田四形，弍畝七分二厘九毛，一伯横正艮五分一厘八毛五糸，情愿请凂親中　叔載盛等说合，彩出筆賣与熊宗義名下為業。当日三面言定，義出備實值價錢伍串四伯五十八文〔二〕正，係彩親手領讫。自賣之後，任從買主起業，耕種当差，收（良）〔糧〕过户，阴阳两便，百為無阻。今恐無憑，立此賣約一帋為拠。

册名　在前

〔一〕钤有朱文天门县印，契中二方，骑缝印左右各一方。

〔二〕此处数字有修改。

凂中　史纪賢　史在盛　熊潘運　熊有江

其田四止　东在芳　西纪賢　南　北名喻

其田四止　东坟　西在銑　南　北纪康

其田四止　东在鑛　西在銑　南名盤　北宏明

其田四止　东宏明　西纪康　南在銑　北在灰　界

道光十二年十一月□八日　立永賣田约〔人〕　史纪彩　筆

永遠為業

長壹形七分　中直四十七弓五分　南横三弓七分　北　三弓三分

又七分　中直十三弓　南横十二弓六分　北　十二弓

又壹厶弍分　中直五十六弓八分　南横四弓九分　北　五弓

又小形 中直十三弓 南横三弓二分 北横三弓一分

一—四〇四 道光十二年十二月一日钱士珍卖田赤契〔一〕

立永賣田約人錢士珍即南玉〔二〕，今因不便，将本己徐團外湖〔三〕白田弍□□□毛，粮在中則，四升四合九勺四抄，情愿請憑親中紅智說合，珍出筆賣與熊大相公宗義名下為業。当日三面言定，義出備時值價錢四串四百九十五文正，係珍親手領訖。自賣之後，仍從買主起業，耕種当差，收粮过户，百為無阻。今恐勿憑，立此賣約一帋為據。

粮在趙思庵戶下收納

憑中 錢紅智 趙正永 正□ 羅永年

其小形四止 北溝 南趙 西 東買主

其大形四止 北買主 南路 西坟 東趙 界

〔一〕鈐有朱文天门县印，契中一方，骑缝印右边一方。
〔二〕「即南玉」为正行右侧添加。
〔三〕「徐團外湖」为正行右側添加。

四十六号〔一〕

道光拾弍年蚀月初一日 立永賣田約人 錢士珍 筆

一—四〇五 道光十二年十二月一日熊中喜卖田赤契〔二〕

立永賣田約人熊中喜，今因家用不，将本己陳昌垸白田捌分零六毛，（在）〔載〕民米壹升七合七勺三抄〔三〕，自請憑中張厚富等說合，出筆賣与熊宗義名下為業。当日三面言定，義出備實（直）〔值〕價錢壹串伍百文整，係喜親手領訖。自賣之後，任從買主起業，耕種当差，收粮过户，百為無阻。今恐無憑，立此賣約一帋為據。

憑中 熊用舟 朝官 用高

其田四止 東運周 西朝官 南至張高魁 北朝官 界

冊名

永远為據

道光十二年虫月初一日 忠喜 筆

〔一〕「四十六号」应为契约持有者所加编号。
〔二〕鈐有朱文天门县印，契中一方，骑缝印左、右各一方。
〔三〕此处数字有修改。

一一四〇六　道光十二年十二月一日钱文元卖田赤契〔一〕

立永賣白田契约人錢文元，今因不便，将本己南灣坑白田二形，共壹畝五分〇五毛九絲〔二〕，載漁租正艮式分八厘三毛〔三〕，自請憑中熊南軒等說合，出賣與熊宗義名下為業。当日三面言定，義出備青錢式串六百九十文，係元親手領訖。自賣之後，任從買主起業，耕種当差，收粮過戶，陰陽兩便，百勿阻。今恐無憑，立為據。

其大田四止　東　文理
　　　　　　西　路心
　　　　　　南　止　云祖
　　　　　　北　路心

其小田四止　東　路心
　　　　　　西　坑
　　　　　　南　止　为碧
　　　　　　北　为寛

憑中　熊用高
　　　用舟
　　　為春
　　　為碧

〔一〕钤有朱文天门县印，契中一方，骑缝印左、右各一方。
〔二〕「五毛九絲」为正行右侧添加。
〔三〕此处数字有修改。

道光十二年蚀月初一日　立永賣田契約人　錢文元　兄为春代筆

冊名　錢文元

永遠為據

一一四〇七　道光十二年十二月一日钱以伦卖田赤契〔一〕

立永賣白田约人錢以倫，今因移就不便，将祖置南灣坑〔二〕白田一形，捌分三厘式毛式糸，載上（折）〔則〕民米一升八合四勺八抄，情愿請憑親中熊南軒等說合，倫出筆賣與熊宗義名下為業。当日三面言定，義出備青錢壹串六伯文整，係倫親手領訖。自賣之後，任從買主起業当差，收粮過戶，陰陽兩便，百為無阻。恐後無憑，立此賣約一紙為據。

憑中　熊用高
　　　用周
　　　為碧
　　　為春

其田四指　东　買主
　　　　　西　王春
　　　　　南　坟　界
　　　　　北　買主

〔一〕钤有朱文天门县印，契中一方，骑缝印左、右各一方。
〔二〕「南湾坑」为正行右侧添加。

道光拾弍年蚀月初一日　立永賣南灣垸白田約人　錢以倫　為

碧　代筆

冊名　熊德修

永遠為據

一一四〇八　道光十二年十二月一日伍永清卖田赤契〔一〕

立永賣白田約人伍永清，今因不便，將自己受分高作垸白田壹畝二分四（力）〔厘〕四毛八系，載粁上則，清請憑親中伍祖貽等說合，清出筆賣与熊宗義名下為業。当日三面言定，義出俻時值價錢壹串八百六十九文整，係清親手領訖。自賣之後，任從買主起業，耕種当差，收粮過戶，百為無阻。今恐無憑，立此永賣約一帋為據。此照。

憑中　伍煥章　庚中和　熊克持

其田四止　東　路心　西　路心　南　路心　北　伍祖寅　界

〔一〕鈐有朱文天门县印，契中二方，骑缝印左、右各一方。

道光拾二年十二月初一日　立永賣白田約人　伍永清　筆

永远為業

一一四〇九　道光十二年十二月一日伍永起卖田赤契〔一〕

立賣白田約人伍永起〔二〕，今因不便，將本己受分高作垸白〔三〕田八分七厘，（在）〔載〕（良）〔粮〕上則，乙升九合三勺〔四〕，憑中伍作霖等說合，起出筆賣与熊宗义名下為業。當日三面言定，义出俻時值價錢乙千四百九十文整，係起領訖。自賣之後，任從買主管業耕種〔五〕，收租當差，收粮過戶，陰陽兩便〔六〕，百為無阻。今恐無憑，立此為據。

憑中　夏定泰　宋世標　伍作霖　熊克持

〔一〕鈐有朱文天门县印，契中二方，骑缝印左、右各一方。
〔二〕「伍」后删去两字，其右侧添加「永起」二字。
〔三〕「垸」后删去一字，其右侧添加「白」字。
〔四〕「乙升九合三勺」为正行右侧添加。
〔五〕「耕種」为正行右侧添加。
〔六〕「陰陽兩便」为正行右侧添加。

其田四止 東伍 西伍 南伍 北伍 界 起筆

道光十二年蚏月初一日

永远为業

一—四一〇 道光十二年十二月一日伍宏泰卖田赤契〔一〕

立賣白田约人伍宏泰，今因不便，将本己受分高作垸十田乙畝二分六厘〔二〕，（在）〔載〕（良）〔粮〕上則，二升八合〔三〕，憑中伍作霖等説合，泰出筆賣与熊宗儀名下為業。當日三面〔四〕言定，儀出備時值價錢二串乙百四十二文整，係泰領訖。自賣之後，任從買主管業耕種，收租當差，收粮過戶，陰陽兩便〔五〕，百為無阻。今恐無憑，立此為據。

憑中 夏定泰 宋世標 熊克墀 伍作霖

〔一〕鈐有朱文天门县印，契中一方，骑缝印左、右各一方。
〔二〕「乙畝二分六厘」为正行右側添加。
〔三〕「二升八合」为正行右側添加。
〔四〕「三」后删去一字，其右側添加「面」字。
〔五〕「陰陽兩便」为正行右側添加。

其田四止 東水田 西伍 南伍 北伍 界

道光十二年蚀月初一日 泰 筆

永远為業

一—四一一 道光十二年十二月一日黄其伦卖田赤契〔一〕

立永〔賣〕白田约人黄其倫，今因不便，將本己受分高作垸白田一形，七分九厘，載粮上則，乙升七合五勺〔二〕，憑中宋世標等说合，倫出筆賣与熊中義名下為業。當日三面言定，義出備時值價錢乙串乙百八十五文整，係倫親手領讫。自賣之後，任從買主管業，耕種當差，收粮过户，陰陽两便，百為無阻。今欲有憑，立此為據。

憑中 夏定泰 宋世標 伍作霖 熊克墀

其田四止 南胡 北伍 西伍 東伍 界

道光十二年蚀月初一日 倫 筆

〔一〕鈐有朱文天门县印，契中一方，骑缝印左右各一方。
〔二〕「乙升七合五勺」为正行右側添加。

永遠為業

一—四一二　道光十二年十二月一日伍德一卖田赤契〔一〕

立賣白田约人伍德一，今因不便，將本己受分高作垸實田二畝〇三厘〔二〕，載粮上則，四升五合〔三〕，憑中宋世標等說合，一出筆賣与熊中義名下為業。當日三面言定，義出備時值價錢三串五百四十八文整，係一領訖。自賣之後，任從買主管業，耕種當差，收粮過户，陰陽两便，百為無阻。今恐無憑，立此為據。

其田四止　東伍　西黃　南伍　北伍　界

憑中　夏定泰　伍作霖　宋世標　熊克墀

道光十二年蚀月初一日　一　筆

永遠為業

〔一〕鈐有朱文天门县印，契中二方，骑缝印左右各一方。

〔二〕「〇三厘」为正行右侧添加。

〔三〕「四升五合」为正行右侧添加。

一—四一三　道光十二年十二月一日王净明卖田赤契〔一〕

立永〔賣〕田约人王净明，今因移就不便，將自置白湖垸白田一形，一畝六分六厘四毛，載正艮叁分一厘六毛二系，凂中熊用高說合，明出筆賣与熊宗義名下為業。当日三面言定，實值價錢叁千三百八十文整，係明親手領讫。自賣之後，任從買主起業，耕種當差，收粮过户，百為勿阻。恐口勿凂，立此賣约一帋為據。

風波册名　熊友义

其田四止　東溝　西溝　南至伍　北用高　界

憑中　用高　舟

道光十二年蚀月初一日　立永賣田约人　净明　筆

永遠為據

〔一〕鈐有朱文天门县印，契中二方，骑缝印左右各一方。

一—四一四　道光十二年十二月二日程之金卖田赤契〔一〕

立永賣白田约人程之金，今因移就，將自置洪積垸白田一形，计丈一畝零四厘，隨載正艮二分二厘，情愿请凂中人王加瑞等说合，金出筆永賣與熊篤敘堂名下為業。三面言定，熊姓出偹實值價錢捌串五百文整，係金同中親手領讫。自賣之後，仍從買主管業，撥佃耕種，收粮過户，陰陽兩便，百為無阻。其中並無凖折抬算情獘。此係自賣己分，不與親族人等相干。今欲有凂，立此为據。

册名　朱　　凂中　程體綱

其田四止　東雷　西買　南呈　北買　界

道光十二年朏月初二日　立永賣白田約人　呈之金　筆

永遠為業

〔一〕 钤有朱文天门县印，契中二方，骑缝印左、右各一方。

一—四一五　道光十二年十二月二日邹长惠卖田赤契〔一〕

立大賣白田約人邹長惠，今因不便，將本己受分高作垸白田四分九（力）〔厘〕五毛，載粮上則，惠請憑親中伍祖貽等说合，惠〔二〕出筆賣與熊宗儀名下為業。当日三面言定，儀出備實值價錢七百四十二文整，係惠親手領訖。自賣之後，任從買主起業，耕種当差，收粮過戶，百為無阻。今恐無憑，立此賣约一帋為據。此照。

憑中　伍澤寿　庚中和　伍祖貽　熊克持

其田四止　東园林　南本己　西大道　北長春　界

道光十二年朏月初二日　立大賣白田約人　長惠　筆

永远為業

〔一〕 钤有朱文天门县印，契中一方，骑缝印左、右各一方。

〔二〕 「惠」为正行右侧添加。

一—四一六　道光十二年十二月二日邹长春卖田

赤契[一]

立大賣白田約人邹長春，今因不便，將本己受分高作垸白田六分九（力）〔厘〕三毛八糸[二]，載粮上則，春請憑中伍祖貽等说合，春[三]出筆賣與熊宗儀名下為業。当日三面言定，仪出備實值價錢壹串〇四十文整，係春親手領訖。自賣之後，任從買主起業，耕種当差，收粮过户，百為無阻。今恐無憑，立此賣約一帋為據。此照。

憑中　伍澤寿　庾中和　伍祖貽　熊克持

其田四止　東 本己　南 長惠　西 长善　北 路心　界

道光十二年朏月初二日　立大賣白田約人　長春　筆

〔一〕鈐有朱文天门县印，契中一方，骑缝印左、右各一方。
〔二〕「三毛八糸」为正行右側添加。
〔三〕「春」为正行右側添加。

永远為業

道光十二年十二月二日　熊昭德

一—四一七　道光十二年十二月二日熊昭德等卖田

赤契[一]

立永賣田契約人昭德仕，今因家用不便，將本己受分徐團白田四形，共田四畝四分五厘六毛，載米八合八抄，載艮七分三厘六毛，請憑親中熊祖貞說合，德出筆賣與叔宗義名下為業。当日三面言定，义出備實值價錢八串〇十一文整，係德親手領訖。自賣之後，任從買主起業畊種，收粮当差，百為無阻。今欲有憑，立此永賣一帋為據。

憑中　熊祖貞

其田四止
一形　東 萬　西 雷　南 溝　北 □
一形　東 徐　南 溝　西 雷　北 熊
一形　東 張　南 溝　西 徐　北 溝
一形　東 徐　南 溝　西 张　北 水田　界

〔一〕鈐有朱文天门县印，契中二方，骑缝印左、右各一方。

道光十二年虫月初二日　立永賣田契約人　熊昭仕　筆

永远為摅

一一四一八　道光十二年十二月二日习广绅卖田赤契[一]

立永賣田約人習廣紳，今因不便，将本己受分白湖垸白田乙畝〇六厘五毛[二]，（在）〔載〕正銀二分〇二毫三糸，請憑中習廣玉說合，紳出筆賣與熊宗義名下為業。当日三面言定，義出備實價二串乙百卅整，係申（青）〔親〕手領訖。自賣之後，任從買主起業，耕種当差，收粮过戶，百為無阻。今欲有憑，立此永賣約乙帋為枞。

憑中人　習廣玉

其田四止　東　熊与常　西　何宏綸　南　何宏金　界　北　熊界

道光十二年十二月初二日　立永賣田　紳　人　筆

冊名　習廣紳

〔一〕鈐有朱文天门县印，契中一方，骑缝印左、右各一方。
〔二〕此处数字有修改。

永遠為業

一一四一九　道光十二年十二月二日夏定太卖田赤契一[一]

立永賣白田約人夏定太，今因不便，将本己受分趙家垸白田乙畝二分四厘，（在）〔載〕粮中則，請憑親中宋士彪說合，太出筆賣與熊宗儀名下為業。当日三面言定，儀出備實值價錢二串四百文整，係太親手領訖。自賣之後，任從買主起業，耕種當差，收粮過戶，百為無阻。今恐無憑，立此賣約一帋為據。此照。

憑中人　夏定乙　熊克持

其田四止　東　路　南　宋　西　胡　界　北　工

道光十二年十二月初二日　立賣約人　定太　筆

萬倍利息

〔一〕鈐有朱文天门县印，契中一方，骑缝印左、右各一方。

一—四二〇　道光十二年十二月二日夏定太卖田赤契二[一]

立永賣白田約人夏定太，今因不便，將本己受分高作垸白田乙畝一分八厘五毛[二]，（在）〔載〕粮上則，請憑親中宋士彪[三]說合，太出筆賣與熊宗儀名下為業。当日三面言定，儀出備實值價錢弍串三百七十文，係太親手領訖。自賣之後，任從買主起業，耕種當差，收粮過戶，百為無阻。今恐無憑，立此賣約一帋為據。此照。

憑中人　宋士彪
　　　　熊克持

其田四止　東[四]路心
　　　　　南宋
　　　　　西王　界
　　　　　北買主

道光十二年十二月初二日　立賣約人　定太　筆

萬倍利息

〔一〕鈐有朱文天门县印，契中一方，骑缝印左、右各一方。
〔二〕「五毛」为正行右側添加。
〔三〕「宋士彪」为正行右側添加。
〔四〕「東」后涂去「買主」二字。

一—四二一　道光十二年十二月二日张高魁卖田赤契[一]

立永賣田約人張高魁，今因家用不便，將本己陳昌垸白田三形，二畝二分八厘四毛，載（名）〔民〕米五升零七勺[二]，自請憑中熊朝官[三]說合，出筆賣與熊宗義名下為業。当日三面言定，義出備實錢三串九百十六文[四]整，係魁親手領訖。自賣之後，任從買主起業，耕種当差，收粮过戶，百為無阻。今恐無憑，立此賣約一帋為據。

其田四止　東厚清
　　　　　西運貴
　　　　　南溝
　　　　　北坟

憑中　朝官　運高
　　熊怌阻　用舟

其田四止　东買主
　　　　　南張介
　　　　　西張介
　　　　　北買主

〔一〕鈐有朱文天门县印，契中二方，骑缝印左、右各一方。
〔二〕此处数据有改动。
〔三〕「熊朝官」为正行右側添加。
〔四〕「百」、「文」为正行右側添加。

其田四止 东 路中
南 垷
西 熊介
北 坟

道光拾二年虫月初二日　立永賣田約人　張髙魁　筆

册名　張位上

永遠為據

一一四二二　道光十二年十二月二日李之伦卖田赤契〔一〕

第拾弍号〔二〕

立永賣田契約人李之倫，今因不便，將本己受分陳昌上坃白田玖分七厘七毛四系二忽，載粮二升〔三〕乙合七勺，請凴親中劉達欽等説合，倫出〔四〕筆賣與〔五〕名下為業。当日三面言定，〔六〕出價實置價錢壹串九百〇五十四文整〔七〕，係倫

〔一〕鈐有朱文天门县印，契中一方，骑缝印左、右各一方。
〔二〕「第拾弍号」应为契约持有者所加编号。
〔三〕「載粮二升」为正行右侧添加。
〔四〕「出」为正行右侧添加。
〔五〕此处原留有空白。
〔六〕此处原留有空白。
〔七〕此处数据有改动。

親手領訖。自賣之後，任從（賣）〔買〕主起業，耕種当差，收糧過戶，百為無阻。今欲有憑，立此賣約一帋為據。

憑中　劉大欽

其田四止 東 西 刘
南 水田
北 坟

道光拾貳年朏月初二日　立永賣田契約人　李之倫　筆

其南長形 南 北横八弓三分 直廿五弓七分　積弍百乙十三弓三分一厘

北小形 北横五弓 南横四弓四分 直六弓六分五　積卅乙弓弍分五厘五

世守其業

一一四二三　道光十二年十二月二日童楫卖田赤契〔一〕

第拾號〔二〕

立永賣田契約人童楫，今因移就，將本己受分陳昌上坃白田八

〔一〕鈐有朱文天门县印，契中一方，骑缝印左、右各一方。
〔二〕「第拾號」应为契约持有者所加编号。

分弍厘乙毛二系五，載粮乙升八合三勺，請憑親中劉達卿等說合，楫出筆賣與〔一〕名下為業。当日三面言定，出俻實值價錢乙串四百四十三文〔二〕整，係楫親手領訖。自賣之後，仍從買主起業，耕種当差，收粮過戶，百為無阻。今欲有憑，立此賣約一帋為據。

憑中　刘達卿　　其田四止　東刘　西童　南童　北路　界

又四止　东刘　西童　南路　北童　界

道光拾貳年虫月初二日　立永賣田契約人　童楫　筆

其乙形　南五弓二分　北七弓□□　直十八弓七分　積

其沙田形　北横四弓乙分　南横四弓□分　直八弓弍　内坟六厘　帶糧　積七十四弓六分二厘

永遠為業

童彥廷

〔一〕此处原本留有空白。

〔二〕「乙串四百四十三文」为正行右侧添加。

一—四二四　道光十二年十二月二日童榜卖田赤契〔一〕

第叁拾壹號〔二〕

立永賣田契約人童榜，今因不便，將本己受分陳昌上垸白田一形，九分乙厘四毛〔三〕五，載粮弍升乙合二勺〔四〕，請憑中刘達卿等說合，榜出筆賣與熊〔五〕名下為業。当日三面言定，熊出俻時值價錢乙串六百四十六文整，係榜親手領訖。自賣之後，仍從買主起業，耕種当差，收粮過戶，百為無阻。今恐無憑，立此賣約一帋為據。

憑中　其田四止　東黃　西刘　南□　北坟　界

道光十二年蚀月初二日　立永賣田契

北横六弓　南横六弓一分五　直卅六弓七分　積弍百弍拾二弓九分五厘二毛五

〔一〕钤有朱文天门县印，契中一方，骑缝印左、右各一方。

〔二〕「第叁拾壹號」应为契约持有者所加编号。

〔三〕此处圈掉「九系六忽」四字。

〔四〕此处数据有改动。

〔五〕此处原本留有空白。

内壙　横乙弓一厘四毛　直三弓一分

低田　横乙弓一分　直六弓二厘五

永遠為業

童彦廷

一一四二五　道光十二年十二月三日张仁寿等卖田赤契〔一〕

立永賣田契約人張仁壽仝弟仁山〔二〕，今因家用不便，将本己受分徐團白田六分一厘一毛，載銀壹分，請憑親中熊祖貞説合，寿出筆賣與熊宗义名下為業。當日三面言定，義出備實值價錢七百九十四文整，係寿親手領訖。自賣之後，任從買主起業耕種，收粮當差，百為無阻。今恐無憑，立此永賣約一帋為據。

憑中　熊保初

其田四止　東　路心　西　壙　南　張　北　徐　界

道光拾二年朏月初三日　立永賣田契約人　張仁寿　仁山

出筆

永远為據

〔一〕钤有朱文天门县印，契中一方，骑缝印左、右各一方。

〔二〕「仝弟仁山」为正行右侧添加。

一一四二六　道光十二年十二月三日周汝达卖田赤契〔一〕

立永賣田約人周汝達，今因移就，将白湖垸白田六分七厘六毛五糸，随載正銀一分二厘八毛五糸，請憑中熊德榜等説合，汝達出筆賣與熊宗義名下為業。当日三面言定，宗義出備實值價錢乙千三百五十三文，係汝達親手領訖。自賣之後，任從買主管業，耕種当差，收粮过户，百為無阻。今欲有憑，立此永賣田約人一帋為據。

憑中　周汝榜　熊德榜

〔一〕钤有朱文天门县印，契中一方，骑缝印左、右各一方。

其田四止　東至自□　南至坑　西至公盛　北至賣主　界

道光十二年十二月初三日　立永賣田約人　周汝達　筆

冊名　周維華

萬古千秋

一—四二七　道光十二年十二月三日周士达卖田赤契[一]

立永賣田約人周士達，今因不移就，將祖置白湖垸白田五分七厘三毛六，（在）〔載〕粮一分〇九毛，請憑中周汝榜説合，達出筆賣與熊宗義名下為業。当日三面言定，義出備實值價錢一串一百四十七文整，達（青）〔親〕手領（乞）〔讫〕。自賣之後，任從買主管業，耕種当差，收粮過戶，百為勿阻。今恐勿憑，立此賣約一帋為據。

憑中　熊德榜　用周　用高　周汝榜

〔一〕鈐有朱文天门县印，契中一方，骑缝印左、右各一方。

其田四止　東自中　南坑　西之左　北周重公　界

（光道）〔道光〕十二年虫月初三日　立永賣田約人　周士達　筆

冊名　周汝相

永為業

一—四二八　道光十二年十二月三日周士香卖田赤契[一]

立永賣田約人周士香，今因移就不便，將本己受分白湖垸白田乙畝，載正銀一分九厘，請憑中熊得榜等説合，香出筆賣與熊宗義名下為業。当日三面言定[二]，宗義出備時值價錢二串整，係香親手領訖。自賣之後，任從買主管業，耕種当差，收粮過戶，百為無阻。今恐無憑，立此賣約一帋為據。

憑中　周汝榜　熊得榜　用周

〔一〕鈐有朱文天门县印，契中一方，骑缝印左、右各一方。

〔二〕「当日三面言定」为正行右侧添加。

其田四止　東□□　西尔常　南路　北四常　界

道光十二年十二月初三日　立永賣田約人　士香　筆

冊名　熊天其

永遠為業

一一四二九　道光十二年十二月三日熊德松等卖田赤契[一]

立永賣田約人熊德松自忠，今因移就，将祖遺白湖垸白田四分，随載正銀七厘六毛，請憑中周汝榜等説合，德松等出筆賣與熊宗義名下為業。當日三面言，宗義出備實值價錢八百文整，係德松等親手领讫。自賣之後，任從買主管業，耕種当差，收粮过户，百為無阻。今欲有憑，立此永賣約一帋為據。

憑中　周汝榜　熊德榜

其田四止　東熊德□　南坟　西至熊尔□　北□　界

道光十二年十二月初三日　立永賣田約人　熊德松自忠　筆

〔一〕钤有朱文天门县印，契中一方，骑缝印左、右各一方。

冊名　熊天其

永遠為業

一一四三〇　道光十二年十二月三日熊自勇卖田赤契[一]

立永賣田約人熊自勇，今因移就，将祖遺白湖白田五分〇九毛，随載正銀九厘六毛七糸，請凴中周汝榜説合，自勇出筆賣与熊宗義名下為業。當日三面言定，宗義出備實值價錢乙千〇十八文整，係自勇親手领讫。自賣之後，任從買主管業，耕種当差，收粮过户，百為無阻。今欲有憑，立此永賣約一帋為據。

憑中　周汝榜　熊德榜

其田四止　東　南　西至　北　俱熊界

道光十二年十二月初三日　立永賣田約人立永賣田約人[二]

〔一〕钤有朱文天门县印，契中一方，骑缝印左、右各一方。

〔二〕原文如此。

熊自勇　筆

冊名　熊得正

萬古千秋

一—四三一　道光十二年十二月三日周汝栢卖田赤契〔一〕

立永賣田約人周汝栢，今因移就不便，将本己受分白湖垸白田叁分二厘五毛，載正銀四厘，請憑中兄汝榜等説合，栢出筆賣与熊宗義名下為業。当日三面言定，義出備實價錢陸伯伍拾文整，係栢親手領訖。自賣之後，仍從買主管業，耕種当差，收糧过户，百為無阻。今欲有憑，立此賣約一帋為據。

憑中　兄汝榜　熊德榜

其田四止　東至周士玉　西至汝松　南至路　北至坟　界

道光拾二年胐月初三日　立永賣田約人　周汝栢　筆

冊名載周□金

〔一〕鈐有朱文天门县印，契中一方，骑缝印左、右各一方。

永永為業

一—四三二　道光十二年十二月三日熊何氏等卖田赤契〔一〕

立永賣田契約人熊何皮氏，今因家用不便，将本己受分徐團白田二形，共一畝六分八厘二毛，載艮四分，請憑親中熊祖貞説合，氏出筆賣與叔宗義名下為業。当日三面言定，義出備實値價錢三串〇四十一文整，係氏親手領訖。自賣之後，任從買主起業耕種，收粮当差，百為無阻。今欲有憑，立此永賣約一帋為據。

憑中　熊祖貞

其田四止　東　路　西　雷　南　溝　北　□　又形四止　東　雷　西　萬　南　雷　北　溝　界

道光十二年虫月初三日　立永賣田契約人　熊何皮氏　熊昭仕　代筆

永远為據

〔一〕鈐有朱文天门县印，契中二方，骑缝印左、右各一方。

一—四三三　道光十二年十二月三日危廷梅等卖田赤契〔一〕

立永賣田契約人危廷云（梅）仝侄太平（魁）（云翰）（云台），今因家用不便，將本己受分西汊團白田十壹形，共田十畝〇二分八厘五毛〔二〕，載米一斗〇四合二勺五抄，官庄漁湖載艮一錢四分六厘七毛六系，請憑親中熊祖倫說合，梅等出筆賣與熊宗義名下為業。当日三面言定，義出備實值價錢十九串九百七十八文整，係梅等親手領訖。自賣之後，任從買主起業耕種，收粮当差，百為無阻。今恐無憑，立此永賣約一帋為據。

憑中　熊祖倫

其田四止

一形　東熊　西危　南萬　北萬

一形　東危　西張　南萬　北路

一形　東□　西□　南□　北□

一形　東買主　西危　南伍　北溝

一形　東堤　西胡　南胡　北錢

一形　東皮　西胡　南胡　北皮

一形　東路　西錢　南熊　北危

一形　東錢　西坟　南張　北江

一形　東□　□□　□□　北□

一形　東□　西□　南錢　北張

一形　東錢　西熊界　南□　北危

道光十二年朏月初三日　立永賣□□約人　危廷云　筆

永遠為據

〔一〕鈐有朱文天门县印，契中二方，骑缝印左、右各一方。

〔二〕此处数字有修改。

一一四三四　道光十二年十二月三日熊昌艮卖田赤契〔一〕

立永賣田約人熊昌艮〔二〕，今因移就，將祖置白湖垸白田一畝四分五厘九毛，（在）〔載〕粮二分七厘七毛二絲，請憑中周汝榜説合，艮出筆賣與熊宗義名下為業。当日三面言定，義出備實（直）〔值〕價錢弍串九百一十八文整，艮（青）〔親〕手領（乞）〔訖〕。自賣之後，任從買主管業，耕種当差，收粮過戶，百為勿阻。今恐勿憑，立此賣約一帋為據。

憑中　周汝榜　德榜　熊用周　用高

其田四止　東　坑溝　西　德周　南　溝　北　尔常

道光十二年虫月初三日　立永賣田約人　昌艮　筆

冊名　熊志禄

永遠為業

〔一〕鈐有朱文天门县印，契中一方，骑缝印左、右各一方。

〔二〕「熊昌艮」为正行右側添加。

一一四三五　道光十二年十二月三日熊自顺卖田赤契〔一〕

立永賣田約人熊自順，今因移就，將祖直白湖垸白田一畝□七厘，（在）〔載〕粮二分□三毛三系，請憑中周汝榜説合，順出筆賣與熊宗義名下為業。当日三面言定，義出備實值價錢二串二百四十文整，順親手領（乞）〔訖〕。自賣之後，任從買主管業，耕種当差，收粮過戶，百為勿阻。今恐勿憑，立此賣約一帋為據。

憑中　周汝榜　德榜　熊用周　用高

其田四止　東　買主　西　溝　南　賣主　北　德周

道光十二年虫月初三日　立永賣約人　自順　筆

冊名　熊得敏

永遠為（葉）〔業〕

〔一〕鈐有朱文天门县印，契中一方，骑缝印左、右各一方。

一—四三六　道光十二年十二月三日熊昌桂卖田赤契[一]

立永賣田約人熊昌桂，今因移就不便，將祖遺白湖垸白田乙畝〇五厘[二]，随載正銀壹分九厘九毛[三]，請憑中祖熊德榜等說合，昌桂出筆與熊宗義名下為業。当日三面言定，宗義出備實值價錢二千〇九十八文整，係昌桂親手領訖。自賣之後，任從買主管業，耕種当差，收粮過戶，百為無阻。今欲有憑，立此永賣約一帋為據。

憑中　周汝榜　熊德榜

其田四止　東至溝　南至何宏經　西至周士林　北至正　界

道光十二年十二月初三日　立永賣田約人　熊昌桂　筆

冊名　熊文生

永遠為據

〔一〕鈐有朱文天门县印，契中一方，骑缝印左、右各一方。

〔二〕此处数字有修改。

〔三〕此处数字有修改。

一—四三七　道光十二年十二月三日熊尔柱卖田赤契[一]

立永賣田約人熊尔柱，今因移就，將本已受分白湖垸白田七分七厘捌毛弍糸[二]，随載正銀乙分四厘六毛[三]，請憑中周汝榜等說合，尔柱出筆賣與熊宗義名下為業。当日三面言定，宗義出備實值價錢乙千五百九十三文整，係柱親手領訖。自賣之後，任從買主管業，耕種当差，收粮过戶，百為無阻。今欲有憑，立此永賣約一帋為據。

憑中　周汝榜　熊德榜

其田四止　東至熊自春　南至熊　西至熊　北至熊　界

道光十二年十二月初三日　立永賣田約人　熊尔柱　筆

冊名　熊章

永远為業

〔一〕鈐有朱文天门县印，契中一方，骑缝印左、右各一方。

〔二〕此处数字有修改。

〔三〕此处数字有修改。

一—四三八 道光十二年十二月三日熊自仁卖田赤契〔一〕

立永賣田約人熊自仁，今因移就不便，将祖遺白湖垸白田七分〇三毛，隨載正銀一分三厘五毛，請憑中叔德榜等說合，自仁出筆賣與熊宗義名下為業。当日三面言定，宗義出備實值價錢乙串四百文整，係自仁親手領訖。自賣之後，任從買主管業，耕種当差，收粮过戶，百為無阻。今欲有憑，立賣約一帋為據。

憑中 周汝榜 熊德榜

其田四止 東自仁 南自中 西汝發 北德乙 界

道光十二年虫月初三日 立永賣田約人 自仁 筆

冊名 熊仁萬

永永為業

〔一〕 鈐有朱文天门县印，契中一方，骑缝印左、右各一方。

一—四三九 道光十二年十二月三日周士珍卖田赤契〔一〕

立永賣田約人周士珍，今因移就〔二〕不便，将本己受分白湖垸白田伍分壹厘三毛，載正銀九厘八毛〔三〕，請憑中伯汝榜等說合，珍出筆賣与熊宗義名下為業。当日三面言定，義出備實値價錢壹串〇廿六文整，係珍親手領訖。自賣之後，仍從買主管業，耕種当差，收糧过戶，百為無阻。今欲有憑，立此賣約一帋為據。

凴中 伯汝榜 熊德榜

其田四止 東熊德懌 西至德周 南賣主 北溝 界

道光拾二年朏月初三日 立永賣田約人 周士珍 筆

冊名 載周純修名下

永永為業

〔一〕 鈐有朱文天门县印，契中一方，骑缝印左、右各一方。

〔二〕 「就」字为正行右側添加。

〔三〕 「九厘八毛」为改动后数字。

一—四四〇　道光十二年十二月三日熊昌迪卖田

赤契[一]

立永賣田約人熊昌迪，今因移就，將本己受分祖業白湖垸白田一畝零九厘□毛[二]，（在）〔載〕粮二分零□□□[三]，迪請憑中周汝榜等說合，迪出筆賣與熊宗義名下為業。當日三面言定，宗義出備實值價二串四百九十六文整，係昌迪（青）〔親〕手領（乞）〔訖〕。自賣之後，任從買主管業，耕種当差，收粮过戶，百為勿阻，今欲有憑，立此賣約一帋為據。

憑中　熊用高　德榜　周　周汝榜

其田四止　北 西 周　南 東 熊　界

道光十二年十二月初三日　立永賣田約人　昌迪　筆

冊名　熊得公

永遠為業

〔一〕钤有朱文天门县印，契中一方，骑缝印左、右各一方。

〔二〕此处数字有修改。

〔三〕此处数字有修改。

一—四四一　道光十二年十二月三日熊用高卖田

赤契[一]

立永賣田約人熊用高，今因家用不便，將本己受（糞）〔分〕白湖垸白田共二形，叁畝四分四厘弍毛[二]，（在）〔載〕正艮六分五厘五毛一糸，請凂中人熊濟川說合，高出筆賣与熊宗義名下為業。當日三面言定，義出俻實值價錢六串九百文整，係高親手領訖。自賣之後，仍從買主起業，耕種当差，收（艮）〔粮〕過户，百為無阻。今恐無凂，立此賣約一帋為據。

請凂中人　濟川　　其田四止　東溝　南買主　西溝　北溝

又四止　東溝　南有章　西溝　北溝　界

〔一〕钤有朱文天门县印，契中二方，骑缝印左右各一方。

〔二〕此处数字有修改。

道光十二年虫月初三日　立永賣田約人　高　筆
冊名汪志中，七厘六毛。
顏茂得，二分六厘六毛。
風波熊有義
永遠為業

一一四四二　道光十二年十二月四日钱张氏卖田赤契〔一〕

立永賣田約人錢張氏，今因家用不便，將本己南灣垸白田一形，五分一厘八毛，載漁租一分，自請憑中弟光照等説合，出筆賣與熊宗義名下为業。當日三面言定，義出備時値價錢八百卄八文整。，係錢張氏親手領訖。自賣之後，任從買主起業，耕種当差，收（良）〔粮〕過户，百為無阻。今恐無凴，立此賣約一帋為據。

冊名　錢□則

其田四止　東　輝宣　西　光宁　南　北　溝

凴中　光照　錢開宗　宏義

〔一〕鈐有朱文天门县印，契中一方，骑缝印左、右各一方。

十五号〔一〕
道光十二年蚏月初四日　立永賣田約人　叔光起　代筆
永远為業

一一四四三　道光十二年十二月四日钱忠成卖田赤契〔二〕

立永賣田契約人錢忠成，今因移就不便，將本己受分南湾垸白田一形，一畝〇九厘三毛，載漁租正銀二分〇七毛六丝〔三〕，自請憑中人錢超一説合，出筆賣与熊宗義名下為業。當日三面言定，義出備實價錢乙串七百五〔四〕文整，係成親手領訖。自賣之後，任從買主起業，耕種当差，收粮過户〔五〕，百為無阻。今恐無凴，立此賣約為據。

收粮過户冊名　錢上義

凴中人　錢光昭　錢超一　錢宏志

其田四止　東　為傍　西　為傍　南　止　道忠　北　路

〔一〕「十五号」应为契约持有者所加编号。
〔二〕鈐有朱文天门县印，契中一方，骑缝印左、右各一方。
〔三〕「六丝」二字为正行右侧添加。
〔四〕「乙串七百五」为改动后数字。
〔五〕「当差，收粮過户」六字为正行右侧添加。

廿三号[一]

道光十二年十二月初四日立此永賣約為據　錢中成　親手筆

永遠為據

一一四四四　道光十二年十二月四日熊用国卖田

赤契[二]

立永賣田約人熊用国，今因家用不便，將本己受分白湖坑白田六分□□□毛[三]，（在）〔載〕正艮乙分二厘六毛，請憑中人熊用高説合，国出筆賣與熊宗義名下為業。当日三面言，義出備實值價錢乙串□百四十文[四]整，係国親手領訖。自賣之後，仍從買主起業，耕種当差，收（艮）〔粮〕过戶，百為無阻。今恐〔無〕憑，立此賣約一帋為據。

憑中　用高　用舟

其田四止　東　坑　南　侯兆連　西　熊　北　熊　界

道光十二年虫月初四日　立永賣田約人　用国　筆

〔一〕「廿三号」应为契约持有者所加编号。
〔二〕钤有朱文天门县印，契中一方，骑缝印左、右各一方。
〔三〕此处数字有修改。
〔四〕「乙串□百四十文」为正行右侧添加。

冊名　侯□位

永遠為業

一一四四五　道光十二年十二月四日钱为璋卖田

赤契[一]

立永賣田契約人錢為璋，今因不便，將本己受分南灣坑白田乙畝二分七厘六毛，載官庄正艮三分八厘三毛[二]，自请憑中錢宏智等说合，出筆賣與熊宗義名下為業。三面言定實價錢弍千〇□十二整，係璋親手領讫。自賣之後，任從買主管業当差，收糧過户，百為勿阻。立此賣约為據。

憑中　錢開宗　錢宏義

其田四止　東水田　西路心　南遠中　北道中　界

廿四号[三]

道光十二年虫月初四日　錢為璋　筆

永遠為業

〔一〕钤有朱文天门县印，契中一方，骑缝印左右各一方。
〔二〕此处数字有改动。
〔三〕「廿四号」应为契约持有者所加编号。

一—四四六　道光十二年十二月四日钱礼祖等卖田赤契〔一〕

立永賣田契約人礼錢礼祖、忠成、忠云，今因移就不便，將本己受分南湾垸白田一形，九分一厘五毛，載渔租正银乙分七厘四毛，自請憑中人錢超一說合，出筆賣與熊宗義名下為業。当日三面言定，義出備實價錢一串四百六十四文〔二〕整，係礼親手領訖。自賣之後，仍從買主起業耕種，百為無阻。今恐無憑，立此賣約為據。

憑中人　錢光昭　錢超一　錢宏志　　其田四止　東史界　西水田　南止文　北希得

收粮過户册名　錢□義

十四号〔三〕

道光十二年十二月初四日　立此永賣約為據　礼祖　親手筆

永遠為據

〔一〕钤有朱文天门县印，契中一方，骑缝印左右各一方。
〔二〕此处数字有修改。
〔三〕「十四号」应为契约持有者所加编号。

一—四四七　道光十二年十二月四日王序阔卖田赤契〔一〕

立永賣田契約人王序潤，今因移就不便，將本己白湖垸白田一形，九分壹厘四毛一糸〔二〕，載正乙分八厘七毛一□〔三〕，請憑中人用舟說合，潤出筆賣與熊宗義名下為業。当日三面言定，義出備实值價錢乙串七百八十文整，係潤（青）〔親〕手領讫。自賣之後，仍從買主起業，耕種当差，收（良）〔糧〕过户，百為無阻。恐後無憑，立此賣約乙帋為據。

憑中　用舟　用高　　其田四止　東溝　西珍　南路心　北用銓　界

道光拾二年朏月初四日　立賣田约人　王序潤　筆

册名　風波熊有義

〔一〕钤有朱文天门县印，契中一方，骑缝印左右各一方。
〔二〕此处数字有修改。
〔三〕此处数字有修改。

風波册名熊有義，弍□三分八厘□毛。

永遠為業

風波册名有義，二分二厘九毛。

一一四四八　道光十二年十二月四日熊家瑞卖田赤契〔一〕

立永賣田约人熊家瑞，今因事務不便，將本己白湖垸白田二形，共三畝二分零五毛七絲〔二〕，載正艮六分一厘〔三〕，請憑中熊用高说合，瑞出筆賣与宗義名下為業。当日三面言定，義出俻實價錢六串四百四十文整，係瑞親手領讫。自賣之後，仍從買主起業，耕種当差，收粮过户，百為無阻。今欲有憑，立此賣约一帋為據。

憑中　用高

其田四止　東溝　西用常　界　南羅　北水田

其田四止　東　溝　西　用常　界　南　□　北　水田

道光十二年朏月初四日　立此賣約人　瑞　筆

〔一〕　钤有朱文天门县印，契中二方，骑缝印左右各一方。

〔二〕　此处数字有修改。

〔三〕　此处数字有修改。

一一四四九　道光十二年十二月五日钱永祖卖田赤契一〔一〕

立永賣田契約人錢永祖，今因移就不便，將本己受分南灣垸白田一形，乙畝四分八厘六毛，載官莊四分四厘六毛，自請憑中超一等説合，出筆賣與熊宗義名下為業。当日三面言定，出備實值價錢弍千三百七十八〔二〕整，係永祖親手領訖。自賣之後，任從買主起業，耕〔種〕當差，收粮过户，百為勿阻。今恐勿憑，立此賣約一帋為據。

凴中　超一　　册名　超遠　　其田四止　东　澗　南坟　西止錢春　北　水田

廿号〔三〕

道光拾弍年朏月初五日　立永賣田約人　永祖　筆

〔一〕　钤有朱文天门县印，契中一方，骑缝印左、右各一方。

〔二〕　「弍千三百七十八」七字为正行右侧添加。

〔三〕　「廿号」应为契约持有者所加编号。

一—四五〇　道光十二年十二月五日钱玉祖卖田赤契一〔一〕

立永賣田契約　人錢玉祖，今因移就不便，將本己受分南□垸白田乙形，三分九厘叁毛，載〔二〕漁租七〔三〕厘四毛六丝〔四〕，自請憑中錢超一等说合，出筆賣與熊宗義為業。当日三面言定，出備實價錢六百卄四整，係玉親手領訖。自賣之後，任從買主起業，耕種当差〔五〕，收粮過户当差〔六〕，百為勿阻。今恐無憑，立此賣約一纸為據。

憑中　宏志　錢超一　光昭

其田四止　東 成虎　南 坟　西 止 贵祖　北 水田

册名　萬杰

〡〨〔一〕号

道光十二年朏月初五日　錢玉祖　筆

永遠為據

〔一〕鈐有朱文天门县印，契中一方，骑缝印左、右各一方。

〔二〕「三毛」二字为正行右侧添中。「載」字后面删去两字，旁边添加「漁租」二字。

〔三〕「七」字后删去「分」字。

〔四〕「六丝」二字为正行右侧添加。

〔五〕「種当差」三字为正行右侧添加。

〔六〕「当差」二字为正行右侧添加。

一—四五一　道光十二年十二月五日钱永祖卖田赤契二〔二〕

立永賣田契約人錢永祖，今因移就不便，將本己受分南灣垸白田二形，乙畝三分五厘三毛，漁租二分五厘七毛，自請憑中錢超一等説合，出筆賣与熊宗義名下為業。当日三面言定，義出備實值價錢弍串乙百六十二（文）整，係永祖〔三〕親手領訖。自賣之後，任從買主起業，耕種当差〔四〕，收粮过户，百為勿阻。今恐勿憑，立此賣約一帋為據。

憑中　錢超一　　册名　錢秦普

其田四止　東 水田　南 至朋　西 止 南玉　北 水田

〔一〕「〡〨」即「一八」。

〔二〕鈐有朱文天门县印，契中一方，骑缝印左、右各一方。

〔三〕「永祖」二字为正行右侧添加。

〔四〕「種当差」三字为正行右侧添加。

又一形其田四止

東　路心
南止水田
西　大剛
北　上宗玉

十三□〔一〕

道光拾二年朏月初五日　立永賣田契約人　錢永　筆

一—四五二　道光十二年十二月五日张煊等卖田赤契〔二〕

立永賣田契約人張煊爋，今因家用不便，將本己受分徐團白田二形，一畝六分二力三毛〔三〕，載粮三升八合，請憑親中熊保初說合，煊出筆賣與熊宗儀名下為業。當日三面言定，儀出備實值價錢二千七百八十二文整，係煊（青）〔親〕手領訖。自賣之後，任從買主起業耕種，收粮當差，百為無阻。今恐無憑，立此永賣約一帋為據。

憑中　史人□
　　　熊保初

〔一〕「十三□」应为契约持有者所加编号。
〔二〕钤有朱文天门县印，契中一方，骑缝印左、右各一方。
〔三〕此处数字有修改。

其田四止

北　徐
東　刘　界
西
南　熊

又一形

北　汪
東　熊　界
西　雷
南　蒲

道光十二年十二月初五日　立永賣田契約人　張煊　筆

張爋戸下收粮

永遠為業

一—四五三　道光十二年十二月五日史人哲卖田赤契〔一〕

立永賣田契約人史人哲，今因家用不便，將本己受分徐團白田一畝七分五厘六毛〔二〕，載粮三升弍合四勺〔三〕，請憑親中萬天才說合，史人哲出筆賣與熊宗義名下為業。當日三面言定，整系出備實值價錢二串九百文，親手領訖。自賣之後，任買主起業，耕種当差，收粮過戸，百為無阻。今恐無憑，立此賣約一帋為據。

憑中　萬天才

〔一〕钤有朱文天门县印，契中二方，骑缝印左、右各一方。
〔二〕此处数字有修改。
〔三〕此处数字有修改。

道光拾弍年屯月初五日　立永賣田約人史人哲　萬天才　代筆

永遠為業

其田四止　東張　西　南界　北

一一四五四　道光十二年十二月五日万天高等卖田赤契〔一〕

立永賣田契約人萬天高天才，今因家用不便，將本己受分徐團白田弍畝七分五厘一毛，載粮五升一勺〔二〕，請憑親中史人哲說合，高才出筆賣與熊宗義名下為業。当日三面言定，出備價值價錢叁佰五百七十六文整，系高親手領訖。自賣之後，任從買主起業，耕種当差，收粮過戶，百為無阻。今恐無憑，立此賣約一帋為據。

憑中　史人哲

其田四止　東熊　西　熊界　南　北刘史

〔一〕钤有朱文天门县印，契中二方，骑缝印左、右各一方。

〔二〕此处数字有改动。

道光拾弍年屯月初五日　立永賣田約人　萬天高天才二人　筆

永遠為業

一一四五五　道光十二年十二月五日叶有伦等卖田赤契〔一〕

第叁拾弍號〔二〕

立永賣田契約人葉有倫仝弟有儒，今因不便，將本己受分陳昌上垸白田三形，共壹畝叁分一厘四毛〔三〕，載粮三升，請憑親中劉崇璋說合，弟兄倫儒出筆賣与〔四〕名下為業。当日三面言定，出備實值價錢弍串叁百十五〔五〕文整，係弟兄倫儒親手領訖。自賣之後，仍從買主起業，耕種当差，收粮過戶，百為無阻。今欲有憑，立此賣約乙帋為據。

憑中　刘崇璉

其田四止　東□　西張　南路心　北乡

〔一〕钤有朱文天门县印，契中一方，骑缝印左、右各一方。

〔二〕「第叁拾弍號」应为契约持有者所加编号。

〔三〕此处数字有修改。

〔四〕此处留有空白。

〔五〕「五」为正行右侧添加。

又形四止 東 坟
西 葉
南 劉
北 葉

又三形四止 東 溝心
南 水田 界
西 居葉
北

道光十二年朏月初五日 立永賣田契約人 葉有倫 弟有儒
筆

西橫二弓四分五 直廿六弓四分三厘 積六十五弓零四分一厘
東橫弌弓五

南橫五弓九分 東直廿弓〇六 積乙百乙十九弓乙分弌厘三毛五
北橫五弓七分五 西直廿弓〇三

南橫四弓七分五 直四弓五 積弌拾弓零四厘七毛五
北橫四弓三分五

永遠為業

必顯

一—四五六 道光十二年十二月五日罗永达卖田赤契〔一〕

立永賣田約人羅永達，今因家用不便，將本己皇田垸白田共五畝乙分五厘八毛，載官莊正銀□□□□□□，情愿請憑中錢紅智等說合，達出筆賣與熊宗义名下為業。当日三面言定，義出備時價錢□□□□五十八文整，係達親手領訖。自賣之後，任從買主起業，耕種当差，收粮过戶，白為無阻。今恐勿憑，立此賣約一帋為據。〔二〕

憑中 錢開宗 宏智 宏義

其毛田 北 買主
南 水田
西 錢
東 買主

乙畝 北 買主
南 錢
西 江
東 徐

周家田 北 路心
南 潘 界
西 買主
東 坟

道光拾弌年朏月 初五日 立永賣田約人 羅永達 筆

〔一〕 鈐有朱文天门县印，契中二方，骑缝印左、右各一方。
〔二〕 此处有数字「卅六、八，四十一号」。

一—四五七 道光十二年十二月五日钱维新卖田赤契〔一〕

立永賣田契約人錢維新，今因移就不便，將本己受分西汊垸白田一形，八分八厘四毛，載〔二〕漁租〔三〕正良乙分六厘〔四〕八〔五〕毛，自請憑中錢超一等說合，出筆賣與熊宗義名下為業。當日三面言定，义出備寔價乙串五百〇□□正，係新親手領訖。自賣之後，任從買主起業耕種，收粮過戶当差，百為勿阻。今恐無憑，立此賣約一紙為據。

十二号〔六〕

憑中 錢 宏志 超一 光昭

其田四止 東 起会 西 伍界 北 止大廷 南 起会

冊名 克成

道光十二年朏月 初五日 立賣田約人 錢維新 筆

永遠為據

〔一〕鈐有朱文天门县印，契中一方，骑缝印左、右各一方。

〔二〕「載」后涂去二字。

〔三〕「漁租」为正行右侧添加。

〔四〕「厘」后涂去一字。

〔五〕「八」为正行右侧添加。

〔六〕「十二号」应为契约持有者所加编号。

一—四五八 道光十二年十二月五日钱士华卖田赤契〔一〕

立永賣田約人錢士華，今因移就不便，將本己受分西汊垸白田二形，共一畝三分六厘四毛，載〔二〕官庄正良四分零九毛，自請憑中錢超一等說合，出筆賣與熊宗義名下為業。當日三面言定，义出備實值價錢二串三百廿文整，係士華親手領訖。自賣之後，任從買主起業耕種，收粮過戶当差，百為勿阻。今恐無憑，立此賣約一帋為據。

十九号〔三〕

憑中 超一

冊名 錢 大成 大戚

〔一〕鈐有朱文天门县印，契中一方，骑缝印左、右各一方。

〔二〕「載」为正行右侧添加。

〔三〕「十九号」应为契持有者所加编号。

其田四止　東　恒萬
　　　　　南　廷魁
　　　　　西　路心
　　　　　北　恒萬

其田四止　東　承耀
　　　　　南　方祖
　　　　　西　路心
　　　　　北　水田

道光拾弍年蚏月初五日　立永賣田契約人　錢士華　筆

永遠為據

一一四五九　道光十二年十二月五日钱富祖卖田赤契〔一〕

立永賣田約人錢富祖，今因移就不便，將本己受分西汊垸白田一形，五分八厘六毛六丝〔二〕，載官庄正艮一分七厘六毛，自請憑中錢超一等說合，出筆賣與熊宗義名下為業。當日三面言定，出備實價乙串正，係富親手領訖。自賣之後，任從買主起業耕種，收粮過戶当差，百為勿阻。今恐無憑，立此賣約為據。

六号〔三〕

憑中　宏志
　　　錢超一
　　　光昭

〔一〕鈐有朱文天门县印，契中一方，骑缝印左、右各一方。
〔二〕「六丝」为正行右侧添加。
〔三〕「六号」应为契约持有者所加编号。

其田四止　東　路
　　　　　西止　云祖
　　　　　南　路
　　　　　北　輝祖

冊名　名一

道光十二年朏月初五日　錢富祖　筆

永遠為據

一一四六〇　道光十二年十二月五日钱耀祖等卖田赤契〔一〕

立永賣田約人錢耀祖、輝祖，今因移就不便，將本己受分西汊垸白田二形，共一畝四分五厘五毛，載官床正艮四分三厘六毛五系，自請憑中錢超一等說合，出筆賣與熊宗義名下為業。當日三面言定，出備寔價弍串四百七十三文正，係耀輝祖親手領訖。自賣之後，任從買主起業耕種，收粮過戶当差，百為勿阻。今恐無憑，立此賣約為據。

七号〔二〕

憑中　宏志
　　　錢超一
　　　光昭

〔一〕鈐有朱文天门县印，契中一方，骑缝印左二方，右一方。
〔二〕「七号」应为契约持有者所加编号。

其田四止 东 坤祖 西 信祖 南 路心 北 輝祖　又形 还祖 路心 南玉祖 坤祖

冊名　云常

道光十二年朏月　初五日　錢耀輝祖　筆

永遠為據

一—四六一　道光十二年十二月五日钱坤祖卖田赤契[一]

立永賣田約人錢坤祖，今因移就不便，將本己受分西汉垸白田二形，一畝五分叁厘弍毛七[二]，載官庄正艮四分五厘九毛[三]，自請憑中錢超一等說合，出筆賣與熊宗義名下為業。当日三面言定，出備寔價弍串六百二十八文正，係坤親手領訖。自賣之後，任從買主起業耕種，收粮過戸当差，百為勿阻。今恐無憑，立此賣約為據。

憑中　錢超一　宏志　光昭

〔一〕鈐有朱文天门县印，契中二方，骑缝印左、右各一方。
〔二〕此处数字有修改。
〔三〕此处数字有修改。

其田四止 东 富祖 西 要祖 南 路心 北 輝祖　又形四止 东 彭界 西 路心 南 輝祖 北 彭界

冊名　錢大成

□号[一]

道光十二年　朏月初五日　立賣田約人　錢坤祖　筆

永遠為據

一—四六二　道光十二年十二月五日钱信祖卖田赤契[二]

立永賣田契約人錢信祖，今因移就不便，將本己受分西汉垸白田一形，八分九厘二毛八系，載官正艮二分六厘七毛八系，自請憑中錢超一等說合，信祖[三]出筆賣與熊宗义名下為業。当日三面言定，義出備实值價錢壹串五百卄文，係祖親手領訖。自賣之後，任從買主管業，耕種當差，收粮过戸，百為無阻。今恐無憑，立此永賣約一帋為據。

〔一〕「□号」应为契约持有者所加编号。
〔二〕鈐有朱文天门县印，契中一方，骑缝印左、右各一方。
〔三〕「信祖」为正行右側添加。

憑中　錢超一　光昭　開宗　宏智　宏義

其田四止　東耀祖　南光先　西玉祖　北輝祖　界

三号〔一〕

道光拾二年朏月初五日　立永賣白田約人　錢信祖　筆

永遠為業

一一四六三　道光十二年十二月五日钱玉祖卖田赤契二〔二〕

立永賣田契約人錢玉祖，今因移就不便，將本己受分西汊垸白田七分零七毛，載官庄正艮二分乙厘二毛乙丝〔三〕，情愿請憑親中錢超一等說合，玉出筆賣与熊宗義名下為業。當日三面言定，義出備實值價錢乙串二百〇二文整，係玉親手領訖。自賣之後，任從買主起業，耕種當差，收粮過户，百為無阻。

〔一〕「三号」应为契约持有者所加编号。

〔二〕钤有朱文天门县印，契中一方，骑缝印左右各一方。

〔三〕「乙丝」二字为正行右侧添加。

今恐無憑，立此賣約一帋為據。

憑中　錢開宗　宏智　宏義

其田四止　東買主　西買主　南光先　北買主　界

册名　錢君側

二号〔一〕

道光拾二年虫月初五日　立永賣田契约人　錢玉祖　筆

永遠為業

一一四六四　道光十二年十二月五日钱永祖卖田赤契三〔二〕

立永賣田契約人錢永祖，今因移就不便，將本己受分西汊垸白田乙畝乙分四厘四毛，載官庄正艮三分四厘三毛二丝，祖情愿請憑中錢超一等說合，出筆賣与熊宗義名下為業。当日三面言定，義出備实值價錢壹串六百〇二文整，係永親手領訖。自賣之後，任從買主管業，畊種當差，收粮过户，百為無阻。今恐無凴，立此永賣約一帋為拠。

〔一〕「二号」应为契约持有者所加编号。

〔二〕钤有朱文天门县印，契中一方，骑缝印左一方。

其田四止 東買主 西路中 南錢 北買主 界

憑中 宏智 錢開中 宏义

冊名 錢超远

一号〔一〕

道光拾二年朏月初五日 立永賣白田约人 錢永祖 筆

永遠為業

一一四六五 道光十二年十二月五日赵正永卖田赤契〔二〕

立永賣田契约人趙正永，今因不便，將本己蓮台外湖白田二形，四畝九分九厘四毛，載中则粮八升九合九勺，自请凴中錢洪智等说合，永出筆賣与熊大相公宗義名下為業。当日三面言定，义出倸時值價錢八串四百八十九文正，係永親手領讫。自賣之後，任從買主起（葉）〔業〕，耕種当差，收粮過户，百為勿阻。今恐無凴，立此賣约一帋為據

冊名 吕思菴

凴中 正位 罗永連 正選 錢洪志

其田四止 北路 南溝 西 東正躨

大形 東徐 南溝 西買主 北路 界

道光十二年虫月初五日 立永賣田契约人 趙正永 筆

永遠為業

〔一〕「一号」应为契约持有者所加编号。

〔二〕钤有朱文天门县印，契中二方，骑缝印左右各一方。

一一四六六 道光十二年十二月五日张厚仪卖田赤契〔一〕

立永賣田契约人张厚儀，今因移就不便，將本己受分陳昌垸白田一形，乙畝五分二厘，載官庄正艮四分五厘六毛，自请凴中錢光昭說合，出筆賣与熊宗義名下為業。当日三面言定，出備實值價錢二串弍百八十二文整，係儀親手領訖。自賣之後，任從買主起業，耕種当差，收粮過户，百為無阻。今欲有凴，立此賣約一帋為據。

冊名 張必進

〔一〕钤有朱文天门县印，契中一方，骑缝印左右各一方。

憑中　錢光昭　錢宏智　儀　開忠

其田四止　東美中　西美中　南賣主　北路中　界

廿四号〔一〕

道光十二年虫月初五日　立永賣田契約人　張厚儀　子高謙　筆

永遠為業

一—四六七　道光十二年十二月五日钱为璋卖田赤契〔二〕

立永賣田契約人錢為璋，今因不便，將本己受分陳昌下垸白田一形，一畝八分一厘五毛，載官庄正銀五分四厘四毛□，自请凴中宏義等说合，出筆賣与熊宗義名下為業。当日三面言定，義出備實值價錢乙串九百七十二文整，係璋親手領訖。自賣之後，任從買主起業，耕種當差，收糧過户，百為無阻。今欲有凴，立此賣約為據。

〔一〕「廿四号」应为契约持有者所加编号。

〔二〕钤有朱文天门县印，契中一方，骑缝印左右各一方。

憑中　錢宏智　開宗

其田四止　東樂榜　西貴中　南水田　北路心　界

廿五号〔一〕

道光十二年十二月初五日　立永賣田契约人　為璋　筆

一—四六八　道光十二年十二月五日钱希昌卖田赤契一〔二〕

立永賣田約人錢希昌，今因家用不便，將本己受分陳昌院白田一形，二畝五分五厘八毛，載官莊正銀七分六厘六毛四，自請憑中叔光昭等說合，出筆賣與熊宗義名下為業。當日三面言定，義出備實值價錢三串八百三十七文整，係錢希昌親手領訖。自賣之後，任從買主管業當差，收（良）〔粮〕過户，百為無阻。今恐無憑，立此賣約一帋為據。

憑中　錢開宗　宏智

其田四止　東水田　西路心　南路　北水田　界

廿七号〔三〕

〔一〕「廿五号」应为契约持有者所加编号。

〔二〕钤有朱文天门县印，契中二方，骑缝印左右各一方。

〔三〕「廿七号」应为契约持有者所加编号。

道光十二年十二月初五日　立永賣田约人　錢希昌　筆

一一四六九　道光十二年十二月五日钱希昌卖田赤契二〔一〕

立永賣田約人錢希昌，今因家用不便，將本己南湾垸白田一形，一畝一分五厘七毛，載官莊正銀三分四厘七毛，自請憑中錢宏智等説合，出筆賣與熊宗義名下為業。當日三面言定，義出備實值價錢一串八百五十一文〔二〕整，係錢希昌親手領訖。自賣之後，任從買主管業當差，收粮過户，百為無阻。今恐無憑，立此賣約一帋為據。

册名　錢唐賢

憑中　開宗 錢宏智 宏义 光昭　　其田四止　東路心 西光宣 南宗臣 北大路

廿一号〔三〕

道光十二年十二月初五日　立永賣田約人　錢希昌　筆

〔一〕鈐有朱文天门县印，契中一方，骑缝印右一方。
〔二〕此处数字有修改。
〔三〕「廿一号」应为契约持有者所加编号。

一一四七〇　道光十二年十二月五日叶必报等卖田赤契〔一〕

第柒号〔二〕

立永賣田契約人葉必報同弟必應，今因不便，本己受分陈昌上垸白田拾乙形，五畝柒分弍厘弍毛五糸六（乎）［忽］乙微，載粮乙斗弍升八合，請憑親中劉崇璋説合，報出筆賣与〔三〕名下為業。當日三面言定，出備實值價錢拾壹串四百四十文〔四〕整，係弟兄報應親手領訖。自賣之後，仍從買主起業，耕種当差，收粮過户，百為無阻。今欲有憑，立此賣約乙帋為拠。

憑中　劉崇璋　　其田四止　一形　北葉 西坟 南葉 东溝心　二〔形〕　南乡 東葉 西劉 北坟　界

〔一〕鈐有朱文天门县印，契中二方，骑缝印左右各一方。
〔二〕「第柒号」应为契约持有者所加编号。
〔三〕此处留有空白。
〔四〕此处数字有修改。

其八形 東南西北 俱属葉界

道光十二年朏月初五日 立永賣田契約人 葉必報 弟必應 筆

永遠為業

廷芳

其□形 西横五弓一分 東横五弓一分 直廿一弓五分 積乙百乙十四弓七分五

其弍形 西横十一弓五分 東横十弓〇七分 直廿四弓四分 積貳百七十弓〇八分四厘

其叁形 西横弍弓四分五 東横弍弓五分 直廿六弓四分叁 積乙百卅弓〇八分二厘

其四形 西東横弍弓七分 直十六弓六分 積四十弓〇八厘二

其墳前路边一形 南横三弓八分 北横四弓 直十二弓四分 積四十八弓三分六厘

其墳北大形 南横三弓弍分 北横三弓五分 直四十九弓六 積乙百六十六弓一分六厘

其路有墳西短形 北横五弓三分 南横五弓六分 直廿乙弓弍分 積乙百乙十五弓五分四厘 内除墳禁乙厘

其北靠水田横形 北横十四弓七分 南横十四弓七分 東直 西直十四弓五分 積〡〧□□〔一〕

其南長形 北六弓九分 南六弓三分 中六弓七分 直四十四弓二分 積〢〩〣〩〣〔二〕 内坟乙厘七毛七系五

其西短形 北横四弓五分 南横四弓九分 直十九弓 積〩〇〢〡〔三〕 内坟弍厘三毛七系数五

其下墳禁田 西横弍弓四分五 東横弍弓五 直廿六弓四分一厘□ 積六十五弓零四分一厘

〔一〕「〡〧□□」即「一七□□」。
〔二〕「〢〩〣〩〣」即「二九三九三」。
〔三〕「〩〇〢〡」即「九〇二一」。

一一四七一　道光十二年十二月五日钱宗荣卖田赤契[一]

立永賣田約人錢忠榮，□□本己受分下南灣垸白田乙形，七分四厘三毛，載渔租乙分四厘乙毛，自凂中錢光照說合，出筆□與熊宗義　名下為業。当日三面言定，義出備實錢乙串乙百八十八整，係錢宗榮親手領訖。自賣之後，任從買主起業，耕種当差，收粮過户，百為勿阻。今恐勿凂，立此賣約乙帋為據。

其田四止　西自明　南自明　東　北大□　　冊名　錢龍

凂中　光昭　錢宏智　宏義　開宗

十六号[二]

道光十二年蚓月初五日　立永賣田約人　錢宗榮　筆

永遠為據

〔一〕钤有朱文天门县印，契中一方，骑缝印左右各一方。

〔二〕「十六号」应为契约持有者所加编号。

一一四七二　道光十二年十二月五日钱□永卖田赤契[一]

立永賣田约人錢□□，□因家用不便，將本己陳昌垸白田乙畝三分五厘，載上則米二升九合七勺，自请凂中光照等说合，出筆賣與熊宗義名下為業。当日三面言定，义出俻寔值價錢二串二百廿五文整，係永親手领讫。□賣之後，任從買主管業，耕種当差，收粮過户，百為無阻。今恐無凂，立此賣约為據。

冊名　錢義甫

憑中　開宗　錢宏智　　其田四止　東路心　西之茂　南希德　北買主

卅号[二]

道光拾弍年蚀月初五日　立永賣田约人　永　筆

永遠為照

〔一〕钤有朱文天门县印，契中一方，骑缝印左右各一方。

〔二〕「卅号」应为契约持有者所加编号。

一一四七三　道光十二年十二月五日钱之海等卖田

赤契〔一〕

立永賣田契約人錢之海茂，今因家用不便，將本己受分陳昌垸白田一形，乙畝五分五厘，載上則民米叁升四合乙勺〔二〕，自請凴中錢光昭説合，出筆賣与熊宗義名下為業。當日三面言定，出俻實值價錢二串五百五十五文整，係海茂親手領訖。自賣之後，任從買主起業，耕種当差，收粮過户，百為無阻。今欲有凴，立此賣約一帋為據。

凴中　錢光昭　錢宏智　開忠

其田四止　東錢界　西熊　南路中　北水田

册名　錢之海

卅二号〔三〕

道光十二年虫月初五日　立永賣田契約人　錢〔之〕海茂　筆

〔一〕鈐有朱文天门县印，契中一方，骑缝印左右各一方。

〔二〕「載上則民米叁升四合乙勺」为正行右側添加。

〔三〕「卅二号」应为契约持有者所加编号。

一一四七四　道光十二年十二月六日熊振轩卖田

赤契〔一〕

立永賣約人熊振軒，今因家用不便，將遺陳昌南垸白田七形，拾畝零弍分七厘一毛，載民米弍斗乙升八合一勺七抄，自請憑中熊用高説合，軒出筆賣熊宗義下為業。當日三面言定，实值價錢拾玖串伍百廿文整，係軒親手領訖。自賣之後，仍從買起業，耕種当差，收粮过户，百□□□。今恐勿憑，立此賣約一帋為據。

憑中　用舟　元福

其田四止　東運燦　西路心　南錢介　北路心

又　東　西俱水田　南　北張介

又　東買主　西水田　南水田　北買主

〔一〕鈐有朱文天门县印，契中二方，骑缝印左、右各一方。

又 東 買主
西 錢介
南 錢介
北 路心

又 東
西 俱錢介
南
北 水田

又 東 錢介
西 錢介
南 買主
北 錢介

又 東 錢介
西 坟
南 路心
北 水田

又 東 錢
西 錢
南 坟
北 水田
界

道光十二年虫月初六日 軒 筆

永远為業

一四七五 道光十二年十二月六日张厚烈卖田赤契〔一〕

立永賣田约人張厚烈，今因家用不便，将本己受分陳昌下垸白田三形，三畝三分乙厘，載上則（名）〔民〕米七升三合五勺，自請憑中熊朝官等說合，出筆賣與熊宗議名下為業。当日三面言定，實錢五串七百五十〔一〕整，係烈親手領訖。自賣之後，任從買主起業，耕種当差，收糧过戶，百為無阻。今恐〔無〕憑，立此賣約為據。

憑中 熊朝官

其田四止 東 向
南 張
西 張介
北 坟

其田四止 東 買主
南 溝
西 張
北 溝

其田四止 東 水田
南 路中
西 張介
北 水田

道光拾弍年虫月初六日 張厚烈 筆

冊名

收錢□璋米六升

又收張丕成

永远為業

〔一〕鈐有朱文天门县印，契中二方，骑缝印左、右各一方。

〔一〕此处数字有修改。

一一四七六 道光十二年十二月六日钱永忠卖田

赤契[一]

册名 錢云

永遠為據

立永賣田契約人錢永忠，今因家用不及，将本己受分南灣垸白田一形，四分弍厘三毛三系，載官庄正艮乙分弍厘七毛[二]，請憑中熊用□說合，忠出筆賣與熊宗義名下為業。當日三面言定，宗義出備實值價七百六十八文整，係永親手領訖。自賣之後，仍從（賣）〔買〕主起業，耕種當差，收粮過戶，百為無阻。立此賣約一帋為據。

憑中 熊運貴 熊用舟 □□□

其田四止 北 樂朋 西 朝官 南 水中 東 成中

道光十二年 朏月初六日 立永賣田約人 永忠 筆

〔一〕 钤有朱文天门县印，契中一方，骑缝印左、右各一方。
〔二〕 「正艮乙分弍厘七毛」为正行右侧添加。

一一四七七 道光十二年十二月六日钱乐兆卖田

赤契[一]

立永賣田約人錢樂兆，今因家用不便，将本己受分南湾垸白田一形，八分五厘四毛，載漁租正銀一分六厘二毛三系一忽，自請憑中張厚富等說合，兆出筆賣与熊忠義名下為業当差。当日三面言定，義出俻實（直）〔值〕價錢乙串伍百卅七文整，係兆親手領訖。自賣之後，任從買起業耕種，收粮過戶，百為〔無〕阻。今恐勿憑，立此賣約一帋為據。

其田四止 東 成忠 西 錢順 南 坟 北 樂朋 憑中 厚富

道光十二年 朏月初六日 立永賣田約人 樂兆 筆

册名 錢[二]柳

永遠為據

〔一〕 钤有朱文天门县印，契中一方，骑缝印左、右各一方。
〔二〕 「錢」后涂去二字。

一一四七八　道光十二年十二月六日徐永盛卖田赤契〔一〕

立永賣田契約人徐永盛，今因移就不便，將本己受分皇田垸白田二形，七分八厘，官正艮二分三厘四毛，自請憑中羅徐永達等說合，盛出筆賣與熊宗義名下為業。當日三面言定，义出俻实值錢壹串零九十二文，係盛親手領訖。自賣之後，任從買主管業，耕種當差，收粮过戶，百為無阻。今恐無憑，立此永賣約一帋為據。

憑中　錢開宗 宏义

其田四止　東　西徐　南買主　北賣主　界

又　東路心　西徐　南　北徐　界

四十四号〔二〕

道光拾二年朏月初六日　立永賣田約人　徐永盛　筆

永遠為業

〔一〕鈐有朱文天门县印，契中一方，骑缝印左、右各一方。

〔二〕「四十四号」应为契约持有者所加编号。

一一四七九　道光十二年十二月六日徐永连等卖田赤契〔一〕

立永賣田契約人〔二〕徐永達連道，今因家用不便，將本己受分皇田院白田九分八厘乙毛，載官庄正艮二分九厘四毛，情愿請憑親中叔羅永瑭等說合，連出筆賣與熊宗義名下為業。當日三面言定，宗義出俻寔值價錢乙串五百七十三文整，係連親手領（記）〔訖〕。自賣之後，任從買主起業，耕種当差，收糧過戶，百為無阻。今欲有憑，立此為據。

憑中　錢開宗 羅永連 趙正選

其田四止　東羅　南賣主　西止　北徐　界

四十五号〔三〕

道光十二年　虫月初六日　立永賣契約人　永連　筆

〔一〕鈐有朱文天门县印，契中一方，骑缝印左、右各一方。

〔二〕「人」为正行右侧添加。

〔三〕「四十五号」应为契约持有者所加编号。

一—四八〇　道光十二年十二月六日罗永年卖田赤契[一]

立永賣田契約人羅永年，今因移就不便，將本己受分皇田垸白田二形，共叁畝九分九厘四毛，載官庄正銀乙錢弍分，自請憑中錢宏智等説合，出筆賣與熊宗義名下為業。当日三面言定，出備時值價錢六串八百文整，係年親手領訖。自賣之後，任從買主起業耕種，收粮過戶，百為勿阻。今恐無憑，立此賣約為據。

憑中　錢開宗　宏義　宏智

其邱家田四止　東潘　西羅　南徐　北路中

毛家田四止　東徐　西買主　南水田　北買主　界

卅五九號同約[一]

道光十二年十二月初六日　立永賣田契約人　羅永年

代筆　錢宏智

永遠為業

[一] 鈐有朱文天门县印，契中二方，骑缝印左、右各一方。

一—四八一　道光十二年十二月六日罗祖君卖田赤契[二]

立永賣田契約人羅祖[三]君，今因移就不便，將本己受分皇田垸白田三畝捌分七厘七毛[四]，（在）〔載〕官莊正粮乙錢乙分六厘三毛，情愿請憑親中羅永年説合，君[五]出筆賣與熊宗义名下為業。當日三面言定，出備實值價錢六串五伯九十文整，係君親手領訖。自賣之後，從買主起業，耕種当差，收粮过戶，百為無阻。今恐無憑，立此賣約一帋為據。

[一]「卅五九号同約」应为契约持有者所加。

[二] 鈐有朱文天门县印，契中二方，骑缝印左、右各一方。

[三]「祖」后涂去一字。

[四]「七毛」为正行右侧添加。

[五]「君」为正行右侧添加。

又七十六□　乙畝五分六厘七毛　在内〔一〕
　　　　　　官艮四分七厘

憑中　羅永年
　　　錢宏智

四止　东　永年　　　其田四止　東　羅
　　　南　買主　　　　　　　　西　買主
　　　西　徐　　　　　　　　　南　買主　界
　　　北　路心　　　　　　　　北　買主

卅七号〔二〕

道光十二年虫月初六日　羅祖君　筆

一一四八二　道光十二年十二月六日赵钱氏卖田赤契〔三〕

立永賣田契約人趙錢氏，今因移就不便，將祖遺蓮台垸〔四〕外湖白田乙畝乙分六厘，載民米二升〇捌勺三抄〔五〕，情愿請凂親中兄趙大新爷等說合，錢氏出筆永賣与熊大老爷名下為業。

〔一〕此段似为另笔添加。
〔二〕「卅七号」应为契约持有者所加编号。
〔三〕钤有朱文天门县印，契中一方，骑缝印左右各一方。
〔四〕「蓮台垸」三字为正行右侧添加。
〔五〕此处数字有修改。

當日三面言定，大老爷出備實值價錢乙串六伯一十一文整，係錢氏親手領訖。自賣之後，仍從買主起業，耕種当差，收粮过户，百為無阻。今欲有凂，立此賣約一帋為拠。

册名　趙金玉

凂中　趙正永　　　其田四止　北路
　　　　正選　　　　　　　　南賣主
　　　錢開宗　　　　　　　　西趙　　界
　　　　　　　　　　　　　　东買〔主〕

同趙玉章

五十二号〔一〕

道光十弍年蚀月初六日　立永賣田約人　趙錢氏　姪玉章代筆

永远為業

一一四八三　道光十二年十二月六日金光明卖田赤契〔二〕

立永賣田契約人金光明，今因移就不便，將本己受分蓮台〔三〕

〔一〕「同趙玉章」「五十二号」应为契约持有者所加。
〔二〕钤有朱文天门县印，契中一方，骑缝印左右各一方。
〔三〕「蓮台」二字为正行右侧添加。

外湖白田八分乙厘乙毛五系，載民米乙升四合六勺〔一〕，情愿請凴親中趙大新爷等說合，明出筆永賣与熊宗義〔二〕大老爷名下為業。當日三面言定，大老爷出備實值價錢乙串一百卅五文整，係明親手領訖。自賣之後，仍從買主起業，耕種當差，收粮过户，百為無阻〔三〕，無淂異說。今恐無凴，立此賣約一帋為拠。

凴中　趙正永　正選　　册名　光明

其田四止　北溝　南路　西吕　东買　界

五十一号〔四〕

道光十弍年朏月初六日　立永賣田約人　金光明　筆

永远為業

〔一〕「載民米乙升四合六勺」九字为正行右侧添加。
〔二〕「宗義」二字为正行右侧添加。
〔三〕「百為無阻」四字为正行右侧添加。
〔四〕「五十一号」应为契约持有者所加编号。

一一四八四　道光十二年十二月六日赵玉章卖田赤契〔一〕

□□賣田契約人趙玉章，今因家用不便，將祖遺蓮台坃〔二〕外湖白田捌分乙厘乙毛五〔三〕，載民米乙升四合六勺，又一形乙畝乙分六厘乙毛，載民米二升〇八勺三抄〔四〕，情愿請凴親中叔趙大新爷等〔五〕說合，章出筆永賣与熊大老爷名下為業。當日三面言定，大老爷□備實值價錢三串七伯〇八文整，係章親手領訖。自賣之後，仍從買主起業，耕種當差，收粮过户，百為（吾）〔無〕阻。今恐無凴，立此賣約一帋為拠。

册名　趙義廷

凴親中　趙正永　正選　錢宏智　宏文　　其田四□　北溝　南路　□□　□□

〔一〕钤有朱文天门县印，契中一方，骑缝印左右各一方。
〔二〕「蓮台坃」三字为正行右侧添加。
〔三〕此处数字有修改。
〔四〕「六勺，又一形乙畝乙分六厘乙毛，載民米二升〇八勺三抄」等字句为正行右侧添加。
〔五〕「等」字为正行右侧添加。

其長相四止　北路　南賣主　界　西買　东徐

五十一号同賣

五十二〔一〕

道光十弍年朏月初六日　立永賣田約人　趙玉章　筆

永远為業

一一四八五　道光十二年十二月六日赵正渭卖田赤契〔二〕

立永賣白田约人趙正渭，今因不便，將本己蓮台外湖白田乙畝〇七厘壹毛，（在）〔載〕中则米乙升八合九勺五抄，又一畝五分三厘，中则米二升七合五勺四抄，情愿請凴中錢紅智等説合，出筆賣与熊宗義名下為業。当日三面言定，义出備實值價錢四串三百九十文正，係渭親手領訖。自賣之後，任從買主起業，耕種当差，收粮过户，百為勿阻。今恐無凴，立此賣約一帋為據。

〔一〕「五十一号同賣」「五十二」应为契约持有者所加。

〔二〕钤有朱文天门县印，契中二方，骑缝印左右各一方。

凴中　趙正永　趙正選　羅永年

其田四止　南買主　西　北溝　東召

大形四止　北溝　東召　南買主　界　西

四十七

五一号〔一〕

道光十二年虫月初六日　立永賣田约人　趙正渭　筆

一一四八六　道光十二年十二月六日赵金鼎卖田赤契〔二〕

立永賣田约人趙金鼎，今因不便，將祖遺蓮台外湖白田六分四厘五毛，載民米乙升一合六勺〔三〕，情愿请凴中叔正永等说合，鼎出筆賣与熊宗義大相公印亨元名下為業。当日三面言定，義出備時值價錢九伯〇三文整，係鼎親手領讫。自賣之後，仍凴買主起業，耕種当差，收粮过户，百為無阻。恐口無

〔一〕「四十七　五一号」应为契约持有者所加编号。

〔二〕钤有朱文天门县印。骑缝印左右各一方。

〔三〕「乙升一合六勺」为正行右侧添加。

凴，立此賣約一帋為拠。

册名　趙廷揚

凴中戚　罗永連　錢宏智　宏義　　其田四（只）〔止〕　东徐　西吕　南坟　北吕　界

四十九号〔一〕

道光拾弍年十二月初六日　立永賣田约人　趙金鼎　筆

一一四八七　道光十二年十二月六日赵正选等卖田赤契〔二〕

立永賣田约人趙佩玉正選，今因不便，將本己受分蓮台外湖白田九分八厘四毛〔三〕，載中則民米乙升七合七勺〔四〕，情愿请凴親中弟正永等说合，選出筆賣与熊宗義大相公印亭元名下為業。当日三面言定，元出備時值價錢乙串弍伯九十文整，係選親手領讫。自賣之後，仍凴買主起業，耕種当差，收粮过户，

〔一〕「四十九号」应为契约持有者所加编号。

〔二〕钤有朱文天门县印，契中一方，骑缝印左右各一方。

〔三〕此处数字有修改。

〔四〕此处数字有修改。

百為無阻。恐口無凴，立此賣約一帋為拠。

册名　趙超士

凴中戚　罗永連　錢宏智　　其田四（只）〔止〕　东買主　西　南溝　北吕　界

此田撥除乙分在趙正永四畝九分九厘四毛约内

五十五号〔一〕

道光拾弍年十二〔月〕初六日　立永賣田约人　趙正選　筆

一一四八八　道光十二年十二月六日罗昌海等卖田赤契〔二〕

立永賣田契約人羅昌海柱，今因移就不便，將本己蓮□外湖白田乙畝〇六厘八毛，載中則米一升九合二勺，情愿请憑中叔羅永連等説合，出筆賣与熊宗義名下為業。當日三面言定，義出備實值價錢乙串五百九十二文整，係海柱親手領訖。自賣之後，任從買主起業，耕種當差，收粮過户，百為無阻。今恐無憑，立此賣約一帋為據。

〔一〕「五十五号」应为契约持有者所加编号。

〔二〕钤有朱文天门县印，契中二方，骑缝印左右各一方。

憑中 錢開宗 宏智 羅永連　其田四止 東徐 西趙 南溝 北路中 界

道光拾弍年虫月初六日　立永賣田契約人　羅昌海　筆

一一四八九　道光十二年十二月六日钱光洋卖田赤契〔一〕

立永賣田约人錢光洋，今因家用不便，將本己陳昌垸白田九分三厘五毛，載官庄正銀二分八厘，自請憑中光照等说合，出筆賣與熊宗義名下為業。當日三面言定，出備寔值錢乙串四百〇二文整，係洋親手領讫。自賣之後，任從（賣）〔買〕主管業，耕種当差，收粮過户，百為無阻。今恐無凴，立此賣約乙帋為據。

憑中　錢宏智 宏义 開宗 光昭　其田四止 東溝 西刘界 南錢界 北錢界

廿八号〔二〕

〔一〕鈐有朱文天门县印，契中一方，骑缝印左右各一方。

〔二〕「廿八号」应为契约持有者所加编号。

道光拾弍年朏月初六日　立永賣田约人　洋　筆

永远為據

一一四九〇　道光十二年十二月六日钱希宗卖田赤契〔一〕

立永賣田约人錢希宗，今因家用不便，將陳昌垸白田二分七厘六毛，載上則〔二〕米六合，自請憑中光照等说合，出筆賣與熊宗義名下為業。當日三面言定，義出俻寔值價錢四伯十四文整，係宗親手領讫。自賣之後，任從買主管業，耕種当差，收粮過户，百為無阻。今恐無凴，立此賣约一帋為據。

册名　錢義甫

凴中　光照　其田四止 東路心 西之茂 南買主 北張 界

卅一号〔三〕

道光拾弍年　朏月初六日　立　宗珍　筆

永遠為（葉）〔業〕

〔一〕鈐有朱文天门县印，契中一方，骑缝印左右各一方。

〔二〕「上則」为正行右侧添加。

〔三〕「卅一号」应为契约持有者所加编号。

一一四九一　道光十二年十二月七日徐道兴卖田

赤契〔一〕

立大賣白田約人徐道興，今因不便，將本己受分上新堰垸白田七分四厘七毛五糸，粮載中則，請憑親中任法成等说合，興出筆大賣與熊忠義名下為業。当日三面言定，義出備時值價錢壹串乙百廿乙文整，係興親手領讫。自賣之後，任從買主起業，耕種当差，收粮过户，百為無阻。今恐無憑，立此大賣田約一帋為據。

憑中　孫大頂　熊克持

其田四止　東 水田　西 坑　南 買　北 徐　界

道光十二年朏月初七日　立大賣白田約人　徐道興　筆

永远為業

〔一〕鈐有朱文天门县印，契中一方，骑缝印左、右各一方。

一一四九二　道光十二年十二月七日徐则锭卖田

赤契〔一〕

立大賣白田約人〔二〕徐則錠，今因不便，將父（值）〔置〕受分上新堰垸白田共〔三〕三形，大形〔四〕乙畝五分五（力）〔厘〕五毛六糸，又二小〔五〕形六分二（力）〔厘〕五毛，粮在上則，請憑親中叔法成説合，定〔六〕出筆賣与熊忠義名下為業。当日三面言定，義出備時值價錢叁串叁百六十四文正〔七〕，係錠親手領訖。自賣之後，任從買主起業，耕種当差，收粮過户，百為無阻。今恐勿憑，立此賣約一帋爲據。

憑中人　熊克持　徐大鼎

其田四止　南 路心　東 周　西 周　北 門

〔一〕鈐有朱文天门县印，契中二方，骑缝印左、右各一方。
〔二〕「人」为正行右侧添加。
〔三〕「共」为正行右侧添加。
〔四〕「大形」为正行右侧添加。
〔五〕「小」为正行右侧添加。
〔六〕「定」为正行右侧添加。
〔七〕「四文正」为正行右侧添加。

又一形四止　西水田　東坟　南路　北周

又一形四止　東周　西坟　南路心界　北章

道光十二年〔一〕十二月　初七日　立大賣田約人　則錠　筆

永遠為據

一一四九三　道光十二年十二月七日尹在寿卖田

赤契〔二〕

立永賣白田約人尹在寿，今因移就，將祖置洪積垸白田一形，計丈一畝零二毛，載民米九（各）〔合〕〇二抄，情愿請凴親中朱士柡等説合，在寿出筆永賣與熊篤叙堂名下為業。三面議定，熊姓出備時值價錢二串六百壹拾文整，係寿〔三〕仝中親手領訖。自賣之後，任從買主管業收粮，撥佃耕種，陰陽两便，百為無阻。其中並無准折抬算情弊。此系自賣己分，不與親族人等相干。恐後無凴，立此賣約一帋□□。

册名　尹季倫　　凴中　仇勢　王大瑋

〔一〕「年」为正行右侧添加。

〔二〕钤有朱文天门县印，契中一方，骑缝印左、右各一方。

〔三〕「寿」为正行右侧添加。

其田四止　東程　西程界　南程　北尹

道光拾二年拾二月初七日　立賣白田約人　在寿　筆

隨進萬畝

一一四九四　道光十二年十二月七日李祖荣卖田

赤契〔一〕

立永賣白田約人〔二〕李祖榮，今因移就，將祖置洪積團白田一形，計丈八分弍厘五毛，載正艮一分五厘七毛，情〔三〕愿請凴親中王大偉説合等，榮出筆永賣與熊篤叙堂名下為業。三面議定，熊姓出備時值價銭弍串一百五十文整，□係榮仝中親手收訖。自賣之後，任從買主管業收粮，撥佃耕種，陰陽両便，百為無阻。其中並無准折抬算情弊。此係自賣己分，不與親族人等相干。恐後無凴，立此永賣约一帋為據。

册名　李□□

〔一〕钤有朱文天门县印，契中一方，骑缝印左、右各一方。

〔二〕「人」为正行右侧添加。

〔三〕「情」后涂去一字。

凴中　仇勢　王大瑋　朱士枟　　其田四止　東呈　西施界　南李　北施

道光十二年朏月初七日　立永賣田约　榮　筆

永遠為業

一一四九五　道光十二年十二月七日尹泰宁卖田赤契〔一〕

立永賣白田約人尹泰寧，今因移就，將祖置洪積垸白田二形，計丈九分八厘五毛，載糧民米八（各）〔合〕八勺六抄，情愿請凴親中王大偉説合等，寧出筆永〔二〕賣与熊篤叙堂名下為業。三面議定，熊姓出備時置價錢二串五百七十文整〔三〕，係寧仝中親手領訖。自賣之後，任從買主管業收粮，撥佃耕種，陰陽兩便，百為無阻。中间〔四〕並無准折抬算情弊。此係自賣己分，不與親族人等相干。恐後無凴，立此永賣約一帋為據。

〔一〕鈐有朱文天门县印，契中一方，骑缝印左、右各一方。

〔二〕「永」字为正行右侧添加。

〔三〕「整」字为正行右侧添加。

〔四〕「中间」二字为正行右侧添加。

册名　肖□柏　尹季倫

凴中　仇勢　朱士枟　　其田四止　東路　西坑界　南尹　北

道光拾二年虫月初七　立永賣約一帋為據　寧　筆

永遠為業

一一四九六　道光十二年十二月七日徐则铉等卖田赤契〔一〕

立大賣白田約人徐則鉉同弟則元，今因不便，將本己受分上新堰垸白田一畝二分七厘九毛，請憑親中大鼎说合，則□出筆賣與熊忠儀名下為業。当日三面言定，儀出備時值價錢二串五百〇二文，係玄元親手領訖。自賣之後，任從買主起業，耕種当差，收粮过户，百為無阻。今恐勿憑，立此賣約立帋為據。

此田粮在官壯，此照。

憑中人　徐法成　熊克持

〔一〕鈐有朱文天门县印，契中一方，骑缝印左、右各一方。

其田四止 東河顺 北坟 南坑 西徐 界

永遠為據

道光十二年十二月初七日 立賣田人 則元鉉 筆

一一四九七 道光十二年十二月七日李人贵卖田赤契〔一〕

立大賣白田契約人李人貴，今因不便，將本己受分新堰垸白田二形，九分九（力）〔厘〕四毛五糸，請憑親中法成等说合，貴出筆賣与熊忠義名下為業。当日三面言定，義出備寔（直）〔值〕價錢壹串四百卌七文，係貴親手領訖。自賣之後，任從買主起業，耕種当差，收粮過户，百為無阻。今恐勿憑，立此賣約一帋為據。此田粮在中則，此照。

憑中人 徐大鼎 熊克持 界

其田四止 東徐 西徐 南丁 北徐

前 四止 東徐 西徐坑 南徐 北買主 界

〔一〕 鈐有朱文天门县印，契中一方，骑缝印左、右各一方。

永遠為據

道光十二年朏月初七日 立賣田人 李仁貴 筆

一一四九八 道光十二年十二月七日朱士楷等卖基台白田赤契〔一〕

立永賣基台白田約人朱士楷槐，今因移就，將父置洪積垸基台一形，計丈六分五厘三毫，載民米六□，白田四形，計丈三畝四分壹厘壹毛〔二〕，載正銀六分四厘八毫，情愿請凂親中朱士柗等說合，楷槐出筆賣與〔三〕熊篤叙堂名下為業。三面說定，熊姓出備時值價錢拾串零伍百七十文整，係楷槐仝中親手領訖。自賣之後，任從買主管業收粮，撥佃耕種，陰陽两便，百為無阻。其中並無准折抬筭情弊。此係自賣己分，不與親族人等相干。恐後無憑，立此賣約一帋為據。

册名米 □□□ 肖俊伯 叁合□勺 弍合陆勺

正銀 朱應昌

〔一〕 鈐有朱文天门县印，契中二方，骑缝印左、右各一方。

〔二〕 「壹毛」为正行右侧添加。

〔三〕 此处留有空白。

憑中人 仇勢 王大□

一形 東程 西程 南程 北買

一形 東程 西朱 南朱程 北肖

其田四止基台

一形 東肖 西朱 南肖 北程

一形 東朱 西朱 南朱 北尹

一形 東李 西朱 南施 北朱 界

道光拾弍年十二月初七日 立賣約一帋為據 楷槐 筆

永遠為業

一—四九九 道光十二年十二月七日罗昌选卖田赤契〔一〕

立永賣田契約人羅昌選，今因移就不便，將本己受分皇田垙白田三形，弍畝零四毛，載官庄正艮六分〇乙毛〔一〕，自情愿請憑親中羅永年說合，選出筆賣與熊宗義名下為業。当日三面言定，義出偹实值價錢弍串八百五十六文整，係選親手領訖。自賣之後，任從買主管業，耕種〔二〕當差，收粮过戶，百為無阻。今恐無憑，立此永賣約一帋為據。

四十 四二 五六 号〔三〕

憑中 錢開中 趙正遺 羅永年

其田四止 東錢 西羅 南毛家田 北徐

又 西江 東錢 南倪家田 北彭

又一形四止 東江 西水田 南 北路中 界

道光拾二年十二月初七日 立永賣白田約人 羅昌選 親筆

永遠為據

〔一〕鈐有朱文天門县印，契中一方，骑缝印左、右各一方。

〔一〕此处数字有改动。

〔二〕「種」为正行右侧添加。

〔三〕「四十」、「四二」、「五六号」应为契约持有者所加。

一一五〇〇　道光十二年十二月七日朱士枟卖田赤契〔一〕

立永賣白田約人朱士枟，今因移就，將祖置洪積團白田二形，计丈弍畝零九厘五毛，載民米四合五勺□□正艮三分一厘二毛，情愿請憑親中王大偉等說合，枟出筆永賣与熊篤□堂名下為業。三面議定，熊姓出備時值價錢伍串六百六十文整，係枟仝中□□□訖。自賣之後，任從買主管業收粮，撥佃耕種，陰陽兩便，百為無阻。□□□□□□抬算情弊。此係自賣己分，不与親族人等相干。恐後無憑，立此永賣□□□□□據。

册名　民米肖進伯　正艮朱元佐

憑中　王大偉　仇勞

其田四止　小形　東路心　西程　南程　北肖　界
　　　　　大形　東朱　西路心　南朱　北朱

〔一〕鈐有朱文天门县印，契中二方，骑缝印左一方。

道光拾弍年朏月初七日　立永賣田約人　枟　筆

永遠為業

一一五〇一　道光十二年十二月八日徐則錠卖田赤契〔一〕

立大賣白田約人徐則錠，今因不便，將父（值）〔置〕受分新堰垸白田五分，粮在上則，請憑新親中叔法成等說合，錠出筆賣与熊忠儀名下為業。当日三面言定，儀出備寔值價錢八百文，係錠親手領訖。自賣之後，任從買主起業，耕種当差，收粮過户，百為無阻。今恐勿憑，立此賣約一帋為據。

憑中人　熊克持　徐大鼎

其田四止　東鄭　西徐　北祭田　南徐　界

道光十二年十二月初八日　立大賣田約人　則錠　筆

永遠為據

〔一〕鈐有朱文天门县印，契中一方，骑缝印左、右各一方。

一—五〇二　道光十二年十二月八日徐法成卖田

赤契〔一〕

立大賣白田約人徐法成，今因不便，將本己受分上新堰垸白田二形，一畝二分三厘三毛三糸〔二〕，粮載上則，請憑親中徐大典说合，成出筆賣與熊宗義名下為業。當日三面言定，義出備時值價錢一串八百四十九文正，係成親手領訖。自賣之後，仍從買主起業，耕種当差，收粮过户，百為無阻。今恐無憑，立此賣約一帋為據。

憑中　熊克持

其田四止一形　東周　南李　西路心　北徐　界　　一形　東坟　南徐　西周　北周　界

道光十二年十二月初八日　立大賣白田契約　徐法成　筆

永遠為業

〔一〕钤有朱文天门县印，契中二方，骑缝印左、右各一方。

〔二〕「三毛三糸」为正行右侧添加。

一—五〇三　道光十二年十二月八日史怀珍卖田

赤契〔一〕

立大賣白田約人史懷珍，今因移就，將祖遺橫林垸白田四形，共計丈四畝一分〇五毛〔二〕，請憑親中兄人哲説合，出筆賣與熊宗義名下為業。當日三面言定，義出備時值價钱八串陸百廿三文正，係珍親手領訖。自賣之後，仍從買主起業，耕種当差，收粮過戶，百為無阻，永無異說。今欲有憑，立此大賣約一帋為據。

載□米九升〇三勺。

憑中　叔熊保初　兄人哲

其田四止四形　東西南北　俱史界

道光拾弍年胐月初八日　立大賣白田約　史懷珍　筆

粮在史遐麟柱内收納

永远為據

〔一〕钤有朱文天门县印，契中二方，骑缝印左、右各一方。

〔二〕此处数字有修改。

一—五〇四　道光十二年十二月八日伍光表卖田

赤契〔一〕

立永賣白田约人伍光表，今因移就，将本己受分高作垸白田二形，壹畝弍分四（力）〔厘〕，載粮上則，表請憑親中熊克持等說合，表出筆賣與熊宗义名下為業。当日三面言定，义出備實（直）〔值〕價錢壹串柒伯卅六文，係表親手領訖。自賣之後，任從買主起業，耕種当差，收粮过戶，百為無阻。今恐無憑，立此永賣約一帋為據。此照。

憑中　澤壽　伍祖貽　庚中和

其田四止　東　水田　西　伍澤悌　南　坑　北　坟

其田四止　東　水田　西　楊界　南　賣主界　北　涀

道光十二年虫月初八日　立永賣白田約人　伍光表　筆

〔一〕鈐有朱文天门县印，契中一方，骑缝印左、右各一方。

一—五〇五　道光十二年十二月八日黄万咸卖田

赤契〔一〕

立永賣白田約人黄萬咸，今因不便，将本己受分義豐垸白田八分七厘六毛，載粮中則，請憑親中黄寅恭等說合，咸出筆賣與熊宗义名下為業。当日三面言定，义出備實值價錢壹串乙百八十二文，係咸親手領訖。自賣之後，仍從買主起業，耕種当差，收粮過戶，百為無阻。今恐無憑，立此永賣約一帋為據。此照。

憑中　黄寅恭　庚元中〔二〕

其田四止　東　熊　西　彭　南　龔　界　北　伍

道光十二年十二月初八日　立永賣白田約人　黄萬咸　筆

永远為業

〔一〕鈐有朱文天门县印，契中一方，骑缝印左、右各一方。

〔二〕似由「熊克持」改为「庚元中」。

一—五〇六　道光十二年十二月八日万元尚卖田

赤契〔一〕

立永賣白田约人萬元尚，今因不便，将本受分義豐垸白田三形，玖分八厘，載粮中則，請憑親中黄寅恭等説合，元尚出筆賣與熊宗义名下為業。当日三面言定，义出備實值價錢乙串五百廿文，係元尚親手領訖。自賣之後，仍從買主起業，耕種当差，收粮過戶，百為無阻。今恐無憑，立此永賣約一帋為據。此照。

憑中　庚元中

其田四止　東刘　西黄　南賣主　北坟

又　東黄　西　南賣主　北坟

又　東　西　北　俱黄　南坟　界

道光十二年十二月初八日　立永賣白田約人　萬元尚　筆

永远為業

〔一〕鈐有朱文天门县印，契中一方，骑缝印左、右各一方。

一—五〇七　道光十二年十二月八日黄丕承卖田

赤契〔一〕

立永賣白田约人黄丕承，今因不便，将自己義豐垸白田二畝八分八厘八毛〔二〕，載粮中則，請憑親中黄寅恭等説合，承出筆賣與熊宗义名下為業。当日三面言定，义出備實值價錢三串九百文，係承親手領訖。自賣之後，仍從買主起業，耕種当差，收粮過戶，百為無阻。今恐無憑，立此永賣約一帋為據。此照。

憑中　黄寅恭　熊克持

其田四止　東熊　西宋　南坟　北黄　界

道光十二年十二月初八日　立永賣白□約人　黄丕承　筆

永远為業

〔一〕鈐有朱文天门县印，契中二方，骑缝印左、右各一方。

〔二〕此处数字有修改。

一—五〇八　道光十二年十二月八日钱为珏卖田

赤契〔一〕

立永賣白田契约人錢為珏，今因移就不便，將本己受分陳昌垸白田一形，三畝九分乙厘八毛，載民米六升三合，自請凴中錢宏智等説合，珏出筆賣与熊宗義名下為業。当日三面言定，義出備实值價錢六串六百六十文整，係珏親手领訖。自賣之後，任從買主管業，耕種当差，收粮过户，百為無阻。今恐無凴，立此永賣约一帋為拠。

中則米□合

廿六号〔二〕

凴中　開宗　錢光昭　宏智　　其田四止　東光宇　西龍得　南路中　北水田　界

道光十二年朏月初八日　立永賣白田约人　錢為珏　筆

永遠為業

〔一〕钤有朱文天门县印，契中二方，骑缝印左右各一方。

〔二〕「廿六号」应为契约持有者所加编号。

一—五〇九　道光十二年十二月九日张仁华卖田

赤契〔一〕

立永賣田契約人張仁華，今因家用不便，將本己受分徐團白田乙形，乙畝乙分八厘五毛，（在）〔載〕粮二升二合二勺，請憑親中史仁哲説合，華出筆賣與熊宗義明下為（葉）〔業〕。當日三面言定，義出備實值價錢二串〇一十六文整，係仁華親手領訖。自賣之後，任從買主起業耕種，收粮當差，百為無阻。今恐無憑，立此賣約為據。又二形田，共一畝五分五厘四毛，粮三升一勺八抄，值價錢二串六百四十三文，俱屬買主管業。〔二〕

憑中　熊保初

其田四止　東萬　西張　南萬　北熊　界

又形四止　東熊　西　南江　北溝　界

又形四止　東　西張　南　北熊　界

〔一〕钤有朱文天门县印，契中一方，骑缝印左、右各一方。

〔二〕此段文字与正文字体不同。

道光十二年虫月初九日　立永賣田契約人　張仁華　筆

粮在張鴻戸納〔一〕

永远為據

一—五一〇　道光十二年十二月九日熊亨纬等卖田赤契〔二〕

立永賣田約人姪亨緯仝弟亨勇，今因家用不便，将本己受分徐團白田壹畝一分五厘五毛，載粮照册收纳，請憑親中叔保初說合，緯出筆賣與叔宗義名下為業。當日三面言定，義出備實值價錢一串九百二十五文整，係緯親手領訖。自賣之後，任從買主起業耕種，收粮當差，百為無阻。今恐無憑，立此賣約一帋為據。

憑中　叔保初

其田四指　東 買主　西 周士貞　南 樊　北 熊　界

道光拾貳年臘月初九日　立永賣田契約人　亨勇　筆

〔一〕此段文字与正文字体不同。

〔二〕钤有朱文天门县印，契中一方，骑缝印左、右各一方。

永遠為據

一—五一一　道光十二年十二月九日万天德卖田赤契〔一〕

立永賣田契約人萬天德，今因家用不便，将本己受分徐團白田一形，六分一厘，載粮一升三合五勺，請憑親中史人哲說合，德出筆賣與熊宗義名下為業。当日三面言定，義出備寔值價錢七百九十二文整，係德親手領訖。自永賣之後，任從買主起業耕種，当差收粮，百為無阻。今恐無憑，立此永賣約一帋為據。

憑中　熊保初

其田四止　東 王　西 張　南 墳　北 墳　界

道光十二年朒月初九日　立永賣田契約人　萬天德　筆

永远為據

〔一〕钤有朱文天门县印，契中一方，骑缝印左、右各一方。

一一五一二　道光十二年十二月九日谭比山卖田

赤契[一]

立永賣田約人譚比山，今因不便，將本己横林垸白田二形[二]弍畝九分〇四毛，載正銀五分七厘，請憑親中史仁哲說合，山出筆賣與熊宗义名下為業。当日三面言定，义出備寔值價錢四千二百文整，係山親手領訖。自賣之後，任從買主管業耕種，收糧過户，百為無阻。今欲有憑，立此賣約一（毕）〔帋〕為據。

憑中　史仁哲

其田四止　東坟　西路　南熊　北史　界

其田四止　東溝　西坟　南熊　北史　界

道光拾弍年朏月初九□□□山筆

糧在史遐齡戶下收納

永远為業

〔一〕鈐有朱文天门县印，契中二方，骑缝印左、右各一方。

〔二〕「二形」二字为正行右侧添加。

一一五一三　道光十二年十二月九日伍永昌等卖田

赤契[一]

第叁拾伍號[二]

立永賣田契約人伍永昌仝弟永晃，今因不便，將本己受分[三]陳昌上垸[四]白田弍畝三分零一[五]，載粮五升乙合一勺[六]，請憑親中黄天倍說合，賣與[七]名下為業。当日三面言定，[八]出備實值價錢四串乙百四十文整，係昌親手領訖。自賣之後，任從買主起業，耕種当差，收粮過戶，百為無阻。今恐無憑，立此賣約一帋為據。

憑中　刘達卿　　其田四止　俱屬伍界

道光十二年朏月初九日　立永賣田契約人　伍永昌　筆

〔一〕鈐有朱文天门县印，契中一方，骑缝印左、右各一方。

〔二〕「第叁拾伍號」应为契约持有者所加编号。

〔三〕「分」后涂去三字。

〔四〕「陈昌上垸」为正行右侧添加。

〔五〕此处数字有修改。

〔六〕「載粮五升乙合一勺」为正行右侧添加。

〔七〕此处留有空白。

〔八〕此处原留有空白。

其小形 北弍弓三分二厘五 南横三弓五分 直卅八弓七分 積乙百乙十四弓乙分五

其大形 北横九弓一分 南横九弓一分 直卅四弓五分 積叁百乙十四〔弓〕八分一厘二毛五

其坑小形 南横四弓三分五 北横四弓二分五 直廿八弓七分 積乙百弍十三弓四分一

永遠為業

一—五一四 道光十二年十二月九日钱忠良卖田赤契一〔一〕

立永賣田契约人錢忠良，今因不便，將本己受〔分〕南灣垸白田五分六厘七毛，載官庄正良乙分七厘，自请憑中錢開宗等说合，出筆賣與熊宗義名下為業。三面言定出備實價錢九百〇七文整，係良親手領讫。自賣之後，任從買主起業，耕種当差，收糧過户，百為無阻。今恐無憑，立此賣約為據。

□□号〔二〕

〔一〕钤有朱文天门县印，契中一方，骑缝印左右各一方。

〔二〕「□□号」应为契约持有者所加编号。

中知

憑中 錢宏智 義

其田四止 東□□ 西士□ 南坟界 北水田

冊名 錢廷諒

道光十二年朏月初九日 錢宗良 宏義 代筆

一—五一五 道光十二年十二月九日钱忠良卖田赤契二〔一〕

立永賣白田契约人錢忠良，今因移就不便，將本己受分陳昌垸白田二形，乙畝五分一厘叁毛〔二〕，載官庄正良四分五厘四毛〔三〕，自請憑中錢開忠說合，出筆賣与熊宗義名下為（葉）〔業〕。當日三面言定，義出备實值價錢弍串弍百五十九文，係良親手領訖。自賣之後，任從買主管業，畊種當差，收粮过户，百為無阻。今欲有凴，立此永賣约一帋為拠。

凴中 錢宏智 宏義

〔一〕钤有朱文天门县印，契中一方，骑缝印左右各一方。

〔二〕此处数字有修改。

〔三〕此处数字有修改。

其田四止 東光宇 西 南水田 北路心

又四止 東光宇 西錢 南 北西洋 界

冊名　錢廷諒

廿九五八号〔一〕

道光拾二年朏月初九日　立永賣白田約人　錢忠良　筆

永遠為業

一—五一六　道光十二年十二月九日伍永义等卖田赤契〔二〕

立永賣田契約人伍永義仝弟永晟，今因不便，將自己陳昌上垸白田三形〔三〕，乙畝五分九厘一毛〔四〕，載粮三升五合三

〔一〕「廿九五八号」应为契约持有者所加编号。

〔二〕钤有朱文天门县印，契中一方，骑缝印左、右各一方。契纸右上角另笔标有「第叁拾肆号」字样。右边中部另笔标有「伍永昌约寓内仝永义其租□」等字。

〔三〕「三形」二字为正行右侧添加。

〔四〕此处数字有修改。

勺，請憑親中黃天培說合，義出筆賣與〔一〕名下為業。當日三面言定，〔二〕出備實值價錢弍串乙百六十三文〔三〕整，係義親手領訖。自賣之後，任從買主起業，耕種当差，收粮過户，百為無阻。今恐無憑，立此賣約一帋為據。

憑中人　黃天培　刘達卿

路西　東路　北水田　南路　西萬

其田四止　東葉　西伍　南伍　北伍　界

公田　北伍　南伍　西王　東葉

道光拾二年十二月初九日　立永賣田契約人　伍永義仝弟永晟

筆

〔一〕买主处空白

〔二〕此处亦空白

〔三〕此处数字有修改。

其東形　北横弍弓五三厘　南横三弓五　直卅八弓七分　積乙百乙十四弓一分五一毛五

其屋前大形　北横三弓七　南横三弓三分　直卅一弓□分　積乙百乙十弓〇□分

其路西形　北横四弓□分　南横三弓一分　直四十乙弓五分　積乙百五十七弓七分

永遠为業〔一〕

一—五一七　道光十二年十二月十日徐何氏卖田赤契〔二〕

立永賣白田约人徐何氏，今因移就不便，將本己受分皇田垸白田七分三厘九毛，載官庄正艮二分二厘乙毛〔三〕，氏情愿請〔四〕憑親中羅永連等說合，出筆賣与熊宗義名下為業。当日三面言定，義出備實值價錢壹串〇卅五文，係氏親手領訖。自

〔一〕参见「道光十六年十月二十五日伍永义等租田字」（本书收录之二—〇一〇号契纸）。

〔二〕钤有朱文天门县印，契中一方，骑缝印左、右各一方。

〔三〕「毛」字后加有一字，似为「七」。

〔四〕「愿請」二字为正行右侧添加。

賣之後，任從買主管業，畊種當差，收粮过户，百為無阻。今恐無凴，立此永賣约一帋為拠。

憑中　羅永年　宏智　錢開宗　宏義　　其田四止　東羅　西羅　南錢　北買主　界

六四号〔一〕

道光拾弍年朏月初十日　立永賣皇田垸白田契约人　徐何氏

兄升远　代筆

永遠為（葉）〔業〕

一—五一八　道光十二年十二月十日张仁文卖田赤契〔二〕

立永賣田契約人張仁文，今因家用不便，將本己受分徐團白田六分三（立）〔厘〕五（尾）〔毫〕〔三〕，載粮一升二合四勺，請憑親中熊保初說合，出筆賣與熊中儀名下為業。當日三面言定，出備實值價錢一串〇八十四文整，係文（青）〔親〕

〔一〕「六四号」应为契约持有者所加编号。

〔二〕钤有朱文天门县印，契中一方，骑缝印左、右各一方。

〔三〕此处数字有修改。

手領訖。自賣之後，任從買主起業耕種，收粮當差，百為無阻。今恐無憑，立此永賣約一帋為據。

憑中　熊保初

其田四止　北張　東張　西熊　南刘　界

道光十二年　朐　月初十日　立永賣田契約人　文　筆

粮在張十炳戶下

永遠為據

一一五一九　道光十二年十二月十日赵金科卖田赤契[一]

立永賣白[二]田約人趙金科，今因不便，將本己外湖白田七分整，粮載中則壹升式合六勺[三]，情愿請憑親中正永等說合，科出筆賣與熊宗義名下為業。当日三面言定，熊宗义出備時值價錢九百八十文正，係科親手領訖。自賣之後，任從買主起業，耕種当差，收粮过戶，百為無阻。今恐勿憑，立此賣約乙帋為據。

七一号[一]

冊名　正宗

憑中　趙正永　正選　罗永連

其田四止　北趙　南趙　西溝　东趙　界

道光拾式年朏月初十日　立永賣田約人　趙金科　筆

永遠為業

[一] 鈐有朱文天门县印，契中一方，骑缝印左、右各一方。
[二] 「白」为正行右侧添加。
[三] 「六勺」为正行右侧添加。

一一五二〇　道光十二年十二月十日赵金昆卖田赤契[二]

立永賣田約人趙金昆，今因不便，將祖遺蓮台外湖[三]白

[一] 「七一号」应为契约持有者所加编号。
[二] 鈐有朱文天门县印，契中一方，骑缝印左、右各一方。
[三] 「蓮台外湖」为正行右侧添加。

田弍形，乙畝七分三厘七毛〔一〕，載粮〔二〕三升乙合弍勺六抄〔三〕，情愿請憑親錢宏智等説合，昆出筆賣與熊大相宗義名下為業。当日三面言定，熊出備時值價錢二串四百廿四文整，係昆親手領訖。自賣之後，任凴買主起業，耕種当差，收粮过戶，百為無阻。恐口無憑，立此賣約一帋為拠。

冊名　祥甫

憑中　趙正永　選　罗永連

其田四止　东　呂　西　南　溝　北　呂

其田四（只）〔止〕　东西南北　俱呂界

道光拾弍年虫月初十日　立永賣田約人　趙金昆　筆

永遠為業

〔一〕「七毛」为正行右側添加。

〔二〕「粮」为正行右側添加。

〔三〕「乙合弍勺六抄」为正行右側添加。

一—五二一　道光十二年十二月十日徐天培卖田赤契〔一〕

立永賣田約人徐天培，今因不便，將本己蓮台〔二〕外湖白田五分三厘二毛，粮載民米九合六勺，情愿憑請中正进等説合，培出筆賣與熊宗義名下為業。当日三面言定，義出備時值價錢七百四十四文正，係培親手領訖。自賣之後，任從買主起業，耕種当差，收粮过戶，百為無阻〔三〕。今恐勿憑，立此賣約乙帋為拠。

憑中　趙正永　正選

其田四止　北　買主　西　買主　南　趙　东　吳　界

道光拾弍年蚀月初十日　立永賣田約人　徐天培　筆

永远為業

〔一〕鈐有朱文天门县印，契中一方，騎缝印左、右各一方。

〔二〕「蓮台」为正行右側添加。

〔三〕「阻」为正行右側添加。

一—五二二 道光十二年十二月十日钱开宗卖田赤契〔一〕

立永賣田契約人錢開宗，今因移就不便，將本己受分皇田垸白田弍畝二分九厘，載官庒正艮七分〔二〕，自請憑中錢宏智等說合，出筆賣與熊宗義名下為業。當日三面言定，義出備實值價錢叁串弍百〔三〕整，係宗〔四〕親手領訖。自賣之後，任從〔五〕買主起業，耕種当差，收粮過戶。今恐無憑，立此賣約一帋為據。

冊名 錢之栢

憑中 錢宏義 宏智

其田四止 東水 西水 南溝中 北水 界

〔一〕鈐有朱文天门县印，契中二方，骑缝印左、右各一方。

〔二〕此处数字有修改。

〔三〕「弍百」为正行右侧添加。

〔四〕「宗」后涂去「係」字。

〔五〕「從」为正行右侧添加。

道光拾弍年虫月初十日 宗 筆

永遠為據

一—五二三 道光十二年十二月十日赵正英卖田赤契〔一〕

立永賣田約人趙正英，今因不便，將祖遺蓮台外湖白田壹畝□□，□升九合三勺，情愿请凂親中錢宏智等说合，英出筆賣与熊大相宗義名下為業。当日三面言定，熊宗義出備時值價錢乙串五伯〇三文整，係英親手領讫。自賣之後，任凂買主起業，耕種当差，收粮过户，百為無阻。恐口無凂，立此賣約一帋為拠。

冊名 趙圻

凂中 錢開中 兄正永 選 罗永年

其田四（只）〔止〕 东買 西程 南坟 北溝 界

道光拾弍年虫月初十日 立永賣田约人 趙正英 筆

〔一〕鈐有朱文天门县印，契中一方，骑缝印左右各一方。

一一五二四　道光十二年十二月十日赵正辉卖田赤契[一]

立永賣田约人趙正輝，今因不便，將本己蓮台外湖白田九分四厘三毛，粮載中則，壹升六合九作七抄，情愿请凴親正永等說合，輝出筆賣与熊宗義名下為業。□□□面言定，熊宗義出備時值價錢乙串五百卄文正，係輝親手領訖。自賣之後，任從買主起業，耕種当差，收粮过户，百為無阻。今恐勿凴，立此賣約乙帋為據。

冊名　正輝

凴中　趙正選　羅永年　錢開中

其大形四止　北路　南溝　西趙　东徐

其小形四止　北溝　南路　西颜　东徐　界

道光十弍年　朏月初十日　立永賣田约人　趙正輝　筆

〔一〕铃有朱文天门县印，契中一方，骑缝印左右各一方。

一一五二五　道光十二年十二月十日赵正万卖田赤契[一]

立永賣田约人趙正萬，今因不便，將本己□□□□□□七分九厘三毛，粮載中則，乙升四合弍勺七抄，情愿請凴中正迸說合，萬出筆賣与熊宗義名下為業。当日三面言定，熊宗义出備時值價錢壹串乙百卄文正，係萬親手領訖。自賣之後，任從買主起業，耕種当差，收粮过户，百為無阻。今恐勿凴，立此賣約乙帋為拠。

冊名　治元

凴中　钱宏智　正永　正選　羅永年

其田四止　北吕　南買主　西趙　东吴　界

道光拾弍年朏□初十日　立永賣田约人　趙正萬　筆

〔一〕铃有朱文天门县印，契中一方，骑缝印左右各一方。

一一五二六　道光十二年十二月十日赵正信卖田赤契〔一〕

立永賣田约人趙正信，今因不便，將自置蓮台外湖白田壹畝一分四厘七毛，載粮弍升〇六作四抄，情愿请凴親中錢宏智等说合，信出筆賣与熊大相公宗義名下為業。当日三面言定，熊宗义出備時價錢乙串六伯〇六文整，係信親手領讫。自賣之後，任凴買主起業，耕種当差，收粮过户，百為無阻。今恐無凴，立此賣約一帋為拠。

册名　未則

凴中　錢正永　正選　罗永年　　其田四（只）〔止〕　东吕　西　南買主　北溝　界

道光拾弍年虫月初十日　立永賣田约人　趙正信　筆

〔一〕　鈐有朱文天门县印。骑缝印左右各一方。

一一五二七　道光十二年十二月十日朱成玉卖田赤契〔一〕

立永賣田契约人朱成玉〔二〕，今因移就不便，將祖置□□垸白田二形，乙畝乙分二厘五毛，載官庄正艮三分三厘七毛，自請憑中錢光照等說合，出筆賣与熊宗義名下為〔業〕。當日三面言定，義出備實值價錢乙串六百七十二文正，係玉親手領訖。自賣之後，任從買起業，耕種当差，收粮過户，百為無阻。今恐無憑，立此賣約一帋為據。

册名　朱有奇

凴中　錢開宗　宏智　儀　　其田形四止　東錢　西　南坟　北錢　界

二形四止　東坟　西水田　南錢　北錢　界

八十一〔三〕

〔一〕　鈐有朱文天门县印，契中一方，骑缝印左右各一方。

〔二〕　「朱成玉」为正行右侧添加。

〔三〕　「八十一」应为契约持有者所加编号。

道光拾弍年虫月初十日　成玉　筆

永遠為業

一一五二八　道光十二年十二月十日钱希庄卖田

赤契〔一〕

立永賣田契約人錢希莊，今因移就不便，將祖置陳昌垸白田二形乙畝六分三厘五毛，載官莊正艮四分九厘，自請憑中叔錢光照等說合，出筆賣与熊宗義名下為業。當日三面言定，義出備實值價錢二串四百五十二文整，係莊親手領訖。自賣之後，任從買主起業，耕種当差，收粮過户，百為無阻。今恐無憑，立此賣約一帋為據。

八十〔二〕

憑中　錢宏智 開宗 儀　　冊名　錢亨功

其田四止　東路中 西希祥 南忠贵 北錢　界　　二形四止　東坟 西水田 南路 北水田　界

〔一〕钤有朱文天门县印，契中一方，骑缝印左右各一方。

〔二〕「八十」应为契约持有者所加编号。

道光拾弍年虫月初十日　希莊　筆

永遠為（葉）〔業〕

一一五二九　道光十二年十二月十一日钱春盛卖田

赤契〔一〕

立永賣田契約人錢春盛，今因移就，將本己受分皇田垸白田二形，九分三厘二毛，載官正艮二分七厘九毛六〔二〕，情愿请凴親中钱開宗等说合，盛出筆賣與熊宗義名下為業。當日三面言定，義出备實值價錢乙串五伯零四文整，係盛親手領讫。自賣之（從）〔後〕，任從買主起業，耕種当差，收糧过户，百為無阻。今欲有憑，立此賣約一帋為據。

憑中　錢宏智 義

其田四止　東買主 西錢 南 北買主　界

〔一〕钤有朱文天门县印，契中一方，骑缝印左一方、右一方。

〔二〕「六」字为正行右侧添加。

二形四止　東水田　西路　界　南彭　北馬

八十三号〔一〕

道光十二年十二月十一日　立永賣田约人　錢春盛　筆

永遠為據

一一五三〇　道光十二年十二月十一日钱光起卖田

赤契〔二〕

立永賣田约人錢光起，今因家用不便，將本己南灣垸白田弍形，乙畝五分九厘三毛，載漁租三分，自请凴中錢光昭等说合，出筆賣與熊宗義名下為業。當日三面言定，義出備寔值價钱弍串五百四十八文正，係起凴中親手领讫。自賣之後，任從買主管業，耕種当差，收粮過户，百為無阻。今恐無凴，立此賣约一帋為據。

凴中錢宏智、光昭　册名　錢士則

〔一〕「八十三号」应为契约持有者所加编号。

〔二〕钤有朱文天门县印，契中一方，骑缝印左、右各一方。

其田四止　東水田　西士則　界　南希昌　北為貴　又　東超〔一〕　西本祥　界　南坟　北溝

十九廿二号〔二〕

道光拾弍年胐月十一日　立永賣田约人　錢光起　筆

永遠為據

一一五三一　道光十二年十二月十一日吴士福卖田

赤契〔三〕

立永賣田契約人吴士福，今因家用不便，将本己受分皇田垸白田九分〇八毛，載官庄正銀二分八厘六毛，福自請憑中鲁贵崐等說合，出筆賣与熊宗義名下為業。當日三面言定，义出備價值價錢乙串六百卅四文整，係福親手领讫。自賣之後，仍從買主起業，耕種当差，收粮過戶，百為無阻。今□无凴，立此賣約為抶。

册名　吴孝昇

憑中　鲁德坤

〔一〕「超」字前面删去一字。

〔二〕「十九廿二号」应为契约持有者所加编号。

〔三〕钤有朱文天门县印，契中一方，骑缝印左、右各一方。

其田四止　北坟　西吴　南水田　东路中　界

道光十二年十二月十一日　立賣田約人　吴山福　筆

南横三弓九分　北横五弓　中直四十九弓

永遠為業

一一五三二　道光十二年十二月十一日张儒朋卖田赤契[一]

立永賣田契約人張儒朋，今因□就，將本己受分皇田垸白田七分四厘八毛，載官庒正銀二分三厘五毛六系，請憑中魯得坤說合，儒朋出筆賣與熊宗儀名下為業。當日三面言定，儀出備時值價錢乙串三百四十六文整，係朋親手領訖。自賣之後，任從買主起業，耕種當差，收糧過戶，百為無阻。今欲有憑，立此賣約一帋為據。

憑中　魯士舉

[一] 钤有朱文天门县印，契中一方，骑缝印左、右各一方。

其田四止　東彭　西張　南彭　北張　界

道光十二年朏月十一日　立永賣田契約人　張儒朋　筆

册名　儒朋

永远為業

南横八弓二分　北横六弓四分　中直廿四弓六分

一一五三三　道光十二年十二月十一日魯良举卖田赤契[一]

立永賣田契約人魯良舉，今因移就不便，將本己受分皇田垸白田二形，共三畝八分一厘，粮載官莊銀壹錢弍分，舉自請憑中魯貴琨說合，出筆賣與熊宗義名下為業。当日三面言定，义出備時值價錢七串六百廿文整，係舉親手領訖。自賣之後，仍從買主起業，耕種当差，收粮過戶，百為無阻。今欲有憑，立此賣約一帋為拠。

册名　魯漢高

[一] 钤有朱文天门县印，契中二方，骑缝印左、右各一方。

憑中　魯貴琨

大形　其田四止　東魯　南賣　界　西熊　北水田

小形　其田四止　東熊　南沆　界　西熊　北坟

道光拾式年虫月十一日　立永賣田契約人　魯良舉　筆

一大形　南横六弓七分　北横六弓　中直六十九弓

東小形　南横□□弓五分　北横□弓四分　中直□一弓

西小形　南横三弓七分　北横三弓六分　中直卅四弓六分

又一形　東　十弓〇七分　中横十二弓一分　西　十六弓五分　中直十八弓六分

永遠為業

一一五三四　道光十二年十二月十一日魯贵光卖田赤契[一]

永遠為拠

立永賣田契約人魯貴光，今因移就不便，将本己受分皇田垸白田二形，六分九厘四毛，載官莊正銀二分壹厘六毛八糸，光自請憑親中魯貴琨等説合出筆賣與熊宗儀名下為業。当日三面言定，儀出備时值價錢一串二百四十九文[二]整，係光親手領訖。自賣之後，仍從買主起業，耕種当差，收粮過戶，百為無阻。今欲有憑，立此賣約一帋為拠。

憑中　魯貴琨

其田四止　東熊　南□　界　西魯　北坟

其田四止　東魯　南坟　界　西魯　北坟

道光拾式年虫月十一日　立永賣田契約人　魯貴光　筆

[一] 鈐有朱文天门县印，契中二方，骑缝印左、右各一方。

[二] 此处数字有修改。

永远為業

一一五三五　道光十二年十二月十一日张体恒卖田赤契〔一〕

立永賣田契約人張体恒，今因移就，將本己受分皇田垸白田二畝三分五厘，（戴）〔載〕官庄正銀七分二厘，請憑中魯德坤說合，恒出筆賣与熊宗儀名下為業。當日三面言定，儀出備時值價錢四串二百廿一文〔二〕整，係恒親手領訖。自賣之後，任從買主起業，耕種当差，收糧過戶，百為無阻。今欲有憑，立此賣約一帋為拠。

憑中　魯士夅　　其田四止　东 路中　西 水田　南 坟　北 張　界

道光十二年朏月　十一日　立永賣田契約人　張体恒　筆

冊名　体恒

南横十一弓　東直五十一弓
北横十四弓　西直四十□弓七分

內除坟　横三弓一分　直四弓九分

〔一〕钤有朱文天门县印，契中二方，骑缝印左、右各一方。
〔二〕此处数字有改动。

一一五三六　道光十二年十二月十一日钱希永卖田赤契〔一〕

立永賣田約人錢希永，今因家用不便，將本己皇堤垸白田弍形，三畝八分一厘，載官庄〔正〕〔銀〕乙钱一分四厘三毛〔二〕，自請憑中錢光昭等說合，出筆賣與熊宗義名〔下〕為業。当日三面言定，義出備寔值價錢五串三百七十六正，係永親手領訖。自賣之後，任從買主管業，耕種当差，收粮过戶，百為無阻。今恐無憑，立此賣約一帋為據。

冊名　钱義甫

憑中　宏義　宏智　光昭　開忠　　其田四止　東 水田　西 路心　南 希□　北 錢　界

又　東 西 南 北　罗界

〔一〕钤有朱文天门县印，契中二方，骑缝印左、右各一方。
〔二〕「三毛」为正行右侧添加。

六五号〔一〕

道光拾弍年虫月十一日　立永賣田約人　永　筆

永遠為據

一一五三七　道光十二年十二月十一日李之伦卖田赤契〔二〕

立永賣田契約人李之倫，今因不□□本己受分皇田垸白田四形，陆畝□□□□，粮載官庄正艮九分六厘二毛 渔租正艮五分七厘，自请凂親中鲁德昆等说合，倫出筆賣與熊宗義名下為業。当日三面言定，宗義出備實值價錢□串〇九□□正，係倫親手領訖。自賣之後，任從買主起業，耕種当差，收粮過户，□為無阻。今欲有憑，立此賣約乙帋為拠。

漁租三畆，册名李正先。

憑中　鲁德昆

官庒三畆〇五厘六毛　册名李孝元。

其田四止　东刘　西水田　南刘　北刘　界

其田四止　东刘　西刘　南刘　北水田

其田四止　东刘　西刘　南水田　北坑

道光十二年蚀月十一日　立永賣田契約人　李之倫　筆

永遠為業

一形　南横十一弓三分　北横□□□　中直廿七弓三

二形　東横十七弓五分　西横十七弓三分　中直□□□□□

三形　東横六弓六分　西横五弓七分　□□□□□三□□□

四形　東□七弓　□□□　□□□

五形　東横四弓一分　□横□□□□　中直廿□弓□

〔一〕「六五号」应为契约持有者所加编号。

〔二〕钤有朱文天门县印，契中二方，骑缝印左右各一方。

六形　南横十八弓　东直十三弓七分
　　　北横十四弓　西直十四弓□□

七形　東横四弓五分
　　　西横五弓二分
　　　中直卅三弓

一一五三八　道光十二年十二月十一日钱希昌卖田赤契[一]

立永賣田約人錢希昌，今因家用不便，將本己受分陳昌院白田乙形，二畝九分四厘，載官庄正銀八分八厘二毛，自請憑中錢光昭说合，出筆賣與熊宗義名下為（葉）〔業〕。当日三面言定，義出備價錢肆串四百一十文整，係昌親手領（乞）〔訖〕。自賣之後，任從買主管（葉）〔業〕，耕種当差，收粮過户，百為無阻。今恐無凴，立此賣約一帋為據。

凴中　錢 開宗 宏智 光昭 宏義　　其田四止 東本祥 南□水 西光□ 北路心 界

道光拾二年朏月十一日　立永賣田約人　錢希昌　筆

册名　錢唐賢

〔一〕钤有朱文天门县印，契中二方，骑缝印左右各一方。

永遠為（葉）〔業〕

一一五三九　道光十二年十二月十一日鲁美玉卖田赤契[一]

立永賣田約人魯美玉，今因移就不便，將本己受分皇田垸白田一畝四分五厘七毛，載官莊正銀四分五厘八毛八糸[二]，自請憑親中叔良夅說合，出筆賣与熊宗儀名下為業。当日三面言定，義出備時值價錢弍串九百一十四文整，係玉親手領訖。自賣之後，仍從買主起業，耕種当差，收粮過户，百為無阻。今欲有憑，立此賣約一帋為拠。册名魯相高。

憑中　叔良夅　　其田四止 東水田 西水田 南水田 北坟 界

道光拾二年虫月十一日　立永賣田約人　美玉　親筆

西小形　南横三弓六分
　　　　北横三弓三分
　　　　中直十弓〇四分

〔一〕钤有朱文天门县印，契中一方，骑缝印左右各一方。

〔二〕「八糸」为正行右侧添加。

積〢〨〥〣〔一〕

大形　東横十三弓二分
　　　西横十三弓五分
　　　中直廿三弓五分

積〣百〡〣〧〢〥〔二〕

合共该積弓叁百四十九弓六分，见實田一厶四分五厘七毛。

永遠為拠

一一五四〇　道光十二年十二月十一日张正议卖田赤契〔三〕

立永賣田约人張正議，今因家用不便，將本己受分陈昌垸白田三形，共二畝七分零二毛四糸，載民米五升九合，四撮五抄，自请憑中魯德魁等说合，出筆賣与熊宗義名下為業。当日三面言定，义出備實錢四串八百六十四文整，係議親手領讫。自賣之後，任從買主起業，耕種当差，收粮过户，百為無阻。今恐無憑，立此賣約為拠。

〔一〕「〢〨〥〣」即「三五八八」。

〔二〕「〣百〡〣〧〢〥」即「三百一三七二五」。

〔三〕鈐有朱文天门县印，契中一方，骑缝印左右各一方。

憑中　魯德魁

其田四止　东路中　南坟　西美福　北陈介

又其田四止　东張介　南路中　西水田　北埧

又其田四止　东水田　南埧　西坟　北熊介

道光拾弍年虫月十一日　張正議　筆

册名張廷玉，收民米五升，余九合四撮五抄，撥入錢龍昇户下共收。

永遠為業

一形　南横八弓九分
　　　北横八弓七分
　　　中直廿五弓二分

二形　南横三弓八分
　　　北横四弓五分
　　　中直廿九弓八分

小形　南横九弓
　　　北横八弓九分
　　　東直十三弓七分
　　　西直十二弓一分

南形　南横八弓九分
　　　北横八弓五分
　　　中直卄三弓三分
　　　内卩坟横三弓直三弓

一—五四一　道光十二年十二月十一日张厚騫卖田赤契[一]

立永賣田契约人張厚騫，今因家用不便，將本己受分陈昌垸白田二形，共二畝乙分零六毛九糸，載四升六合，三撮四抄，騫自请憑中魯德魁等说合，騫出筆賣与熊宗義名下為業。当日三面言定，义出俻實錢三串七百九十二文整，係騫親手領讫。自賣之後，任從買主起業，耕種当差，收糧过户，百為無阻。今恐無，立此賣約為拠。

憑中　魯得魁

其田四止　东□介
　　　　　南□介
　　　　　西□介
　　　　　北□介

其田四止　东賣主
　　　　　南路中
　　　　　西張介
　　　　　北路中

〔一〕钤有朱文天门县印，契中一方，骑缝印左右各一方。

道光拾弍年虫月十乙日　張厚騫　筆

册名　糧在錢龍昇户下收纳

永遠為業

一形　南横六弓五分
　　　北横五弓九分
　　　中直卅九弓三分

又長形　南横三弓七分
　　　　北横三弓七分
　　　　中直七十〇八分

一—五四二　道光十二年十二月十二日伍永科卖田赤契[一]

立永賣白田契約人伍永科，今因移就，將本己受分高作垸白田八分五厘三毛[二]，（戴）〔載〕粮上則，請憑親中伍祖[三]怡説合，科出筆賣与熊宗義名下爲業。当日言定，義出備時值價錢壹串柒百七十九文[四]整，係科親手領[五]

〔一〕钤有朱文天门县印，契中一方，骑缝印左、右各一方。

〔二〕「八分五厘三毛」为正行右側添加。

〔三〕「祖」后刪去一字。

〔四〕「十九文」三字为正行右側添加。

〔五〕「領」字为正行右側添加。

訖。自賣之後，任從買主起業，耕種当差，收粮過户，陰陽兩便，百為無阻。今恐無憑，立此賣約為據。

憑中 熊克持 伍煥章 庚中和

其田四止 東 高明 南 陶 西 北 国林

道光十二年虫月十二日 伍永科 筆

永遠為業

一一五四三 道光十二年十二月十二日钱瑞云等卖田赤契[一]

立永賣田契約人錢瑞云仝孫宏德，今因移就不便，將本己受分皇田垸白田一畝〇六厘八毫，載官庄正艮三分二厘〇四糸[二]，自請憑中開忠等說合，云出筆賣與熊宗義名下為業。當日三面言定，義出備實值價錢乙串四百九十五整，係云[三]仝孫德親

〔一〕 鈐有朱文天门县印，契中一方，骑缝印左、右各一方。

〔二〕 「四糸」为正行右侧添加。

〔三〕 「云」为正行右侧添加。

手領訖。自賣之後，任從買主起業，耕種当差，收粮過戶，百為無阻。今恐無憑，立此賣約一帋為拠。

憑中 錢開宗 宏義 宏智

其田四止 東 水田 西 界 南 吳界 北 公地

八十号[一]

道光十二年朒月十二日 立永賣田契約人 錢瑞云仝宏德 筆

永遠為業

一一五四四 道光十二年十二月十二日吴泽忠卖田赤契[二]

立永賣田契約人吳澤忠，今因不便，將本己受分皇田垸白田八分四厘三毛，載官莊正銀二分五厘弍糸九[三]，自請憑中錢宏義說合，出筆賣與熊忠義名下為業。當日三面言定，義出備實

〔一〕 「八十号」应为契约持有者所加编号。

〔二〕 鈐有朱文天门县印，契中一方，骑缝印左、右各一方。

〔三〕 「二分五厘弍糸九」为正行右侧添加。

值價錢乙串一百八十文整，係忠親手領訖。自賣後，任從買主起業，耕種当差，收糧過戶，百為無阻。今恐無憑，立此賣約為據。

冊名　錢榽

憑中　錢開忠　錢宏至　義

其田四止　北錢　東錢　西水田　南錢　界

八五号〔一〕

道光十二年虫月十二日　吳澤忠　筆

永遠為業

一—五四五　道光十二年十二月十二日钱潢卖田赤契〔二〕

立永賣田契約人錢潢，今因不便，將本己皇田垸白田〔三〕二

〔一〕「八五号」应为契约持有者所加编号。

〔二〕钤有朱文天门县印，契中二方，骑缝印左、右各一方。

〔三〕「垸」、「白田」为正行右侧添加。

形，共六畝八分八厘九毛〔一〕，載官庄正艮二錢〇六厘六毛七丝〔二〕，自請憑中錢開宗等說合，出筆賣與熊宗義名下為業。当日三面言定，義出備實值價錢拾乙串七百一十文正，係潢親手領（乞）〔訖〕。自賣之後，任從買主管業，耕種当差，收糧过戶，百為無阻。今欲有憑，立此賣約一帋為據。

憑中　錢開忠　錢宏義

其大形四止　東潘　南溝　西刘　北水田

小形四止　東水田　西買主　南　北水田　界

道光十二年虫月十二日　立永賣白田約人　錢潢　筆

〔一〕「九毛」为正行右侧添加。

〔二〕「七丝」为正行右侧添加。

一—五四六 道光十二年十二月十二日张厚仪等卖田赤契〔一〕

立永賣田契約人张厚儀榮，今因移就不便，將本己受分陳昌垸白田壹形，乙畝六分零六毛七，漁租三分〇五毛，自请滗中錢光昭說合，出筆賣与熊忠義名下為業。当日三面言定，义出備實值价錢弍串四百一十文整，係儀親手領訖。自賣之後，任從買主起業，耕種当差，收粮過户，百為無阻。今欲有滗，立此賣約一帋為據。

滗中 錢 光昭 開忠 宏智 儀

其田四止 東買主 西錢介 南張介 北水田

道光十二年十二月十二日 立永賣田契約人 張厚儀榮 子高千 筆

〔一〕鈐有朱文天门县印，契中一方，骑缝印左右各一方。

一—五四七 道光十二年十二月十二日张厚列卖田赤契〔一〕

立永賣田契約人張厚列，今因家用□□□本己受分陳昌垸白田四形，共八畝一分零五毛，載官正艮弍錢四分三厘乙毛□□請憑中錢開中等说合，列出筆賣与熊忠義名下為業。当日三面言□義出備實值價錢十三串七百八十文正，係列親手領訖。自賣之後，任從買主起業，耕種当差，收粮过户，百為無阻。今恐無憑，立此賣約一帋為據。

憑中 钱 宏智 開中 宏义

二 其田四止 東水田 南钱介 西路心 北钱介

三 又其田四止 東水田 南朝官 西 北水田

四 大洲田四止 小洲田四止 東賣主 南 西水田 北

〔一〕鈐有朱文天门县印，契中二方，骑缝印左右各一方。

道光拾弍年虫月十二日　立永賣田約人　張厚列　筆

其田四止　上形　東路中　南路中　西溝　北水田

一—五四八　道光十二年十二月十二日钱炳魁卖田赤契〔一〕

立永賣田约人錢炳魁，今因移就不便，將本己□□陳昌垸白田式形，乙畝八分七厘四毛五，中則米三升，自請凴中錢光昭説合，出筆賣与熊忠義名下為業。当日三面言定，出備實值價錢二串八百一十一文整，係炳魁親手领訖。自賣之後，任從買起業，耕種当差，收粮過户，百為無阻。今恐無凴，立此賣约為拠。

八九
九十号〔二〕

凴（忠）〔中〕　錢光昭　錢開忠　錢宏智　錢宏儀

其田四止　東錢亭　西基台　南錢玉春　北錢樂魁

其田四止　東錢注　西錢玉春　南錢有貞　北錢開

道光十二年朏月十二日　立此賣約為拠　錢炳魁　筆

〔一〕钤有朱文天门县印，契中一方，骑缝印左右各一方。

〔二〕「八九」「九十号」应为契约持有者所加编号。

一—五四九　道光十二年十二月十二日张厚益卖田赤契〔一〕

立永賣田契約人張厚益，今因移就不便，將本己受分陳昌垸白田一形，乙畝四分零一毛，渔租二分六厘六毛，自請憑中錢光昭説合，出筆賣与熊宗義名下為業。当日三面言定，出備實值價錢弍串乙百〇一文整，係益（清）〔親〕手領訖。自賣之後，任從買主起業，耕種當差，收粮過户，百為無阻。今欲有凴，立此賣約一帋為據。

其田四止　東路中　西買主　南路中　北水田

凴中　錢光昭　開忠　宏智　儀

〔一〕钤有朱文天门县印，契中二方，骑缝印左右各一方。

道光十二年虫月十二日　立永賣田契約人　張厚益　子高年

筆

一一五五〇　道光十二年十二月十二日钱注卖田赤契〔一〕

立永賣田契约人錢注，今因移就不便，將本己受分陳昌垸白田弍形，乙畝六分五厘九毛，載上中則民米三升二合六勺，自請凴中錢光昭說合，出筆賣與熊宗義名下為業。当日三面言定，出備實值價錢弍串四伯八十柒文整，係注親手領訖。自賣之後，任從買主起業，耕種当差，收粮過户，百為無阻。今欲有凴，立此賣約一帋為據。

上則米二升二合五勺，册名張快。

中則米乙升〇一勺，册名錢𡥉鎬。

九六号〔二〕

凴中　錢開宗　宏智　儀

〔一〕　钤有朱文天门县印，契中一方，骑缝印左右各一方。

〔二〕　「九六号」应为契约持有者所加编号。

其田四止　東錢介　西張介　南錢介　北介

其田四止　東錢介　西介　南水田　北水田

道光十二年　虫月十二日　立永賣田契約人　錢注　筆

一一五五一　道光十二年十二月十二日钱光舆卖田赤契〔一〕

立永賣田契約人錢光輿，今因移不便，將本己受分陳昌垸白田一形，乙畝乙分二厘，渔租艮弍分乙厘三毛〔二〕，自請凴中宏智等說合，出筆賣與熊宗義名下為業。当日三面言定，義出備青錢乙串六百八十整，係輿親手領訖。自賣之後，任從買主管業，耕種当差，收糧過户，百為無阻。今恐無凴，立此賣約一帋為據。

九四号〔三〕

其田四止　北錢會　南水田　西之海　東賣主

凴中　錢開忠　宏義　宏智　光昭

〔一〕　钤有朱文天门县印，契中一方，骑缝印左一方。

〔二〕　「弍分乙厘三毛」为正行右侧添加。

〔三〕　「九四号」应为契约持有者所加编号。

道光十二年朏月十二日　立永賣田契约人　錢光輿　筆

一一五五二　道光十二年十二月十二日张厚思卖田赤契〔一〕

立永賣田契約人張厚思，今因家用不便，將本己受分陳昌垸白田二形，弍畝九分二厘六毛，載漁租五分九厘六毛〔二〕，自請凂中錢光昭等説合，出筆賣与熊宗義名下為業。当日三面言定實錢四串叁百八十九〔三〕文整，係親手領訖。自賣之後，任從買主起業，耕種当差，收粮過戶，百為無阻。今欲有凂，立此賣約一帋為據。

凂中　錢開忠　宏智　宏儀

其田四止　東水田　南　西水田　北熊

其田四止　東钱開　南水田　西　北張厚超

道光拾二年虫月十二日　立永賣田契約人　厚思　筆

〔一〕钤有朱文天门县印，契中一方，左右骑缝印各一方。

〔二〕此处数字有改动。

〔三〕「九」为正行右侧添加。

一一五五三　道光十二年十二月十三日关长福卖田契

立永賣灘田約人関長福，今因移就不便，將自置中洲垸灘田乙形，計丈一畝一分一厘，載粮弍升四合六勺四抄，長福情愿請凂親中〔一〕謝德爽等説合，長福出筆永賣與熊篤叙堂大老爺名下為業。当日三面議定，熊姓出备時值價錢伍串文整，係長福仝中親手領讫。自賣之後，任從買主管業收粮，撥佃耕種，陰陽両便，百為無阻。此係自賣己分，其中並無準（拆）〔折〕抬算情弊，不與親族人等相干。恐後無凂，立此永賣文约一帋為據。

冊名　張科　　凂中　謝德爽　上庭

其田四止　东関　西止塅李界　南　北熊

道光十二年十二月十三日立永賣灘田约人　関長福　筆

永遠為業

〔一〕「中」字为正行右侧添加。

一一五四　道光十二年十二月十四日钱榽卖田

赤契[一]

立永賣田契约人錢榽，今因移就不便，將本己受分[二]皇田垸白田九分九厘七毛，載粮官庄正艮三分，自請凴中錢開宗等説合，榽出筆賣與熊宗義名下為業。当日三面言定，義出備实值價錢壹串四百文正，係榽親手領訖。自賣之後，任從買主管業，畊種當差，收粮过户，百為無阻。今恐無凴，立此永賣约一帋為拠。

八十七号[三]　凴中　錢開宗　宏智　宏义

其田四止　東路中　西水田　南吴　北路中　界

道光十二年十二月拾四日　立永賣白田约人　錢榽　筆

永遠為業

〔一〕鈐有朱文天门县印，契中一方，骑缝印左、右各一方。
〔二〕「本己受分」四字为正行右侧添加。
〔三〕「八十七号」应为契约持有者所加编号。

一一五五　道光十二年十二月十四日钱春盛卖田

赤契[一]

立永賣田契约人錢春盛，今因移就不便，將本己受分皇田垸白田乙畝零七厘四毛，載官庄正艮三分二厘二毛二[二]，自請憑中錢宏智等説合，出筆賣与熊宗義名下為業。当日三面言定，義出備實值價錢乙串五百〇五文整，係盛親手領訖。自賣之後，任從買主起業，耕種當差，收粮過户，百為無阻。今恐無憑，立此賣约一帋為據。

八六号[三]　凴中　錢　宏智　義　開宗

其田四止　东錢　西路中　南坑　北錢　界

道光拾弍年虫月十四日　立永賣田契约人　春盛　筆

永遠為據

〔一〕鈐有朱文天门县印，契中一方，骑缝印左、右各一方。
〔二〕「二」字为正行右侧添加。
〔三〕「八六号」应为契约持有者所加编号。

一一五五六　道光十二年十二月十四日熊大寿卖田赤契〔一〕

立永賣田契约人熊大寿，今因移就不便，将祖置河湖垸上則白田一形，六分二厘四毛六糸，載粮一升三合七勺四抄，情愿請憑親中熊邱懷説合，出筆賣與熊宗義名下為業。当日三面言定，出備时值（賈）〔價〕錢一串乙百八十五文〔二〕整，係寿親手領訖。自賣之後，任從買主起業，耕種当差，收糧過戶，百為無阻。今恐無憑，立此賣約一帋為拠。

册名　廷秀

憑中　邱懷

其田四止　東生瑞　南運松　西光廷　北大祥　界

道光十二年虫月十四日　立永賣田契約人　熊大寿　筆

弓口　南北横五弓弍分　中長廿八弓

〔一〕鈐有朱文天门县印，契中一方，骑缝印左、右各一方。

〔二〕此处数字有修改。

永遠為業

一一五五七　道光十二年十二月十四日熊大玉卖田赤契〔一〕

立永賣田契约人熊大玉，今因移就不便，将祖置河湖垸上則白田一形，陸分六厘五毛，載粮乙升四合六勺三抄，請憑親中熊松運説合，出筆賣與熊宗義名下為業。当日三面言定，宗義出備时值價錢乙串弍百六十三文正，係大玉親手領訖。自賣之後，任從買主起業耕種，收粮過戶。今欲有憑，立此為據。

册名　世蕃

憑中　邱槐　熊廣運

其田四止　东　南　西　北　界

道光十二年朏月十四日　立永賣田契約人　大玉　筆

永遠為據

〔一〕鈐有朱文天门县印，契中一方，骑缝印左、右各一方。

一一五五八　道光十二年十二月十四日张林卖田赤契〔一〕

立永賣田契約人張林，今因移就不便，將置田湖垸上則白〔二〕田六分八厘五毛〔三〕，載粮米一升五合七抄，請憑親中熊廣運說合，出筆賣與熊宗義名下為〔四〕業。当日三面言定，出備實值價錢一串三百〇乙文〔五〕整，係張林親手領訖。自賣之後，任從買主起（葉）〔業〕耕種。今欲有憑，立此為據。

粮冊名　張在邦

憑中　熊邱槐　熊廣運

其田四止　東張　南坟　西坟　北水　界

道光十二年胐月十四　立永賣田契約人　張林　筆

〔一〕　鈐有朱文天门县印，契中一方，骑缝印左、右各一方。
〔二〕　「白」为正行右側添加。
〔三〕　此处数字有修改。
〔四〕　「為」为正行右側添加。
〔五〕　此处数字有修改。

永□□據

百子千孫

一一五五九　道光十二年十二月十四日叶德凡卖田赤契〔一〕

立永賣田契約人葉得凡，今因移就不便，將本己受分上則白田八分一厘二毛，載米一升七合八勺三抄，請憑熊廣運說合，出筆賣與熊宗義名下為（葉）〔業〕。当日三面言定，出備實置價錢一串五百四十乙〔二〕文整，係德凡親手領訖。自永賣之後，任從買主起（葉）〔業〕薪種，收糧過戶，百為無阻。今恐（有）〔無〕憑，立此永賣約一帋為據。

粮冊　名德凡

憑中　熊邱槐　張文霞

其田四止　北□　西□張炤　南李祖如　東□以成　界

〔一〕　鈐有朱文天门县印，契中二方，骑缝印左、右各一方。
〔二〕　「乙」为正行右側添加。

道光十二年蚏月十四日　立永賣田契約人　葉德凡　筆

一一五六〇　道光十二年十二月十四日罗永达卖田赤契〔一〕

立永賣田契約人羅永達，今因移就不便，將本己受分皇田垸白田乙畝四分八厘二毛，載官庄正艮四分四厘四毛，自請憑中兄永連等說合，出筆賣與熊宗義名下為業。当日三面言定，義出備實值價錢二串五百卄文〔二〕整，係達親手領訖。自之後，任從買主起業，耕種當差，收粮過戶，百為無阻。今恐無憑，立此賣約一帋為據。

六六〔三〕

憑中　錢　宏智　義　開宗　永連

其田四止　東路中　西路　南潘　北江　界

道光拾弍年虫月十四日　立永賣田契約人　羅永達　筆

永遠為據

〔一〕鈐有朱文天门县印，契中一方，骑缝印左、右各一方。

〔二〕此处数字有修改。

〔三〕「六六」应为契约持有者所加编号。

一一五六一　道光十二年十二月十四日钱宏智等卖田赤契〔一〕

立永賣田契約人錢宏智宏得，今因移就不便，將本己受分陳昌垸白田乙畝八分零四毛，載粮三升九合六勺八□，自請憑中叔開宗等說合，出筆賣与熊宗義名下為業。当日三面言定，義出備實值價錢弍串柒百文整，係智親手領訖。自賣之，任從買主起業，耕種當差，收粮過户，百為無阻。今恐無憑，立此賣約一帋為據。

冊名　江會

上則二升二合。

七七号〔二〕

憑中　錢宏義　開宗

其田四止　東江　西張　南路　北坟　界

道光拾弍年虫月十四日　立永賣白田契约人　錢宏智　筆

〔一〕鈐有朱文天门县印。骑缝印左右各一方。

〔二〕「七七号」应为契约持有者所加编号。

一—五六二　道光十二年十二月十四日张炷卖田赤契〔一〕

立永卖田契约人张炷，今因移就不便，將本己受分河湖垸上則白田二形，乙畝八分乙厘八毛，載粮三升九合九抄，請憑親中熊邱懷説合，出筆賣與熊宗義名下為業。当日三面言定，宗義出備时值價錢叁串肆□□十四文整，係张炷親手領讫。自賣之後，任從買主起業耕種，收粮過戸，百為無阻。今欲有憑，立此賣約一帋為據。

冊名　张炷

憑中　熊邱懷　張文霞　熊廣運

其田四止　一形　北□□元　西李從君　南墳　东熊亨國

二形　北姜可青　西墳　南从李從君　东姜可青　界

〔一〕鈐有朱文天门县印，契中二方，骑缝印左、右各一方。

道光十二年朏月十四日　立永賣田契約人　張炷　筆

永遠為業

一—五六三　道光十二年十二月十四日李从宁卖田赤契〔一〕

立永賣田契約人李從寧，今因移就，將祖置河湖團上則白田一形，四分六厘伍毛〔二〕，載粮一升〇乙勺六抄四〔三〕，請憑親中熊廣運说合，從寧出筆賣与熊宗义名下為業。當日三面言定，宗義出備时値價錢八百□□文整，係從寧親手領讫。自賣之後，任從買主起業耕種，收粮過户，百為無阻。□欲有憑，立此為據。

憑中人　熊邱懷　廣運

其田四止　东熊　西姜可明　南姜可明　北李從君　界

〔一〕鈐有朱文天门县印，契中一方，骑缝印左、右各一方。
〔二〕此处数字有修改。
〔三〕「四」字为正行右側添加。

道光十二年十二月〔一〕十四□□　賣田契約人　李從寧　筆

永遠為業

一一五六四　道光十二年十二月十四日曾之成卖田赤契〔二〕

立永賣田契約人曾之成，今因移就不便，將祖置河湖坑上則白田二形，二畝四分九厘九毛〔三〕，情愿請憑親中熊松運說合，成出筆賣与熊宗义名下為業。当日三面言定，宗義出備时值（賈）〔價〕錢肆串陸百四十八文整，係成親手領訖。自賣之後，任從買主起業，耕種当差，收糧過户，百为無阻。今恐無憑，立此賣約一帋為據。

册名　曾之成

憑中人　邱槐　熊松運　廣運

〔一〕「十二月」三字为正行右側添加。

〔二〕鈐有朱文天门县印，契中二方，骑缝印左一方，右二方。又，同契纸似书有另一契约内容，但残破过甚，仅能识出「田二形，乙畝式分式厘□毛，情愿請憑親中」、「与熊宗義名下為業」等字。

〔三〕「二畝四分九厘九毛」八字为正行右側添加。

其田四止　一形　東 坑 賣主 界

南止水田

西宗鼎

北水田祖親

一形　東 大路

北止

西 賣主 界

南

道光十二年十二月十四日　立永賣田契約人　曾之成　筆

永遠為業

一一五六五　道光十二年十二月十四日张文元卖田赤契〔一〕

立永賣田契約人張文元，今因移就不便，將祖置河湖坑上則白田共四形，二畝乙分六厘伍毛〔二〕，載粮四升七合四勺二抄，情願請憑中熊邱懷说合，元出筆賣與熊宗義名下為業。当日三面言定，宗義出備時值價錢肆串乙百□十三〔三〕文整，係元親手領讫。自賣之後，任從買主起業耕種，收粮過户，百為無阻。□欲有憑，立此為據。

〔一〕鈐有朱文天门县印，契中二方，骑缝印左、右各一方。

〔二〕此处数字有修改。

〔三〕「三」字为正行右側添加。

册名　張萬方　耀廷

憑中人　熊邱懷　張文霞

其田四止　东 何朝君　南 張劉氏　西 路心　北 賣主

东 張高氏　南 業得凡　西 賣主　北 张文霞

东 文會　南 张炤　西 何廷揚　北 何朝品

道光十二年朏月十四日　立永賣田契約人　張文元　筆

永遠為業[一]

[一] 参见「道光十六年九月二十日张文元祖田字」（本书收录之二—〇〇四号契纸）。

一—五六六　道光十二年十二月十六日熊大德卖田赤契[一]

立永賣田契約人熊大德，今因移就不便，将祖置河湖垸上則白田八分三厘五毛，載粮乙升八合三勺七抄，請憑親中熊松運說合，出筆賣與熊宗義名下為業。当日三面言定，宗義出備时值價錢乙串伍百八十七文正，係大德親手領訖。自賣之後，任從買業起業耕種，收粮過戶。今欲有憑，立此為據。

册名　元蛟

憑中　熊松運　廣運

其田四止　东 熊大祥　西 亨烈　南 運廣　北 水田　界

道光十二年朏月十六日　立永賣田契約人　大德　筆

永遠為據

[一] 钤有朱文天门县印，契中一方，骑缝印左、右各一方。

一一五六七　道光十二年十二月十六日熊光祖卖田

赤契〔一〕

立永賣田契约人熊光祖，今因移就不便，将祖置河湖垸上則白田兩形，乙畝乙分五厘六毛，載粮二升五合四勺三抄，憑中熊邱槐說合，出筆賣與熊宗義名下為業。当日三面言定，宗義出備时值價錢弍串乙百九十六〔二〕文整，係光祖親手領訖。自賣之後，任從買主起業耕種，收粮過戶。今欲有憑，立此為據。

冊名　元偉

憑中　邱槐　熊松運　廣運

其田四止　界

道光十二年朏月十六日　立永賣田契約人　光祖　中廣運

代筆

永遠為據

〔一〕鈐有朱文天门县印，契中一方，骑缝印左、右各一方。

〔二〕「六」字为正行右侧添加。

一一五六八　道光十二年十二月十六日亨谦卖田

赤契〔一〕

□四房槐□四十二□

立永□今因移就不便，将祖置河湖垸上則白田三形乙畝□載粮三升二合四勺七抄，憑中說合，出筆賣與熊□当日三面言定，宗義出備时值價錢弍串八百乙十文正，係亨谦親手領訖。自賣之後，任從買主起業耕種，收粮過戶。今欲有憑，立此為據。

冊名　熊紹南

憑中　邱槐　熊松運　廣運

其田四止　東　曾祖順　西　小路　南　曾　北　曾祖寧

二形　東　水田　西　熊亨國　南　路　北　李祖龍

〔一〕鈐有朱文天门县印，契中三方，骑缝印左、右各一方。

三形　東　熊松運
　　　西　路
　　　南　大寿
　　　北　賣主

永遠為據

道光十二年朏月十六日　立永賣田契約人　亨谦　筆

一—五六九　道光十二年十二月十六日熊亨谦卖田赤契〔一〕

立永賣田契約人熊亨謙，今因移就不便，將祖置河湖垸上則白田三形，乙畝八分八厘□毛，載粮三升七合六勺二抄，憑中說合，出筆賣與熊宗義名下為業。当日三面言定，宗義出備时值價錢叁串伍百七十六文正，係亨谦親手領訖。自賣之後，任從買主起業耕種，收粮過戶。今欲有憑，立此為據。

冊名　紹南

憑中　邱槐　熊松運　廣運

〔一〕鈐有朱文天门县印，契中二方，骑缝印左、右各一方。

其田四止

一形　东　熊松運
　　　南　熊亨烈
　　　西　溝
　　　北　熊松運

二形　东　黄石匠
　　　南　小路
　　　西　熊大鰲
　　　北　水田

三形　东　熊松運
　　　南　路
　　　西　松運
　　　北　水田　界

永遠為據

道光十二年朏月十六日　立永賣田契約人　亨謙　筆

一—五七〇　道光十二年十二月十六日阳定因卖田赤契〔一〕

立永賣田契約人陽定因，今因家用不便，將祖置王家垸白田乙形，乙畝五分二厘二毛，情愿請憑親中定栢說合，因出筆賣與熊宗義名下為業。当日三面言定，義出備實值價錢弍串七百四十文整，係因親手領訖。自賣之後，任從買主起業耕種，当差完粮。今恐無憑，立此賣約一帋為據。此照。

載粮三升三合七勺八抄。

〔一〕鈐有朱文天门县印，契中一方，骑缝印左、右各一方。

憑中　定栢　陽烜

其田四止　東　熊三爺
西　至　陽錦
南　能
北　王顯富

道光十二年虫月十六日　立賣田約人　定因　筆

永遠為據

一一五七一　道光十二年十二月十六日阳定恒卖田赤契[一]

立永賣田契约人陽定恒[二]，今因家用[三]不便，將祖置代家垸白田二形，一畝三分四厘五毛[四]，情愿請憑族中叔陽烜说合，恒出筆賣與熊家義名下為業。當日三面言定，義出備實值價錢式串□□□□文整，係恒親手領讫。自賣之後，任從買主起業耕種，当差完粮。今恐無憑，立此賣約一帋為據。此照。

〔一〕钤有朱文天门县印，契中一方，骑缝印左、右各一方。

〔二〕「陽定恒」三字为正行右侧添加。

〔三〕「家用」二字为正行右侧添加。

〔四〕此处数字有修改。

載粮式升九合五勺九[一]　□憑中　陽烜　定柏

计開四至　东　陽定鳳
西　至　本界[二]
南　陽定其
北　陽定義　界

道光十二年朏月十六日立　永賣田契约人　陽定恒　筆

陽士位

永遠為據

一一五七二　道光十二年十二月十六日彭天光卖田赤契[三]

立永賣田契约人彭天光，今因移就不便，將本自王家垸白田四[四]形，三畝三分二厘式毛，情愿请憑親中定栢说合，光[五]出筆賣与熊宗義名下為業。当日三面言定，義出倫實

〔一〕此处数字有修改。

〔二〕「至」下方涂去一字，其右侧添加「本界」二字。

〔三〕钤有朱文天门县印，契中交易价钱处一方，年代和钱粮数处一方，左右下方骑缝印各一方。此契背面有「共约十□張，共田廿六畝二分六厘七毛」一句。

〔四〕此处数字有修改。

〔五〕「光」字为正行右侧添加。

（直）〔值〕價錢伍串九百八十文整，係光親手領讫。自賣之後，任從買主起業耕種，当差完粮。今恐無憑，立此賣约□□為據。此照。

載粮七升三合〇七抄。　　憑中　叔陽烜　定栢

二　其田四止　東陽　西陽　南坟　北熊　界　　東陽　南熊　西陽　北路　界　　西路　南路　東陽　北陽　界

又其田四止　東買主　西路　南路　北買主

道光拾弍年蚀月十六日　立賣约人　天光　筆

永遠爲據

一—五七三　道光十二年十二月十八日阳其顺卖田契

立永賣田契约人陽其順，今因家用不便，将本己受分王家垸白田一形，九分四厘捌毛，情愿請憑中陽烜說合，順出筆賣與熊宗義名下為業。當日三面言，宗義出備實置價錢乙串七百一十文整，係順親手領訖。自賣之後，任從買主起業耕種，收粮過戶，百為無阻。今恐無憑，立此賣約一帋為據。此照。

載粮弍升〇八抄。

憑中　定栢　陽烜　　其田四止　東　西　南　北

道光拾弍年虫月十八日　立永賣田契約人　順　筆

永远為業

一—五七四　道光十二年十二月二十日熊殿运卖田赤契[一]

立永賣田約人熊殿運，今因移就不便，將自己受分虎獐垸白田一畝二分一厘二毛，載民米二升六合六勺六抄，請憑中兄邱槐說合，殿□□□□宗義名下為業。義出備時值價錢二串乙百八十二[二]文整，係殿運親手領訖。自□□後，任從買主耕種，收糧過戶□□□□。今欲有憑，立此為據。此照。

請憑中　百忍　邱槐　　賣主　德運

[一] 鈐有朱文天门县印，契中一方，騎缝印左、右各一方。

[二] 「八十二」三字為正行右側添加。

道光十弍年臘月廿　立

□□□業

一一五七五　道光十二年十二月二十日史德华卖田赤契〔一〕

立永賣田契約人史德華，今因歲歉，將本己受分嶺後白田弍形叁畝，（在）〔載〕糧伍升柒合陸勺，情愿請憑親中熊明等説合，出筆賣與〔二〕熊宗義名下為業。當日三面言定，〔三〕義出备实值價錢四串八百文整，係華親手領訖。自賣之後，任從買主起業耕種，收糧过戶，陰陽兩便，百為無阻。今恐無憑，立此賣約乙帋為拠。

冊名　在史永耀戶下收納

憑族戚　熊　心圃　明　史大啓

其田四止　東　路　西　大才　南　大林　北　倪

又其田四止　東　銘讃　西　正□　南　正绵　北　正功　界

〔一〕鈐有朱文天门县印，契中二方，骑缝印左、右各一方。

〔二〕此处留有空白。

〔三〕此处留有空白。

道光十二年十二月二十日　立永賣田契約人　史德華　筆

一一五七六　道光十二年十二月二十日史銘玉卖田赤契〔一〕

立永賣田契約人史銘玉，今因歲歉，將本己受分後領白田三形，五畝三分乙厘四毛，載粮捌〔二〕升〇弍勺七抄，情愿請憑親中熊明等説合，出筆賣與熊宗儀名下為業。當日三面言定，義出備实值價錢九串〇卅四文整，係玉親手領訖。自賣之後，任從買〔主〕起業耕種，收粮過戶，陰陽兩便，百為無阻。今恐無憑，立此賣約乙帋為拠。

冊名　史春荣戶下收納

憑族戚　熊　心圃　明　史大啓

其田四止　東　大林　西　周士鶴　南　四叔　北　紀英

二形　東　路　西　名保　南　小□　北　紀鼎

〔一〕鈐有朱文天门县印，契中二方，骑缝印左、右各一方。

〔二〕「捌」字正行右側添加「八」字。

三形　東　名保
　　　西　九叔
　　　南　在才
　　　北　九叔

道光十二年十二月二十日　立永賣田契約人　銘玉〔一〕　筆

一一五七七　道光十二年十二月二十日史銘篆賣田赤契〔二〕

立永賣田契約人史銘篆，今因歲歉，將本己受分後領白田三形，共捌畝捌分壹厘陸毫，載粮四升九合六勺四抄，情願請憑親中熊明等說合，出筆賣與〔三〕熊宗儀名下為業。當日三面言定，義出備实值價錢拾四串九百七十七〔四〕文整，係篆親手領訖。自賣之後，任從買主起業耕種，收粮過戶，陰陽兩便，百為無。今恐無憑，立此賣約乙帋為拠。

冊名　史春荣戶下收納

憑族戚　熊心圃　熊明　史大啓

〔一〕「銘玉」为正行右側添加。
〔二〕鈐有朱文天门县印，契中二方，骑缝印左一方。
〔三〕此处留有空白。
〔四〕「七十七」为正行右側添加。

其田四止　東　五叔
　　　　　西　四叔
　　　　　南　周士鶴
　　　　　北　溝

二形　東　名珍
　　　西　紀功
　　　南　名得
　　　北　名中

三　東　名康
　　西　紀質
　　南　□玉
　　北　溝

道光十二年十二月二十日　立永賣田契約人　名篆〔一〕　筆

一一五七八　道光十二年十二月二十二日史紀紹賣田赤契〔二〕

立永賣田契約人史紀紹，今因歲歉，將本己受分嶺後白田一形三畝，（在）〔載〕民米二升八合九勺〔三〕，情愿請憑親中熊明等說合，出筆賣與〔四〕熊宗義名下為業。當日三面言定，義出備時值價錢四串六百五十五文整，係紹親手領訖。自賣之後，任從買主〔五〕起業耕種，收糧過戶，陰陽兩便，百為無

〔一〕「篆」为正行右側添加。
〔二〕鈐有朱文天门县印，契中二方，骑缝印左、右各一方。
〔三〕此处数字有修改。
〔四〕此处留有空白。
〔五〕「主」为正行右側添加。

阻。今恐無憑，立此賣約一帋為據。

冊名 史大益戶下收納

憑族戚 明 熊心圃 史大啓

其田四止 東銘忠 西銘玉 南周 界 北溝

道光十二年十二月二十貳日 立永賣田契約人 史紀紹 筆

一一五七九 道光十二年十二月二十四日赵正科卖田赤契[一]

立永賣田約人趙正科，今因不便，將本己蓮台[二]外湖白田乙畝三分五厘，粮載中則二升四合四勺二抄[三]，情愿請憑親中正永說合等，科出筆賣與熊宗義名下為業。当日三面言定，熊義[四]出備時值價錢二串九百正，係科親手領訖。自賣之後，任從買主起業，耕種当差，收粮过戶，百為無阻。今恐勿憑，立此賣約乙帋為抛。

憑中 錢開忠 正进 錢宏智

其田四止 北溝 南呂 界 西徐 东顔

道光拾弍年朏月廿四日 立永賣田約人 趙正科 筆

永遠為業

〔一〕鈐有朱文天门县印，契中一方，骑缝印左、右各一方。

〔二〕「蓮台」为正行右侧添加。

〔三〕「二抄」为正行右侧添加。

〔四〕「義」为正行右侧添加。

一一五八〇 道光十二年十二月二十四日史铭鉴卖田赤契[一]

立永賣田契約人史銘鑑，今因歲歉，將本己內垸白田乙形式畝，情愿請憑親中熊明等說合，出筆賣與[二]熊宗義名下為業。當日三面言定，義出備時值價錢叁串八百文[三]整，係

〔一〕鈐有朱文天门县印，契中二方，骑缝印左、右各一方。

〔二〕此处留有空白。

〔三〕「百文」为正行右侧添加。

鑑〔一〕親手領訖。自賣之後，任從買主起業耕種，收粮過戸，陰陽兩便，百為無阻。今恐無憑，立此賣約一帋為據。

載錢粮壹升九合三撮〔二〕。

冊名　史振萬

憑族戚　熊明　心圃　史大啟

其田四止　東　銘玉　銘功　西　紀法　南　銘玉　北　紀法　界

道光十二年十二月廿四日　立永賣田約人　史銘鑑　筆

一一五八一　道光十二年十二月二十四日倪正纬卖田赤契〔三〕

立永賣田契約人倪正緯，今因移就不便，將自己受分史大垸白田乙形，二畝五分，情愿請憑親中熊明運大爹說合，緯〔四〕出筆賣與熊宗義名下為業。當日三面言定，宗義出備实值價錢四

〔一〕「鉴」为正行右侧添加。
〔二〕此处数字有修改。
〔三〕钤有朱文天门县印，契中二方，骑缝印左、右各一方。
〔四〕「緯」为正行右侧添加。

串柒百四十〔一〕文整，係緯親手領訖。自賣之後，任從買主起業，耕種当差，收粮過戸，百為無阻。今恐無憑，立此賣約一帋為據。

載粮五升五合。

冊在倪兆梅名下完納

憑中　熊恒宗伯　得福二爹

其田四止　東　賣主　西　賣主　南　兆柯　北　路　界

道光拾貳年朏月二十四日　立永賣田契約人　倪正緯　筆

永遠為業

一一五八二　道光十二年十二月二十四日倪熊氏卖田赤契〔二〕

立永賣田契約人倪熊氏，今因家用不便，將本己受分義合垸白田乙形，叁分八厘八毛二系，情愿請憑親中熊明運說合，倪熊氏出筆賣與熊宗義名下為業。當日三面言定，宗義出備實值

〔一〕「四十」为正行右侧添加。
〔二〕钤有朱文天门县印，契中二方，骑缝印左、右各一方。

價錢七百四十三文〔一〕整，係倪熊氏親手領訖。自賣之後，任從買主起業，耕種当差，收粮過戶，百為無阻。恐口無憑，立此賣約一帋為據。

載粮七合一勺四抄

冊在倪著典〔二〕名下完納。

憑中 熊恒宗 德福

其田四止 東坟 西路界 南史 北倪

道光拾弍年貳月弍拾四日 立永賣田契約人 倪正縉 代筆 倪熊氏 筆

永遠為據

一一五八三 道光十二年十二月二十四日倪正縉卖田赤契〔三〕

立永賣田契約人倪正縉，今因移就不便，將祖遺白田三形，八

〔一〕此处数字有修改。

〔二〕「典」为正行右侧添加。

〔三〕钤有朱文天门县印，契中二方，骑缝印左、右各一方。

畝四分七厘五毛三系〔一〕，情愿請憑中熊得福等說合，縉出筆賣與熊宗義名下為業。當日三面言定，宗出備實值價錢拾五串叁百文整，係縉親手領訖。自賣之後，任從買主起業，耕種當差，收粮過戶，百為無阻。今欲有憑，立此賣約乙帋為據。

憑中 熊明

其田四止 東史紀錦 南 西賣主 北

又四止 東熊用珍 南史春壽 西買主 北周在德

又北一形 東史名青 南墳 西□運 北路心

道光十二年十二月廿四日 立永賣田約人 倪正縉 親筆

〔一〕此处数字有修改。

一—五八四　道光十二年十二月二十四日史銘忠賣田赤契〔一〕

立永賣田契約人史銘忠，今因歲歉，將本己受分嶺後白田乙形，叁畝〇叁厘陸毫，載粮貳升柒合叁勺弍抄〔二〕，情愿請憑中熊德福等說合，出筆賣與〔三〕熊宗義名下為業。當日三面言定，宗出備实值價錢四串五百五十文整，係忠親手領訖。自賣之後，任從買主起業，耕種当差，收粮過戶，百為無阻。今欲有憑，立此賣約乙帋為據。

憑中　熊德福

其田四止　東　史紀松　南　周士合　西　史大邑　北　溝

道光拾弍年十二月廿四日　立永賣田約人　史銘忠　親筆

〔一〕鈐有朱文天门县印，契中二方，骑缝印左、右各一方。
〔二〕此处数字有修改。
〔三〕此处留有空白。

一—五八五　道光十二年十二月二十五日史銘德賣田赤契〔一〕

立永賣田契約人史銘德，今因歲歉，將本己受分史垸白田弍畝零四厘四毛，又嶺後白田一形，弍畝零六厘，情愿請憑親中熊明等說合，出筆賣與熊宗義名下為業。當日三面言定，〔二〕義出備時值價錢柒串壹百九十六文整，係德親手領訖。自賣之後，任從買主起業耕種，收粮過戶，陰陽兩便，百為無阻。今恐無憑，立此賣約一帋為據。

冊名　史振萬　一升八合三撮　嶺后乙升二合七撮

垸內田四止　北　賣主　南　西　紀綿　東　路

嶺後田四止　北　紀質　南　名湛　西　名謙　東　己敫

憑族　熊明
憑戚　心圃　史大敨

道光十二年十二月二十五日　立永賣田契約人　史銘德　筆

〔一〕鈐有朱文天门县印，契中二方，骑缝印左、右各一方。
〔二〕此处留有空白。

一一五八六　道光十二年十二月二十五日史著先卖田赤契〔一〕

立永賣田契約人史著先，今因歲歉，將本己三合白田三形，三畝二分九厘，（在）〔載〕糧五升八合三勺七抄，請憑親中叔大啟說合，出筆賣與熊宗義名下為業。當日三面言定，義出備寔值價錢伍串九百廿二整，係先親手領訖。自賣之後，任從買主起業耕〔二〕種，收糧過戶，陰陽兩便，百為無阻。今恐無〔三〕憑，立此賣約一帋為據。

冊名　史頂〔四〕　盛收納

憑族戚　心圃　大啟　熊明

其田四止　東　丁□□　西　史名青　南　史千　北　倪正□

二形　東　史名千　西　史名青　南　史名千　北　倪正縉

三形　東　倪正縉　西　史己介　南　史己介　北　熊加進

永遠為業

道光十二年十二月二十五日　立永賣田契約人　史著先　筆

〔一〕钤有朱文天门县印，契中二方，骑缝印左、右各一方。
〔二〕「耕」为正行右侧添加。
〔三〕「無」为正行右侧添加。
〔四〕此处册名有修改。

一一五八七　道光十二年十二月二十五日史銘贊卖田赤契〔一〕

立永賣田契約人史銘讚，今因歲歉，將本己受分三合垸白田一形，一畝二分六厘三毛，（在）〔載〕粮二升七合七勺八抄，情愿請憑親中熊明等說合，出筆賣與〔二〕熊宗義名下為業。当日三面言定，義出備時值價錢弍串二百七十六文〔三〕整，係讚親手領訖。自賣之後，任從買主起業耕種，收粮过戶，陰陽兩便，百為無阻。今恐無憑，立此賣約為拠。

冊名　在正春戶下收納

憑族戚　熊明　心圃　史大啟

〔一〕钤有朱文天门县印，契中一方，骑缝印左、右各一方。
〔二〕此处留有空白。
〔三〕此处数字有修改。

其田四止　東　史銘見
　　　　　西　史銘清
　　　　　南　陳界
　　　　　北　賣主

道光十二年十二月廿五日　立永賣田契約人　史銘讚　筆

一—五八八　道光十二年十二月二十五日史铭谦卖田赤契〔一〕

立永賣田契約人史銘謙，今因歲歉，將本己受分三合垸白田二形，共四畝三分三厘六，（在）〔載〕粮七升九合七勺八，情愿請憑親中熊明等說合，出筆賣與〔二〕熊宗義名下為業。当日三面言定，〔三〕義出備時值價錢七串八百〇五文整，係謙親手領訖。自賣之後，任從買主起業耕種，收粮過戶，陰陽兩便，百為無阻。今恐無憑，立此賣約一帋為拠。

冊名　在史正春戶下收納

憑族戚　熊　明
　　　　　　心圃
　　　　史大啟

〔一〕鈐有朱文天门县印，契中二方，骑缝印左、右各一方。
〔二〕此处留有空白。
〔三〕此处留有空白。

其田四止　東　名模
　　　　　西　熊　家選
　　　　　南　　　家選
　　　　　北　史名德

其田四止　東　史名鼎
　　　　　西
　　　　　南　賣主　界
　　　　　北　倪正偉

道光十二年十二月廿五日　立永賣田契約人　史銘謙　筆

一—五八九　道光十二年十二月二十五日史大林卖田赤契〔一〕

立永賣田契約人史大林，今因歲歉，將本己受分後垸白田叁畝捌分叁厘叁毫，載粮叁升柒合弍勺五抄，情愿請憑親中熊明等說合，出筆賣與〔二〕熊宗義名下為業。當日三面言定，義出備時值價錢六串五百一十六文整，係林親手領訖。自賣之後，任從買主起業耕種，收粮过戶，陰陽兩便，百為無阻。今恐無憑，立此賣約一帋為拠。

冊名

〔一〕鈐有朱文天门县印，契中二方，骑缝印左、右各一方。
〔二〕此处留有空白。

憑族戚　熊明　心圃　史大啟

田四止　東　史銘珍
西　史銘模
南　賣主
北　中溝

道光十二年十二月廿五日　立永賣田契約人　史大林　筆

一—五九〇　道光十二年十二月二十五日史永耀賣田赤契[一]

立永賣田契約人史永耀，今因歲歉，將本己受分史家[二]嶺後白田一形，叁畝四分一厘，（在）〔載〕粮式升七合式撮，情愿請憑親中熊明等說合，永出筆賣與[三]熊宗義名下為業。當日三面言定，[四]義出備實值價錢五串柒百九十七文整，係永耀親手領訖。自賣之後，任買主起業耕種，陰陽兩便，百為無阻。今恐無憑，立此賣約一帋為拠。

〔一〕鈐有朱文天门县印，契中二方，骑缝印左、右各一方。
〔二〕「史家」为正行右侧添加。
〔三〕此处留有空白。
〔四〕此处留有空白。

請憑中親　熊明　等

其田四止　东　在資
西　正绵
南　在資
北　溝心

道光十二年十二月廿五日　立永賣田契約人　史永耀　筆

永远為據

一—五九一　道光十二年十二月二十五日史纪绵賣田赤契[一]

立永賣田契約人史紀綿，今因歲歉，將本己受分嶺後白田一形，貳畝九分陸厘，粮弍升八合四撮乙抄，情愿請憑親中熊明等說合，出筆賣與熊[二]宗義名下為業。當日三面言定，[三]義出備时值價錢四串四百四十文整，係綿親手領訖。自賣之後，任從買主起業耕種，收粮过戶，陰陽兩便，百為無阻。今恐無憑，立此為拠。　册名　在春素戶下收納

〔一〕鈐有朱文天门县印，契中二方，骑缝印左、右各一方。
〔二〕此处留有空白。
〔三〕此处留有空白。

憑族戚　明
熊心圃
史大啓

其田四止　东　史大啓
西　史銘謙
南　倪界
北　溝

道光十二年十二月廿五日　立永賣田契約人　史紀綿　筆

一一五九二　道光十二年十二月二十五日熊朝运卖田赤契〔一〕

立永卖田约人熊朝運，今因不便，將自己受分虎獐垸白田八分七厘七毛，載民米乙升九合二勺九抄，請憑中百忍说合，朝出筆卖与熊宗義名下□業。义出備時值價錢乙串五百八十〔二〕文整，係朝運□手領讫。自卖之後，任從（卖）〔買〕主起業耕種，收糧過戶，百为無阻。今□□憑，立此為據。此照。

请憑中　百忍

□□□止　东
南
西
北　止卖主

〔一〕鈐有朱文天门县印，契中一方，骑缝印左、右各一方。

〔二〕「八十」二字为正行右侧添加。

道光十弍年䖥月廿五□□□□□□□朝運筆

宅名　熊孔望

永遠為□

一一五九三　道光十二年十二月二十五日熊亨恺卖田赤契〔一〕

立永賣田約人熊亨愷，今因移就不便，將自己受分虎獐垸白田四分四厘乙毛，載民米九合七勺，請憑中百忍说合，□□□□卖与熊宗義名下為業。义出備時值價錢柒百九十四文整，係亨□□□□讫。自賣之後，任從（卖）〔買〕主起業，耕種当差，收糧過户，百为無□□□□□，立此为據。此照。

请憑中　百忍

其田□□

道光十弍年䖥月廿五日　筆

宅名　熊百适

永遠為□

〔一〕鈐有朱文天门县印，契中一方，骑缝印左、右各一方。

一一五九四　道光十二年十二月二十六日倪正经卖田赤契〔一〕

立永賣田契約人倪正經，今因家不便，將本己受分三和垸白田乙形四畝，載粮七升叁合六勺，情愿請憑中熊得富說合，經出筆賣與熊宗義名下為業。当日叁面言定，宗出備实值價錢七串弍百文整，係經親手領訖。自賣之後，任從買主起業耕，收粮過戶，百為無阻。今恐無憑，立此賣約壹帋為拠。

冊名　倪兆棠戶下收納

請憑中　熊得富　熊□運　熊恒忠

其田四止　東　大路　西　倪　南　史　北　倪

道光拾弍年腊月廿六日　倪正經　筆

〔一〕鈐有朱文天门县印，契中二方，骑缝印左、右各一方。

一一五九五　道光十二年十二月二十六日史仁彦卖田赤契〔一〕

立永賣田契約人史仁彥，今因歲歉，將本己受分三合垸白田三形，五畝四分五厘三毛，載粮壹斗〇四勺，情愿請憑親中熊明等說合，出筆賣与〔二〕熊宗義名下為業。当日三面言定，宗義出備实值價錢九串八百一十六文整，係彥親手領訖。自賣之後，任從買主起業耕種，收粮過戶，陰陽兩便，百為無阻。今恐無，立此賣約乙帋為拠。

憑族戚　心圃　熊明　史大啓

其田四止　東　国朝　西　九叔　南　桂芳　北　溝

二形　東　魯界　西　路　南　□見　北　溝

三形　東　熊家駿　西　堤　南　人清　北　路

〔一〕鈐有朱文天门县印，契中二方，骑缝印左、右各一方。

〔二〕此处留有空白。

道光十二年十二月二十六日　立永賣田契約人　彥　筆

永遠為業

一一五九六　道光十二年十二月二十八日杨大有卖田赤契[一]

立永賣白田約人楊大有，今因移就，將祖□□□白田三畝三分四厘七毛[二]，随載正銀六分叁厘六毛，情愿请憑親中程建陽等説合，大有出筆永賣與熊篤敘堂名下為業。三面言定，熊姓出備时值價錢八串乙百六十文整，係大有親手领訖。自賣之後，任從買主管業収粮，撥佃耕種，陰陽两便，百為無阻。其中並無準折抬〔算〕等情弊。今欲有憑，立此為據。

册名　楊大有　　憑中人　程体綱　许　業　王加瑞　仇　劳

其田四止　北　楊　南　熊　西　楊　東　楊　界　楊銘兒子

道光十二年十二月廿八日　永賣白田約人　楊大有　筆

〔一〕　鈐有朱文天门县印，契中二方，骑缝印左、右各一方。

〔二〕　「三分四厘七毛」为正行右侧添加。

一一五九七　道光十二年十二月二十八日肖新传卖田赤契[一]

立永賣白田约人肖新传，今因移就，将祖置洪積團白田一形，計丈四分玖厘八毛[二]，随載正艮九厘五毛，情愿请憑親中王加瑞等説合，传出筆永賣与□笃叙堂名下為業。三面言定，熊姓出備时值價錢乙串一百文正，係传親手收讫。自卖之後，任從買主管業収粮，撥佃耕種，陰陽両便，百為無阻。其中並無準折抬筭情弊。今欲有凴，立此為拠。

册名　楊于禄　　凴中人　程建陽　体綱　仇　劳

其田四止　东　楊　西　坟　南　楊　北　熊買　界

道光十二年十二月廿八日　立永賣白田约人　新传　画押　筆

永远為業

〔一〕　鈐有朱文天门县印，契中一方，骑缝印左右各一方。

〔二〕　「八毛」二字为正行右侧添加。

一一五九八　道光十二年十二月二十八日邹士杰卖田赤契[一]

立永賣白田約人邹士傑，今因移就，将祖遺白田乙形，五分三厘弍毛[二]，随載正艮一分〇乙毛[三]，情愿請凴親中王加瑞等説合，士傑出筆永賣熊篤叙堂名下為業。三面言定，熊姓出備實價錢乙串零六十文整，係士傑親手領訖。自賣之後，任從買主管業収粮，撥佃耕種，陰陽兩便，百為無阻。其中並無準折抬算情弊。今欲有凴，立此为據。

冊名　邹名遠　　凴中人　程建陽　程体綱　许　荣　仇　劳

其田四止俱邹界

道光十二年十二月廿八日　立永賣白田約人　邹士傑　筆

永远為業

〔一〕鈐有朱文天门县印，契中一方，骑缝印左、右各一方。

〔二〕「弍毛」为正行右侧添加。

〔三〕「〇乙毛」为正行右侧添加。

一一五九九　道光十二年十二月二十八日邹士柱卖田赤契[一]

立永賣白田约人邹士柱，今因□就，将祖置洪積團白田二形，一畝三分柒厘八毫[二]，随載正銀二分陆厘弍毛，情愿请憑親中程建陽等说合，柱出筆賣與熊篤叙堂名下為業。三面言定，熊姓出備实值價錢弍串八百五十二文整，係柱親手領讫。自賣之後，仍從買主管業収粮，撥佃耕種，陰陽两便，百為無阻。其中並無準折抬算情弊。今欲有憑，立此为據。

冊名　邹孝中　　凴中人　程建陽　程体綱　仇　劳

其田四止　东　西　南　北　俱邹界

道光十二年十二月二十八日　邹士柱　筆

永遠為業

〔一〕鈐有朱文天门县印，契中一方，骑缝印左、右各一方。

〔二〕「八毫」为正行右侧添加。

一—六〇〇　道光十二年十二月二十八日杨铭卖田赤契[一]

立永賣白田约人楊銘，□□移就，將祖置洪積團□□畝弍分□厘三毛[二]，隨載正銀□□乙分八厘四毛，情愿请憑親中程建陽等说合，銘出筆賣与熊篤叙堂名□為業。三面言定，熊姓出备实值價錢十五串叁百文整，係銘親手领讫。自賣之後，仍從（賣）〔買〕主管業収粮，撥佃耕種，陰陽両便，百為無阻。其中並無準折抬算情弊。今欲有凴，立此为據。

册名　楊萬新

凴中人　程体綱　王加瑞　许荣　仇劳

其田四止　东西南北　楊界　东西南北　俱楊界　东楊　西　南邹　北侯　界

道光十二年十二月二十八日　立永賣白田約人　楊銘　筆

永遠為業

〔一〕钤有朱文天门县印，契中二方，骑缝印左、右各一方。

〔二〕「三毛」为正行右侧添加。

一—六〇一　道光十二年十二月二十八日杨大昕卖田赤契[一]

立永賣白田約人楊大昕，今因移就，將祖置洪積垸白田乙形，捌分貳厘四毛[二]，隨載正銀乙分五厘六毛[三]，昕情愿请憑親中程休剛说合等，昕出筆賣與熊篤敘堂名下為業。当日三面言定，熊姓出备（什）〔時〕值價錢乙串五伯八十文整，係昕親手领讫。自賣之後，仍從買主管業収粮，撥佃耕種，陰陽両便，百為無阻。今欲有憑，立此为據。

册名　楊永盛

凴中　程休綱　许荣　王加瑞　仇劳

其田四止　东止楊　西止楊　南止楊　北止楊　界

道光拾弍年腊月廿八日　立永賣白田約人　昕　筆

〔一〕钤有朱文天门县印，契中一方，骑缝印左、右各一方。

〔二〕「四毛」为正行右侧添加。

〔三〕「六毛」为正行右侧添加。

永遠為業

一一六〇二　道光十二年十二月二十八日杨钟卖田赤契〔一〕

立永賣白田約人楊鐘，今因移〔就〕，将祖置□□□□分六厘八毛〔二〕，随載正銀乙分零捌毛，情愿请憑親中程建陽等说合，鐘出筆永賣與熊篤叙堂名下為業。三面言定，熊姓出備时值價錢乙串乙百七十六文整，係鐘親手领讫。自賣之後，任從買主管業耕種，陰陽兩便，百為無阻。其中並無準折抬〔算〕等情弊。今欲有憑，立此为據。

冊名　楊大相

憑中人　程体綱　许　荣　王加瑞　仇　劳

其田四止　北　南　西　東　俱楊界

道光十二年十二月廿八日　永賣白田約人　楊鐘　筆

永遠為業

〔一〕钤有朱文天门县印，契中一方，骑缝印左二方、右一方。

〔二〕「八毛」为正行右侧添加。

一一六〇三　道光十二年十二月二十八日王大迪卖田赤契〔一〕

立永賣白田約人王大迪，今因移就，将祖置白田一形，壹畝零七厘七毛〔二〕，座落洪積團，随載正艮弍分〇五毫，情愿请憑中人程体綱等说合，迪出筆永賣与熊篤叙堂名下為業。三面言定，熊姓出備时值價錢弍串五百文正，係迪仝中親手领讫。自賣之後，任從買主管業收粮，撥佃耕種，陰陽兩便，百為無阻。今欲有憑，立此為拠。

冊名　程体仁

憑中人　许　荣　程建陽　王加瑞　仇　劳

其田四址　東　李　南　西　俱呈　北　界

〔一〕钤有朱文天门县印，契中一方，骑缝印左、右各一方。

〔二〕「零七厘七毛」五字为正行右侧添加。

道光十二年十二月廿八　立永賣白田约人　王大迪　筆

永远為拠

一一六〇四　道光十二年十二月二十八日李祖圣卖田赤契〔一〕

立永賣白田約人李祖聖，今因移就，将祖置洪積垸白田二形，二畝〇二厘□□〔二〕，随載正艮三分八厘五毛〔三〕，聖情愿請憑親中程建陽等説合，聖出筆永賣與熊篤敘堂名下为爲（葉）〔業〕。三面言定，熊姓出備時值價錢四串四百文整，係聖親手領訖。自賣之後，仍從買主管（葉）〔業〕收粮，撥佃耕種，陰陽兩便，百為無阻。其中並無準折抬筭〔四〕情弊。今欲有憑，立此為拠。

册名　李可進

憑中　□□　程体綱　王加瑞　許　荣　仇　劳

〔一〕钤有朱文天门县印，契中二方，骑缝印左、右各一方。

〔二〕「〇二厘□□」为正行右侧添加。

〔三〕「五毛」二字为正行右侧添加。

〔四〕「筭」字为正行右侧添加。

其田四止　東坟　西坟　南呈　北李　脚界

小形四止　东李　南李　西坟　北呈　界

道光十二年十二月廿八日　立永賣白田约人　祖聖　筆

永远為業

一一六〇五　道光十二年十二月二十八日邹士龙卖田赤契〔一〕

立永賣白田約人邹士龍，今因移就，将祖遺洪積團白田一形，乙畝零七厘，情愿請凴親中王加瑞等説合，士龍出筆永賣與熊篤叙堂名下管業耕種。三面言定，熊姓出偹實値價錢弍串一百四十文整，係士龍親手領讫。自賣之後，任從買主管業耕種，收粮撥佃，陰陽兩便，百為無阻。其中並無準折抬算情弊。今欲有凴，立此為據。

册名　鄒雲中〔二〕

凴中人　程建陽　程体綱　許　荣　仇　劳

其田四止俱鄒界

〔一〕钤有朱文天门县印，契中一方，骑缝印左、右各一方。

〔二〕「鄒」下删去两字，其右侧添加「雲中」二字。

道光十二年十二月廿八日　立永賣白田約人　邹士龍　筆

永遠為業

一一六〇六　道光十二年十二月二十八日程体章卖田赤契〔一〕

立永賣白田约人程体章，今因移就，將祖置洪積團白田二形，計丈一畝七分壹厘，随載正銀三分二厘□毛〔二〕，情愿请憑親中王加瑞等说合，章出筆賣與熊篤叙堂名下為業。三面言定，熊姓出備时值價錢三串七百廿六文整，係章親手領讫。自賣之後，仍從買主管業耕種，陰陽两便，百為無阻。其中並無準折抬筭情獘。今欲有憑，立此為據。

册名　程体章　　憑中人　程建陽　体綱　仇　劳

其田四止　上　東刘　西章　南呈　北刘　　下　東呈　西刘　南刘　北代　界

〔一〕钤有朱文天门县印，契中二方，骑缝印左、右各一方。
〔二〕「□毛」二字为正行右侧添加。

道光十二年朏月廿八日　立永賣白田〔一〕約人　体章　筆

永远為業

一一六〇七　道光十二年十二月二十八日邹士栋卖田赤契〔二〕

立永賣白田約人邹士栋，今因移就，將祖置洪積垸白田一形，六分三厘四〔三〕毛，随載正銀乙分弍厘，情愿請凴親中王加瑞說合，栋出筆永賣与熊篤叙堂〔四〕為業。当日三面言定，熊姓出備实值價錢乙串二百六十文整，係栋親手領訖。自賣之後，任從〔五〕買主管業收粮，撥佃〔六〕耕種，陰陽两便，百為無阻〔七〕。其中並無準折抬算情獘〔八〕。今欲〔九〕□凴，立此為拠。

〔一〕「白田」二字为正行右侧添加。
〔二〕钤有朱文天门县印，契中二方，骑缝印左、右各一方。
〔三〕「四」字为正行右侧添加。
〔四〕「堂」字为正行右侧添加。
〔五〕「從」字为正行右侧添加。
〔六〕「收粮撥佃」四字为正行右侧添加。。
〔七〕「陰陽两便，百為無阻」八字为正行右侧添加。
〔八〕「情獘」二字为正行右侧添加。
〔九〕「欲」为其字正行右侧添加。

册名　邹名廷　　憑中　程体綱

其田四止　東　西　南　北　俱買主

道光十二年十二月廿八日　立永賣白田約人　邹士栋　筆

永远為業

一一六〇八　道光十二年十二月二十八日程忠廷卖田赤契〔一〕

立永賣白田約人程忠廷，今因移就，將祖置洪積團白田四形，三畝四分捌厘六毛〔二〕，隨載正銀六分七厘，廷情愿請憑親中程建陽等说合，廷出筆永賣與熊篤敘堂名下為業。三面言定，熊姓出備時值價錢七串零六十文整，係廷親手領讫。自賣之後，任從買主管業収粮，撥佃耕種，陰陽兩便，百為無阻。今欲有憑，立此為拠。

册名　程中廷　　憑中人　程体綱　許　荣　王加瑞　仇　劳

〔一〕鈐有朱文天门县印，契中二方，骑缝印左、右各一方。

〔二〕「六毛」为正行右侧添加。

其田四止　東　西　南　北　界

道光十二年十二月廿八日　立永賣白田約人　廷　筆

永遠為業

一一六〇九　道光十二年十二月二十八日侯於元卖田赤契〔一〕

立永賣白田約人侯於元，今因移就，□祖置洪積團白田一形，一畝二分三厘乙毛〔二〕，隨載正銀二分二厘肆毛，情愿請憑親中程建陽□□□，元出筆賣與熊篤敘堂名下為業。三面言定，熊姓出備实値價錢弍串乙百六十□□，係元親手领讫。自賣之後，仍從買主管業収粮，撥佃耕種，陰陽両便，百为無阻。其中並無準折抬算情弊。今欲有凴，立此为據。

册名　侯志剛　　凴中　程体綱　王加瑞　许　荣　仇　劳

〔一〕鈐有朱文天门县印，契中一方，骑缝印左、右各一方。

〔二〕「三厘乙毛」四字为在正行右侧添加。

其田四止 東□ 南□ 西□ 北□ 界

道光十二年十二月二十八日 立永賣白田約人 于元 筆

永遠为業

一—六一〇 道光十二年十二月二十八日杨大选卖田赤契〔一〕

立永賣白田約人楊大選，今因移就，將祖置洪積團白田五分七厘〔二〕四毫，随載正銀乙分〇九毛〔三〕，情愿请憑親中程建陽等说合，大選出□□賣與熊篤敘堂名下為業。三面言定，熊姓出備时值價錢乙串零八十文整，系大選親手領訖。自賣之後，任從買主管業收粮，撥佃耕種，陰陽兩便，百為無阻。其中並無準折抬筭情弊。今欲有憑，立此為拠。

冊名 楊大贵　　憑中人 程体綱 许 荣 王加瑞 仇 劳

〔一〕鈐有朱文天门县印，契中一方，骑缝印左、右各一方。

〔二〕「七厘」二字为在正行右側添加。

〔三〕「〇九毛」为在正行右側添加。

其田四止 北程 南鄒 西楊 东程 界

道光十二年十二月廿八日 立永賣白田約人 楊大選 筆

永遠為業

一—六一一 道光十二年十二月史纪杨卖田赤契〔一〕

立永賣田約人史紀楊，今因家用不便，将本己受分横林團白田五形，共二畝六分八厘一毛，載米三升四合四勺七抄，正銀二分一厘一毛七糸，請憑親中姪仁則說合，楊出筆賣與熊中儀名下為業。当日三面言定，儀出備實值價錢四串一百一十陸文整，係楊親手領訖。自賣之後，任從買主起業耕種，收粮当差，百為無阻。今恐無憑，立此永賣約為據。

憑中 熊保初

其田四止 西 史 東 載銑 南 北 史　　□□　　東 西 南 史 北

〔一〕鈐有朱文天门县印，契中二方，骑缝印左、右各一方。

又形　東史　西　南溝　北史

又形　東溝　西坟　南史　北

又形　東坟　西路　南史　北熊　界

道光十二年蚏月初□日　立□賣田約人　史紀楊　筆

米▯

銀▯

永遠為據

一一六一二　道光十二年十二月欧阳浦廷卖田赤契〔一〕

立永賣田契約人歐陽浦廷，今因家用不便，将本己受分代家垸白田乙形，陸分乙厘四毛，情願請憑中定柏說合，出筆□□熊宗義名下為業。当日三面言定，義出備時值價錢乙串乙百乙十文正，係廷□□□訖。自賣之後，任從買主起業□□，收粮過戶。今欲有憑，立此賣約㣘。

〔一〕鈐有朱文天门县印，契中一方，骑缝印右一方。

載粮乙升三合五勺，册名浦廷。

憑中　歐陽定柏煊　其田四止　東路　西坟　南路　北熊　界

道光十二年㞢月十□□□□□□契约人　浦廷　筆

永遠□□

一一六一三　道光十二年十二月欧阳浦连卖田赤契〔一〕

立永賣田契約人歐陽浦連，今因移就不便，将祖置代家垸上則白田二形，乙畝，載粮弍升弍合，請憑中歐陽定柏說合，出筆賣與熊宗義名下為業。当日三面言定，宗義出備時值價錢乙串捌百□，係浦連親手領訖。自賣之後，任從買主起業耕種，收粮過戶。今欲有憑，□□□據。

憑中　歐陽定柏煊

其田四止　界

道光十二年䏑月□日　立永賣田契約人　浦連　筆

〔一〕鈐有朱文天门县印，契中一方，骑缝印左、右各一方。

一一六一四 道光十二年十二月史长元卖田

赤契〔一〕

立永賣田契约人史長元，今因□□□□，将本己受分徐團白田七分二（立）〔厘〕五毛，載粮照冊收納，請憑親中姪人則說合，□□□賣與熊宗義名下為業。當日三面言定，義出備實值價錢□□□□□，係元親手領訖。自賣之後，任從買主起業耕種，收粮當差，百為無阻。今欲有憑，立此賣約一帋為拠。

憑中　姪人則

其田四止　東汪　西熊　南熊　北汪　界

道光拾弍年朏月□八日　立永賣田約人　史長元　筆

永遠為據

〔一〕鈐有朱文天门县印，契中二方，骑缝印左、右各一方。

一一六一五 道光十二年十二月阳其顺卖田

赤契〔一〕

立永賣田契约人陽其順，今因家用不便，将祖置張望垸白田一形，七分三厘八毛〔二〕，情愿請憑親□祖定栢說合，順出筆賣與熊宗義名下為業。当日三面言定，義出備實值價錢乙串三百卅文整，係順親手領訖。自賣之後，仍從買主起業耕種，当差完粮。今恐無憑，立此賣約一帋為據。此照。

載粮一升六合〔三〕三勺八抄。

憑中　陽定栢　陽炬

其田四止　北□　南陽　西陽錦　東陽

道光拾貳年臘月□□　立永賣田契約人　陽其順　筆

永遠為據

〔一〕鈐有朱文天门县印，契中一方，骑缝印左、右各一方。

〔二〕此处数字有修改。

〔三〕「合」字为正行右側添加。

一—六一六　道光十二年十二月阳定荣卖田赤契〔一〕

立永賣田人契约人陽定榮，今因移不便，将祖（自）〔置〕張台伐家垸白（田）〔田〕乙形，七分八（立）〔厘〕三毛，情愿請憑親中歐陽定柏說合，定榮出筆賣與熊宗義名下為業。当日三面言定，宗義出□實值價錢乙串八百六十文整，係定榮親手領□。自賣之後，任從買主起業耕種，当差完粮。□恐無憑，（立）立此賣約一帋為據。

載粮乙升七合□□。

憑中　□□烜　□定柏

其田四止　西陽　東陽　（介）〔界〕

道光十弍年虫　　立永賣約人　陽定榮　筆

永遠為據

〔一〕钤有朱文天门县印，契中一方，骑缝印左、右各一方。

一—六一七　道光十二年十二月阳定锡卖田赤契〔一〕

立永賣田契约人陽定錫，今因家用不，将本己受分議合垸白田乙形，乙畝〇三厘三毛，情愿請親中弟定栢說合，錫出筆賣與熊宗義名下為業。当日三面言定，義出備實值價錢乙串九百六十二文整，係錫親手領訖。自賣之後，任從買主起業耕種，当差完粮。今恐無憑，立此賣約一帋為據。此照。

載粮乙升六合五勺二抄。

四止　東　黃用周　西　定義　南　本　北　孟正璁　界

道光拾弍年虫月　　陽定錫　筆

永遠為據

〔一〕钤有朱文天门县印，契中一方，骑缝印左、右各一方。

一一六一八　道光十二年十二月熊运昇卖田赤契[一]

立永賣契约人熊運昇，今因家用不便，将祖置張團義合垸白田一形，一畝二分，情愿請憑親中定栢說合，熊運昇出筆賣與熊宗義名下為業。当日三面言定，宗義出備實值價錢弍串弍百八文整，係運昇親手領訖。自賣之後，任從買主起業耕種，当差完粮。今恐無憑，立此賣約一帋為據。此照。

載粮一升九合二勺。

憑中　陽烜

其田四止　北華在　南定整　西至定整　东華歲　界

道光拾弍年朏月□□□□契约人　運昇　筆

永遠為照

〔一〕鈐有朱文天门县印，契中一方，骑缝印左、右各一方。

一一六一九　道光十二年十二月吴山启卖出赤契[一]

立永賣田契約人吳山啓，今因移就不便，將本己受分皇田垸白田九分〇八毛，載官庄正銀弍分八厘六毛，啓請憑親[二]中魯貴崐等說合，出筆賣與熊宗義名下為業。当日三面言定，义出備實值價錢一串六百卌四文整，係啓親手領訖。自賣之後，仍從買主起業，耕種当差，收粮過戶，百為無阻。今恐無憑，立此賣約一帋為拠。

憑中　魯德坤

其田四止　北坟　西宋　南水田　东吴　界

道光十二年十二月□□日　立賣田約人　吳山啓　筆

南横四弓七分　北横四弓一分　直四十九弓

永远為業

〔一〕鈐有朱文天门县印，契中一方，骑缝印左、右各一方。
〔二〕「親」为正行右侧添加。

一—六二〇 道光十二年十二月徐永綬卖田赤契[一]

立永賣田契約人徐永綬，今因移就不便，將本己受分皇田垸白田二形，乙畝七分四厘五毛，載官庄[二]正艮五分二厘三毛，情愿[三]請憑中叔羅永年等說合，綬出筆賣與熊宗義名下為業。当日三面言定，義出倫实值價錢二串四百四十三文整[四]，係綬親手領訖。自賣之後，任從買主管業，畊種當差，收粮过戶，百為無阻。今恐無憑，立此永賣約一帋為抛。

憑中 羅永年 錢宏义 智 開宗

其田四止 東 大形少家田 西 徐永成 南 徐守彬 北 小形譚田 仝界

四十三号[五]

道光拾二年朏月初□日 立永賣白田約人 徐永綬 筆

〔一〕 钤有朱文天门县印，契中一方，骑缝印左、右各一方。
〔二〕 「庄」为正行右侧添加。
〔三〕 「情愿」为正行右侧添加。
〔四〕 「整」为正行右侧添加。
〔五〕 「四十三号」应为契约持有者所加

永遠為業

一—六二一 道光十二年十二月童爵廷卖田赤契[一]

□式号[二]

立永賣田契約人童爵廷，今因不便，將本己受分陳昌上垸白田三畝九分九厘一毛[三]，載粮八升八合七勺，請凴中刘[四]等說合，廷出筆賣與熊宗义名下為業。当日三面言定，熊出倫时值價錢七串九百八十三文整，係廷親手領訖。自賣之後，任從買主起業，耕種当差，收粮過户，百為無阻。今恐無凴，立此賣約一帋為據。

凴中 刘達清

其田四止 東西南北俱属黃童界

道光十二年虫□□□ 立永賣田契约人 童□□□

永遠為業

〔一〕 钤有朱文天门县印，契中一方，骑缝印左右各一方。
〔二〕 「□式号」应为契约持有者所加编号。
〔三〕 此处数字有修改。
〔四〕 此处留有空白。

路边弓口　積弍百八十四弓□□

路南弓口　分　九分　二弓六分　積弍百三十二弓一分七厘

坟東形　□□□六弓七分　东横四弓五分五　直十七弓九分　積乙百〇〇六分八厘七毛五

又乙形　西横六弓東　横五弓一分　直十七弓　積乙百〇〇弍分四厘

南形　西横三弓五分　東横二弓八分　南廿□弓五分　積六十四弓五分七厘五

墳西長形　東横三弓六分　西横三弓五分　直四十九弓五分　積乙百七十五弓九分〇二毛五系

一一六二二　道光十二年十二月胡柯卖田赤契[一]

立永賣田契約人胡柯，今因家用不便，將祖置王家垸白田二形，乙畝叁分五厘乙毛[一]，情愿請漞親中兄定柏說合，柯出筆賣與熊宗義名下為業。当日三面言定，義備實值價錢弍串四百三十文整，係柯親手領訖。自賣之後，仍從買主起業耕種，当差完粮。今恐無憑，立此賣約一帋為據。此照。

載粮弍升九合九勺□□

漞中　叔陽□□　　計開四止　東　西　南　北　胡界

道光拾弍年臘月拾□□　立永賣田契约人　胡柯　筆

胡红□

永遠為據

〔一〕鈐有朱文天门县印，契中一方，骑缝印左右各一方。

一一六二三　道光十二年十二月熊亨中卖田赤契[二]

立永賣田約人熊亨中，今因移就□受□虎獐垸白田一形，五分六厘七毛[三]，隨載民米一升二合四勺七抄，請憑中百忍說合，中出筆賣与熊宗儀名下為業。当日三面言定，

〔一〕此处数字有修改。

〔二〕鈐有朱文天门县印，契中一方，骑缝印右一方。

〔三〕「五分六厘七毛」六字为正行右侧添加。

儀出備實值價錢乙串〇二十文，係中親手領讫。自賣之□仍從買主起業耕種，百為無阻。今欲有憑，立此賣約一帋□□□照。

请憑中　邱槐　□□□□

東賣□□□
西朝□
南德□
北百忍　界

道光十二年朏月廿□

宅名　熊宗尧

永遠为據

一—六二四　道光十二年十二月伍永锡卖田赤契〔一〕

立賣白田约人伍永錫，今因不便，將本己受分高作垸實田二形〔二〕，共乙畝六分二（力）〔厘〕〔三〕七毛〔四〕，載粮上則三升六合〔五〕，憑中伍作霖說合，錫出筆賣与熊中義名下為業。當日三面言定，義〔六〕出備時值價錢二串七百六十六文

〔一〕鈐有朱文天门县印，契中一方，骑缝印左右各一方。
〔二〕「二形」二字系正行右侧添加。
〔三〕「六分二力」四字系正行右侧添加。
〔四〕「七毛」二字系正行左侧添加。
〔五〕「三升六合」四字系正行右侧添加。
〔六〕「义」字系正行右侧添加。

整，係錫領訖。自賣之後，任從買主管〔一〕業，耕種當差，收粮過户，陰陽两便〔二〕，百為無阻。今恐無憑，立此為據。

憑中　夏定泰
宋世標
熊克墀
伍作霖

其田四止　東水田
西伍
南伍
北伍

又四止　東伍
西伍
南伍
北伍

道光十二年朏月初　錫　筆

永遠為業

一—六二五　道光十二年十二月胡松卖田赤契〔三〕

立永卖田契约人胡松，今因家用不便，將祖遺王家垸白田一形，弍畝二厘八毛，情愿請憑親中陽定柏说合，松出筆賣与熊宗義名下為業。当日三面言定，義出備實置價錢叁串

〔一〕「管」字为正行右侧添加。
〔二〕「陰陽两便」四字系正行右侧添加。
〔三〕鈐有朱文天门县印，契中二方，骑缝印左、右各一方。

六百五十二文〔一〕正，係松親手領讫。自賣之後，任從買主起業耕種，收粮過戶，百為無阻。今恐□憑，立此賣約一帋為據。此照。

載粮四升五合四抄〔二〕。

憑中　□□□
　　　□□□

其田四址　东至路
　　　　　西至胡
　　　　　南至胡　界
　　　　　北至胡

道光十二年十二月□□□立賣田契約人　胡松　筆

永遠為據〔三〕

一一六二六　道光十二年十二月阳定一卖田赤契〔四〕

立永賣田契約人陽定一，今因移就不便，將本己〔五〕張團義合

〔一〕「十二文」三字为正行右侧添加。

〔二〕此处数字有修改。

〔三〕参见「道光十七年四月十日胡松租田字」（本书收录之二一二八一号契纸）。

〔四〕钤有朱文天门县印，契中二方，骑缝印左、右各一方。

〔五〕「本己」二字为正行右侧添加。

坑、張望坑白田二形，二畆八分三厘七毛〔一〕，情愿請憑親中弟定栢说合，定一出筆賣与熊宗義名下為業。当日三面言定，宗義出備實値價錢五串乙百〇二文整，係定一親手領讫。自賣之後，任從買主起業耕種，当差完粮。今恐無憑，立此賣約一帋為據。此照。

載粮四升九合五勺七抄。

憑中　叔□烜
　　　弟定栢

其田四止　北定華
　　　　　南路
　　　　　西賣主
　　　　　東陽錦

二形四止　北陽烜
　　　　　南賣主
　　　　　西墳　至界
　　　　　东路

道光拾弍年蚏月□□日　立賣約　定一　筆

永遠為據〔二〕

〔一〕此处数字有修改。

〔二〕参见「道光十六年十二月十六日阳定一租田字」（本书收录之二一〇八五号契纸）。

一一六二七　道光十二年钱士光卖田赤契[一]

立永賣田契約人錢士光，今因不便，將本己受分南湾垸白田五分八厘弍毛三系[二]，載官庄正良壹分七厘四毛七系，自請憑中南軒等說合，光出筆賣與熊宗義名下為業。當日三面言定，實值價錢一串〇七拾文[三]正，係光親手領訖。自賣之後，任從買主起業，耕種當差，收粮過户，百為勿阻。今恐無憑，立此為據。

其田四止　東止为必　西止水田　南止水田　北止水田

憑中　熊用高　用周　美忠

道光十二年□月廿六日　立永賣田契約人　錢士光　筆

冊名　張文□

永遠為業

[一] 钤有朱文天门县印，契中一方，骑缝印左、右各一方。

[二] 此处数字有修改。

[三] 此处数字有修改。

一一六二八　道光十二年张厚贵卖田赤契[一]

立永賣田契約人張厚貴，今因家用不便，將本己受分陳昌下院白田一形，四分三厘九毛，載官庄正良一分二厘六毛，自請憑中熊運貴等說合，厚貴出筆賣與熊宗義名下為業。当日三面言定，義出備寔值價錢柒伯四十二文整，係厚貴仝弟厚富親手領訖。自賣之後，仍從買主起業，耕種当差，收糧過戸，百為無阻。今恐無憑，立此賣約一帋為據。

憑中　熊運貴　用高　舟

其田四止　東　水田　西　厚忠　南　坟　界　北　路中

道光十二年□月八日　立永賣田契約人　張厚貴　筆

冊名　張厚盛

永远為業

[一] 钤有朱文天门县印，契中一方，骑缝印左、右各一方。

一一六二九　道光十二年阳定周卖田赤契〔一〕

立永賣田契约人陽定周，今因家用不便，将祖置王家垸白田一形乙畝〇二厘一毛〔二〕，情愿請憑親中弟定栢說合，周出筆賣與熊宗義名下為業。当日三面言定，義出備實值價錢乙串九百四十文整，係周親手領訖。自賣之後，仍從買主起業耕種，当差完粮。今恐無憑，立此賣約一帋為據。此照。

載粮弍升二合六□□抄。

憑中　叔陽□　弟□

四止　東趙朝玉　□趙　□熊　北路　至　界

道光拾弍年□約人　陽定周　筆

永遠為據

〔一〕鈐有朱文天门县印，契中一方，骑缝印左、右各一方。

〔二〕此处数字有改动。

一一六三〇　道光十二年阳定麒卖田赤契〔一〕

立永賣田契约人陽定麒，今因移就不便，将祖（直）〔置〕張團代家〔二〕垸白田乙形，乙畝六分二厘七毛，情愿請憑親中弟定栢說合，麒出筆賣與熊宗義名下為業。当日三面言定，義出備實（直）〔值〕價錢三串乙百一十文整，係麒親手領訖。自賣之後，任從買主〔三〕起業耕種，当差完粮。今恐無憑，立此賣約一帋為據。此照。

載粮三升六合□□。

憑中　陽烜　定相

其田四止　东定元　西陽理　南路　北玉佩　至　界

道光拾弍年□□□　立契約人　定麒　筆

永遠為據

〔一〕鈐有朱文天门县印，契中二方，骑缝印左、右各一方。

〔二〕「祖直」及「代家」为正行右侧添加。

〔三〕「後任從買主」为正行右侧添加。

一一六三一　道光十二年魏昇卖田赤契〔一〕

立永賣田契約人魏昇，今因家用不便，將本己受分王家垸白田一形，四分三厘九毛，情愿請憑親中陽烜說合，魏昇出筆賣與熊宗義名下為業。當日三面言定，義出備實值價錢七百九十文整，係昇親手領訖。自賣之後，任從買主起業耕種，当差完粮，归粮過戶，百為無阻。恐無憑，立□□□□一帋為據。此照。

載粮九合□□□□□□

憑中　陽烜

其田四止　東（东）路　西路　南路　至　界　北趙

道光十二年□□□　立永賣田契約人　昇　筆

〔一〕鈐有朱文天门县印，契中一方，骑缝印左、右各一方。

一一六三二　道光十二年阳其文卖田赤契〔一〕

立永賣田契約人陽其文，今因家不用，將本己受分王家垸白田乙形，乙畝六分二厘五毛〔二〕，情愿請憑中陽烜說合，文出筆賣與熊宗義名下為業。當日三面言定，□□備实置價錢叁串一百〇六文整，係文親手領訖。自賣之後，任從□主起業耕種，收粮過戶，百為無阻。今恐無憑，立□□□□□□□。此照。

載粮

其田四止　東溝　西趙　□□□□□□　□□□□□□

道光拾貳年□□□□　賣契約人　文　筆

永遠為據

〔一〕鈐有朱文天门县印，契中二方，骑缝印左、右各一方。

〔二〕「六分二厘五毛」为修改后数据。

一一六三三　道光十二年胡登云卖田赤契〔一〕

立永賣首區白田約人胡登雲，今因移就不便，將祖遺受分，计丈白田捌分乙厘八毛叁糸，情愿請憑親中梁在邦等說合，雲出筆賣与熊篤叙堂名下為業。当日三面言定，篤叙堂出備時值價錢壹拾串弍伯七十文整，係雲仝中親手領訖。自永賣之後，任從買主管業耕種，收粮過户当差，陰陽两便，百為無阻。此係自永賣己分，不與親族人等相干。今恐無憑，立此永賣約一帋為拠。

册名　胡周鼎　　載正銀乙分五厘□毛三糸

憑中　梁大魁 梁在邦　　其田四止　東買主 西梁界 南買主 北買主　界

道光十二年□□□□　立永賣白□約人　胡登□

永远□□

〔一〕鈐有朱文天门县印，契中三方，骑缝印右一方。

一一六三四　道光十三年一月二十日伍永清卖田赤契〔一〕

立永賣白田契約人伍永清，今因移就不便，將自己受分高作垸白田弍畝八分四厘八毛〔二〕，載粮上則，清請凴親中伍祖貽等說合，清出筆賣与熊宗義名下為業。当日三面言定，義出備時值價錢伍串乙百二十六文整，係清親手領訖。自賣之後，任從買主起業，耕種当差，收粮過户，陰陽两便，百為無阻。今恐無凴，立此永賣約一帋為拠。此照。

凴中　熊克持 伍澤寿 庚中和　　其田四止　東伍 西楊 南水田楊 北坟　界

道光十三年正月廿日　立永賣白田約人　伍永清　筆

永遠為業

〔一〕鈐有朱文天门县印，契中二方，骑缝印左右各一方。

〔二〕「弍畝八分四厘八毛」为改动后数字。

一—六三五　道光十三年一月二十四日徐則錠卖田赤契〔一〕

立大賣白田約人徐則錠，今因不便，將本己受分新堰垸白田乙畝三分一厘〔二〕，粮在上則，請憑親中徐之培等説合，錠出筆賣与熊　宗義　名下為業。当日三面言定，義出備寔值價錢弍串五百四十，親手領訖。自賣之後，任從買主起業，耕種当差，收粮過戶，百為無阻。今恐勿憑，立此賣約一帋為據。

憑中人　岸峰

其田四　東買　南水田　西伍界　北堤　界

道光十三年正月廿四日　立大賣田約　徐則錠　筆

永遠為業

〔一〕鈐有朱文天门县印，契中一方，骑缝印左、右各一方。

〔二〕「一厘」为正行右侧添加。

一—六三六　道光十三年一月二十四日徐义万卖田赤契〔一〕

立大賣白田約人徐義萬，今因不便，將本己受分上新堰垸白田二形，壹畝八分一厘，粮在上則，请滉親中祖岸峯説合，萬出筆賣与熊　宗義　名下為業。当日三面言定，義　出備時值價錢叁串四百卅六文正，係萬親手領讫。自賣之後，任從買主起業，耕種当差，收粮过户，百為無阻。今恐無滉，立此賣約一帋為據。

滉中　徐之培　　其田四止　東郭　西徐　南楊水田　北堤

其田四止　北坟　東徐　南徐　西楊　界

道光十三年正月廿四日　立大賣白田約人　約中人　代筆

永遠為業

〔一〕鈐有朱文天门县印，契中一方，骑缝印左右各一方。

一—六三七　道光十三年一月三十日龚用贤卖田赤契〔一〕

立永賣白田約人龔用賌，今因不便，將本己受分〔二〕高作垸白田三畝六分八厘七毛〔三〕，（在）〔載〕粮上則，請憑親中等宋文魁說合，賌出筆賣与熊宗義、如玉為業。當日三面言定，熊宗義、如玉出備實（直）〔值〕價錢拾串文整，係賌親手领讫。自賣之後，任從買主起業，耕（重）〔種〕当差，收粮過戶，（陌）〔百〕為無阻。今恐無憑，立此賣約乙帋為拠。此照。

憑中　龔用賓　　其田四止　东黄　南　西　北坟　路界

道光十三年正月三十日　立永賣田約人　用賌　筆

子子孫孫

〔一〕鈐有朱文天门县印，契中二方，骑缝印左、右各一方。

〔二〕「分」为正行右侧添加。

〔三〕「六分八厘七毛」为正行右侧添加。

一—六三八　道光十三年二月二日夏必富卖田赤契〔一〕

立永賣白田约人夏必冨，今因移就□，將自己受分高作垸白田□分□□毛〔二〕，（在）〔載〕粮上則，請凂亲中宋士標等說合，冨出筆賣與熊宗義名下為業。當日三面言定，二比情愿，義出備實值價錢乙串二百乙十文〔三〕整，係冨（青）〔親〕手領訖。自賣之後，仍從買主起（葉）〔業〕，耕〔四〕種当差，收粮過户，百為無阻。今恐無凂，立此賣約一帋為據。此照。

凂中　宋文魁　　其田四止　東下　西路心　南□　北路心

道光十三年二月初二日　立永賣約　必冨　筆

萬倍利息

〔一〕鈐有朱文天门县印，契中一方，骑缝印左、右各一方。

〔二〕此处数字有修改。

〔三〕此处数字有修改。

〔四〕「耕」为正行右侧添加。

一一六三九　道光十三年二月二日夏必鲲卖田赤契〔一〕

立永賣白田约人夏必鯤，今因不便，將自己受分趙家院白田壹畝乙分一厘八毫，（戴）〔載〕粮上則，請憑親中宋仕標等説合，昆出筆賣与熊　宗義　名下為業。当日三面言定，二比情愿，義出備實値價錢二串二百卅六文整，係鯤（青）〔親〕手領訖。自賣之後，仍（重）〔從〕買主起業，耕種当差，收粮過户，百為勿阻。今恐□凴，立此賣約一帋為據。此照。

憑中　宋文魁　　其田四止　東熊　南路心　西龔　北坟　界

道光十三年　二月初二日　立賣白田約人　必昆　筆

萬倍利息

〔一〕鈐有朱文天门县印，契中一方，骑缝印左右各一方。

一一六四〇　道光十三年二月二日夏定心卖田赤契〔一〕

立永賣白田约人夏定心，今因不便，將自己受分趙家垸白田四分七厘七毛〔二〕□□，（戴）〔載〕粮上則，請憑親中宋仕標等説合，□□筆賣与熊　宗義　名下為業。当日三面言定，二比情愿，義出備實値價錢九百五十四文整，係心親手領訖。自賣之後，任從買主起業，耕種当差，收粮過户，百為勿阻。今恐無憑，立此賣約為據。此照。

憑中　宋文魁　　其田四止　東下　南下　西姚　北龔　界

道光十三年二月初弍日　立永賣白田约人　定心　筆

萬倍利息

〔一〕鈐有朱文天门县印，契中一方，骑缝印左右各一方。
〔二〕此处数字有修改。

一一六四一　道光十三年二月二日夏必鳌卖田赤契〔一〕

立永賣白田约人夏必鳌，今因不便，將自己受分高作院五分八厘四毛，（戴）〔載〕（良）〔糧〕上則，請憑親中宋仕標等説合，鳌出筆賣与熊　宗義　名下為業。当日三面言定，二比情愿，義出備實値價錢乙串一百七十文，係鳌親手領讫。自賣之後，仍從買主起業，耕種当差，收（良）〔糧〕過户，百為勿阻。今恐無憑，立此賣约一帋為據。此照。

憑中人　宋文魁

其田四止　東工　南本己　西路心　北龔　界

道光十三年二月初二日　立此賣田约人　必鳌　筆

萬倍利息

〔一〕　钤有朱文天门县印，契中一方，骑缝印左右各一方。

一一六四二　道光十三年二月二日龚用宾卖田赤契〔一〕

立永賣白田约人龔用賓，今因移就不便，將自己祖遺高作垸白田二形，弍畝〇伍厘柒毫，（在）〔載〕粮上則，请凴親中宋文魁等说合，賓出筆賣与熊　宗義　名下為業。当日三面言定，義出備实（直）〔値〕價錢肆串壹百卄文整，係賓親手領讫。自賣之後，仍從買主起業，耕種当差，〔收〕粮過户，百為無阻。今恐無憑，立此賣约一帋為扻。此照。

凴中　宋文魁

其田四止　東工　西宋　南工　北下　又　東　西　南　北　俱　工　界

道光十三年二月初二日　立永賣白田约人　龔用賓　筆

萬倍利息

〔一〕　钤有朱文天门县印，契中二方，骑缝印左一方。

一一六四三　道光十三年二月六日龚守玉卖田赤契〔一〕

立永賣白田約人龔守玉，今因不便，將本己受分高作垸白田九分五厘四毛〔二〕，（在）〔載〕粮上則，請憑親中宋士鑣說合，玉出筆賣與熊宗義名下為業。当日三面言定，義出備實值價錢弍串二百文整，玉（青）〔親〕手領訖。自賣之後，仍從買主起業，耕種当差，收粮過户，百為無阻。今欲有憑，立此賣約一帋為據。

此照。

憑中　宋文魁

其田四止　北路　南路　西工　東工　界

道光十三年二月初六　立永賣白田　龔守玉　筆

萬倍利息

〔一〕鈐有朱文天门县印，契中一方，骑缝印左右各一方。

〔二〕此处数字有修改。

一一六四四　道光十三年二月八日伍祖又卖田赤契〔一〕

立永賣白田約人伍祖又，今因移就不便，將自己受分高作垸白田五分八厘，載糧上則，又請憑親中伍祖貽等說合，又出筆賣与熊宗義名下為業。当日三面言定，義出備時值價錢八百七十文整，係又親手領訖。自賣之後，任從買主起業，耕種当差，收糧過户，陰陽兩便，百為無阻。今恐無憑，立此永賣約一帋為拠。

憑中　熊克持

其田四止　東買主　西路心　南路心　北買主　界

道光十三年二月初八日　立永賣白田約人　伍祖又　筆

永遠為業

〔一〕鈐有朱文天门县印，契中一方，骑缝印左右各一方。

一一六四五　道光十三年二月九日伍至德卖田赤契〔一〕

立永賣白田約人伍至德，今因不便，將自己受分高作垸白田五分捌厘〔二〕，載糧上則，請憑親中祖貽〔三〕説合，德出筆賣与熊宗義〔四〕名下為業。當日三面言定，義出備實置價錢九百卄八文整，係德親手領（乞）〔訖〕。自賣之（從）〔後〕，任從買主起業，耕種当差，收粮过户，百爲無阻。今恐無憑，立此賣約一帋為據。

憑中　祖貽　熊克持

其田四止　北高明　南國寧　西永珍　東路心

道光拾叁年二月初九　立此永賣田約人　伍至德　筆

永遠爲業

〔一〕鈐有朱文天门县印，契中一方，骑缝印左、右各一方。
〔二〕原似作「陸分叁厘」，改为「五分捌厘」。
〔三〕「祖貽」为正行右侧添加。
〔四〕「宗義」为改动后文字。

一一六四六　道光十三年二月九日熊中南等卖田赤契〔一〕

立永賣田約人熊中南仝弟，今因家用不便，將本己受分高作垸白田壹畝□□□，載粮上則，請凴親中伍祖貽説合，中出筆賣與祖〔二〕熊中義〔三〕名下為業。当日三面言定，義出備实值價錢乙串六百六十四文〔四〕整，係中親手領讫。自賣之後，任從買主起業，耕種当差，收粮过戸，百為無阻。今恐無凴，立此賣約一帋為據。

凴中人　熊克持

其田四止　東長春　南□□　西澤珍　北澤泮　界

道光拾三年二月初九日　立永賣田約人　孫熊中南　筆

永遠為據

〔一〕鈐有朱文天门县印，契中一方，骑缝印左右各一方。
〔二〕「祖」字后涂去「元礼」二字。
〔三〕「熊中義」三字为正行右侧添加。
〔四〕「四文」为正行右侧添加。

一—六四七　道光十三年二月十日伍保安等卖田赤契〔一〕

立永賣白田約人伍保安〔二〕丹立，（个）〔今〕因不便，將本己受分高作垸白田五分八〔三〕厘，載粮上則，立請憑（青）〔親〕中伍祖貽等〔四〕说合，立出筆賣（勿）〔與〕熊宗義〔五〕名下為（葉）〔業〕。當日三面言定，□出備實値價錢九百八十六文〔六〕整，係安（青）〔親〕手顉〔領〕讫。（白）〔自〕賣之後，任從買主起（葉）〔業〕，耕種当差，收粮過户，百為無阻。今欲有憑，立此賣約一帋為據。此照。

憑中　熊克持　　其田四止　東 進德　西 永亨　南 伍　北 永安　界

道光拾叁年二月初拾日　立賣田人　伍保安丹立　筆

〔一〕鈐有朱文天门县印，契中一方，骑缝印左、右各一方。

〔二〕「保安」为正行右侧添加。

〔三〕「分」后删去「九」字，其右侧添加「八」字。

〔四〕「等」字为正行右侧添加。

〔五〕「熊」后删去「元里」二字，其右侧添加「宗義」二字。

〔六〕「文」字为正行右侧添加。

永遠為業

一—六四八　道光十三年二月十日邹永璜卖田赤契〔一〕

立永卖白田約人邹永璜，今因移就不便，將本己受分新堰垸白田九分乙厘，載粮上則，請憑親中伍祖怡等説合，璜〔二〕出筆賣与熊中仪名下為業。當日三面言定，仪出備時値價銭壹串四百五十文整，係璜親手□訖。自卖之後，任從買主管業，耕種当差，百為無阻。今恐無憑，立此卖约一帋為抛。

憑中　熊克墀　　其田四止　东 路心　西 水田　北 路心　南 邹　界

道光十三年二月初十日　立永賣白田约人　邹永璜　筆

永远為業

〔一〕鈐有朱文天门县印，契中一方，骑缝印左、右各一方。

〔二〕「璜」字为正行右侧添加。

一一六四九　道光十三年二月十日伍永千卖田

赤契一〔一〕

立永賣白田约人伍永千，今因不便，將本己受分高作垸白田七分五厘六毛，粮在上則，请凴親中伍祖怡等说合，千出筆賣与熊宗義名下為業。当日三面言定，乂出備時值價錢乙串三百五十文整，係千親手領讫。自賣之後，任從買主起業耕種，收粮過户，百為無阻。今恐無凴，立此賣約一帋為拠。

其田四止　東坑　西水田　南魏三合　北伍永文　界

凴中　伍祖貽　熊克持　伍澤寿

道光十三年二月初十日　伍永千　筆

永遠為據

〔一〕鈐有朱文天门县印，契中一方，骑缝印左右各一方。

一一六五〇　道光十三年二月十日伍永千卖田

赤契二〔一〕

立永賣白田約人伍永千，今因不便，將本己受分高作垸白田九分〇二毛，（在）〔載〕粮上則，請憑（清）〔親〕中伍　祖貽等說合，千出筆（買）〔賣〕与熊宗義名下為業。当日三面言定，義出備時值價錢壹串弌百六十二文正，係千親手領訖。自賣之後，任從買主起業，耕種当差，收粮過户，百為無阻。今欲有恁，立此賣約一帋為據。此照。

其田四止　東水田　西路心　南苅　北京　界

恁中　熊克持　伍祖宜

道光十三年二月初十日　立永賣白田约人伍永千　筆
伍永千　等

永遠為業

〔一〕鈐有朱文天门县印，契中一方，骑缝印左右各一方。

一—六五一　道光十三年二月十一日伍永中卖田赤契〔一〕

立永賣白田約人伍永中，今因不便，將本己受分高作垸白田三分乙厘五毛〔二〕，（在）〔載〕粮上則，請憑親中人伍祖宜〔三〕等說合，伍永中出筆賣与熊宗義名下為業。当日三面言定，義出備時（係）〔值〕價錢五百卅五文正，係中親手領（乞）〔訖〕。自賣之後，任从買主起業，耕（重）〔種〕当〔差〕，收粮過户，百為無阻。今欲有憑，立此永賣約一帋為據。此照。

憑中　熊克持　伍祖宜界

其田四止　東伍　西賣主　南水田　北坟　界

道光十三年二月十一日　伍永中　筆

永遠為業

〔一〕鈐有朱文天门县印，契中一方，骑缝印左右各一方。

〔二〕「五毛」为正行右侧添加。

〔三〕「伍祖宜」为正行右侧添加。

一—六五二　道光十三年二月十一日龚道全卖田赤契〔一〕

立永賣白田約人龔道全，今因不便，將高作垸白田壹畝壹分三厘，（在）〔載〕粮上則，請憑親中宋士彪說合，全出筆賣與熊宗義名下為業。当日三面言定，義出備實值價錢弍串弍百六十文整，係全（青）〔親〕手領訖。自賣之後，仍從買主起業，耕種当差，收粮過户，百為無阻。今欲有憑，立此賣約一帋為據。此照。

憑中　士彪

其白田四止　北工　南工　西工　東工　界

道光十三年二月十一　立永賣白田　龔道全　筆

〔一〕鈐有朱文天门县印，契中一方，骑缝印左右各一方。

国家出版基金资助项目
武汉大学人文社会科学研究项目
「民间文书与基层社会变迁」结项成果

武汉大学民间文献研究中心
湖北省博物馆
合编

主编　张建民

副主编　唐刚卯

湖北天门熊氏契约文书（下）

长江出版传媒
湖北人民出版社

国家清史编纂委员会·文献丛刊

一一六五三 道光十三年二月十一日伍永文卖田

赤契[一]

立永賣白田約人伍永文，今因不便，將本已受分高作垸白田四分三厘[二]，（在）〔載〕粮上則，請凴親中伍祖宜等[三]說合，文出筆賣与熊宗義名下為業。當日三面言定，義出備時值價錢六百八十□文正，係文親手領訖。自賣之後，任從買主起（葉）〔業〕，耕種当差，收粮過戶，百為無阻。今欲有凴，立此賣約一帋為據。此照。

請凴中 伍祖宜 熊克持

其田四止 北 水田 南 買主 西 東 水田 界

道光十三年二月拾一日 伍永文 筆

永遠為業

〔一〕鈐有朱文天门县印，契中一方，左右骑缝印各一方。

〔二〕「四分三厘」为正行右侧添加。

〔三〕「等」为正行右侧添加。

一一六五四 道光十三年二月十一日史汤氏卖田

赤契[一]

立永賣田契約人史湯氏，今因歲歉，將本已受分三合垸白田乙形，乙畆五分四厘四毛五糸，（在）〔載〕粮二升八合四，情愿請凴親中熊明等說合，出筆賣與[二]熊宗義名下為業。當日三面言定，[三]義出備时值價錢兩串柒百八十[四]文整，係湯親手領讫。自賣之後，任從買主起業耕種，收粮過戶，陰陽兩便，百為無阻。今欲有凴，立此賣約一帋為抴。

凴中 心圃 集祥 熊明 史大啓

田四止 東 周之煥 西 倪界 南 周界 北 史名先

道光十三年二月十一日 立永賣田約人 史湯氏 筆

永遠為業

〔一〕鈐有朱文天门县印，契中一方，左右骑缝印各一方。

〔二〕此处留有空白。

〔三〕此处留有空白。

〔四〕此处数字有修改。

一—六五五　道光十三年二月十二日伍高明卖田

赤契〔一〕

立永賣白田约人伍高明，今因不便，將自己受分高作垸白田□□畝壹分七厘，載粮上則，明請憑親中澤受等説合，明出筆賣与熊宗義名下為業。当日三面言定，義出偹時値價錢三串九百〇六文整，係明親手領訖。自賣之後，任從買主起業，耕種当差，收粮过户，百為無阻。今恐無凴，立此賣约一帋為拠。此照。

凴中　熊克持　伍祖貽

其田四止　東伍　西伍　南廷瑞　北澤受　界

道光十三年二月十二日　立永賣白田約人　高明　筆

永远為業

〔一〕鈐有朱文天门县印，契中二方，騎缝印左、右各一方。

一—六五六　道光十三年二月十二日伍泽寿卖田

赤契〔一〕

立大賣白田約人伍澤寿，今因移就，將本己受分高作垸白田壹畝壹分五厘五毛〔二〕，載粮上則，請憑親中伍祖貽説合，寿出筆賣與熊宗義名下為業。当日三面言定，義〔三〕出偹時値價錢弍串七十九文整，係寿親手領訖。自賣之後，任從買主起業，耕種当差，收粮过户，百為無〔四〕阻。今恐無憑，立此賣約一帋為據。此照。

憑中人　伍祖貽

其田四止　東吳　南永邦　西路心　北水田　界

道光拾三年二月十二日　立大賣白田約人　伍澤寿　筆

永远為據

〔一〕鈐有朱文天门县印，契中一方，騎缝印左、右各一方。
〔二〕「毛」字为正行右侧添加。
〔三〕「義」字为正行右侧添加。
〔四〕「無」字为正行右侧添加。

一一六五七 道光十三年二月十二日伍泽塾卖田赤契[一]

立永賣白田約人伍澤塾，今因不便，將自己受分高作垸白田壹畝五分二厘二毛，載粮上則，塾請凴親中伍祖貽等說合，塾出筆賣与熊宗義名下為業。当日三面言定，義出備時值價錢弍串伍百八十七文整，係塾親手領訖。自賣之後，任從買主起業，耕種当差，收粮過户，百為無阻。今恐無凴，立此賣約一帋為拠。此照。

其田四止 東路心 西水田 南水田 北□ 界

凴中 伍祖貽 熊克持

道光十三年二月十二日 立永賣白田約人 澤塾 筆

永远為業

〔一〕 钤有朱文天门县印，契中一方，骑缝印左右各一方。

一一六五八 道光十三年二月十二日伍泽文卖田赤契[一]

立永賣白田約人伍澤文，今因不便，將自己受分高作垸白田壹畝〇壹厘，載粮上則，文請凴親中伍祖貽等說合，文出筆賣与熊宗義名下為業。当三面言定，義出備時值價錢壹串八百〇十八[二]文整，係文親手領訖。自賣之後，任從買主起業，耕種当差，收粮過户，陰陽两便，百為無阻。今恐無凴，立此賣約一帋為拠。此照。

其田四止 東水田 西路心 南伍 北買主 界

凴中 伍祖貽 熊克持

道光十三年二月十二日 立永賣白田約人 澤文 筆

永遠為業

〔一〕 钤有朱文天门县印，契中一方，骑缝印左右各一方。
〔二〕 此处数字有修改。

一—六五九　道光十三年二月十二日伍永富卖田

赤契〔一〕

立永賣白田約人伍永富，今因不便，將自受分高作垸白田弍形，四分九厘六毛〔二〕，載糧上則，請憑親中伍祖詒說合，冨出筆賣与熊宗義名下為業。當日三面言定，義出備實值價錢七百九十三文整，係富親手領訖。自賣之後，任從（賣）〔買〕主起業，耕種當差，收糧過户，百為無阻。今恐無滉，立此賣約一帋為據。此照。

其田四止　東官保　西自德　南水田　北水田　界

其田四止　東永利　西九田　南買主　北小□

道光十三年二月十二日　賣約人　伍永富　筆

〔一〕鈐有朱文天门县印，契中一方，骑缝印左右各一方。

〔二〕「六毛」为正行右侧添加。

一—六六〇　道光十三年二月十二日伍以纶卖田

赤契〔一〕

立永賣白田約人伍以綸，今因不便，將自己受分高作垸白田二形，四分七厘九毛，又壹畝三分二厘五毛，載糧上則，請憑親中伍祖詒說合，綸出筆賣与熊宗義名下為業。當日三面言定，出備實值價錢共弍串八百八十七文〔二〕整，係綸親手領訖。自賣之後，任從（賣）〔買〕主起業，耕種當差，收糧过户，百為無阻。今恐無憑，立此賣約一帋為據。此照。

憑中　熊克持

一形　其田四止　東陶　西堤　南熊　北伍　界

一形　其田四止　東熊　西伍　南路心　北水田　界

道光十三年二月十二日　賣約人　伍以綸　筆

〔一〕鈐有朱文天门县印，契中一方，骑缝印左右各一方。

〔二〕此处数字有修改。

一一六六一　道光十三年二月十三日伍燕谋卖田赤契〔一〕

立永賣白田約人伍燕谋，今因不便，將自己受分新堰垸白田壹畝八（力）〔厘〕三毛，載粮上則，請凴親中伍祖貽等説合，谋出筆賣与熊宗義名下為業。当日三面言定，義出備時值價錢壹串七百卅三文整，係謀親手領訖。自賣之後，任從買主起業，耕種当差，收粮过户，陰陽兩便，百為無阻。今恐無凴，立此賣約一帋為拠。此照。

凴中　熊克持

其田四止　東路　西水田　南坟　北伍　界

道光十三年二月十三日　立永賣白田約人　燕謀　筆

永遠為業

〔一〕鈐有朱文天门县印，契中一方，騎缝印左、右各一方。

一一六六二　道光十三年二月十三日伍永芳卖田赤契〔一〕

立永賣白田約人伍永芳，今因不便，將自己受分高作垸白田三分八（力）〔厘〕一毛，載粮上則，芳請憑親中〔二〕伍祖貽等説合，芳出筆賣与熊宗義名下為業。当日三面言定，義出備时值價錢六百四十七文整，係芳親手領訖。自賣之後，任從買主起業，耕種当差，收粮过戸，百為無阻。今恐無憑，立此賣約一帋為拠。此照。

憑中　伍澤受　熊克持

其田四止　東伍　西伍　南路　北坟　界

道光十三年二月十三日　立永賣白田約人　永芳　筆

永遠為業

〔一〕鈐有朱文天门县印，契中一方，騎缝印左、右各一方。

〔二〕「親中」为正行右側添加。

一—六六三　道光十三年二月十三日阳定发卖田赤契〔一〕

立永賣田契約人陽定發，今因家用不便，將本己受分王家垸白田二形，乙畝二分六厘四毛，情愿凂親中定柏说合，定發出筆賣与熊宗義名下為業。当日三面言定，義出備实值價錢弍串弍百七十五文整，係發親手領讫。自賣之後，任從買主起業耕種，当差完粮，百為無阻。今恐無凂，立此賣約一帋為據。此照。

載粮二升八合〇六抄

其田四止　東彭　西王　南墳　北□　又小形　東陽　西本　南熊　北□□　界

道光拾叁年二月拾三日□□□立永賣田契約人　發　筆

永遠為據

〔一〕鈐有朱文天门县印，契中一方，左右骑缝印各一方。

一—六六四　道光十三年二月十三日黄傅氏卖田赤契〔一〕

立永賣白田約人黄傅氏，今因不便，將自己受分高作垸白田三分三厘九毛〔二〕，載粮上則，傅氏請凂親中伍澤寿等說合，傅氏〔三〕出筆賣與熊宗義名下為業。当日三面言定，義出備時（直）〔值〕價錢五百七十六文整，係傅氏親手領訖。自賣之後，任從買主起業，耕種当差，收粮过戶，百為無阻。今恐無凂，立此賣約一帋為拠。此照。

其田四止　東魏三合　西伍　南路　北坟　界

凂中　熊克本　伍祖贻

道光十三年二月十三日　立永賣白田約人　黄傅氏　伍澤寿代〔四〕筆

永远為業

〔一〕鈐有朱文天门县印，契中一方，左右骑缝印各一方。
〔二〕「毛」为正行右侧添加。
〔三〕「傅氏」为正行右侧添加。
〔四〕「伍泽寿代」为正行右侧添加。

一—六六五 道光十三年二月十三日伍泽登卖田赤契〔一〕

立永賣白田約人伍泽登，今因不便，將自己受分高作垸白田四分七厘二毛〔二〕，載粮上則，請凴親中伍祖貽說合，伍泽登出筆賣与熊宗义名下為業。當日三面言定，义出備實值價錢七百卅五〔三〕文〔四〕整，登係親手領訖。自賣之後，任從（賣）〔買〕主起業，耕種当差，收粮过戶，百為無阻。今恐無凴，立此賣約一帋為拠，此照。

凴中 伍祖怡 熊克持

其田四止 東 永康 西 水田 南 永□ 北 永康

道光十三年二月十三日 約人 登 筆

永远為業

〔一〕钤有朱文天门县印，契中一方，左右骑缝印各一方。
〔二〕「厘二毛」为正行右侧添加。
〔三〕「五」后涂去一字「登」。
〔四〕「文」为正行右侧添加。

一—六六六 道光十三年二月十三日史名功卖田赤契〔一〕

立永賣田契約人史名功，今因歲歉，將本己受分大垸白田一形，一畝七分〇六毛，載粮叁分弍厘四，情愿請凴親中史大啓等説合，出筆賣與〔二〕熊宗義名下為業。當日三面言定〔三〕，義出備实值價錢叁串四百乙十三文整，係功親手領訖。自賣之後，任從買主起業耕種，陰陽兩便，百為勿阻。如恐無凴，立此永賣約一帋為據。

册名 史賓户下收纳

其田四止 東 紀綿 西 買主 南 名烈 北 名千 界

凴族戚 心圃 熊明 史大啓 集祥

道光十三年弍月十三日 立永賣田約人 史名功 筆

永远為業

〔一〕钤有朱文天门县印，契中两方，左右骑缝印各一方。
〔二〕此处留有空白。
〔三〕此处留有空白。

一一六六七　道光十三年二月十三日史紀永卖田

赤契[一]

立永賣田契約人史紀永，今因歲歉，將本己受分大垸白田一形，一畝三分，載正艮二分四厘七，請憑親中熊明等説合，永出筆賣與熊宗義名下為業。当日三面言定，義出備時值價錢二串陸百文整，係永親手領訖。自賣之後，任從買主起業，耕種当差，收糧過戶，陰陽兩便，百為無阻，立此賣約一帋為據。

其田四止　東 史大啓　西 史正如　南 史正邦　北 史名中

請憑中　史大啓　明等

道光十三年二月十三日　立永賣約人　史紀永　筆

永遠為業

〔一〕鈐有朱文天门县印，契中一方，左右骑缝印各一方。

一一六六八　道光十三年二月十三日史紀任卖田

赤契[一]

立永賣田契約人史紀任，今因歲歉，將本己受分嶺後白田一形，一畝〇三毛，（在）〔載〕粮乙升六合〇四勺八抄，情愿請憑親中熊明等説合，出筆賣與[二]　熊宗義名下為業。当日三面言定，[三]　義出備实值價錢壹串七百〇五文整，係任親手領訖。自賣之後，任從買主起業，耕種当差，收粮過戶，陰陽兩便，百為勿阻。如恐無憑，立此賣約一帋為拠。

粮在史正春戶下

其田四止　東 春林　西 名選 界　南 在中　北 在梅

憑族戚　心圃　熊明　史大啓　集祥

道光十三年弍月十三日　立永賣田契約人　史紀任　筆

永远為業

〔一〕鈐有朱文天门县印，契中一方，左右骑缝印各一方。

〔二〕此处留有空白。

〔三〕此处留有空白。

一一六六九　道光十三年二月十三日张高东卖田赤契〔一〕

立永賣田契約人張高東，今因移就，將本己義合垸中則白田乙形，七分四厘八毛〔二〕，情愿請憑熊明運説合，東出筆賣與〔三〕熊宗義名下為業。当日三面言定，義出備寔值價錢乙千三百四十六文〔四〕整，係東親手領訖。自賣之後，任從（賣）〔買〕主起業，耕種当差，收粮过戶，百為無阻。恐口無憑，立此賣約一帋為據。（在）〔載〕粮乙升三合七勺〔五〕。

其田四界　東丁　西　南倪　北　止

憑中　熊明運　史大啓

道光十三年二月十三日　立賣田約人　高東　筆

永遠為業

〔一〕鈐有朱文天门县印，契中一方，左右骑缝印各一方。
〔二〕「八毛」为正行右侧添加。
〔三〕此处留有空白。
〔四〕「三百四十六文」为正行右侧添加。
〔五〕此处数字有修改。

一一六七〇　道光十三年二月十三日史大邦卖田赤契〔一〕

立永賣田契約人史大邦，今因歲歉，將本己三合垸白田乙形，弍畆〇一厘六毛，載粮三升七合，情憑親中熊明運説合，邦筆賣與熊宗義名下為業。当日三面言定，義出備實值價錢叁串六百廿九文整，係邦親手領訖。自賣之後，仍從買主起業，耕種当差，收粮過戶，百為無阻。今恐無憑，立此賣約乙帋為拠。

其田四止　東倪　西倪　南倪　北堤　界

憑中　熊明運　史大啓

道光十三年二月十三日　立永賣田契約人　史大邦　筆

永遠為業

〔一〕鈐有朱文天门县印，左右骑缝处各一方。

一一六七一　道光十三年二月十三日史已明卖田

赤契[一]

立永賣田契約人史已明，今因歲歉，將本己受分三合垸白田乙形，乙畝四分七厘[二]，（在）〔載〕粮二升七合〇六，情愿請凴親中説合，出筆賣與熊宗義名下為業。当日三面言定，義出備實值價錢弍串七百四十六文整，係明親手領訖。自賣之後，仍從買主起業，耕種当差，收粮过戸，百為無阻。今恐無凴，立此賣約一帋為拠。

冊名　史已宗戸下收納

凴中　熊明運　史大啓

其田四止　東倪　西溝　南坟　北史　界

道光十三年　二月十三日　立永賣田契約人　史已明　筆

永远為業

[一] 鈐有朱文天门县印，契中一方，左右骑缝印各一方。

[二] 此处数字有修改。

一一六七二　道光十三年二月十三日史之光卖田

赤契[一]

立永賣田契約人史之光，今因歲歉，將本己受分嶺後白田一形，五分三厘八糸，載民米八合四勺八[二]，情愿請凴親中熊明等説合，出筆賣與[三]熊宗義名下為業。当日三面言定，義出備时值價錢玖百〇二文整，係光親手領讫。自賣之後，任從買主起業耕種，收粮過戸，陰陽兩便，百為無阻。今欲有凴，立此賣約一帋為拠。

冊名　史廷眉坤

凴族戚　心圃　集祥　熊明　史大啓

田四止　東名珍　西已法　南已如　北墳　界

道光十三年二月十三日　立永賣田約人　史之光　筆

永遠為業

[一] 鈐有朱文天门县印，契中一方，左右骑缝印各一方。

[二] 此处数字有修改。

[三] 此处留有空白。

一—六七三 道光十三年二月十三日史著先卖田赤契[一]

立永賣田契約人史著先，今因移就，將本己三合垸白田乙形，三畝九分八厘六毛，（在）〔載〕糧七升三合三勺四抄，情愿請憑親中熊明運等説合，出筆賣與　[二]　熊宗義名下為業。当日三面言定，義出備實值價錢柒串六百文[三]整，係先親手領訖。自賣之後，任從（賣）〔買〕主起業，耕種当差，收粮过戶，百為無阻。今恐無憑，立此賣約一帋為據。

冊名　史鼎盛

憑中　熊明運　史大啓

其田四止　東熊　西己界　南熊　界　北家驂

道光十三年二月十三日　立永賣田約人　史著先　筆

永遠為業

〔一〕鈐有朱文天门县印，契中两方，左右骑缝印各一方。

〔二〕此处留有空白。

〔三〕「六百文」为正行右侧添加。

一—六七四 道光十三年二月十三日周之焕卖田赤契[一]

立永賣田契約人周之煥，今因歲歉，將本己受分三合垸白田乙形，乙畝弍分六厘三毛七糸[二]，（在）〔載〕粮二升三合二，情愿請憑親中説合，出筆賣與熊宗義名下為業。当日三面言定，義出備實值價錢弍串弍百七十四文整，係親手領訖。自賣之後，仍從買主起業，耕種当差，收粮过戶，百為無阻。今恐無憑，立此賣約一帋為抶。

冊名　周之煥戶下收納

憑中　熊明運　史大啓

其田四止　東之燦　西史　南周　界　北已松

道光十三年二月十三日　立永賣田契約人　周之煥　筆

永遠為業

〔一〕鈐有朱文天门县印，契中一方，左右骑缝印各一方。

〔二〕「七糸」为正行右侧添加。

一一六七五　道光十三年二月十三日史大才卖田赤契[一]

立永賣田契約人史大才邦，今因歲歉，將本己三合垸白田乙形，乙畝三分一厘，（在）〔載〕粮二升四合一勺，情愿請凴親中[二]熊明運説合，才出筆賣與熊宗義名下為業。当日三面言定，義出備實值價錢弍串三百五十八整，係才親手領訖。自賣之後，仍從買主起業，耕種当差，收粮过戶，百為無阻。今恐無凴，立此賣約一帋為拠。

凴中　熊明運　史大啓

其田四止　東倪　西熊　南史　北史　界

道光十三年二月十三日　立永賣田契約人　史大才　筆

永遠為業

〔一〕鈐有朱文天门县印，契中一方，左右骑缝印各一方。
〔二〕「中」后圈掉两字。

一一六七六　道光十三年二月十三日史仁让卖田赤契[一]

立永賣田契約人史仁讓，今因歲歉，將本己受分嶺後白田一形，壹亩七分八厘二毛四[二]，（在）〔載〕粮伍合三勺，情愿請凴中史大啟等説合，出筆賣與　熊宗義名下為業。當日三面言定，義出備實值價錢三串二百廿文整，係讓親手領訖。自賣之後，任從買主起業耕種，陰陽兩便，百為勿阻。如恐無憑，立此永賣約一帋為據。

册名　史春生户下收纳

其田四止　東在梅　西名桦　南買主　北中溝　界

憑族戚　心圃　熊明　史□□　史[三]　集祥

道光十三年弍月十三日　立永賣田約人　史仁讓　筆

〔一〕鈐有朱文天门县印，契中一方，左右骑缝印各一方。
〔二〕「七分八厘二毛四」为正行右侧添加。
〔三〕「史」为正行右侧添加。

永遠為業

一一六七七　道光十三年二月十四日黄纯缤等卖田赤契〔一〕

立永賣白田約人黄純缤、明，姪其書、純紀仝弟〔二〕，今因不便，將本己受分高作垸白田三形，共弍畝七分三厘□□，(在)〔載〕粮六升六□三，□粮上則，請憑親中宋世鑣说合，明出筆賣与熊中仪名下為(葉)〔業〕。當日三面言定，仪出備實值價錢五串乙百〇四文整，係明仝弟親手领讫。自賣之後，任從買(住)〔主〕起(葉)〔業〕，耕種当差，收粮過戶，百为無祖。今恐無憑，立此賣約一帋為據。此照。

憑中　熊克持　宋士鑣

其田四止共三形

北黄　東游　西张　南游

北路心　東游田　西水田　南水田

北游　東　西水田　南路心　界

〔一〕钤有朱文天门县印，契中二方，骑缝印左、右各一方。

〔二〕原文如此。

道光十三年二月十四日　立永卖白田约人黄純明仝弟　明代筆

萬倍利息

一一六七八　道光十三年二月十四日史廷锡卖田赤契〔一〕

洪大三房四十四帋〔二〕

立永賣田契約人史廷錫，今因歲歉，將本己受分史大垸白田一形，壹畆柒分三厘五毛四系，載正艮三分二厘九毛七系，請凴親中叔大起等説合，錫出筆賣與熊宗義名下為業。當日三面言定，義出備實值價錢三串四百七十文整，係錫親手領(吃)〔訖〕。自賣之後，任從買主起，耕種当差，收糧過戶，百為無阻，陰陽兩便。無得異説，百為無阻，一帋為據。

請凴中　史大起　明運　億

其田四止　東程明萬　南史紀東　西史名琨　北賣主

道光拾三年二月十四日　立永賣田約人　史廷錫　筆

永遠為業

〔一〕钤有朱文天门县印，契中两方，左右骑缝印各一方。

〔二〕「洪大三房四十四帋」应为契约持有者所加。

一—六七九　道光十三年二月十四日艾大云卖田赤契[一]

立永賣田契約人艾大云，今因歲歉，將本己受分大垸白田一形，四分七厘八毛，（在）〔載〕艮九厘〇八系，情愿请凂親中熊明等説合，出筆賣與[二]熊宗義名下為業。當日三面言定，義出備時值價錢九百五十六文整，係雲親手領訖。自賣之後，任從買主起業耕種，收粮過戶，陰陽兩便，百為無阻。今欲有凂，立此賣約一帋為拠。

凂族　戚熊明　心圃　史大啓　集祥

田四止　東　史名爵
西　買主
南　名魁
北　賣主

道光十三年二月十四日　立永賣田約人　艾大云　筆
永遠為業

〔一〕鈐有朱文天门县印，契中一方，左右骑缝印各一方。
〔二〕此处留有空白。

一—六八〇　道光十三年二月十四日史福全卖田赤契[一]

立永賣田契約人史福全，今因歲歉，將本己受分大垸白田一形，九分四厘二毛七系，（在）〔載〕艮乙分七厘九毛，情愿請凂親中熊明等説合，出筆賣與[二]熊宗義名下為業。當日三面言定，[三]義出備時值價錢壹串八百八十五文整，係全親手領訖。自賣之後，任從買主起業耕種，收粮過戶，陰陽兩便，百為無阻。今欲有凂，立此賣約一帋為拠。

冊名　史宗瑞

凂族戚　心圃　熊明　集祥　史大啓

四止　東　史在才
西　賣主
南　紀鼎
北　在才

道光十三年二月十四日　立永賣田約人　史福全　筆
永遠為業

〔一〕鈐有朱文天门县印，契中一方，左右骑缝印各一方。
〔二〕此处留有空白。
〔三〕此处留有空白。

一一六八一　道光十三年二月十四日史纪来卖田

赤契〔一〕

立永賣田契約人史紀來，今因歲歉，將本己受分史家大垸田七分八厘三毛三糸，（在）〔載〕粮乙分四厘八毛八糸，請凴親中熊明等説合，出筆賣與〔二〕熊宗義名下為業。当日三面言定，義出備實值價錢壹串五百六十六文整，係任親手領訖。自賣之後，任從買主起業，耕種当差，收粮過戶，百為勿阻，如恐無凴，立此賣約一帋為拠。

冊名　史廷望戶下收納

其田四止　東 熊光　西止 程名萬　南 賣主　北 載有

凴族戚　心圃　熊明　史大啓　集祥

道光十三年弍月十四日　立永賣田契約人　史紀來　筆

永远為拠

〔一〕鈐有朱文天门县印，左右骑缝处各一方。
〔二〕此处留有空白。

一一六八二　道光十三年二月十四日史纪章卖田

赤契〔一〕

立永賣田約人史紀章，今因歲歉，將本受〔二〕大垸白田一形，一畆二分三厘五毛二糸，（在）〔載〕粮乙升九合七勺六，情愿请凴中大啓説合，章出筆賣與〔三〕熊宗義名下為業。当日三面言定，義出備實值價錢弍串四百八十文整，係章親手領訖。自賣之後〔四〕，仍從買主起業耕種〔五〕，收粮過戶，百為無阻。今欲有凴，立此賣約一紙為拠。

凴中　史大啓　集祥

其田四止　東 史大才　西 名摸　南 文珍　北 大才

道光十三年弍月十四日　紀章　親筆

萬古流傳

〔一〕鈐有朱文天门县印，契中一方，左右骑缝印各一方。
〔二〕「受」字后圈掉两字。
〔三〕此处留有空白。
〔四〕「後」为正行右側添加。
〔五〕「種」为正行右側添加。

一一六八三　道光十三年二月十四日史銘谦等卖田赤契〔一〕

立永賣田契約人史銘謙 讚，今因歲歉，將本己嶺後白田四形，共五畝弍分柒厘〔二〕，情愿請凂中熊明等説合，出筆賣與熊宗義名下為業，当日三面言定，〔三〕義出備時值價錢九串五百文整，係謙親手領訖。自賣之後，任從買主起業耕種，收粮過戸，陰陽兩便，百為無阻。今恐無凂，立此賣約為拠。

冊名在史〔四〕正春戸下收納。

（在）〔載〕民米八升四合三勺弍抄。

凂中　德富　明　熊心圃　史大啓

其田四止　東　買主　西　銘志　南　史在孝　北　買主

其田四止　東　買主　西　史培昌　南　周士鶴　北　銘珍

其田四止　東　史春林　西　史紀□　南　史紀次　北　銘珍

其田四止　東　史銘德　西　買主　南　史紀绵　北　史紀功

永遠為業

道光十三年二月十四日　立永賣契約人　史銘謙　筆

〔一〕鈐有朱文天门县印，契中一方，左右骑缝印各一方。

〔二〕此处数字有修改。

〔三〕此处留有空白。

〔四〕「史」为正行右侧添加。

一一六八四　道光十三年二月十四日史銘瑞卖田赤契一〔一〕

立永賣田契約人史銘瑞，今因歲歉，將本己受分嶺後白田一形，乙畝三分八厘八毛五系，（在）〔載〕米二升二合二勺乙抄六撮，情愿請凂親中熊明等説合，出筆賣與〔二〕熊宗義名下為業。当日三面言定，義出備時值價錢弍串叁百六十文整，係瑞親手領訖。自賣之後，任從買主起業耕種，收粮過戸，陰陽兩便，百為無阻。今欲有凂，立此賣約乙帋為拠。

凂族戚　熊明　心圃　史大啓　集祥

田四止　東　史名寿　西　名成　南　垸堤　北　名宝

〔一〕鈐有朱文天门县印，契中一方，左右骑缝印各一方。

〔二〕此处留有空白。

道光十三年二月十四日　立永賣田約人　史銘瑞　筆

永遠為業

一—一六八五　道光十三年二月十四日史紀紹卖田赤契〔一〕

立永賣田契約人史紀紹，今歲歉，將本己受分三合垸白田一形，一畝二分九厘九，（在）〔載〕粮二升六合一勺八抄，情愿請凴親中熊明等説合，出筆賣與〔二〕熊宗義名下為業。当日〔三〕三面言定，〔四〕義出備實值價錢弍串四百五十一文整，係紹〔五〕親手領訖。自賣之後，任從買主起業耕種，收粮過戸，陰陽兩便，百為無阻。今欲有凴，立此賣約一帋為拠。此照。

冊名　史大邑

請凴親中　熊明等　史大啓　集祥

〔一〕鈐有朱文天门县印，契中两方，左右骑缝印各一方。
〔二〕此处留有空白。
〔三〕「日」为正行右侧添加。
〔四〕此处留有空白。
〔五〕「紹」为正行右侧添加。

其田四止　東　兆科
西　明河
南　路　界
北　倪介

道光十三年弍月十四日　立永賣田契約人　史紀紹　筆

永远為業

一—一六八六　道光十三年二月十四日史永曜卖田赤契〔一〕

立永賣田契約人史永曜，今因歲歉，將本己受分三合垸白田乙形，乙畝九分〔二〕〇六毛二系，（在）〔載〕粮三升五合，情愿請凴親中熊明等説合，出筆賣與〔三〕熊宗義名下為業。当日三面言定，義出備实值價錢千串四百卅文整，係曜親手領訖。自賣之後，任從買主起業耕種，收粮过戸，陰陽兩便，百為無阻。今恐無凴，立此賣約乙帋為拠。

冊名　史永曜戸下收納

〔一〕鈐有朱文天门县印，契中两方，左右骑缝印各一方。
〔二〕「分」为正行右侧添加。
〔三〕此处留有空白。

憑中 熊心圃 明 其田四止 東熊 西 南熊 北 界

道光十三年二月十四日 立永賣田契約人 史永曜 筆

永遠為業

一一六八七 道光十三年二月十四日周之璨卖田赤契〔一〕

立永賣田契約人周之璨，今因歲歉，將本己受分三合垸白田乙形，乙畝二分七厘四毛，（在）〔載〕粮二升三合四，情愿請憑親中熊明運等説合，出筆賣與〔二〕熊宗義名下為業。当日三面言定，〔三〕義出備實值價錢弍串二百九十三〔四〕文整，係璨親手領訖。自賣之後，任從買主起業耕種，收粮過戶，陰陽兩便，百為無阻。今恐無憑，立此賣約乙帋為抆。

冊名 周继修户下收纳。

〔一〕钤有朱文天门县印，契中一方，左右骑缝印各一方。
〔二〕此处留有空白。
〔三〕此处留有空白
〔四〕「十三」为正行右侧添加。

憑中 熊心圃 明 其田四界 東之煥 西史 南賣主 北坟 界

道光十三年二月十四日 立永賣田契約人 周之璨 筆

永遠為業

一一六八八 道光十三年二月十四日史纪雄卖田赤契〔一〕

立永賣田契約人史紀雄，今因歲歉，將本己受分三合垸田五分九厘六毛，（在）〔載〕粮玖合五勺叁抄六作〔二〕，請憑親中熊明等説合，出筆賣與〔三〕熊宗義名下為業。当日三面言定，〔四〕義出備實值價錢乙串〇七十三文整，係任親手領訖。自賣之後，任從買主起，業耕種当差，收粮过戶，百為勿阻。如恐無憑，立此賣約一帋為抆。

冊名史。

〔一〕钤有朱文天门县印，契中一方，左右骑缝印各一方。
〔二〕此处数字有修改。
〔三〕此处留有空白。
〔四〕此处留有空白。

其田四止　東　倪正金
西　止溝
南　史紀因
北　史名中

凴族戚　熊明　心圃
史大啓　集祥

道光十三年二月十四日　立永賣田契約人　史紀來　筆

永遠為拠

一—六八九　道光十三年二月十四日倪兆柏卖田赤契[一]

立永賣田契約人倪兆柏，今因歲歉，將本己受分三合垸白田乙形，五分七厘三毛五糸[二]，情愿請凴親中熊明等説合，出筆賣與[三]熊宗義名下為業。当日三面言定，[四]義出備実值價錢壹串〇卅二文整，係親手領訖。自賣之後，任從買主起業耕種，收粮過戶，陰陽兩便，百為無阻。如恐無凴，立此賣約一帋為拠。

載粮壹升〇五勺五抄。

凴族戚　熊明　心圃　史大啓　集祥

〔一〕鈐有朱文天门县印，契中一方，左右骑缝印各一方。
〔二〕「糸」为正行右侧添加。
〔三〕此处留有空白。
〔四〕此处留有空白。

田四止　東[一]倪主
西　倪正經
南　史著先
北　倪
界

道光十三年二月十四日　立永賣田約人　倪兆柏　筆

永远為業

一—六九〇　道光十三年二月十四日危云邦卖田赤契[二]

立永賣田契約人危雲邦，今因歲歉，將本己受分三合垸白田[三]六分弍厘二毛二糸，（在）〔載〕粮一升一合〇四抄，情愿請凴中史大啓説合，云[四]出筆賣與[五]熊宗義名下為業。当日三面言定，義出備實值價錢壹串乙百廿六[六]整，係危云邦親手領讫。自賣之後，仍買主起業耕種，收粮過戶，陰陽兩便，百為無阻。今恐無凴，立此賣約一帋為拠。

〔一〕此处涂去两个字。
〔二〕鈐有朱文天门县印，契中一方，左右骑缝印各一方。
〔三〕「白田」为正行右侧添加。
〔四〕「云」为正行右侧添加。
〔五〕此处留有空白。
〔六〕「六」为正行右侧添加。

憑中戚 熊明等 史大啓

其田四止 東毛 西鄧 南丁 北鄧 界

道光十三年弍月十四日 立永賣田契約人 危云邦 筆

萬古不汚

一一六九一 道光十三年二月十四日童榜卖田赤契[一]

立永賣田契約人童榜，今將本己受分陳昌上院白田三形，共弍畝六分〇六毛[二]，載粮五升七合三勺五抄，請憑中葉光廷等説合，榜出筆賣與熊宗義名下為業。當日三面言定，义出倍時值價錢四串乙百七十文，係榜親手領訖。自賣之後，任從買主起業，耕種当差，收粮過戶，百為無阻。今恐無凴，立此賣約一帋為據。

一号[三]

憑中 葉光廷

其田四止一形 東童 西童 南黄 北萬

二形 東程 南路中 北黄 西黄

三形 東刘 北童 南刘 西賣主

道光十三年二月十四日 立永賣田契約人 童榜 筆

〔一〕 鈐有朱文天门县印，契中两方，左右骑缝印各一方。
〔二〕 「毛」字行右有一字涂掉。
〔三〕 「一号」应为契约持有者所加编号。

一一六九二 道光十三年二月十四日史銘瑞卖田赤契二[一]

立永賣田契約人史銘瑞，今因歲歉，將本己受分嶺後白田一形，九分三厘五毛，（在）〔載〕米二合八勺，情愿請憑親中熊明等説合，出筆賣與[二]熊宗義名下為業。當日三面言定，[三]義出倍時值價錢乙千五百九十文整，係瑞親手領訖。自賣之後，任從買主起業耕種，收粮過戶，陰陽兩便，百為無阻。今欲有憑，立此賣約一帋為拠。

憑族戚 熊明 心圃 史大啟 集祥

田四止 東史紀綿 西名選 南大林 北中溝

〔一〕 鈐有朱文天门县印，契中一方，左右骑缝印各一方。
〔二〕 此处留有空白。
〔三〕 此处留有空白。

道光十三年二月十四日　立永賣田約人　史銘瑞　筆

永遠為業

一一六九三　道光十三年二月十四日史胡氏卖田赤契〔一〕

立永賣田契約人史胡氏，今因歲歉，將本己受分嶺後白田一形，乙畝乙分，（在）〔載〕米　一升七合六勺，情愿請凴親中熊明等説合，出筆賣與〔二〕熊宗義名下為業。當日三面言定，義出備時值價錢壹串八百七十文整，係胡親手領訖。自賣之後，任從買主起業耕種，收粮過戶，陰陽兩便，百為無阻。今欲有憑，立此賣約一帋為拠。

凴族戚　心圃　集祥　熊明　史大敵

田四止　東　史纪盛　西　纪科　南　春林　北　買主

道光十三年二月十四日　立永賣田約人　史胡氏　史集祥

代筆

〔一〕钤有朱文天门县印，契中一方，左右骑缝印各一方。

〔二〕此处留有空白。

永遠為業〔一〕

一一六九四　道光十三年二月十五日伍保安等卖田赤契〔二〕

立永賣田約人伍保永安，今因不便，將自己受分高作垸白田七分三厘五毛〔三〕，（在）〔載〕　粮上則，請凴親中澤寿説合，安出筆賣与熊宗義名下為業。當日三面言定，義出備時值價錢壹串乙百六十〔四〕文正，係安親手領讫。自賣之後，仍從買主起業，耕種當差，收粮过户，百為無阻。恐口無凴，立此賣约一帋為拠。

凴中　伍祖怡　熊克持

其田四止　東　羅　南　買主　西　坟　北　賣主　界

道光十三年二月十五日　立賣田约人　伍永安　筆

永遠為業

〔一〕参见「道光二十三年十一月二十日史集祥补足田契」（本书收录之一一八七〇号契纸）。

〔二〕钤有朱文天门县印，契中一方，骑缝印左、右各一方。

〔三〕「七分三厘五毛」为改动后数据。

〔四〕「壹串乙百六十文」为改动后数据。

一—六九五　道光十三年二月十五日程忠清等卖田赤契〔一〕

立永賣田約人程忠清潤，今因移就，将祖遺洪積垸漁田三形，計丈二畝二分一厘七毛，随載正銀四分二厘一毛，情愿請憑親中程體綱等説合，清〔二〕出筆永賣與熊篤叙堂名下為業。當日三面言定，熊姓出倫時值價銭六串弍百零七文〔三〕整，係清〔四〕仝中親手領訖。自賣之後，仍從買主收粮过户，起業耕種当差，陰陽両便，百為無〔五〕阻。今恐無凴，立此永賣約一帋為據。

憑中　程建溢　許□　仇劳　程体綱

其田四止　□□　南呈　西雷　北呈

〔一〕钤有朱文天门县印，契中二方，骑缝印左一方。
〔二〕「清」字为正行右侧添加。
〔三〕「文」字为正行右侧添加。
〔四〕「清」字为正行右侧添加。
〔五〕「無」字为正行右侧添加。

二形　东溝　西主　南呈　北呈

三形　东施　南□界　西呈　北周

永遠為業

道光十三年二月十五日　立賣约人　清　筆

一—六九六　道光十三年二月十五日程体璋卖田赤契〔一〕

立永賣田約人程體璋，今因移就，将祖遺洪積垸漁田一形，計丈六分一厘七毫，随載正銀一分一厘九毫，情愿請憑親中程體綱等説合，体璋出筆永賣與熊篤叙堂名下為業。當日三面言定，熊姓出備时值價錢壹串七百弍十七文整，係璋同中親手領讫。自賣之後，仍從買主收粮过户，起業耕種当差，陰陽两便，百為無阻。今恐無憑，立此永賣约一帋為據。

憑中　程体綱　程建溢　许云　仇劳

其田四止　东坟　西買　南呈界　北賀

〔一〕钤有朱文天门县印，契中三方，骑缝印左、右各一方。

道光十三年二月十五日　立永賣约人　体璋　筆

永遠為業

一一六九七　道光十三年二月十五日伍高明卖田赤契[一]

立永賣白田約人伍高明，今因不便，將本己受分高作垸白田六分，粮在上則，请憑中伍祖怡等说合，明出筆賣与熊宗義名下為業。当日三面言定，義出備時值價錢九百六十文正，係明親手领讫。自賣之後，任從買主起業，耕種当差，收粮過戶，百為無阻。今恐無憑，立此為拠。

憑中　伍祖怡　熊克持

其田四止　東羅　南買主　西坟　北賣主　界

道光十三年二月十五日　伍高明　筆

永远為據

〔一〕钤有朱文天门县印，契中一方，骑缝印左、右各一方。

一一六九八　道光十三年二月十八日钱士华卖田赤契[一]

立永賣田約人錢士華，今因不便，將本己受分西汊垸白田九分六厘四毛，魚租正銀乙分八厘三毛二[二]，自情凴中錢宏智説合，出筆賣與熊宗義名下為業。当日三面言定，義出備價錢乙串五百四十九整，係華親手領訖。自賣之後，任從買主起業耕種，收粮過戶，百為無阻。今恐無憑，立此賣約乙帋為據。

三号[三]

凴中　錢開宗　宏義　光昭　羅永年

其田四止　東錢　西彭　南□大　北□　界

道光十三年二月十八日　立永賣田約人　錢士華　筆

〔一〕钤有朱文天门县印，契中一方，左右骑缝印各一方。

〔二〕「二」为正行右侧添加。

〔三〕「三号」应为契约持有者所加编号。

一一六九九　道光十三年二月十九日伍高明卖田赤契〔一〕

立永賣田約人伍高明，今因不便，將自己受分高作垸白田九分乙厘，載粮上則，明請憑親中伍祖貽等說合，明出筆賣与熊宗义名下為業。当日三面言定，义出備時值價錢乙串五百四十七文整，係明親手領訖。自賣之後，任從買主起業，耕種当差，收粮过户，百为無阻。今恐無憑，立此賣約一帋為拠。此照。

憑中　伍祖貽　熊克持

其田四止

東	伍永利
西	買主
南	熊尚運
北	坟

界

道光十三年二月十九日　立永賣白田約人　高明　筆

永远為業

〔一〕鈐有朱文天门县印，契中一方，骑缝印左、右各一方。

一一七〇〇　道光十三年二月十九日伍永庭卖田赤契〔一〕

立永賣白田約人伍永庭，今因移就，將自己受分高作垸白田六分二（力）〔厘〕八毛，載粮上則，請憑親中伍祖貽等说合，庭出筆賣与熊宗义名下為業。当日三面言定，义出備时（直）〔值〕價錢九百四十二文〔二〕正，係伍永庭親手领（乞）〔訖〕。自賣之後，任從買主起業，耕種当差，收粮（个）〔過〕戶，百為無阻。今恐勿憑，立此賣約一帋為據。此照。

憑中

其田四止

南	□□
西	溝
北	水田

界

道光十三年　二月十九日　立永賣白田約人　伍永庭　筆

永遠為業

〔一〕鈐有朱文天门县印，契中一方，骑缝印左、右各一方。

〔二〕「二文」为正行右侧添加。

一一七〇一　道光十三年二月十九日罗永耀卖田赤契〔一〕

立永賣田契約人罗永耀，今因不便，將本己受分下新堰垸白田二畝乙分六厘六毛〔二〕，粮在上則，請凴親中葉光廷説合，耀出筆賣与熊宗義名下為業。當日三面言定，宗義出備實值價錢叁串四伯七十文〔三〕整，係耀親手領訖。自賣之後，仍從買主起業，耕種當差，收糧過戶，百為無阻。今恐無凴，立此賣約一帋為據。

冊名　羅廷公三

載上米四升七合六勺五抄。

三号〔四〕　　　凴中

横形　其田四止　東周　西買　南溝　北刘　界

直形四止　東刘　西伍　南溝　北刘　界

道光十三年二月十九日　立永賣田契約人　罗永耀　筆

〔一〕鈐有朱文天门县印，契中两方，左右骑缝印各一方。

〔二〕此处数字有修改。

〔三〕「文」为正行右侧添加。

〔四〕「三号」应为契约持有者所加编号。

一一七〇二　道光十三年二月十九日罗永凤等卖田赤契〔一〕

立永賣田契約人羅永鳳、劉尹氏，今因不便，將本己受分下新堰垸白田六分七厘三毛〔二〕，粮在民米，冊名罗廷公二，請凴親中劉崇宇説合，鳳〔三〕、劉尹氏出筆賣與熊宗义名下為業。当日三面言定，義出備實值價錢乙串〇八十整，係鳳、尹氏親手領訖。自賣之後，仍從買主起業，耕種当差，收粮過戶，百為無阻。今恐無凴，立此賣約一帋為據。

上則米乙升四合八勺一抄。

二号〔四〕

請凴親中　葉友惠

其田四止　北溝　西唐　南　東唐　界

道光拾叁年弍月拾九日　立永賣田契約人　罗永风　刘尹氏

〔一〕鈐有朱文天门县印，契中一方，左右骑缝印各一方。

〔二〕此处数字有修改。

〔三〕「鳳」后涂去一字。

〔四〕「二号」应为契约持有者所加编号。

仝筆

一一七〇三　道光十三年二月十九日刘正揆等卖田赤契〔一〕

立永賣白田契約人刘正揆儀，今因不便，將本己受分下新堰垸白田二形，乙畆九分七厘五毛〔二〕，粮在民米，四升三合四勺五抄〔三〕，請憑親中〔四〕刘崇宇說合，正義出筆賣與熊宗义名下為業。当日三面言定，義出備實值價錢三串二百五十七文整，係義親手領訖。自賣之後，仍從買主起（葉）〔業〕，耕種当差，收粮過戶，百為無阻。今恐無憑，立此賣□一帋為據。

十号〔五〕

憑中　葉有會　錢老宜　刘崇宇

其田四止　東徐　西買　南坟　北水田　界

其田四止　東徐　西徐　南刘　北刘　界

道光十三年二月十九日　立永賣白田契約人　刘正義　筆

永遠為（葉）〔業〕

冊名　劉崇寅

〔一〕鈐有朱文天门县印，契中两方，左右骑缝印各一方。

〔二〕「毛」为正行右侧添加。

〔三〕此处数字有修改。

〔四〕「中」为正行右侧添加。

〔五〕「十号」应为契约持有者所加编号。

一一七〇四　道光十三年二月十九日罗昌义卖田赤契〔一〕

立永賣田契約人罗昌義，今因不便，將本受分下新堰垸白田二形，乙畆八分二厘一毛〔二〕，載粮四升，請憑親中刘崇宇說合，義出筆賣與熊宗義名下為業，當日三面言定，義出備實值價錢叁串乙伯文整，係義親手領訖。自賣之後，仍從買主起業，耕種當差，收糧過戶，百為無阻。今恐無憑，立此賣約一帋為據。

冊名　罗廷公二

〔一〕鈐有朱文天门县印，契中两方，左右骑缝印各一方。

〔二〕「毛」后涂去二字。

八号〔一〕

凴中　錢宏易　刘崇宇　葉友會

大形其田四止　東罗　西刘　南溝　界　北溝

小形四止　東罗　西刘　南刘　界　北罗

道光十三年二月十九日　立永賣田契約人　罗昌義　筆

新垸八契〡〥〧〤〔二〕　〢〦〇〥〦〔三〕

一一七〇五　道光十三年二月十九日胡上达等卖田赤契〔四〕

立永賣田契約人胡上達、上智章 劉從寧，今因移就不便，將本己受分新堰垸白田三形，共四畝九分三厘五毛〔五〕，載上則民米乙斗〇八合五勺八〔六〕抄，自請凴中葉光廷等説合，出筆賣與熊宗儀名下為業。當日三面言定，義出備實值價錢八串三伯九十文正，係達親手領（乞）〔訖〕。自賣之後，任從買主管業，耕種当差，收粮过戶，百為無阻。今欲有凴，立賣約一帋為據。

乙号〔一〕　冊名　胡進

凴中　開宗　錢宏志　錢宏義　葉有全

其田四止　东胡　南水田　西王　北水田

式形　东　南　西　北　水田

叁彡　东溝　南　西水田　界　北

道光拾三年二月拾九日　立永賣田契約人　胡上達　筆

〔一〕「八号」应为契约持有者所加編号。
〔二〕「〡〥〧〤」即「一五七四□」。
〔三〕「〢〦〇〥〦」即「二六〇五六」。
〔四〕钤有朱文天门县印，契中两方，左右骑缝印各一方。
〔五〕此处数字有修改。
〔六〕此处数字有修改。

〔一〕「乙号」应为契约持有者所加编号。

一一七〇六　道光十三年二月十九日刘宽保等卖田赤契〔一〕

立永賣田契約人劉寛保、正科、從安，今因不便，將本己受分下新堰垸白田三形，共弍畆七分七厘六毛〔二〕，載上米六升一合〇七抄〔三〕，自請凴親中葉友会説合，保等〔四〕出筆賣與熊宗義名下為業。當日三面言定，義出備時值價錢肆串四百四十一文正，係保等親手領（乞）〔訖〕。自賣之後，任從買主起業，耕種当差，收粮过戶，百為無阻。今欲有凴，立此賣約一帋為據。

冊名　上國

四五号〔五〕九　科保安

凴中　葉友会　兄崇字　钱宏易志

〔一〕钤有朱文天门县印，契中两方，左右骑缝印各一方。

〔二〕此处数字有修改。

〔三〕「抄」后涂去一字。

〔四〕「等」为正行右侧添加。

〔五〕「九五四号」应为契约持有者所加编号。

寛保田其田四止：北　西刘　南　東罗

崇安田又四止：東唐　南坑　西程　北刘

正科田又四止：北刘　西　南唐界　東刘

道光十三年二月十九日　刘寛保　筆

一一七〇七　道光十三年二月十九日刘崇琦卖田赤契〔一〕

立永賣田契約人刘崇琦，今因不便，將本己受分下新堰垸白田八分三厘，載上米乙升八合二勺六抄，自请凴親中葉有会説合，琦出筆（買）〔賣〕與熊〔二〕宗〔三〕義名下為業。当日三面言定，義出備時值價錢乙串三百卅八文正，係琦親手領讫。自賣之後，任從買主起業，耕種当差，收粮過戶，百為無阻。今恐無凴，立此賣約一帋為據。

〔一〕钤有朱文天门县印，契中一方，左右骑缝印各一方。

〔二〕「熊」后涂去「中」字。

〔三〕「宗」为正行右侧添加。

凴中　刘崇宇
　　　葉友会
　　　錢宏志
　　　錢宏易

其田四止　東刘
　　　　　西唐界
　　　　　南
　　　　　北羅

道光十三年二月十九日　刘崇琦　筆

一一七〇八　道光十三年二月十九日唐必延卖田赤契〔一〕

立永賣白田契約人唐必延，今因不便，將本己受分新堰下垸白田五分五厘六毫，請凴親中葉有會等〔二〕說合，延出筆賣与熊宗義為業。当日三面言定，義出倫實值價錢八百九十文整，係延親手領訖。自賣之後，仍從買主起業，耕種当差，收粮過戶，百為無阻。今恐無凴，立此賣約一帋為據。載上則民〔米〕乙升二合二勺三抄，冊名唐仁德。

七号〔三〕

凴中　刘從宗
　　　錢開中
　　　葉有会

〔一〕钤有朱文天门县印，契中一方，左右骑缝印各一方。

〔二〕「等」为正行右侧添加。

〔三〕「七号」应为契约持有者所加编号。

其田四止　北唐水田
　　　　　南
　　　　　西唐
　　　　　東唐
　　　　　界止

道光十三年二月拾九日　立永賣田契約人　唐必延　筆

永遠為業

一一七〇九　道光十三年二月十九日钱明忠卖田赤契〔一〕

立永賣田契約人錢明忠，今因不便，將本己受分西汊垸白田乙畝零四厘，載官庄正艮叁分乙厘二毛，請凴中錢開宗等說合，出筆賣與熊宗義名下為業。三面言定，義出倫時值價錢乙千陆百六十六文整，係忠親手領訖。自賣之後，任從買〔二〕主起業耕種，收粮過戶，百為勿阻。此據。

二号〔三〕

凴中　錢宏義
　　　宏智
　　　光昭
　　　羅永年

其田四止　東賣主
　　　　　西買主
　　　　　南熊界
　　　　　北錢

〔一〕钤有朱文天门县印，契中一方，左右骑缝印各一方。

〔二〕「買」为正行右侧添加。

〔三〕「二号」应为契约持有者所加编号。

道光十三年二月十九日　錢明忠　筆
皇垸官十三

一—七一〇　道光十三年二月十九日彭起栀卖田赤契〔一〕

立永賣田契約人彭起梔，今因移就不便，將本己受分洒汊垸白田二形，二畝一分五厘三毛，載漁租正銀四分〇九毛，請憑中錢光昭等説合，出筆賣與熊宗儀名下為業。當日三面言定，出備實價錢叁串〇卅文整，係梔親手領訖。自賣之後，任從買主起業，耕種当差，收粮过戶，百為無郎。今（恐）〔欲〕有憑，立此賣約一帋為據。

此田無春稞，係約內減價算。

四号〔二〕

其田四止　東錢　西尉　南路　北張

憑中　錢宏志　徐永年　開中

〔一〕鈐有朱文天门县印，契中一方，左右骑缝印各一方。
〔二〕「四号」应为契约持有者所加编号。

又四止　東張　西錢　南溝　北路

道光十三年二月十九日　立永賣田契約人　彭起梔　筆

一—七一一　道光十三年二月十九日唐必远等卖田赤契〔一〕

立永賣白田契約人唐必遠〔二〕同劉氏，今因不便，將父置陳昌上垸白田三形，共弍畝五分九厘六毛〔三〕，載粮五升七合一勺三抄〔四〕，遠請憑親中葉直惠等説合，遠出筆賣與熊宗義名下為（葉）〔業〕。當日三面言定，義出備實值價錢肆串四百文整，係遠親手領訖。自賣之後，仍從買主起（葉）〔業〕耕種，当差收粮過戶，百為無阻。今欲有憑，立此賣約一紙為拠。

冊名　必德

二号〔五〕

〔一〕鈐有朱文天门县印，契中两方，左右骑缝印各一方。
〔二〕「遠」字正行右側添加「远」字。
〔三〕「六毛」为正行右側添加。
〔四〕「三抄」为正行右側添加。
〔五〕「二号」应为契约持有者所加编号。

凴中 錢開中 葉光廷 錢易

其田四止 北路心 西葉 南黄 東程

又四止 北程 西葉 南程 東賣主

又田四止 北葉 西路心 南 東路心

道光十三年二月十九日 立永賣田契人 唐必遠 筆

上陳昌九契

一一七一二 道光十三年二月十九日叶光于卖田赤契〔一〕

立永賣田契約人葉光于，今因移就〔二〕不便，將本己受分陳昌上垸白田二形，二畝〇二厘二毛〔一〕，載粮四升四合五勺，請凴親中葉光廷説合，出筆賣與熊宗义名下為業。当日三面言定，义〔二〕出俻實值價錢三串四伯文整，係于親手領訖。自賣之後，仍從買主起業，耕種当差，收粮過戶，百為無阻。今欲有凴，立此賣約一帋為據。

冊名 光照

三号〔三〕

凴中 開中 錢宏智 葉光廷

其田四止 東郭 西李 南坟 北熊 界

又其田四止 東 西 南 北 倶葉界

道光十三年二月十九日 立永賣田契約人 葉光于 筆

〔一〕钤有朱文天门县印，契中两方，左右骑缝印各一方。
〔二〕「就」为正行右侧添加。

〔一〕此数字有修改。
〔二〕「义」为正行右侧添加。
〔三〕「三号」应为契约持有者所加編号。

一一七一三　道光十三年二月十九日吳昭鐸卖田赤契[一]

立永賣田契約人吳昭鐸，今因移就[二]不便，將本己受分陳昌上白田二形，乙畝〇八厘伍毛三，載粮二升三合八勺七抄六作，請凴中葉光廷説合，鐸出筆賣与熊宗義名下為業。当日三面言定，义出僐時[三]值價錢一串八百四十文整，係鐸親手領訖。自賣之後，任從買主起業，耕種当差，收粮過戶，百為無阻。（令）〔今〕欲有凴，立此賣約一帋為才。

四号[四]

凴中　錢宗　葉光廷　錢宏志

其田四止　東葉　西肖　南　北水田　界

小形四止　東专　西乡　南水田　北路中　界

〔一〕鈐有朱文天门县印，契中两方，左右骑缝印各一方。

〔二〕「就」为正行右侧添加。

〔三〕「时」后涂去「實」字。

〔四〕「四号」应为契约持有者所加编号。

道光十三年二月十九日　立永賣田契約人　吳昭鐸　筆

上卩昌

一一七一四　道光十三年二月十九日熊光祖卖田赤契[一]

立永賣田契約人熊光祖，今因不便，將本己受分陳昌下垸白田三形，乙畝六分四厘四毛[二]，載粮三升六合一勺九抄，請凴親中葉光廷説合，祖出筆賣与熊宗义名下為業。当日三面言定，义出僐實值價錢弍串七伯文整，係祖親手領訖。自賣之後，仍從買主起業，耕種当差，收粮過戶，百為無阻。今欲有凴，立此賣約一帋為據。

五号[三]

凴中　錢紅志　葉光廷　錢宏義

其田四止　東彭　西肖　南陳　北水田　界

〔一〕鈐有朱文天门县印，契中两方，左右骑缝印各一方。左上角注有「上陈昌　五形」字样。

〔二〕「毛」后涂去「七丝」二字。

〔三〕「五号」应为契约持有者所加编号。

小形其田四止
東 肖
西 彡
南 賣主 界
北 水田

又
东
西 吴
南 坟
北 彭

道光十三年二月十九日　立永賣田契約人　熊光祖　筆

上陈昌　五　峙

一一七一五　道光十三年二月十九日史雪春卖田赤契〔一〕

立永賣田契約人史雪春，今因歲歉，將本己受分嶺後白田一形，八分六厘五毛三，（在）〔載〕米二合陸勺〔二〕，情愿請憑親中熊明等説合，出筆賣與〔三〕熊宗義名下為業。當日三面言定，　義出備时值價錢乙串伍百八十文整，係春親手領訖。自賣之後，任從買主起業耕種，收粮過戶，陰陽兩便，百為無阻。今欲有憑，立此賣約一帋為據。

〔一〕　鈐有朱文天门县印，契中一方，左右骑缝印各一方。
〔二〕　此处数字有修改。
〔三〕　此处留有空白。

册名　史現公

憑族戚　熊明　心圃　史大啟

田四止
東 史纪玉
西 纪法
南 纪鼎
北 德遠

道光十三年二月十九日　立永賣约人　史雪春　筆

永遠為業

一一七一六　道光十三年二月二十日伍光欲卖田赤契〔一〕

立永賣白田約人伍光欲，今因不便，將自己受分高作垸白田壹畝弍分三厘，載粮上則，欲請〔二〕憑親中伍祖貽等説合，欲出筆賣与熊宗義名下為業。當日三面言定，義出備時值價錢壹串九百六十八文整，係欲親手領訖。自賣之後，任從買主起業，耕種当差，收粮過户，百為無阻。今恐無憑，立此賣约一帋為拠。此照。

〔一〕　鈐有朱文天门县印，契中一方，骑缝印左、右各一方。
〔二〕　「請」为正行右侧添加。

憑中 伍祖貽 熊克持

其田四止 東伍 西坑 界 南水田 北伍思安

道光十三年二月廿日 立永賣白田約人 光欲 筆

永遠為業

一一七一七 道光十三年二月二十日伍泽恺卖田赤契〔一〕

立永賣白田約人伍澤愷，今因不便，將本己受分高作垸白〔二〕田二形〔三〕，八分四〔四〕厘一毛，載粮上則，請凴親中叔祖貽等説合，愷出筆賣與熊宗義名下為業。當日三面言定，義出備實值價錢乙串二百六十三文正，係愷親手領訖。自賣之後，任從買主起業，耕種当差，收粮过户，（陌）〔佰〕為無阻。今恐無凴，立此賣約一帋為據。此照。

凴中 伍澤寿 熊克持

其白田四止 東伍 西路心 南伍 北水田

〔一〕鈐有朱文天门县印，契中一方，骑缝印左、右各一方。

〔二〕「白」字为正行右側添加。

〔三〕「二形」二字为正行右側添加。

〔四〕「四」后删去一字。

又四止 東伍 西伍 界 南水田 北路

道光拾三年二月二十日立 永賣白田約人 伍澤愷 筆

永遠為業

一一七一八 道光十三年二月二十日伍泽甫卖田赤契〔一〕

立永賣白田約人伍澤甫，今因不便，將自己受分高作垸白田壹畝三分〇五毛〔二〕，載粮上則，甫請憑親中伍祖貽等説合，出筆賣与熊宗義名下為業。當日三面言定，義出備時值價錢弍串〇八十八　文整，係甫親手領訖。自賣之後，任從買主起業，耕種当差，收粮过户，百为無阻。今恐無憑，立此賣約一帋為拠。此照。

憑中 熊克持 伍祖貽

其田四止 東水田 西伍 界 南水田 北伍

〔一〕鈐有朱文天门县印，契中一方，骑缝印左、右各一方。

〔二〕此处数据有改动。

道光十三年二月廿日　立永賣白田約人　伍澤甫　筆

永遠為業

一一七一九　道光十三年二月二十日伍保安等卖田赤契〔一〕

立永賣白田约人伍保永安等，今因移就，將本己受分高作白田八分五厘，載粮上則，請憑親中伍煥章等說合，安出筆賣与熊義宗名下。当日三面言定，義出偹時值價錢壹串五百卅文整，係安親手領訖。自賣之後，任從買主起業，耕種当差，收粮過户，百為無阻。今恐無憑，立此賣約一帋為據。

憑中　熊克宗　伍祖怡

其田四止　東買主　南伍　西路　北李　界

道光拾三年二月廿日　伍永安　筆

永遠為業

〔一〕钤有朱文天门县印，契中一方，骑缝印左右各一方。

一一七二〇　道光十三年二月二十日伍仲有卖田赤契〔一〕

立永賣白田契约人伍仲有，今因不便，將自己受分高作垸白田二形，三畝壹分三厘乙毛，載粮上則，請憑親中伍祖貽等说合，有出筆賣與熊宗義名下為業。当日三面言定，義出偹價錢叁串七百五十六文整，係有親手領讫。自賣之後，任從買主起業，耕種当差，收粮過户，百为無阻。今恐無憑，立此賣約一帋為據。此照。

憑中　熊克持

其田四止　东祖新　西伍祖山　南祖□　北祖權

又一形四止　东伍祖權　西德進　南坟　北祖山　界

道光十三年弍月廿日　立永賣白田契约人　伍仲有　筆

册名　伍佩玉

〔一〕钤有朱文天门县印，契中二方，骑缝印左右各一方。

一一七二　道光十三年二月二十日钱乐朋卖田

赤契〔一〕

立永賣田契約人錢樂朋，今因不便，將本己受分南灣垸白田四形，三畝七分六厘五毛七〔二〕，漁租七分乙厘五毛四，自请憑中錢開宗等説合，出筆賣與熊宗義名下為業，三面言定，時價钱六串四伯整，係朋親手領讫。自賣之後，任從買主管業当差，收粮過戶，百為勿阻，立此賣約為據。

一号〔三〕

憑中　錢宏智　宏义　開宗

大一形四止　南 士忠　西 熊　東 為章　北 忠礼

二形四止　東 水田　西 熊　南 以能　北 熊

三形四止　東 熊　西 士忠　南 以能　北 樂賢

四形四止　東 元忠　西 路心　南 路心　北 錢界

道光十三年二月廿日　樂朋　筆

〔一〕钤有朱文天门县印，契中两方，左右骑缝印各一方。

〔二〕「七」为正行右侧添加。

〔三〕「一号」应为契约持有者所加编号。

一一七三　道光十三年二月二十日史纪润卖田

赤契〔一〕

立永賣田契約史紀润，今因歲歉，將本己受分嶺後白田一形，五分〇五毛五系，（在）〔載〕米八合一□六抄〔二〕，情愿請憑親中熊明等説合，潤出筆賣與熊宗義名下為業。当日言定，義出備時值價錢捌百十文整，係潤親手領訖。自賣之後，任從買主起業，耕当差，收粮過戶。無得異説，立此賣約一帋為據。

冊名　史來書

憑族戚　熊明　心圃　史大啓

其田四止　東 蘆氏　西 史紀相　南 坟　北 紀宗

道光十三年二月廿日　立永賣約一帋為據　史紀潤　筆

永遠為業

〔一〕钤有朱文天门县印，契中一方，左右骑缝印各一方。

〔二〕此处数字有修改。

一一七二三　道光十三年二月二十日倪正纬卖田赤契[一]

立永賣田契約人倪正緯，今因歲歉，將本己受分史家垸白田一形，二畝，情愿請凴親中熊明等説合，出筆賣與熊宗義名下為業。當日三面言定，義出備實價錢四串文整，係緯親手領訖。自賣之後，任從買主起業耕種，收粮过戶，陰陽兩便，百為無阻。今恐無凴，立此賣約一帋為據。載粮四升四合。

凴中　熊明　熊心圃　史大啓　史集祥

其田四止　東買主　西賣主　南路　北溝　界

道光十三年二月廿日　立永賣田契約人　正緯　筆

永遠為業

〔一〕鈐有朱文天门县印，契中两方，左右骑缝印各一方。

一一七二四　道光十三年二月二十日史润齐卖田赤契一[一]

立永賣田契約人史潤齊，今因歲歉，將本己受分大垸白田一形，乙畝三分八厘[二]，在正銀二分六（力）〔厘〕三毛八，情愿請凴親中史大啓説合，潤出筆賣與熊宗義名下為業。當日三面言定，義出備時（直）〔值〕價錢二串柒百五十六文整，係齊親手領訖。自賣之後，任從買主起業，耕種当差，收糧過戶，陰陽兩便，百為無阻，立此賣約一帋為據。

請凴中　史大啓

其田四止　東已如　西木林　南名中　北墳

道光十三年二月廿日　立永賣田契約人　齊　筆

萬古尚存

〔一〕鈐有朱文天门县印，契中一方，左右骑缝印各一方。
〔二〕此处数字有修改。

永遠為拠

一—七二五　道光十三年二月二十日史润齐卖田

赤契二[一]

立永賣田契[二]約人史潤齊，今因歲歉，將本己受分嶺後白田一畆一分弍厘八毛[三]，載民米乙升捌合〇四抄，情愿請凂親中熊明等説合，出筆賣與　[四]熊宗義名下為業。當日三面言，義出倫實值價錢壹串九百十八整，親手領訖。自賣之後，任從買主起業，耕種当差，收粮過戶，陰陽兩便[五]，百為無阻。今恐無凂，立此賣約乙帋拠。

粮在春雲戶下

請凂親中　熊明　心圃　史大啓　集祥

田四止　東 路　西 紀治　南 史紀鼎　北 紀來

道光十三年二月廿日　立永賣田契約人　齊　筆

〔一〕鈐有朱文天门县印，契中一方，左右骑缝印各一方。
〔二〕「田契」为正行右側添加。
〔三〕此处数字有修改。
〔四〕此处留有空白。
〔五〕「陰陽兩便」为正行右側添加。

一—七二六　道光十三年二月二十日史銘忠卖田

赤契[一]

立永賣田契人史銘忠，今因歲歉，將本己受分嶺後白田一形，壹畆柒分七厘五毛五糸[二]，（在）〔載〕民米叁升弍合七勺[三]，情愿請凂親中熊明等説合，出筆賣與[四]熊宗義名下為業。當日三面言定，義出倫時值價錢叁串〇卄文整，係忠親手領訖。自賣之後，任從買主起業耕種，收粮過戶，陰陽兩便，百為無阻。今恐無凂，立此賣約一帋為據。

冊名　史正春

凂中　熊明　史大啓 集祥

田四止　東 倪正縉　西 賣主　南 史大邦　北 紀善

道光十三年二月廿日　立永賣田約人　史銘忠　筆

永遠為業

〔一〕鈐有朱文天门县印，契中两方，左右骑缝印各一方。
〔二〕「五毛五糸」为正行右側添加。
〔三〕此处数字有修改。
〔四〕此处留有空白。

一一七二七　道光十三年二月二十日史春荣卖田赤契[一]

立永賣田契約人史春榮，今因歳歉，將嶺後白田一形，一畝三分〇四毛[二]，（在）〔載〕米三合九勺，情愿请凴親中熊明等説合，出筆賣與[三]熊宗義名下為業。当日三面言定，[四]義出俻时值價錢弍串六百一十文整，係榮親手領訖。自賣之後，任從買主起業耕種，收粮過戶，陰陽兩便，百為無阻。今欲有凴，立此賣約一帋為抄。

粮在本名戶下

凴中　熊心圃　史大啓　集祥

田四止　東熊　西史紀綿　南在銑　北中溝　界

道光十三年二月二十日　立永賣約人　史春榮　筆

永遠為業

〔一〕钤有朱文天门县印，契中一方，左右骑缝印各一方。

〔二〕「〇四毛」为正行右侧添加。

〔三〕此处留有空白。

〔四〕此处留有空白。

一一七二八　道光十三年二月二十日倪朝庵卖田赤契[一]

立賣田約人倪朝菴，今因移就不便，將本己三合垸白田二形，弍畝三分二厘九毛，載米四升二合九勺，情愿請凴親中熊明運説合，出筆賣与熊宗義名下為業。当日三面言定，義出俻寔值價錢四串四百卅整，係菴親手領訖。自賣之後，任從買主起業，耕種当差，收粮過戶，百為無阻。恐口無凴，立此賣約一帋為抄。

凴中　熊明運　德富

其田四止　東倪達　西倪昆　南坟　北埧

二形　东張萬豊　西倪正經　南正緡　北溝　界

道光十三年二月卄日　立賣田約人　倪朝菴　筆

〔一〕钤有朱文天门县印，契中两方，左右骑缝印各一方。

一一七二九　道光十三年二月二十日尹玉万卖田

赤契〔一〕

立永賣田契約人尹玉萬，今因移就，將祖移皇田垸白田乙畝三分〇三毛七丝〔二〕，載粮民米弍升三合四勺六抄六，萬請凂親中羅永年等説合，萬出筆賣與熊宗義名下為業。當日三面言定，義出備實值價錢壹串九伯五十四文整，係萬親手領訖。自永賣之後，仍從買主起業，耕種当差，收粮過戶，百為無阻。今欲有凂，立此永賣約一帋為據。

七号〔三〕

凂中　錢宏志　羅世鐸　開宗　　其田四止　北周　南至徐　西錢水田　東尹水田　界

道光拾叁年二月二十日　立永賣田契約人　尹玉萬　筆

〔一〕鈐有朱文天门县印，契中一方，左右骑缝印各一方。契约左上角注有「皇外垸民米六张□昌选，係三号」字样。

〔二〕「七丝」二字为正行右侧添加。

〔三〕「七号」应为契约持有者所加编号。

一一七三〇　道光十三年二月二十日张仪卖田

赤契〔一〕

增办〔二〕

立永賣田契約人張儀，今因移就不便，將本已受分皇田垸白田一形，一畝零二厘，載官莊正銀三分〇六毛，自請凂中錢〔三〕光昭等説合，出筆賣與熊宗義名下為業。當日三面言定，義出備實值價錢乙串六伯卅二文整。係儀親手領訖。自賣之後，仍從買主起業，耕〔四〕種当差，收粮過戶，百為無阻。今欲有凂，立此賣約一帋為據。

六号〔五〕

凂中　錢宏志　光照　宏易　　其田四止　北潘　南徐　西路　東坟　界

道光十三年二月廿日　立永賣田契約人　張儀　筆

〔一〕鈐有朱文天门县印，契中一方，左右骑缝印各一方。

〔二〕「增办」应为契约持有者所加。

〔三〕「錢」为正行右侧添加。

〔四〕「耕」为正行右侧添加。

〔五〕「六号」应为契约持有者所加编号。

一一七三一　道光十三年二月二十日钱大科卖田

赤契〔一〕

立永賣田契約人錢大科，今因不便，將本己受分陳昌垸白田乙畝六分一厘五毛四〔二〕，載漁租叁分〇七毛，自请湀中錢開宗等説合，出筆賣與熊宗義名下為業。三面言定，義出備〔三〕時價弍千六百正。係科親手領訖。自賣之後，任從買主管業耕種，收粮過戶，百為勿阻，立此賣約為據。

一号〔四〕

湀中　錢宏智　宏義　光昭　正元　開宗

其田四止　東張　西張　南溝　北台

小形四止　東厚儀　西張　南買主　北錢　界

道光十三年二月廿日　大科　筆

〔一〕鈐有朱文天门县印，契中一方，左右骑缝印各一方。

〔二〕「四」为正行右侧添加。

〔三〕「義出備」为正行右侧添加。

〔四〕「一号」应为契约持有者所加编号。

一一七三二　道光十三年二月二十日史仁让卖田

赤契〔一〕

立永賣田約人史〔二〕仁讓，今因歲歉，將本己受分嶺後白田一形，乙亩五分四厘六毛，情愿請湀親中熊明等説合，出筆賣與　熊宗義名下為業。当日三面言定，義出備時值價錢弍串九百卅八文整，係讓親手。自賣之後，任從買主起業耕種，收粮過戶，陰陽兩便，百為無阻。今恐無憑，立此賣約一帋為據。

（在）〔載〕粮弍升四合七撮八抄。

湀中　熊心圃　史大敵　集祥

田四止　東史紀郁　西紀潢　南紀郡　北紀郁

道光十三年二月廿日　立永賣田約人　史仁讓　筆

永遠為業

〔一〕鈐有朱文天门县印，契中一方，左右骑缝印各一方。

〔二〕「史」字后删去一字。

一一七三三 道光十三年二月二十日史铭寿等卖田赤契〔一〕

立永賣田契約人史銘壽，仝弟銘康、銘宝，今因歲歉，將本己受分嶺後白田三形，共二畝一分五厘捌毛，（在）〔載〕米三升四合五勺八抄，情愿請凴親中熊明等説合，出筆賣與〔二〕熊宗義名下為業。当日三面言定，義出俻時值價錢四串壹百〇弍文整，係寿等親手領訖。自賣之後，任從買主起業耕種，收粮過戶，陰陽两便，百為無阻。今欲有凴，立此賣約一帋為據。

凴中　熊明　心圃　史大啟　集祥

田四止　東　史纪珍　西　路　南　賣主　北　纪梁

又一形四止　東　買主　西　史继盛　南　宏明　史　北　宏明

又一形　東史紀治　西路　南史鳳山　北鳳山

〔一〕鈐有朱文天门县印，契中两方，左右骑缝印各一方。

〔二〕此处留有空白。

道光十三年二月廿日　立永賣約人史銘寿　仝弟　康　宝　筆

永遠為業

一一七三四 道光十三年二月二十日史铭山卖田赤契〔一〕

立永賣田契約人史銘山，今因歲歉，將本己受分嶺後白田一形，八分七厘四毛八，（在）〔載〕米乙升三合九勺九，情愿请凴親中熊明等説合，出筆賣與〔二〕熊宗義名下為業。当日三面言定，義出俻時值價錢壹串五百七十四文整，係山親手領訖。自賣之後，任從買主起業耕種，收粮過戶，陰陽兩便，百為無阻。今欲有憑，立此賣約一帋為據。

凴中　熊明　心圃　史大啟　集祥

田四止　东　史在铣　西　買主　南　賣主　北　在铣

道光十三年二月廿日　立永賣田約人　史銘山　筆

永遠為業

〔一〕鈐有朱文天门县印，契中一方，左右骑缝印各一方。

〔二〕此处留有空白。

一—七三五 道光十三年二月二十日史纪玉卖田赤契[一]

立永賣田契約人史纪玉，今因歲歉，將本己受分嶺後[二]白田一形，一亩〇一（力）〔厘〕七毛五[三]，情愿請凴親中史大啟說合，出筆賣與熊宗義名下為業。当日三面言定，熊出備實值價錢一串七百四十七整，係親手領訖。自賣之後，任從買主起業耕種，收粮過戶，陰陽兩便，百為無阻。今恐無憑，立此賣約為據。

載粮四合，冊史廷望。

凴中 熊德富 史大啟 集祥

其田四止 東 紀永 西 紀勳 南 明貞 北 中溝

道光十三年二月廿日 纪玉 筆

永遠為業

〔一〕钤有朱文天门县印，契中一方，左右骑缝印各一方。

〔二〕「後」为正行右侧添加。

〔三〕「毛五」为正行右侧添加。

一—七三六 道光十三年二月二十日史大邦等卖田赤契[一]

立永賣田契約人史大邦、弟大才，今因歲歉，將本己受分三合垸白田一形，乙畆〇六厘壹毛[二]，情凴親中說合，才出筆賣與熊宗義名下為業。当日三面言定，義出備實值價錢弍串一百廿文整，係邦親手領訖。自賣之後，仍從買主起業，種当差，收粮過戶，百為無阻。今恐無凴，立此賣約乙帋為拠。

載粮乙升九合五勺二抄。

凴中 熊明運 史大啓

其田四止 东 溝 西 史己萬 南 史賣主 界 北 倪正經

道光十三年二月二十日 立永賣田契約人 史大邦 弟 筆

永遠為業

〔一〕契中钤有朱文天门县印，左右骑缝处各一方。

〔二〕此处数字有修改。

一一七三七　道光十三年二月二十日史大笏卖田赤契〔一〕

立永賣契約人史大笏，今因歲歉，將本己受分嶺後白田一〔二〕形，一亩，（在）〔載〕粮乙升六合，情愿請凂中弟大啟説合，笏出筆賣與　熊宗義名下為業。当日三面言定，義出備寔值價錢弍串文整，係笏親手領訖。自賣之後，任從買主起業耕種，收粮過戶，陰陽兩便，百為無阻。今恐無憑，立此賣約一帋為拠。

凂中　弟　大啟

其田四止　东　西　南　北　俱止買主界

道光十三年弍月廿日　史大笏　親筆

永垂萬世

〔一〕鈐有朱文天门县印，契中一方，左右骑缝印各一方。

〔二〕「一」为正行右侧添加。

一一七三八　道光十三年二月二十日倪正经卖田赤契〔一〕

立永賣田約人倪正經，今因年歲荒歉，將本己受分三合垸白田三形，共四畝二分八厘六毛，（在）〔載〕民米七升八合八勺六抄，情愿請凂親中熊明等説合，出筆賣與〔二〕　熊宗義名下為業。当日三面言定，義出備时值價錢捌串一百四十五文整，係經親手領訖。自賣之後，任從買主起業耕種，收粮過戶，陰陽兩便，百為無阻。今欲有憑，立此賣約一紙為拠。

凂中　熊明　史大啟

田四止　東　史懋官　西　史紀萬　南　方桂芳　北　路

又一形　东　買主　西　賣主　南　史銘德　北　賣主

又一形　东　倪正缙　西　史大才　南　正缙　北　溝

道光十三年二月廿日　立永賣田約人　倪正經　筆

〔一〕鈐有朱文天门县印，契中两方，左右骑缝印各一方。

〔二〕此处留有空白。

永遠為業

一一七三九 道光十三年二月二十日史铭功卖田赤契[一]

立永賣田契約人史铭功，今因歲歉，將受分三合垸田一亩〇五厘，（在）〔載〕米一升九合〇三撮二[二]抄，情愿請凂中史大啟説合，出賣與 熊宗義名下為業。當日三面言定，義出備實值價錢壹串八百九十文整，係名功親手領訖。自賣之後，任從買主起業耕種，收粮過戶，百為無阻。今欲有憑，立此賣約一帋為拠。

凂中叔 大啟 集祥

其田四止 東 倪兆愷 西 兆柯 南 北 賣主

道光十三年弍月廿日 名功 親筆

永远为拠

〔一〕钤有朱文天门县印，契中两方，左右骑缝印各一方。

〔二〕此处数字有修改。

一一七四〇 道光十三年二月二十一日唐奇儒卖田赤契[一]

立大賣白田約人唐奇儒，今因不便，將本己受分皇田垸白田三形[二]，四畝一分八厘三毛六，載粮七升五合三勺，自請凂中罗永年等説合，儒出筆賣與熊宗義名下為業。當日三面言定，義出備時值價錢七串一百文整，係儒親手領讫。自賣之後，任從買主起業，耕種当差，收粮过戶，百為無阻。今欲有凂，立此賣約一帋為據。

凂中 錢開中 世汗 罗永年 錢洪志

其田四止 東 路心 西 南 唐 北

二形 東 水田 西 南 罗 北 水田

三形 东 買主 西 水田 南 坟 北 水田 界

道光十三年二月廿一日 唐奇儒 筆

〔一〕钤有朱文天门县印，契中两方，左右骑缝印各一方。

〔二〕「三形」为正行右侧添加。

一—七四一　道光十三年二月二十一日尹生福等卖田赤契〔一〕

立永賣田約人尹生福輝，今因不便，將本己受分皇田垸白田乙畝三分六厘七毛，載民米二升四合六勺二抄，自請凂中□羅永年説合，賣與熊宗義名下為業。當日三面言定，义〔二〕出備實價弍串零伍十六文〔三〕整。係選全□親手領讫。自賣之後，任從買主起業當〔四〕差，收粮過戶，百為勿阻。今恐無凂，立此賣約一帋為據。

四号〔五〕　冊名　尹宗仁

凂中　開忠　宏義　钱宏智　罗永年　　其田四止　東　賣　南　賣墳　西　唐　北　賣

道光十三年二月廿一日　立永賣田約人　尹生福輝　筆

〔一〕钤有朱文天门县印，契中一方，左右骑缝印各一方。
〔二〕「义」为正行右侧添加。
〔三〕「文」为正行右侧添加。
〔四〕「當」为正行右侧添加。
〔五〕「四号」应为契约持有者所加编号。

一—七四二　道光十三年二月二十一日罗郑氏等卖田赤契〔一〕

立永賣田契約人羅鄭氏、侄守剛，今因家用不便，將祖置皇田垸白田八分五厘，載粮民米乙升五合三勺，鄭氏請凂親中羅文亮説合〔二〕，鄭氏出筆賣與熊宗義名下為業。當日三面言〔三〕定，宗義出備實值價錢乙串二伯七十文〔四〕整，係鄭氏親手領訖。自賣之後，仍從買主起（葉）〔業〕，耕種当差，收粮過戶，百為無阻。今欲有凂，立此永賣約乙帋為據。

凂中　錢宏智　羅永年　錢宏〔五〕義　錢開宗　　其田四止　東　罗　西　罗界　南　水田　北　路

五号〔六〕　冊名　罗世萬

道光拾三年二月廿乙日　立永賣田契約人　羅鄭氏　侄子守剛

〔一〕钤有朱文天门县印，契中一方，左右骑缝印各一方。
〔二〕「合」后涂去「等」字。
〔三〕「言」为正行右侧添加。
〔四〕「文」为正行右侧添加。
〔五〕「宏」后涂去「智」字，改为「义」字。
〔六〕「五号」应为契约持有者所加编号。

伯羅文亮　代筆

永遠為（葉）〔業〕

一一七四三　道光十三年二月二十一日罗永义卖田赤契〔一〕

立永賣田契約人羅永義，今因家用不便，將祖置皇田垸白田乙畝乙分四厘三毛八，載粮民米二升〇五勺八抄八作〔二〕，永義請凂親中羅文亮説合，永義出筆賣與熊宗義名下為（葉）〔業〕。当日三面言定，宗義出備實置價錢乙串七百文整，係永義親手領訖。自賣之後，仍從買主起葉，耕種当差，收粮過戶，百為無阻。今欲有凂，立此永賣約乙帋為據。此照。

冊名　羅世銓

六号〔三〕

凂中　錢宏智　羅永年　世漢　錢開宗

其田四止　东尹　西買　南劉　北劉

大形界　小形四止　东買　西水田界　南尹　北買

道光拾三年二月廿乙日　立永賣田契約人　羅永義　叔爹文亮

代筆

永遠為（葉）〔業〕

〔一〕鈐有朱文天门县印，契中一方，左右骑缝印各一方。

〔二〕「八抄八作」为正行侧添加。

〔三〕「六号」应为契约持有者所加编号。

一一七四四　道光十三年二月二十一日徐守相卖田赤契〔一〕

增办〔二〕　官庄

立永賣田契約人徐守相，今〔三〕因家用不便，將本己受分皇田垸白田乙畆〇一厘五毛，自請凂親中羅永年等説合〔四〕，相〔五〕出筆賣與熊宗義〔六〕名下為業。当日三面言定，出備

〔一〕鈐有朱文天门县印，契中一方，左右骑缝印各一方。

〔二〕「增办」应为契约持有者所加。

〔三〕「今」为正行右侧添加。

〔四〕「合」后涂去「儒」字。

〔五〕「相」为正行右侧添加。

〔六〕「熊宗義」为正行右侧添加。

實值錢乙串六百二十文整。係〔一〕相〔二〕親手領訖。自賣之後，任從買主起業，耕種当差，收粮過戶，百為無阻。今恐無〔三〕凴，立此賣約一帋為據。

載官正艮三分〇四毛五。

十二号〔四〕

凴中 錢開宗 宏義 宏智 羅永年　　其田四止 北羅 南潘 西錢 東徐 界

道光十三年二月廿一日　立永賣田約人　徐守相　筆

一一七四五　道光十三年二月二十一日潘身喜賣田赤契〔五〕

增办〔六〕　　官庄

〔一〕「係」后涂去「儒」字。

〔二〕「相」为正行右侧添加。

〔三〕「恐無」为正行右侧添加

〔四〕「十二号」应为契约持有者所加编号。

〔五〕钤有朱文天门县印，契中两方，左右骑缝印各一方。

〔六〕「增办」应为契约持有者所加。

立永賣田契約人潘身喜，今因家用不便，將本己受分皇田垸白田八分九厘三毛，自請凴中永年等説合，出筆賣與熊宗义名下為業。當日三面言定，义出俻實值價錢乙串四百廿八文整。係喜親手領訖。自賣之後，任從買主起業，耕種当差，收粮過戶，百為無阻。今恐無凴，立此賣約一帋為據。

載官庄艮二分六厘七毛九。

五号〔一〕

凴中 錢宏德 罗允年 宏志　　其田四止 東墳 西潘 南潘 北〱 界

道光十三年二月廿一日　立永賣田契約人　身喜　筆

皇垸官

一一七四六　道光十三年二月二十二日伍永珏賣田赤契〔二〕

立永賣白田約人伍永珏，今因不便，將自己受分高作院白田六

〔一〕「五号」应为契约持有者所加编号。

〔二〕钤有朱文天门县印，契中一方，骑缝印左、右各一方。

分乙厘二毛〔一〕，載粮上則，請憑親中伍祖怡説合，珏出筆賣与熊宗義名下為業。當日言定，義出備實值價錢壹串〇四十文整，珏係親手領訖。自賣之後，任從（賣）〔買〕主起業，耕種當差，收粮過户，陰陽両便，百為無阻。今恐無〔二〕憑，立此一帋為據。此照。

其田四止　东坟　西永安　南坟　北安　界

憑中　熊克持

道光拾叁年弍月廿二日　立永賣田约人　珏　永科　代筆

一一七四七　道光十三年二月二十二日伍泽芝卖田赤契〔三〕

立永賣白田約人伍澤芝，今因不便，將本己受分高作垸白田八分七（力）〔厘〕九毛，載粮上則，请憑親中伍祖詒说合，芝出筆賣与熊宗義名下為業。当日三面言定，義出備時値價錢壹串四百〇六文整，係芝親手领讫。自賣之後，任從買主起業，

〔一〕「二毛」二字为正行右侧添加。
〔二〕「無」后删去「據」，右侧添加「憑」。
〔三〕钤有朱文天门县印，契中一方，骑缝印左、右各一方。

耕種当差，收粮過户，百為無阻。今恐〔一〕無憑，立此永賣约一帋為據。此照。

憑中　熊克持

其田四止　東坟　西澤□　南坟　北永貞　界

道光拾三年二月二十二日　立永賣白田约人　伍澤芝　筆

册名　伍克忠

永远為業

一一七四八　道光十三年二月二十二日伍登榜卖田赤契〔二〕

立永賣白田约人伍登榜，今因不便，將自己受分高作院田四分乙厘三毛，載粮上則，請憑親中伍祖怡说合，榜出筆賣与熊宗儀名下為業。當日三面言定，儀出備實值價錢七百〇二文整，係榜〔三〕親手領訖。自賣之後，任從（賣）〔買〕主起業，耕

〔一〕「今」后删去「憑」字，其右侧添加「恐」字。
〔二〕钤有朱文天门县印，契中一方，骑缝印左、右各一方。
〔三〕「係榜」为正行右侧添加。

〔種〕当差，收粮過戶〔一〕，陰陽兩便，百為無〔二〕阻。今恐無憑，立此一帋為據。此照。

其田四止 东永貞 西坟 南坟 北貞 界

憑中 熊克持 伍祖怡

道光拾叁年弍月廿二日　立賣白田約人　登榜　筆

永远為業

一—七四九　道光十三年二月二十二日徐永连等卖田赤契〔三〕

增〔四〕

立永賣田契約人徐〔五〕永連 永達 永道，今因家用不辦，將自己受分皇

〔一〕「户」为正行右侧添加。

〔二〕「無」为正行右侧添加。

〔三〕钤有朱文天门县印，契中一方，左右骑缝印各一方。

〔四〕「增」应为契约持有者所加。

〔五〕「徐」字为正行右侧添加。

田垸白田乙畆二分〔一〕〇九丝，載官庄三分六厘，情愿請憑親中叔羅永連等説合，連出筆賣與熊宗義名下為業。當日三面言定，宗義出備實值價錢乙串九百文整，係連親手領讫。自賣之後，任從買主管業〔二〕當差，收粮過戶，百為勿阻。今欲有憑，立此賣約一帋為拠。

憑中 趙正永 羅永連 錢開宗

其田四止 東□江 西徐 南止徐 北賣主 界

八号〔三〕

道光十三年二月廿二日　立永賣田契約人　永連　代筆

永遠為據

〔一〕「分」后涂去「零」字。

〔二〕「管業」为正行右侧添加。

〔三〕「八号」应为契约持有者所加。

一一七五〇　道光十三年二月二十三日伍永习卖田赤契〔一〕

立永賣白田約人伍永習，今因不便，將本己受分〔二〕高作垸田五分六厘八毛，載粮上則，請憑親中伍煥章等説合，習出筆賣与熊宗義名下為業〔三〕。当日三面言定，義出備時值價錢九百六十五文整，係習親手領訖。自賣之後〔四〕，任從買主起業，耕種当差，收粮過户，百為無阻。今恐無憑，立此賣約一帋為據。此照。

其田四止：東買主，南水田，西買主，北坟　界

憑中　伍祖怡　熊克持

道光十三年二月廿三日　伍永習　筆

永遠為業

〔一〕鈐有朱文天门县印，契中一方，骑缝印左、右各一方。

〔二〕「分」字为正行右侧添加。

〔三〕「為業」二字为正行右侧添加。

〔四〕「後」字为正行右侧添加。

一一七五一　道光十三年二月二十三日陶端部卖田赤契〔一〕

立永賣田约人陶端部，今因不便，將自己受分高作垸白田六分七厘二毛〔二〕，載粮上則，部請憑親中伍祖貽等说合，出筆賣与熊宗義名下為業。当日三面言定，義出備時值價錢壹□□七十五文敕，係部親手領訖。自賣之後，任從買主起業，耕種当差，收粮过戶，百為無阻。今恐無憑，立此賣約一帋為拠。此照。

憑中　熊克持

其田四止：東路心，西陶，南陶，北陶　界

道光十三年二月廿三日　立永賣白田約人　陶端部　筆

永远為業

〔一〕鈐有朱文天门县印，契中一方，骑缝印左、右各一方。

〔二〕「厘二毛」为正行右侧添加。

一一七五二　道光十三年二月二十三日张厚仪等卖田赤契〔一〕

立永賣白田契約人張厚儀榮，今因移就不便，將本己受分陳昌垸白田〔二〕叁〔三〕形，二畝五分一厘九毛，載漁租正艮四分七厘八毛六，係自請凴中錢光昭説合，出筆賣與熊宗義名下為業。當日三面言定，出備實值價錢肆串弍伯五十六文整，係儀親手領訖。自賣之後，任從買主起業，耕種当差，收粮過戶，百為無阻。今欲有凴，立此賣約一帋為據。

乙号〔四〕

册名　张美中

凴中　錢 正雲 開忠 宏智 儀

其田四止　東 墳　西 錢介　南 路中　北 水田

二形　東 路中　西 張介　南 □　北 張介

三形　東 钱介　西 钱介　南 墳　北 水田

道光十三年二月卄三日　立永賣田契約人　張儀榮　子高謙　筆

南湾渔

〔一〕钤有朱文天门县印，契中两方，左右骑缝印各一方。
〔二〕「田」后涂去「壹」字。
〔三〕「叁」为改正后数字。
〔四〕「乙号」应为契约持有者所加编号。

一一七五三　道光十三年二月二十三日钱之海卖田赤契〔一〕

立永賣田契約人錢之海，今因家用不及，將本己受分陳昌下垸白田一形，六分五厘五毛，載漁艮一分二厘四毛四〔二〕，自請凴中錢光昭等説合，出筆賣與熊宗義為業。當日三面言定，出備實價錢乙串〇四十八文正，係〔三〕海親手領訖。自賣之後，任從買主起業，耕種当差，收粮过戶，百為勿阻。今欲有憑，立此賣約為拠。

二号〔四〕

〔一〕钤有朱文天门县印，契中一方，左右骑缝印各一方。
〔二〕此处数字有修改。
〔三〕「正」、「係」二字为正行右侧添加。
〔四〕「二号」应为契约持有者所加编号。

憑中 正元 開宗 宏□ 儀　其田四止 北水田 南路中 西熊界 東路中

道光十三年二月二十三　立賣田契人　知海　筆

一一七五四　道光十三年二月二十四日赵堂卖田赤契[一]

立永賣白田约人趙堂，今因不便，將祖遺蓮台裡湖[二]白田式形，乙畝三分四厘〇三糸，情愿請憑親中錢宏智等说合，堂出筆賣与熊大相公宗義名下為業。当日三面言定，义出備時價錢二串乙伯卅四文整，係堂親手領讫。自賣之後，任憑買主起業，耕種当差，收粮过户，百為無阻。恐口無憑，立此賣约一帋為拠。

載民米二升四合七勺九抄五，粮載趙三公户下收納。

憑中　錢宏儀 開中　其大田四止 东賣主 西正輝 南溝 北買主

〔一〕钤有朱文天门县印，契中一方，骑缝印左、右各一方。契右上角有一「增」字。

〔二〕「蓮台裡湖」为正行右侧添加。

小形四（只）〔止〕 东 西 南 北 下倶呂界

永远為業

八号[一]

道光拾叁年二月廿四日　立永賣田约人　趙堂　筆

一一七五五　道光十三年二月二十四日赵玉章卖田赤契[二]

立永賣白田约人趙玉章，今因不便，將祖遺蓮台[三]白田乙[四]形，又外湖一形，共田[五]乙畝叁分〇乙毛，情愿親憑親中錢宏智等説合，章出筆永賣与熊大相公宗義名下為業。當日言定，義出備實値價錢二串〇八十文整，係章親手領訖。自賣之後，任從買主起業，耕種當差，收粮过户，百為無阻。

〔一〕「八号」应为契约持有者所加编号。

〔二〕钤有朱文天门县印，契中一方，骑缝印左、右各一方。契右上角有一「增」字。

〔三〕「蓮台」二字为正行右侧添加。

〔四〕「乙」字为划去一字的右侧添加。

〔五〕「又外湖一形共田」七字为正行右侧添加。

今恐勿凴，立此賣約乙帋為拠。

載民米二升四合零七抄七。議廷柱名

凴中　錢宏儀 開中　其田四止　玉章田 東 許 西 廷章 南 □□ 北 坟　外湖田 又 东 買主 西 賣主 南 溝 界 北 買主

九号〔一〕

道光十三年二月廿四日　立永賣白田約人　玉章　筆

永远為業

一一七五六　道光十三年二月二十四日赵正在卖田赤契〔二〕

立永賣白田约人趙正在，今因不便，將祖遺蓮台垸〔三〕白田七分九厘一毛四，情愿请凴親中錢宏智等说合，在出筆賣與熊大相公

〔一〕「九号」应为契约持有者所加编号。

〔二〕钤有朱文天门县印，契中一方，骑缝印左右各一方。契右上角有一「增」字。

〔三〕「蓮台垸」三字为正行右侧添加。

宗義名下為業。當日三面言定，義出備實值價錢乙串乙伯八十文〔一〕整，係在親手領訖。自賣之後，仍從買主起業，耕種当差，收粮过户，百為無阻。今恐無憑〔二〕，立此賣約一帋□□。

載民米乙升四合六勺四抄。　粮在趙□□户下收纳

凴中　錢宏儀 開宗 正永 正選　其田四止　東 正名 西 正鐸 南 溝 界 北 光要

十号〔三〕

道光拾三年二月廿四日　立永賣白田約人　趙正在　筆

永远為拠

一一七五七　道光十三年二月二十四日赵金宁卖田赤契〔四〕

立永賣白田約人趙金寧，今因不便，將祖遺蓮台垸〔五〕白田八

〔一〕「文」字为正行右侧添加。

〔二〕「無憑」二字为正行右侧添加。

〔三〕「十号」应为契约持有者所加编号。

〔四〕钤有朱文天门县印。骑缝印左、右各一方。契右上角有一「增」字。

〔五〕「蓮台垸」三字为正行右侧添加。

分零二毛，情愿请凴中錢宏智等说合，寧出筆賣与熊大相公宗義名下為業。当日三面言定，〔一〕出俻時值價錢乙串弍百整，係寧親手领訖。自賣之後，任凴買主起業，耕種当差，收粮过户，百為無阻。恐口無凴，立此賣约一帋為據。

載民米一升四合八勺三抄七。

凴中　錢宏儀　開中

其田四止　东正輝　西溝　南正□　北松高　界　册名　金靈

道光拾叁年二月廿四　立永賣田約人　趙金寧　筆

永遠爲業

〔一〕此处留有空白。
〔二〕钤有朱文天门县印，契中一方，骑缝印左、右各一方。
〔三〕「蓮台垸」三字为正行右侧添加。

一一七五八　道光十三年二月二十四日赵廷章卖田赤契〔二〕

立永賣白田約人趙廷章，今因不便，將本己受分蓮台垸〔三〕白田乙形，五分厘零三系，米乙升零五勺五抄〔一〕，情愿請凴親中錢宏智等説合，章出筆賣与〔二〕熊大相公宗義名下為業。當日三面言定，乂出備實值價錢八百六十文〔三〕整，係章親手領訖。自賣之後，仍凴買主起業，耕種當差，收粮过户，百為無阻。今恐無凴，立此賣约一帋為拠。

册名　正順〔四〕

凴中　錢宏儀　開中

其田四止　东買主　西　南国棟　北正起　界

道光十三年二月廿四日　立永賣约人　廷章　筆

萬代富貴

〔一〕「米乙升零五勺五抄」为正行右侧添加。
〔二〕此处留有空白。
〔三〕「文」字为正行右侧添加。
〔四〕「册名正順」四字前有二字被划去。

一一七五九　道光十三年二月二十四日刘崇举卖田赤契[一]

增办[二]

立永賣田契約人劉崇舉，今因家用不便，將自置皇田垸白田乙畝三分九厘七，載官庄正銀四分乙厘九毛，舉請凴親中羅[三]世鐸說合，（等）舉出筆，永賣與熊宗義名下為業。当日三面言定，宗義出備實置價錢弍串二百四十文整。係崇舉榜弟兄親手領訖。自賣之後，仍從買主起業，耕種当差，收粮過戶，百為無阻。今欲有凴，立此永賣約乙帋為據。此照。

八号[四]

凴中　錢宏智　羅世鐸　錢開宗

其田四止　東彭　西水田　南沆　北水田　界

道光十三年二月廿四日　立永賣田契約人　劉崇舉弟兄　筆

永遠為業

[一] 钤有朱文天门县印，契中一方，左、右骑缝印各一方，左上角注有「皇垸官庄约廿八帋」字样。

[二] 「增办」应为契约持有者所加。

[三] 「羅」为正行右侧添加。

[四] 「八号」应为契约持有者所加编号。

一一七六〇　道光十三年二月二十五日赵正永卖田赤契[一]

立永賣白田約人趙正永，今因家不便，将祖遺自置蓮臺垸白田四形，共五畝七分七厘七毛，粮在中則，台子上則，共米乙斗〇八合七勺零四作[二]，情愿请憑親中錢宏智等说合，出筆賣与熊宗義名下為業。当日三面言定，義出備實値價錢九串八百廿文整，係正永親手領訖。自賣之後，任從買主起業，耕種当差，收粮過户，陰陽两便，百為無阻。今恐無憑，立此永賣約一帋為據。

台子前二形

憑中　錢開宗　宏義　趙正選

其田四止　西溝　東坟　北呂　南買主

[一] 钤有朱文天门县印，契中二方，骑缝印左三方、右一方。契右上角有一「增」字。

[二] 「乙斗〇八合七勺零四」为改动后数据。

其田四止
東　買主
西
南　坟
北

台子
又四止
東　呂
北
南　買主
西　坟

又四止
南　呂
北　買主
東
西　呂

□号〔一〕

道光拾叁年二月廿五日　立永賣田约人　趙正永　筆

一一七六一　道光十三年二月二十五日伍永邦卖田赤契〔二〕

立大賣白田契約人伍永邦，□因不便，將本己受〔分〕高作垸白田六分七厘四毛，載粮上則，邦請凴（請）〔親〕中祖怡等説合，邦出筆賣与熊宗儀名下為業。当日三面言定，儀出時值價銭壹串弍伯八十文〔三〕整，係邦親手領訖。自賣之後，任從買主起業，耕種当差，收粮过户，百為無阻。今恐無凴，立此賣約一帋為拠。此照。

凴中　伍澤先　熊克持　伍永甲

其田四止
東　楊貴
西　伍澤受　界
南　坟
北　買主

道光十三年二月廿五日立永賣白田約人　永邦　伍澤先　代筆

册名　伍元一

永远為業

〔一〕「□号」应为契约持有者所加编号。

〔二〕钤有朱文天门县印，契中一方，骑缝印左、右各一方。

〔三〕「十文」二字为正行右侧添加。

一一七六二　道光十三年二月二十五日魯德方卖田赤契〔一〕

增□

立永賣田契約〔二〕人魯德方，今因移就不便，將本己受分〔三〕皇田垸白田乙畆三分乙厘乙毛，載官庄正艮三分九厘三毛三，自請凴中錢宏義等説合，出筆賣与〔四〕熊宗義名下為業。當日三面言定，義出備價錢弍千零九十七文正〔五〕，係方親手領訖。自賣之後，任從買主起業，耕種当差，收糧過戶，百為無

〔一〕钤有朱文，天门县印，契中一方，左右骑缝印各一方。

〔二〕「約」为正行右侧添加。

〔三〕「受分」为正行右侧添加。

〔四〕「与」为正行右侧添加。

〔五〕此处数字有修改。

阻。今恐無凴，立此賣約一帋〔一〕為據。

十一号〔二〕

冊名　世成　　　凴中　錢智義 開宗

其田四止　東買　西水田　南買　北魯

道光拾三年二月廿五日　德方　筆

永遠為業

一一七六三　道光十三年二月二十五日钱希昌卖田赤契〔三〕

增办〔四〕

立永賣田約人錢希昌，今因家用不便，將本己受分南湾垸白田乙形，五分九厘〇七丝，（在）〔載〕漁租乙分一厘二毛二丝〔一〕，自請凴中叔光昭説合，出筆賣與熊宗義名下為業。当日三面言定，出俻實值價錢九百五十文正，係昌〔二〕親手領（乞）〔訖〕。自賣之後，任從買主起業耕種，收粮過戶〔三〕，無得異說。今恐無憑，立此賣約一帋為據。

二号〔四〕

凴中　叔光昭 宏易 開宗

其田四止　東路心　南錢界　西水田界　北光起

皇上道光拾三年二月廿五日　立永賣田約人　錢希昌　筆

永遠為據

〔一〕「賣約一帋」为正行右側添加。
〔二〕「十一号」应为契约持有者添加编号。
〔三〕钤有朱文天门县印，契中一方，左右骑缝印各一方。
〔四〕「增办」应为契约持有者所加。

〔一〕「租乙分一厘二毛二丝」为正行右側添加。
〔二〕「係昌」为正行右側添加。
〔三〕「起業耕種，收糧過户」为正行右側添加。
〔四〕「二号」应为契约持有者所加编号。

一七六四　道光十三年二月二十六日赵正普卖田赤契〔一〕

立永賣田约人趙正普，今因家用不便，將本己受分蓮臺垸白田二形，弍畝乙分四厘弍毛〔二〕，粮載中則，三升九合六勺四〔三〕，情愿请凴親中錢宏智等説合，普出筆賣与熊大相公宗義〔四〕名下為業。當日三面言定，出備時值價錢三串四伯卄七文整，係親手領讫。自賣之後，任從買主起業，耕種当差，收粮过户，百為無阻。今恐無凴，立此賣约一帋為據。

册名　光彩

凴中人　錢宏儀 開中

其田四止　东　趙　西　南　北　坟

其田四止　东　南　趙　西　北　買主　界

二号〔一〕

道光拾叁年弍月廿六日　立永賣田约人　正普　筆

永远為據

〔一〕钤有朱文天门县印，契中二方，骑缝印左、右各一方。契右上角有一「增」字。

〔二〕「弍畝乙分四厘弍毛」为改动后数据。

〔三〕「三升九合六勺四」一句为正行右侧添加。

〔四〕「宗義」二字为正行右侧添加。

一七六五　道光十三年二月二十六日赵正发卖田赤契〔二〕

立永賣白田约人趙正發，今因不便，將自置蓮臺垸田弍形，皇田垸乙形，共五畝五分九厘一毛〔三〕，載〔四〕中則米一斗〇三合四勺三抄，發情愿请憑親中錢宏智等説合，出筆賣与熊宗義名下為業。当日三面言定，義出俻實值價錢八串九百四十五文整，係發親手領訖。自賣之後，任從買主起業，耕種当差，收粮過户，百為無阻。今恐無憑，立此永賣约一帋為據。

〔一〕「二号」应为契约持有者所加编号。

〔二〕钤有朱文天门县印，契中二方，骑缝印左二方、右一方。契右上角有一「增」字。

〔三〕「五畝五分九厘一毛」为改动后数据。

〔四〕「載」字为正行右侧添加。

金光明户下二升
撥吕光彩户下二升〇二勺九
吕正林户下六升三合一勺三　係田册书

憑中　開宗　錢宏智　宏义　永　趙正選

其田四止　西　吕堂　北　正信　東　正輝　南　買主

又四止　東趙金宏　西正輝　南正顺　北正輝

又四止　北　買主　東　西　南　溝

五号〔一〕

道光拾三年二月廿六日　立永賣白田约人　趙正發　筆

一一七六六　道光十三年二月二十六日赵正科卖田赤契〔二〕

立永賣田约人趙正科，今因家用不便，將本己受分蓮□乙畝一分三厘三毛五〔一〕，粮載中米式升〇九勺七抄〔二〕，情愿请凴親中錢宏智説合，出筆賣與熊大相公宗義〔三〕名下為業。當日三面言定，出俻時值價錢乙串八伯十一文整，係科〔四〕親手領讫。自賣之後，任從買主起業，耕〔種〕当差，收粮过户，百為無阻。今恐無凴，立此賣约一帋為據。

位国册名〔五〕

凴中　錢宏儀　開中　趙正選

其田四止　东付　西趙　南溝　北付

其田四止　东　西　南　趙界　北

七号〔六〕

道光拾叁年式月廿六日　立永賣田约人　正科　筆

〔一〕「五号」应为契约持有者所加编号。

〔二〕鈐有朱文天门县印。骑缝印左、右各一方。契右上角有一「增」字。

〔一〕「三毛五」三字为正行右侧添加。

〔二〕「式升〇九勺七抄」一句为正行右侧添加。

〔三〕「宗義」二字为正行右侧添加。

〔四〕「科」字为正行右侧添加。

〔五〕「位国册名」四字前删去「册名吕華国」五字。

〔六〕「七号」应为契约持有者所加编号。

一一七六七　道光十三年二月二十六日程熊氏卖田赤契〔一〕

立永賣田契約人程熊氏，今因不便，將祖置受分陳昌上垸白田七分三厘四毛，載粮乙升六合一勺四抄八作〔二〕，請凴親中葉光廷等説合，熊氏出筆賣与熊宗義名下為業。當日三面言定，義出備实值價錢乙串一百八十文整，係熊氏親手領讫。自賣之後，任從買主起業，耕種当差，收粮過戶，百為無阻。今恐無凴，立此賣約一帋為據。

冊名　三公

八号〔三〕

凴中　錢開中　葉光廷　錢宏易

其田四止　东水田　西葉　南買主　北水田　界

道光十三年弍月廿六日　立永賣田契約人　程常德　代筆

〔一〕鈐有朱文天门县印，契中一方，左右骑缝印各一方。

〔二〕「八作」为正行右侧添加。

〔三〕「八号」应为契约持有者所加编号。

一一七六八　道光十三年二月二十六日梅萱卖田赤契〔一〕

立永賣契約人梅萱，今因不便，將本己受分陳昌上垸白田乙畝三分二厘一毛〇，載民米二升九合〇八抄，請凴親中葉光廷等説合，萱出筆賣與熊宗儀名下為業。當日三面言定，儀出備實值價錢貳串弍百四十五文整，係萱親手領訖。自賣之後，仍從買主起業，耕種当差，收粮過戶，百為無阻。今欲有凴，立此賣約一帋為據。

七号〔二〕

凴中　錢開中　葉光廷　錢宏智

其田四止　東坟　西坑　南買主　北唐　界

皇上道光十三年弍月廿六日　立永賣田契約人　梅萱　筆

〔一〕鈐有朱文天门县印，契中两方，左右骑缝印各一方。

〔二〕「七号」应为契约持有者所加编号。

一一七六九　道光十三年二月二十六日刘唐氏卖田赤契〔一〕

立永賣田契約人劉唐氏，今因不便，將本己受分陳昌上垸白田二形，乙畝二分三厘二毛，載粮乙升七合一勺，請凴親中葉光廷等説合，劉唐氏出筆賣與熊宗義名下為業。当日三面言定，義出備實值價錢二串乙百文整，係唐氏親手領訖。自賣之後，仍從買主起業，耕種当差，收粮過戶，百為無阻。恐口無凴，立此賣約一帋為據。

冊名　茂才

凴中　葉光廷　唐必文　正　钱宏義

其田四止　北基台　南垸　西路心　東程

其田四止　東路　西黄　南界　北路

〔一〕鈐有朱文天门县印，契中一方，左右骑缝印各一方。

道光拾三年二月二十六日　立永賣田契約人　劉唐氏　筆

一一七七〇　道光十三年二月二十六日梅芝卖田赤契〔一〕

立永賣田契約人梅芝，今因不便，將本己受分陳昌上垸白田乙畝四分零乙毛，載上則米三升〇八勺三抄，請凴親中葉光廷説合，芝出筆賣與熊宗儀名下為業。当日三面言定，儀出備實值價錢貳串三百八十文整，係芝親手領訖。自賣之後，仍從買主起業，耕種当差，收粮過戶，百為無阻。今欲有凴，立此賣約一帋為據。

六号〔二〕

凴中　葉光廷　錢宏易　錢中

其田四止　東曹　西黄界　南路心　北買主

道光十三年弍月廿六日　立永賣田契約人　梅芝　筆

〔一〕鈐有朱文天门县印，契中两方，左右骑缝印各一方。

〔二〕「六号」应为契约持有者所加编号。

一一七一　道光十三年二月二十六日钱宏宗卖田赤契〔一〕

增办〔二〕

立永賣田契約人錢宏宗，今因移就不便，將本己受分皇田垸白田一形，乙畝五分六厘五毛四〔三〕，載官正艮四分六厘九毛六糸，自請凴中〔四〕錢開宗等説合，出筆賣與熊宗義名下為業。当日三面言定，義出價實值價錢二串五伯正，係宗親手領訖。自賣之後，任從買主起業，耕種當差〔五〕，收粮過戶，百為無阻〔六〕。今恐無凴，立此賣約〔七〕一帋為據。

九号〔八〕

凴中　宏智　義

〔一〕钤有朱文天门县印，契中一方，左右骑缝印各一方。

〔二〕「增办」应为契约持有者所加。

〔三〕「四」为正行右侧添加。

〔四〕「中」为正行右侧添加。

〔五〕「差」为正行右侧添加。

〔六〕「百為無阻」为正行右侧添加。

〔七〕「約」为正行右侧添加。

〔八〕「九号」应为契约持有者所加编号。

其田四止　東王　西刘　南水　界　北坑

永遠為業

道光拾三年二月廿六日　開宗　代筆

一一七二　道光十三年二月二十六日彭开元卖田赤契〔一〕

新堰垸冊书李

立永賣田契約人彭開元，今因不便，將自置皇田垸白田一畝八分八厘六毛零，粮載民米，請〔二〕凴中錢開忠等説合，元出筆賣與熊宗義名下為業。当日三面言定，義出價時值價錢弍串八伯廿九文整，係元親手領讫。自賣之後，仍從買主管業，耕種当差，收粮過戶，百為無阻。今欲有凴，立此賣約一帋為拠。

粮在劉登金戶下收納，三升三合九勺四抄八。

九号〔三〕

〔一〕钤有朱文天门县印，契中一方，左右骑缝印各一方。

〔二〕「請」为正行右侧添加。

〔三〕「九号」应为契约持有者所加编号。

憑中 錢宏智 錢宏義

其田四止 東 路中 西 童 界 南 坟 北 水田

道光十三年二月廿六日 立永賣田契約人 彭開元 筆

一一七七三 道光十三年二月二十六日江起鹏卖田赤契〔一〕

立永賣田契約人江起鵬，今因家用不便，將本己受分皇田垸白田二形，共計弍畝九分七厘〇六糸，載官庄正銀八分九厘一毛二，請憑中錢開忠説合，出筆賣與熊宗義名下為業。当日三面言定，宗出備價錢五串乙百文整，係鵬親手領（乙）〔訖〕。自賣之後，任從買主起業，耕種当差，收粮過戶，百為無阻。今欲有憑，立此賣約一帋為據。

十三号〔二〕

憑中 錢宏志 宏易 羅永年

〔一〕鈐有朱文天门县印，契中两方，左右骑缝印各一方。

〔二〕「十三号」应为契约持有者所加编号。

大彡四止 東 錢 西 水田 南 潘 北 羅

小彡四止 東 坟 西 路心 南 錢 北 潘

道光十三年二月廿六日 立永賣田契約人 江起鵬 筆

一一七七四 道光十三年二月二十六日艾昌春卖田赤契〔一〕

立永賣田契約人艾昌春，今因家用不便，將本己受分陳昌下垸白田一形，九分五厘六毛九糸，載漁租乙分八厘乙毛八糸，憑中錢宏智等説合，出筆賣與熊宗義名下為業。当日三面言定，义出備寔值價錢乙串五百卅文〔二〕整，係昌親手領訖。自賣之淩，任從買主起業，耕種当差，收粮過戶，百為無阻。今恐無憑，立此賣約〔三〕為據。

〔一〕鈐有朱文天门县印，契中一方，左右骑缝印各一方。

〔二〕「文」为正行右侧添加。

〔三〕「约」为正行右侧添加。

钱希道户下

凴中　錢光昭 開宗 宏義

其田四止　東坟　西錢　南[一]買主　北錢

道光十三年二月廿六日　艾昌春　筆

永遠為業

一一七七五　道光十三年二月二十七日赵松高卖田赤契[二]

立永賣田约人趙松高，今因不便，將本己[三]蓮台垸裡湖[四]白田弍形，乙畝叁分四厘[五]，情愿请凴中錢宏智等说合，高出筆賣與[六]熊大相公印宗義名下為業。当日三面言定，義

[一]「南」后涂去一字。

[二]钤有朱文天门县印，契中一方，骑缝印左、右各一方。

[三]「本己」二字为正行右侧添加。

[四]「裡湖」二字为正行右侧添加。

[五]「四厘」二字后涂去二字。

[六]此处留有空白。

出備時值價錢弍串乙百四十文整，係高親手领讫。自賣之後，任凴買主起業耕種，收粮过户，百為無[一]阻。恐口無凴，立此賣约一帋為拠。

册名　祥□

載官正艮四分零二毛。

凴中　錢開中 宏義

其田四止　东吕　西買主　南溝　北吕

其田四止　东　西買主　南俱吕　北　界

道光拾三年二月廿七日　立永賣白约人　趙松高　筆

官庄田十四　契

[一]「無」字为正行右侧添加。

一一七七六　道光十三年二月二十七日赵正信卖田赤契〔一〕

立永賣白田约人趙正信，今因不便，將本己受分蓮台垸白田弍形，乙畝五分八厘五毛〔二〕，情愿请凴親中錢宏智等说合，信出筆賣與　熊大相公印宗義名下為業。当日三面言定，義出備時值價錢弍串□□卅六整，係信親手领讫。自賣之後，任凴買主起業耕種，收粮过户，百為無阻。恐口無凴，立此賣约一帋為拠。

册名　□责

載民米二升九合三勺二抄。

憑中　錢開中宏義

其田四（只）〔止〕　东 賣主　南 呂　□　□ □

其小形四（只）〔止〕　东 呂　西 買主　南 呂　北 界

道光拾三年二月廿七日　立永賣田约人　趙正信　筆

蓮台垸〡㐅　五十九㐅〔一〕

〔一〕钤有朱文天门县印，契中印一方，骑缝印左右各一方。契右上角有一「增」字。

〔二〕「乙畝五分八厘五毛」为改动后数据。

一一七七七　道光十三年二月二十七日赵金科卖田赤契〔二〕

立永賣白田约人趙金科，今因不便，將蓮台垸白田□□□□三毛三系，情愿請凴親中錢宏智等说合，科出筆賣与〔三〕熊大相公印宗義名下為業。□日三面言定，科出備時值價錢六百五十文整，係科親手領讫。自之後，任凴買主起業耕□□粮过户，百為無阻。恐口無凴，立此賣約一帋為拠。

册名　□□□

載民米八合〇乙抄六。

凴中　錢開中宏義

〔一〕此处有一标记。

〔二〕钤有朱文天门县印，契中一方，骑缝印左右各一方。

〔三〕此处留有空白。

其田四止　東　買主
西
南　呂
北
界

道光拾三年二月廿七日　立永賣田約人　趙金科　筆

一一七七八　道光十三年二月二十七日赵正渭卖田赤契〔一〕

增

立永賣白田约人趙正渭，今因不便，將蓮台垸白田乙形，乙畝五分□厘四毛四糸，載米弍升九合三勺乙抄，情愿请凴親中錢宏智等说合，渭出筆賣与　熊大相印宗義名下為業。当日三面言定，義出備時值價錢弍串五伯卅四文整，係渭親手領讫。自賣之後，任從買主起業□種，收粮过户，百為無阻。恐口無凴，立此賣約一帋為拠。

憑中　趙正選
　　　正永
　　　錢開中
　　　宏義

〔一〕钤有朱文天门县印，契中一方，骑缝印左右各一方。

其田四止　東　買主
西　呂
南
北　付
界

三号〔一〕

道光拾叁年二月廿七日　立永賣田約人　趙正渭　筆

一一七七九　道光十三年二月二十七日钱秉忠卖田赤契〔二〕

新堰垸册书

立永賣田約人錢秉忠，今因移就不便，將本己受分皇田垸白田九分乙厘七毛三，載中則民米乙升六合七勺一抄〔三〕，请〔四〕凴親中錢開宗等説合，出筆賣與熊宗義名下為業。当日三面言定，义〔五〕出備時值〔六〕價錢乙串三百八十文〔七〕整，係忠親手領讫。自賣之後，任從買主管業当差，收粮過戶，百為勿

〔一〕「三号」应为契约持有者所加编号。
〔二〕钤有朱文天门县印，契中一方，左右骑缝印各一方。
〔三〕此处数字有修改。
〔四〕「六合七勺一抄请」为正行右侧添加。
〔五〕「义」为正行右侧添加。
〔六〕「值」为正行右侧添加。
〔七〕「文」为正行右侧添加。

阻。今欲有凴〔一〕，立此賣約為據。

十一号〔二〕　　冊名　王樂善

凴中　錢宏智　宏义　開宗

其田四止　北　水田
南　羅界
西　王　界
東　水田

道光十三年二月廿七日　錢秉忠　筆

永遠為據

皇外垸中米九帋

一一七八〇　道光十三年二月二十七日王詩保等賣田赤契〔三〕

立永賣田契約人王詩保、魁、患弟兄三人，今因家用不便，將祖置皇田垸白田乙畝二分三厘五毛，載粮民米二升弍合二勺〔四〕三抄，保請凴親中羅文亮説合〔一〕，詩保出筆永賣與熊宗義名下為（葉）〔業〕。当日三面言定，宗義出備實置價錢乙串八伯五十文整，係詩保、魁、患弟兄親手領訖。自賣之後，任從買主起（葉）〔業〕，耕種当差，收粮過戶，百為無阻。今欲有凴，立此永賣約乙帋為據。此照。

十号〔二〕

凴中　錢宏智　羅文亮　錢宏義

其田四止　东　尹
南　水田
西　徐
北　刘　東形界

西形四止　东
南　刘
西　賣主　界
北　廣

道光拾叁年二月廿七日　立永賣田契約人　王詩保　弟兄三人

同賣　筆

永遠為（葉）〔業〕

〔一〕「今欲有憑」为正行右侧添加。
〔二〕「十一号」应为契约持有者所加編号。
〔三〕钤有朱文天门县印，契中一方，左右骑缝印各一方。
〔四〕「二勺」为正行右侧添加。

〔一〕「合」右侧涂去「等」字。
〔二〕「十号」应为契约收藏者后添加。

一一七八一　道光十三年二月二十七日钱以谦卖田赤契〔一〕

立永賣田契人錢以謙，今〔二〕因家用不便，將本己受分皇〔三〕田垸白田乙畆九分二厘六毛九糸，載官正艮五分七厘八毛〔四〕，请凴親中羅永年等説合，謙出筆賣與熊宗義〔五〕名下為業。当日三面言定，义出倫實值價〔六〕錢〔七〕三串〇八十文正，係謙領讫〔八〕。自賣之後，任從買主起業，耕種当差，收粮過戶，百為勿阻。今欲有〔九〕凴，立此賣約一帋為據。

即樂得〔十〕

〔一〕钤有朱文天门县印，契中两方，左右骑缝印各一方。
〔二〕「今」为正行右側添加。
〔三〕「皇」后涂去一字。
〔四〕「二厘六毛九糸，載官正艮五分七厘八毛」为正行右側添加。
〔五〕「熊宗義」为正行右側添加。
〔六〕「價」为正行右側添加。
〔七〕「钱」后涂去一字。
〔八〕「三串〇八十文正，系谦領讫」为正行右側添加。
〔九〕「欲有」为正行右側添加。
〔十〕「即樂得」应为契约持有者所加。

四号〔一〕　冊名　錢正相

凴中　錢宏智　宏義　開宗　羅永年

其田四止　東　賣主　西　江　南　水田　北　潘　界

道光十三年二月二十七日　立永賣田約人　以謙　筆

一一七八二　道光十三年二月二十七日罗永年等卖田赤契〔二〕

增办〔三〕

立永賣白田約人羅永達（年、昌選），仝侄祖君，今因移就，將本己〔四〕受分皇田垸白田十二形，共十乙畝七分六厘九毛二，載官庄銀叁

〔一〕「四号」应为契约持有者所加。
〔二〕钤有朱文天门县印，契中两方，左右骑缝印各一方。
〔三〕「增办」应为契约持有者所加。
〔四〕「本己」为正行右側添加。

錢五分三厘〇七毛六，請凴親中錢開中説合，出筆賣與熊宗義名下為業。当日三面言定，义出偹時值價錢貳拾串文整，係達等親手領訖。自賣之後，任從買主起業，耕種当差，收粮過戶，百為無阻。今欲有凴，立此賣約一帋為據。

凴中 錢宏志 义
　　　開中

一彡四止 東坟 西 南罗 北

二形四止 東罗 西 南潘 北罗

三形四止 東 賣主 西 南羅 北

此二形永達私田

四彡四止 東路心 西賣主界 南潘 北罗

此二形永年私田

道光十三年二月二十七日 立永賣田契約人 羅永年 永達 仝筆

五彡四止 東 西羅 南路心 北钱

六彡四止 東潘 西江 南買主 北罗

七彡四止 東罗 西水田 南江 北買主

此三形永年、永達公田

台子唐宅後四止 東罗 西 南水田 北

又 東水田 西罗 南 北水田

又 東水田 西 南罗 北

又 東 西徐 南 北罗

又 東罗 西水田 南路心界 北罗

以上五形 四人公田

一一七八三 道光十三年二月二十七日董守仁卖田赤契〔一〕

立永賣田契約人董守仁，今因不便，將本己受分西汊垸白田乙畝四分，載漁租二分六厘六毛，自請凴中錢宏義等説合，出筆

〔一〕鈐有朱文天门县印，契中一方，左右骑缝印各一方。

賣與熊宗義名下為業。三面言定，出備時值價錢弍串三伯整，係仁親手領讫。自賣之後，任從買主起業耕種，收粮過戸，百為勿阻，立此賣約為據。

冊名　錢道中

乙号〔一〕

凴中　錢開宗　宏智　宏義

其田四止　東熊　西錢　南熊　北張　界

永遠為業

道光十三年二月廿七日　董守仁　筆

西汊漁付士逵皇田一契

一一七八四　道光十三年二月二十八日钱士逵等卖田赤契〔二〕

立永賣白田約人錢士逵，同楊景富〔三〕，今因不便，將本己受分西汊垸白田弍形，皇田垸一形，共六畝四分〇二毛七，載官正銀乙錢九分弍厘，情愿情凴親中錢宏智説合，出筆賣與熊宗義名下為業。當日三面言定，義出備實價錢拾串〇八伯八十文正，係逵親手領（乞）〔訖〕。自賣之後，任從買主起業耕種，收粮過戸，百為無阻。今恐無凴，立此賣約乙帋為據。

凴中　錢開宗　宏志　光昭　罗永年

西又大形　其田四止　東買主　西江　南錢　北江

同楊景富

又小彡四止　東江　西賣主　南錢　北賣

又皇田垸小形四止　東　西　南　北路　俱買主

一号〔一〕

道光十三年二月廿八日　立永賣田契約人　錢士逵同楊景富　筆

西汊二十三契

〔一〕「乙号」应为契约持有者所加编号。

〔二〕钤有朱文天门县印，契中一方，左右骑缝印各一方。

〔三〕「同杨景富」为正行右侧添加。

〔一〕「一号」应为契约持有者所加编号。

一—七八五　道光十三年二月二十九日钱梦坤卖田赤契[一]

增办

立永賣田契約人錢夢坤，今因家用不便，將本己受分黃田垸白田一形，三畝〇三厘九毛，載官正艮九分乙厘一毛七系，憑中錢宏义等説合，出筆賣與熊宗义名下為業。当日三面言定，义出偹寔值價錢四串八百六十二文[二]整，係坤親手領訖。自賣之後，任從買主起業耕種，当差收粮過戸，百為無阻。今恐無憑，立此賣約[三]為據。

憑中　開宗　錢宏智　宏義

其田四止　东　賣主
西　路心
南　水田
北　水田

〔一〕鈐有朱文天门县印，契中两方，左右骑缝印各一方。
〔二〕「四串八百六十二文」为正行右側添加。
〔三〕「約」为正行右側添加。

十号[一]

道光十三年二月廿九日　錢夢坤　筆

永遠為業

一—七八六　道光十三年二月唐奇魁卖田赤契[二]

立永賣田契約人唐奇魁，今因不便，將本己受分皇田垸白田一畝九分一厘七毛五[三]，（在）〔載〕粮（名）〔民〕米三升四合五勺一抄[四]，請憑親中羅士漢説合，賣與熊宗義名下為業。当日三面言定，宗義出偹實值價錢弍串八百七十六文[五]整，係魁親手領訖。自賣之後，任從買主起業，耕種当差，收粮過戸，百為無阻。今恐無憑，立此永賣約一帋為拠[六]。

二号[七]

〔一〕「十号」应为契约持有者所加编号。
〔二〕此两契约写在一张纸上。鈐有朱文天门县印，契中一方，左右骑缝印各一方。
〔三〕「七毛五」为正行右側添加。
〔四〕「五勺一抄」为正行右側添加。
〔五〕「七十六文」为正行右側添加。
〔六〕「拠」在正行右側添加。
〔七〕「二号」应为契约持有者所加编号。

凴中 錢開忠 罗士漢 錢宏智 宏义

其田四止 北路 南賣 界 西尹 東罗

道光拾三年二月 立永賣田契約人 唐奇魁 筆

立永賣田契約人唐奇魁同弟奇恒，今因不便，將本己受分皇田垙白田 〔一〕，（在）〔載〕粮（名）〔民〕米 〔二〕，請凴親中羅士漢説合，永賣與熊宗義名下為業。当日三面言定，宗義出備实值價錢 〔三〕 整，係恒魁親手領訖。自賣之後，任從買主起業，耕種当差，收粮過戶，百為無阻。今恐無凴，立此賣約一帋為據。

熊宗義買唐奇魁一約，未填價銀〔四〕。

凴中 士漢

其田四止 北坟 南坟 界 西尹 東罗

〔一〕此处留有空白。
〔二〕此处留有空白。
〔三〕此处留有空白。
〔四〕「熊宗義買唐奇魁一約，未填價銀」为后来贴附上去的字条。

立永賣田契約人 同弟奇恒魁 筆

一一七八七 道光十三年十一月三日萧志福卖田赤契〔一〕

立永賣基台白田約人萧志福，今因移就，將祖置洪積團基台白田一形，一畝□分三厘五毫，随載民米一升七合三勺五抄，情愿請憑親中程体綱等说合，志福出筆賣與熊篤叙□□下為業。当日三面言定，熊姓出備时值價錢八串一百九十二文整，係福親手領讫。自永賣之後，仍從買主收粮过户，陰陽两便，百為無阻。今恐無憑，立此永賣〔二〕约一帋為拠。

此田在四约項下

憑中 程建陽 和為贵

其田四止 东呈 西〔三〕買主 界 南買主 北呈

〔一〕钤有朱文天门县印，契中二方，骑缝印左、右各一方。
〔二〕「賣」字为正行右侧添加。
〔三〕「西」字后删去一字。

東形
南横四弓
北横四弓五分
中直十弓〇七分

基台
东横十三弓三分
西横十三弓□□
南直十七弓□□
北直十六弓□□

傍坑
西形
东横五弓九分
西横五弓四分
中直二十二弓

册名 肖□□下三洪

道光拾叁年 十一月 初叁日 立永賣基台白田约人 蕭志福

筆

永远為業

一一七八八 道光十三年十一月五日胡正榜等卖田赤契[一]

立永賣白水田約人胡正榜仝弟正柜商議，將祖置陶林垸南三獅團白田大小弍形，计丈四畝弍分〇八毛，載粮九升三合四勺，情愿請憑親中陽□等說合，正榜出筆賣與熊篤叙堂名下為業。當日三面言定，熊姓出備實值價錢壹伯零七串四伯文整，係正榜仝中親手領訖。此係自賣己分，不與親族人等相干。自賣之後，仍從熊姓收粮過户，陰陽两便，百為無阻。恐口無憑，立此賣約一帋為拠。

〔一〕钤有朱文天门县印，契中二方，骑缝印左右各一方。

册名 胡祥萬

首上半區五約胡字項下

憑中 胡元達 胡正柱
金耀勳 胡正魁
欧陽蘭 熊之華
仇勞尚漢

其田 止界

大形 東胡 南胡水田 西胡 北陽

小形 東胡 南胡 西陽 北胡

東西南北三面包路丈，ㄨ8[一] 申水田一分五厘弍毛在内。

道光拾三年冬月初五日 胡正榜 筆

壹形
南横拾壹弓七
北横九弓壹
中直五十弓〇四
積五伯弍十四弓壹
見田弍畝壹分八厘三毛

弍形
南横五弓七
北横四弓五
中直四十叁弓叁
積弍百弍十弓〇八
見田九分弍厘

〔一〕「ㄨ8」即「九五」。

三形

南北横　弍弓八　叁弓弍

中直叁拾弍弓壹

積九十六弓叁

見田四分〇壹毛

四形

西直拾壹弓四

南北横　九弓四　九弓五

東直　拾叁弓七

積壹百十八弓六

見田四分九厘四毛

除水田，寔白田叁分四厘九毫

內水田

東西横　四弓叁　叁弓壹

中直九弓四

積三十四弓八

見田壹分四厘五毫

水田統收在第四形之內抽出扣價。

永遠為業

白水田大小弍形，寔田叁畝九分九厘八毫。

〩〥[一]　申田肆畝弍分〇八毫

〔一〕「〩〥」即「九五」。

一一七八九　道光十三年十一月二十八日刘以林卖田赤契[一]

立永賣白田約人刘以林，今將祖置龔家垸白田二形，計丈弍畝，載民米四升四合四勺，情愿請憑親中刘應鰲等説合，林出筆賣與熊篤叙堂名下為業。当日三面言定，篤叙堂出備時置價錢弍拾串正，係林親手领讫。自賣[二]之後，仍從買主收粮過户，起（葉）〔業〕耕種，陰陽两便，自為無阻。此係自賣己分，不與親（放）〔族〕人等相干。恐口無憑，立此賣約為據。

冊名　劉行舉

□约四子

憑中人　黄国瑛　仇　勞　尚　璞　刘以松

大形

其田四止　東　刘　西　刘　南　路心　北　刘

〔一〕钤有朱文天门县印，契中二方，骑缝印左、右各一方。

〔二〕「賣」字为正行右侧添加。

耳形　東程　西買主　南刘　北刘
　　　小形　東程　西刘　南路心　界　北刘

道光十三年冬月卄八日　刘以林　筆

壹大形　南　七弓六　中　七弓　中横　弍七弓　北　乙七弓
　　　中直四十九弓七　積三百五十九弓

小形　南横　三弓六　北　三弓五
　　　中直拾弓　積卅五弓五

又一形　南横　二弓四二　北　弓叁分五
　　　中直卅乙弓弍　積七十四弓一

共　積四百六十八弓六，实田乙畝九分五厘弍毫

⿰女土〔一〕　申田弍畝整
永遠為業

〔一〕「⿰女土」即「九七六」。

一一七九〇　道光十三年十一月三十日熊必焕卖田赤契〔一〕

立永賣白田契約人熊必進必焕〔二〕，今因移就，將自置白田又一形一分一厘八毛，載民米六合弍勺四，〔三〕一形，计丈一分六厘二毫，載民米五合〔四〕，坐落南三㕶團北北五區二約，换情愿請憑親中程有鼎等説合，换出筆永賣與熊篤叙堂名下為業。当日言定，熊出備实值價錢弍串八佰〇文〔五〕，係换親手領訖。自賣之後，仍□買主管業当差，收粮过戶，陰陽兩便，百為無阻。此係自賣己分，不與親族人等相干。今欲有憑，立此賣約一帋為據。

冊名　熊相高

憑□　熊必忠

道光十三年冬月卅日　永賣白田約　熊必焕必進　筆

〔一〕钤有朱文天门县印，契中二方，骑缝印左、右各一方。
〔二〕「立永賣白田契約人熊必焕」一句，笔迹似有不同。
〔三〕此行为正行右側添加。
〔四〕此处数字有修改，似涂掉「五勺九抄」等字。
〔五〕此处数字似有修改。

東□□□□□
□□□□□
□□□□□
北□□□□□

北耳形
□□□□□
□□□弓壹

中小形
□□□弓
北□□□
中直九弓

冂凵凵
六毫 厘

積五弓弍　　積廿七弓

永遠為業

一一七九一　道光十三年十二月九日张迎春卖田赤契〔一〕

立永賣水田約人張迎春，今因移就，將自己受分水田一坵，坐落八屋灣買主塋地後水田一坵，計丈六分，載粮乙升三合三勺，大堰氏六厄公墩公澗使水灌溉，迎春請凴親中張兆宜等説合，迎春出筆賣与熊篤叙堂管（葉）〔業〕，耕種当差。当日三面言定，叙堂凴中出備青錢乙十捌串整，（絲）〔係〕迎春親手領（記）〔訖〕。自賣之後，永無異説。今欲有凴，立此文約乙帋為証。此照。　画押

冊名　本名

〔一〕鈐有朱文天门县印，契中二方，骑缝印左、右各一方。

凴中　張　萬春　兆先　之君　澤珍　振宗　文敔　福□〔一〕　文沼　世宥　黄春　世官　世偉　萬一　澤華

張　璜　偉　世煒

世有　貴　世官　文敔

道光拾叁年䖝月初九日　立約人　迎春　出筆

子孫世守

永远為業

一一七九二　道光十三年十二月十日张世芳卖田赤契〔二〕

立永賣水田堰塘約人張世芳，今因移就，將己受分水田二畝五分，大小四坵，坐落楊家塝下私堰背上一坵五分，上一坵六分，東檔相連一坵六分，再大治口字一坵八分，共計丈二畝五分，載粮五升五合五勺，糧在張天召戶下收納，芳請憑親中兄世煒說合，芳出筆賣與熊篤敘堂管業，耕種當差。當日三面言

〔一〕前此「凭中人」名单疑为划去。

〔二〕鈐有朱文天门县印，契中二方，骑缝印左、右各一方。

定，篤敘堂出備青錢弍拾串整，係世芳親手領訖。自賣之後，仍從買主收粮過戶，百為無阻。今欲有憑，立此永賣文約一帋為據。此照。

水田三坵，共乙畝七分，在私堰照分使水灌救。

又八分一坵，在東頭楊孝堰使水灌救。

憑中 張世得 章之均 張潤華 兆宣 張世科

道光十三年蚀月初十日 立永賣水田堰塘約人 張世芳 叔茂林 代筆

子孫世守

永遠為業

一一七九三 道光十三年十二月十日姚为仁等卖田赤契〔一〕

立永賣白田约人姚為仁仝弟等，今因不便，將自己受分高作垸白田二形，壹畆九分〔二〕，載粮上則，請憑戚中夏定

〔一〕 钤有朱文天门县印，契中二方，骑缝印左、右各一方。

〔二〕 「分」后涂去两字。

泰等〔一〕说合，仁等出筆賣與熊宗義名下為業。当日三面言定，義出備實值價錢叁串捌百文，係仁仝弟等親手領讫。自賣之後，任憑買主管業，耕種当差，收粮过户，百为無阻。恐口無憑，立此賣约一纸为據。

憑中 宋士鑣 熊克持

其田四止 東 南 西 北 姚界

小形四止 東□□ 南夏 西坟 北姚 界

「小形册名程英才」

道光十三年蚀月初十日 立永賣白田约人 姚为仁 筆

永远 為據

册名 □章

〔一〕 「等」字为正行右侧添加。

一一七九四　道光十三年十二月十一日邹永璜卖田赤契[一]

立永賣白田约人邹永璜，今因移就不便，將本己受分新堰垸白田四形，叁畆〇[二]，載粮上則，请憑親中伍祖怡等□合，璜出筆賣与熊宗義名下为業。当日三面言定，義出備實値價錢四串捌百文整，係璜親手領讫。自賣之後，任從買主起業耕種，收粮过户，百為無阻。今恐無憑，立此卖约[三]一帋为拠。

憑中　熊克持

其田四止　东坟　西路　南徐　北鄒　界

其田四止　东坟　西徐　北邹　南徐　界

其田四止　东買主　西邹　北坟　南邹　界

其田四止　东邹　南邹　北伍　西邹　界

册名　邹碩

永远為業

道光十三年十二月十一日　立永卖白田约人　邹永璜　筆

[一] 钤有朱文天门县印，契中二方，骑缝印左、右各一方。

[二] 此处数字有修改。

[三] 「约」字为正行右侧添加。

一一七九五　道光十三年十二月十一日邹长方卖田赤契[一]

立永賣白田约人邹長方，今因移就不便，將本己受分新堰垸白田三形，壹畆五厘四分七毛，載粮上則，请憑親中伍祖怡等说合，方出筆賣与熊宗義名下為業。当日三面言定，義出備實値價錢弍串壹百八十四文，係方親手領讫。自卖之後，任從買主起業耕種，收粮过户，百为無阻。今恐無憑，立此卖约一帋為拠。

[一] 钤有朱文天门县印，契中一方，骑缝印左、右各一方。

憑中　熊克持

其田四止　东　西傳　南□　北坟　界

其田四止　东　西邹　南坟　北邹　界

又一形　东坟　西路心　南　北邹　界

册名　邹思友

道光十三年十二月十一日　立永卖白田约人　邹長方　筆

永远為業

一一七九六　道光十三年十二月十一日夏定心卖田赤契〔一〕

立永賣白田約人夏定心，今因移就不便，將自己受分高作垸白田三分三厘三毛，（在）〔載〕粮上則，請凴親中宋士鏕等説合，定心出筆賣與熊宗義名下為（葉）〔業〕。当日三面言定，熊出備價值價錢六百六十六文〔二〕整，係定心親手領

〔一〕鈐有朱文天门县印，契中一方，骑缝印左、右各一方。

〔二〕「文」字为正行右侧添加。

訖。自賣之後，仍從買主起（葉）〔業〕，耕種当差，收粮過户，百為（吾祖）〔無阻〕。今欲有凴，此約為據。

此照。

凴中　夏定泰　熊克持　其田四止　东坟　西水田　南姚　北下　界

道光拾三年十二十一日　立永賣田約人　心　筆

永遠為（葉）〔業〕

一一七九七　道光十三年十二月十一日夏必富卖田赤契〔一〕

立永賣白〔二〕田約人夏必富，今因移就不便，將自己受分高作垸白田二形，八分二厘七毛，又七分二厘六毛〔三〕，（在）〔載〕粮上則，請憑親中等宋士鏕〔四〕説合，富出筆賣與熊宗義名下為（葉）〔業〕。当日三面言定，义〔五〕出備實值

〔一〕鈐有朱文天门县印，契中一方，骑缝印左、右各一方。

〔二〕「白」字为正行右侧添加。

〔三〕「又七分二厘六毛」七字为正行右侧添加。

〔四〕「宋士鏕」三字为正行右侧添加。

〔五〕「义」字为正行右侧添加。

價錢壹串六百五十四，又壹串四百五十二[一]文整，係冨親手領訖。自賣之後，（仮）〔仍〕從買主起（葉）〔業〕，耕種当差，收粮過户，今恐無憑，百為（吾祖）〔無阻〕。此約為據。

此照。

憑中　定泰　熊克持

其田四止　东工　南坟　西周　北買主　界

其田四止　东坟　南　西下　北　界

道光拾三年十二月十一日　冨　筆

永遠為（葉）〔業〕

〔一〕「又壹串四百五十二」八字为正行右侧添加。

一—七九八　道光十三年十二月十一日夏必鳌卖田赤契[一]

立永賣白田約人夏必鰲，今因移就不便，將自己受分高作白田一形，六分六厘九毛，（在）〔載〕粮上則，請憑親中等宋仕鑣説合，鰲出筆賣與熊宗義名下為（葉）〔業〕。當日三面言定，出倫實值價錢壹串三百卌八文整，係鰲親手領訖。自賣之後，仍從買主起（葉）〔業〕，耕種当差，收粮過户。今恐無憑，百為（吾祖）〔無阻〕，此約為據。

此照

憑中　熊克持　定泰

其田四止　南路[二]　東夏　西吳　北熊買主　止

道光拾叁年十二月十一日　必鰲　筆

永遠為（葉）〔業〕

〔一〕鈐有朱文天门县印，契中一方，骑缝印左、右各一方。
〔二〕原文「路」前删去一字。

一一七九九　道光十三年十二月十二日伍永玉卖田赤契〔一〕

立永賣白田約人伍永玉，今因移就，將本己受分高作垸白田四分〇四毛，載粮上則，玉〔二〕請凴親中伍祖貽等説合，玉出筆賣與熊宗義名下為業。當日三面言定，義出備實值價錢六百四十六文整，係玉（青）〔親〕手領訖。自賣之後，任從買主起業，耕種当差，收粮過户，百為無阻。今恐無凴，立此賣約一帋為據。

此照。

憑中　伍祖貽　熊克持

其田四止　東伍　南坟　西吳　北伍　界

道光十三年虫月十二日　立永賣白田約人　永〔三〕玉　筆

〔一〕鈐有朱文天门县印，契中一方，骑缝印左、右各一方。
〔二〕「玉」字为正行右侧添加。
〔三〕「永」字为正行右侧添加。

永远為業

一一八〇〇　道光十三年十二月十二日伍泽望卖田赤契〔一〕

立永賣白田約人伍澤望，今因移就，將本己受分高作垸白田二形〔二〕，壹畝三分三厘九毛〔三〕，載粮上則，請凴親中伍祖貽等説合，望出筆賣與熊宗義名下為業。當日三面言定，義出備實值價錢弍串六百七十九文〔四〕整，係望（青）〔親〕手領訖。自賣之後，任□買主起業，耕種当差，收粮過户，百為無阻。今恐無凴，立此賣約一帋為據。此照。

凴中　熊克持　伍祖貽

其田四止〔五〕

〔一〕鈐有朱文天门县印，契中一方，骑缝印左、右各一方。
〔二〕「二形」二字为正行右侧添加。
〔三〕「毛」字后删去「五糸」二字。
〔四〕「文」字为正行右侧添加。
〔五〕「止」字后删去一「大」字。

大形　東伍　南吳　西溝　北溝　　小形　東坟　南伍　西伍　北熊買主　界

道光十三年虫月十二日　立永賣白田約人　望　筆

永远為業

一一八〇一　道光十三年十二月十二日刘正照卖田赤契〔一〕

立大賣白田約人刘正照，今因不便，將本己〔二〕受分新堰垸白田七分，載粮上则，請憑親中等伍祖怡説合，照出筆賣与熊宗義名下為業。當日三面言定，義出備時值價錢壹串〇伍十文〔三〕整，係照〔四〕親手領訖。自賣之後，任從買主起業，耕種当差，收粮过户，百為無阻。今恐無憑，立此賣約一帋為據。

〔一〕鈐有朱文天门县印，契中一方，骑缝印左、右各一方。
〔二〕「己」字为正行右侧添加。
〔三〕「壹串〇伍十文」六字为正行右侧添加。
〔四〕「照」字为正行右侧添加。

憑中　熊克持　　其田四止　東鄒　南□　西徐　北業　界

册名　葉鏞

道光十三年朏月十二日　立賣白田約人　刘正照　筆

永遠為業

一一八〇二　道光十三年十二月十二日刘正官卖田赤契〔一〕

立大賣白田約人刘正官，今因不便，將本己受分新堰垸白田乙畝九分六厘三毫〔二〕，載粮上則，請憑親中等伍祖怡説合，官出筆賣与熊宗義名下為業。當日三面言定，義出備時值價錢壹串伍百四十文，係官親手領訖。自賣之後，任從買主起業，耕種当差，收粮过户，□為阻。今恐無憑，立此賣約一帋為據。

憑中　熊克持

〔一〕鈐有朱文天门县印，契中一方，骑缝印左、右各一方。
〔二〕「九分六厘三毫」六字为正行右侧添加。

其田四止 東丁 南路心 西買主〔一〕 北邹 界

册名 邹永要

道光十三年蚀月十二日 立賣白田约人 刘正官 筆

永遠為業

一一八〇三 道光十三年十二月十二日陶端玉卖田赤契〔二〕

立永賣白田约人陶端玉，今因移就，将自己受分高作垸白田〔三〕二形，八分九厘四毛，（在）〔載〕粮上則，玉請凴親中伍祖貽説合，玉〔四〕出筆賣与熊宗義名下爲業。當日三面言定，義出備（十自）時值〔五〕價錢壹串伍百乙十九文整，係玉親手領（气）〔訖〕。自賣之後，任從買主起業，耕種当差，收粮過户，百爲無阻。今欲有凴，立賣约一帋為據。

〔一〕「買主」前涂去一字。

〔二〕钤有朱文天门县印，契中一方，骑缝印左、右各一方。

〔三〕「白田」二字为正行右侧添加。

〔四〕「玉」为正行右侧小字添加。

〔五〕「時值」二字为「十自」右侧添加。

此照。

凴中 伍祖貽 熊克持

其田四址 東陶 西陶 南 北路 界

道光十三年蚀月十二日 立永賣白田约人 陶端玉 筆

永远為業

册名 陶于

一一八〇四 道光十三年十二月十二日李宏琪卖田赤契〔一〕

立永賣白田约人李宏琪，今因移就，将自己受分高作垸白田〔二〕一形，四分六厘二毫，（在）〔載〕粮上則，宏琪〔三〕請凴親中 伍祖貽 说合，琪〔四〕出筆賣与熊宗義名下为業。

〔一〕钤有朱文天门县印，契中一方，骑缝印左、右各一方。

〔二〕「白田」二字为正行右侧添加。

〔三〕「宏琪」二字为正行右侧添加。

〔四〕「琪」字为正行右侧添加。

当日三面言定，義出備实（置）〔值〕價錢柒百八十五文整，係宏琪親手領（气）〔訖〕。自賣之後，任從買主起業，耕種当〔一〕差，收粮過户，百為無阻。今欲有凴，立賣约一帋為據。此照。

凴中　熊克持　伍祖貽

其田四址　東伍　西墳　南墳　北吴　界

道光十三年胅月十二日　立永賣白田約人　李宏琪　筆

永远為業

册名　伍庭

一一八〇五　道光十三年十二月十二日伍泽恩卖田赤契〔二〕

立永賣白田約人伍澤恩，今因移就，將本己受分高作垸白田八

〔一〕「当」字为正行右侧添加。

〔二〕钤有朱文天门县印，契中一方，骑缝印左、右各一方。

分乙厘四毛，載粮上則，恩〔一〕請凴親中等伍祖貽説合，賣與熊宗义名下爲業。当日三面言定〔二〕，熊宗義出備實值價錢壹串六百廿八文，恩親手領訖。自賣之後，任從〔三〕買主起業，耕種当差，收粮過户，百為無阻。今恐無凴，立此賣約一帋為據。此照。

凴中　熊克持

其田四止　東坟　西吴　南賣　北溝　界

道光十三年十二月十二日　立永賣白田約人　伍澤恩　筆

永远為業

一一八〇六　道光十三年十二月十二日伍永万卖田赤契〔四〕

立永賣白田約人伍永萬，今因移就，將本己受分高作垸〔五〕白

〔一〕「恩」字为正行右侧添加

〔二〕「定」字为正行右侧添加。

〔三〕「從」字为正行右侧添加。

〔四〕钤有朱文天门县印，契中一方，骑缝印左、右各一方。

〔五〕「高作垸」三字为正行右侧添加。

田四分七厘，載粮上則，請凴親中伍祖貽等説合，賣與熊宗義名下為業。当日三面言定，义出備實值價錢捌百四十六文，萬□親手領訖。自賣之後，任買主起業，耕種当差，收粮過户，百為無阻。今恐無凴，立此賣約一帋为據。此照。

凴中　熊克持

其田四止　東溝　西水田　南萬　北永洲　界

道光十三年十二[一]月十二日　立永賣田約人　伍永萬　筆

永远為業

一一八〇七　道光十三年十二月十二日李宏琪卖田赤契[二]

立永賣白田約人李宏琪，今因移就，將自己受分高作垸白田[三]二形，壹畝□分六厘三毫，（在）〔載〕粮上則，宏琪請凴（清）〔親〕中伍祖貽説合，琪[一]出筆賣与熊中義名下为業。當日[二]三面言定，義出佫实（自）〔值〕價錢弍串六百五十七文整，係宏琪親手领讫。自賣之後，任買主起業，耕種（差当）〔当差〕，收粮過户，百为無阻。今欲有凴，立賣約一帋为據。此照。

憑中　熊克持　伍祖貽

其田四址　東路心　西水田　南伍　北熊買主

又其四址　东伍　西路心　南伍　北伍　界

道光十三年蚀月十二日　立永賣白田　李宏琪　筆

永远為業

册名　伍泽其

〔一〕「二」字为正行右側添加。
〔二〕鈐有朱文天门县印，契中二方，骑缝印左、右各一方。
〔三〕「白田」二字为正行右側添加。

〔一〕「琪」字为正行右側添加。
〔二〕「日」字为正行右側添加。

一一八〇八 道光十三年十二月十三日程义卖田赤契〔一〕

立永賣白田約人程義，今因不便，将自己受分高作垸白田壹畝八分八厘四毛，載粮上則，義請凴親中伍祖貽説合，出筆賣与熊宗義名下為業。当日三面言定，义出備時値價錢叁串柒百六十八文整，係义親手領讫。自賣之後，任從買主起業，耕種当差，收粮過户，百為無阻。今恐無凴，立此賣約一帋為拠。此照。

憑中　熊克持

其田四止　東 路心　西 伍　南 熊買主　北 伍　界

道光十三年十二月十三日　立永賣白田約人　程義　筆

永远為業

〔一〕 钤有朱文天门县印，契中二方，骑缝印左、右各一方。

一一八〇九 道光十三年十二月十三日伍永朋等卖田赤契〔一〕

立永賣白田約人伍永朋千，今因移就，將本己受分高作垸白田六分七厘乙毛，載粮上則，朋千請凴親中伍祖貽等説合，朋千出筆賣與熊宗義名下为業。当日三面言定，義出備實值價錢壹串〇七十三文整。係朋千親手領讫。自賣之後，任從買主起業，耕種当差，收粮過户，百為無阻。今恐無凴，立此賣約乙帋為據。此照。

凴中　熊克持

其田四止　北 伍　南 吳　西 伍　東 路　界

道光十三年虫月十三日　立永賣田約人　永朋千　筆

永远為業

〔一〕 钤有朱文天门县印，契中一方，骑缝印左、右各一方。

一一八一〇　道光十三年十二月十三日伍泽墀卖田赤契〔一〕

立永賣白田契約人伍澤墀，今因不便，將自己受分高作垸白田伍分二厘八毛，載粮上則，墀請憑親中伍祖則等說合，墀〔二〕出筆賣与熊宗義名下為業。当日三面言定，義出備時值價錢壹串〇五十六文整，係墀親手領訖。自賣之後，任從買主起業，耕種当差，收粮過戶，百為無阻。今恐無憑，立此賣約一帋為拠。此照。

憑中　熊克持　伍祖贻

其田四止　东　路　西　伍　南　□　北　熊買主　界

道光十三年十二月十三日　立永賣白田約人　澤墀　筆

永远為業

册名　付二伍俊魁

〔一〕钤有朱文天门县印，契中一方，骑缝印左、右各一方。

〔二〕「墀」字为正行右侧添加。

一一八一一　道光十三年十二月十三日邹长榜卖田赤契〔一〕

立賣白田契约人邹長榜，今因不便，將本己受分新堰垸白田捌分三厘七毛〔二〕，（在）〔載〕粮上則，請憑親中伍祖怡說合，榜出筆賣與熊中儀名下為〔三〕業。当日叁面言定〔四〕，中儀出偹實值價钱壹串三百卄八文整，係長榜親手领訖。自賣之後，任從買主当差，收粮過户，百為無阻。今恐（吾）〔無〕憑，立此賣約一帋為據。

憑中　熊克持

其田四止　北　買主　南　徐　西　水田　東　路心　界

册名　邹叔卿

道光拾叁年虫月拾叁日　立賣白田约人　邹長榜　筆

〔一〕钤有朱文天门县印，契中一方，骑缝印左、右各一方。

〔二〕「捌分三厘七毛」为改动后数字。

〔三〕「為」字为正行右侧添加。

〔四〕「日叁面言定」五字为涂改笔迹。

一一八一二　道光十三年十二月十三日邹久林卖田赤契〔一〕

立賣白田契约人邹久林，今因不便，將本己受分新堰垸白田陸分二厘五毛〔二〕，（在）〔載〕粮上则，請憑親中伍祖怡説合，林出筆賣与熊中儀名下為業。当日三面言定，中儀出備實值價錢壹串文整，係林親手领訖。自賣之後，任從買主当差，收粮過户，百為無阻。今恐（吾）〔無〕憑，立此賣约一帋為據。

憑中　熊克持

其田四止　北路心　南路心　西付　東邹　界

册名　邹秀

道光拾三年虫月拾三日　立賣白田约　邹久林　長榜　代筆

〔一〕鈐有朱文天门县印，契中一方，骑缝印左、右各一方。

〔二〕「陸分二厘五毛」为改动后数字。

一一八一三　道光十三年十二月十三日伍永洲卖田赤契〔一〕

立永賣白田約人伍永洲，今因移就，將本己受分高作垸白田二形〔二〕，壹畆乙分四厘八毛，載粮上則，□請凴親中伍祖貽等説合，洲出筆賣與熊宗义名下為業。当日三面言定，熊宗義出備實值價錢弍串二百九十六文整，係洲親手領訖。自賣之後，任從買主起業，耕種当差，收粮過户，百為無阻。今恐無凴，立此賣約乙帋為據。此照。

凴中　伍祖怡　熊克持

其田四止　北買主　南買主　西溝　東吴　界

道光十三年虫月十三日　立永賣白田約人　永洲　筆

永远為業

〔一〕鈐有朱文天门县印，契中一方，骑缝印左、右各一方。

〔二〕「二形」二字为正行右側添加。

一一八一四　道光十三年十二月十三日伍永清卖田赤契〔一〕

立永賣白田约人伍永清，今因不便，將自己受分高作垸白田壹畝三分七厘，載粮上則，清請凴親中伍祖貽説合，出筆賣与熊宗義名下為業〔二〕。当日三面言定，義出備時值價錢式串四百六十六文整，係清親手領訖。自賣之後，任從買主起業，耕種当差，收粮過户，百為無阻。今恐無凴，立此賣约一帋为拠。此照。

凴中　熊克持

其田四止　東水田　西賣主　南路心　北水田　界

道光十三年十二月十三日　立永賣白田約人　永清　筆

永远為業

〔一〕鈐有朱文天门县印，契中一方，骑缝印左、右各一方。
〔二〕「業」在「為」字右側。

一一八一五　道光十三年十二月十三日黄其元卖田赤契一〔一〕

立永賣基台前〔二〕白田約人黄其元，今因不便，將自〔三〕己受分高作垸白田二形〔四〕，壹畝二分壹厘，載粮上則，元請凴親中伍祖貽説合，元〔五〕出筆賣与熊宗義名下為業。当日三面言定，义出備時值價錢壹串九百四十四文整，係元親手领訖。自賣之後，任從買主起業，耕種当差，收粮過户，百為無阻。今恐無凴，立此賣约一帋为拠。此照。

基台後小形

又四止　東伍　西買主〔六〕　南刘　北彭　界

〔一〕鈐有朱文天门县印，契中一方，骑缝印左、右各一方。
〔二〕「基台前」三字为正行右側添加。
〔三〕「自」字为正行右側添加。
〔四〕「二形」二字为正行右側添加。
〔五〕「元」字为正行右側添加
〔六〕「買主」旁划去一字。

基台前

其田四止　東水田買主　南買主　西郭萬春　北魏三合　界

憑中　熊克持

道光十三年十二月十三日　立永賣白田约人　黄其元　筆

永遠為業

一一八一六　道光十三年十二月十三日黄其元卖田赤契二〔一〕

立永賣水田约人黄其元，今因不便，將自己受分高作垸水田壹畆四分三厘六毛，載粮上則，元請憑親中伍祖貽説合，元出筆賣与熊宗義名下為業。当日三面言定，義出倫時值價錢壹串弍百九十文整，係元親手領訖。自賣之後，任從買主起業，耕種当差，收粮過户，百為無阻。今恐無憑，立此賣約一帋为拠。此照。

憑中　熊克持

〔一〕鈐有朱文天门县印，契中二方，骑缝印左、右各一方。

其田四止　東白田熊買主　西白田　南魏三合　北伍　界

道光十三年十二月十三日　立永賣水田約人　其元　筆

永远為業

一一八一七　道光十三年十二月十三日伍永朋卖田赤契〔一〕

立永賣白田約人伍〔二〕永朋，今因移就，將本己受分高作垸白田六分〇七毛，載粮上則，朋請憑親中伍祖貽等説合，朋出筆賣與熊宗義名下為業。当日三面言定，义出備實值價錢壹串弍百乙十四文整，係朋親手領訖。自賣之後，任從買主起業，耕種当〔三〕差，收粮過户，百為無阻。今恐無憑，立此賣約一帋為據。此照。

憑中　熊克持　伍祖貽

〔一〕鈐有朱文天门县印，契中一方，骑缝印左、右各一方。

〔二〕「伍」字为正行右側添加。

〔三〕「当」后涂去一字。

其田四止　北伍　南吴　西吴　東伍　界

道光十三年虫月十三日　立永賣白田〔一〕約永朋　筆

永远為業

一一八一八　道光十三年十二月十四日邹廷耀卖田赤契〔二〕

立永賣白田约人邹廷耀〔三〕，今因不便，将自己受分高作垸白田柒分二厘二毛〔四〕，載〔粮〕上則，耀〔五〕請凴親中伍祖貽等説合，出筆賣与熊宗義名下為業。当日三面言定，義出備時值價錢壹串弎百廿七文整，係輝親手領讫。自賣之後，任從買主起業，耕種当差，收粮過户，百為無阻。今恐無凴，立此賣約一帋為拠。此照。

凴中　伍祖貽　熊克持

〔一〕「賣白田」三字为正行右側添加。

〔二〕鈐有朱文天门县印，契中一方，骑缝印左、右各一方。

〔三〕「廷」字后删去「輝」字，其右側添加「耀」字。

〔四〕「二毛」二字为正行左側添加。

〔五〕「則」字后删去「輝」字，其右側添加「耀」字。

其田四止　東陽　西邹　南熊宗义　北水田　界

道光十三年十二月十四日　立永賣白田約人　邹廷耀〔一〕筆

永远為業

冊名　邹光鲁

一一八一九　道光十三年十二月十四日邹长梅卖田赤契〔二〕

立永賣白田契人邹長梅，今因不便，將本己受分新堰垸白田二形，壹畆四厘二毛，（在）〔載〕粮上则，請凴親中伍祖怡等説合，梅出筆賣与熊宗義名下為業。当日三面言定，義出備價值價銭壹串六百六十四文整，係梅親手領訖。自賣之後，任從買主起業耕種。收粮当差过户，百為無阻。今恐無凴，立此賣契壹帋為拠。

〔一〕「廷」字后删去「輝」字，其右側添加「耀」字。

〔二〕鈐有朱文天门县印，契中一方，骑缝印左、右各一方。

其田四 北買主 西鄒 南買主 東鄒 止

其田四 北買主 西坟 南買主 東邹 止界

册名 邹永公

道光十三年十二月十四日 立永賣白田契人 梅 筆

永遠为據

一一八二〇 道光十三年十二月十四日邹长春卖田赤契[一]

立永賣白田約人邹長春，今因不便，將本己[二]受分新堰垸白田二形，壹畝六分三厘三毛，（戴）〔載〕糧上則，請憑親中伍祖□等説合，春出筆賣与[三]熊忠義名下為業。當日三面言定，義出備實値價錢弍串八百十八文整，係春親手領訖。自賣之后，任從買主管業，耕種当差，收粮過户，百為無阻。今恐無憑，立此賣約一（止）〔纸〕為據。

憑中 伍祖貽 □ 熊克持

其田四 北 西路 南坟 東邹 止界

道光十三年十二月十四日 立永賣白田约人 邹長春 筆

永遠為業

〔一〕钤有朱文天门县印，契中二一方，骑缝印左、右各一方。

〔二〕「己」字为正行右侧添加。

〔三〕「春出筆賣与」五字为正行右侧添加。

一一八二一 道光十三年十二月十五日陈大兴卖田赤契[一]

立永賣白田约人陳大興，今因移就，将祖遺葫東工團三约三股白田大小二形，計丈二畝五分，載粮正銀[二]四分七厘五毫，興情愿請憑親中黄星坡等说合，興出筆賣與熊篤叙堂名下為業。當日三面言定，熊姓出備時價價錢叁□□整，係興仝中親手領讫。自賣之後，任從買主收粮過户，陰陽両便，百為無阻。此係自賣己分，不與親族人等相干。今恐無憑，立此永賣约一帋

〔一〕钤有朱文天门县印，契中二方，骑缝印左一方、右一方。

〔二〕「正銀」二字为正行右侧添加。

為據。

冊名 □光中

憑中 黄星坡 程正泰 熊□雲

大形四 东 溝边 西 侯 南 項買主 北 下大路□腳

小形 东 大路心 西 連買界 南 程仝公 界 北 陳□

道光十三年十二月十五日 立永賣白田 大興 筆

小形弓口

東[一] 橫 六弓三

西[二] 六弓九

中直拾六弓三

積一百〇七弓五

田四分四厘八毫

大形弓口

東西 直五拾弓〇五

南北 橫九弓四分

〔一〕「東」字后删去「南」字。

〔二〕「西」字后删去「北」字。

積四百七十四弓七

田壹畝九分七厘八毫

二共寔田弍畝四分弍厘六毫，𠃊[一]申弍畝五分

永遠為業

一—八二二 道光十三年十二月十七日熊效谦卖田赤契[二]

立永賣田契约人熊□□，今因家用不便，將己受分河湖垸上則白田三形，共壹畝四分二厘捌毛，情愿請憑親中熊邱槐等说合，谦出筆賣与熊宗義名下為業。当日三面言定，義出備時值價錢弍串七百乙十三整，係谦親手領訖。自賣之後，仍從買主起業耕種，完粮当差，百為無阻。今欲有凴，立此賣约一帋為據。

載粮三升乙合四勺乙抄。

冊名 效谦

凴中 邱槐 熊松運 廣運

〔一〕「𠃊」即「九七」。

〔二〕钤有朱文天门县印，契中一方，骑缝印左右各一方。

其田四止　東曾　西姜　南李　北熊　界

其田四止　東彭　西姜　南姜　北熊　界

其田四止　東　西　南　北　俱熊界

道光十三年　虫月十七日　立永賣田契约人　熊效谦　筆

永遠為業

一一八二三　道光十三年十二月十七日熊能运卖田赤契[一]

立永賣田契约人熊能運，今因家用不便，將己分河湖垸上則白田二[二]形，七分四厘五毛，情愿请凴親□□□說合，□出筆賣与熊宗義名下為業。當日三面言定，義出備時價錢乙串四百十五整，係□□□領訖。□□□□□從買主起業耕種，當差完粮，百為無阻。今恐無凴，立此賣約一帋為據。

載粮册名　元礼

凴中　邱懷　熊廣運　松運

其田四止　東　西　南　北　俱曾界

又小形四止　東熊　西熊　南路　北本己　界

道光十三年虫月十七日　立永賣田契约人　熊能運　筆

永遠□據

[一] 钤有朱文天门县印，契中一方，骑缝印左右各一方。

[二] 此处数字有修改。

一一八二四 道光十三年十二月二十日陶端玉卖田赤契〔一〕

立永賣白田〔二〕约人陶端玉，今因不便，將本己受分高作垸白田乙畆九厘五毛，（在）〔載〕粮上則，玉〔三〕請憑親中〔四〕伍祖貽説合，玉出筆賣与熊中義名下爲業。当日三面言定，義出備時值價錢壹串捌百六十文，係玉（覐）〔親〕手領讫。自賣之後，仍從買主起業，耕種当差，收粮過户，百為無阻。今恐無憑，立永賣约一帋為拠。

憑中 伍祖貽 熊克持

其田四止 東陶 西 南陶 北井 界

道光十三年蚀月廿日 立永賣白田约人 陶端玉 筆

〔一〕鈐有朱文天门县印，契中一方，骑缝印左、右各一方。
〔二〕「田」字为正行右侧添加。
〔三〕「玉」字为正行右侧添加。
〔四〕「中」字为正行右侧添加。

永远為業

册名 陶于

一一八二五 道光十三年十二月二十日陶端元卖田赤契〔一〕

立永賣白田约人陶端元，今因不便，將本己受分高作垸白田捌分九厘，（在）〔載〕粮上則，元〔二〕請憑親中伍阻貽説合，元出筆賣与熊中義〔三〕名下為業。当日三面言定，義出備時值價錢壹串六百〇二文，係元親手領讫。自賣之後，任從買主起業，耕種当差，收粮過户，百為無阻。今恐無憑，立永賣约一帋為拠。

凴中 伍祖貽 熊克持

其田四止 東陶 西朱 南周 北水田 界

〔一〕鈐有朱文天门县印，契中一方，骑缝印左、右各一方。
〔二〕「元」字为正行右侧添加。
〔三〕「義」字为正行右侧添加。

道光十三年朏月廿日　立永賣白田约人　陶端元　筆

永远為業

册名　陶凌二

一一八二六　道光十三年十二月二十日伍国纪卖田赤契〔一〕

立永賣白田约人伍國纪，今因不便，將本己受分高作垸白田四分三厘，載粮上則，纪請憑親中伍祖貽说合，出筆賣与熊宗義名下為業。当日三面言定，义出备時值價錢六百四十五文，係纪親手領讫。自賣之後，任從買主起業，耕種当差，收粮过户，百為勿阻。今恐無凴，立此賣約一帋為拠。此照。

凴中　熊克持　伍祖貽

其田四止　東買主　西伍　南水田　北路心　界

道光十三年十二月廿日　立永賣白田約人　伍国纪　筆

永遠為業

〔一〕钤有朱文天门县印，契中一方，骑缝印左右各一方。

册名　伍澤成

一一八二七　道光十三年十二月二十日伍泽均卖田赤契一〔一〕

立永賣白田约人伍泽均，今因不便，將本己受分高作垸白田壹畝九分伍厘，載粮上則，均請憑親中伍祖貽等说合，出筆賣与熊宗義名下為業。当日三面言定，義出备時值價錢壹串四百廿五文，係均親手領讫。自賣之後，任從買主起業，耕種当差，收粮过户，百為勿阻。今恐無凴，立此賣約一帋為拠。此照。

凴中　伍祖貽

其田四止　東永清　西熊　南泽瑜　北坟　界

道光十三年十二月廿日　立永賣白田约人　伍泽均　筆

永遠為業

册名　伍澤成

〔一〕钤有朱文天门县印，契中一方，骑缝印左右各一方。

一一八二八　道光十三年十二月二十日伍万卖田赤契一[一]

立永賣白田約人伍萬，今因移就，將本己受分高作垸白田二形，壹畝壹分五厘九毛六系，載粮上則，请憑親中祖貽等说合，萬出筆賣与熊宗義名下為業。当日三面言定，義出备時值價錢弍串叁百乙十九文，係萬親手領讫。自賣之後，仍從買主起業，耕種当差，收粮過户，百為無阻。今恐無憑，立此永賣約一帋為拠。

憑中　熊克持　伍致嶙

其田四止　北買主　西　南張　東張

又一形　北坟　西陽　南　東買主　界

道光十三年十二月二十日　立永賣白田約人　伍萬　筆

永遠為業

[一] 鈐有朱文天门县印，契中一方，骑缝印左右各一方。

一一八二九　道光十三年十二月二十日伍万卖田赤契二[一]

立永賣白田約人伍萬，今因移就，將本己受分高作垸白田壹畝弍分弍毛五系，載粮上則，請憑親中祖貽等说合，萬出筆賣与熊宗義名下為業。当日三面言定，義出备時值價錢弍串四百〇五文，係萬親手領讫。自賣之後，仍從買主起業，耕種当差，收粮過户，百為無阻。今恐無憑，立此永賣約一帋為拠。

憑中　熊克持

其田四止　東水田　西坟　南買主　北□　界

道光十三年十二月廿日　立永賣白田約人　伍萬　筆

永遠為業

[一] 鈐有朱文天门县印，契中一方，骑缝印左右各一方。

一一八三〇　道光十三年十二月二十日伍泽均卖田赤契二〔一〕

立永賣白田約人伍澤均，今因不便，將自己受分高作垸白田壹畝弍分六厘毛乙，載粮上則，均請憑親中伍祖貽等說合，均出筆賣与熊宗義名下為業。當日三面言定，義出備時值價錢弍串伍百廿二文整，係均親手領讫。自賣之後，任從買起業，耕種当差，收粮過户，百為無阻。今恐無憑，立此賣約一帋為拠。此照。

憑中　熊克持

其田四止　東坟　西伍　南坟　北王　界

道光十三年十二月廿日　立永賣白田約人　澤均　筆

永遠為業

册名　伍王佐

〔一〕鈐有朱文天门县印，契中一方，骑缝印左右各一方。

一一八三一　道光十三年十二月二十日杨氏祠卖田赤契〔一〕

立永賣白田約人楊氏祠，今因年岁荒歉，阖族公議，只淂將南三獅公田一形，计丈八分零七毛，情愿請憑中成章全等說合，首士楊善興、為智、為魁等出筆賣與熊篤叙堂名下為業。當日三面言議定，篤叙堂出備實置價錢玖串陆百八拾肆文，係楊氏宗祠楊為智首士等仝中親手領訖。自賣之後，仍買主收粮过户，陰陽两便，百為無阻。今恐無憑，立此賣約一帋為據。

册名楊国賓，民米乙升七合七勺五抄。

前形　南　四弓八分　北横　五弓六分　中直十弍弓七分　積六十六弓〇四　田弍分七厘五毛

後形　南　五弓叁分　北横　五弓六分　中横　五弓七分　直弍拾壹弓弍分　積一百十八弓弍　田四分九厘弍毛

共實田七分六厘七毛

〔一〕鈐有朱文天门县印，契中二方，骑缝印左右各一方。

𢒼〔一〕　申八分〇七毛

憑中　成章仝　黃孟蘭

道光十三年十二月二十日　立永賣白田約人　楊氏宗祠合族仝

賣首士等　筆

永遠為業

一一八三二　道光十三年十二月二十日张士官卖田赤契〔二〕

立永賣白田約人張士官，今因移就，將祖置南三獅團白田二形，坐落倚園傍，计丈壹畝叁分叁厘四毛，載粮弍升九合六勺一抄，冊名張光榮，張士官請憑親中孟南說合，官情愿出筆賣與熊篤叙堂名下為業。当日三面言定，篤叙堂出備時置價錢弍拾串零拾文正，係官同中親手領讫，無淂異說。自賣之後，仍從買主管業，耕種当差，收粮過户，陰陽两便，百為無阻，永無異說。今恐（有）〔無〕憑，立此永賣約為據。

弓口

〔一〕「𢒼」即「九五」。

〔二〕鈐有朱文天门县印，契中二方，骑缝印左右各一方。

南横三弓五　北横四弓一　　南横八弓五　北横九弓乙　　東横六弓八　西横九弓四　中横七弓三

中直拾四弓　　中直拾乙弓　　中直弍拾弓〇一分

積五十三弓弍　　積九十六弓八分　　積壹百五十四弓七

田弍分弍厘乙毛　田四分〇三毛　　田六分四厘四毛

共實田一畝弍分六厘八毛

𢒼〔一〕　申一畝三分三厘四毛

憑中人　黃孟南大爺　周士義二爺　　四止　南買主　東路心　西陳界　北坟

道光十三年十二月廿日　立永賣白田約人　張士官　筆

永遠為業

一一八三三　道光十三年十二月二十一日雷振纶卖田赤契〔二〕

立永賣白水田約人雷振綸，今因移就不便，將祖置一北獅團白水田一形，计丈一畝〇九厘，□粮二分〇七毛，在雷光運户下

〔一〕「𢒼」即「九五」。

〔二〕鈐有朱文天门县印，契中二方，骑缝印左右各一方。

收納，綸情愿請憑親中蕭榜說合，綸出筆賣與熊篤叙堂名下為業。篤叙堂出俻寔值價錢七串二百九十四文整，綸憑中親手領訖。自賣之後，仍從買主管業，耕種当差，收粮過户，陰陽兩便，百為無阻。此係自賣己分，不與親族人等相干。今（裕）〔欲〕（友）〔有〕憑，立此賣〔約〕乙帋為據。

白田弓口	除坟弓口	水田弓口
南　三弓八分	横壹弓	横四弓五
中横三弓七分	直弍弓	直五弓
北　三弓四分	積弍弓	積弍十弍弓五
中直六十四弓	見田八毛	見田九厘三毛
積弍百卅三弓六		
見田九分七厘三毛		

除坟寔白水田壹畝〇五厘八毛

处[一]　申壹畝〇九厘

憑中人　程有鼎　蕭榜

其田四止　東□　南熊　西熊　北坑心　界

道光十三年十二月廿一日　立永賣白水田約人　雷振綸　出筆

永遠為業

〔一〕「处」即「九七」。

一一八三四　道光十三年十二月二十一日吴之登卖田赤契[一]

立永賣白田約人吴之登，今因移就不便，將父置一北獅團白田一形，计丈八分五厘三毛，載正銀一分六厘二毛，粮在吴用方户下收納，登情愿請憑親中蕭榜說合，登出筆賣與熊篤叙堂名下為業。当日三面言定[二]，篤叙堂出俻實值價錢六串八百廿四文整，登憑中親手領記。自賣之後，仍從買主管業，耕種当差，收粮過户，陰陽两便，百為無阻。此係自賣己分，不與親族人等相干。今欲有憑，立此賣約一帋為據。

南横五弓六分

北横五弓八分

中直卅四弓九分

積一百九十八弓九分

寔田八分二厘八毛

处[三]　申八分三厘三毛

〔一〕鈐有朱文天门县印，契中二方，骑缝印左右各一方。

〔二〕「当日三面言定」为正行右側添加。

〔三〕「处」即「九七」。

憑中　程有鼎　蕭榜

其田四止　東雷　西雷　南坑　北坟　界

道光十三年朏月廿一日　立賣白田約人　吳之登　筆

永遠為業

一一八三五　道光十三年十二月二十二日张世仲卖田赤契〔一〕

立永賣水田堰塘約人張世仲，今因移就，將己受分水田一所，坐落上一張下團打鼓台上，土名长坵；相連大小共壹拾弍坵，計丈八畝六分，載粮壹斗玖升一合；粮在张世仲户下完納，團堰裡堰照分使水灌救；再七分下私垷一条，以便過水，傍人無阻，世仲情愿請凂親中兄世煒等説合，仲出筆賣與熊篤叙堂管業，租種當差。當日三面言定，篤叙堂出備青錢八十八串整，係世仲凂中親手領訖。自賣之後，仍從買主収粮過户，百為無阻，永無異説。今欲有凂，立此永賣文約一帋為據。此照。

凂中　張文選　章之均　張兆宣　仇勞　張世海　尚璞　和為贵

〔一〕鈐有朱文天门县印，契中二方，骑缝印左、右各一方。

道光十三年十二月二十二日　立永賣水田堰塘約人　張世仲

筆　伯兆宣　代筆

子孫世守

永遠為業

一一八三六　道光十三年十二月二十二日夏定太卖田赤契〔一〕

立大賣白田約人夏定太，今因不便，將本己高作垸白田共三〔二〕形，三畝三分八厘二毛〔三〕，粮在上則，請凂親中伍祖儀説合，太出筆賣与熊宗儀名下為業。當日三面言定，儀出備實值價錢四串三百九十文，係太親手領訖。自賣之後，任從買主起業，耕種當差，收粮過户，百為無阻。今恐無憑，立此賣約一帋為拠。

凂中人　宋士彪　伍祖儀

〔一〕鈐有朱文天门县印，契中二方，骑缝印左右各一方。

〔二〕此处数字有修改。

〔三〕「八厘二毛」为正行右側添加。

其田四止　東伍　西路心　南伍　北伍　／　東伍　西路　南坟　北伍　／　東富　西郭　南富　北伍

道光拾叁年十二月二十二日　太　大賣　筆

永永為業

册名伍秀早，陳家門前二形，弍畝七分乙厘五毛。

□星一，□分□厘七毛〔一〕。

一一八三七　道光十三年十二月二十二日郑之全卖田赤契〔二〕

立大賣田约人鄭之全，今因不便，將自置高作垸白田壹畝壹分三厘〔三〕，粮在上則，請凂親中戴名高等說合，全出筆賣与熊宗義名下為業。當日三面言定，義出備時值價錢弍串○卅四文整，係全親手領讫。自賣之後，仍從買主起業，耕種當差，收粮過户，百為無阻。今欲有凂，立此賣約一帋為據。

〔一〕此处数字有修改。

〔二〕钤有朱文天门县印，契中一方，骑缝印左右各一方。

〔三〕「三厘」为正行右侧添加。

凂中　表叔熊躍如　戴澤秀

其田四止　東買主　南刘　西彭　北買主　界

道光拾三年十二月廿二日　鄭之全　筆

永遠為業

一一八三八　道光十三年十二月二十三日熊必先卖田赤契〔一〕

立永賣白田約人熊必先，今因移就不便，將祖置南三市〔二〕三約陽宇項下白田二形，计丈九分七厘八毛，情愿請憑親中有鼎說合，□先出筆永賣與熊篤叙堂名下為業。当日三面言定，熊出備時值價錢四串八百七十五文，必先同中親手領訖。自賣之後，任從買主管業耕種，收粮過户，陰陽两便，百為無阻。

此係自賣己分，不與親族人等相干。

今欲有凂，立此賣約一帋为據。

册名熊海，民米弍升乙合六勺四抄。

憑中　程有鼎　熊必宗

〔一〕钤有朱文天门县印，契中二方，骑缝印左右各一方。

〔二〕「市」字后涂去一字，正行右侧添加「三」字。

其田四止　東熊　南坟　西王　北垸　界

弓口

南横三弓四

北横弌弓九

中直卅八弓七

積乙百廿一弓九

連形

南横六弓三

北横六弓八

中直十六弓乙

積乙百〇五弓四

共積弍百廿七弓三分

實田九分四厘七毛　⿰文亠〔一〕　申九分七厘六毛

萬代富貴

道光十三年十二月廿三日　立永賣白〔田〕約人　熊必先　筆

〔一〕「文亠」即「九七」。

〔二〕鈐有朱文天门县印，契中二方，骑缝印左右各一方。

一一八三九　道光十三年十二月二十三日李光明卖田赤契〔一〕

立永賣白田約人李光明，（金）〔今〕因移就不便，將自己分一北师董字項下白田一畝一分七厘〔一〕整，（戴）〔載〕正銀二分二厘二毛，情愿請憑親中程有鼎說合，明出筆賣與熊篤叙堂名下為業。熊當日三面言定，熊出備實值價錢九串三百五十文整，係明同中親手領訖。自賣之後，任從買主管業耕種，收粮過户，陰陽兩便，百為無阻。此係自賣己分，不與親族人等相干。今欲有憑，立此賣約一帋為據。

册名　李□網

憑親中　李国賓　程有鼎　宝云　李宝玉　宝焕

其田四止　北本　西李　南水田　東本

弓口

南横三弓三

北横三弓八

中直廿乙弓八

積七十七弓三九

道光十三年蚀月二十三日　李光明　為據

〔一〕此处数字有修改。

南横三弓五
北横四弓弍
中直廿七弓四
積乙百〇五弓四九
南横三弓四
北横三弓五
中直廿五弓九
積八十九弓三五
共積弍百七十弍弓弍三
寔田壹畝壹分三厘四毛
夂亡[一] 申壹畝壹分七厘
永遠為業

一一八四〇 道光十三年十二月二十三日雷云瑞卖田赤契[二]

立永賣白田約人雷雲瑞，今因移就不便，將祖置一北市四約熊字項下白田四分〇四毛，載正銀七厘六毛，情愿請憑親中有鼎說合，瑞出筆永賣與熊篤叙堂名下為業。熊当日三面言定，熊出備時值價錢叁串弍百卅文正，係瑞同中親手領讫。自賣之後，任從買主收粮過户，管業耕種，陰陽兩便，百為無阻。此係自賣己分，不與親族人等相干。今欲有憑，立此賣約一帋為據。 册名 雷廷偉

憑中 熊必宗 程有鼎　　其田四〔止〕 北孟泰 西買主 南買主 東賣主 界

道光十三年腊月廿三日　立永賣白田約人　雷云瑞　筆

弓口

南横三弓
北横三弓弍分
中直卅弓〇四分
積九十四弓弍
見田三分九厘弍毛
夂亡[一]三申四分〇四毛
永遠為業

〔一〕「夂亡」即「九七」。
〔二〕 钤有朱文天门县印，契中二方，骑缝印左右各一方。

一一八四一 道光十三年十二月二十三日李宝珩卖田赤契[二]

立永賣白水田約人李寶珩，今因移就不便，將祖□自己一北市金字項下白水田七分一厘，載正銀一分三厘四毛九[三]，情愿

〔一〕「夂亡」即「九七」。
〔二〕 钤有朱文天门县印，契中一方，骑缝印左右各一方。
〔三〕 此数处字有修改。

請憑中程有鼎說合，珩出筆賣與熊篤叙堂名下為業。熊当日三面言定，熊出備實置四串九百七十文整，係珩同中親手領讫。自賣之後，任從買主收粮過户，管業耕種，陰陽两便，百為無阻。此係自賣己分，不與親族人等相干。今欲有憑，立此賣約一帋為據。

册名　李方成

憑中　李国賓　程有鼎　宝云　李宝玉　宝焕　　其田四止　東本　北□□　西李　南李

道光十三年朏月二十三日　李賓珩　立永賣約為據

白田弓口

南横弍弓六

北横三弓弍

中直四十九弓

積乙百四十弍弓乙

見田五分九厘弍毛　　⿰女亡〔一〕申六分乙厘

水田

横三弓弍

直七弓

積廿弍弓四

田九厘三毛

〔一〕「⿰女亡」即「九七」。

⿰女亡〔一〕中九厘六毛

坑水

横三弓弍

直三弓

積九弓六

見四厘代粮

永遠為業

一一八四二　道光十三年十二月二十三日雷大桂卖田赤契〔二〕

立永賣白田坑約人雷大桂壯義，今因移就不便，將祖置南三师熊字项下白田弍畝三分九厘，載民米五升三合，情愿請憑親中程有鼎等說合，桂出筆賣與熊篤叙堂名下為業。当日三面言定，熊姓出备實置價錢拾串〇四百文整，係桂仝中親手領訖。自賣之後，任從買主管業，耕種当差，收粮過户，陰陽两便，百為無阻。此係自賣己業，不與親族人等相干。恐口無憑，立此永賣白田約一帋為據。

〔一〕「⿰女亡」即「九七」。

〔二〕鈐有朱文天门县印，契中二方，骑缝印左右各一方。

冊名　雷大順

憑中　熊必忠　程有鼎　胡元德

其田四止
前形　北坟　西王買主　南買主　東買主
後形　北坑心　西買主　南　曾田　界　東熊

道光十三年十二月廿三日　立永賣白田約人　雷大桂　筆

坟前南一形
東　九弓九
中横拾弍弓
西　拾叁弓
中直弍拾三弓三
積弍百七十三弓一九

坟前小形
東横弍弓五
西　弍弓
中直四弓六
積拾弓〇三五

坟後一形
南横九弓弍
北　九弓
中直廿八弓七
除坟弓口
横弍弓四
直弍弓四
積五弓七六

除坟寔積弍百五十五弓四一

共寔積五百卌八弓九五
見寔田弍畝弍分四厘五毛
⿱九七〔一〕一申弍畝三分一厘四毛

坑水
横九弓一
直弍弓
積十八弓弍
田七厘六毛
代粮
永遠為業

〔一〕「⿱九七」即「九七」。

一一八四三　道光十三年十二月二十四日陶琴卖田赤契〔一〕

立永賣白田約人陶琴，今因不便，將自己受分高作垸白田壹畝式分，載粮上則，請凴親中伍祖貽説合，琴出筆賣与熊宗義名下為業。当日三面言定，義出俻時值價錢壹串九百卄文整，係琴親手領訖。自賣之後，任從買主起業，耕種当差，收粮過户，百為無阻。今恐無凴，立此賣約一帋為據。

凴中　伍祖怡　熊克持

其田四止　东水田賣主　西路　南陶　北簡　界

道光十三年十二月卄四日　立永賣白田約人　陶琴　筆

永远為業

〔一〕鈐有朱文天门县印，契中一方，骑缝印左、右各一方。

一一八四四　道光十三年十二月二十六日郭万丰卖田赤契〔一〕

立大賣白田約人郭萬豐，今因不便，將自置白田三形，共二畝五分二厘八毛〔二〕，坐落高作垸，请凴親中说合，浼伍熊等说合，豐出筆賣與熊中義名下為業。当日三面言定，義出俻时値價錢四串伍百四十八文正，係豐親手領讫。自賣之後，听從買主起業耕種，收粮过户，百為無阻。今恐無凴。此照。

凴中　熊克持　伍祖易

其田四止　一形　東買主　西路心　南　北水田

二形　东張　西彭　南買主　北彭

三形　东陽　西買主　南陽　北坟

道光十三年虫月卄六日　郭萬豐　筆

永远為據

〔一〕鈐有朱文天门县印，契中二方，骑缝印左、右各一方。

〔二〕「共二畝五分二厘八毛」九字为正行右侧添加。

一一八四五　道光十三年十二月二十六日张士官卖田赤契〔一〕

立永賣水田約人張士官，今因移就，將祖置南三獅團水田一形，计丈五分五厘四毛，載粮一升二合三□□□□〔二〕，載張進户下收納，情愿請憑黄孟南説合，官出筆賣與熊篤叙堂名下為業。三面言定，熊出備時置價錢四串乙百五十十正，係官同中親手領讫。自賣之後，仍從買主收粮過户，撥佃耕種〔三〕，陰陽两便，百為無阻。此係自賣己分，不與親族人等相干。恐後無憑，立此賣水田約人一帋為據。

憑中人　黄孟南　仇勞　　四止　東□　西熊　南熊　北熊

東　横　五弓　積一百廿八弓三

西　横　五弓九　实田五分弍厘六毛

中横七弓　〩〥〔四〕　申五分五厘四毛

中直廿弓〇三

道光十三年十二月廿六日　立永賣水田約人　張士官　筆

永遠為業

子子生生

〔一〕钤有朱文天门县印，契中二方，骑缝印左右各一方。

〔二〕此处数字有修改。

〔三〕「撥佃耕種」为正行右侧添加。

〔四〕「〩〥」即「九五」。

一一八四六　道光十三年赵钱氏卖田赤契〔一〕

立永賣白田約人趙錢氏，今因不便，將本己受分蓮台垸〔二〕白田乙形，七分九厘，外湖白田乙形，九分〇五毛〔三〕，共乙畝六分九厘六毛三，情愿請凴親中錢宏儀等説合，錢氏出筆賣与熊大相公宗義名下為業。當日三面言定，義出備實值價錢弍串七伯十二文整，係氏親手領訖。自賣之後，仍凴買主起業，耕種當差，收粮过户，百為無阻。今恐無凴，立此賣約一帋為拠。

載民米叁升乙合三勺□□□八。册名金玉。

凴中　正選　呂□永　錢宏儀　開中　　其田〔四〕止　东吕　西廷章　南吕　北坟

〔一〕钤有朱文天门县印，契中一方，骑缝印左、右各一方。契右上角有一「增」字。

〔二〕「蓮台垸」三字为正行右侧添加。

〔三〕「外湖白田乙形，九分〇五毛」一句为正行右侧添加。

四止 北 買主
东 界
西 吕
南 溝

十三号

九号〔一〕

道光十三年□月□ 立永賣白田约人 迁章 代筆

永远為業

一一八四七 道光十三年龚用贤卖田赤契〔二〕

立永賣白田約人龔用賢，今因不便，將本己受分義豐垸白田叁畝七分三厘壹毛，（在）〔載〕粮上則，請凂親中宋文魁等说合，賢出筆賣与熊宗義名下為業。當日三面言定，義出備實（直）〔值〕價錢□串伍百五十文整，係賢親手領讫。自賣之後，任□□□□業耕种当差，收粮過户，百為無阻。今恐無□□□賣約一帋為拠。此照。

〔一〕「十三号」、「九号」应为契约持有者所加编号。

〔二〕钤有朱文天门县印，契中二方，骑缝印右一方。

凂□ 宋文魁 其田四止 東熊 西水田 南熊 北坟

道光十三年□月初二日 立賣白田約人 龔用賢 筆

萬倍利息

一一八四八 道光十三年钱乐寿卖田赤契〔一〕

立永賣田契約人錢樂壽，今因不便，將本己南湾垸白田三形，共二畝三分五厘九毛二糸，載漁租四分四厘八毛二糸，凂中錢宏智等説合，出筆賣與熊宗義名下為業。三面言定，時值〔二〕價錢四串整，係壽親手領訖。自賣之後，任從買主起業耕種，收粮過戶，百為匆阻，立此賣約為據。

凂中 錢 樂朋 開宗 宏義 宏智

一形四止 東錢 南水田 西 北钱

〔一〕钤有朱文天门县印，契中两方，左右骑缝印各一方。

〔二〕「值」为正行右侧添加。

又　東王　西坟　南钱　北熊　又　東士忠　西厚賢　南水田　北坟　界

五号〔一〕

道光十三年□月廿七日　樂壽　筆

一一八四九　道光十三年史钱氏卖田赤契〔二〕

立永賣田契人史钱氏，今因歲歉，將本己受嶺後白田二形，一畝三分八厘二毛七丝〔三〕，（在）〔載〕粮二升二合一勺，情愿請憑親中熊明等説合，出筆賣與〔四〕熊宗義名下為業。当日三面言定，〔五〕義出備實值錢弍串三百四十六文整，係钱氏親手領訖。自賣之後，任從買主起業耕種，收粮過戶，陰陽兩便，百為無阻。今恐〔無〕憑，立此賣約一帋為拠。此照。

冊名　纪寅

〔一〕「五号」应为契约持有者所加编号。

〔二〕钤有朱文天门县印，契中一方，左右骑缝印各一方。

〔三〕此处数字有修改。

〔四〕此处留有空白。

〔五〕此处留有空白。

请憑中親　熊明等　史大啟

其田四止　東名烈　西紀漢　南□　北紀玉

永远為業

道光十三年二十四日　立永賣田約人　钱氏　危云邦　代筆

一一八五〇　道光十四年一月十五日杨李氏等卖田赤契〔一〕

立找價絕賣白田約人楊李氏仝子為智，因道光四年五月先夫正茂將祖遺南三獅團白田弍形，计丈弍畝弍分□□□当與熊篤叙堂管業，當已契明價足。今李氏無力贖取，復請憑原中楊正孝等説合，將此田清丈一畝八分四厘壹毛，載粮四升〇八勺七抄，在楊應礼国賓户完納，李氏（请原）〔情愿〕出筆永賣與熊篤叙堂名下為業。三面言定，篤叙堂出備找價錢一串五百文正，係李氏母子仝中親手领訖。自此之後，任從買主撥佃耕種，收粮过户，阴陽两便，百為無阻。此係自賣己分，不與親族伯叔弟兄人等相干。今欲有憑，立此絕賣文约一帋為據。

〔一〕钤有朱文天门县印，契中二方，骑缝印左、右各一方。

正學
憑中　楊為坤
黄孟□

四止
東坟
西本界
南永
北胡

道光拾四年正月十五日　楊正學　代筆

弓口
南　八弓七
中横拾弓〇九
中横拾弓〇六
北　拾壹弓
東直叁拾壹弓九
西直叁拾四弓八
積三伯四拾三弓五

內除坟弓口
南横八分
北横六分
直七弓三
積五弓一分一

除坟实積三伯卌八弓三九

連一形
南直拾四弓
北直拾弍弓九
東横六弓一
西横六弓
積八十一弓三七

共積四伯一十九弓七分六，实田壹畝七分四厘九毛，〩〥〔一〕一申壹畝八分四厘一毛。

長發其祥

〔一〕「〩〥」即「九五」。

一一八五一　道光十四年九月十七日张振中卖田赤契〔一〕

立永賣水田堰塘約人張振中，今因移就，將〔二〕己受分水田一坵，二分五厘，坐落上一張家灣宅後，大堰照分公墩公坝使水灌救，計丈二分五厘，載粮五合五勺五抄，在張順中戶下收納，中請憑親中張世煒等說合，振中出筆賣與熊篤叙堂管業当差。当日三面言定，篤叙堂出備青錢四串整，係振中親手領讫。自賣之後，仍從買主收粮過户，百為無阻。今欲有憑，立此永賣文約一帋為據。此照。

憑中　熊如玉　張偉　熊占云　張兆宣

道光十四年九月十七日　立永賣水田堰塘約人　張振中　弟

潢　代〔三〕筆

永遠為業

〔一〕钤有朱文天门县印，契中二方，骑缝印左、右各一方。
〔二〕「將」为正行右側添加。
〔三〕「弟潢代」为正行右側添加。

一一八五二　道光十五年十二月八日隆楚瑸卖水田堰塘赤契〔一〕

立永賣水田堰塘約人隆楚瓆，今因移就，將己受分水田大小六坵，坐落袁家北堰北，共計丈四畝，載粮八升八合八勺，菱角堰照分使灌救，粮在上一張下隆湖户下完納，瓆請凴親中張兆宣等説合，瓆出筆賣与熊篤敘堂管業，耕種当差。当日三面言定，篤敘堂凴中出備青錢貳拾玖串整，係瓆親手領訖。自賣之後，仍從買（住）〔主〕收粮過户，百為無阻。今欲有凴，立此永賣文約一帋為據。此照。　画押

私堰一口，隆之相三厘在内，其餘盡属熊姓。

凴中　隆之魁　元鼎　楚義　楚玉　楚瑄　张兆宣　偉　世煒　熊三相公　黄　周　刘

子孫世守

道光拾伍年朏月初八日　立永賣水田堰塘約人　隆楚瓆　筆

一形弓口分二形丈

東八弓三
中七弓乙
西七弓
直弍十弍弓乙
積壹伯六十三弓
田六分七厘九毛

仝尖形
直九弓一
横四弓四
折半積弍十弓
田八厘三毛

連形上坵
西八弓三
中五弓八
東八弓五
直十九弓
積壹百卅四弓九
田五分六厘弍毛

又連上一坵
東十五弓三

〔一〕鈐有朱文天门县印，契中二方，骑缝印左、右各一方。

西九弓壹
南七弓六
北十弓〇六
積壹百十一弓
田四分六厘二毛
仝形
西六弓弍
中五弓三
東四弓七
直卅叁弓六
積乙百八十弓〇六
田七分五厘弍毛
又仝形
西四弓五
中三弓
東五弓六
直十九弓七
積七十九弓三
田三分三厘
連下一形

東六弓
西四弓五
直廿八弓
積壹百四十七弓
田六分一厘弍毛
又連下一形
直三十弓〇八
横弍弓
積六十乙弓六
田弍分五厘七毛
共田三畝七分三厘七毫
堰梘作田弍分六厘三毫
合共四畝
永远為業

一一八五三 道光十五年十二月九日张世杰卖水田堰塘赤契〔一〕

立永賣水田堰塘約人張世傑，今因移就，將己受分水田二坵，

〔一〕钤有朱文天门县印，契中二方，骑缝印右一方。

坐落上一張家坑，計丈乙畝乙分，載粮二升四合四勺，粮在付二張可加三户下收納，傑請凴親中兄世煒等説合，傑出筆賣与熊篤敘堂管業，耕種当差。當日三面言定，篤敘堂出俻青錢十三串文整，係傑親手領讫。自賣之後，仍從買主收粮过户，百为無阻。今欲有憑，立此永賣文約一帋为據。此照。

在大堰照分使水灌救。

憑中 張文選、桂林 張世仲、煒、云 世和

熊 周 肖 刘 黄

道光十伍年十二月初九日 立永賣水田堰塘約人 張世傑 筆

尖形弓口

南横九弓捌

北横三弓壹

中直拾陸弓

積壹伯〇三弓弍

田四分三厘

連上一形

南〣〥[一] 三弓五

中横弍弓捌

北 五弓

中直四拾五弓

積壹伯五拾八弓六

田陸分陸厘壹毫

二共实田壹畝〇九厘壹毫

堰作田九毫

子孫世守

永遠為業

〔一〕「〣〥」即「三五」

一一八五四 道光十五年十二月二十七日方兴盛卖水田堰塘赤契[一]

立永賣水田堰塘約人方興盛，今因移就，將己庄田一所，坐落祠堂灣门前中垱边，土名西大坵，乙畝七分，在中垱公車墩使水，又宅後大堰上乙坵四分，再上隔一坵二分，俱在大堰使水，共田大小三坵，计田弍畝弍分，載粮四升八合八勺[二]，在賣主户内收纳，盛請凴親中章之汗等说合，出筆賣与熊篤叙堂名下為業。当日凴中議定，買主出備时值價錢弍拾陸串伍伯

〔一〕 钤有朱文天门县印，契中二方，骑缝印左一方。

〔二〕 「四升八合八勺」为改动后数据。

文〔一〕整，係興盛領讫。自賣之後，仍從買主收粮过户，管業耕種，百為無阻。恐口無憑，立此永賣文约一帋為據。

大垢在月池照分使水。

憑中 谈为仁 章之君 兆興 世偉
方仁山 张偉 兆宣

道光拾五年虫月二十七日 盛 筆

子孫世守

永遠为業

一一八五五 道光十六年九月十四日李宝焕等卖田契

立永賣白田约人李寶柯焕，今因移就，仝母商議，將祖遺白田一形，計丈壹畝〇壹厘七毛，載正銀一北獅團壹分九厘三毛，在李元鳳戶下收納，煥請憑親中程有鼎等說合，情愿出筆賣與熊篤敘堂名下為業。三面言定，熊姓出備寔值價錢式拾陸串四百四拾文整，係柯煥仝母憑中親手收訖。自賣之後，任從買主管業耕種，收粮过戶，陰陽兩便，百為無阻。此係自賣己業，不与親族人等相涉，今欲有憑，立此為抰。

弓口 南 横 捌弓叁
北 玖弓四
中直 式拾陸弓式

積式伯三拾壹弓八七
实田玖分陸厘陸毫
ㄨ8〔一〕二申一畝〇一厘七毛

憑中 熊国鼎 仇勞
李寶玉 尚璞
程有鼎
李国賓

其田四止 北 坟
西 熊
東 雷 界
南 雷水田

道光拾陸年九月十四日 立永賣白田約人 李寶焕 筆

萬代發越

〔一〕「式拾陸串伍伯文」为改动后数据。

一一八五六 道光十六年九月十五日张兆元卖田契

立永賣白水田约人張兆元，今因移就，將自置一北獅團白水田四形，計丈壹畝七分，（在）〔載〕正銀三分式厘叁毫，在張致和戶下收納，憑中程有鼎說合，出筆賣與熊篤敘堂名下為

〔一〕「ㄨ8」即「九五」。

業。三面言定，篤敘堂出倫時值價錢式拾串正，係兆元親手領訖。自賣之後，任從買主管業，耕種当差，收粮过戶，陰陽兩便，百為無阻。今欲有憑，立此為拠。

前小形

其田四止　东吳　西張　南張　北水田　界

墳前後白水田四止俱本界

北　雷

道光拾陸年九月十五日　張兆元　筆

坟後小形白田　南五弓七　直八弓八　北五弓三　内除坟横九分　直一弓一　除坟實積四十七弓四　見田壹分九厘七毛　〩〥[一]　中式分〇八毛

坟前大形白田　南六弓　直十九弓七　北五弓六　積一伯十四弓式　田四分七厘六　〩〥[二]　五分〇一毛

〔一〕「〩〥」即「九五」。

〔二〕「〩〥」即「九五」。

水田　南六弓一　直十二弓五　北五弓八　中横六弓二　積契七十五弓九　見田三分一厘六毛　〩〥[一]　中三分三厘二毛

永遠為業

南岸白田　北六弓一　南六弓七　直廿三弓五　積壹伯五十弓〇四　見田六分二厘六毛　〩〥[二]　中六分五厘九毛

一一八五七　道光十六年九月十八日沈瑞臣卖田契

立永賣白水田約人沈瑞臣，今因移就，將祖置陶林垸一北獅團白水田壹畝七分一厘二毛，内除朱宅坟禁一厘二毛，載正銀叁分叁厘，請憑親中孫梅丞說合，瑞出筆賣與熊興祥名下管業，耕種當差。當日三面言定，興祥出倫時值價〩〩[三]錢式拾玖串式百文，係瑞親手收訖。自賣己分，不與親族人等相干。自賣之後，任從買主收糧過戶，陰陽兩便，無得異說。今恐無憑，立此賣約一帋為據。

〔一〕「〩〥」即「九五」。

〔二〕「〩〥」即「九五」。

〔三〕「〩〩」即「九九」。

其田四止 東止 西止 南止 北止 界

憑中 孫梅丞親家

道光拾陸年九月十八日 立賣白水田約人 沈瑞臣 筆

永遠為業

一一八五八 道光十六年十月十八日钱宏智等卖田契

立永賣田契約人錢宏智、德，今因移就不便，將本己皇田院白田二形，计丈六畝零六厘七毛，載官庄下正艮壹錢八分二厘，凴中熊心圃等说合，出筆賣與熊宗義名下為業。三面言定，價钱叁拾五串整，係智親手領讫。自賣之後，任從買主起業〔一〕耕種，收粮過戶，陰陽兩便，百為勿阻，此據。

凴中 熊耀如 简舲 心圃

大形四止 東 義路中 西止 水田 南 賣主 北 水田

〔一〕「業」为正行后边添加。

小形四止 東 錢潢 西止 開榜 南 水田 北 水田 界

道光十六年十月十八日 立永賣田契約人 錢宏智 筆

小形弓口 内中间坟二塚

南 玖弓五 除坟 横一弓六 直弍弓弍 〣〥〢〔一〕 南

北横 玖弓捌 北横

中玖弓四 又坟 横弍弓八 直叁弓四 〩〥〢〔二〕 中

中直五十四弓叁

積五百十七弓弍，除十三弓〇四

除净積五百〇四弓一分六

大形弓口 刀把田東北角有童坟

北 拾四弓八

南横拾六弓弍

中 拾五弓五

東 四十五弓七

西直 四十四五

〦〩〩〇〥〔三〕

〔一〕「〣〥〢」即「三五二」。

〔二〕「〩〥〢」即「九五二」。

〔三〕「〦〩〩〇〥」即「六九九〇五」。

除坟横壹弓三　〣一〢〔一〕
弍弓五　〣
直四弓三
北横七弓八
南横六弓六
中横七弓三
中直卅弓

積九百□十六弓五ȣ除八弓壹分七
净積九百〇八弓叁八

通共積壹千〇四百十二弓五四
見實田五畆八分八厘五毫五丝八
妵〔二〕中六畆〇六厘七
永遠為據

一一八五九　道光十七年九月二十八日张世富等卖田赤契〔三〕

立永賣水田約人張世富、官，今因移就，將已受分水田大小七坵，

〔一〕「〣一〢」即「八一七」。
〔二〕「妵」即「九八」。
〔三〕钤有朱文天门县印，契中三方。

坐落塋地後乙坵六分，月池外共三坵一畝四分，中坑一坵一畝，下坑二坵一畝零五厘，當底使水〔一〕，共计丈四畝零五厘，月池堰三分四厘，塋地後大堰六厘，車（敦）〔墩〕使水灌漑，四至在册，粮載八升七合六勺，粮載張常春户下收納，世富、官請憑親中張偉等説合，世官出筆賣与熊篤叙堂管（葉）〔業〕，耕種當差。当日三面言定，篤叙堂憑中出備青錢肆拾柒串整，係世官仝世富〔二〕親手領訖。自賣之後，永賣無異説。今欲有憑，立此永賣文約一帋為據。此照。　画押

憑中　黄孟蘭　張迎春　張文凉

道光十七年九月二十八日　立永賣水田約人　張世官　筆

一一八六〇　道光十七年十月十六日张明扬等卖田赤契〔三〕

立永賣水田、車墩、古淵堰塘約人張明揚同侄一苟，今因移

〔一〕「當底使水」为正行右側添加。
〔二〕「世官仝世富」为正行右側添加。
〔三〕钤有朱文天门县印，契中二方，骑缝印左右各一方。

就，將己祖業受分水田大小拾乙坵，坐落貢士墳前西南，土名佃字坵；以下隔一坵，土名大坵；相連九坵，共计丈肆畝四分，載粮九升七合六勺捌抄，中壋、小渊、堰底，俱當使水灌救，明揚同侄請憑親中張偉等說合，揚出筆賣与熊篤叙管業，耕種当差。当日三面言定，篤叙出備青錢肆拾六串伍百卄整，係明揚同侄二苟親手領訖。自賣之後，無得異說，仍從買主收粮过户，陰陽两便，百為無阻。今欲有憑，立此永賣文約一帋為據。此照。 画押

上一張下 張文焕名下六升九合〇二抄 尔朝名下二升八合六勺六 憑中 陳粱雄 黃孟南

道光拾七年十月十六日 立永賣水田約人 張明揚 筆

永遠為業

一一八六一 道光十八年四月十一日张振中等卖田赤契〔一〕

立永賣陰地約人張振中同弟張倫，今因移就，將己祖遺基地一形，坐落月池邊，北至買主界，東至買主界，南至月池界，西至張偉界，四至明白，□計丈一分八厘，載粮三合九勺六抄，粮在兆松户下收納，振中、張倫請憑親中叔文沼、弟張偉说合，出筆永賣與熊篤叙堂為陰地。當日三面言定，叙堂凴中出備實值價錢貳拾串整，係振倫兄弟親手領訖。自賣之後，任從買主管業造作。今欲有凴，立此永賣文約一帋為証。此照。

画押

凴中在前 張孝 黃要蘭 兆蘭 周士義

道光拾捌年四月十一日 立約人振中 張倫 出筆 代筆 文沼

子孫永遠

世守興隆

〔一〕钤有朱文天门县印，契中二方，骑缝印左一方。

一一八六二 道光十八年四月二十日张伟卖田赤契〔一〕

立永賣陰地約人張偉，今因移就，將己祖遺基地二形，坐落月池邊，東至買主界，南至月池界，西至買主界，北至買主界，四至明白，計丈五厘七毫五糸，載粮一合二勺六抄，張偉請凴親中周士義说合，偉出筆永賣與熊篤叙堂為業，造作陰地。當

〔一〕钤有朱文天门县印，契中二方，骑缝印左右各一方。

日三面言定，叙堂滉中出備價錢七串整，係張偉親手領訖。自賣之後，任從買主造作，無得異說。今欲有滉，立此賣約一帋為據。此照。画押

直形直弓　廿一弓六分　　横形一横弓直　三弓

横弓　五分

道光拾捌年四月廿日　立約人　叔文沼　代筆

　　　　　　　　　　　　　　張偉　出筆

永遠為業

一一八六三　道光十八年十一月十七日张世伟卖田赤契[一]

立永賣水田約人張世偉，今因移就，將己受分水田乙坵，坐落袁家堰，與買主田相連，计丈二分三厘二毛，載民米五合一勺，在付二、張可加户下完納，公堰使水灌救，請滉族叔張偉等說合，世偉出筆賣與熊篤叙堂名下為業。當日三面言定，篤叙出備價錢五串整，係世偉親手領訖。自賣之後，仍從買主管業当差，收粮过户，陰陽两便，百為無阻。今欲有滉，立此文約為據。

〔一〕鈐有朱文天门县印，契中二方，骑缝印左右各一方。

東　四弓五

中　五弓　直　十二弓二　　滉中　熊如玉三爹

西　三弓八

道光十八年冬月十七日　子潤華　筆

子孫世守

萬代富貴

一一八六四　道光十九年八月二十二日章德楹卖田赤契[一]

立永賣水田約人章德楹，今因移就，仝母商議，情將父置受分上一张團水田二坵，坐落楊家湾傍，计丈三畝七分五厘二毛，堰底四分在内[二]，在四方公堰公墩公埧使水灌救，載民米八升壹合四勺[三]，在上一张下團章德楹户下收納，楹請憑親中張偉等說合，楹出筆賣与熊篤叙堂名下為業。当日三面言定，叙堂出備實值價錢五拾壹串正，係楹仝中親手領訖。自賣之後，任從買主管業耕種，撥佃招租，收粮过户，陰陽两便，百為無阻。此係自賣己分，不与親族人等相干。今欲有憑，立此

〔一〕鈐有朱文天门县印，契中二方，骑缝印左右各一方。

〔二〕「五厘二毛，堰底四分在内」为正行右侧添加。

〔三〕此处数字有修改。

文約一帋為據。　画押

憑中　張璜　兆興　兆官　之郇　之均

一形四止　東　買主
　　　　　南　私堰介
　　　　　西　大路外
　　　　　北　賣主弟介

二形　東之翰　西買主　南私堤　北賣主弟　介

道光拾九年八月廿二日　立約人　德楹　叔之翰　代筆

此田方堰只德楹與弟德純在公，今德楹將己分賣与熊姓，日後自應熊姓與德純在公。熊姓只有堰底四分，其馀俱屬德純，別人無分。　之翰　筆

弓口　東　玖弓式
　　　西橫捌弓捌
　　　中　拾壹弓四
　　　中直四拾捌弓三　　積四伯九十式弓七　田式畝〇五厘三毛

　　　南　拾四弓捌
　　　北橫拾八弓叁
　　　中　拾八弓壹
　　　中直拾八弓　　積三伯十一弓八　田壹畝式分九厘九毛

共實田叁畝叁分五厘式毫

外堰底四分

萬代富貴

一一八六五　道光十九年十月三十日张世宥卖田赤契[一]

立永賣水田約人張世宥，今因移就，將己受分水田四坵，坐落月池外邊，土名秧脚月池三分三厘[二]；又坐落坑東邊，土名紅化坵三分；草新堰三厘三毛使水灌漑；又坐落下坑，土名塌子，八分九厘七毛，壋底使水，共计丈一畝五分六厘，載粮三升一合三勺七抄，粮在張占春户下收納，世宥請憑親中張偉等說合，世宥出筆賣与熊篤叙堂管業，耕種当差。当日三面言定，熊篤叙堂憑中出俻實值價錢拾柒串整，係宥親手領訖。自賣之後，仍從買主收粮過户，百為無阻。今欲有憑，立此永賣文約一帋為據。此照。

埃月池小形

西十弓〇六

[一] 鈐有朱文天门县印，契中二方，骑缝印右一方。

[二] 「月池」「三厘」为正行右侧添加。

東六弓式
直九弓
見田三分一厘五毛

紅花坵
南六弓
中六弓
北四弓
直拾式弓四
見田式分八厘四毛

下塌子坵
南八弓五
中八弓六
北七弓三
直式拾弓
見田陆分八厘七毛

弧矢坵
直拾弓〇九
横六弓

見田式分一厘一毛
共加堰六厘三毛
共壹畝五分六厘

憑中　黄孟蘭　世安
　　　上春　世富
　　　振中　之翰
　　　周士儀　兆興
代筆人　世官

道光十九年十月三十日　立永〔賣〕水田堰塘當底約人　筆

子孫世守
永遠為業

一一八六六　道光十九年十一月八日张永顺卖田赤契〔一〕

立永賣水田約人張永顺，今因移就，將己自置水田大小九坵，共计丈九畝柒分，坐落打鼓臺南堰下刭口一坵，垷溝一條，下相連雞卡二坵，相連半頭二坵，下相連大湾坵，下相連小湾坵，下相連團坵港坡一坵，共粮式斗壹升伍合三勺四抄，永顺請憑親中说合，章之翰等說合，永顺出筆賣与熊篤叙堂管業，耕種当差。当日三面言定，叙堂出備青錢壹伯叁拾式串整，係

〔一〕钤有朱文天门县印，契中二方，骑缝印左一方。

順親手領訖。自賣之後，仍從買主收粮过户，百為無阻。今欲有憑，立此賣約為據。此照。　画押　南頭下堰堰底照分使水灌救。

憑中人　世仲　張文鲜　维周　偉　世雲　画押　黄梦南

志
雷其恂　惠　画押　張偉　□世儀　画押
懋
忠　画押　□悼　画押　兆興

道光拾玖年冬月初八日　立永賣水田約人　張永順　筆

剅口小形
南五弓弍
北四弓七
直九弓九
田弍分〇四毛

堄溝一形
直七弓四
横壹弓
田三厘一毛

雞卡二坵
南拾四弓四
中拾三弓七
北拾弓
直卅一弓
田壹畝六分七厘弍毛

連形半頭二坵
西　弍十三弓
中　拾四弓
中横拾五弓八
中拾弓
中　九弓六
東　拾壹弓八
中直四十八弓弍
田弍畝六分八厘四毛

連形大湾坵
西　拾壹弓八
西中　五弓八
中　横八弓九
東中　九弓
東　五弓
中直五十弍弓四
田壹畝七分六厘八毛

下連形小湾坵
西　七弓
中　拾壹弓
中横拾弍弓

中 □□□
東 拾壹弓

中直三拾八弓六

田壹畝七分四厘

下連團坵

東　拾弓〇三
中横拾三弓四
西　拾弓

中直弍十三弓六

田壹畝壹分五厘八毛

港坡小形

東五弓三

西五弓八

田壹分五厘弍毛

共實田玖畝四分〇玖毫

玐〔一〕中田玖畝柒分

萬代富貴

〔一〕「玐」即「九七」。

一一八六七　道光十九年十一月三十日张兆仟卖田赤契〔一〕

立永賣水田約人张兆仟，今因移就，將己受分水田一坵，坐落大□南第二坵，土名丫角坵，计丈七分二厘，載粮一升五合九勺八抄，在張起明户下收納，大淵堰底七厘使水灌就，兆仟請憑親中文治等説合，兆仟出筆賣與熊篤叙堂名下為業。当日三面言定，叙堂憑中出備價錢拾一串五百文整，係兆仟（青）〔親〕手領訖。自賣之後，仍從買主〔二〕管業，耕種當差，收粮过户，永無異説，百為無阻。今欲有憑，此照。　画押

憑中　兆伋　兆羣
　　　張偉　張仁
　　　兆休　儀忠

道光拾九年冬月三十日　立永賣水田約人　張兆什　筆

弓口　南　拾壹弓
　　　中横　中捌弓弍
　　　　　　五弓弍　中直廿四弓六
　　　北　三弓八
積壹百七十三弓四
見田七分弍厘

〔一〕钤有朱文天门县印，契中二方，骑缝印左右各一方。
〔二〕「從買主」为正行右側添加。

萬代富貴

一一八六八　道光二十年十二月一日熊博斋卖田契

立永賣田約人姪博齋，今因移就，将本己受分譚垸排區白田三形，弍畝乙分二厘四毫六糸，載漁租正艮四分乙厘，請憑親中弟有杠說合，博斋出筆賣與叔篤敘堂名下為業。當日三面言定，叔出備实值價錢拾陸串整，係姪親手領訖。自賣之後，任從買主起業，耕種當差，收糧過戶，百為無阻。今恐無憑，立此賣約一帋為據。

憑中　有杠

彭宅前四止　東彡　西邱　南墳　北彡

又四止　東彡　西　南溝　北彡

又四止　東邱　西熊界　南廟　北邱

粮在彭大綱戶下完納

道光二十年蚀月初一日　姪博斋　親筆

永遠為業

一一八六九　道光二十一年十二月三十日陈锡三卖田赤契[一]

立永賣白田契約人陳錫三，今因移就，將自置南一三團三區白田五形，計丈拾畝零零四厘陸□□□上則民米，情愿請憑親中周士義說合，錫出筆賣與熊篤敘堂名下為業。當日三面言定，熊出備時值價錢叄拾串零壹百肆拾文，係錫同中親手領訖。□賣之後，仍從買主管□□□粮過戶，陰陽兩便，百為無□□□□□業，不與親族人等相□□□□憑，立此永賣文約一紙為據。

次年春月清丈出田叄分弍厘，找價錢玖百陸拾文。[二]

憑中　周士義　四址原約載明

道光二十一年十二月三十日　立永賣白田契約人　陳錫三　筆

子孫發達

〔一〕鈐有朱文天门县印，契中二方，骑缝印左、右各一方。

〔二〕「次年春月清丈出田叁分弍厘，找價钱玖百陸拾文」似为另笔添加。

一一八七〇 道光二十三年十一月二十日史集祥補足田契

立永補足義田約人史集祥，因十三年所賣與〔一〕熊宗義名下嶺後白田一形八分零〔二〕，至十八年清丈，此田少一分八厘八毛三糸〔三〕，即將基前禾埸一分八厘九毛三糸〔四〕補足。但地近〔五〕人煙，踐踏害甚，蒙〔六〕公厚德，租赦屢頒，寸心耿耿，殊恩難報，情愿將本己新置坃内傍義田白田一形，裁一分八厘九毛三〔七〕永遠補足。憑戚倪達眼同丈量定界。自補之後，任從宗義租佃，百為無阻。今恐無憑，立此永補一紙為據。

憑中戚　倪達

其田四止
東集　祥
西義　田
南史紀珍
北史名祖

東
西三弓八分
南
北十一弓六分

永遠為業〔一〕

道光二十三年冬月二十日　立永補義田約人　史集祥　筆

〔一〕此处留有空白。
〔二〕「零」字为正行右侧添加。
〔三〕「八毛三糸」四字为正行右侧添加。
〔四〕「九毛三糸」四字为正行右侧添加。
〔五〕「近」字为正行右侧添加。
〔六〕此处留有空白。
〔七〕「九毛三」三字为正行右侧添加。

一一八七一 道光二十四年三月十六日张明杨等卖田赤契〔一〕

立永賣水田約人張明揚仝姪二苟〔三〕，今因移就，將己受分上一張團水田一坵，在日池堰底使水灌救；又魯圍東水田一坵，土名蒸𨯶坵，在荷花堰底使水灌救；又上形〔四〕水田一坵，土

〔一〕参见「道光十三年二月十四日史胡氏卖田赤契」（本书收录之号一一六九三契纸）。
〔二〕钤有朱文天门县印，契中两方，左右骑缝印各一方。
〔三〕「仝侄二苟」为正行右侧添加。
〔四〕「形」为正行右侧添加。

名石枚坵，在[一]荷花堰使水灌救；又大堰東水田二坵，在荷花堰[二]使水灌救；共計丈水田弍亩七分〇〇三糸；又荷花堰底三分在内，合共计丈三亩〇〇〇三糸，載民米六升弍合四勺，在張尔朝户下收纳，明揚请憑族张兆興说合，楊出筆賣與熊篤叙堂名下為業。當日三面言定，篤叙堂出倫實值價錢二十五串五百文整，係明揚仝中親手收訖。自賣之後，任從買主管（葉）〔業〕耕種，撥佃招租，收粮過戶，陰陽兩便，百為無阻。此係自賣己分，不与親族人等相干恐口[三]無憑，立此永賣文約一帋為據。　画押

憑中　兄尔福

　　　族叔張兆興

道光二十四年三月十六日　立永賣水田堰塘約人　明揚　筆

子孫世守

永遠為業

〔一〕「在」为正行右側添加。

〔二〕「堰」为正行右側添加。

〔三〕「口」为正行右側添加。

一一八七二　道光二十四年八月二十四日张世宥卖田赤契[一]

立永賣水田約人張世宥，今因移就，仝母王氏商議，將自置上一張團水田一坵，座落祠堂右边，土名纳水坵，一畝〇三厘六毛七糸，在大堰使水灌救，堰底車墩公岘在内；又水田一坵，座落月池外，土名皮条坵，五分一厘二毛八[二]糸，在月池[三]照分[四]使水灌救；又水田一坵，座落北边，土名尖角坵，七厘七毛一糸，在月池使水灌救；共計丈一畝六分二厘六毛六糸，外有大堰底五厘在内[五]，載民米三升七合零二抄，在占春户下收納，宥情愿請憑族叔兆興等說合，宥出筆永賣與熊篤叙堂名下為業。當日三面言定，熊姓出倫实值價錢拾四[六]串二[七]百五十壹[八]文，係宥仝中親手收訖。自賣

〔一〕钤有朱文天门县印，契中两方，左右骑缝印各一方。

〔二〕此处数字有修改。

〔三〕「池」后涂去「堰底」二字。

〔四〕「照分」为正行左側添加。

〔五〕「外有大堰底五厘在内」为正行右側添加。

〔六〕此处数字有修改。

〔七〕「二」字为正行右側添加。

〔八〕此处数字有修改。

之後，任從買主管業耕種，撥佃招租，收粮过戶，陰陽兩便，百為無阻。此係自賣己分，不与親族人等相干。恐後無憑，立此永賣文約一帋為拠。　画押

凴中　張尔顺

道光二十四年八月二十四日　立永賣水田約人　張世宥　筆

永遠為業

一一八七三　道光二十四年十月九日章德治卖田

赤契[一]

立永賣水田堰塘垱底約人章德治，今因移就，將自己受分上一張團水田五坵，坐落打鼓台[二]北，又西二坵，下相連湾坵一坵，下相連九分坵，相連長坵一坵，又連拐坵二坵，北相連庫字坵一坵，西連橫形坵一坵，下相連皮條坵二坵，西港边一坵，其田俱在下堰五分，私港三分，公墩公垷使水灌救，共计丈八畝七分八厘三毛四糸；又下堰堰底五分，□垱底三分一厘六毛六糸，合共计丈九畝六分，（在）〔載〕民米一斗九升四合[一]，在德治戶下收纳，德治請憑親中張兆宣興等说合，出筆賣與熊篤叙堂名下為業。当日三面言定，熊姓出俻实值價錢七拾六串八百文整，係治親手领訖。自賣之後，仍從買主收粮過戶，管業耕種，陰陽兩便，百為無阻。此係自賣己分，不与親族人等相干。今欲有憑，立此永賣文約一帋為據。　画押

凴中　章之九志翰均　章德楹潤顺

永遠為業

皇上道光二十四年拾月初九日　立永賣水田約人　章德治　筆

〔一〕鈐有朱文天门县印，契中两方，左右骑缝印各一方。

〔二〕「台」为正行右侧添加。

一一八七四　道光二十四年十月九日张尔聪卖田

赤契[二]

立永賣水田約人張尔聰，今因移就，將[三]祖置上一張團水田二坵，座落楊家塝，又一坵相連，共计丈弍亩〇九（立）

〔一〕此处数字有修改。

〔二〕鈐有朱文天门县印，契中两方，右侧骑缝印一方。

〔三〕「將」字为正行右侧添加。

〔厘〕二毛八糸，外有堰底一分〇七毫二糸〔一〕，在草新堰使水灌救，公場在内，载民米四升八合四勺〔二〕，在張國珍户下收纳，張尔聰請憑族兄尔功等說合，聽出筆永賣與熊篤叙堂名下為業。當三面言定，熊姓出備实值價錢拾七串九百文，係聽仝中親手收訖。自賣之後，任從買主管業耕種，撥佃〔三〕招〔四〕租，收粮过戶，陰陽兩便，百為無阻。此係自賣己分，不与親族人等相干，恐後無憑，立此永賣文約一帋為拠。　画押

憑中　张尔昌　兆興

道光二十四年十月初九日　立永賣水田約人　張尔聰　筆

永遠為業

〔一〕「外有堰底一分〇七毫二糸」为正行右侧添加。

〔二〕此处数字有修改。

〔三〕「佃」后涂去一字。

〔四〕「招」为正行右侧添加。

〔五〕钤有朱文天门县印，契中两方，左侧骑缝印一方。

一一八七五　道光二十四年十月二十六日罗国林卖田赤契〔五〕

立永賣水田堰塘約人罗国林，今因移就，將自己受分水田乙坵，坐落楊家塝，土名五分坵，下相連方坵乙坵，又楊家畈乙坵，土名大坵，下相連團坵一坵，共四坵，共计丈水田四畝二分三厘七毫三丝；又尖角堰底乙分六厘二毫七丝，合共田四畝四分，在尖角堰使水灌漑，公墩在内，載粮九升六合八勺，在国林户下收纳，国林請憑親中张寅说合，林出筆賣與熊篤叙堂名下為業。当日三面言定，篤叙堂出備實值價錢卅三串文整，係林同中親手收訖。自賣之後，任從買主管業，耕種当差，收粮迁戶，陰陽兩便，百為無阻。此係自賣己分，不與親族人等相干。今恐無憑，立此文約一帋為據。

憑中在前　罗世檀　梁柄　張尔德　張兆新　楊志輝

道光二十四年拾月廿六日　立永賣水田堰塘約人　国林　筆

子孫世守

永遠為業

一一八七六　道光二十四年十二月二日张明扬等卖田赤契〔一〕

立永賣水田堰底約人張明揚仝姪二荀，今因移就，將父置上一

〔一〕钤有朱文天门县印，契中两方，左右骑缝印各一方。

張團水田一坵，座落魯園東，土名上堨字坵，計丈壹亩四分二厘〔一〕，載民米三升一合弍勺〔二〕，又荷花私堰一口五分在内，私墩私垷在内〔三〕，載民米伍合，俱在張尔朝户下完纳，明揚二荀情愿請憑族叔張兆興说合，明揚等出筆永賣與熊篤叙堂名下為業。当日三面言定，熊姓出備實值價錢二十串文〔四〕整，係揚、二荀仝中親手领訖。自賣之後，任從買主管業耕種，撥佃招租，收粮過戶，陰陽兩便，百為無阻。此係自賣己分，不与親族人等相干。恐後無憑，立此永賣文約一帋為據。

凴中　张尔德　尔福　尔顺

道光二十四年朏月初二日　立永賣水田堰底約人　張明揚　筆

子孙世守

永遠為業

〔一〕「二厘」为正行两侧添加。

〔二〕「三升一合弍勺」为改动过数字。

〔三〕「私墩私垷在内」为正行右侧添加。

〔四〕「二十串文」为改动过数字。

一一八七七　道光二十四年十二月七日章之均卖田赤契〔一〕

立永賣水田堰塘約人章之均，今因移就，將自己受分水田乙坵，坐落楊家販，土名刀耙坵，二亩二分七厘三毛一絲五忽；又二坵，坐落小堰北垱，土名沙冒坵，一坵一亩四分八厘一毛五絲，北垱相連七分四厘七毛二絲五忽，共計丈四畝五分〇一毛九絲，在小堰堰底照分使水，堰底一分八厘一毛，北垱私墩使水，南垱公墩使水灌救，載粮米一斗零三合零弍抄〔二〕，之均請憑親中张兆興說合，均出筆永賣与熊篤叙堂名下為業。当日三面言定，熊姓出備实值價錢三拾七串六百文整，係均仝中親手領訖。自賣之後，任從買主管業，耕種当差，收粮過戶，陰陽兩便，百為無阻。此係自賣己分，不与親族人等相干。恐後無憑，立此永賣文約一帋為証。　画押

凴中　章之翰　画押　德顺　画押　德楹　画押　德润　画押　德治　画押

〔一〕钤有朱文天门县印，契中两方，右侧骑缝印一方。

〔二〕「三合零弍抄」为改动过数字。

道光二十四年十二月初七日　立約人　章之均　親筆

子孫世守

永遠為（葉）〔業〕

一一八七八　道光二十五年一月九日张世仲卖水田堰塘契[一]

立永賣水田堰塘約人張世仲，今因移就，將自己受分水田，坐落大淵字上，土名月坵，一畝〇七厘，相連一坵六分一厘，共計丈一畝六分八[二]厘，又大淵字堰底四分，在大淵字使水灌救，公車墩在張世有田內過水；（在）〔載〕糧四升，在張世仲户下收納，仲請憑親中張兆興說合，出筆賣與熊篤叙堂名下為業，管業[三]耕種当差。當日三面言定，堂憑中出備青錢十三串四百四十文，係世仲同中親手領訖。自賣之後，任從買主收糧過户，百為無阻。今恐無憑，立此文約一帋為據。此照。

画押

〔一〕鈐有朱文天门县印，契中二方，骑缝印左一方。

〔二〕「八」字为正行右侧添加。

〔三〕「管業」二字为正行右侧添加。

憑中　延富　近　□象　張尔德　润華

道光二十五年正月初九日　立永賣水田堰塘約人　張世仲　筆

子孫世守

永遠為業

一一八七九　道光二十七年十一月十四日章德纯卖田契

立永賣水田約人章德純，今因移就不便，情願将本己受分張團水田一坵，坐落賣主宅前，土名大坵，計丈壹畝九分六厘，在四方堰使水灌救，私墩私涀，又四方堰底三分四厘，共載民米伍升〇六勺，在章德純户下收納，德純請凴親中張兆興等說合，純出筆賣与熊篤叙堂名下為（葉）〔業〕。當日三面言定，熊出備時價青錢拾六串二百文整，德純仝中親手領訖。自賣之後，任從買主管業，耕種当差，收粮過户，陰陽两便，百為無阻。此係自賣己分，不与親族人等相干。今恐無凴，立此文約一帋為據。

凴中　叔之均　兄德楹 润

道光二十七年冬月十四日　德純　筆

永遠為業

一一八〇　道光二十九年十一月六日庆林卖淤滩赤契〔一〕

立永賣淤滩约人慶林，今因家用不便，将本己淤滩一形，横腦陸弓捌分，載粮叁合陸勺，請憑族中瑜会等說合，出筆賣與篤叙堂義庄，轉給報本祠僧名下為業。当日三面言定，義庄出偹实值價錢拾壹串整，係林親手領讫。自賣之後，任從祠僧起業耕種，收粮过户，百為無阻。今恐無憑，立此賣約一帋為拠。

其滩四止　东其富　西守運　南堤心　北河心

憑中　瑜会

道光廿九年冬月初六日　慶林　筆

此滩原係漁銀，因祠僧止有報本米柱，祇得收本己民米，

〔一〕 钤有朱文天门县印，契中二方，骑缝印右一方。

按數撥推。此拠。

永遠為拠

一一八一　道光二十九年十二月六日明运卖淤滩赤契〔一〕

立永賣淤滩約人明運，今因移不便，将本己受分淤一形，横腦九弓，載民米四合，請憑中亨瑞等說合，出筆與篤叙堂義庄，轉給報本祠僧名下為業。當日三面言定，義庄出偹实值價錢拾伍串整，係明親手領讫。自賣後，任從買主起業耕種，收粮过户，百為無阻。今恐無憑，立此賣〔約〕一帋為拠。

凴中　亨瑞　璋運　亨虎

其滩四止　东明榜　西□□　南賣主　北河心

粮在熊圣周柱内收納。至璋運所賣壹合之米俱在。

此滩原載渔銀，因本祠止有報本民米粮柱，祇得收本己米柱撥推，此拠。

外有淤生，俱属祠僧管業。

道光二十九年蚀月初六日　明運　筆

〔一〕 钤有朱文天门县印，契中二方，骑缝印左右各一方。

永遠為拠

一一八八二 道光二十九年十二月六日亨榜卖河滩赤契〔一〕

立永賣河滩契約亨榜，今因家用不便，河滩一形，南弍弓七分，北横三弓四分，載民米壹合弍勺，情愿請凴中文運说合，出筆賣与篤叙堂義莊，轉給報本祠僧為業。当日三面言定，義庄出俻時值價錢叁串文整，係榜親手領訖。自之後，任從祠僧管業，耕種当差，收粮過户，百為無阻。今恐無憑，立此賣約一帋為拠。

粮在□□柱内收纳

凴中 文運 瑜會

其滩四止 东□□ 西□□ 南提心 北河心 界

道光廿九年蚀月初六日 文運 代筆

此滩原載渔銀，因本祠止有報本民米粮柱，得將本己柱撥推。此拠。

永遠為據

〔一〕鈐有朱文天门县印，契中四方。

一一八八三 道光二十九年十二月六日璋运卖淤滩赤契〔一〕

立永賣淤滩約人璋運，今因移就不便，將己受分淤滩一形，横腦十弓零五分，載粮一合，請凴中亨瑞等説合，出筆賣與篤叙堂義庄名下，轉給報本祠僧為業。当日三面言定，義庄出俻实值價錢弍串二百文整，係璋親手領讫。自賣之後，任從祠僧起業耕種，百為無阻。今欲有凴，立此賣約為拠。

此田粮□撥在明運所賣圣周柱内收纳

凴中 亨虎 瑞 于会

道光二十九年蚀月初六日 璋運 筆

其田四止 东亨榜 西起運 南提心 北河心

永远為拠

〔一〕鈐有朱文天门县印，契中二方，骑缝印左右各一方。

一一八八四　道光三十年十二月八日黃大华等卖田赤契〔一〕

立永賣白田約人黃大華同嫂鄧氏商議，今因移就不便，將自置南三付團白田一形，計丈九分六厘四毛二絲，載粮二升一合四勺一抄，左華等户下收納，華等請憑親中刘国興等説合，華出筆賣與熊篤叙堂名下為業。当日三面言定，熊出備实值價錢拾七串三百五十五文，係華等同中親手领讫。自賣之後，任從買主管業，耕種当差，收粮過户，陰陽两便，百為無阻。係自賣己分，不與親族人等相干。恐口無憑，立此永賣田约一帋為據。

憑中　譚黃鄭唐　陳之元　黃遂生

道光三十年朒月初八日　華　出筆

永远為業

〔一〕鈐有朱文天门县印，契中二方，骑缝印左、右各一方。

一一八八五　道光年间伍永清卖田赤契〔一〕

立永賣白田契約人伍永清，今因移就，將自己受分高作垸白田壹形，弍畝弍分八厘，載粮上則，清請凴親中伍祖貽等説合，清出筆賣与熊宗義名下為業。当日三面言定，義出備時值價錢四串壹百乙十七文整，係清親手領訖。自賣之後，任從買主起業，耕種当差，收粮過户，陰陽兩便，百為無阻。今恐無凴，立此永賣約一帋為拠。此照。

憑中　伍澤寿　熊克持　庚中和

其田四止　東　路心　西　徐　南　郭　界　北　邹長春

道光□□年冬月廿五日　立永賣白田約人　伍永清　筆

永遠為業

〔一〕鈐有朱文天门县印，契中二方，骑缝印左一方。此契背面有「對　清大房百药」等字。

一一八八六　道光年间张人静卖田赤契[一]

立永賣田契約人張人靜，今因家用不便，將本己受分徐團白田一畝〇[二]五厘，載粮照冊納收，請憑親中熊祖珍說合，靜出筆賣與熊宗義名下為業。當日三面言定，義出備實值價錢二串二百〇九文整，係靜親手領訖。自賣之後，任從買主起業耕種，收粮當差，百為無阻。今恐無憑，立此永賣約一帋為據。

憑中　熊祖珍

其田四止　東皮　西汪　南張　北張　界

道光拾□年□月□日　立永賣田約人　張人靜　筆

永遠為據

〔一〕鈐有朱文天门县印，契中一方，骑缝印左、右各一方。
〔二〕文中划去「九分」，改为「一畝〇」。

一一八八七　道光年间熊光廷卖田赤契[一]

立永賣田契約熊光廷，今因移就不便，將祖置河湖垸上則白田乙形，六分九厘二毛，載粮乙升五合二勺二抄，憑中說合，出筆賣與熊宗義名下為業。当日三面言定，出備时值價錢乙串三百二十文正，係光廷親手領訖。自賣之後，任從買主起業耕種，收粮過戶。今欲有憑，立此為據。

冊名　熊元標

憑中　熊邱槐　熊廣運

其田四止　东曾之成　西大路　南李祖元　北姜龍　界

道光十□年朏月十六日　立永賣田契約人　光廷　筆

永遠為據

〔一〕鈐有朱文天门县印，契中一方，骑缝印左、右各一方。

一一八八八　道光年间阳定修卖田赤契〔一〕

立永賣田契约人陽定修，今因家用不便，將祖遺張望垸白田一形，九分四厘八毛，情愿請憑親中陽定柏説合，修出筆賣□與□宗義名下為業。當日三面言定，義出備實置價錢乙串七百〇七文正，係修親手領訖。自賣之後，任從買主起業耕種，收粮過戶，百為無阻。今恐無憑，立此賣約一帋為據。

載粮二□□□□□

憑□□□□□□

其田四止　东周　南周　西陽　北修　界

道光拾□□□□□□□□□立卖田契约人　修　筆

永遠為據

〔一〕钤有朱文天门县印，契中一方，骑缝印左、右各一方。

一一八八九　道光年间熊大容卖田赤契〔一〕

立永賣田契約人熊大容，今因移就不便，將祖置河湖垸上則白田乙形五〔二〕分，載粮乙升乙合〔三〕，憑中説合，出筆賣與熊宗義名下為業。當日三面言定，宗義出備時值價錢九百五十文正，係容親手領訖。自賣之後，任從買主起業耕種，收粮過戶。今欲有憑，立此為據。

冊名　熊玉鳴

憑中　熊邱槐　□□

其田四止界　南　北　中直

道光十□□朏月十六日　立永賣田契約人　大容　筆

永遠為據

〔一〕钤有朱文天门县印，契中一方，骑缝印左、右各一方。

〔二〕「五」后涂去「形」字。

〔三〕此处数字有改动。

一一八九〇　道光年间李华榜等卖田赤契[一]

立永賣田契約人李華榜載茂，今因移不便，將祖（自）〔置〕張望垸白田三形，乙畝八分乙力六毛，情愿請憑親中歐陽□□說合，華榜載茂出筆賣与熊宗義名下為業。当日三面言定，義出備實值價錢叁串弍百六十九整，係華榜載茂親手□訖。自賣之後，任從買主起業，耕種当差，完粮□□□□無憑，立此賣約一帋為據。此照。

載粮三升九合□□□抄。

其田四止　北水田　南賣主　西陽定義　東周孔堂

其田四止　東熊運升　西墳　南定則　北□□

〔一〕鈐有朱文天门县印，契中二方，骑缝印左右各一方。

其田四止　北墳　南定義　西定信　東□□

道光拾□□□□日　立永賣田約人　茂　筆

永遠為據

一一八九一　道光年间刘作相卖田赤契[一]

第伍号[二]

立永賣田契約人劉作相，今因不便，將本己受分陳昌上院白田四形，三畝七分〇八毛七系，載粮八升二合三勺，請憑親中劉崇章說合，相出筆賣與熊宗義名下為業。當日三面言定，[三]出備實值價錢七串肆百七十七文[四]整，係相親手領訖。自賣之後，仍從買主管業，耕種當差，收粮過户，百為無阻。今欲有憑，立此賣約一帋為拠。

憑中　劉崇璋

〔一〕鈐有朱文天门县印，契中二方，骑缝印左右各一方。

〔二〕「第伍号」应为契约持有者所加编号。

〔三〕此处留有空白。

〔四〕此处数字有修改。

其田四止　東水田　西水田　南皮　北□　東□　西溝心　南文　北振　界　東恒　西水田　南爵　北彡　東席廷　西路中　南席　北水田　界

道光□□年虫月初二日　立永賣田契約人　劉作相　筆

永遠為業

其乙形　東横陆弓五分　西横伍弓七分　直□弓　積三十弓零五分

其北長形　中□□弓二分　東横□弓　西横□□□分五　直十五弓五分　積壹百廿七弓九分六厘□毛七糸五

其又長形　西横五弓五　東横五弓一分　直□□三弓　積乙百七十四弓九分

其第三长形　東横二弓七分五　西横三弓　積弍百□□四弓七分弍厘五

其席屋後形　東横十弓〇七　西　十一弓二　直廿五弓八分　積〔注一〕

一一八九二　道光年间熊开运卖田赤契〔二〕

立永賣田契約人熊開運，今因家用不便，將本己受分徐團白田一畝八分三厘三毛，載粮三升二合三勺，請凴中叔季儒等說〔合〕，開出筆賣與熊宗義名下為業。当日三面言定，義出備实值青錢三串零一十六文，開親手領。自賣之後，任從買主起業耕種，收糧当差，百為無阻。今□無凴，立此為據。

凴中　叔□□

其田四止　東熊　南熊　西汪　北溝　界

道光十□年冬月二十六日　立永賣田契約人　熊開運　筆

〔一〕「注一」即「二八二五一」。

〔二〕鈐有朱文天门县印，契中二方，骑缝印左右各一方。

永遠為據

一一八九三　咸丰六年十二月八日方新盛卖水田堰塘契

立永賣水田堰塘约人方新盛，今因移就，將己受分庒田一所，坐落祠堂弯宅後，土名堰宕字乙坵七分，相連乙坵三分，又相連乙坵土名方坵乙畝[一]九分，□杳角定乙坵土名三斗坵捌分五厘，共田大小四坵，計丈三畝七分五厘[二]，俱在魯家大堰使水灌救，載粮捌升三合弍勺抄，粮在方德户下收纳，盛请憑親中张九芝、兆羣等説合，出賣與熊篤敘堂名下為業。当日三面言定，買憑中出備时值奻[三]錢叁拾捌串文整，係盛請手领訖，以収字為拠。自賣之後，任從買主収粮过户，陰陽两便[四]，在粮照册，管業耕種，百為無阻。今恐無憑，立此賣文一帋為証。画押

車蹬䃂口水涧有分。

憑中　谷起云　张名川　方大才　郑大先生

土坑在内

咸丰六年十二月初捌日　立

子孫世守

憑中在前

永远為業

〔一〕「乙」字下涂去一字，右侧加「畝」字。

〔二〕「三畝七分五厘」为改动后数字。

〔三〕「奻」即「九九七」。

〔四〕「陰陽两便」四字为正行右侧添加。

一一八九四　光绪七年十一月十五日吴进升卖田契

立永賣水田約人吴進升，今因遺就，情将父置受分水田大小四坵，共计二畝八分，坐落吴家对面□在吴家大堰使水，公墩公埧公坑滩洪堰底照册分派，載粮六升壹合六勺，在黄定昌户下收差。当日三面言定，升情憑親中吴元丰等説合，升出筆賣与熊篤叙堂为業。叙出備青錢实價二十八串正，係升親手收讫。自賣之後，仍從（賣）〔買〕主管業耕種，收粮過户，百為無阻。今恐無憑，立此文約一帋為據。四止在册。

光绪七年十一月十五日　吴進升　親筆

憑中　吳豫堂　画押
黃上邦　画押
楊体全　画押
黃定昌　画押
朱名高　画押
吳乐賢　画押
聶家興　画押

永远為業

一一八九五　孙衍庸卖田契〔一〕

立永賣白田□人孫衍庸，今因移就，情愿將自置陶林院一百獅白田二形，計丈二畝，載粮□分八厘，情愿請憑親中李惟義孫世望等說合，出筆永賣與熊來文名下為業。當□三面言定，來□出備時值價紋銀陸拾兩整，係庸同中親手領訖。其中並無準折抬算，此係自賣己分，不與兄弟親族人等相干。自永賣之後，仍從買主管業，耕種当差，收粮过户，陰陽□便，百為無阻。今欲有憑，立此永□約一帋為據。

〔一〕此契残破。

一一八九六　熊应运卖田赤契〔一〕

□四房農手四十弍帋

立永賣田契約人熊應運，今因家□□便，將本己受分西汊垸白田一畝零五厘，載民米一升八合九勺，請憑中季儒等說合，□□筆賣與熊宗義名下為業。当日三面言定，義出備實值價錢二□□□文，應親手領訖。自賣□□，□從買主起業耕種，完糧當差，百為無阻。今恐無憑，立此為據。

憑中　叔季儒

□□四止　東　熊
南　熊
西　□　界
北　□

〔一〕鈐有朱文天门县印，契中一方，骑缝印左、右各一方。此契残破，分为两张。

一一八九七　钱青高卖田赤契〔一〕

□錢青高，今因移就不便，將本己受分南湾垸白田二畝六分零六毛〔二〕，□官庄正艮一分八厘，自請憑中熊振軒說合，高出筆賣與熊宗義名下為業。当日三面言定，□價錢伍串弍百整，係高親手領訖。自賣之後，任從買主起業耕種，□，百為無阻。今恐無憑，立此賣約為據。

其田四止　東水田　南錢則　西樂朋　北樂寿　界

□二年十二月廿六日　錢青高　筆

永遠為業

〔一〕鈐有朱文天门县印，契中二方，骑缝印左、右各一方。

〔二〕此处为改动后数据。

一一八九八　钱顺卖田赤契〔一〕

立永賣白田約人錢順，今因移就不便，将祖置陳昌垸（南灣垸　黃堤垸）白田四形，九畝四分零弍毛三糸〔二〕，載民米弍斗〇五合，請憑中人張厚富等說合，順出筆賣與熊宗義名下為業。當日三面言定，義出備時□（至）〔值〕價錢拾柒串柒伯文整，係順親手領訖。（至）〔自〕賣之後，任從買主管業，耕種當差，□糧過戶，陰陽兩便，百為無阻。此係自賣己分，不與親族人等相干。今欲有憑，立此賣約為據。

憑中　□用高舟　□朝官　張厚富

其田四止　東作中　西路心　南水田　北水田

〔一〕鈐有朱文天门县印，契中二方，骑缝印左、右各一方。

〔二〕此处数字有改动。

又　東　向
西
南　俱水田
北

又　東　買
西　吳
南　水田
北　浣心

黃堤坑四止　東　水田
西　堤
南　孟南
北　士福

又　東　水田
西　专
南　堤
北　買

又　東　埧
西　吳
南　買
北　坑心
界

□拾二年冬月卅日　立永賣白田約人　錢順　筆

冊名　錢順

□遠為業

一一八九九　张成骞卖田赤契〔一〕

立永賣契約人張成騫，今因移就不便，将本己受分陳昌垸白田四形共四畝，載（名）〔民〕米八升八各，自請憑中熊朝官等說合出筆賣與熊忠議名下為業。当日三面言定，實錢柒串二伯整，係騫親手領訖。自賣之後，任從買主起業耕種，当差，收糧过戶，百為無阻。今恐無憑，立此賣約為據。

熊朝官

其田四止　东　刘（介）〔界〕
南　张（介）〔界〕
西
北　溝

其田四止　东　買主
南　買
西　張（介）〔界〕
北　錢（介）〔界〕

其田四止　东　張（介）〔界〕
南　路中
西　張（介）〔界〕
北　買主

〔一〕　钤有朱文天门县印，契中二方，骑缝印左、右各一方。

其田四止 东 路中
南 水田
西 埧
北 錢（介）〔界〕

□年冬月卅日 立永賣田約人 張成騫 筆

冊名 張厚騫 培成

永远為業

一一九〇〇 陈良贵卖田赤契〔一〕

立永賣白田約人陳良貴，今因移就，將自置陶林垸一北獅團白田一形，計丈五分四厘三毛，載正銀壹分〇三毛，陳良貴情愿請憑親中吳學詩等説合，陳良貴出筆永賣與熊葵園大老爺名下為業。三面言定，熊出備時置價錢捌串九百五十九文，係貴仝中親手領訖。自賣之後，任從買主收粮管業，撥佃耕種，陰陽兩便，百為無阻。其中並無準折抬筭情弊。此係自賣己分，不與親族相干。恐口無憑，立此永賣約一帋為據。

冊名 陳元吉

〔一〕钤有朱文天门县印，契中一方，骑缝印右一方。

□

一一九〇一 翌卖田赤契〔一〕

□憑中熊□□等説合，翌出筆□□□□堂名下□□。當日三面言定，熊出備實值價錢伍拾伍串整，係翌親手領讫。自賣之後，任從買主管業，耕種招租，收粮過户，起造□□，陰陽兩便，百為無阻。此係自賣己分，不與親族人等相干。今恐無憑，立此契約一帋為拠。

□

一一九〇二 梁榜先卖田赤契〔二〕

立永賣白田約人梁榜先，今因移就，將自置白田一形，计丈壹畝九分三厘七毫，（在）〔載〕粮在册名□□鼎户下收納，情愿請憑親中湯執中等説合，先出筆永賣与熊篤□□名下□□□議定四拾二串六伯廿文整，係先□□□□手领訖。自賣□□□從買主管業收粮，撥佃耕種，陰陽两便，百為無阻，其中並無

〔一〕钤有朱文天门县印，契中一方，骑缝印右一方。

〔二〕钤有朱文天门县印，契中二方，骑缝印左一方。

準折拾算□□係自賣己分，不与親族人等相干。恐後無憑，立此永賣約一帋為拠。

坐落一北陶團

憑中　梁在邦　湯執中　熊紀善

其田四止　東買主　西梁　南肖　北梁　界

富貴萬年

二　田地租佃契约

二一〇〇一　康熙年间熊具瞻认租字

立認字姪具瞻，今因父死無地葬埋，至親叔伯弟兄有地者概不慨然。幸得叔宋宰垂念一本，慨然與地一棺安埋瞻父。叔父又復垂念母子孤苦，並不曾拘定艮錢酒席。此情此恩，何以得報？姪具瞻惟有情願每年認定租稞銀五錢，以报萬一，不得短少。待日後時運亨通，望叔父始終相念，書契定價，以徒永遠。今恐勿憑，立此為據。

憑親中證人　王在鎬　曹瑞子舅爺　田一大叔

康熙三十□年弍月初六日　立　認　字　姪具瞻　筆

二一〇〇二　道光十二年十二月六日张永元租田字

立租田字張永元，今租到

熊宗議名下陈昌垸白田三形，三畆三分乙厘。言定每年春秋二季，驗禾起租。春租限五月内完納，秋租限九月内完纳。如过期不完，堤夫不應，任凴田主另撥另佃。其田形界址如有改換遺失，惟張永元是问〔一〕。恐口無〔二〕凴，□此字為拠。

道光拾弍年虫月初六日　張永元　筆

二一〇〇三　道光十六年九月二十日唐必均租田字

立佃租字人唐必均，今種到

義庄熊宗義名下陳昌上垸白田三形，二畝六分二厘，每年預支稞錢三串一百廿六文，限至重陽完納，領取收票，不得短少。又帮每年岁修夫乙名。倘過期不楚，許撥另佃。今欲有憑，此拠。

每畝小稞錢四十。

憑保人　葉光廷

道光十六年九月廿日　立

二一〇〇四　道光十六年九月二十日张文元租田字

立佃租字人張文元，今租到

義莊熊宗義名下河湖垸白田一形，共弍畝壹分六厘五毛。言定

〔一〕「是问」二字为正行右側添加。

〔二〕「無」字为正行右側添加。

每年預支稞錢弍串六〇文，並小稞錢文，限重陽前完納，領取收票，不得短少。又於每年歲修，每畝帮堤夫一名。倘過期不楚，許撥莊另佃。今欲有憑，此據。小稞每畝四十文按算。

憑保人　李祖芳

道光十六年九月二十日　立[一]

二一〇〇五　道光十六年九月二十日唐建租田字

立佃租字人唐建，今種到

義庄熊宗義名下陳田垸[二]　白田二（刑）〔形〕，二畝三分三厘。言定每年預支稞錢二串七百六十文，限至重陽前完納，領取收票，不得短少。又帮每年歲修，每畝乙名。倘過期不楚，許撥另佃。今欲有憑，此拠。

每畝小稞錢四十文。

憑保人　葉光廷

道光十六年九月廿日　立

〔一〕参见「道光十二年十二月十四日张文元卖田赤契」（本书收录之一—五六五号契纸）。

〔二〕「陳田垸」为正行右側添加。

二一〇〇六　道光十六年九月二十日唐必珍租田字

立佃租字人唐必珍，今種到

義庄熊宗義名下[一]　陳昌上垸白田三形，二畝七分二厘。每年預支稞錢三串二百四十五文，限至重陽完納，領取收票，不得短少。又帮每年岁修乙名。倘過期不楚，許另撥另佃。今欲有憑，此拠。每畝小稞錢四十文。

憑保人　葉光廷

道光十六年九月廿日　立

二一〇〇七　道光十六年九月二十二日周刘氏租田字

立佃租字人周刘氏，今種到

義莊熊宗義名下陳昌上垸白田一畝二分五厘。言定稞錢一串五百文，并小稞錢五十文，限至重陽完納，領取收票，不得短少。又預每年岁修，每畝帮夫一名。倘過期不楚，許另撥另佃。今欲有憑，此拠。

憑保　葉光廷

〔一〕「下」为正行右側添加。

道光十六年九月廿二日　立

二一〇〇八　道光十六年十月十日刘正列租田字

立佃租字人刘正列，今租到

義庄熊宗義名下陳昌上垸白田乙畝〇四厘。言定年預支稞錢一串二〇四文，并小稞錢四十文，限至重陽前完納，領取收票，不得短少。又於每年[一]岁修，帮垷夫一名。倘過期不楚，許撥另佃。今欲有憑，此抝。

憑保人　葉光廷

道光十六年十月初十　立

二一〇〇九　道光十六年十月十六日永千租田字

立佃租字人永千，今租到

義莊熊宗义名下高作垸白田六分[二]，乙形〇六毛三糸[三]。言定每年预支稞钱六百六十七文，并小稞钱廿六文，

[一]「年」为正行右侧添加。

[二] 此处数字有修改。

[三] 原文如此。

限重陽前完納，領取收票，不得短少。又於每年歲修，每畝帮夫一名。倘有過期不楚，許撥另佃。今欲有憑，此照。

憑保人　伍祖貽

道光十六年十月十六日　字

二一〇一〇　道光十六年十月二十五日伍永义等租田字

立佃租字人伍永義仝弟永成，今租到

義莊熊宗義名下陳昌上垸白田二形，共壹畝五分九厘乙毛七糸〇九[一]。言定每年預支稞錢壹串九百〇八文整，并小稞錢六十三文，限定先一年重陽前完納，領取收票，然後種田。每年歲修，每畝幫堤夫壹名，不得短少。倘過期不楚，許撥莊另佃。今欲有憑，此抝[二]。公議每畝小稞錢四十文按算。

憑保人　刘永達

道光十六年十月廿五日　立[三]

[一]「乙毛七糸〇九」为正行右侧添加。

[二]「此抝」为正行右侧添加。

[三] 参见「道光十二年十二月九日伍永义卖田赤契」（本书收录之一一五一六号契纸）。

二一〇一一　道光十六年十月二十五日伍永昌等租田字

立佃租字人伍永昌仝弟永晃，今租到
義莊熊宗義名下陳昌上[一]垸白田二形，共二畝三分〇二毛。
言定每年预支稞錢二串七百六十二文整，並小稞錢九十二文，
限定先一年重陽前完納，领取收票，然後種田。每年歲修，每
畝幫堤夫壹名，不得短少。倘過期不楚，許撥莊另佃。今欲有
憑，此據。公议每畝小稞錢四十文按算。

憑保人　刘永達

道光十六年十月廿五日　立

二一〇一二　道光十六年十月二十五日叶有伦租田字

撥必報應　二分七厘在内[二]
立佃租字人葉有倫，今租[三]到
義莊熊宗義名下陳昌垸白田三形，共壹畝六分乙厘四毛二系。

[一]「上」为正行右侧添加。
[二]此行文字乃另笔添加于契纸右上方。
[三]「租」为正行右侧添加。

言定每年預支稞錢壹串玖伯卅七文整，并小稞錢六十四[一]
文，限定先一年重陽前完納，領取收票，然後種田。又於每年
歲修，每畝幫隄夫一名，不得短少。倘過期不楚，許撥莊另
佃。今欲有憑，此據。公議每畝完小稞錢四十文按筭。

憑保人　刘永[二]達[三]

道光十六年十月廿五日　立

二一〇一三　道光十六年十月二十五日张厚倍等租田字

立佃租字人張厚倍益，租到義莊熊宗儀名下陈昌垸白田五形，四
畝八分〇八毛七絲。言定每年春四下六稞钱五串二百八十八
文，限定上至端陽，下至重陽前完納，领取收票，方準種田。
倘過期不[四]楚，许撥莊另佃。今欲有憑，此據。

原张厚騫、张正乂田

憑保人　鲁贵琨

道光十六年十月廿五日

[一]「六十四」为正行右侧添加。
[二]「永」为正行右侧添加。
[三]「達」后涂去一字。
[四]「不」后涂去一字。

二一〇一四　道光十六年十月二十五日魯芳贞租田字

立佃租字人魯芳貞，今租到義莊熊宗儀名下皇田垸二形，三畝八分一厘。言定每年春四下六稞錢四串乙百九十文，限定上至端陽、下至重陽前完納，領取收票，方準種田。倘過〔一〕期不楚，许撥莊另佃。今欲有憑，此拠。　每畝完小稞錢四十文按算。

原魯良斊

憑保人　魯貴琨

道光十六年十月廿五日

二一〇一五　道光十六年十月二十五日吴山启租田字

立租字人吳山啓，今租到義莊熊宗義名下皇田垸白田九分〇八毛。〔二〕言定每年春四夏六稞錢乙串〔三〕文正，并小錢卅六文，限定上至端陽、下重陽前完納，領取收票，方準種田。倘期不楚，许撥庄另佃。今欲有憑，此拠。

憑保人　魯貴琨

道光十六年十月廿五日

〔一〕「過」为正行右侧添加。
〔二〕「八毛」为修改后数字。
〔三〕此处数字有修改。

二一〇一六　道光十六年十月二十六日吴士福租田字

立佃租字人吴士福，今租到義莊熊宗義名下皇田垸白田九分〇八毛〔一〕。言定〔二〕每年春四夏六稞錢乙串〇〔三〕文正，并小稞錢卅六文，限定上至端陽、下重陽前完納，領取收票，方準種田。倘期不楚，許撥庄另佃。今欲有憑，此拠。

憑保人　魯貴琨

道光十六年十月弍六日　立

〔一〕「〇八毛」为修改后数字。
〔二〕「定」为正行右侧添加。
〔三〕此处数字有修改。

二一〇一七　道光十六年十月二十九日叶达五租田字

即葉有義〔一〕

立佃租字人葉達五，今租到

義莊熊宗義名下陳昌垸白田三形，共二畝六分七厘九毛。言定每年預支稞錢三串弍百一十四文整，并小稞錢壹伯零七文，限定先一年重陽前完納，領取收票，然後種田。又於每年歲修，每畝帮堤夫一名，不得短少。倘过期不楚，許撥莊另佃。今欲有憑，此據。

公議每畝完小稞錢四十文按筭。

憑保人　劉永達

道光十六年十月廿九日　立

二一〇一八　道光十六年十月二十九日李之伦租田字

立佃租字人李之倫，今租到

義莊熊〔二〕宗〔義〕名下陳昌院白田二形，九分七厘七毛四系二（乎）〔忽〕〔一〕。言定每年預支稞錢一串一百六十四文整，并小稞卅九文，限定先一年重陽前完納，領取收票，然〔二〕後種田。又於每年歲修，每畝帮堤夫一名，不得短少。倘過期不完，許撥莊田另佃。今欲有憑，此據。公議每畝小稞四十文按筭。

憑保人　劉永達

道光十六年十月廿九日　立

〔一〕此行文字乃另笔添加于契纸右上方。
〔二〕「熊」为正行右侧添加。

二一〇一九　道光十六年十月二十九日陈志太租田字

即郭光耀〔三〕

立佃租字人陳志太，今租到

義莊熊宗義名下陈昌垸白田一形，共六分九厘八毛。言定每年預支稞錢八伯三十七文正，并小稞錢廿八文，限定先一年重陽前完納，領取收票，然後種田。又於每年歲修，每畝帮夫一名，不得短少。倘过期不楚，許撥莊另佃。今欲有憑，此據。

公議每畝完小稞四十文按筭。

憑保人　劉永達

〔一〕「七毛四系二乎」为正行右侧添加。
〔二〕「然」为正行右侧添加。
〔三〕此行文字乃另笔添加于契纸右上方。

道光十六年十月廿九日　立

二一〇二〇　道光十六年十月二十九日郭光勋租田字

即郭來朝〔一〕

立佃租字人郭光勳，今租到

義莊熊宗義名下陳昌垸白田一（刑）〔形〕，三分一厘。言定每年預支稞錢三百七十二文整，并小稞錢十二文，限定先一年重陽前完納，領取收票，然後種田。又於每年歲修，每畝帮隄夫一名，不得短少。倘過期不楚，許撥莊另佃。今欲有憑，此據。

公議每畝完小稞錢四十文按筭。

憑保人　刘永達

道光十六年十月廿九日　立

二一〇二一　道光十六年十月二十九日蕭友贤租田字

立佃租字人蕭友賢，今租到

〔一〕此行文字乃另笔添加于契纸右上方。

義莊熊宗義名下陳昌垸白田乙形，壹畝五分四厘九毛五糸四〔一〕。言定每年預支稞錢壹串八百四十八文整，并小稞錢六十一文，限定先一年重陽前完納，領取收票，然後種田。又於每年歲修，每畝帮隄夫乙名，不得短少。倘過期不楚，許撥莊另佃。今欲有憑，此據。公議每畝完小稞錢四十文按筭。

憑保人　刘永達

道光十六年十月廿九日　立

二一〇二二　道光十六年十月三十日童尊礼租田字

立佃租字人童尊礼，今租到

義莊熊宗義名下陳昌垸白田〔二〕乙形，乙畝乙分五厘三毛一糸〔三〕。言定每年預支稞錢乙千三百八十三文整，并小稞錢四十六文，限定〔四〕先一年重陽前完納，領取收票，然後種田。又於每年歲修，每畝帮堤夫一名，不得短少。倘过期不楚，許撥莊別佃。今欲有憑，此據。公議每畝完小稞錢四十文按算。

〔一〕「五糸四」为正行右側添加。

〔二〕「田」为正行右側添加。

〔三〕「三毛一糸」为正行右側添加。

〔四〕「定」为正行右側添加。

憑保人　刘永〔一〕達

道光十六年十月卅日　立

二一〇二三　道光十六年十月熊亨宝租田字

立租字人熊亨宝，今租到義莊熊宗儀名下虎獐垸白田一形，五分六厘七毛。言定每年預支稞錢四百五十三文整，並小稞錢文，限四月完半，重陽前完納，領取收票，不得短少。又於每年歲修，每畝帮隄〔二〕夫一名。倘過期不楚，许撥莊另佃。今欲有凴，此據。公議每畝小稞錢四十文。

憑保　熊国光

道光十六年十月　同立

二一〇二四　道光十六年十月熊德运租田字

立租字人熊德運，今租到義莊熊宗儀名下虎獐垸白田弍形，九分二厘八毛。言定每年預支稞錢七百四十二文整，並小稞錢文，四月完半，重陽前完納，領取收票，不得短少。又於每年

〔一〕「永」为正行右側添加。

〔二〕「隄」为正行右側添加。

歲修，每畝帮隄夫一名。倘過期不楚，许撥莊田另佃。今欲有凴，此據。公議每畝小稞錢四十文。

憑保人　熊〔一〕国光

道光十六年十月　同立

二一〇二五　道光十六年十月熊亨於租田字

立租字人熊亨於，今租到義莊熊宗儀名下虎獐垸白田二形，弍畝零八厘九毛。言定每年預支稞錢乙串六百七十〔二〕文正，並小稞錢文，限四月完半，重陽前完納，領取收票，不得短少。又於每年歲修，每畝帮堤夫一名。倘過期〔三〕不楚，許撥莊另佃。今欲有凴，此據。公議每畝小稞錢四十文。

凴保〔四〕　国光

道光十六年十月　同立

〔一〕「熊」后涂去「亨南」二字。

〔二〕「十」为正行右側添加。

〔三〕「期」为正行右側添加。

〔四〕「保」后涂去「亨南」二字

二一〇二六　道光十六年十月熊亨愷等租田字

立租字人熊亨愷/百善，今租到義莊熊宗儀名下虎獐垸〔一〕白共田〔二〕八分五厘。言定每年預支稞錢六百八十文整，並小稞錢文，限四月完半，重陽前完納，領取收票，不得短少。又於每年歲修，每畝帮隄〔三〕夫一名。倘過期不楚，许撥莊另佃。今欲有凴，此據。公議每畝小稞錢四十文。

凴保人　熊国光

道光十六年十月　同立

二一〇二七　道光十六年十一月一日叶林租田字

即童覺廷〔四〕

立佃租字人葉林，今租到

義莊熊宗義名下陳昌垸白田二形，共三畝九分九厘。言定每年預支稞錢四串七伯八十文整，併小稞錢壹百伍十九文，限定先一年重陽前完納，領取收票，然後種田。又於每年歲修，每畝帮堤夫一名，不得短少。倘过期不楚，許撥莊另佃。今欲有憑，此拠。公議每畝完小稞錢四十文按算。

保人　刘永達

道光十陸年冬月初一日　立

〔一〕「垸」为正行左侧添加。

〔二〕「共田」为正行右侧添加。

〔三〕「隄」为正行右侧添加。

〔四〕此行文字乃另笔添加于契纸右上方。

二一〇二八　道光十六年十一月三日彭新俊租田字

合彭良臣〔一〕

立佃租字人彭新俊，今租到

義莊熊宗義名下陳昌垸白田二形，共壹畝零三厘。言定每年預支稞錢壹串弍百卅六文整，并小稞錢四十一文，限定先一年重陽前完納，領取收票，然後種田。又於每年歲修，每畝帮堤夫一名，不得短少。倘过期不楚，許撥莊另佃。今欲有凴，此拠。公议每畝完小稞錢四十文按算。

保人　刘永達

道光十六年冬月初三日　立

〔一〕此行文字乃另笔添加于契纸右上方。

二一〇二九　道光十六年十一月三日彭新傭租田字

即彭丹祖〔一〕

立佃租字人彭新傭，今租到

義莊熊宗義名下陳昌垸白田二形，共壹畝零叁厘。言定每年預支稞錢乙串弍伯卅六文整，并小稞錢〔二〕四十一文，限定先一年重陽前完納，領取收票，然後種田。又於每年歲修，每畝〔三〕帮堤夫一名。倘过期不楚，許撥莊另佃。今欲有憑，此拠。

公议每畝完小稞錢四十文按算。

保人　刘永達

道光十陸年冬月初三日　立

〔一〕此行文字乃另笔添加于契纸右上方。
〔二〕「錢」为正行右側添加。
〔三〕「每畝」为正行右側添加。

二一〇三〇　道光十六年十一月八日刘天爵租田字

立佃租字人刘天爵，今租到

義莊熊宗義名下陳昌垸白田一形，三畝七分一厘。言定每〔一〕年預支稞錢四串四百五十弍文整，并小稞錢一百四十八文，限定先一年重陽前完納，領取收票，然後種田。又於每年歲修，每畝帮堤夫一名，不得短少。倘过期不楚，許撥莊另佃。今欲有憑，此據。公議每畝完小稞錢四十文按筭。

憑保人　刘永達

道光十六年冬月初八日　立

二一〇三一　道光十六年十一月八日吴昭铎租田字

立佃租字人吴昭鐸，今租到

義莊熊宗義名下〔二〕陳昌垸白田一形，三分七厘二毛五。言定每年預支稞錢四百四十四文整，并小稞錢十五文，限定先一年重陽前完納，領取收票，然後種田。又於每年歲修，每畝帮隄夫一名，不得短少。倘過期不楚，許撥莊另佃。今欲有憑，此據。

公議每畝〔三〕完小稞錢四十文按筭。

憑保人　劉永達

〔一〕「每」后删去「定」字。
〔二〕「下」后涂去一字。
〔三〕「每」后涂去一字，其右側添加「畝」字。

道光十六年冬月初八日　立

二一〇三二　道光十六年十一月八日刘崇楠租田字

即劉作相〔一〕

立佃租字人刘崇楠，今租到

義莊熊宗儀名下陳昌院白田四形，三畝七分〇九毛。言定每預支稞錢四串四百四十〔二〕文文整，并小稞錢一百四十八文，限定先年重陽前〔三〕完納，領取收票，然後種田。又於每年歲修，每畒帮夫一名，不得短少。倘过期不楚，許撥莊另佃。今欲有憑，此據。公議每畝完小稞錢四十文按筭。

憑保人　劉永□達

道光十六年冬月初八日　立

〔一〕此行文字乃另笔添加于契纸右上方。

〔二〕「十」为正行右侧添加。

〔三〕「前」字为正行右侧添加。

二一〇三三　道光十六年十一月八日熊开玉租田字

立租田字人熊開玉，今租到熊宗義義莊户田五畝〔一〕。言定预支钱租每畝一串二百文，準以九月為度，不得短少分文。今欲有凴，立此租字為據。大小三形，又一畒〇〇一毛五絲。

道光拾陸年冬月初八日　领田字人　開玉　筆

二一〇三四　道光十六年十一月八日彭兴谟租田字

立租字人彭興謨，今租到宗義户下義田二畝〇三厘四毛一〔二〕，言定预支钱租每畝一串二百文，及收即納，不□短少。今欲有凴，立此租一帋為據。

道光十六年冬月初八日　字

〔一〕「畝」后涂去「九分四厘」四字。

〔二〕此处数字有修改。

二一〇三五 道光十六年十一月八日王正科租田字

立租田字人王正科，今租到熊宗義義庄户下一畝五〔一〕分三力六〔二〕。言定預支錢租每畝田一串二百文，準以九月为度，不得短少分文。今欲有憑，立此租字為據。

又领史□七元七分二厘五。

道光十六年冬月初八日 筆

二一〇三六 道光十六年十一月八日皮杏租田字

立租田字人皮杏，今租到熊宗義義庄户下乙畝。言定預支錢租每畝一串二百文，準以九月為度，不得短少分文。今欲有憑，立此租〔三〕字為據。

道光十六年冬月初八日 租田 皮杏 筆

〔一〕「五」字右側有一「三」字。
〔二〕「三力六」三字为正行右側添加。
〔三〕「租」为正行右側添加。

二一〇三七 道光十六年十一月八日史纪杨租田字

立租字人史纪楊，今租到熊宗義義莊户下三畝三分〇三〔一〕。言定預支錢租每畝一串二百文，準以九月為度，不得短少分文。今欲有憑，立此租字為據。

道光十六年冬月初八日 租田人 筆

二一〇三八 道光十六年十一月八日危仲阳租田字

立租田字人危仲陽，今租到熊宗義義莊户下九畝二分。言定預支錢租每畝田一串二百文，準以九月為度，不得短少分文。今欲有憑，立此租字為據。

实八畝九分四厘九。

道光十六年冬月初八日 租田人 仲陽 筆

二一〇三九 道光十六年十一月八日史纪邦租田字

立租田字人史紀邦，今租到熊宗義義莊户下乙畝八分弌（力）

〔一〕「〇三」为正行右側添加。

〔厘〕〇三〔一〕。言定預支錢租每畝田一串二百文，準以九月為度，不得短少分文。今欲有凴，立此租字為（处）〔拠〕。

道光十六年冬月初八日　租田人　邦　筆

二一〇四〇　道光十六年十一月十日叶有仁租田字

即葉朝昇〔二〕

立佃租字人葉有仁，今租到

義莊熊宗義名下陳昌上垸白田壹形，共柒分四厘三毛四系四（乎）〔忽〕〔三〕。言定每年預支稞錢八百九十二文正，并小稞錢文，限定先一年重陽前完納，領取收票，然後種田。又於每年歲修，每畝帮夫一名，不得少。倘過期不楚，許撥莊另佃。今欲有凴，此拠。

公議每畝完小稞錢四十文。

凴保人　永達

道光十六年冬月初十日　立

〔一〕「弍力〇三」为正行右側添加。
〔二〕此行文字乃另笔添加于契纸右上方。
〔三〕「四乎」为正行右側添加。

二一〇四一　道光十六年十一月十日彭邦玉租田字

立佃租字人彭邦玉〔一〕，今租到

義莊熊宗義名下陳昌垸白田一形，壹畝弍分八厘。言定每年預支稞錢壹串伍百卌六文整，并小稞錢五十一文，限定先一年重陽前完納，領取收票，然後種田。又於每年歲修，每畝〔二〕帮堤夫一名，不得短少。倘過期不楚，許撥莊另佃。今欲有憑，此據。公议每畝完小稞錢四十文按算。

保人　刘永達

道光十陸年冬月初十日　立〔三〕

二一〇四二　道光十六年十一月十日刘崇林租田字

立佃租字人劉崇林，今租到

義莊熊宗義名下新堰垸白田一形，六分柒厘。言定每年预支稞钱八百零四文整，并小稞钱廿七文，限重陽前完納，領取收

〔一〕「彭邦玉」为正行右側添加。
〔二〕「每畝」二字系正行右側添加。
〔三〕契纸右上方另笔注有「即彭新會」四字。

票，然後種田，不得短少。又於每年歲修，每畝帮堤夫一名。倘過期不楚，許撥莊另佃。今欲有憑，此拠。

小稞每畝四十文按算。

保人　葉光庭

道光十陆年冬月初十日　立

二一〇四三　道光十六年十一月十日刘世明租田字

立租田字人劉世明，今租到熊宗義義户下乙畝壹分六厘八毛〔一〕分。言定預支錢租每畝一串弍百文，準以九月為度，不得短少分文。今欲有凴，立此租字為（处）〔拠〕。

道光十六年冬月初十日　租田字人　明　筆

二一〇四四　道光十六年十一月十一日刘瑞玉租田字

即童鳴玉〔二〕

立租字人刘瑞玉，今租到

義庄熊宗義名下陈昌垸白田一形，共四畝壹分一厘一毛一糸。

〔一〕此此数字有修改。

〔二〕此行文字乃另笔添加于契纸右上方。

言定每年稞錢四串玖〔一〕百三〔二〕十三文〔三〕整，并小稞錢文，限定重陽前完納，領取收票，然後種田。又於每年歲修，每畝帮堤夫一名，不得短少。如過期不楚，任撥另租。此據。

公议每畝完小稞錢四十文按算。

憑保人　刘永達

道光十六年冬月十一日　立

二一〇四五　道光十六年十一月十二日鄢致瑄租田字

即白玉〔四〕

立佃租字人鄢致瑄，今租到

義莊熊宗義名下陈昌垸白田乙形，八分四厘四毛〔五〕。言定每年預支稞錢壹串〇〇八文正，并小稞錢，限定先年重陽前完納，領取〔六〕票，然後種田。每年歲修帮夫乙名，不得短少。倘有过期不楚，許撥莊另佃。今欲有憑，此據。公義小稞四十文。

〔一〕「串」后涂去一字，其右侧添加「玖」字。

〔二〕「百」后涂去一字，其右侧添加「三」字。

〔三〕此处数字有修改。

〔四〕此行文字乃另笔添加于契纸右上方。

〔五〕「四毛」为正行右侧添加。

〔六〕「取」为正行右侧添加。

憑保人 永達 平如

道光拾六年冬月十弍日　立

二一〇四六　道光十六年十一月十二日鄢占魁租田字

立佃租字人鄢占魁，今租到

義莊熊宗儀名下陈昌垸白田乙形，七分七厘九毛六系四〔一〕。言定每年預支稞錢九百□□文正，并小稞錢文，限定先重陽前完納，領取收票，然後種田。又於每年歲修，每畝帮夫乙名，不得短少。倘过期不楚，許撥莊另佃。今欲有憑，此據。公義每畝完小稞錢四十文。

憑保人 永達 平如

道光拾六年冬月拾二日　立

〔一〕「七厘九毛六系四」为正行右侧添加。

二一〇四七　道光十六年十一月十二日彭邦柱租田字

立佃

即新敖〔一〕

立佃租字人彭邦柱，今租到

義莊熊宗儀名下陈昌垸白田一形，三分四厘五。言定每年預支稞錢四百一十四文正，并小稞錢文，限定先一年重陽前完納，領取收票，然後種田。又於每年歲修，每畝帮隄夫乙名，不得短少。倘过期不楚，許撥莊另佃。今欲〔有〕憑，此據。公議每畝完小稞錢四十文。

凴保人 永達 平如

道光拾六年冬月拾二日　立

二一〇四八　道光十六年十一月十二日樊希成租田字

立佃租字人樊希成，今租到

義庄熊宗義名下陳昌垸白田四形，共乙畝弍分八厘五毛。言定

〔一〕此行文字乃另笔添加于契纸右上方。

每年預支稞錢乙串伍百四十二文整，並小稞錢文，限定先一年重陽前完納，領取收票，然後種田。又於每年歲修，每畝帮堤夫一名，不得短少。此據。公议每畝完小稞錢四十文按算。

憑保人　刘永達

道光十六年冬月十二〔一〕日　立

二一〇四九　道光十六年十一月十二日鄢致瑶等租田字

即鄢天即〔二〕

立佃租字人鄢致瑤、瑄，今租到

義莊熊宗義名下陳昌垸白田乙形，弍畝四分七〔三〕厘三毛五系〔四〕。言定每年預支稞錢貳串九百九十文〔五〕正，并小稞錢文〔六〕，限定先年重陽前完納，領取收〔七〕票，然後種田，每年歲修，帮夫乙名，不得短少。倘有过期不楚，許撥莊另佃。今欲有憑，此據。公義小稞四十文。

〔一〕「十二」为正行右侧添加。

〔二〕此行文字乃另笔添加于契纸右上方。

〔三〕「分七」为正行右侧添加。

〔四〕「三毛五系」为正行右侧添加。

〔五〕此处数字有修改。

〔六〕「文」为正行右侧添加。

〔七〕「取收」为正行右侧添加。

憑保人　永達

道光拾六年冬月十弍日　立

二一〇五〇　道光十六年十一月十三日熊光祖租田字

立佃租字人熊光祖，今租到

義莊熊宗義名下陳昌上下垸白田二（刑）〔形〕，九分五厘九毛七系五〔一〕。言定每年預支稞錢乙串乙百五十文整，并小稞錢卅八文，限定先一重陽前完納，領取收票，然後種田。又於每年歲修，每畝帮隄〔二〕夫乙名，不得短少。倘过期不楚，許撥莊另佃。今欲有憑，此據。

公議每畝小稞錢四十文按算。

憑保人　刘永達

道光十六年冬月十三日　立

〔一〕「七系五」为正行右侧添加。

〔二〕「隄」为正行右侧添加。

二一〇五一　道光十六年十一月十三日童楫等租田字

即童楫榜合種〔一〕
立佃租字人　　童楫，今租到
義莊熊宗義名下陳昌垸白田兩形，乙〔二〕畝七分叁厘六毛。
言定每年預支稞錢弍串零八十二，并〔三〕小稞錢文，限〔四〕
定先一年重陽前完納，領取收票，然後種田。又每年〔五〕歲
修〔六〕，每畝帮堤夫一名，不得短少。倘过期不楚，許撥庄
另佃。此據。公议每畝完小稞錢四十文按算。
　憑保人　刘永達
道光十六年冬月十三日　立

〔一〕此行文字乃另笔添加于契纸右上方。
〔二〕「形」后删去「壹」，其右側添加「乙」。
〔三〕「并」为正行右側添加。
〔四〕「文限」为正行右側添加。
〔五〕「年」为正行右側添加。
〔六〕「修」为正行右側添加。

二一〇五二　道光十六年十一月十三日万天明租田字

立租字人萬天明，今租到熊宗義義莊户下白田弍畝四分四厘四
毛〔一〕。言定每畝預支錢租一串，準以九月為度。今欲有凴，
立租字為據。
　田二形〔二〕
道光十六年冬月十三日　萬天明　筆

二一〇五三　道光十六年十一月十四日童道山租田字〔三〕

即童彼玉〔四〕
立佃租字人童道山，今租到
義莊熊宗义名下陳昌垸白田二形，共乙畝伍分七厘。言定每年
預支稞錢乙串捌百八十四文整，并小稞錢文，限定先一年重陽

〔一〕此处数字有修改。
〔二〕「田二形」应为契约持有者后添加。
〔三〕骑缝印右一方，朱文「柯大茂□　雍和提尖　萬和字號」等字。
〔四〕此行文字乃另笔添加于契纸右上方。

前完納，領取收票，然後種田。又每年歲修，每畝帮堤夫一名，不得短少。如過期不給，任撥另租。此據。公议每畝完小稞錢四十文按筭。

凴保人　刘永達

道光十六年冬月十四日　立

二一〇五四　道光十六年十一月十四日刘永达等保租字

立保租字人劉永達同彭平如，今保刘瑞玉等領到義庄熊宗義名下陈昌垸白田共六十六畝六分零，如有改換遺失，□擱田畝，應達清理。此據。

道光十六年冬月十四日　立

二一〇五五　道光十六年十一月十六日刘青贵租田字

立佃租字人刘青貴，今租到

義庄熊宗義名下〔一〕陳昌院白田一形，九分二厘七毛六系。言定每年預支稞錢壹串乙伯乙十三文整，并小稞錢文，限定先一

〔一〕「下」为正行右側添加。

年重陽前〔一〕完納，領取收票，然後種田。又於每年歲修，幫堤夫一名，不得短少。倘過期不楚，任撥另佃。此據。公议每畝完小稞錢四十文按算。

凴保人　劉永達

道光十六年冬月十六日　立

二一〇五六　道光十六年十一月二十日叶有贵租田字

立佃租字人葉有貴，今租到

義庄熊宗義名下陳昌土垸白田一（刑）〔形〕，五分九厘。言定每年預支稞錢七百〇八文，并小稞錢廿叁文，限重陽前完納，領取收票，不得短少。又於每年歲修，每畝帮堤夫一名。倘過期不楚，許撥莊另佃。今欲有憑，此據。

憑保人　葉光廷

道光十六年冬月廿日　立

二一〇五七　道光十六年十一月二十日吴昭铎租田字

立佃租字人吳昭鐸，今租到

〔一〕「前」为正行右側添加。

義庄熊宗義名下陳昌上垸白田二（刑）〔形〕，乙畝〇八厘，言定每年預支稞錢一串二百九十六文，并小稞錢四十三文，限重陽前完納，領取收票，不得短少。又於每年歲修，每畝帮堤夫一名。倘過期不楚，許撥莊另佃。今欲有憑，此據。

小稞每畝四十文按筭。

憑保人　葉光廷

道光十六年冬月廿日　立

二一〇五八　道光十六年十一月二十日胡上章租田字

立佃租字人胡上章，今租到義庄熊宗義名下新堰垸白田壹畝八分一厘。言定每年预支稞钱式串壹百七十二文，并小稞钱每畝田四十文，限重陽前完納，領取收票，不得短少。又於每年歲修，每畝帮堤夫一名。倘過期不楚，許撥莊另佃。今欲有凴，此據。

憑保人　葉光廷

道光十六年冬月廿日　立

二一〇五九　道光十六年十一月二十日胡上志租田字

立佃租字人胡上〔一〕志，今租到義庄熊宗義名下新堰垸白〔二〕田式畝四分八厘。言定每年预支稞钱式串九百七十八文，并小稞钱每畝田四十文，限定重陽前完納，領取收票，不得短少。又於每年歲修，每畝帮堤夫壹名。倘过期不楚，許撥莊田另佃。今欲有凴，此據。

憑保　葉光廷

道光十六年冬月廿日　立

二一〇六〇　道光十六年十一月二十一日钱为璧租田字

立佃租字人錢為璧，今租到義莊熊宗〔義〕名下陳昌垸白田乙形，三畝九分二厘。言定每年預支稞錢四串三伯文，小稞錢乙伯六十文，限重陽前完納，領取收票，不得短少。又於每年歲修，每畝帮堤夫一名。倘過期不楚，許撥庄另佃。今欲有憑，此據。

〔一〕「上」为正行右側添加。

〔二〕「白」为正行右側添加。

憑保人　錢開宗

道光十六年冬月廿一日　立

二一〇六一　道光十六年十一月二十三日叶光于租田字

立種田字人葉光于，今種

義庄熊宗義名下陈昌上垸白田二形，共弍畝零二厘。言定每年預支稞錢弍串四伯廿四文，限重陽前完納，領取收票，不得短少。又於每年歲修，每畝帮堤夫壹名。倘過期不楚，许撥庄另付。今欲有凴，此據。

小稞錢八十文。

凴保人　葉光廷

道光十六年冬月廿三日　立

二一〇六二　道光十六年十一月二十五日熊光祖租田字

立佃租字人熊光祖，今種到

義庄熊宗義名下陳昌上下垸白田三（刑）〔形〕，共乙畝六分五厘。言定每年預支稞錢乙串九百八十文，并小稞錢六十六文，限重陽前完納，領取收票，不得短少。又於每年歲修，每畝帮夫一名。倘過期不楚，許撥莊另佃。今欲有憑，此據。

小稞錢每畝四十文按筭。

憑保人　葉光廷

道光十六年十一月廿五日　立

二一〇六三　道光十六年十一月二十八日叶朝德等租田字

即葉必報應〔一〕

立佃租字人葉朝德安，今租到

義莊熊宗義陳昌上垸白田十形，共五畝五分一厘一毛〔二〕。言定每年預支稞錢六串陸伯壹拾三文整，并小稞錢文，限定重陽前完納，領取收票，然後種田。又於每年歲修，每畝帮堤夫一名，不得短少。倘过期不楚，許撥莊另佃。今欲有憑，此據。

憑保人　刘永達

道光十六年冬月廿八日　立

〔一〕此行文字乃另笔添加于契纸右上方。

〔二〕「一毛」为正行右側添加。

二一〇六四　道光十六年十一月彭国章租田字

即新受〔一〕

立佃租字人彭國章，今租到

義莊熊宗義名下陳昌下垸白田二形，共六畝四分。言定每年預支稞錢七串六百八十文正，并小稞錢文，限定先一年重陽前完納，領取收票，然後種田。又於每年歲修，每畝帮隄夫一名，不得短少。倘期不楚，許撥莊另佃。今欲有憑，此據。

公儀每畝完小稞錢四十文按筭。

憑保人　平如

道光十六年冬月　日　立

二一〇六五　道光十六年十一月张正选租田字

立佃租字人張正選，今租到

義莊熊宗義名下陳昌下垸白田二形，共二畝一分一（力）

〔一〕此行文字乃另笔添加于契纸右上方。

〔厘〕二厘〔二〕。言定每年預支稞錢二串五伯卅二〔三〕正，并小稞錢文，限定先一年重陽前完納，領取收票，然後種田。又於每年歲修，每畝帮隄夫一名，不得短少。倘期不楚，許撥莊另佃。今欲有憑，此據。公儀每畝完小稞錢四十文按筭。

憑保人　彭平如

道光十六年冬月　日　立

二一〇六六　道光十六年十一月彭邦乂租田字

即新敖〔三〕

立佃租字人彭邦〔四〕義，今租到

義莊熊宗義名下陳昌下垸白田一形，共乙畝〇三厘五，言定每年預支稞錢一串二百四十二文正，并小稞錢文，限定先一年重陽前完納，領取收票，然後種田。又於每年歲修，每畝帮隄夫乙名，不得短少。倘過期不楚，許撥莊另佃。今欲有〔五〕憑，此據。

〔一〕原文如此。

〔二〕「五伯卅二」为正行右側添加。

〔三〕此行文字乃另笔添加于契纸右上方。

〔四〕「彭邦」为正行右側添加。

〔五〕「有」为正行右側添加。

公議小稞錢四十文。

憑保人　永達　平如

道光十六年冬月　立

二一〇六七　道光十六年十一月张正明租田字

立佃租字人張正明，今租到

義莊熊宗義名下陈昌下垸白田三形，共二畝九分九厘一毛七糸。言定每年預支稞錢三串六百文正，并小稞錢，限定先年重陽完納，領取票，然後種田。又於每年歲修，每畝幫隄夫一名，不得短少。倘有不楚，許撥莊田。今欲有憑，此據。

按算。

憑中　平如

道光十六年冬月　日

二一〇六八　道光十六年十一月代明松租田字

立租田字人代明松，今租到熊宗義義莊户下乙畞乙分。言定预支钱租每畝一串二百，準以九月為度，不得短少分文。今欲有凴，立此租字為拠。

道光十六年冬月初　日　租田字人　松　筆

二一〇六九　道光十六年十一月阳定发租田字

立租字人陽定發，租到

義莊熊宗義名下王家垸白田二形，共田一畝二分六厘四毛。言定每年預支稞錢九百文整，并小稞錢一百文，限重陽前完納，不得短少。又於每年歲修，每畝帮堤夫一名。倘過期不楚，許撥莊另佃。今欲有憑，此據。

道光十六年冬月　日　立

憑保人　陽定栢

二一〇七〇　道光十六年十二月一日刘人锋租田字

分種

即劉青貴〔一〕

立佃租字人刘人鋒，今租到

〔一〕此行文字乃另笔添加于契纸右上方。

義庄熊宗義名下陳昌垸白田一形，乙畝四分四厘四毛四糸〔一〕。言定每年預支稞〔二〕錢乙串七百卅二文整，并小稞錢文，限定先一年重陽完納，領取收票，然後種田。又於每年歲修，每畝帮堤夫一名，不得短少。此據。公议每畝完小稞錢四十文按算。

憑保人　刘永達

道光十六年虫月初一日　立

二一〇七一　道光十六年十二月二日张后益租田字

立佃租字人張后益，今租到

義莊熊宗義陳昌垸白田一形，一畝四分一厘。言定每年預支稞錢一串四伯五十文，小稞錢五十六文，限重陽前完納，領取收票，不得短少。又於每年歲修，每畝帮堤夫一名。倘過期不楚，許撥庒另佃。今欲有憑，此據。

憑保　錢開宗

道光拾六年虫月初二日　立

〔一〕「四糸」为正行右側添加。

〔二〕「稞」为正行右側添加。

二一〇七二　道光十六年十二月二日钱乐朋租田字

立佃租字人錢樂朋，今租到

義莊熊宗義南湾院白田二形，一畝九分八厘。言定每年預支稞錢二串二伯文，小稞錢八十文，限重陽前完纳，領取收票，不得短少。又扵每年歲修，每帮堤夫一名。倘過期不楚，許撥庒另佃。今欲有憑，此據。

憑保人　錢開宗

道光拾六年蚎月初二日　立

二一〇七三　道光十六年十二月五日钱乐山租田字

立佃租字人錢樂山，今租到

義莊熊宗義陳昌院白田二形，二畝四分八厘。言定每年預支稞錢弍串七伯廿八文，小稞錢一伯，限重陽前完納，領取收票，不得短少。又於每年歲修，每畝帮堤夫一名。倘過期不楚，許撥庒另佃。今欲有憑，此據。

憑保人　錢開宗

道光拾六年虫月初五日　立

二一〇七四　道光十六年十二月八日钱名中租田字

立佃租字人钱名中，今租到義莊熊宗義名下西汊外垸白田一亩〇四厘。言定每年预支稞钱乙串一百四十，小稞钱四十二文。限重陽前完纳，领取收票，不得短少。又於每年每畝帮堤夫一名。倘過期不楚，許撥庄另佃。此據。

保人　錢開宗

道光十六年朏月初八日　立

二一〇七五　道光十六年十二月九日钱士光租田字

立佃租字人錢士光，人租到義庄熊宗義名下南湾垸白田三形，乙畝〔一〕七分一厘四毛。言定每年预支稞钱二串〇五十文，并小稞钱六十八文。限重陽〔二〕前完納，领取收票，不得短少。又扵每年歲修，每畝帮堤夫一名，倘過期不楚，許撥莊另佃。今欲有憑，此據。

〔一〕「畝」为正行右側添加。

〔二〕「陽」为正行右側添加。

憑保人　錢服官

道光十六年虫〔月〕九日　立

二一〇七六　道光十六年十二月十二日钱光祖租田字

立租田字人錢光祖，今租到義莊熊宗義南湾垸白田乙畝八分九厘。言定每年預支稞錢二串伯〇八十〔一〕文，小稞錢七十六文，限重陽完納，取收票，不得短少。又扵每年歲修，每帮堤夫一名。倘過期不楚，許撥庄另佃。今欲有憑，此據。

憑保人　錢開宗

道光十六年朏月十二日　立

二一〇七七　道光十六年十二月十二日钱永祖租田字

立佃租字人錢永祖，今租到義莊熊宗義南湾西汊垸白田乙畝三分三厘半。言定每年預支稞錢乙串伍伯八十文，小稞錢五十四文，限重陽前完納，取收

〔一〕此处数字有修改。

票，不得短少。又於每年歲修，每帮堤夫一名。倘過期不楚，許撥庄另佃。今欲有憑，此據。

憑保人　錢開宗

道光拾陸年蚏月十二日　立

二一〇七八　道光十六年十二月十三日钱希德租田字

立佃租字人錢希德，今租到

義莊熊宗義名下陳昌垸白田五畝七分六厘五毛[一]。言定预支稞钱陸串叁百文整，并小稞钱弍百卅。限重陽前完纳，领取收票，不得短少。又於每年歲修，每畝帮夫一名。倘過期不楚，許撥莊另佃。今欲有憑，此據。

憑保人　錢服官

道光拾六年虫月十三日　立

二一〇七九　道光十六年十二月十六日钱大科租田字

立佃租字人錢大科，今租到

義莊熊宗義名下陳昌院白田二形，乙畝六分三厘。言定每年預支稞錢乙千八伯，小稞錢六十四文，限重陽前完納，領取收票。又於每年歲修，每畝帮堤夫一名。倘過期不楚，許撥庄另佃。此據。

保人　錢開宗

道光十六年朏月十六日　立

二一〇八〇　道光十六年十二月十六日刘恒兴租田字

立佃租字人劉恒興，今租到

義莊熊宗義西汊外垸白田乙亩四分。言定每年预支稞钱乙千四伯，小稞钱五十六文。限重陽前完纳，领取收票，不得短少。又於每年歲修，每畝帮堤夫一名。倘過期不楚，許撥庄另佃。此據。

保人　錢開宗

道光十六年朏月十六日　立

二一〇八一　道光十六年十二月十六日钱维新租田字

立佃租字人钱维新，今租到

〔一〕「六厘五毛」为正行右侧添加。

義莊熊宗義名下西汊垸白田八分九厘。言定每年预支稞钱乙千〇五十，小稞钱卅六文。限重陽前完纳，领取収票，不得短少。又於每年歲修，每畝帮堤夫一名。倘過期不楚，許撥庒另佃。此據。

保人　錢開宗

道光十六年朏月十六日　立

二一〇八二　道光十六年十二月十六日罗永禄租田字

立佃租字人羅永禄，今租到

義庒熊宗義皇田垸白田乙畝五分。言定每年預支稞錢乙千五伯文，小稞錢六十文。限重陽前完纳，領取收票，不得短少。又於每年歲修，每畝帮堤夫一名。倘過期不楚，許撥庒另佃。此據。

保人　錢開宗

道光十六年朏月十六日　立

二一〇八三　道光十六年十二月十六日阳其顺租田字

立租字人陽其順，今租到

義莊熊宗義名下張團白田一形，共田一畝七分二（力）〔厘〕八毛五〔一〕。言定每年預支稞錢九百文〔二〕每畝。言定春四夏六，限重陽前完納，領取收票，不淂短少。又於每年歲修，每畝帮堤夫一名。倘過期不楚，许撥莊另佃。今欲有凴，此據。

凴保人　陽定柏

道光十六年虫月十六日　陽其順　筆

二一〇八四　道光十六年十二月十六日李华茂租田字

立租字人李華茂，今租到

義莊熊宗義名下張望垸白田二形，共一畝八分一厘六毛九丝〔三〕。言定每年預支稞錢九百文〔四〕每畝田，言定春四夏六，限重陽前完納，領取收票，不淂短少。又於每年歲修，每畝田帮（提）〔堤〕夫一名。倘過期不楚，许撥莊另佃。今欲有凴，此據。

凴保人　陽定柏

道光十六〔年〕虫月十六日　李華茂　筆

〔一〕「五」字为正行右侧添加。
〔二〕「九百文」为正行右侧添加。
〔三〕「一厘六毛九丝」为正行右侧添加。
〔四〕「九百文」为正行右侧添加。

二—〇八五　道光十六年十二月十六日阳定一租田字

立租字人陽定一，今租到

義莊熊宗義名下張望垸、義合垸白田二形，共二畝八分三厘五〔一〕。定每年預支（顆）〔稞〕錢九百文〔二〕每畝，田，言定春四夏六，限重陽前完納，領取收票，不滒短少。又扵每年歲修，每〔三〕畝帮堤夫一名。倘過期不楚，许撥莊另佃。今欲有凴，此據。

凴保人　陽定柏

道光十六年虫月十六日　陽定一　筆〔四〕

〔一〕「五」为正行右侧添加。
〔二〕「九百文」为正行右侧添加。
〔三〕「年歲修每」为正行右侧添加。
〔四〕参见「道光十二年十二月阳定一卖田赤契」（本书收录之一—六二六号契约）。

二—〇八六　道光十六年十二月十六日熊运昇租田字

立租字人熊運昇，今租到

義莊熊宗義名下義合垸白田一形，共一畝二分〇一毛一丝〔一〕。言定每年預支稞錢九百文每畝，言定春四夏六，限重陽前完納，領取收票，不滒短少。又扵每年歲修，每畝帮堤夫一名。倘過期不楚，许撥莊另佃。今欲有凴，此據。

凴保人　陽定柏

道光十六年虫月十六日　熊運昇　筆

二—〇八七　道光十六年十二月十八日张用九租田字

立佃租字人張用九，今租到

義莊熊宗義名下陳昌垸白田乙畝六分一厘弍毛〔二〕。言定預支稞錢壹串八百，並小稞錢六十四文，限重陽前完納，領取收票，不得短少。又於每年歲修，每畝帮夫一名。倘過期不楚，許撥莊另佃。今欲有憑，此処。

憑保人　錢服官

道光十六年虫月十八日　立

〔一〕「〇一毛一丝」为正行右侧添加。
〔二〕此处数字有修改。

二一〇八八　道光十六年十二月十八日易元太租田字

立佃租字人易元太，今租到

義莊熊宗義名下陳昌垸白田壹畝五分。言定預支稞錢乙串六百五十文整，並小稞錢六十文〔一〕，限重陽前完納，領取收票，不得短少。又於每年歲修，每畝帮夫一名。倘〔過〕期不楚，許撥莊另佃。今欲有凴，此據。

凴保人　錢服官

道光拾六年虫月十八日　立

二一〇八九　道光十六年十二月十八日张高魁租田字

立佃租字人張高魁〔二〕，今租到

義庄熊宗義名〔三〕下陳昌垸白田三〔四〕形，二畝二分八厘四

〔一〕「錢」后刪去「一畝五分」四字，其右側添加「六十」二字。

〔二〕「高」后涂去一字，其右側添加「魁」字。

〔三〕「義」后涂去一字，其右側添加「名」字。

〔四〕「三」后涂去一字。

毛。言定每年預支稞錢二串五百十二〔一〕文，并小稞錢九十一文，限重陽前完納，領取收票〔二〕，不得短少。又於每年歲修，每畝帮堤夫一名。倘過期不楚，許撥莊另佃。今欲有凴，此據。

凴保　錢惠忠　張厚富

道光十六年虫月十八日　立

〔一〕此处数字有修改。

〔二〕「票」为正行右側添加。

二一〇九〇　道光十六年十二月十八日徐世柱租田字

立佃租字人徐世柱，今租到

義庄熊宗義名下陳昌垸白田乙形，乙畝〇壹厘五毛。言定每年预支稞錢乙串〇十五文，并小稞錢四十二文，限重陽前完納，領取收票，不得短少。又於每年歲修，每畝帮堤夫一名。倘过期不楚，许撥莊另佃。今欲有凴，此抛。

凴保人　錢會忠　張厚富

道光十六年虫月十八日　立

二—〇九一　道光十六年十二月十八日钱行忠租田字

立佃租字人钱行忠，人租到

義莊熊宗義名下南湾垸白田乙畝〇二厘六毛。言定每年預支稞錢一串二百卅文，并小稞四十，限重陽前完納，領取收票，不得短少。又扵每年歲修，每畝帮堤夫一名。倘過期不楚，許撥莊另佃，今欲有憑，此據。

憑保人　钱服官

道光十七年虫月十八日　立

二—〇九二　道光十六年十二月十八日钱道忠租田字

立佃租字人钱道忠，人租到

義莊熊宗義名下南湾垸白田二形，四畝六分五厘。言定每年預支稞钱五串五百八十六文，并小稞一百八十二文，限重陽前完納，領取收票，不得短少。又扵每年歲修，每畝帮堤夫一名。倘過期不楚，許撥莊另佃。今欲有憑，此據。

憑保人　钱服官

道光十六年虫月十八日　立

二—〇九三　道光十六年十二月十八日钱宏廷租田字

立佃租字人錢宏廷，今租到

義莊熊宗義名下南湾垸白田乙亩五分五厘三毛。言定預支稞錢乙串八百六十三文整，并小稞錢六十二文，限重陽前完納，領取收票，钱不得短少。又扵每年歲修，每畝帮夫一名。倘過期不楚，許撥莊另佃。今欲有憑，此據。

憑保人　钱服官

道光十六年虫月十八日　立

二—〇九四　道光十六年十二月十八日钱为泽租田字

立佃租字人錢為澤，今租到

義莊熊宗義名下南湾垸白田乙畝七分〇八毛，言定預支稞錢弍串〇四十九文整，並小稞钱六十八，限重陽前完納，領取收票，不得短少。又扵每年歲修，每畝帮夫一名。倘過期不楚，許撥莊另佃。今欲有憑，此據。

憑保人　钱服官

道光十六年虫月十八日　立

二一〇九五　道光十六年十二月十八日钱文理租田字

立佃租字人錢文理，今租到

義庄熊宗義名下南灣垸白田弍亩〇二厘。言定預支稞錢弍串四百文整，並小稞钱八十文，限重陽前完納，領取票钱，不得短少。又於每年歲修，每畝帮堤夫一名。倘過期不楚，許撥莊另佃。今欲有憑，此據。

憑保人　钱服官

道光十六年虫月十八日　立

二一〇九六　道光十六年十二月十八日钱取至租田字

立佃租字人錢取至，今租到

義庄熊宗〔一〕義名下南灣垸〔二〕白田一形，一畝四分八厘六毛七〔三〕絲。言定每年預支稞錢一串六百三十五〔四〕文，并小稞錢五十六文，限重陽前完納，領取收票，不得短少。又扵每年歲修，每畝帮堤夫一名。倘過期不楚，許撥庄另佃。今欲有憑，此據。

憑保　張厚富　錢令忠

道光十六年虫月十八日　立

〔一〕「宗」为正行右侧添加。

〔二〕「垸」为正行右侧添加。

〔三〕此处数字有修改。

〔四〕此处数字有修改。

二一〇九七　道光十六年十二月十八日钱文元租田字

立佃租字人錢文元，今租到

義庄熊宗義名下南湾垸白田三畝〔一〕五分三厘四毛。言定每年預支稞錢四串〇四十文，并小稞錢一百四十文。限重陽前完納，領取收票，不得短少。又扵每年歲修，每畝帮堤夫一名。倘過期不楚，許撥莊另佃。今欲有憑，此據。

憑保人　錢服官

道光十六年蚏月十八日　立

〔一〕「畝」为正行右侧添加。

二一〇九八　道光十六年十二月十八日钱青高租田字

立佃字人錢青高，今租到

義庄熊義宗名下白田四畝九分〇三厘七毛。每年預支稞錢五串四百卅文整，並小稞錢壹百九十七文，限重陽〔一〕前完納，領取收票，不得短少。又扵每年歲修，每畝帮堤夫一名。倘過期不楚，許撥庄另佃。今欲有凴，立此據。

凴保人　錢服官　熊

道光拾六朏月拾八日　立

二一〇九九　道光十六年十二月十八日程天禄租田字

立佃租字人程天禄，今租到

義庄熊宗義名下白湖垸白田壹形，六分六厘一毛。言定預支稞錢四百六十文，並小稞錢廿六文，限重陽前完納，領取收票，不得短少。又於每年歲修帮夫一名。倘过期不楚，許撥庄另佃。今欲有凴，此據。

保人　江作青

道光十六年虫月十八日　立

〔一〕「陽」为正行右侧添加。

二一一〇〇　道光十六年十二月十八日程天福租田字

立佃租字人程天福，今租到

義莊熊宗義名下白湖垸白田二形，壹畝八分七厘〇〔一〕三絲。言定預支稞錢壹串四百〔二〕文，并小稞錢七十四文，限重陽前完納，領取收票，不得短少。又扵每年歲修，每畝帮夫一名。倘过期不完，许撥庄另佃。今恐無凴，此據。

保人　江作青

道光拾六年虫月十八日　立

二一一〇一　道光十六年十二月十八日侯兴华租田字

立租字人侯興華，今租到

義庄熊宗義名下白湖垸白田弍畝弍分四厘九毛陸糸〔三〕。言定

〔一〕「〇」为正行右侧添加。

〔二〕「百」后涂去一字。

〔三〕此处数字有修改。

预支稞錢壹串九百六十文整〔一〕，並小稞錢八十四文。限重陽完納，领取收票，不得短少。又扵每年歳修，每畝帮夫一名。倘过期不完，许撥庄另佃。今恐無凴，此據。

保人　江作青

道光十六年虫月十八日　立

二一〇二　道光十六年十二月十八日侯新玉租田字

立佃租字人侯新玉，今租到

義庄熊宗義名下白湖垸白田三形，五畝一分一厘。言定预支稞錢四串伍百文。並小稞錢弍百〇四文，限重陽前完納〔二〕，领取收票，不得短少。又扵每年歳修帮夫一名。倘过期不楚，许撥庄另佃。今欲有憑，此據。

保人　江作青

道光十六年虫月十八日　立

〔一〕此处数字有修改。

〔二〕「完納」为正行右側添加。

二一〇三　道光十六年十二月十八日侯家端租田字

立佃租字人侯家端，今租到

義庄熊宗義名下白湖垸白田壹畝六分弍厘〔一〕。言定預支稞錢乙串捌百文整〔二〕，並小稞錢七十六文，限重陽前完納，领取票，不得短少。又于每年歳修，每畝帮夫一名。倘过期不楚，許撥庄另佃。今欲有凴，此拠。

保人　江作清

道光拾六年虫月十八日　立

二一〇四　道光十六年十二月十八日钱开榜租田字

立佃租字人錢開榜，今租到

義庄熊宗義名下皇田垸白田伍畝一分九厘一毛七〔三〕。今言定預支稞錢叁串伍百卌五〔四〕文整，並小稞钱二百廿文，限重陽

〔一〕「弍厘」为正行右側添加。

〔二〕此处数字有修改。

〔三〕此处数字有修改。

〔四〕「五」为正行右側添加。

前完納，領取收〔一〕票，不得短少。於每年歲修，每畝帮夫一名。倘過期不楚，許撥庄另佃。今欲有凴，此據。

保人　張厚富

道光十六年虫月十八日

二一〇五　道光十六年十二月十八日钱宏海租田字

立佃租字人錢宏海，今租到

義庄熊宗义名下南湾垸白田一畝〇一厘。言定每年預支稞錢一串二百一十二文，並小稞錢四十一文。限重陽前完纳，領取收票，不得短少。又於每年歲修，每畝帮堤夫乙名。倘過期不楚，許撥莊另佃。今欲有憑，此據。

憑保　錢惠忠　張厚富

道光十六年虫月十八日　立

二一〇六　道光十六年十二月十八日钱大亨租田字

立佃租字人錢大亨，今租到

義庄熊宗义名下南湾垸白田乙形，八分四厘八毛四糸。言定每年預支稞錢一串〇乙十七文，并小稞錢卅四文，限重陽前完纳，領取收票，不得短少。又於每年歲修，每畝帮堤夫一名。倘過期不楚，許撥莊另佃。今欲有憑，此據。

憑保　錢惠忠　張厚富

道光十六年虫月十八日　立

二一〇七　道光十六年十二月十八日钱如福租田字

立佃租字人錢如福，今租到

義庄熊宗義名下陳昌南湾垸白田二形，一畝五分式厘〇壹。言定每年預支稞錢乙串五百七十三文，并小稞錢五十七文，限重陽前完納，領取收票，不得短少。又於每年歲修，每畝帮堤夫一名。倘過期不楚，許撥莊另佃。今欲有憑，此據。

〔一〕「收」为正行右側添加。

憑保 張厚富
　　 錢惠忠

道光十六年虫月十八日　立

二一〇八　道光十六年十二月十八日钱乐榜租田字

立佃租字人錢樂榜，今租到

義莊熊宗義名下南湾垸白田九分七厘五毛〔一〕。言定預支稞錢乙串〇五十文〔二〕，並小稞錢卅五文文，限重陽前完納，領取收票，不得短少。又於每年歲修，每畝帮夫乙名。倘過期不楚，撥莊另佃。今欲有憑，此據。

憑保人　錢服官

道光十六年虫月十八日　立

〔一〕此处数字有修改。

〔二〕「五十文」为正行右侧添加。

二一〇九　道光十六年十二月十八日钱以仑租田字

立佃租字人錢以侖，今租到

義莊熊宗義名下南湾垸白田八分三厘二毛〔一〕。言定預支稞錢九百十五，並小稞錢四十三文，限重陽前完納，領取收票，不得短少。又於每年歲修，每畝帮夫乙名。倘過期不〔楚〕，許撥莊另佃。今欲有憑，此據。

憑保人　錢服官

道光十六年虫月十八日　立

〔一〕此处数字有修改。

二一一〇　道光十六年十二月十八日钱乐茂租田字

立佃（祖）〔租〕字人錢樂茂，今租到

義庄熊宗義名下南灣垸白田二畝九分七厘三毛八丝〔二〕。言定預支稞錢三串式文，並小稞乙百十六文，限重陽前完納，領取收票，不得短少。又於每年歲修，每畝帮夫一名。倘期不楚，許撥莊另佃。今欲有憑，此據。

憑保人　錢服官

道光拾六年虫月十八日　立

〔二〕此处数字有修改。

二一一一　道光十六年十二月十九日彭新名租田字

立佃租字人彭新名，今租到
義莊熊宗義名下西汊外垸白田二形二畝乙分六厘。言定每年預支稞钱二串三伯八十文，小稞钱八十六文，限重陽前完纳，領取收票，不得短少。又扵每年歲修，每畝帮堤夫一名。倘過期不楚，許撥庄另佃。此據。

保人　錢開宗

道光十六年朏月十九日　立

二一一二　道光十六年十二月十九日钱士恒租田字

立佃租字人錢士恒，人租到
義庄熊宗義名下南湾垸白田二形，九分三厘乙毛。言定每年預支稞钱一串乙百文，并小稞卅七文，限重〔陽〕前完納，領取收票，不得短少。又於每年歲修，每畝帮堤夫一名。倘過期不楚，許撥莊另佃。今欲有憑，此據。

憑保人　錢服官

道光十六年虫月十九日　立

二一一三　道光十六年十二月二十日张厚富租田字

立佃租字人張厚富，今租到
義庄熊宗義名下陳昌垸白田二形，共壹畝〇四厘二毛〔一〕。言定每年預支稞錢乙串四十二文〔二〕，又小稞錢卅八文，限重陽前完納，領取收票，不得短少。又扵每年岁修，每畝帮堤夫一名。倘過期不楚，許撥庄另佃。今欲有□，此據。

保人　錢服官

道光十六年虫月廿日　立

二一一四　道光十六年十二月二十日李昇廷租田字

立佃租字人李昇廷，今租到
義庄熊宗義名下陳昌垸白田〔三〕一形，乙畝四分三厘二毛〔四〕。言定每年預支稞錢乙串柒百文，并小稞錢文，限定先一年重陽前完納，領取收票，然後種田。又於每年歲修，帮堤

〔一〕此处数字有修改。
〔二〕此处数字有修改。
〔三〕「田」为正行右侧添加。
〔四〕「二毛」为正行右侧添加。

夫一名，不得短少。今欲有憑，此據。公议每畝小粿四十文。

憑保人　刘永達

道光十六年虫月廿日　立

二一一五　道光十六年十二月二十日钱忠良租田字

立佃租字人錢忠良，今租到

義庄熊宗義名下陳昌南灣垸白田二形，二畝一分一厘。言定每年預支稞錢二串三伯卅文，小稞錢八十四文，限重陽前完納，領取收票，不得短少。又扵每年歲修，每畝帮堤夫一名。倘過期不楚，許撥庄另佃。此據。

保人　錢開宗

道光十六年蚀月廿日　立

二一一六　道光十六年十二月二十日钱希立租田字

立佃租字人錢希立，今租

義莊熊宗義名下陳昌垸白田一形，乙畝一分二厘。言定每年預支稞錢乙串二伯四十文，小稞錢四十四文，限重陽前完納，領取收票，不得短少。又扵每年歲脩，每畝帮堤夫一名。倘過期不楚，許撥庄另佃。此據。

保人　錢開宗

道光十六年蚀月廿日　立

二一一七　道光十六年十二月二十日钱光羊租田字

立佃租字人錢光羊，今租到

義庄熊宗義名下陳昌垸白田三形，三畝四分八厘。言定每年預支稞錢三串七伯文，小稞錢壹伯四十文，限重陽前完納，領取收票，不得短少。又扵每年帮堤夫壹名，倘過〔期〕不楚，许撥庄另佃。此據。

保人　錢開宗

道光十六年蚀月廿日　立

二一一八　道光十六年十二月二十日钱宗贞租田字

立佃租字人錢宗貞，今租到

義莊熊宗義名下皇田、陳昌二垸白田四形，五畝七分九厘。言定年預支稞錢陸串正，小稞錢二伯卅文，限重陽前完納，領取收票，不得短少。又於每年帮堤夫一名。倘過〔期〕不楚，許撥庄另佃。此據。

保人　錢開宗

道光十六年朏月廿日　立

二一一九　道光十六年十二月二十日张美华租田字

立佃租字人張美華，今租到

義庄熊宗義名下陳昌垸白田乙畝〇六厘五毛。言定每年預支稞錢乙串〇六十五文，又小稞錢四十二文，限重陽前完納，領取收票，不得短少。又扵每年歲修，每畝帮堤夫一名。倘過期不楚，許撥庄另佃。今欲有憑，此據。

保人　錢服官

道光十六年虫月廿日　立

二一二〇　道光十六年十二月二十日钱希德租田字

立佃租字人錢希德，今租到

義庄熊宗義陳昌院白田乙畝一分五厘。言定每年預支稞錢一串二伯六十文，小稞錢四十六文，限重陽前完納，領取收票，不得短少。又扵每年歲修，每畝帮堤夫一名。倘過期不楚，許撥庄另佃。此據。

保人　錢開宗

道光十六年朏月廿日　立

二一二一　道光十六年十二月二十日朱成玉租田字

立佃租字人朱成玉，今租到

義庄熊宗義名下陳昌院白田一畝一分三厘。言定每年預支稞錢一串二伯六十文，小稞錢四十四文，限重陽前完，領取收票，不得短少。又扵每年歲修，每畝帮堤夫一名。倘過期不楚，許撥庄另佃。此據。

保人　錢開宗

道光十六年朏月廿日　立

二一二二　道光十六年十二月二十日钱希朋租田字

立佃租字人錢希朋，今租到

義庄熊宗義名下陳昌院白田一畝五分六厘。言定每年預支稞錢一串六伯文，小稞錢六十四文，（限重）限重陽前完納，領取收票，不得短少。又扵每年歲修，每畝帮堤夫一名。倘過期不楚，許撥庒另佃。此據。

保人　錢開宗

道光十六年朏月廿日　立

二一一二三　道光十六年十二月二十日钱宏元租田字

立佃租字人钱宏元，今租到

義庄熊宗義名下南灣垸白田乙形，乙畝二分八厘□。言定每年預支稞錢一串二百八十七文，並小稞錢五十一〔一〕，限重陽前完納，領取收票，不得短少。又於每年歲修，每畝帮堤夫一名。倘過期不楚，許撥莊另佃。今欲有憑，此據。

憑保人　钱服官

道光十六年虫月廿日　立

二一一二四　道光十六年十二月二十日张朝荣租田字

立佃租字人張朝榮，（金）〔今〕租到

義庄熊宗義名下南灣〔二〕垸白田一形，九分一厘六毛。言定每年預支稞錢一串一百文，并小稞錢卅六文，限重陽前完納，領取收票，不得短少。又於每年歲修，每畝帮堤夫一名。倘過期不楚，許撥庄另佃。今欲有憑，此據。

憑保人　钱服官

道〔光〕十六年虫月廿日　立

二一一二五　道光十六年十二月二十日钱载阳租田字

立佃租字人钱載陽，今租到

義庒熊宗義名下南灣垸五形，共四亩四分五厘六毛。言定每年預支稞錢四串九百文正，并小稞钱乙百七十八文，限至重陽前完纳，領取收票，不得短少。又扵每歲脩，每畝帮堤夫一名。如過期不楚，許撥莊另佃。今欲有憑，此據。

憑保人　錢福官

道光十六年朏月廿日　立

二一一二六　道光十六年十二月二十日钱乐灿租田字

立佃租字人錢樂燦，今租到

義庒熊宗義名下陳昌下垸白田一形，乙亩弍分七厘二毛六。言

〔一〕「並小稞錢五十一」为正行右側添加。

〔二〕「灣」为正行右側添加。

定每年預支稞錢乙串四百文，并小稞五十一文，限重陽前完纳，领取收票，不得短少。又扵每年歲修，每畝帮堤夫一名。倘過期不楚，許撥莊另佃。今欲有憑，此據。

憑保人　錢服官

道光十六年虫月廿日　立

二一一二七　道光十六年十二月二十日钱长善租田字

立佃租字人錢長善，今租到

義庄熊宗義名下南湾垸白田三形，一亩二分五（立）〔厘〕六毛。言定每年預支稞錢一串五百〇七文，并小稞钱五十文，限重陽前完纳，領取收票，不得短少。又於每年歲修，每畝帮堤夫一名。倘過期不楚，許撥莊另佃。今欲有憑，此據。

憑保人　錢服官

道光十六年朏月二十日　立

二一一二八　道光十六年十二月二十日钱传忠租田字

立佃租字人錢傳忠，今租到

義庄熊宗義名下南湾垸白田三形二畝三分八厘。言定每年預支稞錢二串八百五十六文，并小稞錢九十五文，限重陽前完納，領取收票，不得短少。又扵每年歲修，每畝帮夫一名。倘過期不楚，許撥莊另佃。今欲有凴，此據。

凴保人　錢服官

道光十六年虫月廿日　立

二一一二九　道光十六年十二月二十日钱永忠租田字

立佃租字人錢永忠，今租到

義庄熊〔一〕宗義名下南灣垸白田一（刑）〔形〕，四分二厘三。言〔二〕定每年預支稞錢五百〇七文，并小稞钱十七文，限重陽前完納，領取收票，不得短少。又扵每年歲修，每畝帮堤夫一名。倘過期不楚，許撥莊另佃。今欲有憑，此據。

憑保人　錢服官

道光十六年虫月廿日　立

〔一〕「熊」为正行右側添加。

〔二〕「言」为正行右側添加。

二一三〇　道光十六年十二月二十日钱良忠租田字

立佃租字人錢良忠，今租到

義庄熊宗義名下南湾垸白田二形，乙畝五分六厘六。言定每年預支稞錢乙串八百八十文，并小稞錢六十二文，限重陽前完納，領取收票，不得短少。又扵每年歲修，每畝帮堤夫一名。倘過期不楚，許撥莊另佃。今欲有凴，此據。

憑保人　錢服官

道光十六年虫月廿日　立

二一三一　道光十六年十二月二十日夏长勤租田字

立租田字人夏長勤，今租到

熊宗儀名下〔一〕高作垸〔二〕白田〔三〕五分六厘七毫。言定〔四〕錢稞每畝钱一串二百文〔五〕，春不過端陽，秋不過重陽。言定

〔一〕「名下」为正行右側添加。

〔二〕「垸」后涂去「名下」二字。

〔三〕「白田」为正行右側添加。

〔四〕「定」后涂去一字。

〔五〕「每畝钱一串二百文」为正行右側添加。

每年岁修夫半名，稞不殚〔一〕少。如有殚少，另〔二〕从業主另撥另佃，以字为拠。保人宋必志。

道光十六年朏月廿　夏長勤　筆

二一三二　道光十六年十二月二十日熊运敖等租田字

立佃租字人熊運敖〔三〕元福〔四〕，今租到

義庄熊宗義名下白田共二畝五分八厘七毛七絲〔五〕。言定每年預支稞錢二串五百八十八文，又小稞錢一百〇三文，限重陽前完納，取收票，不得短少。又於每年歲修，每畝帮堤夫一名。倘過□不楚，許撥庄另佃。今欲有憑，此據。

憑保　錢服官

道光十六年虫月廿日　立

〔一〕「殚」字右側加有「短」字。

〔二〕「另」字右側加有「任」字。

〔三〕人名下标有一组记数符号，无法辨识。

〔四〕人名下标有一组记数符号，无法辨识。

〔五〕「七絲」二字为正行右側添加。

二一三三　道光十六年十二月二十日鲁贵光租田字

立佃租字人魯貴光，今租到

義莊熊宗義名下皇田垸白田二形，六分九厘四毛。言定每年春四下六稞錢七百六十五文，限定上至端陽、下至重陽前完納，領取收票，方準種田。倘過期不楚，許撥莊另佃。今欲有憑，此拠。

道光十六年十二月廿日

憑保　魯貴琨

二一三四　道光十六年十二月二十日钱光启租田字

立佃（祖）〔租〕字人錢光啓，今（祖）〔租〕到

義庄熊宗義名下南湾陳昌垸白田二形，壹畝六分壹厘。言定每年预支稞錢壹串七伯六十文，小稞六十四文，限重陽前完纳，领取收票，不得短少。又扵每年帮堤夫壹名。倘過不楚，许撥庄另佃。此據。

保人　錢開宗

道光十六年朏月廿日　立

二一三五　道光十六年十二月二十日钱忠成租田字

立佃租字人錢忠成，今租到

義庄熊宗義名下南灣垸白田二形，壹畝叁分捌厘。言定每年預支稞錢壹串伍伯廿文，小稞錢五十六文，限重陽前完纳，領取收票，不得短少。又扵每年岁修，每畝帮夫壹名。倘過期不楚，许撥庄另佃。此據。

保人　錢開宗

道光十六年朏月廿日　立

二一三六　道光十六年十二月二十日钱忠云租田字

立佃租字人錢忠云，今租到

義庄熊宗義名下南湾垸白田二形，一畝一分二厘。言定每年預支稞錢一串二伯卅文，小稞錢四十四文，限重陽前完纳，領取收票，不得短少。又扵每年歲修，每畝帮堤夫一名。倘過期不楚，許撥庄另佃。此據。

保人　錢開宗

道光十六年朏月廿日　立

二一三七 道光十六年十二月二十一日大容租田字

立租字人大容，今租到

義莊熊宗義名下荷湖院白田伍分。言定每年每畝額稞錢乙串弍百文，定於先年九月完足，次年承種，外小稞錢四十文，垸內歲修堤夫，每畝帮夫一名。如額稞有欠，堤夫不应，仍從另撥另佃。此據。

憑保 李祖芳

道光十六年朏月二十一日 大容 筆

二一三八 道光十六年十二月二十一日熊大珍租田字

立租字人熊大珍，今租

義莊熊宗義名下荷湖院白田六分四厘二毛六。言定每年每畝額稞錢乙串弍百，定於先年九月完足，次年承種，外每畝小稞錢四十文，垸內歲修堤夫，每〔畝〕帮夫一名。如額稞有欠，堤夫不應，任從另撥另佃。此據。

凴保 李祖方

道光拾陆年蚏月廿一日 珍 筆

二一三九 道光十六年十二月二十一日熊大举租田字

立租字人熊大舉，租到

熊宗义名下荷湖垸白田八分三厘五毛。定于每畝稞錢一串弍伯文，小稞錢四十文，先完稞後，稞後種田，每年預支。又歲修堤夫一名。如額錢有欠，堤夫不應，許業主另撥另佃，此據。

每畝小稞錢四十文。

憑保人 李祖方

道光十六年虫月廿一日 舉 立

二一四〇 道光十六年十二月二十一日李祖元租田字

立租字人李祖元，今租到

義莊熊宗義名下荷湖院白田一〔刑〕〔形〕四分六厘。言定每年每畝額稞錢乙串弍百文，定於先年九月完足，次年承外外每小種錢四十文。垸內歲修堤夫，每畝幫堤夫一名。如額種有欠，堤夫不應，任從另撥另佃。此據。

憑保人 李祖方

道光十六年十二月二十一日 李祖元 字

二一一四一　道光十六年十二月二十一日熊亨谦租田字

立租字人熊亨謙，今租到

義莊熊宗義名下荷湖院白田六形，三畝一分六厘。言定每年每畝額稞錢乙串弍百文，定於□年九月完足，次年承種，外每畝小稞錢四十文。垸內歲修堤夫，每畝幫堤夫一名。如額稞有欠，堤夫不應，任從另撥另佃。此據。

憑保人　李祖方

道光十六年十二月二十一日　熊亨謙　字

二一一四二　道光十六年十二月二十一日戚开立租田字

立租字人戚開立，今租到

義莊熊宗義名下河湖院白田二形〔一〕。言定每年每畝額稞錢一串二百四十文，定於先年九月完足，次年承種，外每畝小稞錢四十文。完內歲修堤夫，每畝帮夫一名。如額稞有欠，堤夫不應，任從另撥另佃。此據。

憑保人　李祖方

道光十六年虫月廿一　立

〔一〕此处留有空白。

二一一四三　道光十六年十二月二十一日李德照租田字

立佃租字人李德照，今租到

義莊熊宗義名下皇田垸白田四形，共六畝〇五厘〇六毛。言定春四下六稞錢六串叁百文，限定上至端陽，下至重陽前完納，領取收票，方準種田。倘過期不楚，許撥莊田另佃。今欲有憑，此據。

原李之倫田

每畝小稞钱四十文按算。

憑保人　鲁貴琨

道光十六年〔一〕朏〔二〕月廿一日

二一一四四　道光十六年十二月二十二日张文林租田字

立租字人張文林，今（祖）〔租〕到義莊熊宗義名下河湖

〔一〕「年」后涂去「一」字。

〔二〕「朏」为正行右侧添加。

□〔一〕六分一厘。言每年預支稞錢每畝田錢□□□四十文〔二〕，限重陽完納，領取收票，不得短少。又於歲每畝（邦）〔幫〕堤夫一名。倘過期不楚，許撥莊另佃。今欲有憑，此據。

憑保人　熊祖方

道光〔三〕十六年朏〔四〕月廿二日　筆

二一一四五　道光十六年十二月二十二日钱希庄租田字

立佃租字人錢希庒，今租到

義庒熊宗義名下陳昌垸白田二形，乙畝六分四厘。言定每年預支稞錢一串七伯六十四文，小稞錢六十四文，限重陽前完納，領取收票，不得短少。又於每年歲修，每畝帮堤夫一名。倘過期不楚，許撥庒另佃。今欲有憑，此據。

憑保人　錢開宗

道光十六年朏月廿二日　立

〔一〕「河湖□」为正行右侧添加。
〔二〕「四十文」为正行左侧添加。
〔三〕「光」为正行右侧添加。
〔四〕「年」后涂去一字，其右侧添加「朏」字。

二一一四六　道光十六年十二月二十二日叶作信租田字

立租字人葉作信，租到義莊熊宗義名下荷湖垸白田捌分乙厘乙毛。言定每畝乙串二百文〔一〕，每年預支稞錢九〇七十三文外，每畝小稞錢四拾文，限重陽完納，領取收票，不得短少。又於歲修，每畝帮堤夫一名。倘过期不楚，許撥莊另佃。今欲有凴，此據。

凴保　李祖方

道光拾六年蚏月二十二日　信　筆

二一一四七　道光十六年十二月二十二日熊大廷租田字

立租字人熊大廷，今租到

義莊熊宗義名下河湖垸白田三形，乙畝四分二厘八。言定每年每畝額稞錢乙串弍百，定於先年九月完足，次年承種，外每畝小稞錢四十文。垸內歲修堤夫，每畝帮夫一名。如額稞有欠，堤夫不应，仍從另撥另佃。此據。

道光十六年虫月廿二日　立

〔一〕「百文」为正行左侧添加。

二一一四八　道光十六年十二月二十二日张必昇租田字

立租字人張必昇，今租到義莊熊宗義名下荷湖垸白田乙形，七分七厘。言定每年預支稞錢九百三十六文，外每畝小稞錢四十〔一〕文，限重陽完納，領取收票，不得短少。又於歲修，每畝帮堤夫一名。倘过期不楚，許撥莊另佃。今欲有凴，此據。

凴保　熊亨蘭

道光十六年蚏月廿二日　昇　筆

二一一四九　道光十六年十二月二十二日熊亨书等租田字

立租字人熊亨書、李祖芳，今租到義莊熊宗義名下河湖垸白田一形，乙畝〇三厘六。言定每年每畝額稞錢乙串二百，定於先年九月完足，次年承種，外每畝小稞錢四十文。垸內岁修堤夫，每畝帮夫一名。如額稞有欠，堤夫不应，仍從另撥另佃。此據。

道光十六年虫月廿二日　立

二一一五〇　道光十六年十二月二十二日曾祖进租田字

立租字人曾祖進，今租到義莊熊宗義名下河湖垸白田三形，三畝七分二厘。言定每年每畝租錢乙串二百，定於先年九月完足，次年承種，外每畝小稞錢四十文。垸內岁修堤夫，每畝帮夫一名。如額稞有欠，堤夫不应，仍從另撥另佃。此據。

道光十六年虫月廿二日　立

二一一五一　道光十六年十二月二十二日张文远租田字

立租字人張文遠，今租到義莊熊宗義名下荷湖垸白田七分七厘四毛。言定每年預支稞錢乙串二百四十文，外每畝小稞錢四拾文，限重陽完納，領取收票，不得短少。又於歲修，每畝帮堤夫一名。倘過期不楚，許撥莊另佃。今欲有凴，此據。

凴保　李祖方

道光拾陸年蚏月二十二日　遠　筆

〔一〕「十」为正行右侧添加。

二一一五二　道光十六年十二月二十二日光廷租田字

立租字人光廷，六分九厘二，今租到

義莊熊宗義名下荷湖院白田六分九厘二毛。言定每年每畝額稞錢乙串二百四十文[二]，定於先年九月完足，次年承種，外每畝小稞錢四十文。垸内歲修堤夫，每畝幫夫一名。如額稞有欠，堤夫不應，仍從另撥另佃。此據。

道光十六年虫月廿二日　立

二一一五三　道光十六年十二月二十三日阳定其租田字

立租字人陽定其，今租到

義莊熊宗義名下代家垸白田乙畝六分三厘八毛。当日言定，每年每畝田租錢九百文[二]，先支顶頭一佰。春四夏六，春五月内，秋租重陽前完納，不淂短少。小稞百文。今恐無凴，立此租字為據。

道光拾陸年十二月廿三日　麒　筆

〔一〕此处数字有修改。

〔二〕此处数字有修改。

二一一五四　道光十六年十二月二十三日阳定凤租田字

立租字人陽定鳳，今租到

義莊熊宗義名下代家白田一形，七分八厘四毛。每年每畝九百文[一]，言定每年春五月内，秋租重陽前，春四夏六，言定小稞錢一百，領取收票，不得短少分文。

道光十六年十二月廿三日

二一一五五　道光十六年十二月二十三日鲁贵坤保租字

立保租字人魯貴坤，今保到

義庄熊宗義名下皇田垸白田，共二十一畝七分三厘。如有改换遺失只擱田畝，應坤清理。此拠。

道光十六年胐月二十三日　立

〔一〕此处数字有修改。

二一一五六　道光十六年十二月二十三日魯美玉租田字

立租字人魯美玉，今租到

義庄熊宗義名下田壹畝四分五厘七□。言定每年春四夏六，稞錢一串六百，限定上至端陽、下至重陽前完納，領取收票，方準種田。倘過期不楚，许撥莊另佃。今欲有憑，此據。

憑保人　魯德坤兄

道光十六年朏月廿三日　立

二一一五七　道光十六年十二月彭平如租田字

即致瑞□□〔一〕

立佃租字人彭平如，今租到

義莊熊宗義名下陳昌下垸白田乙形，共二畝五分三厘。言定每年預支稞錢二串九百四十文正，并小稞錢文，限定先一年重陽前完納，領取收票，然後種田。又於每年歲修，每畝幫夫一名，不得短少。倘過期不楚，許撥莊另佃。今欲有憑，此拠。

公議每畝完小稞錢四十文。

〔一〕　此行文字乃另笔添加于契纸右上方。

道光十六年十二月　彭平如　筆

二一一五八　道光十六年黄纯貴租田字

立佃租字人黄纯貴，今租到

義莊熊宗義名下高作垸白田〔一〕一形，一畝五分。言定每年預支稞钱乙串八伯文，限重陽前完纳，領取收票，不得短少。於每年歲修，每畝邦夫一名。倘過期不楚，堤夫不邦〔二〕，許撥莊别佃。今（玉）〔欲〕有凴，此據。

每畝小稞錢四十文。

憑保　宋必志

道光十六年吉日

二一一五九　道光十六年夏定杨租田字

立佃租字人夏定楊，今租到

義莊熊宗義名下高作垸白田三畝三分八厘二毫四系。言定每畝预支稞錢每畝七百整，係并小稞錢每畝四十文，限重陽完納，

〔一〕　「田」为正行右側添加。

〔二〕　「堤夫不邦」为正行右側添加。

领取收票，不得短少。又於每年歲修，每畝帮隄夫乙名。倘過期不楚，許撥莊另佃。今欲有憑，此拠。

憑保　宋必志

道光十六年吉日　立

二一一六〇　道光十六年刘向中租田字

立租字人劉向中，今租到熊宗義户下義田壹畝六分五厘。言定預支錢每畝一串二伯文，及收即纳，不致短少。今欲有凴，立此租字一纸為據。

道光十六年□字

二一一六一　道光十六年徐守相租田字

立租字人徐守相，今租到熊宗義名下義田乙畝〇弍〔一〕厘三毛三〔二〕。言定預支錢每田〔三〕一串二伯文，及收即纳，不致短少。今欲有憑，立此租一帋為據。

〔一〕「弍」为正行右侧添加。

〔二〕「三毛三」为正行右侧添加。

〔三〕「每田」为正行右侧添加。

道光十六年□字

二一一六二　道光十六年刘方照租田字

立租字人劉方照，今租到熊宗義户下義田四畝三分〇四毫〔一〕。言預支錢稞每畝一千二伯文，及收即納，不致短少。今欲有凴，立此租一帋為據。

道光十六年□字

二一一六三　道光十七年一月三日国彩租田字

立租字人国彩，租到義莊熊宗義虎獐垸白田二形，七分一厘三毛，言定每年預支稞錢七百一十三文整。又祭田一形，一畝一分二厘，言定稞錢六百文，限重陽完納，領取收票，不得短少。又於每年歲修，帮堤夫一名。倘過期不楚，许撥莊另租。今欲有憑，此據。公議每畝小稞四十文。

憑保人　国光

道光十七年正月初三日　立

〔一〕「〇四毫」为正行右侧添加。

二一一六四　道光十七年一月五日倪楚元租田字

立租字人倪楚元，今租到義莊熊宗仪名下頂張東高〔一〕三塌田七分四厘八。言定每年〔二〕預支稞錢八百九十七文正，并小稞錢文，限重陽前完納，領取收票，不得短少。又於每年歲修，每畝帮堤夫一名。倘過期不楚結，另撥另佃。此據。

公議小稞錢廿九文。

憑保人　倪達

道光十七年正月五日　立

二一一六五　道光十七年一月十日发秀租田字

立租字人發秀，今領到義莊熊宗義名下虎獐垸田乙畝五分四厘二毛，扣錢壹串五百四十二文。又祭田五分六厘四毛，扣錢四百廿三文，每年預支〔三〕，限重陽前完納，領取收票，不得短少。又于每年歲修，帮堤夫一名。如過期不楚，許撥莊另佃。今欲有憑，此據。

公議每畝小稞錢四十文。

憑保　国光

道光十七年正月初十日　立

〔一〕「頂張東高」为正行右側添加。
〔二〕「年」为正行右側添加。
〔三〕「每年預支」为正行右側添加。

二一一六六　道光十七年一月十六日亨林租田字

立（祖）〔租〕字人亨林，今領到義庄熊宗義名下虎樟垸田六分八厘二毫。言定每年預支稞錢五伯文。限定重陽前完納，領取收票，不得短少。又于每年歲修，帮堤夫一名。如过期不楚，許撥庄另佃。今欲有憑，此據。

憑保　熊國光　　公議每畝小稞錢四十文。

道光十七年正月十六日　立

二一一六七　道光十七年一月十六日高南租田字

立租字人高南，今領到義莊熊宗義名下虎獐垸田四形〔一〕，

〔一〕「四形」为正行右側添加。

三畝三分九厘九毛。言定每年預支稞錢弍串七百壹十九文，限重陽前完納，領取收票，不滒短少。又于每年歲修，帮堤夫一名。倘過期不楚，许撥莊另佃。今欲有憑，此據。

公議每畝小稞錢四十文。

憑保　国光

道光十七年正月十六日　立

二一一六八　道光十七年一月十八日张后仪租田字

立佃租字人張后儀，今租到

義莊熊宗義名下陳昌垸白田五形，六畝〇三厘。言定每年預支稞錢六串六伯，小稞錢二伯四十文，限重陽前完納，領取收票，不得短少。又於每年歲修，每畝幫堤夫一名。倘過期不楚，許撥庒另佃。此據。

保人　錢開宗

道光十七年正月十八日　立

二一一六九　道光十七年一月十八日钱注等租田字

立佃租字人錢注江，今租到

義莊熊宗義陳昌院白田二形，一畝六分六厘。言定每年預支稞錢乙串八伯廿文，小稞錢六十四文，（陽）限重陽前完納，領取收票。又於每年每畝帮堤夫一名。倘過不楚，許撥庒另佃。此據。

保人　開宗

道光十七年正月十八日　立

二一一七〇　道光十七年一月十八日钱世光租田字

立佃租字人錢世光，今租到

義莊熊宗義名下白田陳昌院乙畝三分。言定每年預支稞錢乙串四伯四十文，小稞錢五十二文，限重陽前完納，領取收票，不得短少。又於每年歲修，每畝帮堤夫一名。倘過期不楚，許撥庒另佃。此據。

保人　錢開宗

道光十七年正月十八日　立

二一一七一　道光十七年一月十八日彭邦宇租田字

立佃租字人彭邦宇，今租到

義莊熊宗義名下皇田垸白田一形，一畝八分九〔一〕厘。言定每年預支稞錢一串八百九十文，小稞錢七十二文。限重陽前完納，領取收票。又於每年每畝帮堤夫一名。倘过期不楚，許撥庄另佃。此據。

保人　開宗

道光十七年正月十八日　立

二一一七二　道光十七年一月十九日熊亨谱租田字

立佃租字人熊亨譜，今租到〔二〕義莊熊宗義名下虎獐垸白田共伍形，三畝乙分。言定每年預支稞錢弍串四伯八十文正，并小稞錢每畝四十文，限定重陽前完納，領取收票，不得短少。又於每年歲修，每畝帮夫一名。倘过期不楚，許撥莊另佃。今欲有憑，此據。

憑保人　熊国光

道光拾柒年正月十九　亨普　筆

二一一七三　道光十七年一月二十日周彩玉租田字

立租字人周彩玉，今領到

熊篤叙堂名下祭田三分五厘七毛三，義莊田八分二厘五。言定每年预支稞錢壹串〇六十四文，限重陽前完纳，领取收票，不得短少。又于每年歲修，帮堤夫一名。倘過期不楚，许撥庄另佃。恐口無憑，此據。公議每畝小稞錢四十文按算。

憑保　国光

道光十七年正月廿日　立

二一一七四　道光十七年一月二十日向大章租田字

立租字人向大章，今领到

熊篤叙堂祭田虎獐垸白田一形，一亩〇三（立）〔厘〕。言定每年預支稞錢一串八百廿七文正，限定重陽前完纳，領取收票，不得短少。又于每年歲修帮堤夫一名。倘過期不楚，許撥莊另佃。此據。

憑保　国光　　公議每畝小稞钱四十文。

道光十七正月廿日　立

〔一〕此处数字有修改。

〔二〕此处留有空白。

二—一七五　道光十七年一月二十日熊开运租田字

立租字熊開運，今領到
篤叙堂名下祭田虎獐垸白田一形，乙亩一分四厘。言定每年預支稞錢九百一十二文正，限重陽前完納，領取收票，不得短少。又于每年歲修，帮堤夫一名。倘過期不楚，許撥莊另佃。今欲有憑，此據。

憑保　国光

公議每畝小稞錢四十文。

道光十七年正月廿日　立

二—一七六　道光十七年一月二十日熊发笔租田字

立租字人熊發筆，今領到義莊熊宗義名下虎獐垸田三分。言定每年預支稞錢三百文正。限重陽前完納，不得短少。又于每年歲修，帮堤夫一名。倘過期不楚，許撥莊另佃。今欲有憑，此據。

公議每畝小稞錢四十文。

憑保　国光

道光十七年正月廿日　立

二—一七七　道光十七年一月二十日熊明元租田字

立租字人熊明元，今領到
義莊熊宗義名下虎獐垸白田二形五分六厘。言定每年預支稞錢五伯六十文（正），并小稞錢文限重陽前完納，領取收票，不得短少。又於每年歲修，帮堤夫一名。倘過期不楚，许撥莊另佃。今欲有憑，此據。

公議每畝小稞錢四十文按算。

憑保　熊國光

道光十七年正月廿日　立

二—一七八　道光十七年一月二十日熊会富租田字

立租字人熊会富，今領到
義莊熊宗義名下虎獐垸白田二形〔一〕，九分二厘九毛〔二〕。言定每年預支稞錢捌伯捌十四文正，并小稞錢文限重陽前完納，領取收票，不得短少。又於每年歲修，帮堤夫一名。倘

〔一〕「二形」为正行右側添加。

〔二〕此处数字有修改。

過〔一〕期不楚，许撥莊另佃。今欲有憑，此據。公議每畝小稞錢四十文按算。

憑保　熊國光

道光十七年正月廿日　立

二一一七九　道光十七年一月二十日熊会松租田字

立租字人熊会松，今領到

義莊熊宗義名下虎獐垸白田一形〔二〕，二分五厘四毛〔三〕。言定每年預支稞錢二伯五十四〔四〕文正，並小稞錢文，限重陽前完納，領取收票，不得短少。又於每年歲修，帮堤夫一名。倘過期不楚，許撥莊另佃。今欲有憑，此據。

公議每畝小稞錢四十文按算、

憑保　熊國光

道光十七年正月廿日　立

〔一〕「過」为正行右側添加。
〔二〕「一形」为正行右側添加。
〔三〕「四毛」为正行右側添加。
〔四〕「四」为正行右側添加。

二一一八〇　道光十七年一月二十日亨举租田字

立租字人亨舉，今領到

義莊熊宗義名下虎獐垸共白〔一〕田四形，二畝七分七厘。言定每年預支稞錢二串一百整，限重陽〔二〕完納，領〔三〕取收票，不得短少。又於每年歲修，帮堤夫一名。倘過期不楚，许撥莊另佃。今欲有憑，此據。

公議每畝小稞錢四十文。

憑保　国光

道光十七年正月廿日　立

〔一〕「白」后涂去一字。
〔二〕「陽」为正行右側添加。
〔三〕「領」为正行右側添加。

二一一八一　道光十七年一月二十日熊永和租田字

立租字人熊永和，今領到

義莊熊宗義名下虎獐垸白田三畝六分六厘一毫。言定每年預支稞錢三串六百六十文（正），并小稞錢文。限重陽前完納，領取收票，不得短少。又於每年歳修，帮堤夫一名。倘過期不楚，許撥莊另佃。今欲有憑，此據。

公議每畝小稞錢四十文按算。

憑保　熊國光

道光十柒年正月廿日　立

二一一八二　道光十七年一月二十日周峻历租田字

立租字人周峻歷，今領到

篤敘堂名下祭田虎獐垸白田二形，三畝壹分。言定每年預支稞錢式串柒百九十文正，限重陽前完納，領取收票，不得短少。又於每年歳修，帮堤夫一名。倘過期不楚，许撥莊另佃。今欲有憑，此據。公議每畝小稞錢四十文按算。

憑保　国光

道光十七年正月廿日　立

二一一八三　道光十七年一月二十日仁选租田字

立租字人仁選，今領到

祭田熊宗義名下虎獐垸白田三畝二分。言定每年預支稞錢一串

九百五十文（正），限重陽前完納，領取收票，不得短少。又於每年歳修，帮堤夫一名。倘過期不楚，許撥莊另佃。今欲有憑，此據。

憑保　熊國光　　公議每畝小稞錢四十文。

道光十七年正月廿日　立

二一一八四　道光十七年一月二十日芦延章租田字

立租字人芦延章，今領到

義莊熊宗義名下虎獐垸白田二形，乙畝九分二厘。言定每年預支稞錢一串五百七十八文[一]，并小稞錢文，限重陽前完納，領取收票，不得短少。又於每年歳修，帮堤夫一名。倘過期不楚，許撥莊另佃。今欲有憑，此據。

公議每畝小稞錢四十文。

憑保　熊國光

道光十七年正月廿日　立

〔一〕此处数字有修改。

二一一八五　道光十七年一月二十日熊亨选等租田字

立租字人熊亨選弟兄三人，領到
宗義〔一〕名下虎獐垸白田一形，三畝五分二厘。又祭田二
形〔二〕，叁亩弍分壹厘四毛。言定每年預支稞錢陸串弍
百六〔三〕十六文（正），限重陽前完納，領取收票，不得短
少。又于每年歲修，帮堤夫一名。倘過期不楚，許撥莊另佃。
今欲有憑，此據。公議每畝小稞錢四十文。

憑保　国光

道光十七年正月廿日　立

〔一〕「宗義」为正行右側添加。
〔二〕此处数字有修改。
〔三〕此处数字有修改。

二一一八六　道光十七年一月二十日史铭寿租田字

立租字人史铭寿，今租到
義莊熊宗義名下頂銘康本己〔四〕史大垸白田二形，壹畝七分
六厘二毛二系。言定每年預支稞錢二串二百九十文整，限重陽
前完納，領取收票，不得短少。又於每年歲修堤，每田〔一〕
帮夫一名。倘过期不楚结，许撥莊另佃。今欲有憑，此據。
公議小稞钱七十文。

憑保　倪達

道光十七年正月二十日　立〔二〕

〔四〕「頂铭康本己　」为正行右側添加。

〔一〕「田」为正行右側添加。
〔二〕「立」后删去一字。

二一一八七　道光十七年一月二十日艾大云租田字

立租字人艾大云，今租到
義莊熊宗義名下頂本己〔三〕史大垸白田一形，四分七厘八毛。
言定每年預支稞錢六佰二十二文整，并小稞錢文，限重陽前完
納，領取收票，不得短少。又於每年歲修堤，每畝帮夫一名。
倘过期不楚結，許撥莊另佃。今欲有憑，此據。
公議〔四〕小稞〔五〕錢廿文。

憑保　倪達

道光十七年正月二十日　立

〔三〕「頂本己」为正行右側添加。
〔四〕「議」后涂去「每訨」二字。
〔五〕「稞」为正行右側添加。

二一八八　道光十七年一月二十日钱开玉租田字

立佃租字人钱開玉，今租到

義莊熊宗義名下皇田垸白田二形，乙畝五分。言定每年預支稞錢乙串五伯文，限重陽前完纳，領取收票，不得短少。又於每年每畝帮堤夫一名。倘過不楚，許撥庄另佃。此據。

保人　錢開宗

道光十七年正月廿日　立

二一八九　道光十七年一月二十日黄厥年租田字

立佃租字人黄厥年，今租到

義莊熊宗義皇田垸白田四形，六畝。言定每年預支稞錢六串，小稞钱弍伯四十文。限重陽前完纳，领取收票，不得短少。又於每年每畝帮堤夫一名。此據。

保人　開宗

道光十七年正月廿日　立

二一九〇　道光十七年一月二十日肖木云租田字

立佃租字人肖木云，今租到

義莊熊宗義名下皇田垸白田八分四厘。言定每年預支稞錢八伯四十文，小稞錢三十四文，限重陽前完纳，領取收票。又於每年歲修，每畝帮堤夫一名。倘過期不楚，許撥庄另佃。此據。

保人　開宗

道光十七年正月廿日　立

二一九一　道光十七年一月二十日钱开勋租田字

立佃租字人錢開勳，今租到

義莊熊宗義皇田垸白田一形，乙畝八分。言定每年預支稞錢乙串九伯八十文，小稞錢七十二文，限重陽前完纳，領取收票，不得短少。又於每年每畝帮堤夫一名。倘過期不楚，許撥庄另佃。此據。

保人　開宗

道光十七年正月廿日　立

二一一九二　道光十七年一月二十日唐其儒租田字

立佃租字人唐其儒，今租到

義莊熊宗義名下皇田垸白田二形，二畝二分八厘五毛。言定每年預支稞錢二串二伯八十文，小稞八十八文，限重陽前完纳，领取收票。又於每年每畝帮堤夫一名。倘過期不楚，許撥庄另佃。此據。

保人　開宗

道光十七年正月廿日　立

二一一九三　道光十七年一月二十日唐其魁租田字

立佃租字人唐其魁，今租到

義莊熊宗義名下〔一〕皇田垸白田二形，一畝九分二厘。言定每年預支稞錢乙串九伯廿文，小稞錢七十六，限重陽前完纳，领取收票。又於每年每畝帮堤夫一名。倘過期不楚，許撥庄另佃。此據。

保人　錢開宗

〔一〕「名下」为正行右侧添加。

道光十七年正月廿日　立

二一一九四　道光十七年一月二十日钱乐寿租田字

立佃租字人錢樂寿，今租到

義莊熊宗義南湾垸白田五形，四畝乙分六厘二毛。言定每年預支稞錢四串五伯八十文，小稞錢乙百六十文，限重陽前完纳，領取收票，不得短少。又扵每年歲修，每畝帮堤夫一名。倘過期不楚，许撥庄另佃。今欲有憑，此據。

憑保人　開宗

道光十七年正月廿日　立

二一一九五　道光十七年一月二十一日史名试租田字

立佃租字人史名試，今租到

義庄熊宗義名下横林垸白田二形，共陸畝二分。言定每年预支稞钱陸串弍伯四十文，限定先一年重陽〔一〕前完纳，领取收票，然後種田。又於每年歲修，每畝帮堤夫一名，不得短少。

〔一〕「陽」为正行右侧添加。

倘過期不楚，許庄撥另佃。今欲有憑，此拠。

小稞每亩四十文按算。

憑保佃　史永盛

道光十七年正月廿一日　史名試　筆

二一九六　道光十七年一月二十一日史福全租田字

立租字人史福全，

義莊熊宗義名下本己〔一〕内垸白田九分四厘二毛七系。言定每年預支课钱一串二百廿五文（文）整，限重陽前完納，领取收票，不得短少。又於每年岁修堤，每畝帮夫一名。倘過期不楚，许撥莊另佃。今欲有憑，此據。

公議小课卅八文。

憑保　倪達

道光十七年正月二十一日　立

〔一〕「本己」为正行右側添加。

二一九七　道光十七年一月二十一日史著先租田字一

立租字人史著先，

義莊熊宗義名下本己〔一〕三場白田乙形，五畝三分。言定年預支稞錢六串文整，限重陽前完納，领取收票，不得短少。又於每年歲修堤，每畝帮夫一名。倘过不楚結，許撥莊另佃。今欲有憑，此據。

公議小課弍百一十文。

憑保　倪達

道光十七年正月二十一日　立

二一九八　道光十七年一月二十一日史著先租田字二

立租字人史著先，

義莊熊宗義名下本己〔二〕三場白田弍形，乙畝八分五厘六毛。言定每年預支稞錢二串弍百卅文整。限重陽前完納，领取收票，不得短少。又於每年歲修堤，每畝帮夫一名。倘过期不楚

〔一〕「本己」为正行右側添加。
〔二〕「本己」为正行右側添加。

結，許撥莊另佃。今欲有憑，此據。公議小課七十四文。

憑保　倪達

道光十七年正月二十一日　立

二一九九　道光十七年一月二十一日向得中租田字

立租字人向得中，今租到

義莊熊宗義名下頂周之煥、之燦〔一〕三塌垸白田一形，二畝五分三厘八毛。言定每年預支稞錢三串〇五拾文整，限重陽前完納，领取收票，不得短少。又於每年歲修堤，每畝帮夫一名。倘过期不楚結，許撥莊另佃。今欲有憑，此據。

公議小稞百文。

憑保　倪達

道光十七年正月二十一日　立

二二〇〇　道光十七年一月二十一日史紹爽租田字

立租字人史紹爽，

義莊熊宗義名下頂紀来〔一〕大垸、頂銘忠〔二〕嶺後白田二形，三畝七分二厘。言定年預支課钱四串四百六十四（文）文整。限重陽前完納，領取收票，不得短少。又於每年歲修堤，每畝帮夫一名。倘過期不楚，許撥莊另佃。今欲有憑，此據。

公議小課一百四十九文。

憑保　倪達

道光十七年正月二十一日　立

〔一〕「頂紀来」为正行右側添加。

〔二〕「頂銘忠」为正行右側添加。

二二〇一　道光十七年一月二十一日史銘鉴租田字

立租字人史銘鑑，

義莊熊宗義名下本已〔三〕大垸白田乙形，弍畝。言定每年預支稞錢二串六百文整。限重陽前完納，領取收票，不得短少。又於每年歲修堤，每畝帮夫一名。倘過期不楚結，許撥莊另佃。今欲有憑，此據。

公議小課八十文。

憑保　倪達

道光十七年正月二十一日　立

〔一〕「頂周之煥之燦」为正行右側添加。

〔三〕「本已」为正行右側添加。

二一二〇二　道光十七年一月二十一日倪兆栢租田字

立租字人倪兆栢，今租到
義莊熊宗義名下頂倪熊氏本巳〔一〕三塌白田二形，九分五厘三
毛五糸。言定每年預支稞錢一串二百卅九文整，并小稞錢文。
限重陽前完納，領取收票，不得短少。又於每年歲修堤，每畝
帮夫一名。倘过期不楚結，許撥莊另佃。今欲有憑，此據。

公議小稞錢卅九文。

道光十七年正月廿一日　立

二一二〇三　道光十七年一月二十一日刘义合租田字

立租字人刘義合，今租到義莊熊宗義名下頂朝庵〔二〕三塌田三
畝。言定每年預支稞錢三串六百正，并小稞錢文，限重陽前完
納，領取收票，不得短少。每畝帮夫一名。倘过期不楚，另撥
另佃。此據。

公议小稞錢一百廿文。　　憑保　倪達

〔一〕「頂倪熊氏本巳」为正行右側添加。
〔二〕「頂朝庵」为正行右側添加。

道光十七年正月廿一日　立

二一二〇四　道光十七年一月二十一日史铭赞租田字

立租字人史銘讃，
義莊熊宗義名下頂名玉〔一〕後垸，頂名謙〔二〕三塌四形，五
畝〇八厘八毛二糸。言定每年預支稞錢六串壹百五十〔三〕文
整，限重陽前完納，領取收票，不得短少。又於每年歲修堤，
每畝帮夫一名。倘過期不楚，许撥另佃。今欲有憑，此據。

公議小稞錢二百〇三文。

憑保　倪達

道光十七年正月廿一日　立

二一二〇五　道光十七年一月二十一日史铭谦租田字

立租字人史銘谦，

〔一〕「頂名玉」为正行右側添加。
〔二〕「頂名謙」为正行右側添加。
〔三〕「五十」为正行右側添加。

義莊熊宗義名下頂本己三塌〔一〕後垸四形，五畝三分三厘六毛二系。言定每年預支粿钱六串六百八十文（文）整，限重陽前完納，領取收票，不得短少。又於每年歲修堤，每畝帮夫一名。倘過期不楚，许撥庄另佃。今欲有憑，此據。

公議小课二百一十三文。

憑保　倪達

道光十七年正月二十一日　立

二一二〇六　道光十七年一月二十一日史大忽租田字

立租字人史大忽，

義莊熊宗義名下頂名玉、頂名千〔二〕後垸白田三形，三畝二分九厘四毛一系。言定每年預支粿錢三串九百五十三文（文）整，限重陽前完納，領取收票，不得短少。又於每年歲修堤，每畝帮夫一名。倘過期不楚，许撥庄另佃。今欲有憑，此據。

公議小课一百卅二文。

憑保　倪達

道光十七年正月二十一日　立

〔一〕「頂本己三塌」为正行右側添加。

〔二〕「頂名玉頂名千」为正行右側添加。

二一二〇七　道光十七年一月二十一日史紀哲租田字

立租字人史紀哲，今租到

義莊熊宗義名下頂本己、頂大啟〔一〕嶺後田白田三形，三畝〇三厘六毛。言定每年預支粿錢三串六百四十三文整。限重陽前完納，領取收票，不得短少。又於每年歲修堤，每畝帮夫一名。倘过期不楚結，許撥庄另佃。今欲有憑，此抛。

公議小課一百廿一文。

憑保　倪達

道光十七年正月二十一日　立

二一二〇八　道光十七年一月二十一日凡应选租田字

立佃租字人凡應選，今租到

義莊熊宗〔義〕名下皇田垸白田一形，乙畝五分。言定每年預支粿錢乙串六伯五十文，小粿錢六十文，限重陽前完納，領取收票，不得短少。又於每年每畝帮堤夫一名。倘過期不楚，許撥庒另佃。此據。

〔一〕「頂本己頂大啟」为正行右側添加。

保人　開宗

道光十七年正月廿一日　立

二一二〇九　道光十七年一月二十一日尹生辉租田字

立佃租字人尹生輝，今租到

義莊熊宗義名下皇田垸白田乙畝三分七厘。言定每年預支稞錢乙串三伯百七十文，小稞錢五十五，限重陽前完納，領取收票。又於每年每畝帮堤夫一名。倘過期不楚，許撥另佃。此據。

憑保人　錢開宗

道光十七年正月廿一　立

二一二一〇　道光十七年一月二十一日罗士汗租田字

立佃租字人罗士汗，今租到

義莊熊宗義名下皇田垸白田二形，二畝〇七厘。言定每年預支稞錢二串〇七十文，小稞錢八十三。又於每年歲修，每畝帮堤夫一名。倘過期不楚，許撥庄另佃。此據。

保人　錢開宗

道光十七年正月廿一日　立

二一二一一　道光十七年一月二十一日尹玉万租田字

立佃租字人尹玉萬，今租

義莊熊宗義名下皇田垸白田乙畝三分。言定每年預支稞錢乙串三伯，小稞錢五十二文，限重陽前完納，領取收票。又於每年每畝帮堤夫一名。倘過期不楚，許撥庄另佃。此據。

憑保人　開宗

道光十七年正月廿一日　立

二一二一二　道光十七年一月二十一日罗守刚租田字

立佃租字人罗守剛，今租到

義莊熊宗義名下皇田垸白田八分五厘。言定每年預支稞八伯五十文，小稞三十四文，限重陽前完納，領取收票。又於每年歲修，每畝帮堤夫一名。倘過期不楚，許撥庄另佃。此據。

保人　錢開宗

道光十七年正月廿一日　立

二—二一三　道光十七年一月二十一日钱萝坤租田字

立佃租字人钱萝坤，今租到

義庄熊宗義名下皇田垸白田一形，三畝○五厘。言定每年預支稞錢三□伯文，小稞錢一百廿文，限重陽前完纳，領取收票，不得短少。又於每年歲修，每畝帮堤夫一名。倘過期不楚，許撥庄另佃。今欲有憑，此據。

保人　錢開宗

道光十七年正月廿一日　立

二—二一四　道光十七年一月二十二日史名新租田字

立佃租字人史名新，今租到

義莊熊宗義名下横林垸白田四分。言定每年預支稞錢四伯八十文，限定先一年重陽前完納，領取收票，然後種田。又於每年歲修，每畝帮堤夫一名，不得短少。倘過期不楚，許撥莊另佃。今欲有憑，此據。

小稞每畝四十文按算。

憑保佃　史永盛

道光十七年正月廿二日　史銘岫　筆

二—二一五　道光十七年一月二十二日史銘寿租田字

立佃租字人史銘寿，今租到

義莊熊宗義名下垸内白田一形，乙畝三分。言定一千五伯六十文整，每年預支稞，限定先一年重〔陽〕完納，領取收票，然後種田。又於每年歲修，每畝幫堤夫一名，不得短少。倘過期不楚，許撥庄另佃。今欲有憑，此據。

小稞每畝四十文按算。

憑佃保　史永盛

道光十七年正月廿二日　史銘寿　筆

二—二一六　道光十七年一月二十二日史纪梁租田字

立佃租字人史紀樑，今租到

義庄熊宗義名下垸内白田九分五厘。言定每年預支稞錢乙串乙伯廿文整，限定先一年重陽前完納，領取收票，然後種田。又於每年歲修，每畝帮堤夫一名，不得短少。倘過期不楚，許撥庄另佃。今欲有憑，此據。

小粿每畝四十文按算。

憑保佃　史永盛

道光十七年正月廿二日　史己樑　立筆

二一二七　道光十七年一月二十二日史紀贤等租田字

立佃祖〔租〕字人史紀贤安，今租到

義庄熊宗義名下横林垸白田二形，四畝五分。言定每年預支粿錢四千乙佰文，限定先一年重陽前完納，領取收票，然後種田。又於每年歲修，每畝帮堤夫一名，不得短少。倘过期不楚，許撥庄另佃。今欲有憑，此據。

小粿四十文按算。

憑保　史永盛

道光十七年正月廿二日　史紀贤安　筆

二一二八　道光十七年一月二十二日史肇德租田字

立佃租字人史肇德，今租到

義庄熊宗義名下横林白田三形，共五畝二分。言定每年預支粿錢四串七伯文。限定先一年重陽前完納，領取收票，然後種田。又於每年歲修，每畝帮堤夫一名，不得短少。倘过期不楚，許撥庄另佃。今欲有憑，此據。

小粿每畝四十文按算。

憑保佃　史永盛

道光十七年正月廿二日　得　筆

二一二九　道光十七年一月二十二日熊永福租田字

立租字熊永福，今領到

義莊熊宗义名下虎獐垸白田二形，三畝六分八厘九毛。言定每年預支粿錢三串三百文〔一〕正，並小粿錢文，限重陽前完納，領取收票，不得短少。又於每年歲修，帮堤夫一名，倘過期不楚，許撥莊另佃。今欲有憑，立此為據。

公議每畝小粿錢四十文按算。

憑保　熊国光

道光十柒年正月廿二日　立

〔一〕「文」为正行右侧添加。

二一二〇 道光十七年一月二十二日史铭保租田字

立租字人史銘保，

義莊熊宗義名下本己〔一〕嶺後田一形，三分九厘六毛。言定每年預支稞錢四伯七十五文整，限重陽前完納，領取收票，不得短少。又於每年歲修堤，每畝帮夫一名。倘过期不楚结，许撥莊另佃。今欲有憑，此據。

憑保　倪達

公議小稞十六文。

道光十七年正月廿二日　立

二一二一 道光十七年一月二十二日史铭广租田字

立租字人史銘廣，今租到

義莊熊宗義名下本己〔二〕嶺田一形，五分五厘五毛，言定每年預支稞錢七伯文〔三〕整。限重陽前完納，領取收票，不得短少。又於每年歲修（提）〔堤〕，每畝帮夫一名。倘过期不楚結，許撥庄另佃。今欲有憑，此據。

憑保　倪達　　小稞廿二文。

道光十七年正月廿二日　立

〔一〕「本己」二字为正行右侧添加。

〔二〕「本己」为正行右侧添加。

〔三〕此处数字有修改。

二一二二 道光十七年一月二十二日万光寿租田字

立租字人萬光寿，今租到

義莊熊宗義名下頂本己〔一〕嶺後湖田四分六厘七毛五糸。言定每年預支稞錢五百陸十文〔二〕整，限重陽前完納，領取收票，不得短少。又於每年歲修堤，每畝帮夫一名。倘过期不楚结，許撥庄另佃。今欲有憑，此據。　　憑保　倪達

公議小稞錢廿文。

道光十七年正月廿二日　立

二一二三 道光十七年一月二十二日鲁得方租田字

立佃租字人魯得方，今租到

〔一〕「頂本己」为正行右侧添加。

〔二〕此处数字有修改。

義莊熊宗義名皇田院白田一畝三分二厘。言定每年預支稞錢乙千三伯廿文，小稞钱五十二文，限重陽前完纳，領取收票，不得短少。又於每年歲修，每畝帮堤夫一名。倘過期不楚，許撥庒另佃。此據。

保人　錢開宗

道光十七年正月廿二日　立

二一二二四　道光十七年一月二十三日史永盛保租字

立保租字人史永盛，今保到

熊大老[一]爺名下横林垸白田十二契，共廿五畝，各佃戶田畝開列于後，其形界地如有改換遺失等弊，並租不齊，惟盛是问。今欲有憑，立此為拠。

計開史銘試二形，六畝二分　〦二〤[二]

史紀盛二形，二畝九分　三〤〨[三]

[一]「老」为正行右側添加。
[二]「〦二〤」即「六二四」。
[三]「三〤〨」即「三四八」。

史肇德三形，共五畝二分　〤〧[一]

史紀梁一形，九分　〡一二[二]

史紀安賢三形，四畝五分　〤一[三]　内除一畝□田〤一

史銘壽二形，一畝三分　〡〥〦[四]

史紀香二形，三畝六分　三〦[五]

史明[六]新一形，四分　〤〨[七]

道光十七年正月廿三日　史永盛　筆

二一二二五　道光十七年一月二十三日亨遐租田字

立租字亨遐，今領到

熊宗義名下祭田[八]虎獐垸水田二畝〇五厘。言定每年預支稞錢一串四百四十文正，並小稞錢文，限至重陽前完納，領取收

[一]「〤〧」即「四七」。
[二]「〡一二」即「一一二」。
[三]「〤一」即「四一」。
[四]「〡〥〦」即「一五六」。
[五]「三〦」即「三六」。
[六]「明」为正行右側添加。
[七]「〤〨」即「四八」。
[八]「祭田」为正行右側添加。

票，不得短少。又於每年歲修，帮堤夫一名。倘過期不楚，許撥莊另佃。今欲有憑，立此為據。公議小稞，每畝小稞錢四十文按算。

道光十柒年正月廿三日　立

二一二二六　道光十七年一月二十四日史銘常租田字

立租字人史銘常，今租到

義莊熊宗義名下本己[一]三場白田弍形，弍畝八分四厘。言定每年預支稞錢三串五百卅文正，并小稞（前）〔錢〕文，限重陽前完納，領取收票，不得短少。又於每年歲修，每畝帮堤夫一名。倘過期不楚結，許撥莊另佃。今欲有憑，此據。

憑保　倪達

公議小稞錢百十三文。

道光十七年正月廿四日　立

〔一〕「本己」为正行右侧添加。

二一二二七　道光十七年一月二十五日熊贤南租田字

立租字人熊賢南，今领到篤叙堂名下祭田虎獐垸壹畝六分三厘八毛。言定每年预支稞钱壹串壹百廿五文，限重陽前完纳，领取收票，不得短少。又于每年歲修，帮堤夫一名。倘過期不楚，許撥庄另佃。今欲有憑，此據。

公議每畝小稞钱四十文。

憑保　国光

道光十七年正月廿五日　立

二一二二八　道光十七年一月二十五日史銘班租田字

立租字人史銘班，

儀莊熊宗儀名下頂本己[一]大垸白田一形，一畝七分三厘五毛六糸[二]。言定每年预支稞钱二串二百五十六文整，限重陽前完納，領取收[三]票，不得短少。又於每年歲修堤工，每畝帮

〔一〕「頂本己」为正行右侧添加。
〔二〕此处标有「〣〥〣」（即「三五三」），「〤〡〢〥〣〦」（即「四一二五三六」）两组数字。
〔三〕「取收」为正行右侧添加。

夫一名。倘过期不楚結，許撥莊另佃。今欲有憑，此據。

公議少課錢六十九文。

憑倪達

道光十七年正月廿五日　立

二一二九　道光十七年一月二十五日史纪执租田字

立租字人史紀執，今租到

義莊熊宗義名下頂春云〔一〕三埸嶺後白田二形，三畝二分六厘八毛。言定每年預支稞錢三串九百八十二文整，并小稞錢文，限重陽前完納，領取收票，不得短少。又於每年歲修，每畝帮夫一名。倘过期不楚結，許撥莊另佃。今欲有憑，此據。公議小稞钱百卅文。

憑保　倪達

道光十七年正月廿五日　立

〔一〕「頂春云」为正行右側添加。

二一三〇　道光十七年一月二十五日史銘山租田字

立租字人史銘山，今租到義莊熊宗義名下本己〔一〕白田一形，八分七厘四毛六糸。言定每年預支稞〔二〕錢一串乙百三十七〔三〕文，限重陽前〔四〕完納，領取收票，不得短少。又於每年歲修，每畝帮夫一名。倘过期不楚結，許撥莊另佃。今欲有憑，此據。

外小稞錢卅五文。

道光十七年正月廿五日　銘□立

二一三一　道光十七年一月二十六日史銘旭租田字

立租字人史銘旭，今租到

義莊熊宗義名下銘玉〔五〕三埸本己〔六〕内垸二形，二畝九分

〔一〕「本己」为正行右側添加。
〔二〕「言定每年預支稞」为正行右側添加。
〔三〕此处数字有修改。
〔四〕「前」为正行右側添加。
〔五〕「銘玉」为正行右側添加。
〔六〕「本己」为正行右側添加。

○四毛。言定每年預支稞錢三串五百八十四文正，并小稞錢文，限重陽前完納，領取收票，不得短少。又於每年歲修，每畝帮夫一名。倘过期不楚，許撥莊另佃。今欲有憑，此據。

公議小稞錢百十六文。

憑保 倪達

道光十七年正月廿六日 立

二一三二 道光十七年一月二十六日熊可傲租田字

立佃租字人熊可傲，今租到義莊熊宗義名下虎獐垸白田共三形，乙畝八分九厘五毛〔一〕。言定每年預支稞錢壹串四百廿文，并小稞錢每畝四十文，限定重陽前完納，領取收票，不淂短少。又於每年歲修，每畝帮夫一名。倘過不楚，许撥莊另佃。今欲有凴，此據。

凴保人 国光

道光十七年正月廿六日 可傲 筆

〔一〕「五毛」为正行右側添加。

二一三三 道光十七年一月二十七日倪达租田字

立租字人倪達，今租到

義莊熊宗義名下頂名玉〔一〕三塌白田一形，弍畝〇二厘五毛二糸。言定每年預支稞錢弍串〇卅五文，并小稞錢文，限重陽前完納，不得短少。又於每年歲修，每畝帮夫一名。倘过期不楚結，許撥莊另佃。今欲有憑，此據。公議小稞錢八十一文。

道光十七年正月廿七日 立

二一三四 道光十七年一月二十八日钱开定租田字

立佃租字人錢開定，今租到

義庄熊宗義名下陳昌皇田院白田五畝九分六厘。言定每年預支稞錢六串五百〔二〕五十文，小稞錢二百四〔三〕十四文，限重陽前完納，領取收票，不得短〔少〕。又於每年歲修，每畝帮堤夫一名。倘過期不楚，許撥庄另佃。此據。

〔一〕「頂名玉」为正行右側添加。
〔二〕「五百」为正行右側添加。
〔三〕「百四」为正行右側添加。

保人　開宗

道光十七年正月廿八日　立

二一二三五　道光十七年一月二十八日倪正纬租田字

立租字人倪正緯，今租到

義莊熊宗義名下本己〔一〕史大垸白田一形，四畝五分。言定每年預支稞錢四串九百文整，并小稞錢文，限重陽前完納，領取收票，不得短少。又於每年歲修，每畝帮夫一名。倘过期不楚，許撥莊另佃。今欲有憑，此據。

公議小稞錢百八十文

憑保　倪達

道光十七年正月廿八日

二一二三六　道光十七年一月二十八日钱义何租田字

立佃租字人錢義何，今租到

義庄熊宗義名下陳昌院白田二畝四分。言〔二〕定每年預支稞錢二串六百四十文，小稞錢九十六文，限重陽前完納，領取收票，不得短少。每年歲修，每畝帮堤夫一名。倘過期不楚，許撥庄另佃。此據。

保人　開宗

道光十七年正月廿八日　立

〔一〕「本己」二字为正行右侧添加。

〔二〕「言」字为正行右侧添加。

二一二三七　道光十七年一月二十八日钱开仕租田字

立佃租字人钱開仕，今租到

義庄熊宗義名下〔一〕皇田垸白田三形，三畝五分。言定每年預支稞錢三串七百，小稞錢一百四十文，限重陽前完纳，領取收票，不得短少。每年歲修，每畝帮堤夫一名。倘過期不楚，許撥庄另佃。此據。

保人　開宗

道光十七年正月廿八日　立

〔一〕「下」后涂去「陈昌」二字。

二一二三八 道光十七年一月史明瑞租田字

立租字人史明瑞，租到

熊莊熊宗義名下頂本己〔一〕史後嶺白田二形，乙畝八分五厘五毛五糸。言定每年預支粿錢二千二百廿六文整。限重陽完納，領取收票，不得短少。於每年歳修，每畝帮夫一名。倘过期不楚结，許撥庒另佃。今恐（有）〔無〕憑，此據。

憑保 倪達　　外小粿錢七十四文。

道光十七年一月廿□日　立

二一二三九 道光十七年二月二日史銘环租田字

立租字人史銘環，

義莊熊宗義名下頂名功〔二〕垸前、頂大林〔三〕垸后田二形，伍畝乙分七厘七毛九糸〔四〕。言定每年預支粿錢陸串四百廿一文整，限重陽前完納，領取收票，不得短少。又於每年歳修堤，

〔一〕「頂本己」为正行右側添加。

〔二〕「頂名功」为正行右側添加。

〔三〕「頂大林」为正行右側添加。

〔四〕「七厘七毛九糸」为正行右側添加。

每畝帮夫一名。倘過期不楚，許撥另佃。今欲有憑，此據。

公議小粿錢弍百〇四文。

憑保 倪達

道光十七年二月初二日　立

二一二四〇 道光十七年二月二日史大邑租田字

立租字人史大邑，

義莊熊宗義名下本己〔一〕三塌白田一形，一畝二分。言定每年預支粿錢一串四百四十文整，限重陽前完納，領取收票，不得短少。又於每年歳修堤，每畝帮夫一名。倘過期不楚，許撥另佃。今欲有憑，此據。

公議小粿錢四十八文。

憑保 倪達

道光十七年二月初二日　立

〔一〕「本己」为正行右側添加。

二一二四一　道光十七年二月三日应会租田字

立租字人應會，今租到虎獐垸義莊田五分二厘，又祭田五分八厘，共租到宗義名下。言定每年預支稞錢七百乙十五文，限重陽前完納。又于每年歲修，帮夫乙名。倘過期不楚，許撥莊另佃。此據。公議小稞錢每畝出錢四十文。

保租人　國光

道光十七年二月初三日　立　筆

二一二四二　道光十七年二月三日厚道租田字

立租字人厚道，今租到虎獐垸義莊宗義名下二形，壹畝乙分九厘五。言定每年預支租錢柒百七十六文，限重陽前完納，不得短少分文。外每田小稞當出四十文。此據。

保稞人　国光

道光十七年二月初三日　立

二一二四三　道光十七年二月三日道会租田字

立租字人道會，今租到虎獐垸義莊田乙形，八分二厘九毛，又祭田二形，壹畝二分二厘四，共领宗义名下。言定每年预支稞钱壹串四百卅七文，限重陽前完納。又于每年歲修，帮堤夫乙名。倘過期不楚，許撥庄另佃。此據。公議小稞錢每畝出四十文。

保租人　国光

道光十七年二月初三日　立　笔

二一二四四　道光十七年二月三日史纪永租田字

立租字人史纪永，今租到義莊熊宗義名下頂銘玉大垸白田一形，二畝三分。言定每年預支稞錢二串六百六十文正，并小稞錢文，限重陽前完納，領取收票，不得短少。又於每年歲修，每畝帮夫一名。过期不楚，許撥莊另佃。今欲有憑，此據。公議小稞钱九十二文。

憑保　倪達

道光十七年二月初三日　立

二一二四五　道光十七年二月四日广才租田字

立租字人廣才，领到篤叙堂虎獐垸義莊田二畝六分三厘九毛。言定每年预支粿钱弍串六百三十九文，限重〔陽〕前〔一〕完纳，不得短少。又于每年歲修，帮堤夫一名。倘過期不楚，許撥庄另租。今恐無憑，此據。每畝田小粿钱四十文，憑保人国光。

道光十七年二月初四日　立

二一二四六　道光十七年二月四日玉南等租田字

立租字人叔侄〔二〕玉南、韶南弟兄，领到〔三〕篤叙堂虎獐垸祭田〔四〕壹亩六分九厘五毛。言定每年预支粿钱一串二百七十一文〔五〕，不得短少，（现）〔限〕重陽完纳。又于每年歲修帮堤夫名。倘過期不楚，許撥莊另租。今恐〔無〕憑，此據。每畝言定小粿钱四十文。

憑保人　国光

道光十七年二月初四日　立

〔一〕「前」为正行右侧添加。

〔二〕「人叔侄」三字为正行右侧添加。

〔三〕「到」字后删去一字。

〔四〕「虎獐垸祭田」为正行右侧添加。

〔五〕「文」为正行右侧添加。

二一二四七　道光十七年二月四日怌南租田字

立租字人〔一〕怌南，今領到篤敘堂熊宗義名下〔二〕虎獐垸義莊田四分五厘二毛。言定每年預支粿錢叁百三十九文，限重陽前〔三〕完納，不得短少。又于每年歲修，帮堤夫一名。倘過期不楚，許撥莊另租。今恐無〔四〕憑，此據。

每畝言定小粿錢四十文。

憑保人　国光

道光十七年二月初四日　立

二一二四八　道光十七年二月四日熊亨蔚租田字

立租字人熊亨蔚，今租到虎章垸義莊熊宗義名下白田三形，一

〔一〕「人」为正行右侧添加。

〔二〕「熊宗義名下」为正行左侧添加。

〔三〕「前」为正行右侧添加。

〔四〕「無」为正行右侧添加。

畝八分六（力）〔厘〕，言定每年一串叁百九十文預支，并小稞錢每畝額四十文，限重陽完納取票。倘過期不楚，許田主另爻另佃。今欲有憑，此據。

憑保租人　国光

道光十七年二月初四吉旦　立[一]

二一二四九　道光十七年二月四日厚存租田字

立租字人厚存，今租到虎獐垸義莊熊宗義名下白田三形，一形式畝六分四厘八毛，二形壹畝，三形壹畝〇八厘，共四畝七分二厘八毛。言定每年叁串叁百文預支，並小稞錢每畝額四十文，限重陽完納取票。倘過期不楚，另撥亦可。今欲有憑，此據。

憑保租人　国光

道光十七年二月初四日　立

〔一〕　該契約背面寫有如下文字：
「邱盈壹畝〇八厘未頂
邱柸九分未頂
體莊壹畝〇九厘六毛未頂
亨華九分〇壹糸未頂
仁惠八分八厘五糸未頂」

二一二五〇　道光十七年二月四日文蔚租田字

立租字人文蔚，今領到義莊田熊宗義名下四畝〇九厘三毛。言定每年預支稞錢四串〇九十三文[一]，限重陽前完納，不得短少。又于每年歲修，帮堤夫一名。倘過期不楚，許撥莊另租，今恐無憑，此據。每畝田小稞錢四十文。

憑保人　国光

道光十七年二月初四日　立

二一二五一　道光十七年二月四日云会租田字

立租字人云會，今租到義庄虢章垸宗義名下白田二形，一畝五分捌厘四毛[二]。言定每年预支稞钱一串乙百〇捌文[三]，限重陽前完納，领取收票，不得短少。倘又遇每年歲修，帮堤夫一名。倘過期不楚，许爻莊另佃。今欲有憑，此據。

憑保　国光

〔一〕　「四串〇九十三文」为正行右侧添加。
〔二〕　此处数字有修改。
〔三〕　此处数字有修改。

公議每畝小稞钱四十文。

道光十七年二月初四日　立租人　字　立

二一二五二　道光十七年二月四日国佐租田字

立租字人国佐，领到義庄虎獐坃宗義名下〔一〕白田一畝五分五厘三毛。言定每年预支稞钱一串五百五十三文，不得短少，（现）〔限〕重陽完納。又于每年歲修，帮堤夫一名。倘過期不楚，許撥莊另租。今恐無憑，此據。

公議每畝小稞钱四十文。

憑保人　国光

道光十七年二月初四日　立

二一二五三　道光十七年二月四日熊材会租田字

立租字人熊材会，今租到虎章坃義莊宗義名下白田二形，一畝一分八厘，每年预支稞钱八百八十五文，限重陽前完納，領取收票，不得短少。又于每年歲修，帮堤夫一名。倘過期不楚，许爻莊另佃。今欲有憑，此據。

公議小稞每畝四十文。

保人　国光

道光十七年二月初四日　立

二一二五四　道光十七年二月四日史铭先租田字

立租字人史銘先，今租到義莊熊宗義名下頂紀圡三塲白田一形，一畝四分七厘〇八糸。言定每年預支稞錢一串七百六十四文整，并小稞錢文，限重陽前完納，領取收票，不得短少。又於每年歲修，每畝帮夫一名。倘過期不楚，許撥莊另佃。今欲有憑，此據。

公議小稞錢五十九文。

憑保　倪達

道光十七年二月初四日　立

二一二五五　道光十七年二月五日史铭烈租田字

立租字人史銘烈，今租到

〔一〕「宗義名下」为正行右侧添加。

義莊熊宗義名下本己〔一〕嶺後白田一形，壹畝七分八厘二毛。言定每年預支稞錢弍串百卅八文整，并小稞錢文，限重（限）〔陽〕前完納，領取收票，不得短少。又於每年歲修，每畝帮夫一名。倘过不楚結，許撥莊另佃。今欲有憑，此據。

公議小稞錢七十二文。

憑保　倪達

道光十七年二月初五日　立

二一二五六　道光十七年二月五日亨於租田字

立租字人亨於，今領到

義莊熊宗義名下虎獐垸田三形，弍畝六分六（力）〔厘〕。言定每年預支稞錢壹串玖百文，限定重陽前完納，領取收票，不淂短少。又于每年歲修，帮堤夫一名。如過期不楚，许撥庄另佃。今欲有憑，此抛。公議每畝小稞錢四十文。

憑保　国光

道光十七年二月初五日　立

二一二五七　道光十七年二月六日楚堂租田字

立租字人楚堂，今領到

義莊熊宗義名下虎獐垸田二分五厘五毛。言定每年預支稞錢一百八十文，限重陽前完納，領取收票，不得短少。又于每年歲修，幫堤夫一名。倘過期不楚，許撥莊另佃。今欲（友）〔有〕憑，此據。

憑保　国光

公議每年小稞錢四十文。

道光十七年二月初六日　立

二一二五八　道光十七年二月六日熊容材租田字

立租字人熊容材，今租到虎章義莊宗義名下白田一形，壹畝〇壹厘。言定每年预支稞钱八百〇八文，限定每年重陽前完納，領取收票，不得短少。又于歲修堤夫一名。如過期不楚，许癶莊另佃。今欲有憑，此據。

公議小稞每畝四十文。

憑保租人　国光

〔一〕「本己」为正行右側添加。

道光十七年二月初六日　立

二一二五九　道光十七年二月六日史載梅租田字

立租字人史載梅，今租到

義莊熊宗義名下頂本己〔一〕嶺後白田三形，壹畝四分四厘二毛。言定每年預支稞錢一串四百四十二文整，并小稞錢文，限重陽前完納，領取收票，不得短少。又於每年歲修，每畝帮夫一名。倘过期不楚，許撥庄另佃。今欲有憑，此據。公議小稞錢五十八文。

憑保　倪達

道光十七年二月初六日　立

〔一〕「頂本己」为正行右側添加。

二一二六〇　道光十七年二月八日史銘德租田字

立租字人史銘德，今租到

義莊熊宗義名下頂本己嶺後大垸二形，頂銘功三塌一形，共五畝四分七厘。言定每年預支稞錢六串五百文正，限重陽前完納，領取收票，不得短少。又於每年歲修，每畝帮夫一名。公議小稞錢

倘過期不楚，許撥莊另佃。今欲有憑，此據。

二百十九文。

憑保　倪達

道光十七年二月初八日　立

二一二六一　道光十七年二月八日倪正縉租田字

立租字人倪正縉，今租到

義莊熊宗義名下頂〔一〕本己三塌白田一形，七畝八分〇。言定每年預支稞錢捌串八百廿文整，并小稞錢文，限重陽前完納，領取收票，不得短少。又於每年歲修，每畝帮夫一名。倘过期不楚，許撥莊另佃。今欲有憑，此據。

公議小稞錢三百十七文。

憑保　倪達

道光十七年二月初八日　立

〔一〕「頂」字为正行右側添加。

二一二六二　道光十七年二月九日倪結中租田字

立租字人倪結中，今租到

義莊熊宗義名下頂纪厷三堨白田一形，六分。言定每年預支稞錢六百六十文整，并小稞錢文。限重陽前完納，領取收票，不得短少。又於每年歲修，每畝帮夫一名。倘过期不楚，許撥庄另佃。今欲有憑，此據。公議小稞錢廿四文。

憑保　倪達

道光十七年二月初九日　立

二一二六三　道光十七年二月十日史大才租田字

立租字人史大才，今租到

義莊熊宗義名下本己三堨白田二形，一畝五分五厘。言定每年預支稞錢一串八百五十文整，并小稞錢文，限重陽前完納，領取收票，不得短少。又於每年歲修，每畝帮夫一名。倘過期不楚，許據莊另佃。今欲有憑，此據。公議小稞錢七十二文。

憑保　倪達

道光十七年二月初十日　立

二一二六四　道光十七年二月十日危云邦租田字

立租字人危云邦，今租到

義莊熊宗義名下頂名串〔一〕後垸白田一形，三畝三分四厘六毛六糸。言定每年預支稞錢三串三〔二〕百四十六文整，并小稞錢文，限重陽前完納，領取收〔三〕票，不得短少。又于每年歲修，每畝帮夫一名。倘过期不楚，許撥庄另佃。今欲有憑，此據。

公議小稞錢百卅三文。

憑保　倪達

道光十七年二月初十日　立

二一二六五　道光十七年二月十二日倪锡龄租田字

立租字人倪錫齡，今租到

義莊熊宗義名下頂正經三堨白田一形，三畝式分五厘四毛。言

〔一〕「頂名串」为正行右側添加。

〔二〕「三」为正行右側添加。

〔三〕「收」为正行右側添加。

定每年預支稞錢三串九百文整，并小稞錢文，限重陽前完納，領取收票，不得短少。又於每年歲修，每畝帮夫一名。倘过期不楚，許據莊另佃。今欲有憑，此據。公議小稞錢百廿八文。

憑保　倪達

道光十七年二月十二日　立

二一二六六　道光十七年二月十九日周士珍租田字

立佃租字人周士珍，今租到義庄熊宗義名下白湖垸白田五分一厘三毛。言定预支稞錢四百十文整，並小稞錢廿文，限重陽前完纳，领票承種，不得短少。此拠。

道光十七年二月十九　立

二一二六七　道光十七年二月二十二日熊余集租田字

立租字人熊餘集，今租到〔一〕宗義義莊名下田五形，共田五畝〇〇五毛。言定每年預支叁串五百〇三文，限重陽前完納，領取收票，不得短少。又于每年歲修，帮堤夫一名。倘過期不楚，許撥莊另佃。今欲有憑，此據。

公議每畝小稞錢四十文。

憑保　国光

道光十七年二月廿二日　立

二一二六八　道光十七年二月亨永租田字

立租字人亨永，租到田一形，虎獐垸義庄宗義名下三分六厘。言定預支稞錢二百五十文，現定九月完納，領取收票，不得短少。公議每畝小費錢四十文。此拠。

道光十七年二月　日　立

二一二六九　道光十七年二月亨贵租田字

立租字人亨貴，今領到義莊熊宗義名下虎獐垸田一形，乙畝一分九厘。言定每年預支稞錢九百五十二文正，限重陽前完清。倘過期不楚，許撥莊另佃。又於每年歲修，帮堤夫一名。恐口無憑，此據。公議每畝小稞錢四十文按算。

憑保　国光

〔一〕「到」为正行右侧添加。

道光十七年二月　立

二一二七〇　道光十七年三月十六日阳定因租田字

立租字人陽定因，今〔租〕到

義莊熊宗義名下張望垸白田乙畝五分二厘二毛。言定每年預支稞錢九百文正，並小稞錢四十文，限重陽前完納，領取收票，不淂短少。又扵每年歲修，每畝帮堤夫一名。倘有過期不楚，许撥莊另佃。今欲有凴，此據。

凴保人　陽定柏

道光十七年三月十六日　立

二一二七一　道光十七年三月十六日魏升租田字

立租字人魏升，今租到

義莊熊宗〔義〕名下張望垸白田四分三厘九毛三系。言定每年預支稞錢九百文正，并小稞錢四十文，限重陽前完納，領取收票，不淂短少。又扵每年歲修，每畝帮堤夫一名。倘過期不楚，许撥莊另佃。今欲有凴，此據。

按算。　凴保人　陽定柏

道光十七年三月十六日　立

二一二七二　道光十七年三月十六日定修租田字

立租字人定修，今租到

義莊熊宗義名下張望垸白田九分四厘八毛。言定每年預支稞錢九百文正，并小稞錢四十文，限重陽前完納，領取收票，不淂短少。又扵每年歲修，每畝帮堤夫一名。倘有過期不楚，许撥莊另佃。今欲有凴，此據。

凴保人　陽定柏

道光十七年三月十六日　立

二一二七三　道光十七年三月十六日阳定锡租田字

立租字人陽定錫，今租到

義莊熊〔宗義〕名下張望垸白田乙畝〇三厘三毛。言定每年預支稞錢九百文，限重陽前完納，領取收票，不淂短少。又扵每年歲修，每畝帮堤夫一名。倘過期不楚，许撥莊另佃。今欲有凴，此據。公議每畝小稞錢四十文按算。

凴保人　陽定柏

道光十七年三月十六日　立

二一二七四　道光十七年四月十日熊自侣租田字

立佃（祖）〔租〕字熊自侣，今（祖）〔租〕到
義庄熊宗義名下白湖垸白田七分〇叁毫〔一〕，言定預支稞錢
六百卅文，不得短少。此據。
道光十七年四月初十　立

二一二七五　道光十七年四月十日周汝柏租田字

立佃租字人周汝柏，今租到義庄熊宗義名下白湖垸白田三分二
厘四毛四絲〔二〕，言定预支稞錢三百卅文，不得短少。此據。
道光十七年四月初十日　立

〔一〕　此处数字有修改。
〔二〕　「四絲」为正行右侧添加。

二一二七六　道光十七年四月十日周士香租田字

立租字人周士香，今租到
義庄熊宗義名下白湖垸白田壹畝。言定預支稞錢壹串整，並小
稞钱四十文，限重陽前完纳，领取收票，不得短少。此拠。
道光十七年四月初十日　立

二一二七七　道光十七年四月十日周士林租田字

立佃（祖）〔租〕字人周士林，今（祖）〔租〕到
義庄熊宗義名下白湖垸白田五分七厘三毛六系。言定预支稞錢
五百七拾三〔一〕文，並小稞钱廿三文。限重陽前完纳，领取收
票。此拠。
道光十七年四月初十日　立

〔一〕　此处数字有修改。

二一二七八　道光十七年四月十日熊昌桂租田字

立佃（祖）〔租〕字人熊昌桂，今（祖）〔租〕到

義庄熊宗義名下白湖垸白田乙畝〇四厘九毛〔一〕。言定預支稞錢乙串文整，並小稞錢四十。限重陽前完納，領取票，不得短少。又於每年歲修，每畝帮夫一名，不得違抗。此拋。

道光十七年四月初十日　立

二一二七九　道光十七年四月十日何易爵租田字

立佃租字人何易爵，今租到

義庄熊宗義名下白湖垸白田弍畝五分弍厘九毛。言定預支稞錢壹串九百文，並小稞錢乙百文。限重陽节完清领種，不得短少。此拋。

道光十七年四月初十日　立

二一二八〇　道光十七年四月十日阳定恒租田字

立租字人陽定恒，今租到

義莊熊宗義名下代家垸白田二形，乙畝三分四厘五毛。言定每年預支（顆）〔稞〕錢九百文每畝田，言定重陽前完納，領取收票，不淂短少。又扵每年歲修，堤夫乙名。倘過期不楚，许撥莊另佃。此據。

凴保人　陽定柏

道光十七年四月初十日

二一二八一　道光十七年四月十日胡松租田字

立租字人胡松，今租到

義莊熊宗義名下王垸二畝〇二厘九毛。言定每年預支（顆）〔稞〕錢九百文每畝，言定重陽前完納，領取票，不淂短少。又扵每歲修，堤夫一名。倘有過期不楚，許撥莊另佃。此據。

凴保人　定柏

〔一〕此处数字有修改。

道光十七年四月初十日〔一〕

二—二八二　道光十七年四月十日胡科租田字

立租字人胡科，今租到
義莊熊宗義名下王垸乙畝三分五厘〇六。言定每年預支（顆）〔稞〕錢九百文每畝田，言定重陽前完納，領取收票，不淂短少。又扵每歲修，堤夫一名。倘有過期不楚，许撥莊另佃。此據。

憑保人　陽定柏

道光十七年四月初十日

二—二八三　道光十七年四月十日周汝达租田字

立佃（祖）〔租〕字人周汝達，今（祖）〔租〕到義庄熊宗義名下白田六分七厘六毛五糸。言定預支稞錢七百文整，並小稞錢卅一文，限重陽前完清承種，不淂短少。此拠。

道光十七年四月初十　立

二—二八四　道光十七年四月十三日赵佩玉租田字

立领田字人赵佩玉，今领到
義莊熊宗義名下蓮台垸白田八畝四分九厘六毛五糸。言定每年预支稞钱四串一百四十八文，外每畝小稞钱四十文，限重陽前完納，不得短少。又於每年歲修，每畝帮堤夫一名。倘过期不楚，许撥庄另佃。今欲有憑，此據。

憑保　錢開中

道光十七年四月十三日　佩玉　筆

二—二八五　道光十七年四月十三日赵金栋租田字

立佃租字人赵金棟，今租到
義庒熊宗義名下蓮台垸白田拾三畝弍分六厘八毛五糸。言定每年预支稞钱六串六百卅文，外每畝小稞钱四十文，限重陽前完納，不得短少。倘过期不楚，许撥庒另佃。今欲有憑，此據。

憑保人　錢開中

道光十七年四月十三日　赵金棟　筆

〔一〕参见「道光十二年十二月胡松卖田赤契」（本书收录之一—六二五号契纸）。

二一二八六　道光十七年四月十三日赵正选等租田字

立领田字人赵正選永，今领到

義庄熊宗義名下蓮台垸白〔一〕田弍拾六畝三分八厘〔二〕八〔三〕毛九系九忽。言定每年预支稞钱拾伍串八百卅，外每畝小稞钱四十文，限重陽前完納，不得短少。倘过期不楚，撥庄另佃。今欲有憑，此據。

憑保人　錢開中

道光十七年四月十三日　赵正選永　筆

二一二八七　道光十七年四月十五日张仁州租田字

立租田字人張仁州，租到熊宗儀莊户下一畆乙分八厘五〔四〕。言定預支錢（錢）租每畆〔五〕一串二百文，準以九月為度，不得短少分文。今欲有憑，立此租字為據。

〔一〕「白」为正行右侧添加。
〔二〕「厘」字后涂去「九」字。
〔三〕「八」为正行右侧添加。
〔四〕「八厘五」为正行右侧添加。
〔五〕「畆」为正行右侧添加。

道光十七年四月十五日　租田〔一〕州　筆

二一二八八　道光十七年四月十六日罗永年租田字

立佃租字人羅永年，今租到

義庄熊宗義名下皇田垸白田十三畝一分。言定每年預支稞錢六串五百文，小稞錢每亩田四十文，限重陽前完纳，領取收票，不得短少。又於每年歲，每畝帮堤夫一名。倘過期不楚，許撥庄另佃。此據。

憑保人　錢開宗

道光十七年四月十六日　立

二一二八九　道光十七年四月十六日钱照宗租田字

立佃租字人錢照宗，今租到祖君张又开喜

義庄熊宗義名下皇田垸白田五畝九分。言定每年預支稞錢三串文，小稞錢每亩田四十文。限重陽前完纳，领取收票，不得短少。又於每年歲修，帮堤夫一名。倘過期不楚，許撥庄另佃。

〔一〕「田」后涂去一字。

今欲有憑，此據。

保人　錢開宗

道光十七年四月十六日　立

二一二九〇　道光十七年四月十六日罗昌选租田字

立佃租字人羅昌選，今租到義庄熊宗義皇田垸白田一亩三分。言定每年預支稞錢七百八十文，小稞錢每亩田四十文，限重（限陲）陽前完，領取收票，不得短少。又於每年歲修，每畝帮堤夫一名。倘過期不楚，許撥庄另佃。此。

保人　錢開宗

道光十七年四月十六日　立

二一二九一　道光十七年四月十六日罗永达租田字

立佃租字人羅永達，今租到義庄熊宗義皇田垸白田十亩〇五厘。言定每年預支稞錢六串整，小稞錢每田四十文。限重陽前完納，領取收票，不得短少。又於每年歲修，每畝帮堤夫一名。倘過期不楚，許撥庄另佃。今欲有憑，此據。

憑保人　錢開宗

道光十七年四月十六日　立

二一二九二　道光十七年四月十七日熊重会租田字

立租田字人熊重會，今租到熊宗義義莊户下白田五分八厘弍[一]。言定每畝預[二]支錢文一串弍百文，準於九月秋收為度。今欲有憑，立此租田字為拠。

道光十七年四月十七日　熊重會　字

二一二九三　道光十七年四月十七日熊昭仕租田字

立租田字人熊昭仕，今租到熊宗義義莊户下白田弍亩弍分八厘九[三]。言定每畝預支錢文一串弍伯文，準以九月秋收為度。今欲有憑，立此租田字為據。

道光十七年四月十七日　熊昭仕　字

[一]「弍」为正行右侧添加。

[二]「預」为正行右侧添加。

[三]「八厘九」为正行右侧添加。

二一二九四　道光十七年四月十七日熊昭德租田字

立租田字人熊昭德，今租到熊宗義義莊户下白田弍畝一分六厘七毛[一]。言定每畝預支錢文一串弍伯文，準以九月秋收為度。今欲有憑，立此租田字為據。

道光十七年四月十七日　熊昭德　字

二一二九五　道光十七年四月十九日熊昌迪租田字

立佃（祖）〔租〕字人熊昌迪，今（祖）〔租〕到義庄熊宗義名下白湖垸白田乙畆弍分九厘九毛[二]。言定預支稞錢乙串□□十整，並小稞錢五十，限重陽前完纳，领取票，不得短少。又於每年歲修，每畝帮夫一名，不得違抗。此拠。

道光十七年四月十九日　立

〔一〕「六厘七毛」为正行右侧添加。

〔二〕此处数字有修改。

二一二九六　道光十七年四月二十四日习大科租田字

立租字人習大科，今租到義庄熊宗義名下白湖垸壹畝〇六厘五毛。言定預支稞錢七百十文，並小稞錢四十文，限重陽前完清種田，不得短少。此拠。

道光十七年四月廿四　立

二一二九七　道光十七年五月十一日周士容租田字

立佃租字人周士容，今租[一]到義庄熊宗義名下白湖垸白田七分六厘八毛二糸。言定预支稞錢五百四十文整，並小稞錢廿八文，限重陽前完清種田，不得短少。此拠。

道光十七年五月十一日　立

〔一〕「租」为正行右侧添加。

二一二九八　道光十七年五月二十四日熊自元租田字

立佃（祖）〔租〕字人熊自元，今（祖）〔租〕到義庄熊宗義名下白湖白田五分〇九毛。言定預支稞錢六百文，並小稞錢廿文，限重〔陽〕前完納，領取收票，不得短少。又於每年歲修帮夫一名，不得違抗。此據。

道光十七年五月廿四日　立

二一二九九　道光十七年六月十一日熊自忠等租田字

立佃租字人熊自忠得松，今租到義莊熊宗義名下白湖垸台田四分。言定预支稞錢四百八十文整，並小稞錢十六文，限重陽前完納承種，不得短少。此字为拠。

道光十七年六月十一日　立

二一三〇〇　道光十七年十二月八日张后司租田字

立佃租字人張后司，今租到義庒熊宗義名下[一]陳昌垸白田三形，三畝九分三厘。言定每年預支稞錢四串三伯廿文，小稞錢一百六十文，限重陽前完納，領取收票，不得短少。又於每年歲修，每畝帮堤夫一名。倘過期不楚，許撥庒另佃。今欲有憑，此據。

憑保人　錢開宗

道光十七年朏月初八日　立

二一三〇一　道光十七年熊开寅租田字

立佃字人熊開寅[二]，今租到虎章垸義莊熊宗義名下垸田三形，五畝乙分九（力）〔厘〕。言定每年預支稞錢叁串柒百八十文，限定重陽前完納，領取收票，不得短少。又于每年歲修，邦堤夫一名。倘過期不楚，许另爻另佃。今欲有憑，此據。

〔一〕「名下」为正行右侧添加。
〔二〕「寅」为正行右侧添加。

公議小稞每畝四十文。

憑保租　國光

道光十七年吉日　立

二—三〇二　道光十七年熊榜会租田字

立租字人熊榜会，今租到義庄虎章垸宗義名下白田一形，一畝四分。言定每年预支稞钱乙串〇五十文正，限重陽前納完，領取收票，不得短少。又于每年歲修，帮堤夫一名。倘過期不楚，许爻莊另佃。今欲有憑，此據。

公議小稞每畝四十文。

憑保　國光

道光十七年初四日　立

二—三〇三　咸丰三年二月十日殷瑄租田字

立領田字人殷瑄，今領到熊篤叙堂名下石庙圑水田，坐落嚴家墻坑水田乙坵，乙畝二分，在嚴家墻使水灌救[一]；又水田坐

[一]「在嚴家墻使水灌救」为正行右侧添加。

落草堰坑，大小水田二坵，乙畝四分，在草堰使水灌救[一]；又水田坐落譚堰坑，水田六分，在譚堰使水灌救；又水田坐落何堰上，水田二分，在何堰使水灌救。共田三畂四分，五坵[二]。当付領青錢三串四佰文。言定每年每畝完納額稞乙石，送至隍城觀莊屋交卸，期定八月内全[三]完。如过期不完以及短少升各，将領價扣算，任熊家大老爺[四]另撥另佃。倘遇天年不易，驗只納租。

每年每畝新米麺各升，每田四畝新鳮乙支[五]。

每畝東到錢卅文。

凴保人　黄可明　楊利會　黄選高

咸豐三年二月初十日　殷瑄　領字

[一]「在草堰使水灌救」为正行右侧添加。

[二]「共田三畂四分五坵」为正行右侧添加。

[三]「全」为正行右侧添加。

[四]「爺」为正行右侧添加。

[五]「乙支」为正行左侧添加。

二一三〇四　咸丰三年三月三日杨茁山租田字

立領種田字人楊茁山，今領到岳口熊篤叙堂名下陶團水田四畝六分，共坵段大小白田水田九坵，在張家堰使水灌救。當付領價四串六百文整。言定每年每畝完納額稞谷乙石，送到隍城觀莊屋交卸，期定八月全完。以及短少升合，將領價扣算，任熊另撥另佃。倘遇天年不一，驗子納租。設田形坵段界止遺失，惟種田人是問。為拠。

每年每田新米麵各一升。

憑保人　黄可明　画押　楊儀和　画押　楊振孝　画押

咸豐叁年三月初三日　楊茁山　筆

二一三〇五　咸丰三年三月三日倪贞租田字

立領種田字人倪貞，今領到岳口熊篤叙堂名下陶團水田八畝乙分，共田坵大小水田十坵，張家堰使水灌救。當付領價錢八串乙百文。言定每年每畝完納額稞谷乙石，送到隍城觀莊屋交卸，期定八月全完。以及短少升合，將領價扣算，任熊另撥另佃。倘遇天年不一，驗子納租。設田形坵段界止遺失，惟種田人是問。此拠。

憑保人　黄可明　楊儀和　振孝

咸豐三年三月初三日　倪貞　筆

二一三〇六　咸丰三年三月三日杨瑞彩租田字

立領種田字人楊瑞彩，今領到岳口熊篤叙堂名下陶團水田七畝四分，共田坵大小白田水田十五坵，在張家堰使水灌救。當付領價錢柒串四百文。言定每年每畝完納額稞谷乙石，送到隍城觀莊屋交卸，期定八月全完。以及短少升合，將領價扣算，任熊另撥另佃。倘遇天年不一，驗子納租。設田形坵段界止遺失，惟種田人是問。此拠。　七分八分二坵，在方堰使水灌救。

每年每田新米麪各一升。

凴保人 黄可明 画押
楊儀和 画押
楊振孝 画押

合共十四坵。

咸豐三年三月初三日 瑞彩 筆

二一三〇七 咸丰三年三月三日沈健升租田字

立領種水田字人沈健升，今領到岳口

熊篤叙堂名下石庙團水田三坵，一畝，坐落官老堰使水救。當付領價錢乙串。言定每畝完纳額稞乙石，送至隍城观莊屋交卸，期定八月内全完。如过期不完以及短少升合，将領價錢扣算，任熊另撥另佃。倘遇天年不一，驗子纳租。設田形坵段界止遺失，惟種田人是问。此抝。

每年每畝新米麺各一升，東到錢卅文。

咸豐三年三月初三日 見陞 字

二一三〇八 咸丰三年三月四日代元朋租田字

立領種水田字人代元朋，今領到岳口

熊篤叙堂名下石廟團水田五坵，二畆四分五，坐落大堰，□堰使水灌救。當付領價錢二串四百五十文〔一〕。言定每年每畆完納額谷乙石，送至隍城观莊屋交卸，期定八月内全完。如過期不完以及短少升合，將領價扣算，任熊另撥另佃。倘遇天年不一，驗子纳租。設田形坵段界止遺失，惟種田人是問。此抝。

每年每畆新米麳各一升，每畆。

（馮）〔憑〕保人 黄顯高

咸豐三年三月初四日 字

二一三〇九 咸丰三年三月四日黄显高租田字

立領種水田字人黄顯高，今領到岳口

熊篤叙堂名下石庙團水田肆畆弍分五厘，大小拾坵。坐落汪家堰，土名，六分。華家堰，土名，六坵，弍厶五分。厶堰塝，土名，弍坵，壹厶乙分五厘。在汪家堰、華家堰、厶堰使水灌救。當付領價钱肆串弍伯文整。言定每年每畆完納額稞谷乙石，送至隍城观莊屋交卸，期定八月内全完。如過期不完以及

〔一〕「救」后涂去五字，其右側添加「當付領價錢二串四百五十文」。

短少升合，將領價扣算，任熊另撥另佃。倘遇天年不一，驗子納租。設田形坵段界止遺失，惟種田人是問。此拠。

每年每畝新麺米各乙升，每四畝新鷄乙支。每畝東到錢卅文。

憑保人　楊利会

咸豐叁年三月初四日　黃顕高　字

二—三〇　咸丰三年三月四日代元顶租田字

立領字人代元顶，今領到岳口熊篤叙堂名下石庙團水田大小四坵，二畝□八[一]（力）〔厘〕。坐落腰堰，□堰使水灌救。當付□價二串〇八十[二]正。言定每年每畝完纳额課谷乙石，送至隍城观莊屋交卸，期定八月内全完。如過期不完以及短少升合，將領價扣算，任熊另撥另佃。倘遇天年不一，驗子納租。設田形坵段界止遺失，惟種田人是问。此拠。

每年每畝新麪米各一升，每畝。

〔一〕此处数字有修改。

〔二〕此处数字有修改。

每畝東錢卅。

憑保人　黃顕高

咸豐三年三月初四日　字

二—三一　咸丰三年三月五日杨有梅租田字

立領種白田字人楊有梅，今領到岳口熊篤叙堂名下石庙團白田乙畝貳分，計乙坵，坐落家師坡百岸，專堰使水灌漑。當付領價清錢壹串一百[一]。言定每年每畝完納額稞穀壹石，送至隍城灌莊屋交卸，期定八月内全完。如过期不完以及短少升合，将領價扣算，任熊另撥另佃。倘遇天年不一，驗子納租。設田形坵段界止遺失，惟種田人是問。此拠。

每年每畝新麪米各一升，每四畝新鸡一支，每畝東道錢三十文。

凴保人　楊純全

咸豐三年三月初五日　字

〔一〕此处数字有修改。

二—三一二　咸丰三年三月五日李达元租田字

立領種田字人李達元，今領到岳口
熊篤叙堂名下石庙團水田三坵，三畝弍分五，八分五在五杪堰使水，一畝七在碾堰使水，七分在彭家堰使灌漖。當付領價錢叁串二伯五。言定每年每畝完纳額稞谷一石，送至隍城观莊屋交卸，期定八月内全完。如过期不完以及短少升合，将領價扣算，任
熊另撥另佃。倘遇天年不一，騐子纳租。設田形坵段界止遺失，惟種田人是问。此據。
每年每畝新麫米各一升，每四畝新雞一支，每畝東到錢卅。
咸豐三年三月初五日　李達元　筆
凴保人　黄可名　義和

二—三一三　咸丰三年三月五日杨振忠租田字

立領種水田字人楊振忠，今領到岳口
熊篤叙堂名下石庙團水田四坵，一畝三分，坐落盧家嶺，在王午堰使水灌救。當付領價錢一串叁佰。言定每年每畝完纳額稞穀一石，送至隍城观莊屋交卸，期定八月内全完。如过期不完以及短少升合，将領價錢扣算，任
熊另撥另佃。倘遇天年不一，騐子纳租。设田形坵段界止遺失，惟種田人是问。此據。
每年每畝新麫米各一升，每四畝新鷄一支
每畝东到錢卅。
凴保人　楊振孝
咸豐三年三月初五日　振忠

二—三一四　咸丰三年三月五日杨有德租田字

内又楊逢科名下二分，坐落張堰當領價一百文。
立領種水田字楊有德，今領到岳口熊篤叙堂名下陶團水田白三畝七分，坐落土名七坵，在張堰使水（藋）〔灌〕漖。當領價錢三串七百文若干。言定每年畝完纳額稞谷壹石，送至隍城觀莊屋交卸，期定八月全完。如過期不完以及短少升合，領價扣算，任熊另撥另佃。倘遇天年不一，騐子納租。設田形段界止遺失，惟種田人是问。此拠。
每年每畝新麺各一升，每四畝新鸡一（皮）〔支〕，每畝（未）〔东〕到錢卅文。

咸豐叁年三月初五日　楊有德　字

二—三一五　咸丰三年三月五日杨月富租田字

立領種水田字人楊月富，今領到岳口熊篤叙堂名陶團水田一畝九分，大小六坵，坐落土名坵。完納額稞谷壹石，送到隍城莊屋。在張堰使水（藋）〔灌〕救。當府領價錢若干一串九百文。定每年每畝交。期定八月内全完。如過期不完以及短少升合，将領價扣算，任熊另撥另佃。倘天年不一，騐子内納租。設田形畝段界止遺失，惟種田人是問。此拠。

每年每畝新起各升，畝四新鸡一（皮）〔支〕，每畝（未）〔东〕到錢卅文

咸豐叁年三月初五　楊月富　領字

二—三一六　咸丰三年三月五日潘士诚租田字

立領水田字人潘士诚，今領到熊篤叙堂名下今有石團水田大小二坵，弍畝六分〔一〕，坐落石家灣後，在革堰尾擺堰使水灌救。成出偹頂頭弍串五百五十文，叙堂親手收讫。言定每畝額稞乙石。如有天年不一，騐田取租。如有短少升合，撥田另佃，将領價扣租。新雞四畝田一个，每畝米麫二升，東道錢卅文。今恐無憑，立此領字為據。

憑中　楊利会　画押

咸丰三年三月初五日　诚　筆

二—三一七　咸丰三年三月五日潘士珍租出字

立領水田字人潘士珍，今領到熊篤叙堂名下今有石團水田大小四坵，壹畝九分，坐落石家灣東旁，在私堰使水灌救。珍出頂頭錢壹串九百文，篤叙堂收讫。言定每畝額稞乙石。如有天年不一，騐田取租。如有短少升合，撥田另佃，将頂價扣租。四畝田雞字一个，每畝米麫二升，東道錢卅文。今恐無憑，立此領字為據。

憑中　潘士诚　画押

咸丰三年三月初五日　珍　筆

〔一〕此处数字有修改。

二一三一八　咸丰三年三月五日石之风租田字

立領水田字人石之风，今領到熊篤叙堂名下今有石團水田大小四坵，三畝八分〔一〕，坐落石家灣東傍，在私堰、濫堰使水灌救。风出傜頂頭錢三串捌百文，堂收讫。言定每畝額稞乙石。如有天年不一，驗田取租。如有短少升合，撥田另佃，將頂價扣租。四畝田雞字一个，每畝米麪二升，東道錢卅文。今恐無憑，立此領字為據。

憑中　潘士成　画押

咸丰三年三月初五日　风　筆

二一三一九　咸丰三年三月五日石志兴租田字

立領種水田字石志興，今領到岳口熊篤叙堂名下石團水田五畝九分，共計大小九坵，坐落周家灣後，在蝦蟆堰使水灌救。當付領價伍串玖百正。言定每年每畝額稞一石。如有天年不一，驗子納租，照市完納，送至隍城观交卸，期定八月內全完。如过期不完以及短少升合，仍從熊將領價扣筭，另撥另佃。田畝坵段界址，与種田人是问。此拋。

每年每畝新米面各一升，田四畝額鷄一支每畝东到錢卅。

凴保人　黄可名　画押

咸豐三年三月初五日　石志興　字

二一三二〇　咸丰三年三月五日罗大榜租田字

立領種水田羅大榜，今領到岳口熊篤叙堂名下水田三坵，四畝，坐落石庙團吳家坑，在碾堰对面月池宅傍谭堰三口使水灌救，当付領價錢三串弍伯，下少八伯文。言定每年每畝完納額稞谷一石，限至八月內全完，送到隍城观交卸，如有短少升合，將領價扣算，任熊另撥另佃。倘遇天年不一，驗子納租。若有田形坵段界止遺失，與種田人是问。

每年每畝新麵新米各一升東到卅文，每四畝新雞一支。

凴保人　黄選高

咸豐三年三月初五日　榜　字

〔一〕此处数字有修改。

二—三二一　咸丰三年三月五日吴尊寿租田字

立領種水田字人吳尊寿，今領到岳口
熊篤叙堂名下石庙團水田弍畝七分，計弍坵，坐落吳家坑，在
長溝使水灌救，当付領價錢弍串柒佰文整。言定每年每畝完納
額稞穀一石，限至八月內全完，送到隍城观莊屋交卸。如有短
少升合，將領價扣算，任熊另撥另佃。倘遇天年不一，
驗子納租〔一〕。若有田形坵段界止遗失，與種田人是问。每年
每畝新麵〔二〕米各一升，每四畝新雞一支，每畝東道钱卅。

憑保　黃選高

咸豐三年三月初五日　寿　字

〔一〕「租」后涂去一字。
〔二〕「麵」后涂去一字。

二—三二二　咸丰三年三月五日吴元明租田字

立領水田字人吳元明，今領到
熊篤叙堂名下水田一坵，壹畝一分，坐落石庙團吳家坑，在月
池使水灌救，当付领價錢一串一佰文整，係熊親手收訖。言定
每年每畝額稞一石。如天年不一，照世完納。若有短少，另撥
另佃，新雞，米、麵各畝一升。今恐無憑，立〔一〕此領字為
拠。此照。

咸豐三年三年月初五日　元明　字

二—三二三　咸丰三年三月五日朱名士租田字

立領種水田字人朱名士，今領到熊〔二〕叙堂名下石團水田
乙坵，又一小坵〔三〕，乙畝五分，在溝堰堰使水灌救，当付
五百，下計乙串。言定每畝額稞乙石，送至隍城观莊屋，定於
八月內全完。如过期不完，任熊另撥另佃。倘有天〔四〕年不
一，驗子納（稠）〔租〕。此照。

咸豐三年三月初五日　名士　筆

二—三二四　咸丰三年三月五日吴元丰租田字

立領水田字人吳元豐，今領到

〔一〕「立」为正行右侧添加。
〔二〕此处留有空白。
〔三〕「又一小坵」为正行右侧添加。
〔四〕「天」为正行右侧添加。

熊篤叙堂名下水田七坵，六畝八分，在四方堰長〔一〕溝下湾月池使水灌救，坐落石庙團吳家坑，当付領價錢六串八伯文整。熊親手収訖，言定每年每畝額稞一石。如有天年不一，照世完納。若有短少，另撥另佃。新雞，米、麵各畝一升。今恐無凴，立此領字為拠。

咸豐三年三月初五日　元丰　字

二一三二五　咸丰三年三月五日吴士必租田字

立領種水田字人呉士必，今領到岳口熊篤叙堂名〔二〕下石庙團水田乙坵，乙畆八分，乙畝二分，乙畆二，溝堰一口。使水灌救。當付領價錢二〔三〕串二百，下少二串。言定每年每畆完納額稞穀一石，送至隍城观莊屋交卸，期定八月内全完。如过期不完，以及短少升合，將領錢扣算，任熊另撥另佃。倘遇天年不一，騐子纳租。設田形坵界止失，惟種田人是问。此拠。

每年每畆新米麪各一升，每四畆新鸡一支。

每畆東到錢卅。

咸豐三年三月初五日　呉士必　筆

〔一〕「長」后涂去一字。

〔二〕「堂」后涂去一字，其右側添加「名」字。

〔三〕「錢」后涂去一字，其右側添加「二」字。

二一三二六　咸丰三年三月五日李光照租田字

立領種水田字人李光照，今領到岳口熊篤叙堂名下石團水田弍〔一〕坵乙畝，在溝堰使水灌救，当付領價〔二〕壹串。言定每年額稞乙石，送至隍城观莊屋，定於八月内全完。如过期不完，以及短少，定将領價扣算，任熊另撥另佃。倘有天年不一，騐子納（稠）〔租〕。此照。

咸豐三年三月初五日　李光照　筆

二一三二七　咸丰三年三月五日柯士法租田字

立領種水田字人柯士法，今領到岳口熊篤叙堂名下石庙團水田二畆八分，三坵。坐落草堰，在草堰使水。士法付領價，黄恒玉収到二串八百整。言定每年每畆完納額稞谷一石，送至隍城觀莊屋交卸，期定八月内全完。如〔三〕过期不完，以及短少升

〔一〕「弍」后涂去一字。

〔二〕「價」后涂去一字。

〔三〕「如」后涂去一字。

各，將領價扣算，任熊另撥另佃。倘遇天年不一，驗子納租。設田形坵段界止遺失，惟種田人是問。此拠。

每年每畆新米（起）〔麫〕合一升，每四畆新鳮支。

每畆東錢卅。

凴保　黄巽高　楊利會　黄保元

咸豐三年三月初五日　士法　領字

二一三二八　咸丰三年三月五日刘传青租田字

立领種水田字人刘傳青，今领到岳口熊篤叙堂名下石庙團水田三畆，计田五坵，在新堰與廣水使水灌救。当付领價錢三串文，係篤叙堂親收〔一〕。言定每年每畆完纳額稞谷一石，送至隍城观莊屋交卸，期定八月内完全。如过期不完，以及短少升合，將領價錢扣算，任熊另撥另佃。倘遇天年不一，驗子纳租。設田形坵段界止遺失，惟種田人是问。此拠。

每年每畆新米（丙）〔麵〕各一升，每四畆新鷄一支，每畆東到錢卅。

凴保人　杨利合

咸豐三年三月初五日　刘傳青　筆

二一三二九　咸丰三年三月五日陈东山租田字

立領種水田字人陳東山，今領到岳口熊篤叙堂名下石庙團水田三坵，一畆四分，坐落温堰，在何堰使水。當付頂價一串四百。每年每畆完納額稞谷一石，送隍城觀莊屋交卸，期定八月内全完。如过期以及短少升合，将領價扣算，任熊另撥另佃。倘遇天年不一，驗子納租。設田形坵段界止遺失，惟種田人是問。此據。

每年每畆新麵、米合一升。

每四畆新鳮一支，每畆東道錢卅。

凴保　楊利會　黄可明　黄選高

咸豐三年三月初五　東山　領字

〔一〕「係篤叙堂親收」为正行右側添加。

二—三三〇　咸丰三年三月五日殷魁元租田字

立領種水田字人殷魁元，今領到岳口熊篤叙堂名下石團水田大小四坵，共一畆七分〔一〕。九分坐落柏林，在月池堰使水灌救。又溫堰使水灌救八分，又長堰使水〔二〕。當付頂價，恒裕名下當収三伯文。又付頂頭〔三〕錢六伯，又八百〔四〕文。每年每畝完納額稞谷一石，送至隍城觀莊屋交卸，期定八月內全完。如过期不完以及短少升合，將頂價扣算，任熊另撥另佃。倘遇天年不一，驗子納租穀。田形坵段界〔五〕止遺失，惟種田人是問。此據。

每年新米麵各一升，每四畝新鸡一支。

每畝東到錢卅。

憑保人　楊利會　黃可明　黃選高

〔一〕「共一畆七分」为正行右側添加。

〔二〕「八分又長堰使水」为正行右側添加。

〔三〕「頭」为正行右側添加。

〔四〕「又八百」为正行右側添加。

〔五〕「界」后涂去一字。

咸豐三年三月初五日　殷魁元　領字　筆

二—三三一　咸丰三年三月五日李得相租田字

立領種水田字李得相，今領到岳口熊篤叙堂名下石庙團水田弍坵，貳畝九分五厘〔一〕，坐落要堰被，在要堰使水灌溉。當付領價貳串九百五十文〔二〕。又堰田坐落要堰被弍坵，壹畝五分。言定每年每畝完納額稞谷壹石，送至隍城觀（壯）〔莊〕屋交卸，期定八月內全完。如过期不完以及短少升各，將領價扣算，任熊家大老爺另撥另佃。倘遇天年不易，驗子納租。設田形坵段界止遺失，惟種田人是問。此據。

每年每畝新麵米各乙升，每四畝新鸡乙支。

每畝東道錢卅文。

憑保　黃選高　楊利會　黃可明

咸豐三年三月初五日　德相　字

〔一〕「五厘」为正行右側添加。

〔二〕「五十文」为正行右側添加。

二—三三二　咸丰三年三月五日李文海租田字

立領種水田字人李文海，今領到岳口熊篤叙堂名下石庙團水田八坵〔一〕，三畝四分六厘〔二〕，坐落要堰使水灌溉。當付領價三串弍百。言定每年每畝完納額稞壹石，送至隍城觀（壯）〔莊〕屋交卸，期定八月内全完。如过期不完以及短少升各，将領價扣算，任熊家大老爺另撥另佃。倘遇天年不易，騐子納租。設田形坵段界止遺失，惟種田人是問。此據。

每年每畝新麺米各乙升。

每四畝新鳮乙支。

每畝東道錢卅文。

憑保　黄選高　楊利會　黄可明

咸豐三年三月初五日　文海　字

〔一〕「八坵」为正行右侧添加。

〔二〕「六厘」为正行右侧添加。

二—三三三　咸丰三年三月五日朱成元租田字

立領種水田字人朱成元，今領到岳口熊篤叙堂名下石庙團水田三畆四分，計弍坵，坐落楊草皮塌，土名塌字，在碾堰溝字使水灌救。当付領價壹串，下少弍串四伯文。言定每年每畆完納額稞穀一石，送隍城（灌）〔觀〕莊屋交卸，期定八月内全完。如有过期不完以及短少升合，將領價扣算，任熊另撥另佃。倘遇天年不一，騐子纳租。設田形坵段界止遺失，惟種田人是问。此拠。

每年每畆新麺米各乙升，每四畆新雞一支，每畆東道錢卅。

咸豐三年三月初五日　憑保人　黄撰高　元　字

二—三三四　咸丰三年三月五日李文松租田字

立領種田字人李文松，今領到岳口熊篤叙堂名下石庙團水田壹坵，壹畆弍分九厘。坐落要被〔一〕堰（吏）〔使〕水灌溉。付領價錢壹串文整。言定每年每畆完納額稞谷壹石，送到隍城觀莊屋交卸，期定八月内全完。如过期不完以及短少升合，將領

〔一〕「被」为正行右侧添加。

價扣算，任熊家大老爺〔一〕另（發）〔撥〕另佃。倘遇天年不易，驗子納租。設田形段界〔二〕止遺失，惟種田人是（門）〔問〕。此拠。

每年每新麵、米各一升，每四畆新鷄一支，每畆東到錢卅文。

憑保人 楊義會 黃選高 黃可明

咸豐三年三月初五日 文〔三〕松 字

二—三三五 咸丰三年三月五日李得财租田字

立領種水田字人李得財，今領到岳口熊篤叙堂名下石庙團水田壹坵，壹畝五分五厘，在要堰使水灌溉。當付領價錢乙串五百五十。言定每年每畝完納額稞谷壹石，送至隍城觀（壮）〔莊〕屋交卸，期定八月内全完。如过期不完以及短少升各，將領價扣算，任熊家大老爺另撥另佃。倘遇天年不易，驗子納租。設田形坵段界止遺失，惟種田人是問。此據。

〔一〕「家大老爺」为正行右側添加。
〔二〕「界」为正行右側添加。
〔三〕「文」为正行右側添加。

每年每畝新麵米各乙升。

每年未東道錢卅，每四畝新鷄一支。

憑保 黃選高 楊利會 黃可明

咸豐三年三月初五日 得才 字

二—三三六 咸丰三年三月五日吴必达租田字

立領種田字人吴必達，今領到岳口熊篤叙堂名下石庙水田六坵〔一〕，五畆。坐落臼池西塝，在臼池使水。必〔二〕達付頂價伍串黃恒玉〔三〕，言定每年每畆完納額稞谷一石，送至隍觀莊屋交卸。期定八月内全完。如过期不完以及短少升合，將領扣算，任熊另撥另佃。倘遇天年不一，驗子納租。設田形坵段界止遺失，惟種田人是問。此拠。

外有屋長〔四〕乙畆。

〔一〕「六坵」为正行右側添加。
〔二〕「必」为正行右側添加。
〔三〕「玉」后涂去二字。
〔四〕「長」为正行左側添加。

每年每畝新米麵合一升。

每畝東道卅。

憑保人　楊利會　黃可明　黃選高

咸豐三年三月初五　必達　領字

二—三三七　咸丰三年三月五日柯大玖租田字

立領種水田字人柯大玖，今領到岳口熊篤叙堂名下石庙團水田二畝二分〔一〕，三坵，坐落王家堰，在王家堰使水。大玖付領價，黃恒玉収到二串二百整。言定每年每畝完納額稞谷一石，送至隍城觀莊屋交卸，期定八月内全完。如过期不完以及短少升各，將領價扣算，任熊另撥另佃。倘遇〔二〕天年「不」一，騐子納（祖）〔租〕。設田形坵段界止遺失，惟種田人是問。此拠。

每年每畝新米（起）〔麵〕合一升，每四畝新鴙支。

〔一〕「二畝二分」为正行右側添加。

〔二〕「倘」后涂去一字，其右側添加「遇」字。

每畝東到錢卅。

凴保人　黃巽高　楊利會　黃可明

咸豐三年三月初五日　大玖　領字

二—三三八　咸丰三年三月五日殷曰先租田字

立領種水田字人殷曰先，今領到岳口熊篤叙堂名下石庙團水田二坵，一畝二分〔一〕，坐落肖堰，在肖堰使水。曰先付領價，黃恒玉収到一串二百整。言定每年每畝完納額稞谷一石，送至隍城觀莊屋交卸，期定八月内全完。如过期不完以及短少升合，將領價扣算，任熊另撥另佃。倘遇天年不一，騐子納租。設田形坵段界止遺失，惟種田人是問。此拠。

每年每畝新米麫合一升，每四畝新雞支。

每畝東到錢卅。

凴保人　黃選高　楊利會　黃可明

咸豐三年三月初五日　曰先　領字

〔一〕「一畝二分」为正行右側添加。

二—三三九　咸丰三年三月五日殷曰刚租田字

立領種田字人殷曰剛，今領到岳口熊篤叙堂名下石庙團水田一畝二分，坐落草堰，在草堰使水。當付頂價一串二百。每年每畝完納額種谷一石，送至隍城觀莊屋交卸，期定八月内全完〔一〕。如过期不完，將頂價扣算，任熊〔二〕另撥另佃。倘遇天年不一，騐子纳租。設田形坵段界止遺失，惟種田人是問。此據。每年每畝麵、米合一升，每四畝新〔三〕鴙一支。

每畝東道錢卅。

憑保人　楊利會　黄可明　黄選高

咸豐三年三月初五　曰剛　領字

〔一〕「完」后涂去一字。
〔二〕「熊」后涂去一字。
〔三〕「新」为正行右侧添加。

二—三四〇　咸丰三年三月五日肖必元租田字

立領種水田字人肖必元，今領到岳口熊篤叙堂名下石廟團水田二〔一〕畝〇五（立）〔厘〕〔二〕，計二坵，在趙堰使水灌漑。當付領價二串〇五十〔三〕若干。言定每年每畝完納額稞穀一石，送至隍城觀莊屋交卸，期定八月内全完。如过期不完以及短少升合，將領價扣算，任熊另撥另佃。倘遇天年不一，騐手〔子〕纳租。設田（彩）〔形〕坵段界止遺失，惟種田人是問。此拠。

每年每畝新麪米各一升，每四畝新鴙一支，每畝东道錢三十文。

憑保人　黄高

咸豐三年三月初五日　必元　字

〔一〕「田」后涂去一字，其右侧添加「二」字。
〔二〕此处数字有修改。
〔三〕「五」后涂去一字，其右侧添加「十」字。

二—三四一　咸丰三年三月五日萧起元租田字

立領水田字蕭起元，今領到岳口

熊篤叙堂名下石庙團水田一畆〇四厘〔一〕，一坵，落坐白水堰充，土名龍尾字，在白水堰使水灌漱。當付領價壹〔二〕千〇四十文〔三〕。言定每年每畆完納額稞穀一石，送至隍城觀莊屋交卸，期定八月内全完。如过期不完以及短少升合，将領價扣算，任熊另撥另佃。倘遇天年不一，驗手纳租。設田（彩）〔形〕段界止遺失，惟種田人是問。此拠。

頂頭錢一串〇四十文

每年每畆新麪米一升〔四〕，每四畆新鳮一支。每畆东道三十文。

三月初十日

咸豐三年三月初五日□□立

〔一〕此处数字有修改。

〔二〕此处数字有修改。

〔三〕「四十文」为正行右侧添加。

〔四〕「一」后涂去一字，其右侧添加「升」字。

二—三四二　咸丰三年三月五日肖定元租田字

立領種水田字人肖定元，今領到岳口

熊篤叙堂名下石庙團水田七分，一坵，坐落白水堰坑长坵，在白水堰使水灌救。當付領價若干。言定每年每畆完納額稞穀一石，送到隍城觀莊屋交卸。期定八月内全完。如过期不完，以及短少升合，将領價扣算，任熊另撥另佃。倘遇天年不一，驗手納租。設田彩坵段界止遺失，惟種田人是（門）〔問〕。此拠。

每年每畆新麪米一升，每四畆新鳮一支。每畆東道錢三十文。

凴保人　黄選高　画押

咸豐三年三月初五日　定元　字

二—三四三　咸丰三年三月五日胡名元租田字

立領種水田字人胡名元，今领到岳口

熊篤叙堂名下水田弍坵，壹畆五分。坐落石庙團吳家下湾宅傍，在谭堰使水灌救。当付领價錢壹串伍伯文。言定每年每畆完纳額稞谷壹石，限至八月全完，送到隍城观莊屋交卸。如有

短少升合，将領價錢扣算，任熊另撥另佃。倘遇天年不一，驗
子纳租。若有田形坵段界止遺失，與種田人是问。

每年四新雞一支。每畝米、麵各一升。東到卅。

咸豐三年三月初五日　　凴保人　黄選高　　元　字

二—三四四　咸丰三年三月五日吴尊禄租田字

立领水田字人吴尊禄，今領到
熊篤叙堂名下水田三坵，壹畝四分。坐落石庙團吳家湾上，在
芦埧堰使水灌救。当付领價錢壹串四伯文整。係熊親手收訖。
言定每年每畝〔一〕一石。如有天年不一，照世完纳。若有短
少，另撥另佃。米、麵各一升。今（凴）〔恐〕無凴，立此领
字为拠。

咸豐三年三月初五日　尊禄　字

〔一〕「畝」字为正行右侧添加。

二—三四五　咸丰三年三月五日吴昆玉租田字

立领種水田字人吴昆玉，今领到岳口
熊篤叙堂名下水田弍坵，壹畝一分。坐落石庙團吳家下湾宅
塝，在谭堰使水。当付領價錢壹串一伯文。言定每年每畝完纳
額粿一石。限至八月内全完，送到隍城观莊屋交卸。如有短少
升合，将领價扣算，仍熊另撥另佃。倘遇天年不一，驗子纳
租。若有田形坵段界止遺失，與種田人是问。

每年四雞一支。每畝米、麵各一升。东道卅。

咸豐三年三月初五日　　凴保人　黄選高　　玉　字

二—三四六　咸丰三年三月六日袁炳阳租田字

立領田字人袁炳陽，今領到岳口
熊篤叙堂名下　水田二坵乙畝二分，坐落石庙團彭家堰背上，
在彭家堰使水灌救。当付領價錢乙串二百正，係堂收訖。言定
每畝額粿乙石，米面不得短少。如有短少，另撥耕種。此據。

倘有天年不一，騐子納租。

凴保人　楊振孝

咸豐三年三月初六日　袁炳陽　領筆

二—三四七　咸丰三年三月六日袁正康租田字

立領種水田字人袁正康，今領到岳口熊篤叙堂〔一〕名下石庙團水田貳畝捌分，大小三坵，坐落彭家堰坑，在彭家大堰使水灌溉。當付領價錢弍串八伯。言定每年〔二〕畝完纳額稞谷一石，送至隍城觀莊屋交卸，期定八月内全完。如至期不完以及短少升合，将領價扣算，任熊另撥另佃。倘遇天年不一，騐子纳租。设田形坵段界止遺失，惟種田人是问。此拠。

每年每畝新麵米各一升，每四畝新鷄一支。

每畝东到錢卅文。

凴保人　楊振孝

咸豐叁年三月初六　袁正康　筆

〔一〕「熊篤叙堂」及后文顶格之「熊」、「咸豐」，皆为红色。

〔二〕「年」字为正行右側添加。

二—三四八　咸丰三年三月六日杨有惠租田字

立領種水田字人楊有惠，今領到岳口熊篤叙堂名下石庙團水田二畝乙分，坐落雷堰坑六分，堰塝乙畝五分，在雷堰使水灌溉。當付領價錢二串乙百。言定每年每畝完納額稞一石，送至隍城观莊屋交卸，期定八月内全完。如过期不完以及短少升合，将領價扣算，任熊另撥另佃。倘遇天年不一，騐子納租。設田形坵段界止遺失，惟種田人是問。此拠。

每年每畝麫米各一升。

凴保人　楊振孝

咸豐三年三月初六日　楊有惠　字

二—三四九　咸丰三年三月六日夏文一租田字

立領水田字人夏文一，今領到熊篤叙堂名下有石團水田大小五坵，四畝，坐落石家灣後，在革堰使水灌救。一出備頂價四串，叙堂親手收訖。言定每畝全稞一石。倘有天年不亦，騐田取租。如有短少升合，另撥另佃。四畝新雞一个，每畝米麫二升，每畝東道錢卅文。今恐無憑，立此為証。

憑中　潘士誠　画押

咸豐三年三月初六日　文一　筆

二—三五〇　咸丰三年三月六日夏明祥租田字

立領水田字人夏明祥，今領到熊篤叙堂名下今有石團水田六畝六分，大小五坵，坐落白水堰坑使水灌救。祥出備頂價錢六串六百文，叙堂亲手收讫。言定每畝全稞乙石。如有天年不一，驗田取租。如有短少升合，另撥另佃，將頂價扣租。凡四畝取雞一隻，每畝米麵二升，东道錢每畝卅文。今恐無憑，立此領字為証。

憑中　潘士成　画押

咸豐三年三月初六日　祥　筆

二—三五一　咸丰三年三月六日黄义贵租田字

立領田字人黄義貴，今领到熊篤叙堂名下石庙團水田乙坵，乙畝四分，在吳家大堰使水灌蔟。当付领價青錢乙串四百整。言定每年完纳額稞乙石，送至隍城观莊屋交卸，期定八月内。如过不完，以及短少升合，將領價扣算，□熊另撥另佃。倘遇□一，驗只纳租。

每年新米粑，東到錢卅文。

憑保人　選高

咸豐三年三月初六日　貴　筆

二—三五二　咸丰三年三月六日黄世美租田字

立領田字人黄世美，今領到熊篤敘堂名下石庙團水田七坵，四畝六分。乙坵吳家大[一]堰使水灌蔟[二]。白地六坵。每年每畝完纳额稞乙石，送至隍城观莊屋交卸，期定八月内全完。如过期不完以及短少升合，任熊另撥另佃。倘天年不一，驗只纳租。

每年新米粑，四畝新鸡一支。

東到錢卅文。

憑保人　選高

[一]「大」字为正行右侧添加。

[二]「蔟」后涂去一字。

咸豐三年三月初六日　美　筆

二—三五三　咸丰三年三月六日黄世一租田字

立領田字人黄世一，今領到熊篤叙堂名下石庙團水田三坵〔一〕，二畝二分。汪家堰〔二〕使水灌蔭。坐〔三〕落汪家堰〔四〕坑乙坵，在秋家堰備二坵。当付領價青錢二串二百整。每年每畝完纳额稞乙石，送至隍城观莊屋交卸，期定八月内全完。如过期不完以及短少升合，將〔五〕領扣算，任熊另撥另佃。倘遇天年不一，驗只纳租。

每年新米粇，東到卅文。

憑保人　選高

咸豐三年三月初六日　世一　筆

〔一〕「坵」后涂去一字。
〔二〕「堰」字为正行右側添加。
〔三〕「坐」字为正行右側添加。
〔四〕「家」后删去一字，其右側添加「堰」字。
〔五〕「將」前涂去「蔣」字。

二—三五四　咸丰三年三月六日黄世杞租田字

立領田字人黄世杞，今領到熊篤叙堂名下石廟團水田二畝三分。坐落汪家堰坑，在汪家堰使水灌蔭，大小二坵。当付領價青錢二串三百正。言定每年每畝完纳额稞乙石，送至隍城观莊屋交卸。期定八月内全完。如过期不完，以及短少升合，將領錢扣算，任熊另撥另佃。倘遇天年不一，驗只纳租。

每年每畝新麫米，四畝新鷄一支，东到錢卅文。

凴保人　選高

咸豐三年三月初六日　杞　筆

二—三五五　咸丰三年三月七日杨上茂租田字

立領種水田字人楊上茂，今領到岳口熊篤叙堂名下石庙水田三坵，乙共三畝九分，在彭堰使水灌救〔一〕。茂当出頂價錢三串九百文，熊（性）〔姓〕收訖。言定每畝額稞乙石。倘有天年不一，驗子纳租。如有短少升合，將頂價扣算，另撥另佃。米面二升，東道錢卅文，新雞四畝一支。

〔一〕「在彭堰使水灌救」为正行右側添加。

憑保人 楊坤 丹成 黄可名

咸豐三年三月初七日 上茂 字

二一三五六 咸丰三年三月七日胡升租田字

立領水田字人胡升，今領到岳口熊叙堂名下石庙團水田二坵，乙畝九分，坐落東榜上，在鑾堰使水。當付領價。言定每年完纳額稞乙各，送至隍城观莊屋卸，期八月内全完。如过期不完以及短少升合，任熊另撥另佃。倘遇天年不一，驗子取租。此據。

憑保人 黄可明

咸豐三年三月初七日 胡升 筆

二一三五七 咸丰三年三月七日徐福有租田字

立領種水田字人徐福有，今領到岳口熊篤叙堂名下石□團水田大小三坵，共田三畝三分，在鑾堰使水。有当出頂價三□三百文，叙堂收訖。言定額稞一石。天年不一，驗田取租。短□升合，另撥另佃。為據。每年每畝米面二升，四畝一之。

憑保人 黄可明

咸豐三年三月初七日 徐福有 筆

二一三五八 咸丰三年三月七日沈吉祥租田字

立領種水田字人沈吉祥，今領到岳口熊篤叙堂名下石庙團水田大小二坵，共田八分，在鑾堰使水。祥当出頂價八百文，叙堂收訖。言定額稞一石。天年不一，驗田取租。短□升合，另撥另佃。為據。每年每畝米面二升，四畝一之。

憑保人 黄可明

咸豐三年三月初七日 沈吉祥 筆

二一三五九 咸丰三年三月七日张宗惠租田字

立領種水田字人張宗惠，今領到岳口熊篤叙堂名下石庙團水田大小伍邱，共四畝，在鑾堰使水。惠当出頂價四串，叙堂收訖。言定額稞一石。天年不一，驗田取租。短少升合，另撥另佃。

此據。

每年每畝新米麫一升，每四畝一支。

凴保人　黄可明

咸豐三年三月初七日　張宗惠　筆

二—三六〇　咸丰三年三月七日魏邦租田字

立領種田字人魏邦，今領到岳口熊篤叙堂名下石庙團水田乙畝二分，坐落東榜上，在蠻堰水灌漵，付價錢一串二百。言定每畝完納額稞乙各，送至隍城观莊屋卸，期定八月内全完。以及短少升合，任凴熊另撥另佃，倘遇天年不一，驗田取租。此據。

每年新麫米一升合

凴保人　黄可明

咸豐三年三月初七日　魏邦　筆

二—三六一　咸丰三年三月七日胡良玉租田字

立領種水田字人胡良玉，今憑保黄顯高領到岳口熊篤叙堂名下水田二坵，乙畆九分。乙畆乙分坐落團堰下，在團堰使水。八分坐落新堰下，在腰堰使水。玉當付領價乙串九伯正。熊親手収訖。言定每畆乙石，米、麫二升，八月内完納。如有短少升合，將領價扣算，任熊另（誅）〔撥〕另佃。如有天年不益，（念）〔驗〕田取租。今恐無憑，立字此拠。

憑保人　黄可名　楊利惠

咸豐三年三月初七日　玉　筆　立

二—三六二　咸丰三年三月七日夏光祥租田字

立領種水田字人夏光祥，今領到岳口熊篤叙堂名下石庙團水田大小三坵，三畝□□□，坐落四方堰。祥出备顶價三串七伯。言定每年每畝一石。天年不一，驗子納租。如有短少升合，仍熊另撥另佃。田形界止坵段遺失，惟種田人是问。此照。

凴人　杨坤

咸丰三年三月初七日□□□□

二—三六三　咸丰三年三月八日杨大云租田字

立領種水田字人楊大云，今領到岳口熊篤叙堂名下石團水田三分，坐落新堰使水灌蔽，当付領價錢三百文。言定每年每畝完稞乙石，送至隍城觀莊屋交卸，期定八月全完。如过不完以及短少升合，〔任〕熊另撥另佃。倘遇天年不亦，驗田納租。設田形坵段界止遺失，惟種田人是问。此據。

每畝田新米麺乙升。

每畝田東道錢卅文。

凴保人　楊振孝

咸豐三年三月初八日　云　筆

二—三六四　咸丰三年三月八日陈有荣租田字

立領種水田字人陳有榮，領到岳口熊叙篤堂名下石團水田二坵，一畝五分五（立）〔厘〕，坐落壋内唐使水灌救，當付領錢一串五百五。言定每年每畝完稞一石，送到隍城莊屋交卸，期定八月全完。如過期不完以及短少升合，將領價扣算，任熊另撥另佃。倘仍遇天年不一，驗子納租。設田形坵段界止遺失，惟種田人是問。此據。

每田每畝新麵一升。

每畝東道卅文。

凴保人　楊振孝

咸豐三年三月初八日

二—三六五　咸丰三年三月八日王金魁等租田字

立領種水田字人王金魁文選，今領到岳口熊篤叙堂名下石團水田叁畝五分，大小五坵，共坐落彭家大堰南塝，三坵壹畝伍，在廣邊小堰使水，五坵二畝在彭家大堰水灌救。當付領錢叁串五伯文。言定每年每畝完稞一石，送至隍城觀莊屋交卸，期定八月內全完。如過期不完以及短少升合，任熊另撥另佃。倘遇天年不一，驗子納租。設田形坵段界止遺失，惟種田人是问。此據。

每年每畝新麺米各一升，每四畝新雞一支，每畝東到錢卅文。

凴保人　楊振孝

咸豐三年三月初八日　金魁　筆

二一三六六　咸丰三年三月八日陈国贤租田字

立領種水田字人陳国賢，傳今領到岳口熊叙篤堂名下石團水田壹畝二分，坐落姚堰背，大小三坵，在姚堰使水灌救。當付領錢壹串二伯。言定每年每畝完稞壹石，送至隍城莊屋交卸，期定八月全完。□過期不完以及短少升合，領價扣算，任熊另撥另佃。倘遇天年不一，驗子納租。設田形坵段界止遺失，種田人是問。此據。

每田每畝新麺米各乙升，每四畝新雞一支，每畝東道錢卅文。

凴保人　楊純全

咸豐三年三月初八日　賢　領字

二一三六七　咸丰三年三月八日杨开银租田字

立領字人種水楊開銀，今領到岳口熊篤叙堂名下石廟團水田乙畝，坐落姚堰坑四分，堰□一坵六分使水灌救。當付領價錢一串。言定八月内全完，如過期不完以及短少升合。每畝納額谷一石，送至隍城灌莊屋。將領價扣算，任熊另撥另佃。倘遇天年不一，驗子納租。設田形坵段界止遺失，惟種田人是（門）〔問〕。

每年每畝麪米各一升。

凴保人　□□

咸豐三年三月初八□□□□□

二一三六八　咸丰三年三月八日杨国春租田字

立領種水田字人楊國春，今領到岳口熊篤叙名下石廟團水田乙畝三分七厘，坐落毛新堰坑使水灌救。當付領價錢一串四百文整。言定每年每畝完納額稞谷一石，送到隍城觀莊屋交卸，期定八月内前完。如過期不完以及短少升合，將領價扣算，任熊另撥另佃。倘遇天年不一，驗子纳租。設田形坵段界止遺失，惟種田人是问。此抝。

每年每畝新米麺各一升。

每畝东到錢卅文。

凴保人　楊振孝

咸豐三年三月初八　楊國春　筆

二一三六九　咸丰三年三月八日杨国顺租田字

立領種水田字人楊国順，今領到岳口熊篤叙名下石庙團水田壹坵，計丈壹畝六分，坐落刘堰坑，在劉堰使水灌救。當付領價錢壹串六伯文，每年〔一〕每畝完纳額稞一石，送到隍城观莊屋交卸，期定八月全完。如過期不完以及短少升合，將領價錢扣算，仍凴熊篤叙另撥另佃。倘遇天年不一，騐子納租。設田形坵段界止遺失，惟種田人是問。此拠。

每年每畝新麵各一升，每四畝新雞一支。

凴保人　楊振孝

咸豐三年三月初八日　順　筆

二一三七〇　咸丰三年三月八日杨楚真租田字

立領種水田字人楊楚真，今領到岳口熊篤叙名下石庙團水田壹畝一分五厘，坐落劉堰坑，土名方坵，在劉堰使水灌救。当付領價壹串一百伍。言定每年每畝完納額稞谷壹石，送至隍城观莊屋交卸，期定八月内全完。如過期不完以及短少升合，將領價扣算，任凴熊篤叙另撥另佃。倘遇天年不一，騐子纳租。設田形坵段界止遺失，惟種田人是問。此拠。

每年每畝新雞米面各一升一支。

凴保　振孝

咸豐三年三月初八日　楊楚真　筆

二一三七一　咸丰三年三月八日杨相周租田字

立領種水田字人楊相周，今領到岳口熊篤叙堂名下石庙團水田皮田坵壹畝弍分，三斗坵壹畝三分，共田弍畝五分，坐落刘尖堰坑，在尖夹堰使水灌救。当付領價錢弍串伍伯文，每畝完納稞谷一石，送到隍城观莊屋交卸，期定八月全完。如过期不完以及短少升合，將領價扣算，任熊老爺另撥另佃。倘遇天年不一，騐子納租。設田形坵〔段〕界止遺失，惟種田人是问。此拠。

每年每畝新米各一升，每四畝新雞一支。

每畝東到卅。

凴保　楊振孝

咸豐三年三月初八日　相周　筆

〔一〕「年」字为正行右侧添加。

二—三七二　咸丰三年三月八日杨国太租田字

立領種水田字人楊國太，今領到岳口熊篤叙堂名下石庙團水田七分，計一坵，坐落毛新堰坑，土名磚坑，在毛新堰使水灌救。當付領價錢七百文整。言定每年每畝完納額稞谷一石，送到隍城觀莊屋交卸，期定八月内前完。如過期不完以及短少升合，將領價扣算，任熊另撥另佃。倘遇天年不一，驗子納租。設田形坵段界止遺失，惟種田人是問。此拠。

每年每畝新米麵各一升，每畝东到錢卅文。

湀保人　楊振孝

咸豐三年三月初八日　楊国太　筆

二—三七三　咸丰三年三月八日黄先德租田字

立領種水田字人黄先德，今領到岳口熊篤叙堂名下石團水田壹畝七分，坐落平堰南，大小三坵，在平堰使水灌救。当付領錢壹串柒伯文。言定每年每畝完稞壹石，送至隍城观莊屋交卸，期定八月全完。如过期不完以及短少升合，任熊另撥另佃。倘遇天年不一，驗子纳租。設田形坵段界止遺失，惟種田人是问。此據。

每年每畝新米麵各一升，每四畝新雞一支，每畝東道錢卅文。

湀保人　楊純全

咸豐三年三月初八日　先德□字

二—三七四　咸丰三年三月八日沈见立租田字

立領種水田字人沈見立，今到岳口熊篤叙堂名下石庙團水田二坵乙畝乙分，坐落官老堰使水灌救。当付領價錢一串一百文。言定每畝完纳額稞乙石，送至隍城观莊屋交卸，期定八月内全完。如过期不完以及短少升合，將領價錢扣算，任熊另撥另佃。倘遇天年不一，驗子纳租。設田形坵段界止遺失，惟種田人是问。此拠。

每年每畝新米麪各乙升，每畝東到錢卅文。

湀保人　楊利念

咸豐三年三月初八日　見立　字

二一三七五　咸丰三年三月八日沈见德租田字

立領種水田字人沈見德，今領到岳口熊篤叙堂名下石庙團田水三畝九分五厘，大小五坵，坐落泡堰、官老堰、專堰使水灌溉。当付領價錢三串九伯五十文。言定每年每畝完纳額稞穀一石，送至隍城观莊屋交卸，期定八月内全完。如过不完以及短少升合，将領價錢扣算，任熊另撥另佃。倘遇天年不一，驗子纳租。設田形坵段界止遺失，惟種田人是问。此拠。

每年每畝新米麪各一升，東到錢每畝卅文。

凴保人　楊利念

咸豐三年三月初八日　見德　字

二一三七六　咸丰三年三月八日沈吉芳租田字

立領種水田字人沈吉芳，今到岳口熊篤叙堂名下石庙團水田八畝五分，大小拾一坵，坐落砲堰、小星堰、月池使水灌救。当付領價錢八串五百。言定每年每畝額稞乙石，送至隍城观莊屋交卸，期定八月内全完。如过期不完以及短少升合，任熊另撥另佃。倘遇天年不一，驗子纳租。設田形坵段界止遺失，惟種田人是问。此拠。

凴保人　楊利會

每年每畝新米麪各乙升。

每年四畝新雞一支。

咸豐三年三月初八日　吉芳　字

二一三七七　咸丰三年三月八日邹聚科租田字

立領種水田字人邹聚科，今領到岳口熊篤叙堂名下石庙團水田八分，大小三坵，坐落泡堰使水灌救。当付領價八百。言定每年每畝額租穀一石，期定八月内全完納。以及短少升合，任熊将領價錢扣算。倘遇天年不一，驗子纳租。設田形坵段界止遺失，惟種田人是问。此拠。

每年每畝新米麪各一升，東到錢卅文。

凴保人　楊利念

咸豐三年三月初八日　聚科　字

二一三七八　咸丰三年三月八日沈必昌租田字

立領種水田字人沈必昌，今領到岳口熊篤叙堂名下石庙團水田二畝三分，大小七坵，坐落泡堰使水灌漑。当付領價錢二串三百。言定每年每畝完纳額稞穀一石，送至隍城观莊屋交卸，期定八月内全完。如过期不完以及短少升合，将領價錢扣算，任熊另撥另佃。倘遇天年不一，驗子纳租。設田形坵段界止遺失，惟種田人是问。此拠。

每年每畝新米麪各一升，東到錢每畝卅文。

憑保人　楊利念

咸豐三年三月初八日　必昌　字

二一三七九　咸丰三年三月八日杨家元租田字

立領種水田字人楊家元，今領到岳口熊篤叙堂名下石庙團水田三畝，大小五坵，坐落门前，在月池使水灌救，四分在専堰使水。當付領價錢三串整。每年每畝完額稞乙石，送至隍城观莊屋交卸，期定八月内全完。如过期不完以及短少升合，将領價錢扣算，任熊另撥另佃。倘遇天年不一，驗子纳租。設田形坵段界止遺失，惟種田人是問。此拠。

東到每畝卅。

憑保人　楊利念

每年每畝新麪米一升。

咸豐三年三月初八日　家元　字

二一三八〇　咸丰三年三月八日陈必贵租田字

立領種水田字人陳必貴，今領到岳口熊篤叙堂名下石團水田六畝三分，大小八坵，在溝堰、小心堰使水灌救，坐落小李家灣。貴当出領價六串三百。言定每畝額稞乙石，送到皇城观莊屋交卸，期定八月内全完。如过期不完以及短少升合，将領價扣算。每年四畝田新鸡一支，米麪二升，東到錢卅。立此字為拠。

坵段界止遺失，与種田人是问。

憑保　潘士成　画押

咸丰三年三月初八日　字

二一三八一　咸丰三年三月八日沈定华租田字

立領種水田字人沈定華，今領到岳口熊篤叙堂名下石團水田弍畝九分五厘，大小三坵，坐落小李家灣，在濫堰使水灌救。当付領價弍串九百五十文。言定每年每田額稞乙石，送到隍城观庄屋，八月全完。以及短少升合，將頂價扣算。每年四畝田新鸡一支，新米二升，東道錢卅。坵段界止遺失，与種田人是问。此拠。

咸豐三年三月初八日　筆

二一三八二　咸丰三年三月八日张德富租田字

立領種水田字人張德富，今領到岳口熊篤叙堂名下石團水田弍畝一分，大小三坵，坐落小李家灣，在濫堰使水灌救。当付領價弍串一百。言定每年每畝額稞乙石，送到隍成观庄屋交卸，期定八月全完。以及短少升合，將領價扣算。每年四畝新鸡一支，新米二升，東到卅文。立此字为據。坵段界止遺失，与種田人是问。

憑中　楊利会

咸丰三年三月初八日　筆

二一三八三　咸丰三年三月八日杨大富租田字

立領種水田字人楊大富，今領到岳口熊篤叙堂名下石團水田大小六坵，三畝八分五厘，坐落夏家墳，在濫堰使水灌救。当付領價三串八百五十。言定每畝額稞乙石，送到皇城观莊屋交卸，期定八月全完。过期不完以及短少升合，將頂價扣算。每年四畝田新鸡一支，米麫二升，東道錢卅文。今恐無凴，立此領字為拠。

凴保　潘士成　画押

咸丰三年三月初八日　字

二一三八四　咸丰三年三月八日张名国租田字

立領種水田字人張名国，今領到岳口熊篤叙堂名下石庙團水田大小三坵，弍畝六分，坐落革堰坑，在革堰使水灌救。付領價弍串六百。言定每畝額稞乙石，送到皇城观莊屋交卸，期定八月内全完。过期不完以及短少升合，將領價扣算。今恐無憑（無），立此領為據。

每年四畝新鸡一支，新米二升，東道卅文。

憑保　潘士成　画押

咸丰三年叁〔月〕初八日　筆

二—三八五　咸丰三年三月八日周名德租田字

立領種水田字人周名德，今領到岳口熊篤叙堂名下石團水田大小七坵，四畝七分五厘，坐落石家灣後，在革堰使灌救。当付領價四串七百。言定每畝額稞乙石，送到皇城观莊屋交卸，期定八月全完。过期不完以及短少升合，将領價扣算。今恐無憑，立此領字為據。

每年四畝田新鸡一支，米麫二升，東道卅。

憑保　潘世成　画押

咸丰三年三月初八日　字

二—三八六　咸丰三年三月八日王宇周租田字

立領種水田字人王宇周，今領到岳口熊篤叙堂名下石庙團水田二坵，一畝八分，在汪大堰、葉家堰使水灌漱。當付領價錢一串八百，熊（性）〔姓〕（青）〔親〕手收訖。言定每年每畝完納額稞乙石，八月全完。倘遇天年不一，騐子納租。如有短少升合，将領價扣算，任熊另撥另佃。每年一畝米面二升，四畝新雞一支。

凴保人　黄可明

咸豐三年三月初八日　宇周　筆

二—三八七　咸丰三年三月八日张圣康租田字

立領水田字人張圣康，今領到岳口熊篤叙堂名下水〔田〕二坵，土名方坵二畝，園字坵乙畝八分，坐落石團，在汪家大堰使水灌救。當付領價三串八百文整，係熊（性）〔姓〕（青）〔親〕手收訖。言定每畝額租乙石。倘有天年不一，騐田取租。如有短少升合，将領價扣算，任凴熊（性）〔姓〕另撥另佃。每年新雞米麵照世完納。此照。　画押

凴保人　黄可明　画押

咸豐三年三月初八　圣康　筆

二—三八八　咸丰三年三月八日王学官租田字

立領水田字人王孝官，今領到岳口

熊篤叙堂名下石團水田乙坵，弍畝四分，在蛮堰使水。孛官当出領價錢弍串四佰文，熊姓收讫。言定額（顆）〔稞〕每畝乙石。短少升合，将領價扣算，任熊另撥另佃。倘遇天年不一，驗子納租。每年新米新麪各乙升，每四畝新雞乙支，東道錢卅。

憑保人　黄可明

咸豐三年三月初八日　王孛官　筆

二一三八九　咸丰三年三月八日萧为忠租田字

立領田字人蕭為忠，今領到岳口

熊篤叙堂名下石庙團水田三坵，共田二畝。肖領架出傛（親）〔青〕錢二串整，熊收。立此字為據。

每畝新米麪乙升。

凴保人　黄可明　画押

咸豐三年三月初八日　相　字

二一三九〇　咸丰三年三月八日萧传林租田字

立領田字人蕭傳林，今領到岳口

熊篤叙堂名下石庙團〔一〕水田三坵〔二〕，一畝八分，土坑傛一畝，土坑使水。東榜塌把墳下三分，五分。蕭出領錢一串八百整，熊收〔三〕，立此字為據。

每畝新米麪一升。

凴保人　黄可明

咸豐三年三月初八日　林　字

二一三九一　咸丰三年三月八日萧为珍租田字

立領田字人蕭為珍，今領到岳口

熊篤叙堂名下石庙團〔四〕水田大小拾四坵，共田六畝六分，

〔一〕「團」后涂去一字。
〔二〕「坵」为正行右侧添加。
〔三〕「熊收」为正行右侧添加。
〔四〕「石庙團」为正行右侧添加。

肖〔一〕領架出備親錢六串六百文整，熊收〔二〕，立此字為據。

每畝新米麵一升。

憑保人　黃可明〔三〕

咸豐三年三月初八日　珍　字〔四〕

二一三九二　咸丰三年三月八日刘玉道租田字

立領種水田字人刘玉道，今領到岳口熊篤叙堂名下石團水田乙畝五分，大小三坵，在瞞堰使水□。道当出領價錢乙串五百文，熊姓收訖，言定額（顆）〔稞〕乙石，短少升合，將領價扣算，任熊另撥另佃。倘遇天年不一，驗子納租，每年新米新麪各乙升，每四畝新鷄一支，东道錢卅。

憑保人　黃可明

咸豐三年三月初八日　玉道　筆

〔一〕「肖」为正行右侧添加。

〔二〕「熊收」为正行右侧添加。

〔三〕「明」后涂去一字。

〔四〕「珍」后涂去一字，其右侧添加「字」字。

二一三九三　咸丰三年三月八日程德元租田字

立領種水田字人程德元，今領到岳口熊篤叙堂名下石廟團水田三畝六分，計三坵，坐落張家塝，在鑾堰使水灌救，當付領價錢三串六百文，言定每年每畝完納額稞穀壹石，送至隍城观莊屋交卸，期定八月內全完，如過期不完以及短少升合，將領價扣算，任熊另撥另佃。倘遇天年不一，驗子納租，設田形段界止遺失，惟種田人是问。此據。

每年每畝新麵米各一升，每四畝新鷄一支。

憑保人　黃可明

咸豐三年三月初八日　程德元　字

二一三九四　咸丰三年三月八日黃世熠租田字

立領種水田字人黃世熠〔一〕，今領到岳口熊篤叙堂〔二〕石庙團水

〔一〕「熠」后涂去一字。

〔二〕「堂」字为正行右侧添加。

田九分五（立）〔厘〕，在居朝堰使〔一〕水，土名〔二〕，官老堰使一畆〔三〕四分五（立）〔厘〕，土名〔四〕；二坵灌救。当付領價若干。言定每年每畆完納額稞一石，送至隍城观莊屋〔五〕交卸，期定八月内全完。如过期不完，以及短少升合，將領錢扣算，任熊另撥另佃。倘遇天年不一，驗納租，設田形坵段界止遺失，惟種田人是問。此拠〔六〕。

每年每畝麪米各升，四畆新鸡一支。

东到卅。　憑保人□黄選高

咸豐三年三月初八日

二一三九五　咸丰三年三月九日袁文仲租田字

立領種水田字人袁文仲，今領到岳口熊篤叙堂名下石團水田大小六坵，坐落壋内使水，王家堰八分

〔一〕「使」字右侧删去一字。

〔二〕「土名」二字为正行右侧添加。

〔三〕「畆」前删去一字。

〔四〕「土名」二字为正行右侧添加。

〔五〕「屋」字为正行右侧添加

〔六〕「拠」前删去一字。

使水灌救，共田六畝九分五厘。当出頂頭六串九百，系熊親手〔領〕讫。言定每畝完納額稞谷壹石，送至隍城〔观〕莊屋交卸，期定八月内全（院）〔完〕。如过不完，將頂頭扣算，任熊另撥另佃。（尚）〔倘〕有天年不一，驗子納租。如田形坵段界止遺失，惟種田人是（門）〔問〕。此據。

每年每畝新米面各一升，四畝新鸡一支，每畝東到錢卅文。

凴中　楊純全　画押

咸豐三年三月初九日　文仲　筆

二一三九六　咸丰三年三月九日杨二安租田字

立種田字人楊二安，今領到岳口熊篤叙堂名下石庙團水田四分，在尖堰使水灌救。当付領錢四百。言定每年每畝完稞一石，新米新麵照派。倘有天年不一，驗子纳租，並不短少升合。如有短少，定将頂頭扣算，安不阻遲，另撥另佃。此拠。

凴保　楊振孝　黄可明

咸丰三年三月初九日　安　字

二—三九七　咸丰三年三月九日石世顺租田字

立領種水田字人石世順，今領到岳口熊篤叙堂名下石庙團水田三垃，一畝六分四厘，（立）在團堰使水。順當付領價錢一串六百四十文，熊（性）〔姓〕（清）〔親〕手收訖。言定每畝額稞一石，米面二升。如（友）〔有〕短少升合，将領價扣算，任熊另撥另佃。倘遇天年不（一）〔一〕，驗子纳租。設田形垃段界止遺失，惟種田人是問。此拠。每四畝新雞一支。

東到錢卅。

憑保人　黄可朋

咸豐三年三月初九日　世順　筆

二—三九八　咸丰三年三月九日陈德高租田字

立領種水田字人陈德高，今領到岳口熊篤叙堂名下水田一垃，一畝六分，坐落石團，在月堰使水灌救。当出頂價壹串六百正。言定每年每畝額稞一石。如有天年不一，驗子纳租，照市完纳。倘有短少升合，将頂價扣算，仍從熊另撥另佃。此拠。

每畝米面各一升。

種田四畝雞一支。

每畝東道錢卅。

憑保人　楊利會。

咸豐三年三月初九日　陈德高　字

二—三九九　咸丰三年三月十日袁道宏租田字

立領田字人袁道宏，今領到岳口熊篤叙堂名下水田大小四垃，共田二畝五分，乙垃八分，垃巷坡，在巷使水，三垃座落彭大堰坑，在彭堰使水灌就〔救〕。頂價每畝乙串，每畝完納額稞乙石，八月将谷送到隍城〔观〕莊屋交納。如有短少升合，熊另撥另佃。倘有天年不一，驗子納租。

憑保人　孝　新鸡米面

咸豐三年三月初十日　袁道宏　手

二—四〇〇　咸丰三年三月十日杨泽远租田字

立領種水田字人楊澤遠，今領到岳口

熊篤叙堂名下石庙團水田大小六坵三畝八分〔一〕，坐落老虎灣傍，在磚堰、月池二口使水。遠出俻頂價叁串八伯〔二〕。言定每年每畝一石。天年不一，騐子納租。如有短少升合，仍熊另撥另佃。田形界止坵段遺失，惟種田人是問。此照。

凴保人 楊振孝

咸丰三年三月初十日 遠 字

二—四〇一 咸丰三年三月十日杨国茂租田字

立領種水田字人楊国茂，今領到岳口熊篤叙堂名下石庙水田二坵，二畝五分，在刘家堰使水。茂當俻頂價弍串五佰。言定每年每畝一石，米麵二升半。如有天年不一，騐子納佃。如有短少升合，仍熊另撥另佃。田形界止。此照。

凴保人 振孝

咸丰三年三月初十日 国茂 字

二—四〇二 咸丰三年三月十日杨盛贞租田字

立領種水田字人楊盛貞，今領到岳口熊篤叙堂名下石庙團水田拾坵四畝九分五厘，在草堰私堰使水。貞當俻頂價四串九佰五十文。言定每年每畝一石。天年不一，騐子納租。如有短少升合，仍熊另撥另佃。田形界止坵段遺失，惟種田人是問。此照。

凴保人 利會叔 画押

咸豐三年三月初十日 貞 字

二—四〇三 咸丰三年三月十日黄可德租田字

立領種水田字人黃可德，今領到岳口熊篤叙堂名下石庙團水田大小三坵，二畝四分，在汪大堰、小新堰二口使水。德出俻頂價二串四伯。言定每年每畝一石。天年不一，騐子納租。如有短少升合，仍熊另撥另佃。田形界止坵段，惟種田人是問。此照。

凴保人 可明

咸丰三年三月初十 可德 字

〔一〕此处数字有修改。

〔二〕此处数字有修改。

二—四〇四　咸丰三年三月十日黄进万租田字

立領種水田字人黃進万，今凴楊利會領到岳口熊篤叙堂名下石團水田一坵，八分，在汪大堰使水。万当付頂價八百整，係熊（性）〔姓〕收訖。言定每畝額稞乙石，米面二升。倘遇天年不乙，驗子納租。如有短少升合，将頂價扣算，另撥另佃。此拠。

咸豐三年三月初十日　進万　字

二—四〇五　咸丰三年三月十日黄可官租田字

立領種水田字人黃可官，今領到岳口熊篤叙堂名下石庙水田式坵，二畝，在汪家大堰使水。官出俻頂價二串。言定每年每畝一石，米麵二升。天年不一，驗子納租。短少升合，仍熊另撥另佃。此照。

凴保人　可明

咸丰三年三月初十日　官　字

二—四〇六　咸丰三年三月十日周开科租田字

立領種水田字人周開科，今领到岳口熊篤叙堂名下石庙團水田六分，在汪大堰使水。科當出頂價六佰。言定每年每分一斗。天年不一，驗子納租。如有短少升合，仍熊另撥另佃。田形界止。此照。

凴保人　黃可明

咸丰三年三月初十日　科　字

二—四〇七　咸丰三年三月十日杨利会租田字

立領種水田字人楊利會，今領到岳口熊篤叙堂名下水田六坵，六畝九分，在中南堰使水。利會當俻頂價六串九佰。言定每年每畝一石。倘有天年不一，驗子納稞。如有短少升合，仍熊另撥另佃。田形界止坵段。此照。

画押

凴保人　楊坤　画押

咸丰三年三月初十日　會　字

二—四〇八　咸丰三年三月十日黃进宏租田字

立領水田字人黃進宏，凴楊利會領到
岳口熊篤叙堂名下石團水田大小四坵，共田二畝，在汪大堰使
水。宏当付頂價二串，熊（性）〔姓〕收訖。言定每畝額稞乙
石，米面二升。倘遇天〔年〕不一，驗子纳租。如有短少升
合，将頂價扣算，另撥另佃。此拠。

咸豐三年三月初十日　進宏　筆

二—四〇九　咸丰三年三月十日陈德茂租田字

立領種水田字人陳德茂，今領到岳口
熊篤叙堂名下石庙水田一坵，一畝三分，坐落月堰使水。茂出
倸顶價一串二百。言定每年每畝一石。天年不一，驗子納租。
如有短少升合，仍另撥另佃。田形界止坵段，惟種田人是問。
此照。

凴保人　黃可明　画押

咸豐三年三月初十日　茂　字

二—四一〇　咸丰三年三月十日徐正美租田字

立領水田字人徐正美，今領到岳口
熊篤叙堂名下石庙團水田乙邱，五分，坐落土地庙，在鑾堰使
水灌漱。美當付領價伍百文正，熊（性）〔姓〕收訖。言定每
年每畝額稞一石，米麪二升。倘遇天年不一，驗子取租。以及
短少升合，将頂價扣算，任熊另撥另佃。
此據。

每四畝新鸡一支。

每畝東到錢三十文。

凴保人　楊利會

咸豐三年三月初十日　美　□〔筆〕

二—四一一　咸丰三年三月十日王兆美租田字

立領水田字人〔一〕王兆美，領到岳口熊篤〔二〕叙堂名下石團水
田三分，在□堰使水，美当出頂價三百文，熊〔姓〕收訖，言

〔一〕「人」后涂去一字。

〔二〕「熊」后涂去一字，其右側添加「篤」字。

定每畝額稞一石，米面二升，倘遇天年不一，驗子納租，如有短少升各，將領價扣算，熊另撥另佃。此拠。

憑中　楊利會

咸豐三年三月初十　美　筆

二—四一二　咸丰三年三月十日王世宏租田字

立領水田字人王世宏，領到岳口熊篤叙堂名下石團二坵〔一〕，二〔二〕，畝一分，鑾新堰使水，宏当出頂價二串一百文，熊信〔姓〕收訖，言定每畝額稞一石，米面二升，倘遇天年不一，驗子納租，如有短少升合，將頂價扣算，熊另撥另佃。此拠。

憑中　楊利會

咸豐三年三月初十　宏　筆

〔一〕「二坵」为正行右側添加。
〔二〕「二」后涂去一字。

二—四一三　咸丰三年三月十日熊易生租田字

立領田字人熊易生，今領到熊篤叙堂名下，在下四陶團大小五坵，在殷大堰使水灌救，六畝八〔一〕分，当付領價青錢六串□□文，每年隨稞一石，送到城隍廟，限期八月内完。若有短少升合，令將領價〔二〕扣算，熊另撥另佃，倘有天年不亦，驗田取租。今欲有凴，立此領字為拠。新鷄米麵，東道卅文

此照

凴　選高

咸豐三年三月初十日　筆

二—四一四　咸丰三年三月十日张兴租田字

立领水田字人張興，今领到岳口熊篤叔堂名下石團水田弍坵，弍畝壹分，坐落高堰边，在高堰使水灌救。興領價弍串壹佰文正，熊（性）〔姓〕收訖，言定每年每畝額稞壹石，米麵二升。倘遇天年不一，驗子取租。以及短少升合，將領價扣算，任熊另撥另佃。此據。

每四畝新奚一支。

每畝東到卅文。

憑保人　黃可明

〔一〕「八」为正行右側添加。
〔二〕「令將領價」为正行右側添加。

咸丰三年三〔一〕月初十日　领字人　筆

二一四一五　咸丰三年三月十日张玉春租田字

立領田字人張玉春，今領到熊篤叙堂名下石廟團水田大小三坵〔二〕，乙畝五分五，坐落周背堰上，在周堰使水灌救，当付領價青錢乙串五百五十文正。言定每年每畝完納額稞一石，送至隍观莊屋交卸，期定八月内全完。如过期不完，以及短少升合，將領錢扣算，任熊另撥另佃。遇天年不一，驗只納租。

東到錢卅文。

憑保人　選高

咸豐三年三月初十　玉春　筆

二一四一六　咸丰三年三月十日刘加禄租田字

立領種水田字人劉加祿，今領到岳口熊篤叙堂名下石團水田貳畆〇九厘〔三〕，大小二坵，坐落白水

〔一〕「年三」为正行右侧添加。

〔二〕「三」后涂去一字，其右侧添加「坵」字。

〔三〕「〇九厘」为正行右侧添加。

堰坑，在白水堰使水灌救，當付領價貳串。言定每年每畆完納額稞谷一石，送至隍城观莊屋交卸，期定八月内全完。如過期不完，以及短少升合，將領價扣算，任熊另撥另佃。倘遇天年不一，驗子納租。設田形坵段界止遺失，惟種田是問。此據。

每年每畆新麪米各一升，每四畆新雞一支。

每畝東到錢卅文。

憑保人　黄選高　黄可明　楊利會　楊振孝

咸豐叁年三月初十日　加祿　筆

二一四一七　咸丰三年三月十日黄谦一租田字

立領田字人黄謙一，今領到熊篤叙堂名下石庙團水田大小四坵，在吴家大堰使水灌菽二坵，在肖家堰使水灌救二坵，共田三畆一分。當付領價青錢三串乙百文正。每年每畆額稞乙石，送至隍城观莊屋交卸，期定八月内完納〔一〕。如过期不完，以

〔一〕「納」为正行右侧添加。

及短少升合，將領錢扣算，任熊另撥另佃。倘遇〔一〕天年不一，驗田纳租。

此拠。

每年新米麫，東到錢卅文。

憑保　選高

咸豐三年三月初十日　一　筆

二一四一八　咸丰三年三月十日魏朝荣租田字

立領種水田字人魏朝榮，今領到岳口熊篤叙堂〔二〕名下石團〔三〕水田叁畝九分三厘，大小三坵。坐落魏家门前，在么堰使水灌救。當付領價叁串九伯卅文。言定每年每畝額稞谷一石，送至隍城观莊屋交卸，期定八月内全完。如過期不完以及短少升合，將領價扣算〔四〕，任熊〔五〕另撥另佃。倘遇天年不一，驗子纳租。設田形坵段界止遺失，惟種田人是(门)〔問〕。此據。

每年每畝新米麵各一升，每四畝新雞一支。

每畝东到錢卅文。

憑保人　黄可明　楊利会　黄選高

咸豐〔一〕叁年三月初十日　朝荣　筆

〔一〕「倘遇」为正行右侧添加。

〔二〕「熊篤叙堂」为红色字体。

〔三〕「石團」为正行右侧添加。

〔四〕「將領價扣算」为正行右侧添加。

〔五〕「熊」为红色字体。

二一四一九　咸丰三年三月十日张玉万租田字

立領水田字張玉万，今領到熊篤叙堂名下石庙團水田大小七丘，在興堰使水灌救四丘，刘大堰使水一丘，肖堰使水〔二〕二丘。共田五畝〇五（立）〔厘〕。当付領價青錢五串〇五十〔三〕整。每年每畝額稞一石，送到隍城观莊屋交卸，期定八月内完。如过期不完以及短少升合，將領錢扣算，熊另撥另佃。倘（友）〔有〕天年不一，驗田納租。此據。

〔一〕「咸豐」为红色字体。

〔二〕「水」为正行右侧添加。

〔三〕此处数字有修改。

每年新米麪，東到錢卅文。

凴保　選高

咸豐三年三月初十日　筆

二—四二〇　咸丰三年三月十日黄克进租田字

立領水田字人黄克進，今領到
熊篤叙堂名下石庙團水田二丘，在刘大堰使水灌救，共田一畝一分。当付领價一串一百文。每年每畆稞一石。送到隍成观莊屋〔一〕交卸，期定八月内完。如过期不完，以及短少升合，将領錢扣算，熊另撥另佃。倘（友）〔有〕天年不一，驗田纳租。此據。

每年新米粡，東錢卅。

凴保　選高

咸豐三年三月初十　筆

〔一〕「莊屋」二字为正行右侧添加。

二—四二一　咸丰三年三月十日汪仪俊租田字

立領水田字人汪儀俊，今領到岳口
熊篤叙堂名下石庙團水田一丘七分〔一〕，坐落肖堰使水灌救。当領價錢七百文。言定每年每畆完纳额稞一石，送到隍成〔二〕观莊屋交卸，期定八月内完。如过期不完交，及短少升合，將領錢扣算，熊另撥另佃。倘有天年不一，驗子纳租。

每畝新麪米一升，東到卅文。

凴保人　黄選高

咸豐三年三月初十日　筆

二—四二二　咸丰三年三月十日黄善国租田字

立領水田字人黄善国，今領到
（能）〔熊〕篤叙堂名下石庙團大小十丘。在吴大堰使水灌救八丘，肖堰使一丘，在户堰使水一丘。共田八畆三分五（立）〔厘〕。当付領價青錢八串三百五十文。每年每畆稞一石，

〔一〕「分」字为正行左侧添加。
〔二〕「成」字为正行右侧添加。

送到隍成观莊交卸，期定八月内完。以及短少升合，將領錢扣算，熊另撥另佃。倘（友）〔有〕天年不一，驗田納租。此據。

東到錢每畝卅。

每年新米粡，東到錢卅。

憑　選高

咸豐三年三月初十　筆

二—四二三　咸丰三年三月十日罗士元租田字

立領種水田字人罗士元，今領到岳口熊篤叙堂名下石庙團水田拾坵，七畝四分，坐落廣家堰與吴家坑，在廣堰、四方堰使水灌救。元當付頂價七串四伯。言定每年每畝一石。天年不一，驗子納租。如有短少，仍熊另撥另佃。田形界止坵段遺失，惟種田人是（間）〔問〕。此照。

憑保人　楊坤

咸豐三年三月初十日　楊利合〔一〕　代筆

〔一〕「楊利合」为正行右侧添加。

二—四二四　咸丰三年三月十日黄子荣租田字

立領田字人黄子榮，今領到熊篤叙堂名下石庙〔一〕團水田乙坵，乙畝乙分。坐落汪家堰〔二〕背，在汪家堰〔三〕使水灌救。当付領價青錢〔四〕乙串一百。言定每年每畝籼稞〔五〕乙石，送至隍城观莊屋交卸，期定八月内全完。如过期不完，以及短少升合，將領錢扣算，任熊另撥另佃。倘遇天年不一，驗田納租。

每年新米粡，東到卅文。

凴保人　選高

咸豐三年三月初十日　榮　筆

〔一〕「庙」后涂去一字。
〔二〕「堰」字为正行右侧添加。
〔三〕「堰」字为正行右侧添加。
〔四〕「青錢」二字为正行右侧添加。
〔五〕「稞」字为正行右侧添加。

二—四二五　咸丰三年三月十一日汪文相租田字

立領種水田字人汪文相，今領到岳口熊篤叙堂名下石庙團水田九分一坵，在中堰使水灌救。相当付領價錢九百文。言定每年每畝完谷壹石，送至隍城观庄屋交卸，期定八月内全完。如過期不完以及短少升合，将領價扣算，任熊另撥另佃。倘遇天年不一，驗子纳租。设田形界止遺失，惟種田人是问。此據。

每畝面米各一升。

東道錢卅。

憑保人　黄可明

咸豐三年三月十一日　汪文相　□（字）

二—四二六　咸丰三年三月十一日吴得奇租田字

立領水田字人吴得奇，今领到熊篤叙堂名下水田大小八坵，共田伍畝壹分，在廣家堰、荷花堰使水灌救，坐落石庙團吴家坑。当付领價錢五串乙百文，係熊親手収讫。言定每年每畝额稞乙石，如有天年不一，照世完納，短少，另撥另佃，新雞，米、麵各畝乙升。今欲有憑，立此领字為據。

咸豐三年叁月十一日　得奇　字

二—四二七　咸丰三年三月十一日张国才租田字

立領種水田字人張国才，今憑保黄顕高領到岳口熊篤叙堂名下水田一坵，一畝〇五厘〔一〕，坐落張家灣宅後，在周背堰使水，国才当付領價一串〇五十〔二〕正，係熊親手収訖。言定每畝額稞一石，米、麵二升，送到黄城观莊屋交，期定八月内全完，如有短少升合，將領扣算。倘有天年不一，驗田。設田形坵段界止失，惟田人是问。此據。

憑保人　黄可名　楊利惠

咸豐三年三月十一日　国才　筆

〔一〕「〇五厘」为正行右側添加。

〔二〕「五十」为正行右側添加。

二—四二八　咸丰三年三月十一日殷国清租田字

立領種水田字人殷国清，今領到岳口熊篤叙堂名下石庙團水田五分六（力）〔厘〕，在何堰使水灌溉，當付恒裕頂價，當収五伯六十文。言定每年每畝完納額稞谷乙石，送至隍城觀莊屋交卸，期定八月内全完。如过期不完以及短少升各，將頂價扣算，任熊家大老爺另撥另佃。倘遇天年不易，驗子納租。設田形坵段界止遺失，惟種田人是問。此據。

每年每畝新米麵各乙升。

每年每畝東道钱卅文，每四畝新鸡一支。

憑保人　楊利會　黄可明　黄選高

咸豐三年三月十一日　国〔一〕清　領字　筆

〔一〕「国」为正行右侧添加。

二—四二九　咸丰三年三月十一日黄上青租田字

立領種水田字人黄上青，今領到岳口熊篤叙堂名下石庙團水田大小九坵，共田五畆弍分三厘〔一〕，坐落肖家堰、汪大堰，在肖堰、汪大堰使水灌救，當付領價钱五串弍伯三十〔二〕文整。言定每年每畆完納額稞谷乙石，送至隍城观莊屋交納卸，期定八月内全完。如過期不完以及短少升合，將領钱扣算，任熊另撥另佃。倘遇天年不一，驗子納租。設田形坵段界止遺失，惟種田人是問。此據。

每年每畆新米麵各一升，每四畆新鷄乙支。

東到钱卅文。

憑保人　楊利会　黄顕高

咸豐叁年三月十一日　黄上青　筆

二—四三〇　咸丰三年三月十一日汪书一租田字

立領種水田字人汪書一，今領到岳口熊篤叙堂名下水田弍坵，乙畆七分五（立）〔厘〕，坐落石廟〔三〕化家堰領〔四〕，土名大坵、小坵，在化家堰使水灌溉。當付領價錢

〔一〕「三厘」为正行右侧添加。

〔二〕「三十」为正行右侧添加。

〔三〕「石廟」为正行右侧添加。

〔四〕「領」为正行右侧添加。

乙串七百五十〔一〕文。每年年畝完額稞穀一石，送至皇城观莊屋交卸，期定八月内全完。如过期不完，以及短少升合，将領錢扣算，任熊另撥另佃。倘正遇天年不一，驗子納租。設田形坵段界止遺失，惟種田人是问。此抝。

保人　顯高

咸豐三年三月十一日　字

二—四三一　咸丰三年三月十一日黄玉贤租田字

立領種田字人黄玉賢，今領到岳口熊篤叙堂名下石庙團白水田五畝〔二〕，坐落水田荷花堰二畝三分，三坵，坐落水田三坵，土名爽堰使水灌救，二畝七分，當付領價錢五串〔三〕正。言定每年每畝完納額稞壹石，送至隍城觀莊屋交卸，期定八月内全完。如過期不完，以及短少升合，将領價扣算，任熊另撥另佃。倘遇天年不一，驗子納租。設田形坵段界止遺失，惟種田人是问。此抝。

每年每畝新麵米各一升，每四畝新（鳴）〔鷄〕一支。

每畝東到錢卅文。

憑保人　黄顯高　楊義厚

咸豐三年三月十一日　黄玉賢　字

二—四三二　咸丰三年三月十一日胡德盛租田字

立領田字人胡德盛，今領到熊篤叙堂名下石庙團水田乙坵，八分五厘，在肖家堰使水灌蔌。当付領價青錢八百五十文正。每年每畝額稞乙石，送至隍城观莊屋交卸，期定八月。期不完以及短少升合，將領錢扣算，任熊另撥另佃。倘遇天年不一，驗田收租。

每年新米麪，東到卅錢文。

憑保　選高

咸豐三年三月十一日　筆

〔一〕「五十」为正行右侧添加。
〔二〕此处数字有修改。
〔三〕此处数字有修改。

二一四三三　咸丰三年三月十一日周新国租田字

立領種水田字人周新國，今領到岳口熊篤叙堂名下石庙水田四坵，共二畆〇九分〔一〕。水田一畝六分，在長堰使水灌救。國當付領價錢弍串四百文。言定每年每畝完谷壹石，送至隍城觀庄屋交卸。期定八月内完全。如過期不完以及短少升合，將領價扣算，任熊另拨另佃。倘遇天年不一，驗子纳租。设田形界止遺失，惟種田是问。此據。

每畝米面各一升。

憑保人　黄可明

东道錢卅。

咸豐三年三月十一日　周新國　筆

〔一〕「四坵共二畆〇九分」为正行右側添加。

二一四三四　咸丰三年三月十一日汪明租田字

立領種田字汪明，（金）〔今〕領到岳口熊篤叙堂名下水田四分，一坵，坐落石團，在長堰使水灌救。當付頂價四百文。言定每年每畆額稞一石，天年不亦，驗字約租，送至皇城观莊屋交卸，期定八月内完（令）〔全〕。如過期不完，明及短少升合，任熊另撥另佃。（説）〔設〕田形界段遺失，惟種田人是（門）〔问〕。新雞、米、（丐）〔麪〕照市完約。此據。

憑保人　楊利會　黄可明　黄選高

咸豐叁年三月十一日　汪明　筆

二一四三五　咸丰三年三月十一日汪贵租田字

立領種水〔一〕田字人汪貴，今領到岳口熊篤叙堂名下水田一坵六分，坐落石團，肖惟名下六分〔二〕，在月池使水灌（枚）〔救〕。當付頂價錢六百。言定每年每畆額稞一石，天年不亦，驗字納租，送至皇城观莊屋交卸，期定八月内完全。如過期不完以及短少升合，任熊另拨另佃。設田形界坵〔三〕段遺失，惟種田人是問。新雞、米、（丐）〔麪〕照市完納。此據。

〔一〕「水」为正行右側添加。
〔二〕「肖惟名下六分」为正行右側添加。
〔三〕「坵」为正行左側添加。

凴保人 楊利會 黄可明 黄選高

咸豐叁年三月十一日 汪貴 筆

二—四三六 咸丰三年三月十一日罗友光租田字

立領田字人罗友光，今領到岳口熊篤叙堂名下石團水田乙畆八分，二坵，在邱大堰使水。友光当出頂價乙串八百整，係熊（性）〔姓〕收訖。言定額稞乙石，米、面二升。倘有天年不一，驗子纳租。如有短少升合，將頂價扣算，另撥另佃。此據。

每東道錢卅文。

凴中 黄可名

咸豐三年三月十一日 友光 字

二—四三七 咸丰三年三月十一日罗连兴租田字

立領種水田字人罗連兴，今領到岳口熊篤叙堂名下石庙團水

田叁畝肆分，坐落月堰下，土名大小〔一〕，月堰使水灌溉。當付领價錢三串四百文整。言定每畝額稞壹石，送至隍城观莊屋交纳，定期八月内全完。如过期不完以及短少升合，將领價扣算，任熊另拨另佃。倘遇天年不一，驗子纳租。设田形坵坦界止遺失，惟種田人是问。此拠。

新米新麵每年如数而送。

凴保 黄可明 画押

咸豐三年三月十一日 罗連兴 字

二—四三八 咸丰三年三月十一日夏楚贤租田字

立領種田字人夏楚賢，今領到岳口熊篤叙堂名下水田壹坵，壹畆弍分，坐落石團，在铁匠堰使水灌救。当付領價錢壹串弍百。言定每年每畆額稞壹石，天年不亦，驗田取租，送至皇城观莊屋，八月内完全。如過期不完以及短少升合，任熊另拨另佃。田形界段遺失，与種田是（門）〔問〕。新雞、米、（丐）〔麪〕照事完納。此據。

凴保人 楊利會 黄可明 黄選高

〔一〕「小」为正行左側添加。

咸豐叁年三月十一日　楚贤　字

二—四三九　咸丰三年三月十一日李得明租田字

立領種田字人李得明，今領到岳口熊篤叙堂名下石庙團水田七畝二分九厘〔一〕。坐落光領上大小伍坵，式畝〔二〕，王伍堰〔三〕南北式頭小坑（史）〔使〕水灌救。又三邱，三畝伍分六厘，坐落□堰（史）〔使〕水灌救；又么堰（史）〔使〕水灌救；壹畝七分三厘〔四〕大面（史）〔使〕水。其田七畝式分九厘〔五〕。當付領價錢式串□伯文整。言定每年每畝完納額稞谷壹石，送到隍城觀莊屋交卸，期定〔六〕八月内全完。如过期不完以及短少升合，將領價扣算，任熊另（發）〔撥〕另佃。倘遇天年不易，驗子纳租。設田形坵段止遺失，惟種田人是問。此拠。

每年每畝新米麪各一升。

〔一〕「二分九厘」为正行右側添加。
〔二〕「式畝」为正行右側添加。
〔三〕「堰」为正行右側添加。
〔四〕「三厘」为正行右側添加。
〔五〕「九厘」为正行右側添加。
〔六〕「定」后涂去一字。

每四畝新鴠一支。
每畝东到錢卅文。

憑保人　黄選高　可明

咸豐三年三月十一日　得明〔一〕　字

二—四四〇　咸丰三年三月十一日黄世煊租田字

立領種田字人黄世煊，今領到岳口熊篤叙堂名下石廟團水田大小六坵〔二〕；汪家堰水田〔三〕八分，又水田三分；吴〔四〕家堰背〔五〕使水。水田九分；水田二坵〔六〕，一畝式分。又坐（洛）〔落〕刘〔七〕家大堰沖；又家么堰坑六分〔八〕，共计三畝八分。憑保出脩□價三串八佰正。言定每年每畝額稞一

〔一〕「得明」为正行右側添加。
〔二〕「大小六坵」为正行右側添加。
〔三〕「水田」为正行右側添加。
〔四〕「分」后涂去一字，其右側添加「吴」字。
〔五〕「背」为正行右側添加。
〔六〕「二坵」为正行右側添加。
〔七〕「洛」后涂去一字，其右側添加「刘」字。
〔八〕「冲」后删去「水田六分」四字，「又家么堰坑六分」为其左側添加。

石，送至隍城觀□屋交卸，期定八月内全完。如过期不完以及短少升合，將頂價扣算，任熊另撥另佃。倘遇天年不一，騐子纳租。设田形坵段界止遺失，惟種田人是（門）〔問〕。此據。

凴保人　楊利合共顯高

每年每畝新米麪各一升，东道钱卅文。

咸豐三年三月十一日　文成　筆

二—四四一　咸丰三年三月十一日黄用富租田字

立領種水田〔一〕字人黄用富，今領到岳口熊篤叙堂名下石廟〔二〕團水田大小四坵，共田乙畝七分。二坵坐落汪家堰，二坵在汪家堰使水。又五分下〔三〕四分〔四〕坐落肖家堰，二坵〔五〕在肖家堰使水。當付領頭價錢一串七伯。言定每畝額稞

〔一〕「田」为正行右侧添加。
〔二〕「廟」为正行右侧添加。
〔三〕「下」为正行右侧添加。
〔四〕「分」后涂去一字。
〔五〕「二坵」为正行左侧添加。

一石〔一〕，送至隍城观莊屋交卸，期定八月内〔全〕完。如过期不完以及短少升合，將領錢扣算，任熊另撥另佃。倘有天年不一，騐子納租，此據。

保人選高。新鳮、米、面。

咸豐三年三月十一日　字

二—四四二　咸丰三年三月十一日陈守顺租田字

立領種水田字人陳守順，今凴保人黄顯高領到岳口熊篤叙堂名下水田一坵，一畝〔二〕一分，坐落宅後，吴大堰使水灌蔌（使水）。陳守順下計領價乙串乙伯〔三〕。言定每畝額稞一石，米、麵二升，送至隍城观莊屋内交卸，期定八月内完全。如有短少升合，將領價扣算，任熊另撥另佃。倘有天年不一，（念）〔騐〕田取租。設田形坵段界止失，惟種田人是问。此挝。

凴保人　黄可名　楊利惠

咸豐三年三月十一日　順　筆

〔一〕「石」后涂去一字。
〔二〕「一畝」为正行右侧添加。
〔三〕此处数字有修改。

二—四四三　咸丰三年三月十一日胡守得租田字

立領種水田字人胡守得，今憑保黄顯高領到岳口熊篤叙堂名下水田二坵，乙畂五分，坐落肖家堰。在肖家堰使水九分，六分在吴家大堰使水。守得當付領價乙串五伯正。係熊親手收訖。言定每畂額稞乙石，米、麵二升，送至隍城观莊屋交卸，期定八月内全完。如有短少升合，將領價扣算。倘有天年不一，驗田取〔租〕。設田形坵段界止失，惟種田人是问。此拠。

憑保人　黄可名　楊利惠

咸豐三年三月十一日　得　筆

二—四四四　咸丰三年三月十一日胡良元租田字

立領種水田字人胡良元，今憑保人黄顯高領到岳口熊篤叙堂名下水田二坵，二畂二分。乙坵坐落腰堰坑，乙畂四分〔一〕，在吴大堰使水灌蔭。乙坵八分〔二〕，坐落新堰下在□坑分在新堰使水。元當付領價二串二伯文正。係熊親手收訖。言定每畂額稞乙石，米、麪二升，送至城观莊屋交卸，期定八月内完全。如短少升合，將領價扣算。倘有天年不一，驗田取租。設田形坵段失，惟種田人是问。□□

憑保人　黄可名　楊利惠

咸豐三年三月十一日　元　筆

〔一〕「乙畂四分」为正行右側添加。
〔二〕「坵八分」为正行右側添加。

二—四四五　咸丰三年三月十一日胡大海租田字

立領水田字人胡大海〔一〕，今憑保人黄顯高領到岳口熊篤叙堂名下水田五坵，二畂三分五厘〔二〕。三坵坐落门前捌分〔三〕，在吴大堰使水。乙坵九分五厘，在腰使水。坐落腰下乙坵六分〔四〕，吴大堰使水。海〔五〕當付領乙串，下少乙串〔六〕三伯五十文。定每畂額稞乙石，米、麪二升，送至

〔一〕「胡」后涂去几字，「大海」为其左側添加。
〔二〕「二畂三分五厘」为正行右側添加。
〔三〕「捌」后涂去一字，其右側添加「分」字。
〔四〕「分」为正行右側添加。
〔五〕「水」后涂去一字，其右側添加「海」字。
〔六〕「串」后涂去二字。

隍城观莊屋交卸，期定八月内完全。如有短少升合，將領價扣算，任熊另撥另佃。倘有天年不一，（念）〔驗〕田取租。憑保黄可名。

咸豐三年三月十一日　海　筆

二—四四六　咸丰三年三月十一日胡名达租田字

立領種水田字人胡名達，今憑保人黄顋高領到岳口熊篤叙堂名下田水六坵，三畆九分二。乙畆坐落團家坑，吴大堰使水灌蔴。二坵乙畆乙分，坐落门前，吴大堰使水灌蔴。二坵乙畆八分，吴大堰上，在吴大堰使水。名達當付領價三串九伯正，係熊親手収訖。言定每畆額稞乙石，米、麫二升，送至隍城观莊屋内交卸，期定八月内完全。如有短少升合，將領價扣算，任熊另撥另佃。倘有天年不一，（念）〔驗〕田取租。設田形坵段界止失，惟種田人是问。此拠。

憑保人　黄可名　楊利惠

咸豐三年三月十一日　達　筆

二—四四七　咸丰三年三月十一日胡必元租田字

立領種水田字人胡必元，今領到岳口熊篤叙堂名下石庙团水田二坵，二畆二分。坐落文前，乙畆二分，腰堰使水〔一〕，在團堰使水灌救。必元〔二〕當付領價〔三〕。言定憑黄顋高當出青錢二〔四〕串二百。每年每畆完納額稞一石，送至隍城观莊屋交卸，期定八月全完。如有〔五〕过期不完以及短少升合，將領錢扣算，任熊另撥另佃。倘遇天年不一，驗子纳租。設田形坵段遺失，惟種田人是問。此拠。

每年每畆新麵米各一升，每畆新鳮一支。

憑保人〔六〕黄顋高

咸豐三年三月十一日　顋高　字

〔一〕「乙畆二分腰堰使水」为正行右側添加。
〔二〕「必元」为正行右側添加。
〔三〕「價」后涂去几字。
〔四〕「二」后涂去一字。
〔五〕「有」为正行右側添加。
〔六〕「人」后涂去一字，其右側添加「黄顋高」。

二—四四八 咸丰三年三月十一日萧裴元租田字

立領種田字人蕭裴元，今領到岳口熊篤叙堂名下水田弍坵，共田壹畝九分。坐落石團，在白水堰使水灌救。裴元出倫領價錢壹串九百文。言定每年每畝額稞一石。天年不亦，驗田取租，送至皇城观莊屋交卸，期定八月内完全。如過期不完，以及短少升合，任熊另拨另佃。新雞、米、（丏）〔麪〕，照事完纳。此據。

当付頂價錢九百文。

計下乙串，八月付（青）〔清〕。

憑保人 楊利會 黃選高

咸豐叁年三月拾一日 裴元 筆

二—四四九 咸丰三年三月十一日胡良忠租田字

立領種水田字人〔一〕胡良忠，今領到岳口熊篤叙堂名下石庙團水田五畝四分，白田五分，計六坵。坐落譚家坑二坵，二畝三分。坑田二坵，三畝乙分。宅塝二坵〔一〕，五分，在吴家大堰使水灌救，當付領價錢五串九百。言定每年每畝完纳額稞穀乙石，送至隍城觀莊屋交卸。期定八月内全完。如过期不完以及短少升合，将領錢扣算，任〔二〕熊另撥另佃。倘遇天年不一，驗子纳租。設田形坵段界止遺失，惟種田人是問。此據。

每年每畝新米麵各一升，每四畝新鷄一支。

每畝東到錢卅文。

憑保人 楊義和 画押 黃選高 画押

咸豐三年三月〔三〕十一日 胡良忠 筆

〔一〕「人」字为正行右侧添加。

二—四五〇 咸丰三年三月十一日胡名裕租田字

立領種水田字人胡名裕，今領到岳口熊篤叙堂名下石團水田二分，坐落團堰坑，在團堰使水灌溉。

〔一〕「坵」字为正行右侧添加。
〔二〕「任」后删去一字。
〔三〕「十」前删去「初」字。

當付領價二伯。言定每年每畝完納額稞谷一石，送至隍城觀莊屋交卸，期定八月內全完。如过期不完，以及短少升合，將領價扣算，任熊另撥另佃。倘遇天年不一，驗子納租。設田形坵段界止遺失，惟種田人是问。此據。

每年每畝新米麫各一升，每四畝新雞一支。每畝東到錢三十文。

憑保人　黃選高

计領價式伯，當年同稞並完。

咸豐叁年三月十一日　名裕　筆

二—四五一　咸丰三年三月十一日胡元珍租田字

立領水田字人胡元珍，今憑保人黃顯高領到岳口熊篤叙堂名下水田七坵，五畝四分五厘〔一〕。坐落團堰下三畝，在團堰使水。四坵坐腰堰坑，在吴大使水，乙畝五分。乙坵九五厘，在腰堰使水。珍當付領價四串四伯五十文，下少乙串。言定每畝乙石，米、麫二升，送至隍城观莊屋交卸，期定八月內完全。如有短少升合，將領價扣算。倘有天年不一，

〔一〕「五畝四分五厘」为正行右側添加。

（念）〔驗〕田取租。設田形界止，種田人是问。此拠。

憑保人　黃可名　楊利惠

咸豐三年三月十一日　珍　筆

二—四五二　咸丰三年三月十一日刘家福租田字

立領種水田字人刘家福，今領到岳口熊篤叙堂名下（水田）石團水田一畝一分。坐落白水堰坑，在白水堰使水灌救。當付領價一串一伯。言定每年每畝完納額稞谷一石，送至隍城观莊屋交卸。期定八月內全完。如过期不完以及短少升合，將領價扣算，任熊另撥另佃。倘遇〔一〕天年不一，驗子納租。設田形坵段界止遺失，惟種田人是问。此據。

每年每畝新米麫各一升，每四畝新雞一支。

每畝东到卅文。

憑保人　可明　黃選高　楊利会

咸豐叁年三月十一日　家福　筆

〔一〕原为「迁」，后用红笔改为「遇」字。

二—四五三　咸丰三年三月十一日黄东旭租田字

立領種水田字人黄東旭，今領到岳口
熊篤叙堂名下石團水田大小四坵。六分在汪家堰使水，又乙畝
四分，又乙（乙）分，又乙分，共田弍畝二分。肖家堰乙畆六
分使水。当出頂頭錢弍串二伯正。係堂親収訖。自領之後，言
定每畆額稞谷一石，送至隍城觀莊（尸）〔屋〕交卸。期定八
月内全完。如過期不完以及短少升合，将領價扣算，任熊另撥
另佃。倘遇天年不一，驗子納租。設田形坵段界止遺失，惟種
田是問。此據。

每年每畆新麵米各一升，每四畆新雞一支，每畆東钱卅文。

憑保人　黄選高　楊利會

咸豐叁年三月十一日　字

二—四五四　咸丰三年三月十一日陈东国租田字

立领種水田字人陳東国，今領到熊篤叙堂名下石〔一〕團水田二
坵，四分八□，落河堰使水灌救。當付领價四百八十〔二〕文。
言定每年完纳額稞谷一石，送至隍城观莊屋交卸，期定八月内
全完。如过期不完以及短少升合，將领價扣算，任熊另撥另
佃。倘遇天年不亦，驗子纳租。設田形坵段界止遺失，惟種田
人是问。此據。

憑　楊利會　黄可明　黄常元　黄選高

咸豐三年三月十一日　国　筆

二—四五五　咸丰三年三月十二日夏士顺租田字

立領種水田字人夏士順，今領到岳口
熊篤叙堂名下石庙團水田一畝一坵，坐落高堰東邊，在高堰使

〔一〕「石」字为正行右侧添加。
〔二〕「八十」二字为正行右侧添加。

水灌救。當付領價錢一串。言定每年每畝完納額稞谷一石，送至隍城觀莊屋交卸，期定八月内全完。如過期不完以及短少升合，将領價扣算，任熊另撥另佃。倘遇天年不一，騐子納租。設田形坵段界止遺失，惟種田人是問。此拠。

每年每畝新麳米各一升。

凴保人 楊坤 可明

咸豐三年三月十二 夏士順 字

二一四五六 咸丰三年三月十二日余正名租田字

立領種水田字人余正名，今领到岳口熊篤叙堂名下石庙團水田三分，坐□〔落〕劉家堰，土名〔一〕坵，在劉家堰使水灌救，当付领價錢三百文。言定每年每畝完納額稞谷壹石，送至隍城觀莊屋交卸，期定八月内全完。如過期不完以及短少升各，將领價扣算，任熊另撥另佃。倘遇天年不一，騐子納租。设田形坵段界止遺失，惟種田人是问此據。

每年每畝新麳、米各一升，每四畝新雞一支，每畝东到钱三十文。

凴保人 黄顯高说合

咸丰三年三月十二日 余正名 字

〔一〕此处留有空白。

二一四五七 咸丰三年三月十二日黄用元租田字

立領田字人黄用元，今領到岳口熊篤叙堂名下水田弍坵，乙畆弍分。坐落石廟毛家堰臂，土名何長坵一形，小坵一形，在毛家堰使水灌漑。當付領價價乙串弍百文。每年每畆完納額稞穀一石，送至皇城观莊屋交卸，期定八月内全完。如过期不完以及短少升合，將領錢扣算，任熊另撥另佃。倘遇天年不一，騐子納租。設田形坵段界止遺失，惟種田人〔一〕是问。此拠。

保人 黄顯高

咸豐三年三月十二日 字

二一四五八 咸丰三年三月十八日僧觉高租田字

立领種水田字人僧覺高，今领到熊篤敘堂名下水田乙畆五分

〔一〕「人」为正行右侧添加。

五厘，二坵。坐落〔一〕月池坡一畒，在牛角私堰使水〔二〕。坐落文家湾五分五厘，在長堰公墩公垷使水。僧当出領價一串五百五十文〔三〕。言定每畒額稞一石。倘天年不一，驗子納租。如有短少升合，任田主另撥另佃。此拠。

憑保人　潘永高　画押
　　　　黃可明　画押
　　　　張得□　画押
　　　　殷先　画押

咸豐三年三月十八日　僧覺高　筆

二—四五九　咸丰三年三月二十九日陈东国租田字

立領種水田字人陳東国，领到岳口熊篤叙堂名下石團水田大小三坵，乙畒一分七厘。坐落温堰使〔四〕水灌菽。国出備领價乙串百七十文正。每年每畒完納額稞谷乙石，送至皇城观莊屋交卸，期定八月全完。如过不完以及短少升合，將领價扣算，仍熊另拨另佃。倘遇天年〔不〕亦，驗子纳租。設田形坵段界止遺失，惟種田人是问。此據。

〔一〕「落」字为正行右側添加。
〔二〕「在牛角私堰使水」为正行右側添加。
〔三〕「僧当出領價一串五百五十文」为正行右側添加。
〔四〕「使」为正行右側添加。

凴　楊利會
　　黃可明
　　黃常元
　　夏炳萬

咸豐叁年三月廿九日　筆

二—四六〇　咸丰三年三月三十日黃天一租田字

立領水田字人黃天一，今領到熊篤敘堂名下今有石團水田大小三坵，一畒，在汪家大堰使水灌救。天一当出頂價壹串。言定每畒額（顆）〔稞〕一石。倘有天年不一，驗田取租。如有短〔少〕升合，撥田另佃，將頂頭扣租。新雞，米、麪每畒二升，東道每畒卅文。此照。

憑中　楊利会　画押

咸丰三年三月卅日　天一　筆

二—四六一　咸丰三年三月杨德文租田字

立領種水田字人楊德文，今領到岳口熊篤叙堂名下石廟團水田乙畝二分，（楊德文）坐落姚堰坑使水灌溉。當付領價錢一串二百文。言定每畝完納額稞谷一石，送至隍城灌莊屋，八月内全完。如過期不完以及短升合，将領價扣算，任熊另撥另佃。倘遇天年不一，騐子納租。設田形坵段界止遺失，惟種田人是問。此拠。

每年每畝新麵米各一升。

憑保人　楊振孝

咸豐三年三月初

二一四六二　咸丰三年三月石万宏租田字

立領水田字人石萬宏，今領到熊篤叙堂名下今有石團水田二坵，八分，坐落石灣後，在革堰使水灌救。宏當出頂價八百，堂收讫。言定每畝額稞乙石。倘有天年不一，騐田取租。如有短少升合，撥田另佃，将領價扣租。雞字錢十五，每畝米麵二升，東道錢卅文。今恐無憑，立此領字據。　画押

憑中　潘士成　画押

咸丰三年三月初　日　宏　筆

二一四六三　咸丰三年三月陈以敬租田字

立领種水田字人陳以敬，今領到岳口熊篤叙堂名下石庙團水田三坵〔一〕，三畆〔二〕。坐落嚴家壋，坐落温堰，在温堰使水。當付頂價三〔三〕串。每年每畆完纳額稞谷一石，送至隍城觀莊屋交卸，期定八月内全完。如过期不完以及短少升合，将領價扣算，任熊另撥另佃。倘遇天年不一，騐子納租。設田形坵段界止遺失，惟種田人是問。此據。每年每畆新麵、米合一升，每四畆新鴠一支。每畆東到錢卅。

憑保人　楊利會　黄可明　黄選高

咸豐三年三月初　以敬　領字

〔一〕「三坵」二字为正行右侧添加。
〔二〕「畆」后删去两字。
〔三〕「價」后删去一字，其右侧添加「三」字。

二—四六四　咸丰三年四月一日黃用福租田字

立領田字人黃用福，憑中利惠領到岳口熊篤叙堂名下水田，碾堰三坵，三畆乙分，陳堰二坵，一畆四分；四方堰二坵，乙畆四分；廣宗堰乙坵，乙畆二分，共田七畆乙分。当出顶頭錢七串壹伯文整。言定額稞乙石，倘有天年不一，（谂）〔驗〕子纳租，不得短少升合。如有短少升合，仍田主另撥另佃，不得阻次。今恐無凴，立此領字一帋为據。

凴中　選高　画押

爻朱成元二畆一分。

咸豐三年四月初乙日　黃用福　筆

二—四六五　咸丰三年四月三日沈见魁租田字

立領水田字人沈見魁，今領熊篤叙堂今有石團水田大小四坵，一畝九分五厘，在白诰堰月池使水灌救。魁当出頂價錢壹串九百五十。言定每畝額（颗）〔稞〕一石。如有天年不一，驗田取租。如有短升合，撥田另将頂頭扣算。新雞米麪每年二升，東道雞字錢每畝卅文。此照。

凴中　楊利全　画押

咸丰三年四月初三日　虧　字

二—四六六　咸丰三年四月三日沈体元租田字

立領種水田字人沈体元，今領到岳口熊篤叙堂名下石庙團水田四坵二畝五分，在白浩堰、格堰使水灌救。元出備領價錢弍串五伯。言定每年額稞一石。天年不一，驗子纳租。如有短少升合，将領價錢扣算，另撥另佃。田形坵段界止遺失，惟種田人是问。此拠。

每年每畝新米麪各乙升，東到錢卅文。

凴保人　楊利念

咸豐三年四月初三日　体元　字

二—四六七　咸丰三年四月三日夏天顺租田字

立領水田字人夏天順，今憑保人楊利□領到熊篤叙堂名下水田三畝五分，大小六坵，在濡堰使水灌救。言定每畝額稞乙石。如有天年不一，驗子纳租。如有短少升合，撥田另佃。新雞米麪一概照利，東道每畝卅文。此照。

田刑界止遺失，惟種田人是问。

内私堰一口。

凴保人　夏西林　画押

咸豐三年四月初三日　天训　筆

二—四六八　咸丰三年四月三日夏乾耀租田字

立領水田字人夏乾耀，今領到熊篤敘堂名下今有石團水田大小十四坵，共田七畝六分，在猪曹堰使水灌救。耀当出頂價錢七串六百正。言定每年每畝額（顆）〔稞〕一石，如有天年不一，驗田取租。如有短升合，撥田另佃，將頂價扣。新雞，米、麪每畝二升，東道錢卅。今恐無憑，立此字為拠。禾場堰、河花堰共三堰。

凴中　楊利会　画押

咸丰三年四月初三日　字

二—四六九　咸丰三年四月四日袁道羊租田字

立領水田字人袁道羊，今領到熊篤叙堂名下今有石團水田大小二坵，田三畝二分，在当水王新堰使水灌救。羊当出頂價錢三

串二百，言定每畝額（顆）〔稞〕一石。如有短少升合，撥田另佃，將頂價扣租。新雞米面，照事完纳，東道每畝卅文。今恐無憑，立此字為拠。　画押

凴中　楊利会　画押

咸丰三年四月初四日　羊　字

二—四七〇　咸丰三年四月四日杨德成租田字

立領種水田字人楊德成，今領到岳口熊篤叙堂名下今有石團水田大小五坵，共田三畝九分五厘，当付領價三串九百五十文〔一〕，在雷家堰、文家堰使水灌救。言定每畝額（顆）〔稞〕乙石。倘有天年不一，驗田取租。如有短少升合，撥田另佃，將頂價扣租。新雞米麪，照事完納，東道錢卅。此照。

凴中　楊利会

咸丰三年四月初四日　成　字

〔一〕「当付領價三串九百五十文」为正行右侧添加。

二—四七一　咸丰三年四月四日吴盛全租田字

立領種水田字人吴盛全，今領到岳口熊篤叙堂名下今有石團水田大小三坵，共田壹畝七分，在張家堰使水灌救。全当出頂價壹串七百正。言定每畝額稞一石。倘有天年不一，驗田取租。如有短少升合，撥田另佃，将頂價扣租。新雞四畝田一支，每畝米麪二升，東道卅文。此照。

凴中　楊利会

咸丰三年四月初四　全　字

二—四七二　咸丰三年四月四日代元起租田字

立領種水田字人代元起，今領到熊篤叙堂名下今有石團水田大小一坵，壹畝〇五厘，有尖堰使水灌救。起当出頂價壹串零五十。言定每畝看（顆）〔稞〕一石。倘有天年不一，驗田取租。如有短升合，撥田另佃，將頂價扣租。新雞，米、麪每畝二升，東道每畝卅。今恐無憑，立此字為拠。

憑中　楊利会　画押

咸丰三年四月初四日　字

二—四七三　咸丰三年四月九日殷魁宁租田字

立領種水田字人殷魁寧，今領到岳口熊篤叙堂名下石廟〔一〕團水田，温堰一畝，坐落百林，温堰使灌救，四分何堰使水，坐〔二〕落百林；七分肖堰使水〔三〕；一畝一分，一畝七分三〔四〕。共田四畝九分三厘〔五〕。當付頂價四串九百〔六〕。言定每年每畝完納額稞一石，送至隍城觀莊屋交卸，相定八月内全完。如過期不完以及短少升合，将頂價扣算，任熊另撥另佃。遇天年不一，驗子納租。設田形坵段界止〔七〕遺失，惟種田人是問。此據。

每年每畝新米麪各一升，每四畝一支。

每畝东道錢卅。

〔一〕「廟」为正行右側添加。
〔二〕「坐」为正行右側添加。
〔三〕「肖堰使水」为正行右側添加。
〔四〕「三」为正行右側添加。
〔五〕「三厘」为正行右側添加。
〔六〕「九」后涂去一字，其右側添加「百」字。
〔七〕「止」为正行右側添加。

憑保人 黄可明
楊利會
黄選高

咸豐三年四月初九日 魁寧 筆

二一四七四 咸丰三年冯则纯租田字

立領水田字人冯則純，領到

岳口熊篤叙堂名下石團水田大小三邱，一畝八分〔一〕，熊尖堰使水。則純当出頂價一串八百整，係熊信收訖。言定每畝額稞一石，米面二升。倘遇天年不一，驗田纳租。如有短少升合，将領價扣算，任熊另（揆）〔撥〕另佃。此拠。

憑 楊利會

咸豐三年初十 馮則純 筆

二一四七五 咸丰三年李云笏租田字

立領種水田字人李云笏。今領到岳口

熊篤叙堂名下水田壹坵，壹畆二分。坐落石庙團吴家下湾宅

〔一〕「一畝八分」为正行右侧添加。

塝，土名湾坵，在谭堰使水灌救。当付領價錢壹串弍伯文整。言定每年每畆完纳額稞穀壹石，限至八月内全完，送到隍城观莊屋交卸。如有短少升合，将領價扣算，任熊另撥另佃。倘遇天年不一，驗子纳租。若有田形坵段界止遗失，與種田人是问。

每年 四新雞一支。
每畆 米、麺各一升。
東到卅。

咸豐三年□月初五日 凂保人 黄選高 笏 字

二一四七六 咸丰三年魏大振租田字

立领種水田字人魏大振，领到岳口

熊篤叙堂名下水田石團三坵〔一〕，二畆三分六厘，坐落温堰使水灌救。国当付二串二百六十文正。每畆额稞乙石，送至隍城观交卸。期定八月全完。如过期〔不〕完，以及短少升合，将领價扣算，仍熊另撥另佃。倘遇天年不亦，驗子纳租。設田形坵段界止遗失，與種田人是问。此據。

〔一〕「三坵」二字为正行右侧添加。

憑　黄可明　楊利會　黄選高

咸豐三年□月廿九日　筆

二—四七七　咸丰十年十一月二十八日程泽海租田字

正

立佃字人程澤海，今佃到

熊興祥號名下白田壹形，计八分六厘四毫。当日三面言定，每畝每年預支稞錢弍串四伯文照算，按年交清，不得短少分文。恐口無憑，立此佃字為據。外小稞。

咸豐拾年冬月二十八日　立　画押

憑保　方美大爺〔一〕

〔一〕契纸右上方另笔注有「程澤海」三字。

二—四七八　咸丰十一年三月十五日查福盛租田字

租

立租字查福盛，今租到

熊興祥實號高坡河灘，前至高屋傍〔一〕邊，後至河邊。滿年租錢拾式串正。言定三季交納，不得短少。恐口無憑，立此租字為據。当付押租錢四串正。

憑中人　蕭七老爺　程國瑾二爺

咸豐十一年三月十五日　筆〔二〕

二—四七九　同治元年四月一日戴正宽租田字

租字

戴正宽水田　即庭宽〔三〕

立租字人戴正寬，今□

熊篤叙堂名下水田二形□当日三面言，每年租錢式□不得短少分文。如有短少□租。今恐無憑，立此租字□

同治元年四月初一日

憑保人　楊為理大□

〔一〕「高屋傍」为正行右側添加。

〔二〕契纸右上方另笔注有「查福盛地租字」六字。

〔三〕此行字为另笔添加。

二—四八〇 同治元年十一月四日黄进宏租田字

租字

立領水田字人黃進宏，今領到

熊篤叙堂名下今〔一〕有石團水田乙坵，乙畝五分。凴保潘士成言定，当出頂價七百五十文，堂收。言定每畝額（顆）〔稞〕乙石。倘有天年不一，驗田取租。如有短少升合〔二〕，撥田另佃，將頂扣租。此照。

同治元年冬月初四日

黃進宏 筆

二—四八一 光绪元年十月二日鲁阿朱氏租田字

立領水田字人魯阿朱氏，憑保佃到熊秩南名下水田二斗一節。當日三面言定，每年租谷捌斗，内除租谷三斗完糧，挑送上倉，不得短少升合。如□天年不一，驗子納租。恐口無憑，立佃子為证。

〔一〕「今」字为正行右侧添加。
〔二〕「合」后涂去一字。

憑保人 金禹□ 画押
唐東海 画押
朱克勤 画押

光緒元年拾月初二日 立

二—四八二 光绪六年二月十五日万倬夫租田字

租字

立租字萬倬夫，今租到

熊興祥實號上場新堤脚地一形，一畝二分，每年租錢弍串正，五、八、臘三季交清。當付押租壹千文。恐口無據，此憑。

憑 譚三老爺
劉四相公
□□
楊先生
熊成南大爺

光绪六年二月十五日 立〔一〕

〔一〕契紙右上方另笔注有「萬倬夫」三字。

二—四八三 光绪九年九月十九日孙大早租田字

立佃水田字人孫大早，凴保佃到

熊篤叙堂名下水田乙石三斗，大小四坵，门口塌車墩，搒車墩，溝到过水坵，一应照旧使水。当日言定，每年额谷六石八斗，外小稞一斗三升，挑送上倉，不得短少升合。恐有天年不一，驗子納租。恐口無凴，立領字為证。

凴保人 朱克勤 唐為美

光緒九年九月十九日 孙大早 立

二—四八四 光绪九年九月二十日吴接宗租田字

立領水田字人吴接宗，今领到

熊篤叙堂名下水田式斗五升，计三坵，七斗五一坵，每年額租谷五石五升，外小稞一斗，挑送上倉，不淂短少升合。今恐無凴，立领字為據。

憑保 朱克勤

光緒九年九月二十 立

二—四八五 光绪九年九月二十日傅望保租田字

立領田字人傅望保，凴保朱克勤，今領到

熊篤叙堂水田六坵一石七斗五升，每年額谷八石一斗二升，外小乙斗七升，挑谷上倉，不得（矩）〔短〕少升合。恐口無凴，立領字為據。

光緒九年九月廿日 立

二—四八六 光绪九年九月二十日龚会清租田字

立領水田字人龔會清，憑保領到

熊篤叙堂名下水田八斗，计大小七坵，每年額谷四石，挑送上倉，不淂短少升合。今恐無憑，立領田字為據。

憑 朱克勤

光緒九年九月二十日 立

二—四八七　光绪九年九月二十日陈国升租田字

立領水田字人陈国升，凂保朱克勤，今領到
熊篤叙堂名下水田叁斗，大小三坵，每年額谷壹石四石五升弍合，外小稞三升，挑送上倉，不淂短少升合。恐口無凂，立領田字為據。
光绪九年九月二十日　立

二—四八八　光绪九年九月二十日龚今贵租田字

立領水田字人龔今貴，今領到
熊篤叙堂名〔下〕水田壹石七斗五升，大小弍坵，在東壋頭池使水，每年額谷八石四斗，外小稞一斗七升，挑送上倉，不淂短少升合。（今凂無恐）〔今恐無憑〕，立領字為评。
凂保　朱克勤
光绪九年九月二十　立

二—四八九　光绪九年九月二十日段德美租田字

立領田字段德美，凂朱克勤，今領到
熊篤叙堂名下水田一坵八斗，每年額谷四石八斗，小八升，挑谷上倉，不得（矩）〔短〕少升合。恐口無凂，立領田〔字〕為據。
光绪九年九月廿日　立

二—四九〇　光绪九年九月二十日吴芹藻租田字

立領水田字人吴芹藻，凂保朱克勤領到
熊篤叙堂名下水田壹石九斗，大小六坵，每年額谷九石六斗。每年收谷之時，挑運上倉，不淂短少升合。今恐無凂，立領字為拠。
光绪九年九月二十日　立

二—四九一 光绪九年九月二十日吴顺芝租田字

立领水田字人吴顺芝，今领到

熊篤叙堂水田大小五坵，计壹石，小雨垱使水，私墩私垷，照旧車灌。每年额谷四石，外小稞乙斗，挑送上倉，不淂短少升合。今恐無凴，立領字為拠。

凴 朱克勤

光绪九年九月二十日 立

二—四九二 光绪九年九月二十日鲁可宗租田字

立领水田字人鲁可宗，今凴保朱克勤领到

熊篤叙堂名下水田乙石乙坵，坐落鲁二湾门前垱边。当面言定，租谷五石三斗，外小稞乙斗，挑送上倉，不淂短少升合。恐口無凴，立领田字为证。

外頂礼乙串。

光绪九年九月二十□立

二—四九三 光绪九年九月二十日鲁可清租田字

立領水田字人鲁可清，今凴保朱克勤领到

熊篤叙堂名下水田四斗，大小四坵，坐落鲁二湾北面溝边。当日三面言定，租谷弍石乙斗，小稞四升，每年挑送上倉，不得短少升合。恐口無凴，立领田字为证。

顶礼錢四百。

光绪九年九月二十日 立

二—四九四 光绪九年九月二十日鲁作廷租田字

立领水田字人鲁作廷，今凴保朱克勤领到

熊篤叙堂名下水田〔一〕六斗乙坵，坐望家垱边。当日三面言定，每年租谷三石，外小稞六升，挑送上倉，不得短少升合。恐口無凴，立領田字为证。

光绪九年九月二十日 立

〔一〕「田」字为正行右侧添加。

二—四九五　光绪九年九月二十日鲁祥国租田字

立领水田字人鲁祥国，今凴保朱克勤领到

熊篤叙堂名下水田三斗乙坵，坐落鲁二湾面前溝邊下首。当面言定，租谷乙石七斗乙升，外小稞三升，每年挑送上倉，不得短少升合。恐口無凴，立領水田字为证。

顶礼錢三伯。

光绪九年九月二十日　立

二—四九六　光绪九年九月二十一日郭有训租田字

立領水田字人郭有訓，凴保領到

熊豐樂寶號水田二斗乙坵，坐落楊家塝，水使楊家小堰灌溉。当日三面議定，每年全租乙石，挑送上倉。出備顶礼錢二百文整。倘有天年不一，驗籽納租。异日不種，頂礼退還。恐口無凴，此拠。

憑保人　朱克勤　画押

皇上光绪九年九月二十一日　立

二—四九七　光绪九年九月二十二日鲁春万租田字

立領水田字人魯春萬，今凴保朱克勤領到

熊篤叙堂名下三斗一坵，額谷乙石二斗，小三升，挑谷上倉，不得（矩）〔短〕少。恐口無凴，立此領字為據。

光绪九年九月廿二日　立

二—四九八　光绪九年九月二十二日闵起明租田字

立領水田字人閔起明，今凴保朱克勤領到

熊篤叙堂名下二坵四斗五升，額谷乙石八斗，小四升，挑谷上倉，不得（矩）〔短〕少。恐口無凴，立此領字為據。

光绪九年九月廿二日　立

二—四九九　光绪九年九月二十二日孙念德租田字

立領水〔田〕字人孫念德，凴保朱克勤領到

熊篤叙堂名下四坵五斗，額谷二石五斗六升，小五升，挑谷上倉，不得（矩）〔短〕少。恐口無凴，立此領字為據。

光緒九年九月二十二　立

二—五〇〇　光緒九年九月二十二日孙会光租田字

立領水田字人孫会光，凴保朱克勤領到

熊篤叙堂名下一坵三斗，額谷乙石五斗四升，小三升，挑谷上倉，不得（矩）〔短〕少。恐口無凴，此領字為據。

光緒九年九月廿二日　立

二—五〇一　光緒九年九月二十二日魯正喜租田字

立領水田字人魯正喜，凴保朱克勤領到

熊篤叙堂名下乙坵乙斗，額谷五斗，小乙升，挑谷上倉，不得（矩）〔短〕少。恐口無凴，立此領字為據。

光緒九年九月二十二日　立

二—五〇二　光緒九年九月二十二日朱尚国租田字

立領田字人朱尚国，憑保朱克勤領到

熊篤叙堂名下田二坵五斗五升，額谷弍石三斗一升，小四升半，挑谷上倉。恐口無憑，立此領字為據。

光緒九年九月廿二日　立

二—五〇三　光緒九年九月二十二日汪善哲租田字

立領田字人汪善哲，憑保朱克勤領到

熊篤叙堂名下陸坵乙石一斗，額谷四石七斗七，小一斗一升，挑谷上倉。恐口無憑，立此領字據。

光緒九年九月廿二日　立

二—五〇四　光緒九年九月二十二日唐正才租田字

立（嶺）〔領〕水田字人唐正才，凴保（嶺）〔領〕到熊泗逐

水田壹斗五升，租谷六斗九升，小乙升，不淂短少分文。恐口

無憑，立（嶺）〔領〕字為正。

憑保　唐為美

光緒九年九月廿二日

二—五〇五　光绪九年九月二十二日唐思贤租田字

立（嶺）〔領〕田字人唐思賢，今（嶺）〔領〕到熊泗逐田六斗，憑保唐為美，租谷四石，小稞六升，不淂短少。如有天年不一，廿子虫租。恐口無憑，立（嶺）〔領〕字為正。

光緒九年九〔月〕廿二日

二—五〇六　光绪九年九月二十二日袁长发租田字

立（嶺）〔領〕田字人袁長發，今憑保（嶺）〔領〕到熊泗逐水田七斗五升三坵，租谷四石壹斗八升，不淂短少分文。恐口無憑，立（嶺）〔領〕字為正。

憑保　唐為美

光緒九年九月廿二日

二—五〇七　光绪九年九月二十二日唐正英租田字

立（嶺）〔領〕田字人唐正英，今憑保（嶺）〔領〕到熊泗逐水田五斗五升，大小二坵，租谷二石五斗，小稞五升[一]，不淂短少分文。恐口無憑，立（嶺）〔領〕字為正。

憑保　唐為美

光緒九年九月廿二日

二—五〇八　光绪九年九月二十二日唐玉华租田字

立领水田字人唐玉華，今憑保领到熊泗逐水田八斗一坵，租谷四石三斗，小八升，不淂短少。恐口無憑，立领字正。

頂礼八百。

憑保　唐為美

光緒九年九月廿二日

〔一〕「小稞五升」为正行右侧添加。

二一五〇九　光绪九年九月二十二日唐青云租田字

立（嶺）〔領〕水田字人唐青云，凴保（嶺）〔領〕到熊泗逐水田八斗一坵，租谷四石三斗，小八升，又（嶺）〔領〕壹石壹斗五升，大小三坵，租谷五石四斗，小壹斗乙升。不淂短少分文。恐口無凴，立（嶺）〔領〕字為正。

凴保　唐為美

光绪九年九月廿二日

二一五一〇　光绪九年九月二十二日唐必富租田字

立（嶺）〔領〕水田字人唐必富，凴保（嶺）〔領〕到熊泗逐水田壹石，租谷六石一坵，小壹斗，又（嶺）〔領〕壹石二坵，租谷五石，小壹斗。不淂短少分文。恐口無凴，立（嶺）〔領〕字為正。

凴保　為美

光绪九年九月廿二日

二一五一一　光绪九年九月二十二日鲁辉国租田字

立領水田字人鲁辉国，今凴保領到熊泗逐水田六斗，租谷弍石七斗，小六升，不淂短少。恐口無凴，立領字為正。

凴保人　唐為美

光绪九年九〔月〕廿二日

二一五一二　光绪九年九月朱上贤租田字

立領水田字人朱上賢，今領到熊篤叙堂水田弍斗弍坵，在牛角堰使水。每年租谷八斗四升，外小稞弍升，挑送上倉，不淂短少升合。今恐無凴，立領田字為據。

凴保　朱克勤

光绪九年九月□□日　立

二—五一三　民国十年五月十七日吴道善租田字

藕坑　　租

此田係〔一〕買益太二房。

立租字人吴道善，今租到熊兴祥實號藕田壹形。凴保説合，当日三面言定，每年租金六百文。按九月交清，不得短少分文。恐口無凴，特立此字為拠。

民国拾年五月十七日　租字

凴保人　侯高生先生

二—五一四　民国十二年二月十六日吴道乐租田字

藕坑

立租字人吴道樂，今租到熊興祥　租字

名下藕田乙形，計丈乙畒有零。請凴保人楊保賢説合，每年稞

〔一〕「係」为正行右侧添加。

錢伍串整。倘有水（俺）〔淹〕，分文不取。恐口無凴，立此租字為據。

民国十二年二月十六日　具租

二—五一五　民国十五年一月胡清和租基地字

立租基地字人胡清和，今租到　租字

熊兴祥實號基地一形。每月租金七串，按月交清，錢不短少分文〔一〕。如其地主起造，择屋退基。恐口無凴，立此租字一紙為據。

凴中人　廖雲高先生　熊耀青〔二〕

民國十五年元月起　胡清和　筆

前後共〔三〕　押租錢四拾串。

〔一〕「分文」二字为正行右侧添加。

〔二〕「熊耀青」为「廖雲高先生」等字左侧添加。

〔三〕「後共」二字为正行右侧添加。

二—五一六　民国十五年三月十二日张侯氏租田字

立租字人張侯氏，今租到
熊兴祥宝號名下白田壹形，计丈七分，每年租金錢弍拾串正。当日三面言定豫支粿。恐口無憑，立此租字为據。

民国拾五年三月拾弌日　立

憑保人　楊寶賢　王志杰

二—五一七　民国十八年十二月十日李前勖等租田字

租

立租字人李前勖洪，今租到
熊兴祥宝號藕田肆畝，每年租錢捌串正。准以八月付清，不得短少。倘有阻迺，归宝號躭承。如遇水淹，租錢悉免。恐口無凴，立此為據。

民国十八年虫月初十日□□

凴保人　號内李曾先生

当付押租錢肆串正。

二—五一八　民国二十年三月艾道安租田字

租字

立租水田字〔一〕人艾道安，今租到
熊兴祥名下水田八分。當日三面言定，每年课錢六串，按期付清，决不短少分文。恐口無憑，立此租字壹紙为據。

民國二十年叁〔二〕月　日　艾道安　立

憑保人〔三〕　廖先生

二—五一九　民国二十一年八月十五日汤世靖租田字

租字

立租字人湯世靖，今租到
熊兴祥實號藕田三畝有餘。言定年租金洋陸元正。准以

〔一〕「田」后涂去一字，其右侧添加「字」字。
〔二〕此处数字有改动。
〔三〕「憑」后涂去一字，其右侧添加「保」字。

每〔一〕年为限期，不得短少分文。恐口無憑，特立此租字为據。

憑保人 熊元林 周雨记

民国廿一年八月十五日 立

二—五二〇 民国二十二年十一月王中□等租田字

租字

立租藕坑字人王中□、彭传標二人，今租到熊兴祥名下王家台藕坑壹畝〇。当日三面言定，每年租金洋叁元。准以每年八月交清，不（德）〔得〕短少分〔二〕文。恐口無憑，立此租字一帋為據。

民国廿二年冬月吉日 立

凴保人 廖雲高 熊衍祥

倘有天乾陰雨，均要交洋。淹水無效。

〔一〕「每」字为正行右側添加。

〔二〕「分」为正行右側添加。

二—五二一 民国二十四年九月十三日熊万玉租田字

立領田字人熊萬玉，今領到熊兴祥名下白田壹形，计丈捌分，坐落王家台東旁。憑中人言定，每年稞洋弍元。先付後種，不能短少分文。恐口無憑，立此領字一帋为據。

当收弍元。

保人 王志切 熊保林

民國弍十四年九月十三日 立

二—五二二 民国二十五年八月杨德珍租田字

租券

立租白田字人楊德珍，今租到熊興祥宝號名下白田大小五形，计田弍畝。珍请憑保人熊源林、鄧東官先生说合，当日三面言定，每年珍出備租錢伍拾串文整，合國幣捌元〔一〕。每年預資稞錢，收後交清種田。恐口無憑，立此

〔一〕「合國幣捌元」为正行右側添加。

〔一〕「合國幣捌元」为正行右侧添加。

租字壹為拠。

民国廿五年秋八月日　珍　筆

凴保人　熊宝林　鄧東官

二—五二三　民国二十五年九月八日吴论亮租田字

稞券

立稞水田字人吴論亮，今稞到

熊篤叙堂大房獅子團水田壹形，计丈六分有零。憑中保人熊明君说合，言定每年稞金捌毛。到期付清，不得拖欠短少。倘有短少，另租另稞。恐口無憑，立此稞券一帋為據。

憑中保人　熊明先生

民國二十五年古九月初八日　筆

二—五二四　民国二十五年九月二十三日陈家炳租田字

租字

立租字陳家炳，今租到

熊兴祥宝号水田一形，地址獅團，田数八分。請中人方秋先生〔一〕説合，言明每年租金拾串，先付後種。如有短少，與中人事问。恐口無憑，立此字為據。

憑中人　方秋先生

民國廿五年九月廿三日　據

二—五二五　民国二十五年九月二十七日萧传周租田字

租字

立租字人蕭傳周，今租（道）〔到〕

熊興祥名下白水田三形，計丈壹畝有林。凴人韓斈训，三面言定，每年預支課肆元捌角。九月付清，不得短少分文。恐口無憑，立此租字一紙為據。

民國二十五年九月廿七日　立

二—五二六　民国二十五年九月二十八日王栢遂租田字

租券

立租字人王栢遂，今租到

〔一〕「先生」二字为正行右侧添加。

熊兴祥大房名下白田七分。凴保三面言定，每年租金洋叁元四角。洋不短少，田不另租。恐口無凴，立此租字為據。

凴保人　熊宝林先生
　　　　雷真良

当付租洋壹年。

民国二十五年九月廿八日　王栢遂　票

二—五二七　民国二十五年九月二十八日雷真良租田字

租券

立租字人雷真良，今租到

熊兴祥大房名下白田捌分。凴保言定，每年租金洋叁元七毛。洋不短少，田不另租。恐口無凴，立此租字為據。

憑保人　熊寶林先生

当付租金洋壹年。

民国二十五年九月廿八日　雷真良　票

二—五二八　民国二十五年九月二十八日王长生租田字

租

立租白水田弍形字人王长生，今租到

熊兴祥大房名下田〔一〕共计弍畝八分。凴保人熊宝林说合，每年出租錢五元文正。天幹陰雨，租錢全出。恐口無凴，立此租字為據。

当收壹年。

民國念五年阴九月念捌日　字

一本萬利

二—五二九　民国二十五年十月一日李相银租田字

租字

立租字人李相銀，今租到

熊興祥名下白水田叁（行）［形］，计丈六分有零。凴保人熊先生。每年租金壹元弍毛。三面言定，不得短少分文。恐口無凴，立此租字为據。

〔一〕「名下田」三字为正行右侧添加。

民国弍十五年十月初一日　坤山　代筆

二—五三〇　民国二十五年十月一日黄坤山租田字

租字

立租字人黄坤山，今租到

熊興祥名下白水田四行，计丈七分有零。凴保人熊先生三面言定，每年預租課課金壹元肆角。重陽前後交清，不得短少分文。恐口無凴，立此租字为據。

民国弍十五年十月初一日　立

二—五三一　民国二十五年十月九日王祥绪租田字

租券

立租字人王祥绪，今租到

熊兴祥大房水田坑一形，一畆有零。凴保三面言定，每年租金洋壹元五角。倘有潰淹，该田东以来年加補。如風雨调和，租洋不得短少分文，田不另租。恐口無凴，此租字為據。

憑保人　熊保林　雷震　先生

当付租洋壹年。

中華民国廿五年十月初九日　王祥绪　票

二—五三二　民国二十五年十月十一日黄宏彦租田字

三屋台慧觉寺後對面

租正

立租字人黄宏彦，今租到

熊兴祥大房水田坑一形，一畝有零。保保三面言定，每年租金弍元。倘有潰淹，该田东以来年加補。風雨调和，租洋不得短少分文，田不另租。恐口無憑，立此租字為據。

憑保人　熊源泉　雷震　先生

当付租洋弍元。

中華民国廿五年十月十一日　黄宏彦　筆

二—五三三　民国二十六年一月吴伦雄租田字

租字

立租藕田字人吳倫雄，今租到

熊篤叙堂藕田壹形，四分有餘。憑保说合，每年租洋柒角。每年交清，不得短少分文。恐口無憑，立此租字為據。

民國二十六年正月吉日　立

当付押租洋□□

憑保人　鄧銘祥先生

当收卜二五年课□弍角。

二一五三四　民国二十六年十月二日张道柏等租田字

租字

立租字人張道柏、湯南芳、張有模，（金）〔今〕租到熊興祥名下藕田弍形。每年租（令）〔金〕洋拾貳元正，九月底交清，不（德）〔得〕短少分文。言定三年□滿妥商義，天乾三年為滿（掩）〔淹〕水不完租。今恐口無憑，立此租字為據。

民國貳拾陸年廿□年拾月初二　立

二一五三五　民国二十九年十月二十八日程诗正补归字

前归到篤敘堂白田壹畝，归约收據因被乱遺失，今已續取起稞，時书此為據，前约概不生效。

民國二十九年十月廿八日　程诗正　出筆

二一五三六　民国二十九年十一月十三日刘北海补归字

前归到篤敘堂白田六分，归约收據因被乱遺失，今已續取起稞，特出此為據，前约概不生效。

民国廿九年冬月十三日　刘北海

二一五三七　民国二十九年十一月十四日叶明良补归字

前归到篤敘堂白田，归约收據因被乱遺失，今已續取起稞，特出此為據，前约概不生效。

叶明良　出筆

民國廿九年冬月十四日　立

二一五三八　民国二十九年十一月二十三日彭文菊补归字

前归到篤敘堂白田，归约收據因被乱遺失，今已续取起稞，特书此為據，前约概不生效。

彭文菊　出筆

民國二十九年十一月廿三日

二一五三九　民国二十九年十二月二日刘正元补归字

前归到篤敘堂白田三分，归约收據因被乱遺失，今已續取起稞，特书此為據，前约概不生效。

劉正元　出筆

民國弍拾九年虫月初二日　立

二一五四〇　民国二十九年十二月十一日刘□富补归字

前归到篤敘堂白田，归约收據因被乱遺失，今已續取起课，時出此為據，前约概不生效。

民国弍拾九年朒月十一日　劉□富　出筆

二一五四一　民国二十九年刘安钊补归字

前归到篤敘堂白田六分七八九，归约收據因被乱遺失，今已續取起稞，特出此為據，前约概不生效。

民國二十九年□□月初六日　刘安釗　出筆

三 房屋基地等买卖契约

三—〇〇一　康熙三十年十月六日僧遍云卖地基契

立絕賣地基约僧遍雲，今因熊族啟建祠堂，雲有先年所買錢宅庙東基地肆间，本係河底原業，今憑中王義明等，仍出筆绝賣與熊名清洪後裔啟建，得受價銀壹拾捌兩整，係云親手领訖。此係賓主道義，並無異说，書此绝約為照。

東止王界　西止河底基地界　南止官路　北止湖心

康熙三十年十月初六日　立絕賣约　僧遍雲　画押

天　長

地　久

三—〇〇二　康熙三十八年一月十二日朱二羽卖房契

立絕賣瓦鈎楼前後二間朱二羽，今因移業就業，將自置鈎樓二間，請憑親中金合夫等說合，出筆賣與熊宋宰名下管業。当日三面言定，時值價銀貳拾四兩整，係朱二羽仝父親手領訖。此係自賣自房，不與親族人等相干。今恐無憑，立此為據。

憑中　金合夫　金德纯　国瑞　画押

康熙三十八年正月十二日　立絕賣瓦房　筆

萬倍利息

三—〇〇三　康熙三十九年十二月十七日金玉柳等卖基地契

立绝賣基地約人金玉柳、弟擎一，今因移業就業，將祖遺岳口熊宅後基地一形，计土拾伍分，將四分中所受乙分載粮〔一〕，請凴中叔带士說合，出筆绝賣与熊宋宰名下管業當差，起屋居住。當日三面議定時值價銀捌兩，係玉弟兄親手領讫，中間並無準折情由。其地未售，已儘親族人等，俱云不受。此係自賣自業，不与伯叔人等相干，永無異說。此據。

北止金
南止金
東止熊　界
西止熊

凴　叔金带士　画押

康熙三十九年十二月十七日　金玉柳弟兄　筆　画押

〔一〕此处留有空白。

三—〇〇四　乾隆二十八年六月六日郑廷魁卖基地房屋赤契〔一〕

立大賣基地房屋約人鄭廷魁，今因移就，將自己受分南三陶村，坐落關帝廟巷後街基地一形，楼房瓦屋二進，共四間，門扇板壁，窓户楼板，古皮平磉，天梘地刓，寸磚寸石，東邊山墻一疋，前後両傍竹籬一概俱全，載糧在冊，先儘親族人等，俱不承買，後請憑親中金子仲等説合，出筆大賣與熊福九弟兄名下為業。當日三面議定，福九出備時值價銀柒拾両正，係廷魁眼同親中親手領訖。此係自賣已分，不與親族弟兄人等相干，自賣之後，仍從買主管業居住，收粮過户，築基起造，百為無阻，傍人不得妄生異端。今欲有憑，立此永賣基地房屋約一帋為據。

基地四止　東止　汪界
西止　譚界
南止　街心界　横寬一丈五尺
北止　廷魁兄　直長拾弓〇五分　麟趾偏屋界

憑中　汪若全　画押
金常先　画押
金子仲　画押
雷德遠　画押
馬德爽　画押

乾隆二十八年六月初六日　立大賣基地房屋約人　鄭廷魁　筆

其價内有脱找銀伍両在數，日後不得藉索找，又拠。

永遠為業

〔一〕钤有朱文天门县印，契中二方，骑缝印左、右各一方。

三—〇〇五　乾隆三十二年十月二十六日刘光祖卖基地草房赤契〔一〕

立永賣基地草房约人刘光祖，今因移就，将自置基地六分，載粮在冊。草房横直五間，門扇俱全。外竹籬一垣，一併在内，請憑親中崔廷言等说合，出筆賣與熊德乆名下管業居住。當日三面議定時值價青錢肆拾弎千整，係光親手領讫。自賣之后，仍從買主居住収粮，永無□说。今欲有憑，立此永賣基田草房约一帋為據。

脱業找補一並在内，原約二帋一并繳出。

憑中　肖履順
崔廷言
馬尚德

〔一〕钤有朱文天门县印，骑缝左一方，契中一方。

乾隆三十二年十月廿六日　刘光祖　代筆　蔣憲文　画押

百代興隆

永遠發達〔一〕

尖形　前横寛二弓　籬前六弓六分　簷後寛六弓六分　西直廿一弓　東直十九弓

尖形　前寛一弓　籬前寛二弓六分　後寛六弓□分　左長十九弓五分　右長廿一弓五分

〔一〕以下为契纸背面文字。

〔二〕钤有朱文天门县印，契中二方，骑缝印左下一方。

三—〇〇六　乾隆三十四年十二月二十一日谢永隆卖楼房基地赤契〔二〕

立永賣楼房基地約人謝永隆，今因移就，将遺受岳口北街基地壹形，舗面楼房四進，墻圍竹籬，門扇板壁，一草一木，一磚一石，俱在其内，請凴親中方擇士等説合，出筆永賣與熊德九名下爲業。當日三面言定，熊宅出備時值價銀壹伯陸拾両整，係謝親手領訖。其中並無無准折抬筭情弊。自賣之後，任從買主管業居住，百爲無阻。此係自〔一〕賣已分，不與親族人等相干。今欲有凴，立此永賣約一帋永遠爲據。

基地四止　北止□界　　左墻一疋，與謝祖茂属公。

前止街心

后止巷路竹籬界

南止　前張　後蕭　界

凴中　金有信　画押

孟成光　画押

方擇士　画押

蕭履順　画押

熊象九　画押

前横寛四弓，後横寛叁弓，直長拾伍弓柒分，錢粮載謝宅户下完纳。

乾隆三十四年十二月二十一日　谢永隆　筆

富貴雙全〔二〕

〔一〕「自」字为正行右侧添加。

〔二〕参见「乾隆三十五年二月二十日谢永隆卖楼房基地找补契」（本书收录之三—〇〇七号契纸）。

三一〇〇七　乾隆三十五年二月二十日谢永隆卖楼房基地找补契

立找補约人謝永隆，今因将遺受樓房基地賣與熊德九為業，当日價明契足，今復憑原中方擇士等領受找補銀拾兩，日後起造修理，俱不得藉端異說。此據。

憑中　金有信　蕭履順　方擇士　孟成光　熊象九

乾隆三十五年二月廿日　謝永隆　筆〔一〕

三一〇〇八　乾隆三十八年三月二十九日陈铭三卖瓦房基地契

立永賣瓦屋基地約人陳銘三，今因移就不便，情愿將自置陶林垸南三師基地叁分，載糧六合六勺，瓦房弍間，接連簷共六間，門扇□□□□板地板，神櫃一座，週圍竹籬、樹木俱全，請憑親中刘恒远、熊金品说合，出筆賣與涂弘榜（明）〔名〕下。當日三面言定，弘榜偹值青錢叁拾伍串整，係銘三親手领訖。此係自賣己分基地楼房，不與親族人等相干。自賣之後，任從買主管業，當差居住，百為無阻。今恐無憑，立此永賣基屋□文契一帋永遠為據。

土本相連　基地四止　東止陳界　西止蔣界　南止熊界　北止蔣界

憑中　刘恒远　画押　熊金品　画押

乾隆三十八年三月廿九日　陳銘三　筆

乾隆卅八年四月初一日，馬上德凴蕭允西將基地房屋賣與熊立菴名下。當得受原價錢叁拾伍串整。批付原约為據。

永遠為據

立轉賣基地瓦房约人涂弘榜，今因移就，情愿〔一〕請凴原中刘恒远等，情愿轉賣与马上得名下管業居住。當日得出偹時（至）〔值〕價钱叁拾伍串整，係弘榜（清）〔亲〕手領訖。

〔一〕参见「乾隆三十四年十二月二十一日谢永隆卖楼房基地赤契」（本书收录之三一〇〇六号契纸）。

〔一〕「情愿」二字为正行右侧添加。

自賣之後〔二〕，無（德）〔得〕異说。此據。

原憑中人　刘恒远　金定萬　王高山　熊金品

乾隆三十八年又三月初八日　中人　蕭　成　画押　熊金品　代筆

三—〇〇九　乾隆三十八年四月二日马上德卖房屋基地赤契〔一〕

立永賣基屋約人馬上德，今因移就，將自置獅團基地一形，计丈前寬一弓，籬前寬弍弓六分，後寬六弓六分，左長十九弓五分，右長弍十一弓五分，糧載冊，瓦屋二間，門扇板壁，楼板地板神櫃，竹籬樹木俱全，請憑親中肖履順說合，出筆賣與熊立菴為業。當日三面言定，時值價錢卅五串整，係上德親手領訖。自賣之後，無得異說，將原約一帋一併繳出，此據。

基地四止　東陳　西蔣　南熊　北蔣　止　界

乾隆三十八年四月初二日　馬上德　筆

永遠為業

〔一〕「自賣之後」四字为正行右侧添加。

〔二〕钤有朱文天门县印，契中一方，骑缝印右一方。

三—〇一〇　乾隆三十八年十月十八日梁元珍卖基地河滩房铺赤契〔一〕

立永賣街基地河灘楼房鋪面竹木行約人梁元珍，今因移就不便，請憑親中戴子迪等说合，□□筆將岳口上塲基地一畝四分，河灘八分，前有鋪面楼房二间，進旁槽房山牆一面，房屋三進，□□竹木楼房二進十间，墻门扇壁，石磉櫃台，一切上屋下籬等件，屋内楼板地板俱在其内，永賣與熊永興名下为業。當日三面言定，永興出倫時直價銀壹百柒拾両正，□元珍親手领讫。自永之後，仍從買主管業，收租住造，勿得異說。此係自賣己分，不與親族人等相干。今□□憑，立此永賣約一紙永遠为據。

載民米五升零。

基田四止　東街堤　西河心　南陳　北刘　止　二形　東木　西陈　南王　北王　界

〔一〕钤有朱文天门县印，契中三方，骑缝印左、右各一方。

三形 東 李 西 河心 南 王 北 王　　憑中 梁進升 戴子迪

乾隆叁十八年拾月十八日　立永賣街基地房舖約人　梁元珍

筆

永遠為業〔一〕

三—〇一一　乾隆三十八年十月十八日梁元珍卖基地瓦房铺面找补契

立找補約人梁元珍，今因憑中將岳口上埸街基地、瓦屋、舖面一所賣與熊永興名下為業，復憑原中代子迪等说合，永興出備找補銀肆拾兩整，係元親手领讫。自找之後，永無異說，今恐無憑，立此找補約一帋為據。

憑中 梁進升 代子迪

乾隆三十八年十月十八日　立找補字人　梁元珍　筆

〔一〕参见「乾隆三十八年十月十八日梁元珍卖基地瓦房铺面找补契」（本书收录之三—〇一一号契纸）。

永無異說〔一〕

三—〇一二　乾隆三十九年三月十二日邱朝宗等卖铺面楼房基地赤契〔二〕

立永賣舖面楼房基地約人邱朝漢宗，今因移就，弟兄商議，將自置岳口下埸正街基地壹形，載粮陸合，舖面叁间，门扇板壁，楼板地板，櫃台雨板，堦簷石磉，上首山墙在内，屋上屋下，寸木寸石，合盤托出，出筆永賣與熊德九名下為業。當日三面言定，德出備實值價銀壹伯伍拾両整，係朝漢弟兄親手領讫，其中並無準折抬算等情。此係自賣己分，不與房族弟兄人等相干。自賣之後，任從買主管業，招店收租，百為無阻。今欲有凴，立此永賣約一帋永遠為據。

基地 前止街心 後止朱宅墻 左止朱 右止金 界　　凴中 熊榮方 邱至仁 熊東陽

乾隆叁拾玖年叁月十二日　立永賣舖面楼房基地約人　邱朝漢宗　筆

〔一〕参见「乾隆三十八年十月十八日梁元珍卖基地河滩房铺赤契」（本书收录之三—〇一〇号契纸）。

〔二〕钤有朱文天门县印，契中二方，骑缝印左一方。

永遠為業〔一〕

三—〇一三　乾隆三十九年三月十二日邱朝宗等卖铺面楼房基地契

立永賣鋪面樓房基地約人邱朝漢宗，今因移就，弟兄（商）〔商〕議，將自置岳口下塲正街〔二〕基地壹形，載（良）〔粮〕陸合，舖面叁間，门扇板壁，楼板地板，櫃台雨板，街簷石磉，上首山墻在內〔三〕，屋上屋下，寸木寸石，合盤托出，出筆賣與熊德九名下。當日出備時值價紋〔四〕銀壹伯伍拾両，係邱朝漢弟兄親手领讫，其中並無準折抬筭等情。此係自賣己分，不與房族弟兄人等相干。自賣之後，任從買主管業，招店收租，百為無阻。今欲有凴，立此永賣約一帋為據。

基地　前止街心　左止朱
　　　後止朱墻　右止金

凴中人　熊榮方大新爷　画押
　　　　熊東陽大爷　画押
　　　　邱至仁　画押

乾隆叁拾玖年叁月十弍日　立永賣鋪面楼房基地約人　邱朝漢宗

弟兄　筆　画押

永遠為據〔一〕

〔一〕参见「乾隆三十九年三月十二日邱朝宗等卖铺面楼房基地契」（本书收录之三—〇一三号契纸）、「乾隆三十九年四月十二日邱朝汉等卖楼房铺面基地找补契」（本书收录之三—〇一四号契纸）。

〔二〕「正街」二字为正行右侧添加。

〔三〕「上首山墙在内」六字为正行右侧添加。

〔四〕「紋」字为正行右侧添加。

三—〇一四　乾隆三十九年四月十二日邱朝汉等卖楼房铺面基地找补契

立找補約人邱朝漢弟兄，今因舖面、樓房、基地凴中賣與熊德九名下為業，當日契明價足，今復凴原中说合，出備找補艮弍拾兩，係邱朝漢親手領讫。自找之後，任從買主管業收租，永無藉端異說。此據。

〔一〕参见「乾隆三十九年三月十二日邱朝宗等卖铺面楼房基地赤契」（本书收录之三—〇一二号契纸），「乾隆三十九年四月十二日邱朝汉等卖楼房铺面基地找补契」（本书收录之三—〇一四号契纸）。

憑中人 熊榮芳大新爷 画押
　　　 熊東揚大爷 画押

乾隆三十九年四月十二日 立找補字人 邱朝宗 漢 筆 画押

永無異說〔一〕

三—〇一五 乾隆三十九年十二月十六日陈邦宁卖基地契

立永賣基地約人陳邦寧，今因移就，将祖遺岳口上場基地一形，前止場心，後止河心，横三丈五尺，錢粮在册，請凂親中，出筆永賣與熊永興名下為業。當日三面議定，熊出偹時值價錢拾肆串正，係邦親手領訖。自賣之後，仍凂買主管業收租，收粮起造，陰陽两便，百為無阻。此係自賣己分，不与親族人等相干。今欲有凂，立此賣〔約〕為據。

凂中 涂漢三 画押
　　 元福叔 画押
　　 象予兄 画押
　　 王天如 画押

乾隆三十九年拾二月十六日 陳邦寧 筆

永遠為業

〔一〕参见「乾隆三十九年三月十二日邱朝宗等卖铺面楼房基地赤契」（本书收录之三—〇一二号契纸），「乾隆三十九年三月十二日邱朝宗等卖铺面楼房基地契」（本书收录之三—〇一三号契纸）。

三—〇一六 乾隆四十三年九月十八日刘云仪卖房赤契

立大賣瓦房楼約人劉云儀夫婦商議，有自置碑堤上街坐西朝東鋪面両间，又後弍進，情愿请凂親中刘為周 黃文秀等说合，出筆賣與熊永興名下管業，居住其屋，撥租起佃。當日三面言定，永興出備實價錢伍拾陆串正，奺〔一〕到底，錢数係云儀夫婦二人親手領訖。此係自賣自置己分房屋，不與親族人等相干。其有鋪屋大門□□鋪門六合，私簷一个，櫃檯弍佐，古皮三合，廂房一間，大門□合，□□一合，端門弍塊，又弍進□□□□□□□□一合，神櫃一佐，古皮弍合，脚□□□□間籬笆一曲尺，竹門一合，前二進柱頭四山，扁要一所，□木寸石，寸瓦寸磚，起神轉補，□□托捕，一並在其內。今恐無憑，立此大賣約人一帋為據。

其屋界 北 李
　　　 南 刘

憑中人 劉惟周
　　　 黃文秀
　　　 郭上兵

〔一〕「奺」即「九九」。

乾隆四拾叁年九月十八日　立賣約人　劉云儀　筆

大發大旺

三一〇一七　乾隆四十六年十二月陈昆友等卖基地契

立永賣基地約陳昆友仝姪孫寶淳□濟、寶□□等，今因移就，將〔一〕祖遺猪場基地一形，寬六弓，長拾柒弓，共計弓九十八弓六，載糧〔二〕，請憑族中說合，出筆賣與熊天中名下管業，起造收租。當日議定，中出備時值價錢弍拾伍串正，係昆仝姪孫□親手收訖。此賣已分，不與族中人□相干。自後仍從買主起造，收粮過户，永無異說。今欲有憑，立此永賣約一帋為據。

冊名　陳世茂

四止　東明塘邊　西止街心　南宝亭　北陳永發　界

〔一〕此处留有空白。

〔二〕此处留有空白。

憑族中　來山　省若

乾隆四十六年十二月□四日　陳昆友仝姪孫等　筆

永遠為業

三一〇一八　乾隆四十八年五月二十二日胡仁秀卖铺面基地楼房赤契〔一〕

熊永兴　胡仁秀
四十八　六　　壬□□弍千柒百柒拾整

立永賣鋪面基地□房約人胡仁秀，今因移就，將自置上塲蔣家拐鋪面□地楼房壹座，牆垣前後兩進，坐西朝東，載糧□□，门扇板壁，楼板地板，□□□簡，階簷楼梯，窓扇格门，一應屋上屋下，寸土□石，俱在其內，前止街心，後止周界，请凴親中黃錦章新爺、陳文霞幺爷說合，出筆永賣與　熊永興名下為業。當日永興出偹時值價青錢玟□庅弍伯串正，係仁秀親手領讫。此係自賣（之後）己分，不與親族兄弟人等相干。自此之賣，任從買主撥店收租，修整改造，百為無阻。今欲有凴，立此永賣契一紙永遠為據。

憑中　黃錦章新爺　陳文霞幺爺

〔一〕钤有朱文天门县印，契中一方，骑缝印右一方。

乾隆肆拾八年五月弍十二日　胡仁秀立永賣契　姪圣友　代筆

從此昌發

永無異說〔一〕

三—〇一九　乾隆四十八年五月二十二日胡仁秀卖铺面基地楼房契

立永賣舖面基地楼房約人胡仁秀，今因移就，將自置上埸蔣家拐舖面基地楼房一座，牆垣前後兩進，坐西朝東，載糧在册，门扇板壁，楼板地板，櫃台木簡，階簷楼梯，窓扇格门，一應屋上屋下，寸木寸石，俱在其內，前止街心，後止周界，请憑親中黃錦章新爺，陳文霞幺爷說合，出筆永賣与熊永興名下為業。当日永興出倫時值價青錢奴弍佰串正，係秀親手領讫。此係自賣己分，不与親族弟兄人等相干。自賣之後，任從買主撥店收租，修整改造，百為無阻。今欲有凴，立此永賣约一帋永遠為拠。

憑中　黃錦章　新爺　陳文霞　幺爺

〔一〕参见「乾隆四十八年五月二十二日胡仁秀卖铺面基地楼房契」（本书收录之三—〇一九号契纸），「乾隆四十八年八月十日胡仁秀卖铺面楼房基地找补契」（本书收录之三—〇二〇）。

乾隆四十八年伍月廿二日　胡仁秀　姪圣友　代筆

從此大發

永無異說〔一〕

三—〇二〇　乾隆四十八年八月十日胡仁秀卖铺面楼房基地找补契

立找補約人胡仁秀，今有先年岳口上埸蔣家拐舖面、楼房、基地一所，賣與熊永興名下，價各〔二〕契足，復请原中黃錦章新爷陳文霞幺爷說合，永興出倫找補錢弍拾串。自找之後，任凭買主管業收租。自找之後，永無異說，立此永賣約一帋為據。

憑中　黃錦章新爺　陳文霞幺爷

乾隆四十八年捌月初十日　立找補字人　胡仁秀　画押

〔一〕参见「乾隆四十八年五月二十二日胡仁秀卖铺面基地楼房赤契」（本书收录之三—〇一八号契纸），「乾隆四十八年八月十日胡仁秀卖铺面楼房基地找补契」（本书收录之三—〇二〇号契纸）。

〔二〕原契如此。

再無異說〔二〕

三—〇二一　乾隆五十年四月十九日陈为智等卖基地瓦房赤契〔一〕

立大賣基地瓦房約人陳為智仝子宝賢，今因移就，將自置陶林坑南三獅基地一形，瓦房五间，圍房三間〔三〕，门扇板壁窓户，天井地刭，寸磚寸石，寸草寸木，週圍竹籬，欒林樹木，俱在其內，請憑親中崔廷彦等說合，智出筆賣與熊運九名下為業。當日三面言定，運九出備時值價錢壹百叁拾伍串，係智父子親手領訖。自賣之後，仍從買主管業居住，收粮過户，更改起造，百為無阻。此係自賣己分，不與親族人等相干，中间並無準折抬算等情。今欲有憑，立此大賣約一帋為據。

其地四止　前至路坑　後至葉　左至熊　右至熊　界

憑中　蕭元西　崔廷彦　陳為進　郭传久　崔昆山

乾隆五十年四月十九日　立大賣基地瓦房約人　陳為智　筆

計田壹畝柒分，載粮叁升柒合柒勺，其有熊姓宅後水坑一並在內。

前西南横三弓八分　前中腰横拾弓〇乙分

後東北横六弓五分　中腰横七弓六分

東南直中伍十乙弓　後中腰横六弓儿分

大冨大貴〔一〕

〔一〕参见「乾隆四十八年五月二十二日胡仁秀卖铺面基地楼房赤契」（本书收录之三—〇一八号契纸），「乾隆四十八年五月二十二日胡仁秀卖铺面基地楼房赤契」（本书收录之三—〇一九号契纸）。

〔二〕钤有朱文天门县印，契中二方，骑缝印左一方。

〔三〕「圍房三間」四字为正行右侧添加。

三—〇二二　乾隆五十年四月陈为智等卖基地瓦房契

立大賣基地瓦房約人□□□□□宝□，今因移就，將自置陶林

〔一〕参见「乾隆五十年四月陈为智等卖基地瓦房契」（本书收录之三—〇二二号契纸），「乾隆五十年七月二十六日陈为智等卖房屋基地找补契」（本书收录之三—〇二五号契纸），「乾隆五十年八月二十日陈为智等卖房屋基地找补契」（本书收录之三—〇二六号契纸），「乾隆五十三年八月十九日陈宝贤卖基地房屋找补契」（本书收录之三—〇三三号契纸）。「嘉庆十年十二月二十三日陈宝贤卖基地房屋找补契」（本书收录之三—〇七〇号契纸）。

坑南三獅基田壹畝柒分，載糧三升七合七勺；瓦房壹進三間，廂房四間，圍房三間，神堂古皮、门扇板壁、格门窓户，上瓦下磚，寸石寸木，週圍竹籬，前後竹门，欒林樹木，寸草寸枝，俱在其內，請凂親中崔廷彦等說合，陳為智〔一〕出筆賣與熊潤九名下為業。當日三面言定，熊出脩時值價錢壹伯叁拾伍串，係陳人父子親手領訖。自賣之後，仍從買主管業居住，収粮過户，招租收租，更改起造，百為無阻。此係自賣己分，不與親族人等相干，其中並無準折抬筭等情獘，今欲有凂，立此大賣約一帋為據。

其有熊宅後水坑一並在內。

其田四止　前止　大路坑
　　　　　後止　葉宅水田
　　　　　左止　熊界
　　　　　右止　熊界

前西南横三弓八分　前中腰横拾弓〇一分

後東北横六弓五分　中腰横七弓六分

東南直中伍十壹弓　後中腰横六弓九分

凂親中　陳為敬　蕭元西　崔廷彦　郭传九　崔昆山

〔一〕此处将「熊潤九」修改为「陳為智」。

乾隆五十年四□□□□　立大□□□□約人　陳為智仝子宝□

筆

永遠為業〔一〕

金色巷路三尺

坑边横宽三弓八分　带坑起一弓　直长捌弓
横宽七弓六分　至宽墻边　直长九弓
横宽十弓一分

篱竹门前宽六弓九分　直廿八弓
横宽宽六弓五分
共　直长五十一弓

〔一〕参见「乾隆五十年四月十九日陈为智等卖基地瓦房赤契」（本书收录之三—〇二一号契纸），「乾隆五十年七月二十六日陈为智等卖房屋基地找补契」（本书收录之三—〇二五号契纸），「乾隆五十年八月二十日陈为智等卖房屋基地找补契」（本书收录之三—〇二六号契纸），「乾隆五十三年八月十九日陈宝贤卖房屋基地找补契」（本书收录之三—〇三三号契纸）。「嘉庆十年十二月二十三日陈宝贤卖房屋基地找补契」（本书收录之三—〇七〇号契纸）。

三—〇二三　乾隆五十年五月十八日蔡宏理卖基地草房契

立永賣基地草房約人蔡宏理，今因移就，將自己三股受分一股基地二分五厘，粮在蔡秀芳户下〔一〕草房一間，請憑親中刘進善等説合，出筆賣與熊復九名下爲業。当日三面言定，復〔二〕出備實置價錢陸串伍伯整，係宏理（青）〔親〕手領訖。其中並無別情。此係自賣□干其□陰陽两便，百爲無阻。今恐無憑，立此賣約一帋爲據。

一百獅團魚粮。　　其田四址　东熊　南　西汪　北程　界

憑中　劉進善　賴義山　画押　　永遠為據

乾隆五拾年五月十八日　蔡宏理（青）〔親〕筆　画押

〔一〕「粮在蔡秀芳户下」七字为正行右側添加。

〔二〕「復」字为正行右側添加。

三—〇二四　乾隆五十年五月蔡宏道等卖基地草房契

立永賣基地草房約人蔡宏道同弟宏理、宏彩，今移就，將祖遺基地一形，計丈□□□□五厘，載粮五□□□合，在蔡秀芳户下完納。草屋二間，門扇神櫃，石顙□□〔一〕俱在其内，請憑親中賴義山等説合〔二〕，出筆賣與熊復九名下爲業。当日三面言定，復出備時值價錢拾柒串六百，係宏道弟兄三人親手領訖，其中並無〔三〕準折逼勒等情。自賣之後，仍從買主管業起造，收粮過户，陰陽两便，百無爲阻，永無異説。今欲有憑，立此永賣約一帋爲據。

獅團其田四址　東址買主界　南址墳界　西址汪界　北址墳界

憑中　賴義山　劉進善　　南横四弓二分　中直四拾二弓　北横四弓二分五厘

〔一〕此处原文删一「木」字。

〔二〕「合」字为正行右側添加。

〔三〕「並無」二字为正行右側添加。

乾隆伍拾年五月□□　蔡宏道　理画押　□画押　筆

三—〇二五　乾隆五十年七月二十六日陈为智等卖房屋基地找补契

立領起神捲鋪酒食字人陳為智仝子宝贤，將房屋基地、欒林樹木憑中賣與熊润九名下為業，当日契明價足。今智浼請原中向熊說合，熊出備起神捲鋪酒食錢拾伍串，係智父子親手领讫。自领之後，不得另生異端。今恐無憑，立此领字為據。

憑原中　陳為敬　崔廷彥　郭傳九

乾隆伍十年七月二十六日　陈為智仝子宝贤　筆

永無異說[一]

〔一〕参见「乾隆五十年四月十九日陈为智等卖基地瓦房赤契」（本书收录之三—〇二一号契纸），「乾隆五十年四月陈为智等卖基地瓦房契」（本书收录之三—〇二二号契纸），「乾隆五十年八月二十日陈为智等卖基地房屋找补契」（本书收录之三—〇二六号契纸），「乾隆五十三年八月十九日陈宝贤卖基地房屋找补契」（本书收录之三—〇三三号契纸）。「嘉庆十年十二月二十三日陈宝贤卖基地房屋找补契」（本书收录之三—〇七〇号契纸）。

三—〇二六　乾隆五十年八月二十日陈为智等卖基地房屋找补契

立脫業找補约人陳為智仝子宝贤，因昔日將基地瓦房、欒林樹木憑中賣與熊润九名下管業，当日契明價足。今智浼請原中覆向熊再三說合，熊出備脫找錢拾伍串，係智父子领讫。自脫找之後，永無異說。今恐無憑，立此脫找约一帋為據。

憑原中　陳為敬　崔廷彥　郭傳九

乾隆伍十年八月二十日　陈為智仝子宝贤　筆

永無異說[一]

〔一〕参见「乾隆五十年四月十九日陈为智等卖基地瓦房赤契」（本书收录之三—〇二一号契纸），「乾隆五十年四月陈为智等卖基地瓦房契」（本书收录之三—〇二二号契纸），「乾隆五十年七月二十六日陈为智等卖房屋基地找补契」（本书收录之三—〇二五号契纸），「乾隆五十三年八月十九日陈宝贤卖房屋基地找补契」（本书收录之三—〇三三号契纸）。「嘉庆十年十二月二十三日陈宝贤卖房屋基地找补契」（本书收录之三—〇七〇号契纸）。

三—〇二七 乾隆五十一年十月八日孟在访等卖基地铺面楼房契

立永賣基地舖面楼房約人孟在訪仝子煥若，今因移就不便，將煥自置岳口北街廟巷上首基地一形，舖面楼房一所，廂房二間，舖面後墻，上首山墻，下首墻脚[一]，一并在約內，以及門屋上楼，天井地溝，門扇板壁俱全，錢粮在册，情愿請凴親中唐君左等說合，出筆賣與熊德九名下為業[二]。當日三面言定，德九出備時置價銀叁伯捌拾両，係在訪仝子煥若親手領讫，其中並無準折台筭等情。自賣之後，任從買主管業收粮，招租修造，百為無阻。此係自賣己業，不與親族人等相干。今欲有凴，立此永賣約一帋為拠。

基地四止：東 孟　南 胡　西 街心　北 孟　界

憑中　郭傳九 画押　孟實夫 画押　黃书文 画押　唐君左 画押　楊達夫 画押　孟朝輝 画押　孟玉堂 画押

孟姓大門巷路，熊姓不得阻閉。

乾隆五十一年十月初八日　立永賣約人　孟在訪仝子煥若　筆

永遠發達[一]

[一]「脚」为正行右侧添加。

[二]「業」为正行右侧添加。

三—〇二八 乾隆五十一年十月十一日孟在访等卖基地楼房契

立賣基地楼房約人孟在訪仝子煥若[二]，今因移就不便，將煥自[三]置岳口廟巷上首基地一形，楼房一進，大厮一進，住屋二進，廂房厨房，通前至後，山墻腰墻，天井地溝，門扇板壁，墻門竹籬，一并在內。前止熊墻，後止吴界，左止胡，右止孟界，請凴親中唐君左等说合，出筆賣與熊德九為業。熊出備時（置）〔值〕價銀貳伯両正，係在訪仝子煥若親手領讫。自賣之後，任從買主管業招租，百為無阻，其中並無[四]準折抬筭等情。此係自賣己分，不與親族人等相干。當日三面议定，限定三年之内仍備原價贖取，不得短少分文。今欲有凴，

[一] 参见「乾隆五十一年十月十一日孟在访等卖基地楼房契」（本书收录之三—〇二八号契纸），「乾隆五十一年十二月十日孟在访等卖基地铺面楼房找补契」（本书收录之三—〇二九号契纸）。

[二]「煥若」二字为正行右侧添加。

[三]「自」字为正行右侧添加。

[四]「無」字为正行右侧添加。

立此賣約一帋為拠。

凴中　孟朝輝　黃书文　唐君左　楊達夫　孟實夫

乾隆五十一年十月十一日　立賣基地楼房約人　孟在訪仝子煥

若　筆

一本萬利〔一〕

三—〇二九　乾隆五十一年十二月十日孟在访等卖基地铺面楼房找补契

立找補約人孟在訪仝子煥若，因本年十月將本己基地、舖面、楼房憑中賣與熊德九名下為業，契明價足，今又請憑親中說合，出備找補弍拾兩，係在訪仝子煥親手领讫。自找之後，永無異说。此據。

〔一〕参见「乾隆五十一年十一月八日孟在访等卖基地铺面楼房契」（本书收录之三—〇二七号契纸），「乾隆五十一年十二月十日孟在访等卖基地铺面楼房找补契」（本书收录之三—〇二九号契纸）。

憑原中　郭傳久　孟實夫　唐君左　黃書文　楊達夫　孟朝輝　孟玉堂

乾隆五十一年十二月初十日　立找補約人　孟在訪仝子煥若

筆　画押

永遠為據〔一〕

三—〇三〇　乾隆五十二年三月八日熊云芳卖基地铺面楼房赤契〔二〕

立永賣基地舖面楼房約人熊雲芳，今因移就，將遺受岳口上街基地三大形，粮載冊，舖面楼房三大座，门扇板壁，墻圍竹籬，一切屋上屋下，片磚片瓦，寸木寸石，俱在其內，請凴章太初等說合，出筆永賣与家德九名下為業。当日三面言定，德

〔一〕参见「乾隆五十一年十月八日孟在访等卖基地铺面楼房契」（本书收录之三—〇二七号契纸），「乾隆五十一年十月十一日孟在访等卖基地楼房契」（本书收录之三—〇二八号契纸）。

〔二〕钤有朱文天门县印，契中五方，骑缝印左一方。

出俻時值價銀陸伯兩整，係雲親手領訖。自賣之後，任從買主収粮過户，招佃収租，修整改造，百為無阻。此係自賣己分，不与親此係自賣己分，不與親族弟兄人等相干。今欲有憑，立此永賣約一帋為據。

計開　蔣家拐基地一形，鋪面樓房二進，山墻一面。

前止街心　後至周界　左止周界　右止巷路

迎恩寺对面基地一形一畝四分，河灘八分，門面四間，前後四進，周圍墻垣，圍屋廂房，後面糞窖。

前止街心　後至河心　左止王刘界　右止巷路

碑堤上基地一形，鋪面三進。

前止街心　後至河水　左止李界　右止刘冕坤界

寬三丈五尺

憑中　家潤九　章太初　程建夫　羅用和

乾隆五十弍年三月初八日　立永賣基地房屋約人　熊雲芳　筆

永遠爲業〔一〕

〔一〕参見「乾隆五十二年八月十日熊云芳卖基地铺面找补契」（本书收录之三—〇三一号契纸）。

三—〇三一　乾隆五十二年八月十日熊云芳卖基地铺面找补契

立找補約人熊雲芳，因先年有上場基地三大形，鋪面三大座，（買）〔賣〕與家德九為業，復憑原中章太初說合，德出俻找補銀四百兩，係雲親手收訖。自找之後，任從買主管業收租，百为無阻，永無異說，此據。

憑中　章太初四老爷

乾隆五十弍年八月初拾日　立找補約人　熊雲芳　筆〔一〕

三—〇三二　乾隆五十二年八月十八日刘谷佐卖瓦房铺面契

立永賣瓦房鋪面約人劉谷佐，今因移就，將自置上街瓦房鋪面三間，墻圓竹籬，樓板地板，門扁板壁吊樓，各色俱全，情愿請憑親中葉相佩等說合，出筆賣與熊德九名下爲業。德出俻時值價銀壹伯貳拾两整，係劉谷佐仝中親手領訖。自賣之後，任

〔一〕参見「乾隆五十二年三月八日熊云芳卖基地铺面楼房赤契」（本书收录之三—〇三〇号契纸）。

從買主管業，居住收租，限至三年，任倫約內原價贖取，銀不短少，約不执留。今恐無憑，立此永賣約一帋為據。

□□　胡在堂　画押
　　彭元彩　画押
　　□□□　画押
　　郭傳九　画押

乾隆伍拾貳年八月十八日　立永賣約人　劉谷佐　筆

三—〇三三　乾隆五十三年八月十九日陈宝贤卖基地房屋找补契

立找補約人陳宝賢，因先年父為智所置基地一形，瓦房一所，憑中崔廷彦等出筆賣與熊润九名下永遠為業，當日價足契明，弓口四止，載在原約，今復憑原中說合，熊出倫找補銀〔一〕係宝賢親手領訖。自後永勿異說。誠恐無憑，立此找補約一帋永遠為據。

憑原中　崔廷彦
　　　　陳為敬

乾隆五十三年八月十九日　立找補約人　陳宝賢　代筆　陳海上〔二〕　吝代富貴

〔一〕此处留有空白。

三—〇三四　乾隆五十四年五月十九日刘国佐卖楼房铺面契

立大賣樓房鋪面約人劉國佐，今因移就，將自置岳口上街樓房瓦屋二進，鋪面四間，門扇板壁，櫃枱樓梯，左右山牖面墻，竹籬吊樓，䜌林樹木，寸磚寸瓦，上樓下屋，寸木寸石，俱在其內，請憑親中郭傳九等說合，出筆賣與熊德九名下為業。當日三面言定，德出倫實（直）〔值〕價銀貳伯叁拾両整，係佐仝中親手領訖，其中並無準折抬筭情弊。自賣之後，任從買主管業居（柱）〔住〕，招店收租，百為無阻。此係自賣己分，不與弟兄親族人等相干，今欲有憑，立此永賣約一帋為據。

〔一〕参见「乾隆五十年四月十九日陈为智等卖基地瓦房赤契」（本书收录之三—〇二一号契纸），「乾隆五十年四月陈为智等卖基地瓦房契」（本书收录之三—〇二二号契纸），「乾隆五十年七月二十六日陈为智等卖房屋基地找补契」（本书收录之三—〇二五号契纸），「乾隆五十年八月二十日陈为智等卖基地房屋找补契」（本书收录之三—〇二六号契纸），「嘉庆十年十二月二十三日陈宝贤卖房屋基地找补契」（本书收录之三—〇七〇号契纸）。

憑中　陳為□
　　　郭傳久
　　　陳時亮

此屋捐入迎恩寺，永為香火之資。陳姓地租，寺僧完納。

道光六年十月廿三日，熊葵園批據。

乾隆伍拾四年五月十九日　劉國佐　筆

永遠為業〔一〕

三一〇三五　乾隆五十四年六月十五日刘国佐卖楼房铺面找补契

立托找字人劉國佐，今因有上街楼房舖面憑中賣與熊德九名〔下〕，当已價明契足，今請憑原中郭傳久等説合，德出偹脱找銀四拾两，係佐親手領訖。自找之後，永無異説。立此找補約一帋為據。

憑中人　陳為晋
　　　　郭傳久
　　　　陳時亮

乾隆伍拾四年六月十五日　劉國佐　筆

〔一〕　参见「乾隆五十四年六月十五日刘国佐卖楼房铺面找补契」（本书收录之三一〇三五号契纸）。

萬代富貴〔一〕

三一〇三六　乾隆五十六年七月二十七日金兆荣等卖铺面楼房基地契

立賣舖面楼房基地约人金兆荣成，今因移就，将到口下埸行门前左右舖面二間〔二〕，座東南，朝西北，屋上屋下，一應俱全，前止街心，後止腰墻，請凴親中夏二叔説合，出筆賣与〔三〕永興熊大新爺名下為（葉）〔業〕。當日熊出偹價銀叁百伍拾两整，係荣弟兄親手收訖。自賣之後，任從買主撥佃招租，百為無阻。不論年月遠近，賣主仍偹约内原價贖取，不得短少分厘，買主不得执留文约。此係自賣己分，不与親族人等相干。今欲有凴，立此賣约一帋為據。

凴中　夏静慮二老爺

乾隆五十六年七月廿七日　金兆荣成　筆

萬倍利息

〔一〕　参见「乾隆五十四年五月十九日刘国佐卖楼房铺面契」（本书收录之三一〇三四号契纸）。

〔二〕　「間」字为正行右側添加。

〔三〕　此处留有空白。

三一〇三七　乾隆五十六年十二月二十四日张莲峰等卖房屋基地赤契〔一〕

富貴綿長

立永賣杜絕前後房屋基地約人張蓮峯同弟翰周我山，今有祖遺基地房屋一所，坐落彭市河夾街，前後楼房自大門至後園，廳堂耳房，廂亭厠屋，共三十五間，週圍牆垣牆脚俱係本宅，屋内門窓格扇，樓板地板，一應俱全，前後天井共計七處，園内花樹，基台魚池，磚瓦木石一併在内，今因移業別就，弟兄商議，請凴中親說合，出賣與

熊彭公名下為業。當日議定時價值銀捌佰兩，各項使費一併在内，其銀係張蓮峯弟兄眼同中証親手收訖。自賣之後，聽凴買主收稅過户管業，每年納粮叁升叁合陸勺七抄，在張宅柱下完納，未賣之先，並無重復典賣等情，買主亦無勢逼抵債情事。後恐無凴，立此永賣杜絕契約一帋，付買主永遠存照。

其基地四至開列於後

東至彭宅界

西至街心界

南至彭宅界　前西至陳界

北至牆脚界　後北至彭界

其長五十貳弓　前寬七弓　後寬七弓

凴中　彭友三　馬念墨　馬理菴　夏世梅　于序東　劉聯恒　張尊九　程立忠　等

依口代筆人　張友慶

乾隆五十六年十二月二十四日　立永賣約人　張蓮峯同弟翰周我山　筆〔二〕

〔一〕鈐有朱文天门县印，契中二方，骑缝印左一方。

三一〇三八　乾隆五十七年二月六日彭曰瑚等卖铺面找补契

立脫找字彭曰瑚仝侄載續、友三、載華、載綱，因先年將彭市夾街典當一座出筆賣與張西二老爺名下，今張又轉賣與熊德二老爺，孫超六老爺情思原價有虧，請中說合熊彭二位，出備脫找銀叁拾兩正，係瑚仝侄等親領勿少。自找之後，永（勿）〔無〕異說，立此脫找字為據。

〔二〕参见「乾隆五十七年二月十五日张莲峰等卖基地房屋找补契」（本书收录之三一〇三九号契纸），「乾隆五十七年三月十五日张丹岩卖基屋找补契」（本书收录之三一〇四〇号契纸）。

憑原中　又新爺　画押
　　　　陳相公　画押
　　　　王新爺　画押
　　　　夏二新爺　画押
　　　　敬新爺　画押
　　　　夏世梅　画押

乾隆五十七年二月初六日　載華　筆

彭曰瑚　画押　仝侄載　績　画押
　　　　　　　　　　　友三　画押
　　　　　　　　　　　華　画押
　　　　　　　　　　　綱　画押

三—〇三九　乾隆五十七年二月十五日张莲峰等卖基地房屋找补契

立找補約人张莲峰同弟翰周、我山，因有祖遺彭市基地房屋一所，向憑中　[一]　说合，出賣與熊彭公名下為業，所有基地界四至及屋内門窓什物，俱載原約，當得價銀捌百两。今請原中馬時菴等索找，弟兄三人親手收得找價銀壹百兩整。自找之後，永無需索異說。後恐無憑，立此找約為據。

憑原中　彭友三
　　　　馬时菴
　　　　于序东

乾隆伍拾七年二月十五日　立找約人　張蓮峰同弟翰周、我山

筆

永遠為業[一]

[一] 此处留有空白。

三—〇四〇　乾隆五十七年三月十五日张丹岩卖基屋找补契

立脱業人張丹岩，先年本己彭市受分典基屋一股，曾賣與西□、翰周弟兄等為業，今西□等復賣[二]與熊彭公名下為業，丹岩當得熊彭公脱找銀弍拾两正，係岩親手領讫。自找之後，永無異説。恐後無憑，立此脱業一紙為據。

[一] 参见「乾隆五十六年十二月二十四日张莲峰等卖房屋基地赤契」（本书收录之三—〇三七号契纸），「乾隆五十七年三月十五日张丹岩卖基屋找补契」（本书收录之三—〇四〇号契纸）。

[二] 「賣」字为正行右侧添加。

凴中　彭友三
馬時菴　張增九
夏世梅　劉聯恒
馬念墨

乾隆五十七年三月十五日　立脱找字人張丹岩　筆

永遠大發[一]

三—〇四一　乾隆五十七年十一月十六日彭群瞻卖房屋基地赤契[二]

立永賣杜絕前後房屋基地約人彭羣瞻，有乾隆五十六年朏月內仝熊德九公買彭市同泰典基地房屋一座，四至牆垣、裝修木石等項，均載熊彭公印契約內，今因移就，情愿請凴族中說合，出賣與

熊德九名下全受成業。當日三面公議，實値時價曹平元系銀伍伯両整，各項使費一併在內。其銀係彭人眼同中证親手收讫。自賣之後，任從買主管業，彭姓親族人等不得生端異說。其每年纳粮数目，原載熊彭公契內，已経過户，無庸另載。此係自相情愿，並無抬算準折等情。恐後無憑，立此永賣杜絕契约一帋，付買主永遠存照。

憑中　程進思兄　画押
于養淳翁　画押
王承禋兄　画押
家族祖友三　画押

乾隆五十七年冬月十六日　彭羣瞻　筆

永遠存照[一]

[一] 参见「乾隆五十六年十二月二十四日张莲峰等卖房屋基地赤契」（本书收录之三—〇三七号契纸），「乾隆五十七年二月十五日张莲峰等卖基地房屋找补契」（本书收录之三—〇三九号契纸）。

[二] 钤有朱文天门县印，契中二方，骑缝印左一方。

三—〇四二　乾隆五十七年十一月十六日彭群瞻卖房屋基地契

立永賣杜绝前□房屋基地约人彭羣瞻，有乾隆五十六年朏月內仝熊德九公買□□同泰典基地房屋一座，四至墻垣、裝修木石等項，均載熊彭公印契約內，今因移就，情愿請憑族中說合，出賣與

熊德九名下全受成業。當日三面公議，實值时價曹平元系銀伍伯兩整，各項使費一併在內。其銀係彭人眼同中证親手收訖。

[一] 参见「乾隆五十七年十一月十六日彭群瞻卖房屋基地契」（本书收录之三—〇四二号契纸）。

自賣之後，任從買主管業，彭姓親族人等不得生端異說。其每年納粮數目，原載熊彭公契內，已經過戶，無庸另載。此系自相情願，並無抬算準折等情。恐後無憑，立此永賣杜绝契约一帋，付買主永遠存照。

憑中　程進思兄　画押
　　　于養淳翁　画押
　　　王承禋兄　画押
　　　家族祖友三　画押

乾隆五十七年冬月十六日　彭羣瞻　筆　画押[一]

三—〇四三　乾隆五十七年十二月八日陈若思等卖铺房基地赤契[二]

立發賣舖房基地約人陳若思，今因移就，將岳父母所撥給奩資舖房基地，坐落岳口下塲熊家碼頭上首，弓口錢粮在冊，舖面楼房叁進，門扇板壁，楼板櫃枱，竹籬雨板，梘墘梯石，片磚片瓦，□□□□俱在其內，請憑舅弟金鳳池 騫 仝親中郭傳久 周德一 王坤光等說合，出筆永賣與熊□菴名下管業。當日三面言定，熊立菴出

〔一〕参见「乾隆五十七年十一月十六日彭群瞻卖房屋基地赤契」（本书收录之三—〇四一号契纸）。

〔二〕钤有朱文天门县印，契中一方。

倐時值價銀貳佰弍拾兩，係陳若思親手領訖，并□準折□筭情弊。自賣之後，仍從買主管業招佃，當差修造，百為勿阻。此業原係奩資，又經伍拾年被祿，伍拾壹年陳姓自行修造，并不與親族人等相干。今欲有憑，立此永賣約一帋為據。

基地四止　前止　街心
　　　　　後止　河心
　　　　　上止　張界
　　　　　下止　熊家碼頭界

憑中　郭傳久　画押
　　　周德一　画押
　　　金鳳池　画押
　　　騫　画押
　　　王坤光　画押

乾隆伍拾柒年拾弍月初八日　陳若思　親筆　画押

萬代富貴[一]

三—〇四四　乾隆五十七年十二月八日陈若思等卖铺房基地契

立發賣舖房基地約人陳若思，今因移就，將岳父母所撥給奩資

〔一〕参见「乾隆五十七年十二月八日陈若思等卖铺房基地契」（本书收录之三—〇四四号契纸）。

舖房基地，坐落岳口下塲熊家碼頭上首，弓口錢粮在冊，舖面楼房叁進，門扇板壁，楼板櫃枱，竹籬雨板，梘溝梯石，片磚片瓦，片石寸木，俱在其内，請憑舅弟金鳳池鶱仝親中周德一郭傳久王坤光等說合，出筆永賣與熊立菴名下管業。當日三面言定，熊立菴出備時值價銀貳佰弍拾兩，係陳若思親手領訖，并勿準折拾筭情獘。自賣之後，仍從買主管業，招租當差、修造，百為勿阻，此業原係奩資，又經伍拾年被□，伍拾壹年陳姓自行修造，并不與兄弟親族人等相干，今欲有憑，立此永賣約一帋為據。

基地四止　前止　街心
後止　河水
上止　張界
下止　熊家碼頭界

憑中　周德一　画押
郭傳久　画押
金鳳池鶱　画押
王坤光　画押

乾隆伍拾柒年拾弍月初八日　陳若思　親筆　画押

萬代富貴〔一〕

〔一〕參見「乾隆五十七年十二月八日陈若思等卖铺房基地赤契」（本书收录之三—〇四三号契纸）。

三—〇四五　乾隆五十九年三月二十六日张恒卖基地房屋赤契〔一〕

立大賣基地房屋约人張恒，今因移就，將自置基地壹形，計丈〔二〕。粮載刘天慶冊内完納。坐落関庙巷後街，瓦房舖面三進，屋拾壹間，偏厦神龕神櫃，门扇板壁窗槅，楼板地板竹籬，上瓦下砖，寸木寸石，俱在其内，凴親中陳海上、何玉泉等说合，恒出筆大賣與熊立菴名下為業。當日三面言定，立菴出備時值價銀弍佰叁拾兩整，係恒凴中親手領訖。自賣之后，聽從買主管業居住，□租改造，收粮過户，百為無阻。其中並無準折擡算等情。此係自賣己業，不與親族人等相干。今恐無凴，立此大賣基地房屋约一帋为據。

基地四止　□□□□
西址路边
南址路心
北址街心

凴中　李□意
熊一□
陳海上
義立
何玉泉

乾隆五十九年叁月弍拾陸　日立大賣基地房屋约人　張恒　筆

〔一〕钤有朱文天门县印，契中一方。
〔二〕此处留有空白。

此屋于道光十一年取名脩齊堂，捐與　伯太高祖讳维熊公后裔作公宅，立有碑记，日後子孙無得異说。葵園批。十二（月）〔年〕五月廿四日。

子孫羙達〔一〕

三—〇四六　乾隆五十九年三月二十六日张恒卖基地房屋契

立大賣基地房屋约人張恒〔二〕，今因移就，將自置基地壹形，計丈〔三〕。粮載劉天慶册内完納。坐落関庙巷後街，瓦房舖面三進，屋拾壹間，偏厦神龕神櫃，门扇板壁窻槅，楼板地板竹籬，上瓦下磚，寸木寸石，俱在其内，凴親中陳海上、何玉泉等说合，恒出筆大賣與熊立安名下為業。當日三面言定，立安出偹時值價銀式佰叁拾〔四〕兩整，係恒凴中親手領訖。自賣之後，聽從買主管業居住招租改造，收粮過户，百為無阻。其中並無準折擡算等情。此係自賣己業，不與親族人等相干。今恐無凴，立此大賣基地房屋约一帋为據。

基地四址

東址芦界

西址路邊

南址路心

北址街心

凴中

李则意

熊一粟

陳海上

義在

何玉泉

原契並缴

乾隆五拾玖年叁月式拾陸日　立大賣基地房屋约人　張恒　筆

子孫羙達〔一〕

〔一〕参见「乾隆五十九年三月二十六日张恒卖基地房屋契」（本书收录之三—〇四六号契纸），「乾隆五十九年三月二十六日张恒卖基地房屋找补契」（本书收录之三—〇四七号契纸），「乾隆五十九年五月八日张恒卖基地房屋找补契」（本书收录之三—〇四八号契纸）。

〔二〕此处人名有改动。

〔三〕此处留有空白。

〔四〕「拾」字为正行右侧添加。

三—〇四七　乾隆五十九年三月二十六日张恒卖基地房屋找补契

立領起神捲舖約人張恒，今因自置基地瓦房住宅憑中陳海上等

〔一〕参见「乾隆五十九年三月二十六日张恒卖基地房屋赤契」（本书收录之三—〇四五号契纸），「乾隆五十九年三月二十六日张恒卖基地房屋找补契」（本书收录之二—〇四七号契纸），「乾隆五十九年五月八日张恒卖基地房屋找补契」（本书收录之三—〇四八号契纸）。

賣與熊立安管業招租，當日出倫起神捲鋪元絲銀捌〔一〕两整，係張恒同中親手领讫。今恐無憑，立此起神捲舖约一帋為據。

憑原中

乾隆伍拾九年〔二〕叁月廿陸日　立起神捲舖約人　張恒　筆

長發其祥〔三〕

〔一〕此处数字有修改。

〔二〕「九」字为正行右侧添加。

〔三〕参见「乾隆五十九年三月二十六日张恒卖基地房屋赤契」（本书收录之三—〇四五号契纸），「乾隆五十九年三月二十六日张恒卖基地房屋契」（本书收录之三—〇四六号契纸），「乾隆五十九年五月八日张恒卖基地房屋找补契」（本书收录之三—〇四八号契纸）。

三—〇四八　乾隆五十九年五月八日张恒卖基地房屋找补契

立找補約人張恒，因前所賣基地房屋與熊立安为業〔四〕，當日契明價足，今復憑原中陳海上等說合，熊立安出倫找補原絲銀式拾两〔五〕整，係張恒同中親手領讫。自找之後，再無異說。今恐無憑，立此找補約一帋為據。

憑原中

乾隆伍拾九年伍月初八日　立找補約人　張恒　筆

萬代富貴〔一〕

〔四〕「業」字为正行右侧添加。

〔五〕此处数字有修改。

〔一〕参见「乾隆五十九年三月二十六日张恒卖基地房屋赤契」（本书收录之三—〇四五号契纸），「乾隆五十九年三月二十六日张恒卖基地房屋契」（本书收录之三—〇四六号契纸），「乾隆五十九年三月二十六日张恒卖基地房屋找补契」（本书收录之三—〇四七号契纸）。

三—〇四九　乾隆五十九年十一月刘必寿卖房契

立賣瓦房約人劉必壽，今因先年主人將正屋墻後傍卷小瓦房□□□與壽夫婦□□□□，因主婦賣與熊立　所給□□屋賣與熊□老爷，義出銀式□□□□係壽領訖。此據。

憑　劉東海三新
　　張時道三新爷
　　陳海上大爹
　　劉迪楚三新

乾隆五十九年十一月□日□　劉□壽　筆

三—〇五〇　乾隆五十九年刘星海等卖基地铺面楼房契

立永賣基地舖面楼房□□□□□人劉星海同弟□海子合珍劍南姪大鏞，今因移就，將祖遺上街獅團堤内基地一形，寬〔一〕弓長〔二〕弓，載糧載册，並舖面楼房四大進，左右厢房，房前後共八間，正屋腰墻二疋，週圍墻垸，左邊墻外書房，前門，墻内偏屋三間，後正書房一層三間，囬廊，厨房，腰墻三疋，左边墻一圍，以及前后山石花□，一並在内，枝草不動，後隙地一形，竹籬一圍，籬内小瓦房四間，其有屋上屋下，門框板壁，門前石鼓一对，窓房格槅，鼓皮楼板，楼梯地板，堦石磉磴，櫃枱[石婁]塌，天澗地到，連櫳掩槺，門槅神龕，寸磚片瓦，各項一並在内，請凴親中陳来山等说合，出筆大賣與熊德九為業。當日三面言定，熊人出备時值價元丝銀捌百両整，係星同弟男□□□□□□□□□從買主管業居住，修整起造，收糧過户，百[ ]中並無準折抬筭情弊，今欲有凴，立此□□□□□。

乾隆五十九年[ ][ ]　姪　親筆

〔一〕此处留有空白。

〔二〕此处留有空白。

三—〇五一　乾隆六十年四月二十七日黄桂卖房契

立永賣房屋約人黄桂，今因不便，將己自瓦房一间，情愿請凴（清）〔親〕中馬儒寇說合，出筆賣與熊二老爺名下管□。其有門扇板壁，具在其内，熊二老爺当出脩[ ]訖□賣之□□□任凴熊二老爺拆搬，無得異說。今欲有凴，立此永賣約為據。

凴中人　馬儒寇　周榮

乾隆六十年四月廿七日　黄桂　筆

三—〇五二　乾隆六十年十月十四日熊明宣卖房屋基地契

立永賣房屋基地約人熊明宣，今因移就，母子商議，情將父置南三陶岳口街基地一形，所造楼房舖面，寬三間，深三進，大小厢房，楼上楼下，門扇板壁，寸木寸石，片瓦片磚，各項俱在其内，載糧八合八勺，在熊天中户下，請凴親中陳韶亭張子秀說合，熊明宣出筆永〔一〕賣與倪暉吉名下為業。當日三面言定，吉出備實值價银弍伯陆拾两整，係明宣同母親手領訖。自永〔二〕賣之後，听從買主管業，收粮過户〔三〕，撥佃收租，另行起造封砌，百為無阻。此係自賣己分，不與親族伯叔弟兄人等相干。倘有旁人妄事生端，俱在買主同原中一身承管。今恐無凴，立此永賣約一纸為據。

基地　前　六弓
　　　後横　五弓七分
　　　中长拾七弓

其房屋基地四止　東陳坑
　　　　　　　　南陳宝亭
　　　　　　　　西街心　　界
　　　　　　　　北公溝心

憑中　陳紹武　熊國書
　　　熊天相　金大護
　　　熊順德　陳牖如
　　　胡星如　熊天池
　　　熊天元　熊　沄

乾隆六十年十月十四日　立永賣房屋基地約人　熊明宣　筆

〔一〕「永」字为正行右侧添加。
〔二〕「永」字为正行右侧添加。
〔三〕「收粮過户」四字为正行右侧添加。

永遠為業〔一〕

三一〇五三　乾隆六十年十一月八日孟章谔等卖瓦屋楼房基地赤契〔二〕

立大賣瓦屋樓房基地約人孟章諤同子孟純几、璋、止、西，姪純义、超、貴、西等，今因移就，將祖遺受岳口中街関庙上首基地一形，載糧〔三〕，樓房瓦屋七進，所有门扇板壁，神櫃鋪台，天垷地剅，楼板地板，楼梯窓户，寸土寸木，□砖□瓦，俱在其內，情愿請憑親中楊三合等□合，出筆賣與〔四〕熊立菴名下為業。当日三面言定，〔五〕熊当出備時值價艮壹百捌拾两〔六〕整，係孟章諤伯姪父子親手領訖。自賣之後，听從買主管業，居住招租，收糧起造，百為無阻。此中並無

〔一〕参见「乾隆六十年十二月二十日倪晖吉卖基地铺面赤契」（本书收录之三—〇五六号契纸），「嘉庆元年一月十日倪晖吉卖楼房基地找补契」（本书收录之三—〇五八号契纸）。
〔二〕契中钤有朱文天门县印一方。
〔三〕此处留有空白。
〔四〕此处留有空白。
〔五〕此处留有空白。
〔六〕「両」字为正行右侧添加。

準（無）折抬筭情弊。〔一〕此〔二〕係自賣己分，不與外人相干。今欲有憑，立此大賣約一帋為據。

前止堤心〔三〕界　後止公路心吳界　左止前熊後孟界　右止牆腳外孟界

憑中人　劉鳳鳴　画押
　　　　程學山　画押
　　　　楊三合　画押

乾隆六十年冬月初八日　孟章謂伯姪父子　親筆

萬代富貴〔四〕

三—〇五四　乾隆六十年十一月八日孟纯璠卖基地契

立賣基地約人孟純璠，今將自置基地一形，前接祖遺基址，後止路心吳界，左止純本界，右止孟界，憑中賣与〔五〕　熊立菴名下為業。当淂價艮壹十七〔一〕两整，係孟純凡親手領訖。自賣之後，永無異說。此據。

憑中人　劉凤鳴　画押
　　　　楊三合　画押
　　　　程孝山　画押

乾隆六十年冬月初八日　孟純凡　親筆

〔一〕「弊」后涂去一字，其右侧添加「此」字。
〔二〕「此」为正行右侧添加。
〔三〕「心」为正行右侧添加。
〔四〕参见「乾隆六十年十一月八日孟章谔等卖房屋基地找补契」（本书收录之三—〇五五号契纸），「乾隆六十年十二月二十日孟章谔等卖房屋基地找补契」（本书收录之三—〇五七号契纸）。
〔五〕此处留有空白。

〔一〕此处数字有修改。

三—〇五五　乾隆六十年十一月八日孟章谔等卖房屋基地找补契

立起神捲舖字人孟章謂子純凡、璋、卝、西，姪純義、超、貴、西，今因將受分房屋基地一形賣與熊二老爺为業，当已契明價足，復憑原中说合，熊出倫艮四两□□，係孟章謂父子伯姪親手〔二〕領訖。此據。

憑原中人　刘鳳鳴　画押
　　　　　楊三合　画押
　　　　　程学山　画押

〔二〕「親手」二字为正行右侧添加。

乾隆六十年冬月初八日　孟章謂伯姪父子　親筆〔一〕

三—〇五六　乾隆六十年十二月二十日倪暉吉卖基地铺面赤契〔二〕

立大賣基地舖面楼瓦房約人倪暉吉，今因移就，于前拾月所買熊明宣陳家巷下首基地壹形，前寬六弓，後寬五弓七分，深拾七弓，載糧捌合捌勺，舖面叁間叁進，左右箱房，竹籬壹圍，其有屋上屋下，门扇板壁，窓户磚石，各項一並在內，請凴親中陳海上等説合，暉吉出筆大賣與熊立菴名下為業。当日三面言定，立菴出備時值價元丝銀式百柒拾两整，係暉吉親手領讫。自賣之後，任從買主起業，居住改造，招租撥佃，收粮過户，百為無阻。此係自賣自置己分，不與親族人等相干。今欲有凴，立此大賣約一帋為據。

基地　東止　陳坑
西止　街心
南止　陳界
北止　溝心

〔一〕參見「乾隆六十年十一月八日孟章谓等卖瓦屋楼房基地赤契」（本书收录之三—〇五三号契纸），「乾隆六十年十二月二十日孟章谓等卖房屋基地找补契」（本书收录之三—〇五七号契纸）。

〔二〕契中钤有朱文天门县印二方。

凴中　劉国佐　胡星如
省若　楊從貴
陳海上　熊　沄
爲列　明宣
刘鳳明
刘怡齊
吴夕爵

乾隆六十年十二月廿日　立大賣約人　倪暉吉　筆
永遠为業〔一〕

三—〇五七　乾隆六十年十二月二十日孟章谓等卖房屋基地找补契

立托找字人孟章謂同子〔二〕孟純凡、璋、止、西，姪純義、超、貴、西，今因前月将受分楼房基地一形賣與熊二老爺名下为業，当已契明價足，復凴原中说合，熊出備托找艮四十九两正，係孟章謂伯姪父子親手領訖。自找之後，永無異説。此據。

凴原中人　劉鳳鳴　画押
楊三合　画押
程学山　画押

〔一〕參見「乾隆六十年十月十四日熊明宣卖房基地契」（本书收录之三—〇五二号契纸），「嘉庆元年一月十日倪晖吉卖楼房基地找补契」（本书收录之三—〇五八号契纸）。

〔二〕「子」字为正行右側添加。

乾隆六十年十二月廿日　孟章謌伯姪父子　親筆〔一〕

三—〇五八　嘉庆元年一月十日倪晖吉卖楼房基地找补契

立找補約人倪晖吉，於去十二月内将自置岳口基地、樓瓦房，憑中賣與熊立菴名下為業，當經契明價足，今復憑原中说合，出倫找補銀叁拾捌兩整，係晖吉親手領讫。自找之後，永無異説。今欲有凭，立此找補約為據。

憑中人　□□□

乾隆六十一年嘉慶元年正月初十日　立找補約人　筆

大發財源〔二〕

〔一〕参见「乾隆六十年十一月八日孟章谔等卖瓦屋楼房基地赤契」（本书收录之三—〇五三号契纸），「乾隆六十年十一月八日孟章谔等卖房屋基地找补契」（本书收录之三—〇五五号契纸）。

〔二〕该契贴有小纸，上书「立收字人倪晖吉，今收到约内價银贰佰柒拾整。此照。乾隆六十年十二月廿二日立」等字。参见「乾隆六十年十二月二十日倪晖吉卖基地铺面赤契」（本书收录之三—〇五六号契纸），「乾隆六十年十月十四日熊明宣卖房屋基地契」（本书收录之三—〇五二号契纸）。

三—〇五九　嘉庆二年十二月一日金茂先等卖基地铺面楼房契

立大賣基地墙垣舖面楼房約人金茂先仝弟德先，今因移就，將父置岳口下塲到口頭坐坑南三陶基地一形，前寬四丈弍尺，後寬四丈一尺，深長〔一〕，載粮載册，上首山墙通前至後，下首舖面山墙丈餘，以及前後腰墻五道，前後槽門、舖面，朝前街瓦屋楼房四進，對楼一進三〔二〕间，左右廂房陸间，朝到街楼房二進，廂房二间，書房一间，厨房更樓，左右山墙〔三〕，磉墩，石板石璧，照方门鼓，墻踏堦石，櫃台楼梯，一應欄杆，门扇板壁，槅門窓户，神堂鼓皮，前後楼板地板，天棂地到，户窓雨板，各項俱全，楼上屋下，寸磚寸石，片瓦寸木，花园亭阁楼台，一切墙垣走廊偏廈，山石樹木，花樹鱼池，花草花台，屋上園内，所有枝草，俱在其内，兄弟商議出售，先儘親族人等，俱不承買。情愿請凴親中劉允康、陳国寧等说合，茂先弟兄出筆賣與熊星六名下為業。當日三面議定，熊姓出倫時值價銀元系銀叁仟弍伯両，係茂德弟兄親手收讫。此係自

〔一〕此处留有空白。

〔二〕「進三」为正行右侧添加。

〔三〕「左右山墙」为正行右侧添加。

賣己分，不與親族伯叔弟兄人等相干，其中并無準折抬筭情弊。自賣之後，任從熊姓管業居住，招佃收租，更改起造，收粮過户，百為無阻。今恐無凴，立此大賣約一紙永遠為據。

四止　右止　□心
　　　前止　街心
　　　後止　金玉書墻
　　　左止　永豐墻

凴中　陳来山　画押
　　　陳時亮　画押
　　　叔一仕　画押
　　　陳国寧　画押
　　　劉允康　画押
　　　叔宅揆　画押
　　　李建章　画押
　　　祖　文浩　画押
　　　　　文翰　画押

嘉慶二年朏月初一日　立大賣基地牆垣舖面楼房約人　金茂先

仝弟德先　筆

世守綿長[一]

[一] 参见「嘉庆二年十二月一日金茂先等卖基屋找补契」（本书收录之三—〇六〇号契纸），「嘉庆二年十二月二十日金茂先等卖基屋找补契」（本书收录之三—〇六一号契纸）。「嘉庆三年十一月六日金茂先等卖墙脚契」（本书收录之三—〇六三号契纸）。「嘉庆十年十二月二十日金德先等卖铺面找补契」（本书收录之三—〇六九号契纸）。

三—〇六〇　嘉庆二年十二月一日金茂先等卖基屋找补契

立領下匾潤筆人金茂先德先，今將父置到口头堤内基屋一所，憑中賣與熊星六名下為業，熊備润笔下匾元银肆拾两整，係茂先弟兄收讫下匾。此據。

凴原中　金一仕宅揆　等

嘉慶二年朏月初一日　金茂先　筆[一]

三—〇六一　嘉庆二年十二月二十日金茂先等卖基屋找补契

立找補約人金茂先仝弟德先，因移就，於腊月初一日將父置下

[一] 参见「嘉庆二年十二月一日金茂先等卖基地铺面楼房契」（本书收录之三—〇五九号契纸），「嘉庆二年十二月二十日金茂先等卖基屋找补契」（本书收录之三—〇六一号契纸）。「嘉庆三年十一月六日金茂先等卖墙脚契」（本书收录之三—〇六三号契纸），「嘉庆十年十二月二十日金德先等卖铺面找补契」（本书收录之三—〇六九号契纸）。

街弟兄公產，憑中掃賣與熊星六〔一〕名下為業，當日契明價足，今茂先弟兄浼原中向熊姓〔二〕说合，熊念属相好戚誼，〔三〕出備找補元糸银叁伯两，係茂先弟兄收讫。自找之後，永斬葛藤，無得異說。今恐無憑，立此找约為據。

憑原中 劉允康 等

嘉慶二年十二月二十日 立找補□□□ 金茂先仝弟德先 筆

永無異説〔四〕

三—〇六二 嘉庆二年十二月二十九日金正斌等卖基屋找补契

立脱找約人金正斌倫仝姪名著，因先年有祖遺□□□䢅口頭基屋一所，憑中賣與金一举，改造修整，招租有年，當经契明價

〔一〕此处留有空白。

〔二〕此处留有空白。

〔三〕「熊」字为正行右側添加。

〔四〕参见「嘉庆二年十二月一日金茂先等卖基地铺面楼房契」（本书收录之三—〇五九号契纸），「嘉庆二年十二月一日金茂先等卖基屋找补契」（本书收录之三—〇六〇号契纸），「嘉庆三年十一月六日金茂先等卖墙脚契」（本书收录之三—〇六三号契纸），「嘉庆十年十二月二十日金德先等卖铺面找补契」（本书收录之三—〇六九号契纸）。

足，今金必榮弟兄將此基屋轉〔一〕賣與熊老爺名下為業，請憑親中說合，熊老爺出備脱找銀拾弍兩整，係斌倫仝姪孀母等眼仝領讫。自脱找之後，永斬葛藤，立此脱找約為據。

憑 陈含翠二爷 劉怡斋三老爷 陈海上大爹

嘉慶二年十二月二十九日 立脱找約人 金正斌 筆

永無異說

三—〇六三 嘉庆三年十一月六日金茂先等卖墙脚契

立卖墙脚并墙字人金茂先德先，嘉慶二年將䢅口頭典屋一所，通前至後，賣與熊星六名下，当已契明價足，所有找補，俱無異说。因有後牆一疋未曾入约，今憑叔宅揆说合，將墙脚并墙賣與熊〔二〕為業。熊出備價银肆拾两整，係茂親手收讫。自賣之後，永斬葛藤。今欲有憑，立此為據。

憑 叔宅揆 画十字押

嘉慶三年冬月初六日 立卖墙脚并墙字人 金茂先德先 筆

〔一〕「轉」字为正行右側添加。

〔二〕此处留有空白。

三—〇六四　嘉庆五年十二月十八日熊銘先卖基地铺面瓦房赤契〔一〕

立大賣基地舖面瓦房約人熊銘先，今因移就，將　父置南三陶陳家巷北街基地壹形，計丈橫寬中五弓三分〔二〕（前五弓二分，後五弓八分），深長十九弓四分，載民米照冊，舖面三間，瓦房三進，左右廂房八間，門扇板壁，櫃台舖門〔三〕，楼板地板堦簷，天埧地剅，石磉竹籬，屋上屋下，片瓦片磚，寸木寸石，俱在其內，情愿请憑親中陳来山、張子秀等説合，銘先出筆大賣與熊思允名下為業。當日三面言定，允出倄時值價銀弍伯肆拾両整，係銘先凴中親手領訖。自賣之後，任從買主管業，收粮過户，招佃收租，更改起造，百為無阻。中间並無準折抬算情弊。此係自賣己分，不與親叔弟兄人等相干。今欲有凴，立此大賣約一帋永遠為據。

冊名　付二熊兆豐

其基地四止　東巷　南宝□　西巷　北買主　界

憑中　程寄原新爺　熊天相四爺　張子秀五爹　陳来山新爹　熊　沄大爺　熊天元五爺

嘉慶五年十二月十八日　立大賣基地舖面約人　熊銘先　筆

世業千秋

〔一〕鈐有朱文天门县印，契中二方，右下骑缝印一方。

〔二〕「三分」二字为正行右侧添加。

〔三〕「舖門」二字为正行右侧添加。

三—〇六五　嘉庆六年二月二十一日夏宗鼎卖铺面楼房基地赤契〔一〕

立大賣舖面楼房基地约人夏宗鼎，今因移就，将自置正街老岸舖面楼房壹所，前後共五進，墻壹圍，基地壹形，載粮載冊，其有門扇板壁，窗户堦石，地板楼板，片磚片瓦，寸木寸石，俱在其内，凴親〔二〕中熊雲芳等説合，出筆賣與熊思永名下爲業。當日三面言定，思出倄實值價銀陸百両整，係宗親手收讫。自賣己分，不與親族人等相干。听從買主管業招租，修造居住，收粮過户，百為無阻。今欲有凴，立此賣约一帋為據。

〔一〕鈐有朱文天门县印，契中二方，右下骑缝印一方。

〔二〕「親」字为正行右侧添加。

憑 陳肖岩 劉怡斎 熊雲芳 李永興

四止 前止街心 左止本墻外刘姓墻脚〔一〕界

後止胡界 右止金〔二〕界

嘉庆六年二月二十一日 立大賣约人 夏宗鼎 筆

世守绵長〔三〕

三—〇六六 嘉庆六年五月二十一日夏宗鼎卖铺面基地找补契

立找補約人夏宗鼎，因有上街老岸舖面一所、基地一形賣與熊思永名下為業，当日價收契明，今復憑親中熊雲芳等說合，思出倫找補銀壹百两，係宗親手收訖。自找之後，無得異說。立找為據。

〔一〕「刘姓墻角」四字似被涂掉。

〔二〕「止」后删去「胡」字，其左侧添加「金」字。

〔三〕参见「嘉庆六年五月二十一日夏宗鼎卖铺面基地找补契」（本书收录之三—〇六六号契纸）。

憑亲中 刘怡斎 熊雲芳 陳肖岩 李永興

嘉慶六年五月二十一日 立找約人 夏宗鼎 筆

大發財源〔一〕

三—〇六七 嘉庆八年年二月二十五日金全等卖基地楼房契〔二〕

立大賣基地楼房約人金全仝子必當〔三〕，今因移就，將自置陶林垸南三獅團岳口上街□□□巷路一条，計丈一畝，載粮二升二合二勺，册名金全〔四〕，楼房五進，前後廂房，宅後厨房墻園，通前至後，門扇板壁，隔門窗户鼓皮，楼板地板，天梘地到，堦簷石磉，礓踏石板，楼梯櫃柗，□□□在□□□道，屋上所有，地下所在，寸草寸木，寸磚寸石，俱在其内，情愿出售，先儘親族人等，俱不承買，請凴親中謝某堂等說合，全出筆大賣與熊思永名下爲業。當日三面言定，永出備時值價銀

〔一〕参见「嘉庆六年二月二十一日夏宗鼎卖铺面楼房基地赤契」（本书收录之三—〇六五号契纸）。

〔二〕该契约破损较严重，空缺字数仅供参考。

〔三〕「必當」二字为正行右侧添加。

〔四〕「册名金全」四字为正行右侧添加。

伍百伍拾两整，係全父子仝中親手領訖。自賣之後，任從買主管業居住，招佃收租，更改起造，收糧过户，百为無阻。此係自賣己分，不與親族伯叔兄弟人等相干。其中並無準折抬筭情獘。今欲有凴，立此大賣約一紙永遠為據。

四止 前止街心 後止花眼墻 左止公墻 右買主界 賀墻傍後巷一条，直（底）〔抵〕蔣坟界

凴中 金鳳音 谢某堂 曾省斋 陳時亮

嘉庆年间[一]

嘉慶八年弍月廿五日 立大賣基地楼房約人 金全仝子必當

□□

〔一〕「嘉庆年间」四字为红笔（非毛笔）简体书写，疑为后人所加。

三一〇六八 嘉庆九年十一月十三日贺静思等卖基地楼房赤契[一]

永遠興隆

立大賣基地楼房约人賀静思仝姪錫昭，今因移就，将自置陶林院南三獅團基地一形，計丈[二]，載粮[三]，樓房二進，前後廂房，宅房廚房，牆垣一圍，門扇板壁，隔門窗户鼓皮，樓板地板，天井地剅，堦簷石磉，石板楼門，左右山墻，前面徑墻，墻外隙地，屋上所有，地下所在，寸草寸木，寸磚寸石，俱在其内，情愿出售，先儘親族人等，俱不承買，請憑親中劉勵堂等說合，賀出筆大賣與熊思永名下為業。当日三面言定，思永出備時值價銀伍百兩整，係思仝姪親手收訖。自賣之後，仍從買主管業居住，招佃收租，更改起造，收糧過戶，百為無阻。此係自賣己分，不與親族伯□[四]人等相干，其中並無准折抬算情弊，今欲有憑，立此大賣約一帋永遠為據。

〔一〕钤有朱文天门县印，契中一方，骑缝印左一方。
〔二〕此处留有空白。
〔三〕此处留有空白。
〔四〕「伯□」为正行右侧添加。

四址
西 墳脚
東 本界
南 本界
北 羅界

憑中
熊希□爺
熊黽□ 爹
□□
劉□ 大兄
曾省 大兄
家楚□□
錫□ 姪
金□

宅傍走路一條，原係在公。

今□□□□內。

嘉慶九年冬月十三日 立大賣約人 賀□□仝姪錫昭 筆

三—〇六九 嘉庆十年十二月二十日金德先等卖铺面找补契

脱 找

立脱找起造约人金德先仝姪達宗，因先年將父置當舖壹所，出筆賣與熊兴祥行名下，當日契明價足，今憑中說合，熊出備脱找起造钱贰拾串整，係先仝姪親手領訖。自找之後，再無異說。今欲有憑，立此為據。

凴 親陳大爹
叔宅揆二相公

嘉慶拾年十二月廿日 金德先仝姪達宗 筆[一]

三—〇七〇 嘉庆十年十二月二十三日陈宝贤卖基地房屋找补契

立托找字人陳宝賢，今因先年所賣基地房屋熊八老爺名下管業，今憑原中之子寧賓說合，賢領熊姓托找錢四串整[二]，係賢親手領訖。自找之後，永不生端異說。

今欲有憑，立托找字為據。

凴中 陳宝賓三爷
程石寧四爷

嘉慶拾年十二月二十三日 陳宝賢 筆

[一] 参见「嘉庆二年十二月一日金茂先等卖基地铺面楼房契」（本书收录之三—〇五九号契纸），「嘉庆二年十二月一日金茂先等卖基屋找补契」（本书收录之三—〇六〇号契纸），「嘉庆二年十二月二十日金茂先等卖基屋找补契」（本书收录之三—〇六一号契纸）。「嘉庆三年十一月六日金茂先等卖墙脚契」（本书收录之三—〇六三号契纸）。

[二] 此处数字有修改。

世代發達〔一〕

三—〇七一　嘉庆十八年十二月二十五日盛国祥等卖铺面房屋基地契

立大賣鋪面房屋基地約人盛国祥福祿，今因移就，債務不敷，與□□□議，情愿將住宅下首坐河鋪面基地房屋一所，請憑劉恒萬陳文玉二兄作中說合，出筆大賣與春和錢店名下管業。當日三面言定，春和出備時值價青〔二〕錢壹佰串正，係國祥兄弟仝中領讫。自賣之後，聽從買主管業，撥佃招租，盛国祥兄弟不得生端異說。祥有力仍備原價贖取，不得短少約內價錢。彼此情愿，不與伯叔兄弟相干，其中亦（勿）〔無〕逼勒准（拆）〔折〕抬筭等情。今欲有憑，立此賣約一紙為據。

〔一〕参见「乾隆五十年四月十九日陈为智等卖基地瓦房赤契」（本书收录之三—〇二一号契纸），「乾隆五十年四月十九日陈为智等卖基地瓦房契」（本书收录之三—〇二二号契纸），「乾隆五十年七月二十六日陈为智等卖房屋基地找补契」（本书收录之三—〇二五号契纸），「乾隆五十年八月二十日陈为智等卖基地房屋找补契」（本书收录之三—〇二六号契纸），「乾隆五十三年八月十九日陈宝贤卖房屋基地找补契」（本书收录之三—〇三三号契纸）。

〔二〕「青」为正行右侧添加。

此屋已轉賣于熊柏亭大兄，約內價錢收讫。此據。

嘉慶拾九年正月弍十日□□□批。

四止　南刘界　东熊界　西河界　北本界

此屋已轉賣與葵園八弟，約內價錢收訖。道光四年九月初二〔一〕日柏亭批。

憑中　劉恒萬大爺　陳文玉二新爺

嘉慶拾捌年臘月弍拾五日　盛國祥福祿親筆〔二〕

財源廣進

三—〇七二　嘉庆十八年陈万育卖瓦屋铺面基地契

立永賣瓦屋鋪面基地約人陳萬育，今因移就，將父置南三獅團鋪屋三間，捲蓬一架，基地四分，門扇板（璧）〔壁〕，寸木片瓦，（在）〔載〕粮八合九勺，請憑親中說合，出筆賣與熊

〔一〕「初」后涂去一字，其右侧添加「二」字。

〔二〕参见「道光四年盛国禄卖基屋赤契」（本书收录之三—〇九二号契纸）。

來門名下爲業。當日三面言定〔一〕，門出偹時（直）〔值〕價銀壹伯四拾両正，係萬育仝中親手領訖。自賣之後，任從買主管業，招佃収租，百為無阻。自賣己分，不與親族人等相干。今恐無憑，立此賣約一帋為據。

憑中　樊恭福　蔣開選　孫懋知

四止　東　賣主　南　大路中　西　路李　界　北　庙墻

嘉慶拾捌年□□□□　陳萬育　筆

三一〇七三　嘉庆二十二年四月十六日陈宝春等卖基地瓦房契

立絕賣基地瓦房約人陳寶春雄，今因移就不便，兄弟商議，情愿將自置南三獅邱家巷後基地一形，瓦房一棟，坐北朝南，左右廂房，塞口外偏屋三間，其有屋內一切風帳鼓皮，大小門扇板壁，窓戸堦砌，片磚片瓦，以及週圍竹籬，欒林樹木，前菜園，俱在其内，基地一形，計丈八分，載糧一升七合八勺，請凴親中孟章其、陳寶榮等從中說合，出筆絕賣與熊柏亭名下為業。當日三面言定，熊柏亭出偹時值價錢壹伯陸拾串正，係陳寶春雄兄弟仝中等眼同親手收訖，其中並無准折擡筭等情。自賣之後，任听買主或租或居，起造改造，百為無阻。收粮過户，永無異說。此係自賣己分，不與親族人等相干。今欲有凴，立此絕賣基地瓦房約一紙為據。

四止　東北　抵路心　西南　抵坟

凴中　孟章其　陳寶榮　陳作霞

嘉慶式拾式年四月拾六日　陳寶春雄　筆

此屋基地並右首原買周姓屋，一並換與八叔祖名下為業。基地錢粮與換囘之屋基両抵，日後子孫無得異說。此據。

道光十二年五月二十二日　姪孫甸南　筆

周姓原約已失，日後撿出，不足為據。

永遠䉤達

〔一〕「言定」为正行右側添加。

三—〇七四　道光元年十二月二十八日张正榜等卖菜园基地契

立大賣菜園基地約人張正榜仝子太友，今因移就不便，父子商議，將祖置本己受分基地菜園一形，計丈四分一厘七毛〔一〕，九合 載粮式勺，請憑親中張光玉等說合，正情愿出筆永賣與熊葵園 五合 名下為業。當日三面言定，時值價錢六十叁串，係正父子仝中親手領訖，其中並無準折抬筭情弊，此係自賣己分，不與弟兄親族人等相干。自賣之後，任從買主管業栽種，築墻起造，收粮過户，百為無阻。今欲有凴，立此大賣約一紙為據。

東橫八弓七分
南直八弓
西橫八弓七分
北直拾弓零三分
東直四弓九分
南橫三弓二分
西
北橫三弓二分

四止　東南西北　止　路路羅張熊　界

凴中　張国元　張光玉　金春圃　張一品　張国龍

道光元年朏月廿八日　立大賣約人　張正榜　筆

永遠為業

〔一〕「一厘七毛」为正行右侧添加。

三—〇七五　道光二年十二月二十五日孟首敏等卖基地房屋契

立絕賣基地楼房住屋約人孟首敏仝弟首賓、子邦直、姪邦榮華，因先年父〔一〕純璠即煥若〔二〕，曾將自置岳口廟巷上首三义街口路東基地一形，樓房住屋四進〔三〕，廂房厨房，天井

〔一〕「父」为正行右侧添加。
〔二〕「即煥若」为正行右侧添加。「璠」后涂去「祖」字。
〔三〕「四」后涂去「間」字，其右侧添加「進」字。

地到，門扇板壁，中間〔一〕金墻一〔二〕道，右首山牆，通前至後〔三〕，後園竹籬以及寸磚寸石，寸草寸木，俱在其内，於乾隆五十壹年當與〔四〕熊府管業，今三十餘年，首敏弟兄無力贖取，情願請憑親中金春圃等説合，敏弟兄等出筆絕賣與熊葵園名下爲業。三面議定，時值價錢壹伯五十串整，係首敏弟兄子姪親手領訖。自賣之後，任從買主管業，收粮脩造，招租居住，百爲無阻。其中並無準折抬算等情，此係自賣己分，不與親族人等相干，立此絕賣約一紙為拠。

四止界
左 瑞慶宮公所界
前 街 心買三鋪後金墻界
後 左 瑞慶宮公所
右 羅姓墻
右 買主

憑中 孟邦憲 金春圃 鄢家壽

道光弍年朏月二十五日 立絕賣基地約人 孟首敏仝弟首賓筆

〔一〕「壁」后涂去「前後」二字，其右側添加「中間」二字。
〔二〕「一」后涂去「到」字，其右側添加「道」字。
〔三〕「通前至後」为正行右側添加。
〔四〕此处留有空白。

再乾隆五十一年十月首敏祖父將此屋大門舖面賣與 熊府爲業，約内批明孟姓大門巷路熊姓不得阻閉，今一併絕賣，任憑脩改，永無異說。孟首敏賓等又筆。

永遠為業

三—〇七六 道光二年十二月二十五日孟首敏卖基地楼房赤契〔一〕

立絶賣□□屋約人孟首敏□□三义街口路東基地一形，楼房住屋四進□房厨房，□□地到，門板壁、中間□□以及寸磚寸瓦寸石，寸草寸木，俱在其□□□□五十壹年當與熊府管業，今三十餘年。首敏弟兄無力贖取，情願請凂親中金春圃等說合，敏弟兄等出筆绝賣與熊葵園名下為業。三面議定，時值價錢壹百伍拾串整，係首敏弟兄子姪親手領訖。自賣之後，任從買主管業，收粮脩造，招租居住，百為無阻，其中並無准折、抬算等情。此係自賣己分，不與親族人等相干。立此绝賣約一紙為據。

〔一〕鈐有朱文天门县印，契中二方。

四止　左　瑞慶宫公所界
　　　前　止　買主舖後金墻界
　　　後　左瑞慶宫公所　右羅姓墻　界
　　　右　買主

憑中　孟邦憲
　　　金春圃
　　　鄢家壽

道光弍年朏月二十五日　立絕賣基地約人　孟首敏仝弟首賓

筆

□首敏祖父將此屋大門□□業，約內批明孟□□□。

三一〇七七　道光二年十二月二十九日陈作懋等卖基地瓦屋菜园赤契[一]

立絕賣基地瓦屋菜園約人陳作懋仝姪□□口熊家花園右首路東基地菜園一形，計丈[二]，載粮[三]，當與熊府管業。今十有餘年，懋兄惠已故，懋與姪賔、嘉等無力贖取，情愿請憑親中金春圃說合，懋出筆将已當之基地菜園，並瓦屋兩進，大門廂房，天井地𡊨，門扇板壁以及週圍木柵竹籬，蘆圍樹□，寸磚寸石，寸瓦寸木，俱在其內，一併絕賣與熊葵園名下為業。三面議定，時值價錢壹伯拾八串正，係懋仝姪嘉等親手領訖，其中並無准折扣算情弊。自賣之後，任從買主收粮招租，脩造居住，百爲無阻。此係自賣己分，不與親族人等相干。立此絕賣約一紙為據。

四止　左　路心
　　　前　止　坑
　　　後　坑心　界
　　　右　張

憑中　金春圃
　　　張殿臣

道光二年十二月二十九日立絕賣基□□園約人□□□仝姪□□

筆

〔一〕该契约破损严重。钤有朱文天门县印，契中二方。
〔二〕此处留有空白。
〔三〕此处留有空白。

三一〇七八　道光三年六月六日金明诗等卖房契

立賣房屋約人金明詩雄伯父□章[一]，今因崩垈，將祖遺岳口下街楼房瓦屋一棟，前厮後堂，左右廂房　，門窗板壁，楼板地板，樓梯欄杆，木梘石磉，以及上瓦下堦，寸木寸石，片竹片磚[二]，並在其內，請憑親中熊作萬孟章龙□說合，賣與熊□□□名

〔一〕「伯父□章」为正行右侧添加。
〔二〕「片竹片磚」为正行右侧添加。

下為（葉）〔業〕。三面言定，时值價錢壹百卄五串正，係明詩雄親手領訖。自賣□，拆卸搬移，百為無阻。此係自賣己分，不與親族人□相干。□有墻垣基地，大□□。無凴，立此字為拠。

憑中人　熊作萬孟　章龍大爺

道光三年六月十六日　明詩仝弟仝伯　筆

三—〇七九　道光三年六月二十八日孟国泰等卖基地铺面楼房契

立永賣基地舖面楼房约人孟國泰同姪媳金氏之子家成，今因移就，将祖遺三乂街坐東朝西基地乙形，计丈弍分弍厘五毫，載粮四合九勺九抄，舖面楼房共六進，請凴家门孟映紫等說合，情愿出筆賣与熊葵園八老爺名下為業。其一應门扇板壁，天井地刭，中間腰墻，前後隙地，上楼下屋，以及寸磚寸石，寸瓦寸木，其有约内遺漏者，俱在基屋之内。三面言定，熊出備價錢壹伯伍拾串整，係孟國泰同姪媳金氏之子家成親手領訖。自賣之後，仍凴買主收粮過户，招店改造，百為無阻。其中如有絲毫情弊，俱在孟映紫等承当。此係自賣己分，不與親族人等相干。今欲有凴，立此永賣文約一帋為據。

老約已失，即或尋出，不足為凴。

前止街心　左止買主界

後止羅界　右止胡界

基地弓口　西横一弓七　西中横一弓六　東横一弓三　東中横一弓四　中直三十六弓

册名　孟正賢

凴中　映紫　純有　孟章龍　□棋　廷輔

道光三年六月二十八日　孟国泰同媳金氏之子家成　親筆

继继承承　子孫世守

三—〇八〇 道光三年十一月二十五日杨为万等卖瓦房基地赤契[一]

立永賣瓦房□□□□□為萬善團，今因移就，將父置□□□□□地一形，门楼一進，堂屋一進，门窗板壁，竹籬堦簷，以及前後竹林樹木，片□□□□□□俱在其内，情愿請憑族中□正朝等說合，團出筆永賣與熊葵園大老爷名下為業。当日三面言定，熊□□□值價錢肆拾伍串整，係萬團仝中親手領訖。自賣□□，任从買主收粮管□佃耕種，起造修改，百為無阻。其中並無準□□□□此係自賣己分，不與□族相干。恐口無憑，立此永賣約一帋為據。

憑中□ 為敎 為舉 為士 □□ □□ □□ □□ □□ 善興 □□

〔一〕鈐有朱文天门县印，契中二方，骑缝印左二方，右一方。

基地二形

南止楊□□

西止祁界屋

前寬五弓

中直三十一弓弍分

中寬五弓九

屋

後寬□□□

東止楊□田界

楊屋界

西止祁界屋

前寬七弓二分

中直十一弓六分

坟

後寬七弓五分

楊白田界

北止路心

除坟弓口 横一弓 直一弓五分

計丈壹畆壹分四厘柒毛五□□。

載糧弍升五合四勺七抄。

道光三年冬月二十五日　立永賣瓦房基地約人　楊為萬善團　筆

萬代富貴[一]

〔一〕此契似与「道光三年八月十六日程海峤卖田赤契」（本书收录之一—〇六二号契纸）粘联投税，二契共一契尾。

三一〇八一　道光四年二月十八日瑞庆宫首士卖基地瓦房契〔一〕

立绝賣基地瓦房约人瑞慶宮首士廖京元 徐任爵 黄調燮等，今因移就，與同府人等公議，情愿將瑞慶宮公會所置岳鎮三叉街口坐垸朝街基地一形，大門、楼房、鋪面式進，住房三進，左右廂房、偏厦大小六間，後門右首基地瓦屋三間〔二〕，經墻一道，以及右首山墻一道〔三〕，通前至後，各屋楼板、地板、望板，槅欄、窓戶，櫃台、板壁，天井、地刵，堦（詹）〔簷〕石磉，竹籬、樹木，天井，片磚片瓦，寸木寸石，凡屋内所有未載約内□□□□□首士等請凴中人催愛山說合，絶賣與熊葵園名下为業。三面言定，熊姓出備時值價錢伍百陸拾串正，係首士等同中親手收讫，其中並無準折抬筭情弊。自賣之後，熊姓収粮，改造、自住、招租，百为無阻。此係在岳同事公議出賣，不與外人等相干，日後倘有異說，俱在首士等承當。恐口無憑，立约为據。

陶園基地一形，計丈

載粮

四止　前 □□　左 廟墻

　　　後 金姓墻脚　右 買主　界

憑中　何尚達　黄興隆　廖大興　催愛山二先生　譚浚川大爺　熊尚璞老爺

道光肆季弍月十八日　瑞慶宮首士　同立

三一〇八二　道光四年二月二十七日金峻山卖基地瓦房契

立绝賣基地瓦房約人金峻山，今因移就，情願将自置岳口青石碼頭上首坐垸朝河正街基地壹形，楼房式進，厢房式間，厨房叁間，面墻、径墻、圍墻共三道，右首山墻以及門扇板壁，楼上楼下窓户格门，楼板地板，櫃台晒台，欄杆轉楼，堦簷石磉，片磚片瓦，寸木寸石，凡屋内所有、約内漏載者，一並点交清白，絶賣与熊興祥名下為業。三面言定，熊姓出備時值價净紋銀六伯兩正，係峻同中親手收訖。自賣之後，任從熊姓收

〔一〕钤有朱文瑞庆宫长方印，二处改动位置及交易价格处各一方。

〔二〕「后门右首基地瓦屋三间」十字为正行右侧添加。

〔三〕「右首山墙一道」六字为正行右侧添加。

粮改造，自住招租，百為無阻。此係自賣己分，不与親族相干，其中並無准折、抬算情弊。恐口無凴，立此為據。

陶團基地一形，计丈〔一〕載粮在允成户下完納。

四址　前街心　左買主
　　　後胡界　右巷界

凴中　家蘭坡弟　孟洪禮　伯輮姪　家印山弟　夏春三大弟　譚凌川小兄　熊尚璞大爺

道光四年二月廿七日　金峻山　親筆

外有原約一帋失落，日後尋出，不足為凴　此批。

夏春三批

永遠為業

〔一〕此处留有空白。

三一〇八三　道光四年三月十日金驯如卖基地瓦房契

立永賣基地瓦房约人金駠如，今因移就，情願將祖置岳口熊家碼頭下首坐垸朝街基地一形，舖面、楼房共六進，廂房二間，經墻三道，以及通前至後，楼上楼下，木椽板壁，隔門窗户，楼板地板，櫃臺，轉楼欄杆，天井堦簷，木梯石磉，片磚片瓦，寸木寸石，凡屋内所有約内漏載内，一並在内，請憑親中印山姪等說合，永賣与熊葵園名下為業。三面言定，熊出備時值價纹四伯兩，係卖主同中親手收訖，其中並無準折抬筭等弊。自賣之後，任從熊姓收粮改造，自住招租，百為無阻。此係自賣己分，不与親族相干。恐口無憑，立此為抰。

再右首山墻原与熊姓在公，今一併绝卖，全屬熊姓。舖面左首山墻一段，与金姓在公，後段山墻全屬金姓。

陶團基地一形

載粮在册

四止　前街心　右買主
　　　後街心　左金姓　界

憑中　郭廷錫　譚凌川　熊尚璞　金印山　伯楝

道光四年三月初十日　金馴如　筆

子孫⿱丵矢達

三一〇八四　道光四年四月三日祁格等卖草屋基地赤契〔一〕

立永賣草屋基地约人祁格仝姪孫祁孝，今因移就，将格姪應太在日所置陶林垸南三狮團基地一形，計丈九分七厘九毫八絲，載粮式升乙合七勺五抄，草房四间，门扇窓户，蘆壁神櫃，以及前後竹林树木，俱在其内，坐落楊家嶺，請憑中楊正朝等説合，格出筆永賣與熊葵园大老爺名下為業。三面言定，熊出備時值價錢式拾串整，係格、祁孝仝中親手領訖。自賣之後，任從買主拆改修造，撥佃耕種，收粮過户，陰陽兩便，百為無阻。其中并無準折抬算情弊。此係自賣己分，不與親族相干。恐口無憑，立此永賣约一帋為據。

憑中人　賴大順　楊正□　楊正孛　楊正茂　李福　楊為鰲　為仕　楊為魁　楊保列

基地四止　南止楊界　東止本界　西止楊界　北止本界　止　界

道光四年四月初三日　立永賣基屋約人　祁格命姪世美雲斋　筆

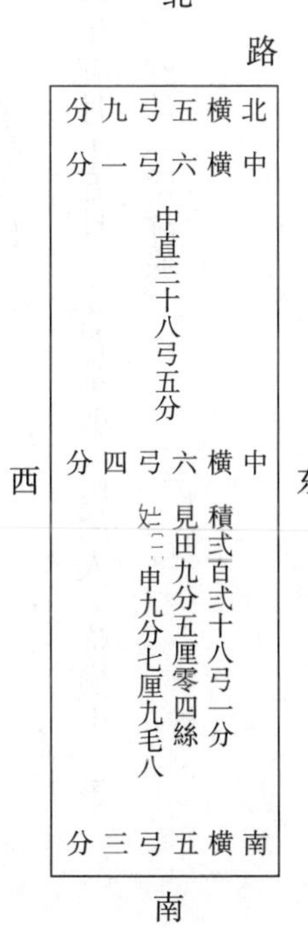

北

路

北橫五弓九分

中橫六弓一分

中直三十八弓五分

東　中橫六弓四分　西

積式百弍十八弓一分

見田九分五厘零四絲

⿰九七〔一〕申九分七厘九毛八

南橫五弓三分

南

永遠為業

〔一〕鈐有朱文天门县印，契中一方，骑缝印左下一方。

〔一〕「⿰九七」即「九七」。

三一〇八五　道光四年五月十五日陈榆山卖基地瓦房契一

立永賣基地瓦房約人陳榆山，今因移就，將自置岳口青石碼頭上首坐垸朝河基地一形，舖面、楼房共八進，左右厢房，穿廊偏厦，厨房、廁屋俱全，经墻二道，左首〔一〕山墻一道，後墻一道，以及通前至後，槅門窗户，楼板地板，木椽□□欄杆，天井地瓩，堦簷石磉，片磚片瓦，寸木寸石，凡屋所有，約内漏載者，一併點交清白，情愿賣与熊葵園八老爺名下管業。凴中言定時值價纹壹千两，係榆親手收讫，其中並無準折、抬算情弊。自賣之後，任從熊姓撥佃收租。限定三〔二〕四年内，仍備原價贖取，銀不短少，約不执留。所有三〔三〕四年限内基地錢粮夫差，榆自行完納。舖屋上漏下湿，熊姓修整。如逾限不取，即以此約绝賣，任凴熊姓执約投税，收粮過户，动土起造，百為無阻，永遠為業。此係自賣己分，不與親族相干。恐口無凴，立此為據。

四止　東　刘
南　刘
西　刘
北　熊　胡　至街心

凴中　家勵先大姪
熊希吕大兄
家定九二姪

道光四年五月十五日　立賣基地瓦房約人　陈榆山　筆

外有红約一帋存质。

〔一〕「左」后涂去一字，「首」为正行右侧添加。
〔二〕「三」字为正行右侧添加。
〔三〕「三」字为正行右侧添加。

三一〇八六　道光四年五月十五日陈榆山卖基地瓦房契二

立永賣基地瓦房約人陳榆山，今因移就，將自置岳口陳家巷上首坐垸朝河基地一形，舖面、楼房□□□□，左右厢房穿廊、偏厦、厨房、廁屋俱全，面墻一道，經墻三道，右首山墻一道，左首山墻在公，後門園墻，墻外巷路直出後□□通□至後，槅門窗户，楼板地板，木椽溜梘，鼓皮望板，櫃臺欄杆，天井地瓩，堦簷石磉，片磚片瓦，寸木寸石，凡屋内所有、約内漏載者，一併點交清白，情愿賣与熊葵園八老爺名下管業。凴中言定時值價纹壹千两，係榆親手收訖，其中並無準折、抬算情弊。自賣之後，任從熊姓撥佃收租。限定三年內，仍備原價贖取，銀不短少，約不執留。所有三年限内基地錢粮夫差，榆山自行完納。舖屋上漏下湿，熊姓修整。如逾限不取，即以此約绝賣，任憑熊姓执約投税，收粮過户，永遠为業，动土起造，百為無阻。此係自賣己分，不與親族相干。恐口無憑，立此為據。

四止　西□□　東□□　前至街心
　　　南陳　北刘　後至街心

憑中　□□□大姪
　　　熊希吕大兄
　　　家定九二姪

道光四年五月十五日　立賣基地瓦房約人　陈榆山　筆

外有红约一帋存质。

三一〇八七　道光四年六月十九日金峻山卖瓦房基地铺面契

立大賣瓦房基地鋪面約人金峻山，今因移就不便，情願將自置岳口上街房屋三间，左右山墻二疋，片磚片瓦，寸木寸石，俱在其内，請憑親中夏春三說合，峻山出筆賣與熊興祥名下为業。當日三面言定，興祥号出備时值價元艮伍拾両，係峻山同中親手收讫。自賣之後，任從買主管業招租，期約三年为滿，賣主仍備約内原價贖取，銀不短少，約不执留，若三年後不取，任憑買主执約投契，百为無阻。今欲有憑，立此賣約一帋为據。

四止　左金　前街心
　　　後河心　右熊

憑中　□□三　大弟
　　　□伯㯮

道光四年六月十九日　金峻山　親筆

三一〇八八　道光四年八月十八日程全公賣基屋赤契[一]

立永賣基屋约人程全公，今因移就，族眾商議，情願將岳口秋家巷下首坐垸朝街基地一形，瓦屋楼房二進，以及楼板、地板、窗户、板門、木椽、溜梘、櫃台鼓皮、天井、地𡋯、堦

[一] 鈐有朱文天门县印。契中一方，骑缝印左一方。

簷、石磉，週圍竹籬，後園寸草寸木，片磚片瓦，凡屋內所有，約內漏載者，一並在內，請凴親族光荣等說合，賣與熊葵園八老爺名下为業。當日三面言定，熊姓出備時値價錢叁拾捌串正，係程仝公親手領訖。自賣之後，任憑収粮改造，自住招租，百为無阻。此係族眾公議，日後無得異說，今欲有憑，此據。

基地四止 後 金

憑中 程光荣 石璞 义烜 楫 石琪

道光四年八月十八日 定邦 筆

永遠為業

三—〇八九 道光四年十二月七日陈榆山卖典房基地赤契〔一〕

立永賣典房基地墻垣約人陳榆山，今因移就，情愿將本己先年所買陶團陳作彬、熾昌、立三、賓連源分受典屋基地，請凴親中劉其峯等說合，榆出筆永賣與熊葵園名下為業。當日三面言定，葵出備时值價紋艮壹千两正，係榆仝中親手領訖。自賣之後，任從買主管業，收粮過户，起造居住，另撥另佃，百為無阻。所有基地分畝，房屋间数，墻垣木石磚瓦等項俱在陳作彬等五人所賣原約內詳晰註明，一並揀交。此係自賣己分，不與親族人等相干。今欲有凴，立此永賣約一紙為據。

凴親中 劉其峯 孫□明 陳□山 □石 □川 定九

道光四年十二月初七日 立永賣典房基地墻垣約人 陳榆山 筆

永遠為業

〔一〕 鈐有朱文天门县印，契中二方。

三一〇九〇　道光四年十二月七日陈榆山卖楼房铺屋基地契

立永賣楼房舖屋基地約人陳榆山，今因移就，愿将自置正街楼房舖屋四棟，請凴親中劉其峯等說合，□□□筆永賣與熊葵園名下為業。當日三面言定，葵出偹時值價紋銀壹仟两整，係榆仝中親手領訖。自賣之後，任從買主管業收租，起造居住，收粮過户，另撥另佃，百為無阻。其有屋内寸磚寸瓦，寸木寸石，楼板地板，天池木梘，俱在其内〔一〕。此係自賣己分，不与親族人等相干。今恐無凴，立此永賣約一紙為據。

劉少春舌業一棟，坐落三岔街上首，坐北街面正街基地。

辛农舌業一棟，坐落三岔街，坐河面街。

又一棟，坐落熊家碼頭上首，坐河面街。

仲孚舌業一棟，坐落青石碼頭上首，坐河面街。

凴親中　劉其峯　孫睿明　陳輝山　况石　味川　定九

道光四年十二月初七日　立永賣楼屋舖屋基地約人　陳榆山　筆

〔一〕「其」后涂去「地」字，「内」为正行右侧添加。

基地四止載原約並繳。
長羨其祥

三一〇九一　道光四年十二月二十三日金驯如卖瓦房铺面基地契

立永賣瓦房舖面基地約人金馴如，今因移就，將自己分受岳口三岔街座河朝垸基地一形，楼房□屋三所，前舖面三间，後瓦屋三间，一連三進，後兜经墻〔一〕一道，以及楼板地板，門窓槅扇，天井地剅，堦簷石磉，片磚片瓦，寸木寸石，凡屋内所有，約内漏載者，一並在内，情愿請憑親中印山姪等說合，馴如出筆永賣與厚久宝号名下为業。三面言定，厚出偹實值價錢四百串整，係馴如同中親手收讫，其中並無準折抬算情弊。自賣之後，任從買主执約投税，收粮過户，改造招租，百为無阻。此係自賣己分，不與親族相干，恐後無憑，立此永賣約一帋為據。

〔一〕「墻」为正行右侧添加。

憑中　熊□呂
譚霖川
伯輔孫
印山姪
胡振夫
熊当璞

四止　前止　街心
後止　墻外
左　陳界
右　劉界

道光四年十二月二十三日　金馴如　筆

永遠為業

三一〇九二　道光四年盛国禄卖基屋赤契〔一〕

立绝賣基屋约人盛國祿，因嘉慶十八年同兄國祥福將岳口上街坐河基地鋪面一所，巷路一條，賣與春和□□□约載祥有力之日，仍絛原價贖取。嗣春和轉賣與熊益泰，今益泰又轉賣與熊葵園。事隔十年，更易三姓，國祿兩兄俱故，祿實□□贖取。且此屋先年本系作抵欠項，價浮於物，祿即將來有力，亦不願贖取。今請凴親中陳壽昌大新爺說合，祿情願出筆絕賣與熊葵園大老爺名下為業。當得找绝價〔一〕錢弍串文正。自此之後，任憑熊姓收粮，改造自住招租，百為無阻。此係自賣己分，不與親族相干，恐口無憑，立此為據。

憑中　陳壽昌大新爺

四止　左　買主
前止　街心
後止　河心
右　羅姓

道光四年□□□□□□日　立绝賣基屋約人　盛國祿仝姪

有年貴芳　筆

永遠為業〔二〕

〔一〕　钤有朱文天门县印，契中一方，左骑缝印一方。

三一〇九三　道光五年二月十五日陈作芳卖楼瓦房屋基地赤契〔三〕

立大賣楼瓦房屋基地约人陳作芳，今因移就不便，父子相商，將父置南三陶基地一形，載粮載册。瓦房一棟，左右共五间，

〔一〕　「價」字为正行右侧添加。

〔二〕　参见「嘉庆十八年十二月二十五日盛国祥等卖铺面房屋基地契」（本书收录之三一〇七一号契纸）。

〔三〕　钤有朱文天门县印，契中一方，骑缝印左、右各一方。

後拖簷三间，右首傍边偏屋一间，二门外左边厨房一间。门□板壁，窗门窗户，槅门地板，楼板神櫃神龕，上瓦下磚，寸木寸石，寸瓦寸土，前後竹籬，俱在其内，請凴族戚作孚等從中説合，芳情愿出筆賣與叙永堂名下管業居住。当日三面言定，叙永出備时值價敚〔一〕青錢壹伯串整，係芳同中親手領訖。自賣之後，仍從買主管業，招佃居住，修整起造，百爲無阻。此係自賣己分，不與親族伯叔弟兄人等相干。今欲有凴，立此賣约一帋永遠爲拠。

凴中〔二〕 金 作孚弟 画押
明炳兄 画押
熊 希吕叔 画押
霞昌叔 画押

基地四止 南 陈祠堂
東 周 界
西 陈 又界，大门外走路至陈姓菜園界。
北 陈

道光五年二月十五日 立賣房屋基地约人 陳作芳 筆 画押

子孫發達

〔一〕「敚」即「九九」。
〔二〕此处划去一「譚」字。

三—〇九四 道光五年四月一日罗日章号卖房屋基地赤契一〔一〕

立永賣房屋基地字羅日章號，今將獅團自置房屋基地門面，開列於後，情愿請憑孫五老爺説合，出筆賣與熊興祥號為業。祥出時值價錢壹千串正，日章親手領訖。自賣之後，任從買主管業，收粮過户，招租撥佃，不得異説。恐口無憑，立此約一紙為據。

計開當鋪房屋一棟，基地週圍垣墻、厨房各半。

原買陳時亮一大股，又一小股。

作仁一小股。

作卿二小股。

憑 孫梅臣五老爺

道光五年四月初一日 羅日章號 筆

永遠為業

〔一〕鈐有朱文天门县印，契中二方，骑缝印左一方。

三一〇九五　道光五年四月一日罗日章号卖房屋基地赤契二[一]

立永賣房屋基地字羅日章號，今將自置陶團内房屋、基地、門面開列於後，情愿請憑孫五老爺說合，出筆賣與熊興祥號為業，祥出時值價錢八伯串正，日章親手收訖。自賣之後，任從買主管業，收粮過户，招租撥佃，不得異說。恐口無憑，立此約一紙為據。

計開行屋二棟，週圍墻垣基地，右山墻金姓。

又，左隔巷明瓦屋五间基地。

憑　孫梅臣五老爺

道光五年四月初一日　羅日章號　筆

永遠為業

[一] 鈐有朱文天门县印，契中二方，骑缝印左一方。

三一〇九六　道光五年七月七日周士钧等卖基地菜园瓦房赤契[一]

立大賣基地菜園瓦房約人周士鈞鏞仝母戴氏、叔汝騏、堂弟士欽，今因移就不便，母子兄弟叔侄商議，情愿將祖遺基地一形，弍畝零肆厘，載粮四升五合二勺八抄，瓦房一棟，厨房一間，椽桷鼓皮，楼板地板，槅門堦簷，石磉窓户，以及週圍竹籬，栾林樹木，片磚片瓦，寸木寸石，俱在其內，請憑親中陳在中等說合，鈞鏞出筆大賣與熊興祥名下為業。當日三面言定，熊出備時值價錢壹伯伍拾串整，係士鈞等同中親手領訖。自賣之後，任從買主耕種修造，撥佃招租，收粮過户，百為無阻。此係自賣己分，不與親族人等相干，其中並無準折抬算情弊。恐口無憑，立此大賣約一帋為據。

册名　周孔瑞

房屋菜園四止　南　買主墻脚李宅菜園
東止　廖菜園義塚脚
西　買主陳氏祠陳宅
北　賣主前半牆脚後半路　界

憑中人　陳在中　熊国元
劉粹中　陳立三

[一] 鈐有朱文天门县印，契中二方，骑缝印左、右各一方。

道光五年七月初七日　立大賣房屋基地菜園約人　周士鈞鏞　筆

永遠為業

三—〇九七　道光五年十二月十八日金峻山卖基屋找绝赤契〔一〕

立永賣基屋找絕約人金峻山，因道光四年六月將自置岳口上街坐河基地一形，舖屋三间，山墻二疋，當與熊姓管業，當價收訖，今峻山無力贖取，情願請凴親中夏春三说合，出筆將此基屋絕賣與熊興祥名下为業。三面議定，熊姓出備找絕價錢四拾串，係峻山親手収讫。自賣之後，任從買主脩造招租，百为無阻。其中並無准折抬算情弊，此係自賣己分，不與親族相干，恐口無凴，立此找絕賣約一帋為據。

四址　左金　前街心　後河心　右買主

憑中　夏春三

道光五年腊月拾八日　峻山　親筆

〔一〕鈐有朱文天门县印，契中二方，右一方。

三—〇九八　道光六年四月五日张士秀等卖基地赤契〔一〕

立永賣基地約人張士秀龍，今因移就不便〔二〕，将父置陶林院南三獅花园上首基地二形，寬長计丈，載粮載册，清凴親中□合，情愿出筆永賣與熊葵园大老爺名下為業。当日三面言定，熊出備價錢九十二串正，係張士秀龍仝中親手領（迄）〔訖〕。自賣之後，仍從買主收糧过户，起造，百為無阻〔三〕。此係自賣己分，不與親族人等相干。恐有傍出借口生端，俱在賣主壹身承管。今欲有凴，立此永賣約為據。

大形四止　东熊　西張　南張　北張　界

小形四止　東張　西熊　南熊　北熊　界

凴中　劉兆一　金振声

工口　南横　四工九　北横　四工九　中直　七工

〔一〕鈐有朱文天门县印，契中二方。

〔二〕「便」字为正行右侧添加。

〔三〕「阻」字为正行右侧添加。

又一形弓口　南横　弍弓九
北横　三弓三
中直　拾九弓

计𢇁[一]　申田四分零弍毛

道光六年四月初五日　立永賣基地約人　張士秀龍　筆

册名　張世榮

永遠為業

[一]「𢇁」即「九五」。

三一〇九九　道光六年四月十日张光盛卖基地赤契[二]

立永賣基地約人張光盛，今因移就，将自置陶林垸南三獅花園上首基地壹形，寬長计丈，載糧載册，請憑親中說合，情愿出筆永賣[三]　与熊葵園大老爺名下為業。当日三面言定，熊出備價錢壹伯八拾串正，係張光盛仝中親手領（迄）〔訖〕。自賣之後，仍從買主收糧过户起造，百為無。此係自賣己分，不与親族人等相干。恐有傍出借口生端，俱在賣主壹身承管。今欲有憑，立此永賣約壹帋為據。

四止　東　熊
南止熊
西　熊
北　熊

弓口　東　横　四弓八
西　横　四弓八
中直五弓

又一形　南　四弓五
北横　三弓一
中直拾九弓

计𢇁[一]　申田四分弍厘弍毛

憑中　張士左
郭為楝
李為義[二]
劉兆一
金振聲
劉□□
劉道揆
熊光照

道光六年四月初十日　立永賣基地約人　張光盛　筆

永遠為業

[一]「𢇁」即「九五」。
[二] 钤有朱文天门县印一方。
[三] 此处留有空白。

[一]「𢇁」即「九五」。
[二]「李為義」為列下添加。

三—一〇〇　道光六年十一月七日刘廷华卖瓦屋基地赤契〔一〕

立永賣瓦屋基地〔二〕約人劉廷華，今因移就，將父〔三〕置青石碼頭出河下首坐河朝街基地一形，瓦房一所，一進二间，後拖屋二间，以及竹〔四〕籬门扇，椽欜柱枋，平盤板壁，寸木寸石，片磚片瓦，凡屋内所有，約内漏載者一並在内，情愿请憑親中鄭德風等说合，廷出筆永賣與熊葵園名下為業。三面議定，熊出備實值價錢叁拾捌串正，係廷仝中親手收讫，其中並無準折抬算情弊。自賣之後，任憑買主収粮改造，自住招租，百為無阻。此係自賣己分，不與親族相干。恐後無憑，立此賣約一紙為據。

憑中　鄭德風

基地四止
左　樊　界
前　買主墻　界
後　滴水刘　界
右　刘祥茂　界
止

道光六年冬月初七日　立永賣基屋約人　劉廷華　筆

世守為業

〔一〕鈐有朱文天门县印，契中二方，骑缝印左一方。
〔二〕「地」字为正行右侧添加。
〔三〕「父」字为正行右侧添加。
〔四〕「竹」字后似涂去一字。

三—一〇一　道光九年十二月十日吴掌恒等卖基地契

立賣基地約人吴掌恒仝弟振恒，今因移就，将自己置岳口上街邱家巷基地一形，楼房舖面〔一〕一所，一進兩間，左右山墻，拖簷偏厦，後園竹籬，一並在内。憑中調大老爺説合，賣與熊葵園老爺名下為業。三面言定，葵出备時值價錢壹伯串文整，係恒親手收訖。其中並無准折抬算情弊。自賣之後，任憑買〔二〕主收租管業。限定三年，恒仍備原價贖□□□□年之内，舖屋上漏下濕□□□□□□完納，如逾限□执約投税收□無憑立□憑□

道光九年蠟月初十日　掌恒　筆

〔一〕「舖面」为正行右侧添加。
〔二〕「買」为正行右侧添加。

三一一〇二 道光九年十二月十日周书常卖铺面基地契

立永賣舖面基地約人周書常，今因移就不便，愿將己分門首雙鋪面一所，共屋五間，兩山牆，請憑親中陳甘林三叔/李一峰大兄說合，出筆賣與熊興祥名下管業。當日三面言定，熊姓出偹時値價錢壹伯陆拾串正，係書常仝中親手收訖，其中並無準折擡筭等情。自賣之後，聽從買主管業收租，周姓不得異說，今欲有憑，立此永賣铺面基地約一帋為據。

四止 後 弍门墙
前 街心
左 熊巷
右 本界

憑中 陳甘林三叔
李一峰大兄

道光九年十二月初十日 立永賣舖面基地約人 周書常 筆

議定三年准周姓出備约内原價贖取，錢不短少，约不执留。三年内所有錢漕、夫費，俱属周姓承當，與熊姓無涉。如過期不取，聽從熊姓执此约投稅，周姓不得異説，今欲有憑，立此存照。中人批。

復於道光拾一年八月初二日增當價奴錢叁拾串正，俟贖取之日一并交楚，不得短少。周書常 再筆

原憑

三一一〇三 道光十年七月八日彭达德等卖基地房屋铺面赤契〔一〕

立永賣基地房屋舖面約人彭□□□姪用秦/穀，今因孀弟媳何氏偕二子向余陳情，自言囊空羞澀，移就不便，將祖置彭市夾街基地一形，楼房舖面房屋一棟，前舖面弍所，左邊弍進，前後六間，廂房四間，右邊弍進六間，廂房四間，左邊祥盛舖面墻一道，中間隔直墻一道，左邊舖面後經墻一道，右邊舖面後經墻一道，左右經墻後又横經墻壹疋，大廳三間，大廳楼上客房五間，望板站板俱全，炕床六間，中間月臺一所，左右耳房弍間，月臺左右雨板二塊，小直墻弍疋，大廳後經墻一疋，大廳後堂屋左右房三間，廂房二間，對楼三間，堂屋後經墻一疋，又後厨房三間，厨房外大空園一所，又經墻一道，學屋三間，左邊走廊一道，坐後亭閣一所，學屋、花園後經墻一道。左首山墻一道，自學屋後經墻起，到祥盛舖面後第三道横經墻止，左首山墻，自舖面起至祥盛第三道經墻止，係刘姓□學屋，花

〔一〕鈐有朱文天门县印，契中二方，騎缝印左、右各一方。

園經墻外馀地弍弓，作熊典後路，凡屋内所有，椽檩枋柱，門扂板壁，楼板地板，櫃臺欄杆，楼梯隔扇，天枧地刓，石坎石磉，堦簷以及偏厦遊廊廁屋，片磚片瓦，寸木寸石，俱在其内，請凴中說合，合盤托出，情愿出筆永賣與〔一〕　熊葵園大兄名下為業。三面言定，時值價烅〔二〕錢壹仟陆伯串整，德同两姪憑中親手收訖，其中並無準折、抬算等弊。自賣之後，仍從買主收粮改造，自住招租，百為無阻。此係自賣己分，不與親族相干。今恐無憑，立此為據。

基地四止

左止　劉志相
右　買主
前止　街心
後　賣主

憑中

堂弟達仁　達申　岳尚哲
堂叔率性　马涵六　程詩宗
表兄楊德高　賀長榮　饒永隆
何鹤亭　達崗
達臣
修亭

道光拾年七月初八日　達德　親筆

〔一〕此处留有空白。

〔二〕「烅」即「九八五」。

長發其祥〔一〕

三—一〇四　道光十年七月彭达德等卖基地铺面楼房找补契

立下匾字人彭達德□□□□□□□曾將祖置彭市夹街基地鋪面楼房壹所，賣與熊葵園大兄名下為業，當已契明價足，今德仝姪遷居，復憑原中说合，熊姓出俻下匾錢五拾串文整，係德仝姪親手收讫。自此之後，永無異說。此據。

凴中

堂叔　率性
表兄楊德萬
堂弟　達仁

道光拾年七月□□□　德　筆

長發其祥〔二〕

〔一〕参见「道光十年七月彭达德等卖基地铺面楼房找补契」（本书收录之三—一〇四号契纸），「道光十年八月十六日彭达德等卖基地铺面楼房找补契」（本书收录之三—一〇五号契纸）。

〔二〕参见「道光十年七月八日彭达德等卖基地房屋铺面赤契」（本书收录之三—一〇三号契纸），「道光十年八月十六日彭达德等卖基地铺面楼房找补契」（本书收录之三—一〇五号契纸）。

三一〇五　道光十年八月十六日彭达德等卖基地铺面楼房找补契

立找補字人彭達德仝姪用秦穀，因前月曾將祖置彭市夾街基地、舖面、住宅楼房壹所，賣與熊葵園大兄名下為業，當已契明價足，今復憑原中说合，熊姓出俻找補錢□百串文整，係德仝姪親手收讫。自此之後，永□葛藤。此據。

憑原中　堂叔　率性
　　　　表兄楊德萬
　　　　堂弟　達仁

道光拾年八月拾六日　德　筆〔一〕

三一〇六　道光十年十月六日欧阳马氏卖房屋契

立永賣房屋約人歐陽馬氏，今因移就，請凂夫兄悦〔二〕作主，將自置張望垸住宅楼房一所，前後堂正房四間，廂房四間，

〔一〕参见「道光十年七月八日彭达德等卖基地房屋铺面赤契」（本书收录三一〇三号契纸），「道光十年七月彭达德等卖基地铺面楼房找补契」（本书收录之三一〇四号契纸）。

〔二〕「悦」字为正行右侧添加。

凡房屋内所有椽檁枋柱，楼板地板，皷皮槅門，窓门门扇，板壁，堦沿石磉，以及週圍墻垣，片磚片瓦，寸木寸石俱在，情愿請憑親中熊〔一〕心圃等说合，悦出筆永賣與熊篤叙堂名下為業。三面言定，時值價錢壹伯陸拾串整，其中並無准折、抬算情弊。此係自賣己分，不與族间相干。自賣之後，立即起神搬遷，任凂買主（折）〔拆〕卸，無淂異说。今恐無憑，此字為據。

憑中　熊心圃　鳴
　　　歐陽定　錫　振

道光十年十月初六日　夫兄歐陽悦　筆

公侯萬代

三一〇七　道光十年十二月二日章锡江等卖瓦屋基地契

立永賣瓦屋基地约人章錫江迪修，今因移就不便，弟兄叔嫂陳氏好作嘀议，情愿將祖置瓦屋一所，前後二棟，坐落華麓门内，前至官街，後至本己墻脚，左至己墻己脚，右至□胡宅墻脚，後

〔一〕「熊」字后涂去一字。

己墻己脚。以上四址明白，載粮一升式合，在邱姓户下当差。所有門榻板壁，寸木片石，大門俱在其内。侭问親族人等，俱不承買，請凴中董继遷、何大興等说合，出筆賣與岳口熊葵園名下為（葉）〔業〕。当日凴中三面言定，葵園出備实價青錢壹百捌拾五串正，係章錫江弟兄仝嫂、中人親手〔一〕領訖，並無短少、抬折等弊。此乃自賣己屋，不与外人〔二〕相干。倘有本族戚友以及旁人妄生事端，俱在賣主仝中一身承管，不與買主相涉。自賣之後，任從買主收粮過户，管業当差，興工起造，百為無阻。所有润筆香火，请神下匾，俱在正價之数。恐後無凴，立永賣約一帋，付買主為據。

道光十年腊月初二日　章錫江等　筆

萬代

富貴

憑中人
孔遵礼　画押　陳大名　画押
周春桂　画押　何占云　画押
邱惟一　画押　章汝安　画押
周雲高　画押　宗二　画押
董继遷　画押　胡保恒　画押
何大興　画押　廣川　画押
楊德高　画押　洪茂周　画押
方世章　画押　張零云　画押

〔一〕「手」字为正行右側添加。

〔二〕「人」字为正行右側添加。

三—一〇八　道光十年十二月十五日胡时泰等卖基地契

立永賣基地約人胡時泰、長房吉人、四房姪澤南，今因移就，情愿將分受祖遺華麓門基地一形，前至官街，後至華山余宅墻脚，右至胡鼎太墻脚，左至章姓墻脚為界。外有左邊空園一所，前至章宅後墻脚，後至華山與余姓界齊，左至邱金領，右連本己基地為界。以上四趾明白，上載粮壹升，在胡時泰、長房吉人、四房澤南户下當差，請中說合，儘問親族人等，俱不承買，出筆賣與岳口熊葵園為業。當日三面言定，出備皂平纹銀弍伯两整，係賣主同中親手領訖，並無短少。自賣之後，聽從買主興工起造，修築圍墻，□為無阻。此係自賣分受己分，不與親族相干。如有内外人妄生事端，俱在賣主一身承管。今恐無凴，立此□□文約一紙為據。

道光拾年十二月十五日　胡時泰、長房吉人、四房澤南　親筆　画押　画押

駿業

正契

寖昌

憑中　楊福亭　胡雲翥
　　　蔡南村　胡義泰
　　　汪次亭　邱惟一
　　　楊乾一　胡雪門
　　　　　　　胡如賓
　　　　　　　□立三

時見人　楊湘帆

三—一〇九　道光十年十二月十五日胡时泰等卖基屋契

立永賣基屋約人胡時泰、長房吉人、二房孫慕賢、四房姪澤南、五房弟杏村、八房弟升之等，今因移就，□同商議，情愿將祖置基地一形，典屋楼房一所，一連四進，坐落華麓門上首，前至官街，後至本己園墻，左□鼎泰山墻，右至本己山墻為界，以上四趾明白，載粮二升六合，在胡時泰户□當差，請中說合，儘问親族人等，俱不承買，出筆賣與岳口熊葵園名下為業。當日三面議定皂平纹銀壹仟壹百弍拾两整，比時兄弟子姪仝中親手領訖，並無抬折短少。其屋内所有椽檩枋柱，門扇板壁，大小窗户，堦沿石磉，鱼池花台，撥岸楼板，楼梯地板，右山墻一道，前後横墻五道，東西廻廊，片磚片瓦，寸木寸石，俱在其内。自賣之後，聽從買主管業起造，收粮過户，百為無阻。此係自賣己分，不與親族人等相干。倘有妄生事端者，俱在賣主一身承管。今恐無凴，立此為証。

道光拾年拾貳月十五日　立永賣基屋文約人

胡時泰　五房杏村　画押
　　　　二房慕賢　画押
　　　　長房吉人　画押
　　　　四房澤南　画押
　　　　八房升之　画押

富貴
绵長

正契　凴中　胡賓衡　胡惟允
　　　　　　楊楚□　胡□達
　　　　　　蔡南□　胡利賓
　　　　　　汪次亭
　　　　　　楊□坤
　　　　　　艾　茂

時見人　楊湘帆

三—一一〇　道光十二年一月二十五日尹泰宁卖坟空基地赤契〔一〕

立永賣墳空基地約人尹泰寧，今因戚鄰朱士楷弟兄將〔二〕住宅基地一形，賣与熊篤叙〔三〕堂名下為業，中間有寧伯父尚仁遺留空基一形，在無稽孤墳中。伯父早故無嗣，今四面地基皆屬熊姓。寧情愿將伯父所遺空基一形，一並出賣与熊篤叙堂名下為業。凴中王輯五、朱純才等三面言定，熊姓出備價錢二串弍百文整，係寧親手領讫。自賣之後，凴中清丈，除孤墳之外，皆屬熊姓基地，任凴熊姓管業，与尹姓無涉。倘有寧族別生枝節，惟寧是问。恐口無凴，立此為據。

永遠為據

道光十二年正月二十五日　寧　筆

〔一〕鈐有朱文天门县印，契中二方，骑缝印左右各一方。
〔二〕「将」后涂去一字。
〔三〕「叙」字为正行右側添加。

三—一一一　道光十二年十一月十八日张士官卖基屋菜园赤契〔一〕

立永賣基屋菜園約人張士官，今因移就，與弟媳黄氏商議，將祖置南三獅團菜園壹形，計丈弍畝九分四厘五毛，載粮六升五合三勺八抄，又楼房瓦屋一所，前後両進，廂房二间，旁偏厦一间，所有屋内門扇窓户，椽檩枋柱，皷皮竹壁，楼板地板，天井地到，堦簷石磉，以及周圍竹籬，欒林樹木，寸木寸石，片磚片瓦，俱在其内，官情愿請憑親中胡元達等説合，官出筆永賣與熊篤叙堂名下為業。三面言定，熊姓出備實値價錢壹百肆拾串整，係官仝中親手収訖。自賣之後，任從買主管業，收粮起造，撥佃耕種，百為無阻。其中並無準折抬算情弊。此係自賣己分，不與親族人等相干，恐後無憑，立此永賣約壹帋為據。

册名　張進

憑中人　劉之彦　劉輝柱　胡元達　張士龍　陽蘭　王盛光

〔一〕鈐有朱文天门县印，契中二方，骑缝印左、右各一方。

基地四止 東止買主 南止路心劉余段 西止熊 北止買主 界

道光十二年冬月十八日 立永賣基屋菜園約人 張士官 筆

永遠為業

三一一二 道光十三年三月伍永康卖基地赤契[一]

立永賣白基台约人伍永康，今因不便，將自己受分高作垸基台柒分乙厘，載粮上則，康請凴親中[二]伍祖貽說合，出筆賣与熊宗義名下為業。当日三面言定，義出備時值價錢乙串文整，係康親手領讫。自賣之後，任從買主起業耕種，栽插竪柱，收粮过户，陰陽两便，百為無阻。今恐無凴，立此賣約一帋為拠。此照。

凴中 熊克持 伍祖貽

〔一〕鈐有朱文天门县印，契中一方，骑缝印左、右各一方。

〔二〕「中」字为正行右侧添加。

二形共 其基地四止 東 伍庭端 西 伍澤舉 南 賣主禾場 北 水田 界

道光十三年三月十□日 立永賣基地約人 伍永康 筆

永遠為業

三一一三 道光十三年四月三日伍泽芝卖基地赤契[一]

立永賣基地約人伍澤芝，今因不便，將本己受分高作垸基地一形，壹畝陆分乙厘九毛，載粮上則，芝請憑親中伍祖貽說合，出筆賣与熊宗義名下為業。當日三面言定，義出备實值價錢式串九伯乙十四文整，係芝親手領讫。自賣之後，任從買主起造、栽插，陰陽两便[二]，百為無阻。今恐無憑，立此賣約一帋為據。

凴中 熊克持 伍祖貽

〔一〕鈐有朱文天门县印，契中一方，骑缝印左、右各一方。

〔二〕「陰陽两便」为正行右侧添加。

其田四止基地〔一〕 東伍永中　西澤于　南路心　北水田　界

永远為業

道光拾叄年四月初三日　立永賣基地人　伍澤芝　筆

三—一一四　道光十三年十一月四日张尔禄等卖基地园圃禾场公港出路赤契〔二〕

立永賣基地园圃禾塲公港出路約人張尔禄同兄尔福，今因移就，將祖遺基地中一節，又北一節，园圃一形，禾塲一形，坐落上一團，土名張家坑八屋弯；張文潢東相連基地中一節，北一節，前禾塲一形，後园圃一形，共计丈八分五厘六毛，載粮一升八合六勺，粮在張秀水户下完納，張尔禄同兄尔福請凴親中叔兆官等説合，尔禄同兄尔福出筆賣與熊篤叙堂為陰地，起〔三〕造埋〔四〕葬築圍，栽插松柏〔五〕，不得阻（当）〔擋〕。當日三面言定，叙堂凴中出備青錢二伯四十六串零五百文整，係尔禄同兄尔福親手領訖。自賣之後，永無異説。今欲有凴，立此文約一帋為証。此照。

凴中　張文沼　張迎春　楊志仁　張鸿

道光十三年冬月初四日　立約人　張尔禄同兄尔福　出筆

代筆人　叔迎春

百子千孫

萬代富貴

〔一〕「基地」为正行左侧添加。

〔二〕钤有朱文天门县印，契中二方，骑缝印左、右各一方。

〔三〕「起」字为正行右侧添加。

〔四〕「埋」字为正行右侧添加。

〔五〕「栽插松柏」为正行右侧添加。

三—一一五　道光十三年十一月四日张尔庸等卖基地园圃禾场峦林赤契〔一〕

立永賣基地园圃禾塲巒林約人張爾庸康，今因移就，將祖置受分基地三形，坐落上一張團土名張家坑八屋湾中，前後爾禄、爾福界，西至文潢界，東至井巷界，共计乙畝一分六厘一毫〔二〕，載粮二升五合五勺〔三〕，粮在張文焕户下收納，庸康請凴親中張兆焕等説合，出筆賣與熊篤叙堂為陰地，造葬築

〔一〕钤有朱文天门县印，契中二方，骑缝印左一方。

〔二〕此处数字有修改。

〔三〕此处数字有修改。

圃，不淂阻挠。当凴中兆焕出俻青錢肆伯串文整，係庸康親手領訖。自賣之後，任從買主收粮過户，百為無阻。今欲有凴，立此文約乙帋為據。此照。　画押

大小樹木俱在約內。

凴中　盧光灼　文沼

　　　盧鴻達　迎春

道光十三年十一月初四日　立約人　爾庸康　筆　劉国璉　代筆

子孫永遠

世守為業

三一一六　道光十三年十一月四日张伦等卖基地园圃禾场公巷出路赤契[一]

立永賣基地园圃禾塲公巷出路約人張倫同弟二人商議，今將祖置受分基地乙形，坐落上一張團，土名張家坑八屋湾中乙形，珍园後乙節，共计丈七分零七毫[二]，載粮乙升五合四勺，粮在張文陞户下收納，倫仝弟請凴親中張兆焕等説合，兆松同兄出筆賣与熊篤叙堂為陰地，起造埋葬，栽插松柏，築園，不淂

[一] 钤有朱文天门县印，契中二方，骑缝印左、右各一方。

[二] 此处数字有修改。

阻擋。当凴中兆焕，出俻青錢二伯串〇六串五百文整，係松同兄親手領訖。自賣之後，仍從買主收粮過户，百為無阻。今欲有凴，立此文約乙帋為據。此照。　画押

戀林樹木，大小二根。

凴中　李榮　張文沼　迎春　鸿　楊志仁

道光十三年十一月初四日　立約人　張倫兆松　筆　侄婿劉國璉

代筆

萬代富貴

三一一七　道光十三年十一月五日张文潢卖基地园圃禾场赤契[一]

立永賣基地園圃禾塲約人張文潢，今因移就，將己受分基地一形，前禾塲一形，後大園一形，坐落張家坑八房中一形，共计乙畝三分二厘三毛，載粮二升九合四勺。当日潢請凴親中章之均、張兆宣、張兆宧等説合，潢出筆賣與熊篤叙堂為陰地，造葬築園，不得阻挠。当日三面言定，叙堂凴中出俻青錢

[一] 钤有朱文天门县印，契中三方，骑缝印左、右各一方。

五百八十串整〔一〕，係潢親手領讫。自賣之後，任從買主收粮
過户，百為無阻。今欲有凴，立此永賣文約一帋為証。此照。
画押

前禾場边李樹一株，中基地皂角樹一株。

凴中　澤珍　文清　張作
　　　張澤華　文洲　章德寅
　　　張鴻　余成初　張兆松
　　　　　　　　　羅必安

道光十三年冬月初五日　立約人　潢　筆

百子千孫

萬代富貴

三—一一八　道光十三年十二月九日张伟等卖基地赤契〔二〕

立永賣基地約人張偉仝姪世宥，今因移就，將祖遺基地乙形，坐落張家坑八屋湾上一團，基地乙形，東止買主界，南止買主界，西止賣主界，北止澗溝界，以上四止明白，計丈五分五

〔一〕此处数字有修改。

〔二〕钤有朱文天门县印，契中二方，骑缝印左、右各一方。

厘，載粮一升二合二勺〔一〕，粮載占春户下收納，張偉仝姪請凴親中張兆宧等說合，偉出筆賣与熊篤叙堂為阴地。當日三面言定，叙堂凴中出備青錢弍十二串，係偉親手領（記）〔訖〕。自賣之後，永無異說。□□為証。此照。

凴中　張　□□　文沼
　　　　　黄□　迎春
　　　　　世官　福春
　　　　　世偉
　　　　　兆興
　　　　　兆先
　　　　　之君
　　　　　澤業
　　　　　澤珍

道光拾叁年朏月初九日

代筆人　叔文啟

立約人　張偉　筆

百子千孫

萬代富貴

〔一〕此处数字有修改。

三—一一九　道光十三年十二月十二日伍永陞卖基台契〔一〕

立永賣基臺约人伍永陞，今因移就，将祖遺高作院基台二形，壹畝壹分八厘四毛，載粮上則，情愿請凴親中祖燕谋说合，陞出筆賣與熊宗義名下為業。當日三面言定，義出備時值價錢壹串八□□□□文整，係陞親手領讫。自賣之後，任從買主起造栽揷，陰陽両便，百為無阻。今欲有憑，立此賣约一纸為據。此照。

憑中　伍祖貽　熊克持

其基台四止　东熊買主　西熊　南熊買主　北永□　又四止　东坟　西熊買主　南路　北熊買主　界

道光十三年十二月拾弍日　立永賣基台约人　伍永陞　筆

長發其祥

對〔二〕

〔一〕鈐有朱文天门县印，契中二方，骑缝印左、右各一方。

〔二〕「對」字位于本契左上角。

三—一二〇　道光十三年十二月十三日黄其元卖基台赤契〔一〕

立永賣基台约人黄其元，今因不便，将自己受分高作垸基台壹畝六分九厘，載粮上則，元請凴親中伍祖貽説合，元出筆賣与熊宗義名下為業。当日三面言定，义出備時值價錢弍串柒百〇四文整，係元親手領讫。自賣之後，任從買主起業，耕種当差，收粮過户，陰陽两便〔二〕，百為無阻。今恐無凴，立此賣约一帋為拠。此照。

凴中　熊克持　伍祖貽

基台　其田四止　东熊買主　西買主　南伍　北賣主　界

道光十三年十二月十三日立　永賣基台约人　黄其元　筆

永远為業

〔一〕鈐有朱文天门县印，契中一方，骑缝印左、右各一方。

〔二〕「陰陽两便」四字为正行右侧添加。

三—一二二 道光十三年十二月十五日夏定太卖基地白田赤契〔一〕

立大賣基地白田約人夏定太，將本己受分高作垸基地白田二形，二畝五分二毛五糸〔二〕，（在）〔載〕粮上則，請凴親中宋士彪説合，一出筆賣与熊宗儀名下為業。當日三面言定，儀出備實值價錢五串〇五〔三〕文整，係一親手領訖。自賣之後，任從買主起業，耕種當差，收粮過户，百為無〔四〕阻。今恐無凴，立此大賣約一帋為拠。此照。

凴中 熊克持 宋士彪　　其田四止 東李 南吴 西宋 北買主

又形四止 東魏 南黃 西黃 北夏 界

道光十三〔年〕十二月十五日大賣約人 定太 筆

〔一〕鈐有朱文天门县印，契中二方，骑缝印左一方。

〔二〕「分二毛五糸」五字为正行右侧添加。

〔三〕「五」后涂去一字。

〔四〕「無」字为正行右侧添加。

永遠為業

三—一二三 道光十三年十二月二十九日高时銓卖房屋基地契

立永賣房屋基地約人高時銓，今因移就不便，仝祖母黃氏、母張氏商議，將祖遺迎恩寺對面基地一形，計丈載〔一〕五分弍厘弍毫，載粮載册，房屋門面二所，共四進十五間，門扇板壁，樓板地板，窓户門，神龕神櫃，椽檩枋柱，堦簷石磉，屋上屋下，寸木寸石，片磚片瓦，竹籬，俱在其内，請凴親中楊一爺、金春圃五爺等説合，時銓出筆永賣与熊篤叙堂名下為業。當日三面言定，篤叙堂出備時值價錢捌拾串，係時銓仝中親手領訖。自賣之後，任〔二〕從買主更改修造，收粮過户，百為無阻。其中並無準折抬筭情弊。此係自賣己分，不與親族伯叔弟兄人等相干。今恐無憑，立此永賣房屋基地約一紙為據。

四止 左巷路 前街心 後止河心 右龔 界　　憑中 黃天爵 楊一爹 金五爹 刘光恒

〔一〕此「載」字疑为删去。

〔二〕「任」字为正行右侧添加。

基地弓口 前横七弓七 後横六弓三 中直十七弓，至江沿止

道光十三年朏月廿九日　立永賣基地房屋约人　時全　筆

永遠爲業

册名　高智礼

三—一二三　道光十四年三月十七日张文起等卖基园赤契〔一〕

立永賣基园約人張文起、張偉、迎春、尚春、世官、世宥、尔生，今因移就，将己祖遺公基园一所，坐落八屋灣宅後埃買主東，共计丈三分七厘，載粮七合二勺，在張文起尚春户下收納，請凴親中張文沼等説合，文起等出筆永賣与熊篤叙堂。凴中出備青錢八串文，係起等親手領訖。自賣之後，任從買主收粮過户，管（葉）〔業〕当差，陰陽两便，永無異説。今欲有凴，立此永賣文約一帋為証。此照。　画押

凴中　張世偉 兆宣　熊三相公

〔一〕鈐有朱文天门县印，契中二方，骑缝印左、右各一方。

道光拾四年三月十七日　立永賣基园約人　張文起、世官　筆

西止買主界，北止世富水田界，東止魯园界，南止文黄界，四止明白。約内楓樹一根。

永遠為據

三—一二四　道光十四年三月二十二日张尔福等卖基园赤契〔一〕

立永賣基园約人張尔福、尔镛、振中、張倫、兆松、張斈、尔禄、尔元，今因移就，将己祖遺公基园一所，坐落八屋湾宅後埃買主東，共计丈二分三厘〔二〕，（在）〔載〕粮四合四勺，在張品一文涣户下收納，請凴親中張文沼等説合，振中等出筆永賣与熊篤叙堂。凴中出備青錢四串文，係福等親手領訖。自賣之後，任從買主收粮過户，管（葉）〔業〕当差，陰陽两便，永無異説。今欲有凴，立此永賣文約一帋為証。此照。

画押

凴中　張世偉 兆宣 張偉　□　熊三相公

〔一〕鈐有朱文天门县印，契中一方，骑缝印左、右各一方。

〔二〕「三厘」为正行右侧添加。

道光拾四年三月二十二日　立永賣基园約人　張尔福弟尔康
筆

西止買主界，北止水田界，東止水田界，南止文周、文沼界。

永遠為據

三—一二五　道光十四年九月十七日张振中卖基地藕池赤契[一]

立永賣基地、藕池約人張振中，今因移就，將己受分基地一形，坐落上壹張家坑八屋湾中，计丈四分七厘，東止買主界，西止迎春出路為界，北止迎春界，南止月池界，以上四界明白，載粮乙升〇三勺四抄，振請凴親中張世煒等說合，中出筆賣與熊篤叙堂為陰地。當日三面言定，篤叙堂出備青錢四十串整，係振中親手領訖。自賣之後，仍從買主造葬築圍，毋得異说。今欲有凴，立此永賣文約一帋為據。此照。

粮在張順中户下收納。

凴中　熊　如玉　占云　興　兆柏　張炜　文沼　迎春　澤湄　世云　兆宣　張學　定元　之均

〔一〕鈐有朱文天门县印，契中一方，骑缝印左、右各一方。

道光十四年九月十七日　立永賣基地約人　張振中　筆

百子千孫

萬代富貴

三—一二六　道光十四年十月六日张伟卖基地赤契[一]

立永賣基地一形約人張偉，今因移就，將己受分基地一形，坐落上一張八屋湾西，计丈四分八厘，載粮一升〇六勺五抄，在張時泰户下收納，偉請凴親中張振中等說合，偉出筆賣与熊篤叙堂為業。當日三面言定，買主出備青錢十五串五百文整，係偉凴中親手领讫。自賣之後，仍從買主收粮過户，管業当差，陰陽兩便，百為無阻。今欲有凴，（永）〔立〕此永賣文約一帋為據。此照。

南止張子兆界　北止占春界

東止買主界　西止張寅界

凴中　張世偉　兆興　張文起　世官　迎春　張文沼　熊如玉　占雲　周士義　黃夢蘭

道光十四年十月初六日　立永賣基地約人　張偉☐　弟兆宣

〔一〕鈐有朱文天门县印，契中二方，骑缝印左、右各一方。

代筆

子孫世守

永遠為業

三一一二七　道光十四年十一月八日何楚玉卖房屋契

立賣房屋字人何楚玉，今將本己房屋一棟，坐落大司成，面西坐東，一連五進，大小十一間，請憑親中陳福安、周翰如說合，出筆賣與熊興祥名下為業。祥出備錢壹千串，係玉親手收訖。此係自賣己業，不与親族人等相干，至所得錢文，亦憑陳福安，周翰如，仍分六年攤還，還清贖取。如一年内不按數還足，聽其招賣，無得阻滯。恐後無憑，立此質約一帋為據。

道光十四年十一月初八日　立賣房屋約人　何楚玉　筆

三一一二八　道光十四年十一月八日傅兆玉卖房屋契

立賣房屋約人傅兆玉今將本己房屋一棟，坐北朝南，坐落西門外下街，前後五進，大小十六間，請憑親中陳福安、周翰如等说合，兆出筆賣與熊興祥名下為業。興祥当出備錢叁百五十串，係兆親手收訖。此係自賣己業，不與親族人等相干。至所得錢文憑陳福安、周翰如，仍分六年，照數攤還，清楚贖取，如一年不按數還清，聽其招賣，無得阻滯。恐後無憑，立此質約一帋為據。

道光十四年十一月初八日　傅兆玉　筆

三一一二九　道光十四年十一月八日郑孔扬卖房屋契

立賣房屋約人鄭孔揚，今將本己房屋一棟，坐落西城内，坐東朝西，一連三進，大小拾一間，請憑親中陳福安、周翰如說合，揚出筆賣與熊興祥名下為業。祥出備錢叁百五十串，係揚親手収訖。此係自賣己業〔一〕，不與親族人等相干。至所得錢文憑陳福安、周翰如，仍分六年，照數攤還，清楚贖取，如一年不按數還清，聽其熊姓招賣，無得阻滯。恐後無憑，立此質約一帋為拠。

道光十四年十一月初八日　立賣房屋約人　鄭孔揚　筆

〔一〕「業」后涂去一字。

三一一三〇　道光十四年十一月二十六日张文洲卖基地基园禾场栾林树木赤契〔一〕

立永賣基地基園禾塲欒林樹木約人張文洲，今因移就，将己受分基地一形，東至張自虎私墻為界，南至公横出路為界，西至公墻為界，北至墻外買主為界；基園一形，東至水田為界，南至禾塲界，西至公直出路為界，北至文清私墻為界；禾塲一形，東至水田為界，南至月池為界，西至自虎為界，北至基園為界；公直出路一條，兆分公出，以上四止明白，坐落張家坑八房湾東，合共计丈一畝三分，載粮二升八合九勺，粮在張起明户下收納。文洲請凴親中張振中等說合，文洲出筆賣與熊篤叙堂為塋所，仍定起屋築圍，栽插松柏。当日三面言定，篤叙堂出備青錢叁拾九串文整，係文洲親手領訖。自賣之後，陰陽两便，百為無阻。今欲有凴，立此永賣文約一帋為據。此照。

画押

大小樹木共十根。

凴中　張文潢　張兆羣　張世仲　張李明　章之均
　　　張文沼　張兆宣　張世偉　張李高
　　　張文清　張兆祥　張偉　　潤華
　　　　　　　張兆興

〔一〕钤有朱文天门县印，契中二方，骑缝印左、右各一方。

道光十四年冬月廿六日　文洲　筆

百子千孫

萬代富貴

又魯园一形，南至自虎私墻，東至水田，北至買主，西至文洲。〔一〕

三一一三一　道光十四年十一月二十六日张文清卖基园赤契〔二〕

立永賣基園約人張文清，今因移就，将己受分基園一形，坐落張家坑八房湾，東止田边為界，南至私墻為界，西至公直出路為界，北至私墻外脚自虎為界，以上四止明白，计丈四分二厘，載粮九合三勺，在張国禎户下收納。文清請凴親中張振中等說合，文清出筆賣与熊篤叙堂為（葉）〔業〕。当日三面言定，買主出備青錢拾二串陸百文整，係賣主凴中親手領訖。自賣之後，仍從買主收粮过户，陰陽两便，修園栽插，百為無阻。今欲有凴，立此永賣文約一帋為據。此照。　画押

内柏樹一株。

〔一〕此段文字系另笔添批。

〔二〕钤有朱文天门县印，契中二方，骑缝印左、右各一方。

兆宣
張兆祥
凴中　文潢　張偉　大新爷
文沼　世偉　熊三相公
文州　章之均

道光拾四年冬〔月〕廿六日　立永賣基園約人　文清子 張仁　筆

百子千孫

世代興隆

三一一三二　道光十四年十二月十二日张文潢卖瓦屋基地基园禾场水田白地赤契〔一〕

立永賣瓦屋基地基園禾塲水田白地約人張文潢，今因移就，将己受分基地一形，瓦屋一棟，大小三干，基園一形，禾塲一形，坐落張家坑八房弯東；基地一形，東至公直出路界，南至横出路自虎界，西至公山界，北至金壁界；禾塲一形，東至自虎界，南至月池界，西至自虎界，北至自虎界；基園一形，東至買主界，南至自虎界，西至買主界，北至買主界，以上四止明白；宅後水田一坵，土名方坵，又坐落八屋臺玉黄嶺水田大小九坵，白地一形，合共计丈五畝三分，載粮壹斗零七合六勺式抄〔一〕，粮張起明户下乙升四合，又張国珍户下四升五合九勺，又張周珍户下四升七合七勺〔二〕，当日文潢請凴親中張偉等說合，文潢出筆賣與熊篤叙堂管（葉）〔業〕居住，耕種当差。当日三面言定，篤叙堂凴中出備青錢壹百零捌串整，係文潢親手領訖。自賣之後，任從買主收粮過户，陰陽两便。西大堰公登照分使水灌漱，又八屋臺大小拾坵，中当使水漱，百為無阻。今欲有凴，立此永賣文約乙帋為証。此照。画押

載粮壹斗〇七合六勺式抄。

章之均　張鴻
文凉　兆賓　同炳
文沼　張兆宣　張明高
凴中　張　文清　世偉　兆羣
張慎忠　鳴尚
文洲　尔昌　兆柏
兆德　兆典

道光拾四年㞢月十二日　立約人　張文潢　筆

子孫世守

永遠為（葉）〔業〕

〔一〕钤有朱文天门县印，契中二方，骑缝印左、右各一方。

〔一〕此处数字有修改。

〔二〕此处数字有修改。

三—一三三　道光十五年三月二十四日彭用和等卖山墙契一

立大賣山墻字約人彭用和仝弟兄用福秦□等，今□□□□□□基地一形已賣熊府為業，所剩有左山墻乙段，前曾□□□□姓，今已凴中贖回，故請中説合，出筆復賣与　熊興祥八老爺為業。當日三面言定，淂受時值價錢弍拾串正，係和等親領無少。自賣之後，任從熊府重修陞堵，永無異説。今恐無凴，立此大賣約一帋為拠。

其墻四止　南王姓界　東買主左山墻界
北買主界　西街界

凴中　表伯楊仁偉　族祖率性四爹
岳洪茂六先生
族戚刘志相大爺　堂叔達仁
張旭升大相公

道光十五年三月廿四日　和　筆

子孫興祥

三—一三四　道光十五年三月二十四日彭用和等卖山墙契二

立大賣山墻字約人彭用和仝弟兄用福秦□等，今因夹街房屋基地壹形已賣与　熊興祥實典為業，所剩有左山墻壹段，前曾当与刘姓，今已凴中贖回，故請中説合，出筆復賣与　熊□祥八老爺名下，以成完璧。當日三面言定，淂受時值價錢弍拾捌□正，係和等弟兄領讫無少。□永無異説。今恐無凴

□

其墻四止　□買主左山墻界　南王姓界
西街界　北買主界

凴中　□伯楊仁偉　族祖率性四爹
岳洪茂六先生
□戚刘志相　堂叔達仁
□旭升大相公

道光拾五年三月廿四日　和　筆

□□□□

三—一三五　道光十六年二月十六日张迎春等卖基地园圃禾场隙地赤契〔一〕

立永賣基地園圃禾場隙地約人張迎春仝姪世富/官，今因移就，將己受分等地一所，坐落上一張團八屋湾，基地、禾場、園圃貳畝叁分柒厘，載粮伍升二合六勺一抄，又隙地一形伍分，載粮一升一合一勺，共计貳畝捌分柒厘，共计粮六升三合七勺一抄，在占/常迎春三柱收納，迎春等請凴親中朱斐旃等說合，出筆賣與熊篤叙堂管業當差。當日三面言定，篤叙出備實值價九九通錢柒百串整。自賣之後，永無異說，任從買主，陰陽两便，收納過户，百為無阻。今欲有凴，立此永賣文約一帋為據。　画押

四址基地禾場　北止于照　南止月池　東止熊界　西止張寅世友

园圃　西止世友　三止買主　界

隙地　南止月池　東止張煒　西止世友　北止張寅　界

凴中　陳福安　族　赤脩　維城　清　澤善　珍

道光十六年二月十六日　立約人　世官　筆

其地计丈迎春實地壹畝叁分八厘壹毫，載民米叁升〇陸勺陸抄，在張迎春户下收纳。　士官實地壹畝式分八厘，載民米式升捌合四勺式抄，在張常春户下收纳。地内有雞公樹式株，俱在約内，係張姓祠堂、熊姓墳塋護園。嗣後二姓子孫永不准伐。中人公批為據。〔一〕

長揆其祥

〔一〕鈐有朱文天门县印，契中二方，骑缝印左一方。

〔一〕此段文字系另笔添批。

三—一三六　道光十六年二月二十六日张翘楚卖基地赤契〔一〕

立永賣基地约人張翘楚，今因移就，將己受分基地一形，坐落上一张團，計丈弍分七厘，載粮六合，在民户張泽清户下収納，楚请凴親中朱斐旃说合，楚出筆永賣與熊篤叙管業當差。當日三面議定，篤叙凴中出備時值九九通錢叁拾串整。自賣之後，仍買主収粮過户，陰陽両便，百為無阻。今欲有凴，立此永賣文约一帋為據。　画押

四址　三止熊　西止張　界

凴中　陳福安　族　珍　華　泽相

为存

道光十六年二月十六日　立约人　親筆

長羨其祥

三—一三七　道光十六年二月三十日张世宥等卖基地禾场空基赤契〔二〕

立永賣基地禾場空基約人張世宥仝母王氏，今因移就，將祖遺基地、禾場、空基、出路、水田，前後大小共八形，计丈壹畝叁分五厘六毛八糸，載粮叁升〇壹勺弍抄，在張占春户下完納。世宥母子与族眾謪議，请凴族祖文起等說合，情愿出筆永賣与熊篤叙堂為塋。当日三面言定，熊姓出备时值價錢叁伯叁拾叁串五伯文整，係世宥母子仝中親手領訖。自賣之後，仍從買主管業、改造、栽插、耕種、收粮、过户，陰陽两便，百為無阻。此係自賣己分，不与親族人等相干。今欲有凴，立此永賣基地文約一帋為據。此照。

空基楓樹一株一股在内。

凴中　張文起　沼　張　世炜　偉　兆興　之翰　世貴　尔德　月中　張寅　振中　仁　福

道光十六年二月卅日　立永賣約人　張世宥、叔兆宣　筆

子孫永遠

世代興隆

基地禾場四址　東買主界　西北角張寅界　西南角振□界　北　買主界

一形四分八厘五毛六丝

空基四址二形三分四厘二毛一丝　俱買主界

〔一〕钤有朱文天门县印，契中二方，骑缝印左、右各一方。

〔二〕钤有朱文天门县印，契中三方，骑缝印左、右各一方。

禾場田一形六厘二毫五
東西北買主界
南月池界
宅水田一形一分七厘二毛一糸
東北買主界　南月池界　西振中界
出路一形一厘五毛　南張偉出路界　東買主振中界　西书房园界
北張寅界
水田名　书房园一形计五股　世宥賣一股二分六厘一毛六糸
北張氏祠界　南買主賣主水田界　东買主界　西賣主水田界
横出路一形一厘七毛九糸　東張偉出路界　西賣主水田界
北书房园界　南月池界

三—一三八　道光十七年一月二十七日余大邦卖瓦屋菜园基地契

□基地約人余大邦，今因移就，母子商議将父遺獅團瓦屋一棟二層，大小共□□□□二形，計丈二分三厘，載民米五合壹勺，情愿請憑親中吳大華等説合，邦出筆賣與陳屓桂大新爷名下為業。当日三面言定，陳姓出俻時值價〩〩〔一〕錢四十五串正，係邦仝中親手領讫。其屋内神龕，楼板地板，门扇板壁，前後竹籬，右邊護山，後邊拖簷，大門護門，堦簷木梘磉磴，寸木寸石，片磚片瓦，俱在其内。自賣之後，任從買主收粮過户，起造招租，百為無阻。此係自賣己分，不與親族人等相干。所有起神捲鋪，脱業找補，均在價内，此後再無異説。今恐無憑，立此大賣約一帋為據。

册名　張高升

憑中人　李明階么爺　張輝緒　黃孟蘭　吳大華　吳大桂　王先生　劉家寿　張□芳　張士和　韓起明　陳二爺　劉大爺　三彦

基地弓口　後横弍弓七　前横叁弓壹　中直捌弓五　積〢〤〦〥〔二〕

菜園弓口　東横四弓弍　西横四弓叁　南直陸弓九　北直陸弓弍

〔一〕「〩〩」即「九九」。
〔二〕「〢〤〦〥」即「二四六五」。

積〢〧〨〣〔一〕

共見寔地弍分壹厘八毫七丝，〩〩〔二〕中弍分叁厘。

基地菜園四止　東楊　西熊　南張　北熊　界

道光十七年正月廿七日　立大賣　余大邦　筆

此屋並基地〔三〕轉賣與　熊篤叙堂名下為業，約内原價如数收訖。此據。

道光十七年二月十五日　陳賓桂　筆〔四〕

發富蔟貴

永遠為業

三—一三九　道光十七年十月八日阳震卖瓦房基地契

立永賣瓦房基地約人陽震，今因移就，將祖遺受分南三獅團基地壹形，計丈叁分五厘，載粮七各七勺七抄；又瓦房弍間，廂房弍間，椽桷樑条，风帳窗户，堦簷石磉，寸木寸石，片磚片瓦，俱在其內；情願請憑親中陽蘭說合，震出筆賣與熊葵園大老爺名下为業。三面言定，熊出備時値價錢陸串整，係仝中親手領訖。自賣之後，任從買主管業招租，期限三年，仍備原價贖取，錢不短少，約不執留。所有三年之內，錢粮大費，自行完纳。如逾限不取，即□□約絕賣，任憑買主執約投稅，收糧過戶，撥佃另租，陰陽兩便，百為無阻。□□自賣已分，不與親族人等相干。恐後無憑，立此為據。

憑中人　陽蘭　黃孟蘭　熊之槐　陽序

基地四止　北陽　南胡　西陽　東陽　界

道光拾七年十月初八日　陽震　筆

萬倍利息

三—一四〇　道光十八年二月七日欧阳彬卖房屋基地菜园契

立永賣房屋基地並菜園約人歐陽彬，今因移就不便，將祖遺岳口上街邱家巷下首瓦屋一棟，请憑中李堯草么爺說合，出筆賣

〔一〕「〢〧〨〣」即「二七八三」。

〔二〕「〩〩」即「九九」。

〔三〕「並基地」为正行右侧添加。

〔四〕此段文字系另笔添批于契纸左上边。

與熊興祥名下為業。當日三面言定，興祥出備時值價㕛〔一〕青錢肆拾五串正，係彬〔二〕仝中親手領讫。所有脱業找補，起神捲鋪，均在價內，後無異說。其屋前籬笆外菜园至大路界，後籬笆外止大路界，左正屋及偏厦厢房抵刘姓界，右買主界。凡屋内外窗户門扇，鼓壁堦簷，磉礅俱全，與夫前後上下所有寸木寸石，片瓶片瓦，一並在內。自賣之後，任從買主收粮過户，管業招租，起造投税，百為無阻。此係自賣己分，不與親族兄弟人等相干。恐後無憑，立此永賣約一帋為據。

憑中人　李堯草么爺　陽自新大爺

道光拾捌年弍月初七日　彬　筆

永遠為業

三一四一　道光十八年八月九日金必如等卖基地屋赤契〔三〕

立大賣基地屋约人金必如仝姪達璋瑞与母商議，今因移就不便，将祖遺〔一〕剅口頭上首坐院朝街基地一形，鋪面楼房六大進，厢房拾壹间，經墻二道，右首山墻二段，前段原与熊姓在公，後段原属金姓，係熊姓重修，所有屋上屋下，椽檁枋柱，楼板楼梯，地板地坎，門扂鼓皮，堦簷石磉，天井地剅，片磚片瓦，寸木寸石，一並在内，請凴親中夏道元大叔等说合，如情愿出筆大賣与熊篤叙堂名下为業。三面言定，熊姓出備實值價錢叁伯伍拾串文正，係如仝姪親手收讫，其中並無准折、抬算情弊。自賣之後，仍凴熊姓收粮過户，起造招租，百為無阻。此係自賣己分，不与親族人等相干。恐口無凴，立此為拠。基地完粮册名金澤灰。

基地四止　前街心　後街心　左熊墻　右熊界

凴中人　陳賓寅　夏道元　陳作鵬　李明階　金必林　劉華章　鄭開國　金必坤

道光拾八年八月初九日　如仝姪達璋瑞　筆

〔一〕「㕛」即「九九」。

〔二〕「彬」字为正行右側添加。

〔三〕钤有朱文天门县印，契中二方。

〔一〕「祖遺」为正行右側添加。

三—一四二　道光十九年五月十四日罗用和卖瓦房基地赤契〔一〕

永遠為業
長發其祥

立大賣瓦房基地約人羅用和，今因移就，弟兄商议，將祖遺南三獅粮倉巷下首瓦房舖面一棟，计五间；后首拖簷，门扇板壁古皮，窗户格门，堦簷竹籬，寸木寸磚，片瓦寸石，基地一形，又衆姓庄屋基地一併在内，請凴親中郭玉先等说合，和出筆賣與馬正冨名下爲業。當日三面言定，冨出備時值價錢壹佰弍拾串正，係和弟兄仝中親手領讫。自賣之後，仍從買主管業居住，招租撥佃，起造栽插，收粮过户，百爲無阻。此係自賣己分，不與親族人等相干。恐口無凴，立大賣文約爲拠。

作茂
陳遴阜
芦道黄
□□
凴中　任玉□　画押
大海
金简之
陳司中
羅德坤

〔一〕鈐有朱文天门县印，契中三方，骑缝印一方。

基地四止　東止□□路心
西止江仁後柱
南止墻
北止粮倉巷路心

当年十月初一日，馬正富仍憑原中郭玉先等將此基屋轉賣与熊篤叙堂名下为業。原價領讫。此據。

代筆　羅德坤　画押

道光十九年五月十四日　立大賣瓦房基地约人　羅用□

三—一四三　道光二十一年闰三月一日邹守训归屋契

立歸屋約人甥鄒守訓，今將本己受分下街圽興巷坐北朝南典屋屬東半邊，前至街止，後至湖止，凴中愿歸與　熊篤叙堂舅父名下為業。篤叙堂當出大錢五伯串整，係甥親手領訖。自歸之後，任從篤叙堂管業收租，百為無阻。今欲有凴，立此歸約一帋為據。

凴中　李明□　大兄
孫枘民　表兄
蕭純卿　表弟
家　壽昌　大爹
聽軒　三兄

道光二十一年閏三月初一日　甥守訓　親筆

三—一四四　道光二十一年十二月月八日程星垣质房屋契

立質屋約人程星垣，今將黑市程家街口舖面樓房一所，憑中李明堦質與

熊篤敘堂名下為業，當得㪺通價錢壹伯串整。言明每年撥林億豐祖錢弍拾〔一〕串與篤敘堂經收，承情無利，限定五年收滿原價本錢壹伯串，將此質約退還。

此據。

老約並繳

道光二十一年臘月初八日　星垣　筆

三—一四五　道光二十二年三月二日谢恒原卖基地房屋契

立大賣基地、房屋約人谢恒原，今因移就，將自置岳口下街南三陶基地一形，載粮在册，房屋前後四層，偏房一層，前至街心，後至墻園外路心，左右前後山墻，右屬金姓，左屬本屋，憑中姚鏡湖等說合，賣與熊益泰名下為業。當日言定，益泰出備時值價㪺錢叁伯串整，係谢恒原收清。其有房地內寸木寸石，片磚片瓦，俱在其內。自賣之後，任從買主管業，起造修理，收粮過户，當差完納招佃等事，再無異說。恐口無憑，立此文約為據。

其屋地四址　東止金界　南止李路心界　北止金界　西止祥泰號界

憑　郭培菴　唐宗周　姚鏡湖　別玉田　劉遥遷　金星若　公台

道光貳拾貳年三月初二日　立大賣約人　郭瑞菴　代筆

永遠為業

長發其祥

道光二十五年五月初十日

八叔祖以剅口頭上首舖面行屋一所換與甸南，甸南即将此約基屋一所抵換與

八叔祖名下為業，地基錢粮照原數推收。批明此約為據，日後子孫無得異說。姪孫甸南、姪曾孫紀龍　筆

〔一〕此处留有空白。

憑 孫叡明 蕭純卿 兩表叔 仙洲 禮堂 兩叔

再，此屋原有禮堂五叔一半，於二十四年臈月憑仙洲叔、星輔弟歸併與甸南、紀龍，不與五叔相干。

三—一四六 道光二十三年十二月十三日倪先甲等卖山墙并墙脚契

立永賣山墻并墻脚字人倪先甲、先杰仝弟先覺，緣本己住房南首即熊玉祥，北首山墻一疋，前至官街，後至倪駿堂住宅為界。先年祖買約據載明，後墻與間壁属公，前墻係属本己。據熊玉祥所買原契，亦載有前後山墻〔一〕字樣。因該墻□壞，即須修理，彼此執约理論，投准街呤，處令此墻公管公修。今甲等無力修理，愿将此墻並墻脚，請憑親中陳福安等說合，出筆永賣與熊玉祥□□□□。玉祥當出備□錢壹伯柒拾串正，係甲等親手領訖。自賣己分，不與旁人相干，以後永無異說。今恐無憑，立此文約一帋為據。

憑中 楊兆林 黎代云 倪駿堂 程澍哉 蔡邦慶 周玉山 周渭光 蔡良材 倪楚材

道光二十三年十二月十三日 先甲、先傑、先覺 仝筆

永遠為業

〔一〕「山墻」为正行右侧添加。

三—一四七 道光二十四年三月二十二日周祥泰卖行屋楼房基地赤契〔一〕

立永賣行屋樓房基地約人周祥泰，今将先年所售李雲階下街青龍菴對门行屋舖面樓房基地，凴中賣與周祥泰，當已價足契明。今因本號隔寫秦省，不能永遠為業，浼請鄉親及本地文友說合，將行屋基地一形，前址街心，後址路心，一進朝門、大門、門屋，弍進腰墻、臺階、大厮，叁進腰墻、中廳、前對廳、左右厢房、後房肆间，四進腰墻連房五间，五進腰墻内七連房五间、厢房弍间，六進厨房、後園墻、左首學屋壹间、左右山墻，右首山墻外舖屋壹棟三進，上樓板椽角片瓦，下地板寸磚，屋内门扇板壁，凡属樓上樓下，隔門窻欞，以及石階石礎，天井木梘，樓梯屋内，一草一木，俱在其内，周祥泰出筆永賣與

熊伯原暨姪紀龍名下為業。當日三面言定，伯原、紀龍出時值價錢陸伯串文整，當日錢房两交清白。自賣之後，任從買主管

〔一〕钤有朱文天门县印二方。

業招租，撥佃居住，百為無阻。此係自賣已分，不與親族同鄉人等相干。今将原買約繳出，收粮過户。今恐無憑，立此永賣約一帋為據。画押

憑中人 李春廷 郭培菴 陳作炳 傅厚田 秦公佐 熊仙洲 吕蓮舫 画押

代押人 陳元第 画押

道光二十四年三月二十二日 前名人 立

此約基屋轉售與

八叔祖名下為業，地基錢粮照原數推收，當得價錢壹仟五伯串整，即以此約批明為據，日後子孫無得異説。

姪孫甸南、姪曾孫紀龍 筆 時道光二十五年五月初十日

憑 孫叡明 蕭純卿 兩表叔 仙洲 禮堂 兩叔[一]

[一] 参见「道光二十四年三月二十二日周祥泰卖行屋楼房基地契」（本书收录之三—一四八号契纸），「道光二十四年四月十日周祥泰卖行屋基地脱业找补契」（本书收录之三—一四九号契纸）。

三—一四八 道光二十四年三月二十二日周祥泰卖行屋楼房基地契

立永賣行屋樓房基地約人周祥泰，今将先年所售[一]李雲階下街青龍菴對門行屋舖面樓房基地，凂中賣與周祥泰，當已價足契明。今因本號隔寫秦省，不能永遠為業，浼請鄉親及本地交友説合，將行屋基地一形，前址街心，後址路心，一進朝門、大門、門屋，弍進腰墻、臺階、大廳，叁進腰墻、中廳、前對廳、左右厢房、後房肆间，四進腰墻、連房五间，五進腰墻、内宅連房五间、厢房弍间，六進厨房、後園墻。左首學屋壹间、左右山墻，右山墻外舖屋壹棟三進，上樓板、椽角、片瓦，下地板、寸磚，屋内门扇、板壁，凡属樓上樓下、隔門、窓欞，以及石階、石磉，天井、木（视）〔梘〕、樓梯，屋内一草一木，俱在其内，周祥泰出筆永賣與熊伯原暨姪紀龍名下為業。當日三面言定，伯原[二]、紀龍出時值價錢陸伯串文整，當日錢房两交清白。自賣之後，任從買主管業，招租、撥佃、居住，百為無阻。此係自賣已分，不與親族同鄉人等相干。今将原買約繳出，收粮過户。今恐無憑，

[一]「售」字右側标有一「購」字。

[二]「伯原」二字为正行右侧添加。

立此永賣約一帋為據　画押。

憑中人　李春廷　郭培菴　陳作炳　傅厚田　秦公佐　熊仙洲　呂蓮舫　画押

代押人　陳元第　画押

道光二十四年三月二十二日　前名人　立[一]

三—一一四九　道光二十四年四月十日周祥泰卖行屋基地脱业找补契

立脫業找補字人周祥泰，十[二]先將岳口下街青龍菴對门行屋基地，凴中周祥泰賣與熊伯原名下為業，當日價足契明。今憑原中說合，[三]原出備脫找錢肆伯串文整，係周祥泰仝中

[一] 参见「道光二十四年三月二十二日周祥泰卖行屋楼房基地赤契」（本书收录之三—一一四七号契纸），「道光二十四年四月十日周祥泰卖行屋基地脱业找补契」（本书收录之三—一一四九号契纸）。

[二] 原文如此。

[三] 此处留有空白。

親手領乞。自脫之後，永無（冀）「異」說。恐口無憑，立此脫業找補字一紙為據。画押

憑中人　郭培菴　陳作炳　傅厚田　秦公佐　熊仙洲

代押人　呂蓮舫　画押　陳元第　画押

道光二十四年四月初十日　前□人　立[一]

三—一一五〇　道光二十五年九月二十九日刘蓉台等卖房屋基地赤契[二]

立永賣房屋基地约人劉蓉臺仝姪薦華菁華，今因移就，伯姪商議，將本街粮倉巷上首祖遺坐院朝河房屋一所，前後五大進，左右山墻、面墻、腰墻共五道，後墻在外，屋內寸木寸石，片砖片

[一] 参见「道光二十四年三月二十二日周祥泰卖行屋楼房基地赤契」（本书收录之三—一一四七号契纸），「道光二十四年三月二十二日周祥泰卖行屋楼房基地契」（本书收录之三—一一四八号契纸）。

[二] 钤有朱文天门县印，契中二方，骑缝印右一方。

瓦，俱在其内，此屋原係八股，堂兄介明弟兄三股，蓉臺伯姪五股，請凂親中説合，情愿將本己伯姪五股賣與熊篤叙堂為業。当日三面言定，熊姓出備時值正價錢壹仟串整，係蓉臺伯姪同中親手領訖。自賣之後，任憑買主招租自用，收粮過户，百為無阻。此係自賣本己伯姪受分五股，不與弟兄親族人等相干。今恐無凂，立此永賣約一紙為據。

屋基四止　南墻□西会館屋
東蓉臺墻
西街心
北熊界

凂中　孫叡民大弟
陳福菴五兄
家孝長大兄

道光二十五年九月廿九日　劉蓉臺仝姪薦菁華　筆

此屋後门外原有□路一條出邱家巷，公仝出入，因劉〔一〕蓉台壬寅年〔二〕添做偏厦墻垣，跕住後路。嗣廿五年劉蓉台將此屋五股賣與熊姓，未經寫明後路。今此屋全歸熊姓，劉姓□宜退出，因属姻親，未便遽令拆毁，復凂陳福安五兄、孫叡民大弟、家孝長大兄説明：古路一條，作為劉姓借用，典中有事，公仝出入，劉姓毋得阻塞。原中仝批。

〔一〕「劉」为正行右側添加。
〔二〕即道光二十二年。

永遠為業

三一一五一　道光二十五年十月二十八日张时贵卖房屋基地契

立永賣房屋基地約人張時貴，原名隆九志，今因移就，將張氏（祖）〔祖〕置上一張團与方姓在公房屋三間、基地一形，時貴右首一半，前偏厦一間，屋内門扇板壁，椽桶檁條，片砖片瓦，寸木寸石，俱在其内，又門外公禾場一形，時貴分受右首四股之一，前後共計丈〔一〕，載粮〔二〕，時貴请凂親中張兆興等说合，情願永賣与熊篤叙堂名下為（葉）〔業〕。当日三面言定，熊姓出備時值價錢弍拾串文整，係貴仝中親手領讫。自賣之後，任從買主管業招租，改造居住，収粮過户，陰陽兩便，百為無阻。此係自賣已分，不与親族人等相干。恐後無凂，立此永賣文約一帋為証。　画押

凂中人張　時進
時富
上寬
時華
定山

〔一〕此处留有空白。
〔二〕此处留有空白。

基地四止
東方止買主
南　西止張氏宗（詞）〔祠〕　界
北　張寅

道光二十五年十月二十八日□□□□□基地約人　張時貴　筆

子孫世守

永遠為（葉）〔業〕

三—一五二　道光二十六年闰五月源茂号卖基地厨屋契

立賣基地厨屋約人源茂號，今將自置下塲熊家碼頭上首正街坐河朝垸基地壹形，中间襟墻一道〔一〕，後厨屋壹所，通前至後，後襟墻一道，墻外後門走路〔二〕，憑中一併轉賣與熊篤叙堂名下為業，載糧在册，三面議定，熊處出備時值價妏〔三〕通大錢壹伯串正，其□□日茂親手如数收訖。自賣□後，任從買主收粮過户，管業起造，鋪面房屋，□為無阻。此係自賣己業，不與□族人等相干。今欲有憑，立此文約一帋永遠為據。

〔一〕「中间襟墻一道」为正行右侧添加。

〔二〕「後襟墻一道墻外後門走路」为正行右侧添加。

〔三〕「妏」即「九九」。

計丈基地

四止　前至街心　左至具美堂墻
　　　後至兜墻外　右至買主　界

憑中　姚鏡湖三爹
　　　莫建初大兄

道光弍拾陆年閏五月吉日　源茂號　立

三—一五三　道光二十六年十一月二十日刘介明等卖铺面赤契〔一〕

立永賣鋪面約人劉介明仝弟姪等，今因移就，兄弟姪等商議，將本街塘坊下首祖遺坐河朝垸基地鋪面一所，前後四進，裡面腰墻，門扇板壁，寸磚寸瓦，俱在其内，前止街心，後止河心，請漗中人說合，情愿賣與熊篤叙堂名下為業。當日三面言定，熊姓出備時值價錢叁伯串整，係介明弟姪等仝中親手收訖。自賣之後，任漗買主起造招租，收粮過户，百為無阻。此係自賣己分，不與親族人等相干。今恐無漗，立此永賣約一紙為據。

〔一〕鈐有朱文天门县印，契中二方。

凴中人　孫睿明　大兄
　　　　陳福菴　五兄
　　　　家孝長　大弟

四址　左　熊
　　　前　街心
　　　後　河心　界
　　　右　胡

載糧載冊

道光二十六年十一月二十日　劉介明弟姪等　筆

永遠爲業〔一〕

〔一〕参见「道光二十六年十一月二十日刘介明等卖楼房基地契」（本书收录之三—一五四号契纸），「道光二十六年十一月二十日刘介明等卖楼房基地赤契」（本书收录之三—一五五号契纸），「道光二十六年十一月二十日刘介明等卖铺面赤契」（本书收录之三—一五六号契纸）。

三—一五四　道光二十六年十一月二十日刘介明等卖楼房基地契

立永賣樓房基地約人劉介明仝弟姪等，今因移就，兄弟商議，將本街粮倉巷上首祖遺坐垸朝河基地樓房一所，前後五大進，左右山墻，通前至後，面墻、腰墻共五道，大門一進，後門一所，後門外後路一條，出邱家巷，屋內所有，寸木寸石，片磚

片瓦，俱在其內，此屋原係八股，堂弟蓉臺伯姪五股，介明仝弟姪等三股，蓉臺伯姪五股已于乙巳九月賣與　熊姓為業，今介明等請凴親中說合，情愿將本己兄弟三股一並賣與　熊篤敘堂名下為業。當日三面言定，　熊姓出備時值價錢六伯串正，係介明弟姪等仝中親手收訖。自賣之後，任凴買主起造招租，收糧過户，百為無阻。此係自賣己分，不與親族人等相干。今恐無凴，立此永賣約一紙為據。此屋後路亦係八股，因上年蓉臺將五股賣與熊姓，未經寫明後路，今凴原中陳福菴五兄等言明，一並全歸熊姓，公同出入，劉姓不得阻塞。

四址載蓉臺約內

憑中人　孫睿明大兄
　　　　陳福菴五兄
　　　　家孝長大弟

載粮載冊

道光二十六年冬月二十日　劉介明仝弟姪等　筆

永遠為業〔一〕

〔一〕参见「道光二十六年十一月二十日刘介明等卖铺面赤契」（本书收录之三—一五三号契纸），「道光二十六年十一月二十日刘介明等卖楼房基地赤契」（本书收录之三—一五五号契纸），「道光二十六年十一月二十日刘介明等卖铺面赤契」（本书收录之三—一五六号契纸）。

三—一五五　道光二十六年十一月二十日刘介明等卖楼房基地赤契〔一〕

立永賣楼房基地約人劉介明仝弟姪等，今因移就，兄弟商議，將本街粮倉巷上首祖遺坐垸朝河基地楼房一所，前後五大進，左右山墻，通前至後，面墻、腰墻共五道，大門一進，後門一所，後門外後路一條，出邱家巷，屋内所有，寸木寸石，片磚片瓦，俱在其内，此屋原係八股，堂弟蓉臺伯姪五股，介明仝弟姪等三股，蓉臺伯姪五股已于乙巳九月賣與熊姓為業，今介明等請凴親中等說合，情愿將本己兄弟三股一並賣與熊篤叙堂名下為業。當日三面言定，熊姓出備時值價錢陆百串整，係介明弟姪等仝中親手收訖。自賣之後，任凴買主起造招租，收粮過户，百為無阻。此係自賣己分，不與親族人等相干。今恐無凴，立此永賣約一紙為據。

此屋後路亦係八股，因上年蓉臺將五股賣與熊姓，未經寫明後路，今凴原中陳福菴五兄等言明，一並全歸熊姓，公同出入，劉姓不得阻塞。

凴中人　孫睿明大兄
　　　　陳福菴五兄
　　　　家孝長大弟

〔一〕　钤有朱文天门县印，契中二方。

載粮載冊

道光二十六年冬月二十日　劉介明仝弟姪等　筆

四址載蓉臺約内

永遠為業〔一〕

三—一五六　道光二十六年十一月二十日刘介明等卖铺面契

立永賣舖面約人劉介明仝弟姪等，今因移就，兄弟姪等商議，將本街塘房下首祖遺坐河朝垸基地舖面一所，前後四進，裡面腰墻，门扇板壁，寸磚寸瓦，俱在其内，前止街心，後止河心，請凴中人說合，情愿賣與熊篤叙堂名下為業。當日三面言定，熊姓出備時值價錢叁伯串正，係介明弟姪等仝中親手收訖。自賣之後，任凴買主起造招租，收粮過户，百為無阻。此係自賣己分，不與親族人等相干。今恐無凴，立此永賣約一紙為據。

〔一〕　参见「道光二十六年十一月二十日刘介明等卖铺面赤契」（本书收录之三—一五三号契纸），「道光二十六年十一月二十日刘介明等卖楼房基地契」（本书收录之三—一五四号契纸），「道光二十六年十一月二十日刘介明等卖铺面契」（本书收录之三—一五六号契纸）。

四址　左熊　前街　後河心　右胡　界

憑中人　孫睿明　大兄　陳福菴　五兄　家孝長　□弟

道光二十六年冬月二十日　劉介明弟姪等　筆

載糧載冊

永遠爲業〔一〕

三—一五七　道光二十六年十二月二十六日周传斌卖基屋赤契〔二〕

金五老爺

立永賣基屋約人周傳斌，今因移就，將自置上街坐河楼房一棟，門面四間，左廂房三間，右三間，後屋一層二間，基地一形，直至河心，所有房屋内門窓板壁，楼板地板，堦石竹籬，門樓、樹株、片磚片瓦，寸木寸石，俱在其内，情願憑親中彭善祿說合，出筆永賣與

熊篤敘堂名下為業。三面言定，熊出備時值價錢二百串整，係周傳斌同中親手領訖。自賣之後，任從買主收糧過户，起造招租，百爲無阻。此係自賣己分，不與親族人等相干，其中並無準折抬算情弊。恐口無憑，立此為據。

四止　前街　左金　後河心　右蕭　界

基地載粮二升二合。

册名　周傳斌

憑中人　楊秉敦　周傳濂　程國瑾　彭善祿　杜宏千　程國珍　陳乾元　陳賓寅　楊大金　蕭忠珍

道光二十六年臘月弍十六日　周傳斌　筆

萬代富貴

〔一〕　参见「道光二十六年十一月二十日刘介明等卖铺面赤契」（本书收录之三—一五三号契纸），「道光二十六年十一月二十日刘介明等卖楼房基地契」（本书收录之三—一五四号契纸），「道光二十六年十一月二十日刘介明等卖楼房基地赤契」（本书收录之三—一五五号契纸）。

〔二〕　钤有朱文天门县印，契中二方。

三一一五八　道光年间孟首元等卖房契

□□賣□屋約人孟首元貞，今因移就，兄弟商議，將父〔一〕置瓦屋一□，□□□間，拖簷二間，竹籬一圍，風帳門扇板壁，屋上屋下，寸磚片瓦，寸木木石，俱在其內〔二〕，請憑親中金春圃說合，首元貞情愿出筆賣與熊葵園名下為業。當日三面言定，葵園出備時值價錢弍十串，係首元貞仝中親手領訖。自賣之後，任從買主管業，招佃收租起造，百為無阻。此係自賣己□，不与親族伯叔弟兄人等相干，其中並無準折抬箄情弊，今欲有憑，立此絕賣約一紙為據。

道光□

萬代富貴

〔一〕「父」为正行右侧添加。

〔二〕「在其內」为正行右侧添加。

三一一五九　咸丰七年九月二十二日李术明卖基地契

立絕賣基地字人李術明，今將坐落徽州巷上首坐北朝南基地一形，又坐落到口頭下首坐南朝北基地二形，合共三形，係明先父月圃原当与城内陈梁慶名下管業收租，得過当價銀弍百兩。自壬子歲，陈梁慶撿將原约抵与熊兴祥益太名下管業收租。不料甲寅歲叠遭兵燹，屋毀基存，僅止空基三形。伏思此空基明不能備原当價贖取，兼之處于〔一〕景况之際，明情愿請凴親中歐陽逵龔達之二叔等挽说，愿賣与熊兴祥益太名下管業收租，起造栽插，百為無阻。熊兴祥益太出備錢拾六串正。親手收訖。此係自賣己分，不与〔二〕親族人等相干。恐口無憑，立此為據。

憑親　歐陽逵 龔達之 二公

咸丰七年九月二十二日　明　筆

三一一六〇　咸丰九年十一月二十四日李亨旺卖房契

立賣房屋字人李亨旺，今將房屋一棟，計一進三間三拖，所有屋內門、扇板（壁）〔壁〕、磚瓦松板，一並一切大小木料，俱在其內，此係李亨旺曾祖熊興祥名下基地一形，做上此屋，憑中說合，賣與熊興祥名下管業收租。當日三面言定，熊興祥出備⿰九攵〔三〕文錢壹伯四拾串文整，係李亨旺領訖。自賣之後，

〔一〕「處」后涂去一字，其右侧添加「于」字。

〔二〕「与」为正行右侧添加。

〔三〕「⿰九攵」即「九九」。

無得異説。恐口無憑，立此賣字為據。

憑中人 李福章叔 李亨典依口伐筆

咸豐九年冬月廿四日 李亨旺 筆

三—一六一 同治二年二月十六日邓泰兴卖房契

立永賣瓦屋约人鄧泰兴，今因生意□出，願将所做在 熊兴祥岳口北街〔一〕基地上瓦屋一间，後偏厦一间，所有屋内屋外楼板櫃台，床角嵌，条方神龕，门扇板壁，磚瓦石磉掛墻，其屋上下，寸木片瓦磚石俱在其内。憑中章公和 李萬順說合，泰兴出筆賣與熊兴祥名下管業，收租拆搬。兴祥出備实價錢拾玖串正，係泰兴領訖。此係自賣己分，不與親族人等相干。恐口無憑，立此賣约為據。

所認熊府基地租錢，扣除押租外，下欠地租屋價内未扣。承情叨讓。

憑中 章公和 李萬順

同治弍年二月拾六日 陳大奇 依口代筆

〔一〕「岳口北街」四字为正行右側添加。

長發其祥

三—一六二 同治二年十一月七日熊纪绪卖房契

立永賣房屋約人熊紀緒，今因移就不便，將自置岳口瓦屋二間，請憑親中王相臣等説合，緒出筆賣與篤叙堂名下為業。三面言定，篤叙堂出備實值價錢叁拾伍串文整，係紀緒親手領讫。自賣之後，任從買主修整招租，百為無阻。恐口無凴，立此為據。〔一〕是屋所有一切俱在其内。

凴中 尹新貴 何朝猷 吳學瑢 吳耀千

同治弍年冬月初七日 紀緒 出筆

發富發貴

永遠為業

〔一〕此处留有空白。

三一一六三　同治三年五月十九日石贵卖基地契

立永賣基地約人石贵，今因移就，情将自置南三獅團坐落邱家巷基地一形，計丈二分零八毛四絲，載粮四合六勺三抄，在石為善户下收納，貴請凴親中邱于林等説合，贵出筆賣與熊篤叙堂名下為業。當日三面言定，篤叙堂出備實價錢肆串文，係贵親手収訖。自賣之後，仍從買主管業耕種，起造栽揷，収粮过户，陰陽两便，百為無阻。此係自賣己分，不與親族人等相干。恐口無凴，立此永賣文约一帋為據。

凴中人　唐二爺　劉三爺

四止　東　刘墻　西　前買主　後羅姓　南　姚姓　北　馬　龔　姓

同治三年五月十九日　石貴　親筆

萬代冨貴

東直八弓四分　西直八弓八分

南中横五弓三　中横五弓八　北中横五弓五

積弓四拾八弓一分六厘

又

中直叁弓七分　東横五分　西横五分　積弓壹弓八分五厘

二共積弓五拾弓

〇〇一厘見田弍分〇八毛四絲。

三一一六四　同治五年五月二十八日李亨旺卖房契

立永賣房屋字人李亨旺，今因移就不便，將本己自（至）〔置〕房屋弍棟，各一進，做在熊篤叙堂三叉街基地，因寿年地租錢未交，亨旺情愿凴中説合，旺筆賣与篤叙堂名下爲業。當日三面言定，熊出備時置價錢陸拾千正。亨旺同中親手領（吃）〔訖〕。自賣之後，仍從買主管業收租，不与亨旺親族人等相干。今恐（友）〔無〕凴，立此賣字為摅。

凴中人　能么爹　代義盛

同治五年五月弍十八日　画押　亨旺　筆

萬代冨貴

三—一六五　同治七年三月十六日刘麟章卖基地墙契

立永賣基地墙约人劉麟章，今将本己南三陶團住基後与熊宅賃与徐源昌之屋後園毗连之坐墙，其墙長三丈，寬壹尺五寸，連脚墙基八厘，載粮壹合七勺八抄，在劉麟章户下收纳，凴中说合，章出筆賣与
熊篤叙堂名下為業。當日三面言定，熊出備時值價錢弍拾壹串整，係章收讫。自賣之後，任從熊姓管業，（折）〔拆〕改加修，章無得異说。此係自賣己分，不与旁人相干。恐口無憑，立此賣约一帋為據。

憑中　何司務　才周
　　　鄭先生　宦益
　　　劉三爺　惠蘭
　　　熊成南　正海
　　　唐大爺　正魁

同治七年三月十六日　劉麟章　筆

三—一六六　同治八年十月十二日刘麟章卖基地墙契

立永賣基地墙约人劉麟章，今将本己南三陶團住基後与熊宅賃与徐源昌屋後毗連下首之山墙一疋，其墙長八丈三尺零，脚寬一尺五寸，墙基載粮在劉臨潮户下收纳，凴中说合，章出筆賣与
熊篤叙堂名下為業。当日三面言定，熊出備时值價錢叁拾串整，係章收讫。自賣之後，仍□熊姓管業，（折）〔拆〕改加修，章無得異说。此係自賣己分，不与□人相干。恐口無憑，立此賣字一帋为據。

憑中人　何才周大爺
　　　　劉秀山么爺

同治八年十月十二日　章　筆

三—一六七　同治八年十二月十日陈协泰卖房屋契

立永賣房屋约人陳协泰，緣□向租熊興祥寶號舖後地基乙（型）〔形〕，自造房屋乙棟，貿易有年。今因年歳不一，生意無出，泰自請凴中人李學通等説合，願将自造房屋出筆賣與

地主熊興祥名下為業。當日三面言定，價錢拾伍串文正，作抵新租拾壹串文、陳租肆串文。自賣之後，仍從買主管業收租，並無異说。恐□无凴，立此為拠。

計開：

椽桷瓦嶺，单门一片，後園籬笆，俱在其內。

外，□□租錢弍串。

凴中人　李學通

同治八年蚰月初十日　協泰　筆　立

三一一六八　同治十二年十二月二日熊质夫卖房屋基地契

立賣房屋基地约人熊質夫，今將祖遺南三陶團房屋二棟，太和生所租，坐落陈家巷上首，坐北朝南，计一進，左右山墻，前面墻在內基地一形，前至街心，後至坐墻，左至汪姓，右至刘姓，胡同春所租坐落塘汛下首，坐南朝北，计弍進，左右山墻在內基地一形，前至街心，後至河心，左至刘姓，右至孫姓，以上四至明白，質夫請凴族衆说合，質夫出筆賣與熊興祥名下為業。当日三面言定，興祥出偹時價奴〔一〕錢叁百串整，係質夫领讫。自賣之後，任從買主管業収租，百为無阻。今恐無凴，立此為拠。

凴族人　雪臣 亨咸 二太爹　星粲六爹 □南大爹　廣賢大伯

此屋限定三年內，不拘遠近，准偹原價贖取。如過期不取，任從買主収粮過户，裁尾税契。此照。

同治拾弍年腊月初弍日　熊質夫　親筆

三一一六九　张儒今卖基地菜园契

立永賣基地菜園約人張儒今，今因移就，將自置陶林垸南三獅團基地菜園八分，載粮壹升八合，請凴中張光玉 榮等說合，張儒今出筆賣與熊淡村老爺名下為業。當日三面言定，熊淡村出偹時值價銀叁拾弍两整，係儒今親手領讫。自賣之後，仍從買主收粮過户，起造房屋，栽插楊柳，招佃收租，其有陰陽两便，百为無阻。此係自賣己分，不與親族人等相干，其中並無準折、（台）〔抬〕算。今恐無凴，立此永賣約為據。

其田四止　東張 西張 南坑 北坑　界

〔一〕「奴」即「九九」。

凴中人　張光茂
　　　　張光玉
　　　　張光雲　張珌
　　　　張從順

□□□年弍月初拾日　張儒今　賣字

南北　前長弍十乙弓乙分　後長拾七弓　　東西　前横五弓弍分　後横三弓弍分

册名張世榮　□□升七合八勺

萬代富貴

查張儒今與張光鈺二約，基園正坐東莊祠基内，係道光六年余以南三〔一〕獅團白田三畝二分五厘六毛，向　柏亭大兄换出，當立有撥抵字一紙，交大兄收執。余即收此二約為據。

道光癸卯十月十九日

燈下葵園批

〔一〕「三」为正行右側添加。

四 房屋基地租赁契约

四　息园集曲跋续卷

四—〇〇一 咸丰十一年一月八日杨文光租房字

租字

楊文光

立租字人楊文光，今租到

熊兴祥寶號名下房屋弍□。言定每年租錢壹仟弍伯文。三季交清，不得短少分文。恐口無憑恃，立此租字一帋為（处）〔拠〕。

咸豐拾壹年正月初八日　筆

憑保人　高祥順

四—〇〇二 同治元年四月十五日徐源昌租房字

租字

徐源昌

立租字人徐源昌。今憑中租到

熊興祥寶號名下青石碼頭上首坐北朝南門面舖屋一進，共計三層，後至垸場一所。當日言定，每年租價放〔一〕錢柒拾串整。又，小禮錢叁串文。按三季交納，不得短少分文。倘有□漏下濕，俱歸房東修理。恐口無憑，立此為據。

當付押租錢叁拾串正。

再者，起屋時憑中説合，源昌先墊出放 錢弍伯四拾串文□□興祥號起造舖屋。言乞每年在租金内除錢四拾串文。俟六年□清後，仍照原租，按季交纳。又據。

憑中　袁倍之兄□　陽可翁□□

同治元年四月十五日□

〔一〕「放」即「九九」。

四—〇〇三 同治三年八月十五日万源恒租房字

租券

萬源恒

立租字萬源恒，今租到

熊篤叙堂東關上首坐北朝南房屋一棟，言定每年租錢四十串整〔一〕，三季交納。當付押租錢貳十串〔二〕。如有上漏下濕，俱在房東修理。錢不短少，字不執留。此據。

〔一〕此处钤有「萬源恒記」方印章一方。

〔二〕此处钤有「萬源恒記」方印章一方。

同治三年八月十五日〔一〕　萬源恒　字
外，每年小礼錢式串文。
凴　胡松门　倪杏圃

四—〇〇四　光绪元年十二月二十五日程国昌归屋字

立歸屋字人程国昌，今因不便，将祖置漁市房屋二股一半歸到熊興祥名下。歸主出備價錢拾五串正，每年租錢三串六百文，三季交清。恐口無凴，立此歸字為據。

凴中人　任泰成□　程性初兄

光绪元年十二月二十五日　（清）〔親〕筆

四—〇〇五　光绪六年一月一日周醒善堂租房屋字

立租字人周醒善堂，今租□　　租字

〔一〕此处钤有「萬源恒」条形印章。

熊興祥實號名下房屋兩間，當面言定每年租錢五串正，按三季交清，不得短少。恐有上漏下湿，俱皆房東修整。恐口無憑，立此租字為據。〔一〕　當付押租錢式串。

憑保人　程永隆宝行

光绪六年正月初壹日　立〔二〕

四—〇〇六　光绪七年一月梁广发租基地字

租字

梁廣发

立租字人梁廣⿱丵矢，今租到熊興祥宝号上街基地一形，前止街心，後止堤坡，每年租錢拾串正，三季交納，当付過壓租錢叁串正。自租之後，只許堆貨、搭廠。日後地主起造房屋，即要搬貨退基，勿淂異說。恐口無凴，立此為據。

光绪七年正月吉日　梁廣⿱丵矢　筆

凴中　金大相公舜卿

〔一〕此处留有空白。

〔二〕契纸右上方另笔注有「周醒善堂」四字。

四—〇〇七 民国三年三月十日义和顺租房字

租

立租房屋字人義和順〔一〕，今租到

熊興祥寶號名下房屋壹大棟。言定每月租錢捌串文正。按月交付，不得短少分文。当憑保人交付押租錢伍串文正，如有上漏下濕，均归房東修理〔二〕。恐口無憑，立此租字為據。

民國三年三月初十日起　義和順〔三〕押

憑保人　熊長枝先生

四—〇〇八 民国十五年一月一日胡人和租基地字

租券〔四〕

立租基地字人胡人和，今租到

熊兴祥宝号上街基地壹形。言明每月租金壹串弍百文〔五〕，

〔一〕此处钤有「義和順」长方印。

〔二〕「如有上漏下濕均归房東修理」为正行右侧添加。

〔三〕此处钤有「義和順」长方印。

〔四〕「租券」左侧有编号。

〔五〕「壹串弍十文」为改动后数字。

按月交清，不得短少分文。倘地主欲收基，改造基地者隨即撤屋退基，不得以成工不毀見推。恐口無凴，立此为據。

民国十五年正月初壹日　和　字

当付押租錢七串〔一〕。

凴保人　金義順六哥

四—〇〇九 民国十五年一月一日邓元太租基地字

租〔二〕

立租字人鄧元太，今租到

熊兴祥宝号上街基地一形。言定每月租金壹串文〔三〕，按月交，不得短少分文。倘地主欲收基，改造基地者隨即撤屋退基。勿以成工不毀見推。恐口無凴，立此为據。

民国十五年正月初一日　字

当付押租錢五串〔四〕。

凴保人　杜祥兴

〔一〕「当付押租錢七串」左边一行字被划去。

〔二〕「租」左侧有编号。

〔三〕「壹串」为改动后数字。

〔四〕「当付押租錢五串」左边一行字被划去。

四一〇一〇　民国十五年一月一日胡宏发租基地字

租字

立租字人胡宏發，今租到

熊興祥宝號名下糧倉下首基地壹形。凴保言定，每月租金壹串五百文〔一〕，按月交清。倘地主收基地改造，任從地主，隨即撤屋退基。不（德）〔得〕以成（功）〔工〕不毀見推。恐口無凴，立此為據。

当付押租錢四串正。

凴保人　鄭和順宝号　李晋太宝号

民國拾五〔二〕年元月初壹日

〔一〕「壹串五百文」为改动后数字。

〔二〕「拾」后删去「叁」字，其右侧添加「五」字。

四一〇一一　民国十五年一月一日程厚月租基地字

租

立租字人程厚月先生，今租到

熊興祥宝號地，粿每租錢□□文整。当年付押租式串文整，每月陸百〔一〕交（青）〔清〕。恐口無憑，立此租字為據。倘地主欲收基，改造基地者隨即撤屋退基，勿以成工不毀見推。

民國甲子十五年正月初壹日租到

凴保人　刘光远

前存押租錢乙百。

〔一〕此处数字有修改。

四一〇一二　民国十五年一月一日王连生租基地字

租券〔二〕

立租基地字人王連生，今租到

熊兴祥寶號名下基地一形，通前至後。憑保言定，每月租金陸百文，按月交，不得短少分文。倘地主收基改造，不得以成工者不毀为推。恐口無憑，立此为拠。

民国十五年新正月初一日

当付押租錢壹串。

憑保人　高赞卿　陈宝艮　先生

〔二〕此契右上方注有「〥〧号」（即五十七号），其左侧划去「六十九號」。

四—〇一三 民国十五年一月一日彭忠德租基地字

租券

立租基地字彭忠德，今租到

熊兴祥寶號名下基地壹形，通前至後。憑保言定，每月租錢陸百文，按月交清，不得短少分文。倘地主（裕）〔欲〕收基改造，（地主）不得以成工者不毁为推。恐口無憑，立此租字为拠。

民国十五年新正月初一日 立

当付押租壹串，扣除。

憑保人 高贊卿 陈寶瀛 先生

四—〇一四 民国十五年一月一日熊瑞记租基地字

租券

立租基地字人熊瑞記，今租到

篤敘實堂基地一形。言定每月租金弍串陸佰文[一]正，按月交清。倘地主起造，速即撤屋退基。恐口無凴，租字為據。

民國十五年元〔月〕初一日 筆

押租錢弍拾串正。

〔一〕「弍串陸佰文」为改动后数字。

四—〇一五 民国十五年一月一日彭德太租基地字

租券

立租基地字人彭德太，今租到

熊興祥寶號名下基地一形。每月租金□百文。其錢按月交清，不得拖欠分文。如地主啓做，随即拆屋退基，不得以成工不毁见推。[一] 恐口無凴，立此为據。当付押租錢弍串正。

□□前存錢伍百。

民國十五年正月初一日 泰 親筆

凴保人 蒋恒泰 熊瑞升 先生

〔一〕「如地主啟做随即拆屋退基不得以成工不毁见推」为正行右侧添加。

四—〇一六　民国十五年一月刘光远租基地字

租字

立租基地字人劉光遠。今租到

熊興祥名下基地一形。每月租錢肆[一]伯文，按月交清。舉凡前後，任其栽揷，無得有阻。恐口無憑，立此租字為據。當付押租錢弍串文。倘地主欲收基，改造者隨即撤屋退基，不得以成工勿毁見推。

中華民國十五年正月吉日　筆

四—〇一七　民国十五年王玉兰租地基字

租字

立租字人王玉蘭，今租到

熊兴祥寶號地基半形。地势[二]本宅下首。言定每月租金六百文，按月交清，不得短少。恐口無憑□，立此字為據。

當付押租四串文。

民國十五年□月初一日　立

憑中人　廖先生

〔一〕「錢」字下方删去「叁」字，其右側添加「肆」字。

〔二〕「地势」后涂去两字。

四—〇一八　民国十七年六月一日泰昌祥租房屋字

租字

立租房屋字泰昌祥[一]，今租到

熊兴祥宝號名下坐院朝河房屋一棟。凴保言定，每月租錢柒拾串[二]正，按月交清。如有拖延短少，即刻搬遷，不得異说。恐口無凴，立此為據。上漏下湿，均归房东修理。

民國十七年六月初一日　熊□安　筆

当付押租錢伍百串[三]。

凴保人　廖云高　吴之義　先生

〔一〕此处钤有「泰昌祥」长方印。

〔二〕「柒拾串」三字处钤有圆形印。

〔三〕「伍百串」三字处钤有圆形印。

四—〇一九　民国十七年六月八日李珍山租房屋字

租

立租字人李珍山，今租到

熊兴祥宝号金家街房屋一棟。憑保说合，言定每月租金錢弍拾弍串文整。當付押租錢壹佰伍拾串文整。租金按月给清，不得短少。倘有上漏下濕，均归房東修理。恐口無憑，立租為據。

憑保人　饒相山先生　熊吉安先生　胡端方先生

民國十柒年六月初八日　李珍山　租字

四—〇二〇　民国十八年一月彭复顺租房屋字

租券

立租字人彭復順，今租到

熊興祥號内名下房屋半边。言定每月租金叁拾串整。按月交清，不得短少分文。上漏下濕，均归房东（休）〔修〕理。恐口無憑，立此租字一（只）〔帋〕为証。

民國拾八年元月吉日　立

當付押租錢捌拾串。

憑保人　劉洪泰

四—〇二一　民国十八年一月李光法租基地字

租字

立租字人李光法，今租到

熊興祥寳號基地一形。每月租金叁串祁錢，按月交付。恐口無憑，立此租字為據。倘地主起造，隨即搬遷，並勿異说。　憑保人　王如意

民國拾八年元月吉日　立

四—〇二二　民国十八年一月刘洪泰租房屋字

租券

立租字人　劉洪泰，　今租到

熊興祥號内名下房屋半边。言定每月租金叁拾串止，按月交清，不得短少分文。上漏下濕，均归房东（休）〔修〕整。恐口無憑，立租字一紙为據。

民國拾八年元月吉日　立

当付押租錢捌拾串。

憑保人　彭復順

四—〇二三　民国十九年八月十日孟万顺租房屋字

立租字人孟萬順，今租到

熊興祥實號舖面房屋一棟，通前至後。憑保说合，言定每月租金叁拾陸串文正。按月交清，不得短少。倘有上漏下濕，均归房東修理。恐口無憑，立字為據。当付押租銀洋柒拾元。價□〔一〕扣钱□串〔二〕

憑保人　劉元生　金義順　永發　孟源盛

民國拾九年陰曆八月初〔三〕拾〔四〕日　租字

〔一〕「□」即「五千三百」。

〔二〕「□」即「三百六十五」。

〔三〕「初」为正行右側添加。

〔四〕「拾」后刪去一字。

四—〇二四　民国二十二年三月四日曾大婆租房屋字

租字

立租字人曾大婆，今租到

熊兴祥名下房屋一间，當付押租六串六百文。言定每月租金六角，按月付讫，不得短少。倘有上（潞）〔漏〕下濕，均归房东修整。恐口無滗，立此為據。

滗中人　丁长兒

民國念弍年三月初四日　字

四—〇二五　民国二十二年三月杨永兴租地基字

租券

立租字人楊永興，今租到

熊興祥宝號名下地基一形。每月〔一〕棉絮鋪〔二〕租金洋弍角六文正，按三季交清，不得短少分文。恐口無憑，立此租字為據。

〔一〕「每」后刪去「年」字，其右側添加「月」字。

〔二〕「棉絮鋪」三字为正行右側添加。

保人　孙信泰

民国二十二年三月　日　立

四—〇二六　民国二十二年六月四日程茂兴租房屋字

租字

立租房屋字人程茂兴，今租到

熊兴祥街面屋壹间。当憑保説合，言定每月租金洋壹元六角。准□摖月交清，不得拖欠分文〔一〕。上漏下濕，归房東修整。倘房主要屋，隨即搬遷，併無異说。恐口無憑，立此租字壹帋為據。当付押租洋叁元正。

憑保人　吴寿记　湯瑞清

中華民國二拾二年六月初四日　立

〔一〕「分」后「文」字有涂改，其右侧添加「文」字。

四—〇二七　民国二十二年九月十五日金义顺租房屋字

租字

立租字人金義順，今租到

熊兴祥實號名下房屋壹杆，並無押租，每月三元五角，不得短少文。倘有上漏下濕，均归房東修理。恐口無凴，立此租字一帋為據。

凴保人　廖雲高先生

中華民国二十二年九月十五　岳口金義順號〔一〕　立

四—〇二八　民国二十三年一月一日泰昌祥租房屋字

租券

立租房屋字人泰昌祥〔二〕，今租到

熊興祥宝號名下金家街土庫门面一棟。凴保言定，每月租洋五元正。此錢按月交付，不得拖延。上漏下濕，均归房东收整。恐口無凴，立此为據。

〔一〕此处钤有「岳口金義順號」长方印章。

〔二〕「人」字下方钤有「泰昌祥蓋印」印章一方。

民國甲戌年〔一〕元月初一　立

当付押租洋壹拾元。

凭保人　廖云高先生

四—〇二九　民国二十三年一月一日陈源兴租房屋字

租券

立租字人陳源興，今租到

熊興祥寶號名下房屋一棟，請凴保人言定，每月租金洋拾弍元正。租金按月交清，不得短少分文。恐上漏下濕，均归房東修理。东辞客，客辞东，將押租退还。恐口無凴，立此租字一帋為據。

当付押租洋壹伯伍拾元〔二〕正。

凴保人　聚有堂　画押
熊萬興　画押
丁義發　画押

民國弍拾三年正月初壹日　岳口陈源興煥記金銀號〔三〕　具

〔一〕即民国二十三年。

〔二〕「壹伯伍拾元」为改动后数字。

〔三〕钤有「岳口陈源興煥記金銀號」长方印章。

四—〇三〇　民国二十三年七月十八日刘为钧租房屋字

租字

刘为钧

立租字人劉為鈞，今佃到

熊兴祥寶號房屋壹间並厨屋，请憑中人言定每月租金洋壹元壹角。按月交清，不得短少。如有上漏下濕，均归房東修理。恐口無憑，特立壹紙為據。

當付押租洋壹元正。

请保人　蔡寶仁先生

民國二十三年七月十八日　立

四—〇三一　民国二十四年一月王大顺租房屋字

租字

立租字人王大順，今租到

熊興祥宝号名下舖面壹棟。憑中言定，先付押租錢陸拾串文。每月租洋弍元正。按月交清，不得短少分文。如有上漏下濕，均归房東修理。恐口無憑，立此租字為據。

民國二十四年正月　立

憑中人　王愼菴

四—〇三二　民国二十四年一月彭复顺租房屋字

租字

立租房屋字人彭復顺，今租到

熊興祥號内房屋半边。凴保人说合，言定每月租洋叁元。按月交清，不得短少分文。上漏下濕，均归房东（休）〔修〕整。恐口無凴，立此一字为[一]據。當付押租捌拾串。

民國二十四年元月吉日　立

憑保人　孟永興

四—〇三三　民国二十四年一月陈源兴租房屋字

租字

立租字人岳口陳源興煥記金銀號[二]，今租到

〔一〕「为」字为正行右側添加。

〔二〕鈐有「岳口陳源興煥記金銀號」长方印章。

熊興祥名下官碼头舖面房屋乙间，通前至後。言定每月租金玖元，当付上庒洋壹伯伍拾元押租。按月交清，不得短少分文。倘有上漏下湿，归貴东修理。恐口無凴，特立此租字一帋為荷。

中華民國弍十肆年元月吉　立

凴保人　全聚有　画押　熊萬兴　画押　丁義发　画押

四—〇三四　民国二十四年七月十五日郑本柏租房屋字

租[一]

立租字人鄭本柏，今租到

熊興祥房屋壹棟，通前至後。凴保言定，每月租金洋壹元伍角。倘有上漏下濕，均归房東修理。恐口無凴，特立租字壹帋为據。

民國二十四年七月拾五日　鄭本柏　立

当付押租洋叁元。

凴保人　劉同興號　王祥盛號

〔一〕正文前有「三岔街下坡」五字，似为后来添加。

四—〇三五　民国二十四年十月十二日振兴盐厂租房屋字

租券

立租字人振兴鹽廠，今租到
熊兴祥號名下前面房屋一層，房一间。憑保言定，每月租金洋六元。先付後住，並無異説。如有上漏下濕，俱歸房东修整。恐口無憑，立此租券为據。
民國二十四年陰十月十二日　振兴鹽廠具
憑保人　金迎春先生

四—〇三六　民国二十四年十一月十日唐敦新租房屋字

租字

立租字人唐敦新，今租到
熊興祥宝號名下房屋半边。当付押租洋壹元正。凴中说合，言定每月租金洋壹元五角正。按月付讫，不得短少。倘有上漏下濕，概归房東修理。恐口無凴，立此為據。
介绍人　徐和祥宝號

民國念四年冬月初十日　字

四—〇三七　民国二十五年一月一日蔡宝记租房屋字

租

立租字人蔡寶記，今租到
熊興祥寶號當舖巷第三號房屋半邊。言定每月租洋貳元五角正。按月交清，決不短少分文。惟房屋上漏下濕，均歸房東修理。恐口無凴，立此为據。

當

民國二十五年丙子正月初一日　立
憑保人　金日清 廖雲高 先生

四—〇三八　民国二十五年一月一日陈芳记租房屋字

租字

立租字人陳芳記，今租到

熊兴祥宝號座落到溝頭坡下墻院住房壹间，计堂屋厨房〔一〕等。如有上漏下濕，均归房主修理。言定每月租金洋七角。按月交付，不得短少。恐口無〔二〕憑，立〔三〕此租字为據。

民国廿五年〔四〕正月初一日　立

當付押〔五〕租洋壹元。

憑中人　蔡晋卿　熊振聲

四—〇三九　民国二十五年一月一日刘洪太租街澹字

租

立租字人劉洪太，今租到　熊兴祥宝号街澹，每月租（今）〔金〕壹元，並無押租。恐口無凴，立此租字为據。

凴保人　刘大兴

民国二十五年元月初一起租

〔一〕「房」字为正行右侧添加。
〔二〕「無」字为正行右侧添加。
〔三〕「立」字为正行右侧添加。
〔四〕「年」字为正行右侧添加。
〔五〕「押」字为正行右侧添加。

四—〇四〇　民国二十五年二月一日刘鸿发租房屋字

租字

立租字人劉鴻发，今租到

熊興祥大房宝號房屋壹棟，地（趾）〔址〕金家街。凭保言定，每月租金洋叁元，押租壹拾伍元。按月交清，不短少分文。倘有上漏下濕，均归房东修理。恐口無凭，特立租字為據。

保人　王先生　金先生　二位

中華民國二十五年弍月初一日春　立

四—〇四一　民国二十五年二月一日孙光银租房屋字

租字

立租字人孫光銀，今租到

熊兴祥宝號正房壹间。憑中言定，每月租金錢五串文正。上漏下濕，均归房東修整。恐口無憑，立此租字为據。

民國廿五年弍月初壹吉　立

憑中人 □春和 和順元

四—〇四二 民国二十五年二月一日阳长源租房屋字

租

立租字人陽長源，今租到
熊□沅先生熊氏碼頭对面房一棟，言定每月租洋拾元。三季交
清，不得短少。倘有上漏下濕，均歸房東修整。恐口無憑，立
此租字為據。
當付押租式拾元。
保人 王慎安 熊長发
民國弍十五年二月初一 陽長元 立

四—〇四三 民国二十五年二月二十日张玉卿租房屋字

租字

立租字人張玉卿，今租到
熊興祥寶號名下正房壹间。凴保言定，每月租金洋伍角正。按
月交清，不得短少。倘有上漏下濕，均归房东脩理。恐口無
凴，立此租字壹纸為據。
民國弍拾五年弍月廿日 張 筆
凴保人 彭润官

四—〇四四 民国二十五年三月一日杨永兴租基地字

租字

立租字人楊永兴，今租到
熊兴祥宝号名下基地壹塊。楊请憑保说合，每月弍毛□租今每
月交纳，不（德）〔得〕短少。恐口無憑，立此租字壹帋为
证。此拠。
民国廿五年陰曆叁月初一 楊 笔
當交押租洋乙元。
憑保人 雷永菐宝号 王福元先生 程言松先生

四—〇四五 民国二十五年五月一日刘子龙租房屋字

租

立租房屋字人劉子龍，今租到
熊兴祖宝号房屋乙间。凴保说合等，言定每月租金五角文。按
月交讫，不（德）〔得〕短少分文。倘有上漏下湿，净归房东
修整。恐口無凴，立此租字為據。
民国廿8〔一〕年五月初一日 租字
凴保人 胡先生明心
百事顺遂

四—〇四六 民国二十五年五月一日洪羽贵租房字

租

立租房屋字人洪羽贵，今租到
熊兴祥宝号房屋乙间。凴保说合等，言定每月租金五角文正。
按月交讫，不（德）〔得〕短少分文。倘有上漏下湿，净归房
东修整。恐口無凴，立此租字為據。
民国二十五年五月初一日 租字
凴保人 胡先生明心
一團合氣

〔一〕「8」即「五」。

四—〇四七 民国二十五年五月胡清和租基地字

租字

立租基地字人胡清和，今租到
兴祥大房上塲基地一形。憑保言定，每月租洋壹元。当付押租
钱肆拾串。按月交清，不得短少。恐口無憑，立此租字为據。
民国廿五年五月 租
保人 □德培
王吉才

四—〇四八 民国二十五年九月十五日陈鸿宾租房屋字

租字

立租字人陳鴻賔，今租到

熊興祥宝號房屋壹棟，言定每月租金洋壹元柒角〔一〕，当付押租洋弍元。（接）〔按〕月交纳。倘有上漏下濕，均归房〔東〕修理。每月租金不得短少分文。恐口無憑，立此租字為據。

憑保人　李保廷先生

民国二十五年陰曆九月拾五日　立

四一〇四九　民国二十五年十月一日戴义兴租房屋字

租字

立租字人戴義興，今租到

熊興祥大房基地壹形。憑保说合，每月租金洋壹元壹角，不得短少分文。恐地主要地，（徹）〔撤〕屋退基。恐口無憑，立租為據。

民国二十五年十月初一日　戴義興　立

当付押租洋叁元。

憑保人　熊源泉　郑大春　先生

四一〇五〇　民国二十五年十月一日胡嘉振租基地字

租字

立租字胡嘉振，今租到

熊興祥寶號基地壹形，寬壹丈弍尺。凂保人孫遐齡，三面言定，每月租金七串。當付押租洋叁元正。按月付清，不得短少分文。恐口無凂，立此租字一纸為據。

民國二十五年废曆十月初一日　立

四一〇五一　民国二十五年十月一日谭悦来租基地字

租字

立租字人譚悦来，今租到

熊興祥大房名下基地壹形。憑保说合，每月租金壹元三角，不得短少分文。恐地主要地，（徹）〔撤〕屋退基。恐口無憑，立此為據。

民國二十五年十月初一日　譚悦来　立

当付押租洋五元。

憑保人　郑大春　熊源泉　先生

〔一〕此处数字有修改。

四—〇五二 民国二十五年十月十五日刘元善租基地字

租字

立租字人劉元善，今租到

熊兴祥大房基地一形，门面式丈有零。当日言定，每月租金壹元肆角，按月交清。地主要地，擇屋退基。恐口無憑，立此租字一紙为據。

憑保人 熊源泉 雷震 先生

当付押租洋肆元。

民国廿五年十月十五日 劉元善 筆

四—〇五三 民国二十五年十一月一日杜中元租宅基地字

租字

立租字人杜中元，今租到

熊兴祥寶號名下挨杜刘氏宅基地一形，通前至後。凴保言定，每月租金洋五角。按月交清，不得短少，恐口無凴，立此租字為據。 地主要地，拆屋退基。

当付押租洋弍元正。

民国廿五年舊歷冬月初一日 立

憑保 高赞卿 金堯卿 先生

四—〇五四 民国二十五年十一月一日杜刘氏租宅基地字

租字

立租字人杜劉氏，今租到

熊兴祥寶號名下挨鄭新友宅基地一形，通前至後。憑保言定，每月租金洋捌角。按月交清，不得拖延短少。恐口無憑，立此租字為據。 地主要地，拆屋退基。

当付押租洋叁元正。

民国念五年舊歷冬月初一日 立

憑保人 高赞卿 金堯卿 先生

四—〇五五　民国二十六年一月陈源兴租房屋字

租字

立租字人岳口陳源興煥記金銀號〔一〕，今租到
熊興祥名下官碼头房屋一间，通前至後。三面言定，每月租金
洋拾壹元。当付押租洋壹伯元。租金按月交清，不得短少分
文。倘有上漏下濕，（慨）〔概〕归房东修理。恐口無憑，特
立租字一帋為據。
中華民国弍十陸〔年〕元月吉日　立
憑保人　余聚有　画押
熊萬兴　画押
丁義發　画押

四—〇五六　民国二十六年一月刘鸿发租房字

立租字劉鴻發，今租到
熊兴祥大房房屋壹棟。言定每月租金洋五元，按月交清，不得
短少。上漏下濕，均归房東修整。恐口無凴，特立租字為據。
王先生手
押租洋拾五元。
民國弍拾六年正月　租字
保人　梁倪生

四—〇五七　民国二十六年七月二十九日陈福记租房堂字

租字

立租字人陳福记，今租到
熊兴祥宝號名下房堂壹件。凴保说合，言定每月租金捌毛正。
按月交清，不得短少分文。倘有上漏下濕，均归房东修整。恐
口無凴，立此租字壹帋為據。
當付押租洋捌角。
凴保人　徐和祥
民國廿六年七月廿九日

〔一〕此处钤有「岳口陈源興煥記金銀號」长方印章。

四—〇五八 民国二十六年十月十五日金桂记租房字

租字

立租字人金桂記，今租到
熊興祥寶號名下房屋壹棟。每月租金叁元正。按月交清，不得短少分文。倘有上漏下濕，概归房东整理。恐口無凴，立此租字一帋為據。

當付押金〥〔一〕元。

凴保人 徐和祥

民國二十六年陽月〔二〕十五日 立

四—〇五九 民国二十六年刘德顺租房字

租

立租字人劉德順，今租到
熊兴祥寶號房屋一棟。凴保言定，每月租金弍元，不得短少。恐有上漏下濕，均归房東修整。恐口無憑，立此租字為據。

民國二十六年 立

當付押租金六拾串整。

憑保人 王大順

四—〇六〇 民国二十七年一月十五日萧洪兴租房屋字

租字

立租字人蕭洪兴，今租到
熊兴祥寶號名下房屋壹棟，後樓壹層。憑保言定，每月租金洋弍元整。按月交清，不得短少分文。恐有上漏下濕，一概（居）〔俱〕归房東修理。恐口無憑，立此租字壹帋為據。

民国弍拾柒年新正月拾五 日 肖洪兴 立

当付押租洋五元。

憑保人 秦大兴宝號

〔一〕「〥」即「五」。

〔二〕「陽月」应为农历十月。

四一〇六一　民国二十七年四月十五日郑本柏租房屋字

租字

立租字人鄭本伯，今租到

熊興祥宝號名下熊氏碼頭正街門面壹棟，請凴中人胡宏蒤説合，每月租金洋捌元正，按月交清，不得短少分文。上漏下濕，均归房東修理。恐口無凴，立此租字為據。

當付押租洋叁拾元正。

凴保人　胡宏蒤　画押

民国二十七年陰四月拾五日　立

四一〇六二　民国二十七年八月一日孟鸿爽租基地字

租字

立租基地字人孟鴻爽，今租到

熊興祥上塲基地壹丈□□。三面言定，每月租金肆角，按月交清。当付押租式元文整。日後东家要地，爽敢緊擇屋归趙。每月錢不短少，後来字不执留。恐口無憑，立此租字壹帋為據。

中華民國廿七年戊寅夏曆捌月初一日　字

凴保人　熊源泉　雷震　先生

五 典当借贷等契约

五—〇〇一 乾隆四十五年二月十六日熊国豫等合开典铺合同〔一〕

合同

立合同人熊國豫、章開元，因意氣相投，合夥在彭市河開立同泰典舖，請 帖商名章同泰。當日，熊出本銀叁千兩，章出本銀肆千兩，議定以伍百两作壹股，共计銀分拾四股為本金分受，又人分壹股，為典内管事分受。一切店租、客俸、伙食、襍項，俱在公支销開賑，眼同結算，不淂私有支借，務守成規，以圖久遠。書此合同弍帋，各收一帋，永遠為據。

憑 黄秀光 成吉英

乾隆四拾五年二月十六日 章開元 熊國豫 仝立

〔一〕钤有朱文「章日新號」印五方，另有朱文方印一方。

五—〇〇二 乾隆五十三年二月一日章日新拨字〔一〕

拨字

立撥字人章日新，因毛家場同昌典七股合開，章日新名下有貳股，每股連本銀、架貨、贯頭、餘利，共該存銀貳千貳百伍拾兩整。今憑中羅玉序三爹說合，情願撥壹股與熊永興頂開。熊永興照股出备銀貳千貳百伍拾两整，係日新親手收訖，合同一併交出。自撥之後，任從熊永興管收，聽其自便，不與日新相干。恐後無憑，立拨字□據。

凴中 陳遠旃 羅玉序

乾隆伍拾叁年二月初一日 章日新號 立

五—〇〇三 嘉庆二年一月六日熊益泰号会票一〔二〕

益泰凴票會到

〔一〕钤有朱文章日新号方印一方。

〔二〕钤有朱文熊益泰号方印一方，益泰图书三方，另有经收人私印一方。

思永堂八姪名下元絲銀貳仟兩整，言明長年共加利銀壹伯陸拾兩正，其銀期約次年正月對日交還不爽。此抝。

凴會　孫四相公

經收　叔淡村

嘉慶弍年正月初六日　熊益泰号　會票　立

五一〇〇四　嘉庆二年一月六日熊益泰号会票二〔一〕

益泰凴票會到

思永堂八姪名下元絲銀叁仟兩正，言明長年共加利銀貳伯肆拾兩正，其銀期約次年正月对日交還不爽。此抝。

凴會　陳時兄

經收　叔淡村

嘉慶弍年正月初六日　熊益泰号　會票　立

〔一〕鈐有朱文熊益泰号方印一方，益泰图书三方，另有经收人私印一方。

五一〇〇五　嘉庆二年二月十五日熊永兴拔字〔一〕

立撥字人熊永興，今因毛家場同昌典□七股合開，永興名下一股本銀、架貨、貫頭、餘利□，今凴恒原凌五新爷、章日新三老爷，情願撥与家□開陽，出備元系弍千五百两，係永興親手收訖。合同一併□交出。自撥之後，任從開陽管收，聽其自便，□不与永興相干。恐後無凴，立撥字為據。

凴中　章日新　凌恒原

□慶二年二月十五日　熊永興錢店　立

五一〇〇六　嘉庆五年八月二十六日胡蕙园会票一〔二〕

立會票胡蕙園，今會到

熊益泰名下口平元銀叁伯兩整，言定每两每月加壹分行息，期約次年捌月二十六日還銀取票，不得短少。此據。

凴會　程沛田

〔一〕鈐有朱文永兴钱店方印一方。

〔二〕鈐有朱文印三方。

嘉慶伍年捌月二十六日　立　票

五一〇〇七　嘉庆五年八月二十六日胡蒕园会票二〔一〕

立會票胡蒕園，今會到

熊益泰名下口平元銀貳伯两整，言定每两每月加壹分行息，期約次年捌月二十六日還銀取票，不得短少。此據。

凴會　程沛田

嘉慶伍年捌月二十六日　立　票

五一〇〇八　嘉庆六年十二月十六日郑封五会票

會票

立會票字人鄭封五，今會到

熊興祥宝號名下口平元銀伍拾捌两整，言定每月加壹分弍厘行息，限至次年冬月内楚結，不得短少分厘。立此會票為據。

凴　楊虞風親家

〔一〕鈐有朱文印二方。

嘉慶六年蚀月十六日　封五　筆

信行

五一〇〇九　嘉庆七年九月十六日陈君佩会票

會券

立會票陳君佩，今會到

興祥寶號名下口平元絲銀叁伯两，當日言定每月每两弍分行息，期約對年本利楚结，不淂短少。今欲有凴，立此會票一纸為據。

凴保　家時亮侄

嘉慶七年九月十六日　陳君佩　筆

五一〇一〇　嘉庆九年十一月一日章日新号会票一〔一〕

券

日新號凴票會到

熊思永堂元絲銀弍千两整，言定長年共加息銀貳伯捌拾两正，

〔一〕鈐有朱文章日新号方印三方。

期訂對年交還不爽。此照。

經收　章德輝

嘉慶九年冬月初一日　章日新號　立

五—〇一一　嘉庆九年十一月一日章日新号会票二〔一〕

日新號憑票會到

熊思永堂元絲銀弍千兩整，言定長年共加息銀弍伯捌拾兩正，期訂對年楚還不爽。此照。

經收　章德輝

嘉慶九年冬月初一日　章日新號　立

五—〇一二　嘉庆九年十一月一日章日新号会票三〔二〕

券

日新號凴票會到

熊思永堂元絲銀弍千兩整，言定按月每两壹分行息，期约次年式三月楚還不爽。此照。

經收　章德輝

嘉慶九年冬月初一日　章日新號　立

〔一〕鈐有朱文章日新号方印三方。

〔二〕鈐有朱文章日新号方印三方。

五—〇一三　嘉庆九年十一月一日章日新号会票四〔一〕

券

日新號凴票會到

熊思永堂元絲銀弍千兩整，言定按月每两壹分行息，期约次年式三月楚還不爽。此照。

經收　章德輝

嘉慶九年冬月初一日　章日新號　立

五—〇一四　嘉庆九年十一月一日章日新号会票五〔二〕

券

日新號憑票會到

〔一〕鈐有朱文章日新号方印三方。

〔二〕鈐有朱文章日新号方印三方。

熊思永堂元絲銀弍千两整，言定長年共加息銀弍伯捌拾两正，期訂對年楚還不爽。此照。

經收 章德輝

嘉慶九年冬月初一日 章日新號 立

五一〇一五 嘉庆十年三月二十一日张昆田会票

券

憑票會到

熊興祥寶號元丝銀壹千弍百两整，當日議定每月每两八厘行息，期约次年三月一並楚還。此據。

憑 夏二太爷

嘉慶拾年三月廿一日 張昆田 具

五一〇一六 嘉庆十一年三月一日章宁远号推典字

立推典字人章寧遠號，於

嘉慶四年九月拾五，仝熊興祥號合夥在府場開立致祥典壹座。今因移業就業，於〔一〕嘉慶拾壹年叁月初壹日，憑原中将典中本利結算，章分下捌股本利收訖，推与熊興祥號一人承開。自推之後，章人無分，日後子孫不淂異言。今恐無憑，立推字為拠。

憑中 羅雄翁 陳時翁 程立翁

嘉慶拾壹年叁月初一日 寧遠號 立

五一〇一七 嘉庆十二年三月二十五日刘永成欠字〔二〕

立欠字劉永成，今欠到

熊興祥寶號名下元銀肆伯两正，承情言定無利，明年陸續歸還不爽。此據。

憑 陳月舫翁

嘉慶拾弍年三月弍拾五日 永成 立

〔一〕此处留有空白。

〔二〕钤有朱文永成图书方印三方。

五—〇一八　嘉庆十三年四月三日熊秉衡凭票

券

立憑票熊秉衡，今會到
興祥號家八弟名下紋銀弍百两整，言定每月每两加壹分五厘起
息，限至次年二月對日本利交還不爽。此據。
憑保　家希吕弟
嘉慶十叁年四月初三日　秉衡　親筆

五—〇一九　嘉庆十四年三月十五日熊秉衡会票

券

立稟熊秉衡，借到
興祥號家八弟名下紋銀壹伯两整，言定每月每两加乙分五厘行
息，至本年胐月对日本利交還不爽。此據。
浼　希吕大弟
嘉慶十四年三月十五日　秉衡　親筆

五—〇二〇　嘉庆十四年五月一日胡西林会票〔一〕

券

胡西林
胡西林浼會票到
熊興祥寶號攱〔二〕　到底青錢弍伯串整，當議定按月加壹分五
厘〔三〕　行息，期約本年九十月（肉）〔内〕本利交還不爽。
此拠
浼　陳月舫叔
嘉慶十四年五月初一日　西林　立

五—〇二一　嘉庆十六年五月十一日胡吉人会票

券

浼票會到
葵園八兄口平紋銀伍百两整，言明每月壹分貳厘行息，本年

〔一〕 钤有朱文西林图书印三方。
〔二〕 「攱」即「九九」。
〔三〕 此处数字有修改。

十一月本利齊清。此據

憑保　金立堂二兄

嘉慶十六年五月十一日　胡吉人　具

五—〇二二　嘉庆十六年十二月十一日陈海岑会票〔一〕

會券

立會票人陳海岑，今會到

熊葵園八叔名下口平紋銀伍佰兩正，言定每月每兩壹分叁厘行息，期约十八年對月本利一併還清，不得短少。此據

憑　家時亮大兄

嘉慶十六年十二月十一日　陳海岑　親筆

〔一〕钤有朱文海岑方印四方。

五—〇二三　嘉庆十七年一月十七日刘海树会票

券

憑票會到

興祥實號岳口平紋銀壹仟貳〔一〕伯兩正，言定每月壹分貳厘起息，期约對年對月本利一併歸還不爽。此據。

平色各計

經手人　劉海樹

見會人　蔣辭六

金香樹

嘉慶十七年正月十七日　劉海樹　筆　画押

〔一〕此处数字有修改。

五—〇二四　嘉庆十七年五月三日鄢半轩会票

立會票人鄢半軒，今會到

葵園尊弟名下白銀伍拾兩整，言定每月壹分陸厘行息，限至次年五月本利一並楚結。此據

憑保人　何魯泉

嘉慶十七年五月初三日　半軒　筆

五—〇二五　嘉庆十七年九月二十七日陈毅庵借字

券

立借字人陳毅菴，今借到

熊八弟名下紋銀弍十〔一〕两，每月每两二分行息，言定次年

還，三月還清，不淂短少。此據。

凴　叔慶三弟

嘉慶十七年九月二十七日　毅菴　筆

五—〇二六　嘉庆十七年十二月二日谭蔼堂借字

券

立借票人谭藹堂，今借到

興祥實號口平紋銀弍千肆百两，每月八厘起息，限三年清還。

此據。

凴　程旭航六兄　鳳千七弟

嘉慶十七年朏月初二日　立

〔一〕此处数字有修改。

五—〇二七　嘉庆十八年三月二十一日刘永成欠字〔一〕

立欠字人劉永成，因前此曾借

熊興祥實號本銀甚多，除還過銀两及房産、衣服、綢貨抵償

外，尚欠元銀四千九伯七拾两。寔因生意淡薄，一時不能歸

結。無奈請中羅傑堂太爺　劉篤菴老爺等再三懇情求寬，所欠之銀自　嘉慶

十九年年底起，以作十年，陸續楚結本銀。自蒙允情之後，再

不得短少。恐口無憑，立此欠字一紙存証。

言定每年還銀五伯两正，作十年還清。

憑中　羅傑堂太爺　劉篤菴老爺

劉用和仝子雯若　經手

嘉慶十八年三月廿一日　立欠字　劉永成　具

〔一〕鈐有朱文永成图书方印三方。

五—〇二八　嘉庆十八年五月二十四日谭藹堂借字

券

立借票谭藹堂，今借到

興祥宝號口平紋銀壹千叁百两，一分起息，限三年内清還。此

據

憑　程旭航六兄
　　鳳千七弟

嘉慶十八年五月廿四日　立

五—〇二九　嘉庆十八年七月十六日龔茂盛弟兄欠票〔一〕

欠票

立欠票人龔茂盛弟兄，因去歲借到

熊興祥寳號本青錢弍伯串正，今懇情讓息，只付還本錢壹伯弍十串正，下餘捌拾串，作三年陸續楚結，取票不悮。恐後無

憑，立此欠票一纸為拠。

憑　陳月舫二爹

嘉慶十八年七月十六日　龔茂盛号　立

〔一〕鈐有朱文龔茂盛号方印四方。

五—〇三〇　嘉庆十八年十月二十六日陈循本会票

會票

立會票陳循本，今會到

熊興祥寳號口平紋銀壹伯两整，言定每两每月壹分陸厘起息，

限至次年四月内本利一並楚結。此照。

居間　程大叔

嘉慶拾捌年十月二十六日　立會票　陳循本　筆

五—〇三一　嘉庆十八年十一月二十日吴楚衡会票〔一〕

会票

〔一〕鈐有朱文春和槽坊方印四方。

立會票字人吳楚衡，今會到
熊八老爺名下西紋銀貳伯兩整，三〔面〕言定，每月乙分八厘
行息，限至次年五月内完銀取票。恐口無憑，立此票為據。

憑 熊希吕大新爺
金綵雲五新爺

嘉慶十八年冬月廿日 春和槽房 立

五—〇三二 嘉庆十八年十二月十一日孙梅臣借字

立借字孫梅臣，借到
熊興祥寳號青錢叁拾串，言定每月壹分行息，限至次年還錢取
字。此據。

嘉慶十八年十二月十一日 梅臣 筆

五—〇三三 嘉庆十九年二月一日陈时亮会票

憑票會到 陳時亮
興祥寳號元絲銀柒伯伍拾兩整，言定每月五厘起息，期約對年
交還不爽。此據。

憑 劉叔勤三老爺
羅傑堂太爺
蔣芝坪二老爺
家毅菴叔

嘉慶十九年又二月初一日 陳時亮 具

五—〇三四 嘉庆十九年二月二日春和钱店欠字一〔一〕

券

立欠字春和錢店，今欠到
興祥寳號内記紋銀壹伯伍拾兩整，請憑戚友議定止利，以弍拾壹
年起，作五年分年交還。今欲有憑，立此欠字為據。

請憑 劉章亭三老爺
江吉人二老爺
羅傑堂太爺
蔣芝坪二老爺
馬敏卿二老爺
陳毅菴四太爺

經手 熊希吕
陳壽昌

嘉慶拾九年貳月初弍日 春和錢號 立

〔一〕鈐有朱文春和钱号印二方。

五—〇三五　嘉庆十九年二月二日春和钱店欠字二[一]

券

立欠字春和錢店，今欠到

興祥寳號紋銀叁仟兩整，請憑戚友議定止利，以式拾壹年起，作五年分年交納。今欲有憑，立此欠字為據。

請憑　劉章亭三老爺　江吉人二老爺　羅傑堂太爺　蔣芝坪二老爺　馬敏卿二老爺　陳毅菴四太爺

經手　熊希吕　陳壽昌

嘉慶拾玖年貳月初弍日　春和錢號　立

〔一〕鈐有朱文春和钱号印二方。

五—〇三六　嘉庆十九年二月二日陈作仁会票

陈作仁

券

憑票會到

興祥寳號元絲銀肆伯兩整，言定每月八厘行息，期約本年秋季交納不爽。此據

憑　台甫　羅傑堂太爺　蔣芝坪二老爺　馬二老爺　劉叔勤三老爺　家毅菴叔

嘉慶拾九年二月初二日　陳作仁　票

五—〇三七　嘉庆十九年二月二十六日陈时亮会票

陳時亮會票

憑票會到

興祥寳號名下元絲銀伍伯兩整，言定明年起每年还銀壹伯兩，五年楚结不悮。此據。

憑　孫懋芝叔

嘉慶十九年又二月廿六日　陳時亮　具

五—〇三八　嘉庆二十一年五月十三日周梦草会票〔一〕

券

立會票人周夢草，今會到

熊興祥寶號妏〔二〕青錢式仟式伯伍拾串正，言定每月每串五厘起息，請憑 陳雲亭 程春圃 程光礼 鄭南軒 等說合，约定式拾六年到期，本利一並楚結，不得短少。今欲有憑，立此會票為據。

嘉慶式拾一年五月拾叁日　周夢草　立

〔一〕鈐有朱文位育钱号方印三方。

〔二〕「妏」即「九九」。

五—〇三九　嘉庆二十三年三月一日陈恒新行会票〔一〕

券

恒新憑票會到

興祥寶號放〔二〕錢叁伯串整，言定每月每串加息拾壹文，限至本年拾月清還。此據。

經收　陳符若

憑　劉叔勤三兄

嘉慶式拾三年三月初一日　陳恒新行　票

五—〇四〇　嘉庆二十三年十一月一日陈恒新行会票〔三〕

券

憑票會到

〔一〕鈐有朱文陈恒新行方印二方。

〔二〕「放」即「九九」。

〔三〕鈐有朱文陈恒新行方印三方。

興祥寶號青錢叁伯串整，言定每月每串加息壹拾壹文，期約次年三四月清完。此據。

經收　陳符若

计数放〔一〕

凴　孫四兄

嘉慶廿三年冬月初一日　陳恒新行　票

五—〇四一　嘉庆二十四年二月程石绪借字

立借字人程石緒，今借到

熊八叔名下青錢壹百六拾七串五伯五十文，其錢限至五年交還，不淂短少。今恐無凴，立此借字為拠。

凴　孫五叔　涂明翁

嘉慶弍拾四年二月　親筆　立

〔一〕「放」即「九九」。

五—〇四二　嘉庆二十四年四月一日陈恒新行会票〔一〕

券

凴票會到

興祥寶號青錢叁伯串整，言定每月每串加息壹拾壹文，期约冬月清還。此據。

凴　孫睿明大姪

嘉慶廿四年四月初一日　陳恒新行　票

五—〇四三　嘉庆二十五年十月五日金笏山会票〔二〕

立會票人金笏山，今會到

會票

熊興祥寶號名下紋銀伍伯两正，言定壹分弍厘行息，限至明年對月完銀取字，不淂短少。今恐無憑，立此為據。

凴　劉午亭二叔

〔一〕鈐有朱文陈恒新行方印二方。

〔二〕鈐有方印三方。

嘉慶二十五年十月初五日　笏山　筆

五—〇四四　嘉庆二十五年十月十五日董建章欠字〔一〕

欠字

立會〔二〕字董建章，今欠到

熊興祥寶號抆〔三〕錢柒伯伍拾千正，當凴中言定承情讓利，

限期三年内陸續交還。今欲有凴，立此為據。

凴中　邱榮階大新爺　金信成三新爺

嘉慶二十五年十月十五日　三備錢號　立

五—〇四五　道光八年十一月八日同昌钱庄借字〔四〕

凴票會到

〔一〕钤有朱文三备钱号方印。

〔二〕「会」字为正行右侧添加。

〔三〕「抆」即「九九」。

〔四〕钤有同昌胡记朱文方印章二方。

熊興祥寶號京平纹銀壹伯捌拾柒两五錢，言明每月弍分行息，

期約来年楚结不悮。

凴　楊少老爺

道光八年十乙月初八日　同昌錢庄　立

五—〇四六　道光八年十二月二十六日夏楚畹借字

立借錢字人夏楚畹，今凴保人許杏山借到

熊葵園兄名下抆錢壹百串正，言定照月壹分伍厘行息，限次年

朏月對日〔一〕本利一並交讫，不淂短少。此據

凴　许杏山

道光八年十二月廿六日　楚畹　筆

五—〇四七　道光九年四月三日安益源典等合开典铺合同

立合同字人熊篤叙堂、安益源典 安義盛號，今因熊篤叙堂于道光六年十二月頂買天

〔一〕「對日」为正行右侧添加。

邑北関安隆裕典舖生理，更名熊玉祥，請帖開張。適值熊、安两家意氣相投，當年凴中説合两家合夥，熊篤叙堂出本紋銀貳萬肆仟两，安義盛號出本紋銀貳仟两，益源典出本紋銀壹萬两，共成典本岳口平紋銀叁萬陸仟两整。三面言定，以銀貳仟两為壹股，合成銀分拾捌股，熊姓拾貳股，安姓陸股。另立人分陸股，以備管事者之俸，俸之大小，随材酌定。俟淂利之日，按股分派。至每年所淂毛利，除官费、房租、火食、雜用、眾夥客俸在公支销外，東夥不准擅自私用。此係同心同德，利害與共，咸秉公正，以圖久遠。書此合同四紙，各執壹紙，典存壹紙為據。另立典規拾條，開列於後，永為章程。

一、典帖交熊篤叙堂收存。

一、銀分拾捌股外，立人分五股，熊姓上班人分貳股，篤叙堂督辦典事人分壹股，安姓上班人分貳股。又另立壹股，以備典夥有老成稳妥者，随材酌與承頂，或半股或叁肆厘不等，均在此壹股内分派。由此類推，寧缺毋濫，総不淂逾人銀貳拾肆股之数。将来淂利，除典内火食、客俸、官费、房租以及原買家具，並逐年添補家具、一切雜用外，按股分利。但淂利多寡不

一、年分遠近均難預定。每股人分每年只許暂支銀壹伯两，以敷家用。頂半股及幾厘者，亦按分大小支用。俟分賬時結算，先行扣抵。興隆之日或有去留，所有典内架貨，縁當日頂買隆裕典，曾去贯利，係東夥公眾填满，無容再議。只據現存架本，照原頂贯貳元銀起架利抽給。至家具、食物等項，與人分無涉。夥之兄弟子孫，不淂相袭承頂。至上班夥计，或有去留，未便載入合同，另立人分賬存典，以憑清算。

一、典中銀錢，凡我夥计俱不准私行借支。克己方足以服人，東家尤宜引嫌自重。

一、典本原係紋銀，每年年総除支销外，凡架上當本，照原頂銀價每串作口平絲紋銀玖錢肆分；現存錢，照原頂錢價每串作口平紋銀捌錢柒分扣算。

一、典内號架、家具等項，係熊篤叙堂出紋銀捌伯两頂買，今撥付玉祥典公用，價銀存在典賬。

一、東夥原期永遠興隆淂利，不限年分，以積累至典内不須會票之日為满，方准開分提利，按股均分。

一、将来如有不願合貿、抽提本銀者，所有典存當貨架本，無論時價贯利折頭之高低，俱照原頂贯貳元銀，每两作口平紋銀玖錢肆分；現存錢，照原頂錢價，每串作口平紋銀捌錢柒分扣算。

一、夥计沾受人分大小，東家公同酌定，必須其人老成稳妥、鼎力辦事，不淂徇私濫頂，亦不准開立空分。

一、人分夥计告假歸家，准給盤费紋銀貳拾两。歸家之日付銀拾两，到典拾两，出典公賬。平時不淂擅自離典，即歸家两年，必須届期来典，不淂久住在家。

一、上班人分整股，只准〔一〕四人分設，兩正兩副。在典上班者，壹正壹副兩人。以兩年為壹班，又於壹班之中壹年更換壹人，輪流歸家，庶使典事熟習，公私兩便。

憑中　吳雲階　汪立三　王錫桓　張燮堂　牛長春　並代書

第叁號

道光九年歲次己丑四月初三日　公立

第壹號存篤叙堂　第叁號存益源典

第貳號存義盛號　第肆號存玉祥典

五—〇四八　道光九年八月二十日熊柏亭等合开典铺合同〔二〕

立合同字兄柏亭、弟葵園、姪光瀛，今因本鎮上街德豐典歇業，兄弟商議合夥頂開，帖名熊益祥。當日柏出本紋銀捌千兩，葵出本紋銀捌千兩，瀛隨出本紋銀肆千兩，共成實本口平紋銀弍萬兩，廿申成元絲銀弍萬弍千弍伯弍拾弍兩弍錢弍分弍厘弍毫。公議以紋銀肆千兩為一股，柏名下弍股，葵名下弍股，瀛名下壹股，將来獲利，照股均分。所有添補號架、家具以及一切房租、客俸、火食、雜用，俱在公支销，典帖存葵園手。議立典規八條，開列於後，後世子孫務遵成規，以圖久遠。立此合同三紙，各執一紙為據。

一、典中銀錢不准私行借支，克己方足以服人。

一、生意原期永遠興隆得利，不限年分，以積累至典内不須會票之日為满，方准提利，按股均分。

一、管事夥计必須其人老成稳當，公同酌定，不准徇私。

一、本典出貨，凡我伯叔兄弟以及家下人等，皆不准銷號。

一、典中號架、家具等項，係紋銀五伯兩頂買，付典公用，存在典賬。

一、典本原係紋銀，以廿申成元絲。今議定以後無論錢價之大小，凡架本暨現存錢，均以每錢壹串作元銀壹兩存算，以歸畫一。此次頂買德豐架貨，每當本錢壹串去紋銀玖錢柒分陸厘，廿申成元銀壹兩零捌分肆厘零。兹以元銀壹兩作架本，捌分肆厘零作贯利，俟将来填满贯利，然後算利注明典賬，以憑清算。

一、将来子孫蕃衍，設有分東家，人人管事，必至各逞臆見，典中無所適從。今議定嗣後無論入本股分之大小，當擇子弟中之賢而有力者一人總理典事。其人既賢而有力，必體先人孝友

〔一〕「只准」二字分別加有方框。

〔二〕鈐有朱文益祥典印五方。

之意，秉公照料，不至較量錙銖，故不籌與客俸。凡典中會票出入以及一應事件，俱當與典中管事商定然後行。典中管事雖不准擅專，然總理之東家亦不得任性獨行。若有私弊，許有分伯叔子弟公同議罰。

一、将来子孫如有不願合貿、抽提本銀者，所有典存當貨架本，無論時價貫利折頭之高低，俱以每架本錢壹串作元銀壹两貫弍加利，得業者垫給。至號架、家具照原頂價剖價，現存錢亦照股均分，後世子孫毋得任意争執。

四月十八日開市，八月二十日掛牌。

憑 希吕大弟

孫甸南 書

第壹號

道光九年歲次己丑八月二十日 益祥典 公立

第壹號存柏亭手

第弍號存葵園手 第叁號存光瀛手

五—〇四九 道光九年十一月十二日程柱灿借字

憑票借到

坤元槐记奺〔一〕錢五十串整，當日言定每月每串二分行息，期約次年對十月對日完錢取字不爽。此據。

憑保 柱鰲弟

道光九年冬月十二日 程柱燦 立

五—〇五〇 道光十年三月十八日开第借字

立借字人開第，今借到

坤元號玖玖青錢四十串整，当日言定每月弍分行息，限至十月拾捌日完錢取字，不得短少分文。今恐無憑，立此借字一帋為據。

憑 祖

道光十年三月拾八日 開第 筆

五—〇五一 道光十年九月十二日义茂超记借字

憑票會到坤元公記青錢弍伯五十串，言定每月一分起息，限明年四月度期本利〔二〕一併完清。此拠。

〔一〕「奺」即「九九」。

〔二〕「本利」二字为正行右侧添加。

道光十年九月十二日　義茂超记　立

五一〇五二　道光十年九月二十八日曾章贤借字〔一〕

借券

曾章賢

立借字人曾章賢，今借到

厚久寳號名下青錢弍拾串文整，言定每月弍分五厘行息，不得（矩）〔短〕少分文，限至次年九月楚結。如逾限期不到，將九年十月二十日所立田〔二〕約丈〔三〕量投税，收粮過户，無滒異説。立此為拠。

憑保　劉應鰲大伯

道光十年九月二十八日　章賢　筆

五一〇五三　道光十一年六月十二日陈良庆等会票

券

〔一〕钤有印章一方。

〔二〕「田」字为正行右侧添加。

〔三〕「丈」字为正行右侧添加。

立會借字人陳良慶 何楚玉 周見思 周之璠 傅兆玉 鄭孔揚，今會借到

熊興祥寳號旇〔一〕青錢貳千串，言定按月壹分行息，期約至拾月内一併清還，不致遲悮。立此為據。

經手　鄭孔揚　周之璠　何楚玉

道光十一年六月十二日　會借字人　筆

五一〇五四　道光十一年九月四日熊元绍借字

立借錢字人熊元紹，今凴保借到

增祥典内青錢敚〔二〕通貳拾串，三面言定，加三行息，限至次年四月本利交还，不滒短少。恐口無凴，立此借字為証。

道光拾乙年九月初四日　立借字人　熊元紹

父光柱　代筆

〔一〕「旇」即「九九」。

〔二〕「敚」即「九九九」。

五—〇五五 道光十一年十一月十日王大璠借字

立借字人王大璠，今借到
厚久寶號奺〔一〕錢拾串文正，言定每月弍分五厘行息，限次年九、十月清还。如逾限不还，即將仝日所立约拋投税。恐口無凴，立此為拠。 凴 譚小老爷
道光十一年冬月初十日 璠 筆

五—〇五六 道光十一年十一月十日熊九皋借字

立借錢字人熊九皋，今凴保
陈世文
郭煇遠 借到
張子厚名下青錢拾伍串，言定弍分行息，限至次年本利楚结，勿得短少。恐口無凴，立此為拠。
道光十一年冬月初十日 立

〔一〕「奺」即「九九」。

五—〇五七 道光十二年一月五日熊光瀛抽本分伙字

光瀛抽益祥典本字
立抽本分夥字光瀛，前於道光九年〔一〕大伯父入本弍股，纹银八千两；〔二〕八叔父入本弍股，纹银八千两；光瀛入本一股，纹银四千两，合成五股，共本纹银弍萬两，書立合同三紙為據，顶買岳口上塲德豐典架貨，開设益祥典。貿經三載，水災频仍，典中無利。瀛情願將己分一股生意賣與〔三〕八叔父名下為業，請凴〔四〕希吕大叔、芑泉大兄作中說合，應照典規每架本錢一串作元銀一兩，貫弍起利九兑纹銀，公同清算，截至十一年十二月底止，一應除訖。按照典賬，以五股分派，每一股典本纹銀四千两，應分架利纹銀陸伯五拾六两八錢弍分。〔五〕八叔父出備纹銀四千两，又塾加架利纹銀六伯五拾六两八錢弍分，凴中交付光瀛領訖。嗣後典中生意利害不與光瀛相干，永無異說。恐後無凴，立此抽本分夥字為據。
合同附繳清单存典

〔一〕此处留有空白。
〔二〕此处留有空白。
〔三〕此处留有空白。
〔四〕此处留有空白。
〔五〕此处留有空白。

道光十二年正月初五日　光瀛　筆

五一〇五八　道光十二年七月二十六日王鹿坪借字

憑票借到

興祥寶號攷[一]錢伍拾串正，言定加一分二厘行息，期約次年冬月本息一並楚结。此照。

居間　劉孝長

道光十二年七月廿六日　王鹿坪　字

五一〇五九　道光十二年十一月二十九日蕭致庵会票

立會票字人蕭致菴，凴保熊三相公會到[二]增祥典九九典錢壹伯串正，言定每月每串加壹分五厘行息，限至次年拾月本利交还，不淂短少分文。此拠。

道光拾弍年冬月廿九日　蕭致菴　筆

〔一〕「攷」即「九九」。

〔二〕此处留有空白。

五一〇六〇　道光十二年十二月十二日秦炳玉借字

立借錢字人秦炳玉，今憑保借到

增祥典青錢五串，言定二分行息，限至次年二月还錢取字。

中人　文其昌

道光十弍年十二月十二日　字

五一〇六一　道光十二年十二月十二日熊永顺号会票

券

憑票會到

坤元寶號青錢捌拾串正，按月壹分陆釐行息，期至明年拾冬兩月到日本利楚結。此據。

道光拾弍年臘月十二日　侄亨彙經手　熊永順號

五一〇六二　道光十二年十二月二十日別昆墟借字

立借字人別崑墟，今借到

熊興祥寶號攰〔一〕錢貳拾串整，每月二分行息，限至次年秋收後本利清结。恐後無憑，立此為據。

憑中 胡遠亭

道光十二年臘月二十日 崑墟 筆

五—〇六三 道光十二年十二月二十五日熊爱周借字

熊愛周憑票借到

興祥㕍记寶號效〔二〕青錢拾串正，言定弍分生息，限至次年冬月還錢取票。此照。

道光拾弍年十二月二十五日 具

五—〇六四 道光十三年二月二十四日杨恒新衣店交单〔三〕

議单

立交单字人楊恒新衣店，今議到

〔一〕「攰」即「九九」。

〔二〕「效」即「九九」。

〔三〕契中钤有朱文恒新衣庄印三方。

增祥寶典春盤月盈辰昃宿列陸字架貨一並在內，當面〔一〕言定每串當本捌五拆攰〔二〕典錢扣算。又外每串加小貫伍文。其錢现交伍伯串，下餘陸續付還。定期本年八九兩月一概交清，其錢包送寶典。恐口無憑，立此交单為據。

中人 李文署 胡秉廉

經手 汪燮芝

道光十三年二月二十四日 恒新衣庄 立

五—〇六五 道光十三年三月十八日信昌号会票一〔三〕

券

信昌憑票會到

益祥寶典名下效〔四〕典錢五百串正，言定每月每串拾文行息，期約冬月内交還不爽。此據。

經收 駱羣望

〔一〕「当面」为正行右側添加。

〔二〕「攰」即「九九」。

〔三〕契中钤有朱文信昌字号方印五方。

〔四〕「效」即「九九」。

道光拾叁年三月十八日　信昌字號　立

此係信昌上年到期未還之票，今憑別玉田 饒韵山 胡文亮 郭培菴 熊箫舲 等議定，以道光十五年起，分作六年還清。每年九冬两月，還錢捌拾伍串正。至道光廿年止[一]共還錢伍伯壹拾串正，還清繳票。

道光十四年二月廿二日　批

五—〇六六　道光十三年三月十八日信昌号会票二[二]

券

信昌憑票會到

嘉祥實典名下敹[三]典錢五百串正，言定每月每串拾文行息，期約冬月内交還不爽。此據。

經收　駱羣望

道光拾叁年三月十八日　信昌字號　立

此係信昌上年到期未還之票，今憑別玉田 饒韵山 胡文亮 郭培菴 熊箫舲 等議

〔一〕「止」字为正行右側添加。

〔二〕契中鈐有朱文信昌字号方印五方。

〔三〕「敹」即「九九」。

定，以道光十五年起，分作六年還清。每年九冬两月，還錢捌拾伍串正。至道光廿年止，共還錢伍伯壹拾串正，還清繳票。

道光十四年二月廿二日　批

五—〇六七　道光十三年七月十日杨恒新衣店交单[一]

立交单字人楊恒新衣店，今議到

增祥實典秋盤陸字架貨一並在內，當面言定每串當本捌五拆敹[二]典錢扣算。又外每串加小貫伍文。其錢於冬月陸贖归款，下馀叁仟串，明年三月交清，錢送實典。恐口無憑，立此交单為據。

中人　李文畧 胡秉廉

經手　楊湘帆

道光拾叁年柒月初拾日　立

〔一〕契中鈐有朱文恒新衣店印四方。

〔二〕「敹」即「九九」。

五—〇六八　道光十四年一月十日兴祥号收票〔一〕

憑票收到程六大姑在日所交本銀，今與程六兄清算，除所用外，截至道光十四年正月初十日止，尚存本纹銀叁伯弍拾兩整。言定至十五年對月日，共加利纹銀弍拾捌兩捌錢不爽。此據。

此票交程星垣轉呈　旭航六兄手

道光十四年正月初十日　熊葵園　字〔二〕

〔一〕契中钤有朱文圓印五方。

〔二〕此处钤有兴祥号朱文方印一方。

五—〇六九　道光十四年二月十八日安益源典等分拨字

立分撥字安益源典義盛號，自道光七年正月起，熊篤叙堂出典平漢票色纹銀貳萬肆千兩，益源典義盛號出典平漢票色纹銀壹萬貳千兩，合夥顶買天邑北關隆裕典架貨，新開玉祥典。原期永遠興隆，利害與共，不料三年水災，典貿虧折，益源義盛兩號不願合貿，請憑安爾让、孫梅承、程元恺、潘宗玉、宋景元、曹皇秩等説合清算，以十三年终為止處，令開除聚昌號陳福安等塌賬，俟日後收淂若干，按股攤分，信當四折扣錢，田價五折扣錢，現存錢並外借錢、穀、麦等錢俱作八折纹銀扣算。外將玉祥典平當架貨交付熊篤叙堂承受，照合同所載，原議每串架本九四折纹銀、貫二加利。凡属玉典一應貨物、銀錢、會票、家具，缮載清单，俱係熊府塾銀摊分。所有益源義盛兩號當日所入典本纹銀壹萬貳千兩，以及人銀捌股應分貫利，一併收清。自抽本以後，玉祥典架貨並家具、號架等件，俱付熊府管業，將来生意利害不與益源義盛兩號相干。此係彼此情願，並將合同繳销，兩無異說。恐口無憑，立此分撥字為據。

安爾讓　代書

道光十四年二月十八日　立

五—〇七〇　道光十四年三月十日杨望亨等借字

立借券人黄沙垸圩長楊望亨、刘克瑚、胡全友、左尚玉，李上珍、馬文玉、左　琳、馬瓊英，今借到興祥實典奺〔一〕青錢弍百四拾串整，限至秋收如数归還。今

〔一〕「奺」即「九九」。

恐無憑，立此借券為據。

憑保 饒士模 彭懋修 鮮作霖 張省齋 吳逢元

道光拾四年三月初十日 立 抄存

五一〇七一 道光十四年十一月二十二日周翰如借字

借票

立借票字人周翰如、保人陳良慶，原借到熊興祥實號攵[一] 通錢弍千串，内除還過錢叁百串，尚欠錢壹十七百串。再三挽說，分作六年還清。以道光十五年為始，每年歸還錢弍百八十三串三（日）［百］卅三文，按年自必如数楚結，不得短少。此據。

道光十四年冬月廿二 日 周翰如 画押

〔一〕「攵」即「九九」。

五一〇七二 道光十四年十一月二十五日屠可如等合开典铺合同[一]

立合同屠可如、熊葵園，今因天邑皂市華麓門舊有典基一所，適值屠、熊意氣相投，情願合夥開立豐樂典舖。當議定，屠出本垞[二] 通錢壹萬串，熊出本垞[三] 通錢壹萬串，共成典本錢貳萬串整。以本錢貳仟串為一股，屠名下五股，熊名下五股，合成本錢十股。又另立人分三股，以備典夥管事並管賬者之俸。俟得利時，按十三股分利。倘間有虧本之日，即将提利年分隨時酌展。此係同財合貿，自應利害與共，咸稟公正整，以圖久遠。書此合同二紙，各執一紙為據。典名屠豐樂，帖存熊葵園手。另立典規八條，開列於後。

一、两家本錢十股，又另立人分三股，以備典夥管事並管賬者之俸，隨材酌與承頂，或一股，或半股，或六七八厘不等，均在此三股内分派，総不得逾十三股之數。如人分只有二股，所缺一股仍係两家分得。由此類推，寧缺毋濫。

一、新開典舖貨少利薄，総需三年後纔能算利。每歲除官费、

〔一〕鈐有朱文丰禾典方印二方，另有朱文圓印四方。

〔二〕「垞」即「九八」。

〔三〕「垞」即「九八」。

房租、火食、家具以及眾夥辛俸並一切雜用外，所得寔利按股均分。但年歲豐歉不一，得利多寡不同，今酌定以開張之日起，初次三年一賬，後則定為兩年一賬，至期清算提利。惟人分夥計不能枵腹從事，每一股人分每年只准暫記錢壹伯串，以敷家用。頂半股及幾厘者亦照此例，按人分大小暫用。俟清算提利之日，先將暫記扣抵。

一、典中銀錢，無論東家、夥計，俱不准私行借支，克己方足以服人。

一、夥計沾受人分大小，两家公同酌定，必須其人老成穩重、鼎力辦事，不得狥情開立空分，所有私親更當避嫌。

一、本典既係以錢作本，凡有會票並典存銀兩，每歲年終俱照時價作錢存賬。至客俸等項，俱是用錢。

一、本典號架，無論何時置辦，俱照置本錄存典賬。至家具等件，以開張一年所置為度。去錢若干亦照本存賬，歸入寔存項下結算。至逐年添補零星器具，隨時支銷。

一、将来如有不願合貿、抽提本錢者，定以年終為界，所有典存當貨、架本，按照時價清算。至號架、家具等項，則照存本原價清算，以昭平允。

一、興隆之日，人分夥計或有去留，所有典内架貨無論時價貫利折頭之大小，俱照贯二起利抽給，以免臨時饒舌。不得於春夏秋满架之日，希圖清算取巧。至家具、食物等項，與人分夥計無涉。夥之兄弟子孫不得相襲承頂。另立人分賬存典，以凴清算。

道光十四年冬月二十五日　豐樂典　公立

又，道光十八年正月改議章程，凡人分夥計新進者不墊架利，告退者不起架利。每於算賬年分暨告退之日，只照現得利〔一〕錢分提。所有前議夥計或有去留，所有架貨照贯二起利之説，應行裁除。載明丁酉年〔二〕總清单，永為定規。此批。豐樂典。

五—〇七三　道光十五年一月十日熊葵园收据

凴票收到程六大姑在日所交本銀，今與　程星垣清算，除取用外，截至道光十五年正月初十日止，尚存本纹銀弍伯伍拾两整。言定至十六年對月日，共加利纹銀弍拾弍两不爽。此據

此票交　程星垣手

道光十五年正月初十日　熊葵園　字

五—〇七四　道光十五年七月十三日胡时泰收据

立收收字人胡時泰公，今收到

〔一〕「利」字为正右侧添加。
〔二〕「年」字为正行右侧添加。

篤敘堂熊名下本年差錢一並收清，此據。

豐典代付錢弍串三百八十四文。

道光十五年七月十三日

五一〇七五　道光十五年九月十四日程国荣〔一〕借字

程國榮會券

立借券程國榮，今借到

熊姨尊大人名下攱〔二〕錢四拾串正，當面言定，限三年還

訖，不湱短少。此據。

道光十五年九月十四日　姪程國榮　親筆

五一〇七六　道光十六年三月二十四日鄢新畬会票

鄢新畬

券

立會票字人鄢新畬畬，今會到

〔一〕「国」字后涂去一字，「荣」字为正行右侧添加。

〔二〕「攱」即「九九」。

熊興祥賓號口平纹銀弍拾两正，言明每月一分五厘行息，限至六

月内本利一並清還。恐無憑，立字存據。外佐錢壹串。

憑保人　李明階

道光十六年三月二十四日　新畬　筆

五一〇七七　道光十六年十二月十日光瀛会票

凴票欠到

八叔父名下纹銀叁千两正，言定每月每两四厘起息，其銀陆续

交還。立此存據。

憑　孫梅丞五叔

道光十六年十二月初十日　姪光瀛　立

五一〇七八　道光二十年八月五日刘学纯等借字

借券

立借字人劉學純、曾章富、柯國秀，甘金桂、黃金松、曾章賢，今借到

興祥寶號熊大老爺名下妏〔一〕青錢四十串整，限定本年秋收完半，次年全完，不得短少。恐口無憑，立此借字為據。

道光二十年八月初五日　龔半垸純富秀
桂松賢　仝具

五一〇七九　道光二十年九月十五日薛嘉序借字

立借字人薛嘉序，借到

熊八叔大人名下青錢十串，限至次年八月秋收本利交還，不得短少分文。此據。

道光二十年九月十五日　嘉序　筆

五一〇八〇　道光二十一年二月四日別珅借字

立借字人別珅，今借到

熊八叔名下九九錢五十串正。言定每月壹分六厘行息，限定本年十月内还錢取字，本利不至短少。恐口無凴，立此借券為拠。

凴保　劉思相一老爺

〔一〕「妏」即「九九」。

道光二十一年二月初四日　借

借券

五一〇八一　道光二十一年三月二十八日別珅借字

立借字人別珅，今借到

熊八叔名下青錢五拾串文。言定每月一分六厘行息，限至本年秋收本利还清，不得短少。今欲有凴，立此借券為拠。

凴保　劉思相一老爺

道光二十一年又三月二十八日　立

五一〇八二　道光二十一年九月三日熊澤南借字

立借票姪孫澤南，今借到妏〔一〕典錢肆拾串正，葵園八叔祖

大人閣下

言定每月壹分生息，限至次年朏月歸還。此照。

憑　孫梅丞五爹

道光二十一年九月初三日　具

〔一〕「妏」即「九九」。

五—〇八三　道光二十二年三月七日先典借字

券
绮秀堂

立借券人先典，今借到
篤叙堂名下攺〔一〕青錢貳拾串整，言定每月每串弍分行息，
期至本年拾月内完清。此據。
　凴　李堯蓂么爺
道光弍拾弍年三月初七日　先典　筆

〔一〕「攺」即「九九」。

五—〇八四　道光二十二年十月二十二日程谦六借字

立借錢字人程謙六，今借到
熊姨尊大人名下青錢壹佰串整，言定長年壹分行息，限至明年
秋收完納。此據。
　憑　良心
道光弍十弍年十月弍十二日　字

五—〇八五　道光二十二年十一月一日月波会票〔一〕

信行

立會票字月波，今面會到
家篤叙堂名下攺〔二〕青錢壹百串整，議定貳分行息，期約對
年楚結。此據。
道光二十二年十一月初一日　月波　筆

五—〇八六　道光二十三年一月十五日屠定福堂抽本字

立抽本字屠定福堂，因道光十五年二月屠問心堂與
熊篤叙堂各出本𬀩〔三〕通錢壹萬串，合成典本𬀩〔四〕通錢貳
萬串，在天邑皂市開立豐樂典舖。嗣　屠弟兄於廿一年分晰，
將典本撥於定福堂管業，至二十二年年終止，合貿八年。今因
路遠，定福堂照應不便，憑典友等議定，將本典架貨自道光貳

〔一〕鈐有朱文印二方。
〔二〕「攺」即「九九」。
〔三〕「𬀩」即「九八」。
〔四〕「𬀩」即「九八」。

拾年七月淡字號起，至貳拾貳年年終民字號止，共叁拾壹字，合計架本錢叁萬叁千貳伯六十串零八伯弍拾文。其本年春秋應出估衣，自淡字號起至皇字號止，共計當本錢壹萬壹千貳伯叁拾貳串七伯弍拾文，酌照皂鎮两典現在所出估衣貫一加利，作為每壹串加貫利錢壹伯文。其未滿限之架本錢貳萬弍千零弍拾捌串壹伯文，每壹串作加貫利錢壹伯伍拾文。衣庄殘貨以及上春所存棉花並包布，照現在行時扣算。已有虧短缺，俱照原數作為八折。所借外號銀票暨現存等銀，俱照時價作錢算賬。惟節年生意利薄，两家人分夥計除已分之利外，皆有長支。今既分夥，所有屠子亭長支錢壹伯五十串零，應歸定福堂算帳。潘耀亭、張舜臣長支錢壹千肆伯貳拾串零，應歸篤叙堂算帳。將一切細數載明議单，通體結算。屠定福願將豐樂典已分本利，出售與

熊篤叙堂名下承頂。所有屠定福堂名下本錢壹萬串，清算利錢貳千貳伯拾肆串五百柒拾玖文，俱係熊篤叙堂出備烂〔一〕通錢壹萬貳千貳伯拾肆串伍伯柒拾玖文，交付屠定福堂，如數收訖，繳出合同。自此之後，凡典中一應貨物、銀錢、會票、家具等件，俱不與屠定福堂相干。此係東夥三面言定，彼此永無異說。此據。

憑　潘耀亭　屠子亭
　　張舜臣　屠德崇

〔一〕「烂」即「九八」。

道光貳拾叁年正月十五日

五一〇八七　道光二十三年四月十五日胡东桥会票

會票

立會票人胡東橋，今會到

葵園八叔名下口平紋銀壹伯貳拾两，每月壹分行息，限至次年臘月清還，不得短少。此據。

憑　陳福安五兄居間
　　松門二家兄　經手

道光貳拾叁年肆月拾伍日　東橋　筆

五一〇八八　道光二十三年五月四日蔣浚三借字

蔣浚三
券

立借錢字人蔣浚三，今憑票借到

葵園太姻叔大人名下奴〔一〕大錢貳拾串整。言定壹分行息，

〔一〕「奴」即「九九」。

限至次年秋收後歸還。立此借字為據。

道光二十三年五月初四日　浚三　親筆

五一〇八九　道光二十三年六月七日熊海南借字

立借字人熊海南，今借到熊興祥寶號名下姕[一]青錢貳拾捌串正。言定壹分弍厘起利行息，俟下秋还錢取字。為據。

道光弍拾叁年六月初七日　熊海南　字

五一〇九〇　道光二十三年十二月二十六日譚玉成欠字

立欠字人譚玉成，今欠到熊篤叙堂名下錢壹伯弍拾串文。當承盛情，言定無利，限拾年完清取字。此據。

凴保　嚴正托

道光二十三年十二月二十六日　玉成　字

〔一〕「姕」即「九五三」。

五一〇九一　道光二十四年二月四日潘耀亭欠字

立欠字人潘耀亭，今欠到篤叙堂東家庀[一]通錢玖伯串正，一时無力歸還，請憑[二]胡省吾老太爺诸公說明，分作十五年陸續歸還，不湡短少。今恐無憑，立此欠字為據。

凴保　夏禮臣老爺　許霽堂老爺

胡省吾太爺　陳茀菴老爺

胡松門老爺　平山老爺

楊樹人老爺

道光二十四年二月初四日　潘耀亭　親筆

五一〇九二　道光二十四年二月十五日譚瀛欠字

立欠字人譚瀛，今欠到熊姑尊老大人名下九九通錢捌伯拾伍串正。因家計拮据，難以一時歸欸。幸蒙

〔一〕「庀」即「九八」。

〔二〕此处留有空白。

厚誼，將所欠之項分作二十年陸續交還。恐口無凴，立此一紙為拠。

道光二十四年二月十五日　立

五—〇九三　道光二十四年三月二十日吴记衔欠字

吳記銜欠字　　券

立分限字人吳記銜，缘銜原在熊府興祥典帮貿，節年虧欠錢九百叁拾六串零、元銀六十八两零。經[一]東家控案押追，銜向無產業，難以歸還，轉向親友設措錢五十串，衣物等件作抵錢五十串，凑成壹百串，央凴[二]陳吉堂五兄挽求，[三]東家盛情，除還抵壹百串外，下欠錢八百叁拾六串零、元銀六十八两零，分作十年歸還。已蒙允准，求官提釋，特書分限欠字呈交[四]東家收執為據。

道光二十四年三月二十日　吳記銜　筆

[一]此处留有空白。
[二]此处留有空白。
[三]此处留有空白。
[四]此处留有空白。

五—〇九四　道光二十四年七月二十四日黄旭昇等借字

借券

立借字人許建三、黄旭昇、熊炳南，今借到玉祥寶典名下炷[一]典青錢壹佰串整。言定每月五厘行息，限至次年五月内本利歸款取字，不得短少分文。今恐無憑，立此借字為據。

凴保　陳振義老爺

道光二十四年七月二十四日　許　黄　熊　公立

五—〇九五　道光二十四年十一月十一日张小楼会票

立會票人張小樓，今會到熊興祥堉記岳口平紋艮捌伯两整。當日言定每月九厘行息，期限次年三四月，本利一併清還不爽。此據。

凴　純卿蕭仁兄

[一]「炷」即「九八」。

道光二十四年冬月十一日　立

中人　劉孝長

西垣　親筆　画押

五一〇九六　道光二十五年三月十二日刘天中会票〔一〕

票

立會票字人劉天中，會到

熊八太爹名下攸〔二〕青錢壹伯串正。言定每年壹分行息，限至本年十月完錢取字。此據。

憑保人　家思向一叔

道光二十五年三月十二日　劉天中　立

〔一〕鈐有朱文源昇布店印一方。

〔二〕「攸」即「九九」。

五一〇九七　道光二十五年五月刘西垣借字

今借到

熊篤叙堂省平紋銀叁正两整。壹分起息，約至廿七年春季清還。此據

道光二十五年五月　日　劉西垣　画押

五一〇九八　道光二十五年七月十七日谦和布店会票〔一〕

券

謙和憑票會到

熊篤叙賓堂名下攸〔二〕青錢捌拾串整。言定每月壹分五厘行息，限至次年對月對日本利楚结。此拠。

憑家　芝山大兄

道光二十五年七月十七日　謙和布店　立

〔一〕鈐有朱文谦和布店方印二，方另有朱文圓印一方。

〔二〕「攸」即「九九」。

五一〇九九　道光二十五年十月七日宋景元欠字

宋景元欠字

立分限字人宋景元，缘因帮貿玉祥典，沾人分六厘，額規三年結算一次，東夥分利。兹於道光廿四年匕終結算，除應分利

外，逐年長使，實虧典平紋銀捌伯零捌两六錢叁分，一時難以彌補。浼憑

陳吉堂翁臺向〔一〕東家

熊大老爺懇情寛限，分作十年歸還。已蒙俯允，今立限票，按年清款。此據。

憑　陳吉堂五兄

道光二十五年拾月初七日　宋景元　親書

五一一〇〇　道光二十五年十二月二十一日毛聚泰借字

毛聚泰

立借字人毛聚泰，今借到

熊興祥放〔二〕錢壹伯伍拾串正。言定每月壹分六厘行息，限至次年秋收完錢取字，不得短少分文。恐口無凴，此拠。

凴保人　別玉田

道光二十五年十二月二十一日　立

〔一〕此处留有空白。

〔二〕「放」即「九九」。

五一一〇一　道光二十五年十二月二十二日李福平借字

熊祠

李福平

借券

立借字人李福平，今借到

熊氏公祠和尚名下效〔一〕大錢捌拾伍串正。当日言定每月弍分行息，按月交利，期限次年對月日还本取字。今恐無凴，立此為拠。

凴保　宋鼎魁

道光弍十伍年胐月廿弍日　李福平　立　筆

五一一〇二　道光二十五年十二月二十四日廖有熺会票

立會銀字廖有熺，今會到

興祥寶號紋銀柒两。言定每月貳分行息，現定丙午年〔二〕秋收交清。今恐無憑，立此會票一紙為據。

〔一〕「效」即「九九」。

〔二〕「丙午年」为正行右侧添加。

憑人　梅仁瑚大兄

道光式拾伍年腊月弍拾四日　立

五—一〇三　道光二十七年三月二十五日胡东桥会票

會票

立會票胡東乔，今會到

葵園八叔名下紋銀貳伯两整。每月壹分行息，限至次年叁月清還。此據。

居間人　陳福安

道光貳拾柒年叁月貳拾伍日　東橋　筆

五—一〇四　道光二十七年十月三十日魏海林限字〔一〕

限字

立限字人魏海林，今限到

〔一〕鈐有朱文方印一方。

恒順寶號名下妏〔一〕通錢柒拾陸串。每月壹分弍〔二〕行息，期至次年二三月交还，不淂短少分文。恐口無憑，立此字存據。

道光弍拾七年拾月卅日　魏海林　（清）〔親〕筆

五—一〇五　道光二十七年十二月十八日谦和布店会票〔三〕

券

憑票會到

恒順寶钱號名下放〔四〕青錢叁拾串整。當日三面言定，每月每串陸厘起息，限至次年捌月對日本利楚结。此抛。

憑　宏發寶號　劉長源寶號

道光廿七年朏月拾八日　謙和布店　立

〔一〕「妏」即「九九」。

〔二〕「弍」为正行右侧添加。

〔三〕钤有朱文谦和布店方印一方，朱文圆印二方。

〔四〕「放」即「九九」。

五一一〇六　道光二十七年十二月十九日朱玉和借字

借券

朱玉和

立借字人朱玉和，今借到

熊大老爺台下青錢四串文，係玉和領訖。當面言定，每串每月三分行息，限至明春四月完錢取字，不淂短少分文。今恐無凴，立此借〔字〕為拠。

道光廿七年朏月十九日　字

五一一〇七　道光二十七年十二月二十八日金沅会票

金仙舫

券

立票人金沅，今會到

熊興祥寶號奺〔一〕錢壹伯伍拾串正。當面言定，每月壹分伍厘扣利，限至次年對月對日完票取字，決不失言。

凴保　叔蕭純清

道光二十七年朏月廿八日　金沅　筆

〔一〕「奺」即「九九」。

五一一〇八　道光二十八年九月一日宋顶魁借字

凴

立借字人宋頂魁，今借到

熊府宗祠奺〔一〕錢拾串正，每月〔二〕式分行息，不得短少分文。恐口無凴，立借字為拠。限至来年九月初一日，交錢取字。

凴保人　七老爺

道光二十八年九月初一日　立

五一一〇九　道光二十八年十一月十五日吴崇位借字

立借字人吳崇位，今借到

熊大老爺名下㚣〔三〕青錢拾串文。言定每年式分行息，限至次年冬月还錢取字。此據。

〔一〕「奺」即「九九」。

〔二〕原为「每年」，改为「每月」。

〔三〕「㚣」即「九九七」。

憑保　張兆興

道光弍十八年冬月十五日　崇位　字

五一一〇　道光二十八年十二月十八日亨汇借字

券

憑票借到

宗義義莊名下奺[一]　大錢弍拾串正。言定每月壹分陸厘起息，期限次年十月對日本利楚結。此據。

道光二十八年十二月十八日　姪亨彙　經手

五一一一　道光二十八年十二月二十六日程合盛号会票[二]

會券

合盛會到

熊興祥寳號奺[三]　錢壹伯四拾串整。當日言定，每串每月壹拾五文行息。當日執付金器一盒，計重捌兩壹錢五分，另有細單。期約次年至期，本利還清，取金取票。恐口無憑，立票存照。

經手人　程耀光

憑保　金五老爺　李么老爺

道光二十八年戊申十二月廿六日　程合盛号　立

[一]「奺」即「九九」。
[二]鈐有朱文程合盛号方印一方，另有圓印一方。
[三]「奺」即「九九」。

五一一二　道光二十八年十二月二十七日罗瑞元借字

券

立借票人羅瑞元，今會到

熊老太爹臺下放[一]　通錢叁拾串整，言明按月陸釐生息。此據。

居間　李么先生

道光二十八年臘月二十七日　立

[一]「放」即「九九」。

五—一一三　道光二十九年二月一日姚和兴号会票〔一〕

券

凴票會到

恒順寶號名下妏〔二〕錢貳伯串整。當日言定，每月壹分弍厘行息，限期次年對月對日交還不爽。此拠。

在見人　袁鉉發　程遵五

道光弍拾九年弍月初壹日　姚和興號　具

五—一一四　道光二十九年二月十日熊相南等借字

借字

立借字人熊相鴻南，今借到

家祖爹名下借青錢放〔三〕十串整。當面言定，三分行息，不得短少分文，後是年秋收，錢不短少，字不值留。今恐口說無凴，立此借字為據。

道光二十九年二月初十日　孫相鴻南　筆

〔一〕鈐有朱文姚和兴号方印一方，朱文圆印一方。

〔二〕「妏」即「九九」。

〔三〕「放」即「九九」。

五—一一五　道光二十九年十二月一日安惠字号会票〔一〕

券

凴票會到

篤叙寶堂名下妏〔二〕青錢伍拾串整。言定每月每串壹拾弍文行息，限至明冬完錢取字。恐口無凴，立此借字一紙為據。

凴保　李么兄　蕭七叔

道光二十九年十二月初一日　安惠字號　立

五—一一六　道光二十九年十二月二日譚崑山借字

立借字人舅氏譚崑山，今借到

〔一〕鈐有朱文安惠字号方印一方。

〔二〕「妏」即「九九」。

甥〔一〕 熊三少爺名下青錢拾伍串文整。言定三分行息，限至明秋收完錢取字，不得短少分文。今恐無憑，立此借字為據。

道光二十九年十二月初二日 舅崑山 筆

五一一七 道光二十九年十二月二十一日谭邦治借字

立借券人譚邦治，今借到

熊興祥宝號青錢拾串文整。言定每月一分五行息，限至次年完錢取字，不得短少分文。今恐無凴，立此為據。

道光弍拾玖年十二月廿一日 立

五一一八 道光三十年十一月二十日黄连元会票

券

立會票黃連元，今會到

興祥寳號口平足紋銀壹仟兩〔二〕 整。言明每月壹分弍厘行息，期定次年對日〔三〕 交還不爽。此據。

〔一〕 此处留有空白。

〔二〕 此处银数上钤有「恒裕黃記」朱文方印。

〔三〕 「對日」二字为正行右側添加。

居間 洪一峯三叔

道光三十年十一月二十日 恒裕黃記 立

五一一九 道光三十年十二月二十八日正泰花店会票

會券

凴票會到

恒順寳號妏〔一〕 錢叁拾串〔二〕 整。当日三面言定，每月一分弍厘行息，限次年秋收還錢取票。今恐無凴，立此會票為據。

凴 陳廣順大爹

道光三十年十二月廿八日 正泰花店 筆

五一二〇 咸丰元年四月十日徐旭光借字

立借字人徐旭光，借到

熊興祥宝號妏〔三〕 青錢壹伯串正。言定每月壹分二厘行息。期限对年，本利交还。此據。

〔一〕 「妏」即「九九」。

〔二〕 此处银数上钤有朱文方印，内容不明。

〔三〕 「妏」即「九九」。

咸豐元年四月初拾日　姪進修　代筆

五—一一二一　咸丰元年四月二十七日章峙三借字

立借字人章峙三，今借到

券

松和寶號攷〔一〕青錢肆拾串整。言定每月二分行息，限至秋收完錢取字。今恐無憑。此據。

憑保　譚瀞川九兄

咸豐元年四月弍拾柒日　三　字

五—一一二二　咸丰元年五月二十四日陈吉庵会票

會票

立會票陈吉菴，今會到

熊興祥寶號口平浄紋銀壹仟両。按月壹分行息。期約九月，如数歸還，不致貽誤。此據。

咸豐元年五月二十四日　會票

〔一〕「攷」即「九九」。

五—一一二三　咸丰元年六月十二日余子将借银券

立借券人余子將，今借到

熊蓮士世叔名下口秤紋銀叁拾兩正。言定每年壹分起息，次年本利兩楚。恐口無憑。此據。

居间人　王晴巖二兄

咸豐元年六月十二日　子將　親筆

五—一一二四　咸丰元年八月二十日程谦六借字

立借字人程谦六，今借到

熊儉民表弟大人名下青錢卅串正。限次年還清，此據。

咸豐元年八月廿日　字

五—一一二五　咸丰元年闰八月十日谭宣德堂借字

立借字人譚宣德堂，今借到

熊篤敘宝堂名下青錢陸串文整。言定每月一分〔一〕五行息。限至次年秋收，完錢取字，不得短少分文。此據。

憑　天地

咸豐元年闰八月初十日　譚宣德堂　筆

五—一一二六　咸丰二年四月十五日朱莲塘借字

立借字人朱蓮塘，今借到　券

熊鑑民三弟名下玖玖通錢捌拾串正，言定壹分行息，限至本年胑月還清，此據。

憑　李尧蕒么兄
　　陳芝山大叔

咸豐二年四月十五日　蓮塘　字

五—一一二七　咸丰二年十月十三日龚肇封会票

立會票人龔肇封，今會到

〔一〕「分」字为正行右侧添加。

熊興祥號青錢壹百壹十串正〔一〕，言定每年分半起息，恐口無憑，此據。

咸豐弍年十月十三日　封　筆

五—一一二八　咸丰二年十二月二十日李辉学等借字

立借字人本碼頭人等，今借到　借

熊三老爺台前名下敀〔二〕青錢弍拾串。今恐無凴，立此借為據。

李輝學　胡義珍　張錫榮　韓卜坤

咸豐二年腊月二十日　本碼頭　具

五—一一二九　咸丰三年十一月二十六日培桂堂会票〔三〕

憑票會到

〔一〕「串正」为正行右侧添加。
〔二〕「敀」即「九九」。
〔三〕鈐有朱文「培桂堂记」方印二方。

豐樂寶典九八通錢壹仟串整，當日言定，每串每月七文行息，限至明年三月還清。此據。

方霽侯　經手

咸豐叁年冬月二十六日立　培桂堂　票

五—一三〇　咸丰三年十二月九日丰乐典会票一〔一〕

豐樂典憑票會到

篤叙堂攽〔二〕錢伍仟串整。言定每月每串捌厘行息，期至對月對日交還不爽。此據。

索常五　經手

咸豐三年十二月初九日　豐樂典　立

五—一三一　咸丰三年十二月九日丰乐典会票二〔三〕

豐樂典憑票會到

篤叙堂紋銀叁仟両整。言定每月每両柒厘行息，期至對月對日交還不爽。此據。

索常五　經手

咸豐三年十二月初九日　豐樂典　立

〔一〕契中钤有朱文「豐樂典印」方印一方，朱文圓印二方。

〔二〕「攽」即「九九」。

〔三〕契中鈐有朱文「豐樂典印」方印一方，朱文圓印二方。

五—一三二　咸丰三年十二月十六日培桂堂会票〔一〕

憑票會到

豐樂寶典妘〔二〕通錢伍伯串整，當日言定，每串每月七文行息，限至明年四月還清。此據。

方霽侯　經手

咸豐叁年十二月十六日　培桂堂　立　票

五—一三三　咸丰三年十二月二十五日培桂堂会票〔三〕

憑票會到

〔一〕钤有朱文「培桂堂記」方印二方。

〔二〕「妘」即「九八」。

〔三〕钤有朱文「培桂堂記」方印二方。

豐樂寶典𡖃[一] 通錢伍伯串整，當日言定，每串每月七文行息，限至明年三月還清，此據。

方霽侯　經手

咸豐叁年十二月二十五日　培桂堂　立　票

五一一三四　同治元年十二月二十六日韶南借字

立借字人韶南，今借到本族公項内攰[二] 錢拾弍串整。言定每年每月三分行息，不得短少。恐口无憑，立此字為據。

憑保　亨賢

同治元年朏月廿六日　韶南　筆

五一一三五　同治元年十二月二十八日星灿借字

立借字人星燦，今借到本家公項𢻫[三] 青錢叁串正。言定每月三分行息，不得短少。此拠。

〔一〕「𡖃」即「九八」。

〔二〕「攰」即「九九」。

〔三〕「𢻫」即「九九」。

憑保　亨松
　　　亨咸

同治元年十二月廿八日　亨松　代筆

五一一三六　同治二年十二月二十日乔光宗借字

借字

立借字人喬光宗，今借到熊氏公行𢻫[一] 錢拾陆串正。当日三面言定，每串三分行息，不得短少分文。限至次年秋收完錢取字。恐口無凴，立借字為據。

凴保人　黄見三先生

同治弍年十二月二十日　立借字人　筆

五一一三七　同治二年十二月二十八日曹言爽借字

立借字人曹言爽，

今借到熊报本公项𢻫[二] 錢弍串正。言定每月三分□息。限

〔一〕「𢻫」即「九九」。

〔二〕「𢻫」即「九九」。

至明年八月弍十八日完錢取字。恐口無憑，立此借為據。

憑保人　劉书成

同治弍年朒月弍十八日　曹言爽　筆

五—一三八　同治四年十二月二十七日名榜借字

立借字人名榜，今憑保亨咸借到本家报本祠公項内攱〔一〕錢拾壹串整。言定每月三分行息，不得短少分文。恐口無憑，立借字一帋為拠。

同治四年朒月二十七日　立

五—一三九　同治四年十二月二十七日纪康借字

立借字人纪康，今借到本家报本祠公項内攱〔二〕錢三串正。言定每月三分行息，不得短少分文。恐口無憑，立借字一帋為拠。

憑保人　亨咸

同治四年朒月二十七日　筆

〔一〕「攱」即「九九」。

〔二〕「攱」即「九九」。

五—一四〇　同治四年十二月二十七日名远借字

立借字人名遠，今憑保亨咸借到本家报本祠公項内攱〔一〕錢拾壹串整。言定每月三分行息，不得短少分文。恐口無憑，立借字一帋為拠。

同治四年朒月二十七日　立

五—一四一　同治五年一月一日楚南借字

立借字人楚南，今借到报本祠公得錢五佴，（任）〔认〕定每年每月三分行息，限至明年秋收完錢取字，不得短少，此據。

憑保　錢善遂

同治五年正月初一日　楚南　筆

〔一〕「攱」即「九九」。

五—一四二 同治八年一月二十八日熊纪茂借字

立借字人紀茂，今借〔一〕到

祖祠公項内⿰九攵〔二〕錢三十串整，至限本年八月内交還，恐口

無憑，立此借字為據。

憑保 紀祥

同治八年正月廿八日 立

五—一四三 光绪三十年八月四日吴平阶领东字

立領東字人吴平階，今領到

領

熊平階東家名下資本銀壹萬两正，在漢新開裕豐祥疋頭，所有

店内一切等事，與（楊坤/陳文）分經理管事，官息紅利□市規□銀，吳

平階憑中親領，立領字付 東存據。

〔一〕「借」为正行右侧添加。

〔二〕「⿰九攵」即「九九」。

憑中人 （張鑑/王雨分先生/刘炳）

光緒三十年八月初四日 立

五—一四四 熊兴祥等开立典铺合同〔一〕

□合同字人（熊興祥/章寧遠），今因意氣相□□□□易在沔陽州府塲開立

典舖，商名章致祥。當日章出本銀捌仟两，熊出本銀柒仟两，

合共本銀壹萬伍仟两整，議定以壹千两作一股，計本銀以十五

股，公同結算開賬，照股派分利息，甘苦同受，均不淂私有支

借。其有典中管事人及一切客俸、房租、伙食、雜费，在公支

銷。其有典中規條開載明白存典，咸遵成規，以圖久遠。書此

合同二帋，各收一帋，永遠為據。

憑 （羅雄萬/陳時亮）

□□□□年九月十五日 （熊興祥/章寧遠） 仝立

〔一〕鈐有朱文宁远号印六方，另有朱文兴字号记方印一方。。

五—一四五　章宁远等合开典铺合同〔一〕

□合同字人章寧遠、熊與祥，今因意氣相□□□□易在沔陽州府埸開立典舖，商名章致祥。當日章出本銀捌仟兩，熊出本銀柒仟兩，合共本銀壹萬伍仟兩整，議定以壹千兩作一股，計本銀以十五股，公同結算開賬，照股派分利息，甘苦同受，均不淂私有支借。其有典中管事人及一書此合同二帋，各收一帋，永遠為據。

憑　羅雄萬　陳時亮

□□□□年九月十五日　章寧遠　熊與祥　仝立

五—一四六　戊辰年九月十二日高存镛借字

立借字人高存鏞，今借到熊□□名下青錢拾五串整，每月三分行□□己巳年五月卅日歸欵。恐口無憑，此字為証。

憑□　熊玉培

戊辰年九月十弍日□□　字

〔一〕钤有朱文兴字号记方印六方，另有朱文宁远号方印一方。

六　熊氏质当田地契约

六 [illegible]

六—〇〇一　民国十二年三月十九日熊笃叙堂质田契

立質田字人熊篤敘堂，今因不便，將祖置陈昌上院白田一形，第叁拾七號，计九分七厘，粮归各□，憑中人樊義中说合，質與萧以書名下耕種。當日三面言定，□出佫質價錢八拾五串文〔一〕，篤憑中親手领讫。自質之後，三年原滿，原價贖取，錢不短少，字不執留。恐口無憑，立此質字為據。

憑中人　樊義中　刘中喜

民國十二年三月十九日　篤敘堂義莊〔二〕　筆

〔一〕「篤敘堂義莊」为长方朱文印记。

〔二〕此处钤有「篤敘堂義莊」长方朱文印记。

六—〇〇二　民国十三年三月十九日熊笃叙堂质田契

立質田字人熊篤敘堂，今因不便，將祖置陈昌下院白田一形，第五拾號，计壹畝弍分，粮归各□，憑中人錢錫光说合，質與彭文腊名下耕種。當日三面言定，腊出佫質價錢壹百弍拾串〔一〕文正，係篤親手领讫。自归之後，三年期滿，原價贖取，錢不短少，字不執留。恐口無憑，立此質字為據。

憑中人　錢錫光　樊義中　劉中喜

民國十三年三月十九日　篤敘堂義莊〔二〕　筆

六—〇〇三　民国十三年四月熊笃叙堂质田契

立質田字人熊篤敘堂，今因不便，將祖置陳昌下院五拾五號、五拾弍号白田弍形，计田五畝八分，憑中樊義中说合，篤出筆質與張明譽名下耕種。当日三面言定，譽出佫質價錢壹佰七拾五串〔三〕文，係篤憑中親手领讫。自質之後，三年原滿，原價贖取，錢不短少，字不執留。恐口無憑，立此質字為據。

憑中人　樊義中　新年　劉中喜

民國十三年四月初□　篤敘堂義莊〔四〕　筆

〔一〕此处钤有「篤敘堂義莊」长方朱文印记。

〔二〕「篤敘堂義莊」为长方朱文印记。

〔三〕此处钤有「篤敘堂義莊」长方朱文印记。

〔四〕「篤敘堂義莊」为长方朱文印记。

六—〇〇四　民国十三年熊笃叙堂质田契

立質田字人熊篤敘堂〔一〕，今因不便，將祖置□四十四号白田一形，计壹畆弍分，粮归各□，請憑□人樊義中说合，篤出筆質與鄢鸿儀名下□種。當日三面言定，儀出備質價錢四拾五串□□□篤親手领讫。自質之後，三年圓滿，原價贖□□不短少，字不执留。恐口無憑，立此□

憑中人　樊義中　劉中喜

民國十三年□月□弍日　篤敘堂義莊〔二〕　筆

六—〇〇五　民国十五年八月十七日熊兴祥当田契一

立當白田字人熊兴祥，今因不便，將祖置陳昌垸白田叁分〔三〕，請憑中人说合，祥出筆當与伍昌成名下管業。當日三面言定，成出備當價錢壹伯弍拾串

〔一〕此处及质价处钤有「熊篤敘堂義莊」長方朱文印记。
〔二〕「熊篤敘堂義莊」为长方朱文印记。
〔三〕此处亩积有修改。

文〔一〕，此錢係祥親手收讫。自當之後，任從當主耕種。三年圓滿，原價贖取。錢不短少，字不执留。恐口無憑，立此為據。

憑中人　劉中喜　熊吉安　廖雲高　夏益三

每年帮差錢弍伯四拾文。

民國十五年八月十七日　篤敘堂義莊〔二〕　筆

六—〇〇六　民国十五年八月十七日熊兴祥当田契二

立當白田字人熊兴祥，今因不便，將祖置陳昌垸白田五分，请憑中人说合，祥出筆當与李志珍名下管業。當日三面言定，珍出備當價壹伯弍拾串文〔三〕，此錢係祥收訖。自當之後，任從當主耕種。三年圓滿，原價贖取。錢不短少，字不执留。恐口無憑，立此為據。

〔一〕此处数字有修改，「弍拾串文」右边又有「柒拾串正」字样。
〔二〕「熊篤敘堂義莊」为长方朱文印记。
〔三〕此处数字有修改。

憑中人 劉中喜 熊吉安 廖雲高 夏益三

民國十五年八月十七日 篤敘堂義莊〔一〕 筆

六—〇〇七 民国十五年八月十八日熊兴祥当田契

立當白田字人熊兴祥，今因不便，將祖置新坑白田壹畝式分六，請中说合，祥出筆當与劉正全名下管業。當日三面言定，全出備當價壹伯六拾串，此錢係祥收讫。自當之後，任從當主耕種。三年圓滿，原價贖取。錢不短少，字不执留。恐口無憑，立此為據。

憑中人 劉中喜 熊吉安 廖雲高 夏益三

每年帮差錢七伯文。

民國十五年八月十八日 篤敘堂義莊〔二〕 筆

〔一〕「熊篤敘堂義莊」为长方朱文印记。
〔二〕「熊篤敘堂義莊」为长方朱文印记。

六—〇〇八 民国十五年八月二十日熊兴祥当田契

立当田字人熊興祥，今□不便，將祖置陈倉坑□田陸分，請中說合，祥出筆当與鄢天富名下。当日三面言定，□□價錢壹百□拾串整，係□□收讫。自当之後，任归当主管業耕種。三年原滿，原價贖取。錢不短少，字不准留。恐口勿憑，立此当约為據。

憑中人 □□□ 熊吉安 夏益三 廖雲高

民國十五年八月廿日 篤敘堂義莊〔一〕 筆

六—〇〇九 民国十五年八月二十一日熊兴祥当田契

立當白田字人熊兴祥，今因不便，將祖置陳昌坑白田捌分四厘，請中说合，祥出筆當与〔二〕鄢元善名下管業。當日三

〔一〕「熊篤敘堂義莊」为长方朱文印记。
〔二〕此前留有空白。

面言定，善出備當價壹伯陆拾串〔一〕，此錢係祥收訖。自當之後，任從當主耕種。三年圓滿，原價贖取。錢不短少，字不执留。恐口無憑，立此為據。

憑中人 劉中喜 熊吉安 廖雲高 夏益三

每年帮差錢五伯文。

民國十五年八月廿一 篤敘堂義莊〔二〕 筆

六一〇一〇 民国十五年八月二十二日熊兴祥当田契

立當白田字人熊兴祥，今因不便，將祖置陳昌垸白田九分六厘，請中说合，祥出筆當与〔三〕葉學贤名下管業。當日三面言定，贤出備當價壹伯八拾串，此錢係祥收訖。自當之後，任從當主耕種。三年圓滿，原價贖取。錢不短少，字不執留。恐口無憑，立此為據。

〔一〕此处数字有修改。
〔二〕「熊篤敘堂義莊」为长方朱文印记。
〔三〕此处留有空白。

憑中人 劉中喜 熊吉安 廖雲高 夏益三

每年帮差錢五伯七拾文。

民國十五年八月廿二日 篤敘堂義莊〔一〕 筆

六一〇一一 民国十五年八月熊兴祥当田契一

立當田字人熊興祥，今因不便，將祖置陳倉垸白田式畆，請中說合，祥出筆当與熊萬青名下管業。当日三面言定，青出当價錢四伯串整〔二〕，其錢係仝中收訖。自当之後，任归當主管業耕種。三年原滿，原價贖取。錢不准少，字不准留。恐口勿憑，立此当约為據。

憑中人 刘中喜 熊吉安 廖云高 夏益三

〔一〕「熊篤敘堂義莊」为长方朱文印记。
〔二〕此处数字有修改，「四伯串」右边又有「叁伯四拾串」字样。

民國十五年八月　篤敘堂義莊〔一〕　筆

六—〇一二　民国十五年八月熊兴祥当田契二

立當田字人熊興祥，今因不便，將祖置陈倉垸白田五分陸厘，請中說合，祥出笔当與童大庚名下管業。当日三面言定，庚出当價錢壹百串整，係仝中收訖。自当之後，任归当主管業耕種。三年原滿，原價贖取。錢不短少，字不执留。恐口勿憑，立此当约為據。

憑中人　刘中喜　熊吉安　廖云高　夏益三

每年帮差錢四百。

民國十五年八月　篤敘堂義莊〔二〕　筆

六—〇一三　民国十五年八月熊兴祥当田契三

立當田字人熊興祥，今因不便，將祖置陳倉垸白田壹畆〇陸分，請中说合，祥出筆当與葉斈金名下。當日三面言定，金出当價錢弍百串文整，係仝中收讫。自归之後，任归当主管業耕種。三年原滿，原價贖取。錢不准少，字不执留。恐口勿憑，立此当约為據。

憑中人　刘中喜　熊吉安　夏益三　廖雲高

每年帮差錢柒百文。

民國十五年八月即日　篤敘堂義莊〔一〕　筆

六—〇一四　民国十五年八月熊兴祥当田契四

立當田字人熊兴祥，今因不便，將祖置陳倉垸白田柒分弍厘，請中说合，祥出筆当與葉明順名下。當日三面言定，順出当價錢壹百卄串整，係仝中收讫。自当之後，任归当主管業耕種。三年原滿，原价贖取。錢不准少，字不准留。恐口勿憑，立此当约為據。

〔一〕「熊篤敘堂義莊」为长方朱文印记。
〔二〕「熊篤敘堂義莊」为长方朱文印记。

〔一〕「熊篤敘堂義莊」为长方朱文印记。

憑中人　劉中喜　熊吉安　夏益三　廖雲高

每年帮差錢四百卅。

民國十五年八月即日　篤敘堂義莊〔一〕　筆

六一〇一五　民国年间熊兴祥当田契

立當白田字人熊兴祥，今因不便，將祖置陳昌垸白田六分，請
憑中人说合，祥出筆當與
葉德銀名下。當日三面言定，銀出備當價壹伯式拾串文，此錢
係祥親手收訖。自當之後，任從當主管業耕種。三年圓滿，原
價□□為據。

憑中人　熊吉安　廖雲高　夏益三　劉中喜

每年帮差錢三伯六拾文。

民國十□年冬月□□日　篤敘堂義莊〔二〕　筆

〔一〕「熊篤敘堂義莊」为长方朱文印记。

〔二〕「熊篤敘堂義莊」为长方朱文印记。

附　天门黄氏地契

附一〇〇一　道光二十年十二月二十一日沈大洪卖田契

立永賣水田約人沈大洪，今因移就，情將分受石庙團水田大小五坵，肆畝五分，坐落萬家灣冊前，在小新堰使水灌救，公墩公埂，堰底照冊，載粮九升九合，在沈大洪户下当差。洪請凴親中黄鏜說合，洪出筆賣與黄恒裕為業。当日三面言定，裕出備實價青錢肆拾伍串九百文整，係洪親手收訖。自賣[一]之後，仍從買主管業耕種，收粮過户，陰陽兩便，百為無阻，另撥另佃。今恐無凴，立此永賣文約乙帋為據。　画押

其田四址，計丈四畝五分。

道光廿年虫月二十一日　立永賣水田約人　沈大洪　筆

百子千孫　子孫世守

萬代富貴　永遠為業

凴中　張德膏　画押　沈大進　画押
石□中　画押　見□　画押
黄新元　画押　張文雋　画押
沈大順　画押　黄可明　画押
劉廷瑞　画押　脩□　画押
沈大才　画押

〔一〕「賣」为正行右側添加。

附一〇〇二　道光二十年十二月二十四日杨家元等卖田契

立永賣水田約人楊家元、家珍，今因同賣，請將祖遺水田一坵，一畝四分，坐落石庙團，在萬家灣冊傍，在専堰弓墩弓埂使水灌（就）〔救〕，堰底照冊[一]，（在）〔載〕粮三升零八撮。在楊茂户下当差。楊家元請凴親中沈大進說合，元[二]出筆賣與黄恒裕為（葉）〔業〕当日三面言定，裕出備親錢拾四串三百整，係元親手收訖。自賣之後，仍從買主管（葉）〔業〕耕種，收粮過户，陰陽雲便，百為無阻。今恐無凴，立此永賣文約為據。

其田四址，計丈壹畝四分，另撥另佃。

凴中　黄景元　画押
楊文林　画押
保元　画押
黄復元　画押
沈大本　画押
洪　画押

道光二十年虫月廿四日　立永賣水田　楊家元　筆

〔一〕「堰底照冊」为正行右側添加。
〔二〕「元」为正行右側添加。

子孫世守
永遠為業

附—〇〇三　道光二十一年三月十一日黃常源卖田契

立永賣水田約人黃常源，今因移就，情將祖遺受分水田大小八坵，共田六畝弍分，坐落石團，在羅家灣宅前，在吴大堰、四方堰、毛家堰，俱公墩公溝使水灌（就）〔救〕，堰底照冊，載粮壹斗叁升六合四勺。在黃慶軒户下完納，源请憑家叔鎧説合，出筆賣與家恒裕为業。当日三面言定，裕出備實價青錢陸拾叁串〔一〕五百正，源親手〔二〕收讫。自賣之後，任從買主（館）〔管〕業收租，陰陽両便，零撥零佃，百为無阻。今欲有憑，立此文約一帋为據。

其田四址
計丈在内
憑中　石志中
道光弍拾一年三月十一日　常源　親筆
子孙世守
萬代富贵

〔一〕此处数字有修改。
〔二〕「手」为正行右侧添加。

附—〇〇四　道光二十一年三月二十二日夏云先卖田契

立永賣水田約人夏云先，今因移就，情將祖移分受水田乙共□坵，計丈乙畝四分五厘〔一〕，坐落石團，在石家湾宅後，在土坑私墩私埧使水灌救，堰底照册，載粮三升乙合九勺，在夏恒遠户下当差，先〔二〕請凂親中黃鎧説合，先〔三〕出筆賣與黃恒玉為（葉）〔業〕，当日三面言定，恒玉出〔四〕備青錢實價拾肆串伍百文，係先親手收訖。自賣之後，任從買主〔五〕管業收租，收粮過户，阴阳兩便，百為無阻，另撥另佃。今欲有凂，立此永賣文約一紙為據。

其田四止照冊
凂中　□元　画押
黃□元　画押
夏國彩　画押
道光二十一年三月廿二日　立賣約人　先　筆
子孫世守

〔一〕「厘」后涂去一字，其右侧添加「坐」字。
〔二〕「先」后涂去一字。
〔三〕「合」涂去一字，「先」为正行右侧添加。
〔四〕「出」为正行右侧添加。
〔五〕「買」后涂去两字，其右侧添加「主管」字。

永遠為（葉）〔業〕

附一〇〇五　道光二十一年三月二十二日夏楚清卖田契

立永賣水田约人夏楚清，今因移就，情將祖遺分受水田一共大小九坵，共田計丈四畝四分，座落石團，在石家湾宅傍，在團堰使水灌救，私墩私垷，堰底照册，載粮九升六合八勺。在夏成發户下当差。楚清請〔一〕凴親中黄鎧説合，清出筆賣與黄恒玉為業。当日三面言定，恒玉出倸青錢實價肆拾陸串伍百文，係清親手收訖。自賣之後，任從買主（館）〔管〕業收租，收粮過户，陰陽両便，百為無阻，另撥另佃。今欲有凴，立此永賣文約一紙為據。

其田四止在冊

凴中　夏楚升　画押
　　　夏楚元　画押
　　　黄復元　画押
　　　王興元　画押
　　　夏楚玉　画押
　　　集萬　画押
　　　黄保元　画押

道光弍拾壹年三月廿弍日　立永賣約人　清　筆

〔一〕「請」为正行右側添加。

子孫世守
永遠為業

附一〇〇六　道光二十一年三月二十三日黄常元卖田契

立永賣水田约人弟黄常元，今因移就，情將祖遺受分水田大小拾弍坵，共田伍畝柒分，坐落石團，在羅家灣南榜，大小六坵；又三坵在此胡家〔一〕灣北傍，多不除少不補；内有三坵在□家嶺；邱家堰、吳大堰、小心堰、又小堰、四堰同使水灌救，載糧壹斗弍升五合四勺。在付二黄永貞户下当差，元请憑家叔鎧説合，元出筆賣與兄恒裕為業。当日三面言定，恒裕出倸青錢伍拾八串四伯文，係元親手収讫。自賣之後，任從買主（館）〔管〕業収租，收粮过户，陰陽両便，百為無阻，零拨零佃。今欲有憑，立〔二〕此永賣〔三〕文約一帋為據。　画押

计丈在内，堰底照冊，三月十一日所賣黄永贞付二户下完納过户。

〔一〕「胡家」为正行右側添加。
〔二〕「立」为正行右側添加。
〔三〕「永賣」为正行右側添加。

三月廿三日　元　筆　憑中　明成　画押
同元　画押
黄積元　画押
明元　画押
寶元　画押
石□平　画押
榮經五　押画

道光弍拾一年三月二十三日　弟常元　筆

子孙世守

萬代富貴

附一〇〇七　道光二十一年三月二十八日张兴元卖田契[一]

立永賣水田約人張興元，今因移就，情將祖（葉）〔業〕受分水田一坵，計丈乙畝零五厘，坐落石團，在周脩堰使水灌救，公墩公垷，堰底照册（在）〔載〕粮二升三合一勺，在張必宁户下当差。興元請凂请中戴品高說合，元出筆賣與黄恒裕管

〔一〕此契背面有以下内容：

張興元

直　廿四弓

横　十弓〇八分

積　一百五十九弓一分

田　一〇〇八毛

（葉）〔業〕收租。当日三面言定，恒裕出脩實價青錢拾一串，係興元（青）〔親〕手領訖，自賣之後，任從買主收粮过户，另撥另佃，陰陽両便，百為無阻。今欲有凂，立此立賣文約一帋為據。

其田四止照册

殷贵青

黄寶元

福[二]元

凂中　張國玉

國鳳

國寬

石志中

道光二十一年三月廿八日　張興元

子孫世守

永遠為（葉）〔業〕

附一〇〇八　道光二十一年闰三月十日胡登善卖田契

立永賣水田約人胡登善，今有计丈餘田壹畝叁分，並前二十畝〇二分，共廿九坵，登善出筆賣与黄恒裕管業收租，恒裕出脩

〔二〕「福」前涂去一字。

〩〥〡〔一〕錢拾弍串伍佰，登善親手收讫，載粮弍升八合，在登福名下收納。自賣之後，任憑買主收粮过户，百為無阻，今欲有憑，立此為據旧。

憑中 殷廣與 石至中 魏國升 李文榜 李文高 黄可明

道光廿一年闰三月初十日 登福 筆

附一〇〇九 道光二十一年十月六日刘克万卖田契

立永賣水田約人劉克萬，今因移就，情將祖遺分受水田乙坵〔二〕，坐落石團肖家灣南〔三〕白水堰坑，土名刀霸坵，計丈〔四〕乙畝八分，在白水〔五〕堰使水灌救，公墩公墈，堰底照冊，載粮四升三合弍勺，在劉義珍户下当差，萬情凂親中黄前康說合，萬〔六〕出筆賣與黄恒裕為業，当日三面言定，裕出備清錢實價十佰正，係萬親手收訖。自賣之後，任從買主管業，耕種当差，收粮（个）〔過〕户，百為無阻，陰陽兩便，另撥另佃。今欲有凂，立此永賣文約一帋為據。

四止照冊

凂中 楊利惠 画押 黄名元 画押 常元 画押 名成 画押 寶元 画押 黄鎧 画押 聲明 画押 克明 画押 克昇 画押

道光廿一年十月初六日 立永賣水田約人 劉克萬 筆

子孫世守

永遠為業

〔一〕「〩〥〡」即「九五一」。

〔二〕「乙坵」为正行右侧添加。

〔三〕「南」为正行右侧添加。

〔四〕「計丈」为正行右侧添加。

〔五〕「水」为正行右侧添加。

〔六〕「萬」为正行右侧添加。

附一〇一〇 道光二十一年十一月十九日黄岷源卖田契

立永賣水田約人黄岷源，今因移就，情將祖遺受分水田大小九坵，計丈六畝六分，坐落石團，載磚堰使水弍畝九分，王五堰使水七分，汪堰使水叁畝，公墩公墈，堰底照冊，載粮乙斗四升五合弍勺，載黄岷一户下当差，岷源請凂親中叔黄鎧等說合，源〔一〕出筆賣與黃恒裕為業。当日三面言定，恒裕出備青錢五十四串弍伯正，係源親手收訖。自賣之後，任從買主管業收租，收粮过户，百為無阻。今欲有凴，另撥另佃，阳阴兩便，立此文約一帋為據。

其田四止照冊

凴中 袁道選 画押
楊利惠 画押
冬成 画押
福源 画押
黃寶源 画押
常元 画押

道光廿一年冬月十九日 黃岷源 筆

百子千孫
萬代富貴

附一〇一一 道光二十一年十二月六日夏国彩卖田契

立永賣水田約人夏国彩，今因移就，情將祖置水田大小四坵，計賬二畝二分，坐落石團，在石家灣宅前宅後，在禾尚堰、朱朝堰、土坑堰三堰使水，公墩公埧，堰底照册，（在）〔載〕粮四升八合四勺，在夏云章户下当差，彩請凴親中黃可明說

〔一〕「源」为正行右侧添加。

合，国彩出筆賣與黃恒裕為（葉）〔業〕。当日三面言定，裕出備實價青錢十七串六百整，係〔一〕彩（青）〔親〕手收訖。自賣之後，任從買主管（葉）〔業〕收租，收粮過户，陰陽兩便，另撥另佃，百為無阻。今（裕）〔欲〕有憑，立此永賣文約一帋為據。

憑中 黃可官 画押
黃福元 画押
石見龍 画押
夏国士 画押
夏国珍 画押

道光二十一年虫月初六日 立永賣水約人 夏国彩 筆

子孫世守
永遠为（葉）〔業〕

附一〇一二 道光二十二年二月十三日杨廷举卖田契

立永賣水田約人楊廷夆，今因移就，情將父置分受〔二〕水田乙坵，（季）〔計〕丈乙畝五分，坐落石團，在承家范，在

〔一〕「係」为正行右侧添加。
〔二〕「分受」为正行右侧添加。

種口堰〔一〕使水，堰氏冊，如有土坑，與買主公用，公墩公垷，載粮叁升叁合，在楊必達户下当差，廷舉請凴親中潘士誠等説合，廷舉出筆賣與黄恒裕為（葉）〔業〕，當日三面〔二〕言定，恒裕出俻實價青錢拾貳串五百文〔三〕整，廷舉（青）〔親〕手收訖。自賣之後，仍從買主管（葉）〔業〕收租，收粮过户，陰陽両便，另撥另佃。今欲有凴，立此永賣文約一帋為據。

其田四止　北止賈界　南止楊界　東止賈戒　西止潘界

憑中　楊利會　画押　官　画押　黄可民　画押　楊廷良　画押　高　画押

道光貳拾貳年二月十三日　立永賣水田約人　楊廷舉　三弟廷有代〔四〕筆

子孫世守

永遠為（葉）〔業〕

〔一〕「堰」为正行右側添加。

〔二〕「三面」为正行右側添加。

〔三〕此处数字有修改。

〔四〕「代」为正行右側添加。

附一〇一三　道光二十二年二月十五日汪顺卖田契

立永賣水田約人汪順，今因移就，請將祖遺受分水田九坵，地名在下壹坵，乙畝乙分五厘計丈，坐落石團，在月池使水灌救，堰底照冊，公墩公垷，如有土坑，與買主〔一〕公用，（在）〔載〕粮二升五合三勺，在汪順户下当差，順請憑親中黄可名説合，順出筆賣與黄恒玉為業。當日三面言定，恒裕出俻青錢實價九串二百文正，係汪順親手收（乞）〔訖〕。自賣之後，任從買主管業收（粗）〔租〕，收粮過户，陰陽两便，另撥另佃，百為無阻。今恐（有）〔無〕憑，立此永賣文約壹帋〔二〕為據。

其田（世）〔四〕止照冊　憑中人　陽利悳（押）　黄可官（押）　汪恒立（押）

道光二十二年二月十五日　立永賣水田約人　汪順　筆

子孫世守

永遠為葉

〔一〕「主」为正行右側添加。

〔二〕「壹帋」为正行右側添加。

附—〇一四　道光二十二年二月十九日黃金元卖基地契

立永賣基地約人黃金元，今因遺移，情將祖（葉）〔業〕受分基地一（刑）〔形〕，計丈七分，坐落石團，在陳家畈汪大堰使水〔一〕，載粮八合八勺，在本户当差。金元請凴（青）〔親〕中兄保元說合，金元出筆賣與恒裕叔起造，同山灌領，公山公界。当日三面言定，恒裕叔出備青錢八〔二〕串整，係金元（青）〔親〕手收訖。自賣之後，仍從買主管（葉）〔業〕起造，百為無阻〔三〕。今（裕）〔欲〕有憑，立此文約一帋為據。

基地四址　南　黃界
西　上徐界　下周界
東　黃界
北　黃界

凴中　復元　画押

道光弍拾弍年二月十九日　立永賣基地約人　金元□

子孫世守

〔一〕「使水」为正行右側添加。
〔二〕「錢」后删去一字，其右側添加「八」字。
〔三〕「百為無阻」为正行右側添加。

永遠為（葉）〔業〕

附—〇一五　道光二十二年三月一日黃桐源卖田契

立永賣水田約人黃桐源，今因移就，情將祖遺受分水田大小八坵，坐落下四石團汪家坑，土名塌字乙畝四分；上乙坵乙畝乙分，垱三分，下三分；又二坵乙畝六分；又塌字下二坵八分，共計丈五畝五分，汪家堰〔一〕使水灌救，公墩公垸，堰底照冊，（在）〔載〕粮乙斗弍升乙合，在桐二户下当差。桐請凴親中叔黃鎧等說合，桐出筆賣與黃恒裕為業。当日三面言定，裕凴中出備青錢四十五串正，係桐親手收訖。自賣之後，任從買主管業收租，收米过户，百為無阻。今欲有凴，阳阴両更，另撥另佃，百為〔二〕無阻，立此文約〔三〕一帋為據。　画押

凴中　黃岷源

道光廿二年三月初乙日　黃桐源　筆

子孫世守

永遠為業

〔一〕「堰」为正行右側添加。
〔二〕「為」为正行右側添加。
〔三〕「約」为正行右側添加。

附一〇一六　道光二十二年三月七日黄桐源卖田契

立永賣水田約人桐源，今因移就，情將祖遺受分水田大小十乙坵，计丈八畝七〔一〕分，坐落下四石團袁家灣门前彭大堰坑叁畝四分，中堰五畝叁分，共田八畝七分，在中堰、彭大堰、小堰三堰使水灌救，載粮乙斗玖升乙合四勺。在黄桐元户下当差，桐请凴親中叔黄鏜等说合，桐出筆賣與恒裕为業。当日三面言定，裕凴中出備实價青錢七十弍串整，係桐親手收讫。自賣之後，仍從買主管業，耕種当差，收〔二〕粮過户，陰陽両便，百为無阻，今恐無凴，立此文約一帋為據，另撥另佃。

堰底灘洪俱在內。

其田四趾在册

凴中　□源　画押　積元　画押
可明　画押　明□　画押
常元　画押

道光二十弍年三月初七日　立永賣水田約人　桐源　筆

子孫世守

永远为業

〔一〕此处数字有修改。
〔二〕「差收」为正行右侧添加。

附一〇一七　道光二十二年三月二十七日谭延绂卖田契

立永賣水田約人譚延绂，今因移就，情將本已分受水田大小四坵，計丈叁畝五分，坐落石庙團袁家灣门前□；二坵弍畝九分，東至袁界，南至袁界，西至黄界，北至袁界；乙坵壹畝四分；乙坵壹畝五分，東至袁界，南至　界，西至楊界，北至袁界；乙坵叁分，東至本界，西至袁界，南至袁界，北至吴界；乙坵叁分，東至本界，西至本界，南至黄界，北至黄界；叁分在碾子堰前，叁分在新堰，弍坵弍畝九分在彭家堰使水灌救，三堰垸洪堰底照册，載粮柒升七合，在譚季裳户下完納，绂請凴親中王德順、黄可明等説合，出筆賣與黄恒裕名下為業。当日三面言定，裕出備寔價弍拾五串正，係绂親手收訖。自賣之後，任從裕管業，耕種招租，收粮过户，阴阳両便，另撥另佃。今欲有凴，立此永賣約一帋為拠。

其田四趾照册

憑中人　黄　堂　画押
黄裳元　画押
瑞庭　画押
王德光　画押　兩竹　画押
楊凤來　画押　兄文特　画押
大盛　画押　李文興　画押
尚茂　画押
王德澤　画押　光明　画押

道光式拾式年三月廿七日　立永賣約人　譚延绂　筆

子孫世守

永遠為業

附一〇一八　道光二十二年四月三日黄常源卖田契

立永賣水田約人黄常源，今因移就，情自（直）〔置〕水田乙坵，一畝式分計丈，坐落石團黄家灣東，在肖家堰使水灌救，坑洪堰底照冊，（在）〔載〕粮式升六合四勺，在黄永貞四[一]户下当差，常請凴親中兄寶源等說合[二]，常出筆賣與恒裕為業。當日三面言定，裕凴中出俻青錢九串八佰正，係源親手收訖。自賣之後，任從買主管業收租，阳阴兩便，另撥另佃，百為無阻。今欲有凴，立此文約一帋為據。　画押

黄冬成　画押

其田四止　東西黄界　南北本界

道光廿二年四月初三日　黄常源　筆

〔一〕「四」为正行右側添加。
〔二〕「寶源」为正行右側添加。

百子千孫

附一〇一九　道光二十二年四月四日譚问月卖田契

立永賣水田約人譚问月，今因移就，情將本己分受水田大小六坵，计丈四畝三分五厘，坐落石團，三畝在碾子堰使水，坑洪堰底在冊。一畝七分，西至黄界，北至譚界，东至黄界，南至譚界；一畝一分，东北西至黄界，南譚界；式分，东至楊界，西至黄界，南至譚界，北至黄界；三坵共一畝三分五厘，在月池使水，坑洪堰底在冊[一]；东至譚界，南至楊界，西至袁界，北至月地界，共田四畝三分五厘，載粮玖升五合柒勺；在譚慎三会石[二]户下完納；月请凴親中黄可明、王德順等说合，月出筆賣与黄恒裕名下為業。當日三面言定，裕凴中出俻大錢叁拾壹串正，係月親手收訖。自賣之後，任從買主管業，耕種收差，阴阳两便，另撥另佃。今欲有凴，百為無阻，立此永賣文約一帋為拠。

〔一〕「在月池使水，坑洪堰底在冊」为正行右側添加。
〔二〕「石」为正行右側添加。

其田四址照前　　凴中　吳兩竹　画押
楊鳳来　画押
□瑞庭　画押
李文興　画押
□□裳　画押

此田之粮在谭慎三会石户下当差收粮过戶，為拠。

道光弍拾弍年四月初四日　立永賣水田約人　谭问月　親筆

風调雨順

附一〇二〇　道光二十二年九月二十七日杨国茂卖田契

立永賣水田約人楊国茂，今因移就，情將父置水田乙坵，計丈乙畝，土名□□坵，坐落石團，在九房湾北坑，在甲堰使水灌，公墩公埧，坑洪堰底照冊，載粮二升二合二勺，在楊朝相户下当差，国茂請憑親中外祖戚黃堂等說合，国茂出筆賣與黃恒裕為業。當日三面言定，裕出倫實價青錢捌串四百整，係楊国茂親手收訖。自賣之後，仍從買主管業，耕種当差，收粮过户，陰陽两便，另撥另佃，百為無阻。今（裕）〔欲〕有憑，立此文約一帋為據。

北止楊界
南止現界
東止黃界
西止黃界

凴中　可名　画押
楊昆　画押
利會　画押

道光廿二年九月廿柒日　立永賣水田約人　楊国茂　祖楊昆

代筆

百子千孫

萬代富貴

附一〇二一　道光二十三年十月二十四日易陈麟卖田契

立永賣水田〔一〕約人易陳麟，今因移就，情將祖遺分受水田大小五坵三畝，坐落官團，在易家橋東，在新堰底，堰米在內〔二〕；又廣水使水灌（就）〔救〕，廣底照册，載粮陸升陸合陸勺，在易之珊户下当差，麟請憑親中汪恒遂說合，麟出筆賣與黃恒裕為業，当日三面言定，裕出倫青錢實價二十二串整，係麟親手收訖，自賣之後，任從買主管業耕種当差，收粮过户，阴阳兩便，另撥另佃，百為無阻。今欲有憑，立永賣水田一帋為據。　画押

西　廣界
東　易界
南　五坵同行
北　易界

憑中　易陳麒　画押
黃可明　画押
楊利會　画押

〔一〕「田」为正行右侧添加。
〔二〕「底堰米在內」为正行右侧添加。

道光二十三年十月二十四日　立永賣水田約人　易陳麟　筆

子孫世守

永远為業

附一〇二二　道光二十五年十一月九日黄先德卖田契

立永賣水田約人石庙黄先德，今因移就，情將祖遺分授水田壹畝七分，大小叁坵；壹坵名三分，坐在平堰口，壹坵名方坵，壹畝壹分，埃身壹坵名三分，共計丈壹畝七分，載粮叁升七合四勺，在黄長[illegible]戸下当差，在平堰使水灌救，中洪水救旱，古墩古垷，坑洪堰底在冊，德请親中叔可名說合，出筆賣與恒裕為業。當日三面言定，恒裕出備實價青錢拾叁串陸佰整，係德親手收訖。自賣之後，仍從買主管業，耕種當差，收粮過户，百為無阻。今欲有憑，立此為據。

憑　利合　画押
　　先觉　画押
　　先遠　画押

道光廿五年冬月初九　石團黄先德　筆

子孫世守

永遠為業

附一〇二三　道光二十五年十一月二十日王意远卖田契

立永賣水田約人〔一〕王意远，今因移就□□□水田二坵，共田四分，坐落石團，在王五堰使水顴救，以工坑在約内堰底照冊，載粮八合，在龔正青户下当差，請〔二〕凴親中李文高說合，出筆賣與黄恒裕為業。當日三面言定，与出備實價弍串整，系远親（首）〔手〕收訖。自賣之後，仍從買主管（葉）〔業〕耕種，收糧過户，陰陽兩便，百为無阻，另撥另（店）〔佃〕。立此文約為據。

凴中人　工連順　画押
　　　　文高　画押
　　　　徐魁美　画押

道光二十五年冬月二十日　王意远　筆

子孫富貴

〔一〕「人」后涂去两字。
〔二〕「差」后涂去一字，「請」为正行右侧添加。

附—〇二四　道光二十五年十一月二十一日吴鸿渚卖田契

立永賣水田約人吴鴻渚，今因移就，情將祖遺受分水田大小叁拾弍坵，共田弍拾柒畝六分，坐落石團聶家湾门前坑甯家畈，在王家堰、草壋堰、半頭堰、罗家新堰、大新堰、羅家湾傍小堰共六堰使水灌救，公墩公垷，堰底照冊，（在）〔載〕粮六斗壹升叁合，在付二吴元亨一户下当差，渚請凴親中黄常元、黄可名等說合，渚出筆賣與黄恒裕管業，佃種收租。当日三面言定，裕出備青錢實價弍佰肆拾玖串正，係渚親手收訖。自賣之後，仍從買主管業收租，收粮过户，百為無阻，阳阴兩便，百為無阻。今欲有凴，立此文約一帋為據。多不除，少不甫。

凴中　夏冬儀　画押
　　　岷元　画押
　　　黄冬成　画押
　　　楊利会　画押

道光弍十五年十一月廿一日　立永賣水田約人　吴鴻渚　筆

子孫世守

永永為業

名六　四斗坵乙畝六分　又乙坵八分　十路五分　塌字乙畝二分　又三分　甯家□八分 六分　又二坵二畝　天忠朱以□七分

又三分　天德四分　新堰三坵乙畝六分　畈田乙畝六分　又乙坵乙畝四分　又三分　必□皮□字四分　井坑一坵乙畝四分　畈田二坵弍畝　罗家湾塝四分　必仲畈田一坵九分　又乙坵一畝

六名魁上坑四分　又乙坵乙畝　領上二坵二畝　台字二坵乙畝四分　名會畈田二坵弍畝六分

附—〇二五　道光二十六年五月四日范义田卖田契

立永賣水田約人范義田，今因移就，情將自置陶團姚家嶺水田共大小五十六坵，共田弍拾七畝六分六里，載粮六斗零八合五勺二抄，在附二范義田户下完納，在張家私堰私墩私垷使水灌救，新堰、方堰二口大堰公墩公垷使水灌救。義田請憑親中殷作章等說合，田出筆賣與黄恒裕名下爲業。当日三面言定，恒裕出備青價弍百六拾弍串七百文正，係田親手收訖。自賣之後，仍從買主管業耕種，收粮过户，陰陽両便，百爲無阻。今欲有憑，立此賣約一帋為據。　画押

其田四止在冊，多不除少不補。　画押

憑中　何大玉　画押
　　　范正逢　画押
　　　殷作章　画押
　　　黄寶元　画押
　　　范崇付　画押
　　　王光明
　　　龔作堦　画押
　　　楊义和　画押

道光二十六年五月初四日　立永賣水田約人　范义田　筆

子孫世守
永远為業

附一〇二六　道光二十六年十月六日黄岷源卖田契

立永賣水田約人黄岷源，今因移就，情將祖遺受分水田大小拾壹坵，共田六畝三分，坐落石團劉家嶺高堰坑，在高堰使水（歡）〔灌〕救，公墩公埧，堰底在册，（在）〔載〕粮乙斗叁升八合六勺，在黄永一户下當差，岷請憑親中弟可明說合，岷出筆賣與黄恒裕為業。當日三面言定，恒裕出俻实價青錢伍拾叁串正，係岷（青）〔親〕手収（迄）〔訖〕。自賣之後，任從買主管業，耕種当差，収粮過戶，百為無阻。今欲有憑，立此永賣文約一帋為據。

其田四止照册

憑中　黄鐙　画押
　　　楊利合　画押
　　　常　源　画押

道光廿六年拾月初六日　立永賣水田約人　黄岷源　筆

子孫世守
永遠為業

附一〇二七　道光二十六年十一月四日黄上清卖田契

立永賣水田約人黄上清，今因移就，情將祖遺受分水田大小三邱，計丈一畝六分，坐（洛）〔落〕石團，在汪家堰坑塝，（在）〔載〕糧三升五合二勺，在黄本淳户下当差，在汪家堰使水灌救，公墩公埧，坑宏堰底照册，清請凴親中黄名成說諂，清出筆賣與恒裕為業。當日三面言定，裕出俻青錢拾乙串〇二佰文正，係上清（青）〔親〕手收訖。自賣之後，任從買主管業，耕種当差，收糧（个）〔過〕戶，百為無阻。今恐無凴，立此文約一帋為據。

陽阴兩便，此照。

其田四止照冊　東黄　西□裕　南黄　北路黄　界

凴中　常元　画押
　　　相名　画押
　　　楊利惠　画押
　　　黄可明　画押
　　　得成　画押

道光二十六年冬月初四日　立永賣水田約人　黄上青　筆

永遠為業

子孫世守

附一〇二八　道光二十六年十一月十五日肖正元卖田契

立永賣水田約人肖正元，今因移就，情將祖置受分水田大小三坵，計丈二畝六分，坐落石團新堰坑，在新堰使水灌救，坑洪堰底照冊，（在）〔載〕粮五升七合二勺，在肖尊一户下当差，正元請憑親中楊坤等說合，元出筆賣與黄恒欲為（葉）〔業〕，当日三面言定，欲出俻實價青錢拾八串六百整，係正元親手收訖自賣之後，仍從買主管（葉）〔業〕收租，阴阳两便，百為無（祖）〔阻〕。今欲有凴，立此永賣文約一帋為據。此照。

東止張介　北止黄介

西止傅介　南止黄介

憑中　張玉万　画押　楊利惠　画押

黄可名　画押　張国鳳　画押

曹国治　画押　肖廷名　画押

方道㛂　画押

道光二十六年冬月十五日　肖正元　出筆

子孫世守

永遠為（葉）〔業〕

附一〇二九　道光二十七年十二月二十日胡良元卖田契

立永賣水田約人胡良元，今因移就，情將父置水田二坵，計丈一畝五分，坐落石團，在胡羅彎門前□七分，在吴大堰使水，又八分在新堰坑，在新堰使水灌救，坑□堰底照冊（在）〔載〕三升三合。在罗友元户下当差，元請憑親中張玉萬等說合，元出筆賣與黄恒裕為（葉）〔業〕。当日三面言定，裕出俻青錢拾串零五百整，係元（青）〔親〕手收訖。自賣之後，仍從買主管（葉）〔業〕耕種，阳阴兩便，收粮過户，百為無（祖）〔阻〕。今欲有憑，立此文約一帋為據。

憑中　楊利惠　画押

黄可名　画押

曹国治　画押

道光二十七年十二月廿日　立永賣水田約人　胡良元　筆

七分　東止胡介　南止馬介　西止胡介　北止馬介

八分　東止胡介　南止黄　西止黄　北止胡

子孫世守　永遠為（葉）〔業〕

附一〇三〇　道光二十八年二月八日吴美玉卖田契

立永賣水田約人吴美玉，今因移就，情將祖遺受分水田大小叁坵，坐落石團吴家灣前後，計丈肆畝貳分。貳坵叁畝在廣家堰使水灌救，又壹畝貳分在碾堰朱姓，又堰内南頭公坑一口使水灌救，載粮玖升叁合貳勺四抄，在吴元亨一户下當差，公墩公境，堰底照派，玉請憑親中黄常元等説合，玉出筆賣與黄恒裕為業，當日三面言定，裕憑中出備實價青錢貳拾玖串整，係玉親手收訖。自賣之後，任從買主管業当差，收粮过户，陰陽両便，百為無阻。今欲有憑，立此賣約一帋為據。此照。

其田四止照冊　東黄　西朱　南朱　北朱　東夏　西黄　南吴　北吴

憑中人　黄可明　画押　楊利会　画押　吴德会　画押　東黄　西吴　南吴　北吴

道光二十八年二月初八日　吴美玉　筆

子孫世守

永遠為業

附一〇三一　道光三十年三月十九日邹聚科卖田契

立永賣水田箕地約人鄒聚科，今因移就，情將祖遺分受箕地一形，水田五坵，計丈弍畝，古提古境，欒林樹木，俱在其内，坐落石團石家灣東頭，在汲水堰、私堰使水灌救，公墩公境，堰底照册，載粮四升四合。在鄒瑞户下完納，科請凴親中黄可民等説合，科出筆賣與黄恒裕為業。当日三面言定，裕出備實價青錢拾弍串正，係科（青）〔親〕手收訖。自賣之後，任從買主管業耕種，起糙科□，陰陽両便，收粮过户，百為無阻。今欲有凴，立此文約一帋為據。　画押

道光叁拾年三月十九日　立永賣箕地水田約人　鄒聚科　潘修順〔一〕　代筆

其田四止　北止受業人　南止□界　西止受業人　東止陳界

凴中　萬天祥　画押　黄可德　画押　楊利會　画押　吴立廷　画押

萬代富貴

〔一〕「潘修順」为正行右側添加。

附一〇三二　道光三十年十二月十三日吴美玉卖田契

立永賣水田約人吳美玉，今因分受水田九坵，坐落朱家坡，在荷花□公墩公垷使水灌救；门前一坵一畝六分，在月池公墩使水，随載粮米八升八合，在吳尊祿户下当差。玉请凴親中黄常元等说合，玉出筆賣與黄恒裕為業。当日三面言定，裕出偹實價青錢弍拾陸串四百整，係玉親手收訖。自賣之後，任從買主管業耕種，收粮过户，百為無阻。今欲有憑，立此約為據。

計丈四畝。

憑中　楊　坤　画押　黄可明　画押
夏必佑　画押　明元　画押
夏明义　画押　選高　画押
楊利会　画押　吳奉玉　画押

道光三十年蚀月十三日　吳美玉　字

子孫世守

附一〇三三　咸丰元年十月三日柯大九卖田契

立永賣水田約人柯大九，今因移就，情將本已受分水田大小三坵，計丈二畝[一]二分，坐落石團一心橋下，在王家堰使水灌（就）〔救〕，又六分言家當使水灌（就）〔救〕，坑洪堰底照冊，（在）〔載〕粮四升八各四勺，在柯尊一户下當差收納，大九請凴（清）〔親〕中黄選高等說合，九出筆賣[二]與黄恒裕為（葉）〔業〕。當日三面言定，裕出（借）〔偹〕實價清錢十五串整，係大九親手收訖。自賣之後，任從買主管（葉）〔業〕耕種，收粮過户，陰陽兩便，百為無阻。今（裕）〔欲〕有凴，立此文約一帋為據。

凴中　袁道選　画押　黄明成　画押
魏大振　画押　楊利會　画押
黄保元　画押　楊紱全　画押
常元　画押　殷培清　画押

咸豐元年十月初三日　立永賣水田約人　柯大九　（清）〔親〕筆

子孫世（手）〔守〕

[一]「二」后删去一字，其右側添加「畝」字。
[二]「錢」后删去一字。

后记

《湖北天门熊氏契约文书》是国家清史纂修工程文献整理类项目「清代湖北地区民间契约文书」的结项成果。项目于二〇〇六年立项，二〇一二年结项，历经六年之久。在此期间，张建民教授付出了大量心血。他认真务实、兢兢业业、一丝不苟的工作态度，成为项目组全体成员的表率。

在此书付梓之际，我们要特别感谢国家清史编纂委员会、湖北省博物馆、武汉大学历史学院、天门市博物馆。感谢关心、支持整理工作的陈桦教授、张研教授、万全文研究员、蔡路武研究员、栾成显研究员、刘小萌研究员、何平教授、封越健研究员、杨珑研究员及诸多专家、师友。

湖北人民出版社总编辑王建槐、责任编辑黄佑志为编辑本书投入了大量精力，使本书增色颇多，在此一并致谢。

湖北省博物馆保管部的工作人员陈洁、赵雄和武汉大学的潘浩、张锐、余彦锋等也参加了相关工作。

本书的整理与编纂，一定有许多的不足与疏失之处，在此恳请方家指正，以利于在今后工作中加以更正。

唐刚卯

二〇一四年五月十九日

图书在版编目(CIP)数据

湖北天门熊氏契约文书(上、下)/张建民主编;唐刚卯副主编.
武汉:湖北人民出版社,2014.6
ISBN 978-7-216-08128-3
Ⅰ.湖… Ⅱ.①张…②唐… Ⅲ.契约—汇编—天门市—清代~民国
Ⅳ.D927.633.036
中国版本图书馆CIP数据核字(2014)第023106号

出 品 人:袁定坤
责任部门:文史古籍分社
出版策划:王建槐
责任编辑:黄佑志
封面设计:董 昀
责任印制:王铁兵
法律顾问:王在刚

出版发行:湖北人民出版社
地址:武汉市雄楚大道268号
印刷:湖北新华印务有限公司
邮编:430070
开本:787毫米×1092毫米 1/16
印张:59.75
字数:1200千字
插页:39
版次:2014年6月第1版
印次:2014年6月第1次印刷
书号:ISBN 978-7-216-08128-3
定价:480.00元(上、下)

本社网址:http://www.hbpp.com.cn
本社旗舰店:http://hbrmcbs.tmall.com
读者服务部电话:027-87679656
投诉举报电话:027-87679757
(图书如出现印装质量问题,由本社负责调换)